北京大學《儒藏》編纂與研究中心　編

《儒藏》精華編選刊

尚書全解（上）

〔南宋〕林之奇　撰

劉建國　張　華
李沁芳　姚曉娟　校點

北京大學出版社
PEKING UNIVERSITY PRESS

圖書在版編目(CIP)數據

尚書全解：全二册 /（南宋）林之奇撰；北京大學《儒藏》編纂與研究中心編. —北京：北京大學出版社，2024.4
（《儒藏》精華編選刊）
ISBN 978-7-301-34966-3

Ⅰ. ①尚…　Ⅱ. ①林…②北…　Ⅲ. ①《尚書》— 研究　Ⅳ. ①K221.04

中國國家版本館CIP數據核字（2024）第067233號

書　　名　尚書全解
　　　　　SHANGSHU QUANJIE
著作責任者　（南宋）林之奇　撰
　　　　　劉建國　張華　李沁芳　姚曉娟　校點
　　　　　北京大學《儒藏》編纂與研究中心　編
策劃統籌　馬辛民
責任編輯　王　應
標準書號　ISBN 978-7-301-34966-3
出版發行　北京大學出版社
地　　址　北京市海淀區成府路205號　100871
網　　址　http://www.pup.cn　新浪微博：@北京大學出版社
電子郵箱　編輯部 dj@pup.cn　總編室 zpup@pup.cn
電　　話　郵購部 010-62752015　發行部 010-62750672
　　　　　編輯部 010-62756449
印 刷 者　三河市北燕印裝有限公司
經 銷 者　新華書店
　　　　　650毫米×980毫米　16開本　55.75印張　680千字
　　　　　2024年4月第1版　2024年4月第1次印刷
定　　價　200.00元（全二册）

目録

上册

下册

校點説明

《尚書全解》，南宋林之奇撰。林之奇（一一一二—一一七六），字少穎，號拙齋，又稱三山先生，福建侯官（今福建閩侯）人。宋高宗紹興二十一年（一一五一）進士，官秘書省正字，轉爲校書郎。以疾乞至地方任職，後辭官居家。東萊吕祖謙曾從學。《宋史》有傳。林氏著述頗豐，主要有《周禮講義》、《論語注》、《孟子講義》、《揚子講義》、《拙齋文集》、《觀瀾集》、《道山紀聞》（亦稱《拙齋紀聞》）、《尚書全解》等。多數已佚失，僅存《拙齋文集》與《尚書全解》。

《尚書全解》是一部頗有學術價值的著作。該書涉獵極廣，不僅包含天文、地理、歷史、政治、經濟、法律、哲學、軍事、民俗等多方面的知識，還具有中國傳統文化的天人合一觀及以人爲本思想，並具備釋古通今、以史爲鑒的特徵。此書除詮釋以夏、商、周爲主的先秦史實外，還總結了秦漢以至唐宋時期的經驗教訓。更值得注意的是，它突破了漢代經學今古文之争的藩籬，融今古文《尚書》於一體，是繼僞孔安國傳與孔穎達疏之後的又一力作。

《尚書全解》版本的流傳，有一個較爲複雜的過程。《宋史·藝文志》著録「林之奇《集解》五十八卷」，説明元代撰寫《宋史》時，已有五十八卷本存在。此本當是福建建陽麻沙鎮書坊的初刻本。既而婺州及蜀中皆有翻刻本，然而「承襲舛訛，竟莫能辨」（林畊《尚書全解序》）。又因書賈鋟版急率，校勘粗陋，譌誤甚多，尤其《洛誥》以下全非本來面目。

淳祐間，林氏嗣孫畊從友人陳元鳳處獲《書説拾遺》一集，爲拙齋親傳之稿。該集之《康誥》、《酒誥》、《梓材》、《召誥》四篇皆與鋟本同，《洛誥》至《君陳》卻與鋟本異，而論述則爲詳贍。此後，林畊又於乙巳（一二四五）仲春購得建安余氏書坊本《尚書全解》，益知麻沙所刻《洛誥》以下爲僞書。後又得葉真家藏寫本《林李二先生書解》。從己酉（一二四九）孟冬至庚戌（一二五〇）仲夏，林畊率次子駿伯將五十萬字《全解》釐爲四十卷，重加校勘，糾正七千餘字。自宋迨明，又失卷三十四《多方》一篇及卷三十一《洛誥》中的四百餘字。《多方》一篇，四庫館臣編修《四庫全書》時從《永樂大典》中輯佚補録。《四庫全書總目提要》稱：「惟《永樂大典》修自明初，其時猶見舊刻，故所載之奇《書解》此篇獨存，今録而補之，乃得復還舊觀。」但《洛誥》所闕之四百餘字仍佚。

自明末以迄於今，林畊校刻宋本已無傳。今有明范氏天一閣抄本（存二十三卷）、毛氏汲古閣抄本（存三十九卷）、清徐氏傳是樓抄本（存三十四卷）、丁杰輯抄本（存二卷）、《通志堂經解》刻本、《四庫全書》本等。一九九二年，山東友誼出版社影印毛氏汲古閣抄本，又以

《四庫全書》本補足,故較現存明范氏天一閣抄本、清初傳是樓抄本和丁杰輯抄本爲備。

本書校點的底本爲影印文淵閣《四庫全書》本。以一九九二年山東友誼出版社影印毛氏汲古閣抄本(簡稱「汲古閣本」)、粤東書局同治十二年(一八七三)《通志堂經解》刻本(簡稱「通志堂本」)爲校本。

他校諸書如孔穎達《尚書正義》等經書,一律用中華書局影印原世界書局縮印《十三經注疏》本。《史記》等正史,用中華書局校點本。其他則於校記首見處注明版本。書中避諱如「歷」「曆」、「元」「玄」等,今改回,不一一出校。

校點者

劉建國　張　華

李沁芳　姚曉娟

欽定四庫全書總目提要

臣等謹案：《尚書全解》四十卷，宋林之奇撰。之奇，字少穎，號拙齋，侯官人，官至宗正丞，事蹟具《宋史·儒林傳》。之奇辭禄家居，博考諸儒之説，以成是書。《宋志》作五十八卷，此本僅標題四十卷。

考其孫畊後序，稱脱稿之初，爲門人吕祖謙持去。諸生傳録，僅十得二三。書肆急於鋟梓，遂訛以傳訛。至淳祐辛丑，畊從陳元鳳得宇文氏所傳《書説拾遺》手稿一册，乃《康誥》至《君陳》之文。乙巳，得建安余氏所刻完本，始知麻沙所刻，自《洛誥》以下，皆僞續。又得葉真所藏《林李二先生書解》，參校證驗，釐爲四十卷。然則《宋志》所載，乃麻沙僞本之卷數，朱子所謂「《洛誥》以後，非林氏解」者。此本則畊所重編，朱子未見。夏僎作《尚書解》時，亦未見，故所引之奇之説，亦至《洛誥》止也。然畊既稱之奇初稿爲吕祖謙持去，則祖謙必見完書，何以東萊《書説》始於《洛誥》以下，云續之奇之書？毋乃畊又有所增修，託之乃祖歟？自宋迨明，流傳既久，又佚其三十四卷《多方》一篇。通志堂刊九經解，竭力購之，弗能補也。惟《永樂大典》修自明初，其時猶見舊刻，故所載之奇《書解》，此篇獨存。今録而補之，乃得復還舊觀。

之奇是書，頗多異説。如以「陽鳥」爲地名，「三俊」爲常伯、常任、準人，皆未嘗依傍前人。至其辨析異同，貫串史事，覃思積悟，實卓然成一家言，雖真贋錯雜，不可廢也。屢經散佚，而卒能完善，亦其精神刻摯，有足以自傳者矣。前有《自序》一篇，述《尚書》始末甚詳，然舛誤特甚。《漢書·藝文志》已明云《古文尚書》孔安國獻之，遭巫蠱，不列於學官，而用僞《孔傳序》藏於家之説，併謂劉歆未見。《儒林傳》明言伏生壁藏其書，漢興，亡數十篇，獨得二十九篇，而用衛宏《古文尚書序》使女傳言之説，併謂齊語難曉，尤其致謬之大綱。閻若璩諸人已有明辨，兹不具論焉。乾隆四十二年七月恭校上。

總纂官紀昀、臣陸錫熊、臣孫士毅、總校官臣陸費墀

尚書全解序

理義者，人心之所同然也。聖人之於經，所以「關百聖而不慚、蔽天地而無恥」者，蓋出於人心之所同然而已。苟不出於人心之所同然，則異論曲説，非吾聖人之所謂道也。孔子曰：「君子之於天下也，無適也，無莫也，義之與比。」竊謂學者之於經，苟不知「義之與比」，先立適、莫於胸中，或以甲之説爲可從，以乙之説爲不可從；以乙之説爲可從，以甲之説爲不可從，如此則私議鋒起，好惡鬩然，將不勝其惑矣，安能合人心之所同然哉？苟欲合人心之所同然，以義爲主，無適無莫，平心定氣，博採諸儒之説而去取之。苟合於義，雖近世學者之説，亦在所取；苟不合於義，雖先儒之説，亦所不取。如此，則將卓然不牽於好惡，而聖人之經旨將焕然而明矣。

《書》，孔子之所定，凡百篇。孔子之前，《書》之多寡，不可得而見。《書緯》云：「孔子得黄帝玄孫帝魁，❶凡三千二百四十篇，爲《尚書》。斷近取遠，定其可爲世法者百二十篇，爲簡書。」此説不然，古書簡質，必不如是之多也。班孟堅《藝文志》於古今《書》外，又有《周書》七十一篇。劉向云：

❶ 「玄」，原避清聖祖名諱作「元」，今回改。下同，不再出校。

「周時號令，❶蓋孔子所論百篇之餘。」於周時所删去者，纔七十一篇，自周以前疑愈少矣，謂有三千餘篇，非也。孔子百篇遭秦火無存。至漢時，伏生口授得二十八篇，後又得僞《泰誓》一篇，爲二十九篇。孔壁之書既出，孔安國定其可數者二十五篇，又别出《舜典》、《益稷》、《盤庚》、《康王之誥》，共爲五十八篇。其文以隸書，存古文，故謂之《古文尚書》。此書之成，遭巫蠱而不出。漢儒聞孔氏之《書》有五十八篇，遂以張霸之徒造僞《書》二十四篇，爲《古文尚書》。兩漢儒者之所傳，大抵霸僞本也，其實未嘗見真《古文尚書》也。故杜預注《左氏傳》、韋昭注《國語》、趙岐注《孟子》，凡所舉《書》，出於二十五篇之中，皆指爲逸《書》，其實未嘗逸也。劉歆當西漢之末，欲立古文《書》學官，移書責諸博士甚力。然歆之所見，皆霸僞本，亦非真古文《書》也。以至賈、馬、鄭、服之輩，亦皆不見古文《書》。至於晉、齊之間，然後其書漸出。及開皇二年，求遺《書》得《舜典》，然後其書大備。嗚呼，聖人之經可謂多厄矣！遭秦火失其半，其半存者又隱而不出。自漢武帝巫蠱事起，至隋開皇二年，凡六百七十餘年，然後五十八篇得傳於學者而大備，是可歎也。孔氏《書》始出皆用隸書，至唐天寶間，詔衛衡改古文從今文《書》。❷今之所傳，乃唐天寶所定之本也。此蓋《書》之始末也。

---

❶「令」，原誤作「今」，今據汲古閣本、通志堂本改。

❷「衛衡」，《經義考》（影印文淵閣《四庫全書》本）及《新唐書·藝文志》作「衛包」，是。

學必欲知《書》之本末者，蓋有伏生之《書》，有孔壁續出之《書》。夫五十八篇，皆帝王所定之《書》。有坦然明白而易曉者，有艱深聱牙而難曉者。如《湯誓》、《湯誥》均成湯時誥令，如《説命》、《高宗肜日》均高宗時語言，如《蔡仲之命》、《微子之命》、《康誥》皆周公誥命。然而艱易顯晦迥然不同者，蓋有伏生之《書》，有孔壁續出之《書》。其文易曉，不煩訓詁可通者，如《大禹謨》、《胤征》、《五子之歌》、《仲虺之誥》、《湯誥》、《伊訓》、《太甲》三篇、《咸有一德》、《説命》三篇、《泰誓》三篇、《武成》、《旅獒》、《微子之命》、《蔡仲之命》、《周官》、《君陳》、《畢命》、《君牙》、《冏命》，此二十五篇，皆孔壁續出，其文易曉。餘乃伏生之《書》，多艱深聱牙，不可易通。伏生之《書》所以艱深不可通者，伏生齊人也，齊人之語多艱深難曉。如公羊，亦齊人也，故傳《春秋》語亦艱深。如「昉於此乎」、「登來之也」，何休注曰「齊人語」，以是知齊人語多難曉者。伏生編此書，往往雜齊人語於其中，故有難曉者。衛宏序《古文尚書》言：「伏生老，不能正言，使其女傳言教晁錯。齊人語多與潁川異，晁錯所不知者二三，僅以其意屬讀而已。」觀此可見。以是知凡《書》之所難曉者，未必帝王之書本如是，傳者汩之矣。

畊自兒時，侍先君盱江官舍。郡齋修刊《禮》、《樂》、《書》，先君實董其事，與益國周公、誠齋楊先生書問往來，訂正訛舛甚悉。暇日因與言曰：「吾家先拙齋《書解》今傳於世者，自《洛誥》以後皆訛。蓋是書初成，門人東萊呂祖謙伯恭取其全本以歸。諸生傳録十無二三，書坊急於鋟梓，不復參訂，訛以傳訛，非一日矣。」先君猶記鄉曲故家及嘗從先拙齋遊者録得全文，及歸方尋訪，未獲，不幸此志莫償。畊早孤，稍知讀書，則日夕在念慮間。汩汩科舉業，由鄉選入太學，跋涉困苦，如是者三十餘年。淳祐辛丑，僥倖末第，閑居需次，得理故書。日與抑齋今觀文陳公、虚齋今文昌趙公，參考講求，摳趨請益。抑齋出示北山先生手蹟，具言居官婺女，日從東萊先生學。東萊言：「吾少侍親，官於閩，從林少穎先生學。」且具知先拙齋授《書》之由。時抑齋方閲《六經疏義》，尤加意於林、吕之學。虚齋亦倣朱文公辯孔安國《書》，著《本旨》。畊得互相詰難，其間凡諸家講解搜訪無遺。一日，友人陳元鳳儀叔攜《書説拾遺》一集示余，蠹蝕其表，蠅頭細書云「得之宇文故家」。蓋宇文之先曾從拙齋學，親傳之稿也。其集從《康誥》至《君陳》，此後又無之。遂以録本參較，《康誥》、《酒誥》、《梓材》、《召誥》皆同録本，自《洛誥》至《君陳》與録本異，其詳倍之。至是益信書坊之本誤矣。當令兒輩作大字本謄出，以元集歸之，然猶未有他本可以參訂也。又一朋友云：「建安書坊余氏，數年前新刊一本，謂之『三山林少穎先生尚書全解』，此集蓋得其真。刊成僅數月而書坊火，今板本不存矣。」余亦未之信，因徧索諸鬻書者。乙巳仲春，一老丈鶉衣衜袖踉蹡入門，喜甚，揖余而言曰：「吾爲君求得青氈矣。」開視，果新板，以「尚書全解」標題，書坊果建安余氏。即倍其價以鬻之。以所謄本參較，自《洛誥》至《君陳》，及《顧命》以後至卷終，皆真本。向者麻沙之本自《洛誥》以後果僞矣。朋友轉相借觀，以爲得所未見。既而畊暫攝鄉校。學録葉君真，里之耆儒，嘗從勉齋遊。其先世亦從拙齋學，與東萊同時。又出家藏寫本《林李二先生書解》及《詩説》相示。較之，首尾並同。蓋得此本而益有證驗矣。

嗟夫！此書先拙齋初著之時，每日誦正經自首至尾一遍，雖有他務不輟。貫穿諸家，旁搜遠紹，會而稡之，該括詳盡，不應於《洛誥》以後詳略如出二手。今以諸本參較，真贋曉然，信而有證，可以傳而無疑矣。《書解》自麻沙初刻，繼而婺女及蜀中皆有本，然承襲舛訛，竟莫能辨。柯山夏氏《解》多引林氏説，自《洛誥》以後則略之，僅有一二語，亦從舊本，往往傳訛。東萊《解》衹於《禹貢》引林三山數段，他未之詳。東萊非隱其師之説，蓋拙齋已解者，東萊不復解，而唯條暢其義。

嗟夫！《書》自安國而後，不知其幾家？我先拙齋裒集該括，自壯及耄，用心如此之勤，用力如此之深，始克成書。而傳襲謬誤，後學無從考證。我先君家庭授受，中更散亡，極意搜訪，竟無從得。畊恪遵先志，又三十餘年，旁詢博問，且疑且信。及得宇文私録，又得余氏新刊《全解》，又得葉學録家藏寫本，稽驗新故，訂正真贋，參合舊聞，而後釋然以無疑，確然而始定。然則著書傳後，豈易云乎哉？畊既喜先拙齋之書獲全，又喜先君縣丞之志始遂，顧小子何力之有？抑天不欲廢墜斯文，故久鬱而獲伸與？不然，何壁藏、汲冢之復出也？

淳祐丁未之歲，石鼓冷廳，事力甚微，學廩粗給。當路諸公不賜鄙夷，捐金撥田，悉有所助。三年之間，補葺經創，石鼓兩學，輪奐鼎新，書版、舊帙缺者復全。於是慨然而思曰：「我先君未償之志，孰有切於此者？吾先世未全之書，豈容緩於此者？實爲子孫之責也。」乃會書院新租歲入之積，因郡庠憲臺撥鏹之羨，撙學廳清俸公給之餘，計日命工，以此全書亟鋟諸梓，字稍加大，匠必用良，版以千計，字以五十萬計，釐爲四十卷。始於己酉之孟冬，迨明年夏五月而畢。是書之傳也，亦難矣哉，亦豈苟然哉！舊本多訛，畊偕次兒駿伯重加點校，凡是正七千餘字，今爲善本，庶有補於後學。

淳祐庚戌夏，五嗣孝孫迪功郎、衡州州學教授兼石鼓書院山長畊謹書。

尚書全解序

觀林君耕叟《序》，述其先王父全書始末，兩世訪求，志亦苦矣。先是抑齋陳先生爲僕言閩學源流，開教甚悉。迺知始於紫薇吕公載道而南，而拙齋先生實親承心學。拙齋著書多，而於《尚書》尤注意，即少潁先生《書解》是也。然自《洛誥》以後，傳者失真，世不得見其全書爲恨。先生之猶子，諱子冲，登癸丑科，爲南豐簿，嘗分教盱江，再轉爲丞。僕頃在庠序，尚及識縣丞公於文席。縣丞公在盱，據勘遺文多矣，獨於拙齋全書散逸之餘，訪求而未得，不幸齎志以没。又數十年，而先生之孫畊始克搴就，豈其書之泰阨，固自有時邪？拙齋雖不克竟其用，而傳聖賢之心，壽斯文之脉，其功大矣。縣丞公尅志世其學，而略不獲施於用，至畊而全書始出以傳。惟拙齋之學卓然光明，久而益昌，何庸繪畫？畊，字耕叟，爲衡州教授，暨先生甫三世，其孜孜問學，多識往行，好修者也。君子曰：「無忝厥祖。」

淳祐十年七月既望，後學盱江鄧均拜手書於湖南漕司湘山觀。

尚書全解卷一　虞書

堯　典

昔在帝堯，

「昔在」者，篇首起語之辭。《書序》自爲一篇，故以「昔在帝堯」起於篇首。如孔氏《序》云：「古者伏羲氏之王天下也。」鄭氏云：「『昔在』者，使若無先之者。」唐孔氏云：「『在昔』者，自下本上之辭。言『昔在』者，從上自下爲稱。據代有先之，而書無所先，故云『昔』也。」此説未是。《書》始於《堯典》，云「昔在帝堯」，謂「書無所先堯」，可也。至《冏命》言「在昔文武」，豈書亦無先之者乎？《五帝序》云：「惟昔黄帝法天則地。」正與此同。

聰明文思，光宅天下。

漢孔氏曰：「言聖德遠著。」其説甚善。大抵説經之體，貴不費辭。如秦近君説「堯典」二字，至十餘萬言，但説「若稽古」，猶三萬言。雖多，亦奚以爲哉？是以古之人其説經也，以約爲難，不以多爲難。昔孔子之解經，其言愈約，其意愈明。如《詩》云：「天生烝民，有物有則。民之秉彝，好是懿德。」但於本文外加二「故」字、一「必」字、一「也」字，詩意昭然如日星，又何必以多爲哉？如孔氏云「聖德遠著」：「聰明文思」，聖德也；「光宅天下」，遠著也。一言之間，豈不簡而盡哉？大抵聖德，當其妙藏諸用之時而觀之，運於無聲無臭之間不可得而見，所可得見而形容者，惟其顯諸仁而已。「聰明文思」，皆其德著見於外而可見也：其視明，其聽聰，其文焕然，其思湛然，此四者之充實於一身，而其輝光所至，塞乎天地之間，蓋其德之著見於外而可見者。漢孔氏云「聖德遠著」，可謂約矣。於約之中有深義存焉，學者未宜以淺近而盡言也。

將遜于位，讓于虞舜，作《堯典》。

遜，遁也。《春秋》夫人姜氏「遜于齊公」、「遜于邾」，其義蓋出於此。「遜于位」，非謂逃遁而去也，蓋厭倦萬機之務，將使舜攝行天子之事而嬗焉。《孟子》所謂「堯老而舜攝也」，《堯典》之序有云「將遜于位，讓于虞舜」者，蓋二《典》皆《虞書》也。《虞書》紀舜之事，而推本其所得天下於堯，故序其事於《堯典》，實爲《舜典》張本，正杜元凱序《左傳》所謂「先經以始事」是也。

堯典

此二字，史官之舊題也。古者序自爲一篇，故史官以此二字爲題。孔氏既引序冠於篇首，因存而不去。某竊謂：篇首既書「堯典」，而又存此二字，則爲衍文。當於「將遜于位，讓于虞舜，作《堯典》」下空一行，「曰若稽古帝堯」乃爲得體。

曰若稽古帝堯，曰放勳。

「若稽古」者，孔氏曰：「能順考古道而行之者。」王氏云：「聖人於古，有可稽者，有可若者。」李校書推本古文《書》，以「曰」爲「胡越」之「越」，與《召誥》「越若來三月」同。此説甚善，當從李校書之説。程氏云：「『若稽古』者，史官之體，發論之辭也。史官記載前世之事，若考古某人之事言之。下篇云『若稽古帝舜』、『若稽古大禹』、『若稽古皋陶』，皆謂考古某人之事爲如此也。」蘇氏云：「史之爲此書也，謂吾順考在昔，而得其爲人之大凡如此。」蓋此四篇，「若稽古」某人下皆有「曰」字，故二公之説如此，其説比先儒爲優。然而此皆《虞書》也，《虞書》謂「堯爲古」可也，禹、皋陶，其時尚存，亦謂之古，可乎？則此説不通。若從《周官》「唐虞稽古」之文，以「稽古」爲堯，則下加「曰」字又爲難説。如「允迪厥德」，皋陶之言也，謂「若稽古皋陶曰」可也。放勳、重華、文命以下，非堯、舜、禹之言，而加「曰」字，則其義不行。此説爲難折，故當闕之，以俟知者。「放勳」，李校書曰：「放者，大而無所不至也。《禮記》曰：『夫孝，置之而塞乎天地，溥之而横乎四海，施諸後世而無朝夕，推而放諸東海而準，推而放諸西海而準，推而放諸南海而準，推而放諸北海而準。』鄭玄云：『放，猶至也。』謂堯有大功也。孔子曰：『大哉，堯之爲君也！蕩蕩乎，民無能名焉。』是勳之謂也。」此説甚善。孟子以「放勳」爲堯號，「放勳曰『勞之來之，匡之直之，輔之翼之』」，又曰「二十有八載，放勳乃徂落」。屈原曰：「爲重華而陳詞。」孟子、屈原既以「放勳」、「重華」爲堯、舜之號，而後世以推之，遂以「文命」爲禹之號。然「允迪」不可爲皋陶之號，其説不通，世人多疑之，諸家之説皆不然。某嘗謂鄭少梅曰：「史官作史之時，蓋以是稱堯、舜、禹之功德。後人因史官有是稱，遂以『放勳』、『重華』、『文命』爲堯、舜、禹之號。然『允迪』不可爲皋陶之號，故不可以爲稱，正如子貢之稱夫子曰『固天縱之將聖，又多能也』。蓋稱夫子之德如此，後世遂稱夫子爲『將聖』，與此正同。」

欽明文思安安，

《史記》曰「堯有大功」，於是推言其所以爲大功者，「欽明文思安安，允恭克讓，光被四表，格于上下」，此其所以爲大功也。大抵形容聖人之盛德，必推其著見者而言之，堯曰「欽明文思」、舜曰「濬哲文明」、湯曰「齊聖廣淵」、文王曰「徽柔懿恭」、夫子曰「温良恭儉讓」，皆稱其德之著而言之也。「欽明文思」者，蓋言帝堯之德著見於外，其行己也欽，其遇事也明，外則有焕然之文，内則有淵然之思。此言與序大抵相同，然序則言「聰明文思」，此則言「欽明文思」，蓋史官便於文體而序述也。前言「聰明」者，言堯能分明邪正，得虞舜於側微，卒授以天下。故言「聰明」，欲與下文「讓于虞舜」文勢相接。此言「欽明文思」者，意與下文「允恭克讓」相應。皆隨宜立文，非有深旨於其間也。孔氏云：「安天下之所當安。」然下文「黎民於變時雍」，方是「安天下之所當安」者。此謂「安安」者，蓋言堯有欽、明、文、思之四德，安而行之，非事於勉强修爲，若孟子所謂「性」者也。

允恭克讓，

唐孔氏云：「在己既有四德，其接人也又信恭能讓。」「允恭」者，謂恭出於誠實，非於聲音笑貌之間，如文王所謂「懿恭」是也。「克」者，能也。經稱湯「居上克明，爲下克忠」，又曰「克寬克仁」，《詩》稱文王曰「克明克類，克長克君」，皆謂能其事也。彼有望塵雅拜、摇尾乞憐，非不恭也，「允恭」安在？隱公之遜桓，丁鴻之遜弟，非不遜也，「克讓」安在？恭而允，讓而克，所以獨稱於堯也。

光被四表，格於上下。

即所謂「光宅天下」也。《立政》曰：「方行天下，至於海表，罔有不服。」「四表」，謂四海之外也。「格於上下」，謂上際於天，下蟠于地也。曾氏曰：「『光被四表』，則與日月合明，而照臨之功無不被。『格于上下』，則與天地同流，而覆載之功無不及。」此説盡之。大抵論聖人之德，必推其著見者言之。《中庸》曰：「惟天下至聖，爲能聰明睿智足以有臨也，寬裕温柔足以有容也，發强剛毅足以有執也，齊莊中正足以有敬也，文理密察足以有別也。『溥博淵泉，而時出之。溥博如天，淵泉如淵』，見而民莫不敬，言而民莫不信，行而民莫不悦。是以聲名洋溢乎中國，施及蠻貊，舟車所至，人力所通，天地之所覆載，日月之所照臨，霜露之所隊，凡有血氣者莫不尊親，故曰配天。」此則人之所共聞而共見也。至如「惟天下至誠，爲能經綸天下之大經，立天下之大本，知天地之化育。夫焉有所倚？肫肫其仁，淵淵其淵，浩浩其天。苟不固聰明聖知達天德者，其孰能知之？」此則非史官所得形容也。

克明俊德，以親九族。九族既睦，平章百姓。百姓昭明，協和萬邦。黎民於變時雍。

前既言堯之德其見於充實輝光者，如天地之覆載，日月之照臨，可謂極其至矣。此又言其舉而措之天下事業者也。「克明俊德」，《大學》曰「自明也」，孔氏曰「能明俊德之士」，此二説不同。而李校書以謂前既言堯之德「欽明文思安安，允恭克讓，光被四表，格于上下」矣，不應於此重述其德也，遂以孔氏之説爲是。如經言「俊民」、「籲俊」之類，皆謂俊傑之士也。《大學》之言，漢儒所作，斷章取義云爾。此説是也。唐孔氏言：「堯之爲君也，能尊明俊德之士，使之助己施化，以此賢臣之化，先令親其九族之親。九族蒙化已親睦矣，又使之和協顯明於百官之族。百姓蒙化皆有禮儀，昭然而明顯矣，又使之合會調和天下之萬國。其萬國之衆人於是變化從上，是以風俗大和。」此説大體是也。「九族」，當從夏侯、歐陽氏以謂父族四、母族三、妻族二。孔氏傳謂「高祖玄孫之親」，非也。蓋高祖非己所得而逮事，玄孫非己所得而及見。若必謂「非高祖玄孫之親，但據其族係出於高祖」者，則但本宗族，亦何以爲「九族」哉？其既睦之「九族」，若只本宗之一宗，則其睦也亦不廣矣。若以謂「父族四、母族三、妻族二」，則旁及他族，而本族亦在其中，則其所睦者，豈不廣哉？父族四：父五屬之内，一也；父之女昆弟適人者及其子，二也；己之女昆弟適人及其子，三也；己之女子適人者及其子，四也。

母族三：母之父姓，一也；母之母姓，二也；母之女昆弟適人者及其子，三也。妻族二：謂妻之父姓，一也；妻之母姓，二也。蓋敦宗睦族之道，必徧内外之親。晏子曰：「使吾父之黨無不乘車者，吾母之黨無不足衣食者，妻之黨無有凍餒者。」敦九族之道，固自此始。「百姓」者，百官族姓也。不謂「百官族姓」，而謂「百姓」者，但舉其大數而言。唐孔氏曰：「『唐虞稽古，建官惟百』，故言百姓。」蘇子瞻亦云：「『百姓』者，蓋是時，上世帝王子孫其得姓者，百餘族而已，故曰『百姓』。」此説不然。《五子之歌》曰「萬姓仇予」，豈唐、虞之世始有百姓，而至夏頓有萬姓哉？「平章」者，平章百官之職業而升黜之。後世以宰相爲平章事，蓋出於此。「於變」者，唐孔氏曰：「其萬國之衆人，於是變化從上。」子和云：「『於』者，歎美之辭也。蓋言之不足，故嗟歎之。與《詩》所謂『於論鼓鐘』之『於』字同，當作『於』字讀。」竊謂當從子和之説，如詩人稱頌盛德曰「於穆清廟」、「於緝熙敬止」、「於鑠王師」同。此言堯治功之成，故以「於變」言也。「時雍」者，孔氏云「是以風俗大和」，程氏曰「化成俗美，而時雍和」，程氏之説善。「親九族」言「以親九族」，「平章百姓」、「協和萬邦」，不言「以」者，曾氏云「蒙上之『以』也」。「九族」言「既睦」，「百姓昭明」、「黎民於變時雍」，不言「既」者，曾氏云「蒙上之『既』也」。上言「以親」，下言「既睦」；上言「協和」，下言「於變時雍」，此蓋古史交互立文以見意，無異義也。夫「九族」者，堯之九族也。必得明俊德之士，而後親者。李校書曰：「親親，治之始也。然所以至於治者，非賢人，其孰能任之？後世用非其人，而父子不相保者有之，況九族乎？」此説甚善。如漢武帝用一江充，而太子、諸王皆死巫蠱之禍。唐明皇用一楊國忠，一日而殺三子。使其當時用董仲舒、張九齡輩，豈有此禍哉？此章蓋前之所言者，謂堯以誠明之性，格物致知、正心誠意以修其身，至於與天地合其德，與日月合其明。而又能舉天下之賢才，而與之共治，故能施于有政。蓋所謂「爲政以德，譬如北辰居其所而衆星拱之」者也。是以其教不肅而成，其政不嚴而治，故能施于有政。蓋有不期然而然者矣！故親九族，則九族睦矣。平章百姓，則百姓昭明。協和萬邦，則黎民於變時雍矣。非立之斯立，道之斯行，綏之斯來，動之斯和，疇克爾邪？使夫子之得邦家，亦若是而已矣。

乃命羲、和，

程氏曰：「前既言堯之克明俊德，始於敦睦九族，以至於協和萬邦，黎民於變時雍。此又言立政紀綱，分正百官之職，以熙庶績。而事之最大、最先，莫若推測天道，明曆象，欽若時令，以授人也。天下萬事未有不本於此，蓋人君之治天下，惟此二端而已。治身、齊家，以至平天下者，治之道也。建立紀綱，分正百官，明天道以制事者，治之法也。作《典》者，論堯之德，盡在於此矣。自『帝曰疇咨』以下，著其事以見堯之聖。」此説甚善。言「黎民於變時雍」，繼以「乃命羲、和」，與《周官》「設官分職，以爲民極」之下言「乃立天官冢宰」、「乃立地官司徒」之類同。唐孔氏云：「『乃命羲、和』者，重述『克明俊德』之事，得致雍和所由。已上論堯聖性，此説堯任賢，據堯身而言用臣，故云『乃命』，非『時雍』之後，方始命之。」此論爲當。「羲、和」者，《楚語》云：「少昊之衰，九黎亂德，人神雜擾，不可方物。顓頊受之，乃命南正重司天以屬神，北正黎司地以屬民，使復舊常，無相侵瀆。其後，三苗復九黎之惡，堯復育重、黎之後不忘舊者，使復典之。」《吕刑》曰：「黄帝哀矜庶戮之不辜，報虐以威，遏絶苗民，無世在下。乃命重、黎，絶地天通，罔有降格。」揚子雲曰：「羲近重，和近黎。」是以堯之羲、和即顓頊之重、黎是也，蓋羲承重，和承黎。唐孔氏云：「羲、和雖别爲氏族，而出自重、黎。」謂羲、和爲氏族，則不然，如下云「咨汝羲暨和」，則似名矣，非氏族也。王氏云：「散羲氣以爲羲，斂仁氣以爲和。日出之氣爲羲，羲者，陽也。利物之謂和，和者，陰也。」羲、和即人之名，安有陰陽、仁義之説哉？此不可行也。

欽若昊天，

孔氏云：「昊天者，元氣廣大也。欽若者，敬順也。」《爾雅》曰：「春曰蒼天，夏曰昊天，秋曰旻天，冬曰上天。」鄭氏謂：「春氣博施，故以廣大言之。夏氣高明，故以遠言之。秋氣或生或殺，故以閔下言之。冬氣閉藏而清察，故以監下言之。」王氏云：「天色可見者，蒼蒼而已，故於春言其色。氣至夏而行，故於夏言其氣。情至秋而知，故於秋言其情。冬位正乎上，故於冬言其位。」皆鑿説也。孔氏云：「六籍之中，諸稱天者以情所求言之，非必於其時稱之。」此説甚善。《毛詩》傳云：「尊而君之，則曰皇天。元氣廣大，則曰昊天。仁覆閔下，故稱旻天。自上監下，故稱上天。據遠視之蒼然，則稱蒼天。」此説與孔氏合，最爲得之。

曆象日月星辰，

欲「欽若昊天」者，必有其法。「曆象日月星辰」，此其法也。曆，數也。周天三百六十五度四分度之一，而以日月星辰之久近，紀歲月之先後也。象者，璣衡也。所以參考日月星辰之行度也，日行一度，月行十三度十九分度之七。星者，四方之中星也。角、亢、氐、房、心、尾、箕爲青龍，凡七十五度。斗、牛、女、虚、危、室、壁爲玄武，凡九十八度四分度之一。奎、婁、胃、昴、畢、觜、參爲白虎，凡八十度。井、鬼、柳、星、張、翼、軫爲朱雀，凡百一十二度。共爲三百六十五度四分度之一。辰，則日月所會也。正月會於亥，其辰爲娵訾。二月會於戌，其辰爲降婁。三月會於酉，其辰爲大梁。四月會於申，其辰爲實沈。五月會於未，其辰爲鶉首。六月會於午，其辰爲鶉火。七月會於巳，其辰爲鶉尾。八月會於辰，其辰爲壽星。九月會於卯，其辰爲大火。十月會於寅，其辰爲析木。十一月會於丑，其辰爲星紀。十二月會於子，其辰爲玄枵。星與辰一也，據其人之所見而言之，則謂之星；據其日月所會而言之，則謂之辰。鄭氏以「星爲五緯，辰爲日月所會十二次」者，則以星辰爲二。然而此論欽授民時，無取於五緯之義。

敬授人時。

孔氏云：「欽紀天時以示人也。」蓋天時苟不定於曆象，則人事無得而興，故堯先曆象星辰，而後欽授民時也。薛氏云：「周建子，天時也。商建丑，地時也。夏建寅，人時也。堯之所授爲人事而已，以建寅之月授之，故曰『欽授人時』。」此説雖近似，然而改正朔始於周時，堯、舜之世無三正之異。故《春秋疏》舉鄭氏曰「正朔三而改，自古皆相變」，而以其説爲不然，謂：「古惟用夏正，惟商革夏命而用建丑，周革殷命而用建子。」觀此説，則薛氏之説亦不可用矣。據「人時」，但言「民時」也，《史記》作「民時」，其義蓋通。自「分命羲、和」以下，所謂「曆象日月星辰，敬授人時」者也。

分命羲仲，宅嵎夷，曰暘谷。寅賓出日，平秩東作。日中星鳥，以殷仲春。厥民析，鳥獸孳尾。申命羲叔，宅南交。平秩南訛，敬致。日永星火，以正仲夏。厥民因，鳥獸希革。分命和仲，宅西，曰昧谷。寅餞納日，平秩西成。宵中星虚，以殷仲秋。厥民夷，鳥獸毛毨。申命和叔，宅朔方，曰幽都。平在朔易。日短星昴，以正仲冬。厥民隩，鳥獸氄毛。帝曰：「咨，汝羲暨和！朞三百有六旬有六日，以閏月定四時成歲。允釐百工，庶績咸熙。」

分命羲仲　　申命羲叔

分命和仲　　申命和叔

此一段皆是觀象作曆之法，所以定中氣、起閏餘也。蓋必先奠方隅、測時氣、齊晷刻、候中星，而又驗之於農事之早晚、物類之變化，然後中氣可得而定。中氣既定，然後閏餘可得而推也。學者於此，不可以他求，惟求作曆之法，而盡得之矣。「分命」、「申命」，孔氏「乃命羲、和」以下注云：「此舉其目，下别序之。」以是知羲仲、羲叔、和仲、和叔，即前之「羲、和」。馬融、鄭玄、王肅之徒云：「『乃命』者，爲天地之官。『分命』、『申命』，爲四時之職。天地與四時，於周則冢宰、司徒之屬，六卿是也。」此説雖近似，然上文言「乃命羲、和」，而下文言「羲仲」、「羲叔」、「和仲」、「和叔」之命，乃是詳言「曆象日月星辰」之事，非如周之六卿，有治教禮政等之異也。前言「乃命」，後言「分命」、「申命」，皆是錯綜其文以成義也。「羲仲」、「羲叔」、「和仲」、「和叔」，猶曰「仲突」、「仲忽」、「叔夜」、「叔夏」是也。

宅嵎夷曰暘谷　宅南交

宅西曰昧谷　宅朔方曰幽都

此所以奠方隅也，蓋作曆之法，必在候日月之出没、星辰之躔度。欲候日月之出没、星辰之躔度者，必先準定四面方隅之地爲表識。東曰嵎夷，西曰昧谷，南曰南交，北曰幽都。四方既定，然後可以候日月之出没，測星辰之運行，而曆象之法自此起矣。古者設爲土圭之法，以測日景。土圭之景，七尺五寸，景之中也。日至之景，尺有五寸，短之至也；丈有三尺，長之至也。其法必於地中之所、日中之時，施圭以度焉。日南則景短多暑，日北則景長多寒，日西則景夕多風，日東則景朝多陰。據此下文有「日中」、「日永」、「宵中」、「日短」，則是以土圭測日景之法，於堯時已有之矣。欲求天地之中者，苟不先立土圭以測日景，準定四方之地，則何以定天地之中？此蓋作曆之始也。「嵎夷」，青州之嵎夷也，在正東，故東曰「嵎夷」。「南交」，孔氏云「夏與春交」，王氏云「南方相見之時，陰陽之所交也，故曰南交」，此説不然。於東、西曰「嵎夷」、曰「昧谷」，皆地名也，不應於南方獨言其萬物相見之時，其説爲不類。蓋「南交」即交趾也。案：《史記・五帝本紀》曰：「黄帝之地，北至於幽陵，南至於交趾。」則交趾之對幽都，其來尚矣。又曆象欲知日月之食不食，每於此候之。唐一行云：「開元十二年七月戊午朔，據曆當食半弦，自朔方至於交趾，候之不差。」是以知南方爲交趾無疑矣。交趾在正南，故曰「南交」。「宅西」者，隴西之西縣也，在正西，故曰「宅西」。「幽都」，舜時之幽都也，在正北，故北曰「幽都」也。四方既定矣，然後可以候日月之出没，測星辰之運行，以起曆法。曰「暘谷」、「昧谷」，孔氏曰：「暘，明也。日出於谷而天下明，故稱暘谷。」「昧，冥也。日入於谷而天下冥，故曰昧谷。」蓋嵎夷之方，日出之地也；隴西之方，日入之地也。據其地而言之，則謂之「嵎夷」，謂之「宅西」。據其日月出没而言之，則謂之「暘谷」，謂之「昧谷」。將欲「賓出日」而「餞納日」，故先定「暘谷」、「昧谷」之地也。「幽都」，堯都幽冀，在九州之正北也。南方又宅於「南交」，故不言「曰」也。

寅賓出日　　寅餞納日

賓，《釋文》如字讀，而徐氏謂之曰「儐」。據孔氏云「賓，導也」，則音「儐」者是，與「儐相」之「儐」同。如「賓出日」、「餞納日」，蓋將以候日晷之早晚，以驗晷刻之長短也。「寅」，敬也。「賓」之、「餞」之，非實有賓、餞之禮也。唐孔氏云：「導者，引前之言。送者，從後之稱。因其出也，導以引之。因其入也，從而送之。各以其所宜立文。」其説是也。帝嚳曆日月而迎送之，即此法也。

平秩東作　　平秩南訛

平秩西成　平在朔易

陰陽四時之氣，運於天地之間，造化密移，莫不有序。「平秩」、「平在」者，平均次序、在察之。蓋所以候其氣節之早晚，如後世分定二十四氣之類是也。孔氏於「南訛」云：「訛，化也。平序南方化育之事。」於「西成」言：「西方萬物已成。平序其政，助成物也。」於「在朔易」言：「歲改易於朔方。平均在察其政。」則是以「南訛」、「西成」、「朔易」皆謂天時也。至於論「東作」則謂：「歲起於東而始就耕。平均次序東作之事，以務農也。」則此一方獨以農事言之。案：下文「厥民析」，方是言分散以就農。此但謂萬物發生於東耳，非取於農作之義也。惟曾氏以謂：「春爲陽中，萬物以生。秋爲陰中，萬物以成。」且引《詩》「薇亦作止」、《老子》「萬物並作」爲證，此可以補先儒之失。

敬致

敬致者，孔氏謂：「敬行其教，以致其功。」其説不然。若以爲敬致其教，則何獨於南方言之？以是知「敬致」者，當是致日也。《周官》「春夏致日，❶秋冬致月」，左氏曰「日官居卿以致日」，則「敬致」者，致日之謂也。蓋曆法欲候日月之出没，此以昏旦見於南方之中星，以定晷度之所至。謂之「敬致」，與「寅賓」、「寅餞」同，但其文勢有先後耳。如《月令》云：「日在營室，昏參中，旦尾中。」謂「日在營室，有昏有旦」者，此所謂「賓出日」、「餞納日」也。謂「昏參中，旦尾中」者，即此所謂「敬致」也。賓日於東，餞日於西，然後「日中」、「日永」、「宵

❶「春夏致日秋冬致月」，《周禮注疏》作「冬夏致日春秋致月」。

中」、「日短」可得而知也。敬致南方之中星矣，然後「星鳥」、「星火」、「星昴」、「星虚」可得而見也。此二者可得而知，然後分至之氣可得而定矣。故繼之曰「日中星鳥，以殷仲春」、「日永星火，以正仲夏」、「宵中星虚，以殷仲秋」、「日短星昴，以正仲冬」。

日中星鳥以殷仲春　日永星火以正仲夏

宵中星虚以殷仲秋　日短星昴以正仲冬

鳥、火、虚、昴，皆是分至之昏，見於南方，直正午之中星。而孔氏以謂「七星畢見」，不以爲中星。故唐孔氏云：「仲春之月，日在奎、婁，入於西地。則初昏之時，井、鬼在午，柳、星、張在巳，翼、軫在辰」，「仲夏之月，日在東、井而入於西地。則初昏之時，角、亢在午，氐、房、心在巳，箕、尾在辰」，「仲秋之月，日在角，亢而入於西地。則初昏之時，斗、牛在午，女、虚、危在巳，室、壁在辰」，「仲冬之月，日在斗，入於西地。則初昏之時，奎、婁在午，胃、昴在巳，畢、觜、參在辰」。信如孔氏此説，則是鳥、火、虚、昴，當分至昏，皆見於巳，非正午也，其何謂四方中星哉？王子雍覺其非，遂謂：「宅嵎夷、宅南交、宅西、宅朔方，孟月也。日中、日永、宵中、日短，仲月也。星鳥、星火、星虚、星昴，季月也。」此説並與曆家偶合，然分孟、仲、季，非《書》之意。蓋二孔、王氏，皆不知曆家有歲差之法，以《月令》「日在某宿」而求之，所以不合。案：曆家自北齊向子信始，首知歲法。以古曆稽之，凡八十餘年差一度。《月令》「日在某宿」，比之堯時，則已差矣。以日會月在某宿求之中星，宜其不合矣。故唐一行云：「月在虚一，則星火、星昴，皆以仲月昏中。」而沈存中亦云：「《堯典》『日短星昴』，今乃日短，星東壁。」以是知歲差之法，乃曆家之所通知，特先儒未之思耳。蓋仲春之月，日在昴，入於西地。則初昏之時，鶉火之星見於南方正午之位。當是時也，晝夜分，晝五十刻、夜五十刻，是爲春分之氣，故曰「日中星鳥，以殷仲春」。仲夏之月，日在星，入於西地。初昏之時，大火之星見於南方正午之位。當是時也，晝長夜短，晝六十刻、夜四十刻，是爲夏至之氣，故曰「日永星火，以正仲夏」。仲秋之月，日在心，入於西地。則初昏之時，虚星見於南方正午之位。當是時也，晝夜分，晝五十刻、夜五十刻，是爲秋分之氣，故曰「宵中星虚，以殷仲秋」。仲冬之月，日在虚，入於西地。初昏之時，昴星見於南方正午之位。方是時也，晝短夜長，晝四十刻、夜六十刻，是爲冬至之氣，故曰「日短星昴，以正仲冬」。分至之氣既定，則十二月之氣無不定矣。春曰「日中」，秋曰「宵中」，蓋互文以見日夜之分也。春曰「星鳥」、夏曰「星火」、秋曰「星虚」、冬曰「星昴」者，蓋四方躔度之星。以名言之：自角、亢、氐、房、心、尾、箕，至於井、鬼、柳、星、張、翼、軫，凡二十有八。以日月所會言之：自娵訾、降婁、大梁、實沈、鶉首、鶉火、鶉尾、壽星、大火、析木、星紀，至於玄枵，凡一十有二。以物象言之：則青龍、玄武、白虎、朱雀，凡四。作《典》者欲備見，故互言之。春秋言「殷」、冬夏言「正」者，亦猶春秋謂之分、冬夏謂之至也。分至定，則十二月之中氣無不定矣。然猶以爲未也，而又以「析」、「因」、「夷」、「隩」，驗之於農事早晚，故繼之曰「厥民析」、「厥民因」、「厥民夷」、「厥民隩」。

厥民析　厥民因

厥民夷　厥民隩

孔氏云：「析者，言春事既起，丁壯就功。言其民，老壯分析」，「因者，謂老弱因就在田之丁壯，以助農也」，「夷者，平也。老壯在田，與夏平」。孔氏此説不然也。於夏既言「老弱因就在田」，於秋又言「與夏平」，則是三時之辭，其言無異，非説經之體也。程氏謂：「夷者，平也。秋稼將盛，歲事將畢，民獲卒歲之實，心力平夷安舒也。」「厥民隩」者，漢孔氏云「隩者，屋也。民改歲，入此室處」，胡氏謂「不然」，以謂「若如孔氏之説，當作『奥』字讀」，《爾雅》曰「室西南隅謂之奥」，孫炎曰「室中隱奥之處」，據陸氏《釋文》云「於六反」，馬云「隩，暖也」。冬寒，民集隱暖，此説爲是。既定民事之早晚矣，此以爲未也，猶考物類之變化。

鳥獸孳尾　鳥獸希革

鳥獸毛毨　鳥獸氄毛

帝曰：「咨！汝羲暨和。朞三百有六旬有六日，以閏月定四時成歲。允釐百工，庶績咸熙。」

「孳尾」者，孔氏謂：「乳化曰孳，交接曰尾」，「希革謂鳥獸毛羽希少改易」，「毛毨謂毛更生整理」，「氄毛謂鳥獸皆生耎毳細毛」。此蓋萬物之微感天地至和之氣，而動作應時，不期然而然爾。故作曆者觀此，則候天時之早晚。如《禮記・月令》云「魚上冰，獺祭魚，倉庚鳴，鴻鴈來」之類者，是《堯典》之遺法也。至於是，則分至定矣。分至定，則十二月之中氣無不定矣，然後閏餘又得而起。王肅云：「斗之所建，是爲中氣，日月所在。斗指兩辰之間，無中氣，則置爲閏。」蓋閏月之置，在無中氣之月。中氣未定，則閏餘亦未得而定。前之所言皆爲定中氣而作，既定中氣矣，故以閏餘繼之。夫作曆之法，雖始於定中氣，本以置閏。曆之置閏，其事爲大，故更申言之。「咨」者，胡氏所謂「訪問於善」，此説未然。如「咨，汝羲暨和」、「咨，十有二牧」，皆勑戒之辭，安得爲訪問於善哉？據此，「咨」字只當訓「嗟」，蓋發語之辭，與《詩》所謂「嗟嗟臣工」同，二字蓋通用也。「朞三百有六旬有六日，以閏月定四時成歲」，若作曆之法也。蓋作曆之法，分周天三百六十五度四分度之一。月之行也，日十三度十九分度之七，常以二十九日過半而與日合。一歲所餘，凡五日九百四十分日之五百九十二。日之行也，日一度，其爲十二月，以三百六十日。是一歲所餘，凡五日九百四十分日之二百三十五。以五百九十二并二百三十五，是一歲日月所餘，共十日九百四十分日之八百二十七。十九年，年十日，爲百九十日又十九箇八百二十七，爲一萬五千七百一十三。以日法九百四十分除之，得十六日。以并百九十日爲二百六日，不盡六百七十三分爲日餘。今爲閏月得七，閏每月二十九日，爲二百三日。又七箇月餘各四百九十九分，合爲三千四百九十三。以日法九百四十分除之，得三日，共爲二百六日，不盡亦六百七十三，是爲一章之數。二十七章爲一會，三會爲一統，三統爲一元。章、會、統、元運於無窮。此四時所以定，而歲功所以成也。四時定，歲功成，然後百工可以允釐，而庶績可以咸熙也。「允釐百工」，孔氏以謂「夫允治百官」。《爾雅》曰「熙，興也」，郭氏注引此「庶績咸熙」爲證，則「咸熙」者，衆功皆興也。蓋中氣不正，則閏餘不正。閏餘不正，則雖欲釐百工、熙庶績，而無所致力。今也中氣定，則閏餘正。閏餘正，則百官得其職，萬事得其序，蓋不期然而然爾。當堯之時，洪水横流，泛濫於天下，爲生民之計，可謂急矣。然堯不先命禹以平水土，命稷以播百穀，命契以作司徒，而首命羲和定曆象、正閏餘者，蓋中氣不正，則曆象無得而定。苟三年而差一月，則必以正月爲二月，每月皆差，九年而差三月，則將以春爲夏，十有九年差六月，則四時相反。如欲百工之允釐、庶績之咸熙，不可得矣。雖有益、稷、皋陶之功，果安所施哉？惟天時既定，則人功由是而施。堯之治，無先於此耳！邵康節云「日月星辰，堯則之。江河淮海，禹平之」，其意不殊此。

帝曰：「疇咨若時登庸？」放齊曰：「胤子朱啓明。」帝曰：「吁！嚚訟，可乎？」

「疇」，誰也。《五子之歌》曰「予將疇依」，揚子曰「疇克爾」。咨，嗟也。疇咨，嗟誰也。「若時」者，孔氏曰：「誰能咸熙庶績，順是事者，將登用之。」而程氏謂：「堯老，廣求聖賢，以遜帝位之意。故放齊以胤子朱對，不與上文相連。」其説是也。而王氏以「若時登庸」與「若予采」相對爲言，謂：「『疇咨若時』者，咨順天道者也。『疇咨若予采』者，順人事也。」此説則非。「若時登庸」以謂順天道，如《臯陶謨》曰「咸若時」、《冏命》曰「若時瘝厥官」，豈亦咨順天道也哉？「疇咨若時」者，誰能順是登庸之任？蓋將授以天下也。「放齊曰『胤子朱啓明』」，孔氏云「胤，國。子，爵」，唐孔氏遂以「胤侯命掌六師」、「胤之舞衣」爲證。夫《虞書》上采堯事爲《舜典》張本，則必推本舜之所以得天下於堯。使朱果胤國之君，則其事不應載之《堯典》，其文全無所係也。《史記》作「嗣子丹朱」，其説是也。蓋堯將禪位，訪於羣臣。放齊以常情揆之，父子相傳，古今之通義也，故以胤子爲對。正如漢文帝欲舉有德，以陪朕之不能，有司請曰「子啓最長，敦厚寬仁，請建以爲太子」，正此意也。胡氏曰：「自古以來，父子相繼。放齊薦子，於義爲宜。若有太子而不繼君位，別求外臣以登庸，揆之人情，豈期至此？誠以嚚訟，遂致旁求。」此論得之。丹朱而謂之「胤子朱」，案：《漢志》「堯禪舜，使其子朱處於丹淵」，誤矣。「胤子朱啓明」者，放齊以其爲人開明敏悟，可授以天下也。然放齊雖以丹朱爲可用，而堯獨知其不可，於是疑怪之曰「嚚訟，可乎」，謂朱之爲人，口不道忠信之言，而且好争訟，不可以當此大器。禹曰：「無若丹朱傲，惟慢遊是好，傲虐是作，罔晝夜頟頟，罔水行舟，朋淫于家。」此又見其嚚訟矣。夫丹朱嚚訟，而放齊謂之開明，朱博士曰：「嚚訟生於開明，君子順開明之性以爲善，可以無嚚訟。小人因開明之性以爲不善，適所以爲嚚訟而已矣。」「嚚訟，可乎」下文無所結者，蓋將爲《舜典》張本矣。

帝曰：「疇咨若予采？」驩兜曰：「都！共工方鳩僝功。」帝曰：「吁！静言庸違，象恭滔天。」

「疇咨若予采」，謂能順我事也。程氏曰：「此別一時求人之事也。」「驩兜曰都」者，堯既求人以順事，驩兜將薦共工，故歎美之曰「共工方鳩僝功」。「共工」者，蓋官稱也。其人方爲「共工」，故驩兜薦之之辭曰「共工方鳩僝功」。蓋「方鳩僝功」，共工之職然也。既爲共工，而又薦之者，蓋亮采惠疇，百揆之職也。驩兜之薦，將使堯大用也。「方鳩」者，孔氏云「能方方鳩，聚見其功」。據此，「方」字多與「湯湯洪水方割」、《大禹謨》「臯陶方祗厥敘，方施象刑惟明」同，皆是方始之方。而先儒皆以爲四方之方，則失之矣。「僝功」者，孔氏云「僝見其功」，唐孔氏云「僝然，見之狀」。僝之訓見，無所經見。《說文》云「僝，見也」，《史記》云「方聚布其功」。布功者，是功之可見也。僝之訓見意者，亦將有所出。驩兜將薦其人，方且鳩聚著見其功，而帝亦知斯人不可以若予采，故又疑怪之曰「静言庸違，象恭滔天」，言此人不可當大用也。「静」，謀也。言與之謀則能言，試之以事則違戾，爲不可用。如堯謂舜曰「詢事考言，乃言厎可績」，此則庸之，而不可違也。「象恭」者，聲音笑貌之恭，似恭而非恭也。「滔天」者，據此文當是時貌恭而心實滔天。而「滔天」二字，説者不同。《釋文》云「外貌恭敬而心中實包藏滔天莫測」，蘇氏曰「滔滅天理」，曾氏云「誠者，天之道也。汨没其胸中之誠，故曰滔天」。審如是説，則與下文「浩浩滔天」語意斷異。夫《典》之言「滔天」一也，豈容有異哉？《史記》作「似恭漫天」，孔氏云「貌象恭敬而心傲很若滔天，而不可用也」，則其與下文「滔天」爲一意。然而洪水之爲害，際天所覆，滔滔皆是，謂之「滔天」可也。「象恭」云「滔天」，其説有理而難通。故齊唐以謂：「古者竹簡容二十字，自象恭至滔天，始及一行，故傳者誤書『滔天』二字。」然君子於其所不知，蓋闕如也。若欲以己意而增損聖人之經，此近世學者之大患，不可爲也。

帝曰：「咨，四岳！

「四岳」，孔氏云：「即上羲、和之四子，分掌四岳之諸侯，故稱焉。」唐孔氏云：「平秩四時之人，因主四岳之事。」

此説可信。據《舜典》有云：「歲二月，東巡守，至於東岳」；「五月南巡守，至于南岳」；「八月西巡守，至于西岳」；「十有一月朔巡守，至于北岳」。觀四方諸侯而考制度，其首「協時月正日，同律度量衡」。夫其考制度，既以律曆爲先，則四岳爲羲、和四子必矣。索方岳之人，必用羲、和之四子者。程氏云：「古者天職主察天運，以正四時，遂居其方，以主其時之政。在堯則四岳，於周則六卿之職，統天下之治者也。後世學其法者，不知其道，遂以星曆爲工伎之事，而與政分矣。」此實至當之論。而李校書據《春秋外傳》謂：羲、和爲司馬氏之先，四岳爲申、吕氏之先，遂以四岳爲非羲、和四子。夫自古帝王及列國世系，其誑謬錯雜不可考信者，蓋多矣。如羲、和即重、黎也，而太史公以重、黎爲楚國之祖，則是此數子，既爲司馬氏之先，又爲申、吕氏之先，又爲楚芈氏之先，則後世安所適從哉？按《左傳》昭公二十九年稱「少皡氏有子曰重」、「顓頊氏有子曰黎」，則重、黎二人各出一帝，而羲、和亦不得爲一族也。羲、和非以爲一族，則司馬氏、申莒氏、芈氏同出羲、和、重、黎，亦或有此理也。

「湯湯洪水方割，蕩蕩懷山襄陵，浩浩滔天。下民其咨，有能俾乂？」僉曰：「於，鯀哉！」帝曰：「吁，咈哉！方命圮族。」岳曰：「异哉，試可乃已。」帝曰：「往，欽哉！」九載，績用弗成。

曾氏曰：「《氓》之詩曰『淇水湯湯』，《鼓鍾》之詩曰『淮水湯湯』，《江漢》之詩曰『江漢湯湯』，故傳曰『湯湯者，水盛貌』，言其逆行而沸騰之謂也。《詩》曰『蕩蕩上帝』，又云『蕩蕩無綱紀文章』，則『蕩蕩』者，言其泛濫然，無畛域之謂也。孟子言善養氣，塞乎天地之間，而謂之『浩然之氣』。則『浩浩』然者，言其汗漫浩然，無涯涘之謂也。」此論皆是。蓋堯將訪問能治水者，則咨四岳，言洪水之害曰「湯湯洪水方割，蕩蕩懷山襄陵」，言此大水逆流而沸騰，方且爲害，謂其泛濫然無有畛域。山之高者，則懷而包之。陵之卑者，則襄而上之。汗漫浩然，而無有涯涘也。「浩浩滔天」者，言其浸至幾天也。洪水爲害如此，則斯民之被其害也爲甚，故「下民其咨」。此「咨」與「民咨胥怨」同，孔氏云：「咨嗟憂愁，病水困苦，故問四岳，有能治此大水者，將使治之。」故曰「有能俾乂」。於是四岳同辭嗟歎薦鯀也。「僉曰：『於，鯀哉！』」以謂鯀能治此洪水之害也。夫謂之「僉曰」，則四岳爲四人也。《春秋外傳》云：姬姜之胤，❶出於禹、四岳，而曰一王四伯。謂之四伯，則四岳爲四人也必矣。説者必欲爲一人，故韋昭曰：四岳，官名，掌四岳之事，爲諸侯伯，故曰四伯。此蓋未嘗深考書史所載，而曲爲之説。既曰「僉曰」，又謂之「師錫」，則四岳爲四人無可疑者，何必曲爲之説哉？四岳雖同辭薦鯀，以爲可治水，而堯知其不可用，故疑怪之曰「吁，咈哉」，言其人違戾而不可用也。所以違戾不可用者，以其「方命圮族」而已。「方命」者，孔氏云：「鯀性很戾，好此方直之名，命而行事，輒毁敗善類。」以「方」字爲一義，以「命」字連「圮族」之文，非語辭也。《孟子》云「方命虐民」，趙氏注云：「方，猶放也，謂放棄不用先王之命，但爲虐民之政。」其説可通。「圮族」者，程氏云：「毁敗族類，傾陷忌刻之人也。」如《左氏傳》云「不可教訓，不知話言，告之則頑，舍之則嚚」，即此所謂「方命」是也；「傲很明德，以亂天常」，此所以「圮族」也。「岳曰：『异哉』」，「异」，已也。「异哉」，言已矣乎。孔子每言「未見其人」，必曰「已矣乎」，如曰：「已矣乎！吾未見好德如好色者也。」又曰：「已矣乎！吾未見能見其過而内自訟者也。」皆歎其「未見其人」也。此「岳曰：『异哉』」，謂其當時之人，未有賢於鯀者也，故曰「异哉！試可乃已」。蘇氏曰：「可以治水則已，無求其他。」蓋四岳之薦鯀治水，堯知

❶「姬」，據《國語》(上海古籍出版社一九九八年版)，當作「姒」。

其「方命圮族」不可用，而四岳之心未足以信此，故謂其可以治水而已，安可以「方命圮族」而廢之哉？ 四岳既以鯀爲可用，堯勉而從之，以順四岳之意而試之也，故繼之曰「往，欽哉」，蓋順四岳之意而試鯀也。 夫堯之聰明既知鯀爲不可用，而四岳之請又從之者，李覯曰：「堯雖獨明於上，衆多不達於下，故不得不副倒懸之望，以供一切之求耳。」此論甚當。「九載，績用弗成」者，鯀以「方命圮族」之故，堯勉順四岳之請，試使之治水。 然以歲月之久，至於三考而終不能成。 謂之「弗成」者，非無功也，但無所成耳。 唐孔氏云：「鯀之治水，非無小益，衆人見其有益，謂鯀實能治之。 日復一日，以終乎三考之無成，衆人乃服，然後退之，故至九年。《祭法》云『鯀障洪水而殛死，得禹能終鯀之功』，然則禹之大功，頗亦因鯀。 是治水有益，但不能成功，故誅殛之。」此論善矣，然未若程氏之説爲盡。 程氏云：「舜、禹未顯，當時之人，其才智未有出鯀之右故也。 四岳舉之，雖無成功，見其所治，亦非他人之所及。 惟其功用有序，故自任以强暴很戾，圮族愈甚，故惡愈顯，而功不能成矣。 當時大臣舉之，天下信之，而其才力又有過人者，則堯不得不任之矣。 使其當時大臣有過鯀者，則堯亦不任矣。」此説得之矣。「静言庸違，象恭滔天」與夫「九載，績用弗成」之下，文無所總者，爲《舜典》誅四凶張本也。

帝曰：「咨，四岳！ 朕在位七十載，汝能庸命，巽朕位？」岳曰：「否德忝帝位。」曰：「明明揚側陋。」師錫帝曰：「有鰥在下，曰虞舜。」帝曰：「俞，予聞，如何？」岳曰：「瞽子。 父頑，母嚚，象傲。 克諧以孝，烝烝乂，不格姦。」帝曰：「我其試哉！」女于時，觀厥刑于二女。 釐降二女于嬀汭，嬪于虞。帝曰：「欽哉！」

此序堯將禪位於舜，所以爲舜張本也。「朕在位七十載」，孔氏云：「堯年十六，以唐侯升爲天子，在位七十年，則時年八十六，老將求代。」此論堯之年數，不知出於何書。然而在漢之時，去古未遠，帝王遺書猶有存者，孔氏必有所據。而云「朕在位七十載，而年八十六」，則耄期倦于勤矣。將使四岳代己攝行天子之事，故曰「汝能庸命，巽朕位」，謂汝能庸我之命，居帝之位，攝行天子之事也。王荆公曰：「自下升則曰陟，自外入則曰巽。」「汝能庸命，巽朕位」，猶言陟帝位也。「岳曰：『否德忝帝位』」，堯雖使四岳庸命，巽朕位，而四岳辭讓不敢當，則曰「否德」，言己之不德，適所以辱帝位也。説者謂堯欲禪位於四岳，而四岳曰「否德忝帝位」，則謂四岳只是一人，以堯之禪位，不應讓於四人也。夫既以丹朱嚚訟，爲不可以受天下，蓋欲使四岳自相推舉一人，以授帝位也。如漢文帝時，有司請建太子，帝曰：「楚王，季父也。吴王於朕，兄也。淮南王，弟也。皆秉德以陪朕。諸侯王、昆弟、有功賢臣及有德義者，若舉有德。」謂楚王、吴王、淮南王「皆秉德以陪朕」，正如堯之欲禪位於四岳也。謂諸侯王、宗室、昆弟、有功賢臣及有德義者，皆舉有德，正如堯之使四岳「明明揚側陋」也。又何害於四岳之爲四人哉？「曰『明明揚側陋』」者，蓋四岳既辭，不敢當帝位，堯於是使之舉其所知，貴而羣臣，賤而庶民，苟可以當此位者，則將受之也。《史記》曰「悉舉賢臣及踈遠隱匿者」，蘇氏曰「明其高明，揚其側陋，言不擇貴賤也」，其説皆是。堯既使四岳「明明揚側陋」，於是四岳同辭而稱薦，不言「僉曰」，而言「師錫帝曰」者，重其事也。「鰥」者，無妻之稱。舜年三十，尚未娶，故曰「有鰥在下」。薛氏曰：「舉舜而言其鰥者，欲帝妻之也。」此説雖可喜，然據下文「女于時，觀厥刑于二女」，即是妻舜之事，出於堯之意，將試舜以所甚難者。若以「有鰥在下」爲信，則是以女妻舜者，出於四岳之請，非堯意也。夫岳舉舜於側微之中，未知堯之用否，而先請以女妻之，非人情也。竊謂此史臣增加潤色之辭，因堯以女妻舜，遂加「有鰥在下」於上，以見其未娶爾。正如《湯誓》、《泰誓》稱「予一人」，當桀、紂在上，湯、武濟否時未可知，豈宜遽稱「予一人」也哉？竊謂皆是史官增加潤色之辭，學者以意逆志可也。虞，氏也；舜，名也。而或者乃以堯、舜爲謚，故《謚法》曰：「翼善傳聖曰堯」，「仁義盛明曰舜」，「淵泉流通曰禹」。幼名，冠字，五十以伯仲，死謚，周道也。自周以前，蓋未有謚。以堯、舜爲謚者，皆是附會之説也。四岳既舉舜以授帝位，故帝曰「俞」，然其舉也，與曰「吁」者異矣。「予聞，如何」，然我亦聞之，其人果如何也？❶司馬文正公有言曰：「舜自修於畎畝之中，而聞於堯，此舜之所難也。舜在畎畝之中，而堯聞之，此堯之所難也。」或者以堯有「予聞」之言，意欲禪舜，故以禮讓四岳，四岳不受，而乃授於舜，此乃史官潤色之辭也。因堯以女妻舜，遂加「有鰥在下」，故孔氏於「明明揚側陋」注云：「明舉明人在側陋者。」信斯言也，則是堯之意欲其舉舜也。於「有鰥在下」注云：「舜在下民之中，衆臣知舜聖賢，恥己不若，乃不得已而舉之。」信斯言也，則四岳固不利於堯之禪舜也。夫古之聖人作事，直己而行，無事曲折。使其果欲禪舜，則直禪舜矣，又何必以禮讓四岳，而爲此不情之事乎？蓋堯聞舜之玄德而未知其詳，故因四岳之薦而審其如何。四岳聞舜之賢，方欲薦之，適值堯之問，而遂舉之矣。故程氏云：「四岳，堯之輔臣，固賢者也。堯將禪位，固宜先四岳。四岳不可當，乃使明揚其可當者。而或者多疑，以爲四岳可受，則合授之。不可授，則何命之？夫堯以天下之公器授人，豈宜獨爲之哉？故必先命大臣、百官以及天下有能過己者，必見舉矣。更相推舉，卒將得最賢者，然後授以天下。」曾氏曰：「唐虞建官，内有百揆四岳。堯得舜而納于百揆，則前此百揆之官未備也。建官惟賢，時無百揆，則官無隆於四岳，四岳之賢於羣臣可知矣。想其德未足以宅百揆，故但爲四岳而已，則於庸命有所不能，亦可知矣。」古之人自知甚明，其所不當受者，雖與之天下，不受也。此二説者，

❶「如何」，通志堂本作「賢否」。

足以補先儒之失。堯既審問四岳，舜爲人果如何？故四岳曰：「瞽子。父頑，母嚚，象傲。克諧以孝，烝烝乂，不格姦。」言舜所以可授天下者，此也。「瞽」者，無目稱也，蓋舜父名曰瞽瞍。《詩》曰「矇瞍奏公」，則瞍亦無目稱也。以其無目，故名曰瞽瞍，猶云「黑臀」、「黑肩」之類。《史記》云「盲者之子。父頑，母嚚，象傲」，則舜父之無目也，審矣。而孔氏謂：「舜父亦有目，以其不能分別善惡，故詩人謂之瞽。」唐孔氏曰：「孔不然者，以經説舜德行，美其能養惡人，父自名瞍，何須言之？若實無目，則是身有痼疾，非善惡之事，輒云盲者之子，欲何所見乎？」此説非也。四岳舉舜於側微之中，故將言其爲誰氏之子也。若言其惡，則下文曰「父頑，母嚚，象傲」已見之矣，不應於上獨言不能分別善惡也。夫盲之爲痼疾，固非善惡之事。然有目而頑，猶可言也，無目而頑，豈不愈難言哉？「父頑，母嚚，象傲」，謂舜之家有此三惡也。其父則心不行德義之經，其母則口不道忠信之言，其弟則又傲慢而不友。有此三惡，而舜則能克諧其弟，以孝於父母，烝烝乂，不格姦，此實人情之至難也。「烝烝」者，曾氏云：「『烝』如『烝之浮浮』之『烝』，盛德之氣，可以上達，化而熟之，使不自知。故曰『烝烝乂，不格姦』，謂烝烝於乂，而不至於姦惡也。」據此言，「烝烝乂，不格姦」，則是舜未登庸之時，瞽瞍與弟已能以善自治，不至於姦惡矣。彼謂「父母使舜完廩，捐階，瞽瞍焚廩。使浚井，出，從而掩之。象曰：『謨蓋都君咸我績，牛羊父母，倉廩父母，干戈朕，琴朕，弤朕，二嫂使治朕棲』」者，此蓋萬章傳聞之誤也。四岳既言舜能克諧三惡，烝烝乂，不格姦，以此爲可授以天下。而堯猶以爲未也，且曰「我其試哉」，將欲試舜，以考其行迹也。其所以試之者，以女而妻之也。「女于時」，則孟子所謂「二女女焉」者是也。曾氏云「以女歸人謂之女」，《春秋傳》曰「宋雍氏女于鄭莊公」，又曰「晉伐驪戎，驪戎男女以驪姬」，皆非爲之妻也，故稱焉。蓋古者士、庶人，一妻一妾。舜以堯歸之二女，其一以爲媵，非皆爲之妻。劉氏《列女傳》云：「舜身爲天子，娥皇爲后，女英爲妃。」以是知二女，一爲嫡，一爲妃，非皆爲之妻。是以謂之女，而不謂之妻。「觀厥刑于二女」，「刑」，法也，與「刑于寡妻」之「刑」同。唐孔氏曰：「舜家有三惡，身爲匹夫，忽納帝女，難以和協，觀其施法度於二女。」薛氏曰：「舜之所謂諸難者，無難於此。」「釐降二女于嬀汭」者，王氏以「釐降」爲「下嫁」，此說亦可通。然而以「釐降」爲「下嫁」，則是此一篇所載，惟及乎堯之妻舜，而不及乎舜也刑于二女。而便與《舜典》「慎徽五典」之文相接，甚爲不備。故不若從孔氏之説，云「舜能以義理下帝女之心」，而不若曾氏之説爲尤善，曾氏曰：「釐，理也。降，下也。二女之偶理之，使有別，故曰釐。帝女之貴下之，使不驕，故曰降。」嬀，水名也。汭，水之北也。舜之所居在是也。時舜未登庸也，雖帝女之貴，必使之從夫而居，孟子所謂「使二女事舜於畎畝之中」者是也。「嬪於虞」者，如《大明》詩云：「摯仲氏任，自彼殷商，來嫁于周，曰嬪于京。」蓋行婦道於虞氏也。以其地名而言之，則曰嬀汭；以其氏族而言之，則曰虞舜，其實一也。舜既能釐降二女于嬀汭，堯曰「欽哉」，美舜之辭也。曾氏曰：「動容周旋中禮者，聖人之欽也。若有人則作，無人則輟者，此其爲欽，但可以掩塗人之耳目，若在其室而與之居者，則不可欺也。故能釐降帝女，而使之嬪于虞，非能動容周旋中禮以刑之，則不能與於此。」夫四岳之薦舜，將使堯授以天下，而其薦之者，不言其他，而惟曰「父頑，母嚚，象傲。克諧以孝，烝烝乂，不格姦」。堯之試舜，將授以天下，而其所以觀之者，不觀其他，而唯曰「女于時，觀厥刑于二女」者，蓋夫夫婦婦而家道正，家道正而天下定矣。

尚書全解卷二　虞書

舜　典

《堯典》、《舜典》皆《虞書》也。《堯典序》云：「昔在帝堯，聰明文思，光宅天下。將遜于位，讓于虞舜，作《堯典》。」《舜典序》言：「虞舜側微，堯聞之聰明，將使嗣位，歷試諸難，作《舜典》。」考其文意，若終始相因之辭也。蓋《堯典》終於四岳薦舜，堯妻之二女，將授以天下。接於《舜典》「歷試諸難」，以受堯之禪，故其序如此。

虞舜側微，堯聞之聰明，將使嗣位，歷試諸難，作《舜典》。

舜典

「側微」者，孔氏云：「不在朝廷謂之『側』，其人貧賤謂之『微』。」孟子曰：「舜居深山之中，與木石居，與鹿豕遊，其所以異於深山之野人者幾希。」又曰：「舜之飯糗茹草，若將終身焉。」以是觀之，則知舜之其居側，其人微，一匹夫耳。而《史記》案《世本·帝系》以爲堯與舜同出於黄帝，黄帝生顓頊，顓頊生窮蟬，窮蟬生敬康，敬康生勾望，勾望生蟜牛，蟜牛生瞽瞍，瞽瞍生舜，如此，則舜者黄帝之八代孫，蓋帝之族姓也。豈有帝之族姓，而謂之側微者哉？《左氏傳》載史趙之言曰：「自幕至於瞽瞍無違命，舜重之以明德，寘德於遂。遂世守之。」信斯言也，則是自瞽瞍而上，皆有國邑以相傳襲，尤不可謂之側微也。故當以孟子及《書序》之言爲證。「歷試諸難」者，自《舜典》而下是也。舜之釐降二女，事之至難，莫難於此。堯將授以天下，固斷然無疑矣。而將協天人之望，故歷試焉。

曰若稽古，帝舜曰重華，協于帝。

《堯典》曰「光被四表，格于上下」，《舜典》曰「重華，協于帝」，二《典》相因而成書也。蓋堯舜之德，充實輝光之德，充塞乎天地之間，初無異也。而史官欲經緯錯綜，以成文體。故於《堯典》先言「欽明文思安安，允恭克讓」，而後言「光被四表，格於上下」，蓋言堯有如是之德，故能有如是之輝光也。《舜典》先言「重華，協于帝」，而後言「濬哲文明」，蓋言所以有如是之輝光也，以其有如是之德也。是皆錯綜其體以成文，以見堯舜一道。非善形容聖人之德美者，豈足及此也？

濬哲文明，温恭允塞，

程氏曰：「濬，深宏也。哲，睿知也。文，文章也。明，聰明也。温，粹和也。恭，恭欽也。允，信義也。塞，充實也。凡論聖人者，必取其德之焕發者而稱之，隨其所取不必同也。故堯曰『欽明文思』，夫子『温良恭儉讓』，要之，皆是聖人之德美也，稱之，所以見其爲聖。譬如論玉之美者，或取其色之温潤，或取其質之堅正，要之，舉其一則知其爲寶矣。」此説甚善。而王氏以謂：「堯曰『欽明文思』者，成德之序也。舜曰『濬哲文明，温恭允塞』者，修爲之序也。故於堯則言性之所有，於舜則言學以成之。」此鑿説也。據龜山，李校書已言其非矣。

玄德升聞，乃命以位。

「父頑，母嚚，象傲。克諧以孝，烝烝乂，不格姦」，此所謂玄德也。岳曰「有鰥在下，曰虞舜」，帝曰「俞，予聞，如何」，此所謂升聞也。自「慎徽五典」而下，是所謂「乃命以位」也。孔氏曰：「玄，謂幽潛。潛行道德，升聞天朝，遂見徵用。」蓋謂修之於此，而升聞於彼也。莊子曰：「以此處上，聖王天子之德也。以此處下，玄聖素王之道也。」亢倉子曰：「舜之德之盛，爲天下君，善事父母所致也。」劉晏曰：「舜耕而田者相遜，釣而漁者相與。當是時，口不設言，手不指麾，執玄德於心而化馳若神。」此皆玄德之證也。

慎徽五典，五典克從。納于百揆，百揆時叙。賓于四門，四門穆穆。納于大麓，烈風雷雨弗迷。

伏生以《舜典》合於《堯典》，「慎徽五典」而下，合於《堯典》「帝曰欽哉」之文，共爲一篇。至孔安國纂壁中《書》，始釐而爲二，加「乃命以位」上二十八字，由是始爲二篇。雖釐爲二篇，然「慎徽五典」之文與「帝曰欽哉」之文，辭意相接，其實一篇也。故序言「歷試諸難」，篇中言「乃命以位」。蓋堯試舜以難事，凡歷數職，皆能其官也。「慎徽五典」，司徒之事也。爲司徒而「慎徽五典」，則「五典克從」。宅「百揆」，奮庸熙載之任也。使揆度百事，而百事莫不時序。「賓于四門」，使典領方岳諸侯之事，四岳之職也。賓諸侯于四方之門，而四方諸侯來朝者，莫不和睦，如《詩》所謂「有來雍雍，至止肅肅」是也。凡此所謂「使之主事，而事治」也。「納于大麓」，所謂「薦之於天」是也。「烈風雷雨弗迷」，所謂「使之主祭，而百神享之」是也。孔氏曰：「麓，録也。納舜使大録萬機之政。」此説不然。《周官》曰：「唐虞稽古，建官惟百。內有百揆、四岳。」則是當堯之時，官無尊於百揆者。大録萬機之政，非百揆而何？既已納于百揆矣，又「納于大麓」，必無此理。説者以謂：「麓，地名也，即《禹貢》所謂『大陸既作』也。」又説者以謂：「麓，泰山之足，若梁父之類。」然經無明文，不可得而見。據上文「慎徽五典」而下，既是主事而事治，此必是主祭之事。但不知大麓之祭，果何祭也？王氏云「古者易姓告代」，必無是理。要之，世代縣遠，大麓之地，與夫祭於大麓，皆不可考。惟孟子「使之主祭」之言，爲可憑爾。「烈風雷雨弗迷」有二説。孔氏謂：「陰陽和，風雨時，各以其節，無有迷錯愆伏。」王氏因之，遂以謂：「風之烈而雷雨弗迷者，則陰陽不失序可知矣。」太史公以謂：「山林川澤，烈風雷雨，舜行不迷。」而蘇氏因之，遂以爲：「洪水爲患，使舜入山林相視原隰。雷雨大至，衆懼失常，而舜不迷。其度量有絶人者，天地鬼神亦或有以相之與？」此二説不同。太史公之言，涉於神怪，然而以理揆之，亦有未安。夫自「慎徽五典」而下，皆試舜之事。則「納于大麓」者，是亦將試之。試之時，使入山林川澤，安知天之必有烈風雷雨，而視其迷與不迷乎？孔氏謂「陰陽和，風雨時」，則合乎百神之説，但既曰「陰陽和，風雨時」，則不應又有烈風雷雨也。程氏曰：「無烈風雷雨之迷錯，其辭亦不順。」惟孫博士推廣王氏之説曰：「上天之載，無聲無臭，所可推者，陰陽之氣矣。陰陽以散而生風，至於烈風，則陰陽之極也。陰陽薄而成雷，陰陽亨而成雨，雷雨則陰陽相成之極也。陰陽之極，多迷而不復常，則爲物之害。聖人在上，德足以當天心，雖風之烈，而雷雨不至於迷而害物，則陰陽之不失其序。」此説粗通矣。

帝曰：「格，汝舜。詢事考言，乃言底可績，三載。汝陟帝位。」舜讓于德，弗嗣。

既以「歷試諸難」薦之於天，而天受之。暴之於民，而民受之矣。於是攝行天子之事，而陟帝位者焉。故且曰：「格，汝舜。」格，來也，猶云「來」。汝，説也。「詢事考言，乃言底可績，三載」，孔氏云：「汝言致，可以立功，三年矣。」薛氏言：「舜之始見堯也，必有以論天下之事，其措置當爾。而其成當如何者？三年而其言驗，乃致其功。蓋唐虞官人之法，必先察其言，然後考其成功之稱否，而加黜陟焉，此所謂『敷奏以言，明試以功，車服以庸』是也。」曾氏謂：「以事考言之道，以理言之，則底可。以效言之，則考不害績，績不害考。」此説雖然，非《書》之意也。「詢事考言，底可績」，猶行之必可言，言之必可行，豈有考與績之異哉？王氏云：「『讓于德』

者，有德之人也。『弗嗣』，弗肯陟帝位以嗣堯也。」蓋以舜之命禹宅百揆，而禹讓于稷、契、皐陶。命垂作共工，而垂讓殳斨、伯與。命益作朕虞，而益讓朱虎、熊羆。命伯夷典禮，而伯夷讓于夔龍。蓋濟濟相讓者，唐虞之風也。

正月上日，受終于文祖。

舜既不獲讓矣，故於是以「正月上日，受終于文祖」，攝行天子之事也。上日，孔氏以謂「朔日」，王氏謂「上旬之日」，曾氏云「所謂上辛、上丁、上戊之類」。此二説不同。據下文「月正元日，舜格于文祖」，《大禹謨》言「正月朔旦，受命于神宗」，則此「上日」宜爲「朔旦」，特史官變其辭而云爾。猶正月朝會謂之元會，元會，亦朔日也。豈有受命于神宗，獨用朔日，而受終于文祖，獨不用朔日乎？然《月令》「仲春之月，擇元日，命民社」，則元日亦不必爲朔日也。元日既不必爲朔日，則上日亦不必爲上旬之日也。曾氏以謂：「舜之受終，其日不可以不卜，卜之而朔日不吉，則用上旬之日。下言用朔日，蓋朔既吉，不須用他日。」此説雖長，然而世代久遠，時日之詳，不可得而考。曾氏之説，亦不敢以爲必然之論。「受終于文祖」者，舜受堯之禪，終于文祖之廟也。受終而不言舜者，蒙上之文也。王氏徒見此文不加「舜」字，遂以謂「堯受終于文祖」。李校書云：「信如王氏之説，則下文『在璿璣玉衡，以齊七政』，亦當屬之堯矣。孟子曰『堯老而舜攝也』，又曰『舜相堯二十有八載』。始堯命舜云『汝陟帝位』，而又言『受終于文祖』，則是自此以後，堯不復有庶政矣。」此論是也。「文祖」者，堯之太祖也。薛氏云：「受天下於人，必告於其人之所從受者。」此論當矣。然而所祖之人，不可得而知也。《祭法》曰：「有虞氏禘黄帝而郊嚳，祖顓頊而宗堯。」《舜典》、《大禹謨》，皆《虞書》也。既是《虞書》，則所稱祖宗必自虞世言之。神宗，即堯也。神宗爲堯，則文祖亦可指爲顓頊。然而去古遠矣，不可以爲必然之論。唐孔氏云「堯之文祖，不可强言」，此亦慎言闕疑之義。先儒忠厚，蓋見於此。

在璿璣玉衡，以齊七政。

「在」者，察也。蓋與「平在朔易」之「在」同。「璿璣玉衡」，漢孔氏傳云「王者正天文之器，可運轉者」，正後世之渾儀也。「璿璣」者，以璿爲璣也。「玉衡」者，以玉爲衡也。璣，徑八尺，圓周二丈五尺，象天可以運轉也。「玉衡」，橫簫也，長八尺，孔徑一寸，下端望之，以視星辰。蓋懸璣以象天而衡望之，轉璣窺衡以知星宿。曾氏云：「步七政之軌度時數，而以轉璣窺衡，兩不差焉。故曰齊其不齊者，爲陵歷鬬食、盈縮犯守者也。蓋璣衡之所見者，皆其軌度時數之當然。不如璣衡，則爲變異。」此説是也。渾儀自漢以來，相承用之，以至於今，實唐虞之遺法也。沈存中云：「天文象有渾儀，測天之器，置於崇德，以候垂象。蓋古之璣衡也。熙寧中，予受詔典曆官，考察星曆。以璣衡求極星，初夜在窺管中，少時復出，窺管候之，凡歷三月，極星方常循窺管之中，夜夜不差。」窺管，即玉衡也。璿，孔氏云「美玉也」，王氏云「美珠謂之璿」。唐孔氏從先儒之説，以「璿」爲「美玉」，則從《左傳》「瓊弁玉纓」爲證。孫氏從王氏之説，以「璿」爲「寶珠」，引《列子》「有玉者方流，有珠者圜折」之言，古詩云「玉水記方流，璿源載圜折」，《穆天子傳》云「天子之寶璿珠」，以是「璿」爲「美珠」，此説不同。然後世之渾儀，既不用珠玉而用銅爲之，則古之璿璣，或以玉爲之，或綴珠於其上，皆不可得而知。孔氏云：「舜察天文，齊七政，以審己當天心與否。」此説不然。夫舜既受堯之終于文祖之廟矣，乃始「在璿璣玉衡，以齊七政」，以審己之當天心與否，使其七政有失度，則將奈何？古之人授受之義，自不然也。使其不當天心，不符人望，則不授之而已。既已授之，而方且察天心之當否，進退無所據矣。孔氏於「烈風雷雨弗迷」下，注云「明舜德之合於天心」，則是舜未受終以前，已當天心矣。至此又曰「審己當天心與否」，其説亦自相違戾。舜之受終，則「在璿璣玉衡，以齊七政」者，蓋既攝帝位，則將巡狩於方岳，以考制度，協時月正日，同律度量衡也。「七政」者，日月五星也。堯之曆象日月星辰，命羲和之四子，方且考四方之中星而已。至舜考察日月之行，加之以五緯之躔度，然後其法加密也。日行一度，月行十三度十九分度之七。歲星日行千七百二十八分度之百四十五，熒惑星日行一萬三千八百二十四分度之七千二百五十五，太白、辰星日各行一度，鎮星日行四千三百二十分度之百四十五。惟其七政之躔度，其多寡長短之不同如此，故必以璿璣玉衡，然後立法無差忒矣。而王氏云：「《堯典》言『曆象』，《舜典》言『璣衡』。璣衡者，器也。《堯典》言『日月星辰』，此言『七政』。七政者，事也。《堯典》所言者，皆道也。於此所言，皆器也、事也。」此説殊不然。夫《堯典》所謂「曆象」，即《舜典》之所謂「璣衡」也，《舜典》所謂「七政」，即《堯典》所謂「日月星辰」，皆在其中矣，豈有道與器與事之異哉？

肆類于上帝，禋于六宗，望于山川，徧于羣神。

「肆」，遂也，程氏云「猶後世作文者言『於是』也」。「類于上帝，禋于六宗，望于山川，徧于羣神」，皆以攝位告也。「類」者，孔氏云「攝位事類」，其説不然。《周禮・肆師》「類造上帝」，注云「類祈，❶因郊祀而爲之」，蓋郊祀者，祭昊天之常祭也。非常祭而祭告於天，則其禮依郊祀而爲之，故謂之類。「武王伐商，類于上帝」，《王制》曰「天子將出，類于上帝」，皆非常祭是也。謂之類上帝者，孔氏云「以攝位告天及五帝」。蓋五天之説，起於漢而出於緯書，詳於鄭康成。康成之説曰：「昊天、上帝、天皇、大帝，北辰之星也。五帝，五行精氣之神也。

❶「類祈」，《周禮注疏》作「類禮」。

東方青帝靈威仰，南方赤帝赤熛怒，中央黄帝含樞紐，西方白帝白招拒，北方黑帝叶光紀。」孔氏謂「告天及五帝」，皆本於此。而王肅諸儒皆以爲不然，王肅之言是也。土無二王，家無二主，尊無二上，天即帝也，帝即天也，二猶不可，況於五乎？天蒼蒼而在上，不可得而名言也。自其形體而言之，則謂之天；自其主宰而言之，則謂之帝，其實一也。必欲指其孰爲天，孰爲帝，抑何不思之甚也。然而有曰「昊天」、「上帝」，又有曰「五帝」。五帝者，趙伯循曰：「凡帝必及於五帝者，五帝之功多，遂爲五方之主，即《月令》『其帝太皞』等是也。以其功高，故歷代肇於四郊而祀之，次於天帝。」此說甚是。「類于上帝」，但謂「攝位告天」矣。而曰「告天及五帝」，此皆漢儒之失。「禋于六宗」，禋者，精意以享之之謂也。六宗，先儒有九說。孔氏曰：「四時也，寒暑也，日月也，❶星辰也，❷水旱也。」而歐陽、大小夏侯皆云：「上不謂天，下不謂地，旁不謂四方，在六者之間，助陰陽變化，實一而名六宗。」孔光、劉歆謂：「乾坤六子：水、火、雷、風、山、澤也。」賈逵以謂：「天宗：日、月、星辰。地宗：河、海、岱。」馬融曰：「天地四時。」鄭玄以謂：「星辰、司中、司命、風師、雨師。」司馬彪謂：「天宗：日、月、星辰，寒暑之屬也。地宗：社、稷，五祀之屬也。四方之宗，四時、五帝之屬。」其說近於馬融。而孟康謂：「天地間遊神也。」紛紛異同，幾於聚訟。惟張髦謂「三昭三穆」，學者多從其說，王氏、程氏亦皆從之。而二蘇獨取於孔氏，而爲之說曰：「謂古者郊祭天地，必及於天地間所謂尊神者。此『禋于六宗，望于山川，徧于羣神』，蓋與『類于上帝』爲一禮耳。《祭法》曰『燔柴於泰壇，祭天也。瘞埋於泰折，祭地也』，則此所謂『類于上帝』者也。

❶「日月也」，《尚書正義》作「日也月也」。

❷「星辰也」，《尚書正義》作「星也」。

『埋少牢於泰昭，祭時也。相近於坎壇，祭寒暑也。王宫，祭日也。夜明，祭月也。幽宗，祭星也。雩宗，祭水旱也』，則此所謂『禋于六宗』也。『四坎壇，祭四方也。山林、川谷、丘陵能出雲，爲風雨，見怪物，皆曰神。有天下者祭百神』，此所謂『望于山川，徧于羣神』也。《祭法》所叙，郊祀天地、從祀諸神之壇位者，《舜典》之章句義疏也。」此説爲得之，而謂從祀天地諸神之壇位，則不然。夫舜之以攝位告，是亦即其常事而告耳。若以謂從祀天地，則泰壇、坎壇之類皆當合爲一處，恐無是理也。「三昭三穆」，然愚亦知其不然者，蓋七世之廟，自太祖而下謂之六宗，則不可。古者祖有功，宗有德，必有德者而宗之，如云「周之六宗」是也。若以「三昭三穆」爲六宗，則七世之廟皆宗，古無是理也。而蘇氏謂：「受終之初，既有事于文祖，其勢必及餘廟。豈有獨祭文祖於齊七政之前，而祭餘廟於類上帝之後者乎？」以此觀之，則張髦之説，雖近似，不可從也。「望于山川，徧于羣神」，孔氏云：「九州名山大川、五岳四瀆之屬，皆一時望祭之。羣神謂丘陵、墳衍，古之聖賢，皆祭之。」此亦本於《祭法》，而爲之説也。

輯五瑞，

歛五等諸侯之瑞也。案：《周禮·玉人》云：「天子執瑁圭，以朝諸侯。」鄭康成云：「名玉曰冒者，言德能覆蓋天下也。諸侯始受命，天子錫以命圭，圭頭斜鋭，其冒當下斜刻之，其刻長短廣狹如圭頭。諸侯來朝，以圭授天子，天子以圭冒之刻處冒此圭頭。其小大相當，則是本所賜。其有不同，則圭是僞作。以是知諸侯信與不信，猶今之合符也。」又曰：「天子以瑁冒天下之圭，則與公、侯、伯之圭等也。此瑁，惟冒圭耳，不得冒璧，璧亦稱瑞，不知所以齊信。」此説爲盡。舜既居攝，輯諸侯所執之瑞，以冒之，驗其信僞，爲之更始也。

既月，乃日覲四岳羣牧，

「既月」，盡二月也。程氏云：「既月，則四方諸侯至矣。遠近不同，來者有先後，故以既月，而日日見之。非如常朝會，期於一日也。」此論甚當。四岳則盡率方岳之諸侯，羣牧則各率其方之諸侯，以從四岳，猶《康王之誥》云：「太保率西方諸侯，入應門左。畢公率東方諸侯，入應門右。」蓋於是始見四方之諸侯也。

班瑞于羣后。

言既已合符矣，於是頒而還之，使歸其國也。唐孔氏謂：「此瑞本受于堯，斂而又還之，若言舜新付之，今爲舜臣，與之正新君之始。」此説固是，然謂「與之正始」，則可；「與之正新君之始」，則不可。咸丘蒙曰：「舜南面而立，堯率諸侯北面而朝之。」孟子曰：「此非君子之言，齊東野人之語也。堯老而舜攝也。《舜典》曰『二十有八載，放勳乃殂落。百姓如喪考妣，三載，四海遏密八音』，孔子曰『天無二日，民無二王』。舜既爲天子矣，又率天下諸侯以爲堯三年喪，是二天子矣。」蓋舜雖「受終于文祖」，其實攝行天子之事，未嘗正名，以爲新君。使舜正名，以爲新君，諸侯皆改爲舜臣，則將何以處堯乎？孔氏此言，正齊東野人之語。

歲二月，東巡守，

孔氏云「既頒瑞之明月，乃東巡」，此説不然。據上文云「正月上日，受終于文祖。在璿璣玉衡，以齊七政。肆類于上帝，禋于六宗，望于山川，徧于羣神。輯五瑞」，而後曰「既月，乃日覲四岳羣牧，頒瑞于羣后」，則是覲岳牧而頒瑞者，二月之事也。孔氏於覲岳牧、頒瑞，以爲盡正月内，故以此既頒瑞之明月。夫苟頒瑞果在正月中，則其文當與「輯五瑞」相接，何須更加「既月乃」三字？曾氏知其説不通，遂爲之説曰：「覲岳牧、頒瑞，二月之事也。而此須言『正月』者，正朔三而改，堯正丑，舜正子，舜未改堯正，則載二月者，正之二月也。猶《周官・凌人》言『正歲，十有二月』同意。」此説雖順經文，然改正朔之事出於周時，唐、虞、夏之世惟以建寅爲正，非有歲與年之異，若《周禮》之所言也。曾氏之説亦不可爲據。竊謂歲二月者，來歲之二月，故加「歲」一字於其中。蓋前一年羣后來朝，故至明年，舜乃巡狩，考制度于四岳，非與覲岳牧、頒瑞同在一年之中。「歲二月，東巡狩」，狩者，巡諸侯之所守也。必以歲二月東巡者，朱博士曰：「天子巡守，必順陰陽之氣以出入。春則之乎東，夏則之乎南，秋則之乎西，冬則之乎北。而又以地言之，自東徂南，自南徂西，自西徂北，然後自北而歸京師，亦其理也。」此説盡之。

至于岱宗，柴，望秩于山川，

「岱」者，東岳泰山之别名也，以其爲四岳之長，故謂之曰岱宗。「柴」者，燔柴祭天以告至也。既柴而望秩，其序然也。《時邁》之詩曰「巡狩告祭柴望也」，蓋巡狩之禮如此。「望秩于山川」者，望于山川而必秩之者，蓋有當祭而不祭者，有不當祭而祭者，與其品位之高下，牲禮之厚薄，莫不各得其所也。

肆覲東后。協時月正日，

「肆」與「肆類于上帝」之「肆」同，蓋於是始見東方之諸侯也。「協時月正日，同律度量衡」者，蓋所以考制度也。漢孔氏曰：「合四時之氣節，月之大小，日之甲乙，使齊一也。」此説爲備。而唐孔氏所説甚略。曾氏之説尤詳，可以補正義之未備者。曾氏曰：「治曆之法，協時月爲最難。」又曰：「三百六十當期之日，然時之爲九十日常有餘，故四時之周三百六十五日四分日之一，則常期爲有餘。月之爲三十日常不足，故月一小一大而十有二月，或但三百五十四日而已，則常期爲不足。四時常期爲有餘，十有二月常期爲不足，故協之爲難審也。如此并時之有餘、月之不足而協之，故十九年而七閏謂之章，二十七章謂之會，三會謂之統，三統合爲一元。『時』，首月者也。『月』，首朔者也。時月之朔，由章會至於統元，則至與朔合焉，此之謂『協時月』。時月既協，則日不可不正。蓋日在天爲度，在曆爲日，則時月由此積焉，故正之。」此説爲盡。舜之巡狩也，必「協時月正日」者，《春秋左氏傳》曰：「天子有日官，諸侯有日御。日官居卿以厎日，禮也。日御不失日，以受百官於朝。」蓋古者天子、諸侯國，皆有掌曆之官。天子曆官主頒朔於諸侯，若堯之命羲和四子是也。諸侯之曆，則不得自爲曆，必受曆於天子之國，以其曆頒授於萬民。堯既命羲和四子定閏餘，而四時成歲矣。故舜之居攝，則巡狩而考制度於四岳。考制度而先言「協時月正日」者，懼時月之有差也。周室衰，巡狩之禮不講，天子不頒歷於諸侯，諸侯亦自爲曆。「哀公十二年，❶十一月，朔，日有食之。於是辰在申，司曆過也，再失閏矣。明年，春，無冰。」杜元凱曰：「欲置兩閏，以應天正，故正月建子，無冰爲災。」夫周不頒曆，而魯自爲曆，當其無也，則至再失閏。及其有也，則欲置兩閏以求合。舜之考制度，而先「協時月正日」者，蓋慮此也。

同律度量衡。

「律」者，十二律也。六律：黄鍾、太蔟、姑洗爲陽，蕤賓、夷則、無射爲陰。六吕：大吕、夾鍾、中吕爲陽，林鍾、南吕、應鍾爲陰。十二月之氣同類，娶妻隔八生子。黄鍾生林鍾，林鍾生太蔟，太蔟生南吕，南吕生姑洗，姑洗生應鍾，應鍾生蕤賓，蕤賓生大吕，大吕生夷則，夷則生夾鍾，夾鍾生無射，無射生中吕。十二律既備，文之以

❶ 「哀公十二年」，《春秋左傳正義》作「襄公二十七年」。

五聲，播之以八音，而樂成焉。「度」者，所以度長短也。千二百黍爲分，十分爲寸，十寸爲尺，十尺爲丈，十丈爲引，謂之五度。「量」者，所以量多寡也。千二百黍爲龠，十龠爲合，十合爲升，十升爲斗，十斗爲斛，謂之五量。「衡」者，所以知輕重也。千二百黍重十二銖，二十四銖爲兩，十六兩爲斤，三十斤爲鈞，四鈞爲石，謂之五權。「同律度量衡」者，所以齊民信也。老蘇《權衡論》云：「先王欲杜天下之欺也，爲之度，以一天下之長短；爲之量，以齊天下之多寡；爲之權衡，以信天下之輕重。故度量權衡法，必資之官，而後天下同。今也庶民之家，刻木比竹、繩絲槌石以爲之。富商大賈，内以大，出以小。齊人適楚，不知其孰爲斗，孰爲斛，持東家之尺，而較之西鄰，則若十指然。」以此觀之，則舜之「同律度量衡」，其急務也。夫命羲和四子，「曆象日月星辰，敬授人時」。至舜巡守，考制度于四岳，而又加之以「同律度量衡」者，班孟堅《律曆志》云：「推曆生律制器，規圜矩方，權重衡平，準繩嘉量，探賾索隱，鈎深致遠，莫不用焉。」蓋律曆之法，同起於數。洛下閎曰：「律容一龠，積八十一寸，則一日之分也。」以是知律曆，皆自數而起。既自數而起，故度起於黄鍾之長，量起於黄鍾之龠，衡起於黄鍾之重，由衡生規，由規生矩，由矩生繩，由繩生準，而天下制度，舉不出於此矣。堯曆象之時，制度已備。舜之時，不過同之協之而已。以此觀之，則四岳爲羲和之四子信矣。

修五禮。

「五禮」者，吉、凶、軍、賓、嘉也。唐孔氏謂：「歷驗此經，亦有五事：『類于上帝』者，吉也；『百姓如喪考妣』，凶也；『羣后四朝』，賓也；《大禹謨》云『禹徂征』，軍也；《堯典》云『女于時』，嘉也。」其意蓋謂當堯之時，此五禮已備，亦不必如此分别也。要之，人之交接，不出於五者而已。上言「同律度量衡」、此言「修五禮」者，蓋禮樂征伐自天子出故也。伊川云：「正五等諸侯之秩序、制度之等差，是修五禮也。五等之制，古有之矣。防其差亂，故巡守所至，必修明也。正其五等制度，并其君臣所執圭幣，皆使合禮也。」

五玉、三帛、二生、一死贄，如五器，卒乃復。

「五玉」，五等諸侯所執之圭璧也。孔氏以「五玉」連上「修五禮」之文，故唐孔氏謂「不言『修』者，蒙上之『修』字也」，此説不然。夫禮固有因革損益，謂之修可也。五等諸侯執圭璧來朝，方岳之下不過正品秩而已，何修之有？張横渠以「修五禮」爲一句，「五玉、三帛、二生、一死贄」爲一句，蓋得之矣。案：《周禮》：「公執桓圭，侯執信圭，伯執躬圭，子執穀璧，男執蒲璧。」其短長之數，皆如其命。桓圭長九寸，信圭、躬圭長七寸，穀璧、蒲璧皆徑五寸，此之謂五玉。「三帛」，孔氏謂：「諸侯世子執纁，公之孤執玄，附庸之君執黄。」案：《周禮・典命》：「諸侯適子，未誓於天子，則以皮帛繼子男之下。公之孤四命，以皮帛眂小國之君。」據此文，但有諸侯世子、公之孤執帛之文，而不言其色。至於附庸之君所執，則全不見於經。而孔氏云爾者，孔氏采摭羣言。古人忠厚，信以傳信，疑以傳疑。彼其於「三帛」，斷然明言所執之人與其色，其與卿執羔、大夫執鴈、士執雉同稱，略不致疑於其間，必有所據而云耳。鄭氏謂：「三帛者，薦玉也。必致三者之帛：高陽氏之後用赤繒，高辛氏之後用黑繒，其餘諸侯用白繒。」此臆説也。夫既已言五等諸侯所執圭璧於其上，而又言薦玉帛於其下文，豈不重複也？曾氏以爲「皮帛，羔帛，鴈帛」，其説皆不通。「二生」者，卿執羔、大夫執鴈是也。「一死」者，士執雉也。自「五玉」至於「一死贄」，皆其所贄之物，量其貴賤輕重，以寓其等差而已，非有義理於其間。王氏曲生義訓，皆從而爲之辭，穿鑿爲甚。如此等説，皆無取焉。三帛、二生、一死贄，則受之。惟五玉，則禮畢而復還之者。《聘義》云：「以圭璋聘，重禮也。已聘而還圭璋，此輕財而重禮之義也。」「五器，卒乃復」，亦猶是也。而王氏謂：「諸侯有不能臣之義，復之所以賓之也。」其説非也。有曰五瑞，有曰五玉，有曰五器，其實一也，蓋史官之變文也。

五月南巡守，至于南岳，如岱禮。八月西巡守，至于西岳，如初。十有一月朔巡守，至于北岳，如西禮。歸，格于藝祖，用特。

岱宗禮畢，則南巡守，以五月至于南岳，其「柴，望秩于山川」，以下皆如岱宗之禮。八月西巡，十有一月朔巡，禮亦皆然。曰岱禮、曰西禮、曰如初，皆史官之變文也。北岳禮畢，然後歸於京師，蓋一歲而巡四岳也。胡舍人則疑之，以謂：「計其地理，考其日程，豈有萬乘之尊、六軍之衛、百官之富，一歲而周萬五千里哉？」此説殊不然。叔恬問於文中子曰：「舜一歲而巡守四岳，國不費而民不勞，何也？」文中子曰：「儀衛少而徵求寡也。」夫惟儀衛少而徵求寡，故國不費而民不勞。元朔六年，冬，十月，勤兵十餘萬，北巡朔方，東望緱山，登中岳少室，東巡海上，還封泰山禪梁父，復之海上，並海北之碣石，歷西朔方九原，以五月至於甘泉，周萬八千里。夫武帝儀衛可謂多矣，徵求可謂衆矣，尚能八月之間周歷萬八千里。而舜則儀衛少，而徵求寡，豈不能周歷萬五千里乎？胡氏之説，不可爲據。既巡四岳而歸，於是告祭于藝祖之廟。藝祖，即文祖也。或曰藝祖，或曰文祖，特史官之變文也。《春秋》桓二年：「公及戎盟于唐。冬，公至自唐。」《左氏》曰：「告於廟也。凡公行，告於宗廟。反行，飲至、舍爵、策勳，禮也。」「歸，格于藝祖，用特」，則是禮也。「用特」者，用特牛以祭也。薛氏云：「格廟、用特，其禮儉也。廟禮從儉，制度可知矣。必儉其用度，而後可以巡守。」此説爲善。據此，云「巡守四岳既畢，然後歸，格于藝祖，用特」，則是一年而周四岳，然後歸也。鄭氏以孟月禮畢而歸，仲月復往，夫一年而巡四岳。胡舍人尚計其地理，考其日程，而謂「不能周歷萬五千里」。若巡一岳歸，至於仲月復往，則一歲間周數萬里，此必無之理也。

五載一巡守，羣后四朝。敷奏以言，明試以功，車服以庸。

孔氏云：「各會朝於方岳之下，凡四處，故曰四朝。」此說不然。諸侯朝於方岳之下，於上文「肆覲東后」、「如岱禮」、「如初」、「如西禮」已備言之矣，不應於此又言之也。鄭氏云：「巡守之年，諸侯來朝於方岳之下。其間四年，則四方諸侯分來朝京師。」此說乃得之。《周官》之「六年，五服一朝。又六年，王乃時巡，考制度于四岳。諸侯各朝于方岳，大明黜陟」，此則唐虞之禮也，但其年歲久近之不同耳。胡氏既疑舜之時不能一載而巡四岳，遂以五載而巡守，謂：「一年而東，一年而南，一年而西，一年而北，此羣后所以四朝也。五載之中，一歲息駕，行李往來之費，皆可備也。」信如此說，則是諸侯惟朝天子於方岳之下，而未嘗朝於京師也，必無是理。「五載一巡守」，蓋言巡守於方岳之下，以「協時月正日，同律度量衡」以至於「如五器，卒乃復」之事。而諸侯來朝京師，則有此「敷奏以言，明試以功，車服以庸」之三事也。蓋諸侯來朝，則訪問之使陳其言。既言之矣，則明試其言，以考其功。功之既著者，則庸之以車服。此但不止一時之事，一人之身。於其來朝，敷奏以言，使試其功，使庸以車服。蓋待之以歲月之久，則其未來朝也，敷奏以言。其既來朝也，則或考其功。功之有效者，則旌其車服。蓋是總衆諸侯而言之，於朝有此三者之事也。「庸」與「格則承之庸之」「庸」同，蓋言通用之也。《采菽》之詩曰：「君子來朝，何以予之？雖無予之，路車乘馬。又何予之？玄衮及黼。」此「車服以庸」之事也。而王氏必以《周官》「六功」之説：於放勳，則引「王功曰勳」；於此，則引「民功曰庸」。夫「六功」之説，出於《周官》，以是而見於《堯典》、《舜典》之言，非正義矣。至知其説不通，則迂闊而求合。於放勳，則曰「功嚮於王」；於此，則曰「六功皆曰上之所報以民功爲主」。薛氏所謂「人本無病，病從藥生」，此類是也。然唐虞之用刑賞，有黜陟，謂之「明試以功」，是有其效也。若其幽而宜黜者鮮矣，罰不足道也，以舜之三考，黜陟而分北之，止於三苗而已，則宜黜者少於此，可見此説爲美。傳曰「堯舜臨民有五」，蓋言唐虞之治，惟此五者爲臨民之政。所謂五者，五載一巡守、羣后四朝之謂也。蓋苟以封建爲國，則巡守朝覲之時，不可以不嚴。舜五載一周四岳，覲諸侯、考制度、定禮樂，以一四方之視聽。其間四年，則使四方之諸侯，分來朝於京師，考試其言行而黜陟之。於是諸侯皆奉天子之政令，莫敢有異議者，兹其所以爲唐虞之治也。及成周之時，設官分職，雖號祖述唐虞，然而王乃時巡、考制度于四岳，則其法已不如唐虞之密。東遷之後，此禮皆廢，天子不巡守，諸侯不朝覲，於是强陵弱，衆暴寡，大併小，而周道陵夷，不可復振。論者不探其本，如柳子厚則以「封建爲不可行」，此蓋未嘗深考唐虞致治之績也。

肇十有二州，

《典》之所載，雖紀舜事，而先後不以相屬。此又言舜既使禹治水之後，更定疆界，分天下爲十二州也。十二州者，於九州之地，擇其疆理闊遠者，又增置三州。三州，先儒謂舜分冀州爲幽州、并州，分青州爲營州。蓋《周禮·職方氏》載九州有并、幽，而無徐、梁。《爾雅》載九州無梁、青，而有幽、營。先儒於此三者，參較《禹貢》，而於九州之外，又得三州焉，曰幽、曰并、曰營，故遂以此充爲十二州。然而世代久遠，是非不可得而知。馬融云：「舜以冀州之地廣大，分置并州。燕、齊遼遠，分燕置幽州，分齊置營州。」此説雖善，亦是本《職方氏》、《爾雅》而爲之説，未必有據，然或近之矣。

封十有二山，濬川。

孔氏云：「每州之名山殊大者，以爲其州之鎮。封，大也。」據《左氏傳》云「封豕長蛇」，則封固可以訓大也。《周禮・職方氏》每州皆取其大者，以爲鎮。若揚州，山鎮曰會稽；荆州，山鎮曰衡山之類耳。先儒之説，未爲無據。然封十有二山，而言大十有二山，則其爲文不順。據《左氏傳》曰「將善是封殖」、《易》曰「不封不殖」，則封之爲言封殖之謂也。蓋洪水既平之後，封殖其山而加樹藝焉。謂之封殖者，非必於每州封一山之最大者，凡十有二州之山，皆封殖之。如「九山刊旅」者，謂凡九州之山，皆得刊木而旅祭也。「濬川」者，洪水既平，不可以不時而疏導之也。唐孔氏謂：「禹之治水，通鯀爲十三載，則舜攝位元年，九州始畢。當是二年之後，始封爲十二州也。」竊謂去古已遠，時月之詳，不可得而考。然學者於聖人之經，但求其意而已。至於時月，則不可設爲一定之論。如禹之治水，其時月最難考信。《洪範》曰「鯀則殛死，禹乃嗣興」，《左傳》云「舜之罪也殛鯀，其舉也興禹」，又曰「鯀殛而禹興」，《祭法》曰「鯀鄣洪水而殛死」，顧此數説，則是鯀既殛于羽山已死，然後舉禹而治水也。《益稷》曰「予創若時，娶于塗山，辛、壬、癸、甲。啓呱呱而泣，予弗子」，則是鯀既死之後，禹終三年之喪，既娶，而後治水也。則舜攝之元年，安得洪水之功畢乎？觀此，則治水功畢，當在舜居攝以後數年也。然舜之居攝次年，則巡守、朝諸侯、考制度，使洪水未平，則此禮亦不可得而講也。觀此，則知治水功畢，又當居攝之前。而孟子又謂「禹八年於外，三過其門而不入」，凡此數説，求之皆齟齬，學者當闕之。

象以典刑，

此又言舜明慎用刑之道也。王氏云：「象者，垂以示人之謂，若《周官》『垂法象魏』是也。」此説比先儒爲長。蓋王者之法如江河，必使易避而難犯。故必垂以示之，使知避之。苟不垂以示之，使知所避，及陷於罪，然後從而刑之，是罔民也。《周官·司寇》：「正月之吉，始和，布刑于邦國都鄙，乃懸象刑之法於象魏，使萬民觀象，挾日而斂之。」此則唐虞之「象以典刑」之意也。而説者多以象刑爲畫象刑，其説皆出於《大傳》與漢帝之詔。此説雖近似，然以象刑爲畫象，而解「象以典刑」之句，其辭爲不順。而象刑亦有難治者，荀子曰：「世俗之説曰『治古無肉刑而有象刑』，是不然。以爲治邪？則人固莫觸罪，非獨不用肉刑，亦不用象刑矣。以爲人或觸罪矣，而直輕其刑，然則是殺人者不死，傷人者不刑也。罪至重而刑至輕，庸人不知惡也，亂莫大焉。」薛氏又論：「世俗以爲畫衣冠、異章服爲象刑，豈非讀《舜典》而誤與？」此説有理。

流宥五刑，

此蓋象刑之目也。五刑：墨、劓、剕、宫、大辟也。「流宥五刑」者，王氏謂：「制五流之法，以宥五刑之輕者。」蓋人之罪，有被之五刑爲已重，加之鞭扑爲已輕，故制爲流法以宥焉。

鞭作官刑，扑作教刑，

「鞭作官刑」者，以鞭爲治官之刑也。「扑作教刑」者，不勤道業則撻之。唐《刑法志》曰：「唐用刑有五：一曰笞。笞，恥也。罪之小者，則加鞭撻以恥之，此《舜典》所謂『扑作教刑』是也。二曰杖。杖，持也。可持以擊之，此《舜典》所謂『鞭作官刑』是也。」要之，此二者皆鞭撻之刑，有輕有重之不同。其曰「官刑」、「教刑」者，此亦據大凡而言。蓋教刑多用輕者，故以扑係之，其實二者皆通用也。

金作贖刑。

蓋謂人有過誤入罪與事涉疑似者，使之以金贖其罪。孔氏以謂「黄金」，而唐孔氏謂：「古之贖罪皆用銅，漢始用黄金，但少其斤兩，令其與銅相敵。後魏以金爲難得，故大辟之罪，其罰千鍰贖銅三百七十五斤。」然或用金，亦不可得而知之也。

眚災肆赦，

自「流宥五刑」至「金作贖刑」，❶此象刑之目也。自「鞭作官刑」至於「眚災肆赦」，蓋量人情之輕重也。昔者聖人雖設爲常法，然必原人情之輕重，然後用其常刑，故能刑期于無刑，使過誤者得罰金，而故犯者必不赦。君子不陷於無辜，小人不至於苟免，人將遷善遠罪，日趨於君子之域，此則「刑期無刑」之謂也。「眚災」者，不幸而入於罪戾也。李校書曰：「《周官》甸師之職『喪事，代王受眚災』，『眚災』，古語有是爾，猶言天作孽云耳。其罪非己作，或爲人罣誤，而入於刑，猶《論語》所謂『雖在縲絏之中，非其罪也』，如此之人，其情在所可恕。故其逋逃而未獲，則肆縱之；已獲而繫囚，則赦宥之也。《春秋》言『肆大眚』，其實蓋本諸此。」

怙終賊刑。

孔氏謂：「怙姦自終，當刑殺之。」此説不然。夫以「賊刑」爲刑殺之，則是聖人用刑所以賊人也。《左傳》載叔向之言曰：「己惡而掠美爲昏，貪以敗官爲墨，殺人不忌爲賊。『昏、墨、賊，殺』，皋陶之刑也。」杜元凱云：「三者皆死刑。」「昏墨賊殺」與「怙終賊刑」文勢正同，蓋怙恃其惡者，與終不能改者，與賊害人者，皆律家所謂情重，故刑之。

---

❶ 上「刑」字，原誤作「行」，今據汲古閣本、通志堂本改。

欽哉，欽哉，惟刑之恤哉！

孫氏云：「史官既言舜用刑之目，於是又言其明德、慎罰、恤刑之意，曰『舜之用刑也，欽哉，欽哉，是刑之爲憂恤哉』，言其哀矜憂恤之至。而或以爲舜語，非也。」此説爲是。

流共工于幽州，放驩兜于崇山，竄三苗于三危，殛鯀于羽山，四罪而天下咸服。

史官既言明慎用刑，於是又論誅四凶之罪，以見其用刑之當也。共工象恭滔天，足以惑世，故流之幽州。幽州者，先儒謂在州境之北邊也。驩兜黨共工，其罪同，故放之于崇山。崇山者，先儒謂《禹貢》無崇山，未知其處，蓋在衡山之陽。蓋者，疑之之辭也。三苗，國名也，縉雲氏之後，貪冒無厭，不恤其民，故竄之于三危。三危在雍州也。鯀「九載，績用弗成」，違戾圮族益甚，故殛之于羽山。羽山即徐州所謂「蒙羽其藝」也。流、放、竄、殛，皆是屏之遠方也。《左氏傳》所謂「流四凶族，投諸四裔，以禦魑魅」是也。而有放、流、竄、殛之異者，孔氏曰：「異其文，述作之體。」其説是也。凡《典》之所載，有一言而再言之者，則必變其文。如既曰「正月上日」，又曰「月正元日」，而又曰「正月朔旦」。既曰「五瑞」，又曰「五玉」，又曰「五器」。既曰「文祖」，又曰「藝祖」。南岳曰「如岱禮」，西岳曰「如初」，北岳曰「如西禮」。及此流、放、竄、殛，皆是經緯其語，以成文體，非有異義也。「殛鯀于羽山」，説者多以爲殺之，遂舉《洪範》「鯀則殛死」之言爲證，是不然。使鯀之罪，果在所當殺，則直殺之矣，何必殛之羽山？《洪範》所謂「殛死」者，正如後世史傳言「貶死」也。太祖皇帝讀《書》，歎曰：「堯舜之世，四凶之罪止從投竄，何近代法網之密也？」太祖之言，可謂得聖人之意矣。蓋舜之制爲流法，以宥五刑，四凶之罪可謂大矣，而止於從殛竄，則終舜之世，死刑未嘗用也。《史記》云：「以見舜之盛德云耳。」四凶不誅於堯世，而誅於舜之時，何也？程氏曰：「四凶在堯之朝，知其惡之不可行，則能隱其惡，立堯之朝，以助堯之治，堯何因而誅之？及舜登庸於側隱之中，而居其上，始有不平之心，而肆其惡，故舜誅之耳。」幽州、崇山、三危、羽山，皆是棄之遠惡之地。《左氏傳》云「投諸四裔」，謂之四裔，則亦是猶四處而言，非必有南北東西之異。太史公曰：「流共工于幽州，以變北狄。放驩兜于崇山，以變南蠻。竄三苗于三危，以變西戎。殛鯀于羽山，以變東夷。」孔氏因此説，遂以「幽州爲北裔」，「崇山爲南裔」，「三危爲西裔」，「羽山爲東裔」。夫四凶之罪，貫盈而不可赦，故投於遠惡之地而絶之，其何以變東夷、西戎、南蠻、北狄哉？孔子曰：「言忠信，行篤敬，雖蠻貊之邦行矣。」見弃於中國，而可以變於蠻貊，無是理也。「四罪而天下咸服」者，罰既當罪，而天下心服之也。據舜誅四凶，在於歷試之初。肇十有二州，封十有二山，濬川，在命禹平水土之後。而作《典》者，載先後之辭如此者，蓋史官因言舜之明慎用刑，遂援其誅四凶之事以爲證。非謂先肇十有二州，而後誅四凶也。

二十有八載，帝乃殂落。百姓如喪考妣，三載，四海遏密八音。

言舜之居攝二十有八年，而後堯死也。「殂落」，死也。蓋人之死也，魂氣歸於天，故謂之殂；體魄降於地，故謂之落。「百姓如喪考妣」，言百姓之失堯，如失父母也。孔氏云「言百官感德思慕」，非也。夫百姓，有指百官而言之者，若《堯典》「平章百姓」是也；有指民而言之者，若《論語》「修己以安百姓」是也。此「百姓」，蓋指民而言之。言堯之德及於民也深且久，其崩也，百姓若失父母，無小大、無遠近皆然，非獨百官而已。「三載，四海遏密八音」，指其地而言之，則曰四海；指其人而言之，則曰百姓，其實不異也。而王氏云：「聖人之政，其施不能無厚薄，則其報施之義，亦不能無厚薄也。」此蓋曲生穿鑿，無義理也。夫謂「百姓如喪考妣」者，非是處苫塊，真如居父母之喪也，但謂憂愁不樂也。惟憂愁不樂，則於三年之間，遏密八音。此蓋相因之辭，無有臣與民之異也。「遏」，絶也。「密」，静也。「八音」，金、石、絲、竹、匏、土、革、木也。凡音之起，由人心生。人心歡樂，則八音之奏和悦，而無有厭斁。苟其心一有所不樂，則雖八音陳於前，而心不在焉，不知其爲樂也。堯之崩也，百姓哀慕，如喪考妣。至於三載，四海遏密八音，此蓋至誠所感，自然而然，非有刑政以驅之也。竊惟堯舜之世，有後世所不可跂及者二事。驩兜、共工之徒，皆世之所謂大姦大惡，立於其朝，非惟不逞其姦，而反爲世所用，此其所不可跂而及者，一也。堯老而舜攝者二十八年，堯以天子之尊，不復以庶政自聞，而退處於上。舜以匹夫之賤，攝行天子之事，歷年如是之久，而讒間不生。及堯崩，舜率天下諸侯，以爲堯三年之喪，然後即天子之位。内外大小無有纖豪之隙者，此後世所不可跂而及者，二也。且如唐明皇、肅宗親父子之間，及肅宗即位，明皇處西内，而程元振之徒，一肆其讒間，則父子之間不啻如仇讎。堯與舜，初非有天屬之親，而舜能率天下以事堯，使斯民戴堯之心無有厭斁。及其崩也，百姓如喪考妣，三載，四海遏密八音，此其爲難。蓋本試於諧頑嚚，刑二女也。柳子厚智不足以知此，且謂：「堯不能使民忘之，不能以天下授舜。舜不能自係於民，不能以受堯之天下。」且謂：「『如喪考妣，三載，四海遏密八音』，乃是舜歸德於堯，史尊堯之辭。」此蓋以一己之私意，測度聖人者也。子厚之心術，蓋可見矣。

尚書全解卷三　虞書

舜典

月正元日，舜格于文祖，詢于四岳，闢四門，明四目，達四聰。

月正，即正月也。李校書曰：「月朔，或謂之朔月，《詩》所謂『朔月辛卯』是也。月吉，或謂之吉月，傳所謂『吉月，朝服而朝』是也。」以此觀之，則月正之爲正月也，必矣。夫學者之於經，惟本於求其意而已，不必區區於物色牝牡之間。如二《典》之所載，皆史官變其文以成經緯，苟得其大意，足矣。如必較量輕重而爲之説，則將不勝其鑿。如《舜典》言舜受終，則曰「正月」；格于文祖，則曰「月正」。必欲從而爲之説，此王氏之所以有「即是月而後有政」之論也。「元日」，朔日也。朔日而謂之元日，猶人君即位之始年，謂之元年也。舜既終三年之喪，於是始告廟。既告於廟，然後即於天子之位也。自此而下，皆紀舜詢訪羣臣之事也。「詢于四岳」者，所謂謀于四岳也。「闢四門，明四目，達四聰」，此其所以謀四岳之事也。唐孔氏云：「告廟既訖，乃謀政治於四岳之官。所謀開四方之門，大仕路致衆賢也。明四方之目，使爲己遠視四方也。達四方之聰，使爲己遠聽四方也。恐遠有所壅蔽，令爲己悉聞之。」此説甚善。蓋四岳之職，主招延衆賢，以待上之所求，爲天子之耳目也。故天子求賢，必咨訪詢問之。如《典》所載者，多矣。此言「詢于四岳」，亦咨訪詢問而求賢也。「闢四門」者，蓋所以廣仕路也。孟子曰：「義，路也。禮，門也。惟君子能由是路，出入是門也。」惟其闢四方之門，則天下之仕者，皆願立於朝矣。「明四目，達四聰」，不言四明，而言四目者，皆史官錯綜其文，以成義也。

咨十有二牧，曰：「食哉，惟時！柔遠能邇，惇德允元，而難任人，蠻夷率服。」

此則咨在外之十有二牧也。《周官》曰：「唐、虞稽古，建官惟百。內有百揆四岳，外有州牧侯伯。」則是十二牧者，在外主諸侯者也。惟其在外，故其咨之之辭曰「食哉，惟時！柔遠能邇，惇德允元，而難任人」，此皆在外之辭也。「食哉，惟時」者，民之粒食，當使之各得其時也。李校書曰：「稱『惟時』，亮天功。『惟時有苗弗率』，皆以『時』訓『是』。此『食哉，惟時』，亦應訓『是』。而先儒乃謂當如『敬授民時』之『時』者，句自此絶，則訓字當異，此蓋與『直哉，惟清』同句體也。」此説甚善。「柔遠能邇」者，孔氏曰：「言當安遠，乃能安近。」非也。《中庸》曰「君子之道，譬如行遠必自邇」，臯陶曰「邇可遠，在兹」，是先邇而後遠也。而孔氏謂「當安遠，乃能安近」，非也。李校書曰：「『能』者，耐也。古者能、耐同字。『能邇』者，居上以寬之謂也。其意蓋以『能邇』爲『耐邇』者，若俗所謂『忍耐得事』。」恐亦不然。耐、能二字，字通而義分。以能之字爲耐之字則可，以能之義爲耐之義則不可。謂「能邇」爲居上以寬者，亦非也。某竊謂下文言「蠻夷率服」，而上文曰「柔遠能邇」，則是遠邇雖皆當治，第欲柔遠者，當先能治近也。「惇德允元，而難任人」，此能邇之道也。「惇德允元」者，如《武成》之「惇信明義」，❶蓋進德而用之也。「德」者，有德也。「元」者，善人也。曰「惇」、曰「允」，厚之、信之之謂也。「而難任人」者，退不肖而遠任人也。任人，佞人也。佞人而謂任人者，蓋其所包藏不可測知故也。謂之「難」

❶「成」，原誤作「城」，今據汲古閣本、通志堂本改。

者，遏絶之，使不得進也。進賢而用之，退不肖而遠之，則内治舉矣，此蠻夷所以相率而來服也。蓋自古蠻夷所以敢憑陵中國者，皆由守土之臣不能用寬厚長者之道，行優游寬大之政，以忠信鎮服蠻夷，邀功生事，開邊鄙之隙者，衆也。兹舜命十有二牧，其一言曰「食哉，惟時」，又其一言曰「柔遠能邇」，又從而申之曰「惇德允元，而難任人，蠻夷率服」，知所先務矣。

舜曰：「咨，四岳！有能奮庸熙帝之載，使宅百揆，亮采惠疇？」

稱「舜曰」者，所以别堯也。蓋自此而上，稱「帝曰」者，皆堯也。自此而下，稱「帝曰」者，皆舜也。舜既終堯三年之喪，格于文祖，然後即天子之位。稱帝也，《書》之所載，其於名分之際，最爲謹嚴。蓋懼其涉於疑似，有以起後世異同之論也。如舜之居攝，疑其遂稱帝矣，故於命禹作司空，則稱舜者，以見前此未嘗稱帝也。如成王幼沖，周公攝政，則疑於遂稱王，以令天下之人，故作《書》者於《多士》則曰「周公初于新邑洛，用告商王士」。王若曰」，於《多方》則曰「王來自奄，至于宗周。周公曰：『王若曰』」，以見周公雖居攝，凡有號令，皆稱成王之命也。其於命名、定分之際，謹嚴如此。而後世猶謂「舜南面而立，堯率諸侯北面而朝之」，又謂「周公負黼扆，南面而朝諸侯於明堂之上」，此蓋未嘗深考《書》之所載，而妄爲之説也。「有能奮庸熙帝之載」者，謂有能奮起其功，以廣堯之事，見於已試之效者，將使之宅百揆也。蓋舜未即位，凡在位者所以言事，無非堯之事也。薛云「帝載，猶云王事也」，此説未通。謂帝載爲王事則可，舜自稱其事爲帝載則不可。既求其見於已試之效者，故以「熙堯之載」言之。「使宅百揆」者，將使之居度百官之任，猶後世之爲宰相也。唐孔氏云：「舜本以百揆攝位，今既即政，故求置其官。」此説是也。蓋舜雖受堯之禪，而其實尚居百揆之官，但攝行天子之政，代堯總領萬機之務耳。而帝堯之在位，蓋自若也。堯崩，三年之喪畢，然後舜告于堯文祖之廟，而即帝位。舜即帝位，方詢于四岳，求其可爲百揆者，以代己之位。則是舜居百揆之位，凡三十餘年，而後禹代之。蓋名分之際，不統於一，則雖堯之聖，不能一朝居也。「亮采惠疇」，孔氏云：「信立其功，順其事者，誰乎？」此説未通。謂「疇咨」爲「嗟誰」則可，謂「惠疇」爲「順其事者誰」，且與上「亮采」爲一句，則文勢不順。據上文，「有能」則是「誰」之義矣。而下言「誰」，其文亦不無重複。王氏云：「『亮采』者，明其事也。『惠疇』者，惠其疇也。」此説雖勝，然以「疇」爲「惠其疇」，而引《周易》「疇離祉」爲證。以爲百工者，百揆之疇也，百揆得人，則百工皆疇離祉矣。以「疇離祉」證「疇」之義，而又以「離祉」爲説，迂迴甚矣。予竊謂「亮采」者，輔相之義，與「寅亮天工」、「弼亮四世」之「亮」同。《爾雅》曰「亮，左右也」，以是知「亮」有輔相之義。「亮采」者，輔相朝廷之事。「疇」如「九疇」之「疇」，謂天下之事，各以其類，無不順也。「惠疇」，此蓋宰相之職也。「載」，事也。「采」，亦事也。既曰「熙載」，又曰「亮采」者，蓋前之所言「熙堯之事」，見於已試之效也；後之所言者，則將責之以將來之效，以亮舜之事也。

僉曰：「伯禹作司空。」帝曰：「俞，咨，禹！汝平水土，惟時懋哉！」禹拜稽首，讓于稷、契暨皋陶。帝曰：「俞，汝往哉！」

舜既求其熙帝之載，見於已試之效者，於是四岳同辭薦禹曰「伯禹作司空」。蓋禹於是時，以司空居平水土之任，已有成績矣。故四岳舉之，將使舜自司空擢升百揆之任也。薛氏以「百揆爲司空之職」，其説失之矣。「俞」者，然其所舉也。既然其所舉，於是稱美其平水土之功，而勉之曰「惟時懋哉」。「懋」，勉也。「惟時懋哉」，謂惟勉行居是百揆。蓋於是從四岳之請，而使之宅百揆也。《郊特牲》曰：「拜，服也。稽首，服之甚也。」

「禹拜稽首」，盡敬於君也。「讓于稷、契暨皋陶」，所謂推賢遜能也。稷，官名也。契、皋陶，皆稱其名，而稷獨稱其官者，唐孔氏曰：「出自禹意，不必著義。」其説是也。「俞」，然其所推之賢也。「汝往哉」，不許其讓也。聖人以公天下爲心，一有所廢置，必與衆共之，未嘗徇一己之私見。舜之元德，修於畎畝之中，堯已聞之矣。然必至於四岳舉之，然後妻以二女，攝之以位，協之以天人之望，而後禪之。則是其事若出於四岳，而非出於堯也。舜既即位，當時之人有大功者，無出於禹之右，則百揆之任非禹其孰宜之？猶必詢于四岳，至於四岳舉之，然後稱其前功而命焉。則其事亦若出於四岳，而非出於舜也。非天下之至公，其孰能與此？

帝曰：「棄，黎民阻飢，汝后稷，播時百穀。」

孟子曰：「禹既疏爲九河，瀹濟、漯而注諸海，決汝、漢，排淮、泗而注之江，然後中國可得而食也。后稷教民稼穡，樹藝五穀，五穀熟而人民育。人之有道也，飽食暖衣、逸居無教，則近於禽獸。聖人有憂之，使契爲司徒。」觀孟子之言，則是稷之播百穀，契之敷五教，皆在禹平水土之後，未即位之前，而舜乃列於九官之次者。舜特使禹宅百揆，禹讓于稷、契暨皋陶，將使舜以百揆之任授之也。舜既不許其讓，而以百揆授禹矣。而稷、契、皋陶之位，皆已至無可遷者，但稱美其前功，申儆之而已。曰「稷」者，時居稷官也。棄，稷也，時居稷官，故禹稱其官。棄，其名也，故舜稱其名。曾氏云：「棄者，以誕寘之隘巷、寒冰、平林爲名也。」「黎民阻飢」者，衆人之艱在於飢。此蓋指洪水未平，民方艱食之時言之也。「播時百穀」，以濟此烝民者，汝后稷之功也。謂之「后稷」者，蓋雖在朝爲公卿，而分土胙民爲諸侯，尊而君之，故稱后稷。蓋當是時，稱后非獨后稷一人，如《吕刑》所稱「伯夷降典，禹平水土」，皆可謂之「后」。而後世亦稱夔爲后夔，又皆尊而君之之稱也。「百穀」者，所播非一種，故曰百穀。《生民》之詩曰：「蓺之荏菽，荏菽旆旆，禾役穟穟，麻麥幪幪，瓜瓞唪唪。」又曰：「誕降嘉種，維秬維秠，維穈維芑。」惟后稷之粒食烝民，所播非一種，故謂之百穀，蓋舉其多而言之也。

帝曰：「契，百姓不親，五品不遜，汝作司徒，敬敷五教，在寬。」

此亦謂洪水未平，民未知教之時言之也。意以爲百姓所以不親於下者，由五品之不順於上故也。人倫明於上，則小民親於下矣。五品、五典之教，皆言人倫也。自其可以爲萬世常行之法而言之，謂之五品；自其設而爲教言之，則謂之五教。其實一也，但史官異其文耳。《左氏傳》與《孟子》論五典，皆本於《舜典》，而其文不同。《左氏傳》云：「舜舉八元，使布五教於四方，父義、母慈、兄友、弟恭、子孝。」而《孟子》曰：「使契爲司徒，教以人倫，使父子有親、君臣有義、夫婦有别、長幼有序、朋友有信。」此二説，皆本於《舜典》，而其文則大同小異。竊謂《左傳》之言，不如《孟子》之説爲盡。《中庸》論「天下之達道五，曰君臣也，父子也，昆弟也，夫婦也，朋友之交也」。蓋人倫之道，盡於此五者。契爲司徒，教天下以人倫，而君臣之義、夫婦之别、朋友之信，豈有忽而不教者哉？當以《孟子》之言爲證。「汝作司徒」者，言汝爲司徒之職，謹布五教於民，其有不率教者，又當寬以待之也。《詩》云：「天生烝民，有物有則。民之秉彝，好是懿德。」秉彝之性，人之所同有也。其有至於喪其秉彝而亂人倫之性者，未必其中心之誠然也。良由教化有所未明，習俗有所未成，則其固有之性，逐物而喪矣。惟教化已明，習俗已成，將見復其固有之性矣。故舜命契爲司徒，教之以五典，其有不率教者，不與賊寇姦宄之人同陷皐陶之刑，又命寬以待之，開其遷善遠罪之路，而納之於君子長者之域也。「在寬」者，孟子所謂「勞之來之，匡之直之，輔之翼之，使自得之，又從而振德之」者也。漢韓延壽爲馮翊，民有昆弟相與訟田，延壽大傷之，曰：「幸得備位，爲民表率，不能宣明教化，至令有骨肉争訟，此咎在馮翊。」因閉閤思過，於是兩兄弟深自悔，皆自髠肉袒謝，願以田相移，不敢復争。仇覽爲蒲亭吏人，有陳允獨與母居，而母詣覽，告允不孝。覽曰：「前過舍，見廬落頓整，耕耘以時。此非惡人，當是教化有所未至。」覽因至允家，與其母子飲，因爲陳人倫孝行，譬以禍福。允卒成孝子。惟其待之以寬，則五教可得而敷之。夫契爲司徒，在禹平水土之後，至舜之即帝位，凡三十餘年矣。而舜申命之言，猶有「在寬」之語，則其待之之厚也，至矣！堯舜之教民，其優游不迫如此，宜其垂拱坐視夫民之阜也。

帝曰：「皋陶，蠻夷猾夏，

皋陶作士，亦在舜未即位之前，此亦申儆之而已矣。「蠻夷猾夏」，王氏云：「在周大司馬之職，當舜之時以士官兼之。」其意以謂：舜之時，不立大司馬之官，其有蠻夷猾夏，則使皋陶治之。此説不然。夫蠻夷侵亂邊境，將用兵以禦之邪？不用兵以禦之邪？不用兵以執之，則何以隸皋陶之刑？如其用兵，以士官爲將帥，古無是理。唐虞稽古，建官惟百。《典》之所載，惟有九官。姑以見其得賢才而用之，以共致無爲之治爾。非謂所命之官，只此九人也。《甘誓》「大戰于甘，乃召六卿」，在啓時，有六卿。則當舜之時，安知其無司馬之職，而必以爲兼於士官乎？然而舜告皋陶則曰「蠻夷猾夏」，何也？此非境外之蠻夷。舜之世，九州之内，蓋有蠻夷與吾民錯居境内。冀州、揚州之島夷，青州之萊夷，徐州之淮夷，梁州之和夷是也。惟其與吾民雜居於境内，而能肆爲侵叛，以爲吾民之害，於是使皋陶辨華夷内外之分，以法繩治，而時取其尤桀黠者而誅之爾。漢光武受南單于降，處之内地，其後華夷無辨，風俗雜揉，駸駸以成東晉五胡之亂，良由不能辨之於猾夏之初故也。

「寇賊姦宄，汝作士。五刑有服，五服三就。五流有宅，五宅三居。

「寇賊姦宄」，乃吾民之犯法者也。羣行攻劫曰「寇」，殺人曰「賊」。「姦宄」，説者不同。《左氏傳》以謂「亂在外曰姦，在内曰宄」，此説未知孰是。要之，姦宄亦是寇賊矣。夫「蠻夷猾夏，寇賊姦宄」，此孟子所謂「不待教而誅」也，故隸於皋陶之刑。「汝作士」，「士」，理官也。「五刑」，墨、劓、剕、宫、大辟。「有服」者，服其罪也，孟子所謂「善戰者服上刑」也。「五流」，謂五刑，不忍加誅，則制爲五等以宥之。「有宅」者，安其居也。蓋刑而當其罪，則刑者服其罪；流而當其罪，則流者安其居也。「五服三就」，孔氏曰：「行刑當就三處：大罪於原野，大夫於朝，士於市。」其説出於《國語》，然經言五刑，是五刑皆然也。若以謂「大罪於原野，大夫於朝，士於市」，則是皆於大辟之一刑矣。墨、劓、剕、宫，必不然也。孔氏以「三就」爲「朝、市、原野」，又以「三居」爲「大罪四裔，次九州之外，次千里之外」，此説尤爲無據。夫四凶流於四裔，蓋在九州之内。今謂「大罪四裔，次九州之外」，無是理也。王氏云：「行刑者，或就重、或就輕、或就輕重之中，此之謂『三就』。流者，或居遠、或居近、或居遠近之中，此之謂『三居』。」此説爲善。蓋教皋陶原情而定罪耳。夫欲刑者之服其罪，流者之安其居，則必權人情之有宜輕者，有宜重者，有宜輕重之中者；其流罪有宜居近者，有宜居遠者，有宜居遠近之中者，皆酌之以人情，而不背戾於法，此所貴於「惟明克允」也。

「惟明克允。」

理官惟明，故能允也。「允」，信於人也。蓋欲刑者之服其罪，流者之安其居，非信於人不可。欲信於人，則在乎明足以察人情之是非，而善權其輕重也。孔子曰：「片言可以折獄者，其由也與？」蓋惟信於人者，爲可以折獄。非其明足以有察，則安能片言而折之哉？故片言折獄，非惟明且允者，有所不能也。舜命契爲司徒，教以在寬；命皋陶作士，教之以一言，曰「明」。契與皋陶，以是能其官，未有出於一言之外，其言可謂簡而當矣。

帝曰：「疇若予工？」僉曰：「垂哉！」帝曰：「俞，咨，垂！汝共工。」垂拜稽首，讓于殳、斨暨伯與。帝曰：「俞，往哉！汝諧。」

謂誰能順我百工之事也？馬氏云：「司空兼理百工之事。蓋禹既由司空以宅百揆，於是又求其可爲司空，以代禹者也。」《周禮·考工記》曰：「國有六職，百工居其一焉。」鄭氏云：「百工，司空事官之屬。司空，掌營城郭，建都邑，立社稷、宗廟，造宮室、車旗、器械，百工者，❶唐虞以上謂之共工。」鄭氏此説亦未盡。唐虞之世，雖謂之共工，然亦謂之司空，「伯禹作司空」是也。「僉曰垂哉」，四岳見垂能任百工之事也。據上文言「疇若予工」，下文「僉曰垂哉」則是所詢者，亦詢四岳，而「僉曰」者，亦四岳薦之也。而不言「咨四岳」者，蓋史官經緯其語以成文，以使文勢上下互相發明也。垂有創物之巧，精於百工之技藝，故四岳薦之，使總領百工之事。蓋其所制器，歷代傳之以爲寶，故傳所謂「垂之竹矢」是也。以一矢觀之，有以見垂於百工技藝之事無不精。以一垂觀之，有以見舜之時，百工、有司莫不稱其職也。舜曰「俞」者，然其所舉也。「汝共工」，猶言「汝后稷，播時百穀」，謂使居是官也。孔氏見文無「作」字，遂云：「共謂共其職事。」審如此説，則與《堯典》所稱者，乃爲異文，無是理也。據下文「汝作秩宗」，古文亦無「作」字，但云「汝秩宗」，與此同。「垂拜稽首，讓于殳、斨暨伯與」，孔氏以殳斨、伯與爲二臣，非也。禹讓稷、契、皐陶三人也，則曰「讓于稷、契暨皐陶」。伯夷讓于夔、龍二人也，則曰「讓于夔、龍」。此之所讓與禹正同，然中加「暨」字，則其爲三人也無疑矣！殳一也，斨二也，伯與

❶「百」上，《周禮注疏》有「監」字。

三也。帝曰「俞」者，然其讓也。雖然其所讓，然殳、斨、伯與又未若垂之善於其職，故使往諧其官也。

帝曰：「疇若予上下草木鳥獸？」僉曰：「益哉！」帝曰：「俞，咨，益！汝作朕虞。」益拜稽首，讓于朱、虎、熊、羆。帝曰：「俞，往哉！汝諧。」

此又求掌山澤之官。自上下，以其地言之；自草木鳥獸，以其物而言之。《孟子》：「不違農時，穀不可勝食也。數罟不入汙池，魚鼈不可勝食也。斧斤以時入山林，材木不可勝用也。穀與魚鼈不可勝食，材木不可勝用，是使民養生喪死無憾，王道之始也。」舜既命稷以播百穀，又求掌山澤之官，蓋此二者，誠足國用之本也。「僉曰益哉」，四岳舉益，謂可堪此職。當禹治水之初，舜使益掌火，益烈山澤而焚之，禽獸逃匿，然後禹得而施其功。則是益之職，其掌上下草木鳥獸亦已久矣，至此，則復命之者。蓋前此雖烈山澤、驅禽獸，是時禹居平水土之職，益但爲之佐耳。至是，方正其爲虞之職也。曾氏云：「案：《周禮》云：『大山澤虞，中士四人，下士皆八人。中山澤虞，下士皆六人。下山澤虞，下士皆四人。』益之爲虞，豈一山一澤之虞？蓋爲衆虞之長也，『作朕虞』猶云『若予工』也。」或以益爲皋陶之子，是未必然。據伯益，即伯翳也，其後爲秦，在春秋之時，浸以强盛。使伯益果皋陶之子，則秦乃皋陶之後也。而臧文仲聞六與蓼滅，曰：「皋陶庭堅不祀，忽諸，德之不建，民之無援，哀哉！」使皋陶猶有後於秦，則文仲之言不若是之甚也。案：《史記》云：「帝禹立而舉皋陶薦之，且授政焉，卒。封皋陶之後於六，或在許。而後舉益，任之政。」以是觀之，則益與皋陶不得爲一族也，明矣！「讓于朱虎、熊羆」，孔氏亦以爲二臣。據《左傳》載「高辛氏之子，有仲虎、仲熊」，虎與熊既爲二人，則朱與羆亦當爲二人矣。朱博士云：「殳、斨、伯與三人也，故言『曁』以別之。朱、虎、熊、羆四人也，故不言『曁』。」此說爲善。

「禹讓于稷、契、臯陶」，「伯夷讓于夔、龍」，故舜或稱其前功而申戒之，或使爲典樂納言之職。而垂、益所舉數人，則無所遷擢者。唐虞稽古，建官惟百，其所命者，不但此九官也。然既然垂、益之讓，則於此數子，亦必命之位，但史文不備耳。太史公謂「舜以朱虎、熊羆爲益之佐」，理或然也，然《典》之所不載，不知太史公何從而得之耳。

帝曰：「咨，四岳！有能典朕三禮？」僉曰：「伯夷。」

舜於是又求典禮之官，此即《周官》大宗伯之職也。大宗伯掌建邦之天神、人鬼、地示之禮，則此所謂「三禮」也。典禮之職，吉、凶、軍、賓、嘉之事，雖無所不統，然實以郊廟祭祀爲主，故但云「典朕三禮」。蓋人君盡其孝敬，以事天、地、祖宗，則民德歸厚，兹實禮之本也。伯夷，臣名，其氏族則不可知。先儒引《鄭語》云：「姜，伯夷之後。」此説不可信。且《國語》既以姜姓爲四岳之後矣，而又以爲伯夷之後，其説自相戾，韋昭遂謂「即四岳」。且經云「咨，四岳！有能典朕三禮？僉曰『伯夷』」，豈四岳以是自薦也？揆之人情，決不如此。則伯夷之爲姜姓，雖先儒有所據而云，亦未可信。

帝曰：「俞，咨，伯！汝作秩宗。」

「秩宗」，當時禮官之名也。《國語》曰：「使名姓之後，能知四時之生、犧牲之物、玉帛之類、采服之宜、彝器之量、次主之度、屏攝之位、壇場之所、上下之神祇、氏姓之所出，而心率舊典者爲之宗。」以其名姓之臣，故謂之宗。以其率舊典，故謂之秩。秩，常也。周以禮屬宗伯，即此所謂「宗」也。漢以禮官爲太常，即此所謂「秩」也。

「夙夜惟寅，直哉惟清。」伯拜稽首，讓于夔、龍。帝曰：「俞，往，欽哉！」

寅也、直也、清也，此三者所以事郊廟，交於鬼神之道也。「寅」者，敬而不慢。「直」者，正而不諂。「清」者，潔而不汙。能夙夜盡此三者，則神之德感矣。孟子曰：「西子蒙不潔，則人皆掩鼻而過之。雖有惡人，齋戒沐浴，則可以事上帝。」齋沐者，「夙夜惟寅，直哉惟清」之謂也。「汝往哉」、「往哉汝諧」、「往欽哉」，是皆不許其讓，而使之往踐其職也。文雖少變，意皆不殊，必欲從而爲之説，則鑿矣。

帝曰：「夔，命汝典樂，教胄子，直而温、寬而栗、剛而無虐、簡而無傲。詩言志，歌永言，

此則因伯夷之讓夔，而使之典樂、教胄子也。胄子，謂元子以下公卿大夫之子孫。《周官》「大司樂掌成均之法，則治國之學政，而合國之子弟」，即此職也。古之仕者，世禄不可以無教之人而襲父兄之位，故必合胄子而教之。唐虞三代之際，仕於朝者，非天子之族類，則世臣巨室之家，其超於耕稼側微者，率不過數人耳。豈其時世家之子弟皆賢，而後世爲不可及邪？惟古之所以教胄子者，有其具也。然其教之，必典樂之官，何也？古之教者，非教以辭令文章也，惟長善救失，以成就其德耳。惟將以成就其德，故優而游之，使自求之；厭而飫之，使自趨之。自興於《詩》，至成於《樂》，此教之序也。先王之作樂，必本之情性、稽之度數。本之情性，樂之所以生也。稽之度數，樂之所以成也。蓋樂之設，非聽於鏗鏘而已，將使人導性情之中和，而反之於正，故必本之情性。自「直而温」至「詩言志，歌永言」，所謂本之情性也。雖本於情性，而形之於樂，洪纖小大不可以無法，故必稽之度數。「聲依永，律和聲」，所謂稽之度數也。《學記》曰：「學者必有失，教者必知之。知其心，然後能救其失。教也者，長善救失者也。」自「直而温」以下，皆長善而救失之道也。直者易失於不温和，寬者

易失於不莊栗，剛者易失於虐，簡者易失於傲，此教者之所當知也。彼之能直、能寬、能剛、能簡，教者則長其善。不温者、不栗者、虐者、傲者，則救其失。《大司樂》曰：「以樂德教國子：中、和、祗、庸、孝、友。」與此意同。蓋其直能温、寬能栗、剛能無虐、簡能無傲，則中、和、祗、庸、孝、友矣。直、寬、剛、簡，與臯陶言「九德」、《洪範》言「三德」，其大意則同，其先後多寡之殊，本無他義，必欲爲之説，則鑿矣。

「聲依永，律和聲。

此言歌律之序也。在心爲志，發言爲詩，故曰詩言志。言之不足，故嗟歎之，嗟歎之不足，故永歌之。永，長也。永言，長言也。歌者，人聲也。上如抗，下如墜，曲如折，止如槀木，倨中矩，勾中鉤，纍纍然端如貫珠，此皆人聲之發也。人聲之發，有洪纖小大，則有宫、商、角、徵、羽之五聲焉。聲之洪而濁者曰宫，其次曰商。聲之纖而清者曰羽，其次曰徵。其聲在洪纖清濁之中者曰角。人之聲有此洪纖小大，則樂器依之而作焉。古者作樂，升歌於堂，然後樂奏，是所謂「聲依永」也。聲有洪纖小大，苟無以爲之準，則大過於宫者，或至於搊而不宫；小過於羽者，或至於窕而不成。如此則樂不和矣，故必以十二律而和之。十二律以黄鍾爲本，黄鍾律長九寸三分，損一下生林鍾，林鍾長六寸三分，益一上生太蔟，太蔟長八寸，此三律皆全寸而無餘分。自太蔟生南吕，以至無射生中吕，其間九律皆有空積忽微。蓋古人之作律也，其意以爲聲無形而樂有器，器必有弊，而聲不可以言傳，懼夫器失而聲遂亡也。乃多爲之法以著之，故始於聲者以律，而造律者以黍。自一黍之廣積而爲分寸，一黍之多積而爲龠合，一黍之重積而爲銖兩，此造律之本也。故爲之長短之法，而著之於度；爲之多寡之法，而著之於量；爲之輕重之法，而著之於權衡。是三物者，亦必有時而弊。則又總其法而著之於數，使其分寸、龠合、銖兩，皆起於黄鍾。然後律、度、量、衡相爲表裏，使得律者，可以制度量衡，可以制律。四者既同，而元聲必至，則樂和矣。蓋律有常數，數有常度，而聲有洪纖，咸取則於此，此之謂「律和聲」。

「八音克諧，無相奪倫，

惟其以律和聲音，兹所以「八音克諧」也。八音：金，鍾鎛也；石，磬也；絲，琴瑟也；竹，管簫也；匏，笙也；土，塤也；革，鼓鼗也；木，柷敔也。此八音者，其聲名不同，必以律和其聲，然後洪纖小大各得其當。苟有一音之不和於其間，則樂之合奏必雜，而不得諧和，故曰「無相奪倫」。蓋樂之合奏，聽者不知其孰爲金石，孰爲絲竹。猶善和羹焉，使食之者徒見其和之美，不知其孰爲鹽，孰爲梅。

「神人以和。」

樂既調矣，奏之於郊廟，則天地神祇、祖考之所歆樂，而神莫不和矣。用之燕饗、鄉射，而臣民之心無不和矣。幽而神、明而人，無有不和，此韶樂所以爲盡善盡美也。

夔曰：「於！予擊石拊石，百獸率舞。」

薛氏、劉氏皆以爲《益稷》脱簡重出。蓋方命夔典樂，而夔遽言其擊石拊石，致百獸率舞之效，非事辭之序也。而《益稷》篇又有此文，故二公疑其差誤。以理觀之，義或然也。然筆削聖人之經，以就己意，此風亦不可長。孔子曰：「多聞闕疑，慎言其餘，則寡尤。」此實治經之法也。

帝曰：「龍，朕堲讒説殄行，震驚朕師。

此亦因伯夷之讓，而命龍以作納言也。觀「顔淵問爲邦。孔子曰：『行夏之時，乘商之輅，服周之冕，樂則《韶舞》。放鄭聲，遠佞人。鄭聲淫，佞人殆。』」舜命九官，至於使伯夷典禮、后夔典樂，則治道於是乎成矣。而乃命龍以作納言，其命之之辭則曰「朕堲讒説殄行，震驚朕師」，此正孔子答「顏淵問爲邦」之意。蓋自古已安已治矣，而其所以至於危亂者，未有不由於小人變白爲黑、以是爲非者，故治定功成之後，尤宜以是爲戒也。「堲」，疾也。《史記》曰：「朕畏忌讒説殄行。」畏忌者，堲之謂也。讒説，邪説也。殄行，殄絶君子之行也。「震驚朕師」，則其言僞辯，瞽惑流俗也。「讒説殄行」之爲害，其端甚微，究其所終，則必至於惑流俗之視聽，至是而後堲之，則無及矣。如楊氏「爲我」、墨氏「兼愛」，此其所謂邪説也。爲我則至於無君，兼愛則至於無父，則所謂殄行也。楊、墨之道不熄，孔子之道不著，是邪説誣民，充塞仁義也。仁義充塞，則率獸而食人，人將相食，此所謂「震驚朕師」也。

「命汝作納言，夙夜出納朕命，惟允。」

蓋納言之職，宣王之言而達之於下，傳下之言而達之於上，《詩》所謂「出納王命，王之喉舌」也。夫讒説之可畏也如此，舜不弃於皋陶之刑，而特以出納喉舌之官待之，如此其寬者，蓋讒説殄行之人，必其小人之有才者也。小人有才，而疾之太甚，弃之於刑辟，絶其自新之路，則刻覈太至，而彼有不肖之心矣。故舜必以寬待之，開其遷善遠罪之路，而不至於小人之歸矣。《益稷》曰：「庶頑讒説，若不在時，侯以明之，撻以記之，書用識哉，欲並生哉！工以納言，時而颺之，格則承之庸之，否則威之。」此正納言之職也。宣上之言而達之於下，所以教之也。採下之言而納之於上，所以驗其革與不革也。至於教之不改，而後加誅焉，此舜待庶頑讒説之道也。「惟允」者，言出納王命，必以信也。春秋時，秦與晉行成，叔向命召行人子員。行人子朱曰：「朱也當御。」叔向曰：「秦、晉不和也久矣！今日之事，幸而集，晉國賴之。不集，三軍暴骨。子員道二國之言無私，子常易之。」所謂道二國之言無私者，允之謂也。讒説殄行之人，類多變詐不實，將欲化之，無他道，惟在待之以誠而已。商俗靡靡，利口惟賢，餘風未殄，而康王以畢公能正色率下，使之保釐東郊。此有因四岳之薦而用之者，有不因四岳之薦，因人之讓而用之者，有遷其舊職者，有不遷其舊職者，有讓而後受者，有不讓而直受之者，各因其實而已矣。

帝曰：「咨，汝二十有二人，欽哉！　惟時亮天功。」三載考績，三考，黜陟幽明，庶績咸熙。　分北三苗。

自「詢于四岳」至「夙夜出納朕命，惟允」，各隨其職而戒之，至此又總而申勑之也。正如《堯典》，既已分命、申命羲和四子，各主一方之政矣，而又總而申勑之曰「咨，汝羲暨和」而下是也。二十二人，孔氏云：「禹、垂、益、伯夷、夔、龍六人新命有職，并四岳、十二牧，凡二十二人。」其意蓋謂稷、契、臯陶皆申命，故不復勑戒之。此説不然。夫稷、契、臯陶是申命，四岳、十二牧豈非申命者哉？　而又勑戒之也。稷、契、臯陶是申命，此説不通。故或者欲以四岳爲一人，并九官、十二牧爲二十二人。四岳之非一人，今論之詳矣。朱氏謂：「二十二人，四岳、九官、十二牧也。而但有二十有二人者，其間或有兼官故耳。」此説爲通。《周官》有三公六卿，有侯伯。而《顧命》「乃同召太保奭、芮伯、彤伯、畢公、衛侯、毛公」，以人言之則六人，而以職言之，則不止於六人也。蓋有以三公爲六卿者，有以侯伯入居公卿之位者，故雖六人而實兼數職也。此四岳、九官、十二牧，當有二十五人。但言二十二人者，蓋或有兼居岳、牧之任者，或有在州牧之中，而又居九官之列者，世代遼絶，皆不得而知也。「欽」者，使四岳、十二牧、九官各敬其事也。所以必在於敬其事者，以其所亮者，莫非天工也。「亮」有輔相之義，與「亮采惠疇」之「亮」同。臯陶曰：「兢兢業業，一日二日萬幾。無曠庶官，天工人其代之。」蓋所謂設官分職者，凡以代天工，而至四岳、九官、十二牧，莫非所以代天工者，故以「亮天工」言之。《史記》作「惟是相天事」，尤爲明白。既以申勑九官、十二牧，遂以三載考其功，而觀其職之稱否也。至於「三考」，黜退其幽、升進其明，而加賞罰焉。若《周官・大宰》：「歲終，則令百官府各正其治，受其會，聽其致事，而詔王廢置。三歲，則大計羣吏之治，而誅賞之。」此即唐虞考績之法也。然而其制已密，不若唐虞之寬也。考績之法既行，故衆功於是皆興也。夫以舜之明德，端本於上，禹、臯陶、稷、契與其一時賢臣，佐治於下，而其衆功必待於考績而後興。況德不如舜，臣不如禹、臯陶、稷、契，則考績之法何可廢也？而後世此法雖存，徒爲文具而無實效，殊可惜也。考績之法既行，衆功皆興，所未化者，三苗而已。三苗之國，左洞庭、右彭蠡，蓋負固不服之國也。前已竄其君於三危矣，然不滅其國、不更其嗣，至是猶未從風，舜未忍加誅也。於是而爲之分别善惡：其惡之顯然者，則黜退之；其善者，則留之。唐孔氏云「惡去善留，使分背也」是也。蓋自古聖人所以化服强梗者，其政常優游而不迫，則雖甚强悍者，亦將同心向化。如周之遷殷頑民，式化厥訓，亦不過曰：「旌别淑慝，表厥宅里，彰善癉惡，樹之風聲。弗率訓典，殊厥井疆，俾克畏慕。」亦此分北三苗之意也。而鄭氏以謂：「此即竄於西裔者，復不從化，故分北之。」此説不然。《禹貢》曰「三危既宅，三苗丕叙」，則是所竄于三危者，當洪水既平之時，已丕叙矣。蓋彼之所恃以負固而不服者，三苗洞庭之險耳。既已竄于三危矣，果何恃而爲亂哉？

舜生三十徵庸，三十在位，五十載，

此只當作一句讀。蓋舜居於側微者，三十年。歷試二年，居攝二十八年，共爲三十。堯崩，居三年之喪畢，而後即帝位，五十年而崩。《大禹謨》「朕宅帝位，三十有三載」，孟子曰「舜薦禹於天，十有七年」，以三十有三載并十有七年，是在位五十載也。是舜崩之年，蓋年百有一十二歲爾。《書》載舜之年數，蓋如此。而太史公曰：「舜生三十，堯舉之。五十攝行天子之事。五十九而堯崩。」❶其説特異於經，當以經之言爲證。

陟方乃死。

孔氏云：「方，道也。舜即位五十年，升道南方巡狩，死於蒼梧之野而葬焉。」《檀弓》曰：「舜葬蒼梧之野，蓋二妃未之從也。」❷於是漢儒遂有舜葬蒼梧之説。至今蒼梧之地，有舜廟冢存焉，世以舜爲真葬於蒼梧也。孟子曰：「舜生於諸馮，遷於負夏，卒於鳴條。」孟子以謂「卒於鳴條」，漢儒以謂「卒蒼梧之野」，其説已不可知矣。況揆之以理，有所甚不可者。夫堯老而舜攝，則不復以庶政自關，而舜實行巡狩之事。舜既「耄期倦于勤」，而使禹攝矣，則巡狩之事，禹實行之。蒼梧，在舜之時，其地在要荒之外。舜已禪位，而使禹攝矣，豈復巡狩於要荒之外而死？死而葬於蒼梧之野，以是禹率天下諸侯，以會舜之葬於要荒無人之境，此理之必不然者。司馬温公詩曰：「虞舜在倦勤，薦禹爲天子。豈有復南巡，迢迢渡湘水。」此説爲得之。「陟方」者，猶云「升遐」也。「乃死」，謂「升遐而死」，猶云「帝乃殂落」也。韓退之謂：「『乃死』者，以釋『陟方』爲言耳。」夫作《書》者，自釋其義，無是理也。而蘇東坡乃以謂：「爲《書》傳章句之言。」此説亦未是。揚子曰：「黄帝、堯、舜殂落而死，與『陟方乃死』，文勢正同，豈亦《詩》、《書》章句之言哉？」

帝釐下土，方設居方，别生分類。作《汩作》、《九共》九篇、《稾飫》。

自《汩作》至《亳姑》，凡四十有六篇，皆逸《書》也。其《書》既逸，則其序之義不可以强通。而孔氏曰「帝釐下

❶「五十九」，《史記》作「五十八」。

❷「二妃」，《禮記正義》作「三妃」。

土，方設居方」者，言「舜理四方諸侯，各設其官居其方」。於「別生分類」云：「生，姓也。別其族姓，分其類，使相從。」於「汩作」云：「汩，治。作，興也。言治民之功始興。」於「槀飫」云：「槀，勞。飫，賜也。」此皆是順序文而爲之説，未必得《書》之本意。正如序《詩》之《南陔》「孝子相戒以養」，《白華》「孝子潔白也」，《華黍》「時和歲豐，宜黍稷也」，此亦但順詩名而爲之説，未必得《詩》之本意也。而孔氏云：❶「凡此三篇之序，亦既不見其經，暗射無以可中。而孔氏爲傳，復順其文爲其傳耳，是非不可得而知也。」此説甚善。王氏解經，善爲鑿説，凡義理所不通者，必曲爲鑿説以通之。其間如占夢教射者，常矣。而於逸《書》未嘗措一辭，皆闕而不論，此又王氏之所長，而爲近世法者也。二《典》皆《虞書》，所作其言簡而盡，奥而明，而後世雖有作者，無得而及之矣。南豐曾舍人曰：「昔唐虞有神明之性，有微妙之德，使由之者不能知，知之者不能名，以爲治天下之本。號令之所布，法度之所設，其言既約，其體至備，以爲治天下之具。而爲二《典》者推而明之，所記者豈獨其迹哉，併與其精微之意而傳之，小大精粗無不盡也，本末先後無不具也。使通其説者如出乎其時，求其旨者如即乎其人。方是時，豈獨任職者皆天下之選哉，其操簡執筆而隨之者，亦皆聖人之徒也。」若曾舍人此言，可謂善觀二《典》矣。蓋虞之治非後世之所能及者，而其史亦非後世之所能及也。

---

❶「孔氏」，按全書文例，其上宜有「唐」字。

尚書全解卷四　虞書

大禹謨

虞史既述二《典》，而其所載義有所未備者，於是又叙其君臣之間嘉言善政。二《典》之所不載者，以爲《大禹謨》、《皋陶謨》、《益稷》三篇。此蓋備二《典》之所未備者，非如《舜典》之初，上接《堯典》之末也。蓋《舜典》之末，已載舜死，而此三篇答問之言，皆舜未死已前之言也。然文勢雖不相接，而其意實相屬。《堯典》載四岳薦舜於側微之中，堯妻以二女，既爲《舜典》張本矣。故《舜典》之初，即載歷試、受禪之事。《舜典》既載禹宅百揆之職，繼舜之任，而其本末未有所屬也。故《大禹謨》則載大禹居攝帝位，率百官若帝之初，然後舜之始末無所不備，此其所以謂之《虞書》也。然《左氏傳》舉皋陶、益、稷之言，若「皋陶邁種德」、「地平天成」、「敷納以言」等語，皆以爲《夏書》，此蓋孔子未定《書》已前，傳寫之誤也。以爲《虞書》者，意其出孔子之所釐正矣。據此三篇，皆是舜、禹、皋陶、夔、益之徒，相與都俞賡歌之言，而其事則止於禹之居攝、受命、徂征有苗。猶未及夫禹即帝位、告廟之事，安得以爲《夏書》邪？

皋陶矢厥謨，禹成厥功，帝舜申之。作《大禹》、《皋陶謨》、《益稷》。

大禹謨

孟子曰：「堯以不得舜爲己憂，舜以不得禹、皋陶爲己憂。」蓋舜之所爲治者，禹、皋陶之力居多。皋陶以謨顯，故曰「皋陶矢厥謨」。「矢」，陳也。禹以功著，故曰「禹成厥功」。皋陶、大禹之功，皆可以爲萬世法，以是事舜，舜猶以爲未也，於是又從而申之。「申」，重也。皋陶之謨顯矣，舜申之，使致其功，若所謂「時乃功，懋哉」是也。禹之功著矣，舜申之，使陳其謨，若所謂「來，禹，汝亦昌言」是也。皋陶有謨矣，而又有功；禹有功矣，而又有謨，實帝舜申之之效也。先言皋陶而後言禹者，此非有所輕重取與於其間，蓋先言謨而後言功事，辭之序也。《大禹》、《皋陶謨》、《益稷》三篇其序之，所以總言三篇之意也。然一序而必分爲三篇者，蓋古者編竹簡以成書，竹簡所載不能多也，故必析而分之。既已析而分之，則必取數字名其篇，以爲簡册之别。故此分爲三篇者，徒欲以便於簡册而已，非謂《大禹謨》盡在第一篇，《皋陶謨》盡在第二篇也。漢孔氏云：「《大禹謨》九功，《皋陶謨》九德。」此則拘於篇名，必欲以本篇所據而爲其謨也。予竊謂不必如此，三篇之中凡出於禹之所言者，皆《大禹謨》也，何必九功？凡出於皋陶所言者，皆《皋陶謨》也，何必九德？九功、九德固可以爲禹、皋之謨，而禹、皋之謨非九功、九德所能盡也。謂之「謨」者，如器之有模，言之於此，而可爲萬世法也。

曰若稽古大禹，

孟子曰：「大舜有大焉，舍己從人，樂取諸人以爲善。自耕稼、陶、漁以至爲帝，無非取諸人以爲善。」蓋自其既即帝位而言之，則謂之帝；自其未即位，尚爲耕稼、陶、漁之時而言之，則謂之大舜。蓋史稱於大禹者，蓋此書主爲舜而作，自舜之時言之，禹尚爲臣，未可以君天下之辭而稱也，故曰「若稽古，大禹」。

曰文命敷于四海，祗承于帝。

此當與下文「曰『后克艱厥后，臣克艱厥臣』」「曰」相繼續，「文命」上一「曰」字，史官曰也。下一「曰」字，禹曰也。不言「禹曰」者，蒙上之文也。史官謂「禹之文德敷于四海之外，無所不及也」，此即《禹貢》所謂「東漸于海，西被于流沙，朔南暨聲教，訖于四海」是也。文命既已敷于四海矣，於是陳其謨以祇承于帝。「帝」者，指舜而言之也。其所陳謨以祇承于帝，即「后克艱厥后」以下是也。先儒言「外布文德教命，内以敬承堯、舜」，其意以此二句，亦如堯、舜二《典》之稱堯、舜之德。苟以此二句爲稱帝之德，則下文「曰」字無所屬矣。史官記載其體，自有不同者。《堯典》、《舜典》，其名曰典，典則必記載其德。《大禹謨》、《皐陶謨》，其名曰謨，謨則必記載其功。如「允迪厥德，謨明弼諧」，皆是皐陶之言也。然《皐陶謨》載皐陶之言，至《大禹謨》則加「文命敷于四海，祇承于帝」二句者，史官欲見禹之文德敷命，既東漸西被，暨于朔南，然後陳謨以祇承于帝也。

曰：「后克艱厥后，臣克艱厥臣，政乃乂，黎民敏德。」

此則禹之謨也。孔子曰：「仁者，先難而後獲。」必在難之於先，而後獲之於後也。「政乃乂，黎民敏德」，此其所以致此者，必在爲君者難其所以爲君，爲臣者難其所以爲臣。孟子曰：「欲爲君，盡君道。欲爲臣，盡臣道。」君盡君道，則難其所以爲君矣。臣盡臣道，則難其所以爲臣矣。君臣各盡其道，以之立政，則民乃乂；以之教民，則黎民敏德，曾無甚難者。世之人徒以舜之爲君，夫何爲哉？恭己正南面而已。遂以舜之治天下，優游無爲，曾無所用其心。殊不知舜之君臣，其都俞賡歌於一堂之上，自一話一言，未嘗不以克艱爲戒，惟其君臣之間，皆不忘於克艱，茲所以享無爲之治也。

帝曰：「俞！允若茲，嘉言罔攸伏，野無遺賢，萬邦咸寧。稽于衆，舍己從人，不虐無告，不廢困窮，惟帝時克。」

禹既以「克艱厥后」陳謀而告舜，舜於是然其言，謂「能盡克艱之道者，惟堯爲然」，而猶不足於此也。「允若兹」者，猶曰「信能行此」也。「嘉言罔攸伏，野無遺賢」，堯之治，至於人之有嘉謨、嘉猷，則皆入告於上，而無所遺伏；草野之中有賢者，則皆願仕於朝而無遺；其萬邦又已咸寧，則其治之可謂大成矣。「嘉言罔攸伏」，若可以無事於詢訪。「野無遺賢」，若可以無事於營求。「萬邦咸寧」，若可以無事於憂恤。而堯之心猶以爲未也，於是「稽于衆」，以詢其政治之得失，有未至者，則舍己從人而不吝。又且「不虐無告，不廢困窮」，惟恐一夫之不得其所。「無告」謂鰥寡孤獨，天民之窮者，皆哀矜而不虐之。「困窮」謂士之失職者，皆任用而不廢之。極四海之間，無有一士之失職者，無有一民之不被其澤，然後爲能盡君之道。則是「后克艱厥后」，惟堯足以當此言也。

益曰：「都！帝德廣運，乃聖乃神，乃武乃文。皇天眷命，奄有四海，爲天下君。」

「都」，美辭也。孔氏曰：「益因舜言，又美堯也。」此説不然。夫舜既即天子之位，則凡羣臣之稱帝者，皆指舜而言也。如禹曰「於！帝念哉」、曰「帝光天之下」，皋陶曰「帝德罔愆」，皆指舜而言也。夫當舜之時，舜謂堯爲帝可也。使益亦謂堯爲帝，則舜宜何稱哉？張横渠曰：「此美舜也。因舜歸美於堯，故益亦歸美於舜。」此説爲得之。蓋舜既言克艱之道，惟堯能盡之。於是益言舜之德既廣運如此，則其於克艱厥后之道，蓋亦優爲之也。「廣」者，洪之至。「運」者，通之至。惟洪故能廣，惟通故能運。薛氏曰：「廣如地，運如天。廣則大矣，而無不載。運則通矣，而無不周。」此説盡之矣。「乃聖乃神，乃武乃文」，即廣運而爲聖神文武之德也。蓋舜之德，既洪而能廣，通而能運，如天地之無不持載，無不覆幬也。是德也，自其大而化之而言之，則謂之聖；自其聖而不知而言之，則謂之神；自其威而可畏而言之，則謂之武；自其英華發於外而言之，則謂之文。聖神文武，即廣運之所發也，非於廣運之外，别有聖神文武也。而王氏則謂：「乃聖乃神，所以立道。乃武乃文，所以立事。先聖而後神，道之序也。先武而後文，事之序也。」審如是説，則是道之外復有事，事之外復有道，既有道之序，復有事之序，使道無預於事，事無預於道，此王氏患天下之術之原。惟舜之德，自其廣運而充之，至於「乃聖乃神，乃武乃文」。故皇天於是眷顧而命之，起於側微之中，玄德外聞，遂以受堯之禪，奄有四海而君天下也。蓋謂舜之廣運之德，既已修於畎畝之中，升聞天朝，上爲天之眷顧，下爲四海之感戴，則其克艱厥后以合於堯，不在乎他，在乎加之意而已。先儒以爲「皇天眷命，奄有四海，爲天下君」，言堯有此德，故爲天所命。所以知其不然者，蓋舜自匹夫而爲天子，則其所以爲皇天之所眷命，奄有四海而君天下，非其德之廣運不能至於是，故可言也。堯繼世以有天下，則其「奄有四海，爲天下君」，固其所宜也，又何言哉？此張横渠之説所以爲善也。

禹曰：「惠迪吉，從逆凶，惟影響。」

益既稱美「舜德之廣運，乃聖乃神，乃武乃文」，遂以上爲天所眷命，下爲四海所愛戴，則其於「后克艱厥后」之道，固可以優游爲之矣。禹於是又從而戒焉，帝之德雖爲天所眷命，然天之禍福吉凶本無常也。人能順之而從道，則天應之以吉。其或從逆而不復順道，則吉將變而爲凶。是道也，如影之隨形，如響之應聲，蓋有不期然而然者。其言舜雖有廣運之德，尚在乎兢兢業業，盡其寅畏之志，然後有以盡克艱之道。蓋益之言所以勉之於其始，禹之言所以戒之於其終。或勉之，或戒之，皆所以成就君之德。舜既不以廣運之德自居，而虚己求弼直之言。

禹、益之徒，不以君之聖明，忘其箴戒之意。君臣上下相與圖治，孜孜如不及，此其所以爲唐虞之治也。

益曰：「吁，戒哉！儆戒無虞，

禹既以吉凶影響之理，陳戒於舜，益於是申言所以儆戒之道，當如此也。「吁」，歎辭也。歎而後戒者，將使聽者審其言也。《畢命》曰：「四方無虞，予一人以寧。」「虞」，度也。謂四方晏然，無可度之事也。夫惟四方晏然，無可度之事，則危亡禍亂所自萌也。故當儆戒而無忽，正如臯陶「兢兢業業，一日二日萬幾」。蓋一日二日之間，危亡禍亂之幾至於萬數，可不戒慎恐懼乎？

罔失法度。

蓋方是時，襲堯之爵，行堯之道，法度彰，禮樂著，垂拱而坐視天民之阜，夫何爲哉？惟守法度勿失，斯可矣。自古太平無事之世，上恬下熙，君臣無爲，足以致治矣。而小人之好作爲者，必肆其私辯，欲盡取前世之法度紛更之，時君世主不悟而入其說，往往至於危亂而不自知。漢之武帝、唐之明皇，皆坐此也。周公相成王，已致太平之治，作爲《無逸》之書以戒成王，而其終篇申儆之曰：「古之人猶胥訓告，胥保惠，胥教誨，民無或胥譸張爲幻。此厥不聽，人乃訓之，乃變亂先王之正刑，至于小大。民否則厥心違怨，否則厥口詛祝。」此即益戒舜意也。舜，大聖人也，益之言簡而盡；成王，中才之主也，周公之言詳而明，然而其意則一也。

罔遊于逸，罔淫于樂。任賢勿貳，去邪勿疑。疑謀勿成，百志惟熙。

「罔遊于逸」者，謂不可爲無方之遊也。「罔淫于樂」者，謂不可爲已甚之樂也。「任賢勿貳」者，謂任賢不當使小人惑之也。「去邪勿疑」者，謂苟知爲小人，則決意去之，不復置疑於其間也。所以「任賢勿貳，去邪勿疑」，又在於「疑謀勿成」也。自古君子小人並仕於朝廷之上，小人知其必不見容於君子，往往進其疑謀，以惑人主之視聽。苟人主不察，而使其疑謀得成，則小人必得志，君子必受禍矣。劉子正曰：「執狐疑之心者，來讒賊之口。持不斷之志者，開羣枉之門。」使人主不能破疑謀於未成之間，則任賢豈能勿貳？去邪豈能勿疑？惟其使小人疑謀勿成，則是非賢不肖洞然明白，如大明之升天，無有不顯也，此百志所以惟熙也。

「罔違道以干百姓之譽，罔咈百姓以從己之欲。」

此言爲治者，既不可違道以干衆譽，又不可咈衆以從己之欲也。蓋自古無道之政，必出於此二者。班孟堅曰：「秦燔《詩》《書》，以立私議。王莽誦六經，以文姦言。同歸殊塗，俱用滅亡。」蓋若秦者，是所謂「咈百姓以從己之欲」者也。若王莽者，是所謂「違道以干百姓之譽」者也。雖其所爲不同，而其所以致亂亡之道則一也。夫爲治者，既不可「違道以干百姓之譽」，又不可「咈衆以從己之欲」。然則將奈何？惟上不違先王之道，下不咈百姓之欲，則兩得之矣。王氏以謂：「咈百姓以從先王之道則可，咈百姓以從己之欲則不可。古之人有行之者，盤庚是也。蓋人之情，順之則譽，咈之則毁。所謂『違道以干百姓之譽』也，即咈百姓以從先王之道者也。」此說大戾。夫盤庚將遷都，民咨胥怨而不從。盤庚不强之以遷也，方且優游訓誥，若父兄之訓子弟，至於再、至於三，必使之知遷都之爲利、不遷之爲害，然後率之以遷焉。何嘗咈之以從己哉？夫王者之安天下必本於人情，未有咈百姓而可以從先王之道也。王氏此說，甚牴牾於聖經矣。

「無怠無荒，四夷來王。」

言苟能行此數者，盡其儆戒之意，而繼之以於心無怠、於事無荒，則豈惟中國之治哉？雖四夷，亦將來王矣。

「無怠無荒」，猶所謂「不倦以終之」也。聖人之治夷狄，聽其自來，而信其自去，未嘗招之而使來也。苟修於此者既盡，則彼將梯山航海而自至，非有爵賞以勸乎其前，又無刑罰以驅於其後。無怠無荒，而彼自來矣，此唐、虞之世禦戎之上策也。夫舜，大聖人也。益既稱其德之廣運，乃聖乃神，乃武乃文，遂爲皇天之所眷顧，奄四海而君天下矣。彼失法度、游于逸、淫于樂、任賢貳、去邪疑、疑謀成，與夫違道干譽、咈衆從欲，或荒或怠之事，蓋中材庸主之所不爲也。益之智，豈不知舜之心不至於此？然而諄諄告戒，惟恐不及者，蓋聖人雖智周萬物、道濟天下，而其兢兢業業者，實未嘗須臾忘，此其所以爲聖人也。孔子曰：「德之不修，學之不講，聞義不能徙，不善不能改，是吾憂也。」夫孔子之聖，豈有學之不講？豈有義之不徙？而以是爲憂，乃知聖人顛沛造次，未嘗敢忘儆戒之意。舜之德盛，於淫泆荒怠等事，雖不至於此，然而聖人儆戒之意，實未嘗敢忘，此益之所以拳拳爲舜言之而不已也。

禹曰：「於，帝念哉！德惟善政，政在養民。水火金木土穀惟修，正德、利用、厚生惟和，九功惟叙，九叙惟歌。

益既諄諄告戒其所以啓迪於帝之德，禹遂言德之施於有政者，此蓋爲治之要也。然而告於舜，而曰：「於，帝念哉！」「於」者，歎美而言之。「帝念哉」，重其言也。「德惟善政，政在養民」，言聖人膺天明命，爲民父母。其所以兢兢業業，日新厥德，不忘儆戒之意。如益之所言者，凡欲美其政也。而所以美其政者，無他，欲以養民而已。夫「水火金木土穀惟修」，謂之六府，此天地之養萬物者也。聖人裁成輔相，使水潤下、火炎上、木曲直、金從革、土爰稼穡。六者不失其性，謂之「惟修」。「正德、利用、厚生」，謂之三事，此則聖人體天地化育之德，以養萬民者也。孟子論王道之始曰:「不違農時,穀不可勝食也。數罟不入汙池,魚鼈不可勝食也。斧斤以時入山林,材木不可勝用也。穀與魚鼈不可勝食,材木不可勝用,是使民養生喪死無憾也。養生喪死無憾,王道之始也。五畝之宅,樹之以桑,五十者可以衣帛矣。雞豚狗彘之畜,無失其時,七十者可以食肉矣。百畝之田,勿奪其時,數口之家可以無飢矣。謹庠序之教,申之以孝悌之義,頒白者不負戴於道路矣。七十者衣帛食肉,黎民不飢不寒,然而不王者,未之有也。」「謹庠序之教,申之以孝悌之義」,此所謂「正德」也。「穀與魚鼈不可勝食,材木不可勝用,養生喪死無憾」,此所謂「利用」也。「五畝之宅,樹之以桑。雞豚狗彘之畜,無失其時。百畝之田,勿奪其時」,此所謂「厚生」也。使此三者施之天下,而不失其和,故謂之「惟和」。六府修、三事和,則九功於是「惟叙」矣。謂之「惟叙」者,非謂六府之修,先水火而後金木土穀也。謂之「惟和」,亦非謂三事之和,先正德而後利用、厚生。但謂九者,皆不失其序而已。王氏謂:「以『惟叙』爲六府三事之序。故以土治水,以水治火,然後水火爲用。以火治金,以金治木,然後金木爲器。以木治土,以土治穀,然後土穀爲利。」楊龜山曰:「不然。神農氏斲木爲耒,揉木爲耜,耒耜之利,以教天下。蓋以木治土,然後有耒耜之利,非土能治穀矣。《洪範》曰『土爰稼穡』,與『水之潤下,火之炎上,木之曲直,金之從革』一也。謂土能治穀者,非也。」此説爲是。然龜山既知「土能治穀」之爲非,而又曰:「五行相生以相繼,相尅以相治。相生爲四時之序,相尅爲六府之序也。」夫既以相尅爲六府之序,則自水治火而推之,亦將以土治穀矣。此則流入於王氏之説,而不自知也。「九叙惟歌」者,六府修、三事治,其功德皆可歌也。功德既可歌,則功成治定,不可以有加矣。惟在不倦以終之也,故繼之曰「戒之用休,董之用威」。

「戒之用休,董之用威,勸之以九歌,俾勿壞。」

九者皆得其叙，則天休滋至，吾乃寅畏以享之，此「戒之用休」也。其或不然，則天威將至，而危敗禍亂自此生矣，故督之以威而避也。「勸之以九歌」，謂九功之德既可歌矣，則遂以是九功之歌播之聲詩，發揚蹈厲以自勸。如此則九功之叙，無有敗壞之時矣。「戒之」、「董之」、「勸之」，皆是人君自戒、自董、自勸也。古者作樂，歌以象德，舞以明功。舜之爲治，自「德惟善政，政在養民」至於「九功惟叙，九叙惟歌」，則其功德皆已盡其善矣。故其樂象之，而韶樂遂以九爲節。《周禮·大司樂》曰：「黄鍾爲宫，大吕爲角，大蔟爲徵，應鍾爲羽，路鼗，陰竹之管，龍門之琴瑟，九德之歌，九韶之舞，奏之宗廟之中，若樂九變，則人鬼可得而禮矣。」蓋舜之韶樂升歌於上者，九德之歌。合樂而舞於庭者，九韶之舞。韶樂之奏，至於鳥獸率舞、鳳凰來儀者，原其所以致此者，則本於「九功惟叙」。而九功之所由叙者，本夫舜之德施於有政然也。以是觀之，則韶樂之舞盡善盡美，豈苟然也？自「德惟善政，政在養民」至於「勸之以九歌，俾勿壞」，此則箕子所陳《洪範》「九疇」，而謂之「天乃錫禹」者。但《洪範》之書，箕子衍之而加詳焉耳，其實不出乎此數語。學者於此數語而求之，《洪範》思過半矣。

帝曰：「俞！地平天成，六府三事允治，萬世永賴，時乃功。」

「帝曰俞」，然其言也。「地平天成」者，地既平矣，則天功可得而成也。蓋陰陽四時之運，天施之，地成之。洪水横流泛濫於中國，地不得以生；天雖施之，而生之之功無自而成。今地既平矣，則天功可得而成也。所以「地平天成」者，由六府三事之允治也。「水火金木土穀惟修」，謂之六府。此六者，天地生物之府也。「正德、利用、厚生」，謂之三事。此三者，聖人修人事，以贊天地之化育也。六府三事既治，豈一時被其德哉？蓋萬世永賴禹之功也。禹既言「九功惟叙，九叙惟歌。戒之用休，董之用威，勸之以九歌，俾勿壞」者，謂舜當戒之、董之、勸之，使勿壞也。舜於是稱美其功，言「汝之功，雖萬世亦將賴之，予其可不盡儆戒之意哉！」觀箕子，以此言演爲九疇，而其書謂之《洪範》者，大法也，謂萬世帝王治天下之大法，舉不出於此書。以《洪範》之書觀之，則謂大禹之功「萬世永賴，時乃功」者，豈溢美也哉？

帝曰：「格，汝禹。朕宅帝位三十有三載，耄期倦于勤。汝惟不怠，總朕師。」

此言舜將禪位於禹之事。「格，汝禹」者，猶言「格，汝舜」也。「朕宅帝位三十有三載」，言舜自格于文祖、踐天子之位至是，蓋三十有三年矣。《禮記》曰「八十、九十曰耄」、「百年曰期頤」。舜生三十徵庸，三十在位，并堯之喪而數之，其即位也，蓋年六十有三，至是年九十六矣。其年在於耄期之間，則方厭倦於萬機之務矣。蓋言禹當不懈其位，以總朕之衆。蓋將使之代己，總攬萬機之政也。傳曰「老將昏，而耄及之」，言老則昏，昏則耄也。舜年九十六，禪位於禹。當其未禪也，蓋猶朝諸侯，巡狩方岳，總攬萬機之務。及其既禪也，天下之大事猶所關及，命禹徂征，敷文德，舞干羽，格有苗，皆舜之所有事也。雖及耄期之年，而其德不昏，此聖人之所以爲聖人也。

禹曰：「朕德罔克，民不依。皐陶邁種德，德乃降，黎民懷之。

自「朕德罔克」以下，正如《舜典》所謂「舜讓于德，弗嗣」也。典、謨所載，其文簡，其事備。蓋其爲體，或詳於此而略於彼，或略於此而詳於彼，以互相發明。如舜「終于文祖」而下，則言「在璿璣玉衡，以齊七政」，至告祭于上帝、百神，覲諸侯，巡狩方岳之事，無所不載。而禹「受終于神宗」之下，❶則惟記一言曰「率百官，若帝之

❶「終」，據此下經文當作「命」。

初」。觀此則「在璿璣玉衡」以下，不言而可見矣。舜禪位於禹，禹讓於皋陶。舜不從其讓，而更授禹。禹又辭讓，至於再三，然後「受命于神宗」，其載之詳如此。至於堯之授舜，則惟記以一言曰「舜讓于德，弗嗣」。觀此則知舜之讓也，亦將有所答問辭遜，若禹之於舜也。典、謨所載其辭不費，類皆如此。「朕德罔克」者，禹謂己之不德，民之所不從。皋陶遠邁其德，其德下洽於民，而民懷之。禹自以爲不若皋陶也。德必稱其「邁種」者，蘇氏曰：「種德，如農夫之種殖也。衆人之種其德也近，朝種而暮收，則其報也亦狹矣。皋陶之種其德也，造次顛沛未嘗不在於德，而不求其報也。及其充溢而不已，則沛然下及於民，而民懷之。」此說盡之矣。漢于定國父于公，其閭門壞，父老方共治之。于公曰：「少高大門閭，令容駟車。我治獄多陰德，子孫當有興者。」夫于公治獄無所冤，信有陰德矣。然而遂高大門閭，以望子孫之興，則知未能無利之之心，非所謂「邁種德」也。皋陶之作士，刑期于無刑，民協于中，其德可謂大矣。不期其報，而民自歸之，此其所以爲難。禹讓于德，無以易皋陶矣。

「帝念哉！念茲在茲，釋茲在茲，名言茲在茲，允出茲在茲，惟帝念功。」

言帝之所當念也。「念茲在茲，釋茲在茲，名言茲在茲，允出茲在茲」，薛氏以繫於「皋陶邁種德」之言，而爲之說曰：「『念茲』者，固在茲矣。及其念之至也，則雖釋而不念，亦未嘗不在茲也。其始也，念仁而仁，念義而義；及其至也，不念而自仁義也，是謂『念茲在茲，釋茲在茲』。『名言』者，其辭命也。『允出』者，其情實也。名之以仁，固仁矣；名之以義，固義矣，是謂『名言茲在茲』。及其至也，不待名言，而情實皆仁義也，是謂『允出茲在茲』。禹既以是稱皋陶之德，因以是教舜也。曰『邁德』者，其德不可以一一數也，念之而已。念之至者，念與不念未嘗不在德也。其外之辭命，其中之情實，皆德也，而德不可勝用矣。」薛氏此言，其論「念」、

「釋」、「名言」、「允出」、「在茲」之義，可謂曲當其理。然上文曰「帝念哉」，下文曰「惟帝念功」，皆是禹讓於皋陶之意，因以教舜而「念哉」。「念功」皆爲念德，則是此乃禹稱皋陶之德，殊不見其讓於皋陶之意，與上文「朕德罔克」文勢不相接。故薛氏說雖善，而非《書》之意也。孔氏、王氏皆以此爲讓于皋陶，其說是也，然而意亦未順。予竊謂禹之讓于皋陶也，蓋以謂我之心念其可以受帝之禪者，惟在於皋陶，舍皋陶之外而求之餘人，亦無及於皋陶者，則可以受帝之禪者，亦惟在皋陶。故名言於口，以爲在皋陶；允出於心，亦以爲在皋陶。謂己之反覆而思之，卒無有以易皋陶者，猶下文舜謂禹曰「毋惟汝諧」是也。「惟帝念功」者，言皋陶之德見於功者，帝之所當念，而可禪以位也。

帝曰：「皋陶，惟茲臣庶，罔或干予正。汝作士，明于五刑，以弼五教，期于予治。刑期于無刑，民協于中，時乃功，懋哉！」

舜因禹之讓皋陶，於是稱美皋陶之功，以勉之也。「惟茲臣庶，罔或干予正」，言民皆循理率教，無有干予正者，非言不犯法也。民之所以不犯法者，則以皋陶之作士，能明五刑，以弼五教故爾。古之聖人所以制爲刑辟者，非期於多刑人、多殺人，以爲威也，凡欲以輔吾教之所不逮而已。出教則入于刑，出刑則入于教，使民皆趨於五教，而刑爲無用者，是真聖人之本心也。皋陶能體此意，故其用刑也，亦非期於深文峻法，使民無所措手足也。其所期者，惟欲使舜從欲以治而已。欲使舜從欲以治，要在使民不犯於有司，囹圄空虚，天下無一人之獄，羣黎百姓皆協於大公至正之道。使人徒知契與伯夷之教，而不知有皋陶之刑，此舜之威德。惟皋陶能推明其意，而見於治功者然也。董仲舒曰：「天道之大者，在陰陽。陽爲德，陰爲刑。刑主殺，而德主生。是故陽常居大夏，而以生育長養爲事；陰常居大冬，而積於虛空不用之處，以此見天之任德不任刑也。天使陽出，布施於上，而主歲功；使陰入，伏於下，而出佐陽。陽不得陰之助，亦不能獨成歲功。陽以成歲爲名，此天意也。王者承天意以從事，故任德而不任刑。刑之不可任以治世，猶陰之不可任以成歲也。」觀此則知刑以弼教，期于無刑，真聖人之本意也。蓋百官有司之職，各職其職業，而使其職無曠，然後爲能。如百揆必能熙帝之載，不能熙帝之載，則爲曠職矣。稷官必能播百穀，不能播百穀，則爲曠職矣。共工必能使百工各盡其能，不能使百工各盡其能，則爲曠職矣。虞衡必能使草木鳥獸各遂其性，不能使草木鳥獸各遂其性，則爲曠職矣。以至司徒之於教，秩宗之於禮，龍之於納言，必欲皆修其本職，然後爲無曠也。惟士之一官，乃獨異於此，要在乎推明聖人所以明刑立法之意，使民不犯于有司，囹圄空虛，天下無一人之獄，其官若爲虛設者，然後爲能其官。此皋陶之德，所以爲萬世治刑獄之法也。「時乃功，懋哉」者，言其既稱其功，又勉之，使懋其職業也。亦猶使禹宅百揆，禹讓于稷、契暨皋陶，舜既不許其讓，則更稱三人之前功，而勉之也。然禹之宅百揆，以讓于稷、契暨皋陶，此惟讓皋陶，而不及稷、契者，案《史記》稷、契皆帝嚳之子。帝嚳崩而摯立，摯崩而堯立。堯立七十年，而使舜攝帝位，二十八年而堯崩。終堯之喪三年，而後即帝位。即帝位，而後命九官。當命九官之時，稷、契蓋年百有餘歲矣。舜即位三十三年，而後禪禹。當禪禹之際，此時稷、契之徒蓋已死矣。使是時尚存，則其讓之，固當所先也。

皋陶曰：「帝德罔愆，臨下以簡，御衆以寬。罰弗及嗣，賞延于世。宥過無大，刑故無小。罪疑惟輕，功疑惟重。與其殺不辜，寧失不經。

舜既推美皋陶之功，皋陶於是推本其所自，以謂非舜之盛德，則己亦不能成此功也。蓋有司之所守法令而已，至於操縱予奪、權其輕重之宜，以濟有司之不及者，則在天子。惟臯陶執法於下，而舜以好生之德，推之於上，此民所以不犯于有司也。「帝德罔愆」者，謂帝之德無有愆過，蓋不以喜怒好惡而用刑賞也。既不以喜怒好惡而用刑賞，則有司得以奉公守法，無所顧望阿私以行其志矣。「臨下以簡，御衆以寬」者，此謂操之於上者，既無繁苛之法，則施之於民者，必無暴虐之政矣。蓋惟簡，故能寬也。漢高祖入秦關，約法三章，餘悉除去秦法，而秦民皆案堵如故。由其簡，故能寬也。「罰弗及嗣，賞延于世。宥過無大，刑故無小。罪疑惟輕，功疑惟重。與其殺不辜，寧失不經。」此皆舜以忠厚之德，濟有司之所不及也。人情莫不欲愛其子孫，其所不欲者，則惟恐子孫之陷入其中；及其所欲者，則惟恐不能遺其子孫。聖人之政本於人情，故「罰弗及嗣」，以謂父子之罪不相及，而賞得以延及於一世。以此見聖人之用刑賞之法本於人情，伸於用賞，而屈於用刑也。「宥過無大」，謂過誤所犯雖大必宥，猶《舜典》所謂「眚災肆赦」是也。「刑故無小」，不忌故犯，雖小必刑，猶《舜典》所謂「怙終賊刑」是也。蓋聖人制刑辟，所以待小人長惡不悛者，而非謂君子不幸而陷入於其中也。小人長惡不悛者，雖小罪亦不可苟免，則世之小人者，皆有悔過自新之心；而君子入於非辜，雖大罪亦在所赦，則君子有所依賴，不爲小人之所誣，此聖人所以制刑罰之本意也。「罪疑惟輕，功疑惟重」，此君子長者之道待天下，樂夫君子之有功，不忍小人之有罪也。潁濱曰：「君之與民，其遠近之勢、小大之分，故不待夫爲之争尋常之是非以勝之。與其不屈吾法，孰若使民全其肌膚、保其首領，而無憾於上？與其不使名器之僭，孰若使之樂得爲善之利，而無望望不足之意？」斯言盡矣。「與其殺不辜」，謂大辟之刑，疑而讞於上。其罪可以殺，可以無殺，不殺之則懼其實有罪，而失不常之刑；殺之則懼其實無罪，而陷於非辜，此意有可疑而不敢決者，而以讞於上。舜之意則以謂「斯人也，其罪在於可不可之間，與其殺無罪而陷於非辜，寧縱有罪而失於不經也」，此大舜不忍用刑之意也。自「臨下以簡」至於「寧失不經」，則舜明慎用刑，而致其仁愛之意至矣、盡矣，不復可以有加矣。

「好生之德，洽于民心，兹用不犯于有司。」

「好生之德，洽于民心」，如是則民自不犯法矣。揚子曰：「秦之有司負秦之法度，秦之法度負聖人之法度。秦之嚴刑峻法既已負聖人之法度矣，而其有司又從而負其法度焉，此刑獄之所以繁也。」舜既以好生之德垂拱於上，而皋陶又能推明其意，以君子長者之道待天下，此所以使民不犯于有司也。雖不犯于有司，而原其所由，是舜之盛德所致也。故舜雖歸美於皋陶，非皋陶之所敢當也。

帝曰：「俾予從欲以治，四方風動，惟乃之休。」

皋陶雖不敢當其功，而舜則以謂「臨下以簡，御衆以寬」至於「與其殺不辜，寧失不經」。雖如其所欲者如此，苟使有司不能推明其意，則已雖有好生之德，亦無自而洽于民心，故謂之曰：「所以使予從欲以治，至於四方從化靡然，如風之偃草，乃汝之功。」皋陶歸功於舜，不敢自有其功。舜不以盛德自居，而又歸功於皋陶。更相推美其功德之盛，夷考其實未有一言溢美於其間，其君臣相與以至誠如此，唐虞之治所以歷萬世不可企及也。

帝曰：「來，禹。降水儆予，成允成功，惟汝賢。克勤于邦，克儉于家，不自滿假，惟汝賢。汝惟不矜，天下莫與汝争能。汝惟不伐，天下莫與汝争功。

舜禪位於禹，禹讓於皋陶。帝雖獨美皋陶之功，而卒不許其讓也。舜於是遂申命以攝位之事，與《舜典》「汝往哉」之意同。但此爲攝位而言，兹事體重，故其誥戒之辭加詳焉。則「來禹」者猶云「格汝禹」也。不言「格汝禹」，而言「來禹」者，蓋史官變其文也。「降水」當從《孟子》作「洪水」字，其説曰：「降水者，洪水也。」蓋謂「降水」者，洪水之異名。而《説文》「降」字、「洪」字皆音胡公反，以是知此二者不惟義同，字亦通用也。而先儒從經文作「誕降嘉種」之「降」同，其説以水性流下，故曰降水。此蓋不然。水性下流，固得其性矣，惟其逆行，此其所以爲害也。「降水儆予」，舜謂「天以洪水而儆戒予也」。堯之洪水，説者皆以謂「當堯之世，有如此大變異也」。惟胡文定之説曰：「堯之洪水，非有以致之。蓋自開闢以來，水行者未得其所歸。使禹治之，然後人得平土而居之。」蓋其意以謂「堯世洪水之害，乃事勢之所激，非忽然而有也」，此論甚當。夫其水害既出於事勢之所激，非忽然而有，而舜則以謂「降水儆予」者，蓋聖人上儆天戒、下重民命，未嘗敢忘戒懼之心。雖實事勢之使然，而聖人之心不以爲天災，而忘所以儆天戒、重民命者，故謂之「儆予而不敢忽」也。夫使人君苟無儆戒之心，則雖天災之顯然可見者，猶不知懼，又從而爲之辭，以自解免者。如漢武帝謂「旱爲乾封，彗爲德星」，如此，則修人事應天變者廢矣。司馬温公曰：「人君之所畏者，惟畏天。若不畏天，何事而不可爲者哉？」堯、舜之洪水，真所謂無妄之災也。而謂之「儆予」，蓋自盡其所以畏天之意，而不謂「我無以致之」也。唐虞之治，實基於此。「成允成功」，謂禹能體舜儆戒之意，以成此治水之功也。自古聖賢舉大事、定大難，未有不能「成允成功」也。蓋成功非難，成允難，允成於此，而功成於彼，蓋有不期然而然者。商鞅之於秦，惟能徙木以示信，故令下之日，一國之民無敢違者。夫鞅豈真能信哉？假而行之，其效且如此，況禹以至誠惻怛之心，思天下之有溺者，由己溺之。故信而後勞其民，民雖勞而不怨，則其成天下之大順，致天下之大利，蓋可指顧而辦也。「惟汝賢」者，言無若汝之賢。既有是功，而又勤于邦，儉于家，不自滿假，此人情之所尤難也。孔子曰：「禹，吾無間然矣。菲飲食而致孝乎鬼神，惡衣服而致美乎黻冕，卑宫室而盡力乎溝洫。」此「克勤于邦，克儉于家」之實也。「不自滿假」者，執心謙冲而不自盈大也。言禹有如是之功，而退然若未嘗有功者。故勤于邦，儉于家，不自滿假者，皆不居其功也。「惟汝賢」者，言無若汝之賢也。賢者能爲人所不能，故賢於人也，此又申前之義而無結文。言禹有是能矣，而不自矜也，雖不自矜，而天下莫與之争能；有是功矣，而不自伐也，雖不自伐，而天下莫與之争功。《説命》曰：「有其善，喪厥善。矜其能，喪厥功。」矜則人與之争能，伐則人與之争功矣。至於不矜不伐，又誰與之争邪？夫「成允成功」，非難有是功，而克勤于邦，克儉于家，不矜不伐，然後爲難。禹既有是「成允成功」之美，而又有是克勤于邦、克儉于家、不矜不伐之德，此舜所以勉其有如是之德，而遂嘉其有如是之功也，故繼之曰「予懋乃德，嘉乃丕績」。

「予懋乃德，嘉乃丕績。天之曆數在汝躬，汝終陟元后。

萬章問於孟子曰：「舜有天下也，孰與之？」曰：「天與之。」「天與者，諄諄然命之乎？」曰：「否。天不言，以行與事示之而已矣。」「予懋乃德，嘉乃丕績」，則其所以示之者，可謂至矣。故以是卜知天命之所在，而曰「天之曆數在汝躬」，言天命在汝，汝當終陟元后而作天子也。是時方命以居攝，未即天子之位，故以「終陟」言。

「人心惟危，道心惟微，惟精惟一，允執厥中。

此堯、舜、禹三聖人相授受之際，發明其道學之要，以相畀付者。韓子曰：「堯以是傳之舜，舜以是傳之禹，禹以是傳之湯，湯以是傳之文、武、周公，文、武、周公傳之孔子，孔子傳之孟軻，軻之死不得其傳。」歷代聖賢所以相傳者，不得盡見。然以堯、舜、禹之所以相授受者而視之，則知湯與文、武而下，其所以相傳者，蓋不出諸此矣。此實聖學之淵源，而諸儒之説，各有不同。蓋聖人發明其心術之祕，以相授受，故其言淵深，又必有聖人復起，默而識之，自得於言意之表，非詁訓章句之學可得而知也。諸儒雖各以意形容，而聖人之意終於不可盡。某何人也，足以知此？姑掇諸儒之遺説而臆度之，其中與否，不可必也。《中庸》曰：「喜怒哀樂之未發謂之中，發而皆中節謂之和。」苟於其既發而爲私欲所勝，則將發而不中節矣。夫所發者既已危而不安，則未發者亦將微而難明。誠能「惟精惟一」以安其危，則喜怒哀樂中節而和矣。所發者既和，則未發之中亦將卓然而獨存矣，故能「允執厥中」。此蓋與《中庸》之言相爲表裏，自堯、舜、禹以至孔、孟，所以相傳者舉不出此，學者不可以不深意而精思之也。

「無稽之言勿聽，弗詢之謀勿庸。

此又戒以聽言之道也。「無稽之言」，不考於古也；「弗詢之謀」，不稽於衆也。仁人君子之言，上必考於古，下必稽於衆，故其用之，可以爲天下國家之利。苟非此二者，則是專己自用以濟其私。爲國家者，小用之則小害，大用之則大害，《無逸》所謂「譸張爲幻」者是也。故舜以諄諄戒禹，謂守盈保成之業，惟在於遏絶此二者之萌而已，故使之「勿聽」、「勿庸」也。曰「謀」、曰「言」、曰「聽」、曰「庸」，此蓋隨宜立言，非有深義也。

「可愛非君？可畏非民？衆非元后何戴？后非衆罔與守邦。

此又言君民相須，君不可不畏民，民不可不使愛君。先儒謂：「『可愛非君』，民可愛者，豈非君乎？」又謂：「『可畏非民』，君可畏者，豈非民乎？」民以君爲命，故可愛。君失道則民叛之，故君畏民也。正如《北風》之詩云「莫赤匪狐，莫黑匪烏」，謂赤莫赤於狐，黑莫黑於烏也。所以謂「可愛非君」者，以衆非元后，則無以奉戴，故曰「衆非元后何戴」。蓋民無君則亂，故民愛君也。所以謂「可畏非民」者，以后非衆罔與共守，故曰「后非衆罔與守」。蓋君失民則失國，故君畏民也。惟君民相須如此，則爲君者其可不致其兢慎之意，如下所云哉！

「欽哉！慎乃有位，敬修其可願，四海困窮，天禄永終。惟口出好興戎，朕言不再。」

「欽哉！慎乃有位」者，謂當敬其事，慎汝所守之位也。「欽哉！慎乃有位」，則不可不敬修其可願。蓋人君於所願欲之事，苟知其可爲，則在決意以行之。其所可願而不能決意以行之，則是欲其所不欲，爲其所不爲矣。孟子曰：「欲無敵於天下而不以仁，是猶惡濕而居下也。」❶以是知人君之治天下，於其願欲之事，不可不敬而修之。敬修其可願，則仁達於天下矣。「四海困窮，天禄永終」者，先儒以屬於上文，謂「四海之内有困窮之民，君當撫而育之」，言人君苟能勤此「慎乃有位，敬修其可願」，與夫撫育四海困窮之三者，則天之禄秩常終汝身爾。夫經但云「四海困窮」，而先儒增爲「撫育」之文，其説爲贅。薛氏曰：「舜之授禹也，天下可治矣。而説『四海困窮』者，托於不能以委禹也。」此説雖於經文爲順，然又未若王氏之説曰：「四海困窮則失民，失民則無與守邦，無與守邦則天禄永終矣。」此説爲長。此蓋申言上文「罔與守邦」之義也。聖人之治天下，所以生而不傷、厚而不困、持而不危、節其力而不盡者，惟恐四海之困窮，不能終其天禄故也。舜之所以告禹者，盡於此矣。於是遂言其所以禪位之事，既有成命而不可改也。「惟口出好興戎，朕言不再」者，言己之出命，宣之於口者，其言善則有以出好，其言不善則有以興戎。今之所以禪位於禹者，慮之於心者，既定發而爲言矣，不可以更授他人，而再出命也。

禹曰：「枚卜功臣，惟吉之從。」帝曰：「禹，官占，惟先蔽志，昆命于元龜。朕志先定，詢謀僉同，鬼

---

❶「惡濕而居下」，《孟子注疏》作「執熱而不以濯」。

神其依，龜筮協從，卜不習吉。」禹拜稽首，固辭。帝曰：「毋！惟汝諧。」

禹於是辭讓不受，謂：「受禪大事也，當並立枚卜功臣，擇其可授而授之也。」「帝曰禹官占惟先蔽志」者，舜又不許禹之讓，而爲之明言其不以枚卜之理也。「官占」者，謂帝王立卜筮之官。此先自斷其志，然後命元龜以決之。苟使不先斷其志，而徒取決於龜筮，則南蒯之占，雖得文王之兆，亦爲無益也。故《洪範》之「稽疑」曰：「謀及乃心，謀及卿士，謀及庶人，而後謀及卜筮。」蓋人謀既盡，然後可以稽之於天命也。禪位，大事也，舜之慮也可謂至矣。既先定其志，然後詢之衆人而謀之，而衆謀無不僉同。以人言既協，則幽而鬼神，其必依之。故其稽之卜筮則協從，而無所不吉矣，正如《洪範》曰「是之謂大同」。夫既協之於天人之望，已從而無所不吉矣，故繼之曰「卜不習吉」。「習」者，重也，如「習坎」之「習」同。「不習吉」者，言無所事於重卜也。先儒謂「以『習』爲『因』」，非也。「禹拜稽首，固辭」者，蓋言禹又不敢受帝之位也，於是再拜稽首，而固讓焉。古之人於賓主授受之際，猶以三辭三讓，然後成禮。況於受天下之重，輒敢易而爲之哉？故必辭讓至於再三。再三辭者，皆出於其中心之誠然也，非勉强而爲之。如漢文帝立自代邸，東鄉讓天下者三，南鄉讓天下者再，此亦知夫天下大器不敢輕受。文帝所以致刑措之治，其端蓋本諸此。若夫飾情釣譽，爲不情之讓，以濟其私，若王莽之所爲，是乃舜、禹之罪人也。蓋「毋」者，禁止之辭也，止之使不能復讓也。「惟汝諧」者，惟禹可以當此元后之位也。

正月朔旦，受命于神宗，率百官，若帝之初。

辭既不獲矣，於是正月之朔旦，受命于神宗。「神宗」者，堯廟也。《祭法》曰：「有虞氏禘黄帝而郊嚳，祖顓頊而宗堯。」《大禹謨》、《虞書》也，所稱祖宗，必指有虞之世而言之。薛氏云：「受天下於人，必告於其人所從受天下者。」此論是也。「率百官，若帝之初」，先儒云：「順舜初攝帝位故事奉行之。」此説固是，然而以「若」爲「順」，則失之無據。此「若」字，但訓「如」，《舜典》所謂「巡狩如初」也。蓋禹既受命于神宗，則其率百官，如舜居位之初所行之事也。其所行之事，即「在璿璣玉衡，以齊七政」以下是也。堯、舜、禹三聖，相授而守一道。堯咨舜之言，即舜咨禹之言。禹攝所行之事，即舜攝所行之事。史官互文見義，其言約而盡、簡而不費，使學者深思而自得之，可謂善叙事矣。

帝曰：「咨，禹！惟時有苗弗率，汝徂征。」禹乃會羣后，誓于師曰：「濟濟有衆，咸聽朕命。蠢兹有苗，昏迷不恭，侮慢自賢，反道敗德。君子在野，小人在位，民棄不保，天降之咎。

堯老而舜攝者，二十有八年。舜老而禹攝者，十有七年。其居攝也，蓋代總萬機之政。而堯舜之尊爲天子，蓋自若也。故國有大事，猶禀命焉。禹之征有苗，蓋在夫居攝之後。而其命禀於舜，禹不敢專也。以征有苗而推之，則知舜之誅四凶，其亦禀堯之命，而流放竄殛，非舜之所專也。而《左氏傳》載太史克之言以謂：「渾敦、窮奇之徒，世濟其凶，增惡名，以至於堯，堯不能去。舜承堯，流四凶族，投諸四裔。」此徒見四凶之誅，不在堯之世，而在舜歷試之時，遂謂「堯不能去」。殊不知舜之去四凶，實受堯之命也。典謨所載其文明甚，特後世未之思耳。三苗之國，左洞庭、右彭蠡，實負固不服之國也。舜之誅四凶，蓋始遷其君之桀驁者，於三危之地。雖遷其君，不滅其國，更立其近親，以紹其宗嗣。至舜之格于文祖而即帝位，至於三考黜陟之後，蓋三十餘年矣。而苗民猶不之服，舜未忍加誅也，於是分別其善惡而析居之。及舜以耄期禪位于禹，使禹居攝，又將三十年。而苗民怙終其惡，卒不從教，蓋恃其土地之險，謂兵刑之所不能加也。舜於是命禹率諸侯而征之，所以討其負固不服之罪，而明正典刑也。「咨」，嗟也。嗟禹而告之曰：「惟時有苗尚不率教，汝其率諸侯以往征之也。」「禹乃會羣后」，蓋禹於是合諸侯，而與之共征有苗也。孟子曰：「天子討而不伐，諸侯伐而不討。」蓋古者有負固之國，天子致其討罪之辭以告諸侯，然後方伯連帥，率諸侯而往征之。諸侯雖能敵王所愾，而討罪之辭，則必受之於天子，不敢專也。舜曰：「咨，禹！惟時有苗弗率，汝徂征。」禹乃會羣后而往征之，天子諸侯之義，是兩盡之矣。「誓于師」者，誓衆以所爲征有苗之意也。有會必有誓，自唐虞以來則然也。而《禮記》則曰：「有虞氏未施信於民而民信之，夏后氏未施敬於民而民敬之，商人作誓而民始叛，周人作會而民始疑。」穀梁子亦曰：「誥誓不及五帝。」觀此言「禹乃會羣后，誓于師」，則是會與誓，皆出於舜、禹之時矣。蓋合諸侯以欽承天子之命，豈可以無會？有軍旅之事將警衆以用之，豈可以無誓？此堯、舜、禹所不能廢。有會有誓，亦何害於未施信而民信之，未施敬而民敬之？而又謂「誓者，殷民所以叛。會者，周民所以疑」，此徒見春秋之時，盟會之煩，誥誓之數，而民不信也，則謂帝王之時亦然，此蓋未嘗深探其本原故也。「濟濟有衆」，衆盛之貌。「咸聽朕言」，當聽朕誓戒之命也。「蠢」，動也，此蓋所以聲言有苗之罪也。夫苗民之所以蠢動而不服者，則其昏迷且不恭也。惟其不恭，故「侮慢自賢」。惟其昏迷，故「反道敗德」。「君子在野，小人在位」，言其國亂無政，而禍及斯民棄而不保。民既棄而不保，是以知天將降之咎也。

「肆予以爾衆士，奉辭伐罪。爾尚一乃心力，其克有勳。」三旬，苗民逆命。益贊于禹曰：「惟德動天，無遠弗届。滿招損，謙受益，時乃天道。

惟其苗民之罪，爲天所斷棄，故予以爾衆士奉天討罪之辭，以伐有苗之罪，爾尚庶幾一乃心力，其將有功勳以復於上。「三旬，苗民逆命」者，言禹率諸侯以征有苗，至于三旬，而苗民猶弗服也。漢孔氏曰：「責舜不先有文誥之命、威讓之辭，而便憚之以威、脅之以兵，有苗所以生辭。」此說不然。夫有苗之罪，在所當誅也久矣。舜以是寬待之，至是蓋五六十年矣。文誥之命、威讓之辭，豈有不盡？苗安得以是而責舜哉？而唐孔氏云：「以大舜足達用兵之道，而不爲文誥之辭，使之得生辭者，有苗數干王誅，逆者難以言服，故憚之以威武，任其生辭。待其有辭，爲之振旅，彼若師退而服，我復更有何求？退而又不降，復往必無辭說。若先告以辭，未必即得從命。不從而後行師，必將大加殺戮。不以文誥，感德自來，固大聖之遠謀也。」信斯言也，則是舜、禹、益用師進退，皆出於權譎變詐之謀，何期聖人之淺邪？要之，苗民逆命，但是昏迷不恭耳，不必從而爲之說。「益贊于禹」者，益是時亦從禹出征，見苗民負固恃强，不可以威服也，則以言贊佐禹，欲使之班師振旅，以德懷之也。謂「德至於動天，則將無遠而弗届」，彼苗民者，豈能終弗服哉？欲德之動天，則在夫順天道之常理。「滿招損，謙受益」，此實天理之常也。謂人之處心，自滿者招損，蓋有其善，喪厥善；矜其能，喪厥功也。謙抑則自受其益，自後者人先之，自下者人高之。言此者，欲禹以謙冲之德，不與苗較。苟順於天理之自然，則有苗將自至矣。

「帝初于歷山，往于田，日號泣于旻天于父母，負罪引慝，祗載見瞽瞍，夔夔齋慄，瞽亦允若。至誠感神，矧兹有苗。」

此又言舜之克諧瞽瞍之事，以見德之至者，雖其凶頑之人，猶可以化服之也。「帝初于歷山，往于田」，謂舜之居側微畎畝之時也。是時爲父母所疾，自咎其不順於父母，既號泣于旻天，又號泣于父母，蓋自盡其怨慕之德。其所號泣于旻天父母，惟負罪引慝而已，蓋引咎以自責，不以爲父母之失也。《孟子》載其言曰：「我竭力耕田，供爲子職而已。父母之不我愛，於我何哉？」此負罪引慝之實也。惟其負罪引慝，故供爲子職不敢不盡其力。「祗載見瞽瞍」，謂敬其事以見於父，起敬起愛而不敢怨也。「夔夔」，恐懼之貌。謂恐懼齋莊，愛敬盡於事親也。惟竭至誠以事其父，故雖瞽瞍之頑亦信順之。夫舜之號泣于旻天于父母，而其至誠實有以感格于上天之意，則雖瞽瞍之頑猶至於「允若」，以是知至誠可以感格于神明也如此。況兹有苗之頑未至於瞽瞍之甚，苟使禹以德而懷來之，彼將自至，何必區區以干戈而征之？此蓋益贊于禹之意也。

禹拜昌言曰：「俞！」班師振旅。帝乃誕敷文德，舞干羽于兩階，七旬，有苗格。

薛氏曰：「『昌言』，盛德之言也。」此蓋禹以益之言爲盛德之言，於是拜受其言而然之，遂爲之「班師振旅」而歸也。「班師」，旋師也。《左氏傳》曰「班馬有聲」，謂還馬也。「入曰振旅」、「出曰班師」，謂班師於有苗之國，而振旅於京師也。禹既「班師振旅」而歸，於是舜大布文德以懷來之也。大舜之文德何時不誕敷，至是而後言誕敷者，蓋責己自反不與苗較，彼知聖人之大度足以有容如此，則愧耻遷善之心油然而生，此其所爲「誕敷文德」也。「干」，盾也，舞者執之以爲扞蔽。《明堂位》曰「朱干玉戚以舞《大武》」，蓋武舞也。「羽」，翳也，亦舞也，舞者執之以爲蔽翳也。《簡兮》之詩曰「左手執籥，右手秉翟」，蓋文舞也。言舜之格有苗，不用干戈以服之，惟舞干戚於賓主兩階之間，而苗民自至。詳考此言，蓋是史官形容舜、禹盛德，不用干戈以服有苗，惟履服無事，舞干羽于兩階，而苗民自至，此形容不盡之意於言外。非禹之「班師振旅」而歸，舞于庭，以是爲誕敷文德，而望苗民之來也。故曰以意逆志，是爲得之。禹既不用干戈以與苗較，惟誕敷文德以懷來之，故至七旬，而有苗自格。「格」與「有耻且格」之「格」同，言有所感慕而來也。夫唐虞之世，聲教所被訖于四海之外，不服者惟一有苗國而已，以天下之全力而制一國之逆命，何難之有？ 而舜、禹懷之以德，待之以寬。遷其君而不服，則爲之分北其善惡而析居之。分北而猶不服，命率諸侯而征之，亦不責其必至也。又爲之班師，能使之自服。蓋自苗民始叛至於是，凡五六十餘年，然後得其心説誠服。聖人優游寬大之政，非後世所能及也。

尚書全解卷五　虞書

皋陶謨

皋陶謨

曰若稽古，皋陶曰：「允迪厥德，謨明弼諧。」

「謨」，如器之有模，立之於此，萬世之所取正也。謨有二：或出於祖宗之謨，所以循法於子孫，如《胤征》曰「聖有謨訓，明徵定保」、《伊訓》曰「聖謨洋洋」是也。或出於臣之謨，所以告戒於君者，《大禹謨》、《皋陶謨》是也。此據《皋陶謨》一篇，從首至尾皆是禹相與答問之言，而乃謂之「謨」者，蓋雖與禹相答問，其實陳於帝舜之前，此其所以謂之「謨」。《史記》曰：「帝舜朝，禹、皋陶相與語帝前。」此説是也。夫惟相語帝前，故揚子雲曰：「皋陶以之爲帝謨，不曰爲禹謨也。」「曰若稽古，皋陶曰『允迪厥德，謨明弼諧』」者，典、謨皆稱「若稽古」，而其辭則異。典，主於記載堯、舜之事，篇名曰「典」。故於堯曰「放勳，欽明文思安安，允恭克讓，光被四表，格于上下」，於舜曰「重華，協于帝。濬哲文明，温恭允塞」，此皆稱述堯、舜之德也。謨，主於記載禹、皋陶之言。「后克艱厥后，臣克艱厥臣」而下，皆禹之謨也。「允迪厥德，謨明弼諧」而下，皆皋陶之謨也。名篇曰「謨」，故即以其言屬於「若稽古」之下，猶言其謨之如此也。然而《大禹謨》又增「文命敷于四海，祗承于帝」二句者，此見禹成治水之功，聲教訖于四海，然後爲帝陳謨也。皋陶直言謨而已，故不載陳謨之故，而直述其言也。薛氏以「文命敷于四海」爲禹德，以「允迪厥德，謨明弼諧」爲皋陶之德。至於下文「禹曰俞如何」，其文無所屬，則謂其間當有脱文。此蓋未深考典、謨命名之旨，而欲以其體合而爲一，其説之不通，則委曲遷就而爲己意。蓋薛氏之於經，遇其説之不通，則多欲變易經文而就己意。如《洪範》「王省惟歲，卿士惟月，師尹惟日」以下，則欲屬於「五紀」。於《康誥》「惟三月哉生魄，周公初基，作新大邑于東國洛」而下數句，則欲屬於《洛誥》「周公拜手稽首曰」上。皆徇私立義，輕議聖人之經，不知古人「多聞闕疑，慎言其餘」。予嘗以爲王氏於經失之泥，泥則多鑿；薛氏於經失之易，易故多欲變易經文以就己意。蓋矯枉過直者，此古君子之通患也。「允迪厥德，謨明弼諧」，此皋陶之謨也。先儒以謂「人君當信蹈行古人之德，謀廣聰明以輔諧其政」，以「謨明」爲「謀廣聰明」，以「弼諧」爲「輔諧其政」，上二字加「廣聰」，下二字加「其政」，然後成文。皋陶之言，必不如是之迂也。王氏曰：「迪，道也。允迪謂允當於道。」苟以「允迪」爲「允當於道」，而下又加「厥德」二字，豈不爲贅哉？要之，此二説皆以人君之蹈行其德，故與下文齟齬而不合。予嘗聞之劉丈昭信曰：「『迪』，如啓迪之迪，如《冏命》曰『迪上以非先王之典』是也。」言人臣欲以至誠啓迪人君之德，則其謨不可以不明。謨不明，則不能開陳道義，以啓迪人主之德。謨明矣，而欲弼人主之爲，則不可以不諧。弼不諧，則詆訐太甚，非所謂優遊厭飫而入之也。「謨明弼諧」，則事君之義，盡於此矣。皋陶言此者，將與禹推此道以事舜也。

禹曰：「俞，如何？」皋陶曰：「都！　慎厥身修，思永。惇叙九族，庶明勵翼，邇可遠，在兹。」

禹於是然其言，既然其言，遂問「謨明弼諧」之道當如何也。皋陶曰「都」者，善其問也。言人臣欲「謨明弼諧」，以啓迪人主之德，則當使人君「慎厥身修」。蓋古之欲明明德於天下者，物格而後知至，知至而後意誠，意誠而後心正，心正而後身修，身修而後家齊，家齊而後國治，國治而後天下平。自天子至於庶人，一是皆以修身爲本。其本亂而末治者，否矣。其所厚者薄，而所薄者厚，未之有也。古之所以明明德於天下，始於格物致知、正心誠意者，凡欲以修身而已。身既修矣，則擴而充之，至於家齊，而後國治，國治而後天下平，無不可者。然而修身者，又不可不思爲長久之道，動而世爲天下道，行而世爲天下法，言而世爲天下則，此其所謂「思永」也。欲身修而思永，當以何爲先？「惇叙九族，庶明勵翼」，此其所以當先。「惇」，厚也。「叙」，次也。「惇叙九族」謂親親也。「庶明」，近臣也。「勵」，勉也。「翼」，輔也。近臣皆勉勵以翼己，謂尊賢也。蓋親親者，仁之本也。尊賢者，知之本也。人君之治天下，其極至於仁、知不可勝用，而其原則必本於親親、尊賢之二者。「邇可遠，在兹」者，謂修之於此，而效見於彼者，在此二者而已。《中庸》論治天下有九經：「修身也，尊賢也，親親也，敬大臣也，體羣臣也，子庶民也，來百工也，柔遠人也，懷諸侯也。」自「修身」至於「敬大臣，體羣臣」，則其本立矣。自其本而推之，無所施而不可。堯、舜之治天下，禹、皋陶、稷、契之陳謨於君，其叙未嘗不本於此。

禹拜昌言曰：「俞。」皋陶曰：「都！在知人，在安民。」禹曰：「吁！咸若時，惟帝其難之。知人則哲，能官人。安民則惠，黎民懷之。能哲而惠，何憂乎驩兜？何遷乎有苗？何畏乎巧言令色孔壬？」

「禹拜昌言曰俞」，則其昌盛之言也，故拜而然之。孟子曰：「禹聞善言則拜。」蓋謂此也。禹既然其言矣，皋陶於是又推廣其義。而欲盡乎「邇可遠，在兹」之道者，必在乎自尊賢之知而推之，以盡夫知人之哲；自親親之仁而推之，以盡夫愛民之惠，然後可也。禹曰「吁」，歎辭也，將使舜敬重其言而行之，故歎之也。「咸若時」者，猶言「若兹」。「惟帝其難之」，謂皋陶之言如此，帝當難其言而行之也。所以在於難其言而行之者，蓋知人始於尊賢，自尊賢而推之，至於無所不知，無所不知則能官人。安民始於親親，由親親而推之，至於惠，則無所不愛，無所不愛，故黎民懷之。此蓋所以推廣皋陶之言，而發明其義也。「知人則哲，能官人」，則盡乎知人之道，而知不可勝用也。「安民則惠，黎民懷之」，則盡乎安民之道，而仁不可勝用也。仁且知，聖人之事備矣，此其所以「何憂乎驩兜？何遷乎有苗？何畏乎巧言令色孔壬」也。「巧言令色孔壬」謂共工也。「静言庸違象恭」，故言「巧言令色孔壬」，言甚佞也，與「嘉言孔彰」之「孔」同。舜既流共工、放驩兜、竄三苗矣，而其戰戰兢兢之心，惟恐又有如此之人復出而爲惡，故未嘗敢忘憂畏之心。禹則以謂苟能用皋陶此言，而盡乎知人之哲、安民之惠，則不復憂畏如此之人矣。共工、驩兜，其大姦大佞在朝廷之上，故以憂畏言之。三苗爲諸侯在外，故但曰「遷」而已。蓋小人在朝廷之上者，尤爲可憂畏也。不言「何畏乎共工」，而言「巧言令色孔壬」者，蓋言共工之所爲如此，其爲可憂畏又甚於驩兜、有苗也。若但言「何畏乎共工」，則未足以盡其義也。自先儒王氏，皆以「惟帝其難之」爲指堯而言之，獨張横渠以「帝」爲舜。所以必從張横渠之説者，蓋禹不當謂堯爲帝，於《大禹謨》「帝德廣運」，已論之詳矣。而又四凶之誅在舜歷試之時。當堯之時，雖知其大惡大姦，然而未嘗有可誅之罪，故釋之而不誅，非憂之畏之，而不敢誅也。苟以「惟帝其難之」爲指堯而言，則是禹之意，以堯未能盡其知人安民之意，故曰：「何憂乎驩兜？何遷乎有苗？何畏乎巧言令色孔壬。」審如是説，則禹之言是所以貶堯，非所以稱美之矣。又與「帝德廣運」異矣，不如張横渠之言爲善。夫所謂「四凶之爲大姦大佞，皆在所憂畏」，此但言驩兜、共工、有苗，而不及於鯀，蓋所謂子爲父隱，直在其中矣。

皋陶曰：「都！亦行有九德。亦言其人有德，乃言曰，載采采。」

禹既以知人爲難，皋陶又爲詳言知人之道，以謂苟得其要，則其爲之亦不難也。據龜山曰「知人安民，此《皋陶謨》一篇之體要也。『九德』而下，至於『庶績其凝』，皆知人之事也。自『天叙有典』而下，皆安民之道也。非知人，使九德咸事，而能安民者，未之有也」，此説爲是。《中庸》曰「取人以身」，言必己之有是德，然後可以求於人也。故曰「亦行有九德」，謂用人之道必在履之於身。先有是九德，然後可以求他人有德。然求他人有德，不可以信其空言，而遂以爲有德也。故必言其行事深切著明者，乃可以信其德，故曰「乃言曰，載采采」。「載」，行也。「采」，事也。謂稱其人之有德，必言其人之所行某事以爲驗也。如四岳薦舜曰「有鰥在下，曰虞舜」，此所謂言其人有德也。而曰「瞽子。父頑，母嚚，象傲。克諧以孝，烝烝乂，不格姦」，此所謂「載采采」也。蓋觀人之法，苟不求之於躬行之際，而徒信其言語、文辭、聲音、笑貌之間，則小人緣情飾僞，得以僥倖而進。惟取人之際，必考其行實，則小人無所容其間也。

禹曰：「何？」皋陶曰：「寬而栗，柔而立，愿而恭，亂而敬，擾而毅，直而温，簡而廉，剛而塞，彊而義。彰厥有常，吉哉！

禹於是問皋陶九德之目，皋陶以九德之目而告之也。自「寬而栗，柔而立，愿而恭，亂而敬，擾而毅，直而温，簡而廉，剛而塞，彊而義」，人之德不出於此九者。《易》曰：「君子以成德爲行，日可見之行也。」君子之德必至於成，然後爲行。德而不至於成，則德非其德也。寬而不栗，柔而不立，至於剛而不塞，彊而不義，皆非成德也。德之非成，是皆有以賊其德，而德不爲我有。惟寬而能栗，柔而能立，至於剛而能塞，彊而能義，然後謂之成德。德至於成，然後可用也。聖人備道而全美，故其德無所不盡。自非聖人，不能無所偏。惟其有所偏，故自古帝王於其一時之人才，必有長養而成就之。因其所偏，而長其善，救其失。苟於九德之中，而有一德之成，則可謂之小成矣。由此而積之，至於九德無所不備，然後謂之大成。故觀人之道，必以此九德，而察其人材之成與未成也。寬則易失之放縱，故必能莊栗，然後爲成德。柔則易失之懦弱，故必有以立志，然後爲成德。愿則易失於樸野，則必成以恭。亂者有濟亂之材，如武王所謂「亂臣十人」是也，易失於輕忽，故當成之以敬順。擾者多失於無斷，故以果毅成之。直者多失於不能容物，故以温和成之。簡者易失於略，故必濟之以廉隅。剛者多失於上氣而好争，故必濟之以塞實。强則無所屈撓，多不中節，故成之必在合義。上九字者，人之性質所固有者。下九字，所以成其德也。恭之與敬，剛之與强，其義亦相近，此蓋隨宜立文。唐孔氏疏云：「恭在貌，敬在心。愿者遲鈍，失於外儀，故言恭以表貌。亂者輕物，❶内失於心，故稱敬以顯情。」又曰：「剛是性也，强是志也。當官而行，無所避忌，剛也。執己所是，不爲衆撓，强也。剛、强相近。」此説是也。皋陶言此者，蓋謂苟能以此九德，觀其人才之成不成、全不全，則知人之道無復餘藴矣。「彰厥有常，吉哉」者，言雖以此九德觀夫人才之成不成，又必其德之有常者，然後可以爲德。一作一輟，未足以爲德也。且以一德之常明之，如霍光，可謂有濟亂之才耳，而其爲人，在漢武帝左右小心謹德，未嘗有過。是其能亂而敬，而其出入殿門，進止有常處。郎僕射竊識視之，不失尺寸者二十餘年，此其「亂而敬」之有常者哉！武帝以是知其可用，故其末年托以遺孤，卒能擁昭立宣，不負社稷之寄。彼於九德之一，能守有常。武帝彰而用之，其成效已如此。況於九德咸事，則其效宜如何哉？皋陶以是爲知人之要，信「彰厥有常」哉，此德惟一動罔不吉也，有徵矣。

❶ 「亂」，汲古閣本、通志堂本作「治」。

「日宣三德，夙夜浚明有家。日嚴祇敬六德，亮采有邦。

自「日宣三德」而下，此又言知人之道見於官人者，則是其義也。南豐曾舍人曰：「以天下之才爲天下用，則用天下而有餘。以一己之才爲天下用，則爲天下用而不足。」蓋爲天子者，奄有天下之廣，必能盡用天下之才，兼收並蓄，罔有或遺，然後能成天下之治。故必用是九德之人，自「寬而栗」至「强而義」者，無所不容，無所不受，蓋所謂「丘陵積土以爲高，江漢積水以爲大，大人合并以爲公」也。惟其以是天下之才，選爲天下之用，則雖天下之大，不足治也。至於諸侯，則其地不若天子之廣，其民不若天子之衆，故於九德之中能用其六，則足以保其社稷，和其人民矣。卿大夫之於諸侯又其小者，故九德能用其三，則可以保宗廟。此言所處之勢有廣狹，則所用之人亦有多寡也。「宣」，達也。孔氏以「浚明」爲「須明行之」，以「浚」爲「須」，於義無所據。案：古文書「浚明」與「濬哲」字同用，則知「浚明」者，是亦宣達之意。言卿大夫能日夜宣達三德之人，使之顯明，足以保卿大夫之家。「日嚴祇敬」者，謂敬重其人也。王氏以爲貌嚴、行祇、心敬，亦不必如此之分別也。要之，既曰嚴、又曰祇、又曰敬，但謂好賢樂善之心，有加而無已也。言諸侯能敬重六德之人，與之共事，則足以保其諸侯之邦。「亮采」者，輔其事也。諸侯有民人焉、有社稷焉，故其於六德之人，必與之共事。至卿大夫，則但宣達之而已，言各有所當也。據言「三德」、「六德」，但謂有「九德」之中，有三、有六，不必指定其德，以充三六之數。鄭氏以謂：「三德，自『簡而廉』以下。六德，自『亂而敬』以下。」信斯言也，是「直而温」以上，大夫之所不得有；「愿而恭」以上，諸侯之所不得用，豈非誣也？

「翕受敷施，九德咸事，俊乂在官。百僚師師，百工惟時，撫于五辰，庶績其凝。

此言天子官人之道也。言爲天子者，必能於此九德之人，兼收並蓄，合而受之。既合而受之，於是敷而施之職位之間，使九德之人咸事其事者，蓋其所治者愈大，則其所用者，必盡天下之材也。「俊乂在官」，孔氏謂：「俊德治能之士，並在官焉。」馬、鄭云：「才能過千人爲俊，百人爲乂。」要之，但謂才無小大，皆使之居官，有職位也。孟子曰：「晉平公之於亥唐也，入云則入，坐云則坐，食云則食。雖蔬食菜羹，未嘗不飽也，蓋不敢不飽也。然終於此而已。弗與共天位也，弗與治天職也，弗與食天禄也，士之尊賢者，非王公之尊賢也。」蓋王公之尊賢，必在與之共天位、治天職、食天禄也。苟不與是，則未足以盡其尊賢之意也。皋陶論天子用人，必在使「九德咸事，俊乂在官。百僚師師，百工惟時」。諸侯之用人，必在夫「亮采」。至於卿大夫，但言宣達顯明而已，蓋所處之勢然也。俊乂既在官矣，於是百官皆相師法，而百工之事各得其時也。孔氏云：「百官皆是，言政無非。」既以「時」爲「是」，又以「是」爲「政無非」，此説爲迂。百僚、百工，皆指百官也。「師師」，指其人而言之，故曰「百僚」；「惟時」，指其事而言之，故曰「百工」，其實一也。「撫于五辰」，言使百官各舉其職，以順此五辰之時，則衆工皆興也。五辰之説，張諫議論甚詳，其説以謂：「木生於亥，壯於卯，成於未，此三辰者，皆木所終始也。就其壯而言之，則寅、卯，正木之辰，而春之盛德實在也。火生於寅，壯於午，成於戌，此三辰者，皆火所終始也。就其壯而言之，則巳、午，正火之辰，而夏之盛德實在也。金生於巳，壯於酉，成於丑，此三辰者，皆金所終始也。就其壯而言之，則申、酉，正金之辰，而秋之盛德實在也。水生於申，壯於子，成於辰，此三辰者，皆水所終始也。就其壯而言之，則亥、子，正水之辰，而冬之盛德實在也。土包載五行，而寄王於四季，則辰、戌、丑、未，皆土之辰焉。」蓋五行之時，分而言之則爲十二辰，合而言之則爲五辰，其實一也。蓋百官既得其職，以撫順於五行之時。五行既得其順矣，則三光全而寒暑平，五穀熟而草木茂，此庶績所以其凝也。「凝」，成也。自「翕受敷施」至於「庶績其凝」，此天子官人本末、先後之序也。臯陶之論官人於天子曰「翕受敷施」，固無可疑者。其於諸侯局之以六，大夫則限之以三，此則學者以意逆志而得之，不可泥其文於章句之間也。薛氏曰：「古之知言者，忘言而取意，故言無不通。後之學者，膠於言而責其實，故多疑，多疑故多説。天子用九，諸侯用六，大夫用三，言不得不爾，其實未必然也。」孔子曰：「天子有争臣七人，諸侯五人，大夫三人。使諸侯而有争臣七人，安得謂之僭天子？故觀《書》者，取其意而已矣。」此論善哉。

「無教逸欲有邦，兢兢業業，一日二日萬幾。無曠庶官，天工人其代之。

王氏曰：「天子當以勤儉率天下諸侯，不當以逸欲教有邦。」蓋天子逸欲於上，則諸侯化之，亦將肆其逸欲，以盤樂怠傲於下。使有邦者皆肆其逸欲，則生民之受其禍可勝計哉？而其源則自夫上之人以逸樂導之也。誠使爲天子者，澹然無營、清心寡欲，舉天下之聲色貨利，曾不足以動其心，彼諸侯者其敢肆其逸欲於下哉？故無教逸欲有邦者，此誠端本清源之道也。「兢兢」，戒慎也。「業業」，危懼也。「幾」，政也。言當戒慎萬事之政也。上文既言官人之道，至於「撫于五辰，庶績其凝」，則是治定功成。以常人之情，當國家無事之時，則易安於逸樂，而無戒慎危懼之心，此則危敗禍亂之所自萌也。故戒之曰「無教逸欲有邦，兢兢業業，一日二日萬幾」，言一日二日之間，而危亡禍亂之幾至於萬，其可畏如此，可不盡其戒慎危懼之意哉？「無曠庶官」，言非獨天子當兢兢業業於上，又當勸勉羣臣之在官者，使之各恭爾位，而無曠其職，所以必欲「無曠庶官」者，蓋凡設官分職，其所治之事，無非代天之事也。使一官之或曠，則廢天之職矣。天子雖兢兢業業於上，而百官有司廢天秩於下，是亦危亂之道也。故臯陶之陳謨勑戒，既曰「一日二日萬幾」，又曰「無曠庶官，天工人其代之」，其意蓋欲「后克艱厥后，臣克艱厥臣」，以盡乎君臣之道，而共保無爲之治也。

「天叙有典，勑我五典五惇哉。天秩有禮，自我五禮有庸哉。同寅協恭和衷哉。天命有德，五服五章哉。天討有罪，五刑五用哉。政事懋哉懋哉。

下文申結「天工人其代之」之義。《湯誥》曰：「惟皇上帝，降衷于下民。若有恒性，克綏厥猷惟后。」言民有物則之性、好惡之情，無非出於天之所以降衷者。爲君者，惟能克綏厥猷而已。人之生也，其人倫之典天也，故其彝倫有自然之叙矣。人君勑之以爲五典，使父子有親、君臣有義、夫婦有别、長幼有叙、朋友有信。五者各致其厚，蓋所以助乎天之所叙也。謂人之生，交際之禮，天已定其差等，有自然之秩矣。人君自己爲五禮：以吉禮事邦國之鬼神示，以凶禮哀邦國之憂，以賓禮親邦國，以軍禮同邦國，以嘉禮親萬民。五者各得其常，所以助夫天之所秩也。勑有典，自有禮，必在夫君臣共致其寅畏、恭謹、衷善之意，然後可以施化，故曰「同寅協恭和衷哉」。既曰「寅」，又曰「恭」，又曰「衷」，亦與所謂「嚴祗敬」同，謂其寅畏之意有加而無已也。蘇氏曰：「此二者道德事，非君臣同其誠敬，莫能致之。若天命有德討有罪，則政事也，勉之而已。」「天命有德」，凡有德則順乎天道，順乎天道，天之所命也，人君於是制爲五服以章之。「五服」，鄭博士曰：「自衮冕至於玄冕，自九章至於一章是也。」「天討有罪」，凡有罪者，則悖乎天道，悖乎天道，則天之所討也。人君於是制爲五刑以用之，五刑，墨、劓、剕、宫、大辟是也。天命有德討有罪，施之於刑賞之間，必在夫君臣共勉於政事，然後可以勸懲天下，故曰「政事懋哉懋哉」。「叙有典」、「秩有禮」，則君臣「同寅協恭和衷」，以助夫天之所叙秩命。有德討有罪，則君臣懋於政事，以助夫天之所予奪。君臣之間盡道如此，則可謂能「兢兢業業，一日二日萬幾。無曠庶官，以代天工」矣，此皐陶諄諄爲帝陳謨也。「典」、「禮」言「勑我」、「自我」，而命有德討有罪，不言我者，楊龜山曰：「『典』、『禮』必自天子出，故曰『勑我』、曰『自我』。若夫爵人于朝，與衆共之；刑人於市，與衆弃之，雖天子不得而私焉。」此説是也。「典」曰「五惇」、服曰「五章」、刑曰「五用」，而至於「禮」，則獨曰「有庸」者，王氏曰：「『五典』、『五服』、『五刑』之所施，非一人之身。若『五禮』，則取於一人之身。」而楊龜山以其説爲不然，龜山之説曰：「禮雖有五，而其用則非一。如『五禮』，上自天地、社稷、宗廟，下至山林、川澤，以及四方百物，皆有祭焉。而其儀章、器物，各從其類，不可以數計。吉、凶、軍、賓、嘉，亦莫不然，故曰『有庸』。」然馬融本則直作「五庸」，與「五惇」、「五章」、「五用」無以異。然世遠難以折中，姑兩存之。

「天聰明，自我民聰明。天明畏，自我民明威。達于上下，敬哉有土。」

古文書「畏」與「威」二字通用，其義一也。孔氏以上一句屬於「天命有德」，「言因民而降之福。民所歸者，天必命之」。下一句屬於「天討有罪」，「言天明可畏，亦因民成其畏。民所叛者，天必討之」。案：《吕刑》云：「德威惟畏，德明惟明。」是「明」與「畏」字相對而言。「明」者，天之所彰也；「畏」者，天之所畏也。孔氏既以「明畏」屬於「天討有罪」矣，故遂以「聰明」屬於「彰有德」。豈天之彰有德，則用其聰明，而討有罪，則不用其聰明者乎？此説不通。而王氏、張諫議則又以「聰明」主於「典」、「禮」而言，「明畏」主於「命德討罪」而言。夫「明畏」主於「命德討罪」，無可疑者。而以「聰明」爲主「典」、「禮」，則失之泥。要之，二句只一意，蓋所以總結上文而盡其義，亦不必分説。《泰誓》曰「天視自我民視，天聽自我民聽」，此正爲「命德討罪」而言也。言天之聰明，能鑒察善惡，故其吉凶禍福之應，未嘗有豪釐之差。爲人君欲觀其聰明、明畏，無觀諸他，觀之民而已。天有聰明之道，而其聞見，則付之於民。民之所聞，天之聽也。民之所見，天之明也。天有明畏之道，而其好惡，則付之於民。民之所好，天之明也。民之所惡，天之畏也。蓋公天下之聞見、好惡而褒貶，則天之聰明、明畏，不外是矣。是道也，達乎上下者，一理而已。下焉，民之所以好惡向背者，此道也。上焉，天之所以吉凶禍福者，亦此道也。所以必在察乎民之意，以察天之意。此理而達於上下，本無有二，民之好惡向背，則天之吉凶禍福應之，如影響矣。故有土者，不可不敬如此。敬於民，則敬於天矣。敬於天，則民歸之矣。

皋陶曰：「朕言惠，可底行？」禹曰：「俞，乃言底可績。」皋陶曰：「予未有知，思曰贊贊襄哉。」

自「允迪厥德」以下，至「敬哉有土」，皋陶之所以爲帝陳謨，盡於此矣，不可以有加矣。於是又申誥之曰「朕言惠可底行」，謂我之言順於理，可底而行其意。蓋以謂我徒能言之耳，至於行之，則在乎舜與禹也。禹曰「俞」者，然其「惠可底行」之言。既然其言，而又謂汝之言不但見於空言而已，亦可以致行其功，蓋欲勉皋陶，以共行其知人安民之言也。皋陶曰「予未有知思，曰贊贊襄哉」，「襄哉」者，言禹雖勉皋陶，共行安民知人之言，而皋陶猶辭讓不敢當也。孔氏曰：「我未有所知，未能思致於善，徒亦贊奏上古行事而言之。」信如孔氏說，則「曰」之一字，遂爲衍文。蓋上下文勢已足，雖不加「曰」字，猶成文義也。張横渠、薛氏皆以「曰」當作「日」字，下文「予思日孜孜」相類，此說比先儒爲優。雖治經者不當變易經字以就己意，然而考之於經，「曰」之與「日」大抵多相亂。如《洛誥》曰「今王即命日」，《釋文》「一音作曰」。《呂刑》曰「今爾罔不由慰日勤」，《釋文》「一音作曰」。以是知「日」字、「曰」字，經文多相亂。而此下文又有「予思日孜孜」，與此「思曰贊贊襄哉」文勢正相類。故張横渠、薛氏皆以爲「日」，此蓋有憑據而云，非率意而爲此說，故可從也。「贊贊襄哉」者，孔氏以謂「贊奏上古行事而言之」，薛氏曰：「日夜進進不已，知進而不知退，知上而不知下也。」蓋《爾雅》「襄」字惟有二訓：其一訓「除」，其一訓「上」。既不可訓「除」，而用《爾雅》訓，故遂以訓「上」，必曰「贊贊上哉」，故其說不得不如此。鄭氏雖知《爾雅》二訓不可從，又以「襄」字訓「暢」，言我未有所知、所思，徒贊明帝德、暢我忠言。其說尤爲無據。惟王氏曰：「『襄』，成也。思一一贊襄，以成禹之功也。」案：《春秋左氏傳》定十五年：「葬定公，雨，不克襄事。」杜元凱曰：「『襄』，成也。」王氏之訓，蓋出諸此。此説爲善。臯陶之意，蓋以謂使我獨底可績，則未能爲禹之助，以成其功而已。

尚書全解卷六　虞書

益稷

伏生之《書》，以《舜典》合於《堯典》，《益稷》合於《皋陶謨》。至孔安國案壁中科斗《書》，始釐而爲二。觀《舜典》「慎徽五典」而下，正與《堯典》「帝曰欽哉」之文相接，《益稷》「帝曰來禹汝亦昌言」而下，實與《皋陶謨》「思曰贊贊襄哉」之文相接，則伏生之《書》合而爲一者是也。而孔氏必釐而爲二者，蓋古者簡册以竹爲之，編次而成書，所編之簡不可以多也。故文之多者，一篇之所不能容，則釐而爲二。雖釐而爲二，苟文勢相接，亦不害其爲一也。既已釐之，則必爲之篇名以别之，於是有《堯典》、《舜典》、《大禹謨》、《皋陶謨》、《益稷》之目，此但爲簡册之便耳，非有義於其間也。《書序》既有此二篇之目，而孔壁之中舊文雖爲一簡，孔氏安得不釐而爲二哉？以是知伏生之合之也。由是理而推之也，孔氏之釐正也，因其簡册之舊也。故簡册之當從孔氏，而以二篇之文相屬而讀之，則當以伏生爲正。篇名《益稷》者，蓋以篇首有暨益稷之文，故借此二字以名其簡册，猶《論語》有《顔淵》、《微子》，《孟子》有《公孫丑》、《萬章》等名篇也。而唐孔氏則謂：「二人佐禹治水有功，因以此二人名篇，既美大禹，亦所以彰此二人之功。」此則過論也。

益稷

帝曰：「來，禹，汝亦昌言。」禹拜曰：「都！帝，予何言？予思日孜孜。」皋陶曰：「吁！如何？」禹曰：「洪水滔天，浩浩懷山襄陵，下民昏墊。予乘四載，隨山刊木，曁益奏庶鮮食。

此文與皋陶陳謨同爲一時之事，其文當與上「贊贊襄哉」相屬。「帝曰：來，禹，汝亦昌言」，益、皋陶既已陳謨於帝，於是呼禹使汝陳其盛德之言。「禹拜曰：都！帝，予何言？予思日孜孜」，禹既承命，於是拜而歎美，以謂皋陶之謨既已盡善矣，予復何言哉？惟思日夜孜孜奉臣職而已。皋陶曰「吁」，歎辭也。皋陶於是歎而問禹以「予思日孜孜」之事爲如何也？楊子雲曰：「禹以功，皋陶以謨。當舜之時，禹、皋陶之事君，各以其能，自致其上。皋陶陳謨，而不敢自許其功。禹成其功，而不敢自許其謨。故帝雖命禹以陳其盛德之言，而禹乃謙遜，不敢即承命而遂言之也。」其意蓋以謂：皋陶之謨既已如此，而我惟日夜孜孜猶且不逮，其何以有加於皋陶？故皋陶問其何如？而禹但以「孜孜奉臣職，見於已試之效者」以答之也。周希聖曰：「坐而論道謂之三公，作而行事謂之士大夫。禹之謙遜，以謂坐而論道者必皋陶，而已特作而行之而已。」此說是也。自此至「烝民乃粒，萬邦作乂」，此實禹治水本末先後之序也。「洪水滔天，浩浩懷山襄陵」，於是天下之民皆昏墊，溺困於水災也。「四載」，説者不同。孔氏曰：「水乘舟，陸乘車，泥乘輴，山乘樏。」而《史記》及《尸子》、《慎子》、《漢書·溝洫志》，與此所載大同而小異。「水乘舟，陸乘車」，諸説皆同。「泥乘輴」，《史記》作「橇」，《尸子》作「蕝」，《慎子》及《溝洫志》作「毳」。「山乘樏」，《史記》作「檋」，《溝洫志》作「梮」。然而名雖不同，其實一也。「輴」與「橇」、「蕝」、「毳」，一物也。「樏」與「檋」、「梮」，一物也。「輴」以版爲之，其狀如箕，用以擿行泥上。

「樏」以鐵爲之，其形似錐，長半寸，施之履下以上山，不蹉跌也。此數物者，蓋治洪水之時，以此乘之，以爲跋履山川、踐行險阻之具也。雖其制度不同，不詳見於經，然自漢以來，其説如此，必有所傳聞也。或者以謂：「鯀九載，績用弗成。兖州之功，十有三載乃同，則以爲禹治水，實四年而成功，故謂之『四載』。」世多喜此説，蓋其文致附會，亦似有可信者。然而「四載」，指治水而言，謂之四載可也，何以謂之「乘四載」乎？又其年數反覆，齟齬而不合，蘇氏論之詳矣。「隨山刊木」者，蓋禹之治水，自通障蔽始。於《禹貢》之書，先言「禹敷土，隨山刊木」，後言「奠高山大川」。孟子曰：「當堯之時，天下猶未平，洪水横流，汎濫於天下。草木暢茂，禽獸繁殖，五穀不登。禽獸逼人，獸蹄鳥迹之道交於中國。堯獨憂之，舉舜而敷治焉。舜使益掌火，益烈山澤而焚之，禽獸逃匿。」蓋禹治水之初，必先烈山澤、驅禽獸以通障塞。障塞既通，然後土功可得而施之。「暨益奏庶鮮食」，益是佐禹治水，禹當夫水土未平，民未粒食，於是暨益教民，以食魚鼈鳥獸之肉而充飽也。「奏」，進也。「奏庶鮮食」，進於民也。鳥獸新殺曰鮮，故曰「鮮食」。

「予決九川，距四海，濬畎澮距川。暨稷播，奏庶艱食鮮食。懋遷有無化居。烝民乃粒，萬邦作乂。」

障塞既通矣，然後可以施其治水之功，使川澤之水各有所歸也。《史記》以導弱水以下爲九川，蓋弱水也、黑水也、河也、漢也、江也、沇也、淮也、渭也、洛也，通有九川。然亦不必如此之泥。要之，謂九川者，但謂九州之内，凡有川澤，皆疏導之，使之各有所歸也。「距四海」，《史記》既以導弱水以下爲九川，故説者遂以「導弱水入于流沙，爲西海。黑水終入爲南海，後至于大陸以北，播爲九河：入于海者爲北海，其餘六水所入爲東海」。然海之量，合受衆流。若如此説，則是西海所受者，惟一弱水；南海所受者，惟一黑水，無此理也。若以「決九川」，爲九州之川澤無所不決；而「距四海」，爲江水皆歸於海，則無所不包矣。「濬畎澮距川」，謂川澤之水既有所歸，於是疆理其地則爲溝洫，以宣泄平地之水，使皆歸於川澤，亦以爲耕稼之漸也。《考工記》曰：「匠人爲溝洫，耜廣五寸，二耜爲耦，一耦之伐，廣尺、深尺謂之畎。田首倍之，廣二尺、深二尺謂之遂。九夫爲井，井間廣四尺、深四尺謂之溝。方十里爲成，成間廣八尺、深八尺謂之洫。方百里爲同，同間廣二尋、深二仞謂之澮。」自畎而之遂，自遂而之溝，自溝而之洫，自洫而之澮，自澮而之川，自川而之海。不言「遂溝洫」，而曰「畎澮」者，蓋舉小大以包其餘也。「決九川，距四海，濬畎澮距川」，則比其功役，又倍於「隨山刊木」矣。故所藉以爲衆庶之食，又非鮮食而足也，故於鮮食之外，又加艱食焉者。薛氏謂：「草木之實，凡施力艱難而得之者也。」古者凶年饑歲，五穀不熟，民無所得食。於是有拾橡栗，仰食桑椹，取給蒲蠃，以充飢者。所得艱食，即此類之謂也。謂使民食鳥獸之肉，又加之以草木根實之類以足之也。「艱食鮮食」者，則民無阻飢矣。於是又勉之以阜通貨賄，以給其資生之具。「懋遷有無」，遷有以之無也，如魚鹽徙山林，材木徙川澤是也。「化居」者，化易其所居積。王肅云：「易居者，不得空去，使滿而去，使滿而來。」其説是也。既懋有無，則民之所以資生之具，無所不備，然後可以興農事，而使民享其粒食之利。粒食者，五穀之食也。民既粒食，則飢饉、墊溺之患，皆可以免矣。舜使禹陳其盛德之言，禹謙自牧，不敢以陳謨自居。雖不以陳謨自居，惟述其治水之時，本末先後之詳，而警戒之意實存於其間。蓋洪水之初「浩浩懷襄，下民昬墊」，而其終也「烝民乃粒，萬邦作乂」，其間險阻艱難備嘗之矣。予之所以「思日孜孜」者，蓋欲君臣之間相成警戒，其兢兢業業常如洪水未平之時，如此則國家之福永永無窮矣。鮑叔牙謂齊威公曰：「願君無忘在莒時，管仲無忘束縛於魯時，甯戚無忘飯牛車下時。」大禹之「思日孜孜」，其意如此。

皐陶曰：「俞，師汝昌言。」禹曰：「都，帝！慎乃在位。」帝曰：「俞。」禹曰：「安汝止，惟幾惟康，其弼直，惟動丕應徯志。以昭受上帝，天其申命用休。」帝曰：「吁，臣哉鄰哉！鄰哉臣哉！」

舜命禹以陳其盛德之言，禹謙遜不敢自居，惟述其治水之時，本末先後之序，以致其「日孜孜」之意。而皐陶猶以爲未也，於是然其「思日孜孜」之言，而皐陶謂之曰「汝之昌言可師法，所當爲帝陳謨」。禹既不獲遜矣，於是又陳謨以戒於舜曰「都，帝！慎乃在位」，此雖勉徇皐陶之意而陳，其實亦所以申結上文之義也。蓋洪水之初「懷山襄陵，下民昏墊」，其終也至於「烝民乃粒，萬邦作乂」，則其間險阻艱難備嘗之矣。今也治定功成，法度彰，禮樂著，垂拱而視天民之阜，曾無可憂者。然聖人不畏多難，而畏無難。洪水之時，天下可謂多難矣，而君臣相與焦心勞思，以拯生民之飢溺。既克有濟，然人之常情安於無難，必將忘其所可戒，則驕奢淫泆之所自萌，而危敗禍亂自此分矣。故禹之陳謨，蔽以一言曰「帝慎乃在位」，蓋謂欲守此盈成之業，緜緜社稷無疆之休者，惟在「慎之」而已。董仲舒曰：「堯舜以天下爲憂，而不以位爲樂。」蓋爲人君者，苟以位爲樂，則將窮天下之欲，以供耳目之娛，故不能保厥位，至於顛覆喪亡而不悟；苟其居是位也，兢兢業業，如臨深淵、如履薄冰，以致其畏慎之意，則其位之安如太山，而四維尚誰得而奪之邪？禹之言簡而盡若此，可謂一言而興邦矣。「帝曰俞」者，然禹之言深喻其儆戒之意。孔子語顏回以「克己復禮」之目，則告之曰：「非禮勿視，非禮勿聽，非禮勿言，非禮勿動。」蓋謂欲克己復禮者，當如此也。禹之陳謨，盡於「慎乃在位」之一言，帝既虛心而聽之，君臣之間不待問而辨也。故又推明其義，爲帝盡言之，蓋謂欲「慎乃在位」者，其後先之序當如此也。「安汝止」者，言汝之所止，不可以不安。《大學》曰：「知止而後有定。」又曰：「《詩》云『緜蠻黄鳥，止于丘隅』，子曰

『於止，知其所止，可以人而不如鳥乎』，《詩》云『穆穆文王，於緝熙敬止』。爲人君止於仁，爲人臣止於敬，爲人子止於孝，爲人父止於慈，與國人交止於信。」蓋人之所止而不能安，則將泛然而無所歸宿，外物得以移之矣。苟能安其所止，則意誠心正，舉天下之外物，曾不足以動其心。如是則寂然不動，感而遂通天下之故矣，此實「慎乃在位」之本也。「惟幾惟康，其弼直」，言能安止矣，又能盡此三者，然後有以盡夫「慎乃在位」之道也。「惟幾」者，謂人君當戒慎萬事之微，而不敢忽也。「惟康」者，言當安静天下之民，而不擾之也。「其弼直」者，謂輔弼之臣，當得切直之臣而用之也。自古太平無事之世，上恬下熙，四方無虞，若可以無慮矣。及其禍亂一起，卒至陵夷敗壞，而不可復收者，其禍未嘗不出於三者：爲君者宴安鴆毒，而不悟危亡之機，禍之所自萌也；好大喜功以擾斯民，禍之所自萌也；人主好佞於上，羣臣致諛於下，上下相狥，不聞切直之言者，亦禍之所自萌也。苟能「惟幾」以成天下之務，「惟康」以安天下之業，又能使「其弼直」以通天下之情，危敗禍亂無自而萌，而「慎乃在位」之道盡於此矣。「惟動丕應徯志」，荀子曰：「德操然後能定，能定然後能應。」自「安汝止」至「其弼直」，可謂「能定」矣。惟其能定，故動而有爲也，則可以大應夫徯志之民，此其所謂「能應」也。「徯志」謂民之於君，聽唱而應，視儀而動，徯上之志而樂從之者也。惟爲君者無以大慰斯民之望，故有悍戾而不從。苟能「安汝止，惟幾惟康，其弼直」，則民固得所欲矣。彼之徯志於我，而我之發政施仁，有以待應之。孔氏曰：「徯，待也。帝先安所止，動則天下大應之，順命以待。」《詩》曰：「宜民宜人，受禄于天。」「惟動丕應徯志」，是宜於民人也。民之所欲，天必從之，故有以昭受上帝之命，天將命以休福，受天之祜，永永無窮矣。蓋「洪水滔天，下民昏墊」，其終也以至於「九州攸同，萬邦作乂」，天命眷顧，錫以休福，何以至此？苟於此能兢兢業業，以「慎乃在位」，如上之所云，則固有以昭受上帝之意，而天之命以休福，至於億萬年而無易，是天重命之也。

天與帝之稱雖異，其實一也。嘗考經之所載，凡稱天稱帝者，大抵皆是變其文以成美。❶既曰「格于皇天」，又曰「格于上帝」。既曰「帝乃震怒」，又曰「天乃錫禹《洪範》九疇」。既曰「惟帝不畀」，又曰「惟天不畀」。凡若此之類甚多，皆是史官錯綜其文以成義。「以昭受上帝，天其申命用休」，但謂如此，然後可以昭受上天，天其申命以休福。此但是不欲言「以昭受上天，天其申命用休」，故變其文曰「上帝」，必欲從而爲之説則鑿。故詳考此章之義，蓋謂欲「慎乃在位」者，其静而無事也，則君臣盡道於廟堂之間；其動而有爲也，則天人協應於幽明之際。定之於此，應之於彼，蓋不期然而然者，此禹所以諄諄反覆爲帝申言之。昔唐太宗問創業、守文孰難？房玄齡曰：「草昧之初，羣雄競逐，攻破乃降，戰勝乃克，創業則難。」魏徵曰：「王者之興，必乘衰亂，反覆昏暴，殆天授人與者。既得天下，則安於驕逸。人欲静，徭役毒之；世方弊，掊克窮之。國於此衰，則守文爲難。」帝曰：「玄齡從我定天下，冒萬死遇一生，是創業之難。魏徵與我安天下，恐富貴則驕，驕則怠，怠則亡，見守文之不易。創業之不易既往矣，守文之難當與公等慎之。」房玄齡、魏徵以其身之所歷而言之，故於創業、守文之難易俱有所偏。若禹者，親與益稷之徒跋履艱難，踐越險阻，以定洪水之難，故其始之所言者，無非所謂創業之難。及其洪水既平，帝方命之以陳其嘉猷、嘉謨，以爲警戒，故其終之所言者，無非守文之難。蓋其意亦以謂創業之難既往矣，守文之難方將慎而圖之。觀太宗之言，則禹所陳之謨，本末首尾不煩訓詁而可通矣。夫禹之陳謨，其意不出諸此，而太宗乃與之合，若太宗者，亦豈可多得哉？「帝曰吁」者，禹之陳謨，蓋盡於此矣。帝於是歎其言，而謂之曰：「慎乃在位之道，亦非一人之所能爲，必資羣臣之助也。」「臣哉鄰哉」，孔氏曰：「鄰，

❶「美」，汲古閣本、通志堂本作「義」。

近也。言君臣道近，相須相成。」此説未通。據下文曰「欽四隣」，則其所指禹之僚屬、左右前後，所與協力以事君者。「臣哉」者，言必賴爾臣之助，此蓋指禹而言之也。「鄰哉」者，言汝又當率其僚屬、左右前後之人，以爲我之助也。「鄰哉臣哉」，言之不足，又重言之也。「哉」，自古人多重言之，如「蚖哉蚖哉」、「時哉時哉」、「歸哉歸哉」。以此臣、鄰二義，反復言之，以見致意之深也。

禹曰：「俞。」帝曰：「臣作朕股肱耳目。予欲左右有民，汝翼。予欲宣力四方，汝爲。

自「臣作朕股肱耳目」以下，此又申言資夫臣、鄰之義也。蓋人君當資羣臣之助，猶手足耳目爲之用也。自「左右有民」以下，所以解釋其義也。王氏曰：「『臣作朕股肱耳目。予欲左右有民，汝翼。予欲宣力四方，汝爲』，言作股肱。『予欲觀古人之象』至於『汝聽』，言作耳目。」此説是也。蓋心居中，虚以治五官。心有所欲爲，亦不能獨成其功，要必資手足耳目之助。使手足耳目之職廢於外，則心之思慮亦不能獨成。故帝言此者，必資夫羣臣之助也。「予欲左右有民」，言我欲助我所有之民也，此即孟子所謂「放勳曰『勞之來之，匡之直之，輔之翼之，使自得之，又從而振德之』」者也，謂我欲左右有民，以教育成就之，汝當輔翼於我也。「宣力」，即孔子所謂「陳力就列」也。「予欲宣力四方」，謂我欲宣布其力於四方，汝當黽勉以爲之。蓋陳力就列，人臣之職也，故曰「汝爲」。至於「左右有民」，則非人臣之事也。《易》曰「后以財成天地之道，輔相天地之宜，以左右民」，蓋天子之職也。人臣但爲之助而已，故曰「汝翼」，言各有所當也。「汝翼」、「汝爲」，申言作股肱之事也。雖申言作股肱之事，然而必欲以一句爲股，一句爲肱，如汝明之爲目，汝聽之爲耳，則不可。要之，「汝爲」、「汝翼」皆是手足之用也。

「予欲觀古人之象，日、月、星辰、山、龍、華蟲，作會；宗彝、藻、火、粉米、黼、黻，絺繡。以五采彰施于五色，作服，汝明。

「觀」，視也。「予欲觀古人之象」，謂我欲觀視古人法象，作服之制於天下也。《易》曰：「黄帝、堯、舜垂衣裳而天下治，蓋取諸乾、坤。」以是知上衣下裳之制，創自黄帝，堯、舜特因之而已，故謂之「古人之象」。十二章，説者不同，當以鄭氏之説爲正。其説以謂：「華蟲，雉也。宗彝，虎蜼也。粉米，白米也。絺讀爲黹，紩也。畫以爲繪，紩以爲繡，畫與紩皆有六。日也、月也、星辰也、山也、龍也、華蟲也，此六章者，畫以爲繪，施之於衣。宗彝也、藻也、火也、粉米也、黼也、黻也，此六章者，紩以爲繡，施之於裳。此有虞氏之十二章也。至周以日、月、星辰畫於旗，冕服九章，登龍於山，登火於宗彝。其九章：初一曰龍，次二曰山，次三曰華蟲，次四曰火，次五曰宗彝，此五者繪之於衣。次六曰藻，次七曰粉，次八曰黼，次九曰黻，此四者繡之於裳。此周之九章也。衮冕九章，以龍爲首，龍首卷然，故以衮爲名。鷩冕七章，以華蟲爲首，華蟲即鷩雉也。毳冕五章，以虎蜼爲首，虎蜼毛淺，毳是亂毛，故以毳爲名。此成周增損有虞氏之服制也。」鄭氏此言皆有所據而云，大勝孔氏之説。蓋孔氏之失有二：以「日月星辰山龍華蟲作會宗彝」爲句，而曰「五采成此畫焉。宗廟彝樽亦以山、龍、華蟲爲飾」。據此經云「予欲觀古人之象」，而「以五采彰施于五色，作服，汝明」結之於後，則是此言專爲作服而云爾，豈於其中雜入宗廟之彝樽者哉？此其失一也。又曰「絺，葛之精者」，凡葛非可繡之物，自古未聞有以爲裳。唐孔氏云：「暑月則染絺爲繡，而繡之以爲祭服。」豈暑月染葛爲服，而冬月則弃而不用邪？此其失二也。而又以華蟲爲二物，以粉米爲二物，其説考之制度，皆齟齬而不合，不若鄭氏之説爲善。「以五采彰施于五色，作服，汝明」，鄭氏曰「性曰采，施曰色」，言以本性施於繒帛。蓋繪以爲衣，繡以爲裳，皆雜施五采，以爲五色。「汝明」者，汝當明其小大、尊卑之差等也。案：《周禮・司服》云：「公之服，自衮冕而下如孤之服。❶士之服，自皮弁而下如大夫之服。」自天子至於卿士，其服皆有差等，上得兼下，下不得僭上。以《周禮》觀之，則知唐虞之制，亦必有尊卑差等於其間。「作服，汝明」者，恐其亂於上下之分，故使之明尊卑等差，以示之也。夫自天子至於士，宗廟、宫室、車服、冕旒、器用，莫不有尊卑、上下之差。此但言「作服」者，舉其一以包其餘。若仲叔于奚有功於衛，衛人賞之以邑，辭。請曲縣，繁纓以朝，許之。仲尼謂之曰：「惜也，不如多與之邑。惟器與名不可以假人，君之所司也。名以出信，信以守器，器以藏禮，禮以行義，義以生利，利以平民，政之大節也。若以假人，與人政也。政亡則國家從之，不可止也已。」舜使禹作服，「以五采彰施于五色，作服，汝明」，其意蓋亦謂如此而已。自先儒以來觀象，以作服之等差，所繪所繡之物雖有不同，而論其所以觀象作服者，則無有異義也。至王氏始謂：「日、月、星辰、山、龍、華蟲，凡此德之屬夫陽者，故在衣而作繪。宗彝、藻、火、粉米，凡此德之屬夫陰者，故絺繡在裳。辨物則知善之爲善，知善之爲善，推而上之，可以至於天道，則聖人之能成矣。介甫嘗有韓退之詩曰：『紛紛易盡百年身，舉世無人識道真。力去陳言誇末俗，可憐無補費精神。』」王氏於經，其鑿如此，則其無補費精神，蓋又甚於韓退之矣，故楊龜山力辨其非。楊龜山既辨其非矣，而其説又曰：「日、月、星辰，天象也；山，地之屬也；服之所以體天地也。龍、華蟲，天産也，故作繪而在上。宗彝，形而在下者；藻、火、粉米，地産也；黼黻，人爲也；故絺繡在下。」此則流而入王氏之説而不自知，是皆目睫之論。

❶「孤」，《周禮注疏》作「王」。

「予欲聞六律、五聲、八音，在治忽，以出納五言，汝聽。

聲音之道與政通：「治世之音安以樂，其政和；亂世之音怨以怒，其政乖；亡國之音哀以思，其民困。」故聞六律、五聲、八音，則可以察治忽也。「忽」，不治也。「予欲聞六律、五聲、八音」，以察治亂，又在乎「出納五言」。舜命夔曰：「詩言志，歌永言，聲依永，律和聲。八音克諧，無相奪倫，神人以和。」蓋聲樂之所自生，生於詩歌之發於志者。有詩然後有歌，有歌然後有樂。詩歌和，則聲樂用之而無所不和。詩歌不和，則聲樂亦不和矣。季札嘗觀周樂歌邦國之詩，則知其國之政，若身親而見之。故欲察治忽，必在於出納五言。出五言者，爲之詩歌，播於聲音，宣之於下，若《關雎》、《葛覃》之類。上之風化，故用之鄉人，用之邦國，此所謂宣之於下也。納五言謂取下之言，播於詩歌者，以達於上，若「太師陳詩以觀民風」是也。舜之《韶樂》既和矣，又使羣臣出納五言，以在治忽於六律、五聲、八音之間，所以盡善盡美，如天之無不蓋，地之無不載也。「汝聽」，言汝當聽其詩歌，以察治忽也。若「汝明」、「汝聽」，蓋所謂申結作耳目之義也。「五言」即宮、商、角、徵、羽之言。

「予違，汝弼，汝無面從，退有後言。欽四鄰。庶頑讒説，若不在時，侯以明之，撻以記之，書用識哉，欲並生哉。工以納言，時而颺之，格則承之庸之，否則威之。」

我之所言、所行，苟有違戾於道者，汝當以禮義弼正於我，汝無面從我之違，退有後言，謂我爲不可弼也。蓋禹之所論「慎乃在位」者，必在其弼直。舜則答之曰「予違，汝弼，汝無面從，退有後言」，此蓋容受其弼直之言也。舜，大聖人也，所言、所行，爲法於天下，傳於後世，豈復有違於道義者哉？而曰「予違，汝弼」。禹，亦大聖人也，其事君盡忠，亦可爲萬世法，豈復有面從而退有後言者哉？而曰「汝無面從，退有後言」。蓋君臣之間相與儆戒，不得不爾。惟其無是事，而尤不忘儆戒之心，此其所以爲大聖人也。「欽四鄰」者，言汝既弼我之違，又當儆汝左右前後所與比肩以事上者，與之同心協力，以輔台德也。汝既能弼我之違，又能欽四鄰以輔德矣。其有不以輔弼爲意，曲從以順上之旨者，是「庶頑讒説」之人也。「若不在時」者，謂其所行不在於是。雖其所行不在於是，然未可以讒説殄行之故遽加之刑戮也，則必盡其寬厚之道以待之，此所以生其愧恥之心，使之遷善悔過，而不忍納之於小人之域矣。「侯以明之，撻以記之，書用識哉」，此三者，皆所以生愧恥之心也。「侯以明之」，謂明侯射之禮，以别賢否。古之射者必設鵠：王大射，則供虎侯、豹侯，設其鵠；諸侯射，則供熊侯、豹侯；卿大夫射，則供麋侯，皆設其鵠。古人之於射，蓋所以觀其賢不肖。其容體比於禮，其節奏比於樂，中者皆得與於祭。其容體不比於禮，其節奏不比於樂，不中者不得與於祭。賢否邪正，皆見於射侯之間。庶頑讒説之人，而侯以明之者，蓋使知其不正，而反於正也。「撻以記之」，所謂「夏楚二物，收其威也」。蓋鞭撻於其小過，使之記而不忘，苟記而不忘，則終身不犯矣。「書用識哉」，是以書其過於策而不忘。此三者，皆是不忍遽弃之於小人之域，故爲之啓其憤、發其悱，使之遷善改過之心油然而生，與「樂則生矣」之「生」同。「欲並生哉」，蓋欲庶頑讒説之人，並生其愧恥之心。聖人所以待之，既如此之盡，則其間必有回心以向善者。聖人無自而知之，則使樂工納言，而颺於上，以觀其心。其有格，則承之庸之。惟其長惡不悛、怙終不善，而終無遷善改過之望者，然後納之於刑。薛氏曰：「《論語》曰『有恥且格』，格，改過也。承者，薦也，《春秋傳》曰『奉承齊犧』，古者奉圭幣而薦之曰『承』。『格則承之庸之』，蓋謂其改過者，則薦而用之。」此説是也。自「庶頑讒説」至「否則威之」，其略見於《舜典》，其詳見於此。此龍之職，而乃以命禹總其事。「庶頑讒説」，必小人之有才者，雖其邪佞最爲可惡，然苟使人君能以寬厚爲心爲之，生其遷善之心，至其一旦翻然而改，未必不爲一時豪傑之才。惟上之人弃之於小人之域，而刻覈太至，則彼以不肖之心應之矣。自古有志之士惡小人，欲盡去，未有不爲小人所中。小人得志，則國家之勢遂以陵遲而不能復振。兩漢之末，皆坐此也。舜之言曰「庶頑讒説」，則是其中非無小人也。雖有小人，而舜不與寇賊姦宄同弃於皋陶之刑，方且設爲一官，爲之納言，則待之如此其盡，故雖一時之小人，莫不變心易慮，歸乎大中至正之域。善乎，邵康節之言曰：「堯舜之世，天下非無小人也，是難其爲小人也。」所謂「難其爲小人」者，謂雖有小人，而染於聖人之教，亦將變而爲君子。此唐虞之世所以比屋可封，而自三代以下所不可企及之也。

禹曰：「俞哉，帝光天之下，至于海隅蒼生，萬邦黎獻，共惟帝臣，惟帝時舉。

禹曰「俞哉」，然帝之言也。雖然帝之言，又有以廣帝之意，不以帝之言爲然，於是故曰「俞哉」，與其他人曰「俞」者，異也。舜謂「慎乃在位，必資於羣臣之助，汝當欽爾四鄰以共弼予違」，其責望於禹者，可謂大矣。禹則以謂「輔弼之責，雖在於臣鄰，然而帝當廣延天下之賢人，使之居輔弼之任，無以謂賢才，止於此而已」。「光」者，充也。「光天之下」者，猶言普天之下、敷天之下也。「海隅」者，四海之隅也。「蒼生」者，謂蒼蒼然如草木之生也。「黎獻」，賢人在側陋。「獻」，賢也，如《大誥》曰「民獻有十夫予翼」、《論語》曰「文獻不足徵」，皆是賢之稱也。謂之「黎獻」者，孫氏曰：「士大夫而上，冕弁在首，則緇、玄、爵、韎，其色不同。至於野人戴髮，則但黎首而已。黎首之民謂之黎民，賢黎民則謂之黎獻。」此説是也。凡此普天之下，至于海隅之至遠，蒼生之至微，其萬邦之内賢而黎首者，莫非帝王之臣，帝當悉舉而用之也。禹之意，蓋言當時之賢人，或有處於版築耕釣之微，而未仕於帝朝者，帝當旁搜博採而罔有或遺，使之處輔弼之任，以爲天子之助也。

「敷納以言，明庶以功，車服以庸。誰敢不讓？敢不敬應？帝不時，敷同，日奏罔功。

既廣求天下之黎獻，必在於敷奏以言，使陳其嘉言嘉猷，以啓沃於上。既敷奏其言矣，而又明其衆功，以考其言事，而責其實用。謂之「敷納」、謂之「明庶」，皆是兼收並蓄，罔有或遺之義矣。謂言無所不納，功無所不明也。既敷奏其言，明庶其功，審知其可用矣，於是旌之以車服，廣求天下之黎獻而登用之也。帝既廣求天下之賢才，虚心以納其言，責實以明其功，而旌之以車服。其好賢樂善之心有加而無已，則在位之人，誰敢不舉賢薦士，以讓其所不如之人。推賢讓能，則庶官乃和矣。故敢不敬應于帝，以弼其人主之違，以致其手足耳目之助？帝苟不如是，則好賢樂善之心替矣，故遠近布同，日進於無功。苟遠近布同，日進於無功，則禹雖欲欽四鄰，以致其輔弼之功，亦不可得也。唐武氏無道，於用人無所難，不惟人得薦士，亦聽自舉。其後，開元賢臣叶贊幾致刑措者，武后之所收也。及德宗好察多忌，士無賢不肖，皆不得進，國空無人，以致奉天之禍。故陸宣公論之以謂：「武氏以易得人，陛下以精取士。」觀宣公之論若此，則禹謂「帝不時，敷同，日奏罔功」者，誠非過論也。

「無若丹朱傲，惟慢遊是好，傲虐是作，罔晝夜頟頟，罔水行舟，朋淫于家，用殄厥世。

此言堯子丹朱之所以失天下者，以規舜也。夫禹之陳謨，謂帝當廣求天下之黎獻，敷納以言，明庶以功，而又車服以庸，其言可謂大矣。而繼之以丹朱之慢遊傲虐以戒之者，蓋自古太平無事之世，賢者在位，能者在職，則其君未嘗無好賢樂善之心。其所以至於好賢樂善之心替，則讒諂日進而不自知者，未嘗不始於一日之慢遊也。唐明皇開元中，用姚崇、宋璟之徒以致太平，庶幾貞觀之治。❶一旦惑於女色，荒於遊田之樂，不恤國事，

---

❶「貞」，原避宋仁宗趙禎諱作「正」，今回改。下同，不再出校。

其一時賢人如張九齡之徒，皆厄於一時而不得志，其所用者爲李林甫、楊國忠、牛仙客數人而已。是明皇一人也，自開元以前而觀之，則好賢樂善之主也；自天寶之末觀之，則好賢樂善之心無毫釐存於胸中。原其所以致此者，蓋本於一日之慢遊也。舜，聖人也，雖萬萬不至於此，然而君臣相與警戒之道不得不爾。蘇内翰曰：「禹戒舜曰『無若丹朱傲，惟慢遊是好』，舜豈有是哉？周公之戒成王曰『無若殷王受之迷亂，酗于酒德哉』，成王豈有是哉？周昌以漢高爲桀紂，劉毅以晉武爲桓靈，當時人君皆不以爲罪，而書之史策，以爲美談。」此説是也。蓋人臣之進言極其切直而無諱者，此誠盛德之士。《漢·溝洫志》云：「堯禪舜，朱處丹淵，爲諸侯。」朱是其名，丹乃所封之國，蓋堯之子也。「無若丹朱傲」者，丹朱之爲不肖，蔽以一言曰「傲」也。「惟慢遊是好」以下，又言其傲之實也，言丹朱惟傲褻之遊是好也。「罔晝夜頟頟」者，言傲戲而虐，無晝夜也，常欲肆惡無休息。「頟頟」，不休息之狀也。古者，小人之爲惡者必傲，傲者必虐。「終風且暴，顧我則笑，謔浪笑傲」，此州吁之所以亡也。「罔水行舟」，言丹朱習於無水行舟，爲能推於陸也。《論語》曰：「羿善射，奡盪舟。」孔氏云：「奡多力也，能陸地行舟。」此亦丹朱之類也。陸地非可以行舟，丹朱恃其力多，推之於陸而行之。古者，謂多力者「舉百鈞」、「扛洪鼎」、「揭華旗」，謂他人之所以不能舉，我獨能舉之。「朋淫于家」，謂妻妾亂而無別也。丹朱爲堯之子，當傳堯之天下，惟其慢遊、傲虐、淫亂之故，故堯不以天下授丹朱而授於舜，此所以「用殄厥世」，不得嗣堯之天下也。

「予創若時，娶于塗山，辛、壬、癸、甲。啓呱呱而泣，予弗子，惟荒度土功。」

此又言己之懲創於丹朱之惡，起於一日之慢遊，故不敢不黽勉以成事功也。「娶于塗山」，國之女也。辛日娶妻，甲日復往治水，蓋其娶妻，甫及四日，遂往從治水之勞，以拯生民之急也。「啓呱呱而泣」，孟子曰「八年於外」，三過其門而不入」，言禹之治水，嘗過其門，聞啓之泣，其聲呱呱，然不暇子之。「惟荒度土功」，《詩》曰「天作高山，太王荒之」，毛氏曰「荒，大也，大度土功之事也」。晉重耳出奔，及齊，桓公妻之，有馬二十乘。公子安之，從者以爲不可。將行，謀於桑下。蠶妾在其上，聞之，以告姜氏。姜氏殺之，而謂公子曰：「子有四方之志，其聞之者，吾殺之矣。」公子曰：「無之。」姜曰：「行也！懷與安，實敗名。」公子不可。姜與子犯謀，醉而遣之。醒，以戈逐子犯。重耳之所以能成霸功者，姜氏與有力焉。蓋未有沈溺於妻子之愛，而可以建大功、立大節者。禹拯生民之難，思天下之溺由己之溺，不暇顧其妻子，至於沐雨櫛風，股無胈、脛無毛，而不以爲勞，其志如此，舉天下之聲色嗜好，曾何足以易吾之此志哉？

「弼成五服，至于五千，州十有二師。

洪水未平之前，上古帝王之世已有其制矣。洪水之後，下民昏墊，則五服之制於是圮壞而無別。禹既平洪水，至於九州攸同，庶土交正，於是輔成其五服之制以復其舊。王肅曰：「五千里者，直方之數。」謂每服之内，爲其小數，定其差品，各有所掌，是禹輔成之力也。「至于五千」者，每服五百里，五服二千五百里，東西南北相距各爲千里也。「州十有二師」者，孔、鄭之説不同。孔氏以謂：「一州用三萬人功，九州二十七萬庸。」薛氏云：「大司馬法，二千五百人爲師，此蓋兵制也。禹之治水，豈故用此師也哉？」以是知孔氏之説爲不可用。鄭氏云：「每州立十二諸侯爲之師，以佐牧也。」此則正與下文「外薄四海，咸建五長」相應，其説爲長。而其所以爲每州立十二師之説，則爲不可信。蓋其説以謂：堯初制五服，服各五百里。禹弼五服之殘數，亦每服各五百里，故有萬里之界，萬國之封焉。猶用要服之内爲九州，州更方七千里，七七四十九，得方千里者四十九。其一以爲圻内，餘四十八，八州分而各有六。蓋百國一師，州十有二師，則州千二百國也，八州凡九千六百國，其餘四百國在圻内。合於《春秋傳》「禹朝羣臣於會稽，執玉帛者萬國」之言。而先儒王肅之徒謂：「禹之功在於平治水土，不在於開拓境土，地廣三倍於堯，而《書》傳無聞焉。」以是知鄭氏此説，其附會雖若可從，而其理則非，但其論「每州建十二諸侯以爲之師」，則其説可行。

「外薄四海，咸建五長。

謂九州之外，迫於四海，每方各建五人，以爲之長也。蓋自甸服至綏服，方三千里，是九州之内也。要服、荒服各一千里，是九州之外也。自甸至綏，每州建十二諸侯爲之師；要、荒二服，每方建五人爲之長，此詳内而略外也。而其若干諸侯而置一師，若干種落而置一長，則世代久遠，不可得而知矣。

「各迪有功，苗頑弗即工，帝其念哉！」

謂内之每州十二師，外之每方五長，皆迪道上之德，而從上之政教，以有其功。惟三苗頑凶，負固不服之國，不肯就功。帝當以三苗爲念，而憂勤於政事，不可使有一日之慢遊也。禹之陳謨有及於此，蓋謂四海、九州既已悉服，苟使天子者不能窒其利慾之原，則情竇一開，慢遊傲虐無所不至，將見一國叛之，天下靡然，日入於亂矣。昔唐明皇之時，海内無事，四方諸侯奉職貢於京師，不敢有後者。及其一旦天子惑於女色，侈心遂生，忠直寖踈，讒諂並進，朝廷之勢輕。禄山竊發於幽陵，兩京陷没，四海横流，雖李、郭之徒奮其忠義以圖恢復之功，而河北之地卒爲割據之壤，終唐室而不能復收。舜之時，既有頑弗即工之三苗，苟使舜忽而不念，至於怠忽之心生，憂勤之志怠，三苗乘間而起，則雖内之十二師，外之五長，各迪有功，亦不足恃也。禹之陳謨，其言至此，旨哉！

帝曰：「迪朕德，時乃功惟叙。皋陶方祇厥叙，方施象刑惟明。」

王氏以謂：「禹言『苗頑弗即工』之事，帝當念其罪而誅之也。故於下文『皋陶方祇厥叙，方施象刑惟明』，謂皋陶方施刑於苗民惟明。」夫勸人主以用兵，豈禹所以愛君之意哉？苗之頑凶，率六師以征之，猶且逆命，豈皋陶象刑之所能致哉？此説爲不可用。自「允迪厥德，謨明弼諧」至於「帝其念哉」，則皋陶與禹相與語帝前，其謨既無餘藴矣。故舜併陳二人之功，申美之謂「天下之人皆迪我之德」者，是汝禹之功也。蓋非弼成五服，至于五千，則無以建師長，無以建師長，則何以各迪有功？此蓋因其言而遂美之也。皋陶又能方祇禹所叙之功，而施其象刑亦明，於人之功罪輕重各得其宜也。漢孔氏以「皋陶方祇厥叙，方施象刑惟明」二句爲史官之辭，而鄭氏以爲此乃舜推美二臣之言。鄭氏之説爲長。唐孔氏則以爲：「此文上無所由，下無所結。」是不然。自《皋陶謨》至此，皆是禹、皋陶相與語帝前，其陳謨既終矣。然後申美二人之功而結之，安得謂「上無所由，下無所結」哉？孟子曰：「堯以不得舜爲己憂，舜以不得禹、皋陶爲己憂。」觀二人陳謨如此，帝美之又如此，信乎，孟子之言也！

夔曰：「戛擊鳴球，搏拊琴瑟以詠。

自此而下，夔言其所以作樂之功也。其文當爲一段，不與上下文勢相屬。蓋舜之在位三十餘年，其與禹、皋夔、益之徒，相與荅問者多矣，夫史官取其尤彰明者，爲此數篇，以詔後世。其言止於是而已，則是其所言者自有先後，史官集而記之，非其一日之言也。諸儒之説，自《皋陶謨》至此篇末，皆謂其文勢相屬，故薛氏以謂：「舜以苗民逆命，皋陶方祇厥叙而行法，故夔又進陳言，鬼神猶可以樂語，鳥獸猶可以樂致，而况於人乎？」王氏則以謂：「治定制禮，功成作樂。舜之治功，於是乎成矣，故夔稱其作樂以美舜也。」凡此皆欲會同數篇所載，以爲一日之言，豈史官獨載其一日之言，而盡遺其餘乎？此理之必不然也。理之所不然，而必爲之説，故其説皆牽沿而不通，今不取。《郊特牲》曰：「歌者在上，匏竹在下，貴人聲也。」《享禮》曰：「升歌《清廟》，示德也。下管《象》、《武》，❶示事也。」《燕禮》曰：「升歌《鹿鳴》，下管《新宫》。」蓋堂上之樂以歌爲主，故謂之升歌；堂下之樂以管爲主，故謂之下管。是知「戛擊鳴球，搏拊琴瑟以詠」者，皆堂上之樂也。「下管鼗鼓，合止柷敔，笙鏞以間」，皆堂下之樂也。蓋樂之作，雖有上下之異，其實相合以成樂也。孔氏謂：「戛擊柷敔，所以止樂。搏拊以韋爲之，實之以糠，所以節樂。」其説亦無所據，但以意度之耳。然其義則有可疑者，器雖有堂上、堂下之異，其實一樂也。其作止、節奏，必相待而成聲。堂下既已設柷敔，豈於堂上又設之邪？則戛擊不得爲柷敔。戛擊既非柷敔，則搏拊亦不得爲節樂之用，明矣。沈内翰曰：「鳴球非可戛且擊，和之至詠之不足，有時而至於戛且擊；琴瑟非可以搏且拊，和之至詠之不足，有時而至於搏且拊，所謂手之、舞之、足之、蹈之而不自知。」據沈意，但以戛擊爲戛擊鳴球，以搏拊爲搏拊琴瑟意，此説爲可矣。至謂「和之至詠之不足，手舞足蹈而不自知」，則亦不必如此。楊子雲《長楊賦》云「戛滴鳴球」，劉良注云：「球，樂器也。戛滴，拊擊也。」顔師古曰：「『戛擊』，擊，考也。」以是知鳴球固可以戛擊矣。古語云：「拊鳴琴，吹洞簫。」又曰：「手撫五弦，目視雲漢。」則琴瑟固可以搏拊。蓋樂之作升歌於堂上，則堂上之樂惟取其聲之輕清者，與人聲相比，故曰「以詠」。故「詠」者，但「戛擊鳴球，搏拊琴瑟以詠」。歌，人聲也；鳴球，玉磬也。玉磬而謂之鳴球者，案《考工記》云：

❶「下管象武」，《禮記正義》作「下而管象」。

「梓人爲筍虡。羽屬無力而輕，則於任輕宜；其聲清陽而遠聞，於磬宜。若是者以爲磬虡，故擊其所懸而由其虡鳴。鱗屬以爲筍，深其爪，出其目，作其鱗之而，則於眂必撥爾而怒。苟撥爾而怒，則於任重宜，且其匪色必似鳴矣。」以其筍虡如鱗羽之鳴，故曰「鳴球」。

「祖考來格，虞賓在位，羣后德讓。

此蓋謂樂聲和則人神和也。「祖考來格」者，非謂有神靈光景之接於人也，蓋《祭義》曰「其入室也，僾然必有見乎其位。周還出户，肅然必有聞乎其容聲。出户而聽，愾然必有聞乎其歎息之聲」者，以是爲「來格」也。據此作樂，必是在宗廟祭祀之時。此之謂「祖考來格」者，《祭法》曰「有虞氏禘黄帝而郊嚳，祖顓頊而宗堯」，則知有虞氏之祖宗是顓頊與堯也，此之作樂當在顓頊與堯之廟。然以堯爲宗則可，以堯爲考則不可。謂之考則疑瞽瞍之廟，以考爲瞽瞍，則祖者，瞽瞍之父也，《祭法》之言又復不可信。然舜受堯之天下，而《韶樂》之作，豈不作於堯之廟，而作於瞽瞍之廟，於義未安。然其代遠矣，不可得而考矣。「虞賓」者，丹朱也。堯之後爲賓於虞，猶微子爲客於周也。夫丹朱之慢遊傲虐，可謂難化矣。今也感樂之和，其在位也與夫助祭之羣后，以德而相讓，小人之無不和，蓋可知也。

「下管鼗鼓，合止柷敔，

「下管」以下，此堂下之樂也。「管」，猶《周禮·大司樂》曰「陰竹之管、孤竹之管、孫竹之管」是也。「鼗鼓」，如鼓而小，持其柄而摇之，旁耳還自擊，所以出音。「柷」者，郭璞云：「柷如漆桶，方二尺四寸，深一尺八寸，中有椎，柄連底，撞之令左右擊。止者，其椎名也。敔如伏虎，背上有二十七鉏鋙刻，以木長一尺而擽之。」蓋樂之始作也，則擊柷以合之；及其將終也，則擽敔以止之，謂之「合止」。

「笙鏞以間，

「笙」，樂器也，以匏爲之，列管於匏中，又施簧於管端。「笙」，竽類也，三十六簧者謂之竽，十三簧者謂之笙。「鏞」，大鐘也。上言「以詠」，此言「以間」，相對而言，蓋與詠歌迭奏也。案：《儀禮》云：「歌《鹿鳴》，以笙《南陔》間。歌《魚麗》，以笙《由庚》間。」此所以迭奏也。

「鳥獸蹌蹌。

言樂音不獨感神人，至於鳥獸無知，亦且相率而舞，蹌蹌然也。夫《韶樂》之奏，而能使鳥獸蹌蹌而和者，蓋樂之所以不能感物者，以其不得中聲也。苟得中聲，則小大動植無有不感格矣。故瓠巴鼓瑟而游魚出聽，伯牙鼓琴而六馬仰秣，況舜之盛德召和氣於上，夔之典樂調中聲於下，則《韶樂》之奏而百獸蹌蹌，無足疑者。

「《簫韶》九成，鳳凰來儀。」

此又論其舞也。蓋樂之作也，九德之歌升於堂上者，九德之歌，衆樂依之。而舞於堂下者，則舞於庭，九韶之舞也。謂之「簫韶」者，孔氏曰「言簫以見細器之備」，其説不然。而説者又謂：「簫者，不齊之管，其聲清而細，以象鳳凰之聲，故奏之而鳳凰來儀。」其説亦不然。案：古今《尚書》「簫」字從竹從削。箾，舞者所執之物。簫與箾，音雖同，而義實異。《説文》於管簫之簫注云：「參差管。」而從竹從削之箾注云：「舜樂名《箾韶》。」延陵季札觀周樂，見舞《韶箾》者，其字從竹從削之箾，以是知「箾韶」二字，蓋舜樂之總名也。今文作管簫之簫，故諸儒皆以爲細管之備。而説者又謂「編管爲之，其聲肅然如鳳皇聲」，此皆曲爲之説，非古《書》之本意。今當從古文《書》，以《簫韶》者爲舜樂之總名，則得之矣。「九成」者，鄭云：「《韶樂》之作，所以象治功之成。而舜治功之成，見於九功惟叙，九叙惟歌，故其樂以九爲節。歌於堂上者，九德之歌。舞於庭者，則九韶之舞。亦猶武王之功成於六，故其樂以六爲節也。」「鳳皇來儀」者，「鳳皇」，羽族之最靈者，其爲物也，治則見，亂則隱，不可求而得，不可豢而養。今也感樂聲而至，舞於庭而有容儀也。自古太平之世，鳳皇出而爲瑞氣。後世或見於衰亂之朝者，此蓋索而後獲，非其自至，不足爲瑞也。歐陽曰：「鳳皇，鳥之遠人者也。當舜之治天下，政成而民悅，命夔作樂之聲和，鳥獸聞之皆鼓舞。當是時也，鳳皇適至，舜之史因並記其實以爲美，故世因以鳳皇爲有道之應。其後，鳳皇數至，或出於庸君視政之時，或出於危亡大亂之際，是果爲瑞哉？」此說未爲允當。周公曰「我則鳴鳥不聞」，孔子曰「鳳鳥不至，河不出圖，吾已矣夫」，觀周、孔之言云爾，以謂鳳皇爲非有道之應，可乎？若以鳳皇爲偶見於昏亂之時，則併與帝王之瑞爲不足信矣，歐陽之説不可從。自「祖考來格」至於「鳳皇來儀」，是皆《韶樂》之所感召也。然於堂上、堂下，文勢各有所屬者，唐孔氏曰：「樂之作也，依上下而迭奏，音合而後曲成。神物之來，上下共致，非堂上、堂下别有所感。以祖考尊神，故配堂上之樂；鳥獸賤物，故配堂下之樂。總上下之樂，言九成致鳳。尊異靈瑞，故别言爾。非堂上之樂獨致神來，堂下之樂偏令獸舞也。」

夔曰：「於！予擊石拊石，百獸率舞，庶尹允諧。」

此又别於一時，論作樂之效。「於」字，《釋文》無音，當作如字讀。據此，當是歎而起語之辭，宜讀爲「烏」。「擊石拊石」，猶言「戛擊鳴球」也。《韶樂》之作，八音皆備，而獨言「擊石拊石」者，蓋五聲之播於八音。而角之聲，其數六十有四，其聲在於清濁小大之間。而石尚焉，其聲有清濁小大之間，則尤難和者。石聲屬角，石既和，則金、絲、竹、匏、土、革、木之聲，無有不和矣。《詩》曰「既和且平，依我磬聲」，則知言石者，總備《韶樂》之和而言之也。此雖但云「擊石拊石」者，其實總《簫韶》全樂而稱之。上言「鳥獸」，此言「百獸」者，《考工記》曰：「天下之大獸五：脂者、膏者、臝者、羽者、鱗者。」羽、鱗可以謂之獸，則知鳥獸皆可總而名百獸也。「尹」者，正也。「庶尹」者，百官府之長也。「允諧」者，信皆和諧也。非庶尹之諧，在於百獸率舞之後，蓋言百獸從風，猶且如此，況百官者乎？昔季札觀周樂，見舞《韶箾》者，乃曰：「德至矣，盡矣！如天之無不覆，如地之無不載。雖甚盛德，蔑以加矣。」夫《韶樂》之奏，幽而感神，則「祖考來格」；明而感人，則「庶尹允諧」；微而感物，則「百獸率舞」。原其所以能感召如此者，皆由舜之德如天地之無不覆載也。其樂之傳至孔子之時，千有餘年。而孔子聞之於齊，尚且三月不知肉味，曰：「不圖爲樂之至於斯。」以是觀之，其聞樂感韶者如此，則知當時所感，從可知矣。觀孔子之忘味，與夫季札之稱、夔之言，雖極其褒崇稱美之辭，豈有一言之溢哉？

帝庸作歌曰：「勑天之命，惟時惟幾。」

文中子曰：「昔聖人述史三焉：其述《書》也，帝王之制備矣，故索焉而皆獲；其述《詩》也，興衰之由顯矣，故究焉而皆得；其述《春秋》也，邪正之迹明矣，故考焉而皆當。以此三者同出於史，而不可雜也，故聖人分焉。」觀文中子之言，其意以謂《詩》也、《書》也、《春秋》也，其原蓋出於一書也。至後世簡册繁多，始分爲三：《詩》始於商，《書》始於唐虞，《春秋》始於平王、魯隱公之際，而其源流皆出於《書》。故自西周以前，歲月之終始惟見於《書》，此則《春秋》之未分也。虞、夏賡歌與其《書》而並傳，此則《詩》之未分者也。惟其未分，故自虞、夏之時觀之，三者皆合而爲一。舜、禹、臯陶之賡歌，與夫《五子之歌》雖載之於《書》，其實三百篇之權輿也。此三者皆出於一，而後之學者各自分藩，以立同異，故學《詩》者不知有《書》，學《書》者不知有《詩》，學《詩》、《書》者不知有《春秋》，學《春秋》者不知有《詩》、《書》。以是爲學，豈不失聖人之旨哉？此一段雖《書》之所載，學《詩》者當自此始。「庸」者，用也，助語也。孔氏云：「用『庶尹允諧』之政，故作歌以戒，安不忘亂。」據此一段，乃是史官載舜與皋陶相與賡歌之辭，上文曰「百獸率舞，庶尹允諧」，其文意全不相貫，但其文有「庸」字，故孔氏從而爲之説。考之於理不通，在所不取。《詩》曰：「情動於中而形於言，言之不足，故嗟歎之，嗟歎之不足，故永歌之，永歌之不足，不知手之舞之、足之蹈之也。」觀舜之君臣相與荅問於廟堂之上，曰「都」、曰「俞」、曰「吁」、曰「於」者，皆言之不足，又從而嗟歎之辭。自「帝庸作歌」以下，是皆嗟歎之不足，而見於詠歌也。舜曰「股肱喜哉！元首起哉！百工熙哉」，皋陶曰「元首明哉！股肱良哉！庶事康哉」等語，此所謂歌也。舜曰「勑天之命，惟時惟幾」，皋陶曰「念哉！率作興事，慎乃憲，欽哉！屢省乃成，欽哉」，乃賡載歌曰「元首明哉！股肱良哉！庶事康哉」，又歌曰「元首叢脞哉！股肱惰哉！萬事惰哉」，帝拜曰「俞，往欽哉」，此則道其意於永歌之前也。「勑天之命，惟時惟幾」者，此舜言爲人君者，不可不勑正上天之命。蓋天難諶，命靡常，其治亂安危之命，果有自而勑正之哉！時既安矣，危之所自萌；時既治矣，亂之所自兆。時既安矣，時既治矣，此之謂「惟時」。危萌於安，亂萌於治，此之謂「惟幾」。「惟時」者，言順天之命於治安已成之後；「惟幾」者，言察天之命於危亡未兆之前，此其所以能「勑天之命」也。

乃歌曰：「股肱喜哉！元首起哉！百工熙哉！」皋陶拜手稽首，颺言曰：「念哉！

人君欲「勑天之命，惟時惟幾」，非人臣之助，則治功無自而濟，故形之於聲則曰：「股肱喜哉！元首起哉！百工熙哉！」「股肱」，喻臣也。「元首」，喻君也。蓋一人之身，手足喜悦從事於一身，以爲元首之助，則元首爲之興起；亦猶人臣趨事赴功，以爲人君之助，則人君亦從而興起。「百工熙哉」者，言百官之職業，亦熙然而興也。「熙」，興也。下言「百工」，則知上言「股肱」者，專指大臣而言之也。舜既望大臣如此，則皋陶於是拜手稽首，颺言以奉承所歌之意也。「拜手」者，自首至手；「稽首」者，自首至地，言盡敬於君也。「颺」者，大言而疾曰「颺」。皋陶既拜手稽首，而又颺言曰「念哉」者，蓋舜之所歌，泛指當時大臣，而皋陶欲使當時大臣，皆念夫帝所歌之意，於是宣言於衆，謂「凡我同列大臣，皆念帝所歌之意」，故曰「念哉」。

「率作興事，慎乃憲，欽哉！屢省乃成，欽哉！」乃賡載歌曰：「元首明哉！股肱良哉！庶事康哉！」

「欽哉」，言凡我同列之大臣，當率欽其上之命，以興作其事業，又當慎汝所守之典憲，無敢不欽也。「屢省乃成，欽哉」者，謂未成之事則作之興之，既成之事則省之察之，使無廢壞，又不可不欽哉！「率作興事，慎乃憲」，則能勑天命而惟時矣。「屢省乃成」者，則是能勑天之命而惟幾矣。皋陶既與同列，論其所以「惟時惟幾」，以助天子勑天之命，於是又續成帝歌，以致其規戒之意。「賡」，續也。「載」，成也。皋陶之歌而續成於帝者，蓋帝所歌謂「夫元首之起，必由股肱之喜」，是君之所望於臣也。皋陶之歌謂「夫股肱之良，必由元首之明」，是臣之所望於君也，以足成其義也。所謂「賡載」者，亦猶《訪落》之詩，蓋是嗣王朝於廟之時，訪於諸侯之言，必繼之以《敬之》詩，然後其義乃足。故作序者於《訪落》之序曰「《訪落》，嗣王謀於廟也」，於《敬之》序曰「《敬之》，羣臣進戒嗣王也」，此亦「賡載」之意也。「元首明哉！股肱良哉」，此亦以人身爲喻也。元首明於上，股肱良於下，亦猶人君明於上，則人臣得以盡忠於下，此庶事所以安也。

又歌曰：「元首叢脞哉！股肱惰哉！萬事墮哉！」帝拜曰：「俞，往欽哉！」

皋陶之歌既及於此，猶未足盡其儆戒之意，故又歌曰：「元首叢脞哉！股肱惰哉！萬事墮哉！」「叢脞」者，破碎而無大略也。君叢脞於上，則臣懈怠於下。故股肱惰，則事所以墮廢而不成也。范内翰嘗論此言，以謂：「君以知人爲明，臣以任職爲良。君知人則賢者得行其所學，臣任職則不賢者不得苟容於朝，此庶事所以康哉！若夫君行臣職則叢脞矣，臣不任君之事則惰矣，此萬事所以墮也。當舜之時，禹平水土，稷播百穀，土穀之事，舜不親也。契敷五教，皋陶明五刑，教刑之事，舜不治也。伯夷典禮，后夔典樂，禮樂之事，舜不治也。益爲虞，垂作共工，虞工之事，舜不知也。禹爲相，總百官，自稷而下，分職以聽焉。君人者如天運乎上，而四時寒暑各司其序，則不勞而萬物生也。君不可不逸也，所治者大，所司者要也。臣不可以不勞也，所治者寡，所職者詳也。」此説盡之矣。夫有虞之治，所以能冠百王之上者，惟其君臣各任其職而已。孔子曰：「無爲而治者，其舜也與？夫何爲哉？恭己正南面而已。」又曰：「舜有五臣而天下治。」蓋君無爲而執其要於上，臣有爲而致其詳於下，其治歷萬代而不可及。原其所以致此者，亦無出於賡歌之數語耳。蓋由其嗟歎之不足，形於歌詠，故雖曰「不過數語」，然言有盡而意無窮，使讀之者如聞諸弦歌發越之音，可以一唱而三歎也。三百篇之源流，蓋出於此，學《詩》者不可不察也。「帝拜曰俞往欽哉」者，蓋拜受其言而然之。自今而往，君臣皆當欽其事而踐其言也。《禮》曰「君於臣則無答拜」，蓋至尊之勢無所屈也。然太甲之於伊尹，成王之於周公，皆有拜手稽首之義，所以尊師重道也。皋陶之賡歌，舜拜而受之，豈亦以師傅之禮而待皋陶與？案：《大禹》、《皋陶》、《益稷》三篇，當時君臣相與都俞告戒之辭，史官取其深切著明者以爲三篇，垂於後世。然堯舜行事，其本末既載於二《典》，必爲此三篇者，蓋以君臣之盛德尤在於此故也。嘗觀唐太宗之爲人，父子兄弟之間，閨門衽席之上，蓋有不可言者，然其所以致貞觀之治，至於米斗三錢，外户不閉，行旅不齎糧，取給於道者，由貴藝好賢，屈己以從諫而已。然太宗克厲矯揉，自力於善故也。太宗豈真能好從諫者哉？强勉而行之，未必出於至誠，而其所成就猶且如是。故當時史官述其聽諫之事，以爲《貞觀政要》之書，以示後世子孫，亦以其能成貞觀之治者，有在於此故也。知太宗之所以能成貞觀之治，則知舜之所以爲大者。舍此《大禹謨》、《益稷》、《皋陶謨》三篇，亦無以見之矣。

尚書全解卷七　夏書

禹貢

《書》有五十八篇，其體有六：曰典、曰謨、曰誥、曰命、曰訓、曰誓，此六者錯綜於五十八篇之中，可以意會而不可以篇名求之。先儒乃求之於篇名之間，其《堯典》、《舜典》則謂之典，《大禹謨》、《皋陶謨》則謂之謨，至於訓、誥、誓、命，其説皆然。苟以篇名求之，則五十八篇之義不可以六體而盡也，故又增而爲十：曰貢、曰征、曰歌、曰範，雖增此四者，亦不足以盡《書》之名。學者不達古人作《書》之意，而欲篇名求之，遂以一篇爲一體，固知先儒所謂貢、歌、征、範，增而爲十，蓋有不知而作之者，不可從也。《禹貢》一篇，蓋言禹之治水，其本末先後之序無不詳備。名雖曰「貢」，其實「典」之體也。學者知《禹貢》爲典之體，則謨、訓、誓、誥、命見於他篇，皆可觸類而長。故《堯典》、《舜典》、《大禹謨》、《皋陶謨》、《益稷》、《禹貢》，皆是史官記載唐、虞之際所行所言之事，其事非有先後之異。故自《堯典》至《益稷》，皆虞史所録，故謂之《虞書》。《禹貢》者，夏史所録，故謂之《夏書》。亦如邶、鄘、衛之詩，邶地所采者則謂之邶國風，鄘地所采者則謂之鄘國風，衛地所采者則謂之衛國風，其間非有異也。《禹貢》之篇，夏史所録，故不得謂之《虞書》。而孔氏乃謂：「此堯之時事，乃在《夏書》之首，禹之功以是顯。」此過論也。使其不列於《夏書》之首，而列於《堯典》、《舜典》、《大禹》、《皋陶謨》之間，則禹之功遂爲不顯於世乎？以此知孔氏之説爲不然。

禹别九州，

此蓋作序者言禹所以治水之事，所底之績，其大概如此也。孫氏曰「共工氏之霸九州也，其子曰后土，能平九州」，則自堯、舜、禹以前，天下經界亦分爲九。遭洪水之時，經界圮壞，封圻湮没，禹於是正其經界，使九州各復其舊。如東南距濟，西北距河，是爲兖州；東北據海，西距岱，❶是爲青州之類，是皆高山大川分别爲九州之界也。

隨山濬川，任土作貢。

漢孔氏曰：「刊其木，深其流。」此説是也。觀《益稷》所載，謂「予乘四載，隨山刊木，暨益奏庶鮮食」，此所謂「隨山」也；「予決九川，距四海，濬畎澮距川。暨稷播，奏庶艱食鮮食」，此所謂「濬川」也。既「隨山濬川」，於是人得平土而居之，至於「烝民乃粒，萬邦作乂」，故繼之「任土作貢」。蓋洪水既平，故任土地之所宜，而制爲貢賦之差。觀《禹貢》之所載者，有貢有賦。賦者，自上税下之名，謂治田出穀也，即此九州之田賦是也。貢者，自下獻上之稱，獻其土地之所有，以供天子服食器用之具，如兖州而下「厥貢篚」之類是也。先王取民之制，不過什一而已，多乎什一則大桀小桀也，少乎什一則大貉小貉也。禹之取民，既有田賦，又有貢篚者，鄭氏謂：「以所出之穀，市其土地所生異物，各獻其所有，故謂之貢。」蓋九州之内，土地所生之物，有可以供天子之

❶ 「西」，據《尚書・禹貢》孔傳，當作「西南」。

服食器用，必使之得以辨其多寡，以充每歲之常賦。以是知所謂貢者，其實乃在於九等田賦之內，非於田賦之外別有貢也。孟子曰：「夏后氏五十而貢，商人七十而助，周人百畝而徹，其實皆什一也。」夫九州之貢，雖有上下輕重之不同，皆不過乎什一，此所以爲「任土作貢」也。別而言之，則有貢有賦，有上下之差。合而言之，則貢者，乃賦税之總稱，不必漆、絲、鹽、絺之類，然後謂之貢。蓋併與田賦之所出，包篚之所入，皆在其中矣。此貢之一字，與商之助，周之徹，皆是其一代之制，取民之總名也。觀《禹貢》篇，雖載禹治水之事如是詳，而堯、舜、禹之取於民者，實存於此書，是可以爲法於天下，可傳於後世，故以《禹貢》爲名也。

禹貢

禹敷土，隨山刊木，

案：《書》之序皆言作某篇，而《禹貢》獨不言作者，唐孔氏曰：「以發首言『禹』，句末名『貢』，篇名足以顯矣。」然考諸篇，凡序篇名足以顯者，而又曰「作某篇」者，多矣！此説不通。蓋《書》之文尚簡嚴，文不欲繁，故上既言「作」而下不復言「作」。亦猶《仲虺》，既言仲虺作誥，下文故不言作《仲虺之誥》；《微子》，既言微子作誥，下文亦不言作《微子》，與此同也。「禹敷土」者，《禮記》曰「鯀鄣洪水而殛死」，《洪範》曰「鯀陻洪水」。夫五行相勝之序，土能治水，故鯀執此以爲治水之法，故其施功也，惟務以土而陻之障之。夫洪水之勢浩浩滔天、奔突漂悍，乃欲以土而鄣之，以與水争勢於隄防之間，適以激其怒而增其勢，而至於奔突漂悍也，故至「九載，績用弗成」。若夫禹治水則不然，以謂「水性潤下」，惟使行其所無事，則水得其性矣。故其治水也，惟務敷土而散之，順其自然，不與水争勢於隄防之間，而水得其性矣，此所以有成功也。史官言禹之治水，而其初之一言曰「禹敷土」，可得發明禹之意也。「隨山刊木」者，以除其障蔽、驅其禽獸，使避水者各安其居也。

奠高山大川。

「奠」，定也。言九州之界未有所定，禹既隨山刊木，除其蔽障之後，於是以其每州山之高者、川之大者，畫爲界甸，以定九州之分域也。《王制》曰：「廣谷大川異制，民生其間者異俗，剛柔、輕重、遲速異齊，五味異和，器械異制，衣服異宜。」夫九州風俗之所以異者，蓋本廣谷大川異制也。故禹之所定九州之經界，以高山大川爲之準，所以然者，本其風俗之異也。故「濟、河惟兖州」，專以大川爲之界；「荆及衡陽惟荆州」，則專以高山爲之界；「荆、河惟豫州」、「華陽、黑水惟梁州」，則兼以高山大川矣。於是自九州而下，各別其九州之經界，而言及治水之曲折，與其田賦之高下、貢篚之多寡，蓋前目而後凡也。孔氏曰：「高山，五岳。大川，四瀆。定其差秩，祀禮所視。」此説不然。夫「定其差秩，祀禮所視」，此有司之常事耳，而乃言於「刊木」之下，「冀州」之上，非序也，則知孔氏之説爲不然。

冀州：

「冀州」，唐孔氏曰：「九州之次，以地爲先後。❶以水性下流，當從下而泄，故治水皆從下爲始。冀州，帝都，於九州近北，故首從冀起。而東南次兖，而東南次青，而南次徐，而南次揚，從揚而西次荆，從荆而北次豫，從豫而西次梁，從梁而北次雍，雍地最高，故在後也。自兖而下，皆準地之形勢，從下向高，從東向西。青、徐、揚三

❶ 「地」，《尚書正義》作「治」。

州並爲東偏，雍州高於豫州，豫州高於青、徐，雍、豫之水從青、徐而入海。梁高於荆，荆高於揚，梁、荆之水從揚而入海也。兖州在冀州東南，冀、兖二州水各自東北入海也。」蘇氏之説曰：「堯之河水爲患最甚，江次之，淮又次之。河水冀、兖爲多，而徐其下流被害亦甚。禹都於冀，故禹行自冀始。」此説皆未盡。蓋禹之治水，其始也必決其懷襄之水，然後導川澤之流，而其所爲先後之序，具載於九州之後，「導岍及岐」以下是也。此之所載，但記夫九州之經界，與其田賦、貢篚之詳，若夫治水之先後，不在於此也。夫洪水之爲害，泛濫於天下，其治之也必相視其水之大勢，順其地之高下，漸而導之，不可拘於經界之限也。故自「導岍及岐」以至「又東北入于河」，其首尾本末各有條理。蓋治水之勢未嘗不自上而導下，自下而決之於海，史官條列備言於經界之後。論九州者但當觀其分疆定界，與夫制田賦之多寡，不必論其先後之序。《禹貢》自兖州而下八州，皆言經界，而特冀州不言經界者，别帝都也。雖不言經界，以餘州而準之，則冀州經界實存於其間。兖州言「濟、河」，自東河以東也。豫州言「荆、河」，自南河以南也。雍州言「西河」，自西河以西也。冀州之域，三面距河，自積石東北流入于中國，則折而南流，雍州在其西，故曰「西河」；至華陰則折而東流，豫州在其南，故曰「南河」；至于大伾則又折西北流，兖州在其東，故曰「東河」。以三州考之，則冀州在東河之西，南河之北，西河之東。《王制》曰：「自東河至于西河，千里而近。自常山至于南河，千里而近。」此則冀州之境界也。此篇雖不言冀州之經界，而冀州境界亦可以互見餘州之間，故《禹貢》之書所以獨出於千載之上，非後世地理家之所能及也。《周官·職方氏》「奠九州之經界，正東曰青州，正南曰荆州，正西曰雍州，正北曰并州」，皆是指周之王都所向之方而言之。況以王都混同於其間無所異，曰河南、曰豫州，非特不能别王都之所在，乃并與九州所止之方無所辨别也，此則職方之差也。

既載壺口，治梁及岐。

先儒皆以「冀州既載」爲一句，而漢孔氏以謂「堯所都，先施貢賦役，載於書」，至唐孔氏又謂「計人多少，賦功配役，載於書籍，然後徵而用之，以治水也」。據經但有「既載」二字，而諸儒遂加「賦役載於書」之意。案：兖以下九州之名之下，皆爲絶句，惟冀州之下有此「既載」二字，而下文「壺口」二字又無所屬。唐孔氏云：「於『壺口』之下言『治』者，欲見上下皆治也。」其説亦陋。此當從蘇氏之説，以「既載壺口」爲一句。《詩》曰「俶載南畝」，謂始有事於南畝也。此亦始有事於壺口，然後治梁及岐也，故曰「既載壺口，治梁及岐」。《禹貢》山川地理，歷三代、春秋至于今，且數千年，其間地名既世代變易，各有不同，又其川瀆下流多所圮壞，無復考據。唐孔氏據漢先儒所載山川地理，而附益之以班孟堅《地理志》所載，其意蓋以謂「孔氏去漢初七八十年耳，身爲武帝博士，必當具見圖籍，其山川所在，必是驗實而知」，班孟堅據漢山川，必當得其大概，故正義則引以爲據。今姑依正文所載，而旁採諸儒之説，以正其義，是非取舍尚在諸友博學多識而自擇焉，某亦不敢自必也。孔氏曰：「壺口在冀州，梁、岐在雍州。」《漢·地理志》曰：「壺口在河東北屈縣東南。梁山在左馮翊夏陽縣西北，岐山在右扶風美陽縣西北。」蓋壺口在河之内，乃屬於冀州；梁在河之外，故屬於雍州。言冀州之水，而及於雍梁、岐者，曾氏曰：「吕不韋曰：『龍門未闢，吕梁未鑿，河出孟門之上，大溢逆流，名曰洪水。』大禹疏通謂之孟門。案：《地理志》謂壺口在北屈之東南，而酈道元謂孟門在北屈之西南，則壺口，孟門之東山也。龍門在梁山北，則梁山，龍門之南山也。」以是言之，其先河出孟門之上，横流别出，則知其東之壺口，其南之梁山，其西之岐山，皆墊於水矣。禹於壺口之西闢孟門，而始事於壺口，於梁山之北闢龍門，而終事於梁山，而其餘功又及岐山焉。蓋壺口、梁、岐，一役也。其施功皆同時，不可分言於二州。所以獨言於冀州者，以雍州之山也。

既修太原，至于岳陽。

孔氏曰「高平曰原，今以爲郡名」，故漢有太原郡。「岳陽」者，孔氏曰「岳，太岳，在太原西南。山南曰陽」，《地理志》「岳陽者，即太山之南也」，曾氏曰「太原，汾水之所自出」。岳者，經之下文所謂「太岳」是也。山南曰陽，太岳之南，汾水之所經也。「既修太原，至于岳陽」，道汾水故也。夫河過孟門、龍門而汾水自東入焉，汾不以道，則河亦失所經也，故「既載壺口」，而「修太原」繼之。夫壺口曰「既載」，而太原曰「既修」者，曾氏曰：「經始而治之之謂載，因其舊而治之之謂修。《禮記》曰『禹能修鯀之功』，則修之爲言因其舊而治之，可知矣。壺口，昔未嘗治也，禹經始而治之，故曰『既載壺口』。太原，則因鯀之功而治之，故曰『既修太原』。」此説是也。

覃懷底績，至于衡漳。

孔氏曰：「覃懷，近河地名。漳水横流入河，覃懷致功至于衡漳。」《地理志》云：河内郡有懷縣。蓋「覃懷」二字共爲一地。王肅云：「衡、漳，二水名。」而孔、鄭諸儒亦謂：「漳水横流入河。」當從孔氏之説。清漳水出上黨沾縣大黽谷，東北至渤海阜城縣入河。濁漳水出長子縣，東至鄴縣入清漳。蓋此二水相合，横流而入河也。曾氏曰：「河自大伾折而北流，漳水東流而注之。地之形：南北爲縱，東西爲横。河北流而漳東流，則河縱而漳横矣。禹自覃懷致功，遂踰太行而北，既得漳源而導之入河。漳水合河下流，如不以道，則亦害於河流故也。」曾氏論《禹貢》山川地理，援引書傳，考究源流，其説皆有依據，比諸儒之説爲最詳。學者能取信於先儒之説，則思過半矣。禹治水先後之序，既見於下文導山導水之次矣，而於逐州之下，又各言其治水之曲折者，蓋下之所總載者，惟著其首尾本末之大概，欲其脉絡相應，則其文不可以不詳。故其文之所不備者，則又於逐州之下言之，欲使後世因逐州之所言，究其水之所歸，則亦會同於後之所總載。蓋致詳於九州之間，而持其大綱於後，則衆流各有所歸矣。故逐州言治水之曲折，蓋是欲聚一州之水於逐州之下，使後世有所考據，非謂先治一州之水，使有所歸，而後治一州也。冀州在東河之西，西河之東，南河之北，故其所治自壺口至于衡、漳，皆所以治河流之害，與夫別流之入於河者，爲之決導，使之順序。蓋於下文「導河積石」以下，載河流之大概，而其委曲則見於冀、兖等州，彼此相發，而治水之功可以盡見。

厥土惟白壤，厥賦惟上上錯，

什一之法，天下之中正也，而其爲法，蓋本於堯、舜之時。孟子曰：「欲輕於堯、舜之道者，大貊小貊也；欲重於堯、舜之道者，大桀小桀也。」以是知堯、舜之道得乎輕重之中，過乎此，不可也；不及乎此，不可也。是以爲法皆得天下之中正，而其定土田之肥磽，與貢賦之高下，其遠近、多寡、强弱之差，具存乎《禹貢》之書，商、周取民之制皆損益此而已。是知此篇所載田賦，貢篚之制，正孟子所謂「堯、舜之道，重則爲桀，輕則爲貊」，其爲法得天下之中正，可以爲後世之所取，則學者不可不盡心也。《周官·大司徒》：「辨十有二壤之物而知其種，以教稼穡樹藝。以土均之法辨五物九等，制天下之地征，以作民職，以令地貢，以斂財賦，以均齊天下之政。」蓋將欲教民樹藝，與夫令地貢、斂財賦，必辨九州土壤之所宜。土惟不同，則所宜之穀亦不同，如《周官·職方氏》「荆、揚州宜稻，冀、雍則宜黍稷」之類。因其土地所宜而教之播種，則其所收者必多也。故禹於洪水既平之後，將欲教民粒食，因而制田賦之差，必先辨九州土壤所宜以利民也。然欲辨土壤之所宜有二：曰白、曰黑之類，辨其色也；曰墳、曰壤之類，辨其性也。先辨其色、性之不同，然後知其播種之所宜。如《周禮·草人》「糞種，騂剛用牛，赤緹用羊，墳壤用麋，渴澤用鹿」，以是知土地之不同，其播種之宜，必先辨其土之色與性爲如何，不可以一概觀也。冀州者，色別其土則白，性別其土則壤。所謂「壤」者，漢孔氏云「無塊曰壤」，顔師古注《漢書》曰「太柔曰壤」，鄭氏注《周禮》曰「壤，和緩之貌」，其言雖不同，其旨則一也。既物色其土宜，則農事於是乎興，故載九等田賦之差於其下。孟子曰：「夏后氏五十而貢，殷人七十而助，周人百畝而徹，其實皆什一也。」蓋三代之取於民，雖不出於什一之制，而其取之之法又不同。一夫受田五十畝，而以五畝爲税，就其五畝之中，校數歲之中以爲常，此夏后氏之貢法也。一夫受田七十畝，以七畝爲公田，借民力而耕公田，隨其多寡而取之，此商之助法也。一夫受田百畝，畿内用夏之貢法税，民無公田，邦國用商之助法制，公田不税，此周之徹法也。三代取於民之法雖不同，其數則不出於什一之數。既不出於什一，而乃有九等之差者，蓋九州之賦税，計其所入之總數而多寡比較，有此九等。冀州之賦比九州爲最多，故爲上上。兖州之所入比九州爲最少，故爲下下。其餘七州率皆如此，非是取於民之時有此九等之輕重也。鄭氏云：「田賦之差，一井，上上出九夫税，下下出一夫税，通九州一井税五夫。」唐孔氏破其説曰：「鄭氏箋云『井税一夫，其田百畝』，若上上一井一夫，則下下九井乃出一夫，税太少；若下下井税一夫，則上上全入官矣，豈容輕重頓至是乎？」孔氏之説甚善。孔氏亦謂：「此九等所較無多，諸州相準爲等級耳。此計大率所得，非上科定也。」孔氏之説既得之矣，而又論「上上錯」，則亦謂：「一升一降，不可常同。冀州自出第二，與豫州同，時則無第一之賦。豫州與冀州第一同，時則無第二之賦。」此則又與前説違戾矣。夫孔氏既謂「諸州相準以爲等級」，則是冀州雜出第二之時，與豫州比較，自有多寡，非出於貢賦之時，可以懸定也。冀州之賦出於「上上錯」者，蓋冀州之賦較於九州爲第一，而雜出於第二。唐孔氏曰：「多者爲正，少者爲錯。此州言『上上錯』者，少在正下，故先言『上上』，而後言『錯』。豫州言『錯上中』者，少在正上，故先言『錯』，而後言『上中』。揚州『下上上錯』，不言『錯下上上』者，以本設九三等，分三品而爲之上中下，下上本是異品，故變文言『下上上錯』也。梁州之『下中三錯』者，梁州之賦凡有三等，其出『下中』時多，故以『下中』爲正，上有『下上』，下有『下下』，三等雜出，故言『三錯』，足明雜有下上、❶下下可知也。」孔氏之説是也。夫九州之賦，疆理其地者牧其田以授農夫，校數歲之中以爲常矣，則是九州之賦自有常數，而九等之差亦不可易也。而又有錯出於他等之時者，蓋歲有豐凶、水旱之不同，不可必取於每歲之常賦，必時有所蠲以利民，是以其所入之總數，自有增損、多寡之不同。孟子曰：「『治地莫善於助，莫不善於貢』。貢者，校數歲之中以爲常。樂歲，粒米狼戾，多取之而不爲虐，則寡取之；凶年，糞其田而不足，則必取盈焉。爲民父母，使民盻盻然，將終歲勤動，不得以養其父母，又稱貸而益之，使老稚轉乎溝壑，烏在其爲民父母也？」孟子此言，謂其有激而云，將以救戰國暴虐之弊政則可，若謂《禹貢》之法爲不善則不可。蓋九州之賦，既有每歲之常數，而又有雜出於他等之時，則是其於凶年無取盈之理。觀《禹貢》一篇，然後知禹之貢法未嘗有不善也。禹之貢法既善矣，意者後世之子孫不善用之，惟取必於每歲之常賦，又無雜出於他等之時，此夏法之所以爲弊也。本朝太宗既平河東，制爲和糴之法，是時斗米十餘錢，草束八錢，民樂與官爲市。其後物貴，而和糴不改，遂爲河東世世之患。夫謂河東和糴爲弊政則可，若謂太宗和糴之法爲不善則不可，亦猶禹之貢法，謂後世之子孫不善用之則可，若謂禹之貢法爲不善則不可。此孟子之言不可不辨。

厥田惟中中。

❶ 「足」，《尚書正義》作「是」。

此又以九州之田别其高下，以爲九等也。鄭氏謂：「著其高下，爲九等。」王肅謂：「定其土地之肥瘠，以爲九等。」而唐孔氏則亦謂：「若從鄭説，則高處地瘠，出物既少，不得爲上者。若從王氏説，則肥處地下，水害所傷，出物既少，不得爲上。則當以漢孔氏之説爲正，謂『高下肥瘠』，共相參對，以爲九等矣。」於九州之土，則以其色、以其性言之。至於其田分爲九等之差者，蓋自其發生萬物而言之，則總謂之土，故謂其色與性；至於加人工而播種焉，則謂之田，然後可以九等高下言之也。夫田之高下既分九等，則其田賦亦當稱是，而乃有異同者，蓋田有高下，逐畝所收之多寡而比較之；然九州之間，地有廣狹，民有多寡，則其賦税所入之總數自有不同，不可以田之高下而準之也。荆州之田「下中」，而賦則「上下」，田賦相較所差者，亦五等。其田賦相較，所以如是之遼絶者，蓋洪水既平之後，民之蕩析離居，未復其業，必有偏聚之地，闢地有先後，人功有修否，不可得而均也，是以賦之所入與田之等級，有如此之懸絶也。其在禹之時，則必有説也。自今而求之，則不可得而見也。而曾彦和、袁思正之徒，皆曲爲之説，以臆度之，未必得古人所以輕重之意也。餘州先田後賦，冀州賦之獨先於田者，蓋王畿千里之地，天子之所以自治，併與場圃、園田、漆林之類而征之，如《周官·載師》之所載，則非盡出於田賦也，故以其文屬於「厥土」之下。而餘州皆田之賦也，故先田後賦，此所以異於畿内也。貢篚之制，自兖州而下皆有之，而冀州獨不言者，鄭氏曰：「此州入穀不貢。下云『五百里甸服』，傳云『爲天子服治田』，是田入穀，故不獻貢篚，差異於餘州也。」鄭氏此説必不然。蓋將謂此州爲治田出穀，餘州獨非治田出穀乎？非治田出穀，則其所貢賦於上者，果何物哉？是知此説爲不可用也。嘗考冀州之所以不言「貢篚」者，蓋畿内之地，天子之封内，無所事於貢也。蘇氏曰：「冀州，畿内也，田『中中』而賦『上上』，理不應爾。意其當時，事有相補除者，豈以其不貢而多賦邪？」此説是也。

恒、衛既從，大陸既作。

凡九州之載，治水之曲折，言於田賦之上者，未定田賦而先有事於此者也。言於田賦之下者，蓋田賦既定之後，而其功乃成也。「恒、衛既從，大陸既作」者，其功之成，在於冀州之物土，宜定田賦之後，故其文勢屬於田賦之下，不與「覃懷底績，至于衡漳」文勢相屬也。恒水出恒山上曲陽縣，東入滱水；衛水出恒山靈壽縣，東北入滹沱河；大陸在鉅鹿縣北，此其説皆出《漢·地理志》也。「既從」者，從其故道也。「既作」者，水平而可耕作也。曾氏云：「恒、衛二水在帝都之北，而且遠大陸，地最卑，而河所經，故其成功在於《禹貢》田賦既定之後。」此説得之。

島夷皮服，

漢孔氏云：「海曲謂之島。居島之夷還服其皮，明水害除也。」此説不然。夫茹毛飲血而衣皮，夷狄之本性然也，不必水害既平而後乃得其皮。觀《禹貢》九州，如冀州之島夷、青州之萊夷、徐州之淮夷、梁州之和夷，與雍州之織皮崐崘、析支、渠搜，皆是逐州之間所近要荒之服也。洪水既平之後，任土作貢，自綏服之内皆有每歲之常貢，至於要荒之服，則不責其必貢也，亦不責其重貨也。間有效誠於上者，則使之惟輸其所有之物，如蠙蛛、織皮之類是也。「島夷皮服」者，言水害既除，海曲之夷獻其皮服也。蘇氏於揚州「卉服」云「島夷所通」，至於此州之「皮服」，則云「水害既除，得服皮服」，是以此二句分爲兩説，其自違戾如此。

夾右碣石入于河。

《禹貢》於逐州之末，皆載其通於帝都之道。孔氏曰：「禹治一州之水既畢，遂還帝都，白所治。」孔氏此説，未敢以爲必然。案：《地理志》「碣石在右北平驪城縣西南」，則碣石者是負海之山也。「夾右碣石入于河」，蓋遵海而入于河也。冀州，帝都所在。禹治水功畢而還帝所，豈須遵海入河，然後能至哉？揚州不言入于河者，則是禹之欲至帝都，必先由江以入海，由海以入淮、泗，由淮、泗以入于河。竊意當時必不如是之迂回也。鄭氏則謂：「治水既畢，更復行之，觀地肥瘠，定貢賦上下。」若如鄭氏之説，則又不當叙於田賦、貢篚之下也。王肅則以「凡州之下説諸治水者，功主於治水，故詳記其所治之州，往還所乘涉之水名」。據《禹貢》所載，乃是達于河之道，非有往來乘涉之事，以是知此諸説皆不通。而王氏又不以此句屬於逐州之下，而乃以貫於次州之上，其説尤爲乖戾。惟周希聖謂：「九州之末皆載其達于帝都之道，蓋天子之都，必求其舟楫之所可至，使夫諸侯之朝貢，商賈之貿易，雖其地甚遠，而其輸甚易。」此説得之。冀州所都，蓋在東河之西，南河之北，西河之東，三面距河。是其建邦設都之意，實有取於轉輸之利、朝貢之便也。《禹貢》所載，上言田賦、貢篚之事，而於下言其所以達於帝都之道，其始末曲折莫不盡備，而皆以達于河爲至，蓋達于河則達于帝都故也。然而青、揚二州獨不言達于河者，蓋兖州之言「浮于濟、漯，達于河」矣，故青州直云「達于濟」，蓋由濟、漯以入于河也。徐州言「浮于淮、泗，達于河」矣，故揚州直云「達于淮、泗」，以入于河也。既以九州之道達于河，則其利於舟楫、通於轉輸者，無足疑也。此云「夾右碣石入于河」者，蓋在冀州之北者，遠於帝都之地，或有舟楫轉輸，則必遵海道以入于河，然後至於帝都。瀕河之地，則徑自河以達於帝都矣。薛氏曰：「夾，挾也。自海入河，逆流而西，右顧碣石，如在挾掖也。」本朝祖宗都于大梁，蓋所以取其轉輸之便。自江、淮、閩、蜀而來者，則達于汴河；自京西而來者，則達于蔡河；自山東而來者，則達于五丈河。凡欲至于京師者，皆以達于河爲至，是亦得乎唐虞建邦設都之意也。

濟、河惟兖州：

自兖州而下八州，皆以其高山大川定逐州之疆界，序所謂「别九州」，而篇首所謂「奠高山大川」也。鄭漁仲曰：「《禹貢》之書，所以爲萬代地理家成憲者，以其地命州，不以州命地也。如兖州者，當時所命之名，後世安知其在南在北，故曰『濟、河惟兖州』，以濟水、河水之間爲兖州也。以荆山、衡山之間爲荆州，故曰『荆及衡陽惟荆州』。濟、衡者，萬代不泯之山川也，使荆、兖之名得附此山川，雖後世更改移易，爲不没矣。」觀漁仲此言，所謂得《禹貢》之意。蓋由萬世而下求《禹貢》九州之分域，皆可得而考者，由其以山川之高大者定逐州之界故也。「濟、河惟兖州」者，孔氏謂：「東南據濟，西北距河，此兖州之界也。」孔氏於濟言「據」，於河言「距」者，唐孔氏曰：「『據』謂跨也，『距』謂至也。濟、河之間相去路近，兖州之境，跨濟而過，東南越，❶西北至東河也。」其意以謂「據者，其地不止於是。距者，則止於是而已」，此説得之。濟字，今文《書》作從水從齊，而古文《書》、《周禮·職方氏》、班孟堅《地理志》皆作從水從㢿。案：《説文》從水從㢿字注云：「濟，❷沇也，東入海也。」而從水從齊字注云：「濟，水出常山房子縣贊皇山，東至癭陶入泜。」❸由此二字音同，故後世遂以從水從齊字爲兖州之濟，其實字訛也，今當從古文《書》作從水從㢿者爲證。州名曰「兖」者，古者疆理天下以爲九州，九州之疆理不可以無别也，故州爲一名以别之，其命名之意蓋出於一時之偶然，其要欲辨九州之名耳，不可必求其義

---

❶ 「越」下，據《尚書正義》，應脱「濟水」二字。

❷ 「濟」，據《説文解字》（中華書局影印本），當作「沸」。

❸ 「至癭陶」，《説文解字》無此三字。

也。而李巡注《爾雅》，皆從而爲説，以謂：「兩河間其氣清，厥性相近，故曰冀。冀，近也。濟、河間，其氣專質，體性信讓，故曰兖。兖，信也。餘州皆如此。」其説之是非，蓋未可知，然而荆州之爲荆，原其意惟在於荆山爲界故耳。蓋自荆山之外，則豫州也。而《爾雅》亦謂「荆，❶强也。其氣燥剛，禀性强梁」。以是觀之，其爲曲説，蓋可見矣。要之，學者之於經，其義理之是非真僞有以惑世者，則雖豪釐錙銖之差，不可不辨。楊氏爲我，拔一毛而利天下不爲也。墨氏兼愛，摩頂放踵，利天下而爲之。而孟子辨之，以爲其極至於無父無君，此則儒者之所當言也。至於物之名數，古人假借以爲别異，此則不必辨也。説者於十二律、五音、十干、十二支之名，從而爲之説，凡此皆穿鑿附會，無補於學者，不如不辨之爲愈也。

九河既道，

此蓋兖州治水之曲折也。河自大陸而北，分爲九河，以入于海。九河之名，則《爾雅》所謂「徒駭一，太史二，馬頰三，覆鬴四，胡蘇五，簡六，絜七，鉤盤八，鬲津九」是也。曾氏曰：「自徒駭至於鬲津，皆是複名，先儒以簡、絜爲單名，固不論矣。《爾雅》所載，但有八名，其一不名者，河之經流也。先儒不知河之經流不爲異名，故分簡、絜而爲二。」漢許商曰：「『徒駭』是河本道，東出分爲八支。」審如許商所言，則河自徒駭乃分爲八。審如曾氏之言，則是九河，其一爲經流，而其八者，皆其支派也。然據下文曰「又北播爲九河，同爲逆河，入于海」，九者，並列支派，則其勢均也，安得以其一爲經流，以其八爲支派哉？九河之地，在漢平原郡以北。漢許商曰：

---

❶「爾雅」，據《尚書正義》孔疏及《爾雅注疏》邢疏，下文所引應爲李巡的《爾雅》注，非《爾雅》。

「徒駭、胡蘇、鬲津，今在成平、東光、鬲縣界中。」唐孔氏云：「上言三河，下言三縣，則徒駭在成平，胡蘇在東光，鬲津在鬲縣，其餘不復知也。《爾雅》『九河』之次，從北而南。既知三河之處，則其餘六者，太史、馬頰、覆鬴在東光之北、成平之南，以簡、絜、鉤盤在東光之南、鬲縣之北也。」理或然也。孟子曰：「禹疏九河，瀹濟、漯而注之海。」謂之「疏九河」，則是禹之前既有九河矣，遭洪水湮塞，禹但疏而通之耳。惟其疏而通之，故謂之「九河既道」，言「九河」皆已復其故道也。

雷夏既澤，

孔氏曰：「雷夏，澤名。」《周禮・職方氏》「兖州其浸盧維」，鄭氏注云「『盧維』當作『雷雍』」，引此「雷夏既澤」爲證。䣓河經凛邱，經雷澤，其澤藪在濟陰城陽縣西北，其陂東西二十里，南北十五里，即舜所漁也。「既澤」，陳博士云：「雷澤之水，昔常散漫，至是而聚也。川欲其行而不可使之湮，澤欲其聚而不可使之散，或導之而行，或聚之而止，順地勢之自然而已，故無容私焉。宜導而不行，宜澤而不聚，其爲害也，無所相異。河既道，澤既陂，然後二者各得其宜。」此説是也。

灉、沮會同。

灉、沮二水，先儒並不著其水本末，故孔氏曰「二水會合同此澤」，蓋謂同注于雷澤也。案：《爾雅》曰「灉，反入」，注云「河流别出復還者」；《説文》云「河灉水在宋」。據此二説，則灉水乃出於河，而還入於河，非注於雷澤也。沮水，不見所出。案：《地理志》云：「沮水，出常山元氏縣，首受中丘西山窮泉谷，東至堂陽入黄河。」然而常山非兖州之地。曾氏云：「灉之下流與芒之睢水合，灉濁而沮清，合而爲一，經所謂『沮』，即睢水也。然

『沮』之字從水，其字音雎，既音雎，字不應與雎字相亂。」曾氏誤讀，以沮字音雎，故爲此説。據《左氏傳》哀六年，楚莊王「江、漢、睢、漳，楚之望也」，釋云「睢，七如反」，❶此可以與沮相亂，然而又非與灉合流之水也。以是知灉、沮二水皆未可指定其處。如先儒謂「注于雷澤」，亦未可以爲定論。要之，「會同」，皆異出而合流也，是無疑矣。周希聖云：「會同、朝宗，皆諸侯見天子之禮，故以爲喻。」其論甚善。

桑土既蠶，是降丘宅土。

「桑土既蠶」，蓋謂宜桑之土，於是始有桑，以養蠶也。經曰「飼蠶，勿用雨露濕桑」，蓋蠶性惡濕也。惟其惡濕，故當洪水未平，宜皆不得享夫蠶桑之利。及夫洪水既平矣，於是蠶桑之利始獲，故曰「桑土既蠶」。然而九州之民，皆賴蠶桑以爲衣被，而獨於兖州言之者，蓋兖州之貢絲與織，尤宜於此，故於此州言之，以見斯民之享其利也。「是降丘宅土」，「丘」，山之小者。兖州之地，界於濟、河之間，平地多而山少。當夫洪水滔天之時，高山則爲水所包，民之避水於山者，其害爲輕；陵則襄而上之，民之避水於陵者，其害爲重。兖州既居下流，平地多而山少，則民之被水之害，比之九州爲最甚。今則「九河既道，雷夏既澤，灉、沮會同。桑土既蠶」，於是丘陵之民，乃始降而居平地。蓋居山之民降而宅土，未足言也。至於下流卑濕之地，無所逃於湯湯之患者，今降而宅土，此尤可喜，故於兖州獨言之。

厥土黑墳，

❶「如」，《春秋左傳正義》作「餘」。

言此州之土，以色别之則黑，以性别之則墳。墳者，土膏脉起也。《左氏傳》曰「公祭之地，地墳」，是知墳者，起之稱也。

厥草惟繇，厥木惟條。

「繇」，茂也。「條」，長也。九州惟此與徐、揚三州言草木者，孔氏曰「三州偏宜草木也」，此説不然。案：九州之勢，西北多山，東南多水。多山之地，則於草木爲宜，《皇矣》詩曰「帝省其山，柞棫斯拔，松栢斯兑」。以是知西北之地，最宜於草木也。至於東南之地，沮洳卑濕，則於樹藝，誠非所宜。竊謂此三州言草木者，蓋此三州比九州之勢，最居下流。其地卑濕沮洳，遭洪水之患，草木不得遂其性而生育，其已久矣。至是而或繇，或條，或夭，或喬，或漸包。故於三州遂言之，以見水土既平，草木得遂其性，非謂此三州偏宜草木也。

厥田惟中下，厥賦貞，

「厥田惟中下」者，田第六也。「厥賦貞」，先儒云：「貞，正也。州第九，賦正與九相當。」蘇氏曰：「貞，正也。賦當隨田高下，此其正也。其有不相當者，蓋必有故，非其正也。此州田中下，賦亦中下，皆第六，故曰貞。」此二者不同，當從先儒之説。九州之賦，相較而爲上下之等。雍州之賦出第六，而兖州之賦不應又出於第六也。先儒所以謂「兖州第九，賦正與九相當」者，蓋參考九州獨無下下之賦，故此州治水最在後畢，州爲第九成功，其賦亦爲第九，此其説是。蓋洪水之害，河爲最甚，而兖州又河之下流，其被墊溺之患，比於餘州最爲慘酷。故雖能獲播種之功，而土曠人希，又卑濕沮洳之患未盡去，是以樹藝之利，尚非所宜。雖田在第六，而其賦比於九州，爲最少也。

作十有三載乃同。

此謂兖州雖出第九之賦，而猶至於十有三年，然後乃有賦法，與他州同。説者多以十有三載爲禹治水所歷之年，故唐孔氏云：「鯀治水九載，績用弗成，然後堯命得舜，舜乃舉禹治水，三載功成。蓋其後於餘州之賦，若此其久也。他州十二年，此州十三年。」馬融之説亦然。曾氏舉高堂隆之言曰：「禹治洪水，前後歷年二十二載。蓋是以鯀之九載，并此十三載而數之，爲二十二載也。」此説皆不然。據此文承於「厥賦貞」之下，而又曰「作十有三載乃同」，則是專爲兖州之賦而言也。蓋兖州之賦必待十有三載，然後同於餘州，非所謂「此州治水，至十有三載而後功成也」。若果謂「此州治水，必至十三年而成功」，則其文勢不應在於「桑土既蠶，是降丘宅土」之下也。

厥貢漆絲，厥篚織文。浮于濟、漯，達于河。

兖州之地，宜漆林，又宜桑蠶，故貢此二物也。有貢又有篚，乃入貢之物盛於篚爲貢也。古者幣帛之屬，皆盛於篚。蘇氏引「篚厥玄黄」爲證，是也。「織文」者，錦繡之屬。曾氏曰：「織文，因織而有文者，錦繡之屬不一，故言織文以包之。謂之織，則繪畫組繡而有文者不與矣。」八州之貢，有多有寡之不同。揚州、荆州之貢爲最多，兖州、雍州之貢爲最寡者，各因其地之所有，而不强之以所無也。雖有或多或寡，然皆得以其所入準其高下，以充每歲之常貢，是以有多寡而無輕重也。「浮于濟、漯，達于河」，顔師古曰「以舟行水曰浮」，言泛舟于濟、漯，而後達于河也。「濟」即下文「導沇水東流爲濟」以下是也。《史記》曰：「禹以河所從來者高，水湍悍，難以行平地，故穿爲二渠，引河水北載之高地。」注曰：「其一出貝丘西南二折者也，其一則漯川。」然二渠之事不見於經，難以考證。案：《漢書・地理志》曰：「漯水出東郡東武陽縣，至樂安千乘縣入海。」觀此文，則是漯水千乘所流，然未必禹所穿之渠也。唐孔氏曰：「自漯入濟，自濟入河。」周希聖曰：「由濟而入漯，由漯而入河。」然案經文，不見濟、漯相通之道，此二説未敢以爲然。要之，此二水不必相通，苟濟亦可以入河，則亦可以謂之「浮于濟、漯，達于河」矣。「達」，唐孔氏曰：「從水入水曰達。」「達」，當謂從水入水，不須舍舟而陸行也。

尚書全解卷八　夏書

禹貢

海、岱惟青州：

《王制》曰：「凡海内之地九州，州方千里。」孟子曰：「海内之地，方千里者九。」此亦據大數言之，未必九州之間，每一州之地方千里，無贏縮多寡於其間也。如「淮、海惟揚州」，入淮至海，蓋不啻千里。以揚州而言之，則於千里爲有餘。「濟、河惟兖州」、「海、岱惟青州」，自濟距河、自海距岱，皆不及千里。以兖、青而言之，則於千里爲不足。以是知凡謂九州之方千里者，未可以爲定數也。夫九州之地既方千里，而禹之分疆定界，則不使每州皆有千里之界，三三而九，以合於九州方三千里之數。而使多寡贏縮不同者，蓋禹之别九州，本以高山大川爲準，既必取高山大川，則難以限於千里之地。然而以九州之長短廣狹相輔而言之，則亦可以見九州州之方千里也。管仲曰：「千里之路，不可扶以繩。萬家之室，不可定以矩。」萬物之不齊，「東北據海，西北據岱」，❶唐孔氏曰：「海非可越而言『據』者，東萊東境之縣，浮海入海曲之間，青州之境，非至海畔而已，故言『據』也。漢

❶「西北」，據《尚書・禹貢》孔傳，當作「西南」。

末有公孫度者，竊據遼東，自號青州刺史，越海收東萊諸郡。堯時青州當越海而有遼東也。」觀禹以高山大川定九州之經界，歷萬世而下，雖有變更移易，而禹之所奠者，皆可考也。如青州曰海、岱，徐州曰海、岱及淮，其封疆之地既各有所係矣。至於《爾雅》不言青州者，是青并於徐也。《周官·職方氏》不言徐州者，是徐并於青也。或并於此，或并於彼，而《禹貢》青、徐之地係夫海、岱及淮者，蓋不可得而知也。《職方氏》序青州則曰：「其山鎮曰沂山，其澤藪曰望諸，其川淮、泗，其浸沂、沭。」雖以山澤川浸定此九州之所在，至於疆界之所至，則惟指其所向之方，而曰「正東曰青州」。後世欲求《職方氏》青州之所在，亦無所考據矣。以是知地理之書，自《職方氏》而下，皆不如《禹貢》之善也。

嵎夷既略，濰、淄其道。

「嵎夷」，即《堯典》所載羲仲所宅之地也。漢孔氏以謂「用功少曰略」，王氏曰「爲之封畛也」。曾氏推廣王氏之意以謂：「『嵎夷既略』者，言地接於夷，不爲之封畛，則有猾夏之變。」以「既略」爲「封域」，其説比於先儒爲優。先儒以謂「用功少曰略」，則必加「用功」二字於其下，然後方成文義也。《禹貢》之九州，如冀、揚之島夷，此州之嵎夷、萊夷，梁州之和夷，徐州之淮夷，皆是此數州之境界於要荒之地，故有蠻獠之民雜處於其地，如後世蠻洞羈縻州郡是也。此《禹貢》序治水之績，與夫貢篚之屬則併及之，以見其地平天成之功，斯無衆寡、無内外，莫不受其賜也。先儒以嵎夷、萊夷、和夷爲地名，淮夷爲水名，島爲狄名。惟以島夷爲狄名，而其謂水名、地名者，則皆不謂之夷狄之地，是不然。如春秋之時，諸侯之國亦莫不有夷狄種類在其境内，如揚拒、泉皋、陸渾之戎在伊洛之間，羌戎、皋洛氏在晉絳之間，此類多矣。安得指爲地名、水名，而不爲夷狄之地哉？「濰、淄其道」，案：《地理志》云：「濰水出瑯琊箕屋山北，至都昌縣入海。淄水出泰山萊蕪縣原山東北，至千乘博昌縣入海。」「其道」者，既復其故道也。此州雖近海，然而不當衆流之所衝。蓋河、濟之下流，則兖州受之；淮之下流，徐州受之；漢之下流，則揚州受之，故此州施功，惟濰、淄二水順其道以入海，則其功畢矣。蓋此州之功，比於餘州爲最省也。

厥土白墳，海濱廣斥。厥田惟上下，厥賦中上。厥貢鹽、絺、海物、惟錯。

此州之土有二種：平地之土，則色白而性墳；至於海濱之土，則彌望皆斥鹵之地。「斥」者，鹹也，可煮以爲鹽者也。東方謂之「斥」，西方謂之「鹵」。齊管仲輕重魚鹽之權以富齊，蓋因此廣斥之地也。「厥田惟上下」，田第三也。「厥賦中上」，賦第四也。「厥貢鹽絺」，「鹽」，即廣斥之地所出也；「絺」，細葛也。「海物」，水族之可食者，若蠯、蠃、蜃之類是也。「惟錯」，先儒以連於「海物」之下，謂「惟錯，非一種」，此説不然。夫既謂之「海物」，而不指其名，則固非一種矣，又何須加「惟錯」二字於其下？予竊謂此「鹽絺海物惟錯」與揚州「齒革羽毛惟木」文勢正同，「木」既別是一物，則此「錯」字亦應別是一物，蓋如豫州所謂「錫貢磬錯」，是治玉之石也。

岱畎絲、枲、鉛、松、怪石。

凡九州之貢，從言於「厥貢」之下者，是其一州之所出，皆可以充此貢也。或其州之所出者，有至美之物，則必指言其所出之地以別之。若此州「岱畎絲、枲、鉛、松、怪石」，徐州之「嶧陽孤桐，泗濱浮磬」，荆州之「惟箘簵楛，三邦底貢厥名」是也。「畎」，谷也。謂岱山之畎出此絲、枲、鉛、松、怪石之五物，比於他處爲最美，故以爲貢也。觀禹之制貢，所以垂法於後世，非服、食、器用之物，不以爲貢也。絲、枲、鉛、松，皆是適用之物，無可疑者。至於怪石，則誠有可疑。竊意當是時制禮作樂，資以爲器用之飾，於義有必不可闕者，非是欲此無益之物以充遊玩之好也。舜作漆器，禹雕其俎，諫者數人。夫器與俎，本皆適用之物，惟其漆之、雕之，有以起後世奢侈之漸，此所以諫者不止也。其使制度之間有可已而不已，則諫者疑愈衆矣，舜、禹必不爲也。

萊夷作牧，

顔師古曰：「萊夷者，萊山之夷狄也。」案：《史記・齊世家》：「太公東就國，萊侯來伐，與之争營丘。營丘邊萊，萊人夷也。」《左氏傳》夾谷之會，萊人欲以兵劫魯侯，孔子曰：「兩君合好，而裔夷之俘，以兵亂之。」此萊夷之爲夷狄也，無疑矣。先儒但以爲地名，非也。「作牧」者，可以放牧也。蓋夷人以畜牧爲業，以射獵爲娱，故從其俗而言之。

厥篚檿絲。

蘇氏曰：「『萊夷作牧』，然後有此，故言『厥篚』於『作牧』之下。」考其文勢，以「萊夷作牧」一句，間於貢、篚之間，義或然也。「檿絲」，説者不同。孔氏曰：「檿桑蠶絲，中琴瑟弦。」蘇氏曰：「《爾雅》『檿桑，山桑也』。惟東萊有此絲，以爲繒，堅韌異常，萊人謂之山繭。」陳博士曰：「檿絲，出於桑絲，不可織。使萊夷貢其所無用之物，則其受之爲無傷也。」此數説不同。據經文但言「厥篚檿絲」，諸説皆以意度之，不可指一説爲定也。

浮于汶，達于濟。

《地理志》云「汶水出泰山萊蕪縣原山，至西南入濟」，即下文所謂「導沇水，東流爲濟，東至于菏，又東北會于汶」是也。謂此州將欲達於帝都，當浮于汶，以達于濟，然後由于濟，以達于河也。

海、岱及淮惟徐州：

「海岱及淮惟徐州」者，東至海，北至岱，南及淮，此徐州之界也。蓋其北境之接於青則以岱，南境之接於揚則以淮也。《禹貢》冀州不言疆境，以餘州之所至而考之，則知冀州在於東河之西，西河之東，南河之北。蓋此篇所載也，理最爲有法，其辭不費，該括無遺。非特冀州爲然，冀州之外八州，亦有其山川之所至，不言於逐州之間，而見於他州者。夫一州之境，必有四面之所至，今其所載，但及其山川之二境，則是其所不載者，亦互見於鄰州之間。如「荆及衡陽惟荆州」，及其南北之二境，而不及其東西，此則在夫讀之者以九州之境界而參考之，然後可以參知其四面之所至。故兖、青、揚、荆、豫、梁、雍，皆爲載其二面之疆界，而此實不費辭也。至於徐州，則載三面之所至，與諸州異者，此又其辭不得不然。若言海、岱，則嫌於青州；若言淮、海，則嫌於揚州，故必曰「海岱及淮」，然後可以别其爲徐州之界。然徐州雖言三面所至，而其四境猶互見他州。案：《爾雅》曰「濟東曰徐州」，是徐州之西境，而水之所經也。雖不言濟，而濟在徐州東，蓋可得而考。非其長於記述，豈能若是乎？《禹貢》一書，所以爲萬世地理家之成説也。

淮、沂其乂，蒙、羽其藝。

即下文「導淮自桐柏」以下是也。蓋其發原在於荆州，至於揚州之間，其流始大，而能泛濫以爲患，尤在於徐，故此言之。案：《地理志》曰：「沂水出泰山蓋縣臨樂子山，南至下邳入泗。」然徐州之水，以沂名之者多矣！酈道元曰：「沂水出尼丘山西北，經魯之雩門。」曾點所謂「浴乎沂，風乎舞雩」者，即此水也。又武水出泰山武陽之冠石山，世謂之「小沂水」。又一水出黄孤山，亦曰「小沂水」。許慎曰：「沂水出東海費縣東。」則是徐州之水，以沂名者多矣！此所謂「沂」，蓋指蓋縣所出之水，入泗之沂。下文曰「導淮自桐柏，東會于泗、沂，東入于海」，蓋沂入于泗，泗入于淮，其原委相注，故併與二水而言之。「其乂」者，言此二水者，皆已治也。「蒙羽」，《地理志》曰「蒙山在泰山蒙陰縣西南」，即《論語》所謂「先王以爲東蒙主」是也，《詩》曰「奄有龜蒙」。「羽山在東海祝其縣南」。言此二山已可種樹也。

大野既豬，東原底平。

「大野」者，《爾雅》十藪，曰「魯有大野」，蓋此州藪澤之所在也。《地理志》：「大野澤在山陽距野縣北。」鉅野，大野也。「既豬」，水所停曰「豬」。大野之澤，往前泛濫，今則豬水而爲澤也。東平郡地，蓋「東原」也。「底平」，謂致功而地平，已可耕。曾氏曰：「『淮、沂其乂，蒙、羽其藝。大野既豬，東原底平』，則是水之流止，與地之險易，無所不見矣。」蓋「淮沂其乂」，是水之流也；「大野既豬」，是水之止也；「蒙羽其藝」，是地之險也；「東原底平」，是地之平也。流者、止者、險者、平者，無所不載，則此州洪水之平，蓋可見矣。

厥土赤埴墳，草木漸包。

此州之土，色而別之則赤，性而別之則有墳、埴之二種。曾氏曰：「《周禮》有『摶埴之工』，《老子》『埏埴以爲器』，惟土之膩，故可摶可埏也。」「墳」者，土膏脉起也。「漸」，進長也。「包」，叢生也。徐州之地，受淮之下流，其地墊溺已甚，草木不得遂茂，爲日久矣。今也洪水既平，乃至於進長叢生，故可書也。

厥田惟上中，厥賦中中。厥貢惟土五色，

「厥田惟上中」，田第二也。「厥賦中中」，賦第五也。「厥貢惟土五色」，《韓詩外傳》曰：「天子之社廣五丈，東方青，南方赤，西方白，北方黑，其上冒以黄土。將封諸侯，各取其方色土，苴以白茅，以爲社。」蓋天子之建社，必用五色之土。而徐州之土，備此五色，故使貢之也。前言「赤埴墳」，此又兼五色者，蓋此州之土，大抵赤色者最多，青、黄、白、黑，僅有之而已。

羽畎夏翟，嶧陽孤桐，泗濱浮磬，

夏翟、孤桐、浮磬，雖徐州所貢，非謂徐州所産，皆可充此貢也。然其所産，必有至美之地。所謂「羽畎」、「嶧陽」、「泗濱」，皆其所産至美之地也。「羽」，即「蒙羽其藝」之「羽」。「羽畎」，羽山之畎，猶云「岱畎」也。「夏翟」，雉也。《周禮·天官》「夏采」，鄭氏注曰：「夏翟，羽也。《禹貢》徐州貢此夏翟之羽，有虞氏以爲緌。後世或無，故染鳥羽，蒙而用之。」❶又「染人，秋染夏」，鄭氏注云：「染夏者，染五色也。」以是知夏翟者，雉之具五色者也。《周官·司常》云「全羽爲旞，析羽爲旌」，故孔氏以爲「夏翟，羽中旌旄之飾」。然古之車服器用，以雉爲飾者多矣，不但旌旄也。「嶧陽」者，嶧山之南也。《地理志》云「東海下邳縣西有葛嶧山，古文以爲嶧陽」，即《詩》所謂「保有鳧繹」是也。「孤桐」者，特生之桐，可以中琴瑟也。《詩》云「梧桐生矣，于彼朝陽」，蓋桐之生，以向日者爲良。必以孤桐者，猶言孤竹之管也。陸農師曰：「梧桐，性便濕地，不生於岡。」引《毛詩》傳曰：「梧桐不生高岡，太平而後生，朝陽。」以此觀之，則是梧桐生於山之陽，最爲難得。其孤生者，又其難得之物也。「泗濱」者，泗水之旁也。「浮磬」者，謂石之浮於水上者，可以爲磬也。唐孔氏曰：「石生水旁，水中見石，似石於水上浮焉。」周希聖曰：「浮，過也，與『名浮於實』之『浮』同。雖泗濱之石，其高過於水上者，可以爲磬。」據

❶「蒙」，《周禮注疏》作「象」。

此二説，其意蓋謂石非浮物，故從而爲此辭。要之，不必須浮於水上，然後謂之浮。磬之爲器，必聚其石之最輕者，然後其聲清越以長。但以輕，故謂之浮矣。不云浮石，而云浮磬者，曾氏曰：「成磬而後貢之。」

淮夷蠙珠暨魚，

漢孔氏以淮、夷二水名。唐孔氏云：「淮，即四瀆之淮也。夷，蓋小水，後來竭涸，不復有其處耳。」王肅亦同此説。鄭氏謂：「淮水之上，夷民獻珠與魚。」當從鄭氏之説。案：《詩》云「憬彼淮夷，來獻其琛」，則是淮夷不得爲水名也。「蠙珠」者，蠙即蚌之别名。謂淮上之夷民，當此洪水既平之後，獻此蠙珠及魚之二物，亦如《詩》所謂「來獻其琛」是也。

厥篚玄纖縞。

漢孔氏云：「玄，黑繒。縞，白繒。纖，細也。」此説不如顔師古之説，曰：「玄，黑繒也。纖，細繒也。縞，鮮支也，即今之生素。言獻黑、細繒及鮮支也。」曾氏之説，尤爲詳明。曾氏曰：「玄，赤而有黑色。以之爲衮，所以祭也；以之爲端，所以齋也；以之爲冠，人冠之以爲首服者也。先儒以黑經白緯爲纖。纖、縞，皆去凶即吉之服。縞亦爲燕服。《禮》曰『及期而大祥，素縞麻衣。中月而禫，禫而纖』，則知纖、縞也，皆去凶即吉之服也。《記》又曰『有虞氏縞衣而養老』，則知縞又所以爲燕服。徐州之篚，玄也、纖也、縞也，凡三物。釋者以爲玄、縞爲二物，以纖爲細，悮矣。」此説又盡。

浮于淮、泗，達于河。

蓋言泛舟于淮、泗，以達于帝都也。淮、泗達于河之道，二孔皆無説。蘇氏考據歷代事迹以證此言，最爲詳備。

蓋近世言汴水者，皆以爲起於隋時，故蘇氏辯之，以謂：「自淮、泗入河，必道于汴。說者謂隋煬帝始通汴入泗，禹時無此水。案：《前漢書》『項羽與漢約中分天下：割鴻溝以西爲漢，以東爲楚』，文穎注云：『於滎陽下引河東南爲鴻溝，以通宋、鄭、陳、蔡、曹、衞，與洛、汝、泗會于楚，❶即今官渡水也。』魏武與袁紹相持於官渡，乃楚、漢分裂之地，蓋自秦、漢以來有之。《禹貢》九州之末，皆記入河水，而淮、泗獨不能入河，帝都所在，理不應耳。意其疏開此道以通之，其後或爲鴻溝，或爲官渡，或爲汴，上下百里餘間，不可必知，然引河水而注之淮、泗也。故王濬伐吴，杜預與之書曰：『足下既摧其西藩，當徑取秣陵。自江入淮，逾于泗、汴，泝河而上，振旅還都，亦曠世一事也。』王濬舟師之盛，古今絶倫。而自汴、河以班師，則汴水小大當不減於今，又足以見秦、漢、魏、晉，皆有此水道，非煬帝創開也。」蘇氏之言，足以補先儒之闕遺，而訂後世之誤矣。

淮、海惟揚州：

北至淮，南距海，揚州之界也。揚州之界，南抵於海，則是後世閩、廣數十州之地，皆在於《禹貢》之分域矣。《益稷》曰：「弼成五服，至于五千。外薄四海，咸建五長。」蓋以此五千里之地，分爲五服也。自甸服至於綏服，每面一千五百里，二面相距爲三千里，此九州之內也。綏服之外，每方一千里。以是要、荒之服，在九州之外也。蓋禹五服，以三千里之內外，爲華、夷之辨也。然而以揚州考之，誠有可疑。《禹貢》甸服在王畿之內，王畿南距于河，自河至江一千里，則侯服、綏服之數已盡矣。自江而南，猶是揚州之界，則要服、荒服宜在九州

❶「洛汝泗」，《漢書》注作「濟汝淮泗」。

之内。然東河至於東海千里，自西河至於流沙千里，則要、荒之服又不得在九州之内。此説求之於經，齟齬不合，當闕之，以俟知者。

彭蠡既豬，

「彭蠡」，在豫章彭蠡縣東，蓋是江、漢會處。下文「漢水過三澨，至于大別，南入于江。東匯澤爲彭蠡。江水過九江，至于東陵；東迆北會于匯」，則彭蠡之澤，蓋是江、漢所會之處，其延袤甚廣。三苗之國，左洞庭，右彭蠡，即此澤也。「既豬」者，水既豬積於此，不復汎濫，以爲民害也。

陽鳥攸居。

漢孔氏曰：「隨陽之鳥，鴻鴈之屬是也，冬月來居此澤。」曾氏云：「去陰就陽謂之陽鳥，鴈是也。冬日至而日北，及春而鴈北向；夏日至而日南，及秋而鴈南向。鴈之所居，隨日所在，故曰陽鳥。」陸農師舉揚子雲《法言》「能往能來者，朱鳥之謂也」，「鴈一名朱鳥，燕一名玄鳥，玄鳥以春分來，朱鳥以春分去，《淮南子》曰『燕鴈代飛』，此之謂也」。考數説，則陽鳥之謂鴈明矣。「陽鳥攸居」，謂鴻鴈來居於彭蠡之澤也。諸儒之説皆同，而竊有疑於此。觀此篇，所序治水之詳，見於九州之下，或山、或澤、或川、或陵、或平陸、或原隰，莫非地名。此州上既言「彭蠡既豬」，下言「三江既入，震澤底定」，皆是地名。而獨於此三句之間言「陽鳥攸居」，非惟文勢之不相稱，然考之九州，亦無此例也。夫鴈之南翔，乃其天性，有不得不然，豈其洪水未平，遂不南翔乎？古之地名取諸鳥獸之名，如虎牢、犬丘之類多矣。《左氏》昭公二十年「公如死鳥」，杜元凱釋曰「死鳥，衛地」，以是觀之，安知陽鳥之非地名乎？鄭有鳴鴈，在陳留雍丘縣。漢北邊有鴈門，人皆以鴈之所居爲名。陽鳥意亦類此，意鴈之南翔所居地名，故取以爲名。「攸居」者，水退其地可居也。然世代久遠，地名之詳，亦無所考。雖實疑其如此，然亦未敢以爲必然也。

三江既入，

漢孔氏云：「三江已入，致定爲震澤。」唐孔氏曰：「江從彭蠡而分爲三，又共入震澤，從震澤復分爲三，乃入海。」蘇氏破其説，以謂：「安國未嘗南游，案經文以意度之耳。不知三江距震澤遠甚，決無入理。而震澤之大小，決不足以受三江也。」此説爲是。而蘇氏之説曰：「三江之入，古今皆不明。以予所見考之，自豫章而下入于彭蠡，而東入海者，爲南江；自蜀岷山至于九江，會彭蠡以入于海，爲中江；自嶓冢導漾東流爲漢，匯于彭蠡，則以入海，爲北江。此三江，自彭蠡以上爲二，自夏口以上爲三。江漢合于夏口，而與豫章之江，皆匯于彭蠡，則三江爲一。至於秣陵、京口，以入于海，不復三矣。然而《禹貢》猶有三江之名，曰北、中者，以味别也。」蘇氏蓋據其所見，今之江流自彭蠡而下，但有一江，故以《禹貢》之中江、北江爲以味别。鄭漁仲曰：「水之入水，緩者數步，猛者不跬步間，渾合而爲一，豈得漢水自大别與江合流，至九江猶能辨得此是漢水邪？」以是知蘇氏味别之説爲未可從。據經言「東爲北江」、「東爲中江」，則是禹之時，彭蠡之下有此二江也必矣。蘇氏徒見今之江流合而爲一，遂爲味别之説。蓋孔氏未嘗南遊也，故蔽於所不見，惟順經文以爲之説。蘇氏親見江水，故蔽於所見，遷就經文而爲之説。一則蔽於所見，一則蔽於所不見，其失一也。蘇氏之説雖失，然而以三江爲有中江、南江、北江，則其説可從。蓋經既有北江、中江，必有南江，猶既有南河、西河，必有東河也。顔師古注《漢書·志》亦曰：「三江謂中江、南江、北江也。」師古此説，必有所據而云耳。蓋以此説爲三江，雖未見南江原委之所注，而於經文猶有所本。如郭景純以爲岷江、浙江、松江；韋昭以爲松江、浙江、浦陽江；王介甫以爲一江自義興，一江自毗陵，一江自吴縣。此説皆據其所見之江而爲言，非禹之舊迹也。酈道元曰：「東南地卑，萬流所湊，濤潮泛濫，觸地成川，故川舊瀆，難以爲憑。」蓋禹之舊迹，其下流歷年浸久，爲所漂没者，隨世變更不可復考。三江之説，雖以經考之，知其必有南江，然而不可指定其處，如蘇氏之説也。

震澤底定。

逐州所序治水之曲折，皆是列序其一州之水於其下，非必以文勢相屬，如下文「導岍及岐」、「導弱水」而下也，而先儒乃有此蔽。如兖州言「雷夏既澤」，然而考其原委之所注，灉、沮實未嘗會於雷夏，三江實未嘗入於震澤也。然而經言「三江既入」，而「震澤底定」者，蘇氏曰：「水之未治也，東南皆海，豈復有吴越哉？及『彭蠡既豬』，三江入海，則吴越始有可宅之土。而水之所鍾者，獨震澤而已。」此説是也。韋昭注《國語》云：「太湖即五湖也，《書》謂之震澤，《爾雅》謂之具區，方圓五百里。」諸儒之語多與此同。蓋太湖、五湖、震澤、具區，其名雖異，其實一也。而《周禮・職方氏》云「揚州藪曰具區，浸曰五湖」，則具區、五湖，又似不可合而爲一。唐孔氏以謂：「揚州浸、藪同處，論其水謂之浸，指其澤謂之藪。」此亦順經文而爲之説，亦未必有所據也。

篠簜既敷，厥草惟夭，厥木惟喬。

郭璞云：「竹之别名：竹之小者爲篠，竹之大者爲簜。」揚州有竹箭之利，故當洪水既平之後，竹之小大者，皆得敷布而生也。「厥草惟夭」者，小長曰夭。喬，高也。兖、徐、揚三州，皆言草木。兖之繇條，徐之漸包，揚之夭喬，皆言草木之茂盛，特史官變其文耳。雖王介甫之喜鑿，亦不能曲而爲之説。

厥土惟塗泥，厥田惟下下，厥賦下上上錯。

孔氏曰：「塗泥，水泉濕也。」❶顏師古云：「洳濕也。」蓋東南之地，最爲卑濕故也。近世説者曰：「西北士大夫，魏晉以前無有患脚氣重腿者。江左以來，故多有此，以江左卑濕故也。」「厥田惟下下，厥賦下上上錯」者，揚州之田比於九州，最爲下品，如賦出第七，雜出於第六也。顏師古曰：「錯出諸品。」既云上錯，則是有所定而云，非錯出諸品也。田最爲下品，而其賦乃出於第七，或出於第六者，人工修也。秦少游云：「今之所謂沃壤者，莫如吴、越、閩、蜀，一畝所入比他州輒數倍。」彼吴、越、閩、蜀者，古揚州、梁州地也。案：《禹貢》揚州之田第九，梁州之田第七，是此二州之田在九等之中，等爲最下，而以九州沃壤稱者，吴、越、閩、蜀地狹人衆，培糞灌溉之功至也。夫以第九、第七之田，培糞灌溉之功至，尚能倍他州之所入，而况其上之數等乎？

厥貢惟金三品，瑶、琨、篠、簜、齒、革、羽、毛、惟木，

三品者，金、銀、銅也。鄭氏謂「銅三色者」，非也。瑶、琨、篠、簜，曾氏曰：「《周禮》『太宰之職，享先王則贊玉爵。內宰之職，后裸獻則贊瑶爵』，《禮記》曰『尸飲五，君洗玉爵獻卿；尸飲七，以瑶爵獻大夫』，《公劉》之詩曰『何以舟之？惟玉及瑶』，則知瑶者，玉之次也。」此説是也。琨，案：《説文》「石之美者，似玉」，則琨次於瑶，蓋可見矣。篠，竹之小者，可以爲箭。簜，曾氏曰：「案：《儀禮》『樂人宿縣，簜在建鼓之間』，説者以簜爲笙、簫之屬。郭璞云『竹闊節曰簜』，惟其闊節，則其材中至於笙簫矣。」齒、革、羽、毛、惟木者，《左氏傳》曰：「鳥獸之

---

❶「水」，《尚書正義》作「地」。

肉，不登於俎，皮、革、齒、牙、骨、角、毛、羽，不登於器，則公不射。」蓋齒、革、羽、毛，皆是鳥獸之肉可以供器用之飾者。孔氏以齒爲象牙，革爲犀皮，以羽爲鳥羽，以毛爲旄牛尾，亦不必如此拘定也。木者，蓋木之可以爲器用者，亦不必指是楩、枏、豫、樟。謂凡木之貢，皆出於此州也。要之，楩、枏、豫、樟，蓋木之最美者，故先儒從而以爲言也。

島夷卉服。厥篚織貝，

島夷者，南海之島夷也。卉服者，葛越也，唐孔氏云：「南方布名，用葛爲之。左思《三都賦》云：『蕉葛升越，弱於羅紈。』」此説是也。唐孔氏以「『島夷皮服』，爲島夷之人自服皮服，非所貢也。此言『卉服』，亦非所貢」，此則不如鄭氏之説也。鄭氏之説：「此州下濕，故衣草服。貢其服者，以給天子之官。」案：此文在於「厥貢」之下，「厥篚」之上，則其爲島夷之貢卉服者明矣。服既爲貢，則與冀州皮服從而可知也。「厥篚織貝」者，孔氏云：「織者，細紵也。貝者，水物也。」唐孔氏云：「魚有玄貝、貽貝。餘貾，黄白文。餘泉，白黄文。當貢此有文之貝，以爲器物之飾也。」案：荆州云「厥篚玄纁、璣組」，璣，不圓之珠也。古者以珠貝爲貨，珠既入篚，則貝亦可以入篚矣。然而以織爲一物，貝爲一物，則織之一字爲無所屬，經但曰「織」，安知其爲細紵乎？鄭氏曰：「貝，錦名。《詩》曰：『萋兮菲兮，成是貝錦。』凡爲織者，先染其絲，乃織之，則文成矣。」此説是也。蘇氏曰：「南海島夷，織草木爲服，如今吉貝、木綿之類。」亦一説也。而其下文又曰「其文斑斕如貝」，亦以「成是貝錦」爲證。然今之吉貝、木綿，無有所謂斑斕如貝者，此説亦未敢從。

厥包橘柚，錫貢。沿于江、海，達于淮、泗。

小曰橘，大曰柚。顔師古注《漢書・志》云：「柚，似橘而大，其味尤酸。橘、柚皆不耐寒，故包裹而貢之。」錫貢者，待上之錫命而後貢，非如「厥貢惟金三品，齒、革、羽、毛、惟木」之類，以充此州每歲之常貢也。蘇氏曰：「橘、柚常貢，則勞民害物，如漢永平、唐天寶荔枝之害矣。」此説爲善。鄭氏云：「錫，所以柔金。此州有錫則貢之，或無時則不貢。」案：揚州其利金錫，則此州貢錫，亦有是理。據此文與荆州「九江納錫大龜」，豫州「錫貢磬錯」，其文皆間於貢篚之間，若以爲貢錫，則非事辭之序，故當從孔氏之説。順流而下曰沿，蓋自江而入海，自海而入淮，自淮而入泗，然後由淮、泗而達于河也。禹之時，江未有入淮之道，自揚州入帝都，則必由江而入海，然後入于淮、泗。至吴王夫差掘溝通水，與晉會于黄池，然後江、淮始通。若禹之時，則未有此道也。而孟子曰：「禹疏九河，瀹濟漯而注之海，決汝漢、排淮泗而注之江。」此蓋誤指吴王夫差所通之水，以爲禹迹，其實非也。使禹時江已與淮通，則何須自江而入海，自海而入淮，爲是之迂回也哉？案：五代閩王審知以楊行密保有江淮，每歲遣使者泛海由登萊朝貢於王。夫淮之不通，則必泛海由登萊，然後可以達内治。以是推之，則揚州之達於帝都，由江入海，然後由海入淮、泗也。是禹之時，江不通淮也明矣。孟子生於周末，去禹之世爲未遠，而猶誤指當時所見之水，以爲禹迹。自孟子而來，至今數千年矣，禹之舊迹漫滅者，亦已甚矣。而世之儒者，乃欲以今日所見之水，而配合《禹貢》之書，豈不猶膠柱而調瑟者哉？

荆及衡陽惟荆州：江、漢朝宗于海，

《禹貢》有兩荆山：「導岍及岐，至于荆山」，孔氏云「在雍州」；「導嶓冢，至于荆山」，孔氏云「在荆州」。惟此二山，皆名荆，故班孟堅有二條之説：謂南條荆山，在南郡臨沮縣東北，此則荆州之荆山也；謂北條荆山，在馮翊懷德縣南，此則雍州之荆山也。以此二荆山名相亂。蘇氏謂「自南條荆山至于衡山之陽爲荆州，自北條荆山至于河爲豫州」者，其意蓋謂荆州之言荆者，南荆也；豫州之言荆者，北荆也。雖以此二山分配二州，然而以《地理志》考之，其實不然。此荆與河相去不甚遠，苟以荆州爲北荆之荆，則豫州之境界不應如是之狹也。曾氏曰：「臨沮之荆，其陰爲豫州，其陽爲荆州。」此説是也。蓋荆之與豫，亦猶岱之分青、徐也。「荆及衡陽惟荆州」，孔氏曰：「北據荆山，南及衡山之陽。」謂「南及衡山之陽」者，蓋以衡爲大山，其南無復有名山大川可以爲記，故謂「南及衡山之陽」。然謂「北據荆山」，則不可。先儒以謂：「據者，皆跨而越之也。」若兖州曰「東南距濟」，是越濟而東南也。青州曰「東北距海」，是越海而東北也。此州與豫州，荆山爲界，荆山之北則豫州也，安得跨而越之哉？故謂之「北距荆山」則可，謂之「據」則不可。「江漢朝宗于海」者，江、漢二水，發源於荆州，而其入海，蓋在於揚州。當禹之功未施，揚州之下流既未有入海之道，而江、漢之源發於梁州，其勢漂悍迅疾，無所發泄，而荆州實被其害。故雖源委不在於此州之間，然必使江、漢朝宗于海，然後荆州之民乃免於昏墊之患，故於此州言之也。據江、漢之越荆州而來，則必入於揚州之界，自揚州然後注于海。今於此州遽言「江漢朝宗于海」者，孟子曰：「禹之治水也，以四海爲壑，白圭以鄰國爲壑。」彼禹之治荆州之水，欲使荆州之民免於江、漢之患，而乃決之揚州，則是「以鄰國爲壑」矣。惟施功也，隨導江漢之水於荆州，然必使之朝宗于海，而揚州之民亦免於昏墊之患，此其所謂「以四海爲壑」也。朝宗者，諸侯見天子之名。江、漢相合以歸於海，亦猶諸侯合而見於天子也，故曰「宗」。《詩》曰「沔彼流水，朝宗于海」，亦此意也。鄭氏曰：「荆楚之域，國有道則後服，國無道則先强，故記其水之義，以著人臣之禮。」此則過論也。

九江孔殷，

孔氏云：「江於此州界分爲九道。」《地理志》云：「江自潯陽分爲九道，東合爲大江。」《潯陽記》有九江之名：「一曰烏江，二曰蜯江，三曰烏白江，四曰嘉靡江，五曰畎江，六曰源江，七曰廩江，八曰提江，九曰箘江。」據此數説，皆謂江水至是分而爲九。曾氏則曰不然，謂：「《禹貢》言導河曰『東過洛汭，北過降水』，蓋洛水、降水入于河，河則過之而已。導漾曰『過三澨』，導渭曰『過漆沮』，亦猶是也。蓋大水受小水，則謂之『過』；二水相受，大小均焉，故謂之會。江合于匯謂之『會』者，彭蠡所豬，二水別爲南江故也。江合九江謂之『過』者，辨其源有九，則小於江故也。如江分爲九道，則經於荆州，當曰『九江既道』，不應曰『孔殷』。於導江，當曰『播爲九江』，不應曰『過九江』。」此説是也。曾氏此説既善，然謂「沅水、漸水、元水、辰水、叙水、酉水、澧水、湘水、資水，皆合洞庭中，東入于江，以是爲九江」，則附會牽强，無所考據，不可從也。要之，九江之名與其地，世久遠，不可强通，然各自別源而下流，以入于江，此則可以意曉也。鄭氏曰「九江從山谿所出」，必有所據，但以「孔殷」爲「甚衆」，似失其義。此雖不言其名與其地，據此「孔殷」，當從孔氏之説，孔氏云：「甚得地勢之中也。」

沱、潛既道，

蘇氏曰：「南郡枝江縣有沱水，尾入江；華容縣有夏水，首出江，尾入沔，此荆州之沱、潛也。蜀郡郫縣江沱及漢中安陽皆有沱水、潛水，尾入江、漢，此梁州之沱、潛也。孔安國曰『沱、潛發源梁州，入荆州』，孔穎達云『雖於梁州合流，還從荆州分出，猶如濟水入河，還從河出也』。以安國、穎達之言考之，則味別之言，古人蓋知之矣。梁州、荆州相去數千里，非以味別，安知其合而復出邪？」蓋此荆州、梁州皆云「沱潛既道」，故二孔氏有合流復出之説，而蘇氏遂以味別之言爲信。夫荆之於梁相去遠矣，而沱、潛之水既合於江、漢，流數千里而復出，猶可以味而别之，必無此理。以某之所見，據《爾雅》曰「水自江出而爲沱，自漢出而爲潛」，是凡水之出於江、漢者，皆有此名也。出於荆州者，荆之沱、潛也；出於梁州者，梁之沱、潛也。要之，皆是自江、漢而出，不必有合流、味别之説。既道者，言沱、潛之水既復其故道也。

雲土、夢作乂。

《周官·職方氏》：「荆州其澤藪曰雲夢。」雲夢者，方八九百里，其澤跨江之南北。案：《水經》、《地理志》諸書皆云「雲夢在華容縣」，然此澤甚廣，隨處得名，不但此縣也。孔氏謂其澤有平土丘，水去可爲耕作畎畝之地。其説未然。據經文以「土」之一字間於雲夢之間，若從先儒之説，於經文爲不順，當從王氏之説，曰：「雲之土地見而已，夢之地則非特土見，草木生之，人有加功乂之者矣。蓋雲夢雖總爲澤藪之名，别而言之則爲二澤，合而言之以爲一澤。《左傳》定四年『楚子涉雎，濟江，入于雲中』，昭公三年『楚子與鄭伯田于江南之夢』，則雲、夢爲二也。」王氏云爾者，謂此雲、夢之二澤勢有高卑，雲之澤則土見，夢之澤則可以作乂矣。然而《史記》、《漢·地理志》又皆作「雲夢土」，果作「雲夢土」，則當從孔氏之説矣。此二説難以折衷，姑兩存之。

厥土惟塗泥，厥田惟下中，厥賦上下。

厥土惟塗泥者，言此州沮洳卑濕，亦與揚州同也。「厥田惟下中」，田第八也。「厥賦上下」，賦第三也。謂此州之土雖同揚州之塗泥，然其地稍高，故其田加於揚州一等。蓋荆州之地農民衆多，培糞灌溉之功益至，故能以下中之田而出上下之賦也。

厥貢羽、毛、齒、革，惟金三品，

荆州所出之物，大抵與揚州同。揚州「厥貢惟金三品，齒、革、羽、毛、惟木」，而荆州「厥貢羽、毛、齒、革、惟金三品」。然而揚州先言「金三品」，而此州先言「羽毛齒革」；揚州先言「齒革」，而此州先言「羽毛」者，孔氏謂「以善者爲先」，薛氏謂「以多者爲先」，此二説皆通。案：《職方氏》「揚州其利金、錫，荆州其利齒、革」，則是荆、揚之所産不無優劣，蓋可見矣。

杶、榦、栝、柏，礪、砥、砮、丹，

顔師古曰「杶木似樗而實」，漢孔氏曰「柏葉松身曰栝」。杶、栝、柏，三木名也，榦可以爲弓榦，孔氏以爲「柘」，亦不必如是之拘。要之，凡木可以爲弓榦者，皆是也。曾氏曰：「揚州貢木，不言其名，所貢之木，不可勝名也。此州曰『杶榦栝柏』，其所貢者，止於此而已。」此説是也。「礪砥砮丹」，《山海經》云：「荆山之首，自景山至於琴鼓之山，凡二十有三山。」而護山多礪砥者，蓋荆州之所出也。礪、砥，皆磨石也。砥以細密爲名，礪以麤糲爲稱。砮者，中矢鏃之用。「肅慎氏貢楛矢石砮」，砮，蓋石之可以爲矢鏃者也。丹，唐孔氏以謂「丹砂」，王子雍以謂「丹可以爲采」，此二説皆通。

惟箘、簵、楛。

鄭氏曰：「箘簵，篠風也。」箘、簵，竹名。楛，木名。顔師古曰：「皆可以爲矢。」曾氏之説亦然，曾氏云：「董安于之治晉陽也，公府之垣皆以荻蒿苫楚廧之，其高丈餘。趙襄子發而試之，其堅則箘簵之所不能過也。以此言之，則箘、簵，竹之堅勁者，其材中矢之笴。楛矢，肅慎氏常貢焉，則楛之杪，亦中矢之笴。蓋箘、簵、楛，皆笴之良材也。」此說與顏師古同。而孔氏但以「楛爲中矢榦」，其說未盡。

三邦底貢厥名，包匭菁茅，

漢孔氏曰：「三物皆出雲夢之澤，近澤三國常致貢之，其名天下稱善。」箘、簵、楛，出於三邦者，尤爲有名故也。三邦之地，經無明文，難以考據。案：《考工記》「材之美者，有妢胡之笴」，鄭氏注云：「胡子之國，在楚旁。」意者即三邦之故地與？蘇氏曰：「杶、榦、栝、柏，礪、砥、砮、丹，與箘、簵、楛，皆物之重者。荆州去冀最遠，而江無達河之道，難以必致重物，故此邦之貢不以小大，但致貢其名數而準其物，易輕賫致之京師。」此說不然。夫所謂「任土作貢」者，皆其服、食、器用之物而不可闕者，故使準其本歲所輸之賦，而貢於京師。若謂「當貢之物，準其名數，易以輕賫致之京師」，正非作貢之本意也。蘇氏以此爲「底貢厥名」之說，比先儒爲迂。鄭氏以「厥名」下屬「包匭菁茅」，尤爲無義。據揚州之貢「金三品，瑶、琨、篠、簜、齒、革、羽、毛、惟木」，荆州之貢「羽、毛、齒、革，金三品，杶、榦、栝、柏，礪、砥、砮、丹，箘、簵、楛」，而《職方氏》「揚州其利金、錫、竹、箭，荆州其利丹、銀、齒、革」，則是此二州所出之物産，大抵中原所資以爲兵器之用者。晉文公謂楚子曰：「子女玉帛，則君有之；羽毛齒革，則君地生焉。其波及晉國者，皆君之餘也。」蓋中原之所出者，皆不得如此二州之精良，故必資此二州者爲用。以是觀之，荆、揚之壤所恃以富强者，賴其有此而已。故當天下之勢分爲南北之時，據荆、揚之壤者，苟能嚴爲封境之備，固守其物産之所出，不使其波及於中原，則以荆、揚所出之物爲荆、揚之用，其兵革之堅利，豈中原之所能及哉？「包匭菁茅」，孔氏以「包」爲一句，謂：「包者，橘柚也。」唐孔氏曰：「匭，是匣也。」菁茅既以匭盛，非所包之物明，包必有裹也。案：《左氏傳》齊桓公責楚「貢包茅不入，王祭不供，無以縮酒」，則茅之有包，自古然也，以是知孔氏之說爲未然。鄭氏云：「匭，猶纏結也。菁茅之有毛刺者重之，故既包裹而又纏結之，謂其包而又匭。」此説誠是也。若以匭爲纏結，則非矣。「匭」，匣也。菁茅供祭祀之用，既包而又匣之，所以示敬也。顔師古云「包其茅、匭其菁以獻之」，亦不必如此分别。孔氏以菁茅爲二物，謂：「菁以爲菹，茅以縮酒。」據菁即蔓菁也，蔓菁處處有之，豈必貢於荆州邪？鄭氏以菁茅爲一物，謂「茅之有毛刺者」，義或然也。

厥篚玄纁、璣、組，

鄭氏云：「染纁者，三入而成，又再染以黑則爲緅，又復再染以黑則爲緇。玄色在緅、緇之間，其六入者是染玄纁之法也。」此州染玄纁色善，故令貢之。璣者，珠不圓也。組，綬類。此三物者，皆入於篚筐而貢之。

九江納錫大龜。

薛氏云：「大龜，國之所守，其得不時，不可以爲常貢，又不可錫命使貢，惟使有之則納錫於上。先儒亦以爲錫命乃貢，此則何以異於錫貢哉？」薛説爲當。太史公《龜策傳》云「龜千歲，滿尺二寸」，《漢書・食貨志》「龜冉，長尺二寸」，蓋尺二寸，然後謂之大龜。龜，至靈之物也，所以決疑定策，是國之守龜也。惟其爲物之靈，則不可以求而得，不可求而得，若責之以爲每歲之常貢，則其擾甚矣。故惟使九江之地，有偶而得之，若宋王之時，豫且得白龜之類，則使之納錫於上。謂之「納錫」者，與「師錫帝曰」、「禹錫玄圭」之「錫」同，意重其事也。

浮于江、沱、潛、漢，逾于洛，至于南河。

「浮于江、沱、潛、漢」，浮舟於此四水也。江、沱、潛、漢，其相通之始末，不可得而見矣。「逾于洛，至于南河」，蘇氏曰：「江無達河之道，舍舟行陸以達于洛，故曰逾于洛。自洛則達于河矣，河在冀州之南，故曰南河。」曾氏以謂：「漢與洛不相通，故曰逾于洛。自洛以至豫州之河，故曰至于南河。」此二説皆相合，然而蘇氏謂「自江而逾洛」，曾氏謂「自漢而逾洛」，此蓋爲差異，然而以文勢考之，當從曾氏之説。

尚書全解卷九　夏書

禹　貢

荆、河惟豫州：

此州之界西南至于荆山，荆山之南則荆州也；北距河水，河水之北則冀州也。蓋豫在荆之東北，冀州之南，而以荆、河爲界。以荆、河之地而求之，則豫州之界雖歷千載，猶可考也。如《職方氏》、《爾雅》，皆從正南爲豫州，是徒載其北境而已。載其北境而遺其南境，使後世果安所考信哉？所以後世地理家之所志，惟以《禹貢》爲準。如謂信安、保定、瀛、冀、深、洺、磁、相西南盡河之地，爲《禹貢》冀州之界；齊、青、淄、濰、密、登、萊及遼東之地，爲《禹貢》青州之界；宿、泗、徐州、沂、淮陽盡海之地，爲《禹貢》徐州之界，其他皆然。蓋惟《禹貢》之九州，則可以後世州郡如此配合而言之，若《職方氏》、《爾雅》，則不可以若此矣。

伊、洛、瀍、澗既入于河，

孔氏曰：「伊出陸渾山，洛出上洛山，澗出沔池山，瀍出河南北山。」《漢志》云：「伊水出弘農盧氏縣東熊耳山，❶洛

---

❶「弘」，原避宋始祖趙弘殷諱作「洪」，今回改。下同，不再出校。

水出弘農上洛縣冢嶺山，瀍水出河南穀城縣潛亭北，澗水出弘農新安縣。」酈道元《水經》曰：「伊水出荀渠山，洛水出灌舉山，瀍水出穀城北山，澗水出白石山。」此數説不同。據下流之水分派别道，遭歷代陵谷變遷，則容有不同，而其源之所自出，不容有異。如經之所載，江水出於岷山，漢水出於嶓冢。後世言江、漢之源，未嘗有異説也。經文「導洛自熊耳」，與「岷山導江」、「嶓冢導漾」，文勢先後不同，則是洛非出熊耳，但其導之自熊耳而始。《爾雅》推此四水之源，故不必求之諸儒異同之説，雖有異同之説，不足信矣。此言「伊洛瀍澗既入于河」，而下文言「導洛自熊耳，東北會于澗瀍，又東會于伊，又東北入于河」，是伊、澗、瀍入于洛，而洛入于河也。夫既於下文載導川之次矣，而於此州言之者，蓋後之所言者，欲其脉絡相貫。苟不於此言，則無以知其在九州之界也。惟彼此之相明，故《禹貢》所載山川係於九州之分域者，皆可以案其書而覆其地也。據伊、瀍、澗入于洛，而洛入于河，此言伊、洛、瀍、澗，則以四水列稱者。曾氏曰：「漢水入于江，江入于海，而荆州言『江漢朝宗于海』，與此同意。蓋其四水並流，其源則異，而水之小大相敵也。」

滎波既豬，

「滎波」有二説，漢孔氏曰「滎澤波水已成遏豬」，唐孔氏雖謂「『滎』是澤名。洪水之時，此澤水大，動成波浪。此澤其時波水已成遏豬，不泛溢也」。據二孔之説，則是滎波爲一水也。《周官·職方氏》曰：「其川滎雒，其浸波溠。」鄭氏云：「滎是沇水也，出于東垣，入于河，溢爲滎，今之滎澤。波讀爲播，《禹貢》曰『滎波既豬』。」觀鄭氏之説，則是滎、波爲二水名。顔師古曰「滎，沇水所出，今之滎陽。波亦水名，一説滎水之波」，則師古蓋兼存此兩説。然以理考之，既《職方氏》豫州川浸有滎、波之二名，則是鄭氏爲有所據，但以其波爲播，則不可據。古文《書》「波」自作從山從番，與「嶓冢」之「嶓」同，意者鄭氏所傳本訛以波爲播，故其説如此。夫既《職方》作

「其浸波溠」，而今文《書》又作「滎波」，則是以爲「波」字也無疑矣，安得以爲「播」邪？《爾雅》云

「水自洛出爲波」，曾氏引以爲據，謂：「滎自河溢，波自洛出，皆有以蓄之。」此説又善。

導菏澤，被孟豬。

孔氏曰：「菏澤在胡陵。孟豬，澤名，在菏東北，水流溢覆被之。」闞駰曰：「不言入而言被者，不常入也，水盛乃覆被之。」此説皆是。漢孔氏以「在胡陵」，而唐孔氏則據《漢・地理志》謂：「山陽郡有胡陵縣，不言其縣有菏澤也。」案：《説文》曰：「菏澤水在山陽胡陵，《禹貢》『浮于淮、泗，達于菏』。」而《漢志》「山陽胡陵」云：「《禹貢》『浮于淮、泗，通于河』，水在南。」雖其字作「河」，然以《説文》之言考之，當是指此澤，與漢孔氏同。然《漢志》於「濟陰」又云「菏澤在定陶縣東」，又似指此澤而言。此二説難以取信，今且從孔氏作「在山陽胡陵」。徐州「浮于淮、泗，達于河」，案：古文作「菏」字，而《説文》並與之同，意蓋謂「浮于淮、泗，達于此澤也」。然《禹貢》九州之末，皆載達于河之道，不應於徐州獨指菏澤，此當以今文《書》爲證。古者，盟、孟二字通用，孟津亦謂之盟津，孟豬亦謂之盟豬，蓋通字也。此經謂之孟豬，《漢志》謂之盟豬，《職方氏》謂之望諸，《史記》謂之明都，其實一也。其澤在梁國睢陽縣東北，近於菏澤。菏澤水盛，然後覆被孟豬，亦猶「弱水至于合黎，餘波入于流沙」也。《周禮・職方氏》「青州澤藪曰望諸」，即此澤也。蓋《職方氏》之青州，在豫州之正東，故得兼有孟豬之澤也。

厥土惟壤，下土墳壚。

無塊曰壤。冀州曰白壤，雍州曰黄壤。此州不言色者，蓋其壤之色雜也。「墳」，土膏脉起也。「壚」，疏也，顔

師古云「土之剛黑者」，顧氏云「玄而疏者謂之壚。言高地之土則曰壤，下地之土則曰壚」。蓋其土有高下之不同，故别而言之，如青州曰「厥土白墳，海濱廣斥」是也。

厥田惟中上，厥賦錯上中。

其田則第四，其賦則第二，又雜出於第一。蓋九州之賦，言錯者有四，如冀州則云「厥賦惟上上錯」，揚州則云「厥賦下上上錯」，豫州則云「厥賦錯上中」，梁州則云「厥賦下中三錯」。蓋當其制貢之時，青、徐、雍、荆所入之賦，每得其常數。惟此四州實有豐凶之年，故其賦雜出於他等。其所出於他等者，蓋是總其九州所輸之賦，彼此相形，爲此九等之差也。冀州賦第一，豫州賦第二。苟冀州有凶荒水旱之歲，其歲有所減除，則反出於豫州之下，則是豫當爲第一，冀爲第二也。揚州賦第七，梁州賦第八。苟揚州樂歲，田疇墾闢，有所豐衍，而梁出於第七，則揚故出第六矣。如是，歲凶之年有所蠲減，出於第九，則與兖州相形，必有强弱於其間。故揚州「厥賦下上上錯」，梁州「厥賦下中三錯」，而兖則曰「作十有三載乃同」，是皆彼此相形爲高下。餘州雖無有錯出者，然以意逆志，則凶年饑歲必無取盈之理。以是知九等之賦，蓋以九州所出之大數相較而成，非是制貢之時，有此多寡盈縮之不同也。

厥貢漆、枲、絺、紵，

《職方氏》云「豫州其利漆、枲」，則是漆、枲之類，此州之所宜也，故制以爲貢。絺，葛之精者。紵，顔師古曰：「織紵以爲布。」而貢皆不可得而知也。《周官·載師》「漆林之征二十有五」，《周官》以爲征，而此則貢之者，蓋禹之時，豫州在於畿外，故有貢也。推此義，則知冀州所以不言貢之意矣。

厥篚纖、纊，錫貢磬錯。

諸儒皆以纖纊爲細綿，然先儒蓋有以黑經白緯爲纖者，則纖、纊之爲二物，亦未可知也。治玉石曰「錯」。文曰「磬錯」，治磬之錯也。揚子云：「有刀者礲諸，有玉者錯諸。不礲不錯，焉攸用？」蓋作器者，必賴此以爲用也。荆州之礪砥，所以治刀也。此州之錯，所以治玉磬也。謂之「錫貢」，錫命而後貢，非每歲之常貢也。此州之磬錯，與揚州之橘柚，皆是待上之命而後貢。然揚州先言橘柚，而後言錫貢，此州先言錫貢，而後言磬錯者，曾氏曰：「橘柚，天所生也。磬錯，人所爲也。磬錯必待錫命使貢，而後爲之，故先言錫貢也。」此説牽强，不如施博士之説，曰：「橘柚言包，則與厥篚之文無嫌也，故言錫貢在後；磬錯則與厥篚之文嫌於相屬，故言錫貢在先，此立言之法也。」

浮于洛，達于河。

豫州去帝都甚近，浮舟于洛則達于河，達于河則達于帝都矣。

華陽、黑水惟梁州：

孔氏謂：「東據華山之陽，西距黑水。」謂東據華山之陽者，當是跨而越之也，此説不然。河流導自積石，至于龍門，南至華陰，東至于底柱，是河入華山之陰始折而東也。雍州言「黑水、西河惟雍州」，黑水之西，蓋雍州之境，梁州不應跨越華山而至于北也。曾氏曰：「梁州、雍州之西境，皆至黑水。惟華山之陰爲雍州，其陽爲梁州，則梁州之北、雍州之南以華爲畿，而梁實在雍州之南。」此説雖是，然其謂「梁之北、雍之南以華爲畿」，則其説未盡。據華山在雍、梁之東，若謂梁之東北、雍之東南以華爲畿，則得之矣。班孟堅曰：「周改禹徐、梁合之於雍、青。」顔師古云：「省徐州以合青州，并梁州以合雍州。」蓋《職方氏》無梁州，故班孟堅、顔師古以爲合於雍。然《職方氏》於青州「其山鎮曰沂山，其川淮、泗，其浸沂、沭」，則謂「徐合於青」，無足疑者。若夫雍州「其山鎮曰嶽山，其澤藪曰弦蒲，其川涇、汭，其浸渭、洛」，梁州之川無一存者，果何所據而謂「梁合於雍」乎？荆州「其川江、漢」，據江、漢之水發源于梁州，由荆而東以入于揚州，然後入于海。今以江、漢爲荆之川，則《禹貢》之梁州，其無合於《職方氏》之荆州乎？然而未敢以爲必然，姑闕之，以俟後學。

岷、嶓既藝，

岷、嶓，二山名。岷山在漢蜀郡湔道西徼外，江水之所從出也。嶓冢山在隴西郡西縣，漢水之所自出也。江、漢二水發源此州，當其泛溢慓悍而未有所歸，則其發源之山亦爲水所浸灌，而不得遂其播種之利。今既疏導以入于海，則岷、嶓二山所出之水，皆順流而東，則此二山遂可以種藝矣。

沱、潛既道，

《爾雅》曰：「水自河出爲灉。」《水經》曰：「大河經富平城，所在分裂，以溉田圃，北流入河。」以是知灉水既自河出，復入于河也。以灉觀之，則知《爾雅》所謂「水自江出爲沱，自漢出爲潛」，必皆是江、漢之水，既決出而復入者。荆州、梁州之界，江、漢之所經，皆有別出復入之水，故此二州皆言「沱潛」。當夫江、漢之經流既以朝宗于海，則其別出而復入者，亦皆順其故道，故荆、梁二州皆有「沱潛既道」之文也。江、漢二水跨歷二州之界，緜亘數千里，然後入于海。經於此州曰「岷、嶓既藝，沱、潛既道」，於荆州則曰「江、漢朝宗于海，九江孔殷，沱、潛既道」，於揚州則曰「彭蠡既豬，三江既入，震澤底定」，既以二水原委始終之所經，隸於逐州之下矣。而於下文又申結之曰：「嶓冢導漾，東流爲漢，又東爲滄浪之水，過三澨，至于大別，南入于江，東匯澤爲彭蠡，東爲北江，入于海。岷山導江，東別爲沱，又東至于澧，❶過九江，至于東陵，東迆北會于匯，東爲中江，入于海。」一經一緯互相發明，則江、漢二水首尾本末，皆可得而見矣。其文簡，其事備，非後世地理家之所可及也。

蔡、蒙旅平，

孔氏謂：「蔡、蒙爲二山名。」唐孔氏亦謂：「蒙山在蜀郡青衣縣，蔡山不知所在。」而鄭氏以謂：「蔡、蒙二山，皆在漢嘉縣。」據漢嘉縣，即蜀郡青衣縣也，順帝時，始改爲漢嘉縣。《志》青衣縣但有蒙山，無蔡山，不知鄭氏何所據而知蔡山亦在漢嘉，當姑闕之。祭山曰「旅」，《論語》曰「季氏旅於泰山」是也。旅平者，治功畢而旅祭也。

和夷厎績。

唐孔氏以和夷爲平地之名，不以爲徼外之夷。鄭氏以謂：「和川，夷所居之地。」鄭氏之説爲長。曾本鄭氏説以謂：「自嚴道而西，地名和川，夷人居之。今爲羈縻州者三十有七，則經所謂和夷者也。」蘇氏亦以和夷爲西南夷名。若此諸説，皆可信。今雅州猶有和鎮，此即和夷之故地也。厎績者，致其功而可以種藝矣。

厥土青黎，厥田惟下上，厥賦下中三錯。

孔氏云：「色青黑而沃壤。」據孔氏之意，蓋以黎字訓黑。黎既訓黑，而見此州獨不言土之性，遂以沃壤二字而足其義。據經但言青黎，又安得有沃壤之義？王肅曰：「青，黑色。黎，小疏也。」既言青黑，又以黎爲小疏，

---

❶ 「澧」，原誤作「灃」，據通志堂本及下經文改。

則是黎之一字，而有二義矣，亦近於孔氏焉。顔師古曰：「黎者，色青而細疏。」比於諸説爲勝，然以細疏而訓黎字，未知顔師古果何所據爾。厥田惟下上者，田第七也。厥賦下中三錯者，賦第八，雜出第七、第九，三等也，故曰三錯。曾氏曰：「梁州山多，兖州、揚州水多，故其賦比九州爲下等。」或然也。

厥貢璆、鐵、銀、鏤、砮、磬，

此璆字與天球、鳴球之字通用，蓋玉磬也。「鏤」，剛鐵也，可以鏤者。鏤爲剛鐵，則上所謂鐵不必是剛，蓋有此二種也。「銀」，貴於鐵，此乃先言鐵而後言銀者，曾氏云：「蜀郡卓氏，皆以鐵冶富擬邦君。」蓋梁州之利尤在鐵故也。「砮」，石之可以矢鏃也，與荆州所貢「礪砥砮丹」之砮同。「磬」，石磬也。上文璆既以爲玉磬，則此爲石磬可知矣。徐州之貢「泗濱浮磬」，此州既貢玉磬，而豫州又貢磬錯。以是觀之，則知當時之樂器，磬爲最重。其所以尤重於磬者，豈非以其聲尚於角？其聲在於清濁小大之間，最爲難和者哉！夔曰：「於！予擊石拊石，百獸率舞，庶尹允諧。」但言擊石拊石，而不言金、絲、竹、匏、土、革、木者，惟石聲最爲難和故也。是以制貢，尤詳於此也。

熊、羆、狐、狸織、皮。

漢孔氏曰：「貢四獸之皮，織金罽。」唐孔氏以毛爲罽，「織毛而言皮者，毛附於皮，故以皮表毛爾」。據二孔之説，則以織皮爲一物。蘇氏云：「以罽者曰織，以裘者曰皮。」則是織、皮爲二物。曾氏亦同於蘇氏之説，而其説加詳焉，曰：「地多山林，獸之所走，熊、羆、狐、狸之皮，製之可以爲裘，其毳毛，織之可以爲罽。」今當從蘇氏、曾氏之説。

西傾因桓是來，浮于潛，逾于沔，入于渭，亂于河。

鄭氏云：「織皮，西戎之國。西傾，雍州之山也。雍戎二野之間，人有事於京師者，必道從此州而來。『桓是』，隴阪之名，其道盤桓旋曲而上，故名之曰桓。今其民猶謂阪曲爲桓也。」觀鄭氏之説，則是以「西傾」屬於上「織皮」之文，以「桓」爲非水名。酈道元破其説，以謂：「馬融、王肅皆云『西治傾山，惟因桓水』，言無他道也。桓水出於西傾山，更無别流，所導者惟此水耳，浮于潛、漢而達江、沔。鄭氏之説，殊乖《禹貢》因桓之義，非浮潛入沔之文。余考校諸書，略總緝川流注沿之緒，矗陳所由。西傾至于葭萌，而入于西漢水，即潛水也。自西漢遡流，而屆于晉壽界，阻漾枝津，遂南歷洄上允，迤邐而接漢，沿北入漾，此則浮于潛而逾沔矣。歷漢川屬於褒水，逾襄暨於衙嶺之南，漢川合褒水，灌於斜川，屬於武功，北達於渭水。是皆水陸之相親，川流之所經，復不乖於《禹貢》入渭之宗，實符《禹貢》亂河之文。」酈道元此説，最爲詳備。至於蘇氏之説，大抵類此，而其所援引，尤爲有據。蘇氏曰：「西傾，山名，在隴西臨洮縣東南，桓水出焉。桓入潛，潛入沔，漢始出爲漾，東南流爲沔，至漢中東行爲漢。沔在梁州山南，而渭在雍州山北，沔無入渭之道。然案《前漢書》，武帝時，人有上書，欲通褒斜道以漕，事下。張湯問之云『褒水通沔，斜水通渭，皆可以漕。從南陽上沔入褒，褒絶水至斜，間百餘里，以車轉，從斜下渭。如此，漢中穀可致』，此則自沔入渭之道也。然褒斜之間，絶水百餘里，故曰逾于沔。蓋禹之時，通渭褒爲沔也。」蘇氏此説，比於酈道元尤爲有據。蓋雍州之達于帝都，則必自西傾因桓水而來。浮潛而逾沔，至渭陸行百餘里，然後逾渭以亂于河。亂者，絶流而渡之也。蓋自「西傾因桓」至「亂于河」，皆是此州達于帝都之道。而周希哲曰：「織皮，言其服。西傾，言其地。服織皮之服，居西傾之地者，必因桓水以通其來往。言其『織皮西傾』，亦猶言『織皮崑崙』、『析枝渠搜』也。」此亦一説，姑兩存之。

黑水、西河惟雍州：

河自積石東北流至中國，折而南至華陰，又折而東至大伾，又折而北至冀州帝都，界於三河之間。故《王制》曰：「自恒山至于南河，千里而近。自東河至于西河，千里而近。」其曰東、曰西、曰南，皆自冀州而言之也。「濟、河惟兖州」，此東河也，蓋在冀州之東。「荆、河惟豫州」，此南河也，蓋在冀州之南。「黑水、西河惟雍州」，此西河也，蓋在冀州之西。雖自冀州而言之，有此三河，其實一也。冀州之西接於雍州，以河爲境，雖冀州之西河，然其實雍州之東境也。黑水歷雍州、梁州之西，入于南海，此二州皆以黑水爲境。漢孔氏曰：「西距黑水，東據龍門之河。」孔氏所謂「據」，乃跨而越之也。冀州之與雍州，分河之東西，不應言「據」。唐孔氏曰：「計雍之境，被荒服之外，東不越河，而西踰黑水。王子雍曰『西據黑水，東距西河』，所言得其實也。偏簡孔氏，皆云『西距黑水，東據河』，必是誤也。」此説是也。

弱水既西，

唐柳子厚曰：「西海有水，散涣而無力，不能負芥，投之則委靡墊没，及底而後止，其名曰弱水。雍州之西有水，幽險若漆，不知其所出，故曰黑水。」此二水，皆在塞外，當其淫溢泛濫也，亦爲雍州之害。及禹之治水，順其勢而導之塞外，一則歸于南海，一則歸于流沙，然後雍之功可得而施之也。夫地之勢，西高而東下，故水之流也萬折必東。然而亦有西流者，雖不與衆水俱東，亦其勢也。東坡《潛珍閣銘》云「悼此江之獨西，歎好意之不陳」，則水之西流者固有之。惟弱水之勢，利於西流，方其禹功未施，則東流合於中國衆水，而增其患害，故禹將治中國水，導之於塞外，以其利於西也。故決之使西，以順其勢，不使與衆水共爲東流，所謂「行其無事也」。曾氏云：「弱水不能任物，其受物皆沈。置舟焉，淺則膠，深則溺，蓋舟楫之害。故禹導之使西，則其水不由中國，又歸其餘波于流沙，所以絶之，使其害不廣。夫禹之於弱水，所以導之使西者，惟因其勢之不得不西。使其勢可以東流，而必使之西，則是逆水之性，非所謂『行其所無事矣』。」曾氏之説，在所不取。

涇屬渭汭，

「涇屬渭汭」者，蓋導渭而并及此數水也。下文曰：「導渭自鳥鼠同穴，東會于灃，又東會于涇，又東過漆沮，入于河。」蓋此數水脉絡相通，而渭水爲大，故并于渭而入于河也。《漢・地理志》云：「涇水出安定涇陽縣西岍頭山，東南至馮翊陽陵縣入渭也。」蓋渭至陽陵，而涇水自西北來入之。「屬」，及也，言涇水至是及於渭也。涇水濁，渭水清，以涇之濁合渭之清，同入于河，《詩》所謂「涇以渭濁」是也。汭，水北也。涇之入渭，蓋自西北入之，故以汭爲言，猶所謂「東過洛汭」也。然《周官・職方氏》雍州「其川涇汭」，鄭氏曰：「涇出涇陽，汭在豳地。《詩・大雅・公劉》曰『芮鞫之即』，則是汭又爲一名。」此亦一説，今兩存之。

漆沮既從，

「漆沮既從」者，唐孔氏云：「《詩》曰『自土沮漆』，毛傳曰『沮水、漆水也』，則漆、沮本爲二水。《地理志》云『漆水出扶風漆縣西』，闞駰《十三州志》云『漆水出漆縣西北』。沮水不知所出。」至於下文「導渭，東過漆沮，入于河」，又云：「《地理志》云『漆水出扶風漆縣』，依《十三州記》『漆水在岐山東入渭』，則與漆沮不同耳。此云『會于涇，又東過漆沮』，在涇水之東，故孔氏以爲洛水，一名漆沮。《水經》云『沮水出北地直路縣，東入洛水』，又云『鄭渠在太上皇陵東南，濯水入焉，俗謂之漆水，又謂之漆沮，其水東流注於洛水』。《志》云『出馮翊懷德縣，東南入渭。以水土驗之，與《毛詩》古公『自土沮漆』者別也。彼漆即扶風漆水也，彼沮則未聞。」此二説，皆出於唐孔氏，而違戾不同。案：經云「漆沮」有二，此州曰漆沮，既從下文曰「東過漆沮」，其實一也。而唐孔氏於前一説，則以爲即扶風之漆沮，合夫「自土沮漆」之文。而後文一説，則以爲漆沮即洛水，與「自土沮漆」者異，非扶風縣之漆水也。此二説矛盾，使學者安所適從？以理觀之，當從其後説。據孔氏於此注云「漆沮之水，已從入渭」，而下文「東過漆沮」注云「漆沮，二水名，亦曰洛水，出馮翊北」，是孔氏於二説初無異也。《詩》云「瞻彼洛矣，維水泱泱」，孔氏謂漆沮一名洛水，洛水即漆沮也，與東都伊、洛別。蓋孔氏之意以謂豫之洛與雍之洛異，蓋漆沮之別名也。《詩》曰「猗與漆沮，潛有多魚」，即此漆沮水也，與豳地之漆沮異矣。蓋此漆沮，即《職方氏》雍州所謂「其浸渭洛」也。既從者，既從而入于渭也。

灃水攸同。

《地理志》云：「灃水出扶風鄠縣東南，北過上林苑入渭。」而張衡《上林賦》注云：❶「灃水出鄠縣南山谷。」「灃水攸同」，亦同于渭也。蓋渭自鳥鼠導之而東，灃水自南而注之，漆沮自北而注之，然後入河。此三水絡脉相連，相顧而成之。又曰「屬」、曰「從」、曰「同」者，其實一也，但變其文耳。

荆、岐既旅，

雍州之地，東距龍門之河，當夫河流泛濫未折而東，而雍州亦被其害。及夫禹施功於冀州，「既載壺口，治梁及

❶ 「張衡」，據《文選》（清嘉慶胡克家重刊宋本）《西都賦》李善注，此注出自張揖。

岐」矣。壺口在冀州，梁、岐在雍州，則此二山在於孟門、龍門之間，實河之所經。河既順流而東，則是治河之害，既載於冀州矣。故經序此州治水之迹，惟弱水既西，渭合衆水以歸于河，則其功畢矣。自「荆岐既旅」而下，遂言平地川澤，皆已有成績也。此荆山，即北條之荆山，在馮翊懷德縣南，非「荆及衡陽惟荆州」、「荆河惟豫州」之「荆」也。此荆既在雍州之界，而蘇氏乃指以爲荆河之荆，誤矣。岐，即「治梁及岐」之「岐」也。旅，祭名，言洪水既平，可以旅祭矣。

終南、惇物，至于鳥鼠。

「終南、惇物、鳥鼠」者，皆雍州之大山也。九州之地，西北多山，東南多水。雍州在西北，故其山爲最多。揚州在東南，故其水爲最多。觀此篇之所載，可以見矣。秦都長安，在於雍州，所謂百二之險者，惟其山多故也。《地理志》云：「扶風武功縣有太山，❶古文以爲終南。華山，❷古文以爲惇物。」❸蓋此二山，皆在扶風武功縣之東也。酈道元以華山爲惇物，然《禹貢》自有太、華。酈氏之説非也。鳥鼠山在隴西首陽縣西南。言「終南、惇物，至于鳥鼠」，不言其所治者，孔氏曰：「三山空舉山名，不言治意，蒙上『既旅』之文。」此説是也。

原隰厎績，至于豬野。

《爾雅》曰「廣平曰原，下濕曰隰」，則是凡廣平、下濕之地，皆有此原隰之名也。然此曰「原隰厎績，至于豬野」，

---

❶ 「太山」，《漢書》作「太壹山」。
❷ 「華山」，《漢書》作「垂山」。
❸ 「惇物」，《漢書》作「敦物」。

當是有所指而言之，非泛指廣平、下濕之地也。鄭氏曰：「《詩》曰『度其隰原』，即此『原隰』是也。原隰，蓋在豳地。」義或然也。「豬野」，《地理志》「武威縣東北有休屠澤，古文以爲豬野」，《水經》曰「沙水上承姑臧武威澤」。「原隰厎績，至于豬野」，言自原隰致功，至于豬野之澤。

三危既宅，三苗丕叙。

三危之山在鳥鼠之西，南當岷山，則在積石之西南也。舜竄三苗之地，三苗始竄，蓋在洪水未平之前。及洪水既平之後，三危之地既可居，則三苗之族，於是始得其叙。舜之竄三苗也，蓋擇其惡之尤者，投諸遠裔，更立其近親，使居三苗之國。及洪水既平之後，所竄之君，既已丕叙，而居三苗之國者，尚且頑不率教，至于七十餘年而後服。蓋有苗之君，左洞庭、右彭蠡，負恃其險，故每每桀驁而不服於教命。彼已竄之君，既無險可恃矣，此其所以至于丕叙。而其恃險者，則其不率教如是之久，苟非舜之至仁盛德，能涵養之於七十載之久，則三苗之滅亡也，蓋旋踵矣。《左氏傳》曰：「太岳、❶三塗、陽城、太室、荆山、終南，九州之險也，是不一姓。」蓋恃其險以爲國者，未有不亡者也。

厥土惟黄壤，厥田惟上上，厥賦中下。

此州之土，以色言之則黄，以性言之則壤。「厥田惟上上」，田在九州中最爲上等也。凡天下之物，得其常性者，最爲可貴。土色本黄，此州之土黄壤，故其田爲上上，而非餘國之所及。蘇東坡嘗與朱勃遜之會議，或

---

❶ 「太岳」，《春秋左傳正義》作「四嶽」。

言：「洛人善接花，歲出新枝，菊品尤多。」遜之言曰：「菊以黄色爲正，餘皆鄙。」東坡曰：「昔叔向聞醫蔑一言，得其爲人。予於遜之亦云。」蓋天下之物，惟得其本性，則爲可貴。學者觀此，可以有志於本矣。然此州「厥賦中下」者，賦第六也。田上上而賦中下，人功少也。唐孔氏曰：「此州與荆州賦田升降皆較六等，荆州升之極，故云『人功修』；此州降之極，故云『人功少』。其餘相較少者，從此可知也。《王制》曰『凡居民，量地以制邑，度地以居民，地、邑、民居必參相得也』，則民當相準，而得有人功修、人功少者。《記》言：『初置邑者，可以量之，而州境闊遠，民居先定，新遭洪水，存亡不同，故地勢有美惡，人功有多少。』治水之後即此爲差，在後隨人多少必得更立其等，此非永定也。」此説是也。然其謂此差與夫立其等，則似制賦之時，有此九等之差，其説亦未爲盡矣。

厥貢惟球、琳、琅玕。浮于積石，至于龍門西河，會于渭汭。

《爾雅》曰：「西北之美者，有崐崘墟之球、琳、琅玕焉。」蓋雍州之物産，其可以充貢者，惟有此而已。球、琳，美玉。琅玕，石之似珠者也。「浮于積石，至于龍門西河，會于渭汭」，積石山在漢金城郡西南，河從西來，至于積石，則北流千里，而南乃厎于龍門西河。蓋此州將欲至于帝都，自積石至于西河，皆浮舟以達也。九州之末，載通於帝都之道，皆以達于河爲至。蓋帝都介于三河之間，達于河則至于帝都矣。雍州既曰「浮于積石，至龍門西河」矣，而又曰「會于渭汭」，學者疑焉。唐孔氏以謂：「從河入渭，自渭北涯逆水西上，言禹白帝訖，從此而西上，更入雍州界也。諸州之末，惟言還都之道，此州事終，言發都更去，明諸州皆然也。」此説爲迂。諸儒之説，皆不通。以某之所見，此州之達於帝都有二道：「浮于積石，至于龍門西河」者，一道也；自渭汭以達于河者，又一道也。渭汭之道，亦厎于龍門西河，故以會言之，非是至于龍門西河矣，乃始會于渭汭也。

織、皮、崐崘、析支、渠搜，西戎即叙。

織、皮，亦猶梁州之織、皮也。「崐崘、析支、渠搜」，顏師古以爲三國，唐孔氏以渠、搜爲二，并崐崘、析支爲四國。此二説不同，當從顏氏之説。漢朔方有渠搜縣，《禮三朝記》曰「北發渠搜，南撫交趾」，以渠搜對交趾，則渠搜爲一國也明矣。崐崘在臨羌西，析支在河關西。「渠搜」者，《水經》曰「河自朔方東轉，經渠搜縣故城北」，則渠搜蓋近於朔方之地。此三國者，皆西戎之種，故作《書》者，既言「崐崘、析支、渠搜」於上，遂以「西戎即叙」總括於下。蓋此西戎之三國，既以就功，遂獻其織、皮也。而王子雍乃以西戎爲西域，與崐崘、析支、渠搜並列爲四，此説不然。西邊之夷，總名曰戎。《王制》曰「西方曰戎」，《職方氏》曰「四夷、八蠻、七閩、九貊、五戎、六狄」，以是知曰「西戎」者，蓋西夷種族之總稱也。漢之西域，亦是總三十六國而言之，不可與崐崘、析支、渠搜並列爲四也。言「西戎即叙」者，以見禹之功非特於中國，而其至仁厚澤亦且及於貊也。蓋禹之治水，惟務順其勢而利導之，如弱水、黑水既決之於塞外，不使爲中國患也。然必順其勢而導之，以歸於流沙、南海。此三國者，水所經之國，當夫弱水、黑水既有所歸，則此數國亦免於昬墊之患。此蓋以四海爲壑，等視華、夷之民，不以中國之患遺之於夷狄。記其功至於「西戎即叙」，然後得見其爲仁德之大也。漢光武在邯鄲時，赤眉未平，趙璆王子林説光武曰：「赤眉在河東，若決河水灌之，百萬之衆可使爲魚。」光武不答。蓋聖人之愛人，無有彼疆此界之殊。禹視西戎之民，無以異於梁州之民；光武視赤眉之衆，無以異於漢之衆，此天地之所以爲大也。梁州言「織皮」，在於「厥貢」之下；此州言「織皮」，在於「浮于積石，至于龍門西河，會于渭汭」之下，其文有先後之不同。蘇氏以謂：「崐崘、析支、渠搜三國，皆篚織皮，但古語有顛倒詳略爾，其文當在『厥貢惟球、琳、琅玕』之下，其『浮于積石，至于龍門西河，會于渭汭』三句，當在『西戎即叙』之下，以記入河水道，結雍州之末。簡編脱誤，不可不正。」某竊謂不然。經之所叙有先後之不同者，皆是據當時事實而言之也。如九州備載山川澤浸與夫治水曲折，皆在賦、貢、篚之上，獨冀州「厥賦」、「厥田」之下有「恒衛既從，大陸既作」二句，此亦是總當時事實而言之耳。必如蘇氏之説，則冀之「恒衛既從，大陸既作」，亦當屬於「覃懷厎績，至于衡漳」之下矣。某嘗謂蘇氏解經，多失之易，易故多變。易經文以就己意者，若此類之謂也。

尚書全解卷十　夏書

禹　貢

導岍及岐，至于荆山，逾于河。

序言：「禹别九州，隨山濬川，任土作貢。」蓋此書之大概，一篇而三致意焉。自「冀州：既載壺口」至「西戎即叙」，皆以名山大川奠九州之疆界，史官因叙九州之疆界，遂及其治水曲折與夫田賦貢篚，通於帝都之道，各隸於逐州之末，此序所謂「别九州」也。自「導岍及岐」以至于「敷淺原」，所謂「隨山」也。自「導弱水」以下，至于「又東北入于河」，所謂「濬川」也。夫禹之治水，本導川澤之流而歸之於海，乃先之以隨山者，蓋洪水之爲害「蕩蕩懷山襄陵，浩浩滔天」，凡故川舊瀆，皆爲水之所浸滅，不復可見，將欲施功，無所措也。故必先順因其勢以決九川，高山鉅鎮不爲水之所墊没者，以爲表識。自西決之，使歸於東，以少殺其滔天之勢。水既順流而下，漸入于海，則川瀆之故迹稍稍可求，於是始可以決九川而距四海。蓋先隨山，而後濬川，此禹治水之序也。先儒論此多矣，如馬融、王肅皆以爲三條：導岍爲北條，西傾爲中條，嶓冢爲南條；鄭玄以爲四列，謂：導岍爲正陰列，西傾爲次陰列，嶓冢爲次陽列，岍山爲正陽列。其首尾延連相及，則孔氏之意，亦必與馬、鄭同。案：《輿地圖》：「此衆山相距，遠者千餘里，近者亦數百里，既有平地川澤之隔於其間，則其勢豈可以相屬邪？經文言曰導、曰至、曰逾、曰入，皆是指懷、襄之水而爲言也，而先儒則謂指山而言。夫山者，静而不動之物，安得逾于河、入于海、過九江乎？」此一段文義甚明白，以先儒有三條、四列之説，必欲以衆山首尾相屬，故其説多牽强而不通。夫觀書者，必視其書之所由作，然後其義易曉。《禹貢》之書，本爲治水而作，其言所導之山，蓋主於決懷、襄之水而爲言也，何取於山之條、列哉？或人問楊子雲曰：「天地簡易，何五經之支離？」楊子曰：「已簡已易，焉支焉離？」此言可以爲治經之法。蓋經本簡易，人自爲支離爾。《地理志》云：「吴岳在扶風汧縣西，古文以汧山。❶岐山在美陽西北，荆山在懷德縣。三山皆在雍州。」蓋禹之隨山，先導汧、岐山旁之積水，使下流於荆山之旁，然後自荆山而逾于河，謂掠河之故地而過也，此所謂逾于河。其後爲龍門河，蓋自河之西越之而東矣。唐孔氏云：「逾于河謂山逾之也。此處山勢相望，越河而東。」夫謂山勢相望於河之兩岸，固爲無害。若謂山能越河而東，則無此理。既以逾于河爲越河而東矣，而又謂此處山不絶，從此而渡河，則是逾于河之一句，遂有兩説，其自相矛盾也如此。蘇氏曰：「隨山者，隨其地脉而究其終始。何謂地脉？地之有山，猶人之有脉也，有近而不相連者，有遠而相屬者，雖江、河不能絶也。自秦蒙恬始言地脉，而班固、馬融、王肅治《尚書》，皆有三條之説。古之達者，蓋已知此矣。北條之山，首起汧、岐，而逾于河，以至大岳，東盡碣石，以入于海，是河不能絶也。南條之山，首嶓冢、恒山，至于衡山，過九江，至于敷淺原，是江不能絶也。非地脉而何？」夫蘇氏謂「地之有山，猶人之有脉」，此論是也。古之人，蓋有論地脉之詳者，如唐一行謂：「天下山河之詳存乎兩戒：北戒自三危、積石，負終南地絡之陰，東及太華，逾河，並雷首、析城、王屋、太行，北抵常山

❶「以」下，據《尚書正義》所引，當有「爲」字。

之右，乃東循塞垣，至濊貊、朝鮮，是謂北紀。南戒自岷山、嶓冢，負地絡之陽，東及太華，連商山、熊耳、外方、桐柏，自陪尾，南逾江、漢，抵武當、荆山，至于衡山，乃東循嶺徼，達東甌、閩中，是謂南紀。」以一行之言觀之，是知地脉之説不無有也。先儒三條、四列之説，意亦以地脉爲言。然《禹貢》之書，本載治水本末，而一行之言，則將以山河兩戒，分屬周天分野之星，其所以言者不同，則亦不可一概論也。故論此篇者，但當觀其決懷、襄之水，以殺滔天之勢，而不應以地脉言也。蘇氏之説，今所不取。

壺口、雷首，至于太岳。底柱、析城，至于王屋。

《地理志》云：「壺口在河東北屈縣東南，雷首在河東蒲坂縣南。」太岳，漢孔氏曰「在上黨西」，《地理志》云「在河東彘縣東」，蓋彘縣近於上黨，故云「在上黨西」也。「底柱」，顔師古曰「在陝縣東北，山在河中，形若柱也」，曾氏曰：「底柱，《前志》皆曰『今陝之三門是也』。鄭氏曰：『案《地説》「河水東流，貫底柱，觸闕流」，今世之所謂底柱者，蓋乃闕流也，底柱當在西河。』余嘗詳考《地説》言『河水東流，貫底柱』，而經言『東至于底柱』，當在南河明矣。鄭氏以爲當在西河，誤也。」曾氏之説與顔氏同。唐孔氏以底柱在太陽關中。案：《地理志》「太陽關與陝相近」，當亦是指陝之三門而言也。《地理志》：「析城在河東濩澤縣西，王屋在河東垣縣北。」此六者，其形勢相望爲近，禹既「導岍及岐，逾于河」矣，遂迤邐經歷此六山也。

太行、恒山，至于碣石，入于海。

太行山在河内山陽縣西北，恒山在常山上曲陽縣西北，碣石在北平驪城縣西南。此三山者，其相距皆千餘里。蓋水之東北流，以注于海。東北之山，惟此三山爲最大，故其相距雖甚遠，而其文相屬也。唐孔氏曰：「太行去恒山太遠，恒山去碣石又遠，故漢孔氏則以『此二山連延東北，接而入滄海』，❶言山傍之水皆入海，山不入海。又云：『百川經此衆山，禹皆治之，川多不可勝名，故以山言之。』謂漳、潞、汾、涑在壺口、雷首、太行，經底柱、析城，濟出王屋，淇近太行，恒、衞、滹沱、滱、易近恒山、碣石之等也。」據二孔之意，蓋以謂此衆山既相去各有千餘里，其勢不能相屬，又山不可以入海，故爲此説。王氏又謂：「導山者，導山之澗谷，而納之川也。」意亦與二孔同，是皆支離之説也。

西傾、朱圉、鳥鼠，至于太華。熊耳、外方、桐柏，至于陪尾。

鄭氏四列之説，以導岍爲正陰列，西傾爲次陰列，嶓冢爲次陽列，岷山爲正陽列。其分陰陽正次之列，本非經意，然而以此文分爲四段，則爲可信。蓋禹之隨山，有此四節也：自「導岍及岐」至「入于海」，一也；自「西傾」至于「陪尾」，二也；自「嶓冢」至于「大別」，三也；自「岷山」至于「敷淺原」，四也。此四者，皆是自其水發源之處，導其逐山之旁積水，注於下流之地，然後隨其山澤而施功焉。然此四者，或言導、或不言導，曾氏曰：「嶓冢與岷山，皆梁州之界。岷山不言導者，其文上蒙於『導嶓冢』也。岍與西傾，皆雍州之界。西傾不言導者，其文上蒙於『導岍』也。岍與嶓冢，皆別言導者，以其冀州，故文不相因也。」此説是也。西傾山在隴西臨洮縣西南，朱圉在天水冀縣南，鳥鼠在隴西首陽縣西南，渭水之所出。此三山，皆雍州之南山也。太華在京兆華陰縣南，禹既導岍之積水，迤邐而入于海矣。遂自西傾、朱圉、鳥鼠導其積水，以至于太華，蓋逾梁州之東境也。熊

❶「接」，《尚書正義》作「接碣石」。

耳山在弘農盧氏縣東，伊水之所出。嵩高山在潁川嵩高縣，古文以爲外方山，《水經》亦云「外方山，嵩高是也」。桐柏山在高陽平氏縣東南，淮水之所出。横尾山在江夏安陸縣東北，古文以爲陪尾山者。四山皆在豫州之界也。此蓋言水自西傾、朱圉、鳥鼠，由太華而東，經熊耳、外方、桐柏三山，然後至于陪尾也。漢孔氏曰：「熊耳、外方、桐柏、陪尾，四山相連。而於鳥鼠至于太華，則相首尾而東。」蓋熊耳等四山，其勢相近，故以相連言之。至于鳥鼠、太華，相距甚遠，則云首尾。夫山之與水，其勢既相遼絶矣，安能相首尾乎？水之萬折必東，固理之常，然謂山能相首尾而來，尤爲無義。

導嶓冢，至于荆山。内方，至于大别。

此文不與「至于陪尾」相連，蓋又自爲一段也。嶓冢在隴西西縣，漢水所自出也。至于荆山，蓋漢水未得由地中而行，故其自嶓冢而導之也，則注于荆山之旁。此荆山，即南郡臨沮縣之荆山也，與「導岍及岐，至于荆山」之「荆」異也。《地理志》云：「章山在江夏竟陵縣東北，古文以爲内方山也。」《左傳》曰：「吴既與楚夾漢，楚乃濟漢而陳，自小别至于大别。」則大别者，近漢之山也。《水經》：「自巴水出雩樓縣之下靈山，即大别山也。決水亦出此山，世謂之分水山。」鄭玄云：「大别在廬江安豐縣。」《地理志》云：「六安國安豐縣有大别山。」據安豐、雩樓皆在廬江郡，此數説皆同。然而若以大别在廬江，則去漢甚遠，而《左氏傳》云「濟漢而陳，自小别至于大别」，不知其謂何？《漢志》「六安國有大别」，如唐孔氏乃謂「《地理志》無大别」，此亦不可曉。

岷山之陽，至于衡山。過九江，至于敷淺原。

此亦别爲一段，不與「至于大别」相連。岷山在蜀郡湔氐道西。「岷山之陽」，岷山之南也。衡山在長沙湘南縣東南。「九江」，即荆州所謂「九江孔殷」是也。《地理志》：「豫章歷陵縣南有博陽山，古文以爲敷淺原。」禹既導嶓冢、荆山之積水至于大别矣，於是又自西鑿導岷山之水至于衡山，迤邐掠九江而過，以至于豫章之敷淺原也。隨山之功，於此畢矣。孟子曰：「禹之治水，水之道也。」惟其治水欲順水之道，而當其浩浩滔天、懷山襄陵，則水之道不可得而見矣。禹於是隨此衆山，治其山旁之積水，決之于下流，以殺其滔天之勢，然後水之道可得而求。故自此而下，言及夫濬川之事也。然而於「導岍及岐」之末，則言「至于碣石，入于海」。而其餘三者，則或曰「至于陪尾」，或曰「至于大别」，或曰「至于敷淺原」，而皆距海尚遠者。蓋岍、岐所導江水，乃合河、濟之流，最爲奔走突悍，當其隨山之初，自西而決之東，自東而決之於東北，則已達于海矣。彼西傾、嶓冢、岷山所導之水，則未能徑達于海，必且注于下流之地。及濬川之功既施，乃得入海。下文所載，方是衆水入海之道也。凡此皆是行其所無事，不拂其水性，以求近功也。惟夫決懷、襄之水，導之於下流之地，然後自下流而導之，以入于海。故此所載皆以冀、雍、梁、豫州之山，揚州惟一敷淺原而已。其下流之地，如青、徐、兖之山，皆所不載。蓋隨山之功，自高而下，自東而西，故不及夫下流之山也。

導弱水，至于合黎，餘波入于流沙。

前所言，皆隨山之事也，此方及濬川也。孟子曰：「當堯之時，水逆行，汎濫於中國，蛇龍居之，民無所定，上者爲巢，下者爲營窟。《書》曰『洚水警予』，洚水者，洪水也。使禹治之。禹掘地而注之海，驅蛇龍而放之菹，水由地中行，江、淮、河、漢是也。」夫禹之治水，所以能成功者，惟使水由地中行而已。將使水由地中行，苟不決懷、襄之積水，以殺滔天之勢，則故川舊瀆皆已浸滅，將欲施功，無所措也。必先決山陵之積水，使皆有所歸矣，然後濬川之功可得而施也。蓋「導岍及岐，至于荆山，逾于河。壺口、雷首，至于太岳。底柱、析城，至于王屋。太行、恒山，至于碣石，入于海」，則河、濟之功可得而施也。「西傾、朱圉、鳥鼠，至于太華。熊耳、外方、桐柏，至于陪尾」，則淮、渭之功可得而施也。「導嶓冢，至于荆山。内方，至于大别」，則漢水之功可得而施也。「岷山之陽，至于衡山。過九江，至于敷淺原」，則江水之功又得而施也。惟其濬川之功，自隨山而始，故經文所載水之先後如此。惟其治水不失乎先後之序，此其所以能使水由地中行，則遂以定懷、襄之難，而使斯民免爲巢之厄，此其所謂行其所無事也。鯀惟不知乎此，故爲隄防之障水於地上，懷、襄之流，不使之有所歸，而乃湮之以土，以與水争勢於衆山之間，此所以九載績用弗成也。是以鯀之治水謂之湮，湮者，拒而湮之也；禹之治水謂之導，導者，順而導之也，是以行其所無事也。故經之所載「隨山濬川」，皆以導爲言，蓋本其所以治水之意也。自弱水至于洛水，凡有九川，故太史公於《夏本紀》，以「導九川」三字冠於「導弱水」之上。蓋太史公之意，以下文有「九川滌源」之語，而此所載通有九水，遂以「導九川」爲言，而於上文「導岍及岐」之上，亦以爲「導九山」。然《書》所導之山，凡二十有七，太史以爲九山者，蓋謂山之自某而至某者，凡有九矣。然而自某至於某者，蓋有十，不得以爲九矣。使山之言至者，果有九，亦非經之本意也，况不止九乎？夫下所謂「九山刊旅，九川滌源」者，蓋泛指九州之山川也。司馬子長配合附會而爲此説，不可信也。上文所導之山，如河、濟、淮、渭、江、漢大略已可見矣。下文所導之水，則申結上意，以足其義，蓋終始相因之辭也。前有「導岍及岐」而下，則此所導之川，遂及於河、濟；前有「西傾、朱圉、鳥鼠」而下，則此所導之川，遂及於淮、渭；前有「導嶓冢」而下，則此文遂及於導漢水；前有「岷山之陽」而下，則此文遂及於導江，皆相因之辭也。惟弱水、黑水之文，前無所屬，後無所結，而經文序此二水，既屬于導山之次，而貫於衆水之上，蓋此二水，皆在塞外也。當夫洪水未平之初，則亦漂悍，遂流入於中國，則與滔天之勢合而爲一，不可復辨。禹之施功，如「導岍及岐」以至西傾、嶓冢、岷山，皆從西導之，以歸於東。中國之水既已折而東之，則弱水、黑水逆流入於塞内，始可得而辨。於是順因其勢而别之：一則歸于南海，一則歸于流沙。然後河、濟、淮、渭、江、漢，各受其所出一源之水，與夫所合之流，以歸于海。故經文所載，先言弱水、黑水，然後及其餘也。弱水源出張掖删丹縣，亦謂之張掖河。桑欽以謂：「導弱水，自張掖删丹西南至酒泉。」合黎在酒泉會水縣東北。蓋弱水之流，自張掖删丹縣導之，以至於酒泉郡，今合黎郡是也。合黎，孔氏以爲「水名」，鄭氏以爲「山名」，顔氏曰「此水出於合黎，因山爲名」。據經云「至于合黎，餘波入于流沙」，則流沙是合黎水鍾之地，故得溢其餘波以被于流沙，猶「導菏澤，被孟豬」也。以是知孔氏以合黎爲水名是也。《漢志》曰：「居延澤在張掖郡居延縣東北，古文以爲流沙。」《水經》亦「居延澤在居延縣故城東，其形如月生五日」。然唐孔氏嘗疑其此言以謂：「酒泉郡在張掖西，居延屬張掖，合黎在酒泉，則流沙在合黎之東。據經文合黎當在流沙之東，不得在其西也。」孔氏此説，依按經傳，言有所據。然顔師古曰「流沙在燉煌西」，此説合於經文，當以顔氏之説爲正。《益稷》曰：「予決九川，距四海。」此篇終言：「東漸于海，西被于流沙，朔南暨聲教，訖于四海。」下文言「訖于四海」，其上言「西被于流沙」，則此流沙者，蓋是西海之水也。然不言西海，而言流沙者，蓋水入居延澤中，遂不可見，不可以正名其爲西海也。西漢末，蒙良願獻鮮水海、允谷鹽池。王莽奏言：「今已有東海、北海郡，獨未有西海，請受良願獻地，置西海郡。」由是觀之，則夫西海之名，起西漢之末，自漢已前，未嘗正名其爲西海也。雖未嘗正名其爲西海，然以其水之所歸而言之，則亦可以言「訖于四海」也。

導黑水，至于三危，入于南海。

「黑水」，顔師古曰：「出張掖雞山，南流至燉煌，過三危之山，又南流至南海。」蓋三危在燉煌之南也，然而張掖、燉煌皆在河北。黑水果出張掖，過燉煌，則豈得越積石之河，以入于南海哉？唐孔氏曰：「河自積石以西，皆多伏流，故黑水得越而南也。」據黑水從西北歷數千里，以流入于南海，其流當甚大，豈有河流伏於其下，黑水得越其上之理？唐孔氏蓋順經文，配合地理家而爲之説，不足信也。張掖果是黑水所出，三危果在燉煌，則其南流以入于海也，當與河流相礙，蓋張掖、燉煌皆在河北故也。此説難以折衷，姑闕之，以俟博學之君子。三危距南海凡數千里，禹之導黑水也，至三危即得黑水之故道，遂從此以達南海。蓋其間數千里，不加人功修治，故經載此水「至于三危」，即曰「入于南海」。蓋惟自其施功者言之，其實三危距南海甚遠也。漢武元封二年，始開滇王國爲益州郡，郡内有滇池縣，有黑水祠。是黑水南流，當歷西南夷數國之地，然後能如經之所載「黑水、西河惟雍州」、「華陽、黑水惟梁州」。西黑水，起張掖入南海，是此水發中國之西北，入於中國之西南，亦猶河流發於西北，而其入海在於東北。蓋水之緜亘，未有如此二者之遠也。且弱水、黑水，雖其浩蕩瀰漫爲中國害，然而既決之於塞外，則是注於蠻夷之地。自常情觀之，則可以勿恤矣。而禹之心，方且通華夷之民，無此疆彼界之殊，雖塞外之水，亦必爲之順而導之，其一注于流沙，其一注于東海。蓋蠻夷之民，亦免昏墊之患，此禹之德，所以同夫天地之無不覆載也。白圭曰：「丹之治水也愈於禹。」孟子曰：「子過矣。禹以四海爲壑，今吾子以鄰國爲壑。水逆行謂之洚水。洚水者，洪水也。」夫白圭欲使其國之民免於昏墊，而遂決之於他國，是以此之洚水移而爲彼之洚水，其不仁孰甚焉？漢武帝時，齊人延年言：「河出崐崘，逾中國，注渤海，是其地勢西北高而東南下。可案地圖，開大河上嶺，出之湖中。如此，則關中長無水災，❶北邊不憂匈奴。」延

❶「關中」，《漢書》作「關東」。

年之言與白圭之見無異。夫弱水、黑水本是塞外之水，禹既決之於塞外，猶必爲之順而導之，以歸于流沙、南海，然後其心安焉。河流本爲中國之患，豈可以中國之患而決之於夷狄哉？本國景德澶淵之役，北虜請和，既已退師，議者請進兵襲擊之，真宗皇帝曰：「契丹、幽、薊，皆吾民也，何以多殺爲大哉？」聖人之言與禹之心若合符契矣。

導河積石，

晁補之曰：「《洪範》五行『一曰水』，其浸海，其發注爲江、河、淮、濟，實惟四瀆，而河爲四瀆宗。三王之祭川，所以先河而後海，爲務本故也。岷山導江，導淮自桐柏，導沇水東流爲濟，其道里近，而導河積石，其道里遠。又其源壯而流激。故禹治四瀆，施功於河爲多。」晁氏此説甚善。惟其施功於河爲多，故於載弱水、黑水之下，即序導河之詳也。河源去中國遠甚，《爾雅》、《山海經》、《穆天子傳》、《淮南子》、桑欽、酈道元諸書，皆以謂「河出崐崘墟」。案：《漢·西域傳》張騫所窮河源云：「河有兩源，一出葱嶺，一出于闐。于闐在南山下，其河北流，與葱嶺河合，東注蒲昌海，一名鹽澤，去玉門關三百餘里，廣袤三四百里，其水停居，冬夏不增不減，皆以謂潛行地下，南出于積石，爲中國河。」夫騫雖窮河源，而實不見積石而上河流相接之處，所見者，惟葱嶺、于闐耳。徒見此二河注蒲昌海則一，爲復流南出，此但以意度之，非誠然也。夫騫親至西域，且以窮源爲名，而其所見止於如是。以是知諸書所言河源皆未足信。太史公曰：「《禹本紀》言『河出崐崘』，崐崘高二千五百餘里，日月所相隱避爲光明也。自張騫使大夏之後，窮河源，惡覩所謂崐崘者乎？故言九州山川，《尚書》近之矣。」班孟堅之説亦然。蓋積石而西，河流之詳不可得而考。據經言「導河積石，至于龍門」，則論河流者，惟當斷自積石爲始，積石以西，闕而勿論可也。顔師古曰：「積石在河關西羌中。」《水經》云：「河水重源，發於西塞外，出於積石之山。」《山海經》云：「積石山下有石門，河水冒以東北流出。」在西羌中，僥當所居。漢延憙中，西羌僥當犯塞，紀明討之，追出塞，至積石而還。是知積石山蓋在塞外。禹之施功治河，始於積石，然後導之入中國，迤邐至龍門也。河自積石山始西南流，又東流入塞，過燉煌、酒泉、張掖郡南，又東過隴西河關縣北，與洮水合，又東過舍城允吾縣北，與灃水合，又東流經石城、天水，又東北流過安定，又北過北地郡，又北過朔方郡，水東轉，歷渠搜縣故城北，又南流過五原郡南，又東過雲中郡，又南過定襄郡，又南過西河郡東，又南過上郡、河東郡西，然後至于龍門。自積石至龍門，蓋三千餘里，其間所歷之地甚衆，經皆不載者，蓋此篇本謂治水而作，惟其所施功之處則載之，非其所施功之處則不必載也。禹導河自積石，即得河之故道，遂達之至龍門，然後加人功疏鑿之，故即以龍門繼於積石之下，亦猶三危距南海甚遠，而禹施功，惟於三危。經之所載，但云「導黑水，至于三危，入于南海」，蓋其所載者，惟欲見其治水之迹而已，非如《地理志》必欲盡載其源委之詳也。漢孔氏曰：「施功發於積石，或鑿山、或穿地、或通流。」此説不然。使自積石而下，龍門而上，果有鑿山、穿地之迹，則經無緣略而不載也。

至于龍門，

《水經》曰：「龍門在河東皮氏縣西。」《淮南子》曰：「龍門未闢，吕梁未鑿，河出孟門之上，大溢逆流，無有丘陵、高阜滅之，名曰洪水，大禹疏通謂之孟門。」《穆天子傳》曰：「西出龍門，九州之蹬。」孟門即龍門之上口也。蓋河至于龍門，夾於兩山之間，其流最爲湍悍，故禹鑿而通之。所謂鑿者，蓋是河流所經之山，而就其狹處鑿而大之，廣袤足以容此水而已，非是山横於前，禹從中而鑿之，使河流出於其間也。西漢賈讓曰：「禹治水，山陵當道者毁之，故鑿龍門、闢伊闕、析底柱、破碣石，墮斷天地之性。」皆過論也。孟子曰：「禹之治水，水之道也。」又曰：「禹之治水，行其所無事也。」使其隳斷天地之性，毁山陵之當路者，當大興功役，弊士民之力，以與水争勢於衆山之間，則非水之道也，豈所謂「行其所無事」哉？故謂之「鑿龍門」則可，謂之「鑿斷天地之性」則不可也。

南至于華陰，

河自積石東北，流至龍門，則折而南流，至于華陰，則折而東流。龍門之南、華陰之南北，即所謂「龍門西河」是也。華陰者，華山之北。此山跨梁、豫二州之間，其北抵西河南，則曰華陰也。而説者乃謂：「河之折而東流，其兩河之旁有二華。故張平子《西京賦》曰『綴以二華，巨靈贔屓，❶高掌遠蹠，以流河曲，厥迹猶存』，其意蓋謂河流至于此，華山横其前，巨靈擘石分爲二華，使河流出於其間。」此蓋好事者爲之也。據經但言「南至于華陰」，則是河之所經，惟在華山之北而已，安得出於二華之間乎？巨靈之説，怪妄甚矣。孔子之所不語者，謂此也夫。

東至于底柱，

河自西華陰，遂折而東流，以至于底柱。漢孔氏曰：「底柱，山名。河水分流，包山而過，山見水中若柱然，故謂之底柱。」酈道元曰：「禹之治水，山陵當道者毁之，故破山以通河。河水分流，包山而過，山見水中若柱，故

---

❶「贔屓」，《全後漢文》（中華書局影清光緒王毓藻刻本）、《文選》、《漢魏六朝百三家集》（影印文淵閣《四庫全書》本）皆作「屓贔」。

謂之『底柱』。三川既決，水流疏分，指狀表目，亦謂之三門山。其山在虢城東南，大陽城北。」案：酈道元之說，謂底柱是禹之所鑿，其說是也。至謂破山以通河，此則過論也。河之至底柱，蓋舊有可通之道，禹嫌其狹，於是疏而廣之，故有三門，非是先鑿底柱山以爲三門，然後導河而過之也。漢鴻嘉中，楊焉上言：「從河上下，患底柱狹隘，可鐫廣之。」成帝使鐫，没水中，不能去，而今水益湍怒，❶害甚前日。夫禹之治水，未嘗不爲萬世之慮，使底柱尚有可鐫之理，則禹鐫之矣。禹所不能鐫，而楊焉欲鐫之，何其不思之甚也。蓋河自龍門，至于華陰，東折以及底柱，夾於兩山之間，其勢最爲狹隘，故古語云：「龍門之下，河流駛於竹箭。」惟其爲高山所束，其勢不得盤還，則其漂悍湍激，覆溺舟船，是乃萬世之患也，豈人力之所能勝哉？酈道元曰：「其山雖鑿，尚更湍，❷合有一十九灘，水流峻急，勢同三峽，破壞舟船，自古所患。」此說是也。頃歲，建劍大興役功，鑿治衆灘，其費不貲。某嘗詢於舟人云：「灘患不減於昔日。」以是知天地山川之險，蓋有出於勢之自然者，未易以人力爭也。底柱舟船之患，雖禹無如之何，而況於楊焉輩乎？

又東至于孟津，東過洛汭，至于大伾，

河自底柱，東迤邐至于孟津。「孟津」，都道所湊也。「孟津」，說者不同。孔氏曰：「孟是地名，津是渡處，在孟地置津，故謂之孟津。」《論衡》曰：「武王伐紂，八百諸侯同爲此盟，故曰盟津。」《地理志》作「盟津」，顔師古曰：「盟讀曰孟，在洛陽之北，都道所湊，故號孟津。孟，長大也。」此諸說不同，然《論衡》之說尤無理。禹時已有孟

❶「今」，《漢書》作「令」。

❷「湍」，《水經注疏》（江蘇古籍出版社，一九八九年版）作「湍流」。

津，此孟字蓋通用也，安可以爲盟誓哉？顏師古以盟爲長大，其説亦甚牽强，不若唐孔氏以爲地名。案：《左傳》隱十一年，桓王與鄭人蘇忿生之田：向、盟、州。杜氏曰：「盟，今孟津也。」孟之爲地名也審矣。蓋自黄河泛舟而過皆曰津，此在孟地，故謂之孟津。河流自華陰至于底柱，夾兩山之間，其流皆湍悍，至于孟津，然後其勢稍緩，故可以横舟而渡也。武王伐殷，實渡師於此，後世因謂之武濟，蓋此水也。既河流至孟津矣，於是又自孟津東行，及河南鞏縣之東，而洛水自西南來入于河。洛之入河，實在此地，而河則過之，故曰「東過洛汭」。「汭」，水之北也。洛自西南入河，則是河流東過洛水之北也。自洛汭而東流，又至于大伾。《爾雅》曰：「再成曰英，一成曰伾。」李巡曰：「山再重曰英，一重曰伾。」而漢孔氏則以爲「山再重曰伾」，其説與《爾雅》異。唐孔氏謂：「所見異也。」今當以漢孔氏之説爲正。凡再重者皆可謂之伾。此言「大伾」，必是有所指而言之，亦猶「廣平曰陸」，冀州言「大陸既作」，「高平曰原，下濕曰隰」，冀州言「既修太原」，雍州言「原隰底績」，此皆指定其地，非泛指原隰與陸。「大伾」，鄭氏以爲「在修武、武德之界」，張揖云「成臯縣山」，唐孔氏據《漢書音義》有臣瓚者，以「修武、武德，今無此山。成臯縣山，又不一成。今黎陽縣山臨河，豈不是大伾乎？」瓚言當，然晁補之、鄭漁仲又皆以大伾爲在汜，即成臯也，未知孰是。

北過降水，至于大陸，

河自華陰以至大伾皆東流。自大伾，然後折而北流。大伾之西，則南河也。其折而北流，始謂之東河。「降水」，《漢書·地理志》、《水經》皆從糸，與「絳縣」之「絳」同字。漢孔氏但以爲水名，不著所在。唐孔氏以爲在信都。鄭氏謂：「洚讀爲降，下江反。聲轉爲共，河内共縣，淇水出焉。」蓋以此爲絳水也。而酈道元破其説，曰：「鄭氏注《書》引《地説》云：❶『大河東北流，過絳水千里，至于大陸，爲地腹。』如《志》之言，大陸在鉅鹿。《地理志》曰：『水在安平信都。』❷鉅鹿與信都相去不容此數也。水名變易，世失其處，見降水則以爲絳水。今河内共山，淇水、共水出焉，東至魏郡黎陽入河，近所謂降水也。降讀如『郕降于齊師』之『降』，周時國於此者，惡言降，改爲共。又今河所從，去大陸遠矣。館陶北屯氏河，其故道與？案：玄據《書》有『北過降水，至于大陸』，推次言之，則以淇水爲降水，共城爲降城，所未詳也。案：共縣本共和故國，是有共名，非惡降而更稱。禹著《山經》，淇水出沮、洳，《淇澳》衛詩，列目又遠，當非改絳，革爲今號。但是水道源共出，故以淇水爲絳水。如玄引《地説》黎陽、鉅鹿，非千里之遥，直信都大陸者也。惟屯氏北出館陶，事近之矣。案：《地理志》『降水發源屯流，下亂章津』，是乃與章得通稱，故水流間關，所在著目，信都復見絳名，而東入于海。尋其川，殊無他瀆，而衡漳舊道，遂與屯相亂，乃《書》有過絳之説，河過絳，當應此矣。下至大陸，不異經説。自甯迄於鉅鹿，出於東北，皆爲大陸，語之纏絡，厥勢眇矣。」酈氏此言，較諸説差爲可信，今姑從之。蓋絳水至于信都，入于河，是河過于絳水也，此所謂過，與「東過洛汭」同。蓋洛水、降水，皆入于河，以小水入大河則謂之過，不謂之會也。大陸在鉅鹿既過降水，則北流至于鉅鹿也。太史公《河渠書》曰：「導河自積石，歷龍門，南到華陰，東下底柱，自盟津、洛汭至于大伾。於是禹以河所從來者，高水湍悍，難以行平地，數爲敗，乃釃二渠，引其河北，載之高地，過降水，至于大陸。」此説不然。據經但言「東過洛汭，至于大伾，北過降水，至于大陸」，初未嘗有二

---

❶「云」，原誤作「去」，今據《水經注疏》改。

❷「水」，《水經注疏》作「絳水」。

渠之説。況禹之治水，欲使水由地中行，自高而決之於下流者也，今乃謂載之高，無此理也。據經之所載，既無二渠之説，則太史公何據而爲此言？太史公嘗曰：「九州山川，《尚書》近之矣。」至其言河流，則不知取正於《書》，而自爲此説，何也？意者太史公未嘗得真孔氏古文《書》，其所傳本或有異矣，今當以孔氏本爲正。

又北播爲九河，

河自西戎入塞，經秦、隴、陜、洛，夾山而行，雖其勢狹隘湍悍，破害舟船，然而兩山相距，其力足以捍河流之衝，使不至於奔突。故其治之也，惟於河之兩旁爲之疏鑿，使其廣袤，足以殺其駛奔之勢而已。至于自大陸折而北流，則其地皆平田虛壤，易以決壞，故禹之施功於此，其規模最遠，其慮患最詳。蓋水之行於平地，將欲無泛濫潰敗，則必爲之分殺其勢。苟不爲之分殺其勢，而徒以一河受之，彼河之本流自積石來者已爲多矣，況又合受渭、瀍、澗衆水，是豈一河之所能任哉？故禹自大陸以北，分河爲九河，則水勢有所宣洩，不至於漂悍衝潰，而安順其道以入于海，此禹之知所以獨出乎萬世之上也。然兗州又曰「九河既道」，則是河之北行亦已有此九派之舊迹。禹之分而爲九者，亦因其舊迹而疏導之也，是又所謂「行其所無事也」。「播」，布也。河之至此，是布而分之爲九也。其九河，則徒駭之類是也。

同爲逆河，入于海。

孔氏云：「同合爲一大河，名逆河，而入于海。」鄭氏、王子雍皆同此説。惟王介甫以謂：「逆河者，逆流之河，非並時分流也，故謂之逆河。」據王氏之意，以「同爲逆河」之一句，蓋所以解釋上文「播爲九河」之義。然而據經所載導水之例，凡言爲者，皆是從此而爲彼也。如導漢云：「嶓冢導漾，東流爲漢，又東爲滄浪之水，東匯澤爲彭蠡，東爲北江，入于海。」導江云：「東別爲沱，又東至于澧，東北會爲匯，東爲中江，入于海。」導沇水云：「東流爲濟，入于河，溢爲滎。」則凡言「爲」者，皆是自此而爲彼之辭也。此説所謂「同爲逆河，入于海」，是九河合爲一大河，以入海也，明矣。謂之「逆河」者，此一大河之名也。《禹貢》之書，凡所載地名多矣，豈皆有其義耶？王氏以逆河爲逆流之河，其説鑿矣。自禹而後，歷三代，數千年間，河流未嘗有所決溢者，以九河之迹無所廢壞故也。鄭康成云：「周時，齊桓公塞其八，但爲一支，今河南弓高以北，往往有其遺迹。」班孟堅序《傳》亦云：「自茲及漢，亡其八支。」蓋《春秋緯寶乾圖》云：「移河爲界在齊吕，填閼八流以自廣。」班氏、鄭氏之説，蓋取諸此。此説雖出於緯書，然以理觀之，誠有可行者。自周以前數千年間，未嘗有河患，至戰國嬴秦以來，乃稍稍有之，及漢而河患極矣。當時尋九河之故道，蓋不知其處。以是觀之，諸儒以河之八支爲齊桓公所塞，差爲可行。漢關並言：「河決率當在平原、❶東郡左右，其地形下而土疏惡。聞禹時，本空此地以爲水猥，盛則放溢，少稍自索。」夫漢之河決所以常在平原、東郡左右者，以其地乃九河之故道也。惟河決每在九河之故道，以是知禹所疏之九河，苟其八支不爲齊桓公所塞，則當漢之世自無所患矣。漢元帝時，青河都尉馮逡奏言：「郡承河下流，土壤輕脆易傷，頃所以闊無大害者，以屯氏河通，兩川分流故也。今屯氏河塞，惟一川兼受數河之任，雖高增隄防，終不能泄。屯氏河新絶未久，又其口所居高，於以分流殺水力，道里便宜，可復浚屯氏河，以助大河泄暴水。」屯氏河北塞，宣房河北決，所爲東北經魏郡、信都、渤海入海。蓋追禹故道，夫河與屯氏但分爲二，已足以殺其下流之勢，使無大害。以是言之，使禹之九河不爲齊桓公所塞，分支別派以入于海，則雖

❶「當」，《漢書》作「常」。

萬世亦無水患，豈止漢之一世哉？故韓收、許商平，當在漢時，論治河皆欲尋九河之故道，可謂得其本矣。河之入海處，漢孔氏謂「入渤海」，太史公《河渠書》亦云「同爲逆河，入于渤海」，而《溝洫志》臣瓚注云：「《禹貢》云『夾右碣石，入于河』，河之入海，當在碣石。漢武帝元光三年，河決東都，❶更注渤海，禹時不注渤海。」此説是也。太史公并孔氏，蓋是據其所見河流以爲禹迹矣。而唐孔氏又以謂：「渤海之郡當以此海爲名。計渤海北距碣石五百餘里，河入海處遠在碣石南，禹行碣石不得入于河也。蓋遠行通水之處，北盡冀州之境，然後南回入河而逆上也。」此蓋順經傳之文而爲之説，未可全信。

嶓冢導漾，東流爲漢，

嶓冢山在隴西郡西縣，漢水之所自出也。《漢中記》曰「嶓冢以東，水皆東流；嶓冢以西，水皆西流」，即其地勢，源流所歸，故世俗以嶓冢爲分水嶺。惟水自嶓冢西皆西流，則是漢水之源自嶓冢而始也。故經之於導漢，則正名其源流之所自出，而曰「嶓冢導漾，東流爲漢」也。漢水而謂之「導漾」者，漢孔氏曰：「泉始出山爲漾水，東南流爲沔水，至漢中東行爲漢水。」曾氏曰：「流者，對止辭。止者爲漾，流者爲漢。如濟水，止者爲沇，流者爲濟。」此其説皆是也。然自漢以來，言漢水者，皆以爲有二源。班孟堅《地理志》：「隴西郡西縣嶓冢山，西漢水所出也。」至氐道縣云：「《禹貢》漾水所出，至武都縣爲漢水。」而於武都則曰：「東漢水受氐道水。」常璩亦云：「漢水有兩源：東出氐道縣漾山，爲漾水；西出隴西嶓冢山。」而司馬彪、袁崧《郡國志》亦皆謂：「東出

❶「都」，《漢書》作「郡」。

氏道，西出嶓冢。」據此數説，則是以嶓冢所出者爲西漢水，而以漾水爲東漢水。據經但云「嶓冢導漾，東流爲漢」，則是漾與嶓冢不可分爲二處，故漢孔氏以謂「泉始出山爲漾水，東南流爲沔水，至漢中東行爲漢水」，不以爲東西兩川之異也。然桑欽《水經》又以謂：「漾水出隴西嶓冢山，東至武都沮縣爲漢水。」審如此説，則是嶓冢一山跨於氐道與西兩縣之間，東西二源漢水皆出於此山，分源於上，而合流於下。是以酈道元曰：「東西兩川，俱出嶓冢山，同爲漢水。雖津流別，支渠勢懸，然原始要終，源流或一，故俱受漢、漾之名。」此説近之。然「東西兩川」之説，不見於經，未敢爲然。

又東爲滄浪之水，

漾水既流至武都爲漢矣，於是又東，則爲滄浪之水。謂之「爲」者，蓋水流至於此，隨地得名，非是他水自外來入之也。漢孔氏云：「別流在荆州。」據孔氏之意，則是以滄浪別爲一水。而他説亦以謂：「漢水出荆山東南，流爲滄浪之水，是近楚都。」故《孺子之歌》則曰：「滄浪之水清兮，可以濯我纓。滄浪之水濁兮，可以濯我足。」而酈道元以爲不然，曰：「《禹貢》『嶓冢導漾，東流爲漢，又東爲滄浪之水』，不言『過』而言『爲』者，明非他水也。蓋漢水，自下有滄浪通稱耳。纏絡鄢、郢，地連紀、徐，皆楚都矣。漁父歌之，不違水地。考據諸傳，宜以《書》爲正。」酈道元此説善。張平子《南都賦》曰：「流滄浪而爲隍，廓方城而爲墉。」李善注引屈原所謂「漢水以爲池，方城以爲城」，則是滄浪即漢水也。蓋漢水至于楚地，則其名爲滄浪之水也。

過三澨，至于大別，

「三澨」，水名也。《水經》則以爲在江陵邛縣之北，顔師古則以爲江夏竟陵縣，未知孰是。云「過」者，三澨之水分流別派，至是而始合於漢水也。《左氏傳》曰：「吴與楚夾漢。楚乃濟漢而陳，自小別至于大別」，則是大別者，近漢傍之山也。京相璠《春秋土地名》曰：「大別，漢東山名，在安豐縣南。」而杜元凱釋地云：「二別，近漢之名，無緣入在安豐南也。」❶酈道元曰：「案：《地説》『漢水東行，觸大別之陂，而入于江』，則與《尚書》、杜預之説相符，但今不知其所在矣。」蓋漢水既東流爲滄浪之水矣，於是過三澨水所入之處，於是觸大別山，以與江合也。

南入于江，東匯澤爲彭蠡，東爲北江，入于海。

漢水東流至大別，於是觸大別之山，南回以入于江。蓋江在漢之南也，漢水將與江合，必折而南，既南而復東，以匯于彭蠡之澤也。「匯」者，迴也。江、漢之水相合於此，而其流浸大，於是東流於彭蠡大澤。水既鍾於彭蠡，則有所迴旋曲折，不至於泛溢漂悍，以衝突下流之勢，故東爲北江，以入于海也。蓋先爲之匯，而後爲之歸也。江、漢之匯于彭蠡，亦猶河流分而爲九也。蓋禹之治水，至於下流之地，則未遽決之以入于海，必先殺其迅疾漂悍之勢，使其水有所游盪宛轉，然後安流順道以赴其所歸。故河流分爲九，然後同爲逆河；江、漢匯爲彭蠡，然後分爲三江。或先分之，後合之；或先合之，後分之，其用意則一也。

岷山導江，東別爲沱，

岷山在蜀郡湔氐道西，一名瀆山，一名汶阜山，在徼外，江水所出。《益州記》云：「大江泉源，發於羊膊嶺下，

---

❶「入」，《春秋左傳正義》作「反」。

緣崖散漫，小大百數，殆未濫觴矣。東南下百餘里至白馬嶺，而歷天彭闕，自此以上微弱，所謂發源濫觴者也。自天彭闕而歷氐道縣北，其流始大。」蓋江水濫觴，自蜀即岷山，而此所以言「岷山導江」也。江水出爲沱，沱乃江之別流者。《水經》云：「小隱水源自潁水出。」而酈道元曰：「《爾雅》『潁爲河』，❶郭璞曰『皆大水溢出，別爲小水之名』，亦猶江別爲沱也。」《漢・地理志》云：「南郡支江縣，江沱在西，此荊州之沱也。蜀郡郫縣，江沱在西，此梁州之沱也。」蓋自江水溢出，別爲支派者，皆名爲沱。故梁、荊二州，皆有沱也。此言「東別爲沱」，接於「岷山導江」之下，則是江水始出而別流者也，意其指梁州之沱也。

又東至于澧，過九江，至于東陵，

江水別而爲沱，其經流則東至于澧也。漢孔氏云：「澧，水名。」案：《水經》云：「澧水出武陵充縣西，至長沙下雋縣西北，入于江。」《楚詞》曰：「濯余珮兮澧浦。」❷顏師古亦謂：「澧水在荊州。」則以澧爲水名非無所據也。然鄭氏謂：「此經自『導弱水』以下，言『過』、言『會』者，皆是水名；言『至于』者，或山、或澤，皆非水名。今長沙郡有澧陵縣，其以陵名縣乎？」鄭氏此言似亦有理，故曾氏曰：「澧，鄭氏以爲澧陵，今江水不至澧陵，故先儒疑焉，皆以爲澧水。夫春秋之豫章在江南漢、淮之間，漢之潯陽、江夏在江北，後世皆在江南，焉知禹之時澧陵非江水所至之地乎？」以曾氏此説觀之，則知鄭氏以爲陵名，有合於經文。然經文曰「導弱水，至于合黎，餘波入于流沙」，則是合黎必有受水之處。而鄭氏以其曰「至于」，遂以合黎爲山名。苟以合黎爲山名，則安能受

❶「河」，《爾雅注疏》作「沙」。

❷「濯」，《楚辭章句》（影印文淵閣《四庫全書》本）作「遺」。

弱水所入之勢，而溢其餘波于流沙乎？此又可疑，當闕之。「九江」，即荆州所謂「九江孔殷」是也。此九江發源山澤，分支別派，以入于江，而江則過之也。「至于東陵」，《水經》曰「東陵在廬江金蘭縣西北」，蓋廬江郡有東陵鄉故也。江水既過九江，又至于東陵也。夫江自岷山而出，歷蜀漢、巴峽數州，然後至于澧。今經之所序惟曰「岷山導江，東別爲沱」，遂繼之以「東至于澧，過九江，至于東陵」者，蓋此篇所記，惟及夫治水施功之處，亦猶「導黑水，至于三危」，則曰「至于南海」，「導河積石」，則曰「至于龍門」，初不計其地之遠近。

東迆北會爲匯，東爲中江，入于海。

「迆」者，斜出之辭也。江、漢二水皆自西來，至其合處，則其勢迆靡而相屬。故漢水自發源嶓冢，皆東流，至其將與江合也，其稍折而南；江水自發源岷山，皆東流，至其將與漢合也，則稍折而北。蓋江在漢南，漢在江北。漢稍南，江稍北，則其勢相屬，故會于彭蠡，而復東也。匯者，彭蠡之澤也。不言「會于彭蠡」者，蓋蒙上「東匯澤爲彭蠡」之文，且見其與漢水共注此澤也。漢孔氏以「東迆」爲一句，以「北」字屬於下，謂「北會于匯」，故其說以謂：「迆，溢也。東溢分流，都共北會爲彭蠡。」鄭氏又以「東迆」者爲南江。夫既以迆爲溢，而又以東溢爲分流，展轉相訓乃成義，其文勢不相屬，非經意也。據經文言「北江」、「中江」者，是自彭蠡而東方分爲三江。鄭氏以「東迆」爲南江，則是自東陵而下已分爲三矣，此說猶不合。漢、江二水既合于彭蠡矣，然後由彭蠡分出爲北江、中江，入于海。此言「東爲中江，入于海」，而上文「導漾，東爲北江，入于海」，有北江、中江，則是必有南江矣，即揚州所謂「三江既入」是也。漢孔氏云：「自彭蠡分江爲三，入震澤，遂爲北江而入海。」蓋揚州云「三江既入，震澤厎定」，先儒意以謂「三江入于震澤，然後由震澤而入海」，故爲此說。據此篇於九州之下，載其逐州治水之曲折，而於導山、導水之次則更序其源委，首尾之所相互見，未嘗不相顧而成文也。如雍州之

「涇屬渭汭，漆沮既從，灃水攸同」，而於導渭則曰「東會于灃，又東會于涇，又東過漆沮，入于河」，其文未嘗不相顧也。使江自彭蠡果分爲三，以入于震澤，復自震澤分爲三，以入海，則經之所載必與「震澤厎定」之文相接，而列厎定于江水之次。今經之所載，殊不及震澤，則是震澤非江水之所入也明矣。此當從蘇氏之説，二孔妄合經傳，無所考據，不可從也。唐孔氏之論三江，則據《漢志》以謂：「南江從會稽吴縣南，東入于海。中江從丹陽蕪湖縣西，東至會稽陽羡縣，東入海。北江從會稽毗陵縣北，東入海。」然水之下流，轉徙不常，故川勢不足以考信。班孟堅所載，乃漢時三江如此，未知禹時三江果如是否？其是非蓋不可知也。今之江水，自彭蠡而東，無有别派，由秣陵京口以入于海，不復有三江矣。此蓋後代變更移易，隨世不同，不可以執爲一定之論也。而蘇氏乃以古之彭蠡而東合爲一江者，指以爲今之三江，至其數之不合，則又從而爲味别之説。此蓋不知時變，膠柱調瑟之論也。

導沇水，東流爲濟，入于河，溢爲滎，

曾氏曰：「止者爲漾，流者爲漢。止者爲沇，流者爲濟。」自其水之所出而言之，則曰漾、曰沇。故其導之也，則必指其水之所自出而言之，故係之以其川瀆之通稱。以此二水流，自漾、沇而出，及其既流而出，則曰漢、曰濟，以至於入江、入河、入海，皆受漢、濟之名，而漾與沇，但可以名其始出之水而已。沇水者，《山海經》謂之「聯水」，郭景純謂「即沇水也」，《漢志》作從水允字，顔師古音曰「弋轡反」，則是亦指沇水也。《水經》曰：「俗謂之衍，即此沇水也。」沇水所出，説者不同。《漢志》曰：「沇水出河東垣曲縣王屋山。」孔氏曰：「泉源爲沇，流去爲濟。水在温縣西北者，爲濟水。」又或然也。沇水自温縣東南，流經墳城西南，又當鞏縣南北，入于河。濟與河合，其流寖大，遂至滎陽縣北，溢爲滎澤，在敖倉東南。雖溢爲滎澤，而滎澤不足以容之，遂決而東行也。

東出于陶丘北，又東至于菏，又東北會于汶，又北東入于海。

《爾雅》曰：「山再成曰陶丘。」陶丘雖是山之再成者，然而必有指定而言，非泛指凡山之再成者爲陶丘也。《水經》曰：「在濟陰定陶也。」既出于陶丘北矣，又東至于菏。菏，即菏澤也。《説文》以爲「在山陽胡陵縣」，《水經》以爲「在濟陰定陶縣」。此二説不同，然山陽、濟陰，其郡相遠，意者此澤跨於兩縣之間也。自菏澤又東北折至東平壽張縣，與汶水合，然後北折而東以入于海。汶水有二：《淮南子》曰「出朱虚弗其山」者，所謂東汶也。此汶水蓋在泰山萊蕪縣，至東平壽張縣西南安民亭入濟者是也。濟之流既與河合，行十餘里，混而爲一矣。而乃能自別以溢爲滎，至于陶丘北，諸儒疑焉。唐孔氏則以謂：「濟水既入于河，與河相亂，而知截河過者，以河濁、濟清，南出還清，故可知也。」而蘇氏則以爲「江、漢合而爲彭蠡之澤，以東爲北江、中江者，合爲一説」，其説以謂：「江、漢之水，會于彭蠡，自秣陵、京口以入于海，不復三矣。而《禹貢》猶有三江之名，曰北、曰中者，以味別也。蓋此三水，性不相入，江雖合而水味異，故至于今，猶有三泠之説。古今傳唐陸羽知水味，三泠相雜而不能欺，不可誣也。余以《禹貢》之書考之，若合符契。禹之序漢水曰：『嶓冢導漾，東流爲漢，又東爲滄浪之水，過三澨，至于大別，南入于江，東匯澤爲彭蠡，東爲北江，入于海。』漢水既合于江，且東匯爲彭蠡矣，安能自別爲北江，入于海乎？知其以味別也。禹之序江水曰：『岷山導江，東別爲沱，又東至于澧，過九江，至于東陵，東迆北會爲匯，東爲中江，入于海。』漢水既與江合，且匯于彭蠡矣，安能自別爲中江，以入于海乎？知其以味別也。濟水入于河，溢爲滎，禹不以味別，安知滎之爲濟乎？」曾氏之説亦然。此二説者，一則以謂「辨其清濁」，一則以謂「別其水味」，皆未爲確論。夫濟清而河濁，濟少而河多，以清之少者，會濁之多者，不數步間，則清者皆已化而爲濁矣。既合流數千里，安能自別其清者以溢爲滎乎？古之人蓋有知水味者矣，如曰「淄澠之合，易牙知之」，又所謂「唐陸羽知水味，三沴相雜而不能欺」。此所謂知水味者，惟知其合之味而已。淄水之味也如此，澠水之味也如彼，淄澠合，則其味也又如此，三沴亦然。彼其所知者，徒知其爲淄澠之合而已。苟使淄澠之水，既合而爲一器，苟使之就此器之中，別其半以爲淄，別其半以爲澠，則雖易牙、陸羽，亦有所不能爾，安能以味自別而出乎？分水既合，則其味合，安能復以其味別而復出哉？以是知此二説雖有清濁、味別之不同，其失一也。故鄭漁仲曰：「山過山則分，水過水則合。天地之間，豈有山過山、水過水之理？」此説是也。然漁仲之論，又以經之所載爲脱誤，其説以謂：「『導漢水，至于大别，南入于江』，經文止於此而已；『東匯澤爲彭蠡，東爲北江，入于海』，皆脱文也。『導沇水，東流爲濟，入于河』，經文亦止於此而已，與河北之沇水亦名爲濟，與河南之濟相亂。故知『溢爲滎』以上，當有『導沇水』一二句，後世傳者失之。」夫儒者之於經，遇其有難曉處則闕之，可也。以先儒講解之未盡，遂以己意增損經文，以就其説，此其與穿鑿之學亦何以異？以某所見，此文本甚明白。諸儒之説皆求之過也。《禹貢》之書爲治水而作，則其所載者，惟及夫當時治水之實迹而已，非可以地理書所載水道之曲折而比之也。漢之末入于江，本無北江之道。禹既導漢以入于江，江與漢合，其流寖大，匯于彭澤，則江之故道不足以受此水也，故爲之導爲北江，以入于海也。滎陽以東本無河、濟之道，禹既導濟以入河，河、濟相合，其流亦寖大，使皆決於河之故道，則必有泛濫之患。禹於是爲之自滎澤決而東出于陶丘北，以入于海，是亦所以分殺其勢。而濟之溢爲滎也，河、濟雜矣，非復濟水也。惟此《書》爲治水而作，故其所載者如此。使此《書》爲地理而作，則北江之水當屬於江，不當屬於漢矣；滎陽以東當屬於河，不當屬於濟矣。後世滎澤枯竭，水不復灌注於此耳。而水自滎陽出，注於巨野澤，世俗相傳以爲濟水，其實與河流雜矣，非復出於沇之合流也。

導淮自桐柏，東會于泗、沂，東入于海。

淮水出於南陽平氏縣東南胎簪山，東北過桐柏山。胎簪，蓋桐柏之傍小山也。淮雖出於胎簪，而禹之導淮，實自桐柏而始，故云「導淮自桐柏」。自桐柏而東，則與泗、沂會。既與泗、沂會，然後入于海。沂水出太山蓋縣南，至下邳入泗。泗水出濟陰乘氏縣，至臨淮睢陵縣入淮。蓋沂入于泗，然後泗入于淮。而經乃兼言「會于泗沂」者，唐孔氏云：「以沂水入泗處，去淮已近，故連言之。」淮入泗，蓋在廣陵淮浦縣也。

導渭自鳥鼠同穴，東會于灃，又東會于涇，又東過漆沮，入于河。

渭水出隴西首陽縣渭首亭南谷，然後過鳥鼠山。鳥鼠山亦在隴西首陽縣，《爾雅》曰「其鳥爲鵌，其鼠爲鼵」，共處一穴，故山以爲名。渭水雖出于南谷，而禹之導渭也，惟自鳥鼠山而始，故曰「導渭自鳥鼠同穴」。而東則灃水會焉，即上文所謂「灃水攸同」是也。又東則涇水會焉，即上文所謂「漆沮既從」是也。既過漆沮，然後入于河。入河處，蓋在京兆北船司空縣也。

導洛自熊耳，東北會于澗、瀍，又東會于伊，又東北入于河。

《漢志》曰：「洛水出冢嶺山。」《山海經》謂：「出上洛山。」《水經》曰：「出讙舉山。」三説不同，然而經所不載，未知孰是。要之，皆是水源出於他山，自熊耳而過也。禹之治洛水，惟自熊耳而始，故曰「導洛自熊耳」。既自熊耳而過，遂東北會于澗、瀍，又東會于伊。蓋此三水合熊耳，然後入于河，則豫州所謂「伊洛瀍澗既入于河」是也。三水所出，諸説者皆不同，經所不載，難以考信。而其入洛之處，漢孔氏曰：「澗、瀍會于河南城南。」蓋此二水既會于此，然後入于洛也。伊水入洛在於洛陽城南，《水經》曰：「伊水出南陽縣西荀渠山，東過郭洛山，又東北過陸渾南，又過新城南，又東北歷伊闕中，乃自洛陽入于河。伊闕，大禹疏以通水，兩山相對，望之若闕，今水歷其間，❶北流入于河。陸機曰：『洛有四闕，斯其意焉。』」❷蓋歷代地理書之論禹迹者，凡水行於兩山之間，則皆以謂水流於此，山横其前，禹鑿而通之，故謂「鑿龍門」、「闢伊闕」、「析城底柱」、「破碣石」。凡若此説者，皆已甚之論也。夫禹之治水，實用九州之民。苟山横其前，鑿而通之，則其爲功役也大矣，豈九州之民力所能堪哉？既非民力之所能堪，而禹驅之使前，則其虐甚矣。説者亦知其不通，故有巨靈擘石之説，此乃世俗之所見，以爲禹之神知必有超世俗之技，而不可以常理論也。殊不知聖人亦人耳，所爲之事莫不本於人情，苟非出於人情，則聖人必不爲也。故「闢伊闕」，謂禹闢而大之則可，謂其鑿斷天地之性則不可也。伊、瀍、澗三水入于洛，然後洛水入于河。其入洛處，蓋在鞏縣東也。《禹貢》既於九州之下，各言其逐州治水之曲折，而於導山、導水之次，又言其源委首尾之詳者。鄭漁仲曰：「《禹貢》之書，知山之盤倨與水之出入，或不止一州、一邑，故序九州矣。然後别出山川，總序於後。班固以來，作史者無法，遂將山水與故迹並隸州縣下。且小山、短水不出一州、一縣者，即與州縣之下言之，固無害。若乃大山所跨大水，所經何啻一州、一邑，班固於州縣下列之，可謂無法。」漁仲此言善矣。嘗考《漢・地理志》，其序漢水，則曰：「嶓冢山西，漢水所出，南入廣漢白水，又東南至江州入江，過郡四，行二千七百六十里。」其序江水，則曰：「岷山，江水所出，東南至江都入海，過郡七，行二千六百六十里。」此其所載，徒知漢水過郡四，江水過郡七而已，安知其所過者何郡耶？又

❶ 「今」，《水經注疏》作「伊」。

❷ 「意」，《水經注疏》作「一」。

安知其所過之郡孰先孰後耶？知此，則知《禹貢》既叙治水曲折於九州之下，而於導山、導水之次，又叙其源委之詳，其所記載，實爲萬代地理家之成憲也。非特此也，其他所載山川之列，亦皆有法於其間。曾氏曰：「嶓者，漾之源也。岷者，江之源也。有是山，而後是水出焉，故先言山。河出崐崘墟，而後至于積石；淮出胎簪山，而後至于桐柏；渭水出南谷，而後至鳥鼠；洛水出冢嶺山，而後至于熊耳。積石、桐柏、熊耳，皆其源也。蓋先有是水，而後至于是山，故先言山河之過洛汭、過降水，漢過三澨，江過九江，渭過漆沮，皆以大水受小水，故謂之『過』。江會于匯，濟會于汝，❶淮會于泗、沂，渭會于灃、會于涇，洛會于澗、瀍、會于伊，蓋二水勢均焉，故未嘗言『會』。濟、淮、洛於水爲小，九川之合者，勢皆可均，故未嘗言『過』。」觀曾氏此説，則知《禹貢》序山川地理之曲折，蓋曲盡其理矣。

❶「汝」，據上經文「導沇水」至「又東北會于汶」，應作「汶」。

尚書全解卷十一　夏書

禹　貢

九州攸同，

《周禮・職方氏》：「辨九州之國，使同貫利。」蓋必先辨之於其始，然後可以同之於其終。不有以辨之，則亦無自而同之也。《禹貢》所載「冀州：既載壺口」以下，列叙九州之疆界、治水之曲折，與夫田賦貢篚所入之多寡、所輸之遠邇，其所以辨之者，纖悉盡矣。自「九州攸同」以下，又所以同之也。蓋有以辨之，則廣谷大川異制，民生其間異俗，五味異和，器械異制，衣服異宜，各得其所，而不相雜亂。故有以同之，則車同軌，書同文，行同倫，各要其所歸，而不見其爲異，此先王疆理天下之大要也。故序言「别九州，隨山濬川，任土作貢」，此蓋所以總結治水制貢之意於其始。此則曰「九州攸同，四隩既宅，九山刊旅，九川滌源，九澤既陂，四海會同。六府孔修，庶土交正，底慎財賦，咸則三壤，成賦中邦」，是又所以總結其治水、制貢本末之意於其終也。序言「别」，此言「同」，雖所從言之異，其實先别而後同也。

四隩既宅，

孔氏曰：「四方之宅，皆可居。」唐孔氏以謂：「室隅爲隩，隩是内也。人之造宅爲居，至其隩内，遂以隩表宅。」

案：《爾雅》曰「室西南隅之奥」，❶以隩爲室隅，當讀曰奥，不得讀爲隩矣。隩既爲室隅矣，而又曰「既宅」，則其文亦爲重複。案：《詩》「淇澳」，音於六切。王氏曰：「隩，隈也。」孫大夫曰：「隈，水曲中也。」又曰：「崖内爲隩。」李巡曰：「崖内近水爲隩。」則是「淇澳」者，是淇水之隈曲處也。此「隩」當與「淇澳」同。蓋當洪水爲患，崖内近水之民猶不得安其居。至於懷、襄之難既平，水由地中行，然後四方之民居崖内水曲者皆得安其居。在水涯者猶得安其居，則居平原曠野者蓋可知矣。

九山刊旅，九川滌源，九澤既陂，

「九山刊旅」，謂九州名山皆槎木通道，而旅祭矣。「九川滌源」，謂九州之川皆已滌除泉源，而無壅塞矣。「九澤既陂」，謂九州之澤既已陂障，無所泛溢矣。其所謂「九山」、「九川」、「九澤」，皆是泛指九州之山、川、澤而言之也。於山曰「刊旅」，於川曰「滌源」，於澤曰「既陂」，各言其所施功之實也。唐孔氏云：「上文諸州有言山、川、澤者，皆舉大綱而言之。所言不盡，故於此復更總而言之。」此説是也。太史公有「導九山、九川」之文，説者因此遂謂所「刊旅」者，自岍及岐至於敷淺源之九山也，所「滌源」者，自弱水至於洛之九川也。既以「岍岐」以下爲九山，「弱水」以下爲九川，於是遂以雷夏、大野、彭蠡、雲夢、滎波、菏、孟豬爲九澤。太史公雖無九澤之明文，往往其意亦將以是爲九澤，此皆牽强附會，非經之本意也。施博士：「雖有適然可合之數，然求其意，則無必然可信之理。然則九山、九川、九澤，皆以九州而爲言矣。」此説是也。

---

❶「之奥」，《爾雅注疏》作「謂之奥」。

四海會同。六府孔修，庶土交正，底慎財賦，咸則三壤，成賦中邦。

此又重述其制貢之事也。洪水汎濫於天下，四方道路皆遏絶而不通。至於禹治九州之功畢，每州之末，皆載其達於河之道。如江不通淮，則曰「沿于江海，達于淮泗」、「沱潛」，漢不通洛，則曰「逾于洛，至于南河」。或航海，或陸運，而皆以「達河」爲至。至於是，則北自碣石，西自西傾，南東盡海之地，皆有通於帝都之道，此四海之所以會同也。「六府孔修」，即《大禹謨》所謂「水火金木土穀惟修」是也。「孔修」，甚修也。「四海會同」，則有輸貢賦之道矣。「六府孔修」，則有輸貢賦之物矣。於是繼之以「庶土交正，底慎財賦，咸則三壤，成賦中邦」也。漢孔氏曰：「交，俱也。衆土俱得其正，謂壤、墳、壚。所慎者貨、財、貢、賦，言取之有節。皆法壤田上中下大較三品，成九州之賦。」據孔氏之意，蓋以謂「中邦」者，指九州而言之也。由孔氏爲此説，諸儒因之，遂皆以中邦爲諸夏，謂：土貢及於四夷，而田賦則止中夏而已。蘇氏、王氏、張諫議之説皆然。然而以中邦爲九州，則與上文「四海會同」文勢不相貫，又未足以見《禹貢》重叙「成賦中邦」之意，不如顔師古之説爲善。顔師古以謂：「庶土各以所出交易有無，而不失正。致慎貨財以供賦貢，皆隨其土地田上中下之三品，成其賦於京師也。中邦，京師也。」案孟子曰：「舜避堯之子於南河之南。然後之中國，踐天子位焉。」自河南而之冀都，則以謂之「中國」，是中邦指京師而言之也。顔師古以中邦爲中國，意亦類此。蓋成賦於京師，則與上文「四海會同，六府孔修，庶土交正，底慎財賦」之意相屬矣。九州之下所叙九等之賦，但言其多寡相較之差而已，未言其所以充賦之物也。故此既言「四海會同，六府孔修」矣，於是遂言其所充之物，謂：九州之内所制之賦，使之各以其土地所出之正物，轉相交易，懋遷有無化居，以之充其所入之賦，若後世之支移折變也。雖交易其所出之物以充賦，然數之多寡實以田之三壤爲準。三壤即九州之内所謂上上、上中、上下、中上、中中、中下、下上、下中、下下是也。蓋賦本出於田，故其支移折變，則隨其田賦多寡之數，而致之於京師也。如下文「五服」所叙，其輸禾、藁、粟、米於都城者爲甸服，五百里之地而已。五百里之外，則遠不能致。使其亦輸租、秸、粟、米於都城，如畿内之五百里，則其費大矣。故禹惟以其田賦所入之數定其多寡，而其輸於京師，則得以支移折變而致之。如此，則其力簡，其費省，且有懋易有無之利及於斯民，其爲公私之利大矣。本朝都汴京，亦取漕運之利。江淮歲漕六百萬石，楚泗以上沿流，置轉般倉，其張官置吏、舟船廩庾之費，歲以百萬計。議者以轉般爲煩擾，更置直達法，而其弊愈甚，其費愈多，又爲江淮舟船數十郡之害。夫以汴都之距江淮，蓋甚近也，而歲漕江淮之米於汴都，其弊猶如此，況冀州遠在九州之北，而荆、揚之壤達於帝都者，或須航海，或須陸運，苟使之輸其田賦所出之本物，則其費爲如何邪？故使得以支移折變而致之，則荆、揚之地，如金、錫、竹、箭之類，皆得以懋遷有無而充賦也。

錫土姓，

「錫土姓」者，於是始可以疆天下，封建諸侯而成五服也。《左氏傳》曰：「天子建國，❶因生以賜姓，胙之土而命之氏。」蓋「胙之土」即所謂「錫土」是也，「命之氏」即所謂「錫姓」是也。如契封於商，賜姓子氏，稷封於邰，賜姓姬氏，必在於此時。以稷、契觀之，則其他諸侯皆然。陳博士曰：「當洪水未平之初，有國者亦皆有土，有宗者亦皆有姓。至是，則錫之徧矣。」是也。

❶「國」，《春秋左傳正義》作「德」。

祗台德先，不距朕行。

當洪水未平之時，懷山襄陵，浩浩滔天，下民昏墊，其政教之所施，蓋自有壅遏而不得行者。至於川澤既平，貢賦既修，疆天下以封建諸侯，而錫土姓，則治既定矣，功既成矣，天下復何爲哉？惟欽我德以爲先，則下之人無有距違我之行者，此所謂「恭己以正南面」也。施博士曰：「『祗台德先，不距朕行』，何羡預於治水之事，而於此言之者，當洪水未平之時，四方諸侯其於會同之禮，有廢而不講者，則其於祗上之德，亦闕如也。然則德雖出於上之所爲，而能使之祗台不距者，禹預有功焉。故舜稱之曰『迪朕德，時乃功惟叙』，其意亦合於此。」善哉此説也。

五百里甸服：

前所言者，九州之山澤川浸，與夫田賦貢篚之詳，纖悉盡之。而其所以疆界天下，以爲京師、諸夏、夷狄之别者，猶未之見也，於是遂言五服遠近之制。《周官·職方氏》「辨九州之國，使同貫利」，自「東南曰揚州」，至「其穀宜五種」，既列序九州之詳，乃繼之曰「辨九服之邦國」，自「方千里曰王畿」以下，遂言其所以爲九服者，此蓋倣《禹貢》書而爲之也。然其所記載，則有不同者。此篇自「甸服」至於「荒服」，每面二千五百里，四面相距爲方五千里。《職方氏》方千里爲王畿，王畿之外爲九服，每服亦以五百里爲率，并王畿而數之，則有萬里之數。故諸儒疑焉，或以謂：「周公斥大境土，其地倍施於堯、禹之世。」此蓋未嘗深考此二書之所載，徒見其所序者皆以五百里爲言，遂從而爲之説耳。禹之「五服」與《職方氏》之「九服」所謂「五百里」者，《職方氏》則自其兩面相方而數之，惟禹之王畿在五服之内，而自其四面而數之，故禹之「五服」，自「畿服」至於「荒服」，每二千五百里，四面相距爲方五千里。至於《職方氏》，王畿不在九服之内，而以二面相方而數之，故九服之内有方千里之王畿，王畿之外每面二百五十里，二面相方爲五百里之侯服，侯服之外每面二百五十里，二面相方爲方五百里之甸服，故自王畿之外，至於藩服，每面二千七百五十里，四面相距各爲五千五百里。其所以增於《禹貢》者，但有五百里耳，安得萬里之數邪？《漢・地理志》云：「漢之境土，東西九千三百二十里，南北萬三千三百六十八里。」則是漢之輿地不啻萬里，故言周之九服有萬里者，往往推此以爲據。唐孔氏云：「漢之山川，不出《禹貢》之域。山川載地，古今必同。而得里數異者，堯與周、漢，其地一也，《尚書》所言，據虛空鳥路方直而計之，《漢書》所言，乃謂著他人跡屈曲而量之，所以其數不同也。」唐孔氏此説，其謂「堯與周、漢，其地一也」，此誠確論。若以虛空鳥路方直而計里數，則古無此理。以某觀之，山川不出《禹貢》分域，而得有里數倍加者，古今之尺不同耳。《王制》曰：「古者以周尺八尺爲步，今以周尺六尺四寸爲步。古者百畝，當今東田百四十六畝三十步。古者百里，當今百二十一里六十步四尺一寸二分。」❶蓋古今步、尺，長短、盈縮隨世不同，故其里數廣狹亦異。此《王制》所載，但是自周初至於戰國數百年間，而其所差已如此。竊謂《職方氏》之九服所謂五千里者，即《禹貢》五服所謂五千里。漢之山川，除武帝開闢四夷所載武威、酒泉、南海、蒼梧數十郡之外，其他州郡皆《禹貢》五服之地。禹之聲教，東漸于海，西被于流沙，朔南暨，聲教訖于四海，是其要荒之所暨，則皆已至於極邊之地。縱使後世人君能於《禹貢》五服之外開拓邊境，其所得者不過磽确不毛之地，得之無所益、失之無所損者。周公曰：「其克詰爾戎兵，以陟禹之迹，方行天下，至於海表，罔有不服。」所貴乎「詰戎兵」者，不過陟禹之迹而已。其或甘心於禹迹之外，以開拓邊境、增廣分域者，是皆出於好大喜功而爲之也。故王者之

❶「一寸」，《禮記正義》作「二寸」。

疆理天下，將欲制爲京師、諸夏、夷狄之辨者，當以《禹貢》之書爲正。孔氏曰：「規方千里之地謂之甸服，去王城面五百里。」蓋《禹貢》之甸服，在於五服之内，自王城之外，每面五百里之地爲甸服也。甸，田也，主爲天子治田也。《王制》曰：「天子之田方千里，公侯方百里，伯七十里，子、男五十里。」此服之内，主爲天子治田而輸之於上，故以甸服爲名。「百里賦納總」至「五百里米」，可見其治田所輸之事也。

百里賦納總，二百里納銍，三百里納秸服，

此所叙五服，先提其里數與其名於上，然後列其每服之内遠近差等於其下。甸服分而爲五，其實即上文所謂「五百里甸服」，非於甸服之外，又有此五百里也。先儒徒見經文之重複，故賈逵、馬融以爲：「甸服之外，百里至五百里，特有此數，去王城千里。其侯、綏、要、荒服各五百里，是面三千里，相距爲六千里。」夫經於侯、綏、要、荒之下，皆有細數，而謂甸服特有此數，故不可也。鄭康成又謂：「五服之别五百里，是堯之舊制。及禹，於每服之間更增五百里，而别至於五千里，相距爲方萬里。」此其説不惟道里之遠近與經不合，然記載之體亦有所不便者。甸服之外五百里所輸者，果何物邪？侯服之百里采，二百里男邦，三百里諸侯，各有所建矣。彼侯服之外五百里所建者，果何國邪？則是知其説之不通也。惟孔氏於「百里賦納總」之下，注曰「甸服内之百里」，於「百里采」之下，注曰「侯服内之百里」，此則是經之本意也。甸服五百里之地，皆爲天子治田，輸之於王城者也。然地有遠近，則其所輸之物亦有精粗輕重之異也。近者粗，遠者精，近者重，遠者輕。各量其力之所任，而爲之差也。謂之「賦納總」者，以見其所輸者，皆田内所出之賦也。所出賦同，惟其所納之物固有不同而已。距王城之百里，其地最近，故使之納「總」者，藁與穟併納之也。二百里則稍遠矣，故納銍。銍者，刈禾穟也。謂刈禾穟而納之，不輸其藁也。三百里則愈遠矣，故納秸。秸，藁也。納秸易於納穟，蓋遠則彌輕也。

雖納秸爲彌輕，然計其所直，則四百里猶且納粟，而三百里乃能納藁秸，比於納粟則太優矣。故唐孔氏以謂：「藁、粟別納，非是徒納藁也。」據經文但曰「納秸」，安知其爲與粟兼納乎？考之經文「總」、「銍」、「粟」、「米」下，皆無「服」字，而此獨有「服」字，則知納「藁」雖優，其所相補除者，當必在此。顏師古曰：「秸，藁也。服者，言有役則服之。」王氏曰：「納秸而服輸將之事也。以正在五百里之中，便於畿內移用，故其利薄於粟、米。以正在五百里之中，便於移用，又使之服輸將之事，則其利之所出足以補其財之所入，財之所入足以優其力之所出矣。」此説爲盡。唐孔氏謂：「於此言『服』，明上下服皆並有所納之役也。」則失其旨矣。

四百里粟，五百里米。

四百里，五百里，則尤遠矣，故納粟、米，蓋愈遠則愈輕也。薛氏曰：「曰粟焉，曰米焉，則爲輕矣。夫禹之取於民者，不過什一之法耳。令其所納之物，有如此之不同。」漢孔氏以「精者少，粗者多」。唐孔氏曰：「直納粟米爲少，禾藁俱送爲多。其於税皆當什一，但所納有精粗，遠輕而近重耳。」此説皆是也。上文九州皆言田賦，此之所載但及夫五百里之甸服者，鄭氏曰：「侯、綏等所出賦税各入本國，則亦必有納總、銍之差，此但據天子立文。」薛氏曰：「畿内，天子之居，其所賴以養天子者，在此千里之民而已。」故所賦、所納，備言於此。蓋餘服則賦各歸其國，故《禹貢》略之，義或然也。觀經文於「賦納銍」之上，❶特加一「賦」字，則凡賦之出於田者，皆可以觸類而通之矣。故自侯服以下，但言建國遠近之制，而不及所輸之物。其辭不費，使讀之者自以意曉，又述

---

❶「賦」，據下文疑爲衍文。「銍」，據上經文「百里賦納總」，應爲「總」字。

作之體也。

五百里侯服：百里采，二百里男邦，三百里諸侯。

此蓋甸服之外五百里，則建侯服，以封親賢，使各守其人民、社稷，以爲天子之藩衛也。近王畿百里，則建卿大夫所食之采地，又其外百里，則建諸男之邦，又其外之三百里，則皆諸侯也。必先采地與男邦乃及諸侯者，先小而後大，小者近而大者遠也。所必如此者，王氏曰：「欲王畿不爲大國所迫，而小國易獲京師之助。」此説爲善。輸賦税，則遠者輕而近者重。建侯邦，則遠者大而近者小。遠近、大小、輕重，莫不有法於其間，而疆理天下之制，盡於此矣。「二百里納銍，三百里納秸服，四百里粟，五百里米」，皆爲天子治田者也，故以甸名之。「百里采，二百里男邦，三百里諸侯」，皆封建親賢爲王室藩衛者也，故以侯名之。其服名如是，則制服之差等亦如是，此其所以爲善疆理者也。若周之九服，則不能如是矣。方千里曰王畿，其外方五百里曰侯服，又其外方五百里曰甸服，又其外方五百里曰男服，又其外方五百里曰采服。甸服乃在侯服之外，采服又遠於男服，其制度必不能與其名相稱。考之周制，采服在王畿之内。而公邑之地謂之邦，甸亦在王畿之外，侯邦與男邦雜建於天下之間，無復遠近之别，則是周時所謂九服之名，始借夫是名以爲遠近之别矣，其制度實未嘗與之相稱也。由是觀之，疆理天下，雖出於洪水既平一時之事，然考其制度，實萬世所不可企及之功也。嗚呼！美哉禹功，明德遠矣。

五百里綏服：三百里揆文教，二百里奮武衛。

先王之疆理天下，尤謹於華、夷之辨。其所以畫郊圻而固封守者，尤極其嚴。王畿之外，既封建諸侯之國，使之小大相維，强弱相比，以爲王室之輔矣。而其外之三百里，則接於邊陲。蓋其外則要、荒之服也，故於此設爲綏服，以爲内外之辨。此服之内所建之國、所立之制，凡欲撫安邊境、衛中國而已，故其名曰「綏服」。此綏服五百里，亦分爲二節：其内之三百里接於甸、侯者，則揆文教；其外之二百里接於要、荒者，則奮武衛。「揆文教」者，揆中國之教也。或問揚子雲曰：「八荒之地，禮也樂也孰是？」曰：「殷之以中國。」或曰：「孰爲中國？」曰：「五政之所加，七賦之所養，中於天地者爲中國。過此以往，人也哉？聖人之治天下也，礙諸以禮樂，無則禽，異則貉。」吴秘注云：「『礙』，止也，止以爲準。」此篇於綏服三百里謂之「揆文教」，其實奮其威武守衛中國，不純以中國文明之治也。《左氏傳》曰：「成王選建明德以藩屏周。封伯禽於少皡之墟，封康叔於商墟，皆啓以商政，疆以周索。封唐叔於夏墟，啓以夏政，疆以戎索。」蓋魯、衛之地在於文教所揆之内，故「疆以周索」。至於晉之分地，界於太原、晉陽之間，迫近戎、狄，故「疆以戎索」。「索」，法也。謂疆理其土地以治戎之法，即此所謂「奮武衛」也。薛氏曰：「今之邊徼，右軍旅而略文德，與此同意。」此説是也。蓋先王之所賴以守衛中國，惟在此二百里之地而已。此二百里之地不失武備，則中國之内可以奠枕無虞，而夷狄之民安於邊鄙之外，不至有卒然不可制之患。蓋夷狄之於中國，本不敢有侵侮窺伺之意，惟中國失其所以爲武備者，則狼子野心，於是始敢肆其貪惏之志。如漢、魏而降，夷狄之内附者，皆得以入居中國障塞之内，是以至於西晉，則有劉元海、石勒之變。石晉以幽、涿、檀十六州之地賂契丹，盡失中國之障塞，故至於末帝，而有邪律德光之變。自古遭夷狄之患，未有如晉之酷者，然此二國亦皆有以致之然也。一則使夷狄入居中國之障塞，一則賂中國之障塞於夷狄。譬猶決圈檻而縱虎狼，彼安得而不噬人者哉？是知疆理天下，以綏服二百里爲奮武衛之地，以爲華、夷之辨，此真萬代不可易之法也。

五百里要服：三百里夷，二百里蔡。五百里荒服：三百里蠻，二百里流。

東坡曰：「夷狄不可以中國之治治也，譬若禽獸然，求其大治，必至大亂，是以君子以不治治之，則乃所以深治之也。」自綏服之外，皆是夷狄之地，中國禮樂、正朔之所不及。禹雖畫爲五服，其實外之，而不治之以中國之治也。顧其命此服之名，則可以見矣。綏服之外五百里，其名曰「要」。謂之「要」者，姑但羈縻之而已矣。孔氏曰：「要服之名曰『要』，見其疎遠之也。」要服外五百里，其名曰「荒」。謂之「荒」，則比之「要」又簡略矣。唐漢班超爲西域都護，甚得夷狄心。超被召還，任尚代之，尚謂超曰：「君侯在外國三十餘年，而某猥承君後，宜有以誨之。」超曰：「塞外吏士，本非孝子順孫。蠻夷懷鳥獸之心，難養易敗，宜蕩佚簡易，寬小過，總大綱而已。」禹名境外之服，謂之「要荒」，正超所謂「蕩佚簡易」之意也。要服三百里謂之「夷」，荒服三百里謂之「蠻」，蓋此乃徼外蠻夷之地也。《禮記·曲禮》曰：「其在西戎、北狄、東夷、南蠻，雖大曰『子』。」《王制》曰：「東方曰夷，南方曰蠻，西方曰戎，北方曰狄。」此蓋以四者相對而言之，則有此四方之名。若但舉其一二字而爲言，則四者皆可以通稱。夷不必是「東方曰夷」，蠻不必是「南方曰蠻」。如經云「蠻夷猾夏」，又曰「蠻夷率服」，此又以「蠻夷」而屬之於要、荒之服，則是唐虞之世，蓋以蠻夷爲境外種之總稱，亦如或曰「戎狄」，或曰「戎夷」，皆泛而言之，非指其所居之方也。要「二百里蔡」，先儒只作「蔡」字讀。案：《左氏傳》定四年，「殺管叔而蔡蔡叔」，杜元凱注「蔡，放也」，陸德明「音素達反」。此云「二百里蔡」，當亦是放罪人於此，宜從《左氏》作「蔡」字讀。荒服「二百里流」，流罪人於此，猶經所謂「流共工」是也。薛氏曰：「先王之於罪人，以其不可以中國畜之也，故流放焉，夷狄之而已矣。」此論爲善。然而要服之「三百里夷」，其外二百里是亦夷也，而謂之「蔡」，荒服之「三百里蠻」，其外之二百里是亦蠻也，而謂之「流」者，蓋其外之二百里，其地爲最遠。中國之人有惡積罪大而先王不忍殺之者，則投之於最遠之地。於要、荒二服取其最遠者言之，以見流放罪人於此。若其爲蠻夷之地，則蒙上之文而可見也。據此論，蓋五服之名，與其每服之内遠近詳略，皆是當時疆理天下之寔迹也。故於侯服則言其建國小大之制，至於要、荒則言其蠻夷遠近之辨，與夫流放輕重之差，皆所以紀其寔也。而孔氏論此，又不求於疆理天下之制，而乃於字上生義，附會繳繞，最爲難通。於「侯服」云「侯，侯也，斥侯服而事」，於「百里采」爲「供王事而已」，於「二百里男邦」云「男，任也，任王者之事」，於「三百里諸侯」云「同爲王者斥侯」，於「五百里要服」云「要束以文教」，於「三百里夷」云「守平常之教」，於「二百里蔡」云「蔡，法也，法三百里而差簡」，於「三百里蠻」云「以文德來之，不制以法」，「二百里流」云「流，❶移也，言正教隨其俗」，凡此等説，今皆不取。

東漸于海，西被于流沙，朔南暨聲教，訖于四海。

此言九州疆界之所抵，以見其聲教之所暨也。考之上文「海岱惟青州」、「海岱及淮惟徐州」，言青、徐之境，東海也，故曰「東漸于海」。雍州之「弱水既西」、「弱水至于合黎，餘波入于流沙」，是雍州之界抵於流沙。揚州曰「淮海惟揚州」，則是揚州之界抵於南海，冀州「夾右碣石入于河」，河之入海在碣石之右，則冀州之界抵於北海，故曰「朔南暨聲教，訖于四海」。朔南不言其所至者，連下文而互見也。「聲教」者，言文德之所及也。薛氏曰：「聲謂風聲，教謂教化。振於此而遠者效焉，故謂之『教』。」曰「漸」、曰「被」、曰「暨」者，皆言其境界之所

❶「二百里流」，按文例其上疑脱「於」字。

及，特變其文爾，非有淺深詳略之不同。而説者乃謂：「東方之民仁而易化，故言『漸』。『漸』者，浸而深也。西方之民信而難變，故言『被』。『被』者，被乎其外而已。南方之民詐而多忒，北方之民勇而善悍，故言『暨』。」此虚説也。夫禹之聲教，其所及者，蓋無所不深也。今言「東方之民爲易化，故言漸。漸者，浸而深。而西方則善執而難變，南方則詐而多忒，北方則勇而善悍，故但被之、暨之」，信斯言也，則是禹之聲教所及之深者，惟東方之民而已。豈非以文害辭、以辭害意哉？下文既曰「訖于四海」，則是四方皆至於海矣。而西獨言「被于流沙」者，蓋水之西流至此而極，不見其所歸，未可以正名其爲海也。故《王制》曰「西不盡流沙，東不盡東海」，亦惟以東海對流沙也。某於「導弱水，至於合黎，餘波入于流沙」已詳言之矣。此篇既言九州山川分域，又及夫五服疆理内外之辨，末乃言九州境界之所抵，先後彼此互相發明，至纖至悉，可謂無餘藴矣。某嘗以斯言考其疆理天下之制，而參以《王制》之所載，則誠有可疑於其間。《王制》曰：「自恒山至於南河，千里而近。冀州。自河南至於江，千里而近。豫州。自江至於衡山，千里而遥。荆州。自東河至於西河，千里而近。亦冀州。自東河至於東海，千里而遥。徐州。自西河至於流沙，千里而遥。雍州。西不盡流沙，南不盡衡山，東不盡東海，北不盡恒山。凡四海之内，斷長補短，方三千里。」則是九州之地方三千里也。五服之制，王城之外每面五百里爲甸服，又其外五百里爲侯服，又其外五百里爲綏服。自甸服至綏服，每面一千五百里，四面相距爲方三千里，此九州之地也。以天下之輿地分爲五服，則是自甸服至綏服，九州之内也，要、荒二服則在九州之外，此五服之制也。然以九州四面之所距而考之，則不能無疑焉。自恒山至於河南千里，東河至於西河千里，此蓋畿内之千里，即甸服也。自東河至於東海千里，自西河至於流沙千里，此千里之地，建五百里之侯服，又建五百里之綏服，而東海、流沙之外，則爲要、荒服。今夫經之所載，至於南北則有盈縮焉。以北考之，冀州之北距於恒山，則已接於邊陲矣，其何以容五百里之侯服，又何以容五百里之綏服，又何以容五百里之甸服邪？以南考之，自南河至於江千里，則已建侯服、綏服矣，自江至於衡山千里，則要、荒二服，蓋已在九州之内，而自衡山至於南海，蓋又將有千里之地。五服之制，至衡山則已盡矣。而揚州之境，南距於海者，猶未之盡也。以南言之則太贏，以北言之則太縮，此寔某之所深考，而未知其説也。大禹之功，萬世永賴，與天地同垂於不朽。其《書》之傳，所以爲法於萬世，則其制度不容如是之差，意其必有所乘除相補，以爲疆理天下之定制，某淺陋未足以知此，請闕之。

禹錫玄圭，告厥成功。

此有兩説。孔氏曰：「禹功盡加於四海，故堯錫玄圭以彰顯之。」王氏曰：「禹錫玄圭於堯，以告成功也。」此兩説皆未敢以爲然。堯錫圭於禹，而謂「禹錫玄圭」，其文爲倒置矣。臣以圭而錫君，載籍恐無此理。以某所見，此是禹以玄圭告成功於天耳。《周官·典瑞》云：「四圭有邸，以祀天、旅上帝。兩圭有邸，以祀地、旅四望。祼圭有瓚，以祀先王。圭璧以祀日月。」古者交於神明必用圭璧，如周公之禱於三王，亦曰「植璧秉珪」。禹之治水，至於「九州攸同，四隩既宅」、「地平天成，六府三事允治」，於是錫玄圭而告成功也。然而必用「玄圭」者，蓋天色玄，因天事，天猶蒼璧然也。其曰「錫」者，與「師錫帝曰」、「納錫大龜」同。古者下錫上，亦可謂之「錫」也。

尚書全解卷十二　夏書

甘誓

啓與有扈戰于甘之野，作《甘誓》。

甘誓

古者將欲整齊其衆而用之，則必有誓，而尤嚴於軍旅。故《書》有六體，「誓」居其一焉，大抵爲誓師而作也。《周官》士師之職，以五戒先後刑罰，一曰誓，用之于軍旅。軍旅之有誓，蓋所以宣言其討罪之意，謹其坐作進退之節，而示之以賞刑之必信。帝王之世所不能廢也，故禹、啓、湯、武皆有之。「甘」者，所誓之地，故因以名篇，亦猶《牧誓》、《費誓》也。「啓」者，禹之子也。「有扈」氏，夏之同姓，其地在漢之扶風鄠縣。啓之與有扈戰，其誓師也聲言其罪，惟曰「威侮五行，怠棄三正」，初未嘗詳言其所以討之之故。《史記》曰「啓立，有扈不服，遂滅之」，亦但言其不服而已。唐孔氏遂以謂「自堯、舜受禪相承，啓獨見繼父，以此不服」，此説亦但是以私意而臆度之，其實未必然也。案：《左氏》昭二年，趙孟曰：「虞有三苗，夏有觀扈，商有姺邳，周有徐奄。」所謂「觀扈」，即此有扈國也。唐孔氏載《楚語》觀射父曰「堯有丹朱，舜有商均，夏有觀扈，周有管、蔡」，以是爲有扈恃親而不服啓之政。今考之《楚語》觀射父之言，但云「夏有五觀」，不言「觀扈」。唐孔氏蓋是誤以趙孟之言爲觀射父之言，此雖小誤，亦不可以不正也。有扈氏之罪，經無明文，然趙孟以比「三苗」、「徐奄」，則知有扈必是頑嚚不可教訓，且恃險而不服者，故啓率六師而征之。其誓師之意，與《秦誓》、《湯誓》無以異，故聖人録其《書》以爲萬世法。漢孔氏曰：「甘，有扈郊名。」馬融曰：「甘，有扈南郊。」唐孔氏以爲：「啓之西行，甘當在東郊。融乃扶風人，或當知其處也。」啓誓師於甘之野，當是親征至其地也。周希聖曰：「天子之兵，常隱於六鄉。四方有變，專責於方伯。方伯不能討，則天子親征之。啓與有扈戰於甘之野，是天子親征之。」此説是也。

大戰于甘，乃召六卿。

案：大司馬法：「凡制軍，萬二千五百人爲軍，王六軍，大國三軍，次國二軍，小國一軍，軍將皆命卿。」「乃召六卿」者，王之六卿皆行也。李子真曰：「此所謂六卿，非自冢宰至於司空之六卿也。《周禮・地官》『鄉大夫，每鄉卿一人』，蓋王之六鄉別有。此六卿，平居無事，則各掌其鄉之政教禁令，屬於大司徒，有事出征，則率其鄉之萬二千五百人而爲之將，屬於大司馬。所謂『軍將皆命卿』，即此卿也。若以王朝之六卿，即當用兵之時，大司馬主軍政，冢宰而下無緣亦屬於司馬，故凡戰而言『六卿』者，皆六鄉之六卿也。」此論得之。六卿皆行，而誓師於甘之野，則是天子親率六師而征之也。天子親征，六卿各率其鄉之師以從，故其戰謂之「大戰」，蓋舉國而伐之也。扈之威强，至於舉國而伐之，是其勢將與京師抗衡，而方伯連率之力所不能討。啓之是行也，社稷之安危蓋係於此矣。然則其用兵者，豈得已而不已者乎？

王曰：「嗟！六事之人，予誓告汝：

李校書論唐虞言「咨」之義曰：「『咨』之爲言『其』，後變而爲『嗟』。」《甘誓》曰「嗟六事之人」，《胤征》曰「嗟予有衆」，《湯誥》曰「嗟爾萬方有衆」，《泰誓》曰「嗟我友邦冢君」，蓋「嗟」者，即「咨」之義也。其召之則曰「六卿」，其誓之則曰「六事」，鄭氏謂：「變『六卿』言『六事之人』者，言軍吏下及士卒也。下之戒左右與御，是偏勑在軍之士，步卒亦在其間，故『六事之人』爲總呼之辭。」其説是也。「嗟六事之人，予誓告汝」，蓋呼六事之人，使皆聽予之誓言也。

「有扈氏威侮五行，怠棄三正，天用勦絶其命。

此則聲言有扈氏之罪也。「五行」、「三正」，説者不同。據有扈氏，夏之同姓也，其驕蹇跋扈而不可制，廢尊尊之義，失親親之恩。啓之聲言其罪而曰「威侮五行，怠棄三正」，此義不必求之太深。要之，但言其廢三綱五常，而爲是昏迷耳。「威侮」者，專其威虐而侮慢之也。「怠棄」者，怠慢而廢棄之也。味此言，啓之致討於有扈之辭，可謂簡而盡、微而顯矣。蘇氏曰：「王者各以五行之德王，改正朔，易服色。自舜以前，必以有子丑爲正者。有扈不用夏之正朔、服色，是叛也，故曰『威侮五行，怠棄三正』。」此其論「五行」、「三正」，誠爲切近。然商之世方有改正朔、易服色之事，自夏以前未嘗有也，蘇氏之説，某亦未敢以爲然也。有扈之「威侮五行，怠棄三正」，則獲罪於天，而天絶之矣。「勦」，截也。「截絶」謂殄滅之也。天之殄滅有罪，必假手於人。啓爲天子，當命德討罪之任，不敢赦也。

「今予惟恭行天之罰。

啓之爲天子，當命德討罪之任，不敢赦也。於是率六師而討之，豈以快一時之私忿哉？凡所以致天之所罰也。沈同以孟子言「燕可伐」而伐之。或問曰：「勸齊伐燕，有諸？」曰：「未也。沈同問『燕可伐』，予應之曰

『可』，彼然而伐之。彼如曰『孰可以伐之』，則將應之曰『爲天吏，則可以伐之』。今以燕伐燕，何爲勸之哉？」蓋非天吏，則不可以行天罰，而爲天吏，則不可以不行天之罰，故經載誓師之辭，無不以行天之罰爲言者。蓋苟非行天罰而用兵，則是志於殺人而已，其何以爲後世法乎？

「左不攻于左，汝不恭命。右不攻于右，汝不恭命。御非其馬之正，汝不恭命。

啓謂：「我命所以討有扈者，所以恭天之命。爾之衆士亦當恭我之命，而無致失其坐作進退之節也。」古者車戰，每車甲士三人，步卒七十二人。其三人，一居左，一居右，一居中。車中左右主擊刺，而馭者在其中。《左傳》宣十二年：「楚許伯御樂伯，攝叔爲右，以致晉師。樂伯曰：『吾聞致師者，左射以菆。』攝叔曰：『吾聞致師者，右入壘，折馘執俘而還。』」是車之左右各有其事，而御者在中，惟主馬之驅馳而已，然此乃指凡常之兵車而言。若將之兵車，則御者在左，勇力之士在右，將居鼓下，在其中央，主擊鼓，與軍人爲節度也。此所誓，乃六事之人，非專爲主將而言，故指凡常之兵車而戒之也。「攻」，治也。在車左者不治其車左之事，在車右者不治其車右之事，與夫在車中者御馬而非其正，皆不恭我之命者也。蓋左右不治其事，則足以致敗，左右治其事，而車中者馭之失其正，則亦足以致敗。《左氏傳》襄二十四年：「晉侯使張骼、輔躒致楚師，求御于鄭。鄭人卜宛射犬吉。二子使宛射犬御廣車而行，已皆乘乘車。將及楚師，而後從之。近，不告而馳之。皆取冑于橐而冑，入壘，皆下，搏人以投，收禽挾囚。弗待而出。皆超乘，抽弓而射。既免。」若射犬之類，所謂「御非其馬之正」也。以是知左右乘車馬雖勇，又在於御得其正也。王氏曰：「『左不攻于左，右不攻于右』，誓徒也。『御非其馬之正』，誓車也。」此亦一說。然三代以來皆用車戰，《春秋》所載列國戰爭皆用車，而每車必有左右與御。此所誓者曰「攻于左，攻于右，御非其馬之正」，與《左氏》所載相合，不必分徒與車也。夫古者車戰，每車甲士三人，步卒七十二人。所謂「步卒」者，坐作進退皆聽於車而已，又何必於誓車之外又誓其徒耶？

「用命，賞于祖。弗用命，戮于社，予則孥戮汝。」

左攻于左，右攻于右，馭得其馬之正，是用命也，故賞于祖以勸之。其或不然，則是不用命也，故戮于社以威之。蓋古者天子親征，載其遷廟之主與其社主以行，用命則賞于遷廟主之前，不用命則戮于社主之前，示不敢專也。「賞于祖」、「戮于社」，蓋尊祖嚴社之義也。案：《禮》曰：「天子巡守，以遷廟主行，載于齊車。」又曰：「若無遷主，則以幣、帛、皮、圭告于祖禰，遂奉以出，載于齊車以行。」蓋自以其遷廟主行，載于齊車，其無遷主，則以幣、帛、皮、圭行，固以致其尊祖之義耳。於是而賞焉，亦所以尊祖也。《左傳》定四年「君以軍行，祓社釁鼓，祝奉以從」，蓋自其以社主行，而祓社釁鼓，固已致其嚴社之義耳。於是而戮焉，亦所以嚴社也。由其尊祖嚴社，故刑賞於此分焉。先儒從而分爲陰陽、仁義之説，則鑿矣。遷廟之主與社主，皆在軍中，於是而賞之、戮之，則是不待乎班師振旅，而刑賞固已行矣。「予則孥戮汝」者，此蓋言汝苟有不用命，則非但戮及汝身，將併與其孥子也，謂戮及其妻子也。此篇與《湯誓》皆有「孥戮」之言，夫罪人以族與夫參夷之刑，是乃商紂與秦所以亡者也，帝王之世，豈容有此？雖漢孔氏以謂「權以脅之，使勿犯」，然啓、湯既有是言，則是當時實有此刑，苟有不用命者，必不免於「孥戮」。蓋其所謂「戮」者，非殺之之謂也。《左氏傳》僖二十七年，楚子之治兵於睽，「終朝而畢，不戮一人」，「夷之蒐，賈季戮臾駢，臾駢之人欲盡殺賈氏以報焉。臾駢曰：『不可。』」以是知謂之「戮」者，非是殺之，但加恥辱焉，雖加鞭扑，亦謂之「戮」也。「孥戮」者，猶所謂「其孥男子入罪隸，女子入舂藁者」是也。夫從天子以征伐不庭，而不用命，則其孥之至於罪隸、舂藁，豈爲過哉？非罪人以族與夫參夷之比也。又《漢書·王莽傳》舉此言，顔師古曰：「《夏書·甘誓》之辭。『孥戮』之以爲孥也。❶説《書》者以爲『孥，子也，戮及其子』，❷非也。《秦誓》曰『囚孥正士』，豈戮子之謂耶？」此一説，理亦可通。夫天生五材，民並用之，闕一不可，誰能去兵？兵之設久矣，兵不可去，則誓亦不可去也。夫驅民於鋒鏑戰争之下，苟不先爲之誓戒，使知坐作進退之節，其有不用命者，遂從而殺之，是罔民也，焉有仁義用兵，罔民而可爲也？吴王闔閭欲試孫子以兵法，出宫中美人百八十人，孫子爲分二隊，以王之寵姬二人爲隊長，皆令持戟，曰：「前則視心，左視左手，右視右手，後則視背。」約束既布，則設斧鉞，即三令五申之，於是鼓之右，婦人大笑，孫子曰：「約束不明，申令不熟，將之罪也。」復三令五申而鼓左，婦人復笑，孫子曰：「約束不明，申令不熟，將之罪也。既已明，而不如法者，吏士之罪也。」乃斬二隊長以徇，於是婦人左右前後跪起，皆中準繩規矩，以爲雖赴之水火可也。向使孫子未嘗三令五申，乃欲戮其不用命者，以徇其餘，則彼亦且有辭矣，尚安得而用之哉？由是知國而不用兵則已，苟不得已而至於用兵，則誓戒之言不可無也，舜、禹之所不能免也。彼謂「商人作誓而民始叛」，「誥、誓不及五帝」，是皆不達夫時變之論也。

五子之歌

《詩大序》曰：「情發於聲，聲成文謂之音。治世之音安以樂，其政和。亂世之音怨以怒，其政乖。亡國之音哀

---

❶「戮」，《漢書》注重文。

❷「其」，《漢書》注作「妻」。

以思，其民困。」蓋聲、詩之作，世之治亂、政之乖和係焉。文、武、成湯之《詩》，所謂治世之音，其政和也。若幽、厲、平、桓之《詩》，所謂亂世之音，其政乖也。三百篇之作，雖有喜怒、美刺、哀樂之不同，其實皆所以正當時之得失而言，未嘗不本於仁厚忠愛，故可以動天地而感鬼神也。雖其詳見於三百篇，原其所由起，實本於虞、夏之世。舜與皋陶賡歌，言元首、股肱資以成治，其言安以樂，蓋所謂治世之音也。「大康失邦，昆弟五人須于洛汭，五子咸怨，述大禹之戒以作歌」，其言怨以怒，蓋所謂亂世之音也。此二聲歌，雖載於《書》，其實《詩》之淵源也。學者於此，當以學《詩》之義而考之。《經解》曰：「温柔敦厚，《詩》之教也。」學者能以温柔敦厚之言，而取之於此篇之義，則得之矣。能求此篇之義，則凡《詩》之美刺、箴戒者，皆可觸類而長之矣。

太康失邦，昆弟五人須于洛汭，作《五子之歌》。

五子之歌

太康，啓之子也，盤于遊畋，不恤民事，有窮后羿距之于河，不得反國，故曰「太康失邦」。「昆弟五人」者，亦啓之子。仲康、少康，是其二也。此五人皆賢，須待太康於洛水之汭，不得反國，情發於中，不能自已，故作此歌。《爾雅》曰：「昆，兄也。」此五人，皆太康之弟，而言「昆弟」者，唐孔氏曰：「『昆弟五人』，自有長幼，故稱『昆弟』。」蓋其五人自相稱謂，非指太康而言。若篇内言「厥弟五人」，則是指太康而言之耳。

太康尸位，以逸豫滅厥德，黎民咸貳。乃盤遊無度，

孔氏曰「尸，主也。主以尊位，爲逸豫不勤」，未盡其義。薛氏曰：「尸，如祭禮之尸，居其位而不爲也，是故居其位而不能有所爲曰『尸』，『太康尸位』是也。居其位而不敢有所爲亦曰『尸』，『康王既尸天子』是也。」此説善也。蓋康王居憂，百官總己以聽冢宰，則康王得以亮陰。居喪而無關及於萬幾之務，故謂之「尸天子」，而非其罪也。至於太康，非有他故而遊畋忘反，放棄萬幾而莫之省，是誠有棄其位之心也。此言「尸位」與「羲和尸厥官」同，蓋在其位而不爲其事也。「以逸豫」，先儒以屬於上文，曰「太康尸位以逸豫」，故其說有謂「主以尊位，而逸豫不勤」。據「太康尸位」，是居其位而不能爲，只當作絕句讀。「以逸豫」則連下文，曰「以逸豫滅厥德」，猶所謂「以蕩陵德」也。君而滅其德，則民懷二心矣，故「黎民咸貳」。民既貳矣，太康尚不知懼，乃盤遊而無節度，此足以見其荒淫而不知節也。夏諺曰：「吾王不遊，吾何以休？吾王不豫，吾何以助？一遊一豫，爲諸侯度。」古之明君，非不爲逸豫也，與民同樂，樂而有節，則民聞車馬之音，見其羽旄之美，舉欣欣然有喜色而相告曰：「吾王庶幾無疾病歟？何以能鼓樂、田獵也？」及其不遊不豫也，則有「吾何以助」之言，蓋其遊豫，則爲民之所樂也如此。今也太康以逸豫而滅其德，黎民咸有二心，而猶且肆爲逸豫，以謂不恤，則是固已自棄其天下矣，欲免於危亡，得乎？

畋于有洛之表，十旬弗反。

此則言其盤遊之實事也。夏都冀州在大河之北，洛在河之南。太康遊畋，舍其宗廟、社稷，渡河而去，則畋于洛之南，至於百日，而猶不反。「有洛之表」，言其遠也。「十旬弗反」，言其久也。古之爲國者，兢兢業業，如臨深淵，如履薄冰，而猶懼乎肘腋之變、蕭牆之禍或起於一二日之間。今太康乃自肆於遊畋，以言其遠則「畋于有洛之表」，以言其久則至於「十旬弗反」，是其在我者既有棄天下之心，安得無后羿之變乎？

有窮后羿因民弗忍，距于河。

案《左氏傳》襄四年：「有夏之方衰也，后羿自鉏遷于窮石。」然則窮者，有羿之國名也。其曰「有窮」者，如云「有扈」也。后羿，蓋羿是窮之君也。唐孔氏引賈逵、《説文》之言，以謂：「『羿，帝嚳射官也。』『羿之先祖，世爲先王射官，故帝賜羿弓矢使司射。』《淮南子》曰：『堯時十日並出，堯使羿射九日而落之。』《楚辭》：『羿焉彃日？烏解羽？』❶此言雖不經，要之，帝嚳時有羿，堯時亦有羿，則羿是善射之號，非復人之名字。」據先儒之意，蓋謂「凡善射者，皆謂之羿」。此有窮之君亦善射，故以羿目之，非是名也。此説爲可信。案：《孟子》曰：「逢蒙學射於羿，盡羿之道，思天下惟羿爲愈己，於是殺羿。」此逢蒙所殺之羿，蓋又别是一羿，非有窮之羿也。有窮之羿乃爲寒浞所殺，非見殺於逢蒙也。以是知羿非有窮之君，蓋是善射之稱也。太康既自棄於天下，「畋于有洛之表，十旬弗反」，故天下皆有叛之之心。於是后羿因民之不忍，而以兵距之于河，故太康不得還也。《北風》之詩曰：「北風其涼，雨雪其雱。惠而好我，攜手同行。其虚其邪，既亟只且。」蓋人君虐用其民，而民叛之。苟誠有惠我者，則將攜手而歸之不暇也。民既不忍太康之虐政，相與叛之，而羿於是時以兵距太康于河，則是因民有叛之之心，而爲民所歸也。是羿者，一時之湯、武也，然而卒不能成湯、武之功也者，以羿亦一太康也。魏絳曰：「有夏之方衰也，后羿自鉏遷于窮石，因夏民以代夏政。恃其射也，不修民事，而淫于原獸。棄武羅、伯因、熊髡、尨圉，而用寒浞。寒浞行媚于内，而施賂于外，愚弄其民，而虞羿于田，樹之詐慝，以取其國家，外内咸服。羿猶不悛，將歸自田，家衆殺而亨之。」則羿之所爲，與太康實無以異也，亦猶秦之暴虐，而項羽亦暴虐，其何繼秦而有天下乎？而適當下民之欲叛太康於虚邪之時，故羿得以乘間投隙而用其謀，雖與

❶「烏」下，《楚辭章句》有「焉」字。

湯、武同，其實異也。

厥弟五人御其母以從，徯于洛之汭。五子咸怨，述大禹之戒以作歌。

此與上文不相接，蓋太康之始出而遊畋也，五子御其母以從，至于洛之北，則止而待之，不與太康俱爲遊畋之樂也。穀梁子曰：「智者慮，義者行，仁者守，有此三者，然後可以出會。」夫會者，所以講信修睦之禮也，然猶必「仁者守」，然後可以出。今太康既棄其宗廟、社稷，遊畋于有洛之表，而莫之恤矣。然其弟五人皆賢，使此五人之中有一人焉而爲之守，則雖有后羿之變，猶可以不亡。其所以至於顛沛傾覆而莫之救者，以五弟皆從，空國而無人故也。夫已則棄宗廟、社稷而莫之恤，雖宗廟、社稷之所得賴以存者，又皆從而去，使之居無所能爲之地，將欲赴國家之患，而勢不可得施，太康之愚暗，於是爲甚矣。五子之至於是也，宗廟、社稷將敗壞而覆亡，而無復安存之理，母子、兄弟將離散奔潰而不可保，危亂之至無日矣，此其所以咸怨也。其怨也憂愁、嗟嘆之不足，於是情動於中，聲成文而詩歌作焉，蓋出於其中心之誠然慷慨感厲，而不能自已也。其作爲詩歌，則必推原其禍之所由起，太康之所以逸豫盤遊，至於喪國亡家者，惟其荒棄大禹之戒故爾，是以《五子之歌》終始反覆，惟追咎其荒棄大禹之戒而不能守，以致於是。史官推原其意而序之曰「述大禹之戒以作歌」，其可謂善明詩人之旨矣。後世序詩者，每篇皆有小序，言其詩之所爲作，其原蓋出於此。孟子曰：「君子創業垂統，爲可繼也。若夫成功，則天也。」蓋君子所創所守爲可繼之道也者，雖歷萬世，猶可以前期而爲之，至於子孫之賢與不賢、能繼不能繼，則係乎所遭如何耳。此雖一二世，猶不可以逆料也。禹之謨訓可以傳萬世，然一傳而爲啓，啓賢，能敬承繼禹之道，故夏以之安。再傳而爲太康，不能遵守禹之謨訓，故夏以之亡。然而作歌之五子，皆啓之子也。向使太康不爲適子，而此五人者有一人焉，繼啓以君天下，則必能念大禹之勤勞，遵守其訓，以永其傳矣。今五子不得繼世以有天下，而太康有天下，則天也，非人之所能爲。亦如微子不繼商，而紂繼之，此商之所以亡。季札不君吴，而僚君之，此吴之所以亂也。雖太康亡，然仲康卒能肇位四海，少康卒能祀夏配天，其所以然者，以能遵大禹之謨訓，不敢失墜而已。此無他，以禹之創業垂統，誠萬世可繼之道故也。使禹之子孫，皆得如啓、如仲康、如少康者，爲天下君，則其傳也，豈不至於萬世哉？《書序》本自爲一篇，漢孔氏以謂：「《書序》，序所爲作者之意，昭然義見，宜相附近，故引之，各冠其篇首。」某竊嘗以謂：孔氏引序以冠篇首，若《湯誓》、《大誥》，初未嘗言其所作之意，而引序以冠之曰「伊尹相湯，伐桀，升自陑，遂與桀戰于鳴條之野，作《湯誓》」，其下則曰「格爾衆庶，悉聽朕言」；《大誥》曰「武王崩，三監及淮夷叛，周公相成王，將黜殷，作《大誥》」，其下則曰「王若曰：『猷！大誥爾多邦，越爾御事』」，此爲得體。蓋若此之類，非引序以冠於篇首，則安知是篇之何自而作乎？至於此篇，自「太康尸位」至「書大禹之戒以作歌」，❶其序載此篇之作既詳且盡矣，而復加之以序曰「太康失邦」至「作《五子之歌》」。又如《旅獒》篇首云「惟克商，遂通道于九夷八蠻」至「用訓于王」，既詳且盡矣，而加之以序曰「西旅獻獒，太保作《旅獒》」。若此之類，則爲贅矣。亦如《詩·江有汜》之序曰「《江有汜》，美媵也」至「嫡能悔過也」，其義亦既盡矣，又繼之曰「文王之時」至「嫡亦自悔也」。《載馳》之序曰「《載馳》，許穆夫人作也」至「傷不能救也」，其義既以盡矣，又繼之曰「衛懿公爲狄人所滅，國人分散」至「故作是詩也」。若此之類，文義重複，有前一段，則可無後一段矣，有後一段，則可無前一段矣。故孔氏引《書序》以冠篇首，若《康誥》、《大誥》之類，則爲得體，若《五子之歌》、《旅獒》之類，則爲贅。是其所冠之序，是非相半

❶「書」，上經文作「述」。

如前者，不可以不論也。

其一曰：「皇祖有訓：民可近，不可下，民惟邦本，本固邦寧。予視天下，愚夫愚婦一能勝予。

唐孔氏云：「《五子之歌》五章，每章各是一人之作，而辭相連接，自爲終始。必是五子相顧，從輕至甚。其一，其二，蓋是昆弟之次，或是作歌之次，不可知也。」詩歌之體，一人之作，則自爲一篇。若出於一人之言者，蓋詩歌肇於虞、夏之世，其體如此。舜之歌曰：「股肱喜哉！元首起哉！百工熙哉！」其義尤未足也。皐陶乃賡歌曰：「元首明哉！股肱良哉！庶事康哉！」又繼之曰：「元首叢脞哉！股肱惰哉！萬事隳哉！」然後其義乃足。此五子之作歌，其始言皇祖之訓，而不及夫失邦之怨，末乃言國亡民叛，雖悔之，可追而不及。夫謨訓之言，史官總而序之曰「五子咸怨，述大禹之戒以作歌」。蓋五子之意，終始先後互相發明，然後其義乃備也。雖其言不出於一人，而其意則若出於一人者，以其同也。後世詩家有聯句體，其原本此。聯句者，蓋其材有所不逮，則不可得而强。如唐人侯喜、劉師服與軒轅彌明詠石鼎，詩畢知竭力終莫能近。蓋以其心之所至者，有所不同，則形於言者，不得不異也。「民可近不可下」至「奈何不敬」，此一章言君之所以爲君者，恃民以安，不可以不敬民也。自「民可近不可下」至「若朽索之馭六馬」，皆是禹之言，所以垂訓於後世者也，故曰「皇祖有訓」。皇，大也。尊而親之，故曰「皇祖」。《記》曰：「祭王父曰皇祖考，王母曰皇祖妣，父曰皇考，母曰皇妣，夫曰皇辟。」凡此所謂皇者，皆尊而大之之辭也。「皇祖」者，猶言大祖也。孔氏以「皇」爲君，則失之矣。夫君之與民，以其勢而言之，則其尊卑之際，如霄壤之不相侔；以其情而言之，則其相須以安，猶心體之相須以生也。苟君民之情不合，而徒以尊卑之勢相較，則將涣然而離矣。是故君民之分，以情則合而安，以勢則離而危。蓋以情則近之，故日親，以勢則下之，故日疎，此實治亂安危之所係也。禹之謨訓，首之以一言曰「民可近，不可下」。孔子謂「一言興邦」，此之謂也。所謂「民可近，不可下」者，以民乃邦之本故也。孟子曰：「民爲貴，社稷次之，君爲輕。」蓋民心附則社稷固，社稷固則君安矣。故邦以民爲本，本既固則邦未有不寧者。苟民心離，則其本先撥，雖强如秦，富如隋，亦無救於滅亡也。以是知人君所以安廟堂之上，享其無敵之貴，無倫之富，所恃者，惟人心而已。苟不以人心爲恃，而徒恃勢力以爲安，其勢力之所不至，則匹夫匹婦之愚者，亦足以勝之矣。如漢武帝平日千乘萬騎，導前擁後，若不可得而侮者，及其微行出獵，求漿于逆旅媪。媪曰無漿，但有溺耳。聚少年欲攻，幸而得免。以此見武帝平日儀衛之盛，彼愚夫愚婦特畏其勢力，而不敢侮耳。釋其勢則侮者至矣，此豈非愚夫愚婦一能勝予乎？是故爲君苟失一愚夫一愚婦之心，則怨之者不釋。匹夫匹婦怨之不釋，而衆怨於是乎生矣。故天下之安，必由匹夫匹婦之無所不被其澤，而天下之危，必起於匹夫匹婦之怨。斮朝涉之脛，匹夫之怨也，刳剔孕婦，匹婦之怨也，而商由此而亡。故爲君者圖治亂於未兆，使匹夫匹婦之怨無自而萌，則本固而邦寧矣。

「一人三失，怨豈在明？不見是圖。予臨兆民，懔乎若朽索之馭六馬。爲人上者，奈何不敬？」

此言人君多失，則致人怨矣。其所以致匹夫匹婦之怨者，亦不在於顯然過惡。苟失於此者，在毫釐之間必有怨之矣。蓋人君之所據者，天下之利勢也。一嚬笑、一舉措，而生民之休戚利害係焉，故損怨之道，必在圖之於未見之初。苟怨之既形，而後圖之，亦已晚矣。惟匹夫匹婦之愚者，足以勝予，而所以致匹夫匹婦之怨者，又不在大，則是人君之所處，是誠天下至危之勢也。「懔」，危也。「予臨兆民，懔乎若朽索之馭六馬」，言危懼之甚也。「朽索」易脆，「六馬」易驚，則輪折車敗矣。古者車皆四馬，惟天子之車，則特駕六馬。四馬則兩服兩驂，六馬則兩驂之外，又有兩騑。《説文》曰：「騑，驂旁馬。」蓋於服、驂之旁，又加兩馬，則爲六也。陸農師曰：

「天子之車，盛則駕六，常則駕四。」此説可信。案：《漢書·梁孝王傳》：「孝王入朝，天子使使持乘輿駟，迎孝王於闕下。」臣瓚注曰：「稱『乘輿駟』，則車馬皆往。言『駟』，不駕六馬，天子副車駕駟馬。」據此言「天子副車駕四」，則是盛則駕六，如陸氏之説，蓋可見矣。此將言馬多則懼深，以極其可畏，故不曰「四馬」，而言「六馬」也。「朽索之馭六馬」，本無此事，但欲見其危之甚耳，亦猶晉人作危語曰「杖頭數米劍頭炊，百歲老翁攀高枝，盲人騎馬臨深池」，亦無是事也。惟以君而臨民，其危如「朽索之馭六馬」，則爲人上，其可不敬民哉？君能敬民，則本固邦寧，而社稷永保矣。漢孔氏曰：「能敬則不驕，在上不驕，則高而不危。」此説是也。惟禹之謨訓，其所以垂示子孫者，深切著明如此，而太康奈何不知以是爲戒，至於失邦也。

其二曰：「訓有之：内作色荒，外作禽荒，甘酒嗜音，峻宇彫牆，有一于此，未或不亡。」

此章又申言禹之所訓，敬民之實也。爲人君者，在乎以天下爲憂，而不以位爲樂。苟以天下爲憂，則「兢兢業業，一日二日萬幾，自朝至於日昃，不遑暇食」，舉天下聲色、嗜好、遊畋之樂，曾不足以動其心，此誠本固邦寧之要道也。苟以位爲樂，則將窮天下之嗜欲，以供其耳目口腹之娱，曾不以生民之休戚爲念，此所以積匹夫匹婦之怨，以至於危亡而不自知也。故此章又所以申前章之義也。前言「皇祖有訓」，此蒙其文，故但曰「訓有之」也。迷亂曰「荒」。「色」，女色。「禽」，從禽。「内作色荒」，惑嬖寵也。「外作禽荒」，外耽遊畋也。「甘酒嗜音」者，言好此二者，甘嗜之而無厭也。「峻宇」者，言高大其室宇也。「彫牆」者，言飾繪其垣牆也。凡此皆是「咈百姓以從欲」，而足以致天下之怨，故有一於此，則未有不亡者。昔衛懿公好鶴，鶴有乘軒者。及狄人伐衛，國人授甲者皆曰：「使鶴，鶴實有禄位，予焉能戰？」遂敗於滎澤，爲狄所滅。夫衛懿公之所以亡者，豈必兼此數者而後亡哉？惟有好鶴之一事耳，而其受禍已如此之慘矣，而況太康之「逸豫，滅厥德，盤遊無度，畋于有洛之表，十旬弗反」，則於是數者，幾於兼備之矣，欲其無亡得乎？

其三曰：「惟彼陶唐，有此冀方。今失厥道，亂其紀綱，乃底滅亡。」

此又言自陶唐以來，保民兢慎，故能享其安樂尊榮。今則不然，所以底於滅亡也。「陶唐」者，堯之氏也。范宣子曰：「昔匄之祖，自夏以上爲陶唐氏，在商爲豕韋氏，在周爲唐杜氏。」蓋自夏前謂堯之氏爲陶唐。「冀方」，帝都所在。堯都平陽，舜都蒲坂，禹都安邑，相去不盈二百里，皆在冀州。自堯始都冀方，堯傳之舜，舜傳之禹，禹傳之啓，此三聖一賢未嘗失道，故歷三百餘年，號爲極治之世。至於太康，乃不能守，而至於失厥道，失厥道，則亂其紀綱，既亂其紀綱，未有不底於滅亡者。蓋自古國家所以至於滅亡，必自失厥道也。唐明皇開元之初，用姚崇、宋璟，以致太平，其治庶幾於貞觀。及其中年，荒於女色，窮天下之聲色玩好，以供遊宴之娱。於是李林甫、楊國忠、牛仙客輩起而用事，盡變更高祖、太宗之法度，禍亂之勢已成，恬不自覺。及一旦禍發幽陵，長驅入關，明皇倉卒西幸，自長安至於咸陽，不四十里間，而其平日所恃以爲天子之勢者，一旦盡去矣。於是晝無食、夜無燈，栖栖然乞憐於獻豆麥之人。原其所以致此者，無他，惟其失厥道而已。由是觀之，《五子之歌》一章言民情之可畏，天子之勢爲不足恃；二章言逸欲之爲害；三章言亂紀綱則底於滅亡。此雖出於一時感激之意，實爲萬世有國家之明訓也。

其四曰：「明明我祖，萬邦之君。有典有則，貽厥子孫。關石和鈞，王府則有。荒墜厥緒，覆宗絶祀。」

此章又申言所以失厥道而亂其紀綱之事也。我之祖有明明之德，故爲萬邦之君。言居於冀方，奄萬邦而君之也。「有典有則，貽厥子孫」，所謂創業垂統爲可繼也。曰「典」、曰「則」者，皆是其典章法度可以爲萬世法者。唐孔氏曰：「不爲大異，重言以備文耳。」「關石和鈞，王府則有」，此言其所制法度之器也。太史公曰：「禹聲爲律，身爲度。左準繩，右規矩。」自古法度之器，至禹而後明甚也。其法度之制始於權，權與物鈞而生衡，衡運生規，規員生矩，矩方生繩，繩直生準，準正則平衡，而鈞權矣。是權衡者，法度之所自出也。五權之法，二十四銖爲兩，十六兩爲斤，三十斤爲鈞，四鈞爲石。是斤與石，又五權之最重也。「關」，通也。「和」，平也。關通其石，和平其鈞，守此法度，與天下共守之，而不敢失也。舉鈞、石，則五權可推。舉權，則度、量、準、繩、規、矩，凡法度之在天下者，皆可見也。於石曰「關」，於鈞曰「和」，特變其文耳，非有異義也，猶《月令》曰「日夜分，則同度量、鈞衡石、角斗甬，正權概」，曰「同」、曰「鈞」、曰「角」、曰「正」，亦但是變其文耳。「關石和鈞」，則物貨流通、家給人足矣。百姓足，君孰與不足？王府於是而富有也。古之所謂理財之政，不出於此。至於後世，然後剥膚椎髓之政興，於是用聚斂之臣，以爲富國之術。殊不知禹之所以能使王府富者，惟在於「關石和鈞」而已。夫禹之謨訓，所以爲垂統法度，以明示於子孫者，如此其詳，而其子孫不能保守，乃荒墜其已成之緒，此其所以覆有夏之宗，絶大禹之緒也。孟子曰：「朝不信道，工不信度，君子犯義，小人犯刑，國之所存者，幸也。」三章言「今失厥道，亂其紀綱」，則朝不信道矣。此章言「關石和鈞，王府則有，荒墜厥緒」，則工不信度矣。「朝不信道，工不信度」，其能免於「覆宗絶祀」乎？羿雖以兵距太康於河而廢之，然而卒立仲康，其後羿篡相而奪其位，卒爲寒浞所殺而代之。少康竟以一旅而興天下，是以有夏之宗卒不覆，而大禹之祀卒不絶也。然而此章言云爾者，蓋自其時而觀之，意其必至於滅亡，而無復有興復之望，亦猶《正月》之詩言「赫赫宗周，褒姒滅之」，蓋言其滅之之道也。

其五曰：「嗚呼曷歸？予懷之悲。萬姓仇予，予將疇依？鬱陶乎予心，顏厚有忸怩。弗慎厥德，雖悔何追？」❶

此章又結前義，以致其情也。「嗚呼」者，嗟嘆之辭也。歎其倀倀然無所歸也，無所歸則死亡無日矣，故「予懷之悲」。夫以匹夫匹婦之怨猶不可犯，況以萬姓怨憤之情而仇於予，予將誰依以免於禍乎？「鬱陶」，哀思也。「忸怩」，心慚也。言我負此萬姓，每憂積於中，以慚顏之厚而心又忸怩也。「有」，又也。孔氏曰「慚愧於仁人賢士」，非也。「顏厚有忸怩」，但是慚於斯民而已，既慚於斯民，而「顏厚有忸怩」矣。於是又斷之曰：「我則弗慎厥德於其始矣，今雖忸怩而悔之，何所及哉？」五章之義，至是而足矣。陳博士曰：「鬱陶則憂積於中，忸怩則愧發於外。夫所以曷歸者，太康也。而五子則曰：『嗚呼曷歸？予懷之悲。』虐民而民仇之者，太康也。而五子則曰：『萬姓仇予，予將疇依。』所宜憂、所宜愧，皆在太康。而五子任之以爲己事者，蓋仁人之於兄弟，親愛之而已矣。有邦則同其安榮，失邦則同其危辱。其危也可憂，其辱也可愧。五子之於太康，可謂有仁人之心矣。」此言深得詩人之旨。孔子曰「詩可以怨」，蓋謂詩人之意，温柔敦厚而不怒，其言和緩宛轉，引咎自責，而不深咎乎所怨之人。仁人君子之心，於此可見。高子曰：「《小弁》之怨，小人之詩也。」孟子曰：「有人於此，越人彎弓而射之，則已談笑而道之，無他，疎之也。其兄彎弓而射之，則已垂涕泣而道之，無他，戚之也。《小弁》之怨，親親也。親親，仁也。固矣夫，高叟之爲詩也。」蓋幽王放太子宜臼而將殺之。夫爲子而將見殺於

❶ 「何」，汲古閣本、通志堂本作「可」。

父，人情之至痛也，苟於是而不怨，則是疏其父如路人也，此《小弁》之所以不得不怨。然而其怨也但曰「民莫不穀，我獨于罹。何辜于天？我罪伊何」，但引咎自責而已，此其所以爲仁人君子之怨也。太康之邦，宗將覆滅，此五子之所以不能無怨。然而其怨也不深尤太康，乃若其身之親爲不善以致之者，非其仁愛之意充實於中而發見於外，安能若是哉？孔子於《書》取《五子之歌》，於《詩》取《小弁》，其意一也。

尚書全解卷十三　夏書

胤　征

孟子曰：「春秋無義戰。彼善於此，則有之矣。征者，上伐下也。敵國不相征也。」又曰：「天子討而不伐，諸侯伐而不討。五霸者，摟諸侯以伐諸侯也，故曰：五霸者，三王之罪人也。」春秋之世，五霸之戰，伐不爲不多矣，而孔子皆無取焉。蓋以命自己出，不由天子之命征率，敵王所愾而往伐之，其名曰征。征者，天子討有罪之辭也，古之人有行之者，禹之於有苗、胤侯之於義和是也。舜曰「咨！禹，惟時有苗弗率，汝徂征」，「禹乃會羣后，誓於師」，而往征之；「義和湎淫，廢時亂日」，胤后承王命徂征，此皆奉天子之命而以伐有罪。其用兵行師，皆以義而動，非五霸之「摟諸侯以伐諸侯」，爲敵國之相征也。然舜，大聖人也。禹，亦大聖人也。又適當至治之世，禹之居攝，奉舜之命以徂征有苗，雖其事則美，然未見其爲難也。至於仲康之嗣位，適當有夏中衰之運，羿以兵拒太康，執其國政，社稷安危在其掌握。仲康當此之時，乃能命嗣侯以徂征，嗣侯當此之時，乃能奉仲康之辭以伐有罪，彼羿雖挾震主之威，擅竊國之柄，不可得而制之者，惟其兵以義動故也。此誠天下之至難，而仲康、胤侯能之，則其智勇之絶人，蓋可見矣。故夏史録其書，以爲後世法，其名曰《胤征》。仲尼定《夏書》纔四篇，而《胤征》在焉，蓋征之爲言正也。以胤侯之征義和，奉天子之命而不敢專，以爲萬世法者也。學者能以此篇之義而觀之，則知孟子所謂「五霸者，三王之罪人」，又謂「春秋無義戰」者，誠非過論也。此篇雖以《胤征》爲名，然以典、謨、訓、誥、誓、命之體求之，其實誓也。自「嗟予有衆」而下，皆胤侯誓師之辭也。唐孔氏徒見此篇無「誓」字，遂於六體之外，增其四以爲十，曰：貢、歌、征、範。「貢」者，謂《禹貢》也。「歌」者，《五子之歌》。「範」者，《洪範》。而「征」者，則謂此篇也。夫苟以「征」字爲《書》之體，則《西伯戡黎》，「戡」字亦當爲一體乎？漢孔氏曰：「仲尼討論墳典，斷自唐虞以下，訖於周。芟夷煩亂，翦截浮辭，舉其宏綱，撮其樞要，足以垂世立教，典、謨、訓、誥、誓、命之文，凡百篇。」據漢孔氏之意，蓋以謂《書》之體盡於此而已。而唐孔氏則贅以爲十，甚失先儒之意，此不可不詳論也。

胤征

羲和湎淫，廢時亂日，胤往征之，作《胤征》。

古者官有大功，則有官族。顓頊氏命南正重司天以屬神，北正黎司地以屬民，謂之「重黎」，蓋官稱也。至於堯命羲和曆象日月星辰，猶「重黎」也，《吕刑》曰「乃命重黎，絶地天通」是也。羲和之命，在堯之世，謂之「羲仲、羲叔、和仲、和叔」，蓋以是四者爲官稱也。至於夏時，掌天地四時之官，猶謂之「羲和」。若此之類，蓋是以官爲族，猶漢之倉氏、庫氏。堯時分命羲和四子，定曆象，正閏餘，以爲甚重其設官分職，莫先於此。至於夏時，雖羲和之政尚存，然有國邑，且以沈湎得罪，則是羲和之官合而爲一職，不復分四時之官，各主一方之政、一時之事，如堯之羲和矣。蓋時異事變，則其職任亦有不同者。至於周時，羲和之職不復有矣。而馮相、保章氏之所掌，皆以中士爲之，隸於周官大宗伯之屬，則其職任蓋又輕於夏時矣。由兹而降，此職益輕。太史公曰：「文史星曆，近乎卜祝之間，故主上所戲弄，優倡蓄之，流俗之所輕也。」以此觀之，則是羲和之所職者，至於後世僅得不廢故也。堯舜之時以此爲致治之本，而後世之於是官也，至以卜祝齒之，優倡蓄之，此無惑乎？其治効之不及於堯舜也。「湎淫」，淫之過也。言湎淫於酒，過差非度也。惟其湎淫，故身爲司曆之官，則至於廢厥職而不舉，廢天時亂甲乙也，故曰「廢時亂日」。自古帝王盛時，尤重曆象之事。舜之居攝，既受命於文祖，則「在璿璣玉衡，以齊七政」。既巡守四岳，朝覲諸侯，未遑他事，而先之以考制度，「協時月正日」。使諸侯有時月之不協、日之不正，則不免於誅戮矣。夫諸侯奉天子之正朔，惟其時月之不協、日之不正，則其罪至於不赦，況乎曆象之官，正朔之所，自稟時月之所自出？今也沈湎於酒，而至於廢時月，則時月之在諸侯者無自而協，至於亂日，則日之在諸侯者無自而正。由此一職之不舉，而天下之時月日皆不得而協也，安能免於誅戮哉？「胤」，國名也。《顧命》曰「胤之舞衣」，即此胤國也。「胤往征之」，蓋胤國之君，奉天子之命，而往征之也。

惟仲康肇位四海，胤侯命掌六師。

「胤征」之義，蘇氏則案魏絳、伍員之言以謂：「自太康失國之後，至少康嗣夏之前，皆羿、浞專政僭位之年。胤侯之徂征，蓋羿假仲康之命以命胤侯，若後世所謂『挾天子以令諸侯』者。」學者疑焉。某常因蘇氏之論，而考《左氏傳》所載，羿雖廢太康而立仲康，然其篡也乃在乎相之世。相，仲康之子也。仲康不爲羿所篡，至其子相，然後見篡於羿。是則仲康之世，羿之强威卒不敢加無禮於其上，其所以不敢加無禮於其上者，則仲康有以制之也。史官之序此書也，其言曰：「惟仲康肇位四海，胤侯命掌六師。」案：《唐書·志》「季秋月朔，辰弗集於房」，在仲康即位之五年，而序《書》者首言「肇位四海」，蓋推本其所以徂征之意也。羿之立仲康也，方將執其禮樂征伐之權，以號令天下，而仲康沈機先物，奮其獨斷，故於即位之始，命胤侯以掌六師，正如漢文帝入自代邸，即皇帝位，夜拜宋昌爲衛將軍，鎮撫南北軍也。羿之所以欲假借以爲威者，既爲胤后所得，故羿雖有强悍之志，終太康之世，而不得逞其不軌之謀也。羲和之罪，雖主於「廢時亂日」，意其欲黨於后羿，將與之同惡相濟，以共爲不軌之謀，故胤后承王命以徂征。而其誓師之言則曰「爾衆士同力王室，尚弼予欽承天子威命」，其意蓋可見矣。仲康之命也得夫天子討罪之權，胤后之征也得夫諸侯敵愾之義，羿之所以懷不軌之意而不得逞者，其理在於此。相之所以見篡於羿，必是優游不斷，浸失其六師之柄，以至於此極也。向使六師之權不失，常如仲康之世，羿何自而篡哉？蘇氏又曰「《書》固有聖人之所不取而猶存者」，此尤不然。夫以《春秋》之爲經，爲褒貶而作也，故有非聖人之所取而存之，以示刺者。至於《書》，則紀載帝王之實迹，録其典、謨、訓、誥、誓、命之文，以爲萬世法，豈容有所不取而猶存者哉？使《胤征》之事果是「挾天子以令諸侯」，而夫子存之於《書》，略不見其所以譏之之意，其不思後世之亂臣賊子將以是爲口實也哉？蘇氏此言係乎君臣上下之大分，不可以不辨。「惟仲康肇位四海」者，始踐天子之位也。始踐天子之位，即命胤侯以掌六師而爲大司馬，蓋投機之會，間不容穟，當斷不斷，反招其亂。羿專廢立之權，且將有竊國擅權之志，當此之時，兵柄之得失，國家社稷之存亡係焉。苟遲之以旬月之間，則無及矣，故命胤侯掌六師，必於「肇位四海」之上，蓋乘夫不可失之機，如曹操之於漢、司馬懿之於魏、劉裕之於晉、蕭道成之於宋、蕭衍之於齊、陳霸先之於梁、楊堅之於周，未有不得其兵柄而能成篡奪之謀者。羿之於夏，所以懷其不軌之謀而不得逞者，惟胤侯掌其六師之權也。仲康之沈機先物，於斯見矣。

羲和廢厥職，酒荒于厥邑，胤后承王命徂征。

蘇氏曰：「羲和，湎淫之臣也，而貳於羿，蓋忠於夏也，如王陵、諸葛誕之叛晉，尉遲迥之叛隋。」審如此說，則是羲和之罪誠爲可赦，而胤侯乃黨姦怙惡之臣，仲康乃優游失權之主，《胤征》之篇乃與王莽之《大誥》等爾，聖人何以録其書於百篇之内，以與堯、舜、禹、湯、文、武之書並傳於不朽乎？以是知「羲和之廢厥職，酒荒於厥邑」，當是時聚羣不逞之人，崇飲於其私邑，以謀作亂，其罪不止於「廢時亂日」，此胤侯所以承王命而往征之也。胤后，胤侯也。蓋以諸侯入爲王朝公卿，故謂之「后」，亦猶禹、稷、伯夷稱「三后」，周公、君陳、畢公亦稱「三后」也。

告于衆曰：「嗟！予有衆，聖有謨訓，明徵定保。

自此而下，嗣侯誓師之辭也。「嗟予有衆」，亦猶所謂「嗟六事之人」也，蓋嗟咨以重其事，而勑戒之辭也。「聖有謨訓，明徵定保」，「謨」者，人臣所陳之謨，若《大禹謨》、《皋陶謨》是也。然人君所以爲法於後世者，亦謂之「謨」，《伊訓》曰「聖謨洋洋」是也。「訓」者，人臣所陳之訓，若《伊訓》、《高宗之訓》是也。然人君所以垂教於後世者，亦謂之「訓」，如《五子之歌》曰「皇祖有訓」是也。此曰「聖有謨訓」，蓋是上古聖人爲法垂教以示後世子孫者，是人君之謨訓也。「明徵定保」，謂「聖人謨訓，爲世明證，所以安定國家」，此孔氏之説也。不如蘇氏曰：「『徵』，猶《書》所謂『庶徵』也。『保』，猶《詩》所謂『天保』也。」蓋明其休咎之證，以定其保大之業也。此説比先儒爲長。王氏曰：「其言可以明證，其事可以定保。」據經言，初無言與事之别，王氏分爲二説，迂矣。

「先王克謹天戒，臣人克有常憲，百官修輔，厥后惟明明。

聖人之謨訓，所以「明徵定保」者，蓋君臣各盡其職，以裁成天地之道，輔相天地之宜，故循職爲務。君有君之道，臣有臣之道，君臣之道，有勞佚詳略之不同，故百官則各修其職以輔君，而人君之謹天戒於上。夫何爲哉？惟明其明德而已，此下句所以結前之義，而非別爲一意也。嗣侯之誓師，首以此爲言者，蓋使羲和能謹其「常憲」，以「修輔」其君，則仲康得以「謹天戒」而明慎於上。今也至於畔官離次，而不知有日食之變，則是廢人臣之「常憲」，此危亡之徵也，安能免於誅乎？故其誓師，首言及此。惟人君之「謹天戒」，必使夫百官之「修輔」，故先王之世，必常有以謹戒之，使夫一介賤臣猶不忘於謹戒之意，然後可與成就人君之明德而享天心也。廢而不修，仲康雖有「謹天戒」之心，亦不得施。君不能「謹天戒」於上，臣不奉「常憲」於下矣。

「每歲孟春，遒人以木鐸徇于路，官師相規，工執藝事以諫。其或不恭，邦有常刑。」

《周官》：「正月之吉，始和布治於邦國都鄙，乃縣治象之法於象魏，使萬民觀治象，挾日而斂之。」蓋古者將欲布令，以勑戒夫百官萬民，則必用正歲之正月，故先王將使百官修輔，則亦必以每歲之孟春，使「遒人以木鐸徇於路」而戒勑之也。「遒人」，宣令之官也。《周官》無此官，惟小宰之職曰：「正歲，率治官之屬而觀治象之法，徇以木鐸，曰：『不用法者，國有常刑。』」與此所載同。意者「遒人」之官，其在夏時亦爲治官之屬，宣達上之法令而布之於下者也。《禮》有金鐸，有木鐸，其體皆以金爲之，惟舌則有金、木之異。木舌，木鐸也，文事則振之。金舌，金鐸也，武事則振之。此文事也，故徇以「木鐸」。其徇之言曰「官師相規，工執藝事以諫。其或不恭，邦有常刑」，此蓋前期而申儆之也。「官師相規」者，言貴而爲官師者，則朝夕納誨，規正人君之闕失也。規正人君之闕失而曰相者，亦猶周公所謂「胥訓誥、胥保惠、胥教誨」也。「工執藝事以諫」者，賤而爲百工者，各執其藝事以諫。蓋雖百工技藝之事，而至理存焉。苟能執其藝事以諫，無非治天下國家之道也。唐穆宗問柳公權筆法，公權曰：「心正則筆正，筆正乃可法矣。」時帝荒縱，故公權及之，帝悟其筆諫也。夫公權雖非技藝之人，而其言乃幾乎執藝事以諫。意者先王之時，凡執藝事以諫者，莫不然也。夫上而官師，下而技藝之事，無不欲其規諫，蓋將成明明之德，不可不資臣下之助。蓋丘陵積卑以爲高，江海合小而成大，一人合并以爲公也。其有不以規諫爲意者，則是不敬其君，邦有常刑，而不敢赦也。

「惟時羲和，顛覆厥德，沈亂于酒，畔官離次，俶擾天紀，遐棄厥司。

此遂申言羲和之罪，上干先王之誅，無所逃於刑憲，故往征之，非是仲康妄興干戈，以快一時之私怨也。《酒誥》曰：「天降威，我民用大亂喪德，亦罔非酒惟行。越小大邦用喪，亦罔非酒惟辜。」酒之爲禍大矣：天子而沈湎於酒，則失其天下，若夏之太康，商之紂，周之幽、厲是也；卿大夫而沈湎於酒，則喪其國邑，若羲和是也。夫人苟湎於酒，則驕奢淫佚無所不至，惟耽樂之從，而廢其職業之所當修者，則始喪其德，終而至於喪國亡家，其勢然也。羲和之罪，至於廢官曠職，上干先王之誅，推本而言，豈有他哉？惟酒爲之禍而已。是以胤侯數羲和之罪，所言曰：惟時羲和，棄其德而行不修，若木之顛、器之覆，而不能自立者，惟沈湎喪亂於酒而已。既沈亂於酒，則畔其所掌之官、離其所居之位，而莫之有也。「俶」，始也。「擾」，亂也。「天紀」，天之五紀也，即《洪範》所謂「歲、日、月、星辰、歷數」是也。薛氏曰：「天紀未嘗亂，而亂之者，自羲和始，故曰『俶擾天紀』。」此說是也。蓋自堯舜命羲和「歷象日月星辰，敬授人時」之後，爲羲和者，世守其職，未嘗亂於天紀。蓋於是而始亂，亦猶《五子之歌》曰「惟彼陶唐，有此冀方。今失厥道，亂其紀綱，乃底滅亡」，亦謂自陶唐以來，紀綱未嘗亂，至於太康而始亂也。「遐棄厥司」，遠棄其所主之職，還其私邑，而無所忌憚也。

「乃季秋月朔，辰弗集于房，瞽奏鼓，嗇夫馳，庶人走。羲和尸厥官，罔聞知，昏迷于天象，以干先王之誅。

夫羲和之罪至於是，仲康猶隱忍未誅之也。蓋先王之討誅有罪，乃天下之所共怒，衆之所不容，與衆人共棄之。羲和廢職之罪，仲康知之久矣，而其罪猶未暴白於天下。至於「季秋月朔，辰弗集於房，瞽奏鼓，嗇夫馳，庶人走」，而羲和乃罔聞知，則既取怨於天下矣，此則不得而不誅也。亦猶鯀之「方命圮族」，堯固已知其不可用矣，然猶徇四岳之請而試之，使治水，至於「九載，績用弗成」，然後殛之。凡此皆順因衆之所共怒，而後誅之也。蓋非天下之所共怒，則雖實有罪，先王猶未之誅也。孟子曰：「左右皆曰『可殺』，勿聽。諸大夫皆曰『可殺』，勿聽。國人皆曰『可殺』，然後察之，見可殺焉，然後殺之，故曰『國人殺之』也，然後可以爲民父母。」先王之誅有罪，其所以誅之，而天下莫不服者，此無他，惟其與國人共殺之而已。「乃季秋月朔」者，九月之朔也。「辰弗集於房」，漢孔氏曰：「『辰』，日月所會。『房』，所舍之次。『集』，合也。不合即日蝕可知。」據孔氏此言，蓋以羲和之廢厥職，至於日有蝕之變，猶不之知也。然胡舍人則以此説爲不然，以謂：「日月交會之謂辰。十二月，十二辰之次也。日行赤道，月行黄道。日行遲，月行急。一月一會，必合於黄道、赤道之間。或高或低，或上或下，不相掩蔽，是謂不食。或左或右，或先或後，而相掩蔽，則蝕矣。日食於晝，月食於夜，則見也。日食於夜，月食於晝，不見也。日月交會，則有食矣。謂不集所舍而致食乎？既不集，則非晦也，非朔也，安得謂之『季秋月朔』乎？」胡氏此説，則以謂「日月集合，而後有蝕。既謂『辰弗集於房』，則不得謂之日食」，此説有理。然胡氏既疑「辰弗集於房」爲非日食，至其論「弗集於房」之義，則以爲曆誤也。謂「房」者，二十八宿之

「房」，非是十二次之舍也。秋之九月，日月當合朔於房、心之次。今也「弗集於房」者，則是曆之誤，非日食也。夫曆之誤，至於當合朔而不合朔也，此非精於曆者，不足以知之，而何以至於「瞽奏鼓、嗇夫馳、庶人走」乎？胡氏亦自知其説之不通，遂謂「先曆誤，而後日食」，其迂甚矣。《唐書・律曆志》論「辰弗集於房」之義，以謂：「案：古文集與輯義同。日月嘉會，而陰陽輯睦，則陽不僭乎位，以常其明，陰亦含章示沖，以隱其形。若變而相傷，則不輯矣。」《唐志》此説殊爲可行。案：《漢書・帝紀》「西鑾、北夷頗未集睦」，顔師古曰「集與輯同」。以此觀之，則「辰弗集於房」，其爲日食審矣。但「集」之義，當爲「集睦」之「輯」。❶蓋日月不相輯睦於其所舍，故得有食。孔氏曰「集爲集合之集」，則非其義，此其所以起胡氏之疑也。今當從孔氏之説，以爲日食，而參之以《唐・律曆志》之義，以「集」爲「輯睦」之「輯」，則下文相貫矣。「房」有二説，或以爲「房星」。案：日月會於大火之次，正在「季秋月朔」。謂之「房星」，理亦可通。然《唐・律曆志》曰：「君子慎疑，寧以日在之宿爲文？近代善曆者，推仲康時九月合朔，已在房心北矣。」觀此説，則以房所次之舍，其説爲長。據《左氏傳》梓慎曰：「宋，大辰之虚；陳，太皞之虚；鄭，祝融之虚；皆火房也。」所謂「火房」，與此義同，皆所舍之次也。「辰弗集於房」，蓋謂日月不集睦於其所舍之次爾。日月不集於所舍之次，而日有食之，其爲變也大矣。「瞽奏鼓、嗇夫馳、庶人走」，皆所以救日食也。案《左傳》文十五年「日有食之，天子不舉，伐鼓於社，諸侯用幣於社，伐鼓於

❶ 「集睦」，按文義當爲「輯睦」。

朝」，則是古者當日食之時，有此「伐鼓」之禮也。「瞽」，樂官也。「奏鼓」者，進鼓而伐之也。《詩》曰「奏鼓衎衎」，❶與此義同者。食必「奏鼓」，曾氏曰「日食，陰侵陽也。鼓，陽聲也。『瞽奏鼓』者，助陽以儆陰」，義或然也。「嗇夫」，《周禮》無此官，漢孔氏謂「王幣之官」，❷鄭氏謂「夏官之屬」，殊無所據，此亦但以意度之而已。《百官表》「鄉有嗇夫，職聽訟、收賦稅」，上林亦有「虎圈嗇夫」。故漢鄭玄、第五倫，皆常爲鄉嗇夫，則是知役之賤者。此篇「遒人」與「嗇夫」，考之於《周禮》，皆無此官，則知周之建官，其名與夏時異者多矣。「庶人」，乃庶人之在官者也。「嗇夫馳、庶人走」，皆所以供日食之百役也。《春秋穀梁傳》曰「天子救日，置五麾、陳五鼓」，《曾子問》曰「諸侯從天子救日食，各以方色旗與其兵」，❸而《周官・庭氏》云「救日月之弓矢」，則是救日之時，必有此役。「嗇夫」、「庶人」之「馳」、「走」者，蓋所以供此役也。然必謂之「馳」、「走」者，蓋以見日食之變。天子謹天戒以恐懼脩省於上，而嗇夫、庶人尚且馳驅奔走於下，以從天子救日。如此其急，而羲和親爲曆象之官，乃沈湎於酒，安於其邑，而罔聞知也。「尸」者，不言不爲而無所事也。日食之變，百姓震動而不遑寧，羲和莫之知，可謂「尸厥官」矣。夫先王所以設羲和之官者，使之仰觀夫日月星辰之運行，以候天地之氣，而知日時寒暑，以相參合，使萬民於此而取正焉，則「百工」由是而「允釐」，「庶績」由是而「咸熙」。今也羲和「畔官離次，俶擾天紀，遐棄厥司」，於「季秋月朔」，日有食之，而曾莫之知，則天象於是昏迷，而斯民無所取正，違叛先王之

❶「衎衎」，《毛詩正義》作「簡簡」。
❷「王」，《尚書正義》作「主」。
❸「方色旗」，《禮記正義》作「其方色」。

訓謨，以干犯先王之誅。其可誅之罪，豈特官師之不能相規，工不能執藝事以諫而已？杜元凱曰：「日行遲，一歲一周天。月行速，一月一周天。一歲凡十二交會。然日月動物，雖行度有大量，不能不少有盈縮，故有交會而不食者，或有頻會而食者。」蓋日食之變有交，其交會過險之常數，曆家所可得而逆推之也。使羲和能修其職，逆知乎天將有日食之變，以規諫於仲康，則仲康得以恐懼修省，上答天意，而銷弭天變於未然之前。今乃不能逆知其變，至於日既食矣，「瞽奏鼓、嗇夫馳、庶人走」，而猶罔聞知。其爲不恭，孰大於此？使仲康舍而不誅，安得爲「謹天戒」乎？《泰誓》曰：「商罪貫盈，天命誅之。予弗順天，厥罪惟鈞。」羲和既不修其職，至於昏迷天象，罪在不赦矣。使仲康又舍之而不誅，則是君臣同惡相濟，厥罪鈞矣，故仲康命胤侯以征之。其征之者，蓋所以祗畏天命，行先王之誅，而不敢赦也。然則用師也，亦豈得已而不已者哉？

「政典曰：『先時者，殺無赦。不及時者，殺無赦。』」

諸儒解釋此義，皆以此屬於上文。故漢孔氏曰：「『先時』，謂曆象之法、四時之氣、弦望朔晦先天時，則罪死無赦。『不及時』，謂曆象後天時。雖治其官，苟有先後之差，則無赦。」唐孔氏遂謂：「先天時者，所名之日在天時之先。假令天之正時當以甲子爲朔，今曆象乃以癸亥爲朔，是造曆先天時也；若以乙丑爲朔，是造曆後天時也。後即『不及時』也。其氣、望等，亦皆如此。」以某觀之，是殆不然。帝王之世，雖重曆象之事，然曆官之差一日一朔，則至於殺之無赦，雖秦人棄灰於路，步過六尺之誅，亦不過如是之酷也，豈先王忠恕待人之道哉？據此文勢，上文言「克謹天戒，臣人克有常憲」，至「其或不恭，邦有常刑」，此蓋胤侯舉先王之誅，以繩羲和之罪。於是繼之以「惟時羲和，顛覆厥德」，以至於「昏迷於天象，以干先王之誅」，其首尾總結文義已足矣。自「政典曰」以下，乃是胤侯誓師勑戒吏士之辭，當屬於下文，不當復謂指羲和而言也。《周官·冢宰》「掌建邦之六典，以佐王治邦國。一曰治典，二曰教典，三曰禮典，四曰政典，五曰刑典，六曰事典」，此周官六卿之典也。「治典」者，冢宰之所掌也。「教典」者，司徒之所掌也。「禮典」者，宗伯之所掌也。「政典」者，司馬之所掌也。「刑典」者，司寇之所掌也。「事典」者，司空之所掌也。胤侯掌六師，爲大司馬，故舉「政典」以爲言，蓋大司馬法也。惟其軍馬，故有「先時」、「不及時」之誅。「先時」者，謂先前師期而進，是邀功也。漢班勇與張朗共攻焉耆，勇從南道，朗從北道，約期俱至焉耆。而朗嘗有罪，欲邀功自贖，遂先期至爵，離關徑入焉耆。若此之類，是之謂「先時」。蓋不與大軍相期會，而嗜利輕進，不可以不誅也，故「殺無赦」。「不及時」者，謂後期而至，是逗留也。漢遣霍去病等擊匈奴，公孫敖出北地二千餘里，過居延，斬首虜三萬餘級，雖有功，以後期當斬，贖爲庶人。若此之類，是之謂「不及時」。蓋與大軍期而不至，而稽延師期，亦不可以不誅也，故「殺無赦」。惟此二者，皆誅而無赦，則軍士莫不用命矣，此胤侯誓師之意也。

「今予以爾有衆，奉將天罰。

前既言政典「先時」、「不及時」之誅，以誓師矣。此遂告之以徂征之意，謂「今予以爾有衆，奉將天罰」。「將」，行也。蓋先王之「克謹天戒」，則其臣之守「常憲」者，以先王之心爲心，亦所以事天命也。羲和酒淫，不率其職，以干先王之誅，是不以先王事天之心爲心，不惟得罪於君，亦得罪於天矣。故胤侯之征，蓋所以奉天罰，而不敢專也。

「爾衆士同力王室，尚弼予欽承天子威命。

天子討而不伐，諸侯伐而不討。仲康之命胤侯，得夫天子討罪之權。胤侯之征羲和，得夫諸侯敵愾之義。其用兵行師也，可謂仗大義而行矣，故其辭直、其義明，非若五霸摟諸侯以伐諸侯，其辭曲、其義迂也。我之征羲和，既以欽承天子已行之威命，爾當以同力王室爲心，不可不弼予以徂征也。

「火炎崑岡，玉石俱焚。天吏逸德，烈于猛火。殲厥渠魁，脅從罔治。舊染污俗，咸與惟新。

此則告以所爲弔伐之意也。蓋言火之焚於崑岡，不擇玉石而焚之，無所辨於美惡也。羲和誠有罪也，苟天吏有過逸之德，不擇善惡而並戮矣，其爲害也又將甚於猛火，非所謂誅其君而弔其民也。今我之徂征，惟殲其渠魁之害，而罔治其脅從之黨。凡舊染於羲和之俗，則咸與教而惟新之，此蓋王師弔民伐罪之意也。湯之伐桀、武王之伐紂，號爲應乎天而順乎人者，不過若此而已。彼項羽入秦關，坑秦降卒數萬人，殺秦王子嬰，燒秦宮室，所過殘滅，此豈非所爲「天吏逸德，烈於猛火」乎？胤侯之數羲和之罪，其始也但言其「畔官離次，俶擾天紀」而已，而其終篇乃有及於「脅從之黨，舊染之俗」，以是知羲和之罪，當不止於「廢時亂日」，是必聚羣不逞之人，崇飲於其私邑，圖爲亂黨，將以助羿而爲亂，故曰「有脅從之黨，舊染之俗」也。若使羲和之罪，止於「廢時亂日」，則其執而戮之，是特一法吏之事耳，何至率六師而征之乎？然其征之而不正名其惡者，蓋若正名其惡，則當窮治黨與，剗根浚源而戮之，而仲康之勢未有足以制后羿之命，故特治其「廢時亂日」之罪而已。夫羲和有脅從之黨、舊染之俗，而且與后羿同時。胤侯之征也，其誓師之辭指羲和，且謂「爾衆士同力王室，尚弼予欽承天子威命」，則是羲和之黨於羿，而胤侯之忠於王室，其事甚明。而蘇氏乃以曹操、司馬仲達、楊堅之流，討二已者以爲比。某謂「蘇氏之説經，多失之易者」，此類之謂也。

「嗚呼！威克厥愛，允濟；愛克厥威，允罔功。

王氏、蘇氏二説，大爲穿鑿。據此二説而考之，皆以「威」爲「刑罰」之「威」，「愛」爲「仁愛」之「愛」，故其説如此。殊不知所謂「威」者，非「刑威」之「威」，乃「果斷」之「威」也。所謂「愛」者，非「仁愛」之「愛」，乃「姑息」之「愛」也。以「果斷」之「威」，勝其「姑息」之「愛」，則有濟矣。古人有得之者，孝宣之綜核名實、光武之總攬權綱是也。以「姑息」之「愛」，勝其「果斷」之「威」，則陵夷大壞，必至滅亡，信乎其無功也。古之人有行之者，孝元之優游不斷、孝成之威福下移是也。羲和之罪，至於有脅從之黨、舊染之俗，且將與羿爲亂矣。苟舍之而不誅，是區區於「姑息」之「愛」也，豈所以爲安全之道哉？善觀古人之言，必推本其立言之意，不可以一概論也。「威克厥愛，允濟」，若以此「威」爲「刑威」之「威」，「愛」爲「仁愛」之「愛」，此誠申、商之言也，豈《詩》、《書》之訓哉？

「其爾衆士懋戒哉！」

此言我之所以誓師之意如此，爾衆士則不可以不勉戒其心，以用我之命也。自古國家當中衰之運，則朝廷之上往往行姑息之政，故英雄之徒得以乘間抵巇，肆爲桀驁，而莫之奈何。是以大有爲之君，當夫歷運中否、社稷阽危之際，苟非赫然奮其乾剛之斷，未見其有能濟也。唐自肅、代以來，一切行姑息之政。藩鎮戮主帥者，因而授以節鉞，或聽自擇帥，其驕子弟皆得以承襲父兄之位。及憲宗剛明果斷，足以有爲，不憚用兵以翦勦强梗，於是平夏、平蜀、平江東、平澤潞，以至易、定、魏、博、貝、衛、澶、相、淮、蔡，莫不率服，而唐室遂以中興。此無他，惟威克愛故也。憲宗雖以剛果爲政，而子孫不能率，至於穆、敬、❶文宗之世，又以姑息爲政，藩鎮復强，

❶「敬」，原避宋翼祖趙敬諱作「欽」，今回改。

而唐室遂亡。仲康之世，何以異此？當其命胤侯以征羲和，誠得乎「威克厥愛」之義，故足以制后羿之强，而中興有夏之業。惜夫后相繼之不能用其果斷以爲政，寖失天子之權綱，卒爲羿所篡，而夏終於不祀。此非仲康之失也，繼之者非其人也，可不慎哉！

自契至于成湯，八遷。湯始居亳，從先王居，作《帝告》、《釐沃》。湯征諸侯，葛伯不祀，湯始征之，作《湯征》。伊尹去亳適夏，既醜有夏，復歸于亳，入自北門，乃遇汝鳩、汝方，作《汝鳩》、《汝方》。

尚書全解卷十四　商書

湯誓

《書序》本自爲一篇，蓋是歷代史官相傳，以爲《書》之總目。吾夫子因而討論是正之，以與五十八篇共垂於不朽。其文多因史官之舊，故其篇次亦有相爲首尾者，不必叙其本篇之意。如此篇之序曰「伊尹相湯伐桀，升自陑，遂與桀戰於鳴條之野」，篇内全無此意，蓋以上篇之序曰「伊尹去亳適夏，既醜有夏，復歸於亳」，故此序與上文相接。而「伊尹相湯伐桀」，亦猶《洪範》篇上承《泰誓》、《牧誓》、《武成》之序，與上文相承，而曰「武王勝商，殺受，立武庚」，而篇内殊無「殺受，立武庚」之意，而序乃云爾。凡此皆是史官載記一時之事迹，首尾相因之辭，皆是史官序事之體。而説者乃以若此類者，皆聖人之深旨，至欲以《春秋》褒貶之義而求之，皆過論也。

伊尹相湯伐桀，升自陑，

伊尹「既醜有夏」以歸，而桀之作惡不悛，終無改過之意，於是相湯伐夏，救民也。湯之伐桀，必得伊尹歸亳而後決者，蓋以臣伐君，聖人之慚德也。苟非有大不得已者，則聖人豈肯爲是慚德之舉，以爲萬世亂臣賊子之口實也哉。故湯得伊尹於莘野，必使之就桀，而輔以正之，至於五反，而桀終不改，然後伐之。文王三分天下有二，以服事商，終其世，而紂之惡蓋自若也，然後其子武王不得已率諸侯而伐之。伊尹事桀，文王事紂，其意一也。湯之伐桀，武王伐紂，其出于不得已而不可以已者，其意蓋可見於此。故雖以臣伐君，而身不失天下之顯名者，以天下後世知湯之伐桀、武王之伐紂，非其本心也。孟子曰：「五就湯，五就桀，伊尹也。」蓋伊尹之難，莫難於此。彼以伊尹爲湯作間於夏者，此乃戰國之士以己之私意臆度伊尹者也。「升自陑」者，所從伐夏之道也。漢孔氏曰：「升道從陑，出其不意。」孔氏之意謂：桀都安邑，而在亳之西者，從東而往，湯不由安邑之東，而由其西，則以謂兵法所謂「出其不意」者也。蘇氏曰：「古今地名、道路，有易改不可知者，安知『陑』、『鳴條』之必在安邑西邪？升陑以戰，記事之實，猶《泰誓》言『師渡孟津』而已。」此説甚善。夫所謂「出其不意」者，乃後世用兵之詐謀也。齊之技擊不可以遇魏氏之武卒，魏之武卒不可以遇秦之鋭士，秦之鋭士不可以當桓、文之節制，❶桓、文節制不可以敵湯、武之仁義。夫桓、文節制之師，固已無事於詐謀矣，而況湯、武之仁義乎？謂「出其不意」者，其説固已陋矣。而唐孔氏又以謂：「湯承禪代之後，嘗爲桀臣，慚而且懼，故出其不意。」果如此説，則湯之伐夏是誠何心哉？王氏曰：「升陑，非地利也，亦人和而已。」薛氏謂：「得人和，而行師於不利之地，非人情也。」此説甚善。

遂與桀戰于鳴條之野，作《湯誓》。

湯誓

❶ 「桓」，原避宋真宗趙恒諱作「威」，今回改。下同，不再出校。

孟子曰：「『造攻自鳴條，朕哉自亳。』」❶言桀在鳴條已有可攻之釁矣。然後湯自亳而往攻之，則是鳴條乃桀所都之地名，蓋在安邑之旁也。「遂與桀戰於鳴條之野」，記其所戰之地，猶《春秋》書某人及某人戰於某是也。此記事之常體，但世代久遠，地名之詳不可得而見。然而先王所以弔伐之本義，則不係於此。而先儒乃附會其地名，以其前後、向背曲生義訓，是猶相馬而辨其物色、牝牡也。《湯誓》者，此篇之作，蓋見湯伐桀之時誓衆，所以爲興師動衆之意。《史記》因序載其戰伐之事，故以其本所誓師之語而係之也。《湯誓》，唐孔氏曰：「《甘誓》、《泰誓》發首皆有序引，别其誓意，❷記其誓處。此與《費誓》惟記誓辭，不言誓處者，史非一人，辭有詳略。」此說是也。蓋夫子定《書》之時，無序者不增，有序者不損，各因其舊而已。

王曰：「格爾衆庶，悉聽朕言。非台小子，敢行稱亂。有夏多罪，天命殛之。

《禮》曰：「天無二日，民無二王，❸尊無二上。」湯、武誓師之時，桀、紂猶在上，而稱「王曰」者，此蓋史官之追稱也。湯、武之稱王，必在於既克夏、勝商革命之後。武王既克商，「柴望，大告武成」，然後追王太王、王季、文王。武王追王其先世，猶必待於有天下之後，豈其身而急於自王乎？漢孔氏曰：「湯稱王而誓師矣。」據下文湯之稱桀曰「夏王率遏衆力」，則是湯猶以王稱桀也，而謂「比桀於一夫」可乎？湯既稱王，而又稱桀爲王，是二王也，湯之所爲必不如此也。此事涉於君臣之分，不可不辨也。「格爾衆庶，悉聽朕言」者，呼衆使前，以聽

---

❶「鳴條」、「哉」，《孟子注疏》作「牧宫」、「載」。

❷「别」，《尚書正義》作「别言」。

❸「民」，《禮記正義》作「土」。

朕之誓言也。「非台小子，敢行稱亂。有夏多罪，天命殛之」，此所以告之以弔伐之意也。夫以諸侯而伐天子，以分言之，是「稱亂」也。然夏氏之多罪，「天命殛之」，雖欲不伐，不可得也。或問孟子曰：「勸齊伐燕，有諸？」曰：「未也。沈同問『燕可伐與』，吾應之曰『可』，彼然而伐之也。彼如曰『孰可伐之』，則將應之曰『爲天吏，則可以伐之』。今有殺人者，或問之曰『人可殺與』，則將應之曰『可』，彼如曰『孰可以殺之』，則將應之曰『爲士師，則可以殺之』。今以燕伐燕，何爲勸之哉？」蓋非爲天吏，則不可以伐有罪，「以燕伐燕」是也。爲天吏，則不可以不伐有罪，湯放桀、武王伐紂是也。不爲天吏而伐有罪，猶不爲士師而擅殺人者也。爲天吏而不伐有罪，猶爲士師而故縱死罪囚者也。湯、武之事，雖曰「以臣伐君」，然天之所命、民之所歸，實有不得已而不敢已者，故湯曰「夏氏有罪，予畏上帝，不敢不正」，武王曰「商罪貫盈，天命誅之。予弗順天，厥罪惟鈞」。蓋爲天吏而不伐有罪，則是逆天之命，安然坐視斯民陷於塗炭而莫之救，其不仁孰甚乎？故湯之誓師謂「非我小子，敢行稱亂」之事，蓋天之命我伐有夏之多罪，而不敢赦也。自「今爾有衆」至於「今朕必往」，漢儒解釋此義迂回繳繞，最爲難曉。惟薛氏、王氏爲深得之。今參酌二家之説，以述其義，若漢儒異同之失，則亦不復論。

「今爾有衆，汝曰：『我后不恤我衆，舍我穡事，而割正夏。』予惟聞汝衆言，夏氏有罪，予畏上帝，不敢不正。今汝其曰：『夏罪其如台？』夏王率遏衆力，率割夏邑。有衆率怠弗協，曰：『時日曷喪？予及汝皆亡！』夏德若茲，今朕必往。

此蓋亳邑之民安於無事，而深憚伐桀之勞。「我后」，指湯也。謂湯不恤亳邑之衆，舍其稼穡之事，而斷正有夏之罪。蓋言有夏之罪，非湯之所當憂，而亳邑之民方勤於農事，不可以奪其時而爲此役也。湯謂我亦聞汝衆言如此，然夏氏有罪，獲譴於上天，故上帝命我以弔民伐罪，予畏上帝之命，不敢不往正有夏之罪以弔民也。今汝亳邑之民，保我以自固，謂夏虐之所不能加，而無伐夏之意者，則曰：「夏罪雖虐，其如我何？」殊不知夏王方且率爲虐政，遏絶衆力，割剥夏邑，謂征役之煩、賦斂之重也。夏王既虐用其民如此，故有夏之衆亦皆相率怠惰而不和協，曰：「何時何日而喪亡？我欲殺其身，以與之皆亡。」夏民之情，其迫切如此，我豈可與汝亳邑之衆苟安於朝夕，坐視而弗救乎？故曰「夏德若兹，今朕必往」。言夏之虐患既如此之極，雖爾亳邑之衆舍其穡事以爲此役，然所活者衆，所存者大，不可以不往也。夫以湯之伐夏，所以應天下之望也，至於東面而征西夷怨，南面而征北狄怨。然而亳邑之民，乃憚於興師而不肯往，至於誓之以必往而後往者，以此見湯之忠厚之德，克化於亳邑之民，薰陶漸漬，蓋有由之而不自知者。其伐桀也，不惟湯有黽勉不得已之意，而亳邑之民亦至於强而後從，而非其本心樂於爲是舉也，非其化於湯之盛德，何以及此？如安禄山、史思明蓄其不軌之謀以亂唐室，幽陵之民至以安、史爲聖，此則惟恐其叛之不速而事之不濟也，豈待强而後從哉？

「爾尚輔予一人，致天之罰，予其大賚汝。爾無不信，朕不食言。爾不從誓言，予則孥戮汝，罔有攸赦。」

經曰：「天視自我民視，天聽自我民聽。」民既惡桀，而欲與之皆亡，則是天絶之矣。爾衆士尚輔我一人以伐之，欲致天之罰也。爾苟用命，我則賚汝以爵賞。蓋汝能順天之意，是天命之所當加也。爾無以朕之言不可信，朕必不食此言。蓋古者以言之虚僞而不實者謂之食言。「食言」者，蓋言之不行，如食之消盡也。爾或不從我之誓言，我則戮汝之孥以耻辱之，無有所赦。蓋汝既不能承天之意，則是天討之所宜加也。或刑、或賞，我豈容私喜怒於其間哉？凡以奉天之意而已。詳考此篇，蓋是商民憚於征役，不欲爲伐桀之舉，故湯丁寧懇切，告以所爲弔伐之意，必是其始興師之時，誓衆於亳邑之辭。既誓而後往伐桀，「升自陑」，以「與桀戰於鳴條之野」。然觀孔序之文，則類夫臨戰而後誓之者。蓋序文總載夫伐桀之詳，而係之以本所誓師之辭，非是行陣於鳴條，臨戰而後誓，若《牧誓》之類也。凡若此之類，在夫學者以意逆志而得之，不可以輕重、先後拘於言語文字之間，而失古人之大意也。孟子曰：「禹、稷、顔回同道。禹思天下有溺者，由己溺之。稷思天下有飢者，由己飢之。禹、稷、顔子易地則皆然。今有同室之人鬭者，救之，雖被髮纓冠而往救之，可也。鄉鄰有鬭者，被髮纓冠而往救之，則惑也，雖閉户，可也。」使湯居處窮約，不爲天吏，不爲斯民之所係望，坐視斯民困於虐政，若鄉鄰之有鬭者，其勢可以閉户而不救，則不惟天下之民不得以被其澤，雖亳邑之民亦不得被其澤矣，若孔、顔，孟於鄒、魯之民是也。今也既處乎不得不救之地，東面而征西夷怨，南面而征北狄怨。天之眷命也重矣，民之責望也深矣。視斯民之無告，有若同室之人鬭，當被髮纓冠而往救之。當此之時，豈可以亳民之不欲，而使其澤不被於天下乎？故伊尹於是時思天下之民，匹夫匹婦有不被乎堯舜之澤者，若己推而納諸溝中，匹夫匹婦尚不可使不被其澤，天下之民況可以徇亳民之私意，而不被其澤乎？此《湯誓》所由作也。然其終篇必誘之以大賚，憚之以孥戮者，此蓋誓師之常理也。《易》曰：「師出以律，否臧凶。」《象》曰：「『師出以律』，失律凶也。」蓋師之紀律，必明於始出之時。始出而律紀不明，雖師有名，亦危道也。用命者有賞，不用命者有刑，此師律之大者。湯之興師，雖曰「伐夏救民」，安能廢師律乎？《舜典》曰：「三載考績，三考，黜陟幽明。」夫舜之考績，猶不能不用刑賞，況湯、武之行師，宜其刑賞之不可廢也。唐高定嘗讀《書》，至此篇，問其父郢曰：「奈何以臣伐君？」郢曰：「應天順人，何云伐邪？」對曰：「『用命，賞於祖。弗用命，戮於社』，是順人乎？」此蓋浮薄之論也。而《唐史》爲之立傳，紀載此言，以爲辨惑，是率天下而爲浮薄也。揚子雲曰：「仲尼多愛，愛義也。子長多愛，愛奇也。」《唐史》記載高定此言，亦有好奇之過，是可删也。

湯既勝夏，欲遷其社，不可。作《夏社》、《疑至》、《臣扈》。夏師敗績，湯遂從之，遂伐三朡，俘厥寶玉。誼伯、仲伯作《典寶》。

仲虺之誥

《周禮・士師》：❶「以五戒先後刑罰：❷一曰誓，用之於軍旅。二曰誥，用之於會同。」謂於會同之所，設言以告衆也，若《湯誥》、《康誥》、《召誥》之類，皆是於會同之時，告衆以其所設施之意。故《湯誥》曰「王歸自克夏，至於亳，誕告萬方」，《康誥》曰「四方民大和會。侯甸男邦采衛，百工播民和，見士於周。周公咸勤，乃洪大誥治」，《召誥》曰「誥告庶殷，越自乃御事」，凡此皆是會同之所誥也。此仲虺告湯一人之辭，而亦曰「誥」者，唐孔氏曰：「仲虺必對衆告湯，亦是『會同』。」然亦不必如此説，且如「殷既錯天命，微子作誥父師、少師」，亦豈對衆之辭邪？要之，凡曰「誥」者，但有所誥戒之辭，苟欲一之以「會同」之説，則固矣。《康誥》、《召誥》之類，二字足成文，仲虺誥三字不得成文，故以「之」字足成其句，亦猶《冏命》、《畢命》二字成文，至《微子之命》、《蔡仲之

❶「士」，原誤作「出」，今據《周禮注疏》改。

❷「五」，原誤作「立」，今據《周禮注疏》改。

命》，則加「之」字也。

湯歸自夏，至于大坰，

蓋其文連接上篇《典寶》之序，故漢孔氏云：「自三朡而還也。」班孟堅曰：「《書》之所起遠矣，至孔子纂時，上斷於堯，下訖於秦，凡百篇，而爲之序，言其作意。」而某竊嘗以謂：《書序》者，乃歷代史官轉相傳授以爲《書》之總目者，蓋求之五十八篇之序，有言其作意者，如《堯典》序曰「昔在帝堯，聰明文思，光宅天下。將遜于位，讓於虞舜，作《堯典》」，欲略一篇之旨，斷以數言，若此之類，謂之「孔子作序，言其作意」可也。如此篇序曰「湯歸自夏，至于大坰」，上一句言其作誥之時，下一句言其所誥之地，而湯之慚德，與夫仲虺之所以廣湯之意者，初無一言及之。若此之類，其爲史官記載之辭也審矣。故《書序》之言，惟著是篇之所由作而已，亦不必求之太深也。「大坰」，地名，《史記》以爲秦定陶，其實一也。其地，先儒以爲「未知所在，當是定陶而亳之路所經」。❶蓋孔氏以「三朡」爲定陶，故正義云爾也。「仲虺」，奚仲後爲湯左相，見於《左氏傳》。《誓》序曰「伊尹相湯伐桀」，則湯之時，當是伊尹爲右相，與仲虺共輔相湯，爲伐夏弔民之舉也。

仲虺作誥。

仲虺之誥

蓋湯伐夏而歸，内不自安，有慚德之言，故仲虺作誥，言其所以不得不伐之義，以廣湯之意也。此數語者，亦是

---

❶ 「而」，《尚書正義》作「向」。

史官録此語之時，撮其大旨，以見其君臣之間所以相告勉者，即班孟堅所謂「言其作意」者也。

成湯放桀于南巢，惟有慚德，曰：「予恐來世，以台爲口實。」仲虺乃作誥，

「南巢」，地名。薛氏曰：「盧江六縣東有居巢城，《書》有『巢伯來朝』，《春秋》『楚人圍巢』。」蓋桀奔於此，湯不殺也。湯、武之事，皆是爲天下之民除殘去虐，不得已而以臣伐君。然湯之於桀也，惟放南巢而已，至武王則殺受者，蓋湯之伐桀，而桀避位出奔，既已竄於南巢矣，於是湯縱不誅，以見其順天應人，有黽勉不得已之意也，至紂之事則異乎此。荀子曰：「武王選馬而進，厭旦於牧之野。鼓之而紂卒易鄉，遂棄殷人而進誅紂。❶蓋殺之者，非周人，固殷人也。」❷以是觀之，則是武王本無誅之意，而牧野之戰，前徒倒戈攻於後以北，是紂率如林之衆以逆戰，蓋自在行陣之間，故殷人殺之耳。紂既見殺，武王無可奈何矣，於是立其子武庚代殷後，蓋所以致其惻怛不忍之意，是亦湯伐桀之意也。邵康節曰：「下放一等，則至於殺矣。」其意以湯能容桀而放之，武王則不能放紂而殺之，則降於湯一等，失其旨矣。王氏曰：「桀之罪不若紂之甚，故湯放之而已。」是亦鑿說，宜以荀子之言爲正。《記》曰：「觴酒豆肉，讓而受惡，民猶犯齒。衽席之上，讓而坐下，民猶犯貴。朝廷之位，讓而就賤，民猶犯君。」古先聖王，聲爲律，身爲度，以爲法於天下，可傳於後世，以此救民，民猶有流爲不善者。湯之伐夏救民，雖曰「應天順人，出於不得已而然」，然以分言之，則是以臣伐君，以諸侯奪天子之位，湯之心雖無所利於其間，而其迹則近於利之者。故克夏而勝之，則躕𧽮而不自安，誠以謂「慮其所終而稽其所敝，

❶「棄殷人而進」，王先謙《荀子集解》（中華書局《新編諸子集成》一九八八年版）作「乘殷人而」。

❷「固」，《荀子集解》作「因」。

知後世亂臣賊子必有以我藉口，而行其篡奪之謀以利之者」，故忸怩然，慚其德之不及古，而慨歎曰「予恐來世，以台爲口實」。彼其意誠以謂「以臣伐君，真吾之罪」，不以順天應人之舉爲是固當然者。其始終之際，一出於誠實，內不以自欺，外不以欺人，未嘗巧爲文飾，以爲解免，此所以不失爲聖也。湯既負慚德，有不安之心矣。仲虺於是推明湯之本意，以爲迫天人之望，誠有不得已而不可以已者。既已釋成湯之疑，於是解天下後世之惑也。且如魏文帝，既逼漢獻帝而奪之位，乃以「受禪」爲名顧左右曰：「舜受禹之事，吾知之矣。」其實篡奪，而以舜、禹之事欺其羣臣，人其可欺乎？自古亂臣賊子多矣，未有如曹丕之無忌憚也。湯自以爲稱亂，而天下後世不以爲稱亂。曹丕自以爲舜、禹，而天下後世不以爲舜、禹。此君子所以爲時中，而小人所以無忌憚者也。

曰：「嗚呼！惟天生民有欲，無主乃亂，惟天生聰明時乂。

「嗚呼」，歎辭也。言民之生有喜怒、哀樂、愛惡之欲，失性命之情以争其所欲，則侵盜攘奪無所不爲矣。不爲之主以治之，則欲者必争，争而不已，則亂矣。此篇論厥初生民所爲立君以治之之意也。柳子厚曰：「生人之初，萬物皆生，草木榛榛，鹿豕狉狉。人不能搏噬，而且無羽毛，莫克自衛，必將假物以爲用。夫假物者，必争争而不已，必就其能斷曲直者而聽命焉。其聽而明，所服必衆，告之以直而不改，必痛之而後畏，由是君長、刑政生焉，故近者聚而爲羣，羣而無分，其争必大。德又有大者，衆羣之長又就而聽命焉，以安其屬，於是有諸侯之列，則其争又有大者焉。其德又大者，諸侯之列又就而聽命焉，以安其封，於是有方伯、連帥之類，則其争又有大者焉。德又有大者，方伯、連帥之類又就以聽命焉，以安其人，然後天下會於一。是故有里胥而後有諸侯，有諸侯而後有方伯、連帥，有方伯、連帥而後有天子。」此説爲盡。蓋所以爲之君者，惟生民之争而無以主之則亂故也。夫惟立君以主民之欲，而民不至於亂，故非天生聰明之主，其耳目之聞見足以周知四方之情僞，則不足以乂其亂也。苟非其聰明足以聞其所不聞、見其所不見，則民之好惡、哀樂之情抑鬱於下，而無由上達，亦終於亂而已。故必「天生聰明」，然後可以乂斯民也。「天生聰明」，其聰明出夫天命之自然，非人爲之僞也。如秦始皇、魏武帝之徒，豈謂其非聰明哉？然其聰明出於天性，而挾之以詐，故以巧僞刧天下而服之。雖能服之，終亦叛而去者，以其非天之生聰明故也。王氏云：「民之有欲，至於失性命之情以争之，故攘奪誕謾無所不至。爲之主者，非聰明足以勝之，則亂而已。」此説大害義理。夫所貴乎聖人者，惟欲知天下好惡之情而已。苟欲勝之，則秦始皇、魏武帝之聰明而已，豈足以已其亂邪？仲虺言此者，蓋謂天生民而立之君，凡欲其聰明足以止亂而已，今桀之虐斯民也如此，已失夫所以立君乂民之意矣。又所謂當誅而不得誅也，武王誓師曰「惟天地，萬物父母。惟人，萬物之靈。亶聰明作元后，元后作民父母」，亦此意也。齊宣王問孟子曰：「湯放桀，武王伐紂，有諸？」孟子曰：「賊仁者謂之賊，賊義者謂之殘，殘賊之人謂之一夫。聞誅一夫紂矣，未聞弑君也。」蓋所謂立君者，惟懼夫民之相與殘賊，而無以主之故也。爲之主而自爲殘賊焉，則君之實喪矣，非一夫而何？孟子之意，即仲虺之意也。

「有夏昏德，民墜塗炭。天乃錫王勇智，表正萬邦，纘禹舊服，兹率厥典，奉若天命。

夏有昏德，則非聰明矣。非聰明之德，則虐用其民矣。故民之危險，若陷泥墜火，而無有救之者。桀之暴虐如此，則失其所以爲君之道矣。桀失爲君之道，而生民之亂不可以無主也。故天乃錫湯勇智，智足以有謀，勇足以有斷，即上所謂「天生聰明時乂」也。蓋惟智足以察斯民之情，勇足以拯斯民之命，是其聰明足以乂斯民也。惟天以勇智錫湯，是其意蓋將使湯表儀天下，以正萬國，此蓋發上文「惟天生民有欲，無主乃亂」之義也。「纘禹舊服，兹率厥典」，言禹以聰明之德爲天所命，以治斯民，而其子孫弗率，以至於「民墜塗炭」，故天之錫湯以「勇智，表正萬邦」者，凡欲使湯繼禹之功，從其舊服，以率其典常也。天命既如此，湯其可不奉若之哉？原仲虺之意，蓋以爲昏德如桀，天既棄之，不得而不伐；勇智如湯，天既命之，不得不順天命。有桀之昏德，非湯之勇智，則不得爲天吏。有湯之勇智，而桀無昏德，則事之而已，尚何伐之有哉？以如是之勇智，又適遭如是之昏德，故以臣伐君而不爲逆。苟爲君之昏不如桀，臣之勇智不如湯，則固不可以爲湯之所爲矣，又何患其以是爲口實哉？

「夏王有罪，矯誣上天，以布命于下。帝用不臧，式商受命，用爽厥師。

此又言夏之民塗炭甚矣，而湯以勇智之德見忌於桀，日懼危亡之不暇，畏天之命，不敢不奮其智勇，以拯生民之命也。自古英雄之君出而應世，苟其深仁厚德爲天人所歸，則必爲虐君之所忌。故漢高祖入秦關，秦民大喜，莫不欲高祖王秦者，而項羽忌之，鴻門之會，幾不得脱。光武宣慰河北，吏人喜悦，争持牛酒迎勞，而更始忌之，遣使立之爲蕭王，令罷兵，光武不就徵，乃得免。使此二主不能見幾而作，自脱於虎口，則斯民之命，果誰爲之拯溺哉？湯之勇智既爲天所錫矣，故桀愈不安，而欲殄滅之也。仲虺言夏王自知其有罪，自絶於天矣，於是矯誣上天之命，簧鼓流俗而虐用之。「矯」與「矯制」之「矯」同。「誣」，僞也。言桀自以其意，而託言上天之意，如此以惑其衆也。其詳雖不可得而知，意者如田單與燕人戰，每出約束，必稱神師之類。單用兵行師，出於一時之怪，猶可言也，桀爲人主，矯誣如此，其罪大矣哉。天命用不善之，是用使商受天命，用明其衆。「爽」，明也。蓋聖人以其昭昭，故能使人昭昭，天之命也。「用爽厥師」，亦言其有昭昭之實也。

「簡賢附勢，寔繁有徒。肇我邦于有夏，若苗之有莠，若粟之有秕。小大戰戰，罔不懼于非辜。矧予之德，言足聽聞。

此言桀之矯誣，亦足以惑其衆，而致其黨類之盛也。「簡」，略也。孟子曰：「我欲行禮，子敖以我爲簡。」「簡」，有「忽略」之意。言桀之衆賢而無勢，則忽略之，不賢而有勢，則附之，若是者繁多，有徒衆。蓋桀，君也，其勢尊。小人之欲，同惡相濟者則附之。其視湯之賢，則忽略而不容也。夫惟桀之衆，其盛如此，則湯於是時以賢見疾，可謂甚危矣。故於是言我商家國於有夏之初，已爲桀所惡，欲見翦除，如「苗之有莠」，如「粟之有秕」，恐被鋤治簸揚矣。以桀喻苗、粟，以湯喻莠、秕，此但言勢之危，而立於此時，必不見容也。薛氏、曾氏諸家，皆以苗、粟喻湯，莠、秕喻桀，言商爲桀政所亂，然與下文不相屬，今所不取，只當依先儒説也。桀之初，既視我商家若苗粟莠秕，欲鋤治簸揚之矣，故我商家大小危慄，惟恐以無罪見滅也。「肇我邦於有夏」，猶未盛也，而且懼以無罪見滅，況我之道德善言聽聞於天下，宜其愈見疾也。《史記》曰：「桀不務德，而武傷百姓，百姓弗堪。乃召湯，而囚之夏臺。」夏臺之囚，雖不見經，然以仲虺之言觀之，則知《史記》之言不虚矣。桀之惡湯，而欲殺之，至於囚於夏臺，而幾不得脱。湯之伐之迹，近於有挾也，而湯曾不以爲嫌。仲虺且以是而釋其慚德者，將天命明威，救生民塗炭之命，所繫甚大，而不敢赦也。

「惟王不邇聲色，不殖貨利。

此又言湯之盛德、善政巍巍如是，所以得民之心也。孟子曰：「桀、紂之失天下，失其民也。失其民者，失其心也。得天下有道：得其民，斯得天下矣。得其民有道：得其心，斯得民矣。得其心有道：所欲，與之、聚之；所惡，勿施爾也。民之歸仁也，猶水之就下、獸之走壙也。故爲淵敺魚者，獺也；爲叢敺爵者，鸇也；爲湯、武驅民者，桀與紂也。」惟湯、武之德，既有以聚民之欲、去民之惡，故桀、紂之民皆相率而歸之，雖欲牢辭固遜而不可得，是桀、紂驅民而使歸之，非湯、武誘之而使來也。老子曰：「惟無以天下爲者，可以有天下。」舜、禹之受禪，湯、武之征伐，奄天下之衆而有之，貴爲天子，富有四海，而天下不以爲過者，惟其未嘗有利之之心，而「無以天下爲」。苟其有一毫利之之心，則天下必有不服者，豈能創業垂統，以貽子孫萬世之業乎？故仲虺言湯之盛德，而首以「不邇聲色，不殖貨利」爲言者，謂湯之心清浄不欲、湛然不動，舉天下之聲色、貨利，曾不足以動其心，則其伐夏救民以有天下，果其有利之之心乎？「不邇聲色」，言不近嬖寵也。「不殖貨利」，言不營財賄也。此聖人之盛德，至大至剛，不爲外物之所變遷，見於行事之深切著明者。漢孔氏曰：「既有聖德，兼有此行。」其説失之矣。見於所行者，是真聖人之德，豈「不邇聲色，不殖貨利」之外，別有聖德乎？

「德懋懋官，功懋懋賞。用人惟己，改過不吝。克寬克仁，彰信兆民。

此言湯之修身行己，見於實効者如此，其取天下固無利之之心也，而又能官有德，賞有功，與天下同其利也。人之勉於德者，我則勉之以官，與之共天位、治天職也。人之勉於功者，我則勉之以賞，優其禄廪，榮其車服以旌寵之，不必共天位、治天職也。蓋有德者，以官勉之，有功者，以賞勉之，各稱其實而已矣。武王之崇德、報功，亦此意也。非特此也，又能「用人惟己，改過不吝」，而不徇一己之私也。「惟己」與「慎厥終，惟其始」之「惟」同，言用人之言，如自己出也，若所謂「善與人同，舍己從人，樂取諸人以爲善」也。王氏曰：「『用人惟己』，己知可用，而後用之。」如此，則是果於自任，而不從天下之所好惡也。王氏心術之異，大抵如此。「改過不吝」，言己有過則改之，無復吝惜，若所謂「過則無憚改」也。「用人惟己」，則善者無不從，「改過不吝」，則不善者無不改，此所以能合并爲公，以成其大也。其發而爲政，又能寬以居之，仁以行之，蓋所謂「以不忍人之心行不忍人之政」也。惟湯之德,如上所言,兹其所以明信於天下,天下信之,而欲以爲君也。孟子曰:「以萬乘之國伐萬乘之國,簞食壺漿以迎王師,豈有他哉?避水火也。如水益深,如火益熱,亦運而已矣。」桀之所以失天下之心者,惟其肆爲威虐,故民墜塗炭而莫之拯。湯於是時,以寬仁之德彰信於天下,故天下歸之,「若大旱之望雲霓」。然湯之所以能成寬仁之德者,其本則自於清凈寡欲,眇然天下舉不足以動其心,故能利與人同,以施其不忍人之政,兹其所以彰信於天下也。蓋撥亂反正以成帝王之業者,苟有利之之心,則將奪於物欲,見利而動,惑於聲色、貨利之私,遂至以私害公,不能推其所有以與天下共其利,剛愎自用,逞其能而莫之改。如此,則所施者無非虐政,是水之益深、火之益熱也。古之人有失之者,項羽是也。漢高祖與項羽,當秦之末,俱興義兵,以除殘去虐。較其勢,則高祖之不如羽遠甚,然而高祖卒得天下,而羽失之者,以高祖之寬仁,而羽則惟肆其暴虐而已。原其高祖之所以寬仁者,無他,亦本於此數者之德而已。觀其入秦關,珍物無所取,婦女無所幸,封秦宫室府庫,還軍灞上,則其志已不小矣。而又不愛爵賞,降城即以侯其將,得賄即以分其士,好謀能聽,從諫如轉圜。惟此數者之德皆備於己,故其約法三章,悉除去秦法,而秦民皆安堵如故,莫不欲高祖王秦者。而項羽之所爲,則皆反是。此其成敗之勢所不同也。以高祖之成帝業者而推之,則知仲虺所以推本成湯誕膺伐夏救民之意,始於「不邇聲色,不殖貨利,改過不吝」,然後繼之以「克寬克仁,彰信兆民」,可謂知所先後矣。

「乃葛伯仇餉,初征自葛。東征,西夷怨,南征,北狄怨,曰:『奚獨後予?』攸徂之民,室家相慶,曰:『徯予后,后來其蘇。』民之戴商,厥惟舊哉!

此又言湯既有寬仁之德,彰信兆民矣,於是言其弔伐之時,爲天下之所歸向也。湯之征伐,蓋始於葛,其略見於仲虺之言，其詳見於《孟子》。孟子曰：「湯居亳，與葛爲鄰，葛伯放而不祀。湯使人問之曰：『何爲不祀？』曰：『無以供犧牲也。』湯使遺之牛羊。葛伯食之，又不以祀。湯又使人問之曰：『何爲不祀？』曰：『無以供粢盛也。』湯使亳衆往爲之耕，老弱饋食。葛伯帥其民，要其有酒食黍稻者奪之，不授者殺之。有童子以黍肉餉，殺而奪之。《書》曰『葛伯仇餉』，此之謂也。爲其殺是童子而征之，四海之内皆曰：『非富天下也，爲匹夫匹婦復讎也。』湯始征自葛載，十一征而無敵於天下。東面而征西夷怨，南面而征北狄怨，曰：『奚爲後我？』民之望之，若大旱之望雨也。歸市者弗止，芸者不變，誅其君，弔其民，如時雨降，民大悦。《書》曰：『徯我后，后來無罰。』」孟子之時，去古未遠，必其載籍之所傳者如此，是可執以明仲虺之意。蓋湯之於葛，其始也未嘗有伐之之意，其祀也，則遺之以牛羊，既不祀也，則使亳衆往爲之耕。及其殺饋餉之童子，然後不得已而伐之。其伐之也，非以快一時之私，爲匹夫匹婦之讎也。湯之伐葛，既爲匹夫匹婦之讎，則匹夫匹婦之有讎者，莫不願其爲之復也。故伐葛之後，又有十一征焉，皆所以復匹夫匹婦之讎也。蘇氏曰：「用兵如藥石，則病者惟恐其來之後也。」此説善矣。故其十一征也，東面而往征，則西夷怨其來之後，南面而往征，則北狄怨其來之後，曰：「均是民也，何爲先彼而後我哉？」所謂「怨」者，與「怨慕」之「怨」同，蓋望其來，而怨其不至，非實怨之也。言「西夷怨」、「北狄怨」者，孔氏曰：「舉遠以言，則近者著矣。」所未伐之國，則怨其來之後。其所往伐者，則其室家相慶，曰：「徯予后久矣，我后之來，則自此可以蘇息矣。」所未至之國，則怨其不至，而曰「奚獨後予」，所至之國，則慶其來，曰「徯予后，后來其蘇」，民之所以責望於湯者如此其切，而桀之惡，日以滋至，民之陷於水火者，日以益多。湯雖顧君臣上下之分，忍而不誅，而民欲脱於死亡者，其迫切之情，皆赴於湯，湯不得而釋之矣。昔楚白公之父爲鄭所殺，白公請伐鄭於楚，以報父之讎。子西曰：「楚未節也，不然，吾不忘也。」他日，又請，許之。未起師，晉人伐鄭，楚救之，與之盟。勝怒曰：「鄭人在此，讎不遠矣。」遂厲劍曰：「殺子西。」其意蓋以吾讎也，子西有可報之道，而不爲我報，則讎在子西矣。桀爲斯民之所讎，斯民之意以謂「惟湯之寬仁，可以救吾垂絶之命於水火之中」，故彼征，則此怨，此征，則彼怨。苟使湯安然自顧其私，而不肯勉徇大義以救斯民，則民之愁怨反歸於湯矣。故寧使己之有慚德，而不忍失天下之望也。「民之戴商」，言民之戴我商家，而望其拯救。初征自葛之時，已欲其爲君以有天下矣，非出於一時之偶然。乘機射利而覬非所望也。

「佑賢輔德，顯忠遂良。兼弱攻昧，取亂侮亡。推亡固存，邦乃其昌。

蓋天下之常理如此。《中庸》曰「天之生物也，必因其材而篤焉。故栽者培之，傾者覆之」，實天道之自然，不容私意於其間也。「佑賢輔德，顯忠遂良」，此言爲善者必爲人之所助也。其文則以小大爲序，良不如忠，忠不如德，德不如賢，故湯之佑之、輔之、顯之、遂之，亦稱其德之小大而已。「兼弱攻昧，取亂侮亡」，此言爲不善者必爲人之所侵陵也。其文以輕重爲序，弱未至於昧，昧未至於亂，亂未至於亡，湯之兼之、攻之、取之、侮之，亦稱其不善之輕重而已。此數句大抵言致人之輔助與夫侵侮者，皆係夫其人之自取，猶夫天之栽培、傾覆，不易之理也。其文勢則從便相配，學者觀其大意可也。若求之太深，必欲從而爲之説，如王氏所謂「佑者，右也。輔者，左也」之類，則將不勝其鑿矣。執天下之常理，栽培、傾覆之道不易。如此，聖人之於天下，因其常理以應世接物：有無道者，則推而亡之；有存道者，則輔而固之。如此，則順乎天而應乎人，故於是邦乃其昌，可以萬年子子孫孫永保矣。桀有可亡之道，其亡也，己自取之矣。湯之伐之，亦不過因其將亡，推而亡之而已，果何容心哉？

「德日新，萬邦惟懷。志自滿，九族乃離。

凡湯伐夏，弔民之本意，仲虺反覆陳其本末，既以盡矣。於是極陳爲君艱難安常之道，以致其終戒之意，欲使湯致其無疆之恤，以保其無疆之休也。唐太宗時，突厥頡利可汗請入朝，帝乃謂廷臣曰：「突厥之疆，控弦百萬，憑陵中夏，用是驕恣，以失其民。今日請入朝，非困窮固如是乎？朕納之，且喜且懼，何則？突厥衰，則疆境自安矣，故喜。然朕或失道，他日亦將如突厥，能無懼乎？卿等宜不惜苦諫，以輔朕之不逮也。」仲虺之意，正亦如此。蓋桀之所以亡者，惟其果於自用故也。湯之所以成王業者，惟其德之日新也。苟其終致其兢兢業業之意，及其一旦爲細行所累，寖不克終，則將枵然自滿，謂「人莫己若」。如此，則人心離矣，桀之亡不可不監哉。故謂德苟日新而無斁，則萬邦將懷我之德。苟爲一有自滿之心，則將以爲德止於是矣。以德爲止於是而不修，則「用人惟己，改過不吝」之心自替矣。如此，則萬邦之懷，變而爲九族之離，亦豈難哉？「萬邦惟懷，九族乃離」，蓋所以極言其人君有德，則無所不服，苟無德，雖至親猶叛之，況踈者乎？孟子曰「多助之至，天下順之。寡助之至，親戚畔之」，亦此意也。

「王懋昭大德，建中于民，以義制事，以禮制心，垂裕後昆。

惟德之修也，貴乎日新而無斁，故繼之曰「王懋昭大德」，言自今以往，王宜勉勵，以昭明其大德，立大中之道於民。蓋民受天地之中以生者，人性之所固有也。惟其因物有遷，故陷溺而不知返。聖人先得人心之所同然，還以民心所固有之中，揭而示之，使之率性而行，得其所同然者，共趨於大公、至正之塗。原其所以致此者，則自夫人君昭其大德故也。昭其大德，是乃所以建中於民也。而爲王氏之學者以謂：「『懋昭大德』，所以極高明，所以處己也。『建中於民』，所以道中庸，所以用人也。」夫高明、中庸，豈可分而爲二致邪？王氏之學，所以不可入聖人之道者，蓋其爲見如此，此實異端駮雜之論也。「以義制事，以禮制心」，蓋所以「昭大德，建中於民」也。《易》曰：「直其正也，方其義也。君子敬以直内，義以方外，敬義立而德不孤，則不疑其所行也。」直内必以敬，故在夫「以禮制心」。方外必以義，故在夫「以義制事」。惟敬以直内，故能義以方外，其實一道也。雖有内、外之殊，心、事之别，然敬、義相須而行，不可分爲二也。能如此，則「德日新，萬邦惟懷」矣。兹其所以能垂優足之道於後嗣，使子孫永保而無斁也。

「予聞曰：『能自得師者王，謂人莫己若者亡。好問則裕，自用則小。』

此又論「志自滿」、「德日新」之異，以終其義。於是舉其所聞之言者曰「能自得師者王」，謂無所不師也。孔子曰「三人行，必有我師焉」，此能自得師也。「能自得師」，則道德之歸也，如水之就下矣，此王業之所以成也。「謂人莫己若」，則於己自用，訑訑聲音顔色，距人於千里之外，人心涣然離矣，亡之道也。所以「能自得師者王」者，以好問，則人樂告之以善，故優游而有餘暇也。所以「謂人莫己若者亡」者，以自用，則狹小而無所容故也。能好問，則「自得師」，又以夫自用而「謂人莫己若者」爲戒，則「德日新」，而「萬邦永懷」矣。

「嗚呼！慎厥終，惟其始。殖有禮，覆昏暴。欽崇天道，永保天命。」

仲虺又歎而總括其義。以湯之始也，既能「不邇聲色，不殖貨利。克寬克仁，彰信兆民」，以成其王業，豈有他哉？惟「慎厥終」，亦如其始，則盡之矣。「能自得師」，以日新其德，此慎終如始之道也。既能慎終如始矣，又能於有禮則封殖之，於昏暴則覆亡之，以終其推亡固存之義，則民將永受其賜，此蓋天之道也。天道如此，而我能欽崇，則天之所以命我以休命者，可以永保矣。商之宗社，所以傳祚數十世，凡歷六百年，賢聖之君六七相作，其天命之永保者如此，其原則自夫湯之日新其德，以慎終如始者，則自夫仲虺之諄諄告戒。然則仲虺之相成湯，其功業殆與伊尹相配矣，是所以深嘉而屢歎也。昔賈誼《過秦論》曰：「秦以區區之地，致萬乘之權，招八州而朝同列，百有餘年。然後以六合爲家，殽函爲宫。一夫作難而七廟墮，身死人手，爲天下笑，何也？仁義不施，而攻守之勢異也。」其意謂「攻之可以尚詐力，而守之必資夫仁義。秦以詐力攻之，而不知以仁義守之，故至於亡」，此説不然。夫以詐力而攻之矣，則其所知者，詐力而已，豈能復以仁義守之邪？觀《仲虺之誥》，其始言湯之「不邇聲色，不殖貨利」，以至於「彰信兆民」，以見其所以克夏者，固如此。篇終言「德日新，萬邦惟懷」，以至於「殖有禮，覆昏暴。欽崇天道」，以言其所以守已成之業，以祈天永命者，亦惟如此而已。由是言之，攻守豈有異勢哉？

尚書全解卷十五　商書

湯誥

此則《周官・士師》所謂「用之於會同」之誥也。古者天子始受命，奄宅四海，則諸侯皆率其職以奉，朝會于天子之都，所以正始也。如舜、禹之受禪，既告祭天地、百神，然後「輯五瑞，覲四岳羣牧，班瑞於羣后」。康王既受顧命，出在應門，太保、畢公各率其方之諸侯，皆奉圭兼幣，致其壤奠，此常禮也。湯、武既從征伐得天下，其反國也，諸侯皆率職來朝，致禮於君，此亦禮之常也。此篇主於記載其所告諸侯之言，而因叙其事，故其所叙爲略，然而可以互見也。《武成》曰：「王來自商，至於豐。乃偃武修文，歸馬於華山之陽，放牛於桃林之野，示天下弗服。丁未，祀於周廟，邦甸侯衛駿奔走，執豆、籩。越三日庚戌，柴望，大告武成。既生魄，庶邦冢君暨百工，受命於周。」武王於是爲之稱其先世積德累功，與夫其所弔民伐罪之意也。其叙事則詳，而其所以告諸侯之言，則首尾不甚備者，蓋《武成》之篇主於叙事之故也。至此篇言「王歸自克夏，至於亳，誕告萬方」，而復綴之以所告諸侯之言，首尾甚備，而其叙事則略，以此篇主於記載其言故也。古者左史記言，右史記事。記言者，則言詳而事略，記事者，則事詳而言略，其體自有不同於其間。此二篇雖記載之體不同，而其辭則皆是始攝大位而告諸侯，以正始也。

湯既黜夏命，復歸于亳，作《湯誥》。

「黜」，廢也。黜夏之命，不使復膺天統也。湯之勝夏也，則黜夏命而廢之。武王之勝商也，《武成》之篇不曰「黜商命」。及其殺武庚，封微子於宋，然後曰「武王既黜殷命」者，❶蓋湯之伐桀，桀遂棄國而去，竄於南巢，湯既因而不追，以全君臣之義矣，故於是黜夏之命，而不復爲之立後，使居其所都之國也。武王牧野之戰，前徒倒戈，而紂見殺，既違武王之本意也矣，故封箕子、武庚於殷故都，使嗣其宗廟，因而不改，亦所以存君臣之義也。及武庚作亂，自絶於周，然後黜殷之命，而其立微子代殷後，則居之於宋，不復使居殷之故地也。若此之類，皆聖人之處事，仁之至、義之盡也。「亳」者，湯之都也。湯之亳，文王之豐、鎬，皆王業之所基也。故既除桀、紂之暴，則不復都夏、商之故地也，而必歸於亳與豐、鎬，本其王業之所自興故也。孟子曰：「湯以七十里，文王以百里。」七十里則亳也，百里則豐、鎬也。商、周之子孫，世世守之，得之則興，失之則廢。非其地之險固，如秦人殽函之都，有金城千里、山河百二之勢也。惟其民心之所愛戴者，尤深且固，故以爲商、周根本之地也。湯歸於亳，諸侯則皆朝以見新君，不可以無告也。史官録之，故爲此篇。

王歸自克夏，至于亳，誕告萬方。王曰：「嗟！爾萬方有衆，明聽予一人誥。

「王歸自克夏，至於亳」，猶所謂「王來自商，至於豐」。「誕告萬方」者，誕告萬方諸侯也。經惟言「誕告萬方」，所以知爲諸侯也。蓋萬方之民，非可以皆至於天子之庭，而以《武成》「庶邦冢君暨百工，受命於周」之文而攷

❶「武王」，據《武成》經文應作「成王」。

之，則知其爲萬方之諸侯也必矣。「嗚呼！爾萬方有衆，明聽予一人之誥」，《禮》曰：「天子自稱曰『予一人』。」魯哀公誄仲尼曰：「旻天不弔，不憖遺一老，俾屏予一人以在位。」子貢曰：「稱『予一人』，非名也。」是知非天子，不可以稱「予一人」。湯於是踐天子之位矣，故對萬方有衆稱「予一人」以誥之，使之明聽其言也。夫《湯誓》之作，在於未克夏之前，而亦稱曰「爾尚輔予一人」者，某嘗疑此篇與《泰誓》之篇稱「予一人」者，皆是史官記録其書之時，增加潤色之辭，學者當以意逆志。

「惟皇上帝，降衷于下民。若有恒性，克綏厥猷惟后。

自「惟皇上帝」至於「賁若草木，兆民允殖」，是告衆以所爲應天順人、伐夏弔民之舉也。自「俾予一人」至於「尚克時忱，乃亦有終」，是告之以戒慎恐懼、保邦安民之意也。詳考此篇所告首尾本末，與《仲虺之誥》相爲表裏，湯之此言蓋發於仲虺者也。《仲虺之誥》始言「天命、人心之不可違」，終言「慎終如始，欽崇天道，永保天命」之意。至於湯歸於亳，其所以告萬方者，終始之意殆不越此，蓋仲虺之言所謂起予者也。故張諫議曰：「湯既勝桀，以有天下，而慚德多焉。故仲虺作誥於前，以明夫天之所以命湯爲君者，凡以民之有欲而俾乂之也。是故其書但言民有欲，而非其君以乂之則亂，『惟天生聰明時乂』。湯又自誥於其後，以明天之所以命予爲君者，凡以有道而俾綏之也。故其爲誥，至言『上帝降衷於下民。若有常性，克綏厥猷惟后』，夫乂民之欲以政事也，未足以盡爲君之道。惟因民之常性，而安其所謂道，則有教存焉，而君道於是乎至矣。是以二誥之辭，相爲終始，然後湯之慚德可以已，宜其所誥者，必要其所至也。」此言可謂盡之矣。「皇」，大也。「上帝」，天也。「衷」者，善之本於固有者也。《詩》曰：「天生烝民，有物有則。」「降衷於下民」，即所謂「有物有則」也。惟民之衷，本於上天之所命，則是民之性無有不善矣。然天雖能「降衷下民」，不能使民保其固有之常性而勿失，故爲之君，而付之以教命之任。師曠曰：「天生民而立之君，使司牧之，勿使失性。」謂之「勿使失性」者，是所謂「勿使失其所降衷」也。民既有降衷之性，至於順其固有之常性，以安其所謂道者，是乃君之任也，故曰：「若有常性，克綏厥猷惟后。」既曰「若有常性」，又曰「克綏厥猷惟后」者，蓋「率性之謂道」。然順其性，則能安其道矣，不能順其性，則悖理而傷道，安能「綏厥猷」哉？古先聖王所以爲教化之本，未嘗不本諸此。堯授舜，舜授禹，三聖人相授之際，而其言曰：「天之曆數在汝躬。允執厥中。四海困窮，天禄永終。」蓋能「允執厥中」，則能「若有常性，以綏厥猷」矣，不然則「四海困窮，天禄永終」矣，桀、紂是也。故湯欲言桀之暴虐其民，以亡天下，則以此言爲先者，蓋推本乎上天所謂立君以乂民之意，是亦仲虺之意。

「夏王滅德作威，以敷虐于爾萬方百姓。爾萬方百姓罹其凶害，弗忍荼毒，並告無辜于上下神祇。

此言桀之罪，自絶於天、結怨於民也。夏王滅其己之德，放僻邪侈，喪其良心不復存，則是在己者，既不能保其中矣，其何以若常性、綏厥猷哉？如此則無不忍之心，而肆爲威刑，以敷虐于萬方百姓。百姓被其凶害，如荼之苦，如毒之螫，不可堪忍也。言及「萬方百姓」者，蓋其作虐者廣，而怨之者衆也。自古無道之君，未有不用刑威以毒民者，若苗作五虐之刑，紂爲炮烙之刑，皆所以虐者廣，而怨之者衆，遂亡其國。桀之虐民，雖不詳見於經，意其亦如苗之五刑，紂之炮烙、秦之參夷是也。屈原曰：❶「人窮則反本，故勞苦倦極，則未嘗不呼天，疾疢慘怛，未嘗不呼父母。」桀之虐政加於民，民既苦於虐政，無所告訴，窮而反本，則惟稱寃於天地鬼神，以冀其

❶ 「屈原」，按此下引文見於《史記·屈原賈生列傳》，係司馬遷之辭。

拯己也，故曰：「爾萬方百姓罹其凶害，弗忍荼毒，並告無辜於上下神祇。」夫天之愛民也甚矣，東海殺一孝婦，天爲之大旱，況萬邦百姓並告無辜於上下神祇，則上下神祇安得不赫然震怒，而降之禍乎？故繼之曰：「天道福善禍淫，降災於夏，以彰厥罪。」

「天道福善禍淫，降災于夏，以彰厥罪。肆台小子將天命明威，不敢赦。敢用玄牡，敢昭告于上天神后，請罪有夏。

此蓋言天之常道，於有善者則福之，淫則禍之。桀既虐民如此，故天於是降其災異不祥之事，以彰其獲罪於天也。董仲舒曰：「國家將有失道之敗，而天乃先出災異以譴告之。不知自省，又出怪異以儆懼之。尚不知變，而傷敗乃至。」天既降災於夏，以譴告、儆懼於桀，而桀不知自省，則是傷敗之徵於是乎成矣。既下其災異之事，以彰厥罪矣，故我小子將天所命之威，以致天誅，而不敢赦也，故曰：「肆台小子將天命明威，不敢赦。」「將天命」者，所以助夫天之福善也。「將天威」者，所以助夫天之禍淫也。夫上天之載，無聲無臭，焉知其所謂「命威」而「將」之也？孟子曰：「天不言，以行與事示之而已矣。」天之降災於夏，以彰厥罪，是亦以事示之矣。故湯以是而知天命所在，遂行天討於桀，以奉天之意，非天諄諄然而命之也。既奉天明威，於是用玄牡以昭告於上天神后，請罪有夏。「玄牡」者，黑色之牡也。「神后」者，后土皇地祇也。「告於上天神后」者，蓋禱於天地神祇，因其民之所告無辜者，以爲斯民請加罪於有夏也。正義曰：「『商尚白，牡用白。』今言『玄牡』，夏尚黑，於時未變夏禮，故不用白也。」若先儒説「玄牡」，往往從此説。某竊謂：此云「玄牡」者，但是一時所用祭告於天地之牲，不須必因其色，以求其義。湯用玄牡，則以爲未變夏禮，如《魯頌》曰「白牡騂剛」，豈以未變商禮乎？

此正所謂「相馬而辨玄黄」者也。先儒往往因此，遂有五德更生之説，引此爲證，以爲出於聖人之經，而所以改易服色爲帝王之急務。若蘇内翰之明達，猶以此爲信，其説以謂「禹治水得天下，故從水而尚黑。商人以兵得天下，故從金而尚白。周文有流火之祥，故從火而尚赤」，其鑿甚矣。蘇公嘗有言曰「邪説之移人，雖豪傑之士，有不能免」，此正目睫之論也。

「聿求元聖，與之勠力，以與爾有衆請命。

既用玄牡以告上天神后，請罪有夏，猶懼其不濟也。於是遂求元聖，與之盡力，以爲爾有衆請命於天。蓋湯之伐桀，實資伊尹之功也。孟子曰：「伊尹思天下之民，匹夫匹婦有不被其澤者，若己推而納諸溝中，其自任以天下之重也如此。」故就湯而説之，以伐夏救民也。是湯之伐夏救民之謀，蓋出於伊尹也。故《湯誓》曰「伊尹相湯伐桀，升自陑，遂與桀戰於鳴條之野」，蓋推本其謀之所自出也。故其告萬方也，亦推本而言之曰「聿求元聖，與之勠力」。「元聖」，即伊尹也。

「上天孚佑下民，罪人黜伏。天命弗僭，賁若草木，兆民允殖。

湯既與伊尹盡力，以爲萬方有衆請命於天矣。於是上天孚信其請，眷佑下民。故鳴條之戰，桀知其罪，退伏遠屏，竄逐於南巢也。湯以桀爲罪人，武王以紂爲獨夫，蓋其得罪於天人，則不復有人君之道故也。既「上天孚佑」成湯與伊尹之請，而「罪人黜伏」，以此見天之福善禍淫，其應如響，無所僭差也。「賁若草木，兆民允殖」，孔氏曰：「『賁』，飾也。言天下惡除，焕然咸飾，若草木同華，民信樂生。」其説迂回隱晦，不若王氏、蘇氏之説爲善。王氏曰：「『草木』者，天之所生、民之所殖也。非天所生，則民不能殖。非民所殖，則天不能成。湯之受命也，天與之，人立之，故曰：『天命弗僭，賁若草木，兆民允殖。』觀民之所立，則知天之所與矣。」蘇氏曰：「天命有信，視民所與則殖之，所不與則蹶之，若草木然，民所殖則生，不殖則死。」此二説皆善。蓋謂我之所以受命者，本因民之所殖也。然王氏不解「賁」字之義，薛氏增廣其説，謂：「『賁若』者，方興而未就也。」蘇氏曰：「『賁』，飾也。其理甚明，炳若丹青。」此二説皆鑿。某嘗思此二句，其言「若草木，兆民允殖」，則文義足矣。雖不加「賁」字，亦無害也。加「賁」字，則其説穿鑿而難通。「賁」字當讀爲「譬」字，「譬若草木」也。然變易經文以就己意，某嘗尤之矣。尤而效之，不敢爲也，當闕之。

「俾予一人輯寧爾邦家，兹朕未知獲戾于上下，慄慄危懼，若將隕于深淵。

此則言其雖應天順人，拯斯民於塗炭之中，然而自負其稱兵犯上之慚，仰愧俯怍而不敢自寧也。「天生民而立之君」，蓋以其「降衷於民」，而斯民不能以自保，故使之「若有常性」，以「綏厥猷」，則其任可謂重矣。桀以不能「若其性，綏其猷」，故人怨於下，天怒於上，湯因天人之怨怒以誅伐之，至於「罪人黜伏」矣，則夫所以「若民之常性，以綏其猷」者，其任遂歸於湯矣。故懼其德之弗克負荷，而懷不自安之意，若將無以容其身者。故以謂「天既降罪於桀，而使我一人輯安爾邦家，我亦豈能自保其不獲戾於上下」，言上則懼其得罪於天，下則懼其得罪於民也。惟其「未知獲罪於上下，故惴惴然懷危懼，若將隕墜於深淵之中」，言其既得踐天子位，而其心則以獲戾於天人爲憂，而不以位爲樂也。蓋古者聖人雖甚盛德，未嘗敢忘自儆之意，戰戰兢兢，如臨深淵，如履薄冰，皆出於其中心之誠然。惟其恐懼修省如此，兹其所以爲全德也。湯之伐桀，其慮所終、稽所敝，猶懼來世之亂臣賊子以爲口實，則其當時始履天下之籍而朝諸侯，寧無慚乎？故其「慄慄危懼」者，自然之理也。而漢孔氏曰「謙以來衆心」，❶唐孔氏亦以謂「湯之伐桀，上應天心，下符人事，本無罪。而云未知得罪與否者，謙以來衆心也」。❷其意蓋以湯本無祇懼之意，特其即位之初，託爲此言，以冀衆悦耳。如此，則聖人之所爲，與夫王莽遭翟義兵起，抱孺子朝羣臣、告禱郊廟者，無以異也。王氏又曰：「湯始伐桀，商人皆咎湯『不恤我衆』。然湯『升自陑』，告以必往，至於『孥戮』示衆，❸無所疑難也。及夫天下已定，乃曰『慄慄危懼，若將隕於深淵』。蓋有爲之初，衆人危疑，則果斷之以濟功；無事之後，衆人豫怠，儆戒所以居業，其異於衆人也遠矣，此其所以爲湯也。若夫事未濟則從而懼，事已濟則喜而怠，則是衆人也，豈足以制衆人哉？」王氏此説，徒以其爲新法之地而已。學者遂信之，以成湯之意果如是，豈不誤歟？子路問於孔子曰：「子行三軍，則誰與？」子曰：「暴虎馮河，死而無悔者，吾不與也。必也臨事而懼、好謀而成者也。」湯雖伐罪弔民，然驅馳於鋒鏑之下，豈得恝然全無恐懼之意？「及無事而後懼哉」，以爲有事之時，不可以懼，則武王於《泰誓》曰「予小子夙夜祇懼」，是不應懼而後懼矣。「子之所慎：齋、戰、疾。」聖人之於事，無所不慎，而猶所慎於此三者，今謂「有事則不當懼」，豈非邪説簧鼓惑人主之聽，以逞其私乎？禹曰「予臨兆民，懔乎若朽索之御六馬」，豈計夫有事之與無事乎？故湯之「惴惴危懼」，非至是而後有也，自其興師於亳之時，已懼其不克濟矣。而至於踐天位、臨兆民，則尤不遑寧者也。

❶「來」，《尚書正義》作「求」。
❷「來」，《尚書正義》作「求」。
❸「示」，汲古閣本、通志堂本作「誓」。

「凡我造邦，無從匪彝，無即慆淫，各守爾典，以承天休。

惟其臨兆民之危懼如此，故明告所爲造邦與之更始之意，使之曉然知上之德意志慮也。謂「凡我之立此邦家，惟欲使爾萬邦無從匪彝，無事慢遊，各守汝之典常，以共承天之休美」，如此而已。蓋「無從匪彝，無即慆淫」，則能得其常性以安其道，而保夫天之降衷矣，故能「承天之休」也。桀之所亡者，惟不能是故也。秦人自商鞅以來，以嚴刑峻法督責天下，棄灰於道者誅，步過六尺者不赦，刑人相望於道，斯民愁歎不保朝夕。故漢高帝入關，即召諸縣豪傑曰：「父老苦秦苛法久矣，誹謗者族，偶語者棄市。吾與諸侯約『先入關者王之』，吾當王關中。與父老約法三章：殺人者死，傷人及盜抵罪，餘悉除去秦法。吏民皆案堵如故，凡吾所以來爲父兄除害，非有所侵暴，毋恐。且吾所以軍灞上，待諸侯至而定要束耳。」某嘗謂：高祖此言，可與《湯誓》之書並傳於不朽，蓋其用意一也。桀之所以結怨於民者，惟其滅德作威，以敷虐於爾萬方百姓，俾之罹其凶害，弗忍荼毒爾。故湯既得天下，則謂「我之造邦，非復有嚴刑峻法如桀之世也。汝萬方有衆，但能『無從匪彝，無即慆淫』，則能各守爾典，以承天休矣」，此正高祖「約法三章」之意。《孝經》曰：「示之以好惡，而民知禁。」此之謂也。

「爾有善，朕弗敢蔽，罪當朕躬，弗敢自赦，惟簡在上帝之心。

言汝苟能「無從匪彝，無即慆淫，各守爾典，以承天休」，是有其善矣。故當度德定位、量材授職，與爾共天位、治天職、食天禄，弗敢掩蔽爾之善也。《周書》曰「夏迪簡在王庭，有服在百僚」，是湯之於夏，苟有善者，無不用之。「罪當朕躬」，言我之躬苟有罪，亦不敢自赦。其所以然者，以天之「惠迪吉、從逆凶」，無所僭差，善不可得而蔽，予之有罪亦不可得而赦之也。

「其爾萬方有罪，在予一人。予一人有罪，無以爾萬方。」

所以謂「罪在朕躬」，非必是在己一身有可指之罪，然後可罪也。蓋天之「降衷於下民」，而以夫「若常性，綏厥猷」者，付之於一人。故爲君者，必使天下之人皆不失其「降衷之常性，以安厥猷」，然後無負於上天之撫字。民之有罪，是爲君者教之不至，所以自棄於愚不肖之地而莫能反，非民之罪也，乃君之罪也，此其所以「罪當朕躬」也。蓋民有罪，君當之耳。故繼曰「罪當朕躬，弗敢自赦」，而又言其所以當朕躬之罪，而曰「其爾萬方有罪，在予一人。予一人有罪，無以爾萬方」，言民有罪，則是君有以致之，君有罪，則是君之自取也，民何與焉？夫以一人之身，臨涖四海之廣，而天下之人匹夫匹婦之有罪戾者，皆歸之於其身。失匹夫匹婦之意，則上負上天之所寄托，以逆夫上帝之心，而危敗禍亂繼之矣。故斯民之欲無罪者，惟自修飭於一身則可矣，而君之欲免於罪戾，必使舉天下之人皆無罪，然後爲能盡君之職，而無負於上天之所任。論至於此，則其獲戾於上下，亦其難哉，兹其所以「慄慄危懼，若將隕於深淵」也。

「嗚呼！尚克時忱，乃亦有終。」

湯之所以誥多方，而其兢兢業業之意盡於此矣。於是嗟歎其難，而總結之曰：「爾邦有衆能信此言，則我之社稷庶幾能祈天永命，以有終也。」曰「乃亦有終」者，不能自必之辭也。昔定公問於孔子曰：「一言而可以興邦，有諸？」孔子曰：「言不可以若是其幾也。人之言曰：『爲君難，爲臣不易。』如知爲君之難也，不幾乎一言而興邦乎？」蓋有天下者，欲緜社稷無疆之休，惟在知夫「爲君之難」，而兢兢業業、不忘戒懼，常若危亡之在於朝夕者，故國家至於永保。如或以爲君爲易，則將偃然自肆，不復以危亡爲念，而自以爲泰山之安，此其所以敗亡乘之而不自知也。湯之誥萬邦以謂「罪當朕躬，弗敢自赦。其爾萬方有罪，在予一人。予一人有罪，無以爾萬方」，其真知爲君之難如此，於是「慄慄然危懼，若將隕於深淵」。商之社稷，所以傳祚六百年，賢聖之君六七作，其源蓋出於此。後之有天下者，尚監兹哉！

咎單作《明居》。

伊訓

訓，亦《書》之一體，有諄諄警戒之意。古人之所以遺後世、祖宗之所以誨其子孫、臣下之所以規諫其君者，皆有此名。《説命》曰「學於古訓，乃有獲」，《吕刑》曰「若古有訓」，此古人之訓也。《五子之歌》曰「皇祖有訓」，又曰「訓有之」，《胤征》曰「聖有謨訓」，此祖宗之訓也。《伊訓》、《高宗之訓》，此人臣之訓也。其所以爲訓雖不同，其諄諄警戒之意則一，故皆以「訓」爲名。人臣之訓，其書之見於篇名者，惟《伊訓》、《高宗之訓》二篇，此亦出於偶然耳。若其他忠臣良弼，所以陳其嘉謀於上，如伊尹、傅説、周公之所陳者，無非「訓」也。先儒泥於篇名，故有正與攝之説，其意以謂「篇名以『訓』者，此其正也。不命名以『訓』，而得訓之體者，此其攝也」，故曰「《訓》十六篇，正二、攝十四」。夫正之與攝，乃尊卑優劣之稱，若以《伊訓》爲正、《咸有一德》爲攝，均爲伊尹之言也，皆是戒太甲也，果何自而分尊卑優劣乎？某竊以謂：「訓」者，不必拘於篇名。凡以一言一話之出於人主之意，主於格君心之非，以成其德者，皆爲訓之體也。

成湯既没，太甲元年，伊尹作《伊訓》、《肆命》、《徂后》。

伊訓

孟子曰：「湯崩，太丁未立，外丙二年，仲壬四年。太甲顛覆湯之典刑。」太史公曰：「湯崩，太子太丁未立而卒，乃立太丁之弟外丙。外丙即位二年，❶崩，立外丙之弟仲壬。仲壬即位四年，崩，伊尹乃立太丁之子太甲。」則是湯之後，立外丙、仲壬二世，而後太甲立。然而考於序文，則類夫太甲承湯之後，無有外丙、仲壬之二世者。故漢孔氏以謂：「太甲，太丁子，湯孫也。太丁未立而卒，及湯崩而太甲立，稱元年。」此亦無所依據，特順序文而爲此說耳。故蘇氏以謂：「太史公接《世本》成湯之後二帝，七年而後太甲立。其迹明甚，不可不信。而孔安國獨據經臆度，以爲成湯没而太甲立，且於是歲改元年。學者因謂太史公爲妄，初無二帝，而太史公妄增之。豈有此理哉？序云『成湯既没，太甲元年』者，非謂湯之崩在太甲元年，蓋伊尹稱湯以訓太甲。故孔子序《書》，亦以湯爲首。殷道親親，兄死弟及。若湯崩，舍外丙、仲壬，而立太丁之子，則殷道非親親矣，以此知太史公之不妄也。」審如蘇氏此言，則當從孟子所謂「外丙二年，仲壬四年」之言矣。而程氏又以謂：「湯崩，太子太丁未立而死。外丙方二歲，仲壬方四歲，故立太甲。」則是以二年、四年爲年齒之「年」，不以爲即位之年數也，此與漢孔氏同。而某嘗竊謂當從蘇氏之説。蓋殷人之傳世，兄死則弟及。至於周，則父子相傳。公儀仲子之喪，檀弓免焉。仲子舍其孫而立其子，檀弓曰：「何居？我未之前聞也。」趨而就子服伯子於門右曰：「仲子舍其孫而立其子，何也？」子服伯子曰：「仲子亦猶行古之道也。昔者文王舍伯邑考而立武王，微子舍其孫

❶「二」，《史記·殷本紀》作「三」。

腯而立衍也。夫仲子亦猶行古之道也。」子游問諸孔子，孔子曰：「否。立孫。」殷、周之道，其不同也如此。微子舍其孫腯而立弟衍者，用殷禮也。外丙、仲壬，太丁之弟也。以殷禮言之，有外丙、仲壬，則不應舍之而立太甲也。故蘇氏之説爲可信。此篇乃太甲初立之日，「伊尹爲祠於先王，而奉之以祗見厥祖。明言烈祖之成德，以訓於王」，故序云「成湯既没，太甲元年」，蓋推本其所以作訓之意也。夫《書序》，其所以作篇之意而已。其所以作之之意，與尋常史家記迹，其體自有不同。苟於《書序》之言，而必以史官記載之體而求之，「成湯既没，太甲元年」，以爲湯没而太甲立。若「盤庚五遷」，不以意而逆志，則是五遷皆在於盤庚之世，故當以蘇氏、孟子之言爲正。篇内曰「元祀」，而序則曰「元年」者，殷曰祀，周曰年。此序疑出於周世之所纂定，故以年稱之。亦如《太甲》之篇曰「惟元祀十有二月朔，❶伊尹以冕服奉嗣王歸於亳」，而其序則曰「三年復歸於亳」，皆是周人之辭也。蓋殷人之所謂「祀」，至周人稱之，則皆以謂「年」。《説命》曰「王宅憂，亮陰三祀」，而子張問於孔子「高宗亮陰，三年不言」，蓋世代既殊，則其所稱説亦異也。太甲始立，伊尹奉之以見於先王之廟，於是言其乃祖成湯之所以創業垂統、貽厥孫謀者以告之，此篇之所以有作也。

惟元祀十有二月乙丑，伊尹祠于先王，奉嗣王祗見厥祖。侯甸羣后咸在，百官總已以聽冢宰。

《易》曰：「天地革而四時成，湯武革命，順乎天而應乎人。」蓋改易正朔之日，實肇於湯武之世，由其以征伐而得天下，故變易前代之正朔，以示革命，而且與天下更始也。夏以建寅爲正，則以建寅之月爲正月，建卯爲二

❶「元」，《尚書正義》作「三」。

月，以至建子爲十一月，建丑爲十二月。至商革夏政，以建丑爲正，則以建丑之月爲正月，建寅爲二月，至於建亥爲十一月，建子爲十二月。周革商政，以建子爲正，則以建子之月爲正月，建丑爲二月，以至建戌爲十一月，建亥爲十二月。由正月之名既易，則十二月之名亦從而易矣。「惟元祀」者，太甲即位之元年也。「十有二月」者，商之十二月，乃夏之十一月，蓋建子之月也。案：下篇曰：「惟三祀十有二月朔，伊尹以冕服奉嗣王歸於亳。」太甲以三年十有二月朔，方釋喪而服冕服，則仲壬之崩當在元年十有一月，故得至於三年十有二月爲二十五月，而即吉也。此猶是仲壬之末年也，而乃稱「太甲之元年」者，蓋殷之制，惟以即位之年稱元年，不待踰年也。若周之制，則踰年乃得稱之，故有「一年不二君」之說。蓋其歷代之制度不同，不可以一概論也。蘇氏徒見《春秋》之所載，天子諸侯皆以踰年，然後稱元，故以此爲例，謂：「經曰『惟元祀』至『祇見厥祖』者，蓋太甲立之明年正月也。正月而謂之十二月，何也？殷之正月，則夏之十二月也。殷雖以建丑爲正，猶以夏正數月，亦猶周公作《豳》詩於成王之世，而云『七月流火，九月授衣』，皆夏正也。《史記》秦始皇『三十一年十二月，更名臘曰「嘉平」』。夫臘，必建丑之月也。秦以十月爲正，則臘當用三月，而云『十二月』，以是知古者雖改正朔，猶以夏正而數月也。」此說蓋不然。夫謂之「改正朔」，則是已改其正月，豈餘月不改者哉？在周之時，其論陰陽寒暑之節序，容或有夏時爲言者，如《七月》之詩與夫「四月惟夏，六月徂暑」之類是也。至於史官記載其當時之事，則未有不以其當時所用之正朔而數月者。《春秋》書「王正月」，則周之正月也。其他月名，則皆以周正數之，非復由夏之舊。以《春秋》觀之，則商之正朔，蓋可知矣。秦以「十二月，更名臘曰『嘉平』」，蓋是漢武帝太初元年，既改用夏正，史官追正其月名耳，在秦史則必以三月書之矣。今《漢書》自高祖之年以後，至於武帝太初元年以前，歲首皆書「冬十月」，此皆史官以夏正追正其月名矣。其未改夏正也，則必以冬十月爲正月矣。以是知蘇氏之説若有可信，實不然也。漢孔氏既謂「湯没而太甲立」，前是太甲即位之初，實居湯之喪也，故於此則曰「湯崩踰月，太甲即位，奠殯而告」。此説考之於禮，而不合。夫古者，喪在殯，其祭皆名爲「奠」。及既葬也，虞祔、卒哭始謂之「祭」，蓋於是始以鬼神而事之也。故祭以有主有尸，而奠以陳器而已。祠而謂之奠，無是理也。抑又有所不然者，使太甲果是居湯之喪，則其宅憂也，必在湯之殯宫矣。既有湯之殯宫，其所以從事於喪禮者，有小殯之奠，有大殯之奠，有朔奠，有朝奠，有夕奠，有薦新之奠，未嘗不在於湯之殯宫也，豈至此而後「祇見厥祖」邪？以是知漢孔氏之言徒泥經文，而於禮有所不合，不足以爲據也。蓋以經文考之，太甲居仲壬之喪於内。既踰月矣，伊尹於是祭於成湯之廟，「奉嗣王祇見厥祖」，蓋將明言烈祖之成德以訓之，使之知成湯付託之重，一羣后而與諸侯正始，此蓋禮之變，而以義起之也。康王既受顧命，麻冕以朝諸侯於應門之内，亦禮之變也。此二者，若不許以一時之權，而以禮疑之，則太甲不當越紼以祭於成湯之廟，而康王亦不當釋喪服、服麻冕也。「侯甸羣后咸在」者，諸侯皆從太甲在成湯之廟也。子和曰：「侯甸於五服爲尤近，故皆在。當是時，諸侯之遠者，未必能至。」義或然也。蓋天子七月而葬，同軌畢至。此方踰月，則諸侯之遠者，容或有所未至也。薛氏曰：「『百官總己以聽冢宰』者，王宅憂不言，攝國事者，冢宰而已。故百官總己，惟冢宰之是聽也。冢宰以典則佐王治邦國、都鄙、官府，以其德義信服於百僚。至是有變，乃攝國事而下不惑也。漢自吕太后專制，而是禮喪矣。」此言得之。

伊尹乃明言烈祖之成德，以訓於王。曰：「嗚呼！古有夏先后，方懋厥德，罔有天災。山川鬼神，亦莫不寧，暨鳥獸魚鼈咸若。

伊尹既奉太甲以見成湯之廟矣，於是明言其功德之祖成湯，所以艱難創業垂統之德，以訓告之。其言即下文所陳是也。「嗚呼」者，歎辭也。言夏之子孫弗率其祖宗之德，以至於滅亡，故嗟歎而言之，以致其告戒之意。《詩》曰「殷鑒不遠，在夏后之世」，言商之所宜鑒者，莫近於夏。故首以夏之滅亡而告之也。「古有夏先后」者，言自桀以前，上至於啓，凡繼禹而有天下者皆是也。亦猶周公每言商之先后，則曰「自成湯至於帝乙」也。蓋言「夏之先后，聖賢相繼，以有天下，方且勉行其德，兢兢業業，不敢自寧，上合於天，故無有天災也。至於山川鬼神，亦皆安居，以及鳥獸魚鱉之微，亦各遂其性」，此其所謂「罔有天災」也。夫人君之德，苟不能上合於天，而天降之災焉，則山川鬼神將不安其居，爲妖爲厲，鳥獸魚鼈之不順其性，而將爲怪爲孽矣。劉向曰：「和氣致祥，乖氣致異。祥多者，其國安。異衆者，其國危。天地之常經，古今之通義也。」「山川鬼神，亦莫不寧，暨鳥獸魚鼈咸若」，則可以謂「和氣致祥」矣，此夏之所以安也。

「于其子孫弗率，皇天降災，假手于我有命，造攻自鳴條，朕哉自亳。

此遂言桀不率先祖之德業，皇天於是降災，以彰厥罪。故山川鬼神不安其居，而或崩，或竭，或出而爲響，鳥獸魚鼈不順其性，而其變異百怪，如《春秋經》之所書，與夫《洪範・五行傳》之所載，是所謂「乖氣致異」也。變異形於下，則是天意怒於上矣。故雖承其祖宗奕世積累之業，而卒於爲天所棄也。天之所棄，必假手於人以誅之。桀既得罪於天，必假手於我商有天命之成湯，使之伐夏救民，以爲天吏也。「造攻自鳴條，朕哉自亳」者，漢孔氏曰：「『造』、『哉』，皆始也。於是始攻桀伐無道，由我始修德於亳。」此説未通。據孟子論「伊尹就湯而説之以伐夏救民」，而卒舉其言曰：「天誅造攻自牧宮，朕哉自亳。」趙臺卿釋之以謂：「桀造作可攻之罪從牧宮，故曰『天誅造攻自牧宮』，謂遂順天而誅也。」趙氏此説比孔氏爲優。故王氏曰：「『鳴條』，夏所宅也。『亳』，商所宅也。桀有可伐之罪，然後湯與伊尹謀於亳，而往伐之。所以起兵戎者，夏也，故曰『造攻自鳴條』。

既有可誅之罪，湯遂自亳而往攻之，故曰『朕哉自亳』。《周書》曰『我不爾動，自乃邑』，亦與此同義。」王氏此言亦趙岐之意也。蓋言桀有可攻之罪，故我得而攻之。攻之者湯，造攻者在桀也。孟子曰：「國必自伐，然後人伐之。」此亦必然之理也。伊尹之所以言此者，其意蓋謂：「夏之有天下，傳十餘世，緜六百年，方且爲上天之所眷佑，至於『山川鬼神，亦莫不寧，暨鳥獸魚鼈咸若』，宜若不可得而動者，而爲一桀之所不率，則其顛覆之緒不旋踵而至。況我商家，肇造未久，苟使太甲不能以夏之顛覆爲監，遂至於弗率繼成湯之德，有可攻之者至矣。」故伊尹既言有夏之所以失天下之易於其前，又陳其湯所以得天下之難於其後，以致其警戒之意。

「惟我商王，布昭聖武，代虐以寬，兆民允懷。今王嗣厥德，罔不在初。

此則言湯伐桀時之事也。「聖武」，猶所謂神武也，蓋聖人之義德也。楊龜山曰：「湯之伐虐以寬，苟不明昭其聖武，則夏之民必以爲厲己。故『布昭聖武』，然後『兆民允懷』，與世之黷武異矣。」此説爲善。夫兵，凶器也；戰，危事也；争，逆德也，此實天下至不説之事也。成湯用之，「布昭聖武」於天下。東面而征西夷怨，南面而征北狄怨，曰：「奚獨後予？」攸徂之民，室家相慶，曰：「徯予后，后來其蘇。」謂之「蘇」者，豈有他哉？惟其「代虐以寬」故也。苟非「代虐以寬」，而徒爲布昭其武焉，則雖如秦始皇之譎詐、項羽之勢力，徒促其亡而已。蓋非「代虐以寬」，則如水益深，如火益熱，而民叛之矣。湯之「布昭聖武」，本於代虐政，故雖用其不祥之事，而民信而懷之，若大旱之望雲霓者，由其寬仁之德洽於人心故也。既言湯以寬仁之德洽夫民心之甚，遂以懷兆民而有天下。太甲既嗣其位，不可不戒慎恐懼於其即位之初，以繼其志而述其事也。蓋朝廷者，天下之本也。人君者，朝廷之本也。始即位者，人君之本也。於時即位爲能致其慮焉，則其終無所不慎矣。始之不慎，終雖悔之何及焉？故繼之曰「今王嗣厥德，罔不在初」者，言所以端本清源之道，端在夫此時也。召公曰：「王乃初服。嗚呼！若生子，罔不在厥初生。」召公其所以望成王者，是亦伊尹之意也。

「立愛惟親，立敬惟長，始于家邦，終于四海。

既告之以「慎厥初，以嗣成湯之德」矣，於此又告以「人君治天下，本末先後之序」也。有子曰：「君子務本，本立而道生。孝悌也者，其爲人之本歟？」王者之治天下，將欲仁覆天下，豈必人人而愛之、人人而敬之哉？惟盡吾孝悌之心，親其親、長其長，舉斯心而加諸彼，而天下平矣。親其親以及他人之親，愛立於此，雖不人人而愛之，而將無所不愛矣。長其長以及他人之長，敬立於此，雖不人人而敬之，而將無所不敬矣。故愛敬立於親長則始，於邦家而終也，自西自東，自南自北，無所不及。或問孔子曰：「子奚不爲政？」子曰：「《書》云『孝乎惟孝，友于兄弟，施於有政』，是亦爲政，奚其爲爲政？」蓋愛於親、敬於長，政之所出必本於此。窮而在下爲匹夫，則施之於家不爲有餘；達而在上爲天子，則施之四海而不爲不足，此實治天下國家之至德要道。言近而旨遠，守約而施博，雖湯之「布昭聖武，代虐以寬，兆民允懷」者，亦惟此而已。故伊尹之訓，必欲以是爲先也。

「嗚呼！先王肇修人紀，從諫弗咈，先民時若。居上克明，爲下克忠，與人不求備，檢身若不及，以至于有萬邦，兹惟艱哉！敷求哲人，俾輔于爾後嗣，制官刑，儆于有位。曰：『敢有恒舞于宫，酣歌于室，時謂巫風。敢有殉于貨色，恒于遊畋，時謂淫風。敢有侮聖言，逆忠直，遠耆德，比頑童，時謂亂風。惟兹三風十愆，卿士有一于身，家必喪；邦君有一于身，國必亡。臣下不匡，其刑墨，具訓于蒙士。』

此言湯以從諫檢身，遂有天下，而亦以此遺後世子孫，使保其盈成之業也。湯之《盤銘》曰：「苟日新，日日新，又日新。」惟其德貴日新，故所以成就其德者，必擴之以極其大，放之而極其遠，無所不用其至。雖其聰明勇智出於天賜，而其所以孜孜焉取人以爲善者，不敢一日廢也。夫以湯大聖之德，猶且戒懼修省，不敢自寧也如此，而況太甲以中材之主，處富貴易盈之勢，當晏安無事之時，苟不上念前世之艱難，下資羣臣之輔助，豈能免於顛覆哉？故伊尹爲之歷言乃祖成湯，所以成就其德，與夫所以遺後世子孫者，皆在於是。蓋將以杜絶其不善之意於前，禁於未發，以遏其驕奢淫佚之心也。「嗚呼」者，歎辭也。言之不足，故嗟歎之也。上既言「立愛惟親」，至「終於四海」，於是繼之以「先王修人紀」之實也。「人紀」者，人道之紀也。自愛敬而推之，至於家邦四海也。三綱五常之道，皆本於此。聖人之所以爲聖人者，惟其能盡人倫之道而已。能盡人倫之道，故能成位乎天地之兩間，而三才之道備。博厚配地，高明配天，悠久無疆，而聖人之能事畢矣。伊尹將言湯之所以能成其大業，聖德而有天下，於是推本其所以致此者，而言之曰「始於修人紀」，蓋其立愛之始於親，立敬之始於長也。自「從諫弗咈」至「檢身若不及」，此又言其所以「修人紀」之實也。「從諫弗咈」者，言有過則改、從善如流、不逆人之言也。「先民時若」者，謂凡有所動，皆順古人之行，而不自專也。「先民」，古賢人也。《召誥》曰：「相古先民有夏。」《詩》曰：「自古在昔，先民有作。」唐孔氏曰：「遠古先賢人，亦是民内之一人，故以『民』言之。」「居上克明」，言湯之居上，則能明於御下，所謂「有君民之大德」也。「爲下克忠」，言湯之爲下，則能忠於事上，所謂「有事君之小心」也。夫「有君民之大德」、「有事君之小心」，此文王之所以爲至德也，而湯亦然，以是知文王終身事紂而不敢伐，湯事桀而終伐之，迹雖不同，其心則一也。「與人不求備，檢身若不及，以至於有萬邦，兹惟艱哉！

敷求哲人，俾輔於爾後嗣，制官刑，儆於有位。曰：『敢有恒舞於宮，酣歌於室，時謂巫風。敢有殉于貨色，恒于遊畋，時謂淫風。敢有侮聖言，逆忠直，遠耆德，比頑童，時謂亂風。惟兹三風十愆，卿士有一于身，家必喪；邦君有一於身，國必亡。臣下不匡，其刑墨，具訓於蒙士。』」此又言其責己重以周、待人輕以約也。范忠宣公有言曰：「人雖至愚，責人必詳。雖有聰明，恕己猶略。苟能以責人之心責己，以恕己之心恕人，則兩得之矣。」蓋常人之情，惟責人之詳，故不能取諸人以爲善；惟恕己之略，故不能舍己以從人。如此，則驕吝之心日積，而在己之德喪矣。成湯則不然，「與人不求備」，則是以恕己之心而恕人，其待人也略矣；「檢身若不及」，則是以責人之心責己，其責己也詳矣。責己之詳、待人之略，故其驕吝兩忘，而物我之私不萌於胸中，此所以修身應物兩得之矣。《詩》曰：「湯降不遲，聖敬日躋。昭格遲遲，❶上帝是祗。帝命式于九圍。」遲遲施於人者，然也；不遲施於己者，然也。惟湯之所以「肇修人紀」者，其備如此，則是立愛、立敬之道，於斯盡矣。愛敬之心既盡，其舉斯心以加諸彼，則東面而征西夷怨，南面而征北狄怨，曰「奚獨後予」；攸徂之民，室家相慶，曰「徯我后，后來其蘇」，此皆孝敬之所致也。自孝敬而推之，至於奄有萬邦之衆，苟其心術之間，毫釐有所未盡，則天下之人必有不服者。今也天下之民，至於望之若大旱之望雲霓，惟恐其不得爲君，則是湯之心無所不盡也。然湯之所以能盡其孝敬者，豈有他哉？由其「肇修人紀」，至「從諫弗咈，先民時若」，至「檢身若不及」，此數者無所不用其至。故即其所成就者，而推本其所終于四海者，如此其不易也。惟湯之「檢身」、「從諫」、「肇修人紀」以有天下，故其所以望於後世子孫者，亦在於此。是以廣求賢者之人，制於有位，俾輔弼于爾有後，亦欲其繩愆糾繆，以成就其子孫之德也。林子和曰「『敷』者，言求之非一方也」，孟子曰「湯執中，立賢無方」，亦此言也。是惟「敷求哲人」，則賢者各以其類進，左右前後罔非正人，朝夕納誨於上，

❶「格」，《毛詩正義》作「假」。

以格其心之非。如此，則不善之心無自而入矣。雖則「敷求哲人，俾輔于爾後嗣」，而猶恐所用之人，或有持禄固位，不以諫諍迪其君爲事者，於是「制官刑」以儆戒之。曰敢有恒舞于宮而無節者，敢有常歌于室而酣酒者，此二者皆謂之「巫風」。言常歌常舞，若巫覡然也。敢有徇于貨與色而無厭者，敢有盤于遊與畋而不知止者，此四者皆謂之「淫風」。言其淫過無度也。敢有侮聖言而不欽，逆忠直而不順，耆年之德則踈而遠之，頑愚之童則親而比之，此四者皆謂之「亂風」。言其好人之所惡，惡人之所好，則名實亂矣。蓋上有所爲而下化之者，則謂之「風」，如變風是也。上有恒舞、酣歌之愆，則下有巫風矣。上有貨色、遊畋之愆，則下有淫風矣。上有侮聖言、逆忠直、遠耆德、比頑童之愆，則下有亂風矣。愆形於上，風動於下，危亡禍亂之所自出也。故曰：「惟兹三風十愆，卿士有一于身，家必喪；邦君有一于身，國必亡。」言此十者而有一焉，有家者必喪其家，有國者必亡其國，不必兼備此十者，而後至於喪也，亦猶禹訓言「内作色荒，外作禽荒。甘酒嗜音，峻宇雕牆。有一於此，未或不亡」。蓋古之祖宗所以垂訓於子孫者，未嘗不極其警戒之義。惟三風十愆能致喪家、亡國之禍如此，苟人臣親見其君有如此之愆，不能匡而正之，則黥其面、涅以墨刑，所以懲其不能格君心之非，而逢其惡也。漢昌邑王以淫亂廢，其羣臣坐無輔導之益，陷王於惡，誅者二百餘人，惟王吉、龔遂以數諫諍免，是亦「臣下不匡，其刑墨」之遺意也。蘇氏曰：「或曰：墨之爲刑，蓋亦重矣。臣下不匡，而陷入重辟，無乃過乎？曰國家置臣屬，所以匡其主也。宜匡而不匡，則有亡國喪家之道。視其主淪於喪亡，而莫之救，其可貸乎？直諫而逢彼之怒，則有死之道。不諫而處於無過之地，則足以保福禄。自非大忠有志之士，則孰能舍福禄而趨死地乎？然則主於重刑，蓋使其進諫則未必死，退而不諫則陷於辟，雖其中不欲諫，蓋亦不得不諫也。夫『三風十愆』，『制官刑』也，所以戒諸侯，而伊尹用以訓太甲者，爲諸侯、卿大夫而犯此，已不足以守其宗廟、保其禄位，則爲天下主者，其可以守土宇而爲民之父母乎？然則伊尹所以訓之，可謂微而婉矣。」薛氏曰：「此言甚善。蓋伊尹所以匡太甲，以格其非心者，辭不迫切而意已獨至也。」「具訓於蒙士」者，先儒之説不如王氏、蘇氏。王氏曰：「『蒙士』，蒙童之士也。爲蒙童，則如此訓之矣。至於出爲臣屬，而不能正其君上，則『刑墨』矣。」蘇氏曰：「『蒙』，童也。士自童幼，則以此訓之也。」二説皆是。《酒誥》曰：「文王誥教小子有正有事，無彝酒。」蓋自其爲小子，固以此而教之矣。故知夫禁而後教，則捍格爲難勝也。伊尹之言此者，亦欲太甲之慎厥初也。

「嗚呼！嗣王祗厥身，念哉！聖謨洋洋，嘉言孔彰。惟上帝不常：作善，降之百祥；作不善，降之百殃。

伊尹於是又嗟歎以謂：「嗣王當祇敬厥身，而念爾祖也。其所以當敬其身而念爾祖者，蓋以成湯所垂之『聖謨洋洋』而美善，所以告教於子孫之嘉言，又甚明也。」蓋「先王肇修人紀」至「俾輔於爾後嗣」，此所謂「聖謨洋洋」也。「謨」者，謀之已成，可以爲萬世法者也。自「制官刑，儆於有位」，以至於「嗣王祇厥身，念哉」，此啓迪訓誥之「嘉言」也。謨之洋洋，言之孔彰，如此，子孫安可棄而不念哉？此伊尹所以諄諄明言烈祖之成德以訓之也。既致其所以欽若成湯訓謨之意，於是又言天命之不常、治安之不可保。惟其孜孜爲善，則天將降之百祥，而治安可以長享。苟爲不善，則天將降之百殃，而禍亂隨之矣。

「爾惟德罔小，萬邦惟慶。爾惟不德罔大，墜厥宗。」

此又言所以保天命而承治安之業者，得之至難，而失之至易也。漢孔氏曰：「修德無小，則天下賚慶。苟爲不德無大，必墜失宗廟。此伊尹至忠之訓。」孔氏之意，蓋以謂人君之德必極其大，然後可以使「萬邦惟慶」。至於不德之「墜厥宗」者，則不在大也。此所以爲至忠之訓。而唐孔氏之解，殊失其旨，其説謂：「爲善無小，言小善『萬邦惟慶』，況大善乎？爲惡無大，言小惡猶『墜厥宗』，況大惡乎？此經二字，❶辭反而意同也。」夫經言「罔小」，則是大矣；言「罔大」，則是小矣。故漢孔氏謂「修德無小，不德無大」，是乃經之本義也，安得謂「辭反而意同」乎？以是知正義之説，不惟失經之旨，又失先儒之旨矣，此不可以不辨也。本朝元豐中，李常寧以進士對策爲第一，其言曰：「天下之大，社稷之重，百年成之而不足，一日毁敗之而有餘。」某嘗三復斯言，以謂得夫伊尹所以訓太甲之意，雖晁、董、公孫之策，皆不及此。蓋有國有家者，成之至難，而壞之甚易。大禹肇造有夏，基於唐虞之世，胼胝手足，櫛沐風雨，粒烝民，乂萬邦，然後受禪於舜而有天下。其成之難也如此，而太康以十旬之遊畋而亂之。周之王業，自后稷開基，歷太王、王季積德累功，凡十餘世，然後文、武受命，翦商而有天下。其得之亦可謂難矣，而幽王以褒姒之一笑而滅之。信乎百年成之爲不足，一日壞之爲有餘也。《伊訓》一篇之文，反復終始皆明此理，而篇末之言尤爲切至。蓋必如湯之「肇修人紀，從諫弗咈」至「檢身若不及」，然後可以爲德之大，而使「萬邦惟慶」矣。至於「三風十愆，有一于身」，則覆宗絶祀及之矣。是不德墜厥宗，果不在大也。孔氏以謂「此伊尹至忠之訓」，豈不信哉？唐柳玭有言曰：「成立之難如登天，覆墜之易如燎毛。」又曰：「實德懿行，人未必信。纖瑕微纇，十手率指。」此言皆足以發明伊尹之遺意也。

《肆命》、《徂后》。

---

❶「字」，《尚書正義》作「事」。

尚書全解卷十六　商書

太甲上

古者簡册以竹爲之，編次而成篇。一篇之所編，不可以多也。故其文之多者，或析而爲二，或析而爲三，以便於習讀。析而爲二者，則於篇名之下，加「上」、「下」二字以别，若《禮記·曲禮》、《檀弓》、《雜記》，《孟子·梁惠王》、《公孫丑》等篇是也。析而爲三者，則有上、中、下之别，如經所載《太甲》、《盤庚》、《説命》、《泰誓》是也。其所以析之爲二、爲三者，本於簡册之繁多，其勢不可合而爲一，故出於不得已而然也。至於後世，既以紙易簡册，則其一篇所載，足以容古者百餘簡之所書，而世之文人不悟夫古人分篇之意，獨有泥於簡册之制者。如柳子厚《時令》等篇，皆分爲上、下篇，李翺之《復性書》分爲上、中、下篇，皆是泥於古制，不達夫時變者。惟韓退之之制作，未嘗如此。觀其《原性》等書，雖有長短不同，而皆别立篇名，各盡其意而已，未嘗離爲上、下，以泥古制，此皆得體，可以爲後世屬文之法也。史之分篇爲三，有分而爲上、中、下者，若《太甲》、《盤庚》、《説命》、《泰誓》是也。有不分爲上、中、下，而以篇名爲别者，若「臯陶矢厥謨，禹成厥功，帝舜申之。作《大禹》、《臯陶謨》、《益稷》」，「成湯既没，太甲元年，伊尹作《伊訓》、《肆命》、《徂后》」，「成王既伐管叔、蔡叔，以殷餘民封康叔，作《康誥》、《酒誥》、《梓材》」。據此皆以序而有三篇，亦可以分爲上、中、下，而但以篇名爲别者，此蓋出於一時史官各自以其意題其簡編，以爲別異耳，非有深義於其間也。此篇名以《太甲》者，唐孔氏曰：「《伊訓》、《肆命》、《徂后》與此三篇及《咸有一德》，皆是伊尹戒太甲，不可同名《伊訓》，故隨事立稱，以《太甲》名篇。」此説是也。此篇亦是「訓」之體，不可以名《伊訓》，故別之曰《太甲》。《史記》載《太甲》篇序，以爲《太甲訓》三篇。意者漢之時，此篇名猶有「訓」字，而後世失之也。然而太史公父子皆未嘗見孔壁中《書》。此篇在孔壁二十五篇之内，是乃孔安國所傳，遭巫蠱事而不出者也。太史公既未嘗見古文，故於《殷本紀》，但總篇序之言而臆度之，是以全與此篇内不合。其説以謂：「太甲既立三年，不明、暴虐、不遵湯法、亂德，於是伊尹放之於桐宫。三年，伊尹攝政當國，以朝諸侯。三年，太甲悔過、改善，於是伊尹乃迎太甲歸于亳而立之。太甲修德，諸侯咸服，百姓以寧。伊尹嘉之，遂作《訓太甲》三篇，❶以襃太甲。」據經之所載，乃是自太甲不惠阿衡，以至於營于桐宫，而歸于亳。史官述其本末之詳，非是伊尹之嘉太甲而作是篇也。中篇曰「惟三祀十有二月朔，伊尹以冕服奉嗣王歸于亳」，則其所以不明者，惟在於即位數月内耳，故至於終喪，則已悔過自艾，而被冕服以歸于亳。太史公乃謂「既立三年，不明、暴虐、亂德，於是伊尹放于桐宫」，其説皆與經文不同，蓋未嘗真見《古文尚書》，而妄爲之説。班孟堅於《孔安國傳》又謂：「安國爲諫議大夫，授都尉朝，而司馬遷亦從安國問故。遷書載《堯典》、《禹貢》、《洪範》、《微子》、《金縢》諸篇，多古文。」夫遷實未嘗見古文《書》，其《史記》所序，惟伏生《書》耳，而孟堅乃以謂「其多載」，此又孟堅之失也。

太甲既立，不明，伊尹放諸桐。三年復歸于亳，思庸。

---

❶「訓太甲」，《史記》作「太甲訓」。

謂太甲既立數月，不用伊尹之言，不明居喪之禮也。「桐宫」，湯之葬地也。太甲既背伊尹之訓，不可以言語口舌争矣。於是使之往居墓側，加之以放逐之名，致之於憂患之地，以作其憤悱之意。至於三年喪服已畢，而能悔過遷善，「克終允德」。於是自桐宫復歸于亳，而思用伊尹之言也，故曰「三年復歸于亳，思庸」。自始立，至於放而復歸，伊尹每進言以戒之，史序其事，以作《太甲》三篇，雖實史官之所序，而其所言則皆伊尹之言，故推本其言所自出，而曰「伊尹作《太甲》三篇」，首尾序述以盡出於伊尹之手也。

伊尹作《太甲》三篇。

太甲

惟嗣王不惠于阿衡，

《伊訓》、《肆命》、《徂后》、《太甲》三篇、《咸有一德》，皆是太甲末年商史所録，故其叙述先後本末，相屬成文，若史家《本紀》之所載也。但其簡册繁重，故分而爲七耳。「惟嗣王不惠于阿衡」，此文勢與上篇《伊訓》、《肆命》、《徂后》相屬。蓋自太甲之立，伊尹所以丁寧嗣王激切，論興亡禍福之理以告戒之者，可謂深切著明矣。然誨爾諄諄，聽我藐藐，曾無從順之意也。其下流之性，所以陷溺其心者深，故言雖切，而未易入也。伊尹自湯伐桀之時，既爲相矣。及太甲既立，實以冢宰總百官。其曰「阿衡」者，尊之之稱也，猶周以太公爲尚父、齊以管仲爲仲父也。高宗命傅説，其稱伊尹曰「昔先正保衡，作我先王」，「保衡」即伊尹也。古者大臣居人主之左右，輔翊主德者，蓋有「阿衡」之名。王莽依放古制，建公輔之官，甄邯爲太保，劉歆爲少阿，甄豐爲太阿，以是知阿、保皆師傅之官，尊之之稱也。伊尹稱阿衡，蓋其一時，所以極其推尊之意者，其義則無傳焉。孔氏曰：

「阿，倚。衡，平。言湯倚而取平。」王氏云：「保其國如阿，平其國如衡。」此皆是隨字立義，未必得其當時所以命名之旨，猶毛氏解「尚父」曰「可尚可父」云爾。

伊尹作書曰：「先王顧諟天之明命，以承上下神祇，社稷宗廟罔不祇肅。天監厥德，用集大命，撫綏萬方。

「作書」者，作爲簡册之書，以陳其所勸戒之意，若後世之章疏也。漢世簡册未變，故其以章疏進説於上者，以皂囊封之，謂之上封事，蓋其所由來遠矣。楊子曰：「捈中心之所欲，通諸人之嚍嚍者，莫如言。著古昔之㖧㖧，傳千里之忞忞者，莫如書。」蓋古人之所以宣其意者，惟書與言爾。伊尹明言烈祖之成德，訓于王，此其言也。自「先王顧諟天之明命」以下，則其書也。漢孔氏云：「『顧』謂常目在之。『諟』，是也。」唐孔氏曰：「『諟』與『是』，古今之字異，故變文爲『是』也。言先王每有所行，必視是天之明命，常目在之。」以「顧」爲「常目在之」，理固然也。至以「諟」爲「是非」之「是」，則又無所據。王氏曰「『諟』以言其不違」，蘇氏曰「以言許人曰『諟』」，亦皆是率意而爲此説，未敢以爲信。詳考經意曰「先王顧諟天之明命」，但謂「天之明命」，吉凶善惡皆以類至，其福善禍淫，若影響之應形聲，先王知命之可畏也如此，故其兢兢業業，洋洋乎如在其上、如在其左右，雖一言一動，皆不敢忘也。《詩》曰：「敬天之怒，無敢戲豫。敬天之渝，無敢馳驅。昊天曰明，及爾出王。昊天曰旦，及爾游衍。」此則「顧諟」之意也。惟知其天命之可畏，顧諟而不敢忘，故上以承于天神，下以承于地祇，以至社稷宗廟無不致其祇肅。蓋其所以事鬼神者，出於其嚴恭祇事之誠心，而不區區於犧牲玉帛之間矣。惟其誠意之孚如是，故其馨香之德感于神明，而天監之，遂集天命於其身，使之克夏以有天命，而撫綏萬方之民也。蓋成湯之所以由七十里而有天下，其恭則自於寅畏上天之命，其事則見夫致恭盡禮於祭祀之間，洞洞乎，屬屬乎，如弗勝，如將失之，則其感格于天地鬼神之意，受明命以式九圍，非自外至也。商道事神明鬼之俗，蓋出於此。此蓋成湯之所以詒孫謀以遺後世者，故伊尹作書以戒嗣王，首及於此也。

「惟尹躬克左右厥辟宅師，肆嗣王丕承基緒。惟尹躬先見於西邑夏，自周有終，相亦惟終。其後嗣王罔克有終，相亦罔終。嗣王戒哉！祗爾厥辟，辟不辟，忝厥祖。」

惟成湯盡其寅畏、兢兢業業之誠，以膺上天之所眷命，撫綏萬方，故我能以左右輔翼之，以奄宅此天下之衆，故嗣王得以大承基緒。蓋謂非湯之自能克慎厥德，則雖伊尹亦無所致其左右之力，而嗣王亦無以享其盈成之業也。「尹」，伊尹名。唐孔氏曰：「《孫武兵書》及《呂氏春秋》皆云『伊尹名摯』，則『尹』非名也。今自稱『尹』者，蓋湯得伊尹正天下，故號曰『尹人』，皆呼之爲『尹』，故亦以『尹』自稱。禮，君前臣名，不稱名者，古人質直，不可以後代之禮約之。」此説不然。伊尹每自稱必曰「尹躬」，則其君前臣名也審矣。《孫武》、《呂氏春秋》之言，非所以爲據也。前既言成湯自慎其德，然後伊尹得以左右之，然其義猶未盡也。《詩》曰「商鑒不遠，在夏后之世」，其君、相之間，所以克終與不克終，可以爲鑒，而盡其義也。夏都安邑，其地在亳之西，故謂：「惟我尹躬見此有夏先世之君，自能以忠信而有終，故其相亦能克終。」「周」，忠信也。《論語》曰：「君子周而不比，小人比而不周。」孔氏曰：「忠信爲周，阿黨爲比。」忠信而謂之周者，施博士曰：「作僞者，心勞而日拙，則當缺露而不周。忠信則無僞矣，自能周而無缺。」此説是也。其後世之嗣王謂桀也，既不能以忠信自周而有終，故相亦不克終。蓋相之所以克終者，惟係諸君而已：君有終，則相得其終；君罔克終，則相亦罔終矣。伊尹言此者，蓋謂湯之顧諟天命，盡其恭敬以事天地、社稷、宗廟，可謂「自周有終」矣。故我得以「左右厥辟宅師」，而有終也。今太甲承湯之基緒，苟不能以忠信有終，則我亦何以克終哉？言欲使我能致其克終之效，惟在嗣王先能有終而已。故又繼之曰「嗣王戒哉」，言不可以不戒慎也。所以戒慎者，當敬爾爲君。君不敬其爲君，則將忝辱爾祖矣。

王惟庸罔念聞，伊尹乃言曰：「先王昧爽丕顯，坐以待旦。旁求俊彦，啓迪後人，無越厥命以自覆。慎乃儉德，惟懷永圖。若虞機張，往省括于度則釋。欽厥止，率乃祖攸行，惟朕以懌，萬世有辭。」

孟子曰：「人不足與適也，政不足與間也。惟大人爲能格君心之非。君仁，莫不仁。君義，莫不義。君正，莫不正。一正君，而國定矣。」伊尹作書以戒太甲，其反覆所陳若此者，蓋太甲至於「欲敗度、縱敗禮」，殊不以社稷之安危爲念者，其意必以謂「伊尹之力足以任天下之重，吾雖盤樂怠傲，然有伊尹在，必不至於亡也」。故伊尹爲之稱其祖成湯，慎德於先，然後已得以左右之於後。夏之先世能以忠信有終，則相亦惟終。其後嗣王不克有終，則相亦罔終。且告以「辟不辟，忝厥祖」，蓋以謂「苟不能盡其爲君之道，則我亦末如之何矣」。意此蓋以格其心之非也。漢昭帝薨，霍光迎昌邑王賀。賀亦恃有霍光爲之輔佐，故其即位以後，行淫亂益甚。凡二十七日，而爲光所廢。其見廢也，謂霍光曰：「聞天子有争臣七人，雖無道，不失其天下。」彼蓋以謂「我雖無道，而光猶可恃，以不失其天下也」。太甲之意，諒亦如此。然伊尹之於太甲，則爲之稱道今古以教誨之，至於再三而猶不改，然後營桐宫而使居之，卒至於「克終允德」。而霍光之於昌邑王，直廢之而已，烏覩所謂「格君心之非」者哉？不格其心之非而遂廢之，廢之而更立君，而田延年以謂：「是舉也合於伊尹之廢太甲。」光遂信以爲誠然，光之不學無術也如此。孔子曰：「惟上智與下愚不移。」蓋上智不可移而爲愚，若堯、舜之不可與爲惡是也；下愚不可移而爲智，若桀、紂之不可與爲善是也。苟智而未至於上智，愚而未至於下愚，皆可移也。故智者而與之爲惡，則將移而爲惡；愚者而與之爲善，則將移而爲智。此則謂中人之性，以其可上而可下也。太甲實中人之性也，伊尹知其性之可移而爲智，故諄諄然以誨之，則冀其改過以遷善。然其所性雖可移，而未易移也。故誨之諄諄，聽我藐藐，而有類夫下愚之不移者，蓋由其所陷溺者深，故其移之爲難。惟其有可移之理，而移之爲難，是雖終於「克終允德」，而其始也，則猶「罔念聞」於伊尹之言也。薛氏曰：「『王惟庸』者，王當思而用之也。『罔念聞』者，心不是念、耳不是聽也。」王雖「罔念聞」，而伊尹所以繩愆糾繆、格其非心之意，不可以已也，故於是又申前之義，以謂先王所以授我以遺孤之託，凡欲使我以道德仁義輔導爾子孫而已。今至於「欲敗度、縱敗禮」，則是我之所以輔翼者不至，而負乃祖所以寄託之意，爲罪大矣，故爲之詳陳所以祗厥辟之義。其言寬而不迫，遜而不怒，優游饜飫以入之也。「昧」，晦也。「爽」，明也。「昧爽」者，或晦或明也。或晦而或明，未旦之時也。言先王於未旦之時，大明其德，正心誠意，養其平旦之氣，以待平明出而聽朝也。其所以孜孜汲汲、不遑寧處者，無他，惟欲「旁求俊彥」之士，以啓迪爾後世之子孫而已。蓋古之所謂「託六尺之孤」者，非特扶持其位，使之不傾而已，必使之成就其德，正之直之，輔之翼之，以格其非心，使之知創業之艱難，念守文之不易，而爲成德之主，斯無負於寄託矣。如太甲、成王，皆中材之主。伊、周受託於湯、武而相之，皆能使其德之成就，而爲一代之顯王。蓋湯、武之所以託之者如此，而伊、周所以不負其所託者亦以此。至於後世所謂「受遺託孤」者，則不復論其德之如何，惟冀其位之不失而已。如霍光、諸葛孔明，世皆以伊、周許之。予嘗觀此二人者，其忠義之心誠無負於國家社稷，其視曹孟德、司馬懿輩欺人孤兒寡婦而奪之位，譬如霄壤之殊，而較於伊、周之事，則非二子之所及也。何則？不能啓迪其主之德，以格其君心之非，使爲成德之主，而徒屑意於事爲之末，則僅能使其位之不傾而已。故伊尹論其所以授寄託於先王者，❶則以「啓迪後人」爲言，蓋所以成就爾太甲之德者，是湯之所以望於我也。湯之所以望於我以「啓迪後人」者，其任固專於伊尹，而曰「旁求俊彦」者，以見湯之立賢無方，其所賴以啓迪者衆也。惟伊尹與其一時之俊彦，咸以啓迪爲任。而今也太甲「欲敗度、縱敗禮」，誨之諄諄，聽我藐藐，則是將隕越厥命以自取覆亡，雖有俊彦亦末如之何矣。欲「無越厥命以自取覆」者，則在於求其所以自顛覆之道，而反諸其本，故曰「慎乃儉德，惟懷永圖」，此蓋所以啓迪之也。秦爲宫室之麗，起咸陽而西，離宫三百，鐘鼓帷帳，不移而具，而其後世曾不得聚廬而託處；爲馳道之麗，東窮燕齊，南極吴楚，隱以金椎，樹以青松，而其後世曾不得蓬顆以蔽冢而託葬。自古人君侈靡之極者無如秦，而亂亡之速，子孫無置錐之地，亦莫若秦。蓋奢侈，敗亡之徵也。禹卑宫室、菲飲食、惡衣服，豈故爲是儉陋而已哉？誠知夫「懷永圖」者，必自夫「慎乃儉德」故也。太甲「欲敗度、縱敗禮」，蓋已昧夫所謂「永圖」矣。苟其駸駸焉日入於奢侈而不知反，則至於「越厥命以自覆」，亦豈難哉？故所以格其非心，而反之於善者，則蔽以一言謂「欲懷永圖，必自夫慎乃儉德」，可謂切中其疾。夫人臣之進諫於君，如醫者之用藥，惟其切中所受病之處，苟爲以寒益寒、以熱益熱，則是促人之死而已。如漢之武帝可謂窮奢極侈而不知紀極矣，而董仲舒對策於其時以謂「儉非聖人之中制者」，此則與夫公孫弘所謂「人主病不廣大，人臣病不節儉」者，無以異也。議者論仲舒之策「緩而不切」，以此言觀之，則其言豈非「緩而不切」也哉？「慎乃儉德，惟懷永圖」，

❶「授」，據文義及上文「受託」，當作「受」。

言之於太甲縱欲之時，可謂不費辭矣。能「懷永圖」以「慎乃儉德」，則神全氣定，不爲外物之所變遷，其心安然而不撓，然後可以泛應萬機之務，而無有過舉矣。故繼之曰「若虞機張，往省括于度則釋」，此言應物之審也。「機」，弩牙也。「括」，矢括也。度其所準望，蓋正鵠也。弩之發者在機，矢之所中者在括。苟能虞機而張之，省括于度而釋之，使機必應于括，括必應于度，則百發而百中。苟此三者差之於毫釐之間，則失之者在尋丈之外矣。楊子曰：「修身以爲弓，矯思以爲矢，立義以爲的，奠而後發，發必中矣。」其立意正與此同。所謂「奠而後發」者，則虞機、省括之謂也。夫其應物之審如此，故能「欽厥止，以率乃祖攸行」。夫爲人子孫者，孰不欲率其祖之所行？苟使應物不審，而不能敬其所止，則其心蕩然無所適從，而小人之善紛更者，得以進其嘗試之説。於是「變亂先王之政刑，至於小大」，而天下始大亂矣。伊尹之告太甲，其序如此者，蓋太甲之不明也。由其「不惠于阿衡」，故至於「欲敗度、縱敗禮」，由其縱欲以敗度禮，故至於顛覆湯之典刑。是以其啓迪之也。首告以先王所以「旁求俊彦，遺爾後人」，次又告以儉德之爲可永圖，末遂告之以「欽厥止，率乃祖之攸行」，蓋其所以繩愆糾繆、格其非心者，不可不推本其所以然者也。王能如此，則我伊尹之心乃可以喜悦，其無負先王之所寄託，而至於萬世猶有辭也。「有辭」，蓋謂爲萬世之所稱也，是所謂「相亦惟終」者也。苟使嗣君終不能改過自艾，則「越厥命以自覆」，而商之社稷遂不復存，則「相亦罔終」矣，尚何至於萬世有辭也哉？

王未克變。伊尹曰：「兹乃不義，習與性成。予弗狎于弗順，營于桐宫，密邇先王其訓，無俾世迷。」

王徂桐宫居憂，克終允德。

伊尹雖丁寧懇切如此，而王猶安於不善，未能變也，故伊尹以謂「此乃習於不義之事，且將失其所固有之性，而淪於惡習，且將與性俱成於惡矣」。夫苟其所固有之善猶有存者，則其所以諄諄以誨之者，如此之深切著明，豈不少悟而知所愧恥者哉？今也曾是莫聽，安其危而樂其所以亡者，則是不義之習殆將成其性，若其固有者矣，豈復可以言語而動之哉？故當此時，可以勢動而不可以理聽也。故惟使之「弗狎習于弗順」之事，而放僻邪侈之習，皆無因而至前，則其外馳之心息矣，而又有以動其哀戚之情，而作其愧恥之意，是以孝敬之心油然而生矣。雖不暇諄諄而誨之，而其反於善也，蓋有不期然而然矣，故曰：「予弗狎于弗順，營于桐宮，密邇先王其訓，無俾世迷。」蓋於是營之於成湯之墓側，而使居之，以密邇先王而思其訓，無使終迷而不反也。「墟墓之間，未施哀於民而民哀」，既奪其所嗜好之習，而致之於哀戚易感之地，放遠小人之黨，擇賢俊而與之居，彼其至於自怨自艾、處仁遷義，蓋理之必然也。王於是而往桐宮而居憂，卒能思念其祖，而終其信德也。孟子曰：「教亦多術矣，予不屑之教誨者，是亦教誨之而已矣。」蓋君子之教人，有如時雨化之者，有成德者，有達材者，有答問者，有私淑艾者。若夫道之而弗從，誘之而不達，而君子猶不忍棄也，而私以善淑之，使之憤悱啓發，入於善而不自知，此不屑之教誨也。《王制》論先王之教民，其「不帥教者，命國之右鄉移之左，左鄉移之右，不變，移之郊，又不變，移之遂，又不變，然後屏之遠方，終身不齒」，此皆不忍絶之於自棄之域，而私以善淑之，蓋所謂「不屑之教」也。伊尹之於太甲，誨之諄諄，聽我藐藐，度其不可以教也，則營諸桐宮，而使居焉，以感動其憂戚之心，終以「克終允德」，非「不屑之教」而何？然而以不屑教之，而其名曰「放」者，蓋其所以「欲敗度、縱敗禮」，道之而弗從、誘之而弗達者，彼以爲「伊尹受成湯寄託之重，以天下爲己任，我雖無道，而有伊尹必不至於亡也」。其所見如此，非有以摧折激勵以生其憂患之心，則若存若亡，終不可得而正也。故其遷之於桐宮，命之曰「放」，蓋示以將廢而不得立。彼知其將不得立也，於是憤悱而反於善，此其所以爲教也。然則使太甲而終不改，則奈何？是亦廢之而已。蓋其遷於桐宮也，既處之於人情天理之極以觀之矣。於人情天理之極，而不知自反焉，是無所可望也已。古之人將知人君之德，必於其哀戚之所感動者而觀之，當哀戚而不哀戚，豈復可以君天下乎？魯襄公卒，欲立公子裯，穆叔不欲，曰：「是人也，居喪而不哀，在慼而有嘉容，是謂不度。不度之人，鮮不爲患。」武子不聽，卒立之。比及葬，三易衰，衰衽如故衰。而昭公卒以不終。漢成帝爲太子，中山哀王薨，太子前弔。元帝感悲不能自止，而太子殊不哀。元帝大恨曰：「安有人不慈仁，可奉宗廟、爲民父母乎？」而成帝卒爲漢室基禍之主。蓋人情天理之極，苟爲有人之心者，則宜於此焉變矣；於是而不變，尚何望焉？使太甲居桐宮，遭放黜，而憤悱哀戚之心不由是而感發，則雖與天下共廢之可也。惟其困於心、衡於慮，而後改作也，故終有天下，爲商太宗，天下萬世仰其德之無斁，是放之之效也。世徒知伊尹之放其君，而不求其所以放之之意，則是伊尹不免於慚德，而亂臣賊子亦將以之爲口實矣。故孟子發明其心，以貽天下後世，曰：「有伊尹之志則可，無伊尹之志則篡也。」此言簡而盡矣。

太甲中

惟三祀十有二月朔，伊尹以冕服奉嗣王歸于亳。

曾子曰：「慎終追遠，民德歸厚矣。」先王之所以制爲喪祭之禮，豈苟爲是文飾而已哉？蓋以孝慈之心，人皆有之，民之所以生厚者，其本在於此。故先王之制禮，使民知喪以慎終、祭以追遠，事死如事生、事亡如事存，以反其所謂孝慈之本。苟其心之所固有者油然而生，則自能歸厚矣。太甲即位之初，般樂怠傲，不明居喪之禮。伊尹推本其心術之所蔽，惟其孝慈之心不篤，故至於是，遂乃營桐宫之地，使之往居焉。蓋使之慎終追遠，以生其孝慈之心，而反之於忠厚也。彼太甲之性既非下愚之不移，而一旦去其般樂怠傲之習，寢苫塊、啜粥，面深墨以居，始雖出於勉强，不得已而爲之，及其久也，則其固有之性發於哀戚之間，殆有不期然而然者。故及其終喪也，則既能處仁遷義，非復昔日之太甲矣，故伊尹於是迎之以歸。當是時也，以天時言之，則適當夫三年之喪畢，冢宰之攝國事，至是而可以歸政；以人事言之，則太甲徂桐宫居憂，密邇先王其訓，至是而亦可以即政矣。伊尹可以歸政，太甲可以即政，天時人事於是而合，此所以順天人之望，而迎之以歸也。太甲以元年十一月居仲壬之喪，至此三年十二月朔，蓋二十五朔，祥禫之祭已畢於前月，至是則可以變凶而即吉矣，故伊尹以吉服奉之以歸于亳也。《周官·司服》：「王之吉服，祀昊天、上帝，則服大裘而冕，祀五帝亦如之。享先王則衮冕，享先公、饗、射則鷩冕，祀四望、山川則毳冕，祭社稷、五祀則希冕，祭羣小祀則玄冕。」六冕，冕皆有服，其服皆玄衣纁裳。此但云「冕服」，不言其冕之名。漢孔氏但以冕爲冠，亦無明説。唐孔氏云：「天子六冕，大裘之冕，祭天尚質。弁師惟掌五冕，備物盡文，惟衮冕耳。此蓋衮冕之服。」義或然也。「以冕服奉嗣王歸于亳」，蓋於是除喪即位，而始踐天子之位也。

作書曰：「民非后，罔克胥匡以生。后非民，罔以辟四方。皇天眷佑有商，俾嗣王克終厥德，實萬世無疆之休。」

王之歸亳，蓋喜其能處仁遷義，而不墜成湯之業也。於是作爲簡册之書以稱美之，曰「民非君，則無能相胥正以生，不能相胥正以生則亂矣。君非民，則無以君四方，無以君四方則亡矣」，言君民之勢相待以存也。夏之民，惟其遭桀之亂，不能相正以生，故相率而去，以就湯而君之。湯以民之歸之，故遂以君四方而有天下。蓋民之情，至於亂而無以正之，則固擇夫能正之者以爲君之，而賴之以君四方矣。太甲之始不明厥德，斯民已擇其所以能正之者而君之，若去桀而從湯矣。當是時，雖伊尹亦末如之何也。故太甲之不明於初，是乃取亂亡之道也。有可以取亂亡之道，而卒能處仁遷義，以念成湯之訓，此豈人力之所能爲哉？蓋以皇天之於商家眷顧佑助之，不使成湯之業再傳而遂亡也，故天誘其衷於冥冥之中，使嗣王克終厥德，則民所賴以生者，不失其正之之望矣。民不失其所望，我商家之所以君四方者，又可以保之而不失矣，是誠萬世無疆之休美也。夫太甲之所以能終厥德者，是誠伊尹之力也。蓋非營桐宮而使居之，致之於哀慼之地，加之以放逐之名，以作其憤悱之志，則太甲亦終爲下流之歸而已。而其所以奉之歸亳，作書以序其意，乃以爲「皇天眷佑有商，俾嗣王克終厥德」，雖實一時謙抑之意，然君子能致人於悔過遷善之地，而不能必其人有悔過遷善之心。伊尹之始事湯，蓋嘗五就桀矣，豈非以夫民所賴之胥正以生者在桀，將欲使之遷善悔過，而不失其所以辟四方之道乎？其所以事桀者，雖不得而盡見，然以夫所以成就太甲之德者而觀之，則其於桀五就之而不厭，所以使之遷善遠罪者，必已盡其道矣。而桀之下愚終無自怨自艾之意，故伊尹不得已相湯而伐之。今也太甲乃能聽其訓己之言，而「克終允德」，非天之眷佑有商，疇克爾哉？竊謂天之於人，其吉凶禍福之間，若未嘗有切切然與於其間者，然而要其所終而究其成，則實未嘗有錙銖之差。積善之家必有餘慶，積不善之家必有餘殃。成湯之孫，宜其餘慶之所鍾，無有不善者，而太甲爲之孫。秦始皇之後，宜其餘殃之所逮，無有令淑之人，而扶蘇爲之子。太甲爲之孫，宜商祚遂至於亡矣，然而成湯以寬仁之德伐夏弔民以有天下，其善之所積者厚矣，豈應一再傳而遂亡哉？故雖太甲「欲敗度、縱敗禮」，而終「克終允德」以守成湯之業。此無他，以湯之社稷有必存之理，則雖太甲爲之孫，而終不亡也。扶蘇之仁厚，而爲秦始皇之子，則秦若可以存矣，然始皇虐用其民，以殘虐嗜殺而得天下，其不善之所積者厚矣。苟使扶蘇立，則秦未可以遽亡也，故始皇崩於沙丘而扶蘇卒以得罪，重之以二世之暴戾，而秦遂以滅。此天實以秦之社稷有必亡之理，則扶蘇爲之子，而終亦不得存也。論至於此，則是天地報應之理，雖若眇忽茫昧而不可曉，及要其極致而究其所以然，則不啻若影響之應形聲，可不戒哉？

王拜手稽首，曰：「予小子不明于德，自厎不類。欲敗度、縱敗禮，以速戾于厥躬。天作孽，猶可違；自作孽，不可逭。既往背師保之訓，弗克于厥初，尚賴匡救之德，圖惟厥終。」

「拜手」，首至手也。「稽首」，首至地也。既首至手，乃復申頭以至於地，欽之至也。臣之於君，則有此禮。太甲之於伊尹，而「拜手稽首」者，盡欽於師保，故其禮如此。蜀先主敕後主曰：「汝與丞相從事，事之如父。」太甲拜手稽首於伊尹，是亦事之如父也。非其事之如父，則其放之也，安得不怒？其復之也，安得而不憾？彼商人之見其或廢或立，皆在其掌握，亦安得而不疑也哉？太甲既拜手稽首矣，於是悔謝前過，而述其自怨自艾之意，以謂「予小子不明于己之德，喪其固有之良心，而自致於不類」。「不類」，猶不肖。蓋謂喪其德，而失人道之正也。《詩》曰「克明克類」，惟「克明」，然後能「克類」。既「不明于德」，所以「自厎不類」也。惟其「自厎不類」，故「欲敗度、縱敗禮，以速戾于厥躬」。王氏曰：「欲而無以節之，則敗度；縱而無以操之，則敗禮。欲而無以節之，謂廣其宫室、侈其衣服之類；縱而無以操之，謂惰其志氣、弛其言貌之類。」此說比先儒爲長。要之，多欲者必縱肆，縱肆者必多欲。不類之人必有此二者之失，故其至於敗度敗禮而不自反，則召罪戾於其身也。「速戾于厥躬」，蓋指放于桐宫之事也。「孽」，災也。「違」、「逭」，皆逃避也。「天作孽」，謂己無以致之，而其災出於天之所作者，蓋無妄之災也，此則可以違避。若乃「欲敗度，縱敗禮」，則是自作之災孽也，其召戾于厥躬必矣，此則不可逃矣。孟子曰：「不仁者可與言哉？安其危而利其菑，樂其所以亡者。不仁而可與言，則何亡國敗家之有？夫人必自侮，而後人侮之；家必自毁，而後人毁之；國必自伐，而後人伐之。」遂引此言爲證。蓋爲國家者，苟有畏危亡之心，常思兢兢業業以維持之，而我無以致危亡之道，則雖有天作之災，吾猶可恐懼脩省而避之。苟其咎自我作，「安其危而利其菑，樂其所以亡者」，於是自取之而已，其危亡之至，豈可得而逃哉？孟子之言所以申明太甲之意，以諭後世也。太甲云「我之所以速戾于厥躬者，蓋自作之咎。既往者背違師保之教訓，不能脩德於其初矣，尚有賴於伊尹正救之德，圖謀其終，以逭夫自作之孽也」，蓋於是始知伊尹之忠，而望其啓沃，即序所謂「思庸」者也。夫伊尹云「太甲克終厥德」，蓋以謂「皇天眷佑有商」之所致。至太甲言其不明，則曰「天作孽，猶可違；自作孽，不可逭」，不以其所不明者歸之於天，何也？莫之爲而爲者，天也；莫之致而至者，命也。古之人所爲，非其力之所能致者，然後歸之於無可奈何，而委分於天。如伊尹之於太甲，能言烈祖之成德以訓之，至於不改，又諄諄而誥戒之，至於又不改，則營桐宫而居之。其所以自盡者，能如是而已矣。至於「克終允德」，則非伊尹之所能必也。而太甲遂能「克終允德」，豈非天乎？若夫太甲之「自底不類，欲敗度、縱敗禮」，實自爲也，豈莫之爲而爲之者哉？實自致也，豈莫之致而至之者哉？故其孽，皆自作之孽，而不可以歸於天也。如以自作之孽而歸之於天，則人事廢矣。西伯既戡黎，祖伊恐，奔告于受，曰：「天既訖我殷命。格人元龜，罔敢知吉。故天棄我，不有康食。不虞天性，不迪率典。」而紂荅之曰：「嗚呼！我生不有命在天。」祖伊反曰：「嗚呼！乃罪多參在上，乃能責命于天。殷之即喪，指乃功，不無戮于爾邦。」夫祖伊言天之命，而紂亦言天命。祖伊乃以爲紂「責命于天」，而深陳其不可者，蓋命非人主之所言也。安危存亡之勢，皆於己取之而已矣。苟爲「責命于天」，而謂「己無預乎事」，則無復有悔過遷善之心矣。若夫人臣之於君，雖在我者能盡夫爲臣之道，而從與不從在夫君。從之，則安且治；不從，則危且亂。從與不從之間，而治亂安危分焉，非己之所能必也。伊尹之言，太甲從之者，天也；祖伊之言，紂不從之者，亦天也。故二子可以言天，若太甲與紂不可以言天矣。太甲以爲「自作孽」，遂終厥德；紂以爲「我生不有命在天」，故至於亡。學者觀諸此，則可以知天命之所自出矣。

伊尹拜手稽首，曰：「修厥身，允德協于下，惟明后。先王子惠困窮，民服厥命，罔有不悅。並其有邦厥鄰，乃曰：『徯我后，后來無罰。』王懋乃德，視乃厥祖，無時豫怠。奉先思孝，接下思恭。視遠惟明，聽德惟聰。朕承王之休無斁。」

伊尹於是而盡敬於太甲，拜手稽首以致其言，而又陳其所以告戒之意也。孟子曰：「惻隱之心，人皆有之；羞惡之心，人皆有之；是非之心，人皆有之；辭遜之心，人皆有之。凡有四端於我者，知皆擴而充之，若火之始然、泉之始達。苟能充之，足以保四海；苟不充之，不足以事父母。」人有仁義禮智也，豈以獨善其一身而已哉？其心擴而充之，使其四端之充實，輝光發見於外，使四海之人咸受其賜，然後爲能盡其性之所固有，此古聖人之治天下，所以始於致知格物、正心誠意以修其身矣。而遂舉斯心以加諸彼，至於家齊、國治，而天下平也。太甲之居於桐宮，既能自怨自艾、處仁遷義，以聽伊尹之訓己，其於「欲敗度、縱敗禮，以速戾于厥躬」者，亦已悔而不復爲矣。於是伊尹以冕服奉之以歸于亳，始踐天子之位。於是時也，既能處仁遷義，則是既以伊尹之訓正心誠意以修厥身，而成其允德矣。故在夫以其仁義禮智之實擴而充之，使天下咸受其賜，然後爲能盡爲君之道。是以伊尹於其始踐位，既言君之與民，其勢相須以生。蓋其爲皇天之所眷佑，「克終允德」，以爲萬世無疆之休矣。於是又欲善推其所爲，以惠及斯民也，故遂告之曰：「人君之正心誠意以修厥身，必使允行之德協于羣下之心，然後可以爲明后也。」蘇氏曰：「『允德』，信有德也。下之協從，從其非僞者。」蓋欲天下中心悦而誠服，苟非其德出於固有之誠心，未有能至者。既言其理之如是，於是又以祖成湯之允德所以協于下者，發明其意，而盡其義也。孟子曰：「人皆有不忍人之心。先王有不忍人之心，斯有不忍人之政。以不忍人之心，行不忍人之政，治天下可運於掌上。」蓋先王之治天下，所以能使天下中心悦而誠服者，無他，惟其不忍人之政，出於不忍人之心而已。其愛養百姓之心，惟恐一夫之失其所。視民之有困窮而無告者，哀矜惻隱，若己實致之於困窮之地者。故其愛惠之心也若子。然既視之若子矣，豈有不能盡其所以撫字鞠育之道哉？故困窮之民，先王之所以受天命之本，於困窮而能子惠之，則其深仁厚澤無所不被，蓋可見矣。惟其子惠及於困窮，則斯民信其有愛人利物之心矣，故服其命令，而「罔有不悦」也。「罔有不悦」，則欲以爲君矣。故當時與湯同爲諸侯者，皆鄰並而有邦矣。湯所有者，惟亳之民。以湯爲君者，亦惟亳之民。今也湯之德惠及困窮，故鄰國之民非湯之所有者，亦皆以湯爲君，而望其來，曰：「徯我后，后來無罰。」蓋是時諸侯之邦，皆化於桀之虐政峻法，以荼毒斯民。民墜塗炭，不獲保其生。而湯之在亳，獨以仁政，至於困窮之民，無不被其澤者。其深仁厚澤，雖其所施者未出於亳邑，而其惻怛愛民之意已固結於天下，故鄰國之徯之也，曰「我后之來，其無刑罰也必矣」，此其所謂「允德協于下」者也。予竊以謂：孟子之游諸侯，大率用此意。蓋是時諸侯皆以暴虐爲政，非使民以攻戰，則厚賦斂以虐之，❶嚴刑罰以脅之。孟子之意以謂：今之諸侯，苟有行仁政者，則諸侯之爲暴虐者，皆爲之驅民而歸之矣。故曰：「今夫天下之人牧，未有不嗜殺人者。如有不嗜殺人者，則天下之民皆引領而望之矣。」又曰：「彼奪其農時，❷使不得耕耨以養其父母。父母凍餓，兄弟妻子離散。彼陷溺其民，王往而征之，夫誰與王敵？」又曰：「信能行此五者，則鄰國之民仰之若父母矣。率其子弟，攻其父母，自生民以來，未有能濟者也。」大凡此皆伊尹所謂「並其有邦厥鄰，乃曰『徯我后，后來無罰』」之意也。惟湯之「子惠困窮」，而其「允德協于下」，其見於已然之效者如此。今也太甲繼之，既能處仁遷義、「克終允德」矣，將欲擴而充之，使「民服厥命，罔有不悅」，亦如成湯之時。豈有他哉？惟在勉之而已。故繼之曰「王懋乃德，視乃厥祖，無時豫怠」，謂惟其不豫怠以勉其德，則至於成湯亦不難也。湯之《盤銘》曰：「苟日新，日日新，又日新。」湯之所以懋其德者，其新之又新也。如此，豈有一時之豫怠也哉？故欲「懋乃德」，則當視乃祖之所以又日新者。「無時豫怠」，則其德愈崇，而民無不被其澤矣。「奉先思孝，接下思恭。視遠惟明，聽德惟聰」，此又告之以「懋乃德」之實也。爲湯之子孫，而欲懋其德，以「子惠困窮，使民服厥命，罔有不悅」。苟非孝恭以立本，聰明以致用，其安能使其民被其澤哉？故其上承祖宗之託，則其奉之也不可不思孝；下膺臣民之歸，則其接之也不可不思恭。「奉先思孝」，則能「懋乃德，視乃厥祖，無時豫怠」矣。「接下思恭」，則能「子惠困窮，使民服厥命，罔有不悅」矣。然人君以眇然之身處於九重之上，垂旒蔽明，黈纊塞聰，而欲盡知四方情僞，以子惠其困窮，非其

❶「虐」，通志堂本作「毒」。

❷「農」，《孟子注疏》作「民」。

聰明足以察見人情之好惡，則其聞見止於耳目所接之地而已。故又在夫明足以視遠，聰足以聽德，然後爲盡。明曰「視遠」、聰曰「聽德」者，唐孔氏曰：「視戒見近迷遠，故言『視遠』。聽戒背正從邪，故曰『聽德』。各準其事，相配爲文。」此説是也，而未若林子和之説爲善。子和云：「高其目，所視者遠，然後可以爲明。下其耳，所聽者德，然後可以爲聰。」此蓋言聰明之用，其所施者有不同故也。既能孝恭以立本、聰明以致用，則爲君之道盡矣。其能擴而充之者，斯可以「協于下」矣。伊尹之所以望太甲者，既得之矣。故終之曰「朕承王之休無斁」，言我承王之休美，無有厭斁者也。

太甲下

伊尹申誥于王曰：「嗚呼！惟天無親，克敬惟親。民罔常懷，懷于有仁。鬼神無常享，享于克誠。天位艱哉！德惟治，否德亂。與治同道，罔不興；與亂同事，罔不亡。終始慎厥與，惟明明后。

「申」，重也。伊尹於是重誥于王，以盡其所以警戒之意。蓋優游饜飫，欲其入之深而不背也。《書》之六體：典、謨、訓、誥、誓、命之文。雖曰其體有六，亦無截然爲謨、爲訓、爲誓、爲命之理，蓋其體亦有相參混者。如《太甲》三篇與《伊訓》，皆是伊尹訓太甲言，蓋皆訓體也。而此篇曰「伊尹申誥于王」，則訓之與誥，義亦相通。蓋此二字，亦皆是有所警戒之意。《無逸》曰「古之人猶胥訓誥」，則是二字之義蓋不相遠。學者於此，尤不可以穿鑿通之也。「嗚呼」者，歎而發其辭也。古人有言曰：「善，亦何常師之有？蹈之，則爲君子；違之，則爲小人。惟善與不善之無常也。」故太甲始也，「欲敗度、縱敗禮，以速戾于厥躬」，可謂其心爲小人之歸矣。而其一旦幡然而改，則遂能「克終允德」，以聽伊尹之訓己，此有以見其不善之無常也。然雖幡然改於不善而從夫善，❶而其中人易流之性，常爲放僻邪侈之所變遷，安能保其終不至於棄其善以從於不善也？故伊尹懼夫善之無常也，則爲之稱道夫天人神鬼所以禍福、吉凶、向背之際，惟在善不善之間。蓋所以警動其恐懼修省之意，而欲成其克終之善也。「惟天無親」、「民罔常懷」、「鬼神無常享」，蓋言天之所親、民之所懷、鬼神之所享，皆無常也。其所以無常者，蓋有德則親之、懷之、享之，無德則不親、不懷、不享矣。故曰「克敬惟親，懷于有仁，享于克誠」，蓋謂惟有德則可常也。敬、仁、誠，皆是有德之名，但變其文耳。惟天與鬼神之所親、享，民之所懷，其無常也如此，則人君所處之天位可謂難矣。其所以難者，蓋有德則治、否德則亂故也。所以「德惟治」者，以「與治同道，罔不興」故也。所以「否德則亂」者，以「與亂同事，罔不亡」故也。治曰「同道」、亂曰「同事」，言治之難而亂之易也。蘇氏曰：「堯舜讓而帝，子噲讓而絶。湯武行仁政而王，宋襄行仁義而亡。與治同事未必興也，必同道而後興。道同者，事未必同也。周厲王弭謗，秦始皇禁偶語，周景王鑄大泉，王莽作泉貨，紂積鉅橋之粟，隋煬帝洛口諸倉，其事同，其道無不同者，故『與亂同事，無不亡』矣。」此説爲盡。大抵伊尹之誨太甲，每告之以「成之甚難，而壞之甚易」。故始之所訓者，則謂「爾惟德罔小，萬邦惟慶。爾惟不德罔大，墜厥宗」，至此又曰「與治同道，罔不興。與亂同事，罔不亡」。欲「與治同道」，非大德不可也。苟「與亂同事」，以不德之小者足以「墜厥宗」矣。此皆伊尹至忠之訓也。夫「與治同道」則興，興之之難也如此。「與亂同事」則亡，亡之之易也如此。將欲同其所以治之之道，而不同其所以亂之之事者，無他，惟在謹其所與之人

❶「從」，汲古閣本作「徙」。

而已。所與者君子，固「與治同道」矣。所與者小人，則「與亂同事」矣。能終始之際，謹其所與君子，而不使小人得以乘間而進，惟是明明之主。「明明」者，明之至也。

「先王惟時懋敬厥德，克配上帝。今王嗣有令緒，尚監茲哉！若升高，必自下；若陟遐，必自邇。

《荀子》曰：「治生乎君子，亂生乎小人。」自古治亂之所生，必自夫君子、小人進退之間。然人主即政之始，鋭意於治，則往往多用君子。及其享富貴之日久，驕縱之心日生，而忘其禍亂之機，故每至於用小人。小人既用，則天下由是亂矣。蓋始用君子，而卒用小人者，此中材庸主之通患也。故其國家亦皆始治而終亂。且以唐室觀之：高宗始與長孫無忌、褚遂良則治，終與李義府、許敬宗則亂；明皇始與姚、宋則治，終與李林甫、楊國忠則亂；德宗始與崔祐甫則治，終與裴延齡、盧杞則亂；憲宗始與杜黄裳、裴度則治，終與皇甫鎛、程异則亂。此數主者，始終之際，其用君子、小人相反如此，而治亂之應亦如影響之不差，則是安危存亡之機，果在此而不在彼也。太甲雖能自怨自艾、處仁遷義，以聽伊尹之訓己，然而亦安能保其終不與小人，以至於亂天下者哉？夫以堯、舜之聖，聰明睿智出於天，縱其不惑於小人也必矣。然猶且憂驩兜、遷有苗、畏巧言令色孔壬，況如太甲中材之主也？伊尹論君子、小人之無常，治亂之難易，而總結之曰「終始慎厥與，惟明明后」，使太甲知夫安危存亡之本，以克慎厥終。古所謂「一言而興邦者」，此類之謂也。伊尹既論天人向背之理，與夫治亂難易之勢，以致其所以誥戒之意。然猶未足以盡其義也，又稱夫其祖成湯，知夫天之所親、民之所懷、鬼神之所享不可常也。有德而與治同道，則治；無德而與亂同事，則亡。治亂興亡之際如此，其不可恃也。故於是勉敬其德，「德日新，日日新，又日新」，以慎其所與於終始之際，無時豫怠。是以自七十里興，而伐夏弔民，以有天下，創業垂統，貽子孫萬世之法，爲商家之太祖，克配上帝之祀也。《孝經》曰：「昔者周公郊祀后稷以配天，宗祀文王於明堂，以配上帝。」古者祭昊天、上帝，必以其祖考之肇造基業者爲之配，蓋所以極其尊嚴之道，而盡其孝敬之儀。周之祀明堂，以文王配，則商之祀，以成湯配，蓋可知也。此曰「克配上帝」，蓋是指其廟爲太祖，而克配食於上帝之祀也。必言其「克配上帝」者，蓋創業之君，其德至於配食上帝之祀，則是其始終之際「懋敬厥德」者，至是而成矣。賈誼陳治安之策謂：「大數既得，則天下順治，海内之氣清和咸理，生爲明帝，没爲明神，名譽之美垂於無窮。禮，祖有功而宗有德，使顧成之廟稱爲太宗，上配太祖，與漢亡極。」大抵論人主之盛德，必至於鴻名熙號，與天地宗廟之祀相爲無窮，然後爲至。未至於是，則天之所親、民之所懷、鬼神之所享，猶未敢自必其有常也。惟湯之所以兢兢業業、「克終厥德」也如此，而太甲繼其有令善之緒，當夙夜庶幾監視此成湯之所以懋敬者，率而行之。夫繼世而有天下，莫不承祖考之緒。然有若仲康之世所承者，太康之緒；宣王之世所承者，厲王之緒，則其欲大有爲於天下，必也有所變更移易，而治功不可以遽成。太甲之所承者，湯之緒，可謂善矣。嗣有善緒，則其舉而措之天下無難矣。長卿曰：「軌迹夷易，易遵也。湛恩厖洪，易豐也。憲度著明，易則也。垂統理順，易繼也。是以業隆於繦褓，而崇冠乎二后。」蓋謂成王因文王之令緒，故其成德如此其易也。太甲之繼成湯，亦若是而已矣。故爲太甲者，夫復何爲哉？惟監成湯之德，以盡其持盈守成之志，則何施而不可哉？自此而下，於是丁寧、反覆告之以嗣守成湯之令緒，持盈守成之道也。夫成湯之所以「懋敬厥德」至於「克配上帝」者，夫豈於一日之間襲而取之哉？蓋由其明夫物之本末、事之終始，而知所先後，故其「德日新，日日新，又日新」，而至於是也。故伊尹欲太甲之監於成湯之「懋敬厥德」，則首告之以「若升高，必自下；若陟遐，必自邇」，蓋以夫人之所以升高、陟遐者，喻修德者之不可以無漸也。夫自下而升於高，自邇而陟于遐，皆由其跬步而積之。積跬步而不已，極其所如往，而無跬步之闕焉，然後能至，未有不積跬步而能至者。故《中庸》論君子之道，亦以謂：「譬如行遠必自邇，譬如登高必自卑。」蓋進德修業之喻，未有如此之切者。成湯之「懋敬厥德」，所以銘於盤盂之上，以爲朝夕之監戒，而曰「德日新，日日新，又日新」，誠知夫所以自修之道，如升高、陟遐然，雖跬步不可廢也。故太甲欲率乃祖之攸行，亦惟見於躬行之實，明夫先後本末始終之序，如自下而升高，自邇而陟遐，不可以陵節躐等，而無其序也。

「無輕民事，惟難；無安厥位，惟危。慎終于始。有言逆于汝心，必求諸道；有言遜于汝志，必求諸非道。嗚呼！弗慮胡獲？弗爲胡成？一人元良，萬邦以貞。君罔以辯言亂舊政，臣罔以寵利居成功，邦其永孚于休。」

夫既以「懋敬厥德」，如升高、陟遐之不可以無漸，然則其所當先者，果何事哉？下焉爲億兆之所倚賴，一有輕之之心，則乖離之釁生矣，故必難之而後可。上焉爲祖宗之所付託，一有安之之心，則亂亡之機兆矣，故必危之而後可。難之者深思遠慮，惟恐一夫之失其所也。危之者戒慎恐懼，如臨深淵，如履薄冰，惟恐有一朝之患也。「無輕民事，惟難」，則民事日益修。「無安厥位，唯危」，則天位日益安矣。夫人君所以「懋敬厥德」，自其始而慎之，以至於終，不越夫此二者而已。故繼之曰「慎終于始」，言欲謹其終，必於其始謹之。始之不克謹，終亦無可見之效矣。如升高者，必自下而慎之；如陟遐者，必自邇而慎之。不慎其自下、自邇，而能至於高與遐者，未之有也。然自古人君之治天下，處於持盈守成之世，亦莫不欲重民事、保天位，以終始其德。然往往或至於忽民事而不念，以危其位，則有始而無終者，無他，繼體守成之君，生於深宮之中，長於婦人之手，未嘗知憂，未嘗知危，未嘗知哀，未嘗知懼，處富貴之極，不知下民之疾苦。雖自力於爲善，而至於享逸樂之久。海内治安，上恬下嬉，廓然無事，則往往好人之順己，而惡人之逆己。於是諂諛之言日進，而忠鯁之義不聞，此民事之所以日忘，而天位之所以日危，而德之所以不終也。如唐明皇即位，姚、宋爲相。姚善應變，以成天下之務；宋善守文，以持天下之正，遂成開元之治。及其太平日久，一惑於聲色玩好，盡忘其平日好賢樂善之心。於是張九齡以忠直見疎，而李林甫、楊國忠以諂佞獲用。一旦漁陽竊發，四海横流，而猶不悟。觀其與裴士淹論宰相賢否，至宋璟，曰：「彼賣直以取容耳。」❶彼宋璟者，乃明皇初年賴其忠直以致太平者也。至其狎習於小人遜志之言，而逆耳之諫久不接於耳也，則指之爲「賣直」而不自知。嗚呼！明皇未足道也。以唐太宗之英睿，蓋天錫之勇智，而又躬冒矢石、跋履艱難以有天下。然至其治定功成之後，其從善納諫之心，亦寖以陵替。故魏鄭公曰：「陛下貞觀之初，導人使諫。三年以後，見諫者，悦而從之。比三年，❷强勉受諫，而終不平也。」夫始也「導人使諫」，是惟恐人之不逆其志也。及其「强勉受諫，而終不平」，則是欲人之遜其志矣。此實溺於宴安之習，無敵國外患以儆其寅畏之心，則其好人之順己，而惡人之逆己者，是人情之常也。而非魏鄭公日陳其不克終之漸，以類戒之，則其至於追咎忠諫之人，以爲賣直取名，如明皇天寶之亂，亦不難也。太甲之居於桐宫，困於心、衡於慮而作也。雖既能處仁遷義，以聽伊尹之訓己。而伊尹懼其安於逸樂之久，則或至於好人之順己、惡人之逆己，以寖不克終，故告之以「慎終于始」矣。又繼之曰「有言逆于汝心，必求諸道；有言遜于汝志，必求諸非道」，此蓋告之以聽言之道也。「有言逆于汝心」，是拂耳之言也。拂耳之言，不可以逆己

❶「容」，《新唐書・李林甫傳》作「名」。
❷「三」，《新唐書・魏徵傳》作「一二」。

而遂怒之，必以其言而求諸道。使其言果合於道，則固忠直之言也。雖逆耳，而當從之也。「有言遜于汝志」，是順耳之言也。順耳之言，不可以從己而遂喜之，必以其言而求諸非道。果非道，則固諂諛之言也。雖順耳，而當拒之也。逆順之際，不徇吾好惡之情，而一斷之於道，則君子得以伸其忠、小人無所容其姦矣，此終始謹厥與之要漸也。然言之逆順，必以道而求之。苟其心不斷然知夫道與非道之爲異，則或至於以道爲非道，而以非道爲道矣。欲知道與非道之異，而不惑於是非，則奈何？亦不過乎慎思之、力行之而已。故伊尹於是又歎其難，而曰「弗慮則不獲」，蓋欲其深思之也；「弗爲則不成」，欲其力行之也。慎思力行，則慮而獲矣，爲而成矣，此一人所以元良也。「元良」，言其大也。一人大善，則知道與非道之别。故逆耳之言，不可以情拒之；順耳之言，不可以情受之。如此，則君子在位，而小人不得容其讒佞於其間，此萬邦所以正也。孟子曰：「君仁，莫不仁；君義，莫不義；君正，莫不正。一正君，而國定矣。」「一人元良，萬邦以正」之謂也。至於「一人元良，萬邦以正」，則伊尹之所以期望於太甲者，盡於此矣。彼太甲能事斯言，躬行以「懋敬厥德」，而慎之於終始之際，則能灼知君子小人之情狀，而浸潤之譖、膚受之愬，必不得行。彼小人之類，進其嘗試之説，以變亂先王之政刑者，將無隙而入矣。故終之以「君罔以辯言亂舊政」，言「先王之舊政，可以爲萬世常行之道。惟小人之辯言，爲能亂之。君不信辯言，則舊政不亂矣」。太甲能不以辯言亂舊政，則離師傅而弗反矣。故伊尹得以遂其功成身退之志，不「以寵利居成功」，而引身告老以歸也。「君罔以辯言亂舊政」，則君之道得矣。「臣罔以寵利居成功」，則臣之道得矣。君臣各得其道，則我商家可以保其永久之年，信有休美于無窮矣。自古膺受遺託孤之任，其進退之際，可謂至難矣。蓋其德之可以託六尺之孤，必也耆年宿德，爲一世之老成人，然後可以服天下之心。故其至於功成事定也，以其年齒論之，則可以告老而歸。而以事勢觀之，則或未可以遽去者，蓋爲幼主者，類多血氣未定，趨舍未堅，苟其德未能至於離師傅而弗反，而吾則引身以去，使小人得以乘隙而進，則將至於「辯言亂舊政」，而貽四方之禍矣。故召公不悦周公之留輔成王，而周公反覆再三言其所以不得不留之意者，則其勢未可以去，則亦不得「以寵利居成功」爲嫌也。太甲之自桐宫而歸也，既能處仁遷義，以「克終允德」矣。而其當時，内外協德，無有異心。上則無管、蔡流言，下則無頑民之不率教者。伊尹之心度其必能終始謹厥，與不「以辯言亂舊政」也，故諄復明告以堅其心。於申誥之時，而遂示其所以引身求退之意，蓋如是而不能引身而去，則爲「以寵利居成功」矣。昔霍光受武帝寄託，輔翼少主。昭帝即位，方年十四，而其時又有上官、蓋、燕之徒，懷異志而窺伺神器。當此之時，不可一日而無光也，故方其不引身而去於昭帝之時，其義爲得。至於宣帝之立，年已長矣，其聰明慈仁足以獨當萬機之勢，而守高皇之業。光可以歸政矣，而猶執其權者，累年寵盛勢極，卒成族滅之禍。予嘗以爲光在昭帝之時，是周、召之勢也；在宣帝之時，伊尹之勢也。伊尹不「以寵利居成功」，而光居之，所以爲不學無術也。

尚書全解卷十七　商書

咸有一德

伊尹作《咸有一德》。

咸有一德

此篇蓋伊尹致政，告老而歸，訓于太甲，丁寧告戒，終致其拳拳愛君之意而作也。而其簡册所編次，則與《伊訓》、《太甲》三篇相連屬，不可以無別也，故別爲篇名曰《咸有一德》。蓋其篇中有曰「惟尹躬暨湯咸有一德」，故借此四字以爲簡册之別，然此篇之義不必全繫於是也。漢孔氏曰：「言君臣皆有純一之德。」唐孔氏曰：「伊尹致仕而退，恐太甲德不純一，作此篇以戒之。經言『惟尹躬暨湯咸有一德』，言己之君臣皆有純一之德，戒太甲使君臣亦然。此主太甲，❶而言臣有一德者，欲令太甲亦任一德之臣。經言『任官惟賢材，左右惟其人』，是戒太甲使善用臣也。」詳考此篇終始之義，信如二孔之説。蓋此篇之意，實欲太甲慎於用臣，君臣上下「克終厥德」，以盡其純一之德。然《書》之篇名，以篇中字爲簡册之別者多矣！如《梓材》、《無逸》、《立政》之類，不必

❶「主」，《尚書正義》作「主戒」。

皆盡其一篇之義。要之，姑借此字以爲篇名之别焉，若必從而爲之説則妄，妄有穿鑿而不得通者。且以《詩》譬之，如《召旻》之詩，其篇言「旻天疾威，天篤降喪」，而篇終曰「昔者有如召公，日闢國百里」，取其始終之美，遂以「召旻」二字爲此篇之名，乃若《詩》之義不在是也。而作序者乃曰「旻，閔也，閔天下無如召公之臣也」，若此之類，皆妄論也。❶百篇之序，蓋有述所作之人，而不言其所以作是篇之意者，如咎單作《明居》、周公作《立政》，與此篇之序，比之諸序最爲簡省。若以爲經文已明，故略之，然其諸序亦有經文已明而序文詳言之者。故予嘗謂《書序》之作非出於一人之手，蓋歷代史官相傳，以爲《書》之總目。既非出於一人之手，故自有詳略不同。至於《書》之本義，不在是也。如此篇發首是言「伊尹復政厥辟，將告歸，乃陳戒于德」，則其序亦可言其致政告歸之意，然當時史官所録者止如此。若杜預所謂：「史有文質，辭有詳略，不必泥也。」學者於此，不可校量同異而爲之説。苟以《書序》之作盡出於夫子之手，必於其間校量同異輕重，盡以《春秋》褒貶而求之，則將不勝其鑿矣。

伊尹既復政厥辟，將告歸，乃陳戒于德。

太甲既終喪，伊尹以冕服奉之于桐宫，以歸于亳，始踐天子之位。故伊尹於是還政太甲，告老而歸。蓋功成名立，則奉身而退，不「以寵利而居成功」也。夫豪傑之士，蓋亦有可以當受遺託孤之寄者，然至於天下之權在於掌握，則往往固吝而不肯舍者，有以爲騎虎而不得下之勢者。如霍光之忠義，蓋所謂「可以託六尺之孤，臨大

---

❶「也」下，通志堂本有「故二孔之論此篇，雖誠有此理，然未可以爲必然也」一句。

節而不可奪者」。然而寵盛勢尊，則固惜權柄，不肯還政於宣帝，而積其疑似之釁，卒成族滅之禍，此猶可言也。至於曹操、司馬懿、桓温之徒，則又往往肆其不軌之心欺孤兒寡婦，而奪之位。此無他，惟其既執天下之大權，而不忍棄去。故其末流不害于其家，則凶于其國，其禍如此之慘也。伊尹以冕服奉嗣王而歸，既復政，而遂告歸而去，豈復以權勢繫吝其心哉？孟子曰：「非其義也，非其道也，一介不以與人，一介不以取諸人。」彼其視千駟之多、天下之大，無以異於一介之取與，則眇然天下，曾何足以動其心哉？此其盛德大業，所以歷萬世而不可企及者也。伊尹雖告老而歸，然太甲欲敗度、縱敗禮，蓋嘗習於下流，而爲放僻邪侈之事。其居桐宫也，困心衡慮，然後改過遷善之心，作於憂患之中。其於處仁遷義，蓋未久也，而遂處至尊之勢，躬攬萬幾之務。伊尹度其所養也固、所守也確，必可以離師傅而弗反。然其告歸，本出於愛君之誠心，拳拳然而不能自已也。於是爲之歷陳天人影響之應，所以禍福興亡之理，以堅其修德之志。其言尤爲懇到切至。蓋其所以望於太甲，以「克終允德」，而爲商家社稷無疆之休者。其言實基於此，使太甲優游饜飫，入於其心而不背也。故伊尹得遂其高尚之志，遠處於不用之地而無憂。故曰「將告歸，乃陳戒于德」，蓋陳其德之常與不常，以致夫禍福興亡之理者，以戒之也。

曰：「嗚呼！天難諶，命靡常。常厥德，保厥位。厥德靡常，九有以亡。

「嗚呼」者，歎而發其辭也。蓋言之不足，故嗟嘆之也。「諶」者，信也。天之難信者，以其禍福興亡之命初無常也。治或變而爲亂，安或變而爲危。當其既安且治矣，而遂信其無復有危亂，則凶禍隨之矣。蓋天命之無常，惟其德則可以爲常。有能「常厥德」，則其治可以永保。蓋人之德有常，則天命亦有常而可信。苟其德之不常，則雖奄有九有之衆，亦不救於亡。蓋人之德既無常，則天命亦無常而不可信矣。如以舜繼堯、以禹繼舜，天下大安大治者幾二百年，此非天命之有常也。蓋堯、舜、禹三聖人，皆有常德，故天命亦從而有常。苟使以丹朱繼堯，以商均繼舜，其德既不常，則天命亦將不常矣。故人君之德常與不常，是天命之所自出也。惟天命之所自出，是以惟人主不可以言命。使人主而言命，則將以天命爲可信，而「常厥德，保厥位」者廢矣。「九有」，即九州也。夏、商、周皆是用《禹貢》疆理之法，分天下以爲九域。夏之九州，即《禹貢》所載是也。商之九州，先儒以爲即文觀之，即成周之九州，《職方氏》之所載者也。

「夏王弗克庸德，慢神虐民。皇天弗保，監于萬方，啓迪有命，眷求一德，俾作神主。惟尹躬暨湯，咸有一德，克享天心，受天明命，以有九有之師，爰革夏正。

伊尹既言天命之無常，惟有德則可常。於是當引夫桀之所以失天下、湯之所以得天下者，以證之矣。夏王桀不能常其德，幽則慢於神，明則虐於民。彼所以慢神、虐民者，其意蓋謂「天命之可信」，如紂所謂「我生不有命在天」也。既慢之、虐之矣，於是民怨神怒，皇天雖欲眷有夏而存之，不可得也，故於是棄之而弗保。天既棄桀而弗保，然而天下不可以無主也，故鑒視萬方之衆，擇其能有天命者而開導之。於是眷求其一德之人，俾爲天地神祇之主矣。而我商家君臣咸有純一之德，故能上當天心，於是受天之明命，以有九州之衆，革夏正而有天下也。「革夏正」者，夏以建寅之月爲正，湯既勝夏，始以建丑之月爲正。是革正之事前世未嘗有，蓋始於湯，武王因之，遂以建子之月爲正。《易》之《革》曰「湯武革命，順乎天而應乎人」是也。而説者乃以爲：「正朔三而改，自古相變。」謂夏以前迭用，此説非是，某於《堯典》已詳論之矣。伊尹既於上言「天難諶，命靡常」，惟有德可以爲常。於是遂言桀之所以失天下、湯之所以得天下者，蓋天之所以不保於桀者，是桀之「弗克庸德」，自不能保也。自緯候之書出於漢世，祥瑞之説雜然而起，儒者争言三代受命之符，使爲人主者不知取必於其德，而妄意符命於不可測之間，使王莽因之而篡漢者，推其源流，皆漢儒之罪也。孔氏生於漢世，其於經也，蓋有不淪於諸儒之習，而卓然有超世之見。其論伊尹、成湯，「咸有一德，克享天心，受天明命」，是其一也，故其説以謂：「所征無敵，謂之受天命。」夫漢儒之論往往以謂：「帝王之興，必有非人力之所能致而自至者。」符瑞之説不勝其煩。孔氏不然，以謂湯之所以「受天明命」者，惟所征無敵耳。至於「東面而征西夷怨，南面而征北狄怨，曰：『奚獨後予，后來其蘇』」，是則人心之無所不服。人心既服，天命其在是矣。唐孔氏亦識其意，遂從而發明之，曰：「天道遠，人道邇。天之命人，非有言辭之告，正以神明佑之，使之所征無敵，謂之受天命也。緯候之書乃稱『有黄龍、元龜、白魚、赤雀，負圖銜書，以授聖人』，正典無其事也。」若漢孔氏，可謂不畔於經矣。若唐孔氏，亦可謂無負於先儒矣。

「非天私我有商，惟天佑于一德；非商求于下民，惟民歸于一德。德惟一，動罔不吉；德二三，動罔不凶。惟吉凶不僭，在人；惟天降災祥，在德。

此又申前之意，以盡其義也。言湯之所以「受天明命」者，「非天之私我商家」也。惟天之所助佑者，在于一德，故天佑之也。其所以「有九有之師」者，「非商之求于下民」也。惟民之所歸者，在于一德，我有一德，故民歸之也。我商家所以天佑之、民歸之者，以其德之一，故「動罔不吉」也。蓋德之一，則是吉德也，以吉德而動，豈有不吉者哉？桀之所以天不佑之，而民不歸之者，以其德之二三，而「動罔不凶」也。蓋德之二三，則是凶德也，以凶德而動，豈有不凶者哉？惟其動之吉凶，皆繫於德之一與其二三，故繼之曰「惟吉凶不僭，在人；惟天降災祥，在德」，言天之吉凶，所以不僭差於人者，則天之所降災祥，惟在於德故也。自其降於天者而言之，則爲災祥；自其受於人者而言之，則爲吉凶，其實一也。伊尹自篇首至於此，丁寧反覆如此之詳、如此之盡，而其大要，則惟言天命之不可常，惟有德則可以爲常。人事之得失動於此，則天命之從違應於彼，不可不謹也。既曰「常德」、又曰「一德」者，惟一故常，惟常故一。天地之覆載、日月之照臨、四時之推遷、萬物之生育，所以悠久而不變者，惟其一而常、常而一故也。故伊尹告歸，其言及於「一德」、「常德」尤爲詳盡者，蓋以謂常人之立事，無不鋭於始而工於初，至於中則稍息，末乃澶漫而不振。此雖聰明睿智之主，有所不能免者。且以周宣王觀之，當其側身修行、任賢使能，見於《雲漢》、《烝民》、《江漢》、《六月》、《采芑》之詩，固已無愧於文、武、成、康矣。惟其盛德之高明光大也如此，故能復受天命以中興周室，而復會諸侯於東都。非其聰明睿智之有以過人者，豈能爾哉？及其憂勤之志弛於庭燎，好賢之心替於鳴鶴，迨其末年，遂至不藉千畝，料民太原，而寢不克終。繼以幽王之暴虐、平王之孱弱，而周室自此衰矣。此無他，惟其德之不常、不一故也。故太甲雖能處仁遷義於憂患之餘，而伊尹以冕服奉之以踐天子位，及其告歸而去也，則懼其歷年寖久，遂至于豫怠澶漫而不振也。故其言丁寧反覆，以堅其心，謂「德之可常，而天命之不可常」也。苟其德之不常，則天命亦不常矣。故其言之丁寧反覆，如是之切至也。善乎，蘇黄門之論陸贄也！其言曰：「贄始以官從事德宗，老而爲宰相，從之出奔，而與之反國，彌縫其闕，而濟其危。比其反也，功業定矣，而卒斃于裴延齡之手，其故何哉？孔子曰：『南人有言曰：「人而無常，不可以作巫醫。」善夫！不恒其德，或承之羞。』贄以有常之德事德宗之無常，以巫醫之明而治無常之疾，是以承其羞耳。」又曰：「德宗常持無常之心，故前勇而後怯。贄常持有常之心，故勇怯各得其當。然其君臣之間，異同至此，欲其上下相保，不可得矣。」夫以德宗之爲人也，既非常德、一德，則雖以陸贄之賢事之，卒至於君臣上下不能相保。伊尹雖以一德爲太甲之師傅，然苟使太甲之德至於不常而不一，則雖伊尹在朝，亦末如之何也已，而況於告歸而去乎？故其將去也，丁寧告戒，出於愛君懇切之誠，而不能自已也。

「今嗣王新服厥命，惟新厥德。終始惟一，時乃日新。任官惟賢材，左右惟其人。

伊尹前既論天命之無常，惟有德則可以爲常。德之得失動於此，則天之禍福吉凶應於彼。其於天人相與之際，反覆推明，可謂曲盡其理矣。於是致其拳拳之忠，所以期望於太甲者，以終其義也。方太甲宅憂亮陰，百官總己以聽冢宰也，其萬幾之務，皆伊尹之所剸裁。當此之時，天下之治亂、社稷之安危，伊尹實任之。是以太甲之初，雖欲敗度、縱敗禮，自肆於宫禁之中，而其禍不及於百姓者，以伊尹實當天下之憂責也。今太甲既能「克終厥德」，還自桐宫，以踐天子之位。伊尹於是「復政厥辟」，告歸而去，不復以庶政自關，而太甲於是親萬幾之務矣。既已親萬幾之務，則其一言一動，而安危治亂之機，於此而萌矣。伊尹既以其身之所自任者，歸之於太甲，有不可不盡其丁寧告戒之意。故謂「今嗣王新服厥命，聿新厥德」，言新有事於萬幾之務，言而作命，實四方萬姓之所觀聽也。人君即位之初，發號施令，所以端本正始，而新天下之耳目，尤不可不謹也。高宗亮陰三祀，百官總己以聽冢宰。及其免喪，而踐天子之位也，且恭默不言，羣臣進諫于王曰：「天子惟君萬邦，百官承式。王言惟作命，不言，臣下罔攸禀令。」而高宗以謂：「以台正于四方，台恐德弗類，茲故弗言。」蓋謂始有言于天下，苟爲輕動而妄發，後雖悔之，亦何及矣？故其「新服厥命」，將欲發號施令，爲天下之所取信者，惟在于日新厥德。德者，「日就月將，學有緝熙于光明」是也。故繼之曰「終始惟一，時乃日新」，言始乎如是，終亦如是。終始惟在于一德，而無造次顛沛之或違，是乃其德日新之道也。蘇氏曰："中有所主之謂一。中有主，則物至而應。物至而應，則日新矣。中無主，則物爲宰。凡喜怒哀樂，皆物也。而誰使新之？如衆人之言新，則不能一，而非日新也。而伊尹曰『一所以新也』，是謂萬物並育而不相害，道並行而不相悖。"又曰："聖人如天，時殺時生；君子如水，因物賦形。天不違仁，水不失平。惟一故新，惟新故一。一故不流，新故無斁。"此言盡之矣。"終始惟一，時乃日新"，蓋所以總結上文"常厥德，保厥位。德惟一，動罔不吉"之義也。爲人君者，亦莫不欲終始惟一，則日新其德。然每每至於寖不克終者，蓋未嘗不以小人得以乘間而進，熒惑人主之心術，蠱害其德，日滋月益，則流入于敗亡而不自知。故大臣之事君，既有以"格君心之非"而成就其德，又當使之舉賢材而用之。使賢材既用於朝，不能間之以小人，則其日新之德，蓋將有加而無已也。是以伊尹之告歸，尤丁寧懇切於此，既曰"終始惟一，時乃日新"，而又戒之曰"任官惟賢材，左右惟其人"。漢孔氏曰："官賢材而任之，非賢材不可任。選左右必忠良，不忠良非其人。"原孔氏之意，以謂："任賢材充位列職，自大臣至於百執事是也。居是官者，必得賢材而用，然後無瘝官，無曠職。任官者既得賢材，皆在王之左右。所謂侍御、僕從、綴衣、虎賁、趣馬小尹之任，又不可不選忠良之人而用之，不忠良則是左右之非其人也。蓋賢材雖已任官，苟左右之非其人，縱有賢材，亦將見陷於浸潤之譖、膚受之愬，而不得一施矣。"孔氏之言雖簡，而其旨明。說者不悟其意，遂以左右爲大臣，謂"左右"者，如《說命》曰"王置諸左右"；謂"惟其人"者，如《周官》曰"官不必備，惟其人"。此雖有所據而云，然與上文"任官惟賢材"文勢不相應，既曰"任官惟賢材"，則大臣已在其中矣，而又加"左右"於下，豈不贅哉？此蓋未嘗攷先儒之意，而妄爲是說也。自古賢材既居于位矣，而天子左右或非其人，則其勢不兩立，小人必勝，君子必退，至於不能自存者多矣。有弘恭、❶石顯在于左右，則周堪、蕭望之之賢材無所施矣；有曹節、侯覽在于左右，則陳蕃、李膺之賢材無所施矣；有仇士良、陳洪志在于左右，則裴度之賢材無所施矣。欲賢材之任官而得其忠，非「左右惟其人」不可也。

「臣爲上爲德，爲下爲民，其難其慎，惟和惟一。

此兩句，説者不同。漢孔氏曰：「言臣奉上布德，順下訓民。」唐孔氏遂謂：「『爲上』謂奉爲在上，『爲德』謂布爲道德，『順下』謂卑順以爲臣下，『訓民』謂以善道訓助下民。」顧氏亦同此説。故陸德明《釋文》曰：「以『爲上』、『爲民』，爲，于僞反。『爲德』、『爲下』，如字。」夫「爲上」與「爲下」相對爲文，而「爲上」則「于僞反」，「爲下」則「如字」。又「爲德」與「爲民」相對爲文，而「爲德」則「如字」，「爲民」則「于僞反」。文勢同而意訓特異，必無此理，是知先儒之説不可從。蘇氏曰：「臣之所以爲民上者，非爲爵禄也，爲德也。德非位，則不行。其所以爲我下者，非爲爵禄也，爲民也。」王氏曰：「所謂『爲上爲德』者，將順正救，爲其上造成所以爲君之德。所謂『爲下爲民』者，先後相勸，爲其下造成所以爲民之行也。」如蘇氏之言，「爲下爲民」則通，以「爲上爲德」言臣之所以爲民上，則經文並無爲民上之意。如王氏，「爲上爲德」則通，而以「爲下爲民」言爲其下造成其爲民之行，所以爲民之行，則經文但有「德」字，無「行」字。是知此説皆不通。某妄謂此四字皆當音于僞反。蓋伊尹既言「任官」、「惟其人」，不可以小人在於人主之左右，使君子無所效其能，而未足以盡其義也。故又言賢材之人，

❶「弘」，原避清高宗名諱作「宏」，今回改。下同，不再出校。

惟人君之有德，則可以致其輔相之力。苟人君無其德，雖有賢材，亦末如之何也已。若民，則無所擇也。蓋世有不可與有爲之君，而無不可治之民。臣欲爲上，非其君之有德，則不可得而爲之也。至於民，則何所不可哉？惟君有可有不可，而民則無所不可也。故不曰「爲上爲君」，而曰「爲上爲德」也。臣之爲上，既在於君之有德，苟其君之無德，則雖得賢材而用之，必爲小人之所排擊沮難，而不能自存。故繼之曰「其難其慎，惟和惟一」，言爲君必如此，而後可也。「其難其慎」者，言當疏遠小人，憂之畏之，惟恐有得乘其隙而進也。「惟和惟一」者，言當親近君子，與之協心同德，以大有爲於天下也。能如此，則其德日新，而臣之欲「爲上爲德」者，無不得其志矣。

「德無常師，主善爲師。善無常主，協于克一。俾萬姓咸曰：『大哉，王言！』又曰：『一哉，王心！』克綏先王之禄，永厎烝民之生。

此又戒之以并謀兼智，合以爲公，無偏黨也。「德無常師」者，言欲日新其德，故無一定之師。凡主於善者，皆在所師也。善亦無一定之主，苟「協于克一」，而可以成就吾之常德者，皆在所主也。孟子曰：「大舜有大焉，善與人同，舍己從人，樂取諸人以爲善。」《中庸》曰：「舜其大智也與？舜好問而好察邇言，隱惡而揚善，執其兩端，用其中於民，其斯以爲舜乎？」此有以見其德之無常師，而善之無常主也。苟使德有常師，善有常主，則其心必有所繫吝而不爲公。心有所繫吝而不公，則小人得以窺伺其意之所在，以迎合其意而投其所好，如此則偏聽而不能并謀兼智，與天下爲公，而民之不服者多矣。如唐明皇始用姚崇，兼容天下之善，以致開元太平之始。及其惑於聲色，則私心漸勝，於是舉國家之務，而信一李林甫，專咨朝政者十有八年。至於末年，諫諍路絶，上下之情不通。及其一旦盗發幽陵，四海横流，唐遂陵遅不可復振。此無他，一有偏聽，則天下之不服者衆矣。故伊尹既戒太甲小人之不可用，而又推原其所謂用小人者，自夫君之心不能合并以爲公，故彼乘隙而入也。苟能「德無常師」、「善無常主」、樂與人爲善，以與天下爲公，而私意小智不撓於其間，則天下其有不心悦而誠服者哉？故其發號施令，則萬姓皆曰「大哉，王言」，又曰「一哉，王心」，蓋由其言之大，則見其心之一也。蓋「德無常師」，「善無常主」，則其心公而不私。不私，故其心一。其心一，則其言不期大而自大。苟其心有繫吝之私，於方寸之間紛然殽亂，莫適爲主，雖諄諄然告人以其心之一，而人愈不信矣。德至於萬姓咸曰「大哉，王言」，又曰「一哉，王心」，則其德高明盛大，無以復加矣。故上焉則可以綏先王之寵禄，而下焉可以永厎烝民之生育矣。

「嗚呼！七世之廟，可以觀德；萬夫之長，可以觀政。后非民罔使，民非后罔事。無自廣以狹人，匹夫匹婦不獲自盡，民主罔與成厥功。」

伊尹所以訓告太甲者，諄復懇到，盡於此矣。於是咨嗟而申之，以終其意也。「七世之廟」，天子之廟也。三昭三穆，與太祖之廟，爲七也。此《商書》也，言「七世之廟」，則天子七廟，其來尚矣。而鄭氏云：「周制七廟者，太祖及文王、武王二祧，與親廟四。太祖，后稷也。商則六廟，契及湯，與二昭二穆而已。」此蓋妄爲之説，其實三代皆事七廟也。「萬夫之長」者，猶所謂萬姓萬民，亦謂天子也。非德，無以遺後；非政，無以齊衆。伊尹之言此者，謂非德之可觀，則無爲萬夫之長。太甲既上事「七世之廟」，下爲「萬夫之長」，必其德政有可觀者然後可也。季武子曰：「諸侯來魯，於是乎觀禮。」與此「觀」同。林子和曰：「『觀』者，有以示於此，而彼得以見之之謂也。其意以謂：太甲有『七世之廟』，可以示其德於下；爲『萬夫之長』，可以示其政於下，言其勢之易也。」案此説，則「觀」字當從去聲，讀與《易·觀卦》之象同，其説亦通。夫欲德與政，皆有可觀於下，則必有道矣。惟不以民之至愚而忽之，盡其所以敬民之道，無一夫之不獲者，德與政將不可勝其用矣。故繼之曰「后非民罔使，民非后罔事。匹夫匹婦不獲自盡，民主罔與成厥功」，蓋言君之勢相須而立，后使民而民事后，蓋其尊卑之分不得不然也。若謂后之可以使民，遂以至尊之勢而驕之，則將自廣以狹人矣。若以民之勢爲在於事上，遂以至卑之勢而虐之，則匹夫匹婦將不獲自盡矣。爲上者既自廣以狹人，爲下者將不獲自盡，則君民之心離矣，兹誠治亂安危之本也。故終篇尤深切於此，以謂太甲欲善其德與政，則當克自抑畏。其視天下愚夫愚婦，一能勝予，而盡其欽民之道，無自以爲廣，而謂人爲狹。苟使四海之廣、萬民之衆，而有一夫一婦不獲自盡，則是人君之心有所未盡，故彼亦不得以自盡也。有一夫一婦不獲自盡，則乖戾之心生，而天地陰陽之氣亦將乖戾而不和矣，其何以成厥功哉？是以人主之職，必在夫得萬國之驩心，以事其先王，使萬姓咸曰「大哉，王言」，又曰「一哉，王心」，然後爲能盡其心，此庸德一德所以克終也。至於「厥德靡常」，而致「九有之亡」者，亦豈在天也哉？失匹夫匹婦之心，則天下之心自此去矣。故太甲論「德無常師，❶主善爲師。善無常主，協于克一」，而必以萬姓爲言，至於「無自廣以狹人」，則但曰「匹夫匹婦不獲自盡，民主罔與成厥功」，亦猶其所謂「爾惟德罔小，萬邦惟慶。爾惟不德罔大，墜厥宗」。詳考此篇終始之義，又與《召誥》之言曾無少異。《召誥》曰「我不敢知曰，有夏服天命，惟有歷年。我不敢知曰，不其延，惟不敬厥德，乃早墜厥命」，即此篇所謂「天難諶，

❶ 「太甲」，依文義應爲「伊尹」。

命靡常。常厥德，保厥位。厥德靡常，九有以亡」也。《召誥》曰「今王嗣受厥命，我亦惟茲二國命，嗣若功。王乃初服。嗚呼！若生子，罔不在厥初生，自貽哲命」，即此篇所謂「今嗣王新服厥命，惟新厥德」也。《召誥》曰「其惟王勿以小民淫用非彝」至「欲王以小民受天永命」，即此篇所謂「后非民罔使，民非后罔事。無自廣以狹人，匹夫匹婦不獲自盡，民主罔與成厥功」也。蓋太甲、成王皆是始踐尊位，而攬萬幾之務，故伊尹、召公諄諄告戒之言，若合符契。其大意則皆以謂「天命不可必，而人事爲可必。不可以廢人事而不修，而歸諸天命也」。夫中才庸主，其所以偃然自肆於民上，而不以國之安危休戚爲意者，惟其恃天命而廢人事，故每至於敗亡而不自知。唐德宗與李泌論建中之亂，曰：「建中之亂，術士豫請城奉天，此蓋天命，非用盧杞所能致也。」夫德宗怠棄厥德，用盧杞以致禍亂，至於鑾輿播遷、生民塗炭，若可以少悟矣，而猶歸咎於天，可謂愚矣。故李泌曰：「命者，他人尚可言。惟君相造命者若言命，則禮樂刑政皆無所用矣。」泌之言，誠與《咸有一德》、《召誥》合。伊尹之相太甲，召公之相成王，不以天命歸於自然之數，而謂「本於人君之德與不德」者，蓋謂「君相造命，不可以言命」也。伊尹、召公之言，太甲、成王信而用之，故能成商、周之治。泌之言，德宗不能用，而唐室陵遲。其言則同，而其治亂則異，何也？蓋對必以正者，泌之所能必也，至於用與不用，則非泌之所能必也。

沃丁既葬伊尹于亳，咎單遂訓伊尹事，作《沃丁》。伊陟相太戊，亳有祥，桑穀共生于朝。伊陟贊于巫咸，作《咸乂》四篇。太戊贊于伊陟，作《伊陟》、《原命》。仲丁遷于囂，作《仲丁》。河亶甲居相，作《河亶甲》。祖乙圮于耿，作《祖乙》。

尚書全解卷十八　商書

盤庚上

盤庚五遷，將治亳殷，民咨胥怨，作《盤庚》三篇。

盤庚

逸《書》之序，蓋有其《書》雖已亡，而其所述亦可證見存之《書》者，若其記載商人遷國之始末也，「自契至于成湯，八遷。湯始居亳，從先王居，作《帝告》、《釐沃》」，「仲丁遷于囂」，「河亶甲居相，作《河亶甲》」，「祖乙圮于耿，作《祖乙》」，此皆逸《書》之序也。「盤庚五遷，將治亳殷，民咨胥怨，作《盤庚》三篇」，此見存之《書》也。盤庚之書雖存，然不得逸《書》之序，以見其前世遷徙之始末，則盤庚之意亦復不明于世。故自《帝告》、《釐沃》以至于《祖乙》五篇之序，蓋所以爲盤庚之書張本於前，若《左氏傳》，或先經而始事也。❶契者，商之始祖，受封於唐虞之世，始有爵土，傳之後世。自契至于成湯，凡十四世，而八遷其國。蓋古者邑居無常，擇利而後動。其宗廟、社稷、朝市之制，簡而不夥，約而不費，故不以屢遷爲勞也。如周之先世，后稷封於邰，公劉徙豳，太王

❶ 「也」下，通志堂本有「學者欲讀盤庚當以此序始」一句。

徙岐，文王徙酆，武王徙鎬，亦屢遷也。商之八遷，歷世久遠，其書雖已亡逸，不見其所遷之地，亦如文、武而上，遷徙無常，而不出於其所封之國也。「湯遷居於亳，從先王居」，先儒以先王爲帝嚳，非也。《武成》曰：「惟先王建邦啓土，公劉克篤前烈，至于太王肇基王迹，王季其勤王家。」其曰「先王」，蓋指后稷也，❶則「先王居」，蓋是契之舊邑也。《商頌》曰「玄王桓撥」，《周語》曰「玄王勤商，十有四世而興」，先王爲契，何所不可，而必以爲帝嚳也。「亳」，蓋契之所居，實王業所基之地，湯從而居之，遂克夏而有天下。湯之後，傳八世，至于太戊，皆居于亳，《咸乂》之序曰「亳有祥，桑穀共生于朝」是也。太戊崩，子仲丁立，始自亳遷于囂。仲丁崩，弟外壬立。外壬崩，弟河亶甲立，後自囂遷于相。河亶甲子祖乙立，復自相遷于耿，既遷于耿，則其地水泉潟，爲水所圮，欲改遷于他所，而重勞民，故遂留于耿。自祖乙以來，凡歷五世，竟不克還。及盤庚即位，而民之被於墊溺已甚，遂謀遷于亳殷。此其遷徙之始末，見於《書》之序者然也。是以張平子《東都賦》曰：「商人屢遷，前八後五。」蓋自契至于成湯，八遷，此所謂前八也。自湯至于祖乙，五遷，此所謂後五也。湯一人而再數之，是以前八後五，共爲十三遷也。故序曰「盤庚五遷，將治亳殷」，其文蓋與自《帝告》、《釐沃》至于《祖乙》五篇之序，文勢首尾相貫。蓋自契至成湯，八遷，而自湯至祖乙，又五遷也。盤庚既承「祖乙圮于耿」之後，將欲遷于殷之舊都，故治亳殷，而將居焉。「亳」，地名也。「殷」，亳之别稱也。周希聖曰：「商人稱殷，自盤庚始。」此言是也。蓋自此以前，惟稱商而已。自盤庚既都亳之後，於是殷商兼稱，或單稱殷也。「亳殷」，説者不同。鄭氏云「在河南偃師」，皇甫謐云「在梁穀熟縣」，或云「濟陰亳縣」。唐孔氏於此諸説，莫知所從。學者難以折衷。而某竊

❶「也」下，通志堂本有「周以后稷爲先王」一句。

以謂：惟鄭説爲可從。蓋偃師在河南，其地實與周之洛邑相近，乃四方朝覲貢賦道里取中之地。惟其都邑之勢，爲四方之所取中，故《商頌》曰「古帝命武湯，正域彼四方」，又曰「邦畿千里，維民所止，肇域彼四海」，又曰「商邑翼翼，四方之極」。使亳地非河南，則《商頌》之言不應如此，則知鄭説比諸家爲長。鄭説既以亳爲偃師，故於《立政》之「三亳」，則解曰：「湯舊都之民服文王者，分爲三邑，其長居險，故言阪尹。蓋東成皋、南轘轅、西降谷也。」此説可信。皇甫謐以穀熟爲南亳、蒙爲北亳。三處之地皆名爲亳，則二亳之地隔絶緜亘乃數百里，建尹立監，必不如此之遼也。皇甫謐又以爲湯居亳與葛爲鄰，葛伯不祀，湯使亳衆往爲之耕。「葛」，即今梁國寧陵之葛鄉也。亳地在偃師，去寧陵八百餘里，豈當使民往爲之耕乎？其地名不同，説者變易，數千年之後，攷之葛鄉，則信以爲近亳之葛，此正孔氏以「升自陑」爲「出其不意」，皆未可以爲定論也。故宜推本鄭氏之説，以爲偃師，而以《商頌》之言爲證。「盤庚五遷，將治亳殷」，其所遷之意，説者不同。鄭氏曰：「祖乙居耿，奢侈踰禮，土地迫近山川，嘗圮焉。至陽甲立，盤庚爲之臣，乃謀徙居湯舊都。」王肅云：「自祖乙五世至盤庚之兄陽甲，宫室奢侈，下民邑居墊隘，水泉瀉鹵，不可以行政化，故徙都于亳。」皇甫謐曰：「耿在河北，迫山川，自祖辛以來，民皆侈靡，故盤庚遷于殷。」此諸説大同小異。而某竊以謂王肅之説爲當。「耿」地，乃漢皮氏縣之耿鄉，其地沃饒近鹽。祖乙不審于利害之實，而徙居之。其居之久也，爲水所圮，而不可居。蓋其地沃饒而塞障，故富家巨室總于貨寶，傲上從康，而不可教訓；其閭閻之民，則苦于蕩析離居，而罔有定極。盤庚於是謀居于亳，蓋擇其高燥之地，而將使居之。是舉也，是小民之所利，而富家之所不欲，而唱爲浮言，以摇動小民之情。斯民不悟盤庚所以遷之之意，而爲浮言之所摇動，故自歎而怨，亦皆不欲遷也。盤庚乃登進庶民，告之以所以遷都之意，且戒羣臣無扇浮言，以摇惑斯民之視聽。使羣臣不敢肆爲過逸之言，而民皆樂從以遷，此三篇之所由以作也。哀十二年《左氏傳》，舉此篇以爲盤庚之誥，則此三篇皆誥辭也。然不曰「誥」者，意其後世失之，或者以其篇名既有上、中、下字爲其簡編之别，遂從省文。雖不加「誥」字，實誥之體也。王肅曰：「取其徙而立功，但以盤庚名篇。」此則失之矣。此書三篇，皆是誥其民、臣之言。而其誥之者，自有先後，故分爲三篇，而以上、中、下爲之别。唐孔氏曰：「此三篇皆以民不樂遷，開釋民意，誥以不遷之害、遷都之善也。上中二篇，未遷時言。下篇，既遷後事。而上篇，人皆怨上，初啓民心，故其辭爲切。中篇，民已稍悟，故辭稍緩。下篇，民既從遷，故辭復益緩。」此説是也。王氏曰：「上篇告其羣臣，中篇告其庶民，下篇告百官族姓。」强生分别，攷之於經而不合，不可從也。

盤庚遷于殷，民不適有居。率籲衆慼，出矢言，曰：「我王來，既爰宅于茲，重我民，無盡劉。不能胥匡以生，卜稽曰：『其如台。』

「適」，之也。言盤庚將遷于亳殷之地，而民不肯之殷有邑居也。「率籲衆慼」者，先儒以「籲」訓「和」。蘇氏曰：「盤庚知民怨，故呼衆憂之人，而誥誓之。」竊謂蘇説勝。《泰誓》曰「無辜籲天」，則「籲」之爲「呼」，蓋常訓也。「矢」，陳也，與「臯陶矢厥謨」、「夫子矢之」之「矢」同，蓋陳其所以遷都之意，而告之也。先儒以爲「出正直之言」，則其意失矣。「我王」，蓋指祖乙也。言祖乙自相而來，既已居于此耿地。耿地既圮，將欲復遷于土厚水深之地，而不忍重勞民也，故曰「重我民，無盡劉」。「劉」，殺也。言民既勞矣，而又驅之，則幾於盡致之死地，若有不忍之意也。既不忍勞民以遷，遂居于耿者五世，其地潟鹵墊隘，民終不得安其居，是不能相正以生也。不能相正以生，我於是以卜而攷之，而龜辭告我曰：「此耿地，無若我何？」蓋謂苟留居耿，則雖天命，亦無如之何也。蓋古者將遷國邑，必以卜定之。如《緜》之詩曰：「爰始爰謀，爰契我龜。曰止曰時，築室于茲。」衛文公楚丘之遷，亦曰：「降觀于桑。卜云其吉，終焉允臧。」蓋遷都，大事也，必決之以鬼神之智，所以祈社稷無疆之永命也。《周官·太卜》：「國大遷、大師，則貞龜。」蓋凡卜筮之事，無如遷都之爲重也。

「先王有服，恪謹天命，茲猶不常寧。不常厥邑，于今五邦。今不承于古，罔知天之斷命，矧曰其克從先王之烈？若顛木之有由蘖，天其永我命于茲新邑，紹復先王之大業，底綏四方。」

言自湯以來，欽奉皇天之命，而不敢違，謂重卜筮之事而信之，凡有事則必謹天命而稽焉。其地雖未至於潟鹵墊隘，猶且擇利而動，至於今已有五邦矣。案序曰「盤庚五遷，將治亳殷」，是自湯至于盤庚之遷，併而數之，方及五遷。今此言「不常厥邑，于今五邦」，又繼之以「今不承于古，罔知天之斷命」，則是盤庚之前所遷者，既有五邦矣。攷之前序，但有亳、囂、相、耿之四邦，不知何以有五邦？若併數盤庚之遷，以爲五邦，則不惟其文勢不應如此，而又所遷者，乃復歸于亳，謂之「五遷」則可，謂之「五邦」則不可。故太史公謂「祖乙自耿遷于邢」，而《汲冢記年》亦謂「祖乙遷于奄」，此皆與序文相戾，不可以爲據也。意者自仲丁至于盤庚，更有一遷，而史家失之。盤庚據其當時所見而言之，故得其實。歷世久遠，不可臆決也。夫商之先王，既「恪謹天命」，以取信于卜筮，「不常厥邑，于今五邦」。我既卜之於龜，而曰「其如我何」，今乃不能率爾臣民而遷，則是不能承先王「恪謹天命」之意，是不承于古也。不承于古，則是不知上天所斷之命。蓋天命汝以遷，而汝乃不遷，是違天命也。況此亳殷之地，乃我商家肇造基業之邦，實王業之所自始也。誠能往而居之，則是從先王之烈。能從先王之烈，則是我商家既廢而復興，如既顛之木，由是而生蘖。「蘖」，蓋木仆而更生者也。蘇氏曰：「木之蠹病者，雖勤於封殖，不能使復遂。既仆而蘖生之，然後有復盛之道。」此言是也。惟天時人事之間，蓋有不得不遷者，如是天將永我商家社稷無窮之命于此新邑。苟遷而居之，則可以紹復先王之大業，以綏安此四方之民。蓋邦畿千里之民得其所止，然後可以肇域彼四海也。古者先王之創業垂統，以貽萬世無窮之業，必有根本之地，蓋其王業之所自，天命人心之所繫。其子孫守之則興，不能守之則廢，湯之亳，文王、武王之酆、鎬是也。案太史公曰：「殷自仲丁以來，廢適而更立諸弟子，弟子或爭相代立，比九世亂。」夫此九世之亂，雖自於弟適爭立，然亦由仲丁自亳遷于囂之後，失成湯根本之地，故數百年間，無有勃然興者。盤庚既以耿地墊隘，遂復居于成湯之舊都，因其根本之地而據之，商家社稷於是復興。信乎，其能「紹復先王之大業，底綏四方」也！周自犬戎之亂，平王東遷，其後不復有還居酆、鎬之意。惟其失文、武根本之地，故東周之主雖傳數十世，而皆陵遲削弱，不得復起。齊、晉、秦、楚迭執其柄，禮樂征伐自諸侯出，而天子擁虚器於上，而不能自立。此無他，惟其不能守根本之地故也。是則盤庚之遷與不遷，實商家社稷安危强弱之所繫。使其惑於浮言横議，而不克遷，則是亦一東周也。彼其所以丁寧告戒，敷心、腹、腎、腸，而强其臣民以遷者，是豈得已而不已者哉？

盤庚斆于民，由乃在位，以常舊服，正法度，曰：「無或敢伏小人之攸箴。」

夫耿之地潟鹵墊隘，而有沃饒之利，是故不利於閭閻之小民，而利於富家巨室。盤庚之將遷也，始於富家巨室之不悦，故扇爲浮言詭説，以簧鼓斯民之視聽。至其終也，閭閻之小民亦皆相與咨怨，不適有居。利害之實，於是亂矣。然其間亦有審於利害之實而欲遷者，則又往往爲在位者之所排擊沮難，故不能自達於上。當此之時，如人之一身，風邪入其肌膚，而亂其脉絡，則其關竅閉塞而不通。苟不能救其所以受病之處而治之，徒攻以毒藥，與病勢争於否塞之間，則將有不可測者矣。故人君當夫上下之情不通，而人情否塞之時，可以誠意感，而不可以勢力較也。盤庚知其然，於是推原其所以受患之處，謂夫民情之所以未喻者，本夫富家巨室牟利自營，傲上從康，不能率由典法，而肆其巧言以熒惑愚民，使其欲遷之心鬱而不得伸。故其「敩于民」者，必自有位而始。其教于在位者，亦非作爲一切之新法，以整齊而脅從之也。惟舉先王之世，其遷都邑也，蓋有故事存焉。今之遷都，亦始於前世之故事，使之正其法度而已。其所以正其法度者，無他，使爾在位之人「無或敢伏小人之攸箴」也。蓋小人之患於潟鹵墊隘而欲遷者，有以其言箴規於上，則汝無得遏絶其言，使不得自達也。此蓋史官序述盤庚所以戒臣民之言，而先總其大意，爲此數語，以表見其當時上下之情既壅窒而復通者，由盤庚之能審其人情之變，而處之得其當也。蘇氏曰：「矇誦、工諫、士傳言、庶人謗于市，此先王之舊典正法也。今民敢有聚怨誹疑，當立新法、行權政，以一切之威治之。盤庚，仁人也。其下『敩于民』者，以常舊事而已，言不造新令也；以正法度而已，言不立權政也。『曰無或敢伏小人之攸箴』者，憂夫百官有司逆探其意，而禁民言也。盤庚遷而殷復興，用此道也。」夫此論甚善，亦有爲而發也。當時王介甫變更祖宗之制度，立青苗、免役等法，而當朝公卿，下而小民，皆以爲不便，而介甫決意行之。其事與盤庚遷都相類，故介甫以此藉口，謂「臣民之言，皆不足恤」。然所以處之，則與盤庚異者，「盤庚敩于民，由乃在位，以常舊服，正法度」，而介甫一以新法從事；盤庚言「無或敢伏小人之攸箴」，而介甫則峻刑罰，以繩天下之人言新法之不便者。故雖以盤庚自解説，而天下之人終不以盤庚許之者，以其迹雖同，而其心則異也。非特天下之人不許之以盤庚之事，而介甫亦自知其叛於盤庚之説。其解盤庚，又從而爲之辭，以爲其新法之地，而既曰「『無或敢伏小人之攸箴』者，敩之以無自用而違其下」，而又曰「治形之疾以箴，治性之疾以言。小人之箴雖不可伏，然亦不可受人之妄言。妄言適足以亂性，有至於亡國敗家者，猶受人之妄刺，非特傷形，有至於殺身者矣。故古之人堲讒説、放淫辭，使邪説者不得作，而所不伏者，嘉言而已」。觀王氏此言，其與誦六經以文奸言者，何以異哉？蘇氏之言爲王氏而發也，雖爲王氏而發，實得盤庚斅民之意，非奮其私意，與王氏矛盾也。

王命衆，悉至于庭。王若曰：「格汝衆，予告汝訓。

言使自羣臣以下，至于庶民，咸得至于庭也。《周官·小司寇》：「掌外朝之政，以致萬民而詢焉。一曰詢國危，二曰詢國遷。」盤庚蓋將遷都，而謀于民，故使臣民皆至于外庭也。「王若曰格汝衆，予告汝訓」者，蘇氏曰：「《書》凡言『若』者，非盡當時之言，大抵若此而已。」「格汝衆」者，呼之而使來也，我將告之以予志之所欲言者。自此而下，皆爲羣臣之扇爲浮言以惑流俗而發也，蓋上文所謂「盤庚斅于民，由乃在位」者也。

「汝猷黜乃心，無傲從康。

夫天下利害之實，焕終甚明，不難知也。人主心平而氣定，上不爲名所惑，下不爲利所怵者，類能知之。惟其心之所存，一惑於利害之私，則將見其利而不覩其害，而利害之實亂矣。遷之利與不遷之害，在盤庚之時，蓋可以一言決也。然其羣臣乃以不遷爲利、遷爲害者，惟其貪於沃饒之利，習於奢侈之俗。此二者撓於胸中，故致於傲上從康，而不自知其非，故盤庚告之也。始則告之以一言，曰「汝猷黜乃心」，言汝欲知遷都之利害，先當謀黜去汝之私心也。苟去汝之私心，則利害之實，不爲物蔽，而漸以明審，必不至於傲上而不肯遷，亦不至於懷安而不欲遷也，故繼之以「無傲從康」。

「古我先王，亦惟圖任舊人共政。王播告之修，不匿厥指，王用丕欽，罔有逸言，民用丕變。今汝聒聒，起信險膚，予弗知乃所訟。非予自荒茲德，惟汝含德，不惕予一人。予若觀火，予亦拙謀，作乃逸。

既告以黜其私心，無傲上從康矣。此又稱先王之時，其臣皆從先王之命令，而無敢逆之者，即上文「以常舊服、正法度」是也。「古我先王」者，蓋泛指成湯及殷之賢君。「舊人」者，亦泛指先王之臣也。言我先王之謀任舊人，與之共政也。「王播告之修」者，此言王亦指先王也。不言先王者，變上之文也。「播告之修」，言舊臣之事先王。先王使之播告其所修之政於天下，而舊臣則能不隱匿其旨志，故先王用大敬之；而舊臣所教之旨，又無過逸之言，以扇惑民聽，故民用大變。蓋上焉爲王之所欽者，以其「不匿厥指」故也；下焉爲民之所從者，以其「罔有逸言」故也。而今之羣臣，乃不以盤庚遷都之意告民，而乃扇爲浮言以恐動之，此民之所以不至于「丕變」，而王之所以不至于「丕欽」也。故繼而責之曰「今汝聒聒，起信險膚，予弗知乃所訟」，言汝今乃聒聒然肆爲多言，務以險膚之説起信於人，我意不知汝所訟言者果何謂也。「險」謂悦害而幸災，「膚」謂淺近而不由中。此二者雖皆誕妄無實，而皆有以取信於流俗也。在流俗則信之，而自知者觀之，則「弗知乃所訟」也。「弗知乃所訟」者，言我之不知汝所言者果何謂也。王氏曰：「不夷謂之『險』，不衷謂之『膚』。」此論甚善。而繼之曰：「造『險膚』者，所不待教而誅。」此言大害義理。夫「盤庚斆于民，由乃在位」，則是爲「險膚」之言者，皆教之，而不忍誅也。今曰「造險膚者，不待教而誅」，則是盤庚之時，必誅其造險膚者，此蓋王氏借此言簧鼓以惑天下，欲快意於一時。老成之人言新法之不便者，皆欲指爲造險膚之人，而悉誅也。不仁之禍，至六經而止。王氏乃借六經之言，欲以肆其不仁之禍，是可歎也。言汝不能如先王之臣「不匿厥指，罔有逸言」，而乃「聒聒然，起信險膚」，我反求之，不知汝所説，則是非我一人自荒廢兹德，不能如先王之「圖任舊人共政」也，乃是汝之羣臣，恃我有寬容之德，含其恩惠，故不畏懼我一人，而肆爲險膚之言也。汝既不畏懼我一人，而肆爲浮言。我不於其始萌之時而遏絶其勢，今乃至於無所忌憚，以簧惑流俗之聽，舉國之人皆相與咨嗟，而不適有居。是我之於汝，譬若觀火，不於熒熒之時而撲滅之，遂至延蔓而不可救，是我之拙謀成汝之過，此蓋自責。盤庚既以不加刑罰撲滅於熒熒之初，以成其浮言之過爲拙謀，則宜以刑威日脅之而使從者，其謀爲不拙矣。然終不肯去彼而取此者，蓋無欲速、無見小利者，王者之政也。欲速則不達，見小利則大事不成，雖脅民而從之，無益也。

「若網在綱，有條而不紊。若農服田力穡，乃亦有秋。

王氏曰：「『若網在綱，有條而不紊』者，言下從上、小從大則治，此申前『無傲』之戒。『若農服田力穡，乃亦有秋』，此申前『無從康』之戒。」蓋「綱」者，網之索也。舉其索，則網之目，皆有條而不亂。「服田力穡」謂盡力於播穡之事，則享有秋之利。此蓋能近取譬，以喻其意也。彼羣臣之所以扇爲浮言，而不肯遷者，惟其傲上，故偃然自肆，而不畏懼於天子之命令；惟其從康，故偷安朝夕，而憚於勞苦之事。故設爲此譬以喻之，使知下之於上若網在綱，則固將無傲矣；如欲享其利者，必若農之服田力穡，則固無從康矣。此蓋優游饜飫，使之曉然知利害之實，而若無絲毫强之者，此其所以爲王者之政也。

「汝克黜乃心，施實德于民，

利害之實，既如網之在綱、農之力穡，其理灼然可見。汝當能黜去汝傲上從康之心，以施其實德于民。蓋羣臣所以肆爲浮言，簧鼓流俗，使之不肯遷者，其言必以謂「遷則害于民，不遷則無害也」。觀其言，若有德于民，非實德也。曾子有疾，童子請易簀，曾元曰：「夫子之病革矣，不可以變，幸而至于旦，請敬易之。」曾子曰：「爾之愛我也不如彼。君子之愛人也以德，細人之愛人也以姑息。」蓋不以德愛之，而徒以姑息愛之，是細人之愛人也。羣臣之不肯震動萬民以遷，是愛人以姑息也。盤庚之意，是愛人以德也。故云「黜其私心，以施實德于民」，亦欲其以德愛人，不出于姑息也。

「至于婚友，丕乃敢大言，汝有積德。」

言民被實德，則汝之婚姻、僚友，亦皆被實德矣。彼其所以媒利自營者，徒以爲婚姻、僚友之計，而不能爲民深謀遠慮，故其德之及於婚姻、僚友而已。苟能黜其私心，「施實德于民」，則民受其賜，而汝之婚友亦皆受其賜矣。能如是，我「乃敢大言，汝有積德」，蓋「汝有積德」之實，我云不爲溢美矣。必曰「積德」者，蓋指世臣也。此篇言「古我先王，亦惟圖任舊人共政」，下文言曰「古先哲王，暨乃祖乃父，胥及逸勤」，則是所誥者，大抵是世臣、巨室，故以「積德」爲言。蓋謂如是，則無忝於先王之德也。

「乃不畏戎毒于遠邇，惰農自安，不昬作勞，不服田畝，越其罔有黍稷。」

「戎」，大也。言苟無所畏慎，肆其傲上從康之志，大流毒于遠邇，如怠惰之農，肆其自安，不黽勉以作勞苦之事，不服於田畝，則不獲有秋之利，而罔有黍稷矣。盤庚之敎于民，欲使在位羣臣黜其傲上從康之心，而其譬喻必以農爲言，既曰「若農服田力穡，乃亦有秋」，而又曰「惰農自安，不昬作勞，不服田畝，越其罔有黍稷」。其論農之勤惰如是之詳者，蓋耿之地沃饒而近利，斯民習於奢侈之日久。人亦有言曰：「自儉而奢易，由奢而儉難。」盤庚將欲率其奢侈玩習之人，而使之居於亳殷之地，負山阻險，非勤非儉，則不能享其生生之樂，不如耿之近利也。昔公父文伯之母曰：「昔聖人之處民也，擇瘠土而處之，勞其民而用之，故能長有天下。」夫民勞則思，思則善心生。逸則淫，淫則忘善，忘善則惡心生。沃土之民，多不節淫也。瘠土之民，莫不嚮慕義也。盤庚之遷，意在此。然將使民去奢而即儉，去逸而即勞，故在位扇其浮言，而民皆有怨咨之意。是以言其勤則有所獲，而惰則無所獲矣。蓋民生在勤，勤則不匱。苟爲不勤，而有所獲，是所謂「不稼不穡，胡取禾三百廛兮」，此不祥之大者也。張平子《西都賦》云：「盤庚作誥，率民以苦。」此言真得盤庚之意。孔子曰：「不教而殺謂之虐，不戒視成謂之暴。」夫所謂「暴」者，非至紂之炮烙、秦之參夷，然後有此名也。苟臣民之有頑怠傲狠、不順其上政令者，不加教戒，使知利害安危之所在，而遽爾刑之，則是暴虐矣。盤庚之遷，不忍暴虐其臣民。故雖其世臣巨室傲上從康，以鼓惑流俗之聽，而閭閻小民惑於流言，方相與咨怨，而不適有居，此誠中才庸主有所不堪，而盤庚且諄復懇到，先曉之以禍福安危之理，不啻若父兄之教子弟。此非故爲是優游不斷之政，不能赫然奮其乾剛之斷也。蓋以爲脅以刑罰，使臣民强勉以從己，固不若教之、戒之、化之，使之憤然知遷都之爲利，而不遷之爲害。中心悦而誠服也，與之共享其安逸，而無一旦卒然不可測之患矣。是以自此而下，其言莊重峻訐，責之也深，而慮之也至。其要務欲使知夫長惡不悛者，典刑之所不赦，然後黜其傲上從康之心，而樂事赴功，無强勉不得已之意，此誠忠厚之至也。

「汝不和吉言于百姓，惟汝自生毒，乃敗禍姦宄，❶以自災于厥身。

白博士曰：「《詩》云：『辭之輯矣，民之洽矣。辭之懌矣，民之瘼矣。』辭輯，則所謂『和言』也。辭懌，則所謂『吉

❶「宄」，原誤作「究」，今據通志堂本改。

言』也。」此説是也。言汝之羣臣，不能平其心，定其氣，和順悦懌其言，以曉百姓之未悟者，而徒肆其浮言以惑之，欲其沮遷都之議。然此遷都之計，乃上合天心，下從人欲，必非羣臣之所能沮也。汝徒自生毒惡，至于「敗禍姦宄」，以自遺災于汝身而已。謂「自災于厥身」者，蓋頑嚚終不率教，則刑罰及之，非我一人忍於用刑也，是汝之「敗禍姦宄」而自取之也。

「乃既先惡于民，乃奉其恫，汝悔身何及？

此言我之所以望爾羣臣者，蓋以謂民之愚有未知遷都之利害者，必資爾以訓迪而開道之。今乃先肆惡，而不肯迪民，亦從而胥怨，是「先惡于民」也。爲臣而「先惡于民」，使天下騷然而不寧，苟長此惡而不悛，則將自成其疾痛，陷於罪戾，雖悔之，而身何所及也？

「相時憸民，猶胥顧于箴言，其發有逸口，矧予制乃短長之命。

「相」，觀也，與「相在爾室」之「相」同。蘇氏曰：「『憸民』，小人也。」視此小人，猶相顧于箴規之言，恐其言之發也，或有口過以取禍。彼小人于箴規之言，猶畏之如此。況我以萬乘之威勢、生殺之權在予掌握，制汝短長之命，而汝乃傲上從康，曾不之畏，是小人之不若也。

「汝曷弗告朕，而胥動以浮言，恐沈于衆。

夫爲臣之義，有嘉謀嘉猷，則入告爾后于内，爾乃順之于外，曰「斯謀斯猷，惟我后之德」，則民情愛戴而不忘。古者忠臣之事君，莫不能然。而盤庚之羣臣反是，故其責之以謂「汝苟心知遷都之未爲利，又何不入告于我？而乃相摇動浮言，恐動沈溺此下民也」。王氏曰：「『恐』謂恐動之以禍患，『沈』謂沈溺之於罪戾。」此言是也。

白博士曰：「『實德』者，浮言之反也。言浮則無實，實則不浮。」此說亦是。惟當時羣臣，惟務以無實之浮言「恐沈于衆」，故盤庚之所以告之者，惟欲其「施實德于民」，如良醫之治病，有此病則有此藥也。盤庚之臣，内則不以遷都利害入告于后，惟「動以浮言，恐沈于衆」，則是失夫爲臣之義，而刑戮之宜加也。

「若火之燎于原，不可嚮邇，其猶可撲滅。則惟爾衆自作弗靖，非予有咎。」

言縱使汝之勢燄，若火之焚燎于原野，不可迫近，而我之威權猶可撲滅。譬汝雖强惑，終不免於撲滅，則是汝羣臣自有謀不善，故陷于刑戮，非我有過也。此篇文勢大抵反覆辯論以盡其意，故其言終始亦相顧成文。既曰「若農服田力穡，乃亦有秋」，又曰「惰農自安，不昬作勞，不服田畝，越其罔有黍稷」。既曰「予若觀火，予亦拙謀，作乃逸」，又曰「若火之燎于原，不可嚮邇，其猶可撲滅」。文雖涣散，而意實相貫。以是知盤庚之言雖詰曲聱牙，而不可遽曉，然反覆而求之於人情，則近也。

「遲任有言曰：『人惟求舊，器非求舊，惟新。』」

「遲任」，在籍無所攷見。鄭氏曰：「古之賢史也。」義或然也。案：《論語》「周任有言曰」，馬總以謂：「周之良史。」蓋古之史，必賢而有文者爲之，故多立言以爲法於世。史佚曰：「無始禍，無怙亂。」蓋立言者，史之職。鄭氏以遲任爲賢史，料必有據而云耳。盤庚所告者，大抵皆世臣巨室，故舉古賢史遲任之言曰「人惟求舊，器非求舊，惟新」，言「器舊則敝，器至於舊，則必易新者，而人則不厭其舊也。人不厭於舊，故我於爾羣臣，自乃祖乃父以來，用之於位，以至於爾子孫，而不廢也」。此雖有「器非求舊，惟新」之言，而盤庚舉此者，但以證「人惟求舊」耳。攷下文則繼之以「古我先王，暨乃祖乃父，胥及逸勤」，以至於「不敢動用非德」，文勢首尾實相類者，無取於「器非求舊」，以爲新邑之喻。如蘇氏曰：「人舊則習，器舊則敝。當使舊人，用新器，我今所以從老成之言，而遷新邑也。」王氏曰：「以『人惟求舊』，故於舊有位之臣告戒丁寧，不忍遽爲殄滅之事。以『器非求舊，惟新』，故『不常厥邑，至於今五遷』也。」此皆求之之過也。

「古我先王，暨乃祖乃父，胥及逸勤，予敢動用非罰？世選爾勞，予不掩爾善。茲予大享于先王，爾祖其從與享之。作福作災，予亦不敢動用非德。予告汝于難，若射之有志。

古我先王，暨汝羣臣之祖父，相與同其勞逸，以成我商家之基業。是皆有大造于商家社稷，宜其子子孫孫世享福禄，與商家社稷同爲無窮，則我於爾羣臣，豈敢動用非罰以加於汝？「非罰」謂罰非罪也。惟我以爾祖爾父與先王「胥及逸勤」，故加惠于爾子孫，而不敢以非罰加汝。於是世世選用爾勞于國者，不掩蔽爾善，而使之居于列位，以無忘「乃祖乃父」之德，則是我能盡「求舊」之意，而所以待爾者之厚。汝苟不能忠於國家，而肆其傲上從康之志，以沮敗朝廷之大事，獲戾于先王，則我雖私汝，而不誅亦有不敢也，故繼之曰：「茲予大享于先王，爾祖其從與享之。作福作災，予亦不敢動用非德。予告汝于難，若射之有志。」《周禮・司勳》云：「凡有功者，銘書於王之太常，祭於大烝，司勳詔之。」蓋古者有大勳勞於王室，皆得配享於廟。觀盤庚此言，泛告在位之羣臣，而曰「茲予大享于先王，爾祖其從與享之」，則是古者配食，凡有功者，皆得與焉。而司勳之所掌，亦無定數也。此又古今之禮異，不可不論也。「大享」謂大烝之類。言我之祭享于先王之廟，爾之祖亦從於廟而與享。彼鬼神之情聰明正直，福善禍淫若影響之應形聲，無有差忒者。既先王與乃祖臨之在上、質之在旁，善則作福、不善則作災，不容私於其間，則爾之至於「傲上從康、先惡于民，敗禍姦宄」，以自災于厥身，予其敢「動用非德」而赦汝乎？言罰之與德，皆簡在先王與乃祖之心，而非我之所敢私也。惟其賞罰生殺之權，必視我先王與乃祖之所予奪。苟有毫髪之私，不合乎先王與乃祖之心，則我無所逃其責矣。故予告汝以用賞罰之難，若射之有志。志，正鵠也，射必中。夫正鵠者，差於此者有毫釐之間，則失於彼者在尋丈之外。我所用賞罰之難，亦若是也。賞必當功，無功而賞，賞則爲僭；罰必當罪，無罪而罰，罰則爲濫，其間亦不可有毫釐之差也。故爾之無罪，則我不可動用非罰；苟爾之有罪，則我亦不可動用非德。罰與德，皆爾自取。而我之用刑賞者，惟欲適其當，而無容私於其間，則汝當知所趨避，而無陷於刑辟。故教之所加，如下之所言者也。

「汝無侮老成人，無弱孤有幼。

盤庚之遷，避害而就利，則當時之能深思遠慮者，亦必有以遷爲利、以不遷爲害，而爲當時羣臣扇以浮言，使其說不得伸。其老成人，則以爲昏耄無知而侮之；其小者，則以爲孤幼而弱之。侮其老而弱其少，則彼雖欲達其箴言於上而無由，盤庚而告之以「無侮老成人，無弱孤有幼」。蘇氏曰：「『有』、『又』通，猶言孤與幼也。」此說是也。

「各長于厥居，勉出乃力，聽予一人之作猷。無有遠邇，用罪伐厥死，用德彰厥善。

汝既無以老成之人而侮之，無以孤與幼而弱之，則宜各思長久于所居，而勉出乃力，以聽我一人之謀，而從我遷也。能從我以遷，則是與我「胥及逸勤」，此賞之所宜加；不從以遷，則是「傲上從康」，此罰之所不赦，我亦何容心哉？「無有遠邇」，待之如一爾。有可死之罪，我用可罰之刑以伐汝；有可彰之善，則我用命德之賞而旌汝。賞之與刑，無非爾之所自取也。

「邦之臧，惟汝衆。邦之不臧，惟予一人有佚罰。凡爾衆，其惟致告：自今至于後日，各恭爾事、齊乃位、度乃口。罰及爾身，弗可悔。」

「邦之臧」，是汝衆能黜其傲上從康之心，而從我以遷也。「邦之不臧」，是我一人之威令不行於臣下，失其政刑，而不誅爾浮言之人也。「佚」，失也。《酒誥》曰：「羣飲，汝勿佚，盡執拘以歸于周，予其殺。」則「佚罰」云者，蓋行姑息小惠，從有罪而不誅之謂也。盤庚之意謂「我一人既不敢有佚罰，則爾衆當戒懼恐謹，無陷於罪辜。至於陷罪，則我必不佚汝也」，故遂繼之曰「凡爾衆，其惟致告」。爾羣臣以至於庶民，各相告語，自今以往，至于後日，各恭敬爾所治之事，整齊爾所居之位，度乃口而無肆爲浮言，蓋所謂「非先王之法言，不敢道」。苟不能盡是三者，則罰及爾之身，雖欲悔之，亦弗及矣。孔子曰：「予無樂乎爲君，惟其言莫予違也。」蓋人主，天下之利勢，生殺予奪之權在於掌握，言出於口，則羣臣百姓憚其威、畏其命，而無敢有違之者，此誠人君之所樂也。而盤庚之遷，其羣臣以傲上從康而肆爲浮言，以逆上之令；其百姓相與咨怨，而不適有居。命之而不聽，率之而不從，固已異乎「言而莫予違也」。使盤庚以夫人主之利勢而與之較，驅之以刑罰而使之遷，則亦誰敢違之者？今其言乃反覆勸諭，若將有所甚畏者，既告之以其祖父所以事先王者如此，又告之以先王與乃祖父「胥及逸勤，予不敢動用非罰」。其言蓋若不忍加刑罰於臣民，而曲折其辭以冀其從己。夫貴爲天子、富有四海，一有所欲爲，而爲臣下之所沮抑也如此，又不敢以其勢力而與之較，則亦何樂於爲君哉？蓋得天下有道，在得其民；得其民有道，在得其心；得其心有道，所欲與之聚、所惡勿施爾。盤庚之所欲遷者，惟欲聚民所欲而去民所惡者耳。欲聚民之所欲、去民之所惡，而先以勢力與臣民較，以失民之心，則雖能强之使遷，而天下亦自此危矣。故寧爲是優游不忍之辭，以開諭其心，而使之知吾所以聚民所欲、去民所惡之意，故不失乎民之心，而亦不害其所以爲遷者，此盤庚所以大過人也。

尚書全解卷十九　商書

盤庚中

《盤庚》三篇有上、中、下之别，亦猶《泰誓》三篇也。蓋其書雖同爲此一事而作，然其所以誓誥之時，則有先後，故史記從而分之。《泰誓》上篇始合諸侯于孟津而作也，次篇次于河朔而作也，下篇將發于孟津而作也。故史官雖析爲三篇，而每篇之首必志其所作之時，以爲之别，此蓋記載之體然也。此三篇之作，亦有先後之不同，故史之叙述，皆志而别之。上篇曰「盤庚遷于殷，民不適有居，率籲衆慼出矢言」，中篇曰「盤庚作，惟涉河以民遷。乃話民之弗率，誕告用亶其有衆。咸造勿褻在王庭」，下篇曰「盤庚既遷，奠厥攸居，乃正厥位，綏爰有衆」，皆志其所作之先後。故唐孔氏曰：「上二篇未遷時事，下一篇既遷後事。上篇人皆怨上，初啓民心，故其辭尤切。中篇民已少悟，故其辭稍緩。下篇民既從遷，故辭復益緩。」此言深得叙書者之意。王氏以爲：「告羣臣、庶民與夫百官族姓。」此則未深考於其所叙之先後，而妄爲之説也。

盤庚作，惟涉河以民遷。乃話民之弗率，誕告用亶其有衆。咸造勿褻在王庭，盤庚乃登進厥民。曰：「明聽朕言，無荒失朕命。

盤庚既於上篇丁寧反覆告其臣民以遷都之意，則夫臣之傲上從康、不可以告訓，民之相與咨怨、不適有居者，稍能自悔，而遷都之謀決矣。於是將欲與之涉河而遷焉，猶懼夫民情之未甚孚也，又諄諄而開誘之，❶務使羣黎百姓皆中心悦而誠服，❷然後帥之而遷。故史官既叙載其所以告戒之言於後，而必推本其所以告之之意而冠之於先。觀此數言，雖實至約，而其所形容，蓋得盤庚之心，可謂善叙事矣。「作」者，起而將遷之辭也。漢孔氏曰「爲此南渡河之法，用民徙」，鄭氏云「作渡河之具」，王子雍云「爲此思渡河之事」，皆過論也。據經但云「盤庚作，惟涉河以民遷」，則「作」之一字，亦何必求之太深邪？《秦風·無衣》之詩曰：「豈曰無衣？與子同澤。王于興師，修我矛戟，與子偕作。豈曰無衣？與子同裳。王于興師，修我甲兵，與子偕行。」「作」與「行」字，蓋是一義。以是知「盤庚作」者，是將行而渡河耳，非有他義也。耿在河北，亳在河南，故曰「作，惟涉河以民遷」也。雖將以民渡河而遷，然民之情好逸惡勞、樂因循而憚改作，猶有「弗率」者。於是盤庚乃以話言開迪其蒙蔽，而導之以遷都之利。其所以大告於民者，無他，凡欲用其誠信於爾衆而已。子夏曰：「信而後勞其民，未信則以爲厲己也。」「民之弗率」，而彊之以遷，苟非使其誠信著於民，審知遷之爲利、不遷之爲害，而樂從之，則是厲民而已。厲民而用之，仁者不爲也。故蘇氏曰：「『民之弗率』，不以政令齊之，而以話言曉之，此盤庚之仁也。」又曰：「民怨誹逆命，而盤庚終不怒，引咎自責，益開衆言，反覆告訓，以口舌代斧鉞，忠厚之至。」此言皆深得盤庚之旨。蓋齊之以政令，劫之以斧鉞，民未必不從也，然其從實畏而從之耳，欲民之信而從之，不可得也。惟其不以政令齊之，而以話言曉之，以口舌代斧鉞，故其始雖若優游而無決，而終能使民信而從

❶「又」下，汲古閣本、通志堂本有「爲之」二字。
❷「服」下，汲古閣本、通志堂本有「無黽勉不得已之意」八字。

之，而無所勉彊於其間。此蓋盤庚之心，而史官善形容之，蘇氏善發明之，皆可以一唱而三歎也。「造」，至也。「咸造勿褻在王庭」，蓋使司寇之官致萬民於外朝，而將告語之，先戒以勿褻瀆，以聽上之令也。「登進厥民」，謂升進之，使前而告語之也。《傳》曰：「未言而信，信在言前。」盤庚「誕告用亶其有衆。咸造勿褻在王庭」，然後「登進厥民」而告之，可謂「信在言前」矣。夫君民之勢，有尊卑上下之殊，若霄壤之不相侔。苟君之於民，而以其勢力與之較，則爲君者將以至尊自侈，而莫接於民；爲民者將以至卑自抑，而莫親於君。上下之情離，則危敗禍亂自此生矣。故禹訓曰：「民可近，不可下。」謂當以情接之，而不當以勢凌之也。「民之弗率」，則使之咸造王庭，升進之，使前而與之周旋曲折論其禍福安危之理，若父子兄弟相與議其家事於閨門之內者。其近民也如此，民其有不心悦而誠服者哉？

「嗚呼！古我前后，罔不惟民之承，保后胥慼，鮮以不浮于天時。

言爾衆當明聽我之言，無荒廢以失我之命。既勑戒之矣，於是嗟嘆而稱述其前世之所以屢遷者，莫不本於人情，而其民亦説而從之。今之所以遷，是以先王之意，而民未之從也。謂湯已下至於祖乙，凡遷都之主皆是也。孔子曰：「使民如承大祭。」言不敢輕用民力，而重之如此。「罔不惟民之承」，謂我前后之所爲，無不敬民而承之，未嘗輕用其力也。我先后既「罔不惟民之承」，故民亦保后而相與同其憂慼。林子和曰：「憂民之憂，民亦憂其憂。『罔不惟民之承』，則是憂民憂也。『保后胥慼』，則民亦憂其憂。」此説是也。「鮮以不浮于天時」，孔氏曰：「『浮』，行也。言皆行天時。」唐孔氏謂：「順時布政，若《月令》之爲。」王氏曰：「乘時流行，無所底滯。」此諸説皆以浮爲行，其説亦通。而某竊以謂：蘇氏之説爲勝。謂古者謂「過」爲「浮」，「浮」之言「勝」也。以此敬民，故民保其后，相與憂其憂，雖有天時之災，鮮不以人力勝之也。此其爲説，不惟於「浮」字之義爲通，而且與上下文相貫。古人謂名勝實爲名浮於實，而又有天人相勝之説。天之降災於人，宜其國遂至於危敗禍亂而不可救，而先后能與其民同心協力，擇利而遷，是以安存而無虞，是修其人事而能勝其天時者矣。既言先世之君與民同其憂恤，修人事以「浮于天時」，於是又詳言其所以「浮于天時」之事也。

「殷降大虐，先王不懷。厥攸作，視民利用遷。汝曷弗念我古后之聞？承汝俾汝，惟喜康共，非汝有咎，比于罰。

言我先王之遷，未有無故而遷者，皆因天時大災虐於我殷家。蓋仲丁之遷于囂、河亶甲之遷于相、祖乙之遷于耿，雖其書已亡，不見其所以遷之故，然以此言觀之，則知其遷也皆迫於禍災，有不得已而不可以已者。惟天降咎，大虐於殷，故我先王不敢懷居於其故邑，舍其舊而新是圖。於是見幾而作，視民之所利者，而帥之以遷。陳少南曰：「上浮天時，下觀地利，此先王遷之大略也。」汝之臣民不從我以遷者，何不念汝所聞於古我先后之事？其所以遷，大抵敬汝民而承之，遂使汝從其遷徙之事，惟欲與汝共其喜樂安康而已，非汝之有過咎，近于謫罰，而遂迫汝以遷也。

「予若籲懷兹新邑，亦惟汝故，以丕從厥志。今予將試以汝遷，安定厥邦。

先王之「視民利用遷」者，既已如此。我之所以號召爾民而進之，使爾懷兹新邑者，亦豈爲我一人之私計也哉？亦惟爾民之蕩析離居，罔有定極，故爲爾擇利而遷，以大從爾之志，亦如先王之「承汝俾汝，惟喜康共」也。夫盤庚之遷，蓋民情相與怨咨而不悦，今乃曰「以丕從厥志」，何也？蘇氏曰：「古之所謂從衆者，非從其口之所不樂，而從其心之所同然也。」亳邑之遷，實斯民之所利也。惟其爲浮言之所摇動，故其誦於口者咸有不樂之言。若乃幡然而改，以其利害安危之實，而反求之於心，則固知其遷之之利與不遷之害矣。故「丕從厥志」者，正蘇氏所謂「非從其口之所不樂，而從其心之所同然」者也。惟其遷也，蓋爲汝民之故，「以丕從厥志」，故我今茲所以將試以汝遷者，凡以「安定厥邦」而已，非有他意也。王氏曰：「『今予將試以汝遷，安定厥邦』者，告民以遷之安利也。以遷爲『安定厥邦』，則知不遷必有危而不安、亂而不定之事也。」此説是也。

「汝不憂朕心之攸困，乃咸大不宣乃心，欽念以忱，動予一人。爾惟自鞠自苦，若乘舟，汝弗濟，臭厥載。爾忱不屬，惟胥以沈。不其或稽，自怒曷瘳？

先王之世，在上者「視民利用遷」，以憂民之憂，則民亦憂其憂。今我之遷於斯邑，亦惟汝民之故，「以丕從厥志」，而「安定厥邦」，可謂憂民之憂矣，而汝民不能保后胥慼，以憂我之憂。故遂責之，由汝不能憂我心之所困。蓋盤庚之心，以民之不遷爲病也。惟不念我心之所困病，故爲浮言之所摇動，相與咨怨，大不宣布爾腹心，敬念以忱誠，感動我一人，爾徒爲此紛紛以自取窮苦而已。蓋我將欲與汝共其喜樂，以從汝之志，而汝乃不宣其心，以盡忠於我，則其所窮苦也，非爾之自貽伊慼而何？汝既自取窮苦，不肯從我以遷，譬如舟之載物，不以時而濟，則將臭敗其所載。蓋耿之地潟鹵沮洳若此，苟不以時遷，則沈溺重膇之患，無所不至矣，此謂當及時而遷也。既汝不能「大宣乃心，欽念以忱，動予一人」，則是爾之誠忱有所不逮也。誠忱不逮，而失其可遷之時，以相與及於沈溺之患矣。《詩》曰：「其何能淑？載胥及溺。」正此意也。汝之不肯從我以遷者，其害如此，則是汝之所見進退無所稽考，徒自肆其忿怒不遜之意，果何時而瘳也？

「汝不謀長，以思乃災，汝誕勸憂。今其有今罔後，汝何生在上？今予命汝一，無起穢以自臭。恐人倚乃身，迂乃心。予迓續乃命于天，予豈汝威？用奉畜汝衆。

汝不爲長久之謀，以思其不遷之災，則是汝以憂自勸，猶孟子曰：「安其危而利其災，樂其所以亡也。」「今其有今罔後，汝何生在上」，顧氏云：「責羣臣，汝今日其且有今目前之小利，無後日長久之計，禍患將至，何得久在生民上乎？」蓋亦責其遠慮也。夫遷之爲利、不遷之爲害，蓋一言而決矣。今乃至於紛紛而莫定者，則其心之莫適爲主，故浮言得以摇動之，而無適從也。是以盤庚既責其不以誠忱事上，則遂告之曰「今予命汝一」，言汝但能一汝之心，而不狥於目前之利，則利害之實見矣。利害之實見，則是不欲遷者，徒起穢惡以自取臭敗而已。此亦所以申前文「若乘舟，汝弗濟，臭厥載」之義，蓋反覆開譬以盡其意，猶上章既言「若農服田力穡」，又曰「惰農自安」，既曰「予若觀火」，又曰「若火之燎于原」，皆首尾相發明之辭。我之所以命汝以一其心，「無起穢以自臭」者，蓋恐羣臣之傲上從康者欲徇其私，則倚託乃之身，而迂僻乃之心，遂使爾民怨誹咨嗟而不欲徙，則彼得以爲之辭也。予之諄諄告汝以禍福利害之實，亦豈有他哉？蓋將導迎汝於喜康之地，而續汝之命于天，予豈以威脅汝而使遷哉？凡以畜養爾衆而已。此蓋所以總結其前之義也。先王之遷，鮮亦「不浮于天時」。故「予續迓乃命于天」，是亦將修人事以勝夫天之降災也。先王不懷舊邑，「視民利用遷」，「俾汝惟喜康共，非汝有咎比于罰」。故「予豈汝威，用奉畜汝衆」，是其志蓋亦不在於咎罰汝，而惟欲使爾享其利也。先王之遷也如此，吾之遷亦如是。是則予之遷也，豈咈百姓以從己之欲也哉？蓋所以順民之心，以祈天永命而已。黄博士曰：「天以人因，人以天成，則義與命相待而後立者，故能承古以遷，遷則天其永我命于兹新邑。盤庚所以逆其命之至、繼其命之絶，使爾衆有復生在上也。」此説甚善。人主造命而不可言命，予言之屢矣。而盤庚之所謂「迓續乃命于天」之説，其義尤爲深切著明，故復論之。《易》曰：「顯諸仁，藏諸用，鼓萬物，而不與聖人同憂。」蓋天之應物，禍福吉凶之來皆以類至，而聽其自取爾。初未嘗容心於其間，故其命靡常而不取，必於其有治而無亂、有安而無危也。聖人治天下，其所以應天者，禍福吉凶之來，而無有憂患之心，故能轉禍而爲福、去凶而爲吉。其至於將危將亂之際，而皆有續之之道焉。且以堯舜觀之，以堯而生丹朱，以舜而生商均，則其傳天下也，有必危必亂之道矣。堯舜知其必危必亂，將荼毒天下之民而不可救，於是續民命于天，而堯以位授之舜，舜以位授之禹，則斯民復享安且治，無以異於堯舜在位之日，而不見夫丹朱、商均之患，豈非聖人有憂天下之心，以能「迓續民命于天」乎？故凡聖賢之君，當危亂之機已萌，而有所變更而振起之者，皆所以續民之命，豈獨盤庚哉？故柳子厚《愈膏肓疾賦》託言秦緩論膏肓之疾不可治，而或者以爲可治，其言以醫國爲喻而曰：「變弱爲彊，易曲成直，寧關天命？在我人力。以忠孝爲干櫓，以仁義爲封殖，拯厥兆庶，綏乎社稷，一言而熒惑退舍，一揮而羲和匪昃，桑穀生庭而自滅，野雉雊鼎而自息。誠天地之無親，曷膏肓之能極？」秦緩於是言曰：「吾謂治國在天，子謂治國在賢；吾謂命不可續，子謂命將可延。」此言託意興喻，可謂曲盡其理矣。不明乎此道者，謂之不知命。故伊川先生有言曰：「天命不可易也，然有可易者，惟有德者能之。如修養之引年、世祚之祈天永命，常人之至聖賢者，皆此道也。」嗚呼！世之治亂存亡，人之壽夭智愚，爲此繫于天，而人事無所與焉，是徒爲自暴自棄而已。

「予念我先神后之勞爾先，予丕克羞爾，用懷爾然。」

《王制》曰：「修其教，不易其俗。齊其政，不易其宜。」先王之所以施其政教於民，大抵審其風俗之所尚而利導之，故民之從之也輕，亦曉然知利害好賢之實，無黽勉不得已之意，此所以用力寡而就效衆也。殷人之俗尊神尚鬼，而不敢慢彼其心，蓋以鬼神於人，吉凶禍福，其應如響，洋洋然在其上、在其左右，而不可欺也，故嚴威儼恪而事之。盤庚審於風俗之所尚，故其所以告諭民而率之以遷者，既爲之明言遷都之爲利、不遷都之爲害，而丁寧激切之辭，蓋尤嚴於鬼神之際。上篇曰「茲予大享于先王，爾祖其從與享之。作福作災，予亦不敢動用非德」者，蓋言「我先王與乃祖在天之神靈，昭昭乎其不可欺。我之所以事先王，則不可以不遷。爾知求其祖考，則不可以不從我而遷也」。其所謂「因其風俗之所尚，而齊以政教」者，既已致意於此矣。至於此篇反覆諄告以盡其意，極陳其鬼神吉凶禍福之應，而不厭其辭之繁縟也。曰「神后」、曰「商后」、曰「先后」，皆指自湯而下，至于祖乙，凡遷都之主也。而其稱謂不同者，特變其文耳，亦猶《舜典》之言「藝祖」、「文祖」，本非有異義也。而先儒以謂「皆指湯而言」，其説非。據上文稱「古我先后，罔不惟民之承。殷降大虐，先王不懷」，皆是泛指遷都之君。此文與上意實相連接，安得以爲專指成湯乎？況此文指臣民之先世，皆云「乃祖乃父」，而盤庚之世距成湯甚遠，其臣民之父，蓋無有逮事成湯者，以是知其所稱「神后」、「商后」、「先后」，大抵泛指遷都之主，不獨數湯一人，而不及其餘也。唐孔氏亦覺其非，故從而爲之説，曰：「盤庚距湯，年世多矣，臣父不及湯世而云『父』者，與『祖』連言之耳。」此蓋欲庇蓋先儒之失，而彊爲之辭矣。夫言祖而連父，於其所未嘗逮事之世，無是理也。盤庚言：「我思念我先后，自湯至于祖乙，與爾先祖相與勤勞，擇利而遷。是爾之先臣在于前世，有大勳勞于我商家。故我大進用爾於列位，用以綏懷汝，使汝各得其所安，以無忘先世之德也。」

「失于政，陳于茲，高后丕乃崇降罪疾，曰：『曷虐朕民？』汝萬民乃不生生，暨予一人猷同心，

我惟用大進爾，以綏懷爾，故足以慰爾先后與夫乃祖、父在天之靈。蓋先后、乃祖乃父之心，惟欲後之人各安其居，而無蕩析離居之患也。苟我失其政，而惟臣民之所沮抑，不得率汝以遷，陳久于此耿邑，而速其沈溺重腿之患，則是我之優游不繼，有以致之然也。故我商后乃赫然震怒于上，重降罪疾于我，其意若曰「汝何爲虐

我民，不能擇利而遷乎」。惟我高后之心，必欲使我重愛斯民之命，擇利而遷。今我既有遷都之定謀矣，而汝萬民乃安于逸樂，憚于勞苦，而無趨事赴功之意，以與我一人協其謀謨，同心以遷，則是汝衆之責也。繼之曰「汝萬民乃不生生，暨予一人猷同心」，先儒以「生生」爲「進進」，不如蘇氏之説。蘇氏曰：「樂生興事，則其生也厚，是謂『生生』。」張平子賦曰：「盤庚作誥，率民以苦。」蓋其自耿遷亳也，將使斯民去其奢侈怠惰之習，而爲務本力農之事，是所謂「率之以苦」。惟其「率之以苦」，故告之以是，而又以樂其「生生」者，勤勤懇懇。其言不一而足，既曰「使萬民罔不生生」，又曰「往哉生生」，又曰「生生自庸」，蓋爲優游稱導其所勸勉之意，使其敏於是功，而無敗壞不振之患也。

「先后丕降與汝罪疾，曰：『曷不暨朕幼孫有比？』故有爽德，自上其罰汝，汝罔能迪。

汝既不能樂生興事，而與我同心以遷，則是得罪於我先后矣。故我先后大降罪病於汝，其意曰「汝何不與幼小之孫而相同心以遷乎」，故有爽明之德，自上天而罰汝，汝無所道，言無辭以自免故也。「幼孫」者，盤庚自抑之辭也。

「古我先后既勞乃祖乃父，汝共作我畜民。汝有戕，則在乃心。我先后綏乃祖乃父，乃祖乃父乃斷棄汝，不救乃死。兹予有亂政同位，具乃貝玉。乃祖乃父丕乃告我高后曰：『作丕刑于朕孫。』迪高后丕乃崇降弗祥。

鬼神聰明正直，賞罰善惡各以其類，無容私於其間。我雖爲先后之子孫，苟我虐朕民，而不知其所以拯救之者，則得罪於先后，雖我先王亦不以子孫之故而私之。苟惟汝臣民不與我協心以遷，而獲罪於我先后，則乃祖乃父安得私爾子孫，而不降之災乎？故稱「汝之獲戾于上天」，又謂「乃祖乃父雖欲私爾，不可得也」，言「我先王既與汝之祖父相與勤勞以遷，今爲惕我所畜之民。而有戕則在乃之心，以沮敗國家之大計。我先后懷乃祖乃父而告之，乃祖乃父於是斷絶汝，而不救汝之死也」。《左傳》曰：「毁敗爲戕，戕則天下也。」蘇氏謂：「『則』，象也。爾有戕民之象，見於心以戕，則爲賊民之象。」其説迂也。苟戕則在乃心，已爲我先后與乃祖乃父之心斷棄汝，不救汝死。況有亂國政之臣締交立黨，同其列位，眷戀於耿邑之奢侈，具乃寶貝，貪于貨賄，莫知紀極，而唱爲戕賊之言，以鼓惑愚民，則其罪爲愈重也。「貝」，水蟲也。古者取其甲以爲貨，若今用錢貝者貨也。「玉」者，寶也，下篇曰「無總于貨寶」是也。既其罪爲汝重，於是乃祖乃父乃告我之先后曰「作大刑于朕之孫」，於是開導我先后降下不祥之罰于汝之身也。自「予念我先神后之勞爾先」至「迪高后丕乃崇降弗祥」，大抵言「今兹之遷，乃我高后與乃祖乃父之心。我不能率汝以遷，則是違我高后之意。汝不從我心以遷，則是違乃祖之意。殃禍之來有如影響之速，我不可以不率汝，汝不可以不從我也」。夫鬼神之理藏於幽冥杳忽之間，而不可以形容想像求也。故智者推而遠之，而致之於不可測知之域。惟男巫女覡之於鬼神，然後信其所以與人相接者，皆有卓然之實迹，其居處飲食，與明而爲人者無異，此蓋愚俗之弊。今盤庚與臣言其遷都之意，而及其先王與臣民之祖父，所以相告相語，與夫所以震怒不悦，而降以罪疾之言，無所不至。周公禱武王之疾於三王，曰「予仁若考，多才多藝，能事鬼神。武王之不能事鬼神」，其言爲尤著明。信如此二説，則是人之死也，其君臣父子相與處於鬼神之域，蓋自若也，無乃近於巫覡之見哉。蓋惟達於理，然後能知鬼神之情狀；不達於理而言鬼神，則是巫覡而已。季路問事鬼神，子曰：「未能事人，焉能事鬼？」「敢問死？」曰：「未知生，焉知死？」此蓋夫子深告子路以死生鬼神之理。不知生而欲知死，不能事人而欲能事鬼神，則是不知至理之所在，而以求鬼神之情狀，臆度而言之，非愚則誣也。盤庚之遷，所以奉承先王之心，而臣民傲上從康之心不可訓告，此必爲先后之所震怒而不赦也。周公欲以身代武王之死，蓋王業之基，天奪武王之速，其三王之心皆所不忍於此也。此二者，至理之所在，極其理而推之，則可以知鬼神之情狀。雖其言若親與鬼神相接，見其好惡取舍之所在，不爲厚誣也。

「嗚呼！今予告汝不易。永敬大恤，無胥絶遠。汝分猷念以相從，各設中于乃心。乃有不吉不迪，顛越不恭，暫遇姦宄，我乃劓殄滅之，無遺育，無俾易種于茲新邑。

「不易」，《釋文》作「易」字讀，今當作「易」字讀。盤庚既以至理之所在推説鬼神之情狀，論其吉凶禍福之不差僭者，盡於此矣。於是嗟歎而告之曰：「我今之遷都，謀計之已深，思慮之已熟，計在必行，而不可變易也。汝當欽此優恤之事，憂我之憂，而無與我絶遠，而使君民上下之情不得通也。」蘇氏曰：「遷國，大憂也。君臣與民一德一心，而後可相絶遠不殆矣。」汝臣民皆各以其類相與，而思念從我以遷，各設中正于汝之心，無爲浮言横議之所移奪。其或有不善之人爲不道，以至于顛越我之命而不恭，與夫暫遇姦宄之人，是皆不能設中于乃心也。故我論其輕重而加之罪，輕則劓之，重則殄滅之，無使易種于茲新邑也。「易種」者，唐孔氏曰：「惡種在善人之中，則善人亦變易爲惡，故絶其類，無使易種于茲新邑也。」據此文理，但是傲上從康、不肯從我以遷之人，初無異於劫奪之事。夫劫奪之事，國有常刑，無俟於告戒之也。其曰「暫遇姦宄」者，大抵肆爲浮言之人。「暫遇」二字類不通，姑且闕之。

「往哉生生！今予將試以汝遷，永建乃家。」

既告之以「設中于乃心，不可肆爲顛越姦宄」矣，於是又總結之曰：「自今以往，汝當樂生興事以厚其生，無戀于舊都，而失此長久之業。今我將涉河，試以汝遷于亳邑，永建汝之家，使汝子子孫孫長享其生生之樂也。」亳邑，成湯之舊都，王業之所基也。使商之君能審其治亂之勢，世世而守之，則其社稷無疆之休，且可以萬年子子孫孫永保矣。盤庚既自耿邑而遷於此，以致中興之治，而後高宗之興亦在亳邑。蓋商之興王，未有不在亳邑者。而其後世，有從亳邑而遷于水之南，商俗靡靡，而至於紂，居于朝歌之地。夫朝歌者，非使民務本從農之地也。是以習爲奢麗淫侈，以至于亡。靡靡之樂，蓋始于朝歌之風俗也。

盤庚下

此篇盤庚既遷，猶恐民情未盡，諭其所以遷都之意。故復爲之反覆告諭，申前篇之義，推其赤心，以與斯民同其勞逸，共其好惡，未嘗致疑於其間。蓋其愛民惻怛之意充實於中，而優游寬大之語自然發見於外，皆其心之所誠然者也。故其始也，臣民傲上從康，扇爲浮言，其民相與咨嗟胥怨，而「不適有居」。其君臣上下之情，可謂判然而離矣。而其終也，不變一法，不戮一人，而其臣民莫不中心悦服，樂以從上，無黽勉而不得已之意。蓋盤庚之德發而爲言，則善能順民心之所欲者，而利導之，故能定天下難定之業，斷天下難斷之疑。史官深陳未遷之前、既遷之後，所以與臣民言者，以示後世欲使人君知爲國者，舉大事、決大謀，而臣民之情或有未孚，則其所以曉之者，當如此也。故雖其辭屈曲聱牙而不可曉，而先王忠厚之意實存於其間，學者於此又不可不盡心也。薛氏曰：「百官族姓，則凡以身任王事而與世禄之家，皆在焉，此所以異。既遷奠居，則無事矣。而盤庚之於百姓，猶諄諄若未遷之初者，何也？曰：『事未濟，則待於衆也，故委曲以求人而弗勞。事已濟，則無待於衆也，故傲睨以絶物而弗顧。』此常人之情，非君子居業之道也。」此説善。將恐將懼，惟予與汝；將安將樂，汝轉棄予，此世俗之人，以其得失利害而惑其心者也。盤庚之心，出於忠厚至誠惻怛之心，其所以通上下之情而同其勞逸者，豈以未遷、既遷者而二其心哉？惟其不然，故其三篇雖若少緩，而其愛民重民之意，未嘗以其既遷而少懈也。

盤庚既遷，奠厥攸居，乃正厥位，綏爰有衆，

「盤庚既遷」者，既渡河而遷，至于亳邑也。「奠厥攸居」者，既至亳邑，於是君民各定其所居也。「乃正厥位」者，先儒謂：「正郊廟、朝社之位。」其意謂遷都之制，前朝後市，左宗廟，右社稷也。然盤庚之營亳邑，將必先定此郊廟之位，然後遷而居之，不應既遷而後定也。案《召誥》之篇曰：成王之營洛邑，召公先卜之，既得卜，則經營，至于位成，然後周公乃達觀于新邑營。古者既定都，必先定其郊廟、朝社之位而後遷，盤庚之遷亦如此。向使既遷而後定位，則上而宗廟神祇亦皆有暴露之患，下而百姓亦皆有繇役之困，非古者遷都之道也。所謂「正厥位」者，既「奠厥攸居」，於是正乎民之位，登進之於朝，而與之論遷都之勞而慰恤之。故繼之曰「綏爰有衆」，言諭其遷都之意，以慰其心，而安此有衆之情也。

曰：「無戲怠，懋建大命。

楚莊王訓其民以若敖、蚡冒篳路藍縷以啓山林，箴之曰：「民生在勤，勤則不匱。」蓋創業之君，其艱難險阻以遺其子孫，有永之業者，無非率民以勤苦也。然子孫而率民以勤苦者，亦必推本先王艱難之意。成湯之居亳，

其地依山而居，土高而地瘠，故其民力穡務農，不忘勞苦之意。觀湯之伐桀也，其民曰「我后不恤我衆，舍我穡事，而割正夏」，則是亳之民，猶汲汲於稼穡之事。至於耿之地，則潟鹵墊隘，不利於稼穡，而其民舍本趨末，不復可以勞苦，非所謂「勤而不匱」之道也。故盤庚之於亳，將告以先王勞苦之意，是以首告之曰「無戲怠，懋建大命」，言「汝既遷於此新邑，當黽勉赴功，務爲勤則不匱之事，以圖長久之計，不可以遊戲怠惰，驕奢之心生，而自速禍災，使大命顛覆而不得存也」。中篇曰「予迓續乃命于天」，言「我不能爲汝擇利而遷，使汝得趨於生生之樂，則是我絶命而不續也。今我能擇利而遷，而汝無樂事赴功之意，則是我不絶汝命，而汝自絶之也」。是以既遷而告之曰「懋建大命」，言我雖能續汝命于天，汝心能無戲怠，然後可以立汝之命也。

「今予其敷心腹腎腸，歷告爾百姓于朕志。罔罪爾衆，爾無共怒，協比讒言予一人。

既告之以「無戲怠，懋建大命」，於是推本開導其先王之所以導民之意，而率爾臣民以遷者，以告之也。故曰「今予其敷心腹腎腸，歷告爾百姓于朕志」，言我今其敷布我腹心腎腸，不匿厥指，徧告百姓以我所遷之意也。昔之未遷也，我諄諄告汝，以不從我遷者，必罰無赦。凡欲黜其傲上從康之心，無肆其讒慝，以敗國家之大計。今汝既從我以遷，則我不罪汝衆矣。爾當安居樂業，無以遷之故共爲忿怒，相與協比肆其讒言，以毁我一人也。

「古我先王，將多于前功，適于山，用降我凶德，嘉績于朕邦。

「古我先王」，指成湯也。契始居亳，其後屢遷，而莫能安定。湯欲增廣前人之功，於是復居于亳。亳之地，依山附險，而居安立政。「三亳」，鄭氏曰：「湯舊都之民，其長居險。蓋東成皋、南轘轅、西降谷也。」以是知「適于山」者，蓋指亳而言也。「適于山」，則其民敦厚，務本而勞，勞則善心生，善心生則吉德升而凶德降。蓋驕奢淫逸者，皆凶德也。惟其民之相與樂事赴功，故成湯以成其美功，欲我商家伐夏救民，由七十里而有天下也。

「今我民用蕩析離居，罔有定極。爾謂朕：『曷震動萬民以遷？』肆上帝將復我高祖之德，亂越我家。朕及篤敬，恭承民命，用永地于新邑。

言我此耿地沈溺墊隘，近於潟鹵之地，我民搖蕩分析，離其所居，無有定止，是將陷于凶德，而莫之救拯。爾臣民謂我「何爲震動萬民以遷都之勞」，蓋我以民蕩析離居之故，意者上帝之心將復我高祖成湯之德，使其子孫復興其基業，故降亂于我邦，使此耿之民「蕩析離居，罔有定極」，而啓我遷于新邑也。路温舒曰：「天之降禍亂，所以開聖人也。」故我之民，蓋將以復我高祖之德于此新邑。我於此時能以民之命而恭承之，俾永宅于此新邑，則是盤庚之所以遷者，亦湯之「將多于前功，用降我凶德，嘉績于朕邦」之心也。

「肆予沖人，非廢厥謀，弔由靈各。非敢違卜，用宏兹賁。

我之自耿遷于亳，遷則爲降我凶德也，不遷則是凶德之不降，其利害較然也如此。汝之臣民爲私欲所勝，傲上從康，而不能平心定氣，審利害之實，以從我遷。我之所以彊汝而遷者，皆爲其傲上從康之謀，而不用之。今之善謀，皆是審於安危之勢，是違其傲上從康之謀，而從其善謀，以成我商家之大業也。「宏」，大也，恢擴之也。《左氏》成公六年：「晉師侵蔡。楚公子申、公子成以申、息之師救蔡，禦諸桑隧。趙同、趙括欲戰，請於武子，武子將許之。知莊子、范文子、韓獻子諫曰：『不可。』於是軍帥之欲戰者衆。或謂欒武子曰：『聖人與衆同欲，是以濟事，子盍從衆？子之佐十一人，其不欲戰者三人而已，欲戰者可謂衆矣。』武子曰：『善鈞，從衆。

夫善，衆之主也。三卿爲主，可謂衆矣。從之，不亦可乎？』」盤庚不從羣臣傲上之謀，而能用其善謀，此亦欒武子之意也。

「嗚呼！邦伯、師長、百執事之人，尚皆隱哉！予其懋簡相爾，念敬我衆。

盤庚既重言其所以遷都、用謀之意矣，於是又丁寧反覆，以申其所以使之無廢怠、懋欽厥德之意，而告之曰：「自諸侯至于師長、百執事之人者，是皆我之所共憂戚，而圖國家之安也。我之勤勞憂戚，率之以遷都，而不敢自寧如此，則汝亦皆憂戚惻然於心，而念我一人矣。」「邦伯」者，邦之諸侯。「師長」者，衆官之長，六卿也。「百執事之人」，則其屬也。爾「邦伯、師長、百執事之人」，誠能惻隱於其心，有所不安，與我共勉勵賢才，務以相念欽敬我衆民。而民之不欲遷者，由乎在位之臣傲上從康，扇爲浮言，以恐動之故。盤庚之先其責在位者，尤至詳。而其中篇之所告丁寧反覆，告其在位之臣，苟在位之臣能念敬我衆，則斯民豈復有怨咨於上哉？故自此下，告戒之文，不及於民，惟在於百執事也。

「朕不肩好貨，敢恭生生，鞠人謀人之保居，叙欽。今我既羞告爾于朕志若否，罔有弗欽。無總于貨寶，生生自庸。式敷民德，永肩一心。」

彼羣臣之所以不肯率民以遷，而扇爲浮言者，惟在其安於驕侈之俗久，不欲復易。是以傲上從康，扇爲不根之言，而恐沈于衆，又既使之舍其沃饒奢侈之地，而從其近山之都，去其驕奢之俗，而率爲力農務本之習，其心可謂至難者。於是明言二者之利害，以開其爲此，而去其爲彼。「我不肩好貨」之人，惟其果於恭敬而聽吾之告令，能樂生興事赴功以厚其生者，爲能鞠養此民者，能謀人以保其居者，此我所以叙勤勞而欽之也。我之好惡既如此，則汝當無總于貨寶，各思樂事赴功，爲民生興事，使不失其所賴以生者，則是能自致其功也。盤庚之所告於臣民，諄復告戒，盡於此矣。於是又總結之曰「式敷民德，永肩一心」，言敷德於民，則是能一心以事上。蓋汝之羣臣不能一心以事我者，見汝貪于貨寶，而要民之害，故扇以浮言，自以爲有德于民，而不悟其非實德也。故上篇則告之以「汝克黜乃心」，而其終篇則曰「永肩一心」，蓋謂欲黜其傲上從康之心，則在於施實德於民，則能一心以事上矣。蓋私心去，則義理自明，義理明，則物莫能奪，而愛民之實著矣。

尚書全解卷二十　商書

説命上

此三篇，蓋史官記載商之高宗「恭默思道」，夢得賢臣傅説，立以爲相，與之反覆商較議論爲治之道，與夫學問之大方。而其文煩多，故其策分爲三篇，名曰《説命》，而有上、中、下之别。曰「説命」者，高宗所以命説之言也，如上篇言「王置諸其左右。命之曰：『朝夕納誨，以輔台德』」以下是也。亦猶《蔡仲之命》、《微子之命》、《畢命》、《冏命》，是皆所命之言。後世每命官必有制辭，其原蓋出於此。此篇雖以《説命》爲文，其實雜出衆體，與夫名篇又有不同。「王庸作書以誥」，則有誥存焉；「爾惟訓于朕志」，則有訓存焉，作書者姑以「説命」二字明簡册之别。

高宗夢得説，使百工營求諸野，得諸傅巖，作《説命》三篇。

説命

「高宗」者，盤庚之弟小乙之子，名武丁，高宗乃其廟號也。古者祖有功而宗有德，創業垂統有功者，祀以爲祖；守文之主有德者，祀以爲宗，其廟皆百世而不毁。商人立廟之制，其所以祖而祀之者，成湯是也；所以宗而祀之者，太甲、太戊、高宗是也。宗之者既不止於一人，則人不可以無别，故以太甲爲太宗，太戊爲中宗，武丁爲高宗。曰「太」、曰「中」、曰「高」者，所以爲廟之制也。若孔氏曰「武丁德高可尊，故號高宗」，亦不必如此。雖則如此，亦不失也。如《禮記・喪服四制》曰：「武丁，商之賢王，繼世即位，而慈良於喪。當此之時，殷衰而復興，禮廢而復起，故善之。善之，故載《書》中而高之，故謂之『高宗』。」則是載於《書》，而後有高宗之名，此則失之遠矣。祖有功、宗有德之制，至漢而猶存，故高祖、世祖，皆爲一時之祖宗。前漢以文帝爲太宗，武帝爲世宗，宣帝爲中宗；後漢以明帝爲顯宗，章帝爲肅宗，此皆以其功德而祖宗也。至於魏、晉以來，各推其一代之賢君而宗之，晉未得乎三代立宗之意。故唐室自太宗至於昭宗，凡十八帝，皆以宗名。至於此，則是宗爲廟號之常稱，不復論德，建爲不朽之廟。而先王建廟立宗之制，至是紊矣，此不可以不辨也。「説」者，傅説也，高宗夢而得之。所謂「得」者，夢得其狀貌，非夢其名也。漢孔氏曰：「夢得賢相，其名曰説。」《史記》亦云：「武丁夜夢得聖人，名曰説。」此不然。案下文曰：「『恭默思道，夢帝賚予良弼，其代予言。』乃審厥象，俾以形旁求于天下。説築傅巖之野，惟肖。」則是其夢中所得，但得良弼之狀貌，及其以所夢形象求於天下，然後得説於傅巖之野。惟肖，「肖」者，肖其形，非謂其名與夢合也。作序者於下句云「使百工營求諸野，得諸傅巖」，上句不識「説」之名，故以名爲繫於夢，而稱之曰「高宗夢得説」，非謂夢其名也。高宗既夢得説之狀貌，於是使百工營求於外野，得説於傅巖，肖其所夢之形而得之也。孔氏曰：「使百官以所夢之形象經營求於外野。」皇甫謐云：「使百工技巧之人寫其形象。」竊以孔氏之説爲勝。蓋使百官有司散而求之於四方也，但言求之者衆矣。若以謂「百工之人寫其形狀」，則豈至百工技藝之人，而盡使之乎？既旁求於天下，得説於傅巖，而協其所夢，立以爲相，講論爲治之大要、學問之大方。史官叙述其事，而作此三篇也。

王宅憂，亮陰三祀。既免喪，其惟弗言。羣臣咸諫于王曰：「嗚呼！知之曰明哲，明哲實作則。天子惟君萬邦，百官承式。王言惟作命，不言，臣下罔攸稟令。」

「宅憂」，乃居憂也。史官將序述夢得良弼之事，故推本其所以然，爲之發端，曰：「武丁居小乙之喪，亮陰不言者三年。」「亮陰」，説者不同，然鄭氏之説迂回而不通。晉杜預以爲：「天子三年喪，始服齊斬，既葬，除喪服，亮陰以居心喪，制不與士庶同。」其意以謂「亮陰」二字，蓋是既釋喪，去齊斬之服，而服心喪之名也。雖其援引經傳而難信。據此下文曰「既免喪，其惟弗言」，而上句言「王宅憂，亮陰三祀」，則「亮陰」二字，蓋述其不言於三年之中爲得禮，既免而猶不言，則爲已甚，羣臣於是進諫。故孔氏曰「『陰』，默也。居陰，信默三年不言」，其意與下文實相連接。蓋史官序《書》，不復以重複成文。下文有「其惟弗言」之句，上文言「宅憂」，故變其文爲「亮陰」二字，形容其不言之實。言其喪不易事，盡其慤而慤之，盡其信而信之，國政決於冢宰而已，無所與也。《禮記》曰：「庸言之信，庸行之謹，有所不足，不敢不勉，有餘不敢盡，言顧行，行顧言，君子胡不慥慥爾？」「慥慥」，誠實也。言君子誠實於事，不可以過，不可以不及。使高宗於三年亮陰之中而言及於政，則是哀戚之情有所不及，非出於誠實也。高宗之情既發於心之誠實，至於三年亮陰不言，可謂得禮矣。及其免喪也，則可言矣。可言而不言，則是失之過矣。失之過，則是幾於有餘而盡之也。羣臣恐其不能俯而就中，以合於禮，不爲賢者之已憂，故進於王。言其貴爲天子，富有四海，雖欲不言，而不可以不言也。孟子曰：「天之生此民也，使先知覺後知，使先覺覺後覺。予，天民之先覺者也，予將以斯道覺斯民也。」所貴乎聖賢者，謂其知之在先，將使覺乎未知者。其覺之在先，所賴以覺乎未覺者，蓋先得乎吾心之所同然者，故不可不推其所以爲法於天下，此正聖賢之任也。故羣臣進諫于高宗，歎而言曰：「人之生，孰無天命之性？然非明哲，則不足以知之。」「明哲」者，先知先覺之人也。既明哲有以知之，則其所知者，豈特獨善而已哉？蓋將以覺其所未覺，而作則於四方也。若權衡之立於此，而輕重多寡，莫不於此而取正焉。此蓋言處聖賢之任當如此，則高宗所以君臨天下之尊，其所有者，萬邦之衆、百官之所仰式、命令之所自出也。使王而言及於政，則以作命百官，百官承之，而可以布於萬方，然後爲斯民之所取則也。今也猶弗言，則百官無所稟以爲令，萬方無所取則矣。當王之宅憂亮陰也，百官稟命於冢宰。今也既免喪，則冢宰歸政於王矣。然猶稟命於冢宰，而王又不言，則萬邦之衆無所稟以爲令，豈不負萬邦之望哉？此羣臣之進戒諄諄，而不能自已也。

王庸作書以誥曰：「以台正于四方，台恐德弗類，兹故弗言。恭默思道，夢帝賚予良弼，其代予言。」乃審厥象，俾以形旁求于天下。説築傅巖之野，惟肖。爰立作相，王置諸其左右。命之曰：「朝夕納誨，以輔台德。」

《君奭》之序曰「召公爲保，周公爲師，相成王爲左右」者，置相，其任非特統百官，均四海而已，蓋將使之左右，爲之師保，以輔翼成就其德，而引之於當道。故古之宰相必處師保之任，周、召相成王而左右之，蓋以師保之尊而兼宰相之職也。高宗得傅説於版築之微，既立以爲相矣，於是又以其人置諸左右，而命之曰「朝夕納誨，以輔台德」，使之兼師保之位，身爲三公之尊，非特任以爲相而已。孟子曰：「人不足與適也，政不足間也，惟大人爲能格君心之非。君仁，莫不仁；君義，莫不義；君正，莫不正。一正君而國定矣。」蓋大臣之事君，務在乎先立其大者。不先立乎其大者，而屑屑於其小者，則其用力多而見功寡也。是以人不足以有適，政不足以有問，而惟以格君心之非爲先。蓋使大臣能格君心之非，而納之於正，至於「一正君而國定」，則人與政豈復有不善者哉？高宗深明乎此，故其命傅説以爲相也，未敢言及於政事，而先處之於師保之尊，命之「朝夕之間，納其誨言，以輔翼我之德」。蓋將使之匡其不及，繩愆糾繆，成就其德，是所謂「一正君而國定」也。若高宗者，可謂知所本矣。苟使爲君者其德不足，則其心必有所蔽而不可誨，則輔相之臣，雖有格天之業，亦無自而施之。高宗既得傅説之才，誠足以相天下，而其所言者，惟恐己之德有所不足，使彼不得展其志之所爲也，是以朝夕之間，惟欲納誨，以輔其德，而不及其他也。

「若金，用汝作礪。若濟巨川，用汝作舟楫。若歲大旱，用汝作霖雨。啓乃心，沃朕心。

此高宗所以申言其所以「朝夕納誨，以輔台德」之事也。孟子曰：「故將大有爲之君，必有所不召之臣，欲有謀焉，則就之。其尊德樂道，不如是，則不足與有爲也。」蓋人君苟有尊德樂道之誠意，則師保之臣必將樂告之以善，而其德無有不成者，故推之以大有爲，無所不可。苟不如是，則「不足與有爲」。夫其可以有爲與不可以有爲，惟在於德之成與不成，而德之成不成，惟在於師保之臣納誨與不納誨耳。然則高宗所望於傅説者，可謂善矣。故既命之「朝夕納誨，以輔台德」，又託微意設喻，見其所以望之者，如此其急也。金欲成利器，則不可以無礪。巨川之患，欲濟，則不可以無舟楫。大旱之時，欲蘇苗稼，則不可以無霖雨。金欲成器而無礪，則鈍。巨川無舟楫，則不可以涉。大旱無霖雨，則苗稼有飢餒之憂。此三者，皆望之切而賴之深也。但其言之不足，故設喻託意，以盡其情。若詩人之「如切如磋，如琢如磨」，皆所以喻人之有美質者，不可以不學而成也。雖有切磋琢磨之不同，其實一也。若但舉一句而言之，則「玉不琢，不成器」，亦可以見其意也。高宗之設此三喻，大抵言其望於傅説之納誨者，如此其激切，而其託意之深，故重複言之。或者見其有此三喻，則必從而爲之説，以爲每句皆有所託。王氏曰：「『若金，用汝作礪』者，命之使治己也。『若濟巨川，用汝作舟楫』者，命之使濟難也。『若歲大旱，用汝作霖雨』者，使之澤民也。」吕吉甫又以謂：「『若金，用汝作礪』者，舉一己而聽之。

『若濟巨川，用汝作舟楫』者，舉臣下而聽之。『若歲大旱，用汝作霖雨』者，舉天下而聽之。」是皆附會穿鑿，以追求高宗之意。據此上文言「朝夕納誨，以輔台德」，下文言「啓乃心，沃朕心」，則是高宗於此其與傅説言者，大抵欲成就其己之德而已，未及乎濟難、澤民，與舉天下而聽之之事也。

「若藥弗瞑眩，厥疾弗瘳。若跣弗視地，厥足用傷。

高宗既告傅説，以其所以望之之深如此其切，欲汝副吾之望，則當啓乃之心，無隱有犯，朝夕納誨，而沃我之心也。「沃」，如水之沃物，有潤澤之意。蘇氏曰：「渴其言也。」此説是也。此又言爾之所以啓乃心，而成就我德者。其説有二也：若我之過失見於已形，而其愆繆之迹既著於言行者，則汝當危言鯁論，極其剴切以繩糾之，若用瞑眩之藥，以攻難治之疾也。苟不用瞑眩之藥，則厥疾弗瘳矣。其或過失弗形，而其所言所行陷於愆繆而不自知，則汝必當先事慮患，使無繩糾之迹，若跣足而行，使之視地，不至於爲茨棘瓦礫之所傷也。苟不使之視地，則厥足用傷矣。

「惟暨乃僚，罔不同心，以匡乃辟。俾率先王，迪我高后，以康兆民。嗚呼！欽予時命，其惟有終。」

言汝能以此二者「朝夕納誨，以輔台德」，則足以副吾之所期望矣。然其所以副吾之期望者，非但使汝盡其啓沃，如上文之所陳。凡在朝之臣，與汝比肩，而北面以事我者，我無不以此望之也，故繼之曰「惟暨乃僚，罔不同心，以匡乃辟」。蓋説既作相，而總百官，則自卿士而下，皆其屬也。欲使傅説暨乃僚，無不同心，以匡正汝君之心，而成就其君之德者，良由我之所以尊德樂道之誠意，有加而無已也。孟子謂戴不勝曰：「子謂薛居州，善士也，使之居於王所。在於王所者，長幼尊卑，皆薛居州也，王誰與爲不善？在王所者，皆非薛居州也，王誰與爲善？ 一薛居州，獨如宋王何？」使傅説能盡其啓沃之心，而其在王所者，長幼尊卑皆不能同心，以匡人主之所不逮，則一傅説亦不足與有爲。故必舉在朝之臣無不同心，然後「一正君而國定」矣。然人臣之進諫於君，又不可以無稽也，必則古昔之先王。故汝之「暨乃僚，罔不同心，以匡乃辟」，率修古我哲王，迪導我高后成湯之德，以安天下之民。下言「迪我高后，以匡兆民」，❶上言「俾率先王」，則先王蓋指成湯以前之王天下者。《康誥》曰「往敷求於殷先哲王，用保乂民」，曰「别求聞由古先哲王，用康保民」，與此正同。高宗之所以諄諄告戒，述其志之所以期望傅説之深，既盡於此矣。故又嗟嘆盡其義，言汝能敬我所以告汝之命，則我之德無所闕失，終能永保天命矣。

説復于王曰：「惟木從繩則正，后從諫則聖。后克聖，臣不命其承，疇敢不祗若王之休命？」

高宗之所以虛心屈體而望於傅説，其言反覆激切，既盡於此。説於是盡其啓沃之辭，而「復于王」，與《荀子》「大忠以德復君」之「復」同，蓋以其德言，而優游饜飫以入之也。高宗之所以告説者，既以金之於礪、巨川之於舟楫、大旱之於霖雨，以見其望之切，故説之所以復于王，亦設喻託物以盡其意，以謂「君以從諫而聖，猶木之從繩而正也」。木之作器無所不正者，豈木之生而皆正哉？ 蓋其生也，自有曲直之不齊，而其作器也，必取於從繩，故無不正之理。人主之所行，豈無有善有不善於其間？ 惟能從諫弗咈，而擇善以從，其善者無所不行，不善者無所不去，斯能成其聖德，不必生而知之，而後可以成其聖也。惟君能以從諫爲心，是好善矣。苟好

❶「匡」，據上經文應作「康」。

善，則天下之人皆將輕千里而來告於我，而況在朝之羣臣乎？故雖不命其承上之意以納諫，而其臣無敢不納諫者。故繼之曰「后克聖，臣不命其承，疇敢不祗若王之休命」，蓋言君苟有納諫之意，雖不諄諄以命之，而彼自能敬順王之善命也。魯定公問於孔子曰：「一言而可以興邦，有諸？」孔子對曰：「言不可以若是其幾也。人之言曰：『爲君難，爲臣不易。』如知爲君之難也，不幾乎一言而興邦乎？」曰：「一言而喪邦，有諸？」孔子對曰：「言不可以若是其幾也。人之言曰：『予無樂乎爲君，惟其言而莫予違也。』如其善而莫之違也，不亦善乎？如不善而莫之違也，不幾乎一言而喪邦乎？」此二言者，若緩而不切，而孔子謂邦之興喪，實繫於此者。蓋「知爲君之難」，則自以爲不足，故從諫，從諫則邦之所以興也。「惟其言而莫予違」，則自以爲有餘，故拒諫，拒諫則邦之所以喪也。邦之興衰，所以實繫於此一言者，以其從諫拒諫之不同也。桀以拒諫喪，湯以從諫興；紂以拒諫喪，武王以從諫興；秦以拒諫喪，高祖以從諫興；隋以拒諫喪，唐太宗以從諫興。歷代興喪之迹，究其所本，未嘗不繫於此，則孔子之論可謂深切著明矣。高宗之命傅說以納誨，而傅說復之以從諫。彼其君臣所以相告戒之意者，蓋以爲天下之事未有不先於此。故其禮樂刑政，未嘗一言及之，而其相告勉者，惟以此爲先也。東坡有言曰：「說以匹夫得政，而王虛心以待之者如此，意其必有高世絶人之謀。今其所以『復于王』者，曰『從諫而已』，大哉，仁人之言！約而至也。唐太宗，中主也。其事父母、畜妻子、正身、治家，有不至者，多矣。然所以致刑措，其成功去聖人無幾者，特以從諫而已。說以爲此一言可以聖也，故首進之。」

説命中

惟說命總百官，乃進于王曰：「嗚呼！明王奉若天道，建邦設都，樹后王君公，承以大夫師長，不惟逸豫，惟以亂民。

在禮，天子宅憂，而百官總己以聽冢宰三年。當此之時，事皆總於冢宰，而天子則惟亮陰而不言，居於廬，以致其誠一於喪祭之事而已。及其三年之喪畢，然後冢宰歸政於天子，始親萬幾之務而專聽斷，此蓋《禮經》之常典也。高宗既免喪，而冢宰歸政，猶恭默不言，萬幾之務無所稟以爲令者，羣臣懇請甚堅，而高宗猶且不從，而曰「予恐德弗類」至「其代予言」，其意蓋欲終不言，而求良弼以代之言也。及其既得傅說，則是既有「代予言」之人矣，於是立爲相，置之左右，命之「朝夕納誨，以輔台德」，而萬幾之務，則委之而已，無所與也。蓋高宗之於傅說也，信之如此其篤，任之如此其專，得於傅巖之間，而不以爲疎賤，遂舉國而聽之，使之代言政事，命百官總己而聽之，若其宅憂亮陰之時，而不復致疑於其間，良由其至誠之心，上格於天，下孚於民，而其君臣同心同志，相與孚契於一堂之上，如股肱元首之相爲用，故雖用禮之權於免喪之後，而百官總己以聽冢宰，而天下不可以爲不善也。案《周官・冢宰》「掌邦治，統百官，均四海」，則說之爲相，而總百官，亦其常職然也。而乃以爲「禮之權」者，蓋以上篇「其代予言」而知之，前既有曰「其代予言」，而此篇又曰「惟說命總百官」，則是萬幾之務總以聽之而已，若齊桓公所謂「一則仲父，二則仲父」，其爲職任之重，蓋非如冢宰之比也。說既總百官，以代高宗躬覽萬幾之務，則爲高宗者，惟恭己以正南面也。蓋明君勞於求賢，逸於得人。方未得說也，「恭默思道」，憂勤之念猶形於夢寐之間，遂旁求於天下，而後得之。及其既得之也，禮樂刑政、百官有司之事，舉以授之而已，遂以優游無爲巖廊之上。蓋所勞者在於求賢之前，而享其逸樂於得人之後也。高宗雖優游恭己，不親萬幾之務，亦豈遂盤樂怠傲，深拱宮禁，而無意於天下之治哉？蓋將使說朝夕以輔成其德，使其德之輝光發見於天下，則如北辰居其所，而衆星拱也。傅說既總百官，使高宗得以清心省事於上，於是「朝夕納誨，以輔成其德」。其意以謂百官之事雖總，而其提大綱以爲衆目之所取正者，則在於高宗，不可不勉。故乃進而告王，而其所告者，無非天子執要御詳之事也。「嗚呼」者，嗟歎以重其言也。《詩》曰：「維天之命，於穆不已。於乎不顯，文王之德之純。」《中庸》釋之曰：「『維天之命，於穆不已』，蓋曰天之所以爲天也。『於乎不顯，文王之德之純』，蓋曰文王之所以爲文也，純亦不已。」其意以謂：天道之運，日新而無窮，晝夜寒暑循環迭運，造化之功未嘗有息，聖人體之而爲純德，造次顛沛亦日新而不窮，蓋所以體天之道也。傅説欲使高宗日新其德，而同於天道之運，故首告之曰「明王奉若天道」，言古之明王承順上天之道，體其不已之意。於是建邦諸侯於外，設天子之都於内。其所以立天子諸侯於上，而承以大夫師長於下者，豈欲其在位者肆爲逸豫，而以位爲樂哉？惟欲使之體夫上天日新不已之道，君臣上下協心同德，以治斯民而已。「后王」，天子也；「君公」，諸侯也；「大夫」，仕於朝者；「師長」，親民之官也。自「后王」至於「師長」，皆不可肆爲逸豫。苟有一人焉，肆其逸豫，則失其所以代天亂民之意。

「惟天聰明，惟聖時憲，惟臣欽若，惟民從乂。

蓋言雖在位者皆不可以逸豫。然其所以率羣臣不爲逸豫者，惟在於日新其德而已。故又繼之曰「惟天聰明，惟聖時憲」，言明王之所以奉若天道者，無他，惟在乎憲天聰明之德而已。天之聽也，公天下之聽以爲聽，故聽不以耳，而無所不聞。天之明也，公天下之視以爲視，故視不以目，而無所不見。聖人之憲天聰明，公其視聽，而無所容私焉，則其聞見達乎天下，而日新不已，豈復有逸豫生於其心哉？惟天子既憲天聰明，而日新其德於上，則其臣莫不敬順而奉之，自然不爲逸豫之行，君臣皆不爲逸豫，則得乎治民之道，此民之所以從乂也。《皋陶謨》曰「天聰明，自我民聰明」，《泰誓》曰「天視自我民視，天聽自我民聽」，言天之聰明，即民之聰明。君能公其心，以憲天聰明，而率其臣以欽若，則自合乎民之心矣。民之從乂，蓋得天下之所同，然非勉强而從之也。傳說言此者，言高宗既以萬幾任於臣，而垂拱仰成，端拱於巖廊之上，苟使不能廣其視聽於天下，則其聰明止於耳目之所接，則逸豫之心生，而讒諂面諛人至，浸潤之譖、膚受之愬，由是而行焉。如是，則説雖欲盡其協贊之力，不可得也。故其所欲成就之德，無他，惟使之憲天之聰明而已。夫苟其憲聰明如天，則無所不聞、無所不見，則明白昭晰，而小人無所容於其間。此説之所以得盡其才，而高宗所以得遂其垂拱仰成之道也。

「惟口起羞，惟甲冑起戎，惟衣裳在笥，惟干戈省厥躬。王惟戒兹，允兹克明，乃罔不休。

言欲公其心以憲天之聰明，則其所發者，莫重於賞刑之用。《洪範》曰：「惟辟作福，惟辟作威。」説雖總百官以聽萬幾之務，至於威福予奪之柄，在於高宗之獨斷。故既告之日新厥德以憲聰明，而其所以諄諄告戒於其後者，於此又致詳焉。自「惟口起羞」以下四句，説者不同，最爲難曉。竊求其義，上兩句有「起羞」、「起戎」，各言禍亂之所由起，其文無所結；下兩句有「在笥」、「省躬」，是言其所以致謹重之道，其文無所成。蓋由説者以四句爲四義，故其文上無所結，下無所成。據某所見，下兩句所以結前句：「惟口起羞」，故惟「衣裳在笥」；「惟甲冑起戎」，故「惟干戈省厥躬」。《禮》曰：「口惠而實不至，怨菑及其身。」晁錯曰：「上之所言者，謂之命。一命受爵，再命受服，三命受位。」苟爲口之所命者，非其人，而適足以起羞，故寧藏衣裳於笥，而不輕以予人也。「甲冑」、「干戈」，皆兵器也。自其被於己而言之，則謂甲冑；自其加於人而言之，則謂干戈。甲冑之用，苟有不當，則適足以起戎矣。故當其用干戈以加於人之時，不可不省於躬，而自反察己之無罪，然後可以討人也。此蓋言賞罰之用，禍亂之所萌，而其施則不可不謹也。王惟以此「起羞」、「起戎」之二者，以爲謹戒，而信其不可輕用。苟能知其賞罰之用，皆當於功罪而克明，則無不善矣。

「惟治亂在庶官。官不及私昵，惟其能；爵罔及惡德，惟其賢。

自此以下，又所以申前之義而盡之也。言國之治亂，惟在於庶官之邪正、能否。官之得其人，則天下國家無適而不治；非其人，則天下國家無往而能治，必然之理，不可易之常道也。傅説總萬幾之務而已，至於升黜進退，則在高宗之所用如何爾。苟使高宗所用既非其人，則雖説亦無所施其才矣。故治亂之所本，惟在高宗能用庶官，而説則能總其事而已。「惟治亂在庶官」，故官不可以及私昵，爵不及惡德，惟其賢能，而後可也。《王制》曰：「論定而後官之，任官而後爵之。」蓋自六卿至於三百六十，所謂官也；而公卿、大夫，所謂爵也。欲官其人，必以其人之能可任是官者，而後官之，不可以私愛而官之也。欲爵其人，必其任官之賢於人而實有德者，而後爵之，不可以惡德而進之也。孟子曰：「尊賢使能。」「官不及私昵，惟其能」，蓋所以使能也；「爵罔及惡德，惟其賢」，蓋所以尊賢也。「惡德」者，以惡爲德也。孔氏曰：「『私昵』謂知其不可而用之，『惡德』謂不知其非而任之。戒王使審求人，絶私好也。」此説爲善。説之此言，大抵欲高宗屏小人而擢用君子也。

「慮善以動，動惟厥時。

言心有所爲，必審思之，使合於善而後動。「善」者，理之所當然者也。雖然，「慮善以動」，則又不可不審其時。「時」者，所以權乎善之輕重而用之也。猶禹思天下有溺者，由己溺之；稷思天下有飢者，由己飢之，善也。顔子居陋巷，不改其樂，亦善也。然其爲善者，各有其時。當禹、稷之時而爲顔子之事，則非善也；當顔子之時而爲禹、稷之事，亦非善也。善，猶葛之於夏，裘之於冬。動惟其時，則猶夏葛而冬裘也。善，則可以立矣。「慮善以動」，則可以權矣。「慮善以動，動惟其時」，則酬酢萬變而不窮矣。

「有其善，喪厥善；矜其能，喪厥功。」

此又告之以不矜不伐，而享其盈成之業。《公羊》曰：「貫澤之會，桓公有憂中國之心，不召而至者，江人、黄人也。葵丘之會，震而矜之，叛者九國矣。」夫以桓公之霸，攘夷狄、尊王室、一正天下，可謂盛矣。及一旦「震而矜之」，則叛者如此其衆，蓋「有其善，喪厥善；矜其能，喪厥功」故也。如禹之不矜不伐，而天下皆無與之争功。故人之有善有能，而矜之有之，是乃所以喪也。以是知欲人之有善有能者，其所以保之之道，惟在於不有之、不矜之而已。高宗之「恭默思道」，以致中興之功，其豐功茂烈，可謂無所復加矣，惟在不有不矜以保之也。

「惟事事乃其有備，有備無患。」

此又戒之以預備於不慮，治不忘亂、安不忘危之事也。蓋古者治安之時，上恬下熙，海宇無事，而危亂之萌，往往萌蘖於其間。及其一旦變生於肘腋，則至於陵夷敗壞、不可救藥者，此無他，當無事之時，而不能爲有事之備也。故在事事而爲之備。「事事」者，無一事而不在所備也。一事不備，則一患隨之。惟事事有備，無危亂之釁生矣，故無有不可制之患也。

「無啓寵納侮，無耻過作非。惟厥攸居，政事惟醇。黷於祭祀，時謂弗欽。禮煩則亂，事神則難。」

言無啓私嬖之寵，以納小人之侮也。蓋小人之於君上，本不敢肆其陵侮之心，惟君上寵之，而故爲之也。苟知而故爲之，則不復有悛革之心矣。此二者，是亦中才庸主安於逸樂，遂以謂「寵一嬖倖，未必害事；遂一非事，未必致亂」。殊不知履霜堅冰，其來有漸，於其小者而不知謹，則將馴致其大矣。唐明皇寵安禄山，爲安禄山起第，既成，其幄帟、器皿充牣其中，雖禁中服御之物，殆不及也。每出入宫掖，不禁，或與貴妃對食，或通宵不出，頗有醜聲於外，帝亦不疑也。其待之可謂厚矣，而禄山不軌之心，實萌於此，故卒至漁陽竊發，四海横流，此「啓寵納侮」以致禍也。漢武帝爲竇太后置酒宣室，使謁者引内董君。是時，東方朔執戟殿下，辟戟而前曰：「董偃有斬罪三，安得入乎？」上曰：「善。」有詔止，更置酒北宫，引董君從司馬門。賜朔黄金三十斤。若此之類，所謂「恥過作非」也。自此以上，其深思熟慮，所以爲高宗謀者，無所不至。故又總結之曰「惟厥攸居，政事惟醇」，蓋言如上之所云，其所當謹者，可謂至衆矣，然其本，則在於人主先正其心術而已。「居」者，有所主於中也。中有所主，則政事不駁雜，此其本也，此所謂「一正君而國定」矣。自篇首至於此，是皆説與高宗泛論爲治之要道，以啓迪其心志。既盡於此，然高宗之心術，則有黷於祭祀之蔽。祖己曰「典祀無豐于昵」，則是高宗之心術所蔽，實在於此。故傅説舉以爲訓，所以繩其愆，糾其謬，格其既非之心，是所謂「若藥不瞑眩，厥疾弗瘳」也。蓋祭不欲數，數則黷，黷則不敬；祭不欲疏，疏則怠，怠則忘。祭之疏數，惟稱於禮。苟不稱於禮，而以私意爲之，則疏數之失一也。蓋數則過也，疏則不及也，過與不及，皆非禮之中也。高宗不審於此，而以「黷於祭祀」爲欽，殊不知其所謂欽者，乃所以爲不欽也，故曰「黷于祭祀，時謂弗欽」。黷而謂之不欽者，以禮煩，則紛亂而難行也。夫鬼神聰明正直，享於克誠，苟亂而非禮，則鬼神豈享之哉？故曰：「禮煩則亂，事神則難。」蓋夙夜惟寅，直哉惟清，則於事神爲易也。自「明王奉若天道」至於此，皆是傅説道啓沃之言以納誨，而輔成高宗之德。

王曰：「旨哉，説！乃言惟服。乃不良于言，予罔聞于行。」説拜稽首，曰：「非知之艱，行之惟艱。王忱不艱，允協于先王成德。惟説不言，有厥咎。」

高宗之得傅説，使之「啓乃心，沃朕心」，蓋虚心屈己而樂聞其朝夕之誨也。説既總百官矣，於是進其嘉謀、嘉猷，自「明王奉若天道」以下，凡數十言，無非治道之大原、君術之至要。其所以進言啓沃，以成就高宗之德，可謂展盡底藴而無餘矣。高宗之「恭默思道」，徯聞至忠之誨，爲日久矣。至是，而聞其所未聞，義理之悦於其心，而無厭也，故遂嗟歎而告之曰「旨哉」。「旨」，美也。古人於飲食之美者，必以「旨」言之。《詩》曰「君子有酒，旨且有」，又「物其旨矣，維其偕矣」，則「旨」者，味之美也。高宗聞説之言，如美味之悦其口，摭食其實、饜飫充足，樂之而不厭，故曰「旨哉」者，味之之深也。既味其言之美，乃呼説而告之曰：「爾之所言，我當佩服而行之。苟汝不善於其所言，則我雖欲聞而行之，不可得已。」高宗之得傅説，以爲若金之得礪，濟巨川之得舟楫，大旱之得霖雨。其所以望之如此其切，誠以不得傅説之啓沃，則雖欲行之，不知其所以行之矣。故其既得傅説之誨，則若饑之甘食，渴之甘飲，入乎口，著乎心，斷然必以爲可以行之而無疑也，高宗既許傅説以行其言矣。人臣之事君，諫行言聽，然後膏澤下於民，而其致君澤民之心，得以達乎天下矣。於是拜手稽首而至地，以盡其敬於君，又勉高宗以行之之難，而冀其不倦以終之也。董仲舒引曾子曰：「尊其所聞，則高明矣；行其所知，則光大矣。高明光大，不在乎他，在乎加之意而已。」傅説之所陳治道之大原、君術之至要，諄復懇到，可謂盡矣。高宗之所聞、所知，可謂富矣。惟能加意以尊其所聞，行其所知，則施之於天下國家，德仁又將不勝富也，故曰「非知之艱，行之維艱」。所貴乎知之者，惟欲其行之也。知之不能行，則與之爲二矣。故其嘉謀，雖日接於耳目之前，既與之爲二，則是他人之物，非己之所自有也。知而行之，則與之爲一，而自得之矣。是故人主之學，要在於行爲先，如堯舜之治，其所以巍巍蕩蕩而不可及者，惟其能躬行而已。躬行，則凡接於吾之耳目者，皆所自有也。自古苟非大無道之主，其聞善言、見善行，未嘗不改容變色，以致重之。如齊景公問政孔子，孔子對曰：「君君，臣臣，父父，子子。」公曰：「善哉！」則景公非不知孔子之言爲可行也。孟子與齊宣王言：「惟仁者能以大事小，惟智者能以小事大。」宣王曰：「大哉言矣！」又與言：「文王之治岐，以行仁政於民。」宣王曰：「善哉言乎！」若宣王者，非不知孟子之言爲可行也。二者雖皆知其言爲可行，然夷考其所行，則實與其言相反，此蓋無躬行之誠心。故其所病者，不在於知之之難，而在於行之之難。高宗以傅説之言爲「旨哉」，此亦如齊景公、宣王以孔、孟之言爲善也。使其徒以爲善，知之而不能行，則是亦齊景公、宣王也。故言知之易、行之難以勉高宗，蓋所謂責難於君，謂之恭也。然行之之艱，自不行者而言，則見其爲艱矣。苟能一日用其力而行之，則亦何難之有？王誠不憚其難而力行之，造次必於是，顛沛必於是，尊所聞，行所知，是將信協先王成湯之成德。蓋湯所以能成就其德者，惟以「從諫弗咈，先民時若。用人惟己，改過不吝。與人不求備，檢身若不及」而已。王能躬行其所知所聞之言，是亦成湯之用心也。王能以成湯之心爲心，則是於傅説之言，無所不行也。君能黽勉以行臣之言，臣有嘉謀、嘉猷，匿而不告，則臣爲有罪矣，故終之曰「惟説不言，有厥咎」。蓋所謂大臣者，以道事君，不可則止。諫則不行，言則不聽，而乃聒聒不舍以取禍尤，則是不可以言而言，非所謂「以道事君」者也。故孔子之於齊景公，孟子之於齊宣王，言之不行，則遂去而已。至於諫行言聽、膏澤下於民，而不以堯、舜之道望其君，乃有所隱匿而不言，則是可以言而不言，亦非所謂「以道事君」也。故阿衡之於太甲，傅説之於高宗，其所以引君以當道者，有加而無已也。欲觀大臣之事，質諸此而已。

説命下

此篇記載高宗與傅説相與講論學問之大方。蓋自古帝王之所以致知格物、正心誠意以修其身，而推之以齊家、治國、平天下，未有不由學以成者。學必有師，堯師於君疇，舜師於務成昭，禹師於西王國，湯師於伊尹，高宗師於甘盤、傅説，文王師於太公望，成王師於周、召，未有不師於聖賢而能學者，未有不學而能成其德者。然歷代帝王之所以學與師者，世代久遠，其詳不可得而盡知。惟高宗之於傅説，其答問酬酢，始終畢備於此篇，可以爲萬世人主學問之大法。

王曰：「來，汝説！台小子舊學于甘盤，既乃遯于荒野，入宅于河，自河徂亳，暨厥終罔顯。爾惟訓于朕志。

高宗欲問學於傅説，於是進説使前，而告之以所願學之意也。蓋其未得傅説於版築之前，固嘗學于甘盤矣。「甘盤」者，商之舊臣有道德者也，而高宗敬其道德而學焉。「學于甘盤」而不終，故欲學于傅説以終之也。「台小子」者，高宗自謙抑以問學之辭也。「舊學于甘盤」，將告以學而未克終之意也。「既乃遯于荒野，入宅于河，自河徂亳，暨厥終罔顯」，二孔之説謂：高宗爲王子時，既學于甘盤，學而中廢業，遯居田野，入宅于河，故自河徂亳。蓋自高宗之父小乙，欲使高宗知民之艱苦，故使居民間，既廢業而居民間，遂無明顯之德。此説本《無逸》之言，曰：「其在高宗，時舊勞于外，爰暨小人。」故以「遯于荒野」爲「爰暨小人」之事也。諸儒從之，惟蘇氏不然。蘇氏謂：「武丁爲太子時，學于甘盤。及即位，而甘盤遯去荒野。武丁使人求之，迹其所往則居於河濱，自河徂亳，不知其所終。武丁無與共政者，故相説也。舊説則以『遯于荒野』爲武丁之遯。武丁爲太子而遯，決無此理。遯，則爲吴太伯，豈復立也哉？」竊以蘇氏之説爲善。蓋高宗言其所以「學于甘盤」而未克終者，以求教於傅説，故言甘盤之遯去，而莫知其所終，則己無所資以爲學者。其言與下文「訓于朕志」相接。若從先儒之説，以「遯」爲武丁之遯，則高宗方言「學于甘盤」，而遂及於「爰暨小人」之事，非事辭之序也。而其以「出居民間」爲「遯」，及以「顯明之德」爲「顯」，皆不如蘇氏之説。蓋甘盤既遯去而不知所終，高宗皇皇然失所依賴，如濟巨川之望舟楫，大旱之望霖雨，故得傅説而學焉。此其所以告説，而冀其「朝夕納誨」，以成就其德者也。遂繼之曰「爾惟訓于朕志」，言我之志欲務學，以成就其德，汝當啓迪我之意志，而引之當道，以終其所學于甘盤之事也。

「若作酒醴，爾惟麴糵；若作和羹，爾惟鹽梅。爾交修予，罔予棄。予惟克邁乃訓。」

此又指物與喻，以見其所欲學之意。范内翰曰：「酒非麴糵不成，羹非鹽梅不和。猶人君雖有美質，必得賢人輔導，乃能成聖。作酒者，麴多則太苦，糵多則太甘，麴、糵得中，乃能成酒。作羹者，鹽過則鹹，梅過則酸，必鹽、梅得中，然後成羹。臣之於君，不可上下相同，當以柔濟剛，以可濟否，左右規正其君之德，則君志乃和。高宗求益於傅説，故以作酒、作羹爲喻。」此説甚善。高宗之意，欲使傅説匡其所不及，將順正救，如酒人、羹人以甘、苦、鹹、酸相濟而成味，故又繼之「爾交修予」。「交修」者，可否相濟，以輔予之不逮也。予之所望汝以「交修」者，既如酒之於麴糵、羹之於鹽梅，不可須臾廢，則當始終以成就其德，毋亦若甘盤之棄我而去。我當佩服汝之言而行之，不敢失墜也。案《君奭》篇，周公告召公以留輔成王之意，其言商之舊臣，歷事數王而不敢自寧者，而曰：「在武丁時，則有若甘盤。」則是甘盤在武丁之初，亦如阿衡之輔太甲，實居受遺託孤之任者也。以是知高宗之亮陰也，甘盤實居冢宰之職，百官總己以聽焉。及其既免喪，而甘盤歸政，則一旦幡然而去，「遯于荒野」，莫知所之。高宗既失甘盤，而無所託，故「恭默思道」而得傅説。則甘盤之去商也，蓋舉國之人失其倚賴，皇皇焉以求之，而不可得。若甘盤者，其爲高蹈之節，傑然出於千古之上。嚴子陵方之，有慚德焉。晁補之嘗論嚴子陵，以謂：「陵道足乎己，無求於世，則求而不至可也，至而不仕可也，何必明人以天子、三公皆故舊，而示放驁以自存。陵操誠高，亦未忘名者。古惟兩士不近於名，其一猶恨其自言也。晉文公賞從亡者。介之推不言禄，禄亦不及推。將隱於綿上山中，其母曰：『亦使知之，若何？』曰：『身將隱矣，何以文爲？』若之推者，可謂不累於名。漢朝韓康賣藥長安，市不二價。有女從康買藥，康守價不移。女子曰：『君非韓伯休邪？乃不二價。』康曰：『我本避名，今女子乃知我名，何以藥爲？』遂去，居霸陵中。康之避名誠是也，恐人識之，則默去焉可也，何必曉人以吾果韓康邪？故曰『猶恨其自言也』。此二人者，皆勝陵。」據補之此言，蓋謂之推賢於韓康，而康又賢於嚴子陵。某竊謂：之推雖不近於名，然其所以不求顯之言，猶聞乎世，是雖能忘名，而未能忘其所以忘名者也。如甘盤者，身居公輔之尊，一旦之間遯而去，則舉世莫知其所之，賢於之推也又遠矣。其《易·遯》之上九曰：「肥遯，无不利。」蓋處「遯」之最善無如此爻者，其甘盤之謂歟？

說曰：「王！人求多聞，時惟建事。學于古訓，乃有獲。事不師古，以克永世，匪說攸聞。

《說命》之書，雖離爲三篇，然其文勢上下實相貫穿，蓋史官盡録高宗所以與傅說相答問者。高宗惓惓然以望於說，說之諄復以告於高宗，其意未嘗不相屬也。說之總百官而進諫王，王玩味其言，而無所厭斁也，曰「乃言惟服。乃不良于言，予罔聞于行」，蓋許之以佩服其言也。說於是言「非知之艱」，以勉其所力行於此者，而又繼之曰「王忱不艱，允協于先王成德。惟說不言，有厥咎」，此則說之許高宗，以爲苟能行我之言，則我不可以不繼此而有言也。故高宗叙述其所以願學之意，而終之曰「爾交修予，罔予棄。予惟克邁乃訓」，言我能行汝之言，今虛心屈己以問學於汝，可以言之時矣，不可以無言也。至於是，則說之所以啓沃者，固宜無所不盡矣，遂乃備言帝王之所以學者，本末始終之序，明白詳言，無所不備。蓋善待問者如撞鐘，叩之以小者則小鳴，叩之以大者則大鳴，待其從容，然後盡其聲。高宗既從容以問矣，故說得以盡其聲也。道之大原出於天，堯以是傳之舜，舜以是傳之禹，禹以是傳之湯，此數聖人相傳之道，蓋本於性命之至正、仁義之極致。其爲道也，致廣大而盡精微，極高明而道中庸，學道而不自乎此，不可謂善學也。故傳說之論學，必以師爲先。「師古」者，質諸堯、舜、禹、湯之所傳者也。孔氏以「王人求多聞，時惟建事」爲「王者求多聞以立學」，❶其意蓋謂「王人」猶云「王者」爾。「王者」爲「王人」，無所考據。王氏以謂：「傳說稱王而告之，曰：『人求多聞，時惟建事。』」竊謂此說爲勝。禹言於舜曰「帝光天之下，至于海隅蒼生，萬邦黎獻，共惟帝臣」，亦是稱帝而告之，與此稱王，其文勢正同，猶後世奏事稱陛下也。說之告高宗，人之所以求多聞，以多識前言往行者，非欲苟知之而已，蓋將見之於行事之深切著明也。雖務多聞以建事，然其所聞者，有是有非，有邪有正，差之毫釐，繆以千里。苟不能審其所擇，而徒貪多，務得以益所聞，則或不免爲邪說異端之所惑也。所適者正道，則以之建邦，乃有所得矣。不師古訓，而能有所得以永世者，匪說之所聞也。「獲」，如孔子所謂「仁者，先難而後獲」。如三代有天下，傳世數十，享祚數百，此皆其所獲者也。雖其所獲者，如此其長且久，然其所以致此者，則自夫「學于古訓」，而不自徇其私意。雖明其道，不計其功，而功之所獲，自及於無窮。若秦人焚《詩》、《書》，滅禮樂，奮其私意而不師古，自以爲子孫帝王萬世之業，而傳祚纔二世而亡，此不克永世者也。

「惟學遜志，務時敏，厥修乃來。允懷于茲，道積于厥躬。惟斆學半，念終始典于學，厥德修罔覺。」

❶ 「學」，《尚書正義》作「事」。

監于先王成憲，其永無愆。惟説式克欽承，旁招俊乂，列于庶位。」

既言「學于古訓」，則有所獲；「事不師古」，則不克永世。其所以辨論邪正是非之分，可謂明於此矣。既明乎此，則其志之所嚮向者，確然有守而不移矣。志之所嚮向者，確然而不移，則能「止於至善」。知止而後有定，定而後能静，静而後能安，安而後能慮，慮而後能得」。學之所以能得者，惟在夫知所止。能「止於至善」，則其志定。志既定，則順其志而不咈。務時敏，以力行之而不懈，則能至於慮而有得矣。蓋功崇惟志，業廣惟勤，學之欲有得者，惟在於此二者。遜志則功日以崇，時敏則業日以廣，此誠爲學之大方。惟能信懷此志與勤之二者，則道積於其身矣。「乃來」者，蓋所謂自得之也。「道積于厥躬」，則是居之安，資之深，以至於取之左右逢其原，至於是則學成矣。然人之學也，豈以獨善其一身而已哉？《中庸》曰：「誠者，非自成己而已也，所以成物也。成己，仁也；成物，知也。性之德也，合外内之道也，故時措之宜也。」蓋學者既遜志、時敏以成己，必在乎推而教人以成物，能成己又能成物，則可以合外内之道，而忠恕兩盡，此蓋爲學之終也。故繼之曰「惟斆學半，念終始典于學，厥德修罔覺」，言推己之所有以教人，是「斆學半」。蓋學之始，仁以成己；學之終，智以成物。自成己推而成物，其功半矣。於功之半，能思終始，常於學，則雖推以教人，而己之德實由是而進，日加益而不自知也，此所謂「厥德修罔覺」。言推此道，以先知覺後知，以先覺覺後覺，有益於人，是乃有益於己也。傳説之所以歷陳爲學之終始者，蓋盡於此，此非説之私智也。蓋成湯之師古以學，得夫堯、舜、禹、湯之傳，❶

❶ 「湯」，原脱，據通志堂本補。

故其本末先後之序如是，此實先王之成法。高宗誠能率由此道，監視先王成法而行之，則是「師古以克永世」，而無所愆過矣。蓋人君之治天下，必欲言滿天下無口過，行滿天下無怨惡，然後有以貽子孫萬世無疆之業。欲言行之無愆繆，則必自於學先王之道，故傅説之言，其序如此。高宗能審於是，學先王之道，説用能欽承其德，「旁招俊乂」，以「列于庶位」，共致其修輔之功也。范内翰曰：「天子惟務學，宰相職當求賢。若天子好學於上，宰相急賢於下，衆賢皆列位，則天下豈有不治？宰相以進賢、退不肖爲職，百官有司之事，各有司存，非宰相之任。天子惟當任宰相，宰相當任有司，有司皆得人，則天下自治。唐太宗謂房喬、杜如晦曰：『公爲僕射，當急求賢人，隨才任使，此宰相之職也。比聞聽受詞訟，日不暇給，安能助朕求賢乎？』乃敕尚書，細務屬左右丞，惟大事乃關僕射。以求賢責宰相，此乃傅説『旁招俊乂，列于庶位』之意。」此説甚得。

王曰：「嗚呼，説！四海之内，咸仰朕德，時乃風。股肱惟人，良臣惟聖。昔先正保衡，作我先王，乃曰：『予弗克俾厥后惟堯、舜，其心愧恥，若撻于市。』一夫不獲，則曰：『時予之辜。』佑我烈祖，格于皇天。爾尚明保予，罔俾阿衡專美有商。惟后非賢不乂，惟賢非后不食。其爾克紹乃辟於先王，永綏民。」説拜稽首，曰：「敢對揚天子之休命。」

高宗既聞傅説勸學之言，本末先後無不該悉。於是嗟歎其言之善，而告之曰：「我之恭默思道，得汝於版築之間，擢居相位。三年不言，言乃雍，而四海之内無不仰我之德者，乃汝之德有以鼓舞而動之也。然我欲『學于古訓』，以成聖人之德，則必資爾説之助，而不能以獨成也。」故又曰「股肱惟人，良臣惟聖」，言「人之所以爲人者，以有股肱之助，無股肱則不得爲人矣。人主之所以能成其德者，以其有良臣之助也，無良臣則不得成其聖矣」。蓋股肱之於人，良臣之於聖，實一體相待而成也。既以良臣喻股肱之不可無，於是又稱引成湯疇昔之所學伊尹者，以見其意。言我先代百官之長，自居保衡之任，爲師傅之官，蓋伊尹也。伊尹在予先世，作股肱於我先王，乃以致君澤民爲己任，曰「我不能使其君如堯舜之君，則其心愧恥，若見撻于市」，其在於民，有一夫不被堯舜之澤，則曰「是我之罪」。蓋其自畎畝受成湯聘幣，幡然而起也，則固自任以天下之重，曰：「吾將使是君爲堯舜之君，使是民爲堯舜之民。」既能言之於始，必將實之於終。有是言，而君不爲堯舜之君，是己之所以引君於當道者，有所不至也，其爲恥孰甚焉？欲使是民爲堯舜之民，則民不被其澤，是己之所以成就君之德者，不用其極，故其澤不偏於天下，其罪亦無所逃也。惟其所以自任者如此，故能佐佑我有功烈之祖，其德至於與皇天同德，而無以復加爾。傅說之起於版築，而居於冢宰、師傅之位，其迹蓋與伊尹相契於數十年矣，則爾之所以自任者，不可不以伊尹之所以致君澤民者爲心。故汝當庶幾以道顯明保輔我，以成其堯舜之學，亦如伊尹之佐成湯，以格于皇天，無使伊尹專其美於我商家也。「惟后非賢不乂，惟賢非后不食」，此申言君臣之分，相須而成。君須賢治，賢須君食，亦當幡然應聘而起，以與我共天位、治天職、食天禄，則是當夫所以致君澤民之責矣。爾當以阿衡之所以自任者待其身，使爾君德與成湯相繼，然後能以永成此天下之民也。蓋爲臣者，爲上爲德，爲下爲民，必先能致君於堯舜，然後可以澤民。君不如堯舜，而能使民爲堯舜之民者，未之有也。高宗之所以命說，既如此其重，說喜聞其仰成之意。於是拜而稽首以盡其敬，而欽承之，曰「敢答揚天子之美命」，謂當阿衡之責，而不敢辭也。薛氏曰：「說曰『監于先王成憲，其永無愆』，以湯之學於伊尹之事以告之也。王曰『罔俾阿衡專美有商』，以伊尹作先王之事任之也。臣之所以致其君者如彼，君之所以望乎臣者如此，雖欲不治，不可得也。」此說甚善。蓋人君之學與匹夫異，其所宅者至廣，其所御者至衆，則其所學固不在乎區區於章句訓詁之間，如學士大夫之一藝也。其所學者，不過學爲堯舜而已。不學乎堯舜而云學者，是陳後主、隋煬帝之學，所謂「非徒無益，而又害之」者也。若高宗之學於傅說，其所謂「堯舜之學」矣。伊尹之事成湯也，蓋曰「以堯舜之道事其君」也。而高宗則以成湯自期，以伊尹期傅說，是其所期者，期於堯舜之爲而已。學者之期堯舜，猶視者之必期離婁，聽者之必期師曠，雖有至不至，然未有不期而能至者也。孟子曰：「我非堯舜之道，不敢陳於王前，故齊人莫如我敬王也。齊人無以仁義與王言者，豈以仁義爲不美也？其心曰『是何足與言仁義也』云爾，則不敬莫大於是。」孟子生乎戰國之世，齊、梁之君，皆庸下之才，其不足與言仁義，鄙夫、孺子之所共知也。而孟子必以堯舜之道說於其前，不肯少自貶以求合者，蓋人主之學，惟有學爲堯舜之一塗而已，舍是則異端也。舍聖人之道而爲異端，則何以爲孟子哉？故其寧厄窮而不得一施，不肯舍所學而從人也。傅說、孟子易地則皆然。

尚書全解卷二十一　商書

高宗肜日

高宗祭成湯，有飛雉升鼎耳而雊，祖己訓諸王，作《高宗肜日》、《高宗之訓》。

高宗肜日

高宗肜日，越有雊雉。

此蓋高宗之賢臣祖己也，因雊雉之變，進戒於高宗，實訓之體也，然其所陳析而爲兩篇，其一篇逸於秦火者既名《高宗之訓》，故此篇惟取篇首之「高宗肜日」一句，以爲篇名之別，非有他義也。案：《書》之百篇皆有序，漢儒例以爲孔子作，而某竊以爲歷代史官第相傳授，以爲《書》之總目，至孔子因而次序之，非盡出於孔子之手者。以其間所序事迹有不見於經而獨見於序者，如此篇正經所言，但曰「高宗肜日」，即未嘗言祭於何廟之肜日；但曰「越有雊雉」，即未嘗言其所居於何處，而序則曰「高宗祭成湯，有飛雉升鼎耳而雊」，此非其當時史官所録，則何以知其鳴於成湯之廟？又何以知其升於鼎耳乎？此事苟非舊史所傳，則孔子亦安能以其意而臆度之於千百載之下乎？故百篇之序但是史家序其所爲作此篇之意而已，不必求之太深也。夫高宗之祀豐于昵：昵者，禰廟也；豐于禰必殺于祖矣。其祭成湯之時，禮必有缺而不備者，故於祭之明日，適有野雉飛入於廟中，升鼎耳而鳴，此其災異也明矣，於是賢臣祖己進諫於王而正救其失，將使之恐懼修省，以銷天變。此《書》之所以作也。「肜」者，祭之明日，以禮賓尸，行事之有司祭之，賓客皆與焉。商謂之肜，周謂之繹。《春秋》宣八年六月，「辛巳，有事於太廟，仲遂卒于垂。壬午，猶繹。萬入去籥」。《穀梁傳》曰：「繹者，祭之明日又祭也。」則肜之與繹事同而名異耳。《絲衣》之詩，繹賓尸而作也。而其詩曰：「絲衣其紑，載弁俅俅。自堂徂基，自羊徂牛，鼐鼎及鼒。」則繹祭之時，必陳鼐鼎於廟中。高宗祭成湯之明日，方陳鼎賓尸，而有雉自外來入廟中，升鼎耳而鳴。夫雉之爲禽，常飛鳴於郊野之外，今乃於宗廟行禮之時，百執事環列於庭，而徜徉於廟之鼎耳，如在郊野之外。此物胡爲而來哉？必其宗廟祭祀之事有不合於禮者，故野雉因而至也。

祖己曰：「惟先格王，正厥事。」

祖己知夫變異之來，當夫祭祀之肜日，則是上天之所譴告者，必其祭祀之事有不合夫禮者，故野雉因之而至，於是推原其所以致之之由，以警懼高宗之意。而先曰「惟先格王，正厥事」，此句有兩説。先儒謂：「有道之主，當變異之來，正其事，而變異自銷。」其意蓋謂商之先世有道之主，每遇災異之來，惟正其事，以銷去之。如成湯之遇旱，以六事而自責；太戊遇桑穀之異，嚴恭寅畏以彌其災。祖己之意，亦欲高宗之正其事，如成湯、太戊，則可以變災爲祥，易凶爲吉。先儒之意蓋如此。其説固善，無可疑者。❶ 而蘇氏則以謂：「繹祭之日，野雉鳴於鼎耳，此謂神告王以宗廟祭祀之失也，審矣。故祖己言當格王心之非，蓋武丁不專修人事，而數祭以媚

❶「可」，汲古閣本、通志堂本作「有」。

神，而祭又豐于親廟，敬其父，薄其祖，此失德之大，故祖己欲先正之。」蘇氏之意，蓋以謂祖己將諫于王，則當先格王心之非，使正其事。其於「格王」，如孟子所謂「惟大人能格君心之非」之「格」也。某竊謂先儒之説誠善，然以上下之文勢觀之，則蘇氏之説爲長。蓋下文曰「乃訓于王」，則是上句當是爲其黨類而言之也。語其黨類以將格王之非心，以「正厥事」，然後進諫于王。自「惟天監下民」以下，則所謂格王之非心，以「正厥事」也。故某欲兼存此兩説，而以蘇氏之説爲優也。

乃訓于王。曰：「惟天監下民，典厥義。降年有永有不永，非天夭民，民中絶命。民有不若德，不聽罪。天既孚命正厥德，乃曰：『其如台？』

祖己欲格王心之非，以「正厥事」，於是乃訓于王曰：惟天之監視下民，其吉凶禍福無常，惟義以爲常。典，常也。民之所行合於義，則天降之百祥；不合夫義，則降之百殃。祥與殃之來，皆是視夫民之義與不義如何耳，故其降年於民有永有不永者。其不永者，非天之意固欲夭民而絶之也，蓋民之不義，其中有以自絶其命于天，故天將絶其所降之年有不永也。民有不順其德，以行其義，不服其罪，以改其不義，天將欲絶，則必孚信其命，降之災異，以正其德，將使之恐懼修省，反其不義而歸於義也。彼民之不知義者，則將曰彼天命，其如我何？則天之絶之也，必矣。

「嗚呼！王司敬民，罔非天胤，典祀無豐于昵。」

夫祖己之所以諫於高宗者，蓋以其典祀豐于昵而殺其祖，遂致雊雉之變，而其進訓于王，則先以天之於民「降年有永有不永」，而以義爲常，而其所行之不義，而獲罪於天，天以變異警懼之，而不知自省，然後及於禍。其説既如是之詳矣，於是終其義曰：「王司敬民，罔非天胤，典祀無豐于昵。」以此度之，高宗之豐于昵祭，意者必有祈年請命之意，如漢武帝之於五時八神歟？故祖己先論其壽夭之理，然後及於「典祀無豐于昵」。蓋自「惟天監下民」以下，所謂格王之心也，而「王司敬民」以下，則所謂「正厥事」也。

「嗚呼」，歎辭也。夫壽夭之理，惟以義而爲常。眉壽之年，不可以禱祠而得；夭折之命，不可以禳禬而延也。惟能常厥事，雖不祈年之永，而自永矣。故王之所主者，惟在於敬民而已。「敬民」，若《禹訓》所謂「予臨兆民，懍乎若朽索之馭六馬」是也。王能敬民，則得人主之義矣。得乎人主之義，則命之有永將至於億萬斯年而無斁，豈區區禱祠可以益其有永之年哉？年之永不永，既不在於祭祀之豐殺，則其於祖禰之廟，豈可致厚薄於其間？「胤」，嗣也，自爲祖禰者。自成湯以下繼世以有天下者，無非天之胤嗣也。既無非天之胤嗣，則其所以祭之者，國有常典，非私意所得而豐殺也。蓋古者慎終追遠之禮，自仁率親，等而上之至於祖，❶名曰「輕」；自義率祖，順而下之至於禰，名曰「重」。一輕一重，其義一也，故其所以制爲祭祀之禮，莫不有常而不可易。若以禰爲重，從而豐之，以祖爲輕，從而殺之，則是知有禰而不知有祖，猶知其本而不知其根也，其爲不義孰甚焉。國之祭祀，既有如是之不義，則天之降災異，而雊雉之變蓋將以正王之德也。王能正厥事而常厥義，無豐于昵，則足以答天命而膺有永之年矣。苟以爲天命其如台，徒私意制其豐殺，則將爲天之所斷棄。此實商家社稷存亡禍福之本。此祖己所以諄諄不得不懇切爲高宗言之也。

夫《洪範》之庶徵五事之得失，而驗之於陰陽二氣之休咎。肅、乂、哲、謀、聖，則時雨、時暘、時燠、時寒、時風順

---

❶「等」，汲古閣本、通志堂本作「導」。

之；狂、僭、豫、急、蒙，則常雨、常暘、常燠、常寒、常風順之。蓋天地之與人一氣也，形於此必動於彼，未有不以類而應之者。❶古之言災異，未嘗不然，及漢儒董仲舒、劉向父子之徒，求之太深，泥之太過，於是有識之士往往厭其説之苛細穿鑿而無大體，遂欲舉其説而盡廢之，謂災異不可以類求，然亦不可盡廢也。譬如人之一身，五臟之氣有所偏勝於中，則疾病之徵必發見於外。如脾受邪，其徵見於皮毛；如腎受邪氣，其徵見於齒牙。若此之類，皆未嘗不以類而應也。庸醫不知其所本，則妄推求之於外，則有臆度而不能中。以庸醫臆度而不中，遂謂五臟之氣不可以類求，可乎？漢儒之言災異，其説之流於鑿，則非也，而其所以然之説則不可廢也。故蘇氏謂：「因高宗雊雉之事，而知《五行傳》之未易盡廢。」此實至公之論。蓋以《五行傳》爲可廢者，徒惡夫俗儒之至於鑿也。或者徒知其爲可惡，而不知不可以象類而求災異，則亦將使人君不畏而無所戒懼。如大火則爲陽氣盛，如大水則爲陰氣盛，今曰不可以象類而求，則是大火而非陽氣盛矣，大水而非陰氣盛矣。又如月食則修外治，日食則修内治，今曰不可以象類而求，則是月食不必修外治，日食不必修内治矣。大抵枉不可不矯也，矯枉而至於過直，則爲甚矣。學者既無泥於漢儒災異之説，而以此篇爲信，不失乎象類而求災異，則兩得之矣。逸《書》與見存之《書》同序者，若《肆命》、《徂后》與《伊訓》同序，《高宗之訓》與此篇同序，而孔氏引序以冠篇首，於《伊訓》篇末加「肆命」、「徂后」四字，以見其篇次當在於是，而遭秦火之逸也。若以此爲例，則此篇之末當更有「高宗之訓」四字，蓋世久矣，而失之也。苟以此篇之末不復重出爲得體，則《伊訓》之末不當衍四字。此雖章句之小失，亦不可以不論也。

❶「未」上，汲古閣本、通志堂本有「彼」字。

西伯戡黎

殷始咎周，周人乘黎。祖伊恐，奔告于受，作《西伯戡黎》。

據《史記》：文王脱於羑里之囚，而獻洛西之地，然後紂賜之弓矢鈇鉞，使得專征伐，爲西伯。文王之爲西伯，得專征伐之權，出於紂之命也。既受命於紂以專征伐，於是諸侯有爲不道者，文王爲民除害，稱兵而往伐之。黎乃諸侯之國，《史記》以爲耆，《大傳》爲肌，其音相近，蓋在上黨壺關之地，與朝歌接，而密邇於王畿。其君黨惡於紂，與之爲不義，而虐用其民。文王既專征伐，於是率師戡黎而勝之。既勝黎矣，殷之賢臣祖伊知黎不道，爲周所戡，其勢必及於殷。蓋當時諸侯助紂爲虐者多矣，❶斯民之困於虐政，望乎仁政之拯己於水火之中，不啻饑渴之於飲食也。周人之德既及於黎國，則天下之困於虐政者，皆相率而歸之。紂雖欲不亡，不可得也。且如湯之於桀，本未至於稱兵而伐之，惟其葛伯仇餉，得罪於斯民，故不得已率兵以伐葛。既伐葛矣，於是「東征，西夷怨；南征，北狄怨，曰：『奚獨後予？』」攸徂之民，室家相慶，曰：『徯我后，后來其蘇。』」民之情，所望其拯己之命者既如此其切，湯迫於事勢之不得已，故遂伐桀而革夏命。蓋湯之伐葛，本無伐桀之心，而伐桀之徵實兆於此。文王之於黎，亦猶湯之於葛也。文王之戡黎，雖無心於伐紂，而當時之人以勝殷之任歸之，

❶「當時」，汲古閣本、通志堂本作「當是時」。

則雖欲顧君臣之大分而不忍爲，然天命人心之所迫，必有不能已者。❶此祖伊所以咎周也。「咎」，惡也。惡其將不利於商也。曰「殷始咎周」者，非是舉殷國之人皆知咎周也，但指祖伊而言之耳。《史記》曰：「祖伊聞之，而始咎周。」此言爲得其實。祖伊之所以始咎周也，蓋以周人乘黎而勝之故也。周人既乘黎而勝之，祖伊恐其將不利於殷，爲是震恐而奔告于紂。史官録其言，而爲此篇也。

西伯戡黎

西伯既戡黎，祖伊恐，奔告于王。曰：「天子，天既訖我殷命，格人元龜，罔敢知吉。非先王不相我後人，惟王淫戲，用自絶，故天棄我，不有康食，不虞天性，不迪率典。今我民罔弗欲喪，曰：『天曷不降威？大命不摯。』今王其如台？」

「西伯」，蓋指文王也。鄭氏曰：「時國於岐，封爲雍州伯也。國在西，故曰西伯。」王肅曰：「王者中分天下，爲二公總治之，謂之二伯，得專征伐，文王爲西伯。黎侯無道，文王伐而勝之。」唐孔氏主於王肅之説，其言謂：「《論語》稱『三分天下有其二，以服事殷』，謂文王終乃三分天下有其二，豈獨一州牧乎？且言『西伯』對東爲名，不得以國在西而稱『西伯』也。」案：周之制，周之建諸侯，立二伯分陝而治。康王即位，太保率西方諸侯入應門左，畢公率東方諸侯入應門右。蓋太保，召公，西伯也，畢公乃東伯也。商之二伯，諒亦如此。文王既爲西伯，主西方之諸侯，則西方諸侯之爲不義者，文王所當征也。黎乃文王所總之諸侯，其戡而勝之，蓋方伯連

❶「能」，汲古閣本作「得」。

帥之職然也，其於文王所以事殷之至德實未嘗失，而祖伊之所以恐者，非謂文王將有伐商之心也，蓋以黎之亡，逆知殷之必亡。民既棄殷而歸周，則文王雖欲終守臣節而不可得。此其所以咎，而奔告于受也。漢孔氏曰：「文王率諸侯以事紂，内秉王心，紂不能制。」此説大害理。夫文王之所以爲至德者，惟其未嘗有欲王之心也，使其内秉王心，而陽率諸侯以事紂，則其與曹操、司馬懿果何以異哉？此蓋讀是篇而不知詳考祖伊之意，故爲此説，是不可不辨也。「受」，即紂也。此篇與《泰誓》、《武成》皆呼爲「受」，其餘諸書則以爲「紂」，蓋「受」與「紂」音相亂耳。祖伊既於戡黎逆知殷之必亡，於是奔走以告于受，呼紂爲「天子」，而謂之曰：天既訖盡我殷之命，而不能復以有天下而爲天子矣。其所以知其訖盡我殷命者，以其稽於至人之言，考於元龜之占，皆無敢知我商家之有吉者，言其必凶也。蓋以天時人事觀之，知其有必亡之理。其所以必亡者，非我祖成湯而下不相助我後人，而絶之于天，蓋王之淫戲豫怠，有以自絶于天，故先王雖有相助之心，亦無救國家之亡也。惟王之所以自絶者如此，故天棄我國家，使天下之民不有安食，不能虞度其固有之天性，不能訓迪其國家之常典。此蓋言饑饉荐臻，國多凶荒，盜賊起於貧窮，而犯法者衆也。夫「天佑下民，作之君，作之師」，惟欲其富之教之也。今乃至於「不有康食，不虞天性，不迪率典」，則君師之任兩失之矣，斯民何賴焉？故今我民無不欲殷家之喪亡，謂紂之殘虐如此，何不降威罰于紂？紂有如是之殘虐，而威罰不及其身，則是天之命不猛摯，徒姑息以容之也。民之情，怨懟於紂若此之甚，而紂方且偃然自肆，全無悛改之心，而謂彼惡我者，其如我何？此蓋殷之社稷既有必亡之勢，而紂方且安其危，利其菑，樂其所以亡者，自以爲必不亡也。

王曰：「嗚呼！我生不有命在天？」祖伊反，曰：「嗚呼！乃罪多，參在上，乃能責命于天？殷之即喪，指乃功，不無戮于爾邦。」

祖伊之所以極其鯁直，不諱之言已盡矣，而紂誨之諄諄，聽我藐藐，而不之聽也，方且歎曰：「我之生，其修短之命受之於天，彼民之所以惡我而欲我之亡者，其如我何？」即祖伊之所謂「其如台」也。「祖伊反」，孔氏以謂「反而告紂」，此説不然。據此「祖伊反」當是出而告人也，紂謂既已有天命，不足與語矣，於是祖伊出而告人，而嗟歎之曰：「乃罪多，參在上，乃能責命於天？殷之即喪，指乃功，不無戮于爾邦。」言其必亡之理，而不復可救也。蘇氏曰：「天子固有天命以保己，今汝罪之聞于天者衆矣，天將去汝，豈可復責天以保己之命邪？」又曰：「功，事也。視汝所行之事，雖邦人猶當戮汝，而況于天乎？」此説皆是。「殷之即喪」者，言其不旋踵而亡也。夫商民之惡紂，至於有「天曷不降喪？天命不摯」之言，則其怨憤之情可謂極矣，而紂且謂「我生不有命在天」，則民之怨之也益深，❶而天之見絶益甚，雖諸侯未有叛之者，而殷民固將羣起而爲亂矣。荀子曰：「武王厭旦於牧之野，鼓之而紂卒易鄉，遂乘殷人而前誅紂。」蓋殺之者，非周人，固殷人也。牧野之戰，雖武王興義兵以爲天下除害，而殺紂者，則實自乎殷人不勝怨憤之氣，前徒倒戈，往攻紂而殺之，以快其平日之怨，非周師之殺紂也。祖伊之所謂「指乃功，不無戮于爾邦」，其言實驗於此。詳考祖伊之所以奔告紂者，蓋以周師既乘黎而勝之，其勢必將不利於商。雖祖伊之意故知周之必將取殷之天下而有之矣，然而所以告紂者，則惟論其自絶于天，而殷民「罔弗欲喪，曰：『天曷不降威？大命不摯』」，至其諫之而不聽，出而告人也，則以但言「乃罪多，參在上，乃能責命于天？殷之即喪，指乃功，不無戮於爾邦」，始終之際，曾無一言及於周將伐殷者，蓋使紂不自絶于天，則周將終其臣節以事殷，豈敢伐之邪？紂既長惡不悛，而謂已有天命，殷相率而叛之，自

❶ 「益」，汲古閣本作「蓋」。下「益甚」之「益」同。

絶于天矣，則又安能禁周之不應天順人以伐商哉？是知商家之社稷，其存亡禍福，惟在於紂之能改過與不改過而已。至於周之戡黎，雖足以推夫殷之必亡，而殷之所以亡者，則不在是也。故祖伊惟歷陳天人之禍福存亡之理，以冀紂之改過遷善，不及乎周之將伐殷也。若祖伊者，可謂知所本矣。昔高祖先入秦關，項羽後至，范增知高祖之得民心也，於是説羽曰：「沛公居山東時，貪財好色，今聞其入關，珍物無所取，婦女無所幸，此其志不小。吾使人望其氣，皆爲龍，成五色，此天子之氣也。急擊之，勿失。」故鴻門之會，高祖幾不獲免。增知高祖之得民心，則宜説羽以行仁政，使之無肆其殘虐而多殺戮以失秦民望，縱使不及高祖之寬仁，而猶可以後亡。增則不然，以其暴虐之政，則勸而行之，而獨以殺高祖爲足以取天下。蓋其平生所以相項羽，以爲取天下之幾者，惟有此一計耳。使高祖可得而害，其能救項氏之亡乎？不觀於范增，無以見祖伊之知天命者也。

微子

案：《吕氏春秋》曰：「紂之母生微子及中衍，是時尚爲妾，改而爲妻，生紂。紂之父欲立微子啓，太史據法而爭之曰：『有妻之子，不可以立妾之子。』乃立紂。」《史記·宋世家》曰：「微子者，殷帝乙之首子，紂之庶兄。」此説與《吕氏春秋》同。而孟子則以爲紂爲兄之子，且以爲君，而有微子啓、王子比干。紂爲兄之子，則是微子者，紂之叔父也。此二説不同。案：《泰誓》曰「剥喪元良」，《微子之命》云「殷王元子」，使微子果是紂之叔父也，則不當以「元良」、「元子」言之也，故當從《吕氏春秋》、《史記·宋世家》之言。微子者，紂之母兄也。此篇蓋是微子逆知殷之將亡，而謀於父師、少師，故以《微子》名篇。

殷既錯天命，微子作誥父師、少師。

微子

「父師」，箕子也。案：《畢命》之篇，畢公爲太師，而康王稱之曰「父師」，此言「父師」，則是箕子爲紂之三公也。「少師」，比干，蓋三孤也。商、周師保之官，必擇其親戚賢德者爲之。周、召、畢公皆爲成、康之師、傅。比干，紂之諸父，箕子亦其親戚，故當紂之時，居公孤之位。「微子」，紂之同母兄，雖不爲師保，而亦仕於王朝。箕子、微子者，所封之地名，其爲國之名與采地之名，皆未可知也。「子」，爵也。微子、箕子皆有國邑，故以其爵爲稱。比干雖爲三孤於王朝，而未有封爵，故不以爵稱。微子、箕子、王子比干，此三人者，皆是紂之懿親，位尊職近，與紂同其休戚者也。紂之暴虐不道，於人事顛倒錯亂而無所統，故天命亦皆至於紛錯。此篇所載，皆其「錯天命」之事也。此三人者，既與紂同其休戚，當紂之「錯天命」，知其滅亡不旋踵而至矣，於是情迫於中，不能自已，故微子謀於比干、箕子。而箕子遂言國勢危迫如此，吾三人者所處不同，各當順其勢之所宜，因其心之所安，以處乎是，而不可以苟同。殷史得之以爲此篇。

微子若曰：「父師、少師，殷其弗或亂正四方。我祖底遂陳于上，我用沈酗于酒，用亂敗厥德于下。殷罔不小大，好草竊姦宄。卿士師師非度，凡有辜罪，乃罔恒獲。小民方興，相爲敵讎。今殷其淪喪，若涉大水，其無津涯。殷遂喪，越至于今。」

「若曰」，史官述其大指，而以己之意潤色之，不必盡其當時之所言也。史官謂微子以紂之「錯天命」，而逆知其勢之必至滅亡，於是遂呼父師箕子及少師比干與同忠者而告之，其言以謂商之社稷危亡之徵已成，不能復治正四方矣。❶其曰「弗或」者，蓋其厎於滅亡也有必至之理，而不可以倖而獲免也。我祖成湯勞苦艱難，自七十里而有天下，創業垂統，遂致其功於上世，陳其法度以遺我後世之子孫。今我之紂乃沈湎于酒，用敗亂其德於天下，不以成湯創業垂統爲心，使湯之勞苦艱難以貽子孫者，一旦顛覆而不可復存。而殷之臣民方且染紂之惡，無小無大，皆好爲攘竊盜賊之事，肆姦宄於内外，上而六卿，下而庶士，亦皆相師效，爲非法度之事。「凡有辜罪，乃罔常獲」，謂犯法於有司者，則皆逋亡逃竄而不能常獲。蓋紂既「爲天下逋逃主，萃淵藪」，而「卿士師師非度」者，故有罪者得以容其姦。有罪者既得以容其姦，則「草竊姦宄」之人外得以肆其暴虐於小民，於是小民積其憤氣而不得伸。微子以其意度之，誠恐小民方將興起，視我商家之君臣如敵讎，然而將快其意於一決也。苟小民將起而視爲敵讎，則殷之淪喪，若涉大水，無津際涯岸，其至於沈溺也必矣。「殷遂喪，越至于今」，言殷之喪亡，今其至矣，必不能久也。

曰：「父師、少師，我其發出狂，吾家耄遜于荒。今爾無指告予，顛隮，若之何其？」

微子既知殷之喪越必不能久，於是又呼箕子、比干而與之謀，言我憂殷家之亡，至於發疾生狂而出，其在家則耄亂不堪，遂將遯於荒野，❷以寫其憂。蓋言其昏悶之極，置身無所也。我之愁怨既如此之甚，今爾父師、少師乃無旨意以告予，何也？既責其無旨意告予，於是遂問其所以處此者，而曰殷之顛越隕墜殆將及矣，其將若之何也。「若之何其」，鄭氏曰：「其，語助也。齊聲之間，聲讀如『姬』。」《禮記》曰：「何居。」義與此同。意蓋

---

❶「能復」，汲古閣本、通志堂本作「復能」。

❷「遯」上，汲古閣本有「遜」字。

此「其」字，當讀曰「姬」，爲助語之辭也。漢孔氏曰：「如之何其救之。」則是但作「其」字讀。故當以鄭氏之説爲正。

父師若曰：「王子，天毒降災荒殷邦，方興沈酗于酒，乃罔畏畏，咈其耇長舊有位人。

微子既言所以憂商家之人顛隮者，以訪於箕子、比干，於是箕子呼微子爲「王子」，而告之曰：天降酷毒之災，而生此暴虐之君，使荒亂我商家，方且並與起而沈湎于酒。❶ 夫紂之惡至於此極，而推原其所起，則惟在於酒，故微子、箕子皆以爲言。而《酒誥》之書、《蕩》之詩其所以論紂之惡至於失天下者，亦惟以此而已。既「沈酗于酒」，於是肆然無所忌憚，不畏其畏，咈戾其耇長與夫舊有位之賢人，不聽從其言也。

「今殷民乃攘竊神祇之犧牷牲用，以容將食，無災。降監殷民，用乂讎斂，召敵讎不怠。罪合于一，多瘠罔詔。商今其有災，我興受其敗。商其淪喪，我罔爲臣僕。詔王子出迪。我舊云刻子，王子弗出，我乃顛隮。」「自靖，人自獻于先王，我不顧行遯。」

既不畏天，迨其甚也，則並與天地鬼神而莫之畏，以至殷民亦皆化紂而無所忌憚也，遂乃攘竊天地「神祇之犧牷牲用」。色純曰「犧」，體全曰「牷」，牛羊豕曰「牲」，器實曰「用」。「攘竊神祇犧牷牲用」，言於祭祀所當用之物無所不竊也。竊其犧牷牲用，以相容隱，將而食之，此乃無畏忌之甚也。「降監殷民」者，言我下視夫紂之所用以治斯民者，其視百姓皆如仇讎，而聚斂之，剥膚槌髓，竭民以取之，而不顧後患。凡此皆召敵讎之道也。

❶「湎」，汲古閣本、通志堂本作「酗」。

而殷之君臣方且相與力行而不怠，其上下之罪，皆合于一，使斯民多有瘠病，罔有詔而救之者。《周官》師氏以媺詔王，則「詔」者，諫而救之之謂也。惟紂之惡至於「沈酗于酒，咈其耇長舊有位人」，而在位之人，又皆「罪合于一，多瘠罔詔」，則是自暴自棄，無間而可入矣。而微子所以謀於父師、少師者，蓋將與之共進而諫王，以已其亂也。而箕子以謂紂之惡既不可諫矣，故繼之曰「商今有災，我興受其敗」，言天降禍災，以示我商家將亡之徵，我若以其災之故起而諫紂，紂必不聽，不足以救其亡之患，徒自取禍而已。紂既不可諫，而殷之淪喪殆將及矣。我既以紂之不從而不諫，則亦不宜居位而爲臣僕，其或去或留，必皆宜有以處此也。微子、箕子、比干三人，雖皆紂之懿親，位尊地近，與紂同其休戚，然其所處之勢則若各有不同者。微子，帝乙之首子，紂之同母兄也，當紂之未亡，箕子自處父師之位，❶欲立微子以繼帝乙，卒不克立，則當時之封，此二人者蓋處至危之勢矣。紂雖有千百之惡，而此二人者身居嫌隙，勢不可以强諫。既不可以强諫，而徒死之，無益也。故微子雖欲謀於箕子，以救紂之顛隮，然箕子以謂「我興受其敗」，言不可以諫也。既不可以諫，又不可以居位而爲臣僕，故微子遯逃以避禍，而隱晦以自存，庶免於刑戮，而冀紂之改過，復出而輔之，故曰「詔王子出迪」，言我之所以教王子者，以爲王子必出而遯逃，乃合於道也。王子之所以出而合於道，以我舊之所言，欲立子以繼帝乙之後者，有以刻害子，子若留而不去，則並與我而顛隮，徒相與死，而無救於商家之亡，則我二人之所處者，必如此而後可也。若夫比干則不處於嫌疑之地，雖度紂之不可諫，猶當追而强諫，以幸其萬一聽而從之也。❷此亦

❶「位」，汲古閣本、通志堂本作「任」。
❷「聽」，汲古閣本無此字。

其所處之勢不得不然耳。惟其所以處之之勢不同，我三人之去留不可拘於一定之迹，要當人自爲謀，各行其志，以自造于先王。要之，欲無媿於神明而已，故微子宜自此而遯去于荒野，我則留居於此，隱忍以自存，而不必與之偕行也，故繼之曰「我不顧行遯」，此其所以爲「自靖」也。說者論「我不顧行遯」，往往謂其能遯而歸周，以存其宗祀爲孝，此殊非微子所以「自靖」也。案：《左氏》楚克許，許公面縛銜璧，衰絰，輿櫬，以見楚子，楚子問諸逢伯，逢伯曰：「昔武王克商，微子啓如是，武王親釋其縛，受其璧而佩之，焚其櫬，禮而舍之，使復其所。」則是微子之歸周，蓋武王克商之後。當其去商也，姑欲遯迹于荒野，以避禍自全，而待紂之改過，猶冀其宗廟社稷之復存，此其行遯之本心也。至於紂之惡不悛，爲武王之所滅，而其國亡矣，於是不忍商祀之顛隮，出而抱先王之祭器以歸周，而爲商請後。此蓋出於無可奈何之計爾，非其本心也。若如或者之論，以抱祭器而歸周爲微子之遯，則是其在紂之時不忍其國之亡，而竊其祭器之他人之國，豈微子之所忍爲者哉？故論微子之行遯者，未可以抱祭器而爲言也。此篇之義，夫子嘗論之矣，曰：「微子去之，箕子爲之奴，比干諫而死，殷有三仁焉。」此三者所處之勢不同，而孔子皆以爲仁者，在《易》有之，「澤無水，困。君子以致命遂志」。蓋言君子處於窮困，不必苟同，各順其勢之所宜，因其心之所安，「以致命遂志」而已。此三者，雖所處之勢有不同，而皆有憂國愛民之誠心，各盡其心，以致其惻怛不忍之義，或去或留，或諫而死，卒皆行其所無事，而無强勉於其間，莫非其心之所安也。惟其心之所安，故其迹不同，同歸於仁。其爲仁也，蓋所謂處困而致命遂志之仁也。范蠡相越王句踐，既平吴而反，則泛五湖而遯去，貽大夫種書曰：「狡兔死，走狗烹；飛鳥盡，良弓藏。越王爲人長頸烏喙，可與同患難，不可與同安樂，子何不亡？」種得書，僞病不朝，越王賜劍，種遂自殺。夫越王雖「長頸烏喙」，亦未爲大無道之主，蠡既舍之而去矣，彼種留而輔之，何所不可？而亦舍之而去，彼既非勢之所宜，心之所安，徒迫於人言，强勉而爲，此適足以殺其軀而已，豈所謂致命遂志哉？「自靖，人自獻于先王，我不顧行遯」，使種能以此自處，則句踐將賴之以成霸業。不此之圖，徒見蠡舍而去，亦欲效之，甚矣！種之不達權變也。

北京大學《儒藏》編纂與研究中心 編

《儒藏》精華編選刊

尚書全解（下）

〔南宋〕林之奇 撰
劉建國 張 華
李沁芳 姚曉娟 校點

北京大學出版社
PEKING UNIVERSITY PRESS

尚書全解卷二十二　周書

泰誓上

《泰誓》三篇，蓋是武王伐紂誓師之辭，史官隨其先後而記之。篇名以《泰誓》者，漢孔氏曰：「大會以誓衆。」顧氏曰：「此會中之最大者，故曰《泰誓》。」此二説一則以爲「大會以誓衆」，一則以爲「會中之最大者」，其意雖異，然而以「泰」爲「大」則同。此蓋武王誓師之言，爲伐紂而作，猶《湯誓》之伐桀而作也。然而不謂之《武誓》，而謂之《泰誓》者，蓋出於史官一時之意。篇首有「大會於孟津」之言，遂以「泰誓」二字爲其簡編之别，非有深意於其間，故先儒之所解，亦惟如是而已。而王氏好爲鑿説，徒見今之《書》不用「大」字，而用「泰」字，則爲之説曰：「受之時，上下不交，而天下無邦，武王大會諸侯，誓師伐以傾否，故命之曰《泰誓》。」甚矣！王氏之喜鑿也。夫否泰之「泰」，與太甚之「太」，與《大學》之「大」，此三字通用也，故泰壇、泰階、泰伯，雖經傳所載或有用否泰之「泰」字，然其實與太甚之「太」、《大學》之「大」無以異。《泰誓》之爲言，亦猶是也。是以《孟子》、《左氏傳》、《國語》舉此篇名，或作泰否字，或作太甚之「太」字，或作《大學》之「大」字，明此三字音同義同，故得以通用也。王氏徒見作否泰字，遂以「上下不交，而天下無邦，武王大會諸侯，誓師往伐，以傾受之否」爲説，其説則新矣，然而非《書》之意也。《泰誓》則爲誓師以傾受之否，使誥篇名偶用泰否字，則當傾否而作誥矣。蓋王氏欲盡廢先儒之詁訓，悉斷以己意，則其説必至於如此之陋也。晁錯從伏生受《書》二十八篇，其時未有《泰誓》也，至於孔安國定壁中《書》，增多五十五篇，而《泰誓》始出，然其書遭巫蠱事而不出也，遂有張霸之徒僞書《泰誓》三篇，與伏生二十八篇並傳，諸儒皆以爲信，故其篇内所載觀兵孟津、白魚躍入王舟、有火復于王屋、流爲烏等語，漢儒多用之，而太史公《史記·周本紀》亦載其僞書，蓋莫以爲疑也。至後漢，馬融始疑之，以爲《泰誓》後得。案：其文似若淺露，又吾見《書》傳多矣，所引《泰誓》而不在《泰誓》者甚多，蓋霸等雖知剽竊經傳所舉《泰誓》之文以成此書，然諸儒所引，霸不能盡見也，故融得以疑之。雖實疑之，然而古文之《書》猶未出也。至於晉世，古文《書》始出，諸儒以《泰誓》正經比較《國語》、《禮記》、《左傳》、《荀》、《孟》諸書皆合，由是僞《泰誓》廢矣。晉之所出，尚用古字，至明皇天寶中始改用今字，又篇名用泰否之「泰」，未必是古文如此，或意其出於唐天寶中一時之所定也。

惟十有一年，武王伐殷。

先儒傳此篇之序，有二可疑者，而學者信之。其一説曰：「自虞芮質厥成，諸侯並附，以爲受命之年。至九年而文王卒，武王三年服畢，始伐殷。」學者信此言，遂有「受命稱王」之説。其一説曰：「武王伐紂，觀兵孟津，以卜諸侯之心。諸侯僉同，乃退而示弱。至十有三年，更與諸侯期而共伐紂。」學者信此言，遂有「觀兵示弱」之説。據諸儒所以有文王受命而稱王之説者，徒以《武成》之篇曰「惟九年，大統未集」，而此序云「十有一年」，遂謂「居喪三年」，然後足以成其數，以伐紂之年爲文王受命十有一年也。其所以有觀兵孟津之説者，蓋以此序言「十有一年」，而篇首言「十有三年」，遂以十有一年爲觀兵之舉。此二説雖依倣經文，疑若可行，然而揆之以理，誠有所不可通者。案：《無逸》之書曰：「文王受命惟中身，厥享國五十年。」先儒遂謂文王在位四十二年，適有虞芮質厥成之事，遂改元正始，而更稱元年。夫改元正始之説，一君而有兩元年，或三，或四，或至十餘，此蓋出於漢文帝之稱後元，景帝之稱中元，而武帝更年號耳，自此以前，未嘗有改元之事。惟始即位者，則稱其即位之年爲元年，自元年以後，皆積累而數之，徒欲以見其在位之久近耳，非如後世以改元爲國家之大事也。豈有文王在位四十二年矣，更稱元年，武王繼文王之世，不以其即位之年爲元年，而上冒先君之年者哉？漢儒徒以其所見漢時有改元正始之事，遂以文王質虞芮之訟爲改稱元年。夫虞芮質厥成，誠出於文王德化之所感，然苟使以此表見於世，曰此吾受命之年，其無乃待文王之淺也。案：《史記》武王伐紂，實以其即位之十一年，非文王之年也。此説與經文合。據此序曰「惟十有一年，武王伐殷。一月戊午，師渡孟津」，則是伐殷在於武王之十一年也明矣，《史記》之書又以爲據。然而《史記》既以伐殷爲武王之十一年也，而至於《伯夷列傳》又載其「父死不葬，爰及干戈」之語，此則自相違戾，豈有即位十有一年，而文王猶未葬也哉？至觀兵之説，先儒之論尤爲乖戾。案：此序言「惟十有一年，武王伐殷」，繼之曰「一月戊午，師渡孟津」，其文前後相屬，則是「一月戊午」者，十有一年之一月戊午也。而先儒以十一年爲觀兵之年，至十三年一月戊午始渡孟津以伐紂，其於序文既已破碎而不相連屬矣，況此《泰誓》三篇所載皆其渡孟津之時誓師之言，初無觀兵誓師之語，則序何以忽生此文？據先儒之所以必爲此觀兵誓師者，徒以上篇曰「肆予小子發，以爾友邦冢君，觀政于商」，遂以是爲觀兵之舉。某竊以爲誤矣。武王之意，蓋謂當文王之世，紂之罪已爲上天之所斷棄矣，至我小子嗣位，與爾友邦冢君觀紂之政，冀其有遷善改過，而紂殊無悛革之心。其所謂「觀」者，正如子貢曰「以予觀於夫子」，蓋自此觀彼之辭也。經文以爲觀政，而先儒以爲觀兵，必不可之説也。然序云「惟十有一年」，而篇首曰「十有三年」者，何也？案：《洪範》篇首曰「惟十有三祀，王訪于箕子」，而《史記》又謂武王克商二年，問箕子以天道，則是《洪範》之作，蓋克商二年之後。《洪範》既爲十有三祀而作，則伐商爲十有一年也審矣。世儒徒以此篇首「十有一年」爲《洪範》十有三年所汩，故傳者亦誤作「十有三年」矣，其實「一」字誤作「三」字也。《史記》雖以武王十有一年伐殷，而又以謂武王九年祭文王于畢，觀兵孟津，蓋太史公未嘗見古文《泰誓》，徒見世儒有觀兵二年之説，遂從而爲之辭耳。學者欲觀《泰誓》之序，必知先儒二説之非，然後序之意可以無疑矣。

一月戊午，師渡孟津，作《泰誓》三篇。

泰誓

惟十有三年春，大會于孟津。

「一月戊午」者，十有一年之正月戊午也。不謂之「正月戊午」，而曰「一月」者，唐孔氏曰：「武王以紂之十二月發行，正月四日殺紂，既入商郊，始改正朔，以殷之正月爲周之二月。其初發時猶是殷之十二月，未爲周之正月，改正在後，不可追名爲『正月』，以其實是周之一月，故史以『一月』名之。」此説是也。顧氏以爲「古文或云正月，或云一月，不與《春秋》正月同」。此雖亦一説，然考之其他諸書，未嘗有以正月爲一月者，則顧氏之説，未敢以爲然也。紂都朝歌，在河之北，武王伐紂，必自孟津濟河而北。《泰誓》三篇，皆其渡河之時誓師之辭也，故史官追録其事，故作《泰誓》三篇。先儒謂「皆以渡河而作，上篇未次時作，中篇既次乃作，下篇明日乃作」，其意蓋以謂三篇之作皆在渡河之後。然而據中篇曰「惟戊午，王次于河朔」，則是上篇之作當是未渡孟津時所誓，既誓而後渡河，已渡河矣，至明日戊午乃始作中篇之誓也。序云「惟十有一年，武王伐殷。一月戊午，師渡孟津」，而篇首言「惟十有三年春，大會于孟津」，是春者，即序所謂「一月戊午」也。故漢孔氏曰：「此周之孟春。」蓋古者改正朔，則必以其所用之正月爲四時之首。周以建子之月爲正，故此以建子之月而爲春。《春秋》書「春王正月」，即此月也。《泰誓》作時，周之正朔猶未改也，而得以用周之時數月者，此蓋出於史記《泰誓》之時所追録之時月也。漢武帝太初元年夏五月，正曆以正月爲歲首。顏師古曰：「此謂建寅之月，據未正曆以前，用建亥之月爲歲首，而此之以正月爲歲首，史官追正其月名。」故今《漢書》自高祖元年以下，如秦正以建亥之月爲正者，則皆改爲冬十月，與此篇所載正同。「大會于孟津」，謂諸侯皆以其師來集于孟津，將共濟師。

王曰：「嗟！我友邦冢君越我御事、庶士，明聽誓。

諸侯與武王共伐紂者，與之同志有友之義焉，故謂之「友邦」。「冢君」者，大君也，尊之稱也。「越」，及也。謂友邦諸侯及我周御事之臣以至庶士之賤，❶皆明聽我誓誥之言，蓋將言我所以伐罪弔民之意也。夫紂，君也，武王，臣也，以臣伐君，天下之至逆也，武王豈逆天下之大順，而樂爲此慚德之舉哉？蓋有不得已於其間也。齊宣王問於孟子曰：「臣弑其君，可乎？」曰：「賊仁者謂之賊，賊義者謂之殘，殘賊之人謂之一夫。聞誅一夫紂矣，未聞弑君也。」紂之爲君，既失爲君之道，神怒之，民怨之，則武王不得不應天順人以伐紂，非敢加無禮於其君也。蓋以紂失爲君之道，而天下之人既不以之爲君矣，則我雖欲不興師以伐之，不可得也。故將論其所以弔伐之意，則必推言天之所以立君者，將使之仁民而愛物，今紂則不然，此所以見絶乎天也。

❶「士」，原誤作「事」，今據汲古閣本、通志堂本改。

「惟天地萬物父母，惟人萬物之靈，亶聰明作元后，元后作民父母。

「惟天地萬物父母」，謂天地之於萬物，無所不生，無所不育，猶父母之於子，無所不愛。然雖無不愛，而其生育也，非自然而然以聽萬物之自遂，則必有賴於位乎。天地之兩間，而最靈於萬物者，以裁成而輔相之，然後三才之道備，而生育之功全，故必擇夫誠有聰明之德充其所以靈於萬物者而爲之元后。彼既有聰明之德，又居元后之位，則能審於人性之好惡，以爲之父母，然後斯民各得其所，而至昆蟲草木之微，亦無不遂其性者，如此，則裁成輔相之德於是爲至，人道盡，而三才之位定矣。此蓋言天地之道相須爲用，以成其化育也。今紂之爲君，則不能盡其所以君父母之德，以至於荼毒天下之民，而暴殄天下之物，使斯民不得其所，而萬物莫有遂其性者，則是負上天之所寄托，而獲罪於天矣。武王將欲興兵以爲民除其害，故先推言天地之所以立元后以爲民父母之意，然後數紂之罪也。

「今商王受，弗敬上天，降災下民。沈湎冒色，敢行暴虐，罪人以族，官人以世。惟宫室、臺榭、陂池、侈服，以殘害于爾萬姓。焚炙忠良，刳剔孕婦。皇天震怒，命我文考，肅將天威，大勳未集。肆予小子發，以爾友邦冢君，觀政于商。惟受罔有悛心，乃夷居，弗事上帝神祇，遺厥先宗廟弗祀。犧牲粢盛，既于凶盜。乃曰：『吾有民有命。』罔懲其侮。

《祭統》曰：「祭有餕者，祭之末也。」古之君子曰：「尸亦餕鬼神之餘也，可以觀政矣。」所謂「觀政」者，蓋謂政之勤怠美惡，由餕可以觀之。此言「觀政」，亦猶是也。蓋當文王之時，紂爲不道，惡積而不可掩，罪大而不可解也，爲皇天之所震怒，而命我文考「肅將天威」以伐之矣。既以伐紂之事命於文考，而大勳猶未集，則其所以伐紂而集文考之大勳者，是乃武王之任也。然其所以至於即位十一年之久，而後往伐之者，蓋予小子發與汝有邦之諸侯尚且顧君臣之大分，而猶有不忍之心，尚有望於紂之幡然而改，自怨自艾而歸於善者。十餘年而觀紂之政，昏暴日甚，曾無悛革之心，此其所以不得已而爲此孟津之舉也。武王之心只如是，而漢儒不之察，乃以觀政轉而爲觀兵，附會於序言「十有一年」，篇首「十有三年」，而爲周師再舉之説。此説考之於經而不合，揆之於理而不通，然歷代諸儒往往多從而信之以爲誠。然惟程氏之説曰：「觀兵之説必無此理。如今日天命絶，則紂今日便是獨夫，豈容更留之三年？今日天命未絶，便是君也，爲臣子敢以兵脅其君乎？」此言大可以規正漢儒之失，而解後學之疑也，故某推本此説而附益之，以觀政之不可爲觀兵，以信周師之實未嘗再舉也。武王觀紂之政，以冀其萬一之悔悟，而紂罔有悛心，方且夷倨而居。此「夷」字當與「原壤夷俟」之「夷」同，言倨肆而無禮也。惟其倨肆而無禮，於是弗祀上帝與夫天帝神祇之在祀典者，以至遺棄其先世之宗廟，亦弗之祀。既傲慢無禮，而又弗顧於宗廟神祇之祀，於是國家之所藏蓄犧牲粢盛以爲祭祀之備者，皆盡于凶災、盜賊，無復存者。如《春秋》所書「鼷鼠食郊牛角」、「御廩災」之類，所謂既于凶也；如「公索氏將祭而亡其牲」之類，皆所謂既于盜也。至於此，則紂之心亦可以自省矣，方且偃然自肆於上，以謂吾有民可賴以安，蓋恃其有如林之旅也。謂有命自天，必不至於是，蓋所謂「已有天命」也。惟其所恃者如此，故無有能懲其慢侮之心者，此其罔有悛心之實也。夫紂之罔有悛心，其事可謂衆矣，而必以「犧牲粢盛，既于凶盜」爲言者，蓋人之爲不善，雖至於盤樂怠傲，無所顧藉，然其心苟知天地鬼神臨之在上，質之在傍，昭昭然不可欺者，則猶或畏憚而有所不敢爲；苟不復知天地鬼神矣，則其爲惡，何所不至哉？故湯之於葛，見其不祀而遺之以牛羊粢盛，而未忍伐之也，至於殺饋餉之童子，知其心之不復悛革，於是興師而伐。紂之惡，至於「焚炙忠良，刳剔孕婦」，可謂暴虐之甚，然文王猶未忍伐而事之，武王猶未忍伐而觀之。至於「犧牲粢盛，既于凶盜」而「罔懲其侮」，則知其罔有悛心，而率諸侯以伐之。蓋紂之所以自絶於天地鬼神者，至此而決矣，故武王遂言其所以致討，而卒其伐功之意也。

「天佑下民，作之君，作之師。惟其克相上帝，寵綏四方。有罪無罪，予曷敢有越厥志？」

前言紂之所以自絶於天地鬼神矣，於是遂言己之致討，以卒其伐功之意也。天之佑助下民，將欲使之各得其所，而無流離陷溺之患，則必「作之君」以治之，「作之師」以教之，君師立，然後斯民無有不得其所者。蓋君師者，所以代天而理民也。故荀子曰：「禮有三本：天地者，生之本也；先祖者，類之本也；君師者，治之本也。無天地，惡生？無先祖，惡出？無君師，惡治？三者偏亡焉，無安人。故禮，上事天，下事地，尊先祖而隆君師，是禮之三本也。」紂既夷其居，「弗事上帝神祇，❶遺厥先宗廟弗祀」，而又失其所以爲君師之道，則是三本絶矣，故武王既言遺棄其宗廟神祇之祀，而又言其失君師之道，以見其所以至於危亡者，皆其所自取也。上帝之所以立君師，惟欲其相助上帝，以寵愛綏安此四方之民而已。天既命紂以「寵綏四方」之任，而紂不能勝，方且荼毒斯民，故天改命文王爲之君師。「大勳未集」，而武王繼之，則其所以相上帝以「寵綏四方」者，在武王不敢不勉。苟紂之有罪，則伐之，無罪，則赦之，不可踰越於我先王之志也。王氏曰：「有罪不妄赦，無罪不妄伐，其志在乎克相上帝，寵綏四方而已，何敢越也？」孟子曰：「一人衡行於天下，武王恥之。」蓋有罪於此，而

❶「事」，原誤作「祀」，今據汲古閣本、通志堂本改。

不能相上帝以伐之者，武王之所恥也。此説得之矣。

「同力度德，同德度義。受有臣億萬，惟億萬心。予有臣三千，惟一心。商罪貫盈，天命誅之。予弗順天，厥罪惟鈞。予小子夙夜祗懼，受命文考，類于上帝，宜于冢土，以爾有衆，底天之罰。天矜于民，民之所欲，天必從之。爾尚弼予一人，永清四海。時哉，弗可失。」

既論紂之有罪，不可以不討，故下文又論其討之必克也。「同力度德，同德度義」，蓋古人有此語，武王舉之以證其伐紂必克之事也。《春秋左氏傳》襄三十一年，魯穆叔曰：「年鈞擇賢，義鈞以卜。」昭二十六年，王子朝曰：「年鈞以德，德鈞以卜。」蓋亦是舉古人之言以證其所欲爲之事也。其文勢正與此同。武王舉此言者，蓋謂凡勝負之義，力同，則有德者勝，德同，則有義者勝，今我之伐紂，其力、其德、其義，皆有勝之理。紂當是時，以言其力，則億兆離心；以言其德，則爲天命之所誅，故武王既言「同力度德，同德度義」，於是遂言我國家所以得是三者，紂之所以失是三者，以爲證也。紂聚羣不逞之人，「爲天下逋逃主，萃淵藪」，至於有億兆萬人，然而人各有心，皆懷離背之志。我周「有臣三千」，皆肩其一心，以與上之人同其好惡，罔有二三也。紂之臣億萬，其力宜彊矣，以其億萬心，故雖彊而弱。武王但「有臣三千」，其勢弱於紂矣，以其永肩一心，故雖弱而彊。商周之不敵既已明甚，而況紂之惡貫積盈溢，見絶於天，人在所必誅。而我文考之德爲上天之所命，其於義不可不誅紂，則我之所以爲此孟津之舉者，不惟其力之必勝，而其德與義亦皆紂之所不能敵也。紂之罪至於貫盈，而無悛革之心，故天命我國家往誅之，苟釋之而不誅，則「厥罪惟鈞」。某於《湯誥》「夏王有罪，予畏上帝，不敢不正」，既詳論矣，夫紂之所以「罔懲其侮」者，大抵恃其有民有命故也。自武王觀之，「受有臣億萬，惟億萬心」，則所謂有民不足恃也；「商罪貫盈，天命誅之」，則其所謂有命者不足恃也。天命已去，人心已離，而紂方且偃然自肆，罔有悛心，無有懲其侮者，武王纘文王之緒，適當天人之所歸，則其所處之勢，固不得不應天順人，以拯生民之命於塗炭之中。故「予小子夙夜祗懼」，勑天之命而不敢自寧，於是受伐紂之命于文考之廟，又且「類于上帝，宜于冢土」，以伐紂之事告于天地神祇，而後行也。《王制》曰：「天子將出，類于上帝，宜于社，造于禰。」此言「受命文考」，即是「造于禰」也。「冢土」，即社也。《周官・肆師》曰：「類造上帝。」鄭氏注曰：「類禮依郊廟而爲之。」蓋古者祭于昊天上帝，則有郊祀之常禮。苟非常祀，而以其事告于天者，則其禮依郊祀而爲之。舜受堯之禪，「類乎上帝」，與此篇同，是皆以事告于天，而非郊祀之常禮也。《王制》謂「天子將出，類于上帝」，是亦非常禮也，是以其祭皆謂之「類」。既以類上帝爲依郊祀而爲之，則「宜于冢土」與《王制》「宜于社」其曰「宜」者，亦當是非祭祀之常禮，權其事宜以制其禮，則謂之「宜」也。紂既弗祀夷居，以失天人之心，故「受命文考，類于上帝，宜于冢土」，則所以昭答于天地神明之心，而遂與諸侯與夫御事、庶士之衆渡此孟津，而致天之罰於紂也。晉師曠曰：「天之愛民甚矣，豈其使一人肆於民上，以縱其淫，而棄天地之性？必不然矣。」蓋天之所以立君者，凡以爲民而已。民欲以爲君，天則必佑之；民不欲以爲君，天則必棄之。紂之居於民上，以縱其淫，而棄天地之性，爲已甚矣，民之不欲以爲君，亦已久矣，宜其爲天之所斷棄也，故武王於此一篇之中，尤致意焉。篇首言「惟天地萬物父母，惟人萬物之靈，亶聰明作元后，元后作民父母」，言惟聰明之君有以代天理物，然後人道盡，而化育之功成，於是遂數紂之罪，以見其不足以爲父母矣。既論不足以爲民父母者，於是又論其「天佑下民，作之君，作之師，惟克相上帝，寵綏四方」，蓋言紂既失君師之任，而天遂以之命我國家，則不可不「克相上帝」，以「寵綏四方」也。既言其不可不伐紂矣，於是又言「天矜于民，民之所欲，天必從之」，以見其伐之必克也。其終始反覆之意，大抵言天之立君而託以民，紂不能副其所託，而又暴虐之，則其所以至於滅亡者，皆其所自取，非武王以私意而伐之也。惟其所以伐紂者，皆本之於天命，而不敢赦，則爾友邦冢君、庶士、御事，庶幾助我一人，掃除紂之暴虐，以「永清四海」。蓋紂以獨夫爲「天下逋逃主」，以致四海之濁亂者，誅一獨夫，則惡之根本已除矣，此所以能「永清四海」也。「時哉，弗可失」，孔氏曰：「言今我伐紂，正是天人同合之時，不可違失。」此言是也。大抵聖人不能爲時，亦不能失時，時非聖人之所能爲也，能不失時而已。孟子曰：「匹夫而有天下，德必若舜、禹，而又有天子薦之者，故仲尼不有天下。繼世以有天下，天之所廢，必若桀、紂者也，故益、伊尹、周公不有天下。」此皆聖賢所以出處窮通之大致，而孟子論之，則皆謂：「莫之爲而爲者，天也；莫之致而至者，命也。」夫「莫之爲而爲，莫之致而至」，蓋以其所遭者皆有不可失之時。堯授舜以天下，舜授禹以天下，非輕以天下與人也，天實與之矣，堯、舜不可失其所以與之之時也；湯伐桀，武王伐紂，非利於取人之天下也，天實奪之矣，湯、武不可以失其所取之時也。取之，與之，皆天也，非人之所能爲也，故韓獻子曰：「文王率殷之叛國以事紂，惟知時也。」蓋當文王之時，紂雖爲不道，猶有可存之理，則文王率叛國以事之，爲知時。及武王之時，紂之不道無復有可存之理，則武王率叛國以伐之，爲知時。苟使文王先時而伐之，武王後時而不伐，則俱爲不知時矣。《禮運》曰：「堯授舜，舜授禹，湯放桀，武王伐紂，時也。」此言蓋與孟子之言相爲表裏。

泰誓中

《漢・律曆志》曰：「周師初發，則殷之十一月戊子，後三日得周正月辛卯朔，明日壬辰，至癸巳武王始發，戊午渡逾孟津，孟津去周九百里，師行三十里，凡三十一日而渡。」以是考之，則武王自宗周而來，至於孟津，其師行蓋已踰月矣，於是渡河而北，距商郊密邇，故三日之間而三誓師焉。上篇雖不明言所以誓師之日，然以中篇曰「惟戊午，王次于河朔」，則知上篇當是上丁之日尚在河南未渡孟津之時所作。既誓師，而後渡河也。中篇則是戊午日既渡，而次舍於河之北所誓也。至下篇曰「時厥明，王乃大巡六師，明誓衆士」，則又是戊午之明日己未，將啓行以趨商之郊，既作此篇，而後行也。所以三日而三誓師者，蓋三令五申之，謹重其事而不敢忽也。

惟戊午，王次于河朔，羣后以師畢會。王乃徇師而誓曰：「嗚呼！西土有衆，咸聽朕言。

戊午，「次于河朔」，至癸亥凡五日，已陳于商郊，則是其次也，纔一宿耳，明日而遂行也。而《春秋》莊公三年書「公次于滑」。《左氏傳例》曰：「凡師，一宿爲舍，再宿爲信，過信爲次。」此説非是。據武王之於河朔纔一宿耳，而謂之「次」，安在其爲「過信爲次」也哉？《左氏傳例》拘泥不通，大抵類此。武王先次舍于河北，蓋先諸侯而渡也。諸侯之師既畢渡，然後以其師來會武王，於是巡行六師，蓋所以慰安其渡河之勞也。昔楚莊王圍蕭，師多寒，王巡三軍，撫而勉之，三軍之士皆如挾纊。武王之徇師而誓，是亦所以撫民而勉之也。周都豐、鎬，其地在西，當時從武王渡河者，大抵皆西方之諸侯，故其徇師而誓，則嗟歎而呼之曰：「西土有衆，咸聽朕命。」蓋申誥友邦冢君，而示以其伐紂之意也。

「我聞吉人爲善，惟日不足，凶人爲不善，亦惟日不足。今商王受，力行無度，播棄犂老，昵比罪人。淫酗肆虐，臣下化之，朋家作仇，脅權相滅，無辜籲天，穢德彰聞。

此武王所聞古人之有是言也。人莫不有好，苟好之，則必有投之而不已之意，特顧其所好者如何耳。所好者善，則其爲善之心惟日以爲不足。爲善而日不足，則將爲吉人，而動罔不吉矣。所好者不善，則其爲不善之心亦惟日爲不足。爲不善而日不足，則將爲凶人，而動罔不凶矣。故孟子曰：「鷄鳴而起，孶孶爲善者，舜之徒也。鷄鳴而起，孶孶爲利者，跖之徒也。欲知舜與跖之分，無他，利與善之間耳。」蓋舜之徒與跖之徒，其孶孶則同，其爲善、爲利之心則異。其積善與利之心，則其所成就者，將至於爲舜、爲跖。由是觀之，世之人苟能移其爲不善之心而爲善，則其爲善亦將無所不至，惟其自暴自棄，安於爲不善，而莫知其非耳。由此觀之，小人之爲不善，其用心亦非不專精，以其所習者無非驕奢淫逸之事，此其所以用心逾勤而召禍愈速也。故武王將極陳紂之惡，至於「穢德彰聞」，神怒民怨而不可救，將推本其所以然者，則將在於爲不善「惟日不足」而已。既論其理之如此，於是陳其所以「惟日不足」之故。而曰「今商王受，力行無度」，言其於無法度之事，力行之而不怠也。《中庸》曰：「力行近乎仁。」所貴乎力行以近仁者，惟其有度故也。苟於有度之事，然後力行之而不怠，則其執德也洪、信道也篤矣。今紂乃力行於非法度之事，「惟日不足」，此其所以窮極天下之惡，至於危亡而不可救也。自「播棄黎老」以下，至於「穢德彰聞」，此又其「力行無度」之事也。「黎老」，國之老成人也。孫炎曰：「面黎色，似浮垢也。」「罪人」者，逋逃之小人也。既「力行無度」之事，於國之老成人則播而棄之，至於逋逃之罪人則昵比而親之，而又方且淫于色，酗于酒，肆爲暴虐之事，其臣下習紂之惡，亦皆安然爲殘忍，於是分爲朋黨之家，互相告訐，以爲仇敵，其在位之人皆以權勢相脅，更相殄滅。此其所以億萬臣而有億萬心也。紂既「淫酗肆虐」，❶而其「臣下化之」，人皆「朋家作仇，脅權相滅」，於是淫刑濫罰横及無辜之民。民

❶「淫酗肆虐」，原誤作「淫肆酗虐」，今據汲古閣本改。

之無辜者皆呼天告寃，而穢惡之德彰聞于天，而爲天之所棄。然推原其所以至於此，無他，惟「力行無度」故也。

「惟天惠民，惟辟奉天。有夏桀弗克若天，流毒下國。天乃佑命成湯，降黜夏命。惟受罪浮于桀，剥喪元良，賊虐諫輔，謂己有天命，謂敬不足行，謂祭無益，謂暴無傷。厥監惟不遠，在彼夏王。天其以予乂民，朕夢協朕卜，襲于休祥，戎商必克。受有億兆夷人，離心離德。予有亂臣十人，同心同德。雖有周親，不如仁人。

紂既自絶于天，而天棄之，則武王受天之明命，不可不應天順人而伐之，於是遂言夏桀之罪未至於紂之惡，而尚且爲湯之所伐，此則以見紂之不可不伐也。「惟天惠民，惟辟奉天」，言天之愛斯民，而立之君，使司牧之。其所以立君者，蓋欲使奉天所以愛民之道而已，故人君之職惟在於愛民。愛民者，民懷之。民懷之，則天與之矣。苟不能愛民，則失其所以爲君之道，而民叛之。民叛之，則天棄之矣。古之人君，自堯、舜、禹以來，無非以愛民爲事天之實，故能祈天永命，而福祚無窮。至於桀、紂，不克奉天，而肆爲刑戮，「流毒下國」，天不忍斯民陷於無辜也，於是「佑命成湯」，使之「降黜夏命」，代之爲君，以惠斯民，而承順上天之意。非天偏私於成湯，而偏疾於夏桀也。桀不能愛民，故天爲斯民而降黜之；湯能愛民，故天爲斯民而佑命之。其或予或奪，凡以惠斯民而已。桀之罪既已如此，況受之罪又過于桀。其所以過於桀，則下之所言是也。「剥喪元良」者，孔氏曰：「剥，傷害也。元良，善之長也。」其意蓋謂傷害善人也。不如蘇氏之説曰：「剥，落也。喪，去也。古者謂去國爲喪。元良，微子也。微子，紂之同母兄，以爲庶子而不得立者，以其生於帝乙未即位之初。以禮考之，則與紂俱爲嫡子，而微子長，故成王稱之曰『殷王元子』。」此説是也。「賊虐諫輔」，爲比干也。紂之所以「剥喪元良」，使之逃亡而不復追，「賊虐諫輔」，至於殺之而無所惜者，蓋紂之意「謂已有天命，謂敬不足行，謂祭無益，謂暴無傷」者，此其所以慢神虐民，而肆然無所忌憚也。太史公曰：「紂資辯捷給，聞見甚敏，才力過人。知足以拒諫，言足以飾非。矜人臣以能，高天下以聲。」此語不知太史公何所據而云。然武王數其罪，以謂言之如此，則信乎如太史公之言也。凡此，皆紂之罪所以異于桀者，蓋桀之所不爲，而紂則爲之也。世謂桀殺關龍逢，此未必然也，武王以「賊虐諫輔」爲紂之罪浮于桀者，使桀果殺關龍逢，則是與紂同罪矣。《湯誥》、《湯誓》數桀之罪，不過「率遏衆力，率割夏邑」而已，又不過曰「滅德作威，以敷虐于爾萬方百姓」而已，武王亦惟曰「弗克若天，流毒下國」，則是桀之所以亡者，惟肆爲虐政以殘害斯民，不至于紂之窮凶極惡而無所忌憚也。桀猶不免於亡，故天以其所以「佑命成湯」者而命我武以伐紂之事，將使其奉天之罰，而乂斯民也。「其」者，未足之辭也，猶《盤庚》曰「天其永我命于茲新邑」，蓋言之於未然之前者，其辭當如此也。所以知「其以予乂民」者，以其「朕夢協朕卜，襲于休祥」，故知戎商之必克，而有以承順上天之明命，以乂斯民也。「戎」，大也，與《康誥》言「天乃大命文王，殪戎殷」同。《大明》之詩曰：「燮伐大商。」其言「大商」，即此所謂「戎商」也。「戎商必克」，言商雖大國，我必克之。「朕夢協朕卜」，漢孔氏曰：「言我夢之與卜俱合於美善。」此説非是。既云「朕夢協朕卜」，則是夢與卜合矣，何須繼之以「合於美善」？《國語》單襄公曰：「《泰誓》曰：『朕夢協朕卜，襲于休祥。』以三襲也。」韋昭曰：「言武王夢卜祥之合，故遂克商有天下。」今當從此説。所謂「休祥」者，氣候之先見者。高祖入秦關，范增使人「望其氣，皆爲龍，成五色」。若此之類，所謂「休祥」也。《中庸》曰：「國家將興，必有禎祥；國家將亡，必有妖孽。見乎蓍龜，動乎四體。禍福將至，善惡必先知之。故至誠如神。」「動乎四體」者，夢也。「見乎蓍龜」者，卜也。至於「禎祥」，則此所謂「休祥」也。紂之將亡，周之將興，其吉之先見，至於夢、卜、休祥三者皆合於是，知其必克之理也，非惟其驗之於天時有必克之理，至於考之人事，亦莫不然。「受有億兆夷人，離心離德。予有亂臣十人，同心同德。雖有周親，不如仁人」，此則以人事而知其必克也。受爲「逋逃主，萃淵藪」，至於「有億兆夷人」。「夷人」者，言此億兆之人，紂皆與之同惡相濟，視若等夷也。雖「有億兆夷人」，然皆「朋家作仇，脅權相滅」，其實人各有心，「離心離德」，而不足恃也。我之所與共事者，惟治亂之臣十人。雖但有十人，皆與我「同心同德」，以戡定禍亂，故雖十人，足以敵紂之「億兆夷人」也。武王但言「亂臣十人」，而不言其十人爲誰，至孔子舉此語而曰：「才難，不其然乎？唐、虞之際，於斯爲盛。有婦人焉，九人而已。」雖以爲有婦人焉，亦不言其婦人與九人者何人也。至漢儒乃以婦人爲文母，九人爲周公、召公、畢公、太公、榮公、閎夭、太顛、散宜生、南宮适。此亦但是以意揆之，未必然也。至劉原甫又謂「子無臣母之理」，❶而以婦人爲邑姜。夫謂「子無臣母之理」誠是也，而以邑姜爲亂臣，亦恐此理不然。然則孔子所謂婦人者，世既久遠，蓋不可必其爲何人矣。而其十人者，雖必是周、召、閎夭之徒，然亦不可一一如漢儒取必其當時之九人以足其數，蓋經無文，闕其所疑可也。既紂之「億兆夷人，離心離德」，我之「亂臣十人，同心同德」，則是「億兆夷人」之中雖有至親，苟其心德之離，必將叛之，不如我之與「亂臣十人」，皆仁人也。仁人用，則雖十人，不患無億兆之附。此正猶孟子曰「寡助之至，親戚叛之；多助之至，天下順之」也。「周」，至也，謂至親也。此正如所謂「親戚叛之」，但是假設之辭，非有所指而言也。而王氏則謂「指微子而言」，謂微子之徒以紂爲無道而周

---

❶「理」，原誤作「禮」，今據汲古閣本、通志堂本改。

有道，故去紂而歸我，此所以紂雖有至親，而不如我之獲仁人也。審如是，則是周未興師，而微子已歸周矣。武王既得微子，以爲獲仁人，然後興師往伐紂。如此，則是微子預亡其國，爲名教之罪人，安得爲仁人乎？微子之歸國，蓋在周既伐商之後，某於《微子》之篇已論之詳矣。

「天視自我民視，天聽自我民聽。百姓有過，在予一人。今朕必往，我武惟揚，侵于之疆，取彼凶殘，我伐用張，于湯有光。勖哉夫子！罔或無畏，寧執非敵。百姓懔懔，若崩厥角。嗚呼！乃一德一心，立定厥功，惟克永世。」

此蓋天之視聽，惟視民之好惡，而其吉凶禍福應如影響，我當奉天之命，以盡其惠民之道也。以其身任爲君之責，凡百姓之有過，則是我一人之有罪，蓋自任天下之責也。《湯誥》曰：「其爾萬方，有罪在予一人。予一人有罪，無以爾萬方。」蓋不如是，則不足以爲天吏也。既以其身任天下之責，則伐紂之罪，以拯斯民於塗炭之中者，武王不敢不以此而自任也，故我今必往而伐紂，以揚我之威武。往之商郊，侵紂之疆，取彼凶殘之人，以張我之伐功。苟能勝紂而安天下，則於湯之功有光顯矣。此又申結上文之義也。受罪既浮于桀，則武王伐之而「于湯有光」，固其理也。「勖哉夫子」者，言此事乃爾將士之所當勉也。「罔或無畏，寧執非敵，百姓懔懔，若崩厥角」者，漢孔氏曰：「爾將士無敢有無畏之心，寧執非敵之志，伐之則必克矣。民畏紂之虐，危懼不安，若崩摧其角，無所容頭。」據孔氏之意，蓋謂武王恐將士之輕敵，則戒之以「寧執非敵」之心。其所以「寧執非敵」之心者，蓋以百姓畏紂，懔懔然「若崩厥角」，恐其或爲紂之用也。蓋經文既言「罔或無畏，寧執非敵，百姓懔懔，若崩厥角」，則孔氏之説不得不然也。武王既曉之以伐紂之意，於是遂嗟歎而總結之，以告庶邦冢君以下，謂我之「亂臣十人」既與我「同心同德」以伐紂矣，則爾當「一德一心」以與我致討於紂，「立定厥功」，則爾與我國家將世世享無窮之福矣。

《書》本百篇，遭秦火不存，至漢稍稍復出，伏生以口傳二十八篇，孔壁續出二十五篇，某嘗疑此二者必有所增損潤色於其間。何以知之？以《孟子》知之。《孟子》之舉《康誥》曰：「殺越人于貨，愍不畏死，凡民罔不憝。」《孟子》之舉《泰誓》曰：「『無畏！寧爾也，非敵百姓也。』若崩厥角稽首。」而今文《泰誓》曰：「罔或無畏，寧執非敵，百姓懍懍，若崩厥角。」其字大抵相同，而其文勢意旨則大有不同者。《康誥》，伏生所傳之書也，《泰誓》，孔壁續出之書也，故某以是二者異同之故而致疑焉。蓋伏生，齊人也，齊人語多與潁川異。鼂錯受《書》之時，伏生老，不能正言，使其女傳言教鼂錯。鼂錯所不知者十二三，僅以其意屬讀而已。孔壁中科斗文字，孔氏得之，其時科斗書廢已久，時人無能知者，姑以隸體定其可知者爾。則是此二者必有己之所不能曉者，而以其意導合纛令成文耳。學者生於千載之下，當夫簡編訛脱之餘固不必以今之《書》爲信，然而亦當信其可信者，而闕其可疑者，不可以漢儒所傳之《書》爲出於帝王之手，而不敢略致疑於其間也。孟子生於戰國之時，去帝王之世猶未遠，而六經猶在，尚且以謂盡信《書》不如無《書》，蓋苟理之所不安，則莫可信也。況又燼於秦火，爛於孔壁，而增損潤色於漢儒之手乎？

泰誓下

時厥明，王乃大巡六師，明誓衆士。王曰：「嗚呼！我西土君子。

此篇蓋戊午之明日己未，將發于孟津，既誓師而後行也。孟津之會，友邦冢君各以其師濟河，然後進而陳于商邦，武王將帥之而行，則必「大巡六師，明誓衆士」，告之所以伐紂弔民之意。其曰「六師」，史官之序述總其多而言之，蓋泛指諸侯之師也，非謂周於此時已備六師之制也。案：《周禮》：「萬二千五百人爲軍。王六軍，大國三軍，次國二軍，小國一軍。」武王未克紂而有天下，尚爲商之諸侯，但有大國三軍之制耳。此云「六師」，蓋指孟津之會所合諸侯之師而言之，亦猶《棫樸》之詩美文王能官人，而其詩曰「周王于邁，六師及之」，此指文王出師之時所合諸侯之師也。中篇曰「惟戊午，王次于河朔，羣后以師畢會」，此篇曰「時厥明，王乃大巡六師，明誓衆士」，辭雖不同，其實三篇之誓皆是總告友邦冢君以及御事、❶庶士，但史官變其文耳，若謂「中篇但告羣后，下篇但告衆士」，則不可也。武王既「大巡六師，明誓衆士」，於是嗟歎而呼之曰「我西土君子」。蓋當是時，友邦冢君及御事、庶士之在孟津者，皆西土之人也。「君子」者，統上下而言。越王勾踐伐吳，「以其私卒君子六千人爲中軍」，則是士卒亦可以謂之「君子」。

「天有顯道，厥類惟彰。今商王受，狎侮五常，荒怠弗敬，自絶于天，結怨于民。斮朝涉之脛，剖賢人之心，作威殺戮，毒痛四海。

漢孔氏曰：「言天有明道，其義類惟明，王所宜法則。」唐孔氏遂舉《孝經》「則天之明」、《左傳》「以象天明」，以謂：「凡治民之事，皆法天之道。天有尊卑之序，人有上下之節，三正五常，皆在於天有其明道。」此天之明道，

❶「實」，汲古閣本、通志堂本作「定」。

其義類惟明，言明白可效，王者所宜法則之。據二孔之意，蓋欲與下文「狎侮五常」之義相屬，然而其説迂回費力。此二句但謂天道之於人，其吉凶禍福各以其類而至，厥理甚明也。禹之征有苗，益贊于禹曰：「滿招損，謙受益，時乃天道。」湯之伐桀，其誥多方曰：「天道福善禍淫。」與此言天道，其意正同，但其辭有詳略爾。惟天之道，其禍福吉凶如影響之應形聲，無所僭差，而紂則「狎侮五常，荒怠弗敬，自絶于天，結怨于民」，此其所以爲天道之所斷棄也。《中庸》曰：「天下有達道五：君臣也，父子也，兄弟也，夫婦也，朋友之交也。」此五者，皆是人倫之常道，故謂之「五典」，亦謂之「五常」。今紂於此五者，狎侮而「荒怠弗敬」，是失人倫之常道也。孟子曰：「自暴者，不可與有言也；自棄者，不可與有爲也。言非禮義，謂之自暴也；吾身不能居仁由義，謂之自棄也。」此云「狎侮五常」，即孟子所謂「自暴」也。「荒怠弗敬」，即孟子所謂「自棄」也。此兩句相因而成文。漢孔氏曰：「輕狎五常之教，侮慢而不行之，大爲怠惰，不敬天地鬼神。」以此兩句分爲兩意，則失之據。侮五常，但謂其狎五常，怠棄之而弗行，爾惟其自暴自棄，失人倫之常道，則是失其本矣，所以「自絶于天，結怨于民」也。周希聖曰：「天非絶紂，而紂自絶于天；民非怨紂，而紂自結怨于民。」此説是也。伊尹曰：「非天私我有商，惟天佑于一德；非商求于下民，惟民歸于一德。」與此言正相反，使紂不自絶于天，天其忍絶之乎？使紂不結怨于民，民其至於怨之乎？此蓋言其所以致天人之怒者，皆其所自取也。自此以下，又論其所以自絶、結怨之實也。天聰明，自我民聰明；天明畏，自我民明威。天之禍福吉凶，大抵因民而已。紂之結怨，是乃其所以爲自絶也，故武王將論其「罪惡貫盈」，至于「上帝弗順，祝降時喪」，則必先之以其暴虐于民，以失四海之心者。「斮朝涉之脛」，謂冬月見朝涉水者，謂其脛耐寒，斮而視之。「剖賢人之心」，謂比干忠諫，以其心異於人，剖而視之。此二者，其暴虐之最甚者也，故首以爲言。蓋朝涉而寒者，在人情之至可憫也，而乃斮其脛；

賢人之忠諫，國家所賴以存者，而至於剖其心。是可忍也，孰不可忍也。惟其忍於此，作爲刑威以殺戮無辜，其毒痛徧於四海之人也。宜乎紂之亡，無足怪者。

「崇信姦回，放黜師保，屏棄典刑，囚奴正士。郊社不修，宗廟不享，作奇技淫巧以悦婦人。上帝弗順，祝降時喪。爾其孜孜奉予一人，恭行天罰。古人有言曰：『撫我則后，虐我則讎。』獨夫受洪惟作威，乃汝世讎。

「崇信奸回」之人而用之，「放黜師保」之官而遠之，屏棄前世之典刑，囚奴國家之正士。宗廟社稷之所賴以存者，惟在老成人之與典刑耳，今紂既崇信小人，則於此二者皆棄之而莫之顧，於郊社之禮則壞之而不修，於宗廟之祀則廢之而不享，故其所以孜孜「惟日不足」而爲之者，則惟在於「作奇技淫巧以悦婦人」。「婦人」，妲己之類是也。《列女傳》曰：「紂膏銅柱，加炭火其下，令有罪者行焉，輒墮炭中，妲己乃笑。」夫紂之欲妲己之悦，至爲炮烙之刑，以致其一笑，則其所以爲奇技淫巧以悦之者，宜無所不至矣。紂之暴虐至於此極，則失天下之心，而民怨于下。民怨于下，則天怒于上，於是「上帝弗順，祝降時喪」，使紂之必亡也。「時喪」，猶所謂「時日曷喪」。「祝」，斷也，謂斷棄其命而降之殃罰，使之喪亡。於此時也，天既絶紂而「祝降時喪」，我國家適當天命之所歸，則爾不可不孜孜然助予一人以恭行天之罰，而致討于紂也。「古人有言曰：『撫我則后，虐我則讎。』獨夫受洪惟作威，乃汝世讎」，此又舉其所聞於古人之言爲之證也。蓋民之叛服無常也，撫之，則戴之以爲后；虐之，則視之以爲讎。一則以爲后，一則以爲讎，惟在於撫之、虐之之間耳。蓋天生民，而立之君，使司牧之。以天下之大，而統之於一人，夫豈一人之力足以勝此億兆之勢哉？恃人心以爲固爾。故人君而能撫民，則雖以一人而臨天下，而有不可動之勢。苟不能撫其民，而虐之，則失其所恃以爲固者，而一人之勢孤。一人之勢孤，則是一人矣，以一人而與億兆之人爲讎，豈能一朝居焉？故曰「獨夫受洪惟作威，乃汝世讎」，言紂作威而殺戮無辜，以與一世之人爲讎，則斯民無有戴之爲君矣，是獨夫耳。獨夫者，失其所恃之勢，與匹夫無異。與匹夫無異，而且與一世之人爲讎，是自取滅亡之禍也。齊宣王問於孟子曰：「湯放桀，武王伐紂，有諸？」孟子對曰：「於傳有之。」曰：「臣弑其君可乎？」曰：「賊人者謂之賊，賊義者謂之殘，殘賊之人謂之一夫。聞誅一夫紂矣，未聞弑其君也。」其言蓋出於此。苟不能撫民，而虐之，則是讎也，非后也。舉天下之人而讎一獨夫，豈爲弑君哉？

「樹德務滋，除惡務本，肆予小子誕以爾衆士，殄殲乃讎。爾衆士其尚迪果毅，以登乃辟。功多有厚賞，不迪有顯戮。嗚呼！惟我文考，若日月之照臨，光于四方，顯于西土。惟我有周，誕受多方。予克受，非予武，惟朕文考無罪。受克予，非朕文考有罪，惟予小子無良。」

此又從而爲之喻，以見意也。樹德若植嘉禾，必以雨露灌溉之，去惡如除蔓草，必芟夷蕴崇之，絶其本根，然後不至於滋蔓。武王言此者，蓋謂爾邦君、庶士於我國家，則當如「樹德務滋」，必封植愈固，然後斯民永享其利；於殷也，則當如「除惡務本」，必去紂之虐，然後其惡可得而絶。故繼之曰「肆予小子誕以爾衆士，殄殲乃讎」，言尚與汝務本以除惡也。「爾衆士其尚迪果毅，以登乃辟」，此則言汝衆士當務滋以樹我國家之有德也。孟子論湯之伐葛曰：「爲其殺是童子而征之，四海之内皆曰：『非富天下也，爲匹夫匹婦復讎也。』」湯之於葛，但有匹夫匹婦之讎，而猶且興兵以復之，今也，紂既「洪惟作威，毒逋四海」，以與一世之人爲讎，武王豈得恝然無所惻怛於其心哉？故我小子當與爾卿士「殄殲乃讎」。蓋我能與汝去紂之惡，則是撫汝而可以爲汝之君矣，汝衆士當進其果毅，以成汝之君。蓋爲滅紂而勝之，則將長爲汝之君而撫汝矣，汝不可不一德一心，以翊戴之也。武王所以三令而五申，諄複告戒，以致其所以弔民伐罪之意者，可謂盡矣。至是，將欲趨紂之郊，以決生民之命於商、周之勝負，則其所以用其衆士也，不可無賞罰以懲勸之，故遂戒之曰「功多有厚賞，不迪有顯戮」。蓋欲其衆之用命，則必欲示之賞罰之必信也。《湯誓》曰：「爾無不信，朕不食言。汝不從誓言，予則孥戮汝，罔有攸赦。」大抵行陣肅師，謹重其事，其言不得不出於此，非誘之以重賞，動之以嚴刑，以冀其從己也。既告之以賞刑之必信，於是遂嗟歎而言其臨事而懼，不敢自寧之意而已。惟我文考之德也若日月之照臨在上，近而西土，遠而四方，無所不被文考之德，其光顯于天下也既已如此，則我有周「誕受多方」以有天下，是周家之於紂，蓋有必勝之理矣，所不可知者，我小子之德如何耳。使此行也而我遂克紂，非我小子之能用武以卒伐功也，以我文考無罪，故我國家得以膺上天之休命而集其勳。使此行也受克予，則非朕文考之有罪，乃我小子無良善之德，故我國家所以應天順人者不克終，而斯民復蹈於塗炭之中而莫之拯救。此蓋其兢兢業業，志不忘於夙夜，故雖有必勝之理，而反躬自責，惟恐其不勝也。此與湯之誥多方曰「俾予一人輯寧爾邦家，兹朕未知獲戾于上下，慄慄危懼，若將隕于深淵」，皆是聖人至誠畏懼之心充實於中，則發之於言自然如此，無一毫詐僞於其間。而先儒引此爲湯、武假設以求衆心之辭，此説大害義理。孟子曰：「至誠而不動者，未之有也；不誠，未有能動者也。」湯、武以臣伐君，皆本天人之證，至於東征西怨，簞食壺漿以迎王師者，惟其至誠爲能動故也。使其誓誥多方之言非出於中心之誠然者，而設爲恐懼之辭以求衆心，則不誠莫大焉。既不誠矣，其何能動哉？齊桓公責楚曰：「爾貢包茅不入，王祭不供，無以縮酒，寡人是徵。昭王南征而不復，寡人是問。」此則假設求衆心之辭。蓋其心本不如是，而徒以權譎濟一時之宜，所以不能動人，使之必信。使桓公之此言出於中心之至誠，則其伐楚也，將無異於周公之東征矣，其功烈豈至如是之卑哉？故論聖人之事，以爲有所矯情而爲之者，皆淺丈夫也。

尚書全解卷二十三　周書

牧　誓

武王戎車三百兩，虎賁三百人，與受戰于牧野，作《牧誓》。

牧誓

武王以戊午之明日己未，發于孟津。越四日癸亥，周師陳于商郊。明日甲子，武王乃至，將「與受戰于牧野」。師既定矣，於是「杖黄鉞、秉白旄」而誓之，以肅其進退擊刺之節，而示之以弔伐「弗迓克奔」之意。蓋其所誓者，又在於《泰誓》三篇之外，不可以無别也。史官以其誓師于牧野，遂以「牧誓」二字爲篇名，正與《費誓》同，皆是指其所誓之地也。

「戎車三百兩，虎賁三百人」，此蓋周師陳于牧野之全數也。《史記》、《孟子》皆作「三千人」。諸儒多以《史記》、《孟子》之言爲信，而以此序爲誤，其意蓋以謂「戎車三百兩」不應但有「虎賁三百人」也。某竊以爲當從此序之所載。古者，虎賁之士必擇其驍勇有力之人爲之，朝夕在王之左右，以爲宿衛兵也。《周官》：「虎賁氏掌先後王而趨以卒伍，其屬有虎士八百人。」當周之盛時，纔有虎士八百人，則其伐殷之時而有三百人，固其理也。成王崩，「太保命仲桓、南宫毛俾爰齊侯吕伋，以二干戈、虎賁百人逆子釗于南門之外」，則是虎賁之士，蓋其宿衛之官，所以輔從乘輿者也。牧野之戰而至有「虎賁三百人」，已爲盛矣，則其文雖與「戎車三百兩」相接，其實在戎車之外也，非戎車所載之人也。其戎車所載之人，其步卒則已在三百兩之中矣。古者，兵車一乘，甲士三人，步卒七十二人。言「戎車三百兩」，則甲士與其步卒皆可見其數矣。而「虎賁三百人」，則是王之爪牙、勇力之士，在王左右以爲之輔衛。其有三百人已爲多矣，安得尚以其少，而以爲有三千人邪？以是知《史記》、《孟子》之言誤矣。漢孔氏曰：「一車步卒七十二人，凡二萬一千人。據其數當有二萬一千六百人，不言六百者，蓋古者記載之辭惟總其數而略其小，猶《詩》有三百六篇，但言《詩》三百也。」據舉全數而云「二萬一千人」者，此蓋出於漢孔氏之意，從古文而云爾。而今文孔氏注，於「二萬一千人」之下，乃加「舉全數」三字，此蓋出於後世儒者之所箋注，以發明孔氏之意，非其本文也，而後世傳寫者誤以相屬，遂以爲先儒之語，何不思之甚邪。夫孔氏省六百字，而乃加「舉全數」三字以釋其義，此必無是理也。唐孔氏又以謂：「《司馬法》：『六十四井爲甸，計有五百七十六夫，共出長轂一乘，甲士三人，步卒七十二人。至於臨敵對戰布陣之間，則依六鄉之法，五人爲伍，五伍爲兩，四兩爲卒，五卒爲旅，五旅爲師，五師爲軍。』則一車七十二人者，自計元科兵之數。科兵既至，臨時配割，其車雖在，其人分散，前配車之人，臨戰不得還屬本車，當更以虎賁甲士配車而戰，故有百人。」此蓋欲緣飾先儒異同之文而爲之説爾。是説未可輕從也。二孔氏其意，蓋以謂「虎賁三百人」者，即兵車所載之長也。此蓋謂嘗深考《虎賁氏》，以爲宿衛官，徒以三百人數而配合之。牧野之戰，諸侯各以其師來會，而此但言「戎車三百兩，虎賁三百人」，但舉周師之數，而不及諸侯之師者，蓋牧野之戰以周師爲主故也。而蘇氏曰：「春秋時，晉與齊戰，皆七八百乘，武王能以三百乘克紂者，其德與政皆勝，且諸侯之兵助之者衆也。」此説是也。夫周師爲主，而纔有「戎車三百兩，虎賁三百人」，則是諸侯以兵來會者亦不多也。武王能鳩合諸侯寡少之師以執紂如林之衆，豈與之較其區區之力哉？故作序者舉周師之全數而繼之曰「與受戰于牧野」，以見其在德不在力也。

時甲子昧爽，王朝至于商郊牧野，乃誓。王左杖黄鉞，右秉白旄以麾，曰：「逖矣，西土之人！」

「甲子」者，戊午後之甲子也。先儒以曆推之，蓋是周之一月四日。此言日而不言時者，上本《泰誓》之文也。「昧爽」，將明而未明之時也。武王於甲子之日將明而未明之時，蓋詰朝而至。商郊之牧野，蓋周師所次之地。漢孔氏曰：「紂近郊三十里。」皇甫謐曰：「在朝歌七十里。」二者不同，未知孰是。師既陳於牧野，牧野乃與紂戰，將戰而誓，必在於未戰時，於是「左杖黄鉞，右秉白旄以麾」，蓋所以示其將戰也。漢孔氏曰：「鉞，以黄金飾斧。左手杖鉞，示無事於誅；右手握旄，示有事於教。」據先儒解經，但存大體，未嘗故爲鑿說，至於此說，不免於鑿爾。蓋杖鉞秉旄，但是所執之物各從其便，豈屑屑然寓意於其間哉？孔氏之說既以鑿矣，王氏之說抑又甚焉。其說有曰：「鉞所以誅，旄所以教。黄者，信也；白者，義也。誅以信，故黄鉞；教以義，故白旄。無事於誅，故左杖黄鉞；有事於教，故右秉白旄。」王氏之說經，未嘗肯從先儒之說，至於此說則從。非徒從之，又從而推廣之，惟其喜鑿故也。以其喜鑿，故於《君子陽陽》之詩曰「左執簧，左執翿」，以爲：「簧所以爲聲，翿所以爲容，將隱而無所事於聲容，故在左也。」信如此說，則《簡兮》之詩亦是賢者不遇而作，而曰「左手執籥」，爲其無事於聲可也，至於「右手秉翟」，則爲有事於容乎？王氏於此則無說，以其說之不通故也。故蘇氏於此篇，則併與先儒而譏之，以謂：「黄鉞以金飾也。軍中指麾，白則見遠，王無自用鉞之理，以爲儀耳，故左杖黄鉞，秉麾非右手不能，故右秉白旄。此事理之常，本無異說，而學者妄相附致，張爲議論，皆非其實。凡若此者，不取。」蘇氏此說，可謂盡之矣。武王既「左杖黄鉞，右秉白旄」，於是誓之曰：「逖矣，西土之人！」「逖」，遠也。稱其行役之遠，以勞來其來也。

王曰：「嗟！我友邦冢君，御事司徒、司馬、司空，亞旅、師氏，千夫長、百夫長，及庸、蜀、羌、髳、❶微、盧、彭、濮人，稱爾戈，比爾干，立爾矛，予其誓。」王曰：「古人有言曰：『牝鷄無晨。牝鷄之晨，惟家之索。』今商王受惟婦言是用，昏棄厥肆祀弗答，昏棄厥遺王父母弟不迪，乃惟四方之多罪逋逃，是崇是長，是信是使，是以爲大夫卿士。俾暴虐于百姓，以姦宄于商邑。今予發惟恭行天之罰。

「友邦冢君」，謂同志之諸侯。「御事司徒、司馬、司空」，則是同與治事之三卿。當是時，周尚爲諸侯，未有天子六卿，故其行也，但有此三卿而已。漢孔氏曰：「治事三卿，司徒主民，司馬主兵，司空主土，指誓戰者。」唐孔氏曰：「於時已稱王而有六師，亦應已置六卿。今呼治事惟三卿者，司徒主民，治徒庶之政令；司馬主兵，治軍旅之誓戒；司空主土，治壘壁以營軍；是指誓軍者，故不及太宰、太宗、司寇也。」據二孔之意，謂《泰誓》之篇有「王乃大巡六師」之言，故有此說，某竊以爲不然。康叔封於衛，蓋諸侯之大國也，而《酒誥》曰「圻父薄違，農父若保，宏父定辟」，圻父，司馬也；農父，司徒也；宏父，司空也，則是古者諸侯之國降殺於天子六卿之制者，則有此三卿。周既未爲天子，則其但有三卿，復何疑哉？「王乃大巡六師」，蓋指諸侯之師而言之，某嘗詳論之於《泰誓》矣。「亞」，次也。「旅」，衆也。《周禮》曰：「施法於官府，乃建其政，立其貳，設其攷，陳其殷，置其輔。」「亞」即所謂「立其貳」也，小司徒、小司馬、小司空是也。「旅」即所謂「陳其殷」。「殷」，衆士也。「師氏」，

❶「髳」，原誤作「髣」，今據汲古閣本、通志堂本改。

若《大誥》所謂「尹氏」，而《洪範》曰「卿士惟月，師尹惟日」，師尹蓋又在卿士之下也。「千夫長、百夫長」，蓋主兵者。漢孔氏云：「師帥，卒帥也。」據《司馬法》「百人爲卒」，以卒師爲百夫長，誠是也。二千五百人爲師，以師帥爲千夫長，則不可。要之，千夫長、百夫長皆是主兵之人，但不可以合《司馬法》所載之言也。「庸、蜀、羌、髳、微、盧、彭、濮人」，皆西南夷也。唐孔氏曰：「文王國在於西，故西南夷先屬焉。」蘇氏曰：「楚鐖，庸與百濮伐之。庸即上庸縣，濮即百濮也。又楚伐羅，羅與盧戎兩軍之。蓋南蠻之屬楚者。羌即先零罕开之屬。彭今屬武陽縣。髳、微闕。」觀蘇氏此説，則知此數國者，蓋是西南極邊之蠻夷也。漢孔氏以爲在巴蜀，未知是否。文王國於岐，而化行於江、漢之域，故此數國者，蓋服屬於周，而預於伐紂之役也。既歷舉所善之人，❶於是使之「稱爾戈，比爾干，立爾矛」。蓋王既杖鉞秉旄以誓，則使聽誓者稱戈、比干、立矛，以聽誓而戰，故其儀如此。「稱」，舉也。「戈」，戟。「干」，楯也。「矛」，亦戟之屬，長二丈。唐孔氏曰：「戈短，人執以舉之，故言『稱』。楯則並以捍敵，故言『比』。矛長，立之於地，故言『立』。」此蓋隨宜相配而爲文也。武王既使陳于牧野之人，咸稱戈、比干、立矛，以聽誓矣，於是遂誓之以所以伐紂之意，而舉古人之言曰：「牝雞無晨。牝雞之晨，惟家之索。」蓋此篇數紂之惡，惟論其用婦人之言以亂天下者，故舉古人之言，以謂牝雞無鳴晨之理，使牝雞而鳴晨，則其反常而妖孽，家有此不祥，則將索然而盡，亦猶婦人而與於政事，是亦不祥，而喪國之道也。今商王受，乃不悟牝雞鳴晨之爲不祥，而其爲國則「惟婦言是用」，用婦人之言，遂至於爲其所蠱惑，聰明既喪，無所不昏，於是神棄其所陳之祀而弗答。蘇氏曰：「祭所以報本也，故謂之答。」昏於親親，故「棄其遺王父母弟不迪」。蘇

❶「善」，汲古閣本作「誓」。

氏曰：「王父弟及母弟，皆先王之遺胤，遇之不以其道。」此二者皆有家之所甚重，而紂皆昏棄之而不迪。鬼神當欽而不欽，九族當親而不親，則是於所厚者薄，故「惟四方多罪逋逃」之人，崇之，長之，信之，使之，或爲大夫，或爲卿士，使得以在高位，而「暴虐于百姓」，而「姦宄于商邑」，於所薄者反厚焉。夫既曰「崇」，又曰「信」，又曰「使」，又曰「長」，蓋言其好用小人也。自古無道之主，將肆其殘賊，則必招納「多罪逋逃」與之同惡相濟。楚靈王爲章華臺，納亡人以實之。蓋不仁之君，其所好尚皆如此，然而納亡人以實之，猶未至於登而用之，而紂則使爲大夫、卿士，而居於民上，此其所以肆其「暴虐姦宄」，以重失斯民之心也。紂之罪惡至於此極，而推原其本，則惟在用婦人之言，故武王舉以誓師，以見其牝雞鳴晨之禍爲至慘也，惟其平日「惟婦言是用」，天怒於上，民怨於下，則武王不可不應天順人，以「恭行天之罰」於紂，而興此牧野之師也。

「今日之事，不愆于六步、七步，乃止齊焉。夫子勖哉！不愆于四伐、五伐、六伐、七伐，乃止齊焉。勖哉夫子！尚桓桓，如虎如貔，如熊如羆，于商郊。弗迓克奔，以役西土。勖哉夫子！爾所弗勖，其于爾躬有戮。」

此蓋肅其進退擊刺之節也。在《易·師》之初六：「師出以律，否臧凶。」蓋雖帝王之師，其出也，不可以無紀律也。牧野之戰，蓋決於甲子之日，故肅之以紀律，使整齊其部伍、擊刺，不使之争利，以徼一時之幸也，故使其進戰者則不過於六步、七步乃止，而相齊焉。「夫子勖哉」者，言此事實汝將士之所當勉也。前曰「夫子勖哉」，後曰「勖哉夫子」，反覆其文，以致其諄諄告戒之意，猶曰「鄰哉臣哉，臣哉鄰哉」。爾將士之所當勖者，宜奮其桓桓威武之志，「如虎如貔，如熊如羆，于商郊」。虎、貔、熊、羆，皆猛獸，言其「桓桓」，當如此獸之猛也。雖其猛如此，然紂之衆士有能來奔於我者，當勿迎擊之，惟使降者役屬我西土而已。蓋武王之戰於牧野，志在爲民除害，而不在於殺人以逞其志，故其誓衆也，使之「不愆于六步、七步，乃止齊焉」，「不愆于四伐、五伐、六伐、七伐，乃止齊焉」，蓋不欲其嗜利以輕進也。雖使「尚桓桓，如虎如貔，如熊如羆，于商郊」，而又戒之「弗迓克奔，以役西土」，蓋不欲其殺降以重傷也。惟其告戒之素如此，故其戰也，則罔有敵于我師，前徒倒戈，攻於後以北。蓋周師之持重徐進，而如林之旅自相攻擊，倒戈以攻紂，而周師實不血刃也。「勖哉夫子」，蓋又勉之以終其義也。爾苟不能勉之，如前之所云，則汝之身有戮矣。其曰「爾躬有戮」，非武王嗜於殺人，蓋臨戰而誓師，其言不得不爾也。詳此篇，武王數紂之罪「惟婦言是用」，豈非武王意紂之必亡，無出於此也。《思齊》之詩論文王之所以聖曰：「思齊大任，文王之母，思媚周姜，京室之婦。大姒嗣徽音，則百斯男。惠于宗公，神罔時怨，神罔時恫。刑于寡妻，至于兄弟，以御于家邦。」此爲文王之所以聖，則紂之「昏棄肆祀弗答，昏棄厥遺王父母弟不迪」，以至於「暴虐姦宄」遍天下，而亡其國者，豈不起於「惟婦言是用」乎？故「婦言是用」，紂之所以亡也。案：《列女傳》曰：紂之好酒淫樂而不離，妲己之所喜者賞之，所憎者誅之。長夜之飲，妲己好之，百姓怨望，而諸侯有叛者。妲己曰：「罰輕誅薄，威不立耳。」紂乃重刑辟，爲炮烙之刑，妲己乃笑。夫紂爲暴虐之甚矣，而妲己尚且以爲罰輕。炮烙之刑，使人遭枉刑，至痛於膏火之中，而纔足以供其一笑，則其爲不道又在紂之上矣。文王雖能官人，而大姒猶佐之以求賢審官；紂爲無道，而妲己猶勸其爲炮烙之法。詩人以太姒之於文王爲天作之合，予於妲己亦云。

武　成

此篇所載，自往伐至於伐商之後發政施仁之事，首尾俱載，非必主於武而言。其以《武成》名篇者，蓋《書》之名篇，各隨其史官一時之宜，或述其所作之人，或取其所因之事，或指其所居之地，或掇篇中之字以爲名，其體各有不同，要之，徒取是字以爲簡篇之别耳，本無意義存於其間。此篇有「越三日，柴望，大告武成」之言，故史官編序之時掇取「武成」二字以志其篇，亦猶《梓材》以篇中有「梓材」之語，非有取「梓材」之意也。學者之於此，能行其所無事，無以鑿求之，則聞見博而智益明矣。此篇如漢孔氏、鄭氏之説，皆不必如此説也。

武王伐殷。往伐，歸獸，識其政事，作《武成》。

武成

此篇蓋是武王克商之後，史官記載其本末，於《泰誓》、《牧誓》之外，則爲此篇，以見其一時應天順人之大概。自往伐之初，至於歸獸之後，其所施設政事皆識於此。「識」字當作音誌，蓋謂紀其事也。此「識其政事」，主於史官而言。漢孔氏云：「記識商家政教善事以爲法。」其説非也。

惟一月壬辰，旁死魄。越翼日癸巳，王朝步自周，于征伐商。

「惟一月」者，即《泰誓》所謂「一月」。蓋周之正月，商之十二月也，周之正朔未建，故不可以云「正月」，其時日爲周史記，不可以追用商之正朔，故但云「一月」，蓋權時之義也。「壬辰，旁死魄」者，正月之首也。《漢·律曆志》曰：「死魄，朔也。生魄，望也。」蓋「魄」者，形也，是月之輪郭無光之處。沈内翰曰：「月本無光，猶銀丸，日耀之乃光。月之初生，日在其旁，故光倒而所見纔如鈎；❶月漸遠，則斜，而光稍滿。」其形如銀丸者，所謂「魄」

---

❶「倒」，據《夢溪筆談》(《四部叢刊》影明刊本)，當作「側」。

也。日月合爲朔之後始受日光，故明生而魄漸死，至望後則明死而魄漸生，故曆象以明魄之生死而定朔望弦晦，然後日之甲乙始可得而推也。「旁」，近也。一日爲始死魄，則二日爲近死魄。此所記載在於癸巳之日，至「王朝步自周，于征伐商」，不直言癸巳之日，「于征伐商」，而先言「惟一月壬辰，旁死魄」者，爲曆起也。蓋曆家之推步尤難於日月合朔，日月合朔既定，則千載之日可坐而致也。苟爲但言日而不言朔，以取正於月之明晦，則曆象不可得而推，非記載之體也，故古者將記日之甲乙，必先以日月之晦朔爲定。《春秋》書日食者三十六，而其定晦朔必以日食爲準，故杜氏長曆以日食推行，則其月之在晦、在閏皆可考也。此法雖詳於《春秋》，其實《書》之源流也。既載旁死魄之日壬辰以見周之克殷，其月辛卯，日月交會于星紀之次，以起周之曆矣，於是繫之以征伐商之日以紀事也，故繼之曰「越翼日癸巳」，則武王「朝步自周，于征伐商」。蓋於是月始興師而自周。癸巳日興師，而戊午日渡孟津，則是二十五日也。甲子克殷殺受，則是三十一日也。以至於下文「丁未」、「庚戌」，皆可以即此而推也。後世如漢、唐《律曆志》以其曆法推考，無所不合，由其事繫日，日繫月，故其有數存焉，可得以曆而考也。

厥四月，哉生明，王來自商，至于豐。乃偃武修文，歸馬于華山之陽，放牛于桃林之野，示天下弗服。

此處先後説者極多，惟唐孔氏依漢孔氏先後爲説，而其先後失次者與夫簡編之疑有脱逸，則論其端，而使學者以意逆志，而自得焉。此爲得體，但惜其論之有所未至也，某今於此篇不敢輕有去取。劉元甫、王介甫、程伊川、孫元忠數家之説，始依唐孔氏之意。案：唐孔氏所次歲月日，以謂「癸巳，王朝步自周，于征伐商」，正月三日也。其月二十八日戊午，渡孟津，二月辛酉朔甲子，殺紂。其年閏二月庚寅朔，三月庚申朔，四月己丑。「厥四月，哉生明」，謂四月三日辛卯也。「丁未，祀于周廟」，蓋四月十九日也。「越三日庚戌，柴望」，二十二日也。

庚戌日，柴望矣，而下文乃曰「既生魄，庶邦冢君暨百工，受命于周」，豈有二十二日後乃復有生魄之文乎？唐孔氏曰：「丁未，祀于周廟，已是此月十九日矣。此受命于周，繼生魄言之，則受命在祀廟之前，故祀廟之時，諸侯已奔走執事，豈未受周命而已助周祭乎？明其受命在祀廟前則是。」唐孔氏於此先後之序已覺其非矣，然而又曰：「史官失其時日，先言告武成既訖，然後却説受命，故文在下耳。」此則雖覺其非，而亦未知其爲失先後之序也。以某所見，當是武王既歸于豐，「偃武脩文」，歸馬放牛，「示天下弗服」矣，則「既生魄，庶邦冢君暨百工，受命于周，王若曰『嗚呼！羣后』」以下，皆繫於此，既告羣后以后稷、公劉、太王、王季、文王之德，而後率之以「祀于周廟」，以至於「柴望，大告武成」，於理爲稱。然此篇見存者，止於如此，其間文勢或有脱逸不全者，亦未可知，雖疑其先後之次如此，亦未敢以爲必然之論也。「厥四月」者，既克商之年四月也。「哉」，始也。始生明，亦是初三日也。前載正月三日，則云「惟一月壬辰，旁死魄。越翼日癸巳」，此載四月三日，云「哉生明」，蓋魄死明生，其實一也。特史官變其文耳。武王既克商矣，於是四月三日始自商還至于豐，則弔民伐罪，其事畢矣，於是「偃武修文」。《樂記》云：「武王克殷，渡河而西。車甲衅而藏之府庫，倒載干戈，包以虎皮，天下知武王之不復用兵也。散軍而郊射，左射《貍首》，右射《騶虞》，而貫革之射息也。」此則「偃武修文」之事也。既「偃武修文」，示天下不復用兵，則負重致遠之牛馬無所復用矣，故於是「歸馬于華山之陽，放牛于桃林之野」，示天下以無復服乘此等物以從事於干戈之事也。「華山之陽」，「桃林之野」，皆近豐之地。蓋牛馬既不用矣，則不復羈紲穿絡，而縱之無人之境，以適其性耳。二孔之説大不然。聖人之治天下，使萬物各遂其性，山川鬼神亦莫不寧，暨鳥獸魚鼈咸若。此有夏先后所以懋厥德，而罔有天災也。今以示天下弗服之故，而縱牛馬於乏水草、非所長養之地，非聖人所以仁萬物之意也。蘇氏又云：「華山之陽有川焉，其地至險絶，可入而不可出。桃林之野在華山東，亦險絶，歸牛馬於此，示天下弗服也。」此亦過論矣。夫苟縱而不留，則足以見其所無用武之心矣，豈必擇其可入不可出之地乎？苟其入而可以出，則天下遂將不信乎？此殆求之過也。

丁未，祀于周廟，邦甸、侯、衛駿奔走，執豆籩。越三日庚戌，柴望，大告武成。既生魄，庶邦冢君暨百工，受命于周。王若曰：「嗚呼！羣后，惟先王建邦啓土，公劉克篤前烈，至于大王，肇基王迹，王季其勤王家。我文考文王，克成厥勳，誕膺天命，以撫方夏。大邦畏其力，小邦懷其德。惟九年，大統未集。予小子其承厥志，

「丁未，祀于周廟」至「大告武成」，此文當屬於「予小子其承厥志」之下，蓋武王既歸馬放牛，示天下不服乘，則其王業於是乎成矣。「既生魄」，則十五日以後也。武王既克殷有天下，於是庶邦冢君及内之百執事咸來受新命于周，猶舜之居攝，則四方羣牧來覲。既諸侯群臣來受新命于周，於是武王爲之述其先王積德累功之艱難，故己得以成此王業。蓋將帥之以「祀于周廟」，則先爲言祖考之所以致此者，故惟歷叙后稷至于文考積累之次序，而己承其志，蓋爲將祀周廟而言也。王於是嗟歎以告諸侯曰「惟先王建邦啓土」，言周之王業自后稷在唐虞之際始封於邰，啓此周邦之土也。「先王」，指后稷也。《國語》有云「昔我先王后稷」，后稷非王而稱「先王」者，尊之之辭也。契在商亦稱「玄王」，皆尊稱也。「公劉」，后稷曾孫。「篤」，厚也。后稷之烈，至公劉而加厚焉。「大王」，后稷十二世孫，能增修后稷、公劉之業，而周之王業始基於此。王季且又能勤勞以成王家，而文王承之，功業於是大成。惟其積累之功德源流深長如此，故大爲天之所眷命，而膺受其命，以撫安四方諸夏。

於是時也，大邦諸侯則畏其力而不敢陵小，小邦於是懷其德而得以自立，彊者畏之而不敢侵小，小者懷之而有以自立，則是天下所賴以生存也。天下所賴以生存，則宜克紂伐殷，以君天下，而大統猶未集於其身，故於武王不可不承其志以致伐也。「惟九年，大統未集」，先儒因此説附會以斷虞芮之訟受命稱王之説，謂：「文王於斷訟之年更稱元年，至九年而崩，武王終喪而觀兵於殷，上承文王之年爲十一年，又二年而伐殷，爲十三年。」其爲附會之説似若可信，然而改元立號，近起秦、漢，三代之世無有也，惟後世之君於即位之年則稱元年耳，豈有文王既即位四十餘年而更稱元年之理？ 此説殆是漢儒因「九年，大統未集」之文而生此辭，其實非也。 然則「九年，大統未集」，何也？ 蓋當文王未崩九年之前，紂之惡貫盈而不可赦也，文王知其勢必不得不伐，於是時也已有伐紂之志矣，然而猶有所不忍，遲遲於九年之久。 文王既崩，而紂之惡日甚，則武王不可不承其志也。所謂「九年」者，徒謂周之王業當興於此時矣，何改元稱王之有哉？ 武王既告庶邦冢君以自后稷至于文王積德累仁，成此王業，而已承其志以伐紂救民而有天下矣，於是以丁未之日「祀于周廟」。 諸侯之「受命于周」者，咸奔祭于廟，大奔走，「執豆籩」，以供祭祀。 既告祭于廟，又三日庚戌，於是燔柴祭天，望祀于山川，「以告武成」，亦猶舜既居攝，以正月上日受終于文祖，然後「類于上帝，禋于六宗，望于山川，徧于羣神」也。 武王既克商有天下，諸侯百工「受命于周」，而其告戒之際，惟叙述其先世積累之艱難，而已承其志，故唐孔氏與劉元甫皆疑此下更有脱簡，蓋以《湯誥》考之，則誠有詳略之不同，故謂：「武王既定天下，當慇懃告戒，不應但祖述其先世之勤勞而止也。」予嘗反覆繹尋武王所以告諸侯之意，此蓋既得天下，將欲率諸侯「祀于周廟」，追王其先世，故其説如此。 案：《中庸》曰：「武王未受命，周公成文、武之德，追王大王、王季，上祀先公以天子之禮。」蓋是武王既受命，於是始追王其先世，祀以天子之禮。 自「惟先王建邦啓土」以下，蓋爲追王張本而言之也。「丁未，祀于周廟」，則於是行其追王之禮矣。惟其追王而言，故惟序述其先世積行累功之事。唐孔氏疑其下有脱簡，未必然也。

「底商之罪，告于皇天后土、所過名山大川，曰：惟有道曾孫周王發，將有大正于商。今商王受無道，

自「底商之罪」以下，至於「大賚于四海，而萬姓悦服」，其文當在「王朝步自周，于征伐商」之下，「厥四月，哉生明，王來自商，至于豐」之上，蓋其所序述，皆是武王未歸周以前事，簡編差舛，乃以屬於「予小子其承厥志」之後，而武王所以禱於天地山川之言，遂與上文之稱述后稷以來積德累功者相聯，則類夫武王誦其所禱之辭以告庶邦冢君者。故唐孔氏以謂自「曰：惟有道曾孫周王發」至「無作神羞」，王自陳告之辭也，且謂「無作神羞」以下，惟告神。其辭不結，文又不成，非述作之體，且冢君、百工初受周命，王當有以戒之，如《湯誥》之類，宜應説其除害與民更始，懲以爲惡之禍，勸以行道之福，不得大聚百官，惟誦禱辭而已。欲征，則慇懃誓衆；既克，則空誦禱辭。聖人有作，理必不爾。竊謂「神羞」之下，更合有言，簡編脱落，經失其本，所以辭不次耳。孔氏雖能疑其簡編斷絶，經辭不次，而遂信以禱神之辭爲武王對庶邦冢君、百工誦之，殊不知追王之辭蓋盡於「予小子其承厥志」，而「底商之罪」以下，自是史家記述武王既往伐商，禱于上下神祇之辭，簡編失次，誤載於「其承厥志」之下耳。故王氏、劉氏、程氏諸家以屬於「王朝步自周，于征伐商」之下，蓋得之矣。但王氏以「乃反商政，政由舊，釋箕子囚」以下，屬於歸周之後，則失其次。夫「釋箕子囚，封比干墓，式商容閭」，散財發粟，此蓋既克商之事，豈至周而後有事於此邪？故劉氏自「底商之罪」至「萬姓悦服」，悉以加於「厥四月，哉生明，王來

自商，至于豐」之前，此則勝於王氏所次遠甚。程氏亦以釋囚封墓以下依劉氏所次，而移「乃反商政，政由舊」於「列爵惟五」之上，謂自此以下方是「政由舊」，亦各就其所見如此。然《武成》既非今書，亦未可以其見存之文爲必然不易之論也。武王既興義兵，爲天下除殘去賊，其所以伐紂，爲此舉者，蓋所以奉天地神祇之意，而非所以狥一人之私欲也。故其兵之既動，則致商紂之所以獲罪於天地神祇之意，以告皇天后土與夫師之所過名山大川。「名山」，華嶽。「大川」，河也。自豐、鎬而往朝歌，則必過華嶽涉河。華與河在五嶽四瀆之數，故知其爲「名山大川」也。「告于皇天后土」，則《泰誓》所謂「類于上帝，宜于冢土」也。告于天地山川，其禮不必同時，而禱祠同，故併而載之曰「底商之罪，告于皇天后土，所過名山大川」，明其禱祠皆云爾，非是以天地山川併爲祭也。《泰誓》曰：「予小子，受命文考，類于上帝，宜于冢土，以爾有衆，底天之罰。」武王之所以伐商，而告于天地神祇者，蓋受命于文考，而非己之所敢專也，故其禱辭必稱「有道曾孫」，本其父祖言己乃有道之人曾孫也。唐孔氏以武王自稱「有道」，且謂：「聖人至公，爲民除害，以紂爲無道，言有道，以告神求助，不得飾以謙辭。」此說不然。鬼神害盈而福謙，謂「告神求助，不得飾以謙辭」，豈有是理哉？武王之誓師曰：「予克受，非予武，惟朕文考無罪；受克予，非朕文考有罪，惟予小子無良。」此蓋武王之心也。豈有自稱己之有道，以求神之福？其曰「有道曾孫」云者，亦猶曰「惟朕文考無罪」也。「惟有道曾孫周王發，將有大正于商」，言己憑我文祖之有道，將往大征商紂，以大正其罪也。當是時，始興兵往伐商，❶未知克與不克，而紂猶在上爲天子，遽稱「周王發」，此殆是史官增加潤色之辭，非必其禱神之言本如此也。孟子因咸丘蒙問舜南面而立，堯率諸侯

❶「伐」，原誤作「代」，今據汲古閣本、通志堂本改。下「伐商」之「伐」同。

北面而朝之之說，嘗舉孔子之言曰：「『天無二日，民無二王。』舜既爲天子矣，又率天下諸侯以爲堯三年喪，是二天子矣。」天下之不可以有二王也，苟以武王稱「周王發」，而繼之以今商王無道，則是二王矣。孟子於《武成》取二三策，則其所不取者，必此類也。武王所以本其文祖之有道，以有大正于商者，以「商王受無道」故也。孟子曰：「桀紂之失天下者，失其民也。失其民者，失其心也。得天下有道：得其民，斯得天下矣。得其民有道：得其心，斯得民矣。得其心有道：所欲與之聚之，所惡勿施爾也。民之歸仁也，如水之就下、獸之走壙也。故爲淵敺魚者，獺也；爲叢敺爵者，鸇也；爲湯武敺民者，桀紂也。」紂既無道，而周有道，則是紂敺其民而使其歸周矣，雖欲不亡，不可得也。《泰誓》數紂之罪，其文諄複反覆陳其不善之迹，蓋將以曉衆庶未諭之情不得不然，此禱于天地鬼神，不必歷數其罪，故其文簡而盡，此所以不同也。

「暴殄天物，害虐烝民，爲天下逋逃主，萃淵藪。予小子既獲仁人，敢祇承上帝，以遏亂略。華夏蠻貊，罔不率俾。恭天成命，肆予東征，綏厥士女。惟其士女，篚厥玄黃，昭我周王。天休震動，用附我大邑周。惟爾有神，尚克相予，以濟兆民，無作神羞。」

《泰誓》曰：「惟天地萬物父母，惟人萬物之靈。亶聰明作元后，元后作民父母。」蓋天之生萬物，惟人最靈。人者，萬物之主也，於人中擇其聰明者而爲之君。君者，人之主也，主而暴其民，則物亦不得其所矣。紂以不仁暴虐之資居於民上，而播其惡於衆，「暴殄天物」，而使天下萬物鳥獸草木皆失其性，而其害虐於民尤甚。言暴於天物，則民亦在其中。以人尤重於萬物，故別言之，與《泰誓》之意同也。「暴殄天物，害虐烝民」，則不仁甚矣，故小人之爲不仁者，皆與之同惡相濟，以肆其毒於四海，所謂天下之惡皆歸焉者也，是以「爲天下逋逃主，萃淵藪」。蓋謂紂爲衆惡之所歸，重複言之甚之之辭，猶曰「是崇是長，是信是使，是以爲大夫卿士」也。王氏曰：「歸之之謂主，萃之之謂聚，藏之之謂淵，養之之謂藪。」其説是也。紂既爲衆小人之所歸，不獨赦其逋逃之罪，又「以爲大夫卿士」，則是立其朝者，無非小人也。立朝皆小人，則君子無容足之地，故其仁人皆相率而歸周。此稱「仁人」，蓋指商之仁人，其人則莫知其爲誰也，亦未知其幾何人也。孔氏以爲太公、周、召之徒。太公歸周，在於文王之世，非武王之所獲。周、召，武王之懿親，不可謂之獲。「獲」者，自外來之辭也。王氏以爲微子之徒。武王以微子之來歸，而知紂之可伐，則是微子之亡其國略無不忍之意，烏得以爲仁哉？予故曰：「仁人必是自商而來，而人則莫知其爲誰也。」仁人既已歸周，則是空國無君子，立其朝者皆小人也。小人得志，君子相攜而去，則民之棄殷，可以卜之於此矣，故謂「予小子既獲仁人」，於是敢祇承上帝之命，以遏絶商紂爲亂之略也。仁人自商來者，非欲必預伐紂之謀，蓋武王以其獲仁人，而又卜知商家之必亡，而爲上帝之所斷棄也。武王既「祇承上帝」以伐商，而當時之民，内而華夏，外而蠻貊，無不相率以爲己使，亦皆恭敬天之永命，以助國家也。「蠻貊」，若「庸、蜀、羌、髳、微、盧、彭、濮人」之類。惟夷夏之人皆知敬天承命，故予之興師，自豐、鎬西來以東征，蓋所以慰安此士女之心也。予既東征以安此士女之心，於是士女喜悦我周師之興，咸實玄黄之幣于筐篚之中，以迎我師，顯我國家之當王天下也。「玄黄」，但謂其時所執之幣有此色爾，非有他義。又薛氏之説亦隨句取義，非《書》之本意也。士女之所以筐篚玄黄，以昭我周王者，豈人力之所能致哉？蓋天之休美，有以震動此華夏蠻貊之衆，而使之歸附我大邑周也。民既附我大邑周，故爾天地山川神祇庶幾能相助予伐紂克商，以拯斯民於昏墊之中，無使敗衂爲神之辱也。武王禱神之辭，蓋盡於此，以《左氏春秋傳》荀偃禱河、蒯聵禱其祖，「無作神羞」之下皆更有語，遂亦謂此下更有未盡之辭，此蓋不通變之論，未可以爲然也。

既戊午，師逾孟津。癸亥，陳于商郊，俟天休命。甲子昧爽，受率其旅若林，會于牧野。罔有敵于我師，前徒倒戈，攻于後以北，血流漂杵。一戎衣，天下大定。乃反商政，政由舊。釋箕子囚，封比干墓，式商容閭。散鹿臺之財，發鉅橋之粟，大賚于四海，而萬姓悦服。列爵惟五，分土惟三。

武王既「底商之罪」，以禱于天地山川神祇矣，於是以戊午日渡河而北。漢孔氏曰：「自河至朝歌，出四百里，五日而至，赴敵宜速。」此説甚不然。夫湯武仁義之師，蓋爲應天順人而起，豈爲詐謀奇計速於赴敵，以出敵人之不意哉？然自河至朝歌五日而至，經實有明文，意其所載時日必有誤也。「俟天休命」者，非是待天之有禎祥而後進兵，蓋武王之將進而與紂戰，以決生民之命於商、周之勝負，不敢以勝負自必也，必待天之佑我國家，而能勝之，此謂「俟天休命」而已。先儒以謂「夜雨止畢陳」，蓋過論也。武王既以癸亥之日陳于商郊，紂遂以明日甲子之詰朝，帥其多罪逋逃之人，其多若林木之盛，會于牧野。是時周師未動，而紂多罪逋逃之衆其徒之居於前者，自相攻擊以走，故反倒其戈，以攻其在後者，以致「血流漂杵」，言殺人之多也。雖殺人之多，皆紂之師旅自相屠戮，自周師而言之，實未嘗血刃也。周師未嘗血刃也，而紂之衆自相屠戮滅亡，豈武王實使之然哉？蓋由其多罪逋逃之人同惡相濟，其罪惡貫盈，天道之所不容，故使之至於此極也。而孟子則以謂：「盡信《書》，則不如無《書》。吾於《武成》，取二三策而已，以至仁伐至不仁，何其血之流杵也？」審如孟子之説，則是「血流漂杵」之言，蓋深疑之也。予嘗深原孟子之意，蓋恐學者傳之失真，以謂武王牧野之戰其殺人誠如是之多，故其後世嗜殺人之主必將指武王以爲口實，故爲此拔本塞源之論，此孟子所以有功於武王也。然而「血流漂杵」之言，則是紂之衆自相攻擊，其血流之多，蓋有此理，後世未可以孟子之説疑之，而遂謂無其事也。武王之伐商，紂之衆自相攻擊以至於此，則其得天下可謂易矣，故繼之以「一戎衣」而「天下大定」。蓋言一著戎衣，而天下遂定，以見其取之之易也。既克商而有天下，於是與天下更始，反商之虐政，由湯之舊政。蓋商家「賢聖之君六、七作」，其所傳之政，莫非創業垂統，爲萬世可繼之道者，惟紂不能率由舊章，遂至於亡。武王既反紂之虐政，則其施於有政者，豈可以他求？惟取商家之舊政而用之，則其政將不可勝用矣。「反商政，政由舊」，即如下文所載是也。箕子、比干、商容，皆商之賢者，紂惟不能用，故遂亡其國。武王既反紂之舊政，則其所不用之賢者，必致其禮待之。意其爲紂所囚於囹圄之中者，則釋之；其見殺而既葬者，則於是封其墓；其存而去於閭閻之中者，則過而式其閭。非特此也，紂之聚財於鹿臺，積粟於鉅橋，必爲己私者，則皆散而發之，以大賚於四海之困窮而無告者，而「萬姓悦服」。蓋「釋箕子囚，封比干墓，式商容閭」，則君子賢其賢，而親其親；「散鹿臺之財，發鉅橋之粟，大賚於四海」，則小人樂其樂，而利其利。於此時，若出於塗炭而登春臺之樂，熙熙然安能不悦哉？自「釋箕子囚」至於「萬姓悦服」，皆是「反商政」。未歸國之初也，有此善政及民，自此之後當繼之以「厥四月，哉生明，王來自商」，乃「偃武修文」，蓋於是始歸國，櫜弓矢，散馬牛，與天下休息。而孔氏本文以屬於歸周之後。夫箕子之囚，比干之墓，商容之閭，必在殷之國都，而鹿臺、鉅橋，亦在近郊之地，皆是既克之後，豈得爲既歸周已後之事乎？既歸于周，「偃武修文」，與天下更始，而又率庶邦冢君暨百工「祀于周廟」，以追王其先世，遂「柴望，大告武成」矣。則其所以施設者，莫先於疆理天下，以封建勳戚，故繼之曰「列爵惟五，分土惟三」。案：《樂記》曰：「武王既克商，未下車而先封黄帝之後於薊，封帝堯之後於祝，封帝舜之後於陳。既下車而封夏后氏之後於杞，封殷之後於宋。」蓋先封帝王之後，然後及於功臣子弟，以與會于牧野之諸侯犬牙相錯，爲王室之藩屏。「列爵惟五」者，謂封建諸侯列爲五等之爵，即公、侯、伯、子、男是也。「分土惟三」者，謂爵各有等，而所分之地則有三等，蓋公、侯皆方百里，伯七十里，子、男五十里是也。周家封建之法，蓋盡於此二言矣，故《王制》、《孟子》云「封建諸侯」，其説皆本於此。及《周禮·大司徒》所載則與此不同。其説曰：「諸公之地，封疆五百里，侯四百里，伯三百里，子二百里，男一百里。」信如《周禮》之所載，則是列爵惟五等，而分土亦有五等，與此篇所載異矣，故唐孔氏以爲：「周室既衰，諸侯相併，自以國土寬大，並皆違禮，乃除去本經，妄爲説爾。」此説甚好。至鄭康成之徒，必欲以此二書所載，附會而爲此説所以爲武王時大國百里，周公攘戎狄，斥大封域，增而廣之，故大國實五百里，或又謂公之地百里而已，五百里者，併與附庸言之。此言迂陋不通之論，二蘇兄弟皆詳辨其失，而李直講以爲《大司徒》所載：諸公封疆五百里，「其食者半」；諸侯封疆方四百里，諸伯之地三百里，「其食者三之一」；諸子之地二百里，諸男之地一百里，「其食者四之一」。其曰五百里、四百里，以至百里者，所謂「列爵惟五」也；而其所謂「其食者半，其食者三之一，其食者四之一」，即所謂「分土惟三」也。此説雖善，然尚有可疑者。四百里其食者三之一，則是所食者百三十三里有奇；三百里其食者三之一，則是所食者百里；二百里其食者四之一，則是所食者五十里；百里者其食者四之一，則是所食者二十五里，是亦分土爲五等，不謂之三等也。此亦難於折衷，姑用之。

建官惟賢，位事惟能。重民五教，惟食喪祭。惇信明義，崇德報功，垂拱而天下治。

此則爲王朝公卿大夫也。蓋居是官者，莫不欲得賢人而任之，然賢者之於事，有能有不能，因賢者之有是能，則使之任是事，治教禮刑政事，莫不隨其才而因任之，而其人則皆天下之賢人也。既外而封建諸侯，得其尊卑小大之制，而使賢能又皆得夫俊傑之才，則民治於是乎舉矣，故繼之以「重民五教，惟食喪祭」。蓋五典之教與食喪祭之三者，民之最重者也。曰「惟食喪祭」者，如《禹貢》言「羽毛齒革惟金三品，齒革羽毛惟木」，皆因上之辭也。「惇信明義」，蓋謂大明信義，揭示天下所以美教化、移風俗也。「崇德報功」者，猶湯之「德懋懋官，功懋懋賞」。蓋有德者，則宜崇之以高爵厚禄，使之在高位以致君澤民；至於有功者，則但報之以厚賞而不居之於位，各適其當而已。孟子曰：「人皆有不忍人之心，斯有不忍人之政矣。以不忍人之心，行不忍人之政，治天下可運於掌上。」武王興義兵，稱干戈，率天下諸侯以伐紂，而天下之人從之，而不少有疑於其間者，蓋其惻隱之心充實於其中，不忍天下之民陷於塗炭而不能以自出，故應天順人，拯斯民於萬死之餘。既克商而有天下，則其所施設者，無非不忍人之政。自釋箕子之囚，「崇德報功」，莫非不忍人之政也。惟其不忍人之心根本於未得天下之初，其不忍人之政著見於已得天下之後，則其治天下可運於掌上，此所以垂衣拱手而天下治也。周之社稷所以能緜緜延延至於卜世三十、卜年七百者，其源流蓋如此。

尚書全解卷二十四　周書

洪範

《書》之名篇，非成於一人之手，蓋歷代史官各以其意標識其所傳之簡册，以爲别異，非如《春秋》之書盡出於夫子之所删定，而可以一例通也。故《書》之爲體，雖盡於典、謨、訓、誥、誓、命之六者，然而以篇名求之，則不皆繫以此六者之名也。雖不皆繫於六者之名，然其體則無以出於六者之外，先儒拘於名篇之有無而不知變，遂以征、貢、歌、範爲十體，殊不知《洪範》之作，蓋箕子爲武王歷陳治天下之大法，其實謨之體也。《洪範》者，徒以史官傳録之時，偶不以謨、訓名篇耳。凡有異者，各自爲體，則將至於數十篇而猶未足也。今徒見其篇名有一「範」字，遂以爲有範之體，如此，則是《書》之篇名非據篇中「洪範」二字以爲簡册之别也。學者能知《書》之篇名雜出於史官之手，而不可以一例通，則典、謨、訓、誥、誓、命之體，昭昭然若日星而不可掩矣。《書序》之作亦與篇名相類，蓋是史官隨其旨意，各自立言，而不可以一概論也，故有包括一篇之義而盡於數言者，如《堯典》、《武成》之類是也。説者徒以謂《書序》盡出於夫子之手，自《堯典》至《泰誓》莫不有深義於其間，必欲皆從而爲之説，而不知於其間蓋有出於史官一時之意，但述其所作之由，而不及篇中之義者。如《湯誓》之序曰：「伊尹相湯伐桀，升自陑，遂與桀戰于鳴條之野，作《湯誓》。」篇中初無伊尹相湯伐桀之事，而序言此者，蓋以上篇之序有「伊尹去亳適夏，既醜有夏，復歸于亳」，故此篇接上文而爲序，非有異義也。如《周官》之序曰：「成王既黜殷命，滅淮夷，還歸在豐，作《周官》。」黜殷滅夷，初無與於作《周官》之序，此亦是與《大誥》、《微子之命》等篇之序首尾相接。若此之類，在五十八篇之中自爲一體，不可以必求其義也。如此篇序曰：「武王勝殷，殺受，立武庚，以箕子歸，作《洪範》。」「殺受，立武庚」，無與於篇中之事，而序言之者，蓋亦與上篇之序相接而言故耳。唐孔氏曰：「此篇惟當言『箕子歸』耳，乃言『殺受，立武庚』者，序自相顧爲文。上《武成》序言武王之伐紂，故此言勝之，下《微子之命》序云『黜殷命，殺武庚』，故此言立之，序言此以順上下也。」如孔氏此言，則是序之言此者，蓋立序之體不得不然，亦不可必其爲說也。而説者往往以謂《書》之序盡出於夫子之手，必欲以《春秋》褒貶之義而求之，故蘇氏曰：「『殺受，立武庚』，非所以同《洪範》者，而孔子於此言之，明箕子之德，蓋武王師而不臣也。武王將立殷後，必以箕子爲首，微子次之，而卒立武庚者，必二子辭焉。武庚死，而立微子，則是箕子固辭而不可立也。然天以是道畀禹，而傳至於箕子，不可使自我而絶也，以武王而不傳，則天下無復可傳者，故爲箕子者，傳道則可，仕則不可。」此其論箕子之出處，以謂「傳道則可，仕則不可」，固爲盡善，以謂出於夫子序《書》之意，則失之鑿矣。劉執中曰：「『立武庚』，以奉成湯之祀，明不奪其國而絶人之祀也。『以箕子歸』，作《洪範》』者，誅其君而師其臣，以先王之法存與不存耳。」王氏曰：「武王殺受矣，而不爲商立後，以統承先王，修其禮物，則是遇商不仁，無禮無義也。箕子嘗爲商之大臣，尚可以言之乎？武王立武庚，則是遇商仁且有禮義。」此實箕子所以言也，是皆已甚之論也。夫武王之待箕子，固有此禮，然未必是作《書》者之本意也。

洪範

武王勝殷，殺受，立武庚，以箕子歸，作《洪範》。

惟十有三祀，王訪于箕子。王乃言曰：「嗚呼，箕子！

湯之於桀，放之南巢而已，武王之於紂，則殺之者，荀子曰：武王伐紂，「遂選馬而進，厭旦於牧之野。鼓之而紂卒易鄉，遂乘殷人而進，誅紂。蓋殺者非周人，固殷人也」。紂之見殺，蓋以殷人如林之衆倒戈相攻，併攻於紂。武王至殷，赦紂而不誅，如湯之放桀之志已無及也，於是「立武庚」，代殷後，以終致其不忍之意，如湯放桀之意也。孔氏曰：「不放而殺，紂自焚也。」蓋其意以謂武王之心不殺紂，故取於《史記》之説，以謂紂兵敗走，入登鹿臺，蒙衣其珠玉，赴火而死。孔氏雖以是明殺紂非武王之本意，然商紂自焚而死，則不可謂之「殺」也。唐孔氏知其説之未通，則又從而爲之説曰：「紂既自焚而死，武王遂斬紂頭，懸之太白旗。死猶斬之，則生必不放。」是則併與先儒之意失之矣。某嘗以謂太史公之議論，其是非叛於聖人者多矣，未若以武王「斬紂頭，懸於太白之旗」之爲甚也。漢高祖與項羽親爲仇敵，以争天下，及羽死於垓下，高祖尚親爲之發喪哭臨，葬於彭城，祀以魯公禮，況武王於紂，其爲君臣上下之分較然明白，寧忍爲此已甚之戮乎？故某推本於荀卿之言，謂殺受者殷人，非周人，以釋學者之疑，亦所以推明武王之道也。「武王勝殷，殺受」，以「立武庚」，則是所以待殷者盡矣，於是「以箕子歸」，蓋以天下之大法其傳在於箕子，將屈己而問焉，故致恭盡禮，而奉之以歸，非執俘而歸也。「惟十有三祀」者，武王即位之十三年也。商曰「祀」，周曰「年」，此武王之十三年，當曰「年」，而曰「祀」者，蓋箕子之辭也。案：諸傳記引此篇者，皆以爲商書，則知此篇之作，蓋以箕子爲武王陳之，退而自録其答問之辭以爲書。以箕子之所録，故傳記皆以爲商書。雖然箕子所録，史官啓而藏之，故今文不以爲商書，而以爲周書。「惟十有三祀」者，因箕子之辭而未革也。「王訪於箕子」，就而問之也。《禮》曰：「禮聞來學，不聞往教。禮聞取於人，不聞取人。」武王既致敬盡禮，而奉箕子以歸，訪之以治道，故就而問之也。蜀先主將見諸葛孔明，謂徐庶曰：「君與俱來。」庶曰：「此人可就見，不可屈致也。將軍宜枉駕顧之。」於是先主三訪孔明於草廬之中，咨以世務。武王於箕子就而見之者，亦以箕子之不可屈而致故也。孟子曰：「故將大有爲之君，必有所不召之臣，欲有謀焉，則就之。其尊德樂道，不如是不足與有爲也。」武王將欲大有爲於天下，故就而訪箕子，蓋其尊德樂道之誠，出於中心之固然也。既就而訪之矣，於是咨嗟而呼箕子，以致其所問之意也。「箕子」，殷封内諸侯之爵也。天下既爲周矣，而箕子猶以殷圻内之封爵見稱於武王者，蓋不臣於周也。其封於朝鮮，蓋是既遁而去，不食周粟，如夷、齊之志，武王因而封之耳。雖封於朝鮮，而猶稱「箕子」也。

「惟天陰騭下民，相協厥居，我不知其彝倫攸叙。」

此武王所問之意也。漢孔氏曰：「天不言而默定下民，是助合其居，使有常生之資。」蓋其意以「騭」訓「定」，而《史記·宋世家》舉此文，亦以爲「惟天陰騭下民」。先儒解釋多用此説，然「騭」之訓「定」無所經見，難以取信。案：《爾雅》曰：「騭，升也。」《方言》曰：「魯、衛之間爲升騭。」則「騭」之訓「升」，其來尚矣。《漢·五行志》舉此言，而應劭之註以「騭」訓「升」，蓋取諸此。「惟天陰騭下民，相協厥居」，此蓋《洪範》之大要也。楊子曰：「陽推五福以類升，陰幽六極以類降。」雖有吉凶善惡之不同，然天之生斯民也。性無有不善而命無有不正。惟斯民之情因物有遷，失其性命之至正，故有陷於六極不能自出者，非其性之本然也，皆其愚不肖之自取耳。若乃天之所以「陰騭下民，相協厥居」，而使之各正性命，保合太和者，未嘗不升之以福也。惟「相協厥居」，而升之以五福，故其生斯民而立之君，其使之贊化育，而輔相裁成之者，必在於建皇極而斂五福，以敷錫庶民者，實君師之任也。武王惟知「天之陰騭下民，相協厥居」，而未知人君所以取夫陰騭之常理者，其本末先後當如何也，故曰「我不知其彝倫攸叙」。《大學》曰：「物有本末，事有終始，知所先後，則近道矣。」蓋欲求治道而不知本末先後之序，則倒行逆施，無自而成，故武王未知彝倫之攸叙，則勤勤懇懇，致恭盡禮，以「訪于箕子」而不敢緩。爲箕子者，不得不以所聞而告之也。傳曰：「禮恭然後可與言道之方，辭順然後可與言道之理，色從然後可與言道之致。」自「我聞在昔」以下，皆箕子諄復反覆歷陳治天下之大法，如此之深切著明無所不盡者，蓋以武王禮既恭，辭既順，色既從，則箕子之言不得不盡之矣。

箕子乃言曰：

武王之問，箕子之對，皆曰「乃言」者，唐孔氏曰：「天道大，沈吟乃問，思慮乃答。」「乃」，緩辭也。蘇氏曰：「乃言難之也。王虚心而致問，箕子辭遜而後對。」此兩説皆通。觀武王之克商，放牛歸馬，散財發粟，「大賚于四海，而萬姓悦服」，則爲治之本，武王非不知之也，然而方且皇皇然虚心屈體以訪箕子，箕子又諄諄然爲武王陳之者，孟子曰：「離婁之明，公輸子之巧，不以規矩，不能成方圓；師曠之聰，不以六律，不能正五音；堯、舜之道，不以仁政，不能平治天下。今有仁心仁聞而民不被其澤，不可法於後世者，不行先王之道也。故曰：徒善不足以爲政，徒法不能以自行。遵先王之法而過者，未之有也。」觀武王之克商，其所以「大賚于四海」者，無非「仁心仁聞」也，及致箕子之所問，則是先王治天下之大法也，猶公輸、離婁之不可無規矩，師曠之不可無六律，此武王之所以汲汲而問，箕子之所以諄諄而告也。使武王有仁心仁聞，❶而不能訪箕子以求其先王治天下之大法，是所謂「徒善不足以爲政」。箕子雖知先王治天下之大法，苟不得武王訪而行之，則是所謂「徒法不能以自行」。以武王之「仁心仁聞」，而能行箕子所傳先王治天下之大法，此周之治所以巍巍煌煌，集唐、虞、夏、商

❶「聞」，原誤作「問」，今據汲古閣本、通志堂本改。

之大成，而爲百王之冠也。然九疇之叙，雖箕子爲武王陳之，而其所陳則有所自來矣，蓋自禹神智爲天所錫，建德於唐、虞之世，而立地平天成之功。當是時也，洪範九疇已有所傳之迹矣，蓋其道乃百世所共由之道，而其文則發於禹之神智，經緯纂集，著爲成訓，昭然示後世。蓋所謂「百世以俟聖人而不惑」也。禹之《洪範》，箕子之所傳，其詳見於此篇，而其梗概則見於《大禹謨》之書矣。《大禹謨》曰：「惠迪吉，從逆凶，惟影響。」此《洪範》之大要也。蓋天下之理，順之則吉，逆之則凶。「彝倫攸斁」，是從逆之凶也。「彝倫攸叙」，是惠迪之吉也。《洪範》一篇，大抵發明此理，而箕子所陳，蓋本於《大禹謨》而釋之。《大禹謨》曰：「德惟善政，政在養民。水火金木土穀惟修，正德、利用、厚生惟和，九功惟叙，九叙惟歌。戒之用休，董之用威，勸之以九歌，俾勿壞。」箕子之所演者，演此而已。此猶伏羲之《易》，文王重之，孔子贊之，雖多寡不同，而其大旨則一也。學者欲學《洪範》，不可不推原其所自來。《大禹謨》乃《洪範》之根本，不明乎《大禹謨》，不可以驟語此。

「我聞在昔，鯀陻洪水，汩陳其五行，帝乃震怒，不畀洪範九疇，彝倫攸斁。鯀則殛死，禹乃嗣興，天乃錫禹洪範九疇，彝倫攸叙。

故箕子將陳彝倫之叙，於是推本其所自來，言鯀之所以失其叙，禹之所以得其叙者，然後歷陳其九疇之目也。「鯀陻洪水，汩陳其五行，帝乃震怒，不畀洪範九疇，彝倫攸斁」者，言鯀之逆此，所以凶也。「鯀則殛死，禹乃嗣興，天乃錫禹洪範九疇，彝倫攸叙」者，言禹之迪此，所以吉也。蓋「水曰潤下」，「潤下」者，水之性也，而鯀則陻之使不通，以拂其常性，使不得行其所無事，此五行所以皆亂。五行皆亂，則失其本矣，此彝倫之所以斁也。惟禹能順其潤下之性，而行其所無事，則水由地中行，而五行皆得其性。得其性，則其本立矣，此彝倫之叙也。然自漢以來，儒者往往拘於《河圖》、《洛書》之説，以天錫禹以九疇者，蓋其文自洛而出，故禹因而次第，遂謂天之「錫禹洪範九疇」，自「初一曰五行」以下，皆是龜背所負之文，或以爲六十五字，或以爲三十八字，或以爲二十七字，其説雖時有不同，是皆以爲龜背所負之文誠有如五行等字，禹次之以爲洪範。某竊以爲不然。古人之語，於其最重者必推於天，典曰「天叙」，禮曰「天秩」，命曰「天命」，誅曰「天討」，凡出於理之自然，非人之私智所能增損，莫非天也。「帝乃震怒，不畀洪範九疇，彝倫攸斁」，猶所謂天奪其魄也。「天乃錫禹洪範九疇，彝倫攸叙」，猶所謂天誘其衷也。雖然，豈有物以予奪於其間邪？夫《易》之爲書，由數而起，故今世所傳《河圖》縱横十五之數，謂伏羲準之，以畫八卦，猶可言也，至《洪範》之爲書，大抵發明彝倫之叙，本非由數而起也，則龜背所負者，果何物邪？若以爲有《洛書》之數，如《河圖》之文，則今世所傳《洛書》五行生成之數大抵出於附會，不足信也。若以爲龜背之所負有五行、五事等字，則其説迂怪矣。某竊謂「天乃錫禹洪範九疇」，猶言天乃錫王勇智耳，不必求之太深也。學者誠知《洪範》之書不由數起，而天之錫禹非《洛書》，則九疇之意涣然而明矣。

「初一曰五行，次二曰敬用五事，次三曰農用八政，次四曰協用五紀，次五曰建用皇極，次六曰乂用三德，次七曰明用稽疑，次八曰念用庶徵，次九曰嚮用五福，威用六極。」

聖人之經，雖同歸于道，然其制作之體則各有門户，而不可概論也。《易》之與《洪範》，皆是聖人所以發明道學之秘論，爲治之道，所以贊天地之化育，以與天地參者，要其指歸未嘗有異，而其體則實有不同者，觀其立名之意，則已可見矣。《易》之爲書，本於八卦，自八卦而衍之爲六十四，循流相錯，變動不居，故名之曰《易》。《易》者，言其變而不可爲常也。《洪範》之爲書，本於五行，自五行而推其用，至於五福、六極，其彝倫之叙先後始終，各有定體，故名曰《洪範》。《洪範》者，言其大法之不可易也。《易》之體圓，圓故不可常。譬之物，圓者動，方者静，圓流方止，各隨其理之自然，而不可以相移者也。《洪範》之體方，方故不可易。是則此二書，雖其理本於一揆，學者之求之也，自有門户於其間。學《易》者不可以不論其變，學《易》而不論其變，則《易》之法泥矣；學《洪範》者不可不論其序，學《洪範》而不論其序，則《洪範》之彝倫斁矣。是以箕子將陳九疇之叙，必先推本所自來，乃言曰：「我聞在昔，鯀陻洪水，汨陳其五行，帝乃震怒，不畀洪範九疇，彝倫攸斁。」言鯀之所以失者，以其彝倫斁也；言禹之所以得者，惟能叙其彝倫也。何謂彝倫之叙？自「初一曰五行」，至「次九曰嚮用五福，威用六極」是也。此九者施之先後，各自有序，得其序則「彝倫攸叙」，或失其先後之序，而逆施之，則斁矣。此如一人之身，元首居上，耳目手足各以其序别之於下，不容有毫釐之差舛也。而諸儒之論《洪範》，大抵多以《易》之體求之，往往以九疇之叙附會配合，以類相從，亦欲如重卦之統于八卦也。自漢董仲舒、歆、向父子以來，則既失之矣，故《五行傳》之説以謂「貌之不恭，是謂不肅」，謂：「田獵不宿，飲食不享，出入不節，奪民農時，及有姦謀，則木不曲直。厥咎狂，厥罰常雨，厥極惡。順之，其福攸好德。言之不從，是謂不艾。棄法律，逐功臣，殺太子，以妾爲妻，則火不炎上。厥咎僭，厥罰常暘，厥極憂。順之，其福康寧。視之不明，是謂不悊。作宫室，侈臺榭，爲淫亂，則稼穡不成。厥咎舒，厥罰常燠，厥極疾。順之，其福壽。聽之不聰，是謂不謀。好戰攻，輕百姓，飾城郭，侵邊境，則金不從革。厥咎急，厥罰常寒，厥極貧。順之，其福富。思之不睿，是謂不聖。簡宗廟，不禱祠，廢宗祀，逆天時，則水不潤下。厥咎霿，厥罰常風，厥極凶短折。順之，其福考。終命皇之不極，是謂不建。厥咎眊，厥罰常陰，厥極弱。」大抵以此數者牽合相從，徇其從己之見，以爲至當之論。雖其援引《春秋》經傳以發明其説，䴥若可信，然而失聖人之意遠矣。蓋箕子所陳，有九疇也，陳其事以如此，諸家之説相配爲義，則九疇必皆可配也。今其可配者，止於五行、五事、皇極、五福、六極之五者，而八政、五紀、三德、稽疑之四者則不可得而配，則是漢儒之爲鑿也。《洪範》其咎有五曰：狂、僭、豫、急、蒙，其徵亦有五曰：常雨、常暘、常燠、常寒、常風，今欲配合於五福、六極，福之五者，適存其數，而六極則衍其一而無所當也，則於咎、徵各增其一，曰「皇之不極，厥咎眊，厥罰常陰，厥極弱」，此則於箕文之外別立此二名，以遷就其說。又其所以配五行、五事，大抵皆失於穿鑿，非自然之理也，故老蘇著《洪範論》深闢其非，以謂明其統，舉其端，削劉之惑，繩孔之失，使經意炳然，如從璣衡窺天文矣。其用意固善，而糾正漢儒之失亦已切中其病也，然其自爲說，則猶有未盡者。其言謂：「皇極之建，則貌恭，言從，視明，聽聰，思睿，則木曲直，金從革，火炎上，水潤下，土稼穡，而時雨、時燠、時寒、時暘、時風應之，於是五福咸備。皇極不建，則反是而有六極之應。」此其爲說，雖不若漢儒之鑿，然其相配亦止於五疇而已，則八政、五紀、三德、稽疑之四者，則遺之而弗録也，安在其爲九疇哉？其曰：「致至治總乎大法，總大法本乎五行，理五行資乎五事，正五事賴乎皇極。五行，含羅九疇者也。五事，檢制五行者也。皇極，裁節五事者也。含羅者，其統也，裁節者，其端也。禹之疇，分之則幾五十矣。諸儒不求所謂統與端者，顧爲之傳，則向之五十又將百焉。莫若以百歸之五十，五十歸之九，九歸之三。三，五行也，五事也，皇極也。而又以皇極裁節五事，五事得則五行從，是三卒歸之一也。」老蘇之論如此，可謂善守約矣，然箕子之論九疇之叙，自初一五行，至「嚮用五福，威用六極」，自一至九始終先後，各有序，今以「九歸之三，三歸之一」，「又以皇極裁節五事」，五事得而五行從，則是九疇當先皇極，次以五事，次以五行，而後及其餘，豈不與箕子九疇之所陳者異乎？予嘗以謂九疇之言，箕子所陳也，必以箕子之言爲正。箕子之言曰「天乃錫禹洪範九疇，彝倫攸叙」，是九疇不可以無其叙也。自初一五行，至次九「嚮用五福，威用六極」，此其序也。箕子所陳之序既已如此，後世安可以私意而異之哉？善乎！曾子固舍人之論也，其言曰：「五行者，行乎三才萬物之間也，故初一曰五行。其在人爲五事，故次二曰敬用五事。五事敬則身修矣，身修然後可以出政，故次三曰農用八政。政必協天時，故次四曰協用五紀。修身出政協天時，不可以不有常也，常者大中而已矣，故次五曰建用皇極。立中以爲常而未能適變，則猶之執一也，故次六曰乂用三德。所以適變也，能適變則人治極矣，極人治而不敢絶天下之疑，故次七曰明用稽疑。稽疑者，盡之於人神也。人治極而通於神明者盡，然猶未敢自信也，必參吾之得失於天，故次八曰念用庶徵。徵有休咎，則得失之應於天者可知矣，猶以爲未盡也，故次九曰嚮用五福，威用六極。福、極之在民皆吾有以致之，故又以攷己之得失於民也。凡此九者皆人君之道，其言不可雜，而其序不可亂也。推其爲類，則有九要。其始終則猶之一言，此言可謂曲盡之矣。」蓋此書發明先王治天下之大法，必本於盡性踐形，然後推之以和同天人之際而施政教，而其極至於贊天地之化育，以與天地參者。彝倫之叙，始終先後，各有定體，而不可易，逆之則凶，順之則吉，故其謂序不可亂，言不可雜，此乃學《洪範》之綱領也。《中庸》曰：「天命之謂性，率性之謂道，脩道之謂教。」九疇自「初一曰五行」，蓋以夫此五行之運於天地之間，而發明天地之性中和之實也。自五事、八政而下，則「率性之謂道，脩道之謂教」也。道與教必率性而脩之，故自五事而下皆曰「用」，而五行不曰「用」者，自五行而用之也。唐孔氏曰：「五行不言『用』者，五行萬物之本，天地萬物莫不用之，不嫌非用也。」此説不然。自五事至於六極，莫不言「用」，則豈皆以爲非「用」而言「用」邪？以謂「用」者，自五行推而用之。所自推者，自不言「用」，其理固然也。孔子曰：「君子有九思：視思明，聽思聰，色思温，貌思恭，言思忠，事思敬，疑思問，忿思難，見得思義。」言君子之治己有此九者之殊，而此九者莫不各有所思，視之於明，聽之於聰，以下皆是理之自然不可易，各正其所，無以復加也。自五事以下，各言「用」而隨其所用，各繫一字，亦猶九思之各有所主，蓋其理之所當然也。「五事」者，聖人之所由以盡性，充之以踐形者也。視、聽、言、貌、思，其用不同，而蔽之以一言，則曰修己以敬而已。修己以敬，則五事各得其正，而無狂、僭、豫、急、蒙之失，故於五事曰「敬用」。「八政」者，聖人以其正心、誠意、修身之道達之於天下國家者也。自食、貨至於賓、師，不可不致其厚，故於八政曰「農用」。「五紀」者，聖人所以定四時成歲，以釐百工而熙庶績者也，而必曰「協用」者，此蓋與「協時月正日」之「協」同。蓋歲、月、日、星辰、曆數，其運行不同，而治曆明時者，必欲協此數者，各無舛差，然後正天時而治人事也，故五紀曰「協用」。「皇極」，聖人所以允執厥中而爲教者也，中立於此，民之所會而歸矣，故曰「建用」。「三德」，所以趨時適變也，先後相濟，不可爲常，故於三德曰「乂用」。「稽疑」者，聖人所以盡幽明之情，以定天下之事業也，不可不審於神明吉凶之意，故以「明用」言之。「庶徵」者，❶以己之得失可否，驗之於在天時之應者也，造次顛沛宜必於此，不可以須臾離也，故曰「念用」。「福」、「極」者，蓋其成效之見於民，而存亡禍福，治亂之所分者也，故於福則嚮之，於六極則宜威之。曰「嚮」、曰「威」者，蓋在人君之心有所避就，以爲激勸而兢兢業業，以制生民之命者也。漢孔氏曰：「言天之所以嚮勸人用五福，所以威沮人用六極。」以嚮、威爲天之所爲，大失其旨，夫自「敬用」至「念用」，皆指人君之用，豈於此二者而獨言天之所用邪？故張晦之廷評深得其説，以謂：「王者體五行以齊政，謹五事以修身，厚八政以分職，協五紀以正時，建皇極以臨人，乂三德以適變，明稽疑以有爲，驗庶徵以調氣。『彝倫攸叙』，是所謂至治。至治之世，五福被於民。『彝倫攸斁』，是所謂至亂。至亂之世，六極傷於民。是謂凡言乎『用』者，皆人君之所用也。」此説固善，而猶有未盡者。既曰「凡言『用』者，皆人君之所用」，而繼之曰「嚮

❶ 「徵」，原誤作「證」，今據汲古閣本改。

者，向而歸之」，謂「威者，威以畏之」，謂「王者用五福，則民向之，而歸其治焉；王者用六極，則民威之，而畏其亂焉」。既以五福、六極爲王者之用，又以嚮與威爲民之歸之、畏之，此則迂泥而失其旨矣，不如曾子固之説爲允。子固曰五福在民，「則宜嚮之」，六極在民，「則宜畏之」。威，畏也。此説可以裨張晦之失也。蓋嚮之、畏之，在人主心術之間，爾斯民何與焉？猶《大禹謨》曰「戒之用休，董之用威」，謂人主自戒自董耳。

夫此九疇者，蓋自禹之神知本夫天錫發明治天下之大法，推陳其先後始終之彝倫，以明示天下後世也。而箕子爲武王諄諄而陳之，自「初一曰五行」以上，推本其所以叙九疇之由，自「威用六極」以下，則詳陳九疇之名物，而其大要，皆不出此數。言曰「初」、曰「次」者，九疇各有其序而不可亂也。曰「敬用」、「農用」，以至「嚮用」、「威用」，言每疇之用，各有常理而不可易也。序不可亂，理不可易，學者誠能循其序，盡其理，舉而措之事業之間，則其能成天下之大順，致天下之大利，在指掌之間爾。學者不可不盡心。

「一，五行：一曰水，二曰火，三曰木，四曰金，五曰土。

胡安定曰：「自此而下，皆是箕子歷陳九疇之名，廣九疇之義。」蓋自上文「初一曰五行」，「次九曰嚮用五福，威用六極」，方是説論彝倫之叙。九疇之名雖已概見之，而未之詳也，故此偏舉九疇之名而條列之，剖析其名，敷繹其義，使先王治天下之大法昭然在目，可以舉而措之事業者也。據武王訪箕子，始也問之以「惟天陰騭下民，相協厥居，我不知其彝倫攸叙」，箕子告之以鯀之所以「汨陳其五行，帝乃震怒，不畀洪範九疇，彝倫攸斁。鯀則殛死，禹乃嗣興，天乃錫禹洪範九疇，彝倫攸叙」，而武王於此必復有所發問，而後箕子爲之叙其九疇之目，而每疇之間必復加發問，然後箕子歷陳之，此答問之常理也。如子張問：士「何如斯可以從政矣？」孔子曰：「尊五美，屏四惡。」子張復問曰：何謂五美四惡？於是夫子歷叙五美之辭，以及夫四惡。蓋答問之義自

當如此。武王之傳九疇於箕子，其間必更有請問之辭，如子張問於夫子者，蓋箕子録其文以成書之時，略去繁
文，以就簡要，故其所傳止於如此，學者當以意逆志可也。
「一，五行」者，在九疇之叙爲一，其疇曰「五行」。「一曰水，二曰火，三曰木，四曰金，五曰土」，此五行之目也。
《洪範》「彝倫攸叙」蓋出在於九疇，而九疇之叙，自一至九，各有先後不易之序，如父子兄弟之倫出於天序而不
可易，不容有毫釐之差舛也，故箕子陳九疇之叙，必言「初」與「次」者，蓋此但列其每疇之目耳，非有先後之序
也。而諸儒於此必欲求其先後之序而爲之説，雖其間亦有可以爲之説者，然其穿鑿附會者固已多矣，至於五
行，其説尤爲乖異而不可行。箕子之所謂「一曰水」，至「五曰土」，蓋謂九疇之所謂五行者，是此五者之物也，
而諸儒孔、鄭皆以爲一、二、三、四、五是五行之生數，此其爲説，蓋本於《易》之《繫辭》也。《易》曰：「天一、地
二、天三、地四、天五、地六、天七、地八、天九、地十。」諸儒因之，遂以附會此五行之叙而爲之説，以謂「天一生
水，地六成之；地二生火，天七成之；天三生木，地八成之；地四生金，天九成之；天五生土，地十成之」。至
本朝劉牧之遂以此爲《洛書》本文，其説以謂：「天與五合而爲十，一六爲水，二七爲火，三八爲木，四九爲金，
五十爲土。」故其圖則以土居中央，而一、二、三、四分左右前後，各以其成數配之。竊謂五行非無數也，而《洪
範》所陳，其意蓋有所主，而不可以數言也。其所謂一、二、三、四、五者，但列此五者之目耳，乃若其意，則「水
曰潤下」以下是也。如漢儒「一曰水」，至「五曰土」，則傅會以一、二、三、四、五爲五行之生數，至於五事，其所
謂一、二、三、四、五者，豈皆亦有數邪？以至五紀、五福，亦皆五物也，如五行謂可以繫之於數，則此五紀、五
福必皆可以數繫之，以至於八政必合於八之數，三德必合於三之數，然後可以爲箕子之意。今於其他不以數
言，而獨於五行則以約生其數，學者遂從而深信之，以爲《洛書》之本文果如此，何其不思之甚邪！夫《易》之

爲書，起於大衍之數，自一至五，衍之爲十有五，又自六至十，增而衍之爲五十有五，而天地之數備矣，用其四十九以筮，則其數不可勝計也。蓋《易》之爲書，本由數而起，故自一二三四五衍之至於無窮，此《易》之體也，若夫《洪範》之體，則異於此。蓋其書以五行爲本，窮理盡性，至於贊天地之化育，而與天地參，故其論五行者，論其性與理而已，理不可移，性不可易，其與《易》大衍之數變通而不窮者，固已如冰炭之不相入矣，安得以數而推之乎？故學《易》者，知《洪範》之五行不可以數而通，則可以學《洪範》矣。

「水曰潤下，火曰炎上，木曰曲直，金曰從革，土爰稼穡。潤下作鹹，炎上作苦，曲直作酸，從革作辛，稼穡作甘。

夫聖人之治天下，其極至於所過者化，所存者神，上下與天地同流，凡天地之化育，無非己之化育也，故《洪範》之爲書，要其極致至於休徵、咎徵之在天，五福、六極之在人。其所以輔相裁成者，莫不在於心術之間，蓋至於命之事也。欲至於命，必窮理盡性，而後能至焉，故其書必始於五行。而論五行之所以然者，必言「水曰潤下，火曰炎上，木曰曲直，金曰從革，土爰稼穡」，此蓋發明五行之理與性也。《詩》曰：「天生烝民，有物有則。」蓋天之生物，有是物必有是理，此五物生於天地之間爲最大者，故舉此五物所受天命之性，以見物之皆然也。水之性濕，濕故潤下，然搏之、激之，則有不潤下者，而非水之常性也；火之性燥，燥故炎上，然抑之、湮之，則有不炎上者，而非火之常性也；木之性敷榮，故曲直，然失其常性，則有夭閼其生者矣；金之性堅利，故從革，然失其常性，則有頑鈍其質者矣；土之性和緩，故可施之於稼穡，然而亦有磽确而不利於種斂者，而土之性本不如此也。此蓋言五行出於天地之間，各有稟受之性。其所以稟受之於性，則有理存焉。理不可窮，性不可盡，故《洪範》之書將欲建皇極、斂五福，以錫庶民，而立天下之大命，則必先窮理盡性，以爲其本。然後舉而措之天下之事業，而不可勝用矣，故其論五行，必以理與性之不可易者而言之也。孟子之言性善，蓋本於此。蓋人之性本善，而所以至於不善者，蓋必有陷溺而然，非其性之本然也。❶性之必善，猶水之必潤下，火之必炎上，木之必曲直，金之必從革，土之必爰稼穡，乃自然而然，非有使之然也。水、火、金、木皆言「曰」，至於土獨言「爰」者，曾子固曰：「潤下者水也，故水曰潤下。炎上者火也，故火曰炎上。木、金皆然。惟稼穡則非土也，故曰土爰稼穡而已，其説不得不然也。」此説是也。五行各窮其理，盡其性，物格而知至，則其本立矣。「潤下作鹹，炎上作苦，曲直作酸，從革作辛，稼穡作甘」，此又五行之味也。夫五行之在天下，聲色氣味莫不具此五者，而此獨言其味者，蓋五行各成其性以爲味者，此皆造化之妙用也。水之潤下，故凝結，而鹹之味成焉；火之炎上，故焦暵，而苦味成焉；木之曲直，故成實，而成酸之味；金之從革，故其氣腥，而成辛之味；土之於稼穡，則種之、斂之，而甘味於是乎成。五行至於成味，則是各盡其性，而成此五者之妙用，或可以收，或可以散，或可以堅，或可以緩，或可以輭，多寡有無，各適其節。而天地養人之功於是乎在聖人之體之，故其盡萬物之理，贊天地之化育，必至於致中和，位天地，育萬物，而後爲至也。《大禹謨》：「德惟善政，政在養民，水火金木土穀惟修。」此蓋箕子所衍爲九疇者，故其初言五行，必先本其性，推其味，以發明此理，然後叙其所以措之事業者，次而陳之。雖出於箕子之所傳，而其大致已見於《大禹謨》之所載矣，學者不可不知。

「二，五事：一曰貌，二曰言，三曰視，四曰聽，五曰思。貌曰恭，言曰從，視曰明，聽曰聰，思曰睿。恭作肅，從作乂，明作哲，聰作謀，睿作聖。

❶「然」，原誤作「善」，今據汲古閣本、通志堂本改。

「二」，五事」者，在九疇之序爲二。「曰貌」、「曰言」、「曰視」、「曰聽」、「曰思」，此則五事之用也。諸儒之論五事，皆以配五行。唐孔氏曰：「木有華葉，故貌屬木；言之決斷若金之斬割，故言屬金；火外光，故視屬火；水内明，故聽屬水；土安静而萬物生，心思慮而萬事成，故思屬土。」謂：「東方震爲足，足所以動容貌也。西方兑爲口，口出言也。南方離爲目，目視物也。北方坎爲耳，耳聽聲也。中在内，猶思在心。」後來如王氏、蘇氏之説大抵類此，而王氏之説詳明。某嘗謂此諸儒皆是附會穿鑿而爲之説，箕子之意本不如是，若五事果可以配五行，則自八政以下，皆各有所配，豈止於五事？而皇極、庶徵、福極猶可條而入之，至於其餘不可以穿鑿通者，則舍之不論，此豈自然之理哉？故某當以謂五行自爲五行，五事自爲五事，以至八政、五紀以下各自爲疇，而不可以附會通。諸儒既以五行配五事，故其論五事之序，或以爲合於五勝之序，或以爲合於五常之序，要之，皆是附會文致之辭，正猶以五行爲皆具生數也。東坡曰：「人之生也，五事皆具而未能用也。自其始孩而貌知恭，見其父母，匍匐而就之，擎跽而禮之，是貌恭者先成也。稍長而知其語以達其意，故言從者次之。於是始有識别，而目乃知物之美惡，耳乃知事之然否，於是而致其思無所不至，故視明，聽聰，而思睿者又次之。」蘇氏每譏王氏以爲喜鑿，至於此論則其去王氏無幾矣。九疇必以五事而次五行者，蓋聖人體天地中和之性，致知格物，以經綸天下之大經，已見於五行矣。物格知至，則其施設之序必先於正心誠意，以修其身，而立天下之大本，然後推之於天下國家，此蓋彝倫之不可易者也。孟子曰：「形色，天性也，惟聖人然後可以踐形。」五事，自「曰貌」，「曰言」，「曰視」，「曰聽」，「曰思」，必皆以「敬用」者，此蓋踐形之學也。自「貌曰恭，言曰從，視曰明，聽曰聰，思曰睿」，蓋學所以踐形也。自「恭作肅，從作乂，明作哲，聰作謀，睿作聖」，則可以踐形矣。此蓋聖人之事業也。人之正心誠意，惟驗於修身之間，故貌不可以不恭，恭也者，莊肅而不敢慢也。自貌恭而充之，至於作肅，則恭之德成矣。其曰恭者，猶有不恭之時，至於作肅，則凡其身之所動，無有不恭者矣。言不可以不從，從也者，順理而無所悖也。孔氏曰：「是則可從。」案：《易》曰：「君子居其室，出其言善，則千里之外應之。出其言不善，則千里之外違之。」孔氏之所謂「是則可從」，蓋本於此，然而以之爲言，曰從之義，則失之矣。蓋五事所謂「恭」、「從」、「明」、「聰」、「睿」者，方是修己，未及於人應之也。其曰從者，於理而不悖耳，非指人之從之也。由從而充之，至於作乂，則從之德成矣。蓋曰從，則疑有不從之時，至於作乂，則凡其口之所言無有不從者矣。視不可以不明，明也者，洞達而無所蔽之謂也。自明而充之，至於作哲，則明之德成矣。作哲者，視無有不明也。聽不可以不聰，聰也者，審諦而無所惑之謂也。自聰而充之，至於作謀，則聰之德成矣。作謀者，聽無不聰之謂也。思不可以不睿，睿也者，精一而無所疑之謂也。自睿而充之，至於作聖，則睿之德成矣。作聖者，思無不睿之謂也。貌無不恭，而至於作肅，言無不從，而至於作乂，視無不明，而至於作哲，聽無不聰，而至於作謀，思無不睿，而至於作聖，則盡性踐形之道於是乎盡，而治天下國家之本立矣。此九疇之序所以先之五行，而後次之以五事也。

「三，八政：一曰食，二曰貨，三曰祀，四曰司空，五曰司徒，六曰司寇，七曰賓，八曰師。」

《大學》曰：「古之欲明明德於天下者，先治其國；欲治其國者，先齊其家；欲齊其家者，先修其身；欲修其身者，先正其心；欲正其心者，先誠其意；欲誠其意者，先致其知；致知在格物。」此蓋言本末始終之序出於自然而不可易者也。《洪範》之書，始於五行以盡性，五事以踐形，盡性踐形以致知格物、正心誠意以修其身者，可謂至矣。楊子曰：「身立則政立。」能修身，則身立於此矣，故其舉而措之天下國家，則政利於彼，蓋其機如此。此《洪範》於五行、五事而下必繼之以八政者，以此也。

「三，八政」者，在九疇之序爲三，其疇曰「八政」。自「一曰食」至「八曰師」者，是八政之目也。先王欲明德於天下，既盡性踐形以修其身，而立其政事之本矣，則其所以舉而措之天下者，有此八者之政。此八者，皆先王所以厚民以爲教化之地者也，故曰「農用」。「農用」者，無所不致其厚也。一流於薄，則斯民必有受其弊者矣。自「一曰食」至「八曰師」，皆是治術之先務，闕一則不可，其勢敵，其體鈞，皆在所厚，而不可以先後緩急論也。諸儒之論此者，皆以爲食、貨，生民之最急，故以爲先，至於賓、師居下，莫不有說。某謂不必如此。要之，以是先王厚民之政不出於此八者而已。「一曰食」者，務農重穀之政也。如井田補助之類是也。「二曰貨」者，阜通貨財之政也。如「懋遷有無化居」之類是也。「三曰祀」者，報本反始之政也。社稷宗廟，山川百神，以至公卿大夫士庶莫不祭其先之類是也。「四曰司空」者，度土居民之政也。如辨方正位，體國經野，使士農工商各得其所之類是也。「五曰司徒」者，教民之政也。如學校選舉之類是也。「六曰司寇」者，立法懲姦之政也。如五刑之屬是也。「七曰賓」者，交際酬酢之政也。如冠昏喪祭鄉飲相見之類是也。「八曰師」者，寓兵於農，以修武備之政。如鄉遂教閱之法是也。此八者，皆國家之急務，爲治者所不可忽，非有先後緩急之殊也，故箕子陳八者之政，而斷之以一言曰「農用」，則是八者之體均矣。必如諸家之論，以食、貨爲生民最急，故在所先，雖亦有此理，然則司空，居民之政也，民無所居，則雖有食、貨之政，何自而施哉？唐、虞時，洪水未平，禹作司空平水土，然後「懋遷有無化居，烝民乃粒，萬邦作乂」，必曰食、貨爲先，司空爲後，則泥矣。故此八者，不可以先後緩急論之也。然此八者之中，如食、貨、祀、賓、師，則稱其事，司空、司徒、司寇，則稱其官者，言以之達意而已，必取其理之明白而易曉者。司空、司徒、司寇之政者多矣，若舉其事而概以一言，則未必盡也，故以其官而該之，至於食、貨、賓、師，則可以其事也。或舉其事，或舉其官，而八者之政曉然可見，人君治天下之大政，無復餘蘊於此矣。此實箕子所以爲善於開導人主之聽，而不費辭也。雖舉其一隅，至於官各有事，事各有官，亦可以觸類而通之矣。孟子論王道之始，必先以養生送死無憾者，其説蓋出於此。夫欲使斯民養生送死無憾，則其所以施於有政者，不可不致其厚，一有所不厚，則養生送死有憾矣，王道何自而成哉？此八者無所不厚，則其養生送死無憾矣，此乃王道之所自基也。以是觀之，《洪範》彝倫之序豈可易哉？

「四，五紀：一曰歲，二曰月，三曰日，四曰星辰，五曰曆數。

前所言者，先王所以厚民之政，然政事之施，不可不本於天時。《堯典》：「咨，汝羲暨和，朞三百有六旬有六日，以閏月定四時成歲。允釐百工，庶績咸熙。」蓋欲釐百工、熙庶績者，必在於「定四時成歲」。使時不定，歲不成，則政事雖厚，無自而施也。故《洪範》於八政之下，繼之以「協用五紀」者，蓋所以正閏餘，而成歲功也。「四，五紀」者，在《九疇》之序爲四，其疇曰「五紀」。「一曰歲，二曰月，三曰日，四曰星辰，五曰曆數」，此五紀之目也。謂之「五紀」者，蓋以陰陽寒暑之氣運於冥冥之中，其消息盈虛，迭相推移，而成四時，其氣之往來終始，不可得而知也，故以夫曆象數可紀者而推之，有象與數之可紀，然後陰陽二氣可得而定，故謂之「五紀」。「一曰歲」者，蘇氏謂：「歲星所次。」是也。歲星日行千七百二十八分度之百四十五，每歲曆一辰，十二歲一周天者也。「二曰月」者，月行於天，日十三度十九分度之七，一月一周天者也。「三曰日」者，日之行於天，日一度，一歲而一周天者也。「四曰星辰」者，歲日月之所行也。星者二十八宿：東方角、亢、氐、房、心、尾、箕，七十五度；南方井、鬼、柳星、張、翼、軫，一百二十度；西方奎、婁、胃、昴、畢、觜、參，八十度；北方斗、牛、女、虚、危、室、壁，九十八度四分度之一是也。辰者日月所會之次，其次十有二，正月會于娵訾，二月會于玄枵是也。星辰之行，與天左旋，一日而一周，一月而移一辰，一歲而復初者也。「五曰曆數」者，推數於曆，以候日月星辰之行度，而定時成歲也。唐一行《大衍曆》曰：「『天數五，地數五，五位相得而各有合，所以成變化而行鬼神也。』天數始於一，地數始於二，合二始以爲剛柔。天數終於九，地數終於十，合二終以成閏餘。天數中於五，地數中於六，合二中以通律曆。」蓋曆之作，必起於數，數有常積，自一二三四五推而衍之至於無窮，則歲、日、月、星辰之行度，雖千歲之日可坐而致也。夫《洪範》之爲書，包括天、地、人之理，以爲聖人治天下之大法，其中無所不有。大衍之數，所謂天一至地十，自一至五，衍之爲十有五，又自六至十，增而衍之爲五十有五，天地之數備，其衍之至於無窮，而曆法由此而積。凡此數者，皆繫於此五紀之中，而諸儒乃於五行言之，豈不悖哉？故某欲以此數悉順之於五紀，而於五行則不言數者，此蓋箕子之本意也。所謂「五曰曆數」，歲也，日也，月也，星辰也，此四者其節各有盈縮、進退、遲速、長短之不同，故必以曆數而齊其行度，然後各當其道，而無差舛於其間，故箕疇於此必曰「協用」者。協之者，其有所不齊，與「協時月正日」之「協」同。五紀協，則百官皆得其職，萬事各得其序，而厚民之政於是而畢矣，故先王之世必重其曆數之官者，凡以其政事之所自出者也。善乎！程伊川之言曰：「古之時分職主事，察天運以正四時。遂居其方之官，主其時之政。在《堯典》謂之『四岳於周』，乃分爲六卿之任，統天下之治者也。」後世學其法者不知其道，故以星曆爲工技之事，而與政分矣。蓋曆數之學，自後世而言之，是特工技之事耳，故太史公曰：「文史星曆，近乎卜祝之間。」言主上以倡優蓄之，非當世之所重也。」然以先王之時而言之，則夫所以厚民政以建皇極者必本於此。苟不本於此，則皇極不可得而建也。彼星曆之學不行於世，徒爲工技之事，則是天人異用，而「定四時成歲」之事遂與政分，治歷明時之職寖輕，則皇極之教亦復不明於世矣。自秦、漢以來，英雄大度之主，博學多識之臣，有意於治者，不爲不少矣，卒不能建皇極，厚民政，斂五福，以錫庶民以所施者，非彝倫之叙故也，以星曆之一事而觀之，則先王所以維持政教之具，失其旨於後世者多矣，無怪乎治效之不如古也。

「五，皇極：皇建其有極，斂時五福，用敷錫厥庶民。惟時厥庶民于汝極，錫汝保極。凡厥庶民，無有淫朋，人無有比德，惟皇作極。凡厥庶民，有猷有爲有守，汝則念之。不協于極，不罹于咎，皇則受之。而康而色，曰予攸好德，汝則錫之福。時人斯其惟皇之極。無虐煢獨而畏高明。人之有能有爲，使羞其行，而邦其昌。凡厥正人，既富方穀。汝弗能使有好于而家，時人斯其辜。于其無好德，汝雖錫之福，其作汝用咎。

堯曰：「咨！爾舜。天之曆數在爾躬，允執其中。」人君所以執中而立教，以爲烝民之極，必自夫曆數在躬之後。蓋道之大，原出于天，曆數在躬，然後性與天道合而爲一。高明博厚，悠久無疆，與天地合其德，故能不見而章，不動而變，無爲而成，此皇極之數所自立也。是以《洪範》之書先五行，次以五事者，所以盡性踐形也，自是而推之於八政、五紀，以和同天人之際，然後繼之以皇極，蓋聖人之教，至是而後立也。諸儒之說，皆謂九疇之義統於皇極，故漢孔氏謂：「皇極，行九疇之義。」老蘇曰：「致至治總乎大法，立大法本乎五行，理五行則資乎五事，正五事賴于皇極。」此其意蓋謂中者，天下之本，本立而道生，況五疇之義必本於中。某竊以此說爲不然。夫皇極在於五行、五事、八政、五紀之後，三德、稽疑、庶徵、福極之前者，此蓋其彝倫之序出於自然而不可易也。九疇以序，言序之先後，各有定體，設使聖人之意，謂皇極行九疇之義，理五行，資乎五事，正五事，賴乎皇極，則是九疇當先皇極矣。今其彝倫之序先之以五行，次之以五事，次之以八政、五紀，然後及於皇極，而説者乃謂皇極爲九疇之主，豈不謬哉？爲此説者，徒以謂：「皇極之疇居五之中數也，皇極居中，可以包括上下。」此説尤不可取。九疇以序而言，不以數而言之，皇極居之中數也，則以謂「皇極居中，以包括上下」。信如此，則五紀之數四，以至於五行之數一，三德之數六，以至福極之數九，必皆以數言也，必皆有説也。今於八者之數則皆無説，而獨於皇極則繫之中數，此蓋不通之論也，而又有所甚不可者。揚子雲作《太玄》，其書由數而起，自一衍之，至於八十一，故其圖起於中，中爲一元，自一元衍而爲三方，自三方衍而爲九州，自九州衍而爲二十七部，自二十七部衍而爲八十一家，蓋以其體由中而起故也。今《洪範》之序，自「初一曰五行」，順而陳之，以至於「次九曰嚮用五福，威用六極」，苟以謂統於皇極，則是其體當亦自中而起，推而上之，則自五紀而五行，推而下之，則自三德而福極，彝倫之叙，其不斁者幾希。學者知《洪範》九疇之序出於自然而不可易，則知皇極之疇不可不繫於五紀之後、三德之前矣，故諸儒之説未敢以爲然也。雖諸儒之説不敢以爲然，然其謂聖人之治天下，必以大中爲本，此則不可易之論也，但不可謂皇極爲九疇之本耳。《洪範》「初一曰五行」，則聖人之治天下，必以大中爲本，其理已見於此。「天命之謂性」，性者，中之本體也。《洪範》之於五行，發明盡性之理已繫於此矣，則聖人建大中以爲治天下之本者，既由是廣而充之，至於五事敬，八政農，五紀協，則治天下之規模法度畢備矣。「次五曰建用皇極」者，是推之以立教，非謂聖人窮理盡性於喜怒哀樂未發之前也。湯懋大德，建中于民，舜執兩端，用中於民，此皆「建用皇極」之事也。

「五，皇極」者，在九疇之序爲五，其疇曰「皇極」。箕子之陳九疇，其八疇皆詳言其所以爲是疇者，獨於皇極一疇不言其所以爲皇極，而遽言「皇建其有極，斂時五福，用敷錫厥庶民」者，蓋自五行至五紀，即聖人所以建皇極以教民者，非是於數者之外别有皇極也。自「皇建其有極」，至於「爲天下王」，皆是聖人建極以教民之事，其文比於諸疇最爲詳備。蓋聖人以先知覺後知，以先覺覺後覺，其致知格物，正心誠意以修其身，舉而措之，以至於家齊國治天下平者，盡在於此，故箕子反覆爲武王陳之，其義無所不盡也。「皇極」有二説：先儒謂：「皇，大也。言大中之道也。」《漢·五行志》曰：「皇，君也。極，中也。」謂人君所建之中。二説不同，而某謂先儒之説爲勝。箕子之陳《洪範》，蓋聖人所以爲人君治天下之大法當如此，自五行至五紀，皆人君之急務也，豈至於皇極言人君建其有中乎？《湯誥》曰：「惟皇上帝降衷于民。」其「皇」字亦訓「大」，不得以訓「君」。「皇建其有極」亦猶是也。《中庸》曰：「中者，天下之大本。」此正皇極之義也。惟中故大，惟大故中。張横渠曰：「極其大而後中。可求止其中，而後大可有。」此言盡之矣。不謂之「大」而謂之「皇」，不謂之「中」而謂之「極」者，何也？莊子曰：「無門無旁，四達皇皇。」皇也者，大而無所不及之謂也。北辰謂之北極，極者居其所而衆星拱之謂也。」是極之爲言，立之於此，四方之所取正焉者也。自其本而言之，則謂之「大中」；自其推之以立教而言之，則謂之「皇極」。觀「皇極」二字，則聖人所以教民之意可見矣。「皇建其有極」而下，惟敷繹此義而已。夫天下不可以小治也，竭太倉之粟不足以飽其飢，殫内帑之帛不足以煖其寒。聖人之治天下也，固欲天下之大，萬民之衆，皆應天之五福，然苟不知操之有要，則不能治之。必若人人而爲之謀，家家而爲之慮，何若而富壽，何若而康寧，何若而攸好德，何若而考終命，不惟其智有窮而力將不給矣。吾將不殫其智力，而綽然有餘裕者，惟在於操之有要而已。夫福極之在人，各以類應。作善，降之百祥。蓋善者，百祥之類也。作不善，降之百殃。蓋不善者，百殃之類也。夫惟禍福吉凶之於善惡各以類而相感，後之人君惟能使民自嚮於善，則天之百祥皆將以類而應，斯民莫不各得其所欲，而無有夭閼札瘥之病矣。❶ 故「皇建其有極」，是乃所以斂五福而錫之於民也。蓋人君以皇極設教，則民之過者、不及者咸於君取中，而皆自力於爲善。作善者，百祥之所集

❶ 「有」，汲古閣本無此字。

也。君建極於上，則民皆則傚於君而取中矣，故曰「惟時厥庶民于汝極，錫汝保極」，謂其各正性命，保合大和，以丕應其上也。「凡厥庶民，無有淫朋，人無有比德」，則所謂「錫汝保極」也。無淫朋，無比德，則能保其極矣。惟皇上帝降衷于下民，民之受衷于天，初無以異也，惟其因物有遷，以陷溺其良心，故相與爲淫朋比德，以失其所受於天之常性。苟在上之人能建極以示之，以先知覺後知，以先覺覺後覺，則斯民知自反於善，則易直子諒之心油然而生，相與勸勉，同趨於忠信孝悌之域，故其直己而行，「無有淫朋，無有比德」，斯「惟皇作極」。夫至於「惟皇作極」，則君臣上下皆入於大中至正之域矣。然所以使斯民「惟皇作極」者，必有其道焉。人之生也，同禀此天命之性，初未嘗有智、愚、賢、不肖之分，然其所禀受，則有氣質之性存焉，故論天命之性，則凡受中於天者，均一性也，而論其氣質之性，則有上智焉，有下愚焉，而於上智、下愚之間，乃有中人之性焉。上焉，不待文王而興，上之人雖不設皇極以導之，而能自入於善；下焉者，自暴自棄，上之人雖設皇極以教之，有所不從也。則是皇極之所教者，惟中人而已。中人者，可以語上，亦可以語下也。蓋使皇極之教修，則世之中人皆可以進而爲上智；皇極之教不修，則世之中人皆將流而爲下愚，故箕子將欲建皇極，斂五福，以錫庶民，而使之「惟皇作極」，則必因其性之有上、中、下之别，各因其材而篤焉。「凡厥庶民，有猷有爲有守，汝則念之」，此則豪傑之士無所待於教，而自歸於皇極者也，姑但念之而不忘而已，謂無事於教也。「于其無好德，汝雖錫之福，其作汝用咎」，此則下愚之不移，雖教之，而不率，誨爾諄諄，聽我藐藐，此皇極之所無可奈何者也，故寧棄絶之而不教。必欲盡而教之，彼既不率，徒爲我之過咎而已。上智之人既無事於教，而下愚之人教之又有所不從，則是皇極之所教者，惟中人而已。自「不協于極，不罹于咎」，至於「時人斯其辜」，此皆所以教中人之道也。「不協于極」，言其所行猶未合於大中之道。雖不合於大中之道，而亦不至罹於過咎。曾子固曰：「若狂也肆、矜也廉、愚也直之類。」此說是也。狂也，矜也，愚也，所謂「不協于極」也。以其肆而不蕩，廉而不忿戾，直而不詐，則所謂「不罹于咎」也。「不協于極，不罹于咎」，而可以抑其過，引其不及而歸之於中道，故「皇則受之」。「皇」，大也。曾子固曰：「大則受之，言非小者之所能受也。」此說是也。受之，則必有以教之，故繼之曰「而康而色」，言當安汝之顏色以教之。如《詩》所謂「載色載笑，匪怒伊教」是也。「予攸好德，汝則錫之福」，謂中人之材，雖「不協于極」，苟知大中之爲可慕，則其好德之志形之於言，雖未必有好德之實，汝當無沮其好善之心，錫之以福也。先儒解「則錫之福」與下文「汝雖錫之福」，皆以「福」爲「爵禄」，惟孫元忠則不然，其說曰：「箕子之叙皇極，其言錫福者有三焉：始言『斂時五福，用敷錫厥庶民』，一也；中言『予攸好德，汝則錫之福』，二也；末言『于其無好德，汝雖錫之福，其作汝用咎』，三也。先儒皆以『福』爲『爵禄』，又恐不然。蓋皇極之道本以五福爲用，故凡言錫者，皆五福之理也。」此說是也。蓋皇極之所謂「福」，與三德「惟辟作福」之「福」不同，以三德推之非是也，故凡皇極之所謂「福」者，皆教之以大中之道。大中之道，五福之所由集也。建極之君，既「而康而色」以教之，雖有其好德之言，而未必有好德之實者，皆錫之以福，如此，則天下之中人莫不心悦誠服，而歸於大中至正之道，故繼之曰「時人斯其惟皇之極」。人既相與歸於大中至正之道，則爲之君者，必有所抑揚去取，以爲之勸率。苟其好德，則不以其勢之煢獨而虐之；苟其不好德，則不以其勢之高明而畏之。煢獨者不虐，高明者不畏，惟在於好德與不好德之分而已。取舍既如是之審，則好德者，必見知於上，故曰「人之有能有爲，使羞其行，而邦其昌」。言「不協于極，不罹于咎」之中人苟能至於好德而「有猷有爲」，汝則當有以奬勸之，使進其行於朝廷之上，則邦家賴之，其將至於昌盛矣；其未能至於「有猷有爲」者，則必將有以爲之勸率，亦使之同趨於大中至正之域。孟子曰：「無常産者無常心。苟無常心，放僻邪侈，無不爲已。」蓋無常心之人，至於

「倉廪實而後知禮義，衣食足而後知榮辱」，故在夫上之人，有以養其常心，然後可以納之於善，故曰「凡厥正人，既富方穀」至「時人斯其辜」，此蓋所以待無常心之人也。謂凡厥正人之道，必先有以富之，然後可以驅而之善。「穀」，善也。苟不有以富之，使之守其常心而不忍爲惡，則其放僻邪侈，無不爲也。「好」者，與孟子所謂「鄉黨皆好」之「好」同，猶言有所顧藉也。夫皇極之所以待乎中才者，其始終之間深思熟慮既如此，其盡宜其中才之人無淫朋比德，而趨於大中至正之道，人有士君子之行，以至於比屋可封也。待之既如此其盡，而猶有不入於善者，則是自暴自棄，而爲下愚之不移，是可以棄於罪戾之域，而莫之恤。蓋往者不追，來者不拒，如此而已矣，是則皇極之教也。箕子之陳皇極，其發端有云「皇建其有極，斂時五福」，至「惟皇作極」，總提皇極之大綱於上，然後申其義於下也。「凡厥庶民有猷有爲有守」以下，所以申「皇建其有極」至「惟皇作極」之義也。蓋人之生，雖稟於天之性，而其所受之氣質，則不無上智、中人、下愚之殊。上智者，無所事於教，而下愚者，教之有所不入，則其教者，惟中人而已。既建皇極之教，誘天下中人而納之於善，則斯民必將無淫朋比德，而同趨於公正之域，而「惟皇作極」矣。

「無偏無陂，遵王之義。無有作好，遵王之道。無有作惡，遵王之路。無偏無黨，王道蕩蕩。無黨無偏，王道平平。無反無側，王道正直。會其有極，歸其有極。

自「無偏無陂」，以至於「歸其有極」，此所以申言「凡厥庶民」至「惟皇作極」之義也。諸儒之説，皆以此爲人君之事，故漢孔氏曰：「『無偏無陂，遵王之義』者，言當循先王之正義以治民。『無有作好，遵王之道。無有作惡，遵王之路』，言必循先王之道路。以至『會其有極，歸其有極』，言會其有中而行之，則天下皆歸其有中矣。」

諸家之説雖小有異同，然大抵多謂人君建皇極當如此。某竊謂不然。夫《洪範》之書，彝倫之始終，莫不有先後自然之序。政者，正也。「其身不正，雖令不從。」未有身之不正而能正人者，故彝倫之序，必先五行以盡性，五事以踐形，然後施於有政而建皇極焉。此蓋己正而物自正，非至於正物然後所以正己也。如其皇極已建於上，方議其偏陂反側而去之，無乃倒行逆施而失其先後之序乎？故自「無偏無陂」至「歸其有極」，皆民之取正於君，同趨於大中至正之域爾，非人君所以建皇極之本也。蓋人君所以正心誠意以脩其身，而建爲皇極之本者，則於五事既詳言之矣。此皇極之所陳，皆其設中以正教之事也，故「無偏無陂」以下，乃民之趨於皇極之道，而不可以爲君之事也。《學記》之論學曰：「不陵節而施之謂孫。」雜施而不孫，則壞亂而不修。蓋人之學，其進之必有其術，不可驟而致也，故孟子論浩然之氣，「至大至剛」，而其所以養之者，則以謂是「集義所生，非義襲而取之也」。蓋謂其養之不可以無其序，苟失其序於毫末之間，則爲陵節而雜施，壞亂不脩矣。故聖人建皇極以教民，而民之趨於皇極者，必有其序焉。「惟皇上帝」，降衷于民，民之所以稟受於天者，莫不有皇極之道，惟其因物有遷，梏於藐爾形體之微，故小己自私至於偏陂反側，而失其所以固有之中，流於物欲而不能自反。人君既已建皇極於上，使民皆知大中之道本於天性之所固有，而去其所謂偏陂反側者，則大中之道，將卓然而自存矣。「偏」者，不平之謂也。「陂」者，不正之謂也。既不平，又不正，則大中之道汩没而不存。今也，大中之道既明於上，則民將去其不平不正，而「遵王之義」焉。苟知義之爲可遵，則可與入德矣，故「遵王之義」者，皇極之門也，由此而進之，遂至於「無有作好，遵王之道。無有作惡，遵王之路」。蓋惟仁者，能好人，能惡人。好惡者，人之常情所不能無也，惟不可以有作。作好作惡，是其私好惡也，既「遵王之義」，則廣而充之，遂能去其好惡之私，而遵王之道路焉。孔子曰：「行義以達其道。」韓愈曰：「行而宜之之謂義，由是而之焉之謂道。」由是義，然後可以至於道也。路亦道也。曾子固曰：「道路云者，異辭也。」此說爲善。「陂」，舊作「頗」字，唐明皇以協韻改爲「詖」字。蓋此數句雖《書》之所載，其實《詩》之體存焉。古人於韻語，各取其聲之協，不必盡有其義，觀三百篇之所言，蓋可見矣。故「無有作好，遵王之道。無有作惡，遵王之路」，蓋「道」字與「好」字相協，「惡」字與「路」字相協，各取其聲律之便而已，不必從而爲之說也。「遵王之義」，「遵王之路」，必皆以其「遵」爲言，「遵」也者，自外入之辭也。有所遵，則將有所從違出入於其間，而未可以常也。由此而繼之，則無所事於遵，而自合於王道矣，故繼之曰：「無偏無黨，王道蕩蕩。無黨無偏，王道平平。」「蕩蕩」者，廣大也。「平平」者，夷易也。「蕩蕩」者，所謂「魯道有蕩」。「平平」者，猶所謂「周道如砥」。「偏」，謂偏於己。「黨」，謂黨於人。於己無偏，則所以待人者無黨。「無偏無黨」，則見夫王道之蕩蕩，其行也無陝隘焉。於人無黨，則在己者終得以無偏。「無黨無偏」，則見夫王道之平平，其行也無險阻焉。「蕩蕩」、「平平」，亦異辭也。既「無黨無偏」，又由此而進之，行之以勇，守之以誠，則將至於無所迂回，以見夫王道之正直。「正直」者，大中之體也。至於「王道正直」，則斯能「惟皇作極」，而淫朋比德於是乎盡去矣，故能「會其有極，歸其有極」也。曾子固曰：「會者，來而赴乎中也。歸者，往而返乎中也。」此說善。蓋如人之行役也，其出而有所趨，則謂之「赴」，如《春秋》凡書公會于某者是也；其入而有所反，則謂之「歸」，如《春秋》凡書公至自某者是也。「會其有極，歸其有極」，則凡出入往返之間，無非中道，而顛沛造次，未嘗違焉。此所謂無所不用其極也。民之所以能無所不用其極，以爲之君者能建之於上。有所建於上，則民之所會而歸焉，此理之必然也。孔子曰：「爲政以德，譬如北辰，居其所而衆星拱之。」蓋建極者，如北辰之居所，而「會其有極，歸其有極」者，則如衆星之拱北辰也。

「曰皇極之敷言，是彝是訓，于帝其訓。凡厥庶民，極之敷言，是訓是行，以近天子之光。曰天子作民父母，以爲天下王。」

自「無偏無陂」，至於「歸其有極」，其所以循循然善誘，以訓致其民於太平至和之域者，可謂曲盡其道，然豈人君設爲私意所能然哉？其所施設，皆本於天理之自然，故於此又推本而言之。語既更端，故加「曰」字以別之，蓋所以總結乎上文也。言人君建皇極，敷而爲言，以教人凡所以順帝之則而已。民以是順，而爲言以胥告戒者，皆所以儀刑於上之德。此所以語上焉可以爲天之子，下焉可以爲民之父母，而「爲天下王」也。范内翰曰：「君以大中之道形於言，守之足以爲彝，推之足以爲訓，著爲典，則而不易，是彝也。發號施令，下告於庶民，使無淫朋比德，是訓也。然而爲此者，所以訓于帝而已。上帝降衷于下民，無非中也，天以是而錫聖人，聖人以是而錫民，凡厥庶民之陳於言，或父之詔子，兄之教弟，朝夕謦欬之間，是民之訓也，以至于慈孝友順，蹈履出處，語默之際，無非中民之行也。中無間於聖賢、愚夫、愚婦之別，苟適於中，雖去聖人千萬里之遠，其近於光華者，如威顔咫尺而已。君臣之相與者，不過於中，君以皇極而是彝是訓，則民以皇極而是訓是行，以近天子之光，是以天子作民父母，以爲天下王。夫天生烝民，而立之君，使司牧之勿使失性，豈其欲一人肆於民上，而棄天地之性哉？所以爲民父母，而爲天下之君者，要將以中教民，使歸於中而已。」此説爲善。王氏之説，其言曰：「有極之所在，吾安所取正？取正於天而已。我取正於天，則民取正於我。道之本出於天，其在我爲德。皇極，我與庶民所同然也，故我訓于帝，則民訓于我矣。」此論比於范説爲長，學者當深考之。大抵此一段總結皇極之道，故推原其本，而要其成，必言君之所以建極者，凡所以訓于天而已。所謂天者，豈蒼蒼之謂哉？亦本於天命之性而已，五行是也。達夫天命之性，推而行之，無非道也。庶民之所取正者，在此而已。《詩》曰：「上天之載，無聲無臭。儀刑文王，萬邦作孚。」此之謂也。

尚書全解卷二十五　周書

洪　範

「六，三德：一曰正直，二曰剛克，三曰柔克。平康正直，彊弗友剛克，燮友柔克。沈潛剛克，高明柔克。惟辟作福，惟辟作威，惟辟玉食。臣無有作福、作威、玉食。臣之有作福、作威、玉食，其害于而家，凶于而國。人用側頗僻，民用僭忒。」

「三德」者，聖人所以臨機制變，稱物平施，以爲皇極之用，而權其輕重也。胡安定曰：「聖人既由中道而治天下，又慮夫執中無權，猶執一也，故用三德者所以隨時制宜，以歸安寧之域也。故皇極則見聖人之道，三德則見聖人之權。」此説爲善。故皇極之疇，次之以三德者，蓋皇極之道，經權相爲用，有經必有權也。夫「三德」者，在九疇之序爲六，其疇曰「三德」。「一曰正直，二曰剛克，三曰柔克」，此三德之目也。自「平康正直」至「民用僭忒」，則釋三德之用，以盡其義也。漢孔氏之論此，比之諸儒尤爲多失其旨：「『一曰正直』，謂能正人之曲直也。『二曰剛克』，謂剛能立事。『三曰柔克』，謂和柔能治。『平康正直』，謂世安平，用正直治之。『彊弗友剛克』，謂世彊禦不順，則剛能治之。『燮友柔克』，謂世和順，則柔能治之。」以「正直」爲「正人之曲直」，以「克」爲「能」，皆失其旨，又於經之意晦而不明，諸儒多不用其説。惟范内翰之説爲精確，可以正先儒之失。其説曰：「治天下者，不過三德，曰正直、剛、柔而已。不剛不柔曰正直。正直者，中德也。剛克，謂剛勝柔也。柔克，謂柔勝剛也。如經云『威克厥愛，愛克厥威』之『克』。三德之用如是，當又用之。當其宜平康之世，則用正直以治之以中德也；於彊禦弗順之世，則用剛克以治之以剛德也；於和順之世，則用柔克以治之以柔德也。《呂刑》云『刑罰世輕世重』，謂刑新國用輕典，刑亂國用重典，刑平國用中典，亦隨時而用之也。」此説可謂盡矣。蓋「正直」者，中德也，不剛不柔也，即皇極所謂「王道正直」是也。世之平康，則剛柔皆不可偏勝，而正直之用於是爲宜。然世不能常平康，而有所謂彊弗友、燮友之時，則德亦不可以常主不剛不柔，而必有所謂剛克、柔克以禦之，此所以有三德之不同，而其用之亦各有其時。此范内翰之説也。是猶持權衡者，未嘗不欲其平，然而不能無低昂也，抑其昂，舉其低，然後不失其爲平。「沈潛」、「高明」者，是乃聖人善用天下之權也。故剛克所以禦彊弗友也，一於剛勝柔，則失之亢；柔克所以御燮友也，一於柔勝剛，則失之懦。亢則爲過，懦則爲不及，故雖剛克、柔克，可以濟中德之不及。苟其過不及而至於亢且懦，則其違中道遠矣，是必將有所抑其過，而引其不及以歸於中道。是以雖有剛克、柔克，而中道未嘗失焉，此聖人之善用權也，故繼以「沈潛剛克，高明柔克」者，蓋所以抑其過，而引其不及。剛克以禦彊弗友，然患其過而爲亢也，於是從而沈潛之，蓋抑其過而歸之於中也；柔克以御燮友，然患其不及而爲懦也，於是從而高明之，蓋引其不及而歸之於中也。如天地之造化，雖本於陰陽中和之氣，然而不無寒暑之變。盛寒之時，陰之極矣，而一陽生。一陽生，則春夏長育之漸也。盛暑之時，陽之極矣，而一陰生。一陰生，則秋冬揫斂之漸也。有春夏，有秋冬，然後可以成其化育。不如是，則有愆伏旱澇之災。聖人之治天下，亦猶此也。而先儒之論「沈潛剛克，高明柔克」乃猶不然，謂：「地雖柔亦有剛，能出金石。天爲剛德，亦有柔克，不干四時。喻臣當執剛以正君，君亦當執柔以納臣。」

此説迂回而難用，而謂臣當執剛，君當執柔，殊失經旨。蓋經之言三德，皆謂人君之德也，必以剛屬於臣，柔屬於君，此則周、漢之季世所以致危亡之禍也。漢孔氏之爲此説，蓋本於《左傳》甯嬴之言耳，此實膠柱之説。故張晦之謂孔氏之於《書》，「研精覃思，博考經籍，採摭群言，以立訓傳」。其失者皆採摭之誤。《中庸》曰：「博厚則高明，博厚配地，高明配天。」故孔氏以「高明」爲「天」。《左傳》文公五年甯嬴曰：「天爲剛德，猶不干時。」故孔氏以「高明柔克」爲「不干四時」，是則採摭之誤。據甯嬴之言，實得箕子之意。蓋其從晉陽處父聘于衛，及温還，其妻問之，嬴曰：「以剛。《商書》曰：『沈潛剛克，高明柔克。』夫子壹之，其不没乎！」蓋言處父之剛，一於用之而不知所以沈潛之者，故知其必没也。其曰「天爲剛德，猶不干時」，蓋又所以敷衍，其義非所以釋《洪範》者也，而孔氏乃引以爲證，❶誤矣。惟杜元凱之説則得之，謂：「沈潛猶滯溺也，高明猶亢爽也。言各當以剛柔勝己本性乃能成全。」其説優於孔氏遠矣。箕子既言三德之用各有其時，又言沈潛、高明以抑其過，而引其不及，而合於中道，其所以論聖人宰制天下之權，可謂盡之矣。然聖人所以用其權者，不在乎他，而必在夫賞刑名器之間，此實聖人之權勢操於掌握，以鼓舞天下，而不可以假人者也，故繼之以「惟辟作福，惟辟作威，惟辟玉食」，言此三者實人主之利勢所操，以用夫三德者也。「惟辟作福」，言所以爵賞人者，必出於人君之褒崇，而不可假於臣下者也。假於臣下，則福之柄下移矣，若齊之田氏是也。「惟辟作威」者，言所以刑戮人者，必出於人君之所裁制，而不可假於臣下者也。假於臣下，則威之柄下移矣，若宋之子山是也。「惟辟玉食」，言惟君得備珍食，此蓋人主之名器所以尊崇萬乘之勢者，亦不可以假於臣下也。「玉食」，則凡服食器用

---

❶「而」，原誤作「故」，今據汲古閣本改。

乘輿服御之不可假人者，皆在其中矣。假於臣下，則上下陵僭矣，如季氏之八佾，三家之雍徹是也。此三者，苟繫於人君之所操持，則威福在己，名分謹嚴，故有以操縱予奪以用此三德。其或假於臣下，則權勢下移，紀綱紊亂，其何以操此三德以爲皇極之用者哉？故繼之曰「臣無有作福、作威、玉食」至「民用僭忒」，言此三者，辟之所獨專，非臣下之所得而有也。必以「辟」言者，王肅曰：「辟，君也。不言王者，關諸侯也，諸侯於國得專賞罰。」此説爲盡。蓋諸侯有一國，則亦有一國之權勢也，爲人臣而竊其君之權勢，則君臣上下之分皆失其正，而三德之用，皆將廢而不舉。此危亡禍亂之所生，而國家不可一日而安也，故以國而言之，則凶，蓋君失其權勢，則國從而亡也；以家言之，則害，蓋臣而竊君之權勢，則亦非其利也。如魯之三家，盜弄威福，僭用名器，而昭公卒見逐於季氏者，是「凶于而國」也；季氏卒亦見執於陽虎，而三桓之子孫遂微者，是「害于而家」也。君臣上下既失其正，則羣下化之，亦將側頗僻、僭忒，而犯分陵節，無所不爲。此其爲患，與夫皇極之不建，無以異矣。

善夫介甫之説，曰：「皇極者，君與臣民之所共由者也。三德者，君之所獨任而臣民不得僭焉者也。」此實至當之論。蓋大中之道，人之所同有，爲君者苟不能以先知覺後知，以先覺覺後覺，而與斯民共之，則人將淫朋比德，而自弃於小人之域，此國家之所以亂也。威福名器，人主之利勢，苟不能執之於一己，使臣下得而僭焉，則庶民化之，亦將側頗僻、僭忒矣，此亦國家所由以亂也。二者雖殊，同歸於亂。惟聖人能以皇極經綸天下之大經而與斯民共之，又以三德宰制天下之大權而總攬於己，二者並行而不相悖，則斯民必將相率而歸於大中至正之域。此堯、舜、禹、湯、文、武之治所以巍巍煌煌，歷萬世而不可企及也。

「七，稽疑：擇建立卜筮人，乃命卜筮。曰雨，曰霽，曰蒙，曰驛，曰克，曰貞，曰悔。凡七，卜五，占用二，衍忒。立時人作卜筮，三人占，則從二人之言。汝則有大疑，謀及乃心，謀及卿士，謀及庶人，謀及卜筮。汝則從，龜從，筮從，卿士從，庶民從，是之謂大同。身其康彊，子孫其逢，吉。汝則從，龜從，筮從，卿士逆，庶民逆，吉。卿士從，龜從，筮從，汝則逆，庶民逆，吉。庶民從，龜從，筮從，汝則逆，卿士逆，吉。汝則從，龜從，筮逆，卿士逆，庶民逆，作内吉，作外凶。龜、筮共違于人，用静吉，用作凶。

聖人之治天下，既以皇極經綸天下之大經，又濟以三德以宰制天下之大權，經權兩盡，則是聖人之所以盡性踐形者，足以措之事業，體用於是備矣。故其至誠之所感召，幽可格於天地鬼神，明可信於卿士、庶民，欲有謀焉，則其吉凶從違之際，以之決嫌疑，定猶豫，其應也如響，無有毫釐眇忽之差。故彝倫之叙，必有稽疑繼於皇極、三德之後者，蓋所以盡夫幽明之情者也。經權既盡，又能以稽疑盡夫幽明之情，則人君之能事畢矣，然後天地之化育可得而贊矣。

「七，稽疑」，在九疇之序爲七，其疇曰「稽疑」。自「擇建立卜筮人」至「用作凶」，此皆稽疑之事也。「擇建立卜筮」者，孔氏曰：「龜曰卜，蓍曰筮。考正疑事，當選擇知卜筮人而建立之。」「乃命卜筮」者，孔氏曰：「建立其人，命以其職。」此説是也。蘇氏曰：「卜筮必命此人，不使不立者占也。」此説亦是。蓋如《周禮·春官》：「太卜掌三兆、三易之法，卜師掌開龜之四兆，龜人掌六龜之屬，菙氏掌共燋契，以待事，占人掌占龜。」皆是所擇以建立其官，而命以卜筮之職者也。故春秋之時，卜徒父、史墨之類皆是逐國建立之官，則命以卜筮，非所建立之人則不得卜筮，古之制也。鄭康成、王子雍皆以「建」、「立」爲二，言謂：「將攷疑事，選擇可立者，立爲卜筮人。」其意以「建」字爲可立之人，「立」字爲立之。亦不必如此説。既謂之擇，則固是擇其可立者矣。蓋經文固多義同而重複言之者，不必盡求其義，如「日嚴祗敬」、「勤勞王家」之類，豈必字字而爲之説？而王氏諸家又以爲有所選用謂之「擇」，有所創立謂之「建」。《周官·太卜》所謂「凡國大貞，卜立君，卜大封」者，所謂「建」也；「大祭祀，國大遷、大師」，所謂「擇」也。其説亦頗煩碎，不如先儒之簡易也。「曰雨，曰霽，曰蒙，曰驛，曰克，曰貞，曰悔」，此則卜筮之目也。《洪範》所叙之目，其體有三，九疇以序言其始終先後，各有定體而不可易，故自一至於九，列九疇之目，而必加初、次於其上，以明其序之先後，當如是也。五行、五事、八政、五紀、三德、五福、六極，此則皆其每疇之名，各有定數，故於每疇之下，必以「一曰」、「二曰」言之者，明其數之如此也，然其先後之次，不必以序言之，故不加初、次於其上，至於稽疑、庶徵所列卜筮、休徵、咎徵之目，則非其疇之本數，故但以「曰」言之，而不加一、二、三、四、五於其上，此其立言之體也。卜者鑽龜而卜，必視其龜兆之形，其形兆有霏霏如雨者，謂之雨；有如雨止舒豁者，謂之霽；蒙，陰闇；驛，氣絡驛不連屬；克，兆相交錯。筮者揲蓍而筮之也，必算其蓍筴所以遇之卦，其始揲所成爲下體，是爲内卦，内卦爲貞，其再揲所成爲上體，謂之外卦，外卦爲悔。所以内卦爲貞、外卦爲悔者，案：《春秋左傳》僖十五年，秦伯伐晉，卜徒父筮之。其卦遇蠱，蠱卦巽上艮下，説卦云「巽爲風，艮爲山」，故其占曰：「蠱之貞，風也；其悔，山也。」以是知内卦爲貞，外卦爲悔也。其所以謂之「貞」、「悔」者，唐孔氏曰：「貞，正也，言下體是其正。」鄭康成云：「悔之言晦，晦猶終也。晦是月之終，故以爲終，言上體是其終也。」王氏曰：「貞者，静而正，故内卦曰『貞悔者，動而過』，故外卦曰『悔動乎外』，豈皆有悔哉？而以外卦爲悔者，悔生乎動故也。」以此二説觀之，則王氏之説爲勝，然未必是古人意如此也。蘇氏曰：「其謂之貞悔者，古語如此，莫知其訓也。」此説深得古人多聞闕疑之義。蓋古人之所以命名者，要之徒取此字，以誌此名，不必盡求其義。如必盡求其義，則班孟堅於十二支、十干、十二律之名，皆曲爲之説，其乖戾者多矣。「凡七，卜五，占用二」者，此非本疇之名有此數，故先列其目於上，然後總其數於下，謂凡此稽疑之法有七，卜之占居其五，雨、霽、蒙、驛、克也，蓍之占居其二，貞、悔是也。「卜五，占用二」者，王子雍云：「『卜五』者，筮短龜長，故卜多而筮少。」此説是也。《易》之《繫》曰：「以卜筮者尚其占。」則卜其占也。下文言「三人占，則從二人」，是亦總卜筮而言之。然以「卜五」對「占用二」，則占爲指筮而言，蓋可見矣。「衍忒」之義，説者不同。漢孔氏無説，疑有脱漏。鄭康成以屬於上文，謂「卜五占用」爲斷句，「二衍忒」爲貞、悔也，斷「用」從上句，而以「衍忒」爲指筮事。王子雍則以爲：「『占用二』者，以貞、悔占六爻。『衍忒』者，當推衍其爻義以極其意。」唐孔氏引此兩家之説，以謂「當如王解」，而又謂：「其『衍忒』宜總謂卜筮，皆當衍其義，極其變，非獨筮衍而卜否也。」蘇氏曰：「卦之不變者，占卦而不占爻，故用貞悔占其變者，則止以所變之爻占之。」其説則近於王子雍。劉執中以謂：「卜五占二者，可以推衍其義，以知差忒，然後凶禍得以預防，悔吝得以先備。」其説則近於唐孔氏。而王荆公之説，則又謂：「衍者，吉之謂也；忒者，凶之謂也。吉言衍，則凶之爲耗可知也；凶言忒，則吉之爲當可知也。忒也、當也，言乎其位；衍也、耗也，言乎其數。夫物有吉凶，以其位與數而已。六五陽位矣，其爲九四所難者，數不足故也；九四得數矣，其爲六五所制者，位不當故也。數衍而位當者吉，數耗而位忒者凶，此天地之道、陰陽之義。」其説比之諸家最爲詳悉，而范純夫亦用此説，以謂：「衍則有餘，忒則不當。卜筮，衍則吉，忒則凶。凡陽道常饒，其數奇，故九爲陽；陰道常乏，其數偶，故六爲陰。以六對九爲衍，以九對六爲耗。陽君道，陰臣位，以偶居奇，則尊制卑爲當；以陰居陽，則下僭上爲忒。君子以之占其吉凶矣。如宋伐鄭，晉趙鞅卜救鄭，遇水適火，而占者曰：『利用伐姜，不利于商。』蓋盈水名也，子水位也，水數陽，火數陰，以水攻水，則數耗而位不當矣，故伐商不利。炎帝爲火師，姜姓其後也，以水制火，則數衍而位當矣，故伐姜則利。卜之，可以占用衍忒如此。又如陳侯之用周史卜筮，遇觀之比，而知其國昌。即其卦以視之，其爻九五而六四，陽居陰，而以九制六，豈非位當而數衍乎？晉獻公筮嫁伯姬於秦，遇歸妹之睽，而知其不吉。即其卦以觀之，其爻六五而九四，陰居陽位，而以六制九，豈非位忒而數耗乎？筮之，可以占用衍忒如此。」范氏此説，蓋本於王氏而增廣之，雖用此説，而又曰：「一云衍推也。忒，變也。卜卦有疑，則推其所變之卦。」此又近於先儒之説。要之，此二説雖皆可通，然先儒以「忒」訓「變」，王氏以「衍」爲吉，「忒」爲凶，皆未免於爲附會，不如且從劉執中之説，以謂「推衍其義，以知差忒」，爲平直而不費辭也。「立時人作卜筮」，謂立是卜筮之人，使爲卜筮之事。「三人占，則從二人之言」，謂卜筮俱立此三人也。《周官》：「太卜掌三兆之法，一曰玉兆，二曰瓦兆，三曰原兆。掌三易之法，一曰《連山》，二曰《歸藏》，三曰《周易》。」是卜筮俱有三法，將以卜筮而並建三人，使各以其法占之，而視其吉凶多寡，以爲從違者也。案：《儀禮·士喪禮》云：「凡卜日，卜人先奠龜西塾上，❶有席。楚焞置于燋，在龜東。族長涖卜，宗人立于門西，占者三人在其南。」以是知古者，將卜必立三人也。劉執中云：「九疇者，夏書也，周未受命，豈有三代占筮之人乎？君也，卿士也，庶民也，三人占之，當從衆矣。」此説非也。古之論三兆、三易，不得以爲夏、商、周也。杜子春曰：「玉兆，帝顓頊之兆；瓦兆，帝堯之兆；原兆，周之兆。《連山》，伏羲之易；《歸藏》，黄帝之易；《周易》，神農之易。要之，此三兆三易，蓋自有卜筮以來，相傳有三法，故其所占必歷三人，不可改也。」君也，卿也，士庶民也，雖下有「謀及」

❶ 「塾」，原誤作「墊」，今據汲古閣本、通志堂本及《儀禮》改。

之文，而又在卜筮之外。此文正指卜筮而言，以是爲説，固不可也，故不如先儒爲有所據。自「擇建立卜筮人」至「三人占，則從二人之言」，所以立卜筮之法也，盡矣。繼之以「汝則有大疑」至「謀及卜筮」，此則所謂稽疑以盡夫幽明之情者也。《易》曰：「天地設位，聖人成能，人謀鬼謀，百姓與能。」聖人所以成能於天地之間者，非獨任一己之聰明智慮以任天下之事也，其要在於人謀鬼謀無所不盡，以通幽明之情，而盡聖人之能事，則天地之化育不難於贊矣。「汝則有大疑」，若《周官》所謂「凡國大貞，卜立君，大封」，則皆國之大事而未決者，必先謀之於乃心，又謀之於卿士，又謀之於庶人，人情既盡，又謀之於卜筮，以盡鬼神之情者也。汝則從之，「是之謂大同」，此則人謀鬼謀無所不盡。若舜之禪位於禹，朕志先定，詢謀僉同，鬼神其依，龜筮協從是也。吕吉甫曰：「是非之心人皆有之，人心不同如其面焉，其或從或違，各任所見，豈能令人之皆同哉？靈而爲人者猶不可令，況物之愚乎？今也，龜筮與夫卿士、庶民皆協於己而從焉，則能合衆異而爲同，此所以爲大同也。蓋禮義人心之所同，聖人舉事若當於禮義，則幽必神與之，明必人與之，此所以皆從而無異焉。若此者，豈是人之所能哉？天實使之也。天之於君，非徒使幽明協從而已，必有吉祥善事保其終，以及其子孫，此身康彊，而子孫逢吉也。」此説爲盡。蓋聖人之所以通夫幽明之情者，其本於至誠之一德，則其福禄之來，至於千禄百福，子孫千億，穆穆皇皇，宜君宜王，此必至之理也。如周成王定鼎於郟鄏，卜世三十，卜年七百，後世享年之久，卒如所卜之期。❶ 蓋其幽明之情既盡，則其受命也如響，非自外來也。如魯之南蒯將叛，筮之，遇坤之比曰：「黄裳元吉。」以爲大吉，示子服惠伯。惠伯曰：「忠信之事則可，不然，必敗。外内倡和爲忠，率事以信爲共，供養

❶「如」，原誤作「知」，今據汲古閣本、通志堂本改。

三德爲善，非此三者弗當。」又曰：「參成可筮，猶有闕也，筮雖吉，未也。」蓋卜筮者，天之所示也，必人事盡，然後可以求之天命。天命、人事無異致故也。故《洪範》之爲書，必先於皇極建、三德乂，然後「謀及乃心，謀及卿士，謀及庶人」，以盡人謀，而斷之以卜筮，故其龜筮協從而大同，「身其康彊，子孫其逢，吉」，誠以人事既盡，然後天命可得而保也。苟惟人事之不恤，而惟卜筮之是從，以決大疑，則如南蒯之占，雖得文王之兆，猶無益也。是以稽疑之占，雖以人謀鬼謀無所不協爲至，然必在於皇極、三德之後，不可驟而語也。「汝則從」至「用作凶」，此聖人之用稽疑，雖以人謀鬼謀無不協爲至，然而所以酬酢天下之萬務，泛應曲當，紛至沓來，安能必其皆從而無違哉？故有從違之不同，則其要在於至誠，淵通默契於天地鬼神之德，而惟卜筮之是決，以定天下之事業，以斷天下之疑，故雖或從或違，而在我者無所不獲其吉也。「汝則從」至「卿士逆，吉」，蓋人謀雖有不協，然考之龜筮，則皆有從之吉，以是而舉事，雖未若大同之吉，然其爲神明之所輔相，不失其爲吉也。「汝則從」至「作外凶」，此則人謀有不協，而卜筮有從違之不同者，則不可以舉事於外，興大衆、動大役也，然其龜從，則其作内事，若祭祀冠昏之類也，不失其爲吉也。「龜筮共違于人，用静吉，用作凶」，此則卜筮皆違，是天地鬼神之意，不意其有所舉動也審矣，雖内事亦不可以有作也，故惟安以守常則吉，動而有作則凶。凡此數端，皆聖人盡乎幽明之情，以酬酢天下之勢，欲審於消息盈虚之數，自求多福，以遠於悔吝之咎，故雖人謀鬼謀，或從或違，皆不失其吉也。其所以致吉之道，或作或止，或動或静，惟以取信於卜筮，豈聖人爲是明鬼尚怪求之於茫昧之中哉？蓋其正心誠意以脩其身，既盡於此，則夫天人之際，應之者如影響，蓋有不期然而然者，故疑而筮之，則弗非也。日而行事，則必踐之，以敗龜腐草而斷天下之疑，而吾無所惑者焉？所可信者，在吾心之至誠耳。如其不然，則是巫覡之一技耳，何足尚哉？

「八，庶徵：曰雨，曰暘，曰燠，曰寒，曰風，曰時。五者來備，各以其叙，庶草蕃廡。一極備凶，一極無凶。曰休徵：曰肅，時雨若；曰乂，時暘若；曰哲，時燠若；曰謀，時寒若；曰聖，時風若。曰咎徵：曰狂，恒雨若；曰僭，恒暘若；曰豫，恒燠若；曰急，恒寒若；曰蒙，恒風若。

《中庸》曰：「惟天下至誠爲能盡其性。能盡其性，則能盡人之性。能盡人之性，則能盡物之性。能盡物之性，則可以贊天地之化育。可以贊天地之化育，則可以與天地參矣。」《洪範》之書，箕子爲武王陳治天下之大法，其本自於天下之至誠，以盡其性，而其極至於贊天地之化育，以與天地參。蓋天地與人一氣耳，作於此，必有驗於彼，天地造化之密移，雖運於無聲無臭之際，而原其得失休咎之應，則實繫於人君心術之間，其應如響之於聲，影之於形，蓋自然而然者。故此篇論人君所以盡夫天命之性者，必其貌、言、視、聽、思之用，見於肅、乂、哲、謀、聖，然後可以踐形，以爲贊化育之本。由此舉而措之，施於有政，至於五紀協，皇極建，三德乂，稽疑明。夫人君所以推其五事之成德以治天下國家者，可謂曲盡其道矣，然猶以爲未也，則又以夫天地陰陽之運見於雨、暘、燠、寒之序與夫歲、月、日、時之垂象者，以驗夫己之休咎。行有不得者，皆反求諸己，隨其所感，而省躬脩德焉。如此，則贊天地之化育以與參者於是爲至，故次八曰庶徵之驗也。蓋至是，而後可以驗其休咎，以知其得失也。其曰「庶徵」者，以其所驗者衆，既候於雨、暘、燠、寒、風之氣，又以省夫歲、月、日、時之垂象，無所不驗，難以數舉也。「念用」者，反求諸己之謂也。劉執中曰：「天地之於物也，能生之，而莫能終而遂其性也。能終而遂其性者，聖人也。天地之於人也，能生之，而莫能化而一於善也。能化而一於善者，聖人也。非聖人，則不能成天地造化之功。非天地，則不能成聖人。皇極之治，其道相參矣，其能相須矣，其力相敵矣，故曰三才也。」此説爲善。蓋欲知聖人所以成位於天地之間而爲三才者，必此焉觀之。苟非上下與天地同流，其何以爲聖人之治哉？

「八，庶徵」者，在九疇之序爲八，其疇曰「庶徵」。自「曰雨」至「則以風雨」，皆「念用庶徵」之事也。「曰雨」至「曰風」者，陰陽之氣運於天地之間，往來相盪，屈伸相感，有此五者之變，雨與暘對，寒與燠對，風行於四者之間，皆天地之所以化育萬物者也。「曰時」者，先儒以謂：「五者各以其時。」諸儒多從此説，然有可疑者。箕子之陳庶徵，列雨、暘、燠、寒、風於上，而言「五者來備，各以其序，一極備凶，一極無凶」，於下又爲之申言休咎之徵，不當於其中間又贅以「曰時」二字，與五者並列而爲六也。蔡元度曰：「時者，歲、月、日之時也。」此説爲優。蓋謂之庶徵，則以其驗之者不一而足也，雨、暘、燠、寒、風者，驗之於陰陽之氣也，歲、月、日、時者，驗之於陰陽之象也。驗其氣於冥冥之中，驗其象於昭昭之際，然後天地之化育無所逃於鑒察之内，而裁成輔相之功可得而成也。故自「五者來備」而下，所以申言「曰雨，曰暘，曰燠，曰寒，曰風」之義也；「曰王省惟歲」而下，所以申言「曰時」之義也。「五者來備，各以其序，庶草蕃廡」，言雨、暘、燠、寒、風之五者，各以時至，無過無不及，各得其多寡先後之序，則萬物皆遂其性，雖庶草亦且蕃廡也。萬物皆遂其性，而特言「庶草蕃廡」者，王氏曰：「庶草者，物之尤微而莫養，又不知自養也，而猶蕃廡，則萬物得其養皆可知也。」此説爲善。「一極備凶，一極無凶」者，此五者之氣苟不得其序，而爲過、不及焉，皆凶之道也。王氏曰：「雨極備則爲常雨，暘極備則爲常暘，風極備則爲常風，燠極無則爲常寒，寒極無則爲常燠，此飢饉疫癘之所由作也，故曰凶。」此説亦善。蓋年穀之豐凶，國用之虚實，民力之紓急，國勢之安危，必自夫五者之中節與不中節。此五者中節，而無過不及，則是五福之徵；此五者不中節，而有已甚，則是六極之徵，此誠人主之所當念也。然人君所以念此者，亦豈可以它求哉？惟求之於吾身而已矣。蓋天地與人一氣耳，作於此者，必有驗於彼。人爲天地之心，吾身之所以貌、言、視、聽、思，作用於酬酢萬變之間者，皆天地之運動也。其有得天，而天地之氣應者，其體自爾，非由外而至也，故雨、暘、燠、寒、風之來備，而各以其序，非此五者自能順序也，是人君之休徵也。其至於「一極備凶，一極無凶」，亦非其自爾也，是人君之咎徵也。休咎在此，而其驗在彼。人君之所念，惟在於此，故此疇既言此五者之徵有吉有凶，而遂言其所以致之者，併與夫休咎之徵，以見五事之有得有失其驗如此也。曰「休徵」者，五事皆得積而爲休。曰「肅」、「乂」、「哲」、「謀」、「聖」者，其休之致，「時雨」至「時風」，休之徵也。氣之相感召，各以其類，雲從龍，風從虎，陽燧取火於日，方諸取水於月，自然而然，非由或使也人爲之。五事與陰陽之五氣，實相須而行。君之貌恭，而至於作肅，則恭之德成矣，故時雨順之；君之言從，而至於作乂，則從之德成矣，故時暘順之；君之視明，而至於作哲，則明之德成矣，故時燠順之；君之聽聰，而至於作謀，則聽之德成矣，故時寒順之；君之思睿，而至於作聖，則思之德成矣，故時風順之。肅之於雨，乂之於暘，哲之於燠，謀之於寒，聖之於風，各以其類相感召者也。人君之所以贊天地之化育，至於皇極建，三德乂，稽疑明，則夫陰陽二氣見於雨、暘、燠、寒、風者，各以其時，所著見者，無非休徵也。然聖人雖有召和致祥之道，可以取必於陰陽之不乖者，而其所以警戒脩省之心則不可忘也。故治不忘亂，安不忘危，推之於陰陽之氣，則和不忘乖，祥不忘異，是以其所念者，不獨休徵，而又有咎徵焉。陰陽之氣，一失其和，則反身自省，曰是吾之咎也，故蚤夜以思，去其所以咎，而反之於休，則其徵莫不各以其序矣。故五者之咎，雖聖人之所必無，而其徵則不可不以之省也。「咎徵」者，反於休者也。貌之不恭，其甚則爲狂。狂者，肅之反也，故常雨順之。言之不從，其甚則爲僭。僭者，乂之反也，故常暘順之。視之不明，其甚則爲豫。豫者，哲之反也，故常燠順之。聽之不聰，其甚則爲急。

急者，謀之反也，故常寒順之。思之不睿，其甚則爲蒙。蒙者，聖之反也，故常風順之。狂、僭、豫、急、蒙，其於常雨、常暘之類，亦各以其類相感召者也。王氏曰：「降而萬物悦者，肅也，故若時雨然；外而萬物理者，乂也，故若時暘然；哲者，陽也，故若時燠然；謀者，陰也，故若時寒然；其思，心無所不通，以濟四者之善者，聖也，故若時風然。狂則蕩，故常雨若；僭則亢，故常暘若；豫則解緩，故常燠若；急則縮栗，故常寒若；冥其思，心無所不入，以濟四者之惡者，蒙也，故常風若。」此其論五事之與五氣各有其類，則誠有此理，但以「若」訓「似」，而謂「君子之於人也，固當思其賢，而以其不肖者爲戒，況天者固人君之所當取象也，則質諸彼以驗此，固其宜也」，此則殊失庶徵本疇之義。夫謂之庶徵者，謂人君以一己之得失驗之於天，苟以「若」爲「似」，謂雨、暘、燠、寒、風皆人君所取象以正五事，則是箕子設此一疇，但爲五事箋註耳，其何以爲庶徵乎？某竊以謂五事之與五氣各以類相感，當從王氏之説，而「若」字則當從先儒訓「順」。蓋事之得失，動於此，則氣順於彼。《樂記》曰：「凡姦聲感人，而逆氣應之。正聲感人，而順氣應之。」此「若」字當與《樂記》「應」字同義。此其所以爲徵也。五事之與五氣，雖各以其類應，然聖人之脩五事，以爲參天地、贊化育之本者，又豈務爲表襮之飾，以彊之於其外哉？其肅、乂、哲、謀、聖，蓋根於天命之性，出於所固有之物，則其充實輝光之發，「睟然見於面，盎於背，施於四體，四體不言而喻」，此其所以「通乎神明，光于四海，所過者化，所存者神，而上下與天地同流」也。非天下之至誠，固不足以與此。漢儒不知夫聖人所以「念用庶徵」者必有其本，徒見《洪範》之書有「肅，時雨若」、「乂，時暘若」之類，則謂貌、言、視、聽、思果足以致五氣之順序，故其爲説，則以謂：「貌之不恭，是謂不肅。厥咎狂，厥罰常雨，時則有服妖、龜孽、鷄禍、下體生上之痾、青眚、青祥；言之不從，是謂不乂。厥咎僭，厥罰常暘，時則有巨妖、介蟲之孽、犬祸、口舌之痾、白眚、青祥。」以至視也、聽也、思也皆然。且以春秋及漢之時灾異之變附會而爲之説，其大意則以謂人君欲戒謹恐懼，以答天變，惟自省於五事，以類求天意而已。故雨不時，則脩貌；暘不時，則脩言；燠不時，則脩視；寒不時，則脩聽；風不時，則脩思。隨其陰陽之變，而思所以應之。其説苛細薄澆，尤爲穿鑿甚矣。漢儒不揣其本，而徒齊其末也。夫應天以實不以文，所謂實者何？至誠之謂。所謂文者，不必犧牲、玉帛，凡有所修飾於外者，皆文也。今言災異之應，不言於至誠，而徒謂修五事以應天，爲可以達上穹之意，此則膚淺之論，其末流遂至於矯誣上天，而爲王莽之所爲，海内塗炭，歷數千年而不能定。此蓋應天不以實之弊也。故張晦之廷評深闢其非，以謂：「仲尼没，微言絶。學者殊塗異軌，各騁智辯。歷春秋，逮戰國、秦、漢之世，天地日月星辰多災變而興妖，是故學《洪範》及《春秋》者，以言災異多爲能。班固述《五行志》，何休注《公羊春秋》，凡災異之起，又以時事配之，多非其義，皆失聖人之意。夫《洪範》九疇，其始也言五行之常性，其中也言政教之常道，其末也言五福六極之常理，學者宜先通政教之得失，則五福、六極各知其所自矣。知五福、六極之所自，則五行之變動，自可推其類而察焉。政教者，本也。災異者，末也。學本而不學末，斯可矣；學末而不學本，不可也。」此説可謂盡之矣，而劉執中又因其説而申之曰：「一德正於中，則五事治之於外；一氣正於中，則五氣順之於時。以形而言之，則各宜類舉。聖人觀之，所以念己政之得失也。以德而召，則不可以形拘。聖人行之，所以應天道，以淵默也。漢儒於雨不時若，則弃德而修貌；暘不時若，則舍心而求言，其失不已遠乎？其惑不已甚乎？此聖人所以正皇極於五事之先，調元氣於日時之始者，爲得其本也，則念其政教之得失，不可以外於形矣，求其應之本原，不可以失乎德矣。」此説尤爲詳明。

「曰王省惟歲，卿士惟月，師尹惟日。歲、月、日、時無易，百穀用成，乂用明，俊民用章，家用平康。

日、月、歲、時既易，百穀用不成，乂用昏不明，俊民用微，家用不寧。庶民惟星，星有好風，星有好雨，日月之行，則有冬有夏，月之從星，則以風雨。

自「王省」以下，蓋所以申講上文「曰時」之義。據此疇名曰「庶徵」者，謂其所徵者，不一而足也，自五行至於稽疑，其得失之應皆驗於此，不獨爲一五事之疇而設也。蘇氏徒見上文論五事與五氣相應，其義已備，遂以此論歲、月、日、星爲五紀之文簡編脱誤於此，其文當在「五曰曆數」之後。某嘗謂蘇氏解經失於易，多欲改易經文以就己意，若此之類是也。夫九疇雖别而爲九，其實更相經緯，以發明治天下之大法。今以其有歲、月、日、星，遂以爲當屬於五紀之下，則是上文「肅，時雨若」，有肅、乂、哲、謀、聖之文，亦當屬於五事之下，皇極「斂時五福」，亦當屬於五福之下。如此，則九疇不相爲用，涣然而離矣，此豈箕子之本意哉？古人所以多聞闕疑，慎言其餘者，蓋有疑，則寧闕之，以俟知者，而不敢以己意增損之。蘇氏失之矣。蘇氏之所以爲此論，諸儒之論此者，其意與上文不相貫。既不相貫，説之不通，故欲更改遷就，以成其説耳。蓋諸儒之論此，皆以謂：「王者所省職大，而略如歲之總日月；卿士、師尹之職小而詳，如日月運行以成歲。王與卿士、師尹各得其職，則『百穀用成，乂用明，俊民用章，家用平康』。王與卿士、師尹各失其職，則『百穀用不成，乂用昏不明，俊民用微，家用不寧』。」其説如此，則是君臣之間取象於歲、月、日、時之繁簡，以爲圖治之道，與上文休咎之徵全爲隔異。其文既已隔異，則是可以歸之於五紀之下矣。王氏雖不以屬於五紀之下，而其説亦自有遷就於其間。蓋「王省惟歲，卿士惟月，師尹惟日」，既以爲自王至於師尹，猶歲、月、日三者之相繫屬，則是以「惟」訓「如」矣。既以「惟」訓「如」，而必欲其説與上文相貫，故亦以「肅，時雨若」、「乂，時暘若」之類，「若」字亦皆訓「如」，其意蓋以謂凡此之類皆聖人所以取憲於天道。夫聖人所以取憲於天道，固有此理，如《説命》曰：「明王奉若天道，建邦設都，樹后王君公，承以大夫師長，不惟逸豫，惟以亂民。」此則明王設官分職，尊卑小大，各有詳略之意也。學者不求古人著書立言之本意者，不可以一概而爲説。夫聖人取憲於天，設官分職，誠有詳略，然箕子之名此疇謂之庶徵，徵者，以人占天之謂也，今若以象爲説，則其疇屬於稽疑之下，福極之上，果何義哉？蔡元度雖以「曰時」爲「歲、月、日、時」之「時」，而其大意則祖述王氏，故其説曰：「雨、暘、燠、寒、風者，先王則參之以修身之理。歲、月、日之時，先王則參之以治人之分。」此説皆委曲迂回，失其本旨。惟曾子固之説爲深得之，其説曰：「此章之所言者，皆念用庶徵也。休咎之徵，各象其事者也。與王共其事者，卿士也，師尹也，則庶徵之來，王與卿士、師尹之所當省其所以致之者，所謂念用庶徵也。王計一歲之徵而省之，卿士計一月之徵而省之，師尹計一日之徵而省之。所省多者，其任責重，所省少者，其任責輕，其所處之分然也。王與卿士、師尹所省歲、月、日，三者之時無易言，各順其性，則『百穀用成，乂用明，俊民用章，家用平康』。王與卿士、師尹之所省歲、月、日，三者之時既易言，各違其性，則『百穀用不成，乂用昏不明，俊民用微，家用不寧』也。」此説爲善。夫上文所言者，雨、暘、燠、寒、風之氣應於五事之得失，其氣類之所感召，實有不期然而然者。既以是爲人君之所用念，而其念也，又必以歲、月、日之時爲言者，蓋雨、暘、燠、寒、風者，陰陽之氣也；歲、月、日之時者，陰陽之象也，氣之盈縮進退，雖密移於無形之間，而其疾徐得失，必兆於其歲、月、日之時者，是雨、暘、燠、寒、風之徵也。歲、月、日之時各循其常度，無所變易，則年穀豐登，紀綱修舉，賢才彙進，祖考安彊，至於此，然後知五行、五事、八政、五紀、皇極、三德、稽疑各有成績，而五福之徵已見於天下矣。此其能祈天永命也。歲、月、日之時失其常度，而至於陵歷鬬食有餘不足，則水旱相仍，紀綱揉亂，賢才擯弃，患難日臻，此則知自五行至於稽疑皆失其序，而六極之徵見於天下矣。此危亡禍福之所自生也。蓋五福、六極者，安危治亂之徵也。即其雨、暘、燠、寒、風之時與不時者，五福、六極之徵也。歲、月、日、時之易不易，又雨、暘、燠、寒、風之徵也。徵以察己之得失，此所以爲庶徵也，故於上文具列庶徵之目，必以「曰時」與五氣並列而爲六者，蓋不惟驗之於其氣，而又驗其時以考陰陽之垂象也。「庶民惟星，星有好風，星有好雨，日月之行，則有冬有夏，月之從星，則以風雨」，先儒之説異同，皆非其旨，惟漢班固《天文志》説爲善，其説以謂：「日有中道，月有九行。中道者，黄道，一曰光道。北至東井，去北極近；南至牽牛，去北極遠；東至角，西至婁，去極中。夏至至於東井，北近極，故晷短；冬至至於牽牛，北遠極，故晷長；春秋分日至婁、角，去極中，而晷中。此日去極遠近之差，❶晷景長短之制也。陽用事則日進而北，晝進而長，陽勝，故爲温暑；陰用事則日退而南，晝退而短，陰勝，故爲涼寒。❷故日進爲暑，退爲寒。若日之南北失節，晷過而長爲常寒，退而短爲常燠。月有九行者：黑道二，出黄道北；赤道二，出黄道南；白道二，出黄道西；青道二，出黄道東。立春、春分，月東從青道；立秋、秋分，西從白道；立冬、冬至，北從黑道；立夏、夏至，南從赤道。若月失節度而妄行，出陽道則旱風，出陰道則陰雨。箕星爲風，東北之星也。月去中道，移而東北入箕，則多風。西方爲雨，雨，少陰之位也。月失中道，移而西入畢，則多雨。言失中道而東西也。」班固此言，皆諸儒議論之所未至，可爲證於此，蓋所謂以陰陽之垂象而驗夫雨、暘、燠、寒、風之時與不時也。「庶民惟星」者，謂王及卿士、師尹皆休咎之所出，故各有所省，以知己之得失。

❶「極」，汲古閣本無此字。

❷「涼」，汲古閣本作「風」。

至於庶民，則其所省者不在於歲、月、日、時之躔度，惟以日月所麗之星者，以「星有好風，星有好雨，日月之行，則有冬有夏，月之從星，則以風雨」故也。「星有好風，星有好雨」者，即孟堅所謂：「月去中道，移而爲東北入箕，則多風；移而西入畢，則多雨。」蓋以其失中道東西故也。唐孔氏於此而引《詩》「月離于畢，俾滂沱矣」爲證，而至於經箕多風，則以爲傳記無其事。夫《漢書·天文志》孟堅載之，既如彼其詳矣，唐孔氏豈未之見歟？故當略去諸儒臆度之言，而以孟堅之説爲據。孟堅之意，蓋以謂日月之麗于天，所歷有常度，所行有常道，則雨、暘、燠、寒、風各以時至，無有失節，故能使萬物莫不茂，遂年穀時熟。如或所歷之度有過有不及，而爲南北之盈縮，則寒燠之氣必有衍，所行之道或彼或此，而爲東西之附麗，則風雨之氣必有過差矣。月之遲速以晦朔決之，「日冬則南，夏則北；冬至於牽牛，夏至於東井。月，五星皆隨之」，故「有冬有夏」，併月日而言之也。日亦有從星之時而不言者，鄭康成云：「日之從星，不可見故也。」惟「日月之行，則有冬有夏，月之從星，則以風雨」，故將驗於雨、暘、燠、寒、風之氣，必觀於歲、月、日、時之易與不易。日月之行，南北不差其度，南北不失其道，是無易也，此時雨、時暘、時燠、時寒、時風之所由至也。其或差其度，必失其道，東、西、南、北違其常理，是既易也，此常雨、常暘、常燠、常寒、常風之所由至也。是以五紀、庶徵之疇相爲先後，相與終始，協之於曆數未定之前，驗之於曆數既定之後。堯、舜之時，所以尤重於曆數璿璣之事者，誠以爲贊天地之化育，修之於此，而驗之於彼者，惟在於是故也。自漢以來，星曆之職寖輕，凡陰陽六子之運，一切指爲工技之習而莫之省。言日、月、星辰者，惑於渾天，蓋天宣夜而不得其統。論雨、暘、燠、寒、風者，拘於貌、言、視、聽、思，而不達其原，天人異用，本末舛錯，此堯、舜、禹、湯、文、武之治效所以不復見於後世也。

「九，五福：一曰壽，二曰富，三曰康寧，四曰攸好德，五曰考終命。六極：一曰凶、短、折，二曰疾，三曰憂，四曰貧，五曰惡，六曰弱。」

人君既以庶徵之動於氣、垂於象者省夫己政之休咎，當知夫政之休咎，而民之福極繫焉。唐李泌曰：「天命，他人皆可以言之，惟君相不可以言。蓋君相所以造命也。若言命，則禮樂刑政皆無所用矣。」人君之治天下，所以設爲禮樂刑政而不可闕一者，以其民命之所繫故也。民命雖稟於天，而君實制之，故天命謂之「命」，而君之教令亦謂之「命」。天命出於自然，而信萬物之耳目，至於君之造命，則有嚮勸於其間，是以自五行至於庶徵各得其序，則斯民歸於五福矣。天之所畀，而實自於造命者嚮而與之也。自五行至於庶徵各失其序，則斯民陷於六極矣。將欲使斯民不陷於六極，則亦自於造命者威而避之也。使民享五福之慶，而不知有六極，此實治道之大成極功也，故九疇以是終焉。

在九疇之序爲九，其疇一而有二名，曰「五福」，曰「六極」。「一曰壽」至於「五曰考終命」，此五福之目也。「一曰凶、短、折」至於「六曰弱」，此六極之目也。「壽」，先儒以謂百二十年，蓋不必如此。要之，壽者，止是終其天命，而不中道夭也。「富」，先儒以謂財業之備，亦不必然，足於衣食是富也。「康寧」者，孫元忠以謂「形康而心寧」，是也。「攸好德」，所好者德也。「考終命」，吕吉甫曰：「考，所謂父母全而生之，子全而歸之者也。曾子有疾，啓手足而曰：『吾知免夫！小子。』此考終命者也。考，成也，成其終則無虧矣。或以終其天年爲考終，誤矣。」此説是也。若以終其天命而爲「考終命」，則與壽何異哉？此五者，皆人情之所大欲也。王者安天下，本於人情，故其五事敬，八政用，五紀協，皇極建，三德乂，稽疑明，則休徵至，而五福被於民。張晦之曰：「民舒泰，則各盡其壽；樂業，則各得其富；無疾憂，所以康寧；知禮遜，所以攸好德；不死於征戰，不陷於刑戮，所以考終命。」此説是也。蓋此所論五福，非謂一人之身也，統天下之人而言之也。舉天下之人而皆受福之報，則國家有無窮之休矣。「六極」者，五福之反也。若天下皆受五福，則不可不以六極爲鑒戒，兢兢業業，惟恐斯民之一失其所也。「凶、短、折」者，非正命而死也。若顔子之死則非謂「凶、短、折」，蓋盡其道而死也。「疾」者，疾癘之類。「憂」者，不得樂其生。「貧」者，困於財。「惡」，先儒以謂醜陋。「弱」，先儒以謂尫劣。晦之曰：「人有醜陋而好德，尫劣而立事，豈可以爲極乎？惡者，凶惡之謂；弱者，懦弱之謂。人情惡，則凶無所不至；弱，則懦而無立，故此二者皆滅德之道也。」此説是也。王氏曰：「惡者，小人之剛也；弱者，小人之柔也。」此説亦當。蓋苟非好德，則爲惡與弱矣。六極雖五福之反，然福有五而極有六者，張晦之曰：「其義相反，不必數之相敵。五福曰壽，曰考終命，六極曰凶、短、折，此一極而反二福也。五福曰富，六極曰貧，此一極而反一福也。五福曰康寧，六極曰疾，曰憂。五福曰攸好德，六極曰惡，曰弱，此二極而反一福也。」蓋亦各盡其意而已矣。漢儒必以六極配五福，故於福之一極無所麗，而附會之説生焉，殆所謂蓋有不知而作之也。此六極者，此凶、短之窮極，人君之所甚惡也。人君苟不能本於人情以安天下，則夫人情所甚惡者，反及於民。張晦之曰：「民死於征戰，而陷於刑戮，所以凶、短、折；陰陽不調，所以疾；多失其所，而憂；食貨人之重斂繁，所以貧；禮義廢，政教失，所以惡而弱也。」蓋此所論六極，亦是統天下之人而言之也。人君不能以五福錫民，則舉天下之人皆陷於六極，而危敗禍亂將至於淪胥而不可救，豈可不戒謹恐懼而威用之哉？董仲舒曰：「堯、舜行德則民仁壽，桀、紂行暴而民鄙夭。」夫仁壽、鄙夭，雖若制之於天，非人力所能爲也，然堯、舜之世，則民仁壽，非其生而皆仁壽也，堯、舜之治天下，彝倫攸叙，休徵時至，則不期於仁壽而自仁壽也；桀、紂之世，則民鄙夭，非其生而皆鄙夭也，桀、紂之治天下，彝倫攸斁，咎徵相仍，則不期於鄙夭而自鄙夭也。故仁壽、鄙夭雖本於天，而君實制其命。故《易》之論天地曰：「鼓萬物而不與聖人同憂。」言天地之於物，仁壽、鄙夭任其自爾，無所容心，至於聖人，則有憂患於其間，故能裁成輔相，以立生民之命，「嚮用五福，威用六極」。此蓋聖人之憂患也。

凡此九疇，皆治天下本末之序也。

武王既勝殷，邦諸侯，班宗彝，作《分器》。

尚書全解卷二十六　周書

旅　獒

西旅獻獒，太保作《旅獒》。

旅獒

《書》之序本自爲一篇，至漢孔氏以爲《書序》。序所以爲作者之意，昭然義見，宜相附近，故引之各冠其篇首。然如《大誥》、《湯誥》之類，其篇首所叙述直載其誓告之語，則以序冠之，固可以見此誓、此誥爲此事而作也。如此篇首既言「惟克商，遂通道于九夷、八蠻。西旅底貢厥獒，太保乃作《旅獒》，用訓于王」，其所以作此篇之意既備於此矣，而序又言「西旅獻獒，太保作《旅獒》」，無乃失於贅乎？故某嘗謂引序以冠於篇首，如《湯誥》、《大誥》之類則得之，如此篇之類則失之也。「西旅」，西方之國也。「獒」，犬名也。西方之旅國聞武王之威德，有慕義之意，於是獻獒，以表其誠，而武王受之，太保召公深慮武王之志漸怠，而好戰喜功之心由是而生，故進諫於王，以爲不當受也。漢孔氏於「西旅獻獒」，以爲「西戎遠國貢大犬」，則是以「旅」爲國名也。至於「太保作《旅獒》」，則曰「召公陳戒」，則是又以「旅」爲「陳」也。夫「旅」之爲字一也，上則以爲國名，下則以爲陳，立言之法，不應頓異。蘇氏引《左氏傳》曰「庭實旅百」，則「旅」固有訓「陳」之類。然而《旅獒》之「旅」字，上有「西旅」

之文，則非可以訓「陳」也。蓋《書》之名篇，惟蕞取篇中之字，以爲是簡編之別，而此篇有「西旅底貢厥獒」之語，故以「旅獒」二字名篇。如《詩》云「惟鵲有巢」，則以《鵲巢》名篇也。如必以「旅獒」爲陳其道義，則於「旅獒」之上不當加「作」字，今既曰「作《旅獒》」，安得以「旅」訓「陳」也？

惟克商，遂通道于九夷、八蠻。西旅底貢厥獒，太保乃作《旅獒》，用訓于王。

「九夷、八蠻」，蓋總言蠻夷之國也。曰「九」曰「八」者，言非一也。《明堂位》稱「九夷、八蠻、六戎、五狄」，《周官・職方氏》稱「四夷、八蠻、五戎、六狄」，《爾雅》稱「九夷、八狄、七戎、六蠻」，而此又稱「九夷、八蠻」，蓋其或曰「九夷」，或曰「四夷」，或曰「八蠻」，或曰「六蠻」，雖然不同，然但知其爲九、四、八、六而已，其所以爲九、四、八、六之名則不可得而知也。以是知蠻、夷、戎、狄之以數言者，但言其非一而已，雖别而言之，東方曰夷，南方曰蠻，西方曰戎，北方曰狄，至於合而言之，則自雕題左衽之邦，皆可以蠻、夷、戎、狄稱也。如必居此方，然後得此名，則《舜典》曰「蠻夷率服」，則是「惇德允元，而難任人」者，止可以服東南，而不可以服西北矣。此因「西旅獻獒」而言，不應舍西之戎與南之蠻也。武王既克商之後，威德廣被，凡在九州之外，自西自東，自南自北，莫不梯山航海而至，惟恐其後，此所以言「通道于九夷、八蠻」也。其曰「通道」者，蓋蠻夷來王，則其道自通矣，非有意於開四夷，而斥大其境土也。如有意通道于蠻夷，則是秦皇、漢武之窮兵黷武而已，豈所以爲武王哉？當其通道于蠻夷之域，而與中國接，於是西方之夷有旅國者致貢其獒焉。以其獒爲貢者，漢孔氏曰：「犬高四尺爲獒，以大爲異。」此説不然。夫西旅獻之，武王受之，太保諄諄而陳之，必其有珍異而可玩者，不但以大爲異也。案：許慎曰：「犬知人心而可使者曰獒。」《春秋公羊傳》曰：晉靈公將殺趙盾，盾「躇階而走。靈公有周狗，謂之獒。呼獒而屬之，獒亦躇階而從之。祁彌明逆而踆之，絶其頷。趙盾曰：『君之獒，不若臣之獒也。』」

何休註曰:「周狗,可以比周之狗,所指如意。」《左氏傳》亦謂:「公嗾夫獒焉,明搏而殺之。盾曰:『棄人用犬,雖猛何爲?』」則獒之爲犬,蓋猛而善搏人,進退指揮能如人意,異夫常犬者也,故太保謂:「盛德不狎侮。狎侮君子,罔以盡人心;狎侮小人,罔以盡其力。」蓋苟爲受西旅之獒以自防,則其心不能無狎侮於人。「狎侮」者,禍亂之所由生也,觀晉靈公則可以見矣。夫獻獒者,西旅而已,而篇首遂言「通道于九夷、八蠻」,蓋人臣之諫其君,必救之於其始,始之不救,其末將有不可勝救者。武王才通道于外域,而遽受旅獒之獻,四夷聞之,則將争以珍奇進,而人主之欲寖廣矣。此所以諫于王而作此篇也。「太保」者,召公也。不曰「召公」而曰「太保」者,此正如《太甲》之篇不言嗣王「不惠于尹」,而言「不惠于阿衡」,蓋立言之法,明太保、阿衡之任當如是也。受寄託之任,而不能使嗣王克終厥德,則非所以爲阿衡;居保傅之官,而不能格君心之非,則非所以爲太保。其曰「用訓于王」,則是此篇雖以《旅獒》爲名,其實訓體也。然則典、謨、訓、誥、誓、命之文者,豈可以拘於篇名而求之邪?

曰:「嗚呼!明王慎德,四夷咸賓。無有遠邇,畢獻方物,惟服食器用。王乃昭德之致于異姓之邦,無替厥服;分寶玉于伯叔之國,時庸展親。人不易物,惟德其物。

「嗚呼」者,嗟歎之辭也。太保將陳古先哲王所以待夷狄之道,故重其事而嗟歎以言之也。古者帝王之於夷狄,聽其自來,而信其自去。惟慎德於此,而四夷聞之,相與賓服,殆將有不期然而然者。「惇德允元」,而「蠻夷率服」;「無怠無荒」,而「四夷來王」;「明王慎德」,而「四夷咸賓」;「式固爾猶」,而淮夷率服。凡此,皆帝王御夷狄之上策也。四夷慕盛德而咸賓,則無遠無邇,盡獻其方土所重之物。其所獻者,惟取其可以供吾之「服食器用」者，若乃奢侈之物，可以供耳目之玩好者，則不當獻也。雖獻之，亦不當受也。唐孔氏曰：「玄、纁、絺、紵，供服也。橘、柚、菁、茅，供食也。羽毛、齒革、瑶琨、篠簜，供器用也。則是以器用爲一。或以爲羽毛、齒革、瑶琨、篠簜，器也。牛、馬、犬、黿之類，用也。」竊以此説爲長。犬，用物也。荀子曰：「北海有走獸吠犬焉，中國得而畜使之。」犬之可畜者，惟取其善吠而已。獒知人心而可使，則是犬之奇異而不常有也。貢犬可也，貢獒不可也。此既因獻獒而言，則以用爲牛、馬、犬、黿之類，其説爲當。「王乃昭德之致于異姓之邦，無替厥服；分寶玉于伯叔之國，時庸展親」者，言王者既不以一己之私欲責四方之貢獻，惟受其所當獻者，猶不以供一己之私欲也。觀其所以頒之於諸侯異姓之邦者，必以四夷所貢之物，使其所知四夷所以貢其方物者，以吾之慎德有以致之也，以其德之所以致之者而賜之，是昭德之致也。賜異姓之邦，而必昭德之致者，俾之受此物，則知吾之德遠覃于方外，其孰敢廢厥職事而無戴上之誠也，故曰「無替厥服」。其同姓伯父、叔父之國，則以寶玉分之。分之以寶玉者，是用信其親親之道也，故曰「時庸展親」。王氏曰：「親之矣，而不以所寶分之，則人孰知親親之信也？」此説是也。唐孔氏曰：「『昭德之致于異姓之邦』，如分陳以肅慎之矢；『分寶玉于伯叔之國』，若分魯以夏后氏之璜。」異姓之邦則欲其無替厥服，同姓之邦則時庸展親，此蓋親疎之隆殺也。夫明王之于四夷所貢之方物不苟受也，惟「服食器用」，不責彼之所難得，不求我之所無用也。不責彼之所難得，而其所獻者，皆其易得之物也；不求我之所無用，則其所受者，皆有用之物也。責彼之易得，求我之有用，而吾尤無所利焉，必以「昭德之致于異姓之邦」，展親于同姓之國，凡此，皆聖人不貪之寶也。夫獒之爲物，知人心而可使，則是西旅之所難得，而中國之所不常用。既不可「昭德之致于異姓之邦」，又不可展親于同姓之國，而徒受之，衹所以爲耳目之玩好而已，此太保所以不得不諫也。「人不易物，惟德其物」，言物一也，未當改易，惟有德，則其物爲足貴，苟爲無德，則何以物爲哉？先王通四夷，而受其貢獻，惟欲「昭德之致于異姓之邦」，而展親于同姓，如此，則其物也可寶於萬世，故曰「惟德其物」，如分陳肅慎氏之矢、魯夏后氏之璜，世世子孫守而不失，蓋先王以德而致之、先君以德而受之故也。如其不然，是亦璜與矢而已，何足貴哉？

「德盛不狎侮。狎侮君子，罔以盡人心；狎侮小人，罔以盡其力。不役耳目，百度惟貞。玩人喪德，玩物喪志。志以道寧，言以道接。不作無益害有益，功乃成；不貴異物賤用物，民乃足。犬馬非其土性不畜，珍禽奇獸不育于國。不寶遠物，則遠人格；所寶惟賢，則邇人安。

既言物以德而後貴，而獒之爲物，適所以喪德，於是遂言其所以喪德者，而曰「德盛不狎侮」至「罔以盡其力」。孟子曰：「夫人必自侮，然後人侮之。」苟盛德之至，則動容周旋莫不中禮，尚何狎侮之有？既不狎侮，是不自侮也，則何人侮之有？此君子所以爲之竭其謀慮，小人所以爲之致其筋力。如其肆爲無禮，以褻慢於人，則人皆忌而疾之，尚何盡心盡力之有哉？《論語》之稱君子小人有二：「君子和而不同，小人同而不和」，以其德而言之也；「君子學道則愛人，小人學道則易使」，以其位而言之也。此所言者，亦以其位之貴賤而言之耳。君子勞心以治人，故「狎侮君子」，則無以盡人心；小人則勞力以治於人，故「狎侮小人」，則無以盡其力。「盡其力」者，蒙上人字而異其辭，非有異義也。夫狎侮者，豈必輕易暴慢之行見於動作之間，而後爲狎侮哉？苟有其心，則是狎侮之矣。獒既如人而可使，而武王受之以防其身，則是武王於其臣民已有狎侮之心矣。狎侮其臣，則無以盡君子之心；狎侮其民，則無以盡小人之力。如此，而欲圖四海，使天下爲一家、中國爲一人者，未之有也。而其爲釁，實自一獒啓之，則其爲喪德之禍豈小也哉？是則欲正其德而脩其身，而不「狎侮小人」

者，豈有它哉？惟「不役耳目」而已。耳不役於聲，目不役於色，則玩好不可得而惑，中心至正，湛然無營，此百度所以惟正也。苟爲役耳目於玩好之末，則有玩人、玩物之行矣，故曰「玩人喪德，玩物喪志」。「玩人」者，以人而爲玩也。恃獒之所指如意，而有輕忽於人之心，是玩人也。玩人則狎侮矣。「志」者，在己之志也，以道而寧之，則聲色貨利，舉不能蠱惑之矣。❶「言」者，它人之言也，以道而接之，則辭受取舍之際，各得其當矣。夫道也者，不可須臾離也。可離，非道也。故以之處己，則可以寧其志；以之待人，則可以接其言，夫豈須臾之可離哉？伊尹曰：「有言逆于汝心，必求諸道；有言遜于汝志，必求諸非道。」蓋内焉欲寧己之志，外焉欲接人之言，皆不可以違於道也。西旅之獻獒，其所以求獻之者，必有甘言遜辭以遜武王之志求納者也。然而以非道求之，則知西旅之獻者，乃所謂「玩人喪德，玩物喪志」也。太保作書以戒，使之不受西旅之獒，是所以逆武王之志也，然而以道求之，則知太保之戒，乃所謂「慎德」，而「四夷咸賓」也。蓋苟一之於道，則寧己之志、接人之言皆得其當矣。「不作無益害有益」至「民乃足」，此蓋申上文「惟服食器用」之義也。其所注意在於「不貴異物賤用物」，而曰「不作無益害有益」者，因而及之也。「作無益」者，如晉平公築臺妨於農收之類是也。築無益之臺，則妨有益之農矣，農功何自而成乎？漢文帝欲作露臺，召匠計之，直百金，曰：「百金，中人十家之産也。吾奉先帝宫室，尚恐羞之，何以臺爲？」可謂能「不作無益害有益」也。「不貴異物賤用物者」，即此獻獒是也。以獒異於常犬而貴之，則犬之有用者必賤之矣。民將争以異物爲可貴，則何由而足乎？「犬馬非其土性不畜」，此又所以申言「不貴異物賤用物」之義也。犬可以禦盜，馬可以致遠，此皆有用之物也。然先王之於方

❶ 「舉」，汲古閣本無此字。

物，無小無大，無高無下，各欲順其性，而不傷其生，雖有用之物，非其土性則不畜之矣。若夫「珍禽奇獸」，則皆異物也，其可育之於國乎？漢文帝時有獻千里馬者，詔曰：「鸞旗在前，屬車在後，吉行五十里，❶師行三十里。朕乘千里馬，獨先安之？」光武時異國有獻名馬者，日行千里，詔以馬駕鼓車。光武之不貴千里馬，其志可尚也，然以之駕鼓車，則雖「非其土性」，而猶畜之也，雖不以爲奇獸，而猶育之也。至於文帝還之，則不肯畜之矣。故竊嘗以謂「不作無益害有益，功乃成；不貴異物賤用物，民乃足」，三代帝王莫不以是爲慎德之本，自三代而降，則能充此言而行之者，❷漢文帝其人也。「珍禽奇獸」者，兼言之也，犬馬之異者，皆在其中矣，犬之知人心而可使，馬之日行千里，皆奇獸也。令以西旅之獒而畜之於中國，則是非其土性而畜之矣；以其知人心，❸可使而愛之，則是於奇獸而育之矣。唐孔氏於「犬馬非其土性不畜」謂：「此篇爲戒，止於此句矣。」太保爲旅獒而作戒，自「明王慎德」以下，反覆數十言，無非爲此而發，而曰爲戒者止於此句，豈不泥哉？「不寶遠物」，則不責彼之所難得，而求我之所無用，此遠人之所以格也。「所寶惟賢」，則善政善教有以福斯民，此邇人之所以安也。夫賢者之與遠物，其所寶者若持衡焉，此首重，則彼尾輕也。以遠物爲寶，則必有輕賢之心矣；以賢爲寶，則其於遠物弗之貴矣。虞公以垂棘之璧、屈産之乘爲寶，故其視宫之奇若路人；然齊王以四賢爲寶，故其視徑寸之珠如糞土也，則人君之所寶者，可不戒哉？武王當西旅之獻獒，則是寶遠物也。使其心於

❶「吉」，汲古閣本、通志堂本作「車」。
❷「充」，汲古閣本作「克」。
❸「知」，汲古閣本作「如」。

遠物受而不却，則太保之諫亦將見拒矣，安在其「所寶惟賢」乎？夫其受之也，固欲以懷遠人，然而既以遠物爲寶，則欲懷之，而遠人且將弗格，如此，則征伐之師長驅於沙漠之地，而邇人受其禍矣。原其所以至此，則以不能用賢故也。使其得賢者而用之，言聽諫從，則必不受無名之獻，此遠人之所以慕義而長爲之藩臣也。王氏曰：「以『不寶遠物』，故『犬馬非其土性不畜』；以『所寶惟賢』，故『珍禽奇獸不育于國』。」此則强生分別，今所不取。

「嗚呼！夙夜罔或不勤，不矜細行，終累大德。爲山九仞，功虧一簣。允迪兹，生民保厥居，惟乃世王。」

太保拳拳之意既盡於此矣，故又嗟歎而重申其義也。言明王之慎德，其於蚤夜之間，兢兢業業，無所不勤也。其所以無所不勤者，以「不矜細行，終累大德」故也。夫苟以細行爲無益於德而弗謹之，則日積一日，其爲大德之累也，必矣。譬如爲山者，必至於九仞，然後可以謂之山，苟一簣之功尚虧，則不足以爲山矣。德無不備，乃可謂之聖人，苟一行之或虧，則不足以爲聖人矣。八尺曰「仞」。「簣」者，盛土之器也。夫世豈有爲山者哉？蓋假設以見其意耳。孔子言：「譬如爲山，未成一簣，止，吾止也。譬如平地，雖覆一簣，進，吾往也。」蓋推本於此言也。太保之言有及於「爲山九仞，功虧一簣」者，蓋武王之心必自以爲威德之盛矣，雖納一獒未足以爲損也，太保則謂損盛德者，惟在夫此而已矣。此其進諫之本心也。「允迪」者，言信能蹈行此言，則生民有以安其居，而國之子孫將世世王天下而無窮矣。太保既以是而訓王矣，自時厥後，凡四夷之所獻，中國之所受，一如太保之訓，觀肅慎氏楛矢之類，則可以見矣。所謂「允迪兹」者也。周之子孫卜世三十，卜年七百，信乎！其世王也。夫却一獒之獻，亦細事耳，而世王之兆，實見於此。則知夫人君之所以祈天永命，以爲社稷無疆之休者，蓋不在大也。箕子曰：「彼爲象箸，必爲玉杯。玉杯不已，必思遠方珍異之物而御之矣。」蓋紂之所以亡者原於此，亦豈在大乎？此太保之於終篇所以言「不矜細行，終累大德」，而欲享世王之功也，則太保之愛君，豈不至哉？

范内翰曰：「聖王能從諫於未然，賢王能改過於已然。忠臣之事上君也，亦諫其未然；事中君也，多諫其已然。」太保因旅獒而作訓，武王虚己而納之，是皆從諫於未然之時也。漢武帝聰明英鋭，蓋不世出，然其甘心四夷，嗜慾無極，覩犀布、瑇瑁則建朱崖七郡，感枸醬、竹杖則開牂柯、越巂，聞天馬、蒲萄則通大宛、安息，至其末年海内虚耗，户口減半，盜賊蜂起，幾亡其國者，非他，無忠臣以救之於始故也。觀此，則太保所謂「允迪茲，生民保厥居，惟乃世王」，實至忠之訓。

巢伯來朝，芮伯作《旅巢命》。

金　縢

武王有疾，周公作《金縢》。

金縢

既克商二年，王有疾，弗豫。二公曰：「我其爲王穆卜。」周公曰：「未可以戚我先王。」公乃自以爲功，爲三壇同墠。爲壇於南方，北面，周公立焉。植璧秉珪，乃告大王、王季、文王。史乃册，祝曰：「惟爾元孫某，遘厲虐疾。若爾三王，是有丕子之責于天，以旦代某之身。予仁若考，能多才多藝，能事鬼神。乃元孫不若旦多材多藝，不能事鬼神。乃命于帝庭，敷佑四方，用能定爾子孫于下地，四方之民罔不祗畏。嗚呼！無墜天之降寶命，我先王亦永有依歸。今我即命于元龜，爾之許我，我其以璧與珪歸，俟爾命；爾不許我，我乃屏璧與珪。」乃卜三龜，一習吉。啓籥見書，乃并是吉。公曰：「體！王其罔害。予小子新命于三王，惟永終是圖。兹攸俟，能念予一人。」公歸，乃納册于金縢之匱中。王翼日乃瘳。

武王既克商而有天下，法度未盡得其條理，商民之附於周者猶未固也，而武王遽有疾焉，周公恐其不可救藥，則成王將以幼孫嗣位，己以冢宰攝政，能無危乎？故作册書以告于太王、王季、文王，請以其身代武王之死，而藏其書于金縢之中。史叙其事而作此篇也。此篇首載周公築壇，以代死於三王，既卜而吉，則武王遂瘳，又載武王即世而羣叔流言，周公雖避于東都，而成王猶有疑之之心，及其感風雷之變，而啓金縢之書，然後知周公之心果忠于王室，迎之於東以歸，則此篇主於記事而作，出於史官之手，而其序乃曰「周公作《金縢》」，與夫「周公作《無逸》」、周公作《立政》」之言曾無少異者，蓋《書序》之體，固有某篇雖非某人之所作，而所載之本末皆其人之事迹、語言，則雖謂其人作之，可也。如《太甲》三篇，首載太甲「不惠于阿衡，伊尹作書」，以啓迪之，而王罔念聞，乃放之于桐宫，及其喪制既闋，❶「克終允德」，乃奉之以歸于亳，又作書以堅其意，既而又申誥之。其歷時也不爲不久，而尹所以丁寧告戒之意亦不一而足，史官記載其始末無所遺，以作此三篇，而其序亦曰

❶ 「闋」，原作「関」，今據汲古閣本改。

「伊尹作《太甲》三篇」，正與此同。某嘗觀《書序》之作，其體不一，往往雜出於衆人之手者，謂此也。

「既克商二年」者，即伐紂之明年也。王有疾而弗豫，則其病革矣，周公所謂「遘厲虐疾」是也。王之疾既革，二公所以欲質之龜册，而決其吉凶。曰「穆卜」者，敬也。以君父之疾而卜之神靈，非致其敬，安能有所感哉？「二公」者，太公、召公也。太公、召公欲卜，以決武王之吉凶，而當是時也，周公已有請命代死之志。周公之所以代武王之死，豈挾詐而爲，謂足以要天下之譽哉？蓋其深思遠慮，懼夫武王既喪，則周之社稷蓋岌岌矣，而己亦無所逃其禍也，故寧使身之不保，猶愈於社稷之危也，是出於中心之誠，而爲此禱于神明之請，雖其同時而爲三公，如太公、召公亦不使之知，故託辭以告之曰「未可以戚我先王」。漢孔氏曰：「戚，近也。未可以死近我先王，其意以謂死則與先王相近，若生則人神道隔，是爲遠矣。」其説迂曲，不如鄭康成以「戚」爲「憂」，其訓爲長。康成雖以「戚」爲「憂」，而又以「周公既内知武王有九齡之命，又有文王曰『吾與爾三之期』，今必瘳，不以此終，故止二公之卜。云未可以憂怖我先王」。信如此言，則是周公自知必不至於代王以死，而挾詐爲之矣。不如潘博士説曰：「孔子答孟武伯問孝曰：『父母唯其疾之憂。』蓋子有疾，必貽父母之憂，故爲王穆卜，則戚我先王必矣。」此説是也。周公既以未可戚我先王之辭而却二公之言卜，故自以請命之功爲己任，而設爲壇墠之禮也。「壇」，封土也。「墠」，除地也。「爲三壇同墠」，蓋將以告於三王，故大除地爲墠，而於除地之中爲三壇也。《禮》：天子「立七廟，一壇一墠，曰考廟，曰王考廟，曰皇考廟，曰顯考廟，曰祖考廟，皆月祭之。遠廟爲祧，有二祧，享嘗乃止。去祧爲壇，去壇爲墠，墠、壇有禱焉，祭之；無禱，乃止」。周公禱武王之疾於壇墠，禮也，然不於去祧之壇墠，而設爲「三壇同墠」，以禱太王、王季、文王者，此蓋禮之變也。既云「公乃自以爲功」，則是周公不爲武王禱，而爲身禱也。爲身而禱，則於國之廟、祧、壇、墠無所與焉。禮：士大夫去國爲壇位，向國而哭者，爲無廟也；宗子在他國，庶子無爵而居者，望墓爲壇以祭者，爲不可以入廟也。古之有事于祖考，當夫無廟與？夫不可以入廟，則爲壇以祭。周公壇墠，以告于三王，亦若是也。使其爲武王而禱，則太王、王季、文王蓋有廟焉，而壇墠非所宜設也。既有三壇矣，乃於三壇之南設一壇也，將告于三王，故其壇北面，而周公立其上也。周公立壇之上，則「植璧秉珪」，告于太王、王季、文王之神，以請代武王之死。漢孔氏曰：「璧以敬神。植，置也，置於三王之坐。周公秉桓圭以爲贄。」案下文曰「爾之許我，我其以璧與珪歸，俟爾命。爾不許我，我乃屏璧與珪」，則圭、璧似皆以祈神，非周公執桓圭以爲贄也。使其執圭以爲贄，則其歸「俟爾命」不當言「屏璧與圭」。《雲漢》之詩曰：「圭璧既卒，寧莫我聽。」《周禮·典瑞》曰：「四圭有邸，以祀天旅上帝。兩圭有邸，以祀地旅四望。祼圭有瓚，以肆先王，以祼賓客。圭璧以祀日月星辰。」則古者禱祠兼用圭、璧。

周公之告于三王也，則史爲竹簡書其祝辭，執而讀之，其辭則下文是也。「元孫」，謂武王也。「某」者，謂武王名也。周公之禱也，蓋用武王名，及史官記載，則諱其名而代以「某」字。《左氏傳》申繻曰：「周人以諱事神，名終將諱之。」名之諱也，蓋始於周，自周以前不諱名也，故武丁、太甲、盤庚皆以名其篇，若其號謚然，至周始以號謚易其名而諱之。然惟斥其名，則有所諱，若此篇不曰「元孫發」，而曰「元孫某」，不曰「以旦代發之身」，而曰「以旦代某之身」也。至於其他文字，用「發」字則無所諱，若《噫嘻》，春夏祈穀于上帝之詩，而曰「駿發爾私」，蓋不諱「發」字也。至於末世，然後其諱寖廣，故有以國廢名，以官廢職，以山川廢主，以器幣廢禮之説，非古之制也。武王既遇危癘暴虐之重疾，是將淪於死矣，苟爾三王「有丕子之責于天」，必欲償其責，而使武王之不可以復生，則不如以旦代其身也。自太王、王季而言之，曰「元孫」，自文王而言之，則曰「丕子」，其實一也。「元」，長也，「丕」，大也，皆謂武王以長子繼世而有天下也。周公所以欲以其身代武王之死者，蓋以其仁若考，而又「能多才多藝」，可以事鬼神，而武之「多才多藝」以事鬼神則不若己也，是元孫之死不若旦之死也。元孫雖不若旦之「多才多藝」以事鬼神，而其受命于帝庭，以有天下，敷布其德，以佑助四方之民，用能定爾三王之子孫于下土，或爲天子，或爲諸侯，使四方之民莫不敬而畏之，則是旦之生不若元孫之生。此所以欲以旦代某之身也。「予仁若考」，先儒謂：「仁能順父。」以「若」訓「順」，不如薛氏之説爲長。薛氏曰：「若，如也。與『不若旦』之『若』同義。」蓋惟其仁如父，故可以事鬼神也。周公既自謂其仁若考，又自謂其「多才多藝」，可以事鬼神，而謂武王之「多才多藝」以事鬼神則不若旦者，正猶武帝之稱汲黯曰：「使黯任職居官，亡以瘉人，至其輔少主守成，雖自謂賁、育不能奪也。」然雖拙於「任職居官」，而能「輔少主守成」，故可以託六尺之孤。武王雖短於「多才多藝」事鬼神，而能「敷佑四方」，故可以王天下，如之何遘厲虐疾而遂至於不可救哉？此所以欲以身代之也。雖然亦非短於「多才多藝」，不能事鬼神也，但周公方爲武王而禱，欲以身代其死，則其辭不得不爾也。「嗚呼」者，又嗟歎而言之也。言武王既可以「敷佑四方」，以奠國家九鼎之業，蓋其已膺上天之命矣，今爾三王當有以輔之，無使其天之降寶命於此而廢墜也。寶命不墜，則武王享其大禄，以爲社稷宗廟之主，而三王之神靈亦將格矣。周公既言武王之才藝不可以事鬼神於幽冥之間，惟可以上膺皇天之命，以定我國家之子孫，下撫四方之民，以成太平之功，其死也，則將「墜天之降寶命」，其生也，則先王亦有所依歸，其利害明白灼然可見矣。夫三王在天之靈雖幽明殊塗，而其心豈異於人哉？然而不可言語接也，故曰「今我即命于元龜」，以決其吉凶焉。「即命」，猶所謂聽命也。「爾之許我」，謂許我代武王之死也，我則當以此璧與珪而歸，以俟三王之命，將以此死而事神也。「爾不許我」，則武王不免於死，我將屏藏其珪璧，不得以此而事神矣。既以許不許而決於三王，於是乃以龜之三兆卜之，而三龜皆吉，故曰「一習吉」。「習」與「習坎」之「習」同。三龜既皆相因矣，則又以占書而考之，於是啓其鎖籥，觀其所藏之占書，亦吉也。《周官・太卜》曰：「掌三兆之法：一曰玉兆，二曰瓦兆，三曰原兆。其經兆之體百有二十，其頌皆千有二百。」「頌」，即《春秋》所謂「繇」，而此所謂「書」也。故既占則必視其書。公視其兆，則曰：如此兆體，王必無害也。王之無害，則是新受三王之命而許我，武王之考厥終命爲可圖也。我既以璧與珪而歸，「俟爾命」，則於此當俟其能念武王假之命以終其德而已，當代其死也。「予一人」，指武王也。公於是自墠壇之所而歸，祝史乃納其禱死之册於金縢之匱。「縢」，緘也，藏册書之匱，以金緘之，欲人之不發也。周公請代武王之死，其心忠矣，然必緘而藏其書者，非是周公欲藏此書以爲他日之觀也，蓋古者卜龜既畢，必納其册書於匱，從而緘之，異日將有大卜則復啓焉，不然則否。此故事也。周公卜于三王，「啓籥見書」者，始啓金縢之匱也。公既歸，則祝史以故事納其册於匱中，緘而藏之爾。案：《周官・占人》：「凡卜筮，則繫幣以比其命。」鄭康成曰：「既卜筮，史必書其命龜之事及兆於册，繫其禮神之幣，而合藏焉。《書》曰『王與大夫盡弁，以啓金縢之書，乃得周公所自以爲功代武王之説』，是命龜書。」此言深得《金縢》之旨。蓋其册書以故事而藏之，非特爲金縢以藏其册也。公自墠壇歸之明日，而武王遂已瘳矣。夫請代武王之死者，周公之本心也，王瘳而周公不死，此則天也，非人之所能爲也。蓋天之於人，雖若茫昧不可測知，而其禍福之應，如影之隨形，響之應聲，未有動於此而不應於彼者。高宗恭默思道，而夢帝賚之良弼，周公代武王之死，三龜習吉，而「王翼日乃瘳」，皆其至誠洞達神明，故其應也如此之速，應非自外也。夫死生鬼神之際，聖人之所難言也。《禮記・檀弓》孔子曰：「之死而致死之，❶不仁而不可爲也。之死而致生之，不知

❶ 上「死」字，原誤作「生」，今據汲古閣本、通志堂本及《禮記・檀弓》改。

而不可爲也。是故竹不成用，瓦不成味，「味」當作「沫」。木不成斲，琴瑟張而不平，笙竽備而不和，有鐘磬而無簨虡。」蓋古人之所以事死者，務所以神明之而不以爲斷，然必有所居處，動作於幽冥之間與其平日之事無以異也。今周公之所以禱於三王者，夷考其辭，則是鬼神之居於地下亦如其未死之前，不幾於巫覡里巷之見乎哉？在《易·繫》曰：「原始反終，故知死生之説。精氣爲物，游魂爲變，是故知鬼神之情狀。」此蓋聖人之分也。聖人之德貫天地，通神明，能盡人之情於昭昭之際，則有以盡鬼神之情於冥冥之間，是以其辭委曲詳盡如此而不爲過，其或未能事人而欲事鬼，未知生而欲知死者，則不足以當乎此矣。是説也，某於《盤庚》嘗論之矣。

武王既喪，管叔及其羣弟乃流言於國，曰：「公將不利於孺子。」周公乃告二公曰：「我之弗辟，我無以告我先王。」周公居東二年，則罪人斯得。于後，公乃爲詩以貽王，名之曰《鴟鴞》。王亦未敢誚公。秋，大熟，未穫。天大雷電以風，禾盡偃，大木斯拔，邦人大恐。王與大夫盡弁，以啓金縢之書，乃得周公所自以爲功代武王之説。二公及王乃問諸史與百執事，對曰：「信。噫！公命，我勿敢言。」王執書以泣，曰：「其勿穆卜。昔公勤勞王家，惟予冲人弗及知。今天動威，以彰周公之德，惟朕小子其新逆，我國家禮亦宜之。」王出郊，天乃雨，反風，禾則盡起。二公命邦人，凡大木所偃，盡起而築之。歲則大熟。

周公既禱于三王，請以其身代武王之死，其至誠洞達神明，龜既習吉，而王之疾頓愈。自此以上，皆史官叙述其請死，而藏其書於金縢之始末，爲已備矣。夫周公之心，以社稷宗廟之安危自任，乃爲己而禱，其誠心所發，出於悃愊，豈蘄人之知己哉？　故夫祝史與夫百執事之人親覩祝册灼龜之事者，則戒之使勿泄，而召公、太公雖與之比肩事主，以秉國之鈞，又亦匿之而不與之言，自非成王因風雷之變將卜以視其休祥，而得金縢之書，則周公之心孰得而知之哉？　故自此而下，又叙其攝政而遭變，仗大義以滅親，雖兄弟之大倫有所不顧，其誠心所感，而風雷爲之變，成王之疑自此釋矣，然後金縢之事顯然著見於天下後世。　故雖自「周公居東二年」以下，其事迹皆在《大誥》之後，然而實與周公請死之事相爲終始，故於此載之。　如《左傳》之所載，因陳完奔齊，而言成子之得政；因北宫文子之入聘，而言鄭之得人。　杜元凱所謂「得終言之」者，此篇亦然也。

武王同母弟十人，長曰伯邑考，次曰武王，次曰管叔鮮，次曰周公旦，次曰蔡叔度，次曰霍叔處。　武王克商，大建親賢，以藩屏王室，周公以聖德留輔相朝廷，而管叔、蔡叔就封於外，相紂之子武庚，以治商餘民。　武王既喪，周公以成王幼沖，遂攝政當國，管叔乃與其弟蔡叔、霍叔使羣不逞之人流傳其言於天下，曰：周公將爲孺子之不利，奪其位而自有之。　「孺子」，指成王也。　當是時，成王之年纔十餘歲，則可以「孺子」言之也。　而《文王世子》之篇乃曰「武王九十三乃終」，則成王生時，武王蓋年八十餘矣。《左傳》又曰：「邘、晉、應、韓，武之穆也。」此數國者，皆武王之子，成王之弟，豈武王八十已後頓生此數國邪？　此理必不然矣。　夫「君薨，百官總己以聽冢宰三年」，古之人皆然也。　周公以冢宰攝政，而乃有流言之變者，蓋商人尊尊，兄死則弟及，武王崩，成王幼沖，周公以聖德聞於天下，自商禮言之，周公當立也，今立成王，而周公相之，爲殷人者固不能釋然而無疑矣。　管叔之次於周公爲兄，周公爲相於朝，管叔固已有不平之氣，故當其攝政，則唱羣弟以「流言於國」，曰「公將不利於孺子」，遂挾武庚以叛，而殷人靡然從之者，惟其疑故也。　蓋自武王有疾，而周公之憂固已及此矣。周公禱於三王也，不以爲武王禱而爲己禱焉。　彼誠以爲武王喪，殷人未附於周，已以冢宰攝政，處可疑之勢，天下有變，則必將有以予爲口實者。而成王之幼冲，其明未足以有察，周之社稷，蓋岌岌然矣，故爲是而禱也。漢孔氏曰：「二叔以周公大聖，有欲立之勢，遂生流言。」誠哉是言也。當周公之東征，二公皆嘗居周公之位，貳朝廷之號令矣，如下文曰「二公及王乃問諸史與百執事」，又曰「二公命邦人，凡大木所偃，盡起而築之」，則二公之權柄，蓋不減於周公，而流言不及之者，蓋其所處者非可疑之勢故也。夫武王之崩，周家之得天下未久也，而殷之餘孽與周之讎親相扇而起，周之存亡，蓋未可知，而當時也，周公實專朝廷之權，其責不歸之周公，將誰尸之乎？ 故周公告二公曰：我不以法而治此叛黨，則將「無以告我先王」，故其兄弟之親，有所不敢避也。「我無以告我先王」，亦穆公所謂「先君若問與夷，其將何辭以對」也。周公既以此言告二公，於是遂率兵而東征。其居東至於二年，然後武庚、三叔咸服其辜，故曰「罪人斯得」也。周公以殷人之叛，恐其禍之延於天下，遽起而征之，而其得罪人至二年之久，則其東征也，雖曰爲社稷宗廟之計而重傷天倫，則誠有黽勉不得已之意焉。武王之伐紂，周公之誅管、蔡，其心一也。蓋紂，君也，武王以臣而伐之；管叔，兄也，周公以弟而討之，雖其終也不得不伐，而皆有彷徨不忍之心，此聖人忠厚也。當成王幼冲，履至尊之勢，周公以叔父之尊秉其政事，其德之遠著，天下之所畏服，自常人言之，誠以爲使周公而有私心，一、二年而天下可移矣。故管叔因其可疑之迹，而造此無根之言，成王之明，未足以察其情僞，安得而不疑哉？ 周公不俟成王之覺悟，遽往而征之，蓋機不可失，一日縱敵，數世之患也，故雖遭流言之謗，而益以其身任天下之重，曾不自沮而爲身之謀也。夫人謂己有奪宗之謀，己惡其謗而親以兵誅之，則近乎挾私忿以快其志矣，自非深知周公者，誰無疑之之心？是使成王益疑矣。成王益疑，故周公居東而未還，作爲《鴟鴞》之詩以遺王。其詩曰：「鴟鴞鴟鴞，既取我子，無毁我室。恩斯勤斯，鬻子之閔斯。」言鳥有巢，呼鴟鴞而告之曰：汝既取我子矣，無毁我之居室，我之於子，非不愛也，寧亡其子，而不可以亡其室，以見其惜巢之甚也。是以公之東征，其心惟思王室之不安，亦如鳥之惜巢也。其下章皆言其作室之艱難，以喻周室積累之勤，故不得避小嫌以自全。觀《鴟鴞》之詩，周公之言非不反覆明白，而成王猶疑之，曖昧而不決，故有陷公之志，然未敢發也。其所以有陷公之志者，蓋以成王猶未肯以《鴟鴞》而信周公之志果如是也。「辟」，法也。鄭氏以「辟」爲「避」，其說以謂：「羣叔流言，周公避居東都，及遭風雷之變，啓金縢之書，迎公來反，及攝政方始東征。」信如此說，則此篇自「歲則大熟」以上，其事皆在《大誥》之前矣。「成王疑之，周公出避」，其說亦不可。至於「罪人斯得」，其說不行，故又從而爲之說曰：「周公居東都，其黨屬亦皆奔亡，至明年乃爲成王所得而誅之。公作《鴟鴞》之詩，救其臣屬，請勿奪其官位土地。」夫周公之黨有何罪而謂之罪人？足見其説之陋。歐陽《詩本義》已破其說矣。周公雖作《鴟鴞》之詩，成王猶未肯以其言而信其心，然則周公之心，非《金縢》則不可得而見，而《金縢》之書，自二公以下，皆所不知，自非天誘其衷，則成王之疑將何時而釋乎？成王之疑不釋，則國之存亡，未可知也。然而周之文、武膺上天之休命，其社稷無疆之傳蓋未艾也。周公之德，既足以當上天之意，此所以有雷風之變，以顯周公之德，而剖成王之疑也。當是時也，秋歲雖大熟，百穀未成，未可刈穫，而天忽雷雹大作，又繼之以風，其禾盡偃於田畝之中，雖大木皆拔焉。以天變之來，周人大懼，王不勝其憂也，於是與諸大夫盡服其皮弁，「以啓金縢之書」，蓋將啓緘而卜是風雷之爲何祥也。啓緘之際，猶未卜也，而得往昔周公請代武王之死所納之册于金縢之匱中，蓋因卜而得其書，是偶而得之矣，非天誘其衷而何？「諸史與百執事」，皆昔之從周公以卜者。今王將卜焉，故復爲卜而俱至。使其非爲卜而俱至，則不應皆在也。二公皆至，既覩其事，而不知其由也，故從而問之，諸史與百執事同辭而對曰：信乎！公之有是事也。又嗟歎以告王曰：昔公命我勿得泄其言，今王既有問，不敢不以實對之。昔者，周公雖作《鴟鴞》之詩以貽王，而王猶未知周公之心，既得此言，然後知周公之心其所以忠於王室者，至矣。蓋禱鬼神於幽隱，人所不可測知之際，而其言亦若此。此其所以悟也，故「王執書以泣，曰：『其勿穆卜。』」蓋我之啓書也，以卜風雷之祥，今見周公之志若是，是天以此而警予矣，故可以勿復卜之矣。以其得書而止卜，乃知其爲卜而啓緘，非爲周公而啓也。蓋周公之藏書于金縢也，徒以是事不得不藏，非預知天時有風雷之變，而嗣王之必將啓緘以卜之也。成王之啓書于金縢也，亦以其將卜之，不得不啓，非素知公有請死之册，將取而觀之也。啓緘而遂知周公之心，此豈人力之所能爲哉？言「二公及王乃問諸史與百執事」，則是二公先以此發問，而王遂繼之也。意曰周公之心，二公非不知之，第以成王尚疑，非空言之所能釋，既得此書，則可解之矣，故倡王而問之。昔漢高帝嘗疑蕭何受賈人金，王衛尉對曰：「相國守關中，關中摇足，則關西非陛下有也。相國不以此時爲利，乃利賈人之金乎？」文帝嘗疑周勃反，薄昭曰：「絳侯綰皇帝璽，將兵於北軍，不以此時反，今居一小邑，顧欲反邪？」其事遂皆得釋。夫蕭何、周勃挾不世之功，而居可疑之地，非空言所能游説也，非得夫昔之所不爲以證於其所行，舉重以明輕，則何以解高帝、文帝之惑哉？蓋曉人者，當如是也。二公既得金縢之書，遂知周公之疑可以解，故倡王而問之，意者亦出於此。彼周公尚欲以其身代父之死，況肯奪其嗣子之位乎？王既使勿卜矣，於是遂言曰：昔公竭其勤勞於王家，至欲以身代先君之死，其至誠於社稷也如此，而我以幼冲之資，乃不及知，是我之罪也。此成王自反之言也。《伐柯》、《九罭》之詩，周大夫刺朝廷之不知，今爲此言，則既已知之矣。其所以知之者，則以上天動雷電之威，以顯周公之聖德也。周公始以成之疑，猶居于東未還，故成王既歎其忠，則謂今小子其當自新，而逆之以歸我國家，所以褒崇之禮又當得其宜也。惟以逆公爲我國家之禮所宜，故於是還公於東都，比其至也，則郊勞而親逆之，故曰「王出郊」。先儒以「郊」爲

「玉幣謝天」，誤矣。成王既出郊，於是天爲之反風起禾，以見周公之宜還，而明成王之得禮也。天乃降雨以止風，風止則禾起，二公乃命邦人，凡禾之爲木所仆而不能自立者，則爲之起而築之，加人功焉，此歲之所以大熟也。漢孔氏曰：「木有偃拔，起而立之。築爲築木。」非也。「築」者，築禾也。漢董仲舒論：「天人相與之際，甚可畏也。國家將有失道之敗，天乃先出災異以譴告之，不知自省，又出怪異以警懼之，尚不知變，而傷敗乃至。」使成王不能自新以逆周公，則其災豈止於雷風而已哉？其始也疑周公，天大雷電以風；其終也逆周公，則天乃雨反風。天人之際，可畏如此，然非周公之忠載於《金縢》，則不能因天變以悟成王。非天有雷風之變，則不能警成王以逆周公，故曰「天不人不因，人不天不成」也。夫禱于三王，欲以身代武王之死，周公爲之不疑。至於子路請禱夫子之疾，而夫子不許者，蓋父有疾，子禱焉，君有疾，臣禱焉，師有疾，弟子禱焉，此皆出於至誠、惻怛、不忍之心，而非有爲爲之也。子路以其意自禱可也，宣言之而請於夫子，則不可也。胡不觀之周公乎？前命二公曰「未可以戚我先王」，下則命諸史與執事「勿敢言」，自非天有雷風之變，成王因啓金縢之書而得其説，則周公請命之事終無以見於天下後世。然則周公之禱也，豈欲人之知邪？子路未禱而先請於夫子，亦異乎周公矣。

尚書全解卷二十七　周書

大誥

此篇乃管叔及其羣弟倡爲無根之言，挾殷之餘孽，以紊王室，周公將與天下共誅之。而外之邦君與夫内之御事狃目前之安，憚於勞苦，不肯爲之協謀同心討平僭叛，❶周公歷陳其所以征之之意。蓋奉上天命而繼寧考之功，雖欲已之而有不可已者，其言丁寧反覆，將以曉其未悟之情。此《大誥》之所以作也。篇名以《大誥》者，漢孔氏曰：「陳大道以誥天下，遂以名篇。」孔氏徒見篇首有「猷！大誥爾多邦」之言，以「猷」訓「道」，故以「大」爲「陳大道」也。使「猷」之一字果如孔氏之訓以爲「道」，然經先言「猷」，而後曰「大誥爾多邦」，又安以「大」爲「陳大道」乎？又況「猷」之一字，實非訓「道」也。然則以《大誥》名篇者，蓋以篇中有「猷！大誥爾多邦」之言，故攝取此二字以爲簡編之别耳。其曰「誥」者，猶《湯誥》所謂「誕告」，《盤庚》所謂「歷告」也。《泰誓》之篇有「大會于孟津」之言，而其書則誓體也，故謂之《泰誓》，此篇取於「大誥爾多邦」之言，故謂之《大誥》，非有他義也。薛氏曰：「以新造之周而三監叛，則其事大矣；應天順人，以征姦慝而寧區夏，則

❶「平」，原誤作「乎」，今據汲古閣本、通志堂本改。

其義大矣。命之曰《大誥》，其意蓋出於此。」其失又甚於孔氏矣。

武王崩，三監及淮夷叛，周公相成王，將黜殷，作《大誥》。

大誥

漢孔氏曰：「三監，管、蔡、商。」商，蓋指武庚也。《漢·地理志》云：「周滅殷，分其畿内爲三國，《詩·風》邶、鄘、衛是也。邶以封紂子武庚；鄘，管叔尹之；衛，蔡叔尹之，以監殷民，謂之三監。」孔氏之説，正與此同。然案：孟子曰：「周公使管叔監殷，管叔以殷叛。」謂之「監殷」，則以武庚乃商紂之元子，恐其痛社稷之隕滅，時伺我家國之便，以逞其志也，故使管叔監之。若以武庚預三監之數，則武庚果何所監哉？故知三監從鄭康成之説，謂「管、蔡、霍」也。《蔡仲之命》曰：「惟周公位冢宰，正百官，羣叔流言。乃致辟管叔于商；囚蔡叔于郭鄰，以車七乘；降霍叔于庶人，三年不齒。」以此觀之，則康成之説信矣。夫武王之封武庚，而乃使三叔監之，是乃有疑之之心矣。疑之而遂封之者，蓋武王之不得已也。湯之伐桀，桀舍其社稷，竄于南巢，湯於是置之而不問，而夏之都邑無復桀之子孫，故於《湯誥》之序曰「湯既黜夏命」也。武王之伐紂也，❶其心亦無以異於湯之於桀，非有殺之之意也，不幸而紂之前徒倒戈，自相屠滅，并及於紂，此豈其本心哉？故不得已而封其子於故都舊地，以示天下。及武庚既叛，而自絶於周，於是始有黜殷命之志焉，故此篇曰「周公相成王，將黜殷」也。以周之所以建三監以監武庚者，實出於武王之不得已，而亦不敢保武庚之必不叛也。武王使三叔監，而三叔

❶「伐」，汲古閣本作「代」。

當王室之大變，乃挾殷以叛，淮土之夷亦與之同惡相濟，以逞其志，故周公於是相成王，將滅殷之後而伐之也。言「三監及淮夷叛」，蓋謂其挾殷以叛也，故繼之曰「周公相成王，將黜殷」，非殷預三監之數也。周家之基業，肇興於邠、岐，集勳於豐、鎬，化行於江、漢之域，故西南夷最先服，而東夷之服也爲最後。「庸、蜀、羌、髳、微、盧、彭、濮人」與於牧野之戰，及既克商，而「通道九夷、八蠻」，則「西旅底貢厥獒」，是服於周者，皆西夷與南夷。彼東方之夷，既周家聲教之所未及，則其助於武庚之亂者，蓋其勢然也。方東夷之狼子野心未能慕義以奉周家之命，而適有武庚之變焉，安得不相挻以爲肱髀之勢？「淮夷」，漢孔氏曰：「徐奄之屬。」然案《閟宮》之詩曰：「保有鳧繹，遂荒徐宅。至于海邦，淮夷蠻貊。」《春秋》昭四年書：「楚子、蔡侯、陳侯、鄭伯、許男、徐子、滕子、頓子、胡子、沈子、小邾子、宋世子，佐淮夷會于申。」既有徐又有淮夷，則淮夷與徐當各爲種落，不可以合而爲一也。逸《書》之序於成王政，將蒲姑但言「踐奄」，而《周官》之序乃言「滅淮夷」，則奄似是淮夷之一種。此言「淮夷叛」，而《多士》則曰「昔朕來自奄」，則淮夷之爲奄可見矣。

王若曰：「猷！大誥爾多邦，越爾御事。弗弔，天降割于我家，不少延。洪惟我幼冲人，嗣無疆大歷服，弗造哲，迪民康，矧曰其有能格知天命？已！予惟小子，若涉淵水，予惟往求朕攸濟。敷賁敷前人受命，兹不忘大功。

當管、蔡挾武庚以叛也，周公攝政，天下之事皆決於公，則夫合邦君御事於朝，而告之以黜殷之意者，周公之任也。然政雖總於周公，而成王在上爲天子，號令雖由己出，而必稱王命以告之，此經所以稱「王若曰」，而序則言「周公相成王」，以相發明也。鄭康成曰：「王，周公也。周公居攝，命大事，則權稱王。」此言實害教之大者，唐孔氏既已辯之矣。此篇曰：「王若曰：『猷！大誥爾多邦。』」《微子之命》曰：「王若曰：『猷！殷王元子。』」《多士》曰：「猷！誥爾多士。」《多方》曰：「王若曰：『猷！誥爾四國多方。』」孔氏皆以「猷」訓「道」，於此篇及《多士》、《多方》則皆曰「以道告之」，於《微子之命》則曰「順道本而稱之」。此篇及《多方》先言「猷」而後言「誥」，其曰「以道誥之」，猶可爲説，至《微子之命》上言「猷」而下言「殷王元子」，而以爲「順道本而稱之」，尤爲無義。鄭康成、王子雍則皆移「猷」於「告」字之下。王莽之作《大誥》，改「猷」字爲「道」，亦在「誥」字之下，其言「大誥道諸侯王」。顔師古注曰：「言以大道告諸侯以下。」其説大抵牽强而費力。某竊意所謂「猷」者，皆發語之辭也。《堯典》曰：「咨！汝羲暨和。」《舜典》曰：「咨，十有二牧。」《甘誓》曰：「嗟！六事之人。」《胤征》曰：「嗟！予有衆。」曰「咨」，曰「嗟」，皆發語之辭。蓋「咨」之爲字，至夏時變而爲「嗟」，此類是也。「猷」字正與「咨」、「嗟」同。竊意至於周時，其發語之辭且復變而爲「猷」矣。案：《爾雅》「猷」之詁訓最爲不一，或曰「言也」，或曰「已也」，或曰「可也」，或曰「圖也」，豈但訓「道」而已哉？此所以知其或爲發語之辭也，然既久遠，雖意其爲發語之辭，然亦不敢指言其何訓也。「越」，及也。「御事」，治事之臣也。將大誥多邦之君及御事之臣以黜殷之意，故發語而告之也。「弗弔」者，當作「相弔」之「弔」讀，言爲天之所恤。此篇曰：「弗弔，天降割于我家，不少延。」《多士》曰：「弗弔，旻天大降喪于殷。」《君奭》曰：「弗弔，天降喪于殷。」孔氏皆以「弔」訓「至」。《節南山》之詩曰：「弗弔昊天，亂靡有定。」鄭説亦然。案：《春秋左傳》成七年，吴伐郯，季文子曰：「中國不振旅，蠻夷入伐，而莫之或恤，無弔者也。」夫引《詩》「弗弔昊天」以爲證，則「弔」之訓「恤」，其亦尚矣。又如魯弔宋災曰「若之何不弔」，臧孫紇出奔邾曰「敢告不弔」，王子朝告于諸侯曰「天不弔周」，皆言其不爲天所弔恤。先儒之訓失其義矣。周公之誥多方，以謂我不爲天之弔恤者，以天降凶害于周家，蓋武王遽喪，而不少延其命也。案：《史記》：「武王有疾，不豫，羣臣懼，太公、召公繆卜。周公於是乃自以爲質，欲代武王，明日，武王有瘳。」其後王崩。徐廣據《封禪書》以謂：「武王克商二年，天下未寧而崩。」此所以曰「不少延」也。班孟堅據《文王世子》之言謂：「文王十五而生武王，受命九年而崩，後四年乃武王克殷之歲。年八十六，後七年而崩。」其年數雖同，然以理推，則有未安者。周公禱于三王，雖武王翼日有瘳矣，然意以是歲崩也，故此曰「弗弔，天降割于我家，不少延」，使其克商七年而崩，則亦可謂少延，而天下既定於周矣，武庚豈復有反鄙我周邦之望哉？先儒以「不少」爲絶句，以「延」字屬於下句，其曰「不少」者，謂「三監及淮夷並作難」也。據此篇之意，先言周家新造而武王遽喪，成王以幼冲之資纘承先業，恐其弗克負荷，慄慄危懼，期以保前人之基緒而已，而三叔、武庚乃爲此舉以覬所非望，故自「越茲蠢」而下，然後言三監及淮夷之作難。所謂「不少延」者，但言武王之即世也。王氏、蘇氏皆以「延」字屬上句讀，蓋得之矣。「無疆大曆服」，正猶舜、禹所謂「在躬之曆數」也。言我周家膺天命，而享其曆數，緜緜延延，無有窮已也。武王既喪矣，故大懼成王以幼冲之資而繼周家之曆數，以配天作君，其智識未達，尚不能造於知人之哲，分別邪正，遴簡賢能，以迪民，而使之安其居，況其能至於知天命者乎？孔子曰：「吾十有五而志于學，三十而立，四十而不惑，五十而知天命。」自不惑而積之，然後至於知天命。「弗迪哲」，則非不惑矣，其於知天命之不能至，蓋可知也。既不能至於知天命，則天之聰明明畏必不知所以順而憲之者，其於履至尊之位，繼無疆大曆之事，不亦難乎？故我小子之志，兢兢業業，惕然危懼，惟恐其弗克負荷，若涉深淵之中，惟往求我之所以濟難之道也。「敷賁敷前人受命，茲不忘大功」，此則言其所以「往求朕攸濟」，以纘承文、武之丕烈，守之而不敢忘也。然「敷賁敷前人受命」，其説不明白。如孔氏以「賁」爲「大」，則讀爲扶云反，與「宏茲賁」之「賁」同。「敷賁」者，言布行大道。「敷前人受命」者，布陳文、武受命也。

然經但言「敷賁」，又以爲「陳大道」，其說迂曲。蘇氏、林子晦則皆以「賁」爲「飾」，讀爲被義反。蘇氏謂：「我之所敷者，以飾敷前人受命，而不忘其功也。」林子晦謂：「敷賁者，修明典章，以敷施賁飾於天下也。」其與孔氏雖音訓不同，而其義之不明白，則一也。惟王氏疑其有脱誤而不可知者，宜闕之，此爲得體。薛博士增廣王氏之說，尤爲詳備。曰「敷賁敷前人受命，茲不忘大功」，「殷小腆誕敢紀其叙，天降威」，「若兄考，乃有友伐厥子，民養其勸弗救」，「越天棐忱，爾時罔敢易法，矧今天降戾于周邦」，凡此，皆《書》義疑有脱誤不可知者，學者闕焉。王氏解經，每不合於義者，不旁引曲取以爲之說，至闕之，此王氏之所長也。《鴟鴞》之詩，周公所以貽于成王之言也；《大誥》之書，其所謂誥于多邦、御事之言也；《金縢》之册，則其所以禱于三王之言也，此三者雖不同，而其意則未嘗或異，蓋皆以閔武王之既喪，懼周室之將亡，而奮不顧身，以當社稷宗廟之憂責也。《鴟鴞》、《大誥》之言，成王非不之見也，然而未之行者，蓋其心惑於流言，而未諒夫周公之心果如是也。及其啓金縢之册，見其所以禱於冥冥之中與其所以宣言於昭昭之際者，曾無少異，然後信其果如《鴟鴞》、《大誥》之言，而其心之忠於王室，無復可疑者。向微《金縢》之册，則成王之疑無自而釋矣，而周公之心亦終無以見於天下後世矣。

「予不敢閉于天降威，用寧王遺我大寶龜，紹天明，即命，曰：『有大艱于西土，西土人亦不静。』越茲蠢，殷小腆誕敢紀其叙，天降威，知我國有疵，民不康，曰：『予復，反鄙我周邦。』今蠢今翼日，民獻有十夫予翼，以于敉寧武圖功，我有大事，休。朕卜并吉。肆予告我友邦君越尹氏、庶士、御事，曰：『予得吉卜，予惟以爾庶邦于伐殷逋播臣。』爾庶邦君越庶士、御事罔不反曰：『艱大，民不静，亦惟在王宫邦君室。越予小子考，翼不可征，王害不違卜？』肆予冲人永思艱，曰：『嗚呼！允蠢鰥寡，哀哉！予造天役，遺大投艱于朕身，越予冲人，不卬自恤。』義爾邦君越爾多士、尹氏、御事綏予曰：『無毖于恤，不可不成乃寧考圖功！』已！予惟小子，不敢替上帝命。天休于寧王，興我小邦周，寧王惟卜用，克綏受兹命。今天其相民，矧亦惟卜用。嗚呼！天明畏，弼我丕丕基！」

前既云天以大命佑我周家，雖使武王自百里而興，伐暴戡亂，拯斯民於塗炭之中，以奄有九有之衆。然而不使之享國家長久，使得以創業垂統，措天下於泰山之安，爲萬世無窮之基。而遽喪於克商之後，以新造未集之國，而幼冲之主實當是責，故惴惴然唯恐患難之來，乘間投隙，肆其不軌，以墮我祖宗傳受之大業矣。於是遂言武庚之叛，其征與不征，實我國家社稷安危之所繫，故上稽天心，下順人意，知其不可以不征也。「予不敢閉于降威」者，言武王之喪，是天下其威於我國家，而我不敢閉拒之也。傳曰：「君，天也，天可逃乎？」「不敢閉」者，以其天命之不可逃也，亦順受之而已矣。此云「天降威」，即上文所謂「天降割」也。惟天威之不可拒，當此之時，欲審其吉凶以爲避就之謀者，亦不過質諸鬼神而已，於是用我考寧王所遺我之大寶龜灼而卜之，以觀吉凶之所在，繼天之明而即其命也。「紹天明」，言龜可以繼天之明也。蓋天之吉凶，示人甚明，然其道玄遠，無紹介以傳其意，惟卜之以龜，則天之明曉然可見矣。此所以「即命」也。「寧王」，即武王也。序言「武王崩，三監及淮夷叛」，則此篇所稱「考」、「寧王」、「寧考」、「寧人」皆是武王也。先儒以「寧王」爲文王，殊失經意，然以「寧考」爲文王，則亦不可。此篇之辭雖出於周公，而其辭則指成王爲主，曰「予冲人」，曰「予小子」是也，成王不可謂文王爲「考」。先儒已知其説之不通，故於「寧考」則曰「寧祖、聖考」，以「寧」爲「寧祖」，以

「考」爲「聖考」，是以「寧」字爲一人，「考」字爲一人，非立言之體也。以「寧」云者，謂武王去殘賊，以安天下之民也。曰「寧王」，曰「寧考」，曰「寧人」，正如《盤庚》曰「先后」，曰「高后」，曰「先神后」，但變其文耳，非有異義也。「寧王遺我大寶龜」者，蓋古者將欲決嫌疑，定猶豫，以通幽明之情，使其應如響，無有毫釐杪忽之差者，而必有藉於靈龜，故其得之也，則珍而藏之，以爲國之寶，俟有事而用之，世世以是傳而不失也。《楚語》曰：「龜足以憲臧否，則寶之。」《公羊傳》曰：「寶者何？龜青純。」何休註曰：「千載之龜青髯明于吉凶。」謂之寶，世世保用之辭。」《左傳》吴王之弟蹶由曰：「國之守龜，其何事不卜？」謂之「守龜」，蓋世之所守以爲寶故也。若衛之昭兆、臧氏之僂句，皆所謂「寶龜」也。故成王將卜龜以紹天之明而即命，而其所用者，乃武王所以遺之者也。「曰：『有大艱于西土，西土人亦不静』」，此則龜所告之辭也。《周官》：「太卜掌三兆之法，其經兆之體皆百有二十，其頌皆千有二百。」「頌」，即《春秋》所謂「繇」也。唐孔氏《春秋正義》曰：「兆頌舊有此辭，非卜人始爲之也。」則知頌者，蓋古者卜筮之書，既灼龜而得此兆體矣，又以此兆體而玩其辭也。晉獻公之卜而其辭曰：「專之渝，攘公之羭。」莊公之卜而其辭曰：「如魚竀尾，衡流而方羊裔焉。」此皆「兆頌舊有此辭」，因卜而適得之耳，然不知其辭出於何代也。至於漢時，亦有此書，如漢文帝之占曰「大横庚庚，余爲天王，夏后以光」是也。成王以武王既喪之故灼龜啓書，以占周家之休咎，而其繇辭曰「有大艱于西土，西土人亦不静」，言將有大艱之事及於西土，西土之人亦爲之擾而不安也。方是時，三叔之流言未作，武庚之叛未興，而龜兆之言已云爾也。《中庸》曰：「國家將興，必有禎祥；將亡，必有妖孽。見乎蓍龜，動乎四體。禍福將至，善必先知之，不善必先知之。故至誠如神。」是時，周家將有不率厥典之人唇齒相依以危王室，其爲禍也，大矣，此所以見于卜龜，而其辭云爾也。故於今三監、淮夷果蠢蠢然而動，則龜之所告，信其驗也。自「殷小腆」而下，則方言其「越茲蠢」之事，以明龜之有知也。「殷小腆誕敢紀其叙」者，漢孔氏曰：「殷後小國腆腆然之禄父，大敢紀其王業之叙，而欲興復之。」蘇氏以「腆」爲「厚」，言「殷小富厚，乃敢紀其既亡之叙」。案：左氏曰：「不腆弊邑。」則「腆」之字固當訓「厚」。孔氏以爲「腆腆然」，固不如蘇氏以爲「殷小富厚」，然其説亦不明白。蓋經既云「殷小腆誕敢紀其叙」，必欲從而爲之説，則其言當如是云爾。要之，此兩句乃是成王既言卜辭，然後以事應繼之，其所言者必殷人背叛之事，然其語則聱牙難通，必欲字字而爲之説，則非多聞闕疑之義，故當以意逆志，而闕其辭之不可知者。「天降威，知我國有疵，民不康，曰：『予復，反鄙我周邦』」，言天降威于我國家，武王既棄天下，而繼有三叔流言之疵，民將不安，武庚知之，故其言曰：我將紹我湯之業而光復之，殷既復，則反以我周家爲鄙矣。武庚以叛亡之餘，而有「反鄙我周邦」之言，則其志不小矣，縱之一日，則有一日之患，此所以不可不征也。然其征之也，必上得天心，下得人心，而後可以勝，故成王於是又陳其得天人之應，而有勝之之理也。「今蠢今翼日」，言當此武庚蠢動之明日，民之賢者有十夫來助予往征，以撫安寧考武王所圖之功也。「民獻」，與《益稷》所謂「黎獻」同。將興師動衆，以討不逞之武庚，而十夫以賢能之才爲我左右之助，則我所有之大事固爲休矣。及其灼龜以卜師之勝負，則三龜又皆并吉。「民獻有十夫予翼」，則得人心矣。「朕卜并吉」，則得天心矣。天人俱應，則我周家有必勝之理，而武庚有必亡之勢，如之何而不征也？漢孔氏於「予不敢閉于天降威用」，則言「我不敢閉絶天所下威用而不行，將欲伐四國」，其於「寧王遺我大寶龜，紹天明，即命」，則言「武王遺我大寶龜，疑則卜之，以繼天明，就命而行之。言卜不可違」。夫孔氏以「用」字屬上句讀，固爲非矣，而以其遺大寶龜爲卜伐四國，則是。其意謂此所言「朕卜并吉」者，即上文用大寶龜而卜也。蓋孔氏既以「天降割」與「天降威」爲四國之叛，則安得不以遺大寶龜爲征伐之事乎？蘇氏雖以「天降割」爲武王之喪，至於「天降威」，則亦以爲三監叛也，但於「其有大艱于西土，西土人亦不静」，則以爲龜所告之辭，此則與孔氏異耳。果如蘇氏之意，則「天降威」爲三監之叛，所謂用大寶龜與夫「朕卜并吉」者，其止一事而重言之乎？抑其當時之再卜乎？若此二者只一事，而再言之，則其卜兆之辭但曰「有大艱于西土，西土人亦不静」，成王何從而知其吉乎？若其始卜之，其兆體之辭如此，而其再卜則吉，無乃瀆乎？《春秋左傳》曰：「晉趙鞅率師伐齊，大夫請卜之，趙孟曰：『吾卜於此起兵，事不再令，卜不襲吉。』」信也，瀆龜之卜，趙鞅尚不肯爲，而謂周公爲之乎？此其爲説，蓋由於以「天降威」爲三監之叛，故其牴牾必至於此，殊不知用大寶龜者，當武王之既喪而卜也，「朕卜并吉」者，卜伐武庚也。成王當嬛嬛在疚之時，而占國之災祥，乃得此兆，既而武庚作亂，則不静之言驗矣，乃將征之，而又以其勝負卜之於龜，則得吉兆也。如此，則其義上下相屬，方爲明白。周之興師也，庶邦、御事皆有難色，獨此十夫者爲之輔翼，而遂以爲「我有大事，休」者，蓋十夫爲之助，則得民之心矣。晉、楚之兵遇於桑隧，趙同、趙括欲戰，知莊子、范文子、韓獻子皆不欲，於是軍帥之欲戰者衆，或謂欒武子曰：「聖人與衆同欲，是以濟事。子之佐十一人，其不欲者，三人而已。欲戰者可謂衆矣。」武子曰：「善鈞從衆。夫善，衆之主也。三卿爲主，可謂衆矣，從之，不亦可乎？」周公既得十夫之助，則雖邦君、御事皆以爲未可，而民之心自可見矣。此正欒武子之意也。漢周亞夫伐楚，得劇孟，若一敵國。夫劇孟者，特一游俠之雄耳，亞夫得之，尚賴之爲重，況此十人謂之「民獻」，則其得之而以卜人之心，豈不可哉？此十夫者，周公得之而其喜如此，則其人必非瑣瑣者，惜其名氏不見於後世。揚雄曰：「昔者，齊魯有大臣，史失其名。」其於十夫亦云：「惟其『十夫予翼』，以得人之助；『朕卜并吉』，以得天之助。」故今我告爾邦君諸侯之相親友者與尹氏之官，以至衆士、御事之臣曰：我既卜之於龜而得吉矣，我當與爾衆邦仗義興兵，以伐殷之逋亡播蕩之臣武庚也。「尹氏」，與《牧誓》之「師氏」同，《洪範》所謂「師尹惟日」是也。爾庶邦君至於御事之臣，今乃無不以言復曰：今將帥以伐殷，❶其勢難，而其事大，不可以輕動也。西土之人所以不静者，雖武庚之叛，天下爲之騷動不寧，而其源則在於王之宫、邦君之室，則不可以不自反也，故我小子當成其敬以修己而已，未可征也，王何不違卜，而必欲從之乎？「害」與「害澣害否」之「害」同。王莽曰：「予害敢不於祖宗安人圖功而終？」顔師古曰：「害讀曰曷。」正此類也。漢孔氏曰：「王室有害，固宜從卜。」王氏曰：「王其咎之害在於不違卜也。」皆誤矣。爾庶邦御事之言既如此，故我冲人長以此艱難而思，乃發嘆曰：四國之叛，而我征之，信蠢動天下，使其無妻之鰥、無夫之寡不得安居而樂業，是誠可哀也。我非忍於此也，蓋以我繼世以有天下，爲天之所役使，而天之所遺我者大，所投我者艱，謂其眇然以幼冲之資而負祖宗之託，以嬛嬛在疚之初而當變故之興，我當赫然發憤討平僭叛，以繫固周家之業，非我之自恤也。爾庶邦君而下，當以義而安我，曰：無拘於所憂之可畏縮而不之決也，惟當「張皇六師」，往而滅殷，以成武王所圖之功。蓋武王既克商而有天下矣，今乃使之遺孽絶而復續，豈不喪武王所圖之功乎？爾之所以安我之義當如此，今乃欲舍武庚而不治，豈義也哉？蓋邦君、御事既以「亦惟在王宫邦君室」咎成王，又以考翼而勉成王，故成王自責，以爲我以一身而負艱難之責，則其毒民以興師者，豈爲一己之故哉？我之興師，既非狥一己之私憂，凡欲聿追來孝，以光大前人也，則爾羣臣其可以狥私意臆之見，而不念天下之大謀，與我合謀同心共底安平乎？故成王以此而責之也。夫以周家新造，而管、蔡以叔父之尊挾殷之餘孽以間王室，此固天下之所共怒者也，爾邦君者，列周之爵，分周之土，以爲周之藩，而尹士、庶士、御事又皆食

❶「帥」，汲古閣本作「師」。

周之禄，任周之職，以効其才能，則武庚之亂，宜其協一心以與天下共誅之也。今乃倡爲不可征之言者，蓋其志苟目前之安，而不慮身後之患，謂武庚之叛，有以服其心，則自可不動干戈而平之矣，何必老師費財，交鋒接刃，而後爲得計哉？昔湯伐夏以救民，亳之民以爲「夏罪其如台」，故咎湯以爲「不恤我衆，舍我穡事而割正夏」，夫湯之兵爲應天順人而舉也，今亳人徒以桀滅德作威，以「敷虐于萬方」，而亳邑未被其禍，故憚於行役戰鬭之事，而出此言也。庶邦、御事之不肯致討于武庚，其意亦若是而已矣，殊不知自古有天下之禍常起於一隅，而其蔓延之久，則徧於天下。祭仲曰：「無使滋蔓。蔓，難圖也。蔓草猶不可除，況君之寵弟乎？」今管、蔡以叔父之親，武庚以殷家之裔，又與淮夷同惡相濟，使其一旦滋蔓，羣方響應，雖竭天下之力，亦末如之何也已矣。漢景帝之時，吴、楚七國作亂於山東，其聲燄甚熾，惟漢遣周亞夫將三十六將軍之兵，倍道而進，故一鼓而滅之，不然不獨關東非漢有也，自關以西亦將有累卵之危矣。晉武帝既死，惠帝以昏童而即祚，當是時，八王以肺腑之親更相屠滅，戎羯乘之，中夏鼎沸，歷數百年而後定。管、蔡、武庚之亂，而又挾淮夷以爲重，此其爲變，蓋不減於八王與五胡也，使成王信邦君、御事之言，置而不問，惟欲考翼以服之，未必無晉之禍。故予謂當武王之喪，而卜之以龜也，其繇辭已曰「有大艱于西土，西土人亦不静」，管、蔡喪亂於東土，則西土之人宜無所預也，而龜辭以爲西土之人亦爲之不静者，蓋天下之勢然也。晉八王、五胡之事，蓋可見矣。「西土人亦不静」，則寧考之圖功將敗壞而不立矣。雖成王所以處己者固未嘗不敬，然管、蔡、商、奄之頑愚，非文教之所能遽服，故欲成寧考之圖功，則不可以不征也。成王既謂欲成寧考之圖功，則管、蔡、商、奄在所必征，不可以邦君、御事之所不欲而遂置之也，況天之吉卜又不可以有違，苟違卜而不征，則吉將轉而爲凶，雖欲考翼以終寧王之功，豈可得哉？故我之所以不違者，是乃所以成寧考之圖功也，如之何而謂我「不違卜」爲非哉？故我小子不敢廢上帝之命而違卜。其所以不敢廢上帝命者，則以上帝專美文王之德，使之自百里邦而興，遂有天下，亦惟卜之用而不敢替也，故能受天命以傳於我小子。視武王誓師之言曰「朕夢協朕卜，襲于休祥，戎商必克」，則是武王之所以克商者，惟以「不違卜」故也。使其違卜，則獲罪於天，而無所禱矣，故曰：予不順天，「厥罪惟鈞」。以武王之聖德，尚不敢廢上帝之命，而況小子乎？武王之克商，既獲仁人，又加之夢卜之協，其天人之應，不期而同，所以遂克商而有天下。今「十夫予翼」，則是天助我民矣，況又卜之吉哉，天人之應亦如武王之世，則我之征武庚，不獨成寧考之功，亦所以述寧考之事也。《洪範》之稽疑，「汝則從，龜從，筮從，卿士從，庶民從，是之謂大同」，至於謀及卿士、庶民之或從或違，而龜、筮並從，則亦不失其爲吉，蓋以定天下之業，斷天下之疑，惟卜筮之信故也。成王之伐武庚，雖邦君、庶士、御事有異言，然周公之心既以不疑，而卜筮又吉，是亦《洪範》之所謂吉也，況又十夫之予翼，以十夫爲主，則卿士大夫蓋不盡逆也，何爲而不可征哉？此所以亦惟卜之用也。「嗚呼！天明畏，弼我丕丕基」，此又嗟嘆而申言之也。言天道無私，甚明而可畏，今以吉卜而畀我，則欲我討平僭叛，以光大周室。是天之意，其於國家之積累基業，欲弼而成之也。天既弼我之基業，而我乃不從卜以征，是我自棄其基業矣，則天之明畏，必將移其禍以延于我邦矣，如此，則非天之棄周，乃周之自棄也。然則如之何而不可征哉？邦君、庶士、御事之人，其不知天命如此，周公之所以諄諄反覆而告之也。

王曰：「爾惟舊人，爾丕克遠省，爾知寧王若勤哉。天閟毖我成功所，予不敢不極卒寧王圖事。肆予大化誘我友邦君，天棐忱辭，其考我民，予曷其不于前寧人圖功攸終？天亦惟用勤毖我民，若有疾，予曷敢不于前寧人攸受休畢？」王曰：「若昔朕其逝，朕言艱日思。若考作室，既底法，厥子乃弗肯堂，矧肯構？厥父菑，厥子乃弗肯播，矧肯穫？厥考翼其肯曰：『予有後，弗棄基？』肆予曷敢不越卬敉寧王大命？若兄考，乃有友伐厥子，民養其勸弗救？」王曰：「嗚呼！肆哉，爾庶邦君越爾御事，爽邦由哲，亦惟十人迪知上帝命。

當周之初基，其所以固結民心而維持社稷者，未久也，武王遽棄羣臣，而傳於童孺之成王焉。大位，姦之窺也，幼主，邪之伺也，則當時已有岌岌之勢矣，而況管、蔡以兄弟之親而肆其無根之言，武庚以殷商之孽而懷其克復之志，淮夷以介鱗之種而逞其吞噬之心，三惡相濟，興兵而西，民心一搖，則周之社稷，其存亡蓋未可知也。如是，則豈武王之所望於後人以建立綱紀，而鞏固基業之本志哉？龜繇之辭謂西土之大，而亦將不静，其言非不驗也，而邦君、御事乃懷其臆見，謂西土之所以不静者，惟在夫「王宫邦君室」有以致之耳，苟自反而考翼，則所謂大艱者不足慮也，何事興干戈然後能勝之哉？殊不知武庚挾管、蔡、淮夷以叛，其志不細也，如縱之而不誅，則猶養疽囊焉，不知將潰而發也。御事、邦君既不肯從周公以征，而狥其私見以苟一時之安，使周公驅之以勢，脅之以威，夫誰敢有異議哉？然而周公之心則不忍劫其不服之心，而彊使之以事，其所以告喻之者，反覆宛轉，欲以曉其未悟之情，使其釋然而醒，然後與之東討不義。故自「弼我丕丕基」以上，所以陳述其東征之事，蓋將從吉卜，以服上天之命，而繼武王之成績，非我之好大喜功而爲是舉也。其言詳而明，嚴而盡，固無餘藴矣，然周公之心猶以爲未也，又從而告喻之。

凡言「王曰」者，皆語之更端也。蓋所以曉譬未悟者不得不然，此古人忠厚之心也。「爾惟舊人」者，言爾邦君、御事皆舊有位之人事武王者也。周家之業，自后稷、公劉以來，至於太王、王季、文王，積德累功，以肇造區夏，武王繼之，又能兢兢業業，夙夜匪懈，以致其勤，然後克商而有天下。爾既先世之舊人，當大能遠省前事，豈不知寧王若是之勤哉？而今也有武庚之變，苟舍而不治，則寧王之勤勞以遺後人者將無所繼，而卜世三十、卜年八百之曆於我而殄絶矣。蓋武庚之叛，是天之閉塞，以使我毖慎，蓋欲其操心危而慮患深，養其德慧術智於疢疾之中，此正我戡定禍亂以成功之所也，我其敢不極盡而使無遺力以終寧王所圖之事乎？盡力以終其所圖之事，則寧王之勤勞以遺我後人者，乃爲有所待也。爾既知天胡不爲我，而扇爲此異論哉，故我今諄諄然反覆論難，使汝之心信然以爲如此，故曰「肆予大化誘我友邦君」也。孟子曰：「有如時雨化之者。」顔子曰：「夫子循循然善誘人。」「化誘」者，有優游不迫之意。《盤庚》曰：「盤庚斆于民。」此篇云：「肆予大化誘我友邦君。」曰「斆」，曰「化誘」，皆先王忠厚之道也。「天棐忱辭」，言空言無實者，不足以感天之所以輔我，惟以我有至誠之辭，非矯僞飾以誣天也。然天不言，胡爲而知天之輔我哉？惟考之於民而已。十夫以民獻而來助，於是則民助之矣。民助之，則天助之也蓋可見矣。天既輔我，予何敢不討平僭叛，以安周室，使前寧人所圖之功於是而有所終乎？武庚之亂，非天棄周而復商也，蓋以此而勤勞毖慎我民，使其憂畏之心未嘗暫替，若人有疾，則其謹起居，節飲食，嘗藥石，以去斯疾者，其心當如何也？則我何敢不奉順天意，以從吉卜，使于前寧人所受之美命於此而有終乎？「卒寧王圖事」、「于前寧人圖功攸終」者，蓋欲紹隆基業，以繼前人之成績也。「于前寧人攸受休畢」者，蓋欲永膺曆數，以繼武王之美命也。唐孔氏曰：「三者文辭略同，義不甚異，大意推言，當終文王之業，須征逆亂之賊，丁寧以勸民耳。」此説是也。但不當以「寧王」爲文王耳。或者於此之類皆必從而爲之説，錙銖而較之，皆鑿説也。「王曰：『若昔朕其逝』」，孔氏曰：「順古道，我其往東征矣。」王氏亦曰：「順古之道，以朕其往而征之也。」然上文但言前人之烈，待我而後成，不可不順天命以征之，初無有順古道之事，則與上文不接。蘇氏曰：「如我本意，則昔者已往矣，所以至今者，以言艱而日思也。」此説是也。蓋當武庚之亂，周公遂欲舉天下之兵以征之，其所以遲遲而未行，則以邦君、御事之言謂其艱大而不可輕動，我以此言隱之於心，而日日在念也。雖以艱大之言而日思之，然上考天心，下稽人事，則其勢蓋所必征，不可以其艱大而不以身當其責也，故以作室耕事而喻焉。人之作室，其父已審其向背，定其高下，而致法矣，其子乃不肯爲之堂基，況肯締構一屋乎？人之耕田，其父既已反土而菑，其子乃不肯爲之播種，況肯俟成熟而穫之乎？夫作室、耕田，非是父「既厎法」，而其堂架必委之於子；父既菑田，而其播種必委之於子，蓋設爲此論故也。武王初基而遽即世，猶父之厎法、菑而未能成效也。今武庚之亂，我尚不能討而滅之，以安社稷於幾危，其敢望周家之世世享祚而不絶乎？「厥考翼其肯曰：『予有後，弗棄基』」，蓋父之厎法、菑田，是欽其事也。父欽其事，而子無以繼之，則其父豈肯曰：我之有後，弗棄基業乎？必自以爲不幸而無後也。武王克商，而成王不能殄滅商之遺孽，則武王在天之靈當以爲如何哉？故我今不敢不於我之身持循寧王之大命，而平定凶逆，以定國家之基業也。❶王氏曰：「於我者，不敢以諉後人也。」武庚之叛，在成王即位之初，周公攝政之日，則夫平定凶逆，以奠國家之基業者，正成王、周公之責也。使其不以此自任，則豈足以爲武王之子乎？「若兄考，乃有友伐厥子，民養其勸弗救」，漢孔氏曰：「若兄弟父子之家，乃有朋友來伐其子，民養其勸弗救者，以子惡故。以此四國將誅而無救者，罪大故也。」蘇氏之説與此亦不甚相遠。夫古人之取譬，雖假設，言亦必近於人情。父之厎法，而子不肯肯從我以征，無乃爲不足以堪前人所付託之重乎？故成王以此而自勉也。「若兄考，乃有友伐厥子，民養其勸弗救」

❶「定」，汲古閣本作「奠」。

堂；父之菑田，而子弗肯播，蓋子之弗祗厥父事而弗負荷，則其至於此者，蓋有之矣，未有父子兄弟之家至於朋友伐其子而不之救者。夫兄弟鬩于牆，外禦其侮，同室之人鬭，被髮纓冠而往救可也，蓋其情之所在，有不期然而然者，豈以不救爲是乎？孔氏之説爲不近人情矣。而諸家之説大抵迂曲，惟王氏闕之爲得。於是又嗟嘆而言曰「肆哉」，漢孔氏以：「歎今伐四國必克之故，以告諸侯及臣下治事者。」孔氏之意以「肆」訓「今」，故爲此言。《爾雅》曰：「肆，今也。」則「肆」之訓「今」，固有此理，然經但言「肆」，傳遂以爲「今」可也，又以爲「今伐四國必克之」，豈「肆」之一字而道理如此其多？其説蔓衍不足取也。王氏以「肆」爲「涉危難而無所毖」，蘇氏以「肆」爲「過」，亦皆迂曲，不如顔師古之説。王莽之作《大誥》亦曰：「嗚呼！肆哉。」而師古曰：「肆，勸也，勸令陳力。」蓋當武庚之叛，邦君、御事與國同其休戚者，固宜投袂而起，赴功趨事，以致其協贊之力，今既有異議而不肯從我以征，則其心必遷延齟齬而不陳力矣，故嗟嘆而欲其陳力以戡難也。其所以告諭邦君、御事之衆，而勸之陳力者，則以「爽邦由哲」故也。「爽」與「用爽厥師」同。蓋當夫朝廷有大議論，國有大利害，彼以爲是，此以爲非，彼以爲否，此以爲可，互相矛盾，紛紜交錯而不決焉，非有大過人之智足以決斷定大計，則安能使邦之爽明而無疑謀哉？此爽邦所以由哲人也。武庚之亂，神人之所共怒，「周公相成王」，固有必征之意，而邦君、御事乃以爲不可，周公、成王亦以此之故爲之遲回而不決。既此十人惠然而來，而皆以爲可征，則我得其左右之助，而國論自此定矣。則夫十人者，蓋哲人也。十人之所以爲哲人者，以其能迪知上帝之命故也。故天之眷顧於我周家，其情蓋未艾也，既使之克商而有天下矣，雖然遺孽乘間而起，而天之心未庯釋也。彼天之於人君，其去就從違之間，不容毫釐之差，順之則吉，逆之則凶，吉凶相承，殆反覆手耳，自非迪知天命者，不能奉而順之也。天之於周，既示吉卜矣，而邦君、御事乃懷其臆見，循其私欲以爲不可征，欲王違卜而不用，是不能知上帝之命也。惟此十人知天命之固如此，遂奮不顧身以來助其謀，則成王之心自此判矣，安得而不爽哉？既「爽邦由哲」，則爾邦君、御事不可以不陳力也。

「越天棐忱，爾時罔敢易法，矧今天降戾于周邦。惟大艱人誕鄰胥伐于厥室，爾亦不知天命不易。予永念曰：天惟喪殷，若穡夫，予曷敢不終朕畝？天亦惟休于前寧人，予曷其極？卜敢弗于從。

漢孔氏曰：「於天輔誠，汝天下是知無敢易天法，況今天下罪于周，使四國叛乎？」蓋始既言「越棐忱，爾時罔敢易法，矧今天降戾于周邦」，則孔氏從而訓釋之不得不如此云云也。其意謂天所輔者，惟至誠不欺之人，故天下無敢變易法度以自絕于天，今四國之叛，是易法也，然王氏以此爲不可知而闕之，蓋亦謹疑之義也。「大艱人」，謂三監也。三監以兄弟手足之親，挾武庚之叛，間釁王室，以是大近相伐於其室家之中。室家之人，至於有相吞滅之志，而不利於國家，則於大義不可以不征也。蓋三叔雖周公之兄弟，然既挾武庚以叛，則是周公之讎矣。正猶石厚助州吁不軌之謀，則石碏當舉大義以滅之。而爾邦君、御事反以爲不可征，是爾不知天命之不易也。天之命無常，可謂難矣，今有吉卜而不用，則安知其不爲凶乎？此其不易也。爾不知天命之不易，則邦無自而爽，安可不從我以征哉？唐孔氏曰：「管、蔡導武庚爲亂，此篇略於管、蔡者，猶難以伐弟爲言，故專説武庚罪耳。」此説雖是，而未之盡也。蓋三叔之於武庚，讎也，其於周公，兄弟也，今乃舍其兄弟而挾武庚以叛，其惡播於天下矣，邦君、御事必知其爲可誅，不以兄弟而疑之也，其所以爲不可征者，第以禍發於東土，而西土無預焉，故貪目前之安，不肯從事於干戈，欲成王考翼而彼自服也，殊不知縱之而不誅，則其禍必浸淫於西土，其何以繼前人之業而舉上天之命乎？故其兆之辭以爲西土亦將不静。周公既舉此以告之矣，又謂其「誕鄰胥伐于厥室」，其可以貪目前之安而不討之哉？故其所誥之辭略於管、蔡也。「予永念曰：『予曷敢不終朕畝』」，言管、蔡之所以叛，則以殷之遺孽猶有存者，必以此藉口也，故我之長念則謂天以紂之暴虐而改命我周，其於殷人也，若穡夫治田，去其稂莠，必芟夷蘊崇之，絶其本根，勿使能植而後已，今也有遺種焉，則我何敢不如田畝之終而畢其事乎？蓋武庚之叛，不去則爲「不終朕畝」矣。武王之伐紂也，其誓師曰「除惡務本」，正如此「終朕畝」之謂也。蓋紂不克，則其本不除；武庚不除，則其本不終。然武王既以「務本」爲言，周公既以「終畝」爲言，則其於殷，蓋疾之甚矣。至其滅紂，則封武庚，誅武庚，則封微子者，蓋武王之所欲誅者，紂而已，武庚何罪焉？成王之所欲誅者，武庚而已，微子何罪焉？蓋惡之止於其身者，聖人之忠厚也與。夫惡相而惡木邊之姓，惡解而惡水中之蟹，其遷怒也有間矣。天以吉卜錫我周家，使我周家仗大義以滅殷者，亦惟休美于前寧人，使長享天下也，我今何以極卒寧王之圖功哉？惟從吉卜則可矣。故卜不敢不從也，而邦君、御事乃以不違卜爲非，何哉？

「率寧人有指疆土，矧今卜并吉，肆朕誕以爾東征。天命不僭，卜陳惟若兹。」

言天下之疆理，莫非王者之土，皆前人之指意者，我但率循謹守之而已矣。今三監之叛，侵欺王略，固不可不征，以奠其疆界，況於卜龜而并吉，則其勝之也必矣，故今我大以爾邦君、御事東向征之。夫命之於天，無有差忒，卜之所陳既已若是，可以無疑矣。

王氏曰：「武庚，所擇以爲商臣，三叔，周所任以商事者也，其材似非庸人，方主幼國疑之時，相率而爲亂，非周公往征，則國家安危存亡殆未可知。然承文、武之後，賢人衆多，而迪知上帝，以決此議者，十夫而已，況後世之末流欲大有爲者，乃欲取同於汙俗之衆人乎？」王氏此言，假之以爲新法之地也，故每於盤庚遷都、周公東征以傳會其説，而私言之以寓其意焉，殊不知己之所爲與盤庚、周公之事相近，而實不侔也。❶盤庚之遷都，將以奉上天之命而復先王之業也，不遷，則有墊溺之患。周公之東征，亦將以奉上天之命而終前人之功也，不征，則有割據之禍。而當時邦伯、師長、邦君、御事玩一時之安，而不慮他日之憂，故扇爲異論，以摇其上，盤庚、周公於此，惟不忍以利驅，而勢迫之，故丁寧反覆，至於再三，必使之心悦誠服而後已。非是誥之而不從，則遂脅之以刑威而有所不恤也，蓋必使其心皆信其所爲，而後與之共事。使其誥之而不從，而遂有所不恤，則其與不誥也何以異哉？故盤庚之遷，周公之征，雖其始也有異同之論，而其既已誥之矣，則莫不改心易慮，惟上之是聽，不獨民獻十夫以爲可征也。如王氏之説，則是周公之東征，決其議者，十夫而已，其餘無預也。蘇氏曰：「《盤庚》、《大誥》，皆違衆自用者所以藉口。」蓋爲王氏而發也。

微子之命

成王既黜殷命，殺武庚，命微子啓代殷後，作《微子之命》。

微子之命

《微子》之篇曰：「詔王子出迪。」孔子曰：「微子去之。」則微子當紂之時，蓋處可疑之地，不可以諫，而去商矣。雖其去商，然亦遯于荒野而已，未適他國也。及武王既克紂，痛社稷之無主，於是始抱祭器以歸周。《左氏傳》

❶「侔」上，汲古閣本有「相」字。

曰：許僖公見楚子，「面縛銜璧，大夫衰絰，士輿櫬，楚子問諸逢伯，對曰：『昔武王克商，微子啓如是。武王親釋其縛，受其璧而祓之，焚其櫬，禮而命之，使復其所。』」《史記·宋世家》亦曰：武王克商，「微子啓乃持祭器造於軍門，肉袒面縛，左牽羊，右把茅，膝行而前以告」。武王乃釋微子，復其位。此二説皆謂微子雖去商，而其歸周也，乃在於武王克商之後。但《史記》既謂其面縛，而又稱其牽羊把茅，此其爲異同耳。唐孔氏所以闢其失也。微子既歸于周，但以殷之封爵居其舊位而已，《左傳》所謂「復其所」，《史記》所謂「復其位」是也。蘇氏曰：「武王將立殷後，必以箕子爲首，微子次之，而卒立武庚者，必二子辭焉。」某竊以謂不然。夫武庚之不肖，固不如箕子、微子，使武王之命殷後，擇其賢而立之，則必以箕子、微子先於武庚矣，然其所以立武庚以爲商之後者，非二子之讓而後立之也，以其勢不可以不立武庚也。湯之放桀，必建立夏之子孫以奉其祭祀，然後更擇土地以封之而已。桀之故都，則不使其子孫因而都也，故其自夏而歸之亳，則已謂之「黜夏命」矣。武王之伐紂，其志亦欲如湯之放桀，苟其自竄放遐荒之地，而不復居庶人之上以罹其凶害，則應天順人之義畢矣，不幸殷人倒戈之師自相屠滅，并及於紂，武王之本志無以自明也，於是使其子武庚因殷之故都奉其祭祀，以致其不忍之心。惟其因故都以立商後，而致其不忍之心，則當是時也，武庚以紂之嫡子幸脱於倒戈之後，舍武庚而不立，尚誰立哉？某竊謂武王之立商後，蓋屬意於武庚矣，非二子辭而不受，然後及之也，然則武王之立武庚，蓋出於不得已也。夫滅其父，而立其子，又使因其好草竊姦宄之徒而君之，則其乘間而肆亂也必矣，故命三叔以懿親而監之。苟三叔不挾之以叛，則武庚雖動，得乎？既不可動，則必將享其富貴以終其身，傳之子孫而未艾也，如此，則何由而黜其命乎？故《洪範》之序但言「勝殷」，而不曰「黜殷命」，如《湯誥》之所言也。雖不惟武庚忘我國家之大造，而與三叔同惡竊發，周公既已東征而誅之矣，則朝歌不復可以立商家之子孫。

可不擇其賢子孫以爲湯王之後，然遂不封之於商丘矣，則殷命自此而黜焉。此序所以先言成王既「黜殷命」而「殺武庚」，然後繼之曰「命微子啓代殷後」也。

「啓」，微子之名也。武王之擇殷後也，微子以帝乙之長子，紂之庶兄，而又有賢德，故以宋封之。蓋武王之立商後，則因其故都，至成王之封微子，則始國於宋。《樂記》曰：「武王克殷，既下車，立殷之後於宋。」此說爲誤矣。唐孔氏曰：「微子初封於宋，不知何爵，此時因舊宋命之爲公，令爲湯後。」此蓋順《樂記》之言而文致之耳，未必有所據也。其封微子也，則爲書以命之，蓋陳其所以封之之意，而勉以所當爲之事，後世之命官則必以制書，蓋出於此。然如《説命》、《畢命》則不加「之」字，而此則加「之」字者，蓋《説命》、《畢命》二字足以成文，而此言微子命，則非文辭之體，故必加「之」字也。「微子」者，殷圻内之爵也，既已封之宋，則當曰宋公，今不曰宋公之命，而以「微子之命」名篇，猶稱殷爵者，箕子、微子雖已歸於周，而以商爵稱者，蓋殷臣之客於周者也。微子雖封於宋，徒以武庚既死而無後，不可使先王之祀自此而絶也，乃若其志，則未嘗有臣周之意也，故雖爵爲上公，「尹茲東夏」，而以殷爵圻内之封爲稱號，此其所以命篇曰「微子之命」。至於後世子孫亦皆以微子稱之，非有他爵謚也。箕子之於朝鮮，非就封也，意其引遯而去，不食周粟，如伯夷之隱於首陽也。武王訪而得之於朝鮮，然後因而封之，雖封於朝鮮，而猶稱箕子也。箕子既已遯矣，則其代殷後者，非微子而何？惟二子雖歸於周，而未嘗臣周，此其所以與比干並稱而爲仁也。

王若曰：「猷！殷王元子。惟稽古，崇德象賢。統承先王，修其禮物，作賓于王家，與國咸休，永世無窮。

「猷」者，發語之辭也。微子，帝乙之長子也，故謂之「殷王元子」。「殷王」，指帝乙也。其母未立爲后而生微子，既立，而生紂，故以微子爲庶，而紂爲嫡，紂立而微子不立，其實微子爲長子，又在所當立者也。成王將封微子於宋，故發語曰「猷」，而以「殷王元子」呼之，自此而下，則言其所以封之之意也。蓋微子、箕子之於周，不惟其身有不爲臣之義，而周家之於二子，亦以賓禮待之，不責其爲臣也，故武王訪《洪範》則曰「嗚呼！箕子」，成王命微子曰「猷！殷王元子」，皆尊之之辭也。其曰「猷！殷王元子」，正《洪範》「嗚呼！箕子」之類也。王氏以「元」爲「善之長」，此蓋泥於《易》之言謂「微子爲紂之諸子」，故從而爲之説耳。其實微子者，帝乙之首子，當從《史記》之説也。「惟稽古，崇德象賢」，此則總言其所以封之之意也。林子和曰：「立微子以爲殷後，以周室言則爲稽古，本成湯而言之則曰崇德，自微子而言則曰象賢。」此説是也。前世帝王既以膺天之曆數以君臨萬國，雖其後世絶滅，不復履天下之籍，亦必建之一邦，使之宗廟世世血食者，非特不忍絶人之祀，亦所以存一代之制也。《中庸》曰：「王天下有三重焉。」《郊特牲》曰：「天子存二代之後，猶尊賢也。」尊賢不過二代，此皆古之道也，故成王稽而考之，以立微子而代殷後也。其代殷後者，則以成湯之有德故也，此之謂「崇德」。其立微子者，則以微子之賢克肖其祖也，此之謂「象賢」。蓋非成湯之盛德有奕世之餘慶，則何以使其爵土之不絶？非微子之賢，則何以繼先人之緒而修其制度乎？自「統承先王」至「與國咸休，永世無窮」，此則言其所以稽古者當如是也。自「嗚呼！乃祖成湯」至「德垂後裔」，此則言湯之德不可不崇也。自「爾惟踐修厥猷」至「尹兹東夏」，此則言微子之賢不可不立也。《禮記·大傳》曰：「立權度量，考文章，改正朔，易服色，殊徽號，異器械，別衣服，此其所謂與民變革者也。」夫三代之興，既已受命矣，則其一代之制，如正朔、服色之類，莫不更張而一新之。既已立一代之制矣，然三王之道若循環，終而復始，前代之制豈可遂使之湮没而不傳乎？然必立二王之後，使之各承其先王之統，而修其一代之禮物。「禮物」，即服色、正朔之類是也。惟其立二王之後，使之各承其先王之統，而修一代之禮物，其於天子，蓋有不臣之義，故「作賓于王家」也。《振鷺》之詩曰「我客戾止」，《有客》之詩曰「有客有客」，皆言其爲王家之賓也。《左氏傳》曰：「宋，先代之後也，於周爲客，天子有事膰焉，有喪拜焉。」有事而膰，有喪而拜，其賓之禮蓋若此之類也。然其作賓也，豈特一再傳而已哉？蓋將與國皆美，上下同享其慶，以至於「永世無窮」也。

「嗚呼！乃祖成湯克齊聖廣淵，皇天眷佑，誕受厥命。撫民以寬，除其邪虐，功加于時，德垂後裔。爾惟踐修厥猷，舊有令聞，恪慎克孝，肅恭神人。予嘉乃德，曰篤不忘。上帝時歆，下民祗協庸。建爾于上公，尹兹東夏。

既言「稽古」，以立先代之後，其道當如此，於是言湯之德存則有以澤斯民，没則有以裕後昆，此其所以立其後而奉其祀也。故嗟嘆而言曰：爾之先祖成湯有「齊聖廣淵」之四德，故爲上天之所眷顧佑助，大受其命，以代桀而有天下也。《史記》曰：「幼而徇齊。」裴駰曰：❶「齊，速也。」《左傳》曰：「齊聖廣淵。」杜預曰：「齊，中也。」蘇氏則以「齊」訓「肅」，後世以「齊」爲「謚」，蓋出於此。《謚法》曰：「整肅篤莊曰齊。」蘇氏所謂「肅」，蓋謂此也。「淵」，深也。湯既受天之命以伐夏救民，故其撫綏斯民則以寬仁之德，而桀之「滅德作威」以敷虐於萬方百姓者一朝而除矣。夫兵，凶器也，戰，危事也，而湯之十一征，乃使斯民望之若大旱之望雲霓也，其未至也，

❶ 「駰」，原誤作「絪」，今據汲古閣本、通志堂本改。

則曰「胡爲後我」，❶其已至也，則曰「徯我后，后來其蘇」，蓋桀以邪虐，湯以寬仁，故斯民引領而望之。湯以仁義之師拯民於塗炭，則其除殘去暴之功加于一時，而其德之盛，餘慶所逮，可以及其後世之苗裔。故雖更紂之虐、武庚之叛，而成王卒立微子以代其後，屢絶而復續也。湯之德固可以庇覆于後人，而使之有爵土，然非微子之象賢，亦何以無忝厥祖而爲湯之子孫乎？故遂言「爾惟踐修厥猷」，蓋謂湯之道，爾能踐而修之，無所越焉。「踐」與「修身踐言」之「踐」同，謂履而行之也。既能率由爾祖之道，則其令聞之播於天下，其來也舊矣，非始於今日也。既「舊有令聞」，而又儼恪戒慎，盡其孝道，以「肅恭神人」，此蓋指其抱祭器以歸周之事也。夫微子不忍商家基緒之墜，於是持其祭器以歸周，使殷之先后復享其禋祀，傳之子孫而不絶，其可謂「恪慎克孝，肅恭神人」矣，故我一人謂汝之德實篤厚而不可忘也。非特予一人之嘉之也，上帝亦嘉汝之德而無不歆享，下民亦嘉汝之德而莫不敬和。爾之德既合於予一人，又合於天，又合於民，則宜其列爵分土，以九命之公而正兹東夏之民也。宋在王室之東，故謂之「東夏」。王者之後稱公，故曰「建爾于上公」也。王氏曰：「微子爲商後，得郊，故稱其上帝時歆。上帝時歆，然後許之郊宜矣。」此説是也。王者之後，得用郊天之禮，《禮記》曰「杞之郊也，禹也。宋之郊也，契也」是也。微子之德既爲上帝之所歆，則其祀帝於郊也，神其吐之乎。

「欽哉！往敷乃訓。慎乃服命，率由典常，以蕃王室，弘乃烈祖，律乃有民，永綏厥位，毗予一人，世

❶「後我」，汲古閣本作「我後」。

世享德，萬邦作式，俾我有周無斁。嗚呼！往哉惟休，無替朕命。」

自此而下，則戒勑之辭，言不可不敬其事，言爾之往而就國，當布汝之教訓以迪斯民也。宋爲二王之後，則成湯之廟得用天子之禮樂，而微子身爲諸侯，則惟當循上公九卿之禮，此二者之間，不可以毫釐差僭之，故又戒之曰：「慎乃服命」，率由舊章。蓋偪生於僭，僭生於疑，非疑無僭，非僭無偪，能慎之而以典常自守，則安有僭偪之過哉？如魯實侯爵，乃以天子禮樂祀周公，既不慎矣，其後遂用於羣公之廟，於是季氏僭八佾，三家僭雍徹，以至有二國逐君之禍，蓋其源一開，則其末流無所不至。魯雖僭天子之禮樂以祀周公，故其後則用之於羣公之廟，又用之於三家之庭，宋既用天子禮樂於成湯之廟，則其於服命可不慎之哉？成王之於宋，其慎之如此，則其於魯，必不賜之以天子之禮樂也。意者周室既衰，而魯僭天子之禮，遂設爲此辭，謂本成王之時伯禽受之，非我之罪也。唐孔氏嘗謂：「《周禮》所載公侯伯子男土地之制，乃諸侯自以國土寬大，皆違禮義。」乃除去本經，妄爲之説。予於魯用天子禮樂，亦云既能慎其服命，以率由典章，以謹其侯度，而無不盡其道矣。故上則可以藩屏王室，以維持其社稷，遠則可以光大烈祖，而發揮其道德，下則可以整齊斯民，而率循其法度。如此，則高而不危，滿而不溢，永安于上公之位，以輔我一人，雖世世可以享其德，以保其邦家至於萬邦之廣，亦將以汝而爲式，則使我有周於宋永無厭斁之情矣。蓋立二王之後，欲其「統承先王」，故勉之以「洪乃烈祖」；欲其「修其禮物」，勉之以「慎乃服命」；欲其「永世無窮」，故勉之以「世世享德」；欲其「作賓于王家，與國咸休」，故勉之以「俾我有周無斁」。「有周無斁」，即《有客》之詩所謂「在此無斁」是也。「嗚呼」者，又嗟嘆以重其言也。言我之所以命汝者，其言丁寧反覆如此，則爾之往即爾封，惟無廢我所命汝之言，服膺而勿失，則其體莫大於此矣。蘇氏曰：「方武庚叛，後而封微子，微子蓋處可疑之地，而命之曰『上帝時歆』，又曰『洪乃烈祖』，又曰『萬邦作式』，此三代之事，非後世之所能及。」誠哉是言也。

唐叔得禾，異畝同穎，獻諸天子。王命唐叔歸周公于東，作《歸禾》。周公既得命禾，旅天子之命，作《嘉禾》。

尚書全解卷二十八　周書

康　誥

成王既伐管叔、蔡叔，以殷餘民封康叔，作《康誥》、《酒誥》、《梓材》。

康誥

《史記·管蔡世家》曰：武王既克殷，「平天下，封功臣昆弟。於是封叔鮮於管，封叔度於蔡，相紂子武庚禄父，治殷餘民。封叔旦於魯而相周，爲周公。封叔振鐸於曹，封叔武於成，封叔處於霍。康叔封、聃季載皆少，未得封」。蓋自叔鮮而下，皆是武王之弟。武王既有天下，則選建親賢以爲藩翰之勢，其母弟之親惟康叔、聃季以其年齒尚幼未有分地，餘皆建爲諸侯。雖其稟凶醜之資，如管叔、蔡叔，而其惡未暴於天下，亦皆分茅列爵以爲諸侯，且使監殷以制武庚之命。武王之意，既以武庚商之餘孽，而以殷之故都授之，懼其包藏禍心，伺我國家之隙以逞其志，故雖付之以舊地餘民，而其權則管、蔡叔之所專也。管、蔡當周公之攝政，憤然有不平之心，於是挾武庚作亂，以間王室，同惡相濟，舉兵而西向。周公既率邦君、御事以征之，居東二年，管、蔡及武庚咸服其辜，於武庚則殺之，而遂絶殷家之命，而管叔者，亂之首也，故亦殺之，蔡叔降於管叔，而囚之郭鄰，則殷之故都蓋已平定而無患矣。然而前代之所建以爲萬乘之居，其形勢雄於天下，實中國之重地也，則夫繼武庚之後而使之撫治之者，不可不慎擇其人；而況殷之餘民染紂之化，「草竊姦宄」，無所不爲，而又重以武庚之猖獗，則其桀驁之俗，尤難治也。非親，則不可付以重地；非賢，則不可委以頑民。康叔以弟之懿親，而大有賢德，於是以殷之餘民而封之於衛，使撫有殷之故都而爲君也。漢田肯言於高祖曰：「蔡，❶形勝之國也，持戟百萬，秦得百二焉。齊地方二千里，持戟百萬，縣隔千里之外，齊得十二焉。此東西秦也。非親子弟，莫可使王齊者。」當周之時，衛之形勢正猶漢之齊也，故必康叔之親且賢，然後可以任其責焉。康叔者，以周公之弟、成王之叔父而建國於殷之故都，且天子所賴以撫民，而使之革心向化，不可以無勑戒之辭，此《康誥》、《酒誥》、《梓材》之所以作也。《金縢》曰：「周公居東二年，則罪人斯得。」是伐管、蔡者，周公也。使康叔牧殷之餘民亦在周公攝政之日，其篇中有曰「周公咸勤，乃洪大誥治」，則是反覆丁寧而誥康叔以治國之道者，周公也。然其事雖本於周公，而成王在上爲天子，一政一事莫非成王之所專也，周公但攝之而已，故序推本而言，遂以成王冠之也。《書》之序，其體不一，有每篇而一序，有二篇而一序，有三篇而一序者，蓋古者，史之記載皆以簡册之所載，不可以繁多也，故其於一簡之所不能載者，則或析而爲二，或析而爲三，愈多而愈分，雖其篇帙之分，而其書之所由作則一，此所以有異篇而共序也。其所以分之，則或因所作之時，或因其所陳之言，如《泰誓》三篇，上篇則將會於孟津之時所作也，中篇則戊午次於河朔所作也，下篇則戊午之明日大巡六師所作也，惟其時有先後之不同，故其文之繁多，則因其時而分之。此三篇之誥康叔，蓋俱是四方之民、五服之

❶「蔡」，據《漢書·高帝紀》，當作「秦」。

君咸造于洛邑，周公慰勞而誥戒之時所作也，其時既同，則因其言之不同而分之。《康誥》所言，皆敬典慎罰之事；《酒誥》所言，則戒之無荒湎于酒，以革殷之舊俗也；《梓材》所言，則戒之以匿瑕含垢，一切下問，而以德懷之之事也。惟其所誥之言不同，故因而分之以爲簡册之别，此皆出於史官一時之意，而不可以一概論也，故如《泰誓》之命篇，則以一名而有上、中、下者之别，此三篇則每篇而命之名，是亦其一時史官各隨其指意而然也。

「康叔」者，漢孔氏曰：「康，圻内國，名封，字叔。」意謂武王之弟，名封，字叔。當夫管、蔡未挾武庚以叛，而成王未以殷之餘民而封之也，則食采於圻内之康地焉。周公既因會於洛而誥戒之，史官遂序述其事而作此篇。此篇有曰「乃洪大誥治」，則此篇亦可以名《大誥》矣，然周公之相成王而黜殷也，其誥諭邦君、御事以東征之意，既以《大誥》名篇矣，故此則以康叔言，故擬取「康」之一字，而以「誥」字繫之也。

惟三月，哉生魄，周公初基作新大邑于東國洛，四方民大和會，侯甸男邦采衛，百工播民和，見士于周。周公咸勤，乃洪大誥治。

案：《史記》：「周公奉成王命，興師東伐，遂誅管叔，放蔡叔，收殷餘民，以封康叔於衛。七年三月，周公往營成周洛邑。」則是康叔之封，蓋在於營洛前數年也。今此篇之序既言「成王既伐蔡叔、管叔，以殷餘民封康叔，作《康誥》」，而其篇首則先言「惟三月，哉生魄，周公初基作新大邑于東國洛，四方民大和會」，然後始載成王誥康叔之語，則似是先營洛邑，而後封康叔，故説者疑焉。蘇氏遂謂：「自『惟三月，哉生魄』至『乃洪大誥治』，皆《洛誥》之文，當在《洛誥》『周公拜手稽首』之前。」其意蓋以封康叔之時決未營洛，又此終篇初未及營洛之事，故以爲簡編脱誤。某嘗謂蘇氏之説經多失之易，❶易則己意之有所未安者必改易經文以就之，如此，則經之本文其存者幾希，非慎言闕疑之義也。唐孔氏曰：「既三年滅三監，七年始封康叔，則於其間更遣人鎮守，自不知名號耳。」夫使康叔之封果在於七年，則是正營洛邑之歲，而於經文可以無疑矣，然管、蔡既挾武庚以叛，周公誅其元惡矣，而其餘民之尚在者又皆長惡不悛，未漸漬於周之美化，使其三年伐三監，而七年始封康叔，則數年之間，所以鎮撫而訓導者，可以無其人邪？孔氏亦知其説之不通，故有「遣人鎮守」之説，然此事無所經據，但意之而已。則孔氏亦是順經意而爲之説，不足信也。惟王博士曰：「四國既誅，商地始定，然後封康叔。康叔已封，然後宅洛邑，乃其事之序也。此書先言『周公初基作新大邑于東國洛』，然後繼之以誥康叔之事，蓋封康叔在於卜洛之前，而誥康叔在於營洛之際。當其營治，則四方之民與夫五服之君長莫不咸在，王者將欲孚大命於諸侯，必於臣民所會之時而誥之，則其所施者廣，而所警者衆。此康叔之誥所以在乎營洛之時。」此説近人。蓋康叔之封，固在卜洛之前，而其誥之也，乃在於營洛之際，序之言蓋推本而言之耳。使其始封之初而即以此誥之，則其書當爲命之體，如《微子之命》、《蔡仲之命》是也，惟其丁寧而告之者不在於始封之初，而在於營洛之際，此所以不謂之命，而謂之誥也。蓋周公之營洛也，將以殷之頑民遷而居之。頑民之居於成周者，周公既尹正之，使之「式化厥訓」矣，其所以丁寧而曉諭之者，則有《多士》等篇。頑民既遷居成周，而其餘尚淹留於衛，則以委康叔而任其司牧之職。既以是而委之矣，亦不可以無告戒之言也，故於「作新大邑」之時，殷之民或徙或否，遂以是而誥康叔，因以訓迪其餘民也，此所以作誥在於營洛之際也。

❶「説」，汲古閣本作「於」。

「惟三月」者，周公攝政七年之三月也。「哉生魄」者，謂明消而魄生，三月之十六日也。於三月之十六日，周公始造基而作新大邑于東國之洛，洛在王室之東故也。《周官・大司徒》曰：「以土圭之法測土深，正日景以求地中。天地之所合也，四時之所交也，風雨之所會也，陰陽之所和也，然則百物阜安，乃建王國焉。」洛邑之地既爲天地之中，故作新之，而四方之民莫不和悦而來會也。其列爵分土，布於九服之國，則侯甸男采衛五服之諸侯莫不咸在也。周制爲九服，王畿之外五百里曰侯，又其外方五百里曰甸，又其外方五百里曰男，又其外方五百里曰采，又其外方五百里曰衛，衛服之外則蠻服矣，衛服以内即《禹貢》之「綏服」，蠻服以内即《禹貢》之「要服」，華夷之境自此而分，故其會於洛邑者，惟此五者而已。言此「侯甸男邦采衛」，即《召誥》所謂「侯甸男邦伯」也。特其言之，詳略有不同耳，亦猶《大誥》或曰「友邦君越尹氏、庶士、御事」，或曰「邦君、庶士、御事」也。五服皆邦也，而獨於「男」之下言之者，唐孔氏曰：「五服男居其中，故舉中則五服皆有『邦』可知。」其説是也。惟其四方之民皆大和會，而五服之君皆與焉，故其百官皆播率其民和悦，而「見士于周」，以服其役，周公皆有以勤而勞之。潘博士曰：「『勤』猶『杕杜以勤歸』之『勤』。」是也。既勞之矣，而又有以戒之，故大誥之以治道。雖大誥之以治道，然其意蓋欲康叔盡其所職，以撫綏新民，而革其舊習，使之莫不遷善遠罪，而無自棄於小人之域，故於營洛邑之時，而遂以此誥之也。先儒言：「因大封命，大誥以治道。」其意以「洪」爲「大封命」，以「大」爲「大誥以治道」，謂因大封命以誥之。亦不必如此分别。要之，「洪」、「大」皆一意也。經之言，其義同，而重複言之者多矣，豈可以一一從而爲之説邪？

王若曰：「孟侯，朕其弟，小子封。惟乃丕顯考文王，克明德慎罰，不敢侮鰥寡，庸庸，祗祗，威威，顯民，用肇造我區夏，越我一、二邦以修我西土。惟時怙冒，聞于上帝，帝休，天乃大命文王。殪戎殷，誕受厥命越厥邦厥民，惟時叙，乃寡兄勖，肆汝小子封，在兹東土。」

「孟侯」，謂爲諸侯之長也。「孟」，長也。魯仲孫氏出於公子慶父之後，慶父於三桓爲長，故仲孫氏或稱孟氏，則知孟者長也。諸侯之長，蓋州伯也。《王制》曰：「五國以爲屬，屬有長。十國以爲連，連有帥。三十國以爲卒，卒有正。二百一十國以爲州，州有伯，八州八伯。各以其屬，屬於天子之老二人，分天下以爲左右，曰二伯。」周之初時，以周公、召公分陜左、右以爲二伯，則知康叔爲諸侯之長，蓋州伯也。《史記》自康叔之子康伯至於昌伯，六世皆以伯稱，蓋謂是也。至昌伯之子頃侯，則不復爲之矣，於是始稱侯也。而《史記》乃謂昌伯厚賂周夷王，夷王始命衛進爲侯。而蘇黄門蓋以爲非矣。「朕其弟」者，康叔，周公之弟，成王之叔父，故周公以爲汝乃我之弟也。如蘇氏曰：「周公雖以王命命康叔，而其實訓誥皆周公之言也，故曰『朕其弟』。」此言是也。「封」者，康叔之名也。言其職爲諸侯之長，而於天屬之親，則我之弟，乃汝「小子封」也。康叔既於周公爲弟，故可以「小子」呼之。使其訓誥非周公之言，則成王豈可以「小子」而稱其叔父乎？蓋此篇所誥，皆周公之言，但稱成王之命耳。既呼其名而使之前，故自此以下皆誥之之言也。周公之誥康叔，載於此篇首尾數百言，多及於慎刑敬罪之事者。案：《左氏傳》曰：「周克商，使諸侯撫封，蘇忿生以温爲司寇。」則是武王克商之初，爲司寇者，蘇公也，《立政》所稱「司寇蘇公式敬爾由獄，以長我王國」是也。《史記·管蔡世家》云：「聃季、康叔皆有馴行，於是周公舉康叔爲周司寇，聃季爲周司空，以佐成王治，皆有令名於天下。」而《左傳》亦曰：「武王之母弟八人，康叔爲司寇。」則康叔在成王之世，實以衛侯繼蘇公居司寇之位。至於成王顧命之際，召太保、芮伯、彤伯、畢公、衛侯、毛公，是時康伯嗣位，尚居司寇之官，歷事康王也。竊謂周公以王命作《康誥》之時，雖使即封於衛，而亦并以司寇「詰姦慝，刑暴亂」之事命之，故其書有曰「外事」、「外庶子」、「外正」，以「外」言者，治殷頑民於衛者也。以衛爲外，則内事者，司寇之事也。惟其爲司寇之官，故其言多及於慎刑敬罪之事。然其誥之之始也，必先世創業之艱難，然後汝得以享其餘慶，汝必在乎脩仁行義，以無負於父兄付與之意，然後有以輔翼王室，以爲之藩翰也。自「惟乃丕顯考文王」至「在兹東土」，此蓋言文、武以盛德大業，上得天心，下得民意，以興我周邦，遂使汝得以列爵分土，而爲諸侯之長，汝不可不思所以保而守之也。「丕顯考」者，言文王之德大明也。其曰「丕顯考」者，正猶《盤庚》所謂「先神后」也。「天佑下民，作之君，作之師」，凡欲其脩德以子惠斯民而已。其爲刑罰殺戮，則誠有所不得已焉。蓋以德者，人之所同好也，故我則明之，使斯民莫不曉然而向化；刑者，人之所同惡也，吾則慎之，使斯民莫不難犯而易避。董仲舒曰：「陽常居大夏，而以生育長養爲事；陰常居大冬，則積於空虚不用之處，如此見天之任德而不任刑也。天使陽出布施於上以成歲功，使陰入伏於下而時出佐陽。」❶「明德」者，「陽出布施於上」之譬也。「慎罰」者，「使陰入伏於下」之譬也。明德謹罰，則文王愛民之心至矣。然其愛民之心尤爲著明者，則在於鰥寡無告之民未嘗有侮慢之心也。孟子曰：「文王發政施仁，必先斯四者。」正謂此也。夫論聖人之盛德，必稱其不廢困窮、不侮鰥寡者，蓋困窮、鰥寡，人情之所易忽也，於人情所忽者，而仁惠加焉，猶不敢侮慢，則其餘可知也。亦猶論離婁之明，而稱其察秋毫之末；論易牙之知味，而稱其辨淄澠之真。至於「不敢侮鰥寡」，則其深仁厚澤所以覆被斯民者，無以復加矣。而又當分别善惡，進賢退不肖，而使民知所好惡也，故繼之以「庸庸，祇祇，威威，顯民」。先王於黜陟刑賞之間何所容心哉？因其可用者，則吾從而用之；因其可敬者，則吾從而敬之；因其可威者，吾從而威之。用之者所謂使

❶ 「入」，原誤作「人」，今據汲古閣本、通志堂本改。

能也，敬之者所謂尊賢也。「威之」與所謂「惟辟作威」之「威」同。庸其所可庸，祗其所可祗，威其所可威，則民皆知好惡之所在，故文王以此而明示於民也。惟其「明德慎罰，不敢侮鰥寡」，以盡其愛民之道；而又進賢退不肖，以盡其覲民之道，故能肇造周室，奄有區夏，以爲天下之君。雖其成效則履天子之圖籍，以涖中國而撫四夷，而其始則在於一、二邦修之而已。其修之者，始於一、二邦，而其享之者，必至於萬國。蓋「以德行仁者王，王不待大」故也，豈必廣土衆民，而後能有爲哉？惟得其民，則得天下矣。蓋文王之德，若日月之照臨，光於四方，而尤顯於西土，故此西土岐周之民惟是怙恃冒被文王之德化，歡聲洋溢，稱頌而歌舞之，故其道上聞於天，「天聽自我民聽」，民之歸我也如此，則天之聞之也，安得而不美之乎？如是，乃大命文王誅殷伐紂，膺受景命，以王天下也。文王克成厥勳，以新周邦，而其大統猶未集於其身，其所以卒其伐功，革商而爲周，越厥邦厥民皆得其叙者，乃汝寡有之兄武王勉而行之也。惟文、武之積德累功，以建立周家之社稷，故爾小子封得以享其餘慶，「在兹東土」列爲諸侯也。夫人之愛其子孫，是天下之通義也，❶有得焉，而思以與其子孫，亦人情之所皆然也。文、武之造周，其勤勞若此，亦欲其子孫千億宜君宜王，緜緜延延而不絶也。康叔既享其餘慶，分茅於衛，以爲諸侯之長，則必思謹其侯度以藩王室，然後可以享之而無愧也。故周公之誥康叔，必先以文、武造周之艱難，而汝因得以列於諸侯爲之言也。《微子之命》曰：「庸建爾于上公，尹兹東夏。」《蔡仲之命》曰：「肆予命爾侯于東土。」《君牙》曰：「今命爾予翼，作股肱心膂。」《冏命》曰：「今予命汝作大正，正于羣僕侍御之臣。」此皆始命之辭，故其篇皆命之體也，而謂之「命」。此篇之作，非在於康叔始封之時，而在於營洛之

❶「下」，汲古閣本作「道」。

後，故不謂之「命」而謂之「誥」。蓋其言曰「肆汝小子封，在兹東土」，此乃既封於衛之辭，與始命之辭異矣。《左氏春秋傳》定四年，衛子魚曰成王「分康叔以大路、少帛、綪茷、旃旌、大吕，殷民七族，封畛土略，自武父以南，及圃田之北竟，命以《康誥》，而封於殷虚」。信斯言也，則是《康誥》之作乃在於始封康叔之時，不惟與此篇之言始終不合，亦汩夫誥命之體矣。

王曰：「嗚呼！封，汝念哉，今民將在祗遹乃文考，紹聞衣德言。往敷求于殷先哲王用保乂民，汝丕遠惟商耇成人宅心知訓。别求聞由古先哲王用康保民。弘于天，若德裕乃身，不廢在王命。」

夫文王之造周室，豈一朝一夕之故哉？蓋其積德累功，自百里而起，「明德慎罰，不敢侮鰥寡」，以致其不忍人之心，而又能「庸庸，祗祗，威威」，則賢人聚於朝，而不仁者不得以播其惡於衆，民之歸之也，若水之就下，故爲上天之所眷佑。武王因之，應天順人，以有天下。汝康叔於是得以懿親而爲東土之諸侯，將使其知父兄之艱難，則其享之也，烏可以不念之哉？然其所以念之者，亦不在於他也，既以文王之餘慶而享其福禄，則其舉而措之，以治斯民者，亦惟文王是法而已。《詩》曰：「伐柯伐柯，其則不遠。」既享文王之餘慶，則遵文王之道，以施之於民，其則亦豈遠哉？故告之以今之治，當在敬循汝考文王之舊，繼其所聞而服其德。言所聞者，即「德言」也。繼之，則有以傳於後而不泯。然又不可以徒繼之而已，又當服其言於身而允蹈之也。「衣德言」，若《説命》所謂「説乃言惟服」是也。祗遹文考而服膺其言，則其於治民，蓋不難矣。然自文考以前，亦豈無哲王哉？去周之近者，莫如殷，自「湯至於武丁，賢聖之君六七作」，其立政立事，盡善盡美，流風善政，亦猶有存者，故不可不往而徧求之，用之以安治斯民也。既徧求「殷先哲王」所以安治斯民者而用之矣，然當其先哲王之撫柔天下也，朝廷之上，公卿之位，蓋必有老成人，年彌高而德彌卲，其深謀遠慮，以佐其君，而圖回四海者，汝當大遠而思之，宅之於心而忖度之，則知夫所以訓民之術矣。夫惟殷之聖君、聖臣規模在兹，既已徧求而遠思，則其學於古訓者，不爲不至也。然自殷以前，自夏禹而下，豈無善政？其可舍之而不求哉？則在於「古先哲王」之道，又當別敷求而聞由之，以安斯民也。「由」者，謂行之也。孟子曰：「一鄉之善士，斯友一鄉之善士；一國之善士，斯友一國之善士；天下之善士，斯友天下之善士。以友天下之善士爲未足，又尚論古之人。頌其詩，讀其書，不知其人可乎？是以論其世也，是尚友也。」夫以一鄉之善士爲未足，又推之於一國；以一國之士爲未足，又推之於天下；以天下之士爲未足，又推之以尚論古人，則尚友之心豈有既哉？今成王之誥康叔，既使之祇遹文考矣，自文考推而上之，又使之敷求「殷先哲王」及「丕遠惟商耇成人」，自「殷先哲王」及「商耇成人」推而上之，則使之「別求聞由古先哲王」，此所以尚論古人之世者也。然其於「殷先哲王」，則曰「往敷求」；於「商耇成人」，則曰「遠惟」；於「古先哲王」，則曰「別求」；於「殷先哲王」，則曰「保乂」；於「古先哲王」，則曰「康保」，此蓋經緯其文，以成述作之體。正如《舜典》記載舜之巡守，於南巡則曰「如岱禮」，於西巡則曰「如初」，於北巡則曰「如西禮」，不必求其義也。而王氏諸家皆從而爲之説，其言破碎附會，不足取信。然經之大意，蓋不在是也，如必以此等語爲各有其義，則於「先哲王」曰「殷」，於「商耇成人」曰「商」，亦必有説矣。既別求於古先王，則其孳孳爲善，不自任其聰明以淪亂斯民者，至矣，盡矣，而又繼之曰「弘于天」。「弘」者，廣而大之之謂也。薛氏曰：「人各有天，如火始然，如泉始達，在廣而充之。」此説是也。蓋康叔之治民，固不可不取法於文考，然文考必取法於「殷先哲王」及「商耇成人」，故既祇遹文王，則當敷求「殷先哲王」、「遠惟商耇成人」也。「殷先哲王」、「商耇成人」必取法於「古先哲王」，故既敷求「殷先哲王」、「遠惟商耇成人」，則當別求

「古先哲王」也。「古先哲王」必取法於天，故別求「古先哲王」，則當「弘于天」也。至於「弘于天」，則無以復加矣。道之大，原出於天故也。《召誥》曰「今冲子嗣，則無遺壽耇，曰其稽我古人之德，矧曰其有能稽謀自天」，亦此意。能「弘于天」，則能順性命之理，以成其德，而可以裕乃身矣。孟子曰：「君子所性，仁義禮智根於心。其生色也，睟然見於面，盎於背，施於四體，四體不言而喻。」此皆「若德裕乃身」之效也。自祇遹文考引而伸之，觸類而長之，以至於「弘于天」，於是存心養性之道，蓋心廣體胖，而民無有不被其澤，如此，則永綏厥位，不見廢於王命矣。

王曰：「嗚呼！小子封，恫瘝乃身，敬哉！天畏棐忱，民情大可見，小人難保。往盡乃心，無康好逸豫，乃其乂民。

「恫」，痛也。「瘝」，病也。言康叔之治民，不可以不敬，當常如疾痛在汝之身也。「子之所慎，齊戰疾。」人之疾痛在身者，自非狂惑失志，未有不致其慎者，故兢兢戰戰，惟恐不及。汝之敬於治民，其心當如此，不可以須臾忘也。人之常情，天之高高而在上者，固以爲可畏，至於下民，林林然而在下，則其心必輕而忽之矣，故戒之以「天畏棐忱，民情大可見，小人難保」。言「天難諶，命靡常」，甚可畏也，然有德則親之，有道則享之，誠意孚於此，而天意應於彼，蓋疾於枹鼓之應，以其所輔者誠也。民之情，好安而惡危，好治而惡亂，固大可見矣，然而撫之則后，虐之則讎，離合之間，不容毫髮之差，則小人豈不難保乎？能保小民，則天必輔之矣。苟惟肆於民上，以縱其淫，而棄天地之性，則民心未附，其何以得天之心哉？則民之可畏，蓋與天之可畏無以異也，故汝之往治之也，則無以民爲可忽，必盡汝之心，以治其國，毋懷燕安，而肆其逸豫之情，乃可以治斯民矣。此所以爲不可不敬也。

「我聞曰：『怨不在大，亦不在小，惠不惠，懋不懋。』已！汝惟小子，乃服惟弘王應保殷民，亦惟助王宅天命，作新民。」

此蓋言汝之所以敬於治民，不可使之有怨也，故引其所聞於古人之言以戒之。言致怨之道，無小無大，皆足以召亂，惟其不可使之有怨而已。無以爲大，而後可畏，無以爲小，而不知恤。《五子之歌》曰：「怨豈在明，不見是圖。」言當圖所以遠怨之道而已，當順而不順，當勉而不勉，皆致怨之道也。蓋治其國者，必順於人而勉於己。不順於人，則暴戾悖亂，以咈百姓之心；不勉於己，則般樂怠傲，以縱一己之欲，怨安得而不聚哉？此所以在乎惠其所當惠，懋其所當懋也。欲惠其惠，懋其懋，則汝小子惟當大我所以應保殷民之道。「應保」者，狗民之情而安之也。晁錯曰：「人情莫不欲壽，三王生而不傷；人情莫不欲富，三王厚而不困；人情莫不欲安，三王扶而不危。」如此之類，皆所以應保之也。王者之於民，一視而同仁，固無間於彼此，雖殷之餘民，皆吾之赤子也，故其應保之心未嘗必替。汝既爲君，必當有以洪而大之，洪而大之，則所以治其國者盡於此矣，又當助我「宅天命」，以「作新民」也。蓋康叔以衛侯爲司寇，既爲王之六卿，分職而治，則王之「宅天命」，以「作新民」，其可不致其協贊之力哉？惟其以「弘王應保殷民」與「助王宅天命，作新民」分而爲二，則成王得以司寇之職而告戒之，蓋可見矣。曰「弘王應保殷民」，「助王宅天命，作新民」，皆以「王」言之者，蓋此篇雖稱王命以誥，其實周公之辭，猶曰「朕其弟，小子封」也。

王曰：「嗚呼！封，敬明乃罰。

惟康叔以列侯入仕於周，厠於六卿之列，則夫宅天命以作新斯民者，固當有以助王矣，而其分職也，乃周官之司寇。司寇之職「掌邦禁」，以「詰姦慝，刑暴亂」者也。既爲司寇之官，則不可不盡夫司寇之職，故又嗟歎而戒勑之，言汝之所以行其刑罰，當致其敬明也。蓋用刑之道，惟敬故明。《王制》曰：「刑者，侀也。侀者，成也。一成而不可變，故君子盡心焉。」惟盡心而不苟，則既致其敬矣。既致其敬，則其意論輕重之序，謹測深淺之量，豈有不明者哉？王氏曰：「敬明乃罰者，教康叔以作新民之道也。民習舊俗，小大好草竊姦宄，卿士師師非度，而一日欲作而新之，其變詐强梗，將無所不爲，非有以懲之則不知所畏，故當敬明乃罰也。」爲王氏之學者遂因其説以謂「殷之頑民，難以仁懷，易以威服」。此言甚非先王之所以愛民之意。夫秦自商鞅乃遺禮義，棄仁恩，并心於進取，秦俗日敗，蓋不減於殷之頑民也。漢承秦後，而蕭何、曹參爲相，以清静寬厚爲天下率，破觚爲圜，斵雕爲樸，號爲網漏吞舟之魚，而黎民安乂，作爲畫一之歌。夫漢於秦之餘民，尚不忍以刑罰而繩之，孰謂周公而肯爲此乎？彼蓋見此篇所言多及於敬刑慎罰之事，求其説而不可得，故爲此説耳。

「人有小罪，非眚，乃惟終，自作不典式爾，有厥罪小，乃不可不殺。乃有大罪，非終，乃惟眚災適爾，既道極厥辜，時乃不可殺。」

此則「敬明乃罰」之事也。夫惟天下之罪戾，别白而不可掩，暴露而不可解，大罪則加之以大刑，小罪則加之以小罰，如權衡焉，不可以毫釐差，則夫所以敬而明之，固爲易也。惟其疑獄之難決者，則不可以不加意也，故周公以此戒之。蘇氏以謂：「周公設爲甲乙二人，皆犯死罪，而議其輕重。甲之罪小，小於乙之謂也，非其罪不至死也，然其罪乃非眚災，而惟終之，乃惟自作不法，而曰法固當爾，如是，當據法殺不可讞也。乙之罪大，然非終之者，乃惟眚災適爾。適爾者，適會其如此也，是真可讞也。」此説是也。然於「既道極厥辜」，則以爲人之罪，法重情輕，盡道以責備，則信有大罪矣，而以常情恕之，則不可殺。然經言「既道極厥辜」，即繼以「時乃不可殺」，如蘇氏之説，則當於其中間更加以常情恕之之意，而後文義乃足也。此蓋罪之小者既終之，而自作不法，而又以爲法當爾，故不可不殺；罪之大者，「非終」，而「眚災適爾」，而又自以爲己之辜，故不可殺。若今之律所謂「自首」者，原其情之類也。「既道極厥辜」者，蓋既自以爲有罪云耳。此蓋所以原情而定罪也。使用法者不原情而定罪，則取必於一定之法，則刑辟之及與不及，惟繫於幸與不幸之間耳。諸葛孔明之治蜀也，「服罪輸情者雖重必釋，游辭巧飾者雖輕必戮」。「自作不典式爾」，游辭巧飾之謂；「既道極厥辜」，服罪輸情之謂也。《虞書》曰「眚災肆赦，怙終賊刑」，又曰「宥過無大刑」，故無小亦此意也，然辭簡而意足。此篇自「人有小罪」至「時乃不可殺」，意與《虞書》同，而文則衍矣，此渾渾噩噩之異也。唐孔氏嘗引陳壽之言曰：「『臯陶之謨略而雅，周公之誥煩而悉。何則？臯陶與舜、禹陳謨，周公與羣下矢誓也。』其意亦或然乎？」而謂「《君奭》、《康誥》乃與召公、康叔語」，其辭亦甚委悉，抑亦當時設語，好相煩復也。此其評陳壽之失則是矣，而以爲好煩復，亦未悟夫渾渾噩噩之體自有詳略之不同也。

王曰：「嗚呼！封，有叙時，乃大明服，惟民其勑懋和。若有疾，惟民其畢棄咎，若保赤子，惟民其康乂。

如上文所言，小罪而非眚者，不可以幸免，大罪而非終者，不至於濫及，或殺或否，各有輕重之叙，則是汝之大明於事，而有以服民也。蓋前告之以「敬明乃罰」，故此以爲有其叙，則是汝能明之也。刑既明，則民服矣，故天下莫不曉然知上之好惡，此所以相戒勑懋勉而莫不和平也。既明於刑，以納斯民於和平之域，則汝之爲司寇也，可謂盡其職矣，然汝之用法，必常有不忍人之心而後可。蓋司寇之職，「掌建邦之六典，以佐王刑邦國、詰四方」，則其心往往易流而入於忍也，然先王之所以建典刑之官，其本意惟欲使天下亡一人之獄，囹圄空虛，刑措不用而已矣。如舜之於九官播百穀者，則必欲其百穀之豐；敷五教之明典三禮者，則欲其三禮之舉，❶以至虞工之屬，莫不皆然。至於臯陶雖命之以明五刑，而其意則在於刑期于無刑而已。周公之誥康叔以「敬明乃罰」，其意亦然也。故既言「乃大明服」，則又繼之以「若有疾，惟民其畢棄咎，若保赤子，惟民其康乂」。「若有疾」、「若保赤子」，皆出於中心之所誠，然不期然而然者也。《大學》曰：「《康誥》曰：『若保赤子。』心誠求之，雖不中，不遠矣。」孟子曰：「今人乍見孺子將入於井，皆有怵惕惻隱之心，非所以內交於孺子之父母也，非所以要譽於鄉黨朋友也，非惡其聲而然也。」蓋人之有疾而欲去之，有赤子而保之，此豈可以僞爲也哉？舉斯心以加諸彼，則無往而不爲仁，故若有疾，則民莫不遷善遠罪，而棄其過咎矣，故曰「惟民其畢棄咎」。「若保赤子」，則民莫不安居樂業，而各得其所矣，故曰「惟民其康乂」。既已棄咎，既已康乂，則孰有陷於罪而麗於刑？此正先王之所以建刑官之本意也，故雖命康叔以「敬明乃罰」，而其意則惟欲康叔以是而存心也。後之典獄者，存心則不然矣，故班孟堅曰：「今之獄吏，上下相敺，以刻爲明，深者獲功名，平者多害患。諺曰：『鬻棺者欲歲之疫。』非憎人欲殺之，利在於人死故也。今治獄吏欲陷害人，亦猶此也。」此固獄吏之罪，然亦上之人所以循名而責其實者，不知使其以是而存心也。

❶ 「欲」上，汲古閣本有「必」字。

「非汝封刑人殺人，無或刑人殺人非汝封。」又曰：「劓刵人，無或劓刵人。」

自此以上，則其恤刑慎罰，以不忍人之心爲心者，可謂至矣，故又戒之以慎法也。孔氏以「無或刑人殺人」爲絶句，「非汝封」則以屬於「又曰」爲下句。「非汝封刑人殺人」，漢孔氏曰：「言得刑殺罪人。」夫經之言曰「非汝封刑人殺人」，孔氏以爲「得刑殺罪人」，可乎？ 王氏曰：「刑人殺人，非汝所刑殺，乃天討有罪，汝無或妄刑殺人也。」則其言勝於先儒。然其於「非汝封。又曰：『劓刵人』」，則疑其當云「又曰非汝封劓刵人」，此則改易經文以就己意，非闕疑之義。唐孔氏以「又曰」爲周公述康叔之自言，其説亦迂回宛轉，不甚平易。惟蘇氏以「非汝封」爲絶句，不以冠於「又曰」之上，則其義明白矣。其説曰：「刑人殺人者，法也，非汝意也。雖非汝意，然生殺必聽汝，不可使在人也。至於劓刵人，則曰非汝獨生殺也，劓刵亦如之，其文略。蓋因前之辭也。」此説可謂盡之矣。蓋司寇之職「掌邦禁」，以懲夫不軌之民，然法者，天子之所與天下共之也，天子猶不可以上下其手，況司寇乎？ 是則「刑人殺人」，非汝封之私意也，然不任其私意者，則其弊易至於廢弛厥職，而他人或得以竊其權而用之矣，汝既爲司寇之官，豈可或移之他人哉？ 「劓」，截鼻也，五刑之一。「刵」，《説文》曰：「斷耳也。」雖不在於五刑，然亦劓之類。比於「刑人殺人」皆輕刑也。

王曰：「外事，汝陳時臬司師，兹殷罰有倫。」又曰：「要囚，服念五、六日至于旬時，丕蔽要囚。」

「外事」者，王氏曰：「人君以正德爲内事，正法爲外事。上所戒者正德之事，於是戒之以正法之事。」以德與法而分内外，既已非矣，然自此以上，是亦正法之事也，安得爲至此後方言外事乎？ 蘇氏亦以德爲内，政爲外。惟先儒以爲「外事，諸侯奉王之事」，其説似之矣，而未之盡也。蓋上所言者，司寇之事，内事也，「外事」者，衛侯之事也。以衛侯入爲大司寇，故兼内外之事言之。《左傳》定四年，衛祝鮀曰：「成王分康叔以大路、少帛、綪茷、旃旌，封於殷虚，啓以商政，疆以周索。」下言「殷罰」、「殷彝」，所謂「啓以商政」也，則「外事」乃衛之事，蓋灼然也。周公前既以康叔爲司寇典刑之官，故命以恤刑慎罰之事，於是又謂不獨司寇之「掌邦禁」爲然也，衛之刑禁亦當然爾。「汝陳時臬事」者，汝布陳是法，以司牧其衆。此殷家之刑罰先後輕重，各有倫叙，當守而用之也。「臬」，法也。「要」，獄辭也。殷家之罰信有倫矣，因之，要辭固麗於法矣，然汝猶未必能得其情也，當服而念之，自五、六日至於一旬，又其久者，則至於一時，法固然矣，罪亦然矣，無可生之道矣，乃可大斷其辭，而加以刑罰也。夫死者不可復生，斷者不可復續，一有不當，悔之何及？故不可不審也。唐太宗問羣臣曰：「死者不可復生。決囚雖三覆奏，而頃刻之間，何暇思慮？自今宜二日五覆奏。」正得周公之遺意也。

王曰：「汝陳時臬事，罰蔽殷彝，用其義刑義殺，勿庸以次汝封。乃汝盡遜曰時叙，惟曰未有遜事。

言汝陳是法事，其罰之所斷，則必以殷家之常法也。既服念之久，然後丕蔽其囚也，必以殷彝，言不可以逞一己之喜怒也。前言「殷罰有倫」，蓋言殷家之罰固有其倫也，此言「罰蔽殷彝」，則謂汝之斷罰必以殷之常法也。言「殷罰」、「殷彝」，唐孔氏曰：「衛居殷墟，又周承殷後，刑書相因，故兼用其有理者。謂當時刑書或無正條，而有殷故事可兼用者，若今律無條，求故書之比也。」「用其義刑義殺」，言汝康叔以殷家之常法刑人殺人，固當用其合宜者，勿用以就汝封之心所欲也。「殷罰有倫」、「罰蔽殷彝」，即上文所謂「有叙」也。「用其義刑義殺，勿庸以次汝封」，即上文所謂「非汝封刑人殺人」也。爲司寇於内既當如此，而衛之刑用於外者亦當如是也。汝之於刑罰，既能深思熟慮，合於天下公心，而不以逞其私意，則汝之所爲，可謂盡順而有叙矣。然而汝當曰：我未有能順之事也。夫苟無所不順而嘵嘵然以告人曰：此我之能順其事也，則與夫不順者其何以異哉？

蓋自言其順者，適足以掩其美；不言其順者，則其所順之事亦豈頓然而滅哉？孔子曰：「如有周公之才之美，使驕且吝，其餘不足觀也已。」盡遜而有叙，固爲美矣，驕心一生，則其美不足觀矣，故周公告康叔以「惟曰未有遜事」，乃所以保其美也。舜稱禹曰：「汝惟不矜，天下莫與汝争能；汝惟不伐，天下莫與汝争功。」蓋矜則人與之争能，伐則人與之争功，自言其有遜事，則必將有不遜之事矣。

「已！汝惟小子，未其有若汝封之心。朕心朕德，惟乃知。

康叔以肺腑之親，出則爲諸侯之長，入則列六卿之位，兼此二職以爲天子之佐，而治殷之餘民。周公既告以恤刑慎罰之事，使之明於小大輕重之序，乃可以無忝於司寇之所掌，而衛之刑罰亦得其當，又當謙恭自牧，而不自以爲能，則其所以丁寧告勑之者，可謂盡矣。然衛之民染紂之化，風俗頽敗，父子兄弟之倫悖亂而不順，久矣，此非刑罰之所可得而禁，亦非歲月之所可得而革也，惟其待之以寬，持之以久，優游訓迪，使之遷善遠罪，復其所固有之性，則刑罰不試，而風俗丕變矣。故自此以下，又告之以先教化，後刑罰，漸摩浸漬，以革衛之惡俗也。「已」者，起語之辭。謂汝雖小子，然未有若汝之心有志於善也。成王既謂未有若汝封之心，則康叔之心，成王蓋深知之矣。成王既知康叔之心，而成王之心與夫所脩之德，亦汝康叔之所深知也。我知汝之心，則我之所以告汝者，皆汝之所能行也。汝知我之心，則汝之所聞於我者，當以此爲可行也。《家語》曰：「非其人而語之，如會聾而鼓之；是其人而語之，如聚沙而雨之。」成王知康叔之心，康叔又知成王之心，則其告之也，豈不「如聚沙而雨之」乎？蘇氏曰：「將有以深告之，故言我與汝相知如此。」此説是也。既言我之與汝相知如此，故遂從而誥之所以治殷頑民之道也。

「凡民自得罪：寇攘姦宄，殺越人于貨，暋不畏死，罔弗憝。」王曰：「封，元惡大憝，矧惟不孝不友。

子弗祗服厥父事，大傷厥考心；于父不能字厥子，乃疾厥子；于弟弗念天顯，乃弗克恭厥兄；兄亦不念鞠子哀，大不友于弟。惟弔茲，不于我政人得罪，天惟與我民彝大泯亂。曰：乃其速由文王作罰刑，茲無赦。不率大戛。

「凡民自得罪」者，言其得罪於天下，自己而招之，而非上之人有以使之然也，如所謂「自作孽」是也。而其所謂「罪」者，則「寇攘姦宄」，靡所不爲，又且殺人殞越人，而自取其貨以爲己有，且其自强於爲惡，而不畏死也。夫好生而惡死者，天下之真情也，人惟畏死，然後可以死懼之，既不畏死矣，則何所不至哉？此其所以犯天下之所共怒，而無不惡之也。周公將告康叔，以衛之風俗自棄於人倫，而拂其天性之愛，汝當適之以美教，而不可遽齊以刑，故先設此以爲言，而以其輕重相較，以發明其意也。故繼之曰：「元惡大憝，矧惟不孝不友。」言「寇攘姦宄」之人，是誠元惡也，人固已大惡之矣，況於不孝不友之人，其惡爲尤大，而人之惡之也，當愈甚矣。人之惡不孝不友者，固當在於「寇攘姦宄」之上，然「寇攘姦宄」之人則可以致之死而無憾，而不孝不友者，汝則當有以自責，而未可以全罪於民也。蓋凡民之自暴自棄，陷於大惡，干國憲而犯衆怒，以至於「愍不畏死」，是誠所謂無忌憚者也。此誠教化之所不可加，蓋其自得罪故也，是誠可憝也。可憝，則可殺矣。若乃爲人子，而不能敬行其所以事父之事，以失其父之心，是子不子也。爲人父，而無惻隱怵惕之心以撫愛其子，乃憎而疾之，是父不父也。爲人弟，而不念天之明有此長幼之分，而不恭其兄，是弟不弟。爲人兄，而不念父母之鞠子爲可哀，而不友其弟，是兄不兄也。夫父慈而教，然後盡父道；子孝而恭，然後盡子道；兄愛而友，然後盡兄道；弟欽而順，然後盡弟道，故父雖不慈，子不可以不孝，兄雖不友，弟不可以不恭。父之於子，兄之於弟，各自盡其道，不可以不孝不恭之故，而愛友之心遂替也。苟其爲父者曰：子既不孝矣，我何以慈爲哉？其爲兄者曰：弟既不恭矣，我何以友爲哉？子也，弟也，亦以是而存心，則父子兄弟而俱失其道矣。父子兄弟俱失其道，雖悖天倫，反人理，若爲可憝，然實可愍而不可憝也，蓋非其自得罪故也。夫父子兄弟之倫，皆其所受於天命之性，無有智、愚、賢、不肖之别也，而乃汩没其所受於天者，此豈無所自而然哉？蓋上失其道，教化不明，不能使斯民復其本性，以馴致於士君子之域，則無乃我政之罪乎？「弔」，先儒以訓「至」，今當讀爲「弔閔」之「弔」。惟其我政之罪，故可弔閔而不可憝，是必引慝自咎，冀其感悟而歸於忠厚爲可。苟爲不於我政人以爲得罪，彼天之與我民以常性，而其泯亂至此，曾不思其所以然之故，乃曰：吾當速用文王所作之罰刑以繩之，罔有所赦。民既不知夫自新之路，而迫之於刑罰，則其不肖之心浸淫日甚，亦將終不循乎大常矣，故曰「不率大戛」。《爾雅》曰：「戛，常也。」速由罰刑而無赦，而民之不率蓋自若也，則刑罰不足恃也，審矣，何以多殺爲哉？孟子常引此篇「殺越人于貨，愍不畏死」。凡民罔不憝，以爲是不待教而誅，則夫不孝、不慈、不友、不恭之人，其必教之不改，然後誅之，而未可遽誅也。昔舜之命皐陶作士，「寇攘姦宄」，則使之明五刑以治之，至於「百姓不親，五品不遜」，則幾於禽獸，舜不以與寇賊姦宄之人同棄於皐陶之刑，❶而乃使契爲司徒，敷五教以導之，且以在寬爲戒，誠以五品至於不遜者，非斯民之辜也。故周公使康叔於元惡則當憝之，而至於不孝不友則閔之，正舜之用心也。孔子爲魯司寇，有父子訟者，夫子同狴執之，三月不别，其父請正，夫子赦之。季孫聞之，不悦曰：「司寇欺予，曩告予曰，國家必以孝令，今戮一不孝以教民孝，不亦可乎？而又赦之，何哉？」冉有以告孔

❶「賊」，汲古閣本作「攘」。

子，喟然歎曰：「上失其道，而殺其下，非理也。不教以孝，而聽其獄，是殺不辜。」亂其教，煩其刑，使民迷惑而陷焉，又從而制之，故刑雖煩而益不勝也。夫以不孝不友、不慈不悌之人固爲大惡矣，苟爲不教而殺，則是夫子之所謂「不辜」也。而先儒乃以爲速由茲文王作罰刑，謂：「周公使康叔案法而誅之。」王氏亦同此說。信如此言，則夫子赦父子之訟爲縱惡，而季孫之言爲合於周公也，故不如蘇氏之說爲勝也。下文言父子兄弟之皆失其道，而其上文特言「不孝不友」者，蓋其文先言子之不祇服厥父事，次及於兄，又次及於弟，然後及於兄之不友，故其初但言「不孝不友」者，舉上下以包之也。

「矧惟外庶子訓人，惟厥正人，越小臣諸節，乃別播敷造民大譽。弗念弗庸，瘝厥君，時乃引惡，惟朕憝。已！汝乃其速由茲義率殺，亦惟君惟長，不能厥家人越厥小臣、外正。惟威惟虐，大放王命，乃非德用乂。

「外庶子訓人」者，薛博士曰：「庶子者，公族之官也。《周官》：『諸子掌國子之倅。』《燕義》以謂：『天子之官有庶子之官。』《文王世子》謂：『庶子之正於公族者，教之以孝悌、睦友、子愛，明於父子之義、長幼之序。』然則庶子即諸子也。天子謂之諸子，諸侯謂之庶子，其所掌則諸侯與天子之官同，故《燕義》之所掌與《周官》無異也。所謂訓人，即如《文王世子》所言是也。」此其謂所掌「與天子之官同」，則是矣，至其以「天子謂之諸子，諸侯謂之庶子」，未必然也。《燕義》既言「天子之官有庶子之官」，則天子亦謂之庶子矣。以「外」云者，指衛而言也。「正」，長也。「正人」，謂衆官之長，若《周官》「宫正，主宫中官之長，司會，主天下之大計之官之長」是也。「越小臣諸節」者，謂正人之下，諸小臣有符節者。唐孔氏曰：「符節者，非要行道之符節，若爲官行文書而有符，今之印是也。」康叔錫壤於王，以君一國，一國之化所自出也，今苟不能宣明教化，去汙染，而與之惟新，使斯民之不孝、不慈、不友、不恭之人曠然大變，以趨於禮義之域，是汝正人之罪也。汝正人若不引慝於己，自以爲罪，而乃不忍斯民之悖戾，欲一旦舉而納之於刑，固不足以使斯民知改過而率乎大戛矣。况夫汝衛國之臣受爵禄於汝，以助汝之訓迪黎民，如庶子之官，其職以訓人爲主，以至夫衆官之長及諸小臣有符節之人，是皆有位於朝者也，乃當分別其善惡，以立斯民之善譽，不使其惡名之彰也，然後可以無曠厥職。苟爲不念此，不用此，而無以助其君，則是病其君矣。彼乃長於爲惡，我亦將惡之也。周公之所以言此者，蓋爲不能訓導商之餘民去其不善而長其善，遽以刑罰誅殺之，非特康叔正人之得罪，亦汝諸臣之罪也。此主於教民而言，故先言「庶子」於「正人」之上也。汝若不能優游漸漬，將之以久，以驅民於善，乃速用此義，循而殺之，則是汝爲君爲長，而不能其家人及其小臣、外正也。「小臣、外正」，即上文所謂「正人」、「小臣諸節」是也。其曰「外正」，亦猶「外庶子」云也。「率殺」，若所謂案法誅之是也。夫天下之本在國，國之本在家，故《易·家人》之《象》曰：「父父，子子，兄兄，弟弟，夫夫，婦婦，而家道正。正家而天下定矣。」蓋使其一家之中，父子有親，兄弟有序，舉斯心以加諸彼，則天下之爲父子兄弟者定矣。此其本末先後之序作於此者，必有應於彼，其機然也。今衛之遺民，其不孝、不慈、不友、不恭，陷於大惡而不能自反，必以之施於家者未盡。既不能齊其家，又不能倡率其臣，使小臣、外正播敷教化，以立民之善譽，而其所恃以治民者，惟有「速由兹義率殺」而已。是汝惟肆爲威虐以整齊之，放棄王之所以命汝者，而不達之於民，乃汝康叔以非德而用之以治民也。「不能厥家人越小臣、外正」，猶《左氏傳》所謂「不能其大夫，至於君祖母以及國人」也。孔子曰：「道之以政，齊之以刑，民免而無恥；道之以德，齊之以禮，有恥且格。」夫以德化民，則民知善之可爲，而不善之不可爲，如水之寒，火之熱，故有恥，有恥，則雖驅之以爲不善，亦不肯爲矣；以刑齊民，則民未必知不善之不可爲，特強制之而已，❶故無恥，無恥，則欺詐誕慢之心生，凡可以苟免者，無不爲也。其犯上作亂，何所不至哉？今也，率殺而無赦，則爲非德乂民。以非德，則雖用文王之罰刑，汝亦無以使民之率大戛矣。

「汝亦罔不克敬典，乃由裕民，惟文王之敬忌，乃裕民曰：『我惟有及。』則予一人以懌。」

「典」，先儒以訓「常」，謂「常事人之所輕，故戒以無不能敬常」。王氏則曰：「《周官》以六典待邦國之治，❷故爲諸侯當先敬典。」予竊以爲不然。「典」者，天叙之典，即父子兄弟之常道也。「敬典」者，「敬敷五教」是也。「乃由裕民」者，在寬是也。既不可以嚴刑峻罰以迫切之，則無不敬典而用以裕民，寬以誘之，則易直子諒之心油然而生矣。然爾之所以裕民者，亦豈可他求哉？「惟文王之敬忌」已。潘博士曰：「敬則有所尊，而能順其所爲；忌則有所畏，而能戒其所不爲。」此説是也。夫成王之所以望於康叔者，固欲其祇遹文考，而率由其舊，不愆不忘也，使其於不孝不友之人，而速由文王之罰刑，是亦祇遹文考而非所以祇遹之矣。惟其裕民，而「惟文王之敬忌」，則得其所以祇遹之道也。蓋不敬忌於文王，而以之裕民，乃曰「其速由文王作罰刑，茲無赦」，是罔民也。爾之所以裕民，苟曰：我惟有及於此，無不至也，則予一人安得而不悦哉？夫成王謂正人之弗念不教而誅其民，亦豈成王之所欲哉？「弗念弗庸」，既以爲憝矣，故敬忌以裕民，則我心悦懌。成王之所好惡，蓋在於此，而其德皆康叔之所知，則康叔之所擇術當如何哉？此所以先言「朕心朕德惟乃知」，而後告之以此也。

❶ 「强」，汲古閣本無此字。
❷ 「待」，汲古閣本作「詩」。

夫周誥、商盤，雖若詰曲聱牙而不可曉，及反覆而考之，則未嘗不錯綜經緯而有條理也。學者不可不知。

王曰：「封，爽惟民迪吉康，我時其惟殷先哲王德，用康乂民作求。矧今民罔迪不適。不迪，則罔政在厥邦。」

成王既以殷之遺俗染紂之化，不孝不友大泯亂於民彝，當於汝康叔政人得罪，斯民苟陷溺其良心而不能自反於善，則汝康叔固不可以逃其責矣。何者？斯民之所以至此者，汝不知敬典以裕之故也。然分土列爵，以司牧殷之遺民者，康叔也；履至尊，制六合，溥天之下，罔不率服，雖殷之餘民亦皆歸於橐籥之中者，成王也。既以此爲康叔之罪，成王獨無責乎哉？故自此以下，又皆成王以訓迪厥俗，使之生其善心者，而自任於己也。昔孔距心爲齊平陸大夫，而其民以凶年饑歲之故，「老弱轉乎溝壑，壯者散而之四方」。孟子既以失伍責之，而距心自以爲罪矣。他日孟子爲齊王誦之，而齊王亦自以爲罪也。蓋以平陸言之，責固在於距心，以齊國言之，責豈不在於王乎？故以衛國言之，則康叔固當敬典以裕民，以天下言之，則成王獨可恝然不以爲意哉？成王之告康叔，謂我之所以朝思夕慮以康乂殷民，未嘗有須臾廢，其牧養之宜一有不至，則天降之罰，我當順受而不敢怨也。我既以此而自任矣，爾康叔當如何哉？

「爽惟民迪吉康」者，言惟民當迪導以吉康之道，其理甚明也。夫堯、舜之民仁壽，非其民自爾也，迪之者以其道故也；桀、紂之民鄙夭，非其民自爾也，迪之者非其道故也。夫殷之遺民不孝不友，以大泯亂於民彝，爲不吉孰甚焉？如此，則將陷於囹圄，以危其身，喪其家，其爲不安孰甚焉？然原夫殷民當其受天地之中，以生良心，未喪之前，孰不知吉康之不可一日舍，而凶危之不可一日就哉？其所以至此者，蓋上之人無以迪之耳。

苟能以其所固有之性而還以治之，則其不去凶危而就吉康，未之有也。惟夫民之於吉康必在夫有以迪之，而後能秉彝而好德，故我其思殷之先世哲王之德所可用以安治斯民者，作而求之也。先儒以「求」爲「求而等之」，王氏以爲「作而求我所爲」，蘇氏以爲「民所求」，皆非本義。蓋「求」與「好古敏以求之」之「求」同。「作」，起也。起而求商先哲王所以康乂民者而行之也。王博士曰：「聖人不欲康乂天下之民則已，如欲康乂天下之民，而不知求先王之德，未見其能至也。《詩》云：『王配于京，世德作求。』夫武王之所以配于京者，以三后在天故也。此作求之謂也。蓋成王戒康叔，惟文王之敬忌以裕民，則其自處可知矣，而此言『我時其惟殷先哲王德，用康乂民作求』也。」此説爲善。此篇言汝雖小子，「乃服惟弘王應保殷民」，謂成王之於殷民，固未嘗不加意拊循，以盡其應保之政，汝康叔當惟我之德意以弘之而已。則夫求殷哲王德之康乂民者，正成王之本心也。「矧今民罔迪不適」者，無以殷之民其不孝不友與肺腑俱生不可以革也，未有迪之而不適者。蓋上之化下，下之從上，如泥之在鈞，惟甄者之所爲，如金之在鎔，惟冶者之所鑄，豈有迪之而不適從者哉？迪之於仁壽，則仁壽；迪之於鄙夭，則鄙夭。苟以爲自暴自棄，不可變革，而無以迪之，則無政在於厥邦矣。蓋邦之所以爲邦者，以有政也。無以迪民，則何政之有？故我之作求殷哲王之德，舉而措之於天下者，凡以邦之政不得不然也。

王曰：「封，予惟不可不監，告汝德之説于罰之行。今惟民不静，未戾厥心，迪屢未同。爽惟天其罰殛我，我其不怨。惟厥罪無在大，亦無在多，矧曰其尚顯聞于天。」

先儒曰：「我惟不可不監，視古人告汝施德之説于罰之所行，欲其勤德謹刑。」此説是也。蓋言我之所以丁寧而告汝者，皆監於古所謂「德之説」也。「德」者，本也。「罰」者，其輔助也。不本於德，其何以行罰哉？故「罰之行」，必本於「德之説」也。王氏曰：「民悦汝德乃以汝罰之行也。有罪而不能罰，則小人無所懲艾，驕陵放横責望其上無已，雖加以德未肯心説，故于罰行然後説德也。」王氏既於「乃其速由文王作罰刑，無赦」，以爲此父子兄弟所以爲無可赦之道，意謂殷俗之薄，非罰不能齊整其民，而使之遷善，故其説不得不然也。然觀王氏此言，蓋其新法之行不附己者，皆私斥逐，故以此藉口耳。我既不可不以德之説而諄諄然告之矣，然今天下之民未厎於静，以復其天性，蓋以其心未有所止戾也。《禮記》曰：「能定然後能静。」苟其心未定，則感於物而動矣，其能静乎？惟其未定以主之於中，故上之人雖有以迪之之屢，丁寧曉譬至於再三，而猶未喻也。夫迪之之屢，而民猶未同，似爲民之罪也，然「天佑下民，作之君，作之師，惟其克相上帝，寵綏四方」，蓋天之於民，固欲其各正性命，保合大和，以應其上。然天之所以誘民者，豈諄諄然而告之哉？惟立之君師，以司牧之。君師能脩教於上，以納斯民於士君子之域，然後可以助夫上帝之「寵綏四方」，而不曠乎天職也。今乃使民不定其心以厎於静，則雖迪屢，而民之未同者，乃其所也，豈民之罪哉？蓋我不能盡其君師之道，以助乎上帝而已矣，故明惟天之必罰殛我。我既負天之所以委付於我者，則其罰殛之，蓋將順受之，豈敢怨哉？夫人之所以治其己者，不可使其身有可指之罪。無以罪之小爲無傷也，小或積而成大；無以罪之少爲無傷也，少或累而爲多，則夫戒慎恐懼之心當如何哉？惟其微疵細過皆可以致患害，而招爲殃也，況夫積之，而至於顯聞于天，而天其罰殛之，皆我自取之也，豈敢怨哉？成王之誥康叔，固欲康叔負罪引慝，無以斯民之泯亂民彝不可憝，而當以爲可憫也。既以民之不孝不友而歸罪於康叔矣，則爲成王者，宜如何哉？此所以自謂其「迪屢未同」，則天以致罰殛於我也。蓋成王此言有成湯「慄慄危懼，若將隕于深淵」之意。湯之言曰「罪當朕躬，弗敢自赦」，成王之言曰「爽惟天其罰殛我，我其不怨」，此皆自任天下之重，而不分過於其臣者也。爲康叔者，既知我之心與德矣，則其聞是言也，豈不深思熟慮，求其所以敬與裕民之道，以丕變舊俗哉？

王曰：「嗚呼！封，敬哉！無作怨，勿用非謀非彝。蔽時忱，丕則敏德。用康乃心，顧乃德，遠乃猷，裕乃以民寧，不汝瑕殄。」

「敬哉」者，言我之所以告汝者，汝無以爲陳言而不敬也。爾當推不忍之心以治斯民，無爲可怨之事也。民之於君，所賴以安其居而樂其生者也，豈欲怨之哉？惟君有以作怨，則民怨之矣，故戒以「無作怨」也。若使康叔不裕民以文王之敬忌，而惟以文王之罰刑用之，則有以作怨矣。「非謀」，非善謀也。「非彝」，非故常也。非善謀而從之，非故常而行之，則必至於敗事而作怨，故戒以「勿用」也。汝但斷之以至誠，大法於敏德，則怨何自而興哉？「蔽」與「一言以蔽之」之「蔽」同。言非謀非彝不可用，而惟當蔽之以此也。薛氏曰：「『時忱』者，至誠之道也；『敏德』者，至健之德也。惟至誠故能守，惟至健故能爲。」此說是也。蓋古之人所以大有爲於天下者，惟誠與敏而已。守之以誠，而行之以敏，則豈有不裕者乎？汝當用此以安汝之心，省汝之德，遠汝之謀，則可以裕民，而民自寧矣。我之所以分民而與之共治者，惟欲其安寧而無危亡之患也，今汝能裕民而使之寧，則我不以汝爲瑕疵而殄絶之也。

王曰：「嗚呼！肆汝小子封，惟命不于常，汝念哉，無我殄。享明乃服命，高乃聽，用康乂民。」王若曰：「往哉！封，勿替敬，典聽朕告汝，乃以殷民世享。」

王氏曰：「小子從父兄，奉令承教則拘，出而爲人君則肆，肆而罔念，或至于殄享，以天命無常故也。」王氏於

《大誥》「肆哉」其說亦然，皆牽強不足取。《大誥》之言曰「肆哉」，而後曰「爾庶邦君越爾御事」，則其文勢以爲肆而不拘，雖非其本義，猶可爲説，至此章曰「肆汝小子封」，而亦爲肆而不拘，豈可通哉？「肆」，今也。成王之誥康叔，反復詳盡，開其爲此，而禁其爲彼，其言可無餘藴矣，又告之以天命之無常，戒謹之不可怠，故言今小子封也，夫天之福禄災祥至難諶也，有德則興，無德則亡，如影響然，無毫釐之差，豈可以爲常有而不失哉？汝無謂我既錫汝以爵，分汝以土，則衛國可長保也。汝能敬典以裕民，則子子孫孫繼世長久，雖與周相爲終始，可也。其苟用非謀非彝以作怨於民，則汝身之所不能保，何有於後人？故汝當念之，無使我有以殄絶之也。「享明乃服命」，先儒曰：「享有國土，當明汝所服行之命令。」是也。「高乃聽」者，聽於古先也。夫成王之告康叔，自祗遹文考推而上之，至於敷求「殷先哲王」及「遠惟商耇成人」，自「遠惟商耇成人」推而上之，至於「别求聞由先哲王」，則其聽豈不高乎？「用康乂民」，即上文所謂「用康保民」是也。惟聽之高，則可以康乂民矣。言汝往之國，當敬典以裕民，使民之有父子兄弟之愛，則易直子諒之心油然而生，當常行而勿廢也。欲不廢其所以敬典之事也，能聽朕告汝者，服膺而不失，則以殷民世世享國矣。夫殷民者，染紂之化，陷於大惡，其受朿於天者，皆泯亂而不復存矣，若不可以與之一朝居也，然衆非元后，何戴？后非衆，罔與守邦。使其以殷民暴戾之故，嚴刑峻法，以冀其改，雖刑者相望於道，而不孝不友之人自若也，其誰與守邦也哉？惟其敬典於上，以夫民之所固有者還以導之，則殷民雖泯於民彝，而其終也，必將去其放辟邪侈之事，以自反於善，以之世享，豈不可哉？昔唐太宗嘗嘆曰：「今大亂之後，其難治矣。」魏徵曰：「大亂易治，譬如飢人之易食也。」封德彝曰：「不然。三代之後，澆詭日滋。秦任刑法，漢雜霸道，皆欲治不能，非能治不欲。徵書生，好虚論，徒亂國家，不可聽。」徵曰：「五帝三王，不易民而教。行帝道而帝，行王道而王，顧所行如何耳。若人漸澆詭，不復返朴，今當爲鬼爲魅，尚安得而化哉！」德彝不能對。魏徵之心，蓋以君子之道待天下，而不以小人之道待天下。謂天下無不可化之人，惟在上之人所以化之者如何耳。如德彝之言，則是刑罰可以遏亂原，而納之治也。太宗從徵而不從德彝，先教化而後刑罰，❶是以四年而遂致太平。成王之告康叔，亦不欲鄙其民，而寬以待之，故其始終之間而以告之者，惟曰欽典以裕民而已。蓋不欽典，則斯民不知父子兄弟之親而可愛，欽典而不裕民，則民不能優游饜飫而善心自生，與不欽典何以異哉？惟其欽典而裕民，則其始也雖不孝不友，天下之所共棄，而其終也，必將遷善遠罪，陶陶然而不自知矣。其與刑罰，豈可同日而語哉？嘗觀秦之末俗，「借父耰鉏，慮有德色；母取箕帚，立而誶語。抱哺其子，與公併倨；婦姑不相悦，則反脣而相稽」。至於漢興，遺俗益甚，及文帝之世，蓋秦滅者五六十年矣，而殺父兄者猶相繼。甚哉，秦俗之似商俗也！然漢之君臣特以簿書期會不報之間以爲大故，至於流俗失，世敗壞，因恬而不知怪。故秦之舊俗迄不悛革，歷千餘年，而卒未有以復文、武、成、康之舊。惟成王以欽典裕民而告康叔，推其言而行之，則其丕變於忠厚，豈難也哉？不觀諸漢，無以知成王之言爲當時之要務也。

❶「先」下，汲古閣本有「致」字。

尚書全解卷二十九　周書

酒　誥

酒誥

王若曰：「明大命于妹邦。乃穆考文王，

《史記·殷本紀》曰：「紂好色淫樂，嬖於婦人。愛妲己，大聚樂戲於沙丘，以酒爲池，縣肉爲林，使男女裸相逐於其間，爲長夜飲。百姓怨望而諸侯有畔者。」《列女傳》曰：「紂好酒淫樂，不離妲己，爲長夜飲，妲己好之，百姓怨望，而諸侯有畔者。妲己曰：『罰輕誅薄，威不立耳。』紂乃重刑辟，爲炮烙之法，妲己乃笑。」則知紂之所以肆志於民上，而恣其淫慾，百姓離散，而無復有愛上之誠，諸侯攜貳，而無復有尊王之義者，惟其爲長夜之飲故也，則商之禍豈不自於酒乎？《五子之歌》引皇祖之訓曰：「内作色荒，外作禽荒。酣酒嗜音，峻宇雕牆。有一於此，未或不亡。」晏子之告齊景公有曰：「從流下而忘反，謂之流；從流上而忘反，謂之連；從獸無厭，謂之荒；樂酒無厭，謂之亡。先王無流連之樂、荒亡之行。」紂爲長夜之飲，可謂「酣酒」矣，可謂「樂酒無厭」矣，安得而不亡哉？紂既沉湎于酒，則其臣、其民皆翕然而化之，習以成俗。武王之誓師曰「淫酗肆虐，臣下化之」是也。案傳記所載：紂醉而忘其日辰甲子，問左右皆不知，問於箕子，箕子曰：「爲天下主而一國失日，天下其危矣。一國皆不知而吾獨知之，吾其危矣。」亦辭以醉而不知。以是觀之，則紂之時，君臣上下無非沈湎之人也。紂既以是覆宗絶祀矣，而其餘習猶存，成王既以殷之餘民封康叔于衛，則將使敷仁義之教，以革貪頑之俗。殷之俗，其所以不美者，以酒爲之禍故耳。將遏其禍源以反正，此《酒誥》之所以作也。蓋此三篇之作，雖主於誥康叔，而其誥之也，正當夫新作大邑而四方和會之時，蓋欲斯民傾耳而聽，作其善心，以改過遷善也。然此三篇，雖皆所以誥康叔，而史官之命名，則惟取此字以爲簡册之别耳，不可以一例拘也。上篇既以康叔加「康」字於「誥」字之上，以志其篇，使此篇亦以康叔之故，而以康叔名之，則何以爲簡册之别哉？惟此篇之所言者，殷民嗜酒之俗不可以不革，故以《酒誥》名其篇也。或取其所告之人，或取其所述之事，皆其一時史官之旨而已矣，非有他義也。

「妹邦」者，漢孔氏曰：「妹，地名，紂所都朝歌以北是。」某案：《鄘國風·桑中》詩曰：「沫之鄉矣，沫之北矣，沫之東矣。」此所謂「妹」，即《詩》之所謂「沬」也。唐孔氏曰：「妹爲紂都，故名妹邦，後三分殷畿，則紂都屬鄘。」紂都朝歌即「妹」也，則「妹」與「朝歌」一也。成王既以遺民封康叔，則康叔之所都者，正紂之故都沬邦也。沬邦之人，莫不染紂之化，沈湎于酒，故周公之誥康叔，則使之明施教命於此沬之國而戒之也。「穆考」者，文王於廟次爲穆也。古者宗廟之制，自太祖而下，一昭一穆，父爲昭，子爲穆，昭與昭齒，穆與穆齒。周以后稷爲太祖，自不窋始爲昭，傳而至於文王，則當爲穆也。《左傳》曰：「太伯、虞仲，太王之昭也。虢仲、虢叔，王季之穆也。」又曰：「管、蔡、郕、霍、魯、衛、毛、聃、郜、雍、曹、滕、畢、原、酆、郇，文王之昭也。」蓋虢仲、虢叔，文王之弟也，王季爲昭，故虢仲、虢叔與文王同爲穆也。文王既爲穆矣，故十六國與武王同爲昭也。是知「穆考」者，蓋推其世次而稱之也。王氏謂：「誥，毖誥。教以敬事，故曰穆考。」夫以「穆」爲「敬」，則與《康誥》之稱「丕顯考」

同，而《詩》又有「穆穆文王」之語，其説亦通，然不若先儒以爲「昭穆」之「穆」爲不費辭也。至於王氏又曰：「言文王克明顯民曰丕顯考，言文王誥毖誥教臣民以酒，則曰穆考。」此則鑿矣。

「肇國在西土。厥誥毖庶邦庶士，越少正、御事，朝夕曰：『祀兹酒。』惟天降命，肇我民，惟元祀。天降威，我民用大亂喪德，亦罔非酒惟行。越小大邦用喪，亦罔非酒惟辜。文王誥教小子、有正、有事，無彝酒。越庶國，飲惟祀，德將無醉。惟曰我民迪，小子惟土物愛，厥心臧，聰聽祖考之彝訓，越小大德，小子惟一。妹土嗣爾股肱，純其藝黍稷，奔走事厥考、厥長。肇牽車牛，遠服賈，用孝養厥父母。厥父母慶，自洗腆，致用酒。庶士有正，越庶伯君子，其爾典聽朕教。爾大克羞耇，惟君，爾乃飲食醉飽。丕惟曰爾克永觀省，作稽中德，爾尚克羞饋祀。爾乃自介用逸，兹乃允惟王正事之臣。兹亦惟天若元德，永不忘在王家。」

言文王始有國，在於「西土」也。周自后稷始封於邰，公劉遷於豳，太王遷於岐，則其國於西土也，❶舊矣。而以爲「肇國在西土」者，漢孔氏曰：「西土，岐周之政。」其意謂文王治岐，後遷於豐，故以「肇國」爲「岐周之政」。而薛氏之言尤爲明白，曰：「文王自大王、王季有西土之國，則其誥毖臣民如此也。」「庶邦」者，諸侯也。「庶士」者，衆士也。「少正」者，官之副貳也。正爲官之長，「少正」則副之矣。《周官》曰：「建其正，立其貳，設其攷，陳其殷，置其輔。」此言「庶士」，《周官》之所謂「殷」也。此言「少正」，《周官》之所謂「貳」也。「御事」者，凡

❶「土」，原無，今據汲古閣本、通志堂本補。

治事之臣也。言文王之始有國，則誥戒諸侯衆士，以至於官之副貳，及凡治事之臣，朝夕之間，每諄諄而誥戒之曰：❶唯祭祀則可飲此酒也。「誥毖」者，誥之而使戒慎不忘也。文王，諸侯耳，庶士而下，皆其在朝之臣也，誥之可也，而亦及於庶邦者，唐孔氏謂：「文王爲西伯，又三分有二諸侯，故得告戒庶國也。」此説是也。文王所以朝夕之間諄諄告戒非祭祀則不可飲酒者，蓋以天之降命於我，始使爲酒者，惟以大祀故也，非大祀而用之，則非天之所以降命之本意矣。唐孔氏曰：「《世本》云儀狄造酒，夏禹之臣又云杜康造酒，則人自意所爲，言天下教命者，以天非人，不因人爲者，亦天所使，故凡造立，則必本之天。」❷此説是也。蓋天以是而命人，人則斟酌而裁成之，故先王設爲酒正之官，掌酒之政，令以式法，授酒材以辨其五齊、三酒之名，於祭祀共之，以實八尊，凡以奉天之命而已。當夫仲冬之月，百穀順成，則命夫大酋秫稻必齊，麴蘖必時，湛熾必潔，水泉必香，陶器必良，火齊必得，兼用六物，大酋監之，毋有差貸。其所以順時令以致其謹者，夫豈爲口腹之故哉？良以交神明於幽冥之中，故内盡其志，外盡其物，無所不致其謹也。惟天之降命也，❸始使人造爲酒醴，以奉祭祀，苟能專心致意於報本反始，而不以奉其口腹之欲，則神之聽之，錫汝以百福矣；❹苟爲淫酒荒亂，移夫所以事鬼神者以爲一己之奉，則天降威以罰之也。爲民而至於大亂，以喪其德，放僻邪侈，無所不爲者，無非以

❶「誥戒」，汲古閣本、通志堂本作「戒勑」。
❷「則」，汲古閣本、通志堂本無此字。
❸「惟」下，汲古閣本、通志堂本有「其」字。
❹「以」，汲古閣本無此字。

酒爲行也。爲諸侯而有邦，無小無大，皆底於滅亡，以覆宗絶祀者，無非以酒爲罪也。以酒爲行者，言其嗜酒，而以是爲所行之行也。爲民而至於喪德，爲君而至於喪邦，未有不由於酒者，則自庶邦以至御事，其可不慎之哉？酒者，人之所爲也，而以爲天之降命，民以酒爲行而喪德，君以酒爲辜而喪邦，皆其自作之孽也，而以爲天之降威者，蓋古人之於其事之成敗，未有不歸於天，蓋以爲非人力所能致者。其曰「天降命」，❶亦猶之曰「天降喪亂」、「天降滔德」也。蓋「昊天曰明，及爾出王；昊天曰旦，及爾游衍」，天雖高高而在上，而人之起居動作未有不與之俱者，則人之所爲，孰非天之所爲哉？惟酒之禍至於如此其極，故「文王誥教小子、有正、有事，無彝酒」也。「小子」，民之子孫也。「有正」者，有官長以治之。「有事」者，各有其事也。陳少南曰：「有官則不敢飲，有事則不敢飲，如此，則常乎酒者無有也。」此説是也。孔子曰：「飽食終日，無所用心，難矣哉！不有博奕者乎？爲之，猶賢乎已。」蓋使斯民終日無所用其心，則非僻之心入矣，故博奕雖爲藝之賤，亦愈於無所用心也。是以欲使之不耽乎酒，非使人各有其事則不可，然民不能皆趨事而服勤也，又在乎有正以督之，此文王告教其民之道也。「有事」者，即下文所謂「藝黍稷」、「遠服賈」是也。夫無常酒者，非不飲也，蓋不可非所當飲而飲之，故於庶國之飲者，惟因祀賜胙而已。因祀賜胙而飲之，則其所飲者，不以爲常矣。雖其所當飲，苟飲之而醉，則與夫不當飲而飲者，其爲酗之惡一也，故惟以德將之，則豈至於醉而亂哉？《詩》曰：「其未醉止，威儀抑抑。曰既醉止，威儀怭怭。」夫未醉之初與既醉之後，其威儀之在身，若二人之所爲，則豈可不以德將之哉？故惟在於使民迪，遵其小子，父詔其子，兄詔其弟，惟天地所生之物無不愛焉，則其心善矣。漢

---

❶ 「天降命」下，汲古閣本、通志堂本有「亦猶曰天叙有典天秩有禮也其曰天降威者」凡十八字。

文帝之詔曰：「度田非益寡，而計民未加益，以口量地，其於古似爲有餘，❶而食之甚不足者，無乃爲酒醪，以糜穀者多與。」夫糜費五穀，以供淫湎之欲，則於土物不愛矣。「大亂喪德」，職此之由心何自而臧乎？若有愛物之心，則不爲物所誘，以失其天性，此心之所由臧也。惟民當以是而迪其子孫，使不以酒之故自暴自棄其身以及其親。爲小子者，當以祖考之心爲心，聰聽其彝訓，曉喻而佩服之，則於小德大德率皆惟亦一矣。夫其未醉之時，其威儀如此，既醉之時，❷其威儀如彼，則其德二三矣，故「無彝酒」者，德之無所不一也。「越小大德」者，言其德無不一也。自此以上，既言文王之宅西土，外而庶邦，内而小子，皆諄諄然而告教之，惟恐其流而爲淫湎之行也。自此以下，則使康叔遵文王之舊，以率其臣民也。言汝妹土之民，當竭其股肱之力，相承不絶，以爲此純一之德，播種黍稷，奔走服勞，以事其父兄。及其田畝既畢，則以農隙之時始牽車牛，遠行服賈，以其贏餘孝養其父母。其居閭里，則竭力耕耘，其在道路，則盡心於貿易，乃以爲其親而已，故其父母莫不慶善，則自洗潔以厚致用酒也。《周官》：「以九職任萬民，一曰三農，生九穀，六曰商賈，阜通貨財。」今此既「藝黍稷」而又「遠服賈」，則其民無遺力矣。夫天之命民以爲酒者，蓋使其奉祭祀而致其孝而已，今致用酒以養父母，是亦孝也。觀《七月》之詩，既言其「終歲勤動」，而有于耜舉趾之勤，則爲之言其閒暇逸樂以盡其孝敬者，而曰「爲此春酒，以介眉壽」，蓋古人所以敦厚風俗，而作其和順之心者，正在於此，則以是而飲酒，豈爲過哉？「庶士有正」者，言其有正而統之也。「庶伯君子」者，「伯」，長也；「君子」，謂長之賢者。既言妹土之民當盡其爲

❶「似爲」，汲古閣本無此二字，通志堂本作「爲」。
❷「時」，汲古閣本作「後」。

民之事，然後可以飲，則爾「庶士有正」、「庶伯君子」亦當盡其爲臣之事，則以之飲酒，可以無愧矣。爾當常聽朕教，隱之於心而不忘，大能進德，以至耇老之年，則惟君使爾得以「飲食醉飽」也。蓋先王養老之禮，執爵而酬，執醬而饋，凡以致其醉飽耳。爾之進德，豈惟一身之醉飽而已哉？卿大夫以守其宗廟爲孝，士以守其祭祀爲孝，故大惟曰：汝能永自觀省，造次顛沛未嘗暫忘作而稽於中德，未嘗過差，則爾庶幾能饋祀於祖考，爾乃自助而用逸也。如此，則信爲王治事之臣，天亦順汝之大德而眷祐之，「永不忘在王家」矣。夫民之喪德，君之喪邦，皆以酒爲之禍，故「天降威」，則「克永觀省，作稽中德」者，天安得而不若之乎？蓋天之難諶，❶而禍福吉凶之報如影響，然未嘗有毫釐之差也，何以知天之若之也？不忘於王家是若之也。「庶士有正」、「庶伯君子」，皆康叔之臣也，而已爲「王正事之臣」，又以「王家」爲言者，亦猶《北門》之詩言「王事適我」，《鴇羽》之詩言「王事靡盬」也。此篇之所言者，既以民之喪德、君之喪邦皆酒爲之禍，惟其愛土物以一其德，❷此文王之所以告戒其臣民者，既而又使妹土之民「自洗腆，致用酒」，其臣「飲食醉飽」者，豈惟禁之而又開之邪？蓋飲酒者，人情所不能免也，先王豈惡之哉？所惡於飲酒者，爲其無德以將之也。使其有德以將之，耕耨服賈以致其孝養，自永觀省以稽中德，則其飲酒也，夫何不可哉？此固先王之宜樂也。❸且人亦有言，「以禮飲酒者，始乎治，卒乎亂」，苟縱飲而莫之禁，則人孰不曰吾有德以將之邪？此《酒誥》之所以丁寧切至，懼其至於「淫

❶ 「諶」，汲古閣本、通志堂本作「謀」。
❷ 「惟」下，汲古閣本、通志堂本有「欲」字。
❸ 「之」下，汲古閣本、通志堂本有「所」字。

泆於非彝，用燕喪威儀」，以陷於紂之餘習也。亦猶好貨不可爲也，如其居者有積倉，行者有裹糧，則何嫌於好貨？好色不可爲也，如其内無怨女，外無曠夫，則何嫌於好色？蓋咈人情之所不欲而强之，則難爲力；順人情之所欲爲而導之，則易爲功。衛之遺民習於淫湎之化，故以「飲食醉飽」、「自洗腆，致用酒」而誥之，蓋謂汝苟能以德而將之矣，我豈强禁之哉？此成王、周公之所以爲善教也。

王曰：「封，我西土棐徂，邦君、御事、小子，尚克用文王教，不腆於酒，故我至于今，克受殷之命。」王曰：「封，我聞惟曰：『在昔殷先哲王迪畏天顯小民，經德秉哲，自成湯咸至于帝乙，成王畏相。惟御事厥棐有恭，不敢自暇自逸，矧曰其敢崇飲？越在外服，侯甸男衛邦伯，越在内服，百僚庶尹，惟亞惟服，宗工越百姓里居，罔敢湎於酒。不惟不敢，亦不暇。惟助成王德顯越，尹人祗辟。』我聞亦惟曰：『在今後嗣王，酣身厥命，罔顯于民祗，保越怨不易。誕惟厥縱，淫泆于非彝，用燕喪威儀，民罔不衋傷心。惟荒腆于酒，不惟自息乃逸。厥心疾很，不克畏死。辜在商邑，越殷國滅，無罹。弗惟德馨香祀登聞于天，誕惟民怨，庶羣自酒，腥聞在上，故天降喪于殷，罔愛于殷，惟逸。天非虐，惟民自速辜。』」

先王之所以享天休命，緜緜延延，以爲社稷無疆之慶者，豈惟修之於身，動容周旋，莫不中禮，而無有沈湎淫泆之過哉？蓋其訓誥之所啓迪，教化之所漸被，若内，若外，若小，若大，無不翕然而從之，此治道之所以大成，而天命之所以永享也。我文王之在西土，其於邦君、庶士、少正御事之臣，則以「祀兹酒」而誥毖之，其於小子，則以「無彝酒」而告教之，凡以輔之，而納之於善也。蓋民受衷於天，以生莫不有自然之性，所以陷溺其良心者，惟其因物有遷而已，故必有以輔之，而後知自返也。此所棐徂之。「棐」，輔也，正猶孟子所謂「輔之翼之」也。「徂」，往也。往日之邦君及治事之臣，以至民之子孫，皆謂文王之世也。自成王之時而視文王，則爲往日矣。文王以道輔翼，往日之邦君、御事、小子皆庶幾能聽用其教，惟祭祀之禮方用之，而燕飲不厚於酒，風俗淳一，人人有士君子之行，此天所以眷顧有周，俾代殷而受命，奄有天下，以至於今日也。夫文克受殷之命，其事可謂大矣，而推本其由，則自善教美化有以輔翼衆國及其臣民不腆於酒。成王之意，蓋謂汝康叔既已分茅錫土，以君殷之餘民，將欲祈天永命，社稷血食，子子孫孫，繼繼承承，與我周家相爲終始者，亦惟在此而已。汝苟能優游漸摩，使以訓迪其臣民深耕遠賈，而後有洗腆用酒之慶，「作稽中德」，而後有「飲食醉飽」之效，平居無事，未嘗留意於酣樂之娱，則不惟可以丕變舊俗，擴然一新也，汝遂可以克享天心，不爲天命之所斷棄，可以永爲周之藩臣也。古之教者，禁於未發，謂之豫，方其未成人，而教固已行矣，發而後禁，則將扞格而難勝，雖以刑驅之，而猶不從也。成湯制官刑，「儆於有位」，曰：「三風十愆，卿士有一于身，家必喪；邦君有一于身，國必亡。臣下不匡，其刑墨，具訓於蒙士。」穆王「訓夏贖刑」，有曰伯父、伯兄、仲叔、季弟之所宜知，而亦以告於幼子、童孫，三代風俗所以純一忠厚者，惟其輔翼而教養之者有此具也。文王之教其民「有正有事」，使之「無彝酒」，自其爲小子之時，故雖小子而尚克用教矣。此所以入之深而無不信也。既言文王之所以教其民者，汝康叔當率而行之矣，然自周以前，其近者莫如殷「賢聖之君六七作」，當時君臣之間，「胥訓告」，「胥教誨」，以交修其職，君以是道率其臣，❶臣以是道而輔其君，故兢兢業業，❷惟恐有一日之怠，以爲其德之累，其肯有酣酒爲哉？惟其後嗣弗率先王之教，故家遺俗流風善政無有存焉，而文王又能誥教其民以作其善心，此所以致大

❶「率」上，汲古閣本、通志堂本有「而」字。

❷「故」，汲古閣本、通志堂本無此字。

邦殷之命而周代之也。使其能率乃祖之攸行不敢少廢，則周安得而有之哉？故成王之於康叔，謂：汝乃文王之子，今之所法，❶不在文王乎？居紂之故都，今之所當監，不在紂乎？紂之所以亡者，惟其不能因先王之道而已。是以先言殷先哲王之君臣各盡其道，而後言紂淫泆也。

上篇之誥，既使之「祗遹乃文考」，而又使之「往敷求殷先哲王用保乂民」，此言殷先哲王於文王之下，亦是意也。「迪」，道也。殷先哲王之道，在於「畏天顯小民」而已。天有顯道，吉凶善惡各以其類應，不可不畏也。小民難保，愚夫愚婦一能勝予，亦不可不畏也。畏天顯，則必爲上天之所眷顧；畏小民，則必爲天下之所歸向。蓋既有以畏之矣，則其戰戰兢兢之心若將隕于深淵，此殷先哲王之所以治天下之道也。伊尹曰：「非天私我有商，惟天佑于一德；非商求于下民，惟民歸于一德。」天之佑之，民之歸之，蓋畏之之効如此，惟其不以天道爲遠而可欺，不以小民爲愚而可忽，而皆致其畏懼之心，此所以「經德秉哲」也。「經德」者，誠之之謂也。經德，則其臣也如天地之無不持載。「秉哲」者，明之謂也。秉哲，則其民也如日月之無不照臨。凡此，皆「畏天顯小民」之所致也。惟所持者智，故能上明於天之道，下察於民之情，而罔或不畏也，故以殷先哲王言之。夫「經德秉哲」，以「畏天顯小民」，茲固殷先哲王之道，然商家之有天下，自成湯受命至於帝乙，其所以成王業，以繼承而不絕者，蓋尤在於畏敬其相也。君畏敬其相，則臣亦將畏其君，故凡治事之臣其所以輔君者，皆盡其恭而不敢自爲暇逸，況敢聚飲乎？夫人之所以聚飲者，惟其暇逸而無所用心故耳，今也於暇逸尚有所不敢，則其不敢燕飲可知矣。此方言殷先哲王體貌其臣以率之，使之趨事赴功，而無彝酒之失，故以其畏相爲王業之

❶「所」下，汲古閣本、通志堂本有「當」字。

成也。古者人君之待其輔相也，相見於天子，天子爲之離席起立，❶在道爲之下輿，有病親問，不幸而死親弔，待之如此其厚，可以爲畏相乎？未也。如明皇之待姚崇，每見便殿必爲之興，去輒臨軒以送，是亦待之之厚也，然未若太宗之於魏徵也。徵上冢還，奏曰：「向聞陛下有關南之行，既辦而止，何也？」太宗曰：「畏卿，遂停耳。」徵嘗上疏言得失，帝曰：「朕今聞過矣，有違此言，當何施顏面與公相見哉！」惟其有尊德樂道之心，而不敢妄動過舉以負其臣，然後爲畏相也。惟君之畏相既不在于體貌，則臣之以恭而輔君，亦豈在於擎拳曲跽而後爲恭哉？王博士曰：「孟子曰：『責難於君謂之恭。』厥棐有恭，則知責難矣。」此説是也。景子嘗以孟子不肯造朝爲未見所以敬王，孟子曰：「齊人無以仁義與王言者，豈以仁義爲不美也？其心曰『是何足以言仁義也』云爾，❷則不敬莫大乎是。我非堯舜之道，不敢以陳於王前，故齊人莫如我敬王也。」觀孟子之所以敬王，則知御事之恭固在此而不在彼，然若我而不先之，彼焉得而後之？若我而不有之，彼焉得而嚮之？君使臣以禮，則臣事君以忠，君不畏相，而欲臣之恭者未之能。惟御事之臣思夫責難，以致其恭，則將朝夕自飭而不恤其私，而況于崇飲乎？如羲和之湎淫，鄭伯有之嗜酒，「爲窟室而夜飲酒，擊鐘焉，朝至未已」，其崇飲如此，則豈有意於責難哉？是知輔君以恭者，必無暇於崇飲也。「御事」，謂凡治事之臣也。王氏以爲「相」，唐孔氏以爲「公卿」，其意蓋以上言「畏相」，而下言「御事厥棐有恭」，此君臣報施之義，故以爲「相」與「公卿」也。《書》之稱「御事」多矣，《牧誓》之言「御事」，則在有邦冢君之下，司徒之上；《大誥》之言「御事」，則在庶士之

❶「席」，原誤作「度」，今據汲古閣本改。
❷「以」，汲古閣本、通志堂本作「與」。

下；《顧命》之言「御事」，則在百尹之下，以是知「御事」者，蓋總言也，非指定其人而稱之也。「帝乙」，紂之父也。經傳所謂「帝乙」，殊有可疑者。《左傳》曰：「宋祖帝乙，鄭祖厲王，猶上祖也。」以帝乙比厲王，且以證僖公之不當攝，則帝乙者，蓋商之僻王也。至《易·泰卦》六五則云：「帝乙歸妹，以祉元吉。」夫《泰》之六五，非常之吉也，而以帝乙當之，此豈以「成王畏相」言之？而《多方》、《多士》之篇又皆以謂「自成湯至于帝乙，罔不明德」，至於與成湯並稱，豈曰僻王也哉？上之則與成湯並爲明主，下之則與幽、厲俱爲不肖，必以《書》、《易》之言爲信。而傳記所載帝乙之德未有明文。《史記》又以謂：❶「帝乙立，殷益衰。」此其最難折衷者也。言自成湯至于帝乙，則是湯之傳世三十有一，無不盡其畏相之誠，以成王業，惟帝乙即世，而紂嗣位，則不能率乃祖考之成憲，遂底滅亡。而蘇氏乃特以成湯、太甲、太戊、祖乙、盤庚、武丁、帝乙七王爲言，亦非也。上言「御事厥棐有恭」，既總言其在朝治事之臣所以責難于君者，以報其上矣，故此又歷陳而縷述之，以見其無不致恭以輔其君也。「外服」，指侯甸男衛也。侯甸男衛分土列爵于王畿之外爲外服，則夫設官分職于王朝之内者，爲内服也。《康誥》曰：「侯甸男邦采衛。」唐孔氏曰：「言邦見其國君焉。」「伯」，王氏以爲「長」，是也。蓋與「庶伯君子」之「伯」同旨，此外服之君及其臣也。「百僚」，總言内服之臣也。「庶尹」而下則又分而别之矣。「庶尹」，庶官之長也，與《顧命》「伯」同，惟亞官之副貳也。「宗工」，尊官也。「惟服」者，言内之百僚自庶尹而下，皆服事其大臣者也。百官族姓之居於里者，則《禮》所謂「致仕」，而《春秋傳》所謂「老」也。言遠而在外之諸侯，近而在内之百僚，與夫退居之臣，無有一人敢沈湎于酒，以隳其職業。「不惟不敢」而已，彼其夙夜匪懈，如恐不

❶ 「以」，汲古閣本無此字。

及，亦有所「不暇」也。其「不敢不暇」者，惟在于致其贊襄之力，以助成王德，使明于正人敬法之道也。欲正人者，不可以不敬法，上不守法，則其如正人何？「助成王德顯越，尹人祇辟」，即所謂「厥棐有恭」也。而原其所以致此，則以畏相之故也。畏相，則敬法矣，敬法，而後可以正人，此其臣之所以恭也。臣之恭，固君之畏相有以率之。然其所以能畏相以率其臣者，則以正人敬法之道亦自資於臣有以助德也。而亦不敢湎于酒者，蓋「飲食醉飽」則可，而湎于酒則不可也，況其既已里居，則君所賴于乞言，以成其福禄，以助成王德，正在於此，使其有淫湎之行，則其言豈可以啓沃于上哉？不敢者，有畏心也。非無是心也，但畏而不敢縱耳。至於不暇，則豈有是心哉？雖誘之使爲，亦弗爲之耳。觀此，則可以見商家之臣，内外大小無非忠良，造次顛沛無非法度，相與勉勵，以報國愛君之誠，而惟恐其片瑕微累，有愧於其上。夫豈無自而然哉？紂之立也，曾不思夫乃考所以創業垂統以遺之者在於畏相，而乃肆爲荒湎，以唱其臣，則臣安得不靡然而從之哉？故成王又以所聞紂之不善而告之也。「在今後嗣王」，謂紂嗣帝乙之後也。紂自爲酣飲，以自適其情，故萬幾之務不得其條理。此其命令所以「罔顯于民」，言不能明明德于天下也。此蓋作怨之道，而紂但安于怨，無所改易。孟子所謂「安其危而利其菑，樂其所以亡者」，保其怨之謂也。惟安于怨而罔有悛心，故大爲恣縱，以「淫佚于非彝」，以是燕樂之故而喪其威儀。夫君子之威儀，容止可觀，進退可度，以臨其民，畏而愛之，則而象之。喪其威儀，則民無則焉，安得不盡然而痛其將亡哉？酒池肉林，使男女裸，❶相逐於其間，其非彝如此，則威儀安在哉？民盡然而痛其將亡，則胥怨之矣，而紂方安于怨，自以爲有命在天，故其淫湎于酒，以爲是淫泆之行，不思所以

❶「裸」，原誤作「祼」，今據汲古閣本、通志堂本改。

止息之也。「厥心疾很，不克畏死」者，言紂之爲酒所使也。世固有平居無事，規行矩步，不敢少失，一旦至於好勇鬭狠，放僻邪侈，靡所不爲，亡其身以及其親而不自知者，無他，酒使然也。況以紂暴虐之質，則其荒湎于酒色，其心安得不忿疾狠戾，雖死不畏也？「不克畏死」，則何恤于下民之怨謗乎？故惟「爲天下逋逃主」，萃聚其罪人於都邑之下，以同惡相濟。此逋逃之人，方且狎昵於紂，竊其爵位，以快一時之欲，殷國之滅，其誰憂之哉？❶「罹」，憂也，《詩》曰「逢此百罹」是也。紂保於怨，❷而其罪人不以其滅亡爲憂，君臣之苟安一至于此。「弗惟德馨香祀登聞于天，誕惟民怨，庶群自酒，腥聞在上，故天降喪于殷，罔愛于殷，惟逸」者，言紂之祭祀，無有德之馨香可以登聞于天，惟民怨，其與群臣荒湎于酒，其腥德達于天聽然焉，故天降喪亂于殷家，而無有愛惜不忍之意，❸惟其以逸故也。胡博士曰：「馨香，人所樂好；腥臊，人所厭惡。德有吉有凶，其發聞亦然。傳曰：『國之將興，其君齊明、忠正、精潔、惠和，其德足以昭馨香，神享而民聽。國之將亡，其君淫泆，其政腥臊，民神怨恫，無所依懷。』蓋善惡之實積於此，則其發有不可掩者焉。是故古者先王之祀也，奉牲以告，則知民力之普存；奉盛以告，則知民時之不害；奉酒醴以告，則知上下之不違。以此致祀，則其德可謂馨香矣；以此登聞，天降之福矣。今紂之不務明德，以薦馨香，而發聞惟腥，此天所以降喪于殷也。」此說爲善。

❶ 「憂之」，汲古閣本作「之憂」。
❷ 「於」，汲古閣本作「其」。
❸ 「惜」，汲古閣本作「恤」。

「天非虐，惟民自速辜」，言殷之絶祀，❶非天之虐也，皆商之民自召其罪也。蓋紂聚夫不仁之人，肆于民上，而民以無辜籲天，天矜于民，不得不從之，豈虐也哉？方牧野之戰，紂死於亂兵，而其一時逋逃之衆殺戮殆盡，至於「血流漂杵」，民今而後得反之也，故不言「殷」而言「民」，蓋并與其同惡者言之耳。胡博士曰：「商之興，非天之私也，惟天佑于一德；商之喪，非天虐之也，惟民自速辜。」此説亦盡。讒鼎之銘曰：「昧旦丕顯。」後世猶怠，況日不悛，其能久乎？自湯以來，畏敬其相，而其臣以恭應之，以此示其後世，紂猶身爲酣飲以唱之，而「庶羣自酒」焉。彼孫權之開基也，不思所以垂法于子孫，而與羣臣臨釣臺，飲酒必欲醉墮其中乃止，其酣身已自如此，則孫皓之沈酣肆虐，乃其所也，豈非權有以唱之哉？

成王誥康叔，既以文王與夫殷先哲王所以毖酒之効丁寧而戒勑之，而又必以紂之酣身之禍繼之者，孔子曰：「三人行，必有我師焉，擇其善者而從之，其不善者而改之。」文王與夫殷先哲王固康叔之師也，而紂亦康叔之師也，以其善而思齊，以其不善而自省，則孰非吾師乎？此成王之意也。

王曰：「封，予不惟若兹多誥。古人有言曰：『人無于水監，當于民監。』今惟殷墜厥命，我其可不大監撫于時？予惟曰：汝劼毖殷獻臣，侯甸男衛，矧太史友、内史友、越獻臣百宗工，矧惟爾事服休服采，矧惟若疇，圻父薄違，農夫若保，宏父定辟，矧汝剛制于酒。厥或誥曰：『羣飲。』汝勿佚，盡執拘以歸于周，予其殺。又惟殷之迪諸臣惟工，乃湎于酒，勿庸殺之，姑惟教之。有斯明享，

❶「祀」，汲古閣本無此字。

乃不用我教辭，惟我一人弗恤，弗蠲乃事，時同于殺。」王曰：「封，汝典聽朕毖，勿辯乃司民湎于酒。」

曾子曰：「尊其所聞，則高明矣；行其所知，則光大矣。高明光大不在乎他，在乎加之意而已。」成王既多聞于先世成敗之迹，自湯至于帝乙，其戒慎恐懼，君臣相正，不湎于酒，以成夫莫大之業者如此，紂之淫泆非彝，庶羣自酒以自速其辜者如彼，我豈惟務諄諄反覆，以是而多誥于汝哉？蓋將「尊其所聞」，而「行其所知」，以其善而思齊，惟恐其毫釐之差，以其惡而自省，惟恐其微疵細過之不盡去。不但使汝法其善，而監其不善也，故繼之曰：「古人有言曰：『人無于水監，當于民監。』」蓋古人有此言，成王引之以告康叔也。荀子曰：「水静則明燭鬚眉。」則水可以爲監形也。形之妍醜，監于水固可以見之，至于政之醇疵，豈水之所能監哉？必監於民而後見也。世之人徒知以水爲監，所見者顔貌而已，何所補哉？而不知以民爲監，其有益於己者大矣，故古人戒之曰「人無於水監，當於民監」也。與孟子言「指不若人則知惡之，心不若人則不知惡」，言雖反，而立意則同。今殷既以庶羣自酒之故而墜其命矣，亦以我不可不大監之，以撫安斯民於當時也。蓋殷先哲王之所以享天下者，得其民也。得其民者，無他，畏相而已。紂之所以失天下者，失其民也。失其民，無他，酣酒而已。既當以民爲監，則前世嘗以是得民者，必思有以遵之，嘗以是失民者，必思有以改之。我非惟言之而已也，畏相以率其羣臣，使之協心同德，以毗予一人，亦於殷先哲王之世而後已。成王既以此自勉矣，則爲康叔者當如何哉？故自此以下，皆戒康叔以畏敬其臣，使之自盡以報汝也。

《康誥》曰「爽惟天其罰殛我」，此篇曰「我其可不大監撫于時」，皆是成王自以其身爲之準繩，俾之觀而善也。

嘗考此篇所紀載紂之惡監大抵與《詩》之《蕩》相類。「誕惟厥縱，淫泆于非彝」，則《蕩》所謂「如蜩如螗，如沸如羹」是也。「不惟自息乃逸」，則所謂「既愆爾止，靡明靡晦，式號式呼，俾晝作夜」是也。「厥心疾很，不克畏死」，則所謂「内奰于中國，覃及鬼方」是也。「辜在商邑，越殷國滅，無罹」，則所謂「曾是彊禦，曾是掊克，曾是在位，曾是在服，天降慆德，女興是力」。「天非虐，惟民自速辜」，則所謂「匪上帝不時，殷不用舊」是也。既已紀載其惡矣，則欲視以爲監，以警其心，故曰：「古人有言曰：『人無于水監，當于民監。』今惟殷墜厥命，我其可不大監撫于時？」此亦《蕩》詩于末章言「殷鑒不遠，在夏后之世」之意也。蓋《蕩》之詩託言殷商之惡以刺厲王，故其言與《酒誥》相表裏。文王之所以誥毖誥教其臣民者，亦惟鑒于紂之故。《蕩》曰：「文王曰咨，咨汝殷商。」文王既鑒之矣，成王當如之何？成王既鑒之矣，康叔當如之何？「劼」，周也。「毖」，慎也。自殷獻臣至宏父，汝皆當畏慎之，而其畏慎之不可以不固也，慎厥終，惟其始，是固也。「殷獻臣」，謂之賢臣嘗在於商者，今則仕于康叔也。周公以孟侯呼康叔，則是爲諸侯之長，故其所劼毖者及于「侯甸男衛」也。「大史」、「内史」，皆官名也。《周官》大史掌邦之六典法，則「内史掌王之八柄之法」，不知衛之所建者，其職果如何也。《周官》「大史下大夫二人，内史中大夫一人」，不知衛之所建者，其命當如何也。曰「大史友，内史友」，蘇氏謂：「當時二賢臣，封所友者。」是也。蓋下總言「獻臣百宗工」，而獨於其上舉此二官以「友」繫之，則當時有此二友之典是官也。王氏謂：「獻臣百宗工，則有貴于太史、内史者，其爲康叔所從可知也。」非也。「獻臣百宗工」，謂賢臣之爲百宗工者。上既言「殷獻臣」，則此「獻臣」其未嘗仕于商者，乃周臣也。「宗工」，大臣也，以「百」言之，見其多也。「服休」，先儒曰：「服行美道。」「服采」，曰「服事治民」。然其意以爾事爲汝之身事，則知「服休服采」皆康叔修之於身，非其臣也。據此文勢，在「百宗工」之下、「圻父」之上，不應於其中間間以康叔之身事也。

不如王氏之説以爲其臣，其説曰：「服休者，以德爲事；服采者，以事爲事。」是也。然其以爾事爲人君必有所友，必有所事，❶蓋盛德之士有不可友者，此服采爲康叔所事，則未必然。既曰盛德之士有不可友，則以德爲事者事之，可也，以事爲事，豈亦事之乎？ 此蓋泛言爾之所與共事有此二者也。先儒曰：「圻父，司馬；農父，司徒；宏父，司空。」此三者雖無所經見，然惟圻父見於《詩》。其詩曰：「圻父，予王之爪牙。胡轉予于恤，靡所止居。」圻父帥爪牙之士以出戰而敗，則其爲司馬可知也。圻父，司馬，則農父之爲司徒，宏父之爲司空，亦可以意見之。蓋古者，天子六卿，諸侯三卿，武王牧野之戰，其時未有天下，故其誓者，司徒、司馬、司空而已。《梓材》之篇亦舉此三卿。惟康叔之有三卿，故雖無所經見，當從先儒之説。司馬，掌封圻甲兵，故曰「圻父」。司徒，掌教稼穡樹藝，故曰「農父」。「宏父」者，唐孔氏曰：「以營造爲廣大國家之父。」不如王氏曰「闢地以居民」也。先儒以「若疇」繫於「圻父」，言「君所順疇」；「薄違」繫於「農父」，言「迫迴萬民」；「若保」繫於「宏父」，言「當順安之」。唯司徒則陳其所任之職，而二者則謂君之順之，非其類也。蘇氏雖皆以爲所任之職，而於「若疇」曰「何寇敵」，亦牽强不通。不如王氏以「若疇」爲汝之儔匹，而於其下先舉其官名，而後陳其所任之職也。蓋君之與臣，若股肱元首，一體相須，故皆三卿，皆其儔匹也。「薄違」者，當從先儒之訓，而用王氏之義，言司馬之迫逐違命者也。「農夫若保」，言司徒教民稼穡，以順安之也。王氏曰：「若國保民。」亦非也。「宏父定辟」，言司空闢地居民而定其法也。汝於殷之賢臣，及其所統侯甸男衛之諸侯，既固慎之矣，況於所友之二史

❶「必」，汲古閣本、通志堂本無此字。

友，其賢臣之爲百宗工者，其可不畏而慎之乎？此亦固當慎矣。❶況於爾之儔匹位三卿者，其可不畏而慎之乎？至於三卿，則若小若大，若彼若此，若内若外，無所不慎也。殷先哲王以畏相之故，其臣皆化其上，勉勵以輔君，不敢湎于酒。汝之劼毖者既已若此，則自殷獻臣至於三卿，亦皆將宿道向方，朝夕不懈，以承其上，況汝又「剛制于酒」乎？蓋劼毖以率之。彼固必不敢爲淫湎之行，苟又「剛制于酒」，則其心益將有所畏而不敢犯也。既有以率之，而又有以制之，然其越禮踰禁、荒淫無度者，不可不治也，故其或有人告汝康叔曰：今有羣聚而飲，汝當度設方略，勿令逃佚，「盡執拘以歸于周」而殺之。蓋我西土邦君、御事、小子克用文王教，不湎于酒，則周之羣臣已率教者也。已率教而至于崇飲，宜刑戮之所加，故殺之也。至于殷紂所迪之諸臣、其百工有湎于酒，蓋其化紂之惡未能以遽革，故勿用法以殺之，姑亦教之而已。孔子曰：「不教而殺謂之虐，不戒視成謂之暴。」文王之於庶士、御事，朝夕之間諄諄而誥毖之者，非不至也，今乃有不率教而羣飲，則其殺之也，安得謂虐之、暴之哉？殷之諸臣習紂之惡，庶羣自酒，苟不有以教之，則其湎于酒者，乃其所也，一旦遽用法以殺之，非暴虐而何？故必教之而後可也。古者「誥」、「告」通用，《湯誥》、《大誥》皆是會同諸侯而勑戒之也，然人臣獻言以啓迪其上者，亦謂之「誥」，仲虺作誥是也；人臣與其儕類共談者，亦謂之「誥」，微子作誥父師、少師是也；故此以羣飲之不可不懲而言於上者，亦曰「誥」焉。羣飲而誅，蓋若羲和湎淫之類，夫其無故而衆

---

❶「此」上，汲古閣本、通志堂本有「此固當慎矣況於爾之所與共事服休服采者其可不畏而慎之乎」二十六字。「亦」，汲古閣本無此字。

飲，❶則其奸宄之謀將由是而生，故誅之也。胤侯之征羲和，而誓師之言曰「殲厥渠魁，脅從罔治」，則羲和之湎淫，蓋與其黨類同焉，不獨自爲之也，是謂之「羣飲」也。下文「又惟殷之迪諸臣」，則羣飲而誅者，其爲周人可知也。「有斯明享」，即《康誥》所謂「享明乃服命」也。言汝康叔既有此明與享矣，則其教非不至也，而乃不用我之教辭。惟我一人之言曾不之恤，不自蠲潔其事，而有淫湎之過，則是教之而不率者，終不可以入于善，故亦同于羣飲之人，而殺之也。夫「寇攘姦宄」則罔不憝，不孝不友則閔之，而敬典裕民，羣飲則誅之，而殷之迪諸臣也，以湎于酒則姑亦教之，此皆先王忠厚之化，不尚刑罰以斬齊天下也。然至於「有斯明享」而乃猶不用教辭，則亦同于殺，則夫既敬典以裕之矣，而猶泯亂于民彝者，亦所不赦也。先儒并王氏以爲康叔不用教辭，則同於見殺。蘇氏又以爲：「若我不知恤，此則陷民于死，同于我殺之。」皆非也。「汝典聽朕毖」，言我之所以教汝慎于酒者，汝當常聽之也。成王之誥康叔，既告以文王朝夕教戒其臣民，漸漬厭飫，不湎于酒，以享天之休命，告以殷先哲王戒慎恐懼，君臣相畏，不湎于酒，以成王天下之業，又告以殷紂淫泆非彝，庶群自酒，自速其辜，其善可法，其惡可鑒，故欲其劼毖羣臣以率之，剛制于酒以禁之，羣飲則誅之，不用教辭亦殺之，無非使之慎于酒者也。「司民」，即上文自殷獻臣至于宏父是也。王氏曰：「汝司民有湎于酒，則以政治之，勿爲之辯釋以爲無罪也。」蘇氏曰：「當别建一司以察淫湎，❷若以泛責羣吏，而不辯其司，禁必不行矣。」其説迂回。不如先儒曰：「勿使汝主民之吏湎于酒。」其辭不費，但不知「辯」之訓「使」何出耳。

❶「衆」，汲古閣本作「聚」。

❷「别」，原空闕一字，今據通志堂本補。

太康以酒亡，紂以酒亡，幽王、厲王皆以酒亡，三代之禍皆由此而致，則酒之爲禍慘矣。故禹惡旨酒，孔子於不爲酒困，謙而不敢居，況不爲禹、孔子者乎？成王誥康叔反覆數百言，而終以莫辯乃司民湎于酒，蓋使司民而湎于酒，則民之休戚，必不蔕芥于胸次。斯民不得安居而樂業，則何以保有國家也哉？而晉之士大夫乃以酣飲爲清高，如阮籍、劉伶、胡毋輔之、畢卓之徒，其淫縱荒湎，無所不至。想夫紂之庶羣自酒，亦不是過也，周公、成王以是爲戒，而晉人以爲清高，紂以是亡，而晉安能以久存哉？《詩》曰：「人之齊聖，飲酒温克。彼昏不知，壹醉日富。各敬爾儀，天命不又。」晉之士大夫至于散髮盜樽，其不敬爾儀如此，欲天命之不替，可乎哉？以是知阮籍之徒，其與八王五胡，皆晉之所由以亡也。

梓　材

梓材

王曰：「封，以厥庶民暨厥臣達大家，以厥臣達王，惟邦君。汝若恒，越曰我有師師。司徒、司馬、司空、尹旅曰：『予罔厲殺人。』亦厥君先敬勞，肆徂厥敬勞。肆往姦宄、殺人、歷人，宥，肆亦見厥君事戕敗人，宥。王啓監，厥亂爲民。曰：『無胥戕，無胥虐，至于敬寡，至于屬婦，合由以容。』王其效邦君越御事，厥命曷以？『引養引恬。』自古王若茲監，罔攸辟。

此篇蓋管、蔡、武庚既誅，而其餘黨惡同亂之人猶有存者，成王欲使康叔匿瑕含垢，一切不問，以德懷之，無所用刑也。其篇名以《梓材》者，漢孔氏曰：「告康叔以爲政之道，亦如梓人之治材。」此非也。此篇引喻以告康叔者有三，稽田也，作室家也，作梓材也，苟其名篇之義有取於此，不應舍其二而取其一也。《史記・衛世家》曰：「爲《梓材》，示君子可法則。故謂之《梓材》以命之。」雖其以梓材取譬之意不與孔氏同，而謂名篇之義有取於梓材，其失一也。唐孔氏因漢孔氏之言而曰：「雖三者同喻，田在于外，室總于家，猶非指事之器，故取『梓材』以爲功也。」此蓋爲先儒解紛耳，審如此言，則《書》之名篇不應其破碎穿鑿至于此甚也。予嘗因《梓材》之名篇，然後知《書》之篇名徒以志簡編之别，非有他義也。使有其義，則何以三者同喻，舍其二而獨取其一哉？《酒誥》之所陳者，首尾數百言，無非以酒爲戒也，而以《酒誥》名篇。《梓材》之所陳者，其大指在于匿瑕含垢，以安反側，若作特其篇中之一義耳，而以《梓材》名篇。此皆出于史官偶然一時之意而已矣，奚必欲以義而求之哉？

「以厥庶民暨厥臣達大家」者，謂殷人也。「以厥臣達王」，謂周人也。《左傳》曰：「分康叔以殷民七族，陶氏、施氏、繁氏、錡氏、樊氏、饑氏、終葵氏。」康叔之封，雖以殷餘民而使司牧之，然其朝廷之上，列爵仕官，以爲衛之臣者，豈皆殷人哉？蓋有周人焉，有殷人焉。考之《酒誥》，既命康叔于殷之獻臣不可不劼毖之也，又繼之以「矧太史友、内史友，越獻臣百宗工」，此則周臣之未嘗仕于商者，亦不可不劼毖之焉，故其「剛制于酒」也，周人不率教而羣飲者，則殺之，諸臣染紂之化而湎于酒者，姑教之而不殺也，則康叔之臣其兼用殷、周也，明矣。「大家」者，「天子建國，諸侯立家」，故魯三桓謂之「三家」，其曰「大家」，猶孟子之所謂「巨室」也。既言「大家」矣，則其上之言「暨厥臣」者，自「大家」之外皆是也。無所不通謂之「達」。自古天下之患，常起于上下之情不通。上之情莫不願通于下，下之情莫不願通于上，然而上下之情常蔽塞而不通者，無以達之也。故成王之誥康叔，汝能以殷之庶民暨其臣之情而達之於大家，而又能以周之臣之情而達之于上，如此，則自天子至于庶民，其好惡喜怒莫不曉然而可知，上下交通而無間，此則邦君之任也，故曰「惟邦君」。康叔之臣雖兼用殷、周，而其民皆殷之餘也，故於殷人則曰「以厥庶民暨厥臣」，而於周人則但曰「以厥臣」故也。漢孔氏以爲「用言當用其衆人之賢者與其小臣之良者，以通達卿大夫及都家之政於國，信用其臣以通王教于民」。王氏曰：「以其臣達王事於大家，以其臣民達大家之事於國人。」夫以其爲用賢良，固非經之本意，而謂達大家之政於國，達王教於民，或謂「達王事於大家」，「達大家之事於國人」，皆贅説也。惟邦君之職在於通上下之情，故繼之曰「汝若恒，越曰我有師師」。「若恒」者，所以通上下之情也。王氏以「若恒」爲「若有恒性」。經但曰「若恒」，不可援《湯誥》之言以爲説也。汝苟能順常不爲變亂，以駭國人之視聽，則爲之臣者，於是曰：我有師之可師也。蓋臣之寬猛，未有不視其君。漢文以寬厚爲之師，故其流風篤厚，刑罰大省；武帝以嚴察爲之師，故其禁網寖密姦宄，不勝君之所爲，其臣未有不效之也。汝康叔苟能順常矣，則孰不以爲師哉？汝若欲汝之三卿及庶官之正與其衆士曰：我未嘗厲殺人，則亦在君先有以敬勞斯民也。其君先有以敬勞斯民，則其臣不厲殺人矣。「敬勞」者，所以若恒也。「罔厲殺人」，則師之矣。《論語》曰：「君子信而後勞其民，未信則以爲厲己也。」《孟子》曰：「滕有倉廩府庫，則是厲民以自養也。」以《論語》之所謂「厲己」、《孟子》之所謂「厲民」觀之，則「厲殺人」者，不以其罪而殺之也，故謂之「厲」。「敬勞」者，唐孔氏曰：「即《論語》所謂『先之勞之』是也。」惟爲君必先有以敬勞之，而後其臣罔厲殺人，故汝今往之國，不可不盡其敬勞之道。此言「司馬」，即上篇之「圻父」也，「司徒」，即上篇之「農父」也，「司空」，即上篇之「宏父」也。彼先「圻父」而後「農父」，此先「司徒」而後「司馬」，王氏曰：「先言圻父者，制殷民羣飲以政爲急故也，此言敬勞與罔厲殺人，故先司徒，與《酒誥》異。」此蓋鑿説也。諸侯之三卿，司徒爲上，司馬次之，司空又次之，觀《周官》之篇，天子六卿，其先後之次如此，則諸侯之卿亦然。今《酒誥》乃序圻父於農父之上，故王氏爲之説。竊謂《酒誥》之言，正猶《武成》曰「邦甸侯衛」也，周之九服，甸服在侯服之外，《康誥》曰「侯甸男邦采衛」是也，而《武成》乃先甸而後侯，此豈可以爲之説乎？❶況夫《酒誥》之言，不專以政爲急也。「肆往姦宄、殺人、歷人，宥」，若今律文藏匿强盜，過致資給者也，言有往日之姦宄而殺人者，逋亡逃匿其所過歷之家，皆當宥之也。「肆亦見厥君事戕敗人，宥」，若律所謂知情證逮者也，言其因君事而毁傷人者，亦皆宥之也。蓋當武庚之誅，❷其一時黨姦同惡之人莫不有反側不自安之心，刻覈太至，則必有不肖之心應之矣，❸今「姦宄、殺人、歷人」與夫「見厥君事戕敗人」者，其罪可以引而納之于刑，亦可推之而致於無罪，是所謂疑獄者也，故寧宥之而不殺，使反側者聞之，必將以我爲不窮治其黨與，則其心安矣。

昔漢之羣臣恐見疑過失及誅，故相聚而偶語，張良教高祖取平生所憎、羣臣所共知者封之，則人人自堅，故雍齒封侯，而羣臣喜曰：「雍齒且侯，吾屬無患矣。」歷人與夫見戕賊人者皆在所宥，是亦封雍齒之意也。所謂敬勞者，孰有大於此者乎？而王氏謂：「三卿、尹旅見姦宄、殺人、歷人，不肯以法治之，反宥而縱之者，亦見其君於以戕敗人爲事者，❹宥而不治者也。」其意蓋謂此等麗于刑之人，皆當勿宥之。《康誥》之言曰「乃其速由文王作罰，刑兹無赦，不率大戛」，戒康叔以爲不可殺，而王氏則以爲當殺，此則戒康叔以爲可宥，而王

❶「豈」下，汲古閣本、通志堂本有「亦」字。
❷「當」，原誤作「嘗」，今據汲古閣本、通志堂本改。
❸「則」，汲古閣本、通志堂本無此字。
❹「其君於」，汲古閣本作「於君」。

氏則以爲當勿宥，王氏之心術大抵如此。季康子問於孔子曰：「如殺無道以就有道，何如？」孔子對曰：「子爲政，焉用殺？子欲善而民善矣。君子之德風，小人之德草，草上之風必偃。」夫殺無道以就有道，夫子尚以爲不可，❶況于不孝不友之可閔者與夫「姦宄、殺人、歷人」、「見厥君事戕敗人」之可疑者，可以殺之而不宥乎？其徇私意以叛經旨一至于此，不可不察也。《周官·太宰》曰：「乃施典于邦國，而建其牧，立其監。」注曰：「監謂公侯伯子男各監一國。」《書》曰：「王啓監，厥亂爲民。」然則「監」者，蓋指諸侯而言，非「三監」之「監」也。「啓監」云者，正猶曰「立其監」也，言王者建立諸侯，使之各監一國，其治主于爲民，而傳已説也。明王奉若天道，建邦設都立后，王卿公承以大夫師長，不爲逸豫，惟以亂民。則「啓監」者，非爲民而何？「曰：『無胥戕，無胥虐，至于敬寡，至于屬婦，合由以容』」，此則啓監而教之之辭也。漢孔氏曰：「此爲教民。」不如王氏之言曰：「王啓邦君，其教之如此，謂監之於民，當視之如子，矜憐撫恤，無所不用其至，不可以相爲戕害暴虐也。」「胥」者，謂君臣上下並爲戕虐之政也。民之鰥寡，當用以敬之而不慢；民之婦女，當有以屬之而不忘。至于敬其鰥寡，屬其婦女，則無有大小，無有内外，皆得其所矣，是汝能和合之，而用以寬容之道也。用以寬容，則如山藪之藏疾，川澤之納汙，不爲察察之政以駭斯民矣。王之所以使邦君及治事之臣則效於我，其命之者何以哉？不過使之「引養引恬」而已。漢孔氏曰：「能長養安恬。」則以「引」訓「長」也。王氏曰：「引養者，引民而養之；引恬者，引民而恬之。」皆未若蘇氏之言尤爲切當。其言曰：「亂生於激，事不小忍而求速決，則釁故横生，靡所不至。少引延之，人静而亂自衰，使相容養，以至于安，是爲引養引恬。」當武庚之唱亂以謀復商家，

❶「爲」，原脱，今據汲古閣本、通志堂本補。

殷之遺民必有蓄不軌之志與之相挺而爲亂者，既黜殷命而殺武庚矣，則夫背逆之黨必思有以處之，惟能蕩滌其瑕穢，而與之維新，則孰不喜于更生，而有遷善遠罪之心哉？苟以其嘗預于武庚之亂，惟恐其舊態之不改，將伺我之便以逞其志，必思所以斬艾而芟夷之而後已，則反側之徒孰不心計曰，稱兵以犯順亦死，生而待誅亦死，❶等死耳，與其束手以就戮，孰若倡亂以僥倖于萬一哉？東漢之末，董卓以暴虐之資專擅朝政，王允既與吕布謀誅之，天下晏然，其慮深矣。卓將校總兵布於山東，多涼州人，允議罷其軍，李傕等遣使求赦不許，傕等懼不知所爲，賈詡説曰：❷「聞長安中議欲盡誅涼州人，諸君不如相率而西，爲董公報讐。」卒之，長安城潰，允亦見殺。則夫漢室之滅，皆在允小不忍以激其亂也。裴度平吴元濟，以蔡牙卒侍帳下，或謂：「反側未安，未可去備。」度笑曰：「吾爲彰義節度，元惡已擒，人皆吾人也。」衆咸泣。夫既以叛逆之黨爲吾人，則孰肯自棄于惡哉？此正「引養引恬」之道也。「自古王若兹監，罔攸辟」者，言自古先王如此而啓監，則無所用刑矣。王允不肯赦涼州人，其心蓋欲用刑矣，而其禍如彼，則何以殺爲哉？王氏曰：「自古者，謂由先王之道；自王者，謂由今王之政。」其説爲鑿。先儒以爲「用古王之道」，優於王氏，然不如蘇氏以爲「古我先王」。但以「若」爲「順」，言「古我先王未有不順此監者」，則非矣。「若」，如也。「若兹」，猶言如此也。先儒以「罔攸辟」曰「無所復罪」。王氏曰：「無所致辟。」其意謂監能若此，則無罪可致之辟矣。其説非也。先儒王氏於《酒誥》「時同于殺」，其意亦若是，謂康叔苟如上所云，則同于見殺也。夫先王之時，君臣道合，相親如父子，相愛如兄弟，歡忻

❶ 「生」，汲古閣本作「坐」。

❷ 「詡」，原誤作「翊」，今據汲古閣本、通志堂本改。

輯睦而無間，❶豈必以刑罰懼之，而後爲善哉？惟夫軍旅之間誓戒之辭，則不得不以責罰而勅厲也，如《湯誓》曰「予則孥戮汝」，《牧誓》曰「不迪有顯戮」也。況夫康叔以親賢而作藩於東土，乃謂周公親以殺戮之言而恐之，使之有所畏，古人必不然也。

「惟曰：若稽田，既勤敷菑，惟其陳修，爲厥疆畎。若作室家，既勤垣墉，惟其塗塈茨。若作梓材，既勤樸斲，惟其塗丹雘。今王惟曰：先王既勤用明德，懷爲夾，庶邦享作，兄弟方來，亦既用明德。后式典集，庶邦丕享。皇天既付中國民越厥疆土于先王，肆王惟德用，和懌先後迷民，用懌先王受命。已！若茲監，惟曰：欲至于萬年，惟王子子孫孫永保民。」

周公之誥康叔，既欲其以優游寬大之道慰安殷之頑民，揉其暴戾之心，而作其愧恥之意，若匿瑕含垢，廓然無事，以與之共享太平之慶矣。然其意之所欲陳者，非言之所能盡。言既不足，故託喻以見其意焉。「菑」，去草也。《爾雅》曰：「一歲曰菑。」孫炎曰：「菑，始殺草也。」「畎」，《說文》曰：「水小流也。」《周禮》：「匠人爲溝洫，耜廣五寸，二耜爲耦，一耦之伐，廣尺深尺謂之畎。」蓋其壟曰「畎」，而畎上曰「伐」也。「塈」，《說文》曰：「仰塗也。」顏師古注《漢書》亦曰：「即今之仰泥也。」「茨」，蓋覆也。《穀梁傳》曰：「焚雍門之茨。」范甯註曰：「茨，蓋也。」茅茨者，亦謂之茅蓋屋也。「梓」，良木，可以爲器也。《定之方中》所謂「椅桐梓漆」是也。惟器用以梓木爲良，故古者木工謂之梓人。《考工記》曰：「攻木之工，輪、輿、弓、廬、匠、車、梓。」梓人爲筍虡，爲飲器，爲侯。

❶「輯」，原誤作「戢」，今據汲古閣本、通志堂本改。

而孟子亦曰：「梓匠輪輿也。」「樸」，謂器之有質而未成也。「丹」，《説文》曰：「巴越之赤石也。」「雘」，善丹也。「塗丹雘」者，塗以丹雘也。言國君之爲監以治民，若農夫之考田而治之，既已勤于敷治之，而菑以殺草，使稂莠不得以亂其苗矣，❶則今惟當陳列修治，以爲其疆畔畎壟也。《左氏傳》曰：「行無越思，如農夫之有畔。」爲其疆畎，則百穀順成，可以享有秋之利，而不至于相越也。若人之爲室家，既勤立垣墉，而内外有限，可以禦侵暴矣，則今惟當塗塈而茨蓋之，使上棟下宇，而風雨攸除也。若人之治梓材以爲器，既勤于斲削其樸以成其質，則今惟當塗以丹雘而爲之藻飾也。當三叔之流言，而挾武庚以間王室，周公既已興師動衆，仗大義以討之，取其凶殘，以行其天誅，既類乎田之敷菑、室之垣墉、梓材之樸斲矣，則康叔以殷之餘民即封於衛，惟當建立紀綱，修明典章，以維持藩飾其國家也，則豈不類於疆畎、塗塈、丹雘之功哉？蘇氏曰：「田既敷菑，室既垣墉，器既樸斲，則當因舊守成而潤色之，則不當復有建立塗治也。」其言得之。先儒以稽田喻教化，以梓材喻禮義，而于室家則無説，夫周公以此三者取喻，而乃獨區别其二，則其言不類矣。王氏曰：「王者之造始，墾菑害，除荒穢，疆理天下，而作爲典，則以授之諸侯，猶敷菑、垣墉、樸斲之勤也。諸侯嗣其功而致飭以終之，陳修疆畎、塗塈茨、丹雘之比也。」王氏之意，以稽田喻除荒穢，室家喻疆理天下，梓材喻作爲典章區而分之，既非經之本意，而又謂王者造始，而諸侯終之，亦非其義也。此蓋但以喻今當用德以治民，「引養引恬」，而民自安，不當復如前日之用刑以摩切之也。雖以三者設喻，而其意則一。正猶《説命》曰：「若金，用汝作礪；若濟巨川，用汝作舟楫；若歲大旱，用汝作霖雨。」皆是以喻高宗必資傅説之納誨，然後可以成其德也。而説者亦從而分

❶「稂」，原誤作「狼」，今據汲古閣本、通志堂本改。

別之，則過矣。此三篇之作，雖周公當攝政之日稱王命以告之，而其實皆周公丁寧之辭，故《康誥》曰「朕其弟小子封」，此篇曰「王啓監，厥亂爲民」，又曰「今王惟曰：先王既勤用明德」，又曰「惟王子子孫孫永保民」。蓋當其誥之也，不可以不正君臣之分，故稱「王若曰」，然辭意皆出於周公，故以弟呼康叔，又指王而言非是曰王者，成王之自稱也。王氏曰：「成王自言必稱王者，以《覲禮》考之，天子以正遇諸侯則稱王，此誥正教康叔以諸侯之事，故也。」其意以王爲成王之自稱，故爲此說。然考之於《書》，王自稱有曰「予一人」，有曰「台小子」，有曰「予小子」，未有自稱王者，以王爲成王之自稱，非人情也。《春秋》文公元年書：「天王使毛伯來錫公命。」或曰「天王」，或曰「天子」，故劉原父以爲：「有臨天下之言焉，有臨一國之言焉。」夫《春秋》以一字爲褒貶，則其有天王、天子之殊稱，而劉原父爲之說，識者尚以爲鑿矣，況于此篇乃其誥戒之辭，而謂以政遇諸侯，則其自稱必曰王，恐無此理。先王之制，爲諸侯列爵分土，以碁布于天下，蓋欲其夾輔王室而已，故其春朝以圖天下之事，秋覲以比邦國之功，夏宗以陳天下之謨，冬遇以協諸侯之慮，時會以發四方之禁，殷同以施天下之政，皆所以盡其藩臣之職，以尊天子。當其時，驅馳於道路惟恐不及，❶凡以夾輔之職所當然也。然苟無以懷之，而惟恃其威勢，嚴刑峻令以恐喝，諸侯則莫不解體，孰肯來享於王庭，以盡其夾輔之義哉？觀《小雅·菀柳》之序曰：「《菀柳》，刺幽王也。暴虐無親，而刑罰不中，諸侯皆不欲朝，言王者之不可朝事也。」惟幽王之暴虐，則諸侯皆無欲朝之志，以其無以懷之故也。故周公之告康叔，謂今成王言：我文、武先王受命以來，日夜憂勤，惟用明德，以懷庶邦，爲己夾輔也。「勤用明德」，則與「暴虐無親，而刑罰不中」者不可同年而語矣，此庶邦所

❶「驅馳」上，汲古閣本、通志堂本有「則」字。

以莫不來享。而其來享也，則和協輯睦，若兄弟之親，各以其方而來，至於王庭也。「夾」，先儒音協，近也。「懷爲夾」者，言懷遠如近，❶不如王氏只如字讀以爲「夾輔」之「夾」爲簡徑。惟王之所以懷庶邦者在於用明德，則庶邦之來享，以述職于天子者，亦將盡用明德也。蓋我不有以唱之，則彼惡得而應之？天子用德于上，以覆冒四海之内；諸侯相觀而爲善，亦用明德于下，以司牧其國家，則寬大優游之政洋溢天下，而忠厚長者之風自此丕變矣。此我先王之所以受命以有天下也。「后」，謂今王也。《説文》曰：「后，繼體君也，象人之形。施令以告四方。」惟「后」爲「繼體之君」，❷故知此「后」指今王也。惟先王之所以懷服庶邦，使之小大相比，以永享者，其本在于用明德，故今王繼體而立，用此常道以集庶邦，而庶邦亦將大享也。蓋今王之集庶邦，既用先王之常道，則庶邦之來享，安得不盡如先王之世哉？「皇天既付中國民越厥疆土于先王」者，言皇天盡以中國之民付之于先王，而一民莫非其臣；盡以中國之疆土付之于先王，而尺地莫非其有，凡以先王之「勤用明德」而已。孟子曰：「得天下有道，得其民，斯得天下矣。得其民有道，得其心，斯得民矣。」先王不尚刑罰，而明明德于天下，則可以得其心，得其心則可以得其民，得其民則可以得天下。既以中國之民付之于先王，則疆土孰非其有哉？皇天之于先王，其眷顧之也如此，其至今王，將欲撫綏中國之民，奄有中國之疆土，以繼先王之成績，而永保皇天之休命，惟當用明德以「和懌先後迷民」而已。「迷民」，謂殷之餘民。先儒謂：「和悦先後

❶「如」，汲古閣本、通志堂本作「爲」。

❷「后」，汲古閣本無此字。

天下迷愚之民。」❶「先後」，謂教訓。王氏曰：「民迷，則悖欲，使保乂之，當先以和和，然後惟王之聽，惟王之聽，然後可以先後之，使不失道。」蘇氏曰：「民迷失道，故先後之。」此數説者，其論「先後」之義則同。予嘗聞陳瑩中諫議之説謂：「先迷民者，紂之民也；後迷民者，武庚之民也。蓋當紂之亂，『殷罔不小大，好草竊姦宄』，而紂又『爲天下逋逃主、萃淵藪』，則其民之迷，可謂甚矣。紂既滅，而其餘民之尚存者，當武庚之叛，又皆蓄不軌之志，與之相挺而爲亂。惟其前有紂，而後有武庚，此所以謂之先後迷民也。」竊謂此説爲勝于諸家。夫以紂之「先後迷民」其惡積罪大，❷自他人觀之，蓋將以爲刑罰之所剌裁，法令之所整齊，而後可以遏其姦心，非教化可得而漸摩也，而周公之意則不然，故謂今王惟用德以和懌之，❸使之易直子諒之心油然而生，則孰不遷善遠罪哉？惟不忍鄙其民，而用德以和懌之，則是以先王之心爲心。今王以先王之心爲心，則皇王之眷顧付畀于今王，❹亦將如其所以眷顧付畀于先王，可以慰先王在天之靈矣，故曰「用懌先王受命」。言先王受命以傳子孫之意于此而得，故懌也。此篇蓋欲康叔匿瑕含垢，不用刑罰，以安反側之情，故以成王之言告之，謂先王用明德，則當時諸侯皆感之而用明德，今王既惟德用矣，汝康叔之爵則諸侯也，當如何哉？故謂之曰已矣，汝能若此而爲監，則其意亦曰欲其子子孫孫世有爵土，雖萬年而不絶也。汝以用明德之故，世享爵

❶「悦」，汲古閣本作「懌」。
❷「紂」，汲古閣本、通志堂本作「商」。「惡積」，汲古閣本作「積惡」。
❸「德」上，汲古閣本有「明」字。
❹上「王」字，汲古閣本作「天」。

土，萬年而不絶，則可以永爲王家之夾輔。汝既永爲王家之夾輔，則王家之子子孫孫亦將永保民以有天下，萬年而不絶也。《孝經》曰：「在上不驕，高而不危；制節謹度，滿而不溢。高而不危，所以長守貴也；滿而不溢，所以長守富也。富貴不離其身，然後能保其社稷，而和其人民。蓋諸侯之孝也。」夫欲至于萬年者，固諸侯之孝，然所以長守富貴者，必有道也。諸侯至于萬年，獨非王之福乎？故王可以永保民也。

蘇氏謂：「《大誥》、《康誥》、《酒誥》、《梓材》，學者見其書，紛然若有殺伐之言，因爲之説曰：『《康誥》所戒，大抵先言殺伐。』予詳考四篇之文，反覆丁寧，以殺爲戒，專以不殺爲德，故周有天下八百餘年。後之王者，以不殺享國，以好殺殃其身及其子孫者，多矣。天人之際，有不可盡必者，至于殺不殺之報，一一如符契可必也。而世主不以爲監，小人又或附會六經，醖釀鐫鑿，以勸之殺，悲夫殆哉？」予嘗謂此誠仁人之言也。蓋自古小人將借邪説以逞其志者，未有不以前世聖君賢相之事迹以爲口實也。故有蓄異志而伐其君者，則必以湯、武爲口實；逞私臆以廢其君者，則必以伊、霍爲口實。不獨此也，言用兵者，不言秦始皇，而言高宗之伐鬼方；言田獵者，不言太康，而言宣王之會東都。蓋以始皇、太康之事而説其君，其君必不聽也，始皇、太康，後世之所惡聞而羞稱故也，以高宗、宣王而説人主，人主必將甘心焉。此小人託六經以文姦言之常態也。如使此四篇之文以殺罰爲先，則後之欲嚴刑峻罰以持天下者，必將以此藉口，則此四篇毋乃始作俑者乎？蘇氏之言，其有功于教化者，此類也夫。

尚書全解卷三十　周書

召誥

成王在豐，欲宅洛邑，使召公先相宅，作《召誥》。

召誥

周自后稷在唐、虞之際以播種百穀、教民稼穡之故始封於邰，《生民》之詩曰「即有邰家室」是也。稷之子不窋，當夏后政衰，去稷不務，以故失其官，自邰出奔于戎狄之間。公劉者，不窋之孫也，雖竄于戎狄之間，能脩后稷之業，勤恤愛民，民咸歸之，於是始立國于豳，《公劉》詩曰「豳居允荒」是也。太史公曰：「公劉子慶節立國于豳。」誤矣。公劉雖立國于豳，然其地西近戎，北近狄，故其十世孫太王嗣立，狄人侵之，太王不忍殘其民以自存，於是去豳，踰梁山，而邑于岐山之下，《緜》之詩曰「至于岐下，聿來胥宇」是也。文王之立，初由居岐，及其既已克崇而有之，於是自岐而遷于豐，《文王有聲》之詩曰「作邑于豐」是也。武王之立，又自豐而遷于鎬，《文王有聲》詩曰「宅是鎬京」是也。邰即漢之右扶風漦縣。豳者，漢之右扶風栒邑縣豳鄉是也。岐者，漢右扶風美陽縣岐山是也，即《禹貢》所謂「導岍及岐」，其邑在岐山之下。豐者，漢右扶風鄠縣酆水是也，即《禹貢》所謂「東會于灃」，其邑在酆水之西。鎬者，漢長安西南有昆明池，北鎬陂是也。岐在邰之西北無百里，豳又在岐西北四百里餘，❶是公劉自邰而西徙于豳，太王自豳而東徙于岐也。豐在岐山東南二百餘里，鎬去豐二十五里，皆是自西而東也。武王既克殷，遷九鼎于洛之郟鄏，其意已欲宅洛矣。《史記·周本紀》載武王之言曰：「『我南望三塗，北望岳鄙，顧詹有河，粵詹雒、伊，毋遠天室。』營周居于雒邑而後去。」是宅洛者，武王之本志也。❷武王雖有宅雒之志，❸然其克商也，❹天下未集，而遽即世。成王以幼沖嗣立，而周公攝政，管、蔡、武庚肆其不軌之謀以間王室，周公方興師討叛，左枝右梧之不暇，宅雒之事未能爲也。至其攝政七年，周公制禮作樂，已致太平，將歸政于成王，故營洛邑，以卒武王之志，而後歸政也。《史記》曰：「成王在豐，❺使召公復營洛，如武王之意。周公復卜申視，❻卒營築，居九鼎焉。」《左傳》亦曰：「成王定鼎于郟鄏。」是其宅雒者，以卒武王之志也。《周禮》曰：「以土圭之法測土深，正日景，以求地中。日南則景短，多暑；日北則景長，多寒；日東則景夕，多風；日西則景朝，多陰。日至之景，尺有五寸，謂之地中，天地之所合也，四時之所交也，風雨之所會也，陰陽之所和也。然則百物阜安，乃建王國焉。」然則武王有宅洛之意，而周公、成王成之者，誠以洛爲地中，五

❶「里餘」，汲古閣本、通志堂本作「餘里」。
❷「志」，汲古閣本作「意」。
❸「宅」，汲古閣本作「定」。
❹「商」，汲古閣本作「殷」。
❺「成」，原誤作「武」，今據《史記·周本紀》改。
❻「卜申」，原誤作「申卜」，今據汲古閣本、通志堂本及《史記·周本紀》改。

服諸侯之朝覲貢賦，道里爲均，故建以爲都，以居九鼎，而會諸侯于此焉。篇内有曰：「王來紹上帝，自服于土中。」而《車攻》之詩，美宣王「復會諸侯于東都」，而其詩謂之復古，則自宣王之前，其會諸侯，蓋皆于此，而萬乘之君則當在于鎬，以宗廟社稷之所在，而王業之所本故也。不獨此也，周之西土，迫近邊徼，故雖其前世積德累仁，而常有夷狄之患。太王以來，至爲之遷都去國以避之，自豳而岐，又自岐而之豐、鎬，皆自西而東。周公猶以爲未也，又東營洛邑，以逆爲後世之備。及犬戎之亂，平王卒遷而居之，雖其孱弱無以紹文、武、成、康之緒，而其所以遷者，是亦周公之意也。婁敬曰：「成王即位，周公之屬傅相焉，乃營成周居雒，以爲此天下中，諸侯四方納貢獻，❶道里均矣，有德則易以王，無德則易以亡。」夫人之愛其子孫，天下之常情也，先王之奄有天下，以傳之子孫，固宜緜緜延延於萬年而不絶，惟其子孫之賢不肖，歷祚之短長不可得而必，然其創業垂統，深根固蒂，爲不可拔之勢，以遺之者未嘗不盡也，乃謂周公之心苟其無德，則欲其易以亡，必無此理。當三監之難，雖其元惡渠魁皆已殲夷，而其黨姦同惡之人其頑梗未能遽革，將使之密邇王室，以馴服其心，而洛之地距妹邦不遠，則不難于遷居，故其宅洛也。瀍水之西，則建以爲都而居九鼎，謂之「郟鄏」，亦謂之「東都」，亦謂之「王城」。瀍水之東，則以居殷頑民而遷之，謂之「成周」。《漢・地里志》有曰河南郡河南縣，注云：「故郟鄏地。成王遷九鼎，❷周公致太平，營以爲都，是爲王城，至平王居之。」洛陽縣，注云：「周公遷殷民，是爲成周。」《春秋》昭公三十二年，「晉合諸侯于狄泉，以其地大成周之城，居敬王」。蓋王城之與成周，雖已營之，而未之

❶「獻」，汲古閣本無此字。

❷「成王」上，汲古閣本、通志堂本有「周」字。

都也，幽王有犬戎之禍，平王始遷王城，至敬王與王子朝争國，子朝之黨多居王城，敬王始都成周。成周之地，自敬王以前未建以爲都，至敬王始居之，此晉所以合諸侯而城之也。王城、成周雖皆洛之地，然王城在西，周城在東，故子朝在王城謂之西王，而敬王謂之東王也。是則周自太王至敬王，其遷都建國，皆是自西而東也。說者乃謂周公之營洛邑，即自鎬還而居之。此說太史公已辨之矣，其言曰：「學者皆稱周伐紂，以營洛邑，其實不然。武王營之，成王使召公卜，居九鼎焉，而周復都豐、鎬。至犬戎敗幽王，周乃東遷于雒邑。」則成王未嘗都雒也，明矣。《周官》曰：「歸于宗周。」《畢命》曰：「王朝步自宗周。」宗周，鎬京也，豈得爲成王都雒也哉？❶說者又謂：「幽王之前，蓋有自雒而遷于鎬，故幽王之敗而平王東遷。」此事雖無所經見，而周之遷徙，皆自西而東，蓋其勢然也，未有自洛而遷于鎬者也。成王當是時在于豐地，欲居於洛邑以爲東都，使召公先往相其所居之居，因卜而營之。王與周公，繼至召公，乃于庶殷丕作之時取幣以錫，周公因告王以歷年享國之長短無不自己求之者。時周公欲成洛邑，而後歸政于王，王將總萬幾而治天下，故欲王戒慎恐懼，以祈天永命。此《召誥》所以作也。《清廟》之詩曰：「周公既成洛邑，朝諸侯，率以祀文王焉。」是時周公尚攝，則宅洛者，周公也。而此序乃言成王焉，正與《康誥》序言「既伐管叔、蔡叔」同義。

惟二月既望，越六日乙未，王朝步自周，則至于豐。惟太保先周公相宅。越若來，三月，惟丙午，朏。越三日戊申，太保朝至于洛，卜宅。厥既得卜，則經營。越三日庚戌，太保乃以庶殷攻位于洛汭。

---

❶「成王」，汲古閣本無此二字。

越五日甲寅，位成。若翼日乙卯，周公朝至于洛，則達觀于新邑營。越三日丁巳，用牲于郊，牛二。越翼日戊午，乃社于新邑，牛一，羊一，豕一。越七日甲子，周公乃朝用書命庶殷侯甸男邦伯。厥既命殷庶，庶殷丕作。

《後漢・律曆志》曰：「日月相推，日舒月速，當其同，謂之合朔。相與爲衡，分天之中，謂之望。」「望」者，於月之半月，當日衝，日光照月光，圓滿而相向，當猶人之相望也。《漢志》曰：周公攝政七年，「二月乙亥朔，庚寅望，後六日得乙未，故《召誥》曰：『惟二月既望，越六日乙未。』又其三月甲辰朔，三日丙午。《召誥》曰：『惟三月，丙午，朏。』《月采》篇曰：『三日曰朏。』」此篇記成王之至豐，以二月之乙未，召公之至洛，以三月之戊申，而必先言「二月，既望」，「三月，惟丙午，朏」者，唐孔氏曰：「治曆者必先正朔望，故史官因紀之。將言望後之事，必以望紀之。將言朏後之事，必以朏紀之。猶今之人將言日，必先言朔。」是也。三月之朏，丙午也，於丙午之後戊申之日，以「越三日」言之，則知二月之乙未言「越六日」，「既望」之爲庚寅可知矣。「周」，謂宗周鎬京也。成王以乙未之旦行自鎬京，「則至于豐」，以營洛之事告文王之廟，示不敢專也。鎬、豐去二十五里，❶故朝發鎬京，則可以至于豐，不待淹日也。文王都豐，故豐有文王廟。必至于豐，而後使召公相宅，則其爲告文王廟，必矣。既告廟矣，則使太保先周公而行，往洛水之傍，而相視其可居之處也。「越若來」者，林子和、薛博士皆以爲召公順周公之謀以來，陳少南則以爲順王命以行。使此諸家以「越若來」爲絶句，則以「若」爲順周公與順

❶「豐去」，汲古閣本、通志堂本作「去豐」。

王命猶可也，今既能依先儒以「越若來，三月，惟丙午，朏」爲絶句，則其説不通矣。蓋即所謂「哉生明」，月之三日也，朏，以紀曆耳，而上曰「越若來」，安得以爲順周公與王命哉？此只當從先儒之説，以二月之後，依順而來，次三月也。「戊申」，三月之五日也。「乙未」，二月之二十一日。其月小盡，故三月得甲辰朔，五日爲戊申。太保以戊申之旦至于洛，蓋十四日而至也。既至洛矣，即以其日卜之龜策，以謀所居也。《周官・太卜》：「國大遷、大師，則貞龜。」盤庚之遷亳，大王之遷岐，衞文公之遷楚丘，未嘗不卜也。召公之卜也，其至誠之所感召，可以通天地神明，故其應也如響，此其所以得吉卜也。「我卜河朔黎水，我乃卜澗水東、瀍水西」，「我又卜瀍水東」，所謂「宅卜」也。「惟洛食」，所謂得吉卜也。《洪範》曰：「謀及乃心，謀及卿士，謀及庶人，謀及卜筮。」營洛之謀，成王君臣既有定議矣，於是「謀及卜筮」也。太王之遷岐，「聿來胥宇」而後「爰契我龜」，文公之遷楚丘，「望楚與堂」而後「卜云其吉」，皆此類也。卜既吉矣，則人謀鬼謀無有差忒，此所以經之營之，而規度其朝市宗廟郊社之位。於戊申之三日庚戌，三月之七日，太保乃以衆殷民治其位于洛水之北。於庚戌之五日甲寅，三月之十一日，朝市宗廟郊社之位，其規模皆成也。《禹貢》導河「東過洛汭」，而導洛「東北入于河」，則洛汭爲洛水之北也可知。《禹貢》曰導洛「東北會于澗瀍」，則澗、瀍皆在洛之北，而王城在瀍之西，成周在瀍之東。雖澗在瀍之西，而澗、瀍皆在洛之北，故位于洛汭也。周公則以位成之明日，三月之十二日，其旦至于洛，則偏觀新邑所營之位也。方是時，周公攝政，營洛之事，周公主之，召公則與之相爲先後而成之，故卜宅、攻位者，召公也，周公則達觀之，而遂以命殷庶也。「若翼日」者，亦與「越若來」之「若」同。位成而周公適觀之，則將命庶殷諸侯以工役之事，於是先告祭於天地社稷也。「越三日，丁巳，用牲于郊，牛二」，告祭於天地也。「郊」，祭天之名也。而用「牛二」者，先儒以爲后稷配故也，不如王博士曰：「《昊天有成命》，郊祀天地也。」蓋祭亦可以「郊」言之，惟郊於天地，故用牛二也。「丁巳」者，乙卯之三日，三月十四日也。「越翼日，戊午，乃社于新邑，牛一，羊一，豕一」，告祭于社稷也。「牛一，羊一，豕一」，用太牢也。葉博士曰：「《記》曰：『社稷，太牢。』古之祭，未有社而不及稷者。《載芟》『春籍田而祈社稷』，《良耜》『秋報社稷』，蓋祭社而稷從之，其來尚矣。」此説是也。既告祭于天地社稷矣，周公乃以戊午之七日，三月之二十一日，甲子之旦，册書以命衆殷民及侯甸男服之邦伯，使興功也。古者，有大工役，必以賦功屬役之事著于書，規模既定，然後役興焉。蘇氏引《春秋傳》：「士彌牟營成周，計丈數，揣高卑，度厚薄，仞溝洫，物土方，議遠邇，量事期，計徒庸，慮財用，書餱糧，以令役于諸侯，屬役賦文，書以授師，而效諸劉子。」以此爲「書」，是也。如宣公十一年，楚「令尹蔿艾獵城沂，使封人慮事，以授司徒。量功命日，分財用，平版榦，稱畚築，程土物，議遠邇，略基址，具餱糧，度有司，事三旬而成，不愆于素。」是亦「用書」之遺意也。「邦伯」，先儒謂：「即州牧也。」特言「邦伯」者，王氏曰：「公以書命邦伯，而邦伯以公命命諸侯也。」「厥既命殷庶，庶殷丕作」者，言周公既用書以命庶殷，役之以土木之事，而庶殷之民莫不大作，趨事赴功，惟恐不及也。夫成王之民營洛，蓋以殷民之頑，將遷之以自近也。今日召公率之以攻位而位成，周公命之以書而丕作，雖頑民之難化者猶然，則其説以使民可知，夫孰以爲厲己哉？召公之經營洛邑，自戊午距甲寅，凡七日而後成。周公繼至自乙卯，「達觀于新邑營」，距甲子凡十日，而「用書命殷庶」，庶殷大作。周、召之規模，其敏如此，總而計之，自成王之至豐，乙未之日距甲子凡一月耳，萬年之業成於一月之間，此豈後世可得而及哉？

太保乃以庶邦冢君出取幣，乃復入錫周公，曰：「拜手稽首，旅王若公，誥告庶殷越自乃御事。嗚呼！皇天上帝改厥元子，兹大國殷之命。惟王受命，無疆惟休，亦無疆惟恤。嗚呼！曷其奈何弗敬？天既遐終大邦殷之命，兹殷多先哲王在天，越厥後王後民，兹服厥命。厥終，智藏瘝在。夫知保抱攜持厥婦子，以哀籲天，徂厥亡，出執。嗚呼！天亦哀于四方民，其眷命用懋。王其疾敬德。

周之興也，自武王以其聰明齊聖，應天順人，不忍斯民墜於塗炭之中，親以干戈伐紂克商，而後斯民有更生之望。雖民心之歸於周者如水之就下，獸之走壙，然武王即位未幾，而遽即世，成王以幼沖嗣立，而三叔挾武庚以間王室，周之世蓋岌岌矣。當是時，安危存亡之機，間不容髮，幸而周公攝政，既引兵東征，誅伐暴亂，以靖四方，而又制禮作樂，建立法度，粉澤王業，七年之間，政無不舉，而事無不興，民心之歸於周者，日益固而不可解，而周之根本，蓋有泰山之安矣。雖周公歸政，而成王總萬幾以臨羣臣，可以無慮也。然武王欲營洛邑以定九鼎之志未之成也，周公不可以不成武王之志而後歸政焉，故當攝政之七年，大營洛邑，以其一爲定九鼎會諸侯之地，以其一爲遷殷頑之地，如此，則周公之規模計慮以恢我國家者，盡於此矣，可以歸政也。召公之意以謂夾輔成王，以措天下於太平者，周公之功，卜宅於洛，以卒武王之志者，亦周公之功，故率諸侯致禮於周公，而歸功焉。然成王將自此發號施令，以君臨萬國，一號一令，其得失善惡，實治亂興衰之所繫，不可以不慎也，故因諸侯之咸在，而遂誥王以天命之無常，戒懼之不可怠也。

周公以工役之書命庶殷，而庶殷之頑莫不丕作，則周公之所以推其誠信以感斯民者，至矣。洛邑之成，蓋不日也，故召公於是率侯甸男服之衆國大君出取幣，乃復入以錫周公而致禮焉。必以幣者，所以將見其厚意也。孟子曰：「恭敬者，幣之未將者也。恭敬而無實，君子不可虛拘。」故古者賓主交際之禮，雖有恭敬之心，必有幣以將之也。「拜手稽首，旅王若公」者，先儒曰：「召公稱成王命以賜周公，❶曰：『敢拜手稽首，陳王所宜順周公之事。』」蓋以「若」訓「順」也。召公之所陳者，謂成王將總萬幾，戒以天命之難諶，戒懼之心不可須臾離，❷豈陳所宜順周公之事哉？王氏曰：「陳成王欲宅洛之意，順周公用書命庶殷邦伯之事。」則以此一句分而爲二，❸其説又不如先儒。惟蘇氏曰：「『旅』讀如『庭實旅百』之『旅』，諸侯之幣旅王及公者，尊周公也。」此説爲勝。説者又謂：「營洛邑者，召公相宅而攻位，周公則達觀新邑營，而用書以命之。召公之至洛，以三月之五日戊申，周公之至洛，以三月之十二日乙卯，成王則惟在鎬京也。」然此篇既言「旅王」，則王亦在洛可知矣。惟召公之至洛，所以卜宅而攻位；周公之至洛，所以達觀而用書，故記載其至之之日，成王無事，故不載其至之之日也。説者又謂：「召公之作誥戒，以誥庶殷及御事而已，使王在洛而誥之，則不宜斥王爲『沖子』，又曰『有王雖小』，又曰『王乃初服』，君臣之分，不應如是也。」此又不然，周、召居師、保之官以夾輔成王，其於成王，不獨君臣之分也，蓋有師、保之禮焉，故可以「沖子」言之。《洛誥》篇周公以「沖子」呼成王，《召誥》篇召公以「沖子」呼成王，夫何不可哉？《召誥》、《洛誥》一體也，周、召蓋亦一體也。「誥告庶殷越自乃御事」者，先儒曰：「召公所陳戒王云：『我爲言誥，以告汝庶殷之諸侯，下自汝御事。』欲令君臣皆聽之，其實指以戒王。諸侯皆在，託以爲言也。」此説是也。「大國」，即殷也。「元子」，指紂也。殷自湯以來，傳世三十有一，奄有四海，

❶「以」，汲古閣本無此字。
❷「懼」，汲古閣本作「慎」。
❸「二」下，汲古閣本、通志堂本有「事」字。

普天之下莫不臣服，豈非大國乎？紂者，帝乙之適子，故以「元」稱之。「元」，長也。微子與紂俱帝乙之子，《微子之命》既以微子爲元子矣，此又以紂爲元子者，《吕氏春秋》云：紂之母生微子，尚爲妾，已而爲妻後生紂。紂父欲立啓爲太子，太史據法而争之曰：「有妻之子不可立妾之子。」故紂爲後。自其長少之序言之，故微子爲元子；自其適庶之分而言之，故以紂爲元子，各有所當也。此言天命之無常，苟無其德，雖紂之元子而有此大國，元子則其分爲正，大國則其勢爲强，皇天上帝亦改其命，而命有德者以代之也。天既以紂之無德而改其命，當是時也，惟周世世修德，可以上當天意而膺其景命，此武王所以自諸侯而爲天子，成王繼武王而受命作君也。王之受命，蓋欲其子子孫孫緜緜延延席龜鼎之業，雖千萬世而不絶，則其休可謂無疆矣。然其休無疆，則其憂亦無疆也。蓋有一日之休，則亦有一日之恤；有一歲之休，則亦有一歲之恤；有無疆之休，則亦有無疆之恤。《無逸》曰：「無皇曰：『今日耽樂。』乃非民攸訓，非天攸若，時人丕則有愆。」一日之耽樂，宜若無害也，而天下後世之禍，或萌于此，故有無疆之恤，乃能保其無疆之休也。「無疆惟休，亦無疆惟恤」，正猶所謂「一則以喜，一則以懼」也。唐太宗時，突厥請入朝，帝謂侍臣曰：「向日突厥之彊，憑陵中夏，用是驕恣，以失其民。今自請入朝，❶非困窮，肯如是乎！朕聞之，且喜且懼。何則？突厥衰則邊境安，故喜。然朕或失道，他日亦將如突厥，能無懼乎！」又嘗謂侍臣曰：「朕有二喜一懼。比年豐稔，長安斗粟直三四錢，一喜也；北虜久服，邊鄙無虞，二喜也。治安則驕侈易生，驕侈則危亡立至，此一懼也。」召公所謂「無疆惟休，亦無疆惟

❶「請」，汲古閣本、通志堂本作「謂」。

恤」，太宗其深知之矣，蓋惟其懼于未然，故所以卒無懼，貞觀之治豈無所自哉？❶惟其無疆之恤，乃能保無疆之休，故嗟歎而言曰：何其奈何不敬乎？蓋欲其造次顛沛惟敬是行也。有一言可以盡畏天之道者，敬而已。敬天之怒，無敢戲豫，敬天之渝，無敢馳驅，則天豈庸釋我哉？《敬之》，羣臣進戒嗣王之詩，曰：「敬之敬之，天惟顯思，命不易哉！」凡以人君能敬以事天，則天之眷顧於我無有窮已也，使紂誠知敬之是行而行之，則周安得而有之耶？此召公所以戒王不可不敬也。「天既遐終大邦殷之命」者，前既略言天之改殷家之命矣，此又詳言紂不能席先王之餘慶，致其敬以畏天，而使不仁者在高位，播其惡于衆，此民之所以怨咨，而天遂遐終其命也。「遐終」者，唐孔氏曰：「言其去而不復反也。」此殷家多有先哲王，雖既死矣，而其精神在天，故其餘慶有以庇覆其後世之王及其民，皆得以服天命而不替。先哲王所以享國者，惟敬之故也。殷先哲王雖在天，而後王後民藉其餘慶以復天命者，亦惟敬之故也。《酒誥》曰：「在昔殷先哲王迪畏天顯小民。」惟兹殷先哲王之天顯之爲可畏，則其敬可知矣。此所爲精神在天，而其餘慶有以保佑後人，使不失其敬，以服天命也。殷家自湯至于武丁，「賢聖之君六、七作」，故曰「多先哲王」也。人之死也，雖體魄則降，魂氣在上，然非哲王則不能在天也。朱子發内翰曰：「太史、儒者不言鬼神，而言有物，何也？曰人之死，各反其根。體魄陰也，故降而在下，魂氣陽也，故升而在上，升則無不之矣。今也，魄降而氣不化，非物而何？故聖人死曰神，賢人之死曰鬼，❷

---

❶「貞」，原避宋仁宗趙禎諱作「正」，今回改。下同，不再出校。

❷「之死」，汲古閣本作「死則」。

衆人死曰物。❶ 聖人清明在躬，氣志如神，故五帝配上帝，傳説上比列星。賢人得其所歸。衆人則知富貴生死而已，其思慮不出于心腹之間，衽席之上，夸張于世自以爲利焉，物欲蔽之，不能自反其初，故謂之物。」以此觀之，則精神之在天，必哲王也。觀《盤庚》之篇，言「高后丕乃崇降罪疾」，又曰「故有爽德，自上其罰汝」，蓋以殷之先哲王在天故也。「厥終」，指紂也。商家之祚，至紂而終也，故商之君自帝乙以前皆能兢兢業業直内以敬，而天命之所眷顧。《多士》曰：「自成湯至于帝乙，罔不明德恤祀。亦惟天丕建，保乂有殷，殷王亦罔敢失帝，罔不配天其澤。」是也。惟紂其「謂己有天命，謂敬不足行」，而商家之業自此終矣。紂既不敬，以失天之意，故其在位在職者，無非小人也。觀殷家之所謂賢人君子可以勸相國家者，莫如三人，故微子則遯于荒野，箕子則佯狂而爲之奴，比干則直諫而遭剖心之禍，則當世之所謂智者，莫不藏於山澤之間也。智者既藏，則其在位在職，豈有利澤加於百姓哉？惟病民而已。蓋其「四方之多罪逋逃是崇是長，是信是使，是以爲大夫卿士，俾暴虐於百姓」，則是病於民者在也。惟其在位在職者爲民之病，故民皆有離散之心，夫人皆知保抱其子，攜持其婦，以哀痛乎天，其意蓋謂我何罪于天而至此哉？既呼天矣，於是往而出亡，又見囚執也。夫上下之勢，聚則爲君臣，散則爲仇讐。有以得民之心，則民相與歸之，雖欲却而揮之，不可得也；無以得民之心，則民相與叛之，雖欲刧而留之，不可得也。紂既聚羣不逞于朝，以播其惡于衆，既失民心矣，則民之往而出亡，乃其所也，紂又從而囚執之，此非徒不足以威民而使之畏，乃重失民之心也。天之心不忍斯民困于淫刑峻罰，不自聊生，亦惻然而哀之，故監于下土，有能勉力以行敬者，則眷顧而命之，以伐紂而有天下。周之興，自后稷、公

❶「曰」上，汲古阁本有「則」字。

劉以來積德累功，而文、武之聖，正當紂之世，此天之所以眷命而作周也。王既繼文、武而有天下，則其於敬德也，不可不疾，惟恐不及也。蓋使王之敬德於文、武，則福禄之來，方興而未艾，與天地相爲長久。使其不敬，則亦是紂而已矣，非文、武在天之意也。舜之告禹曰：「天之曆數在爾躬，允執其中，四海困窮，天禄永終。」夫「敬德」者，「允執其中」之謂也。天之曆數無脩短，「允執其中」，則雖至於萬年可也。苟「四海困窮」，則「天禄永終」矣。此正召公所以戒成王之意也。

「相古先民有夏，天迪從子保，面稽天若，今時既墜厥命。今相有殷，天迪格保，面稽天若，今時既墜厥命。今沖子嗣，則無遺壽耇，曰其稽我古人之德，矧曰其有能稽謀自天？嗚呼！有王雖小，元子哉，其丕能諴于小民，今休。王不敢後，用顧畏于民碞。王來紹上帝，自服于土中。旦曰：『其作大邑，其自時配皇天，毖祀于上下，其自時中乂。』王厥有成命治民，今休。

前既言紂以不敬之故，不能席其先哲王之餘慶以服天命，聚小人於朝，俾之肆其暴虐，以殘害於爾百姓，天既哀四方之民無辜，而罹其凶害，已勦絶其命，而改命我周邦矣，則周王固不可不以商爲監，而勉行敬德者。然周之所繼者，商也，周固當以商爲監，商之所繼者，夏也，商其可不以夏爲監乎？《詩》曰「殷監不遠，在夏后之世」，則周之監，其在殷之世也，明矣。天以禹之聖德而眷命有夏，復以桀之不敬而墜其命。墜夏之命，則商以敬德而伐之。紂復以不敬，而天墜其命，周之伐殷，正如殷之伐夏。使王不能戰戰兢兢，以盡其寅畏之誠，而敬德不贊，則天墜其命，亦將如殷矣。此所以又兼夏、商以爲言也。

「相」，視也。「古先民有夏」，指禹也。禹貴爲天子，而謂之「先民」者，胡博士曰：「古者，先昔曰先民，言古先民者，甚久之辭也。」言我視古先民有夏之君如禹者，其所行之敬德，未嘗以須臾廢，故天道而從之，視之如子而保之，此夏之所以享天休命而君天下也。天于有夏之君道而從之，視之如子而保之，則天之于我，其仁愛也至矣，而有夏之君又能面考天意而順之，夫天意之所在，惟敬德者則佑之也，面考天意而順之，不過勉行敬德，以達天之休而已。今是桀不能行禹所以順天之道，故天以墜其王天下之命也。今復相視有殷之君如湯者，其所行之敬德，亦未嘗以須臾廢，故天道而保格之，有殷之君亦能面考天意而順之，今是紂不能行湯所以順天之道，故天以墜其王天下之命也。予惟相視夏、殷之君，其始也，「迪從子保」、「迪格保」，非天私之也，以其敬德故也；其終也，皆非其命惟天偏疾之也，以其不敬德故也。大抵天之降災祥，惟視德之所在，德則與否，則亡如影響焉，無有毫釐之差也。當禹、湯以其聖德克當天心，宜其天意之眷顧不容釋也，然使一日不敬德，則命不可恃，故禹、湯未嘗以天命之所佑助而有驕怠，其云爲動作未嘗不順天也。蓋使禹、湯不知所以順天，則其墜厥命，不至於桀、紂之世；使桀、紂而知敬德，則「天迪從子保」、「格保」，將千萬年而不替也。以是知天之於禹、湯、桀、紂非有好惡於其間也，唯視其敬德與不敬德而已矣。「有夏」言「古先民有夏」，「有殷」不言者，蒙上文也。蘇氏以「從子」爲「與子」，謂：「我觀夏、殷之世，天之迪夏也，迪其與子而保安之，其迪殷也，迪其能用伊尹格天之臣而保安之。」其意謂堯以天下傳之舜，舜以天下傳之禹，皆不私其子而傳之賢，至禹始以其子啓爲可以托天下，故傳之子，所以迪夏則言「從子」也。夫以「從子」爲「與子」，言迪其與子而保之，雖非經之本義，猶爲可説也，至於以「格」爲「用伊尹格天之臣」，此則不可。夫經之言「格」之一字，蘇氏既以爲格天，又以格天爲伊尹，又以湯能用伊尹格天之臣，其蔓衍附會一至於此，則何説之不可爲哉？故此只當從王氏説：「夏言從子，殷言格之，至相備爾，與夏言服天命、殷言受天命同意。」此蓋史官經緯其文，以成述作之體，《書》

之内如此類多矣，不可以一一爲之説也。唐孔氏曰：「此説二代興亡，其意同也。於禹言『從而子安之』，則天於湯亦子安之，故於湯因上文，直言『格保』。」此正王氏之意。蓋「格」與「惟帝降格于夏」之「格」同。天既以紂之不敬厥德墜其命，而改命周邦，今成王以幼沖之資而繼武王之大業，故其措天下於泰山之安，以無忝乃祖考者，宜如何哉？惟於壽耇之人無所遺矣，則可以保天之命也。古之聖王尊禮黄髪屬任以政者，蓋以其更歷天下之事，練習爲治之體故也。昔鬻熊年九十餘，見文王，文王曰：「老矣！」熊曰：「君若使臣捕虎，臣已老矣。使臣坐而策國事，臣年尚未也。」蓋非老成之人，則不能深謀遠慮，以輔成人主之德。然年少未更事者，於老成之人則狎侮之者，多矣。秦穆公，賢君也，其於蹇叔猶曰：「爾何知！中壽，爾墓之木拱矣。」而況於他人乎？故成王沖子嗣位，尤不可以遺壽耇者，謂其欲以稽考古人之德故也。古人嘗以是而興者，吾必因之；嘗以是而敗者，吾必改之。然非老成之人多識前言往行，則我雖欲稽於古人，其道無由，故考稽古人之德者，必有壽耇爲吾之股肱心膂，而後可稽古人之德，固爲善矣，況能稽謀於天，則其善又如何哉？蓋道之大，原出於天，古人之所爲，亦惟法天，而禹、湯以敬德之故，而「天迪從子保」、「格保」，桀、紂以不敬德之故，而「既墜厥命」，其善可法，其惡可鑒，稽古人之德者不可不知也。然幼沖之人何自而知之？此所以必有賴於壽耇者也。稽古人之德，固當以禹、湯之遺範爲吾之楷則，然禹、湯之所以成其德者，亦惟「面稽天若」故也。治天下，必欲無一不合於禹、湯，斯可也，然又能無一不合於天，則其德無以加矣。成王，武王長子也，故又嗟歎曰：王雖幼沖，乃元子也，其大能以至諴感于小民，❶則於今爲美。欲感於小民，則王當不敢後，用顧畏民碞也。先儒及

❶「諴」，汲古閣本作「誠」。下同。

王氏皆以「民碞」爲「僭言」，民有僭而不信者，不可不省顧而畏慎之也。其説不如蘇氏曰：「碞，險也。民猶水也，水能載舟，亦能覆舟，物無險於民者矣。」惟民之從違無常，而有險之道，則王者顧之而不忘，畏之而不忽，所不當後而用之也。蓋無先於此者矣，先於此，則可以諴于小民故也。王之來此洛邑，繼上帝之命，而有事於此天地之中者，蓋以周公之言，其建爲大邑於此，其使成王自是以配皇天也。❶言「王來紹上帝」，則當是時，成王在洛可知矣。而説者以成王惟在豐、鎬未嘗來也，其悮亦明矣。君前臣名，故召公稱周公之言，以爲「旦曰」也。欒鍼，欒書之子也，在君之前雖其父名亦稱之，蓋以君臣之分，不可以父子之私而廢之也，況於周、召乎？天與帝，一也，苟言及覆燾高明之德者，皆可指而稱之，非有異義也，故《書》之所記，蓋多有連稱天與帝者，此但變文而已。《益稷》曰：「以昭事上帝，天其申命用休。」《洪範》曰：「帝乃震怒，不畀洪範九疇。天乃錫禹洪範九疇。」《泰誓》曰：「天祐下民，作之君，作之師，惟其克相上帝。」《康誥》曰：「我西土，惟時怙冒，聞于上帝，帝休。天乃大命文王。殪戎殷。」此篇曰：「王來紹上帝。」又曰：「其自時配皇天。」若此之類，皆變文也。「紹上帝」，即「配皇天」也，必欲從而爲之説，則鑿矣。王氏曰：「帝，天德，而紹之者王。王，人道也。皇，天道也。惟道爲能建中，惟建中爲能配天道中天而宅之。建中以配天道，非特紹上帝而已。來紹上帝者，王之事也。配皇天者，皇之事也。」此鑿説也。《漢・郊祀志》曰：「其神嘗以夜，東方來，若雄雉，其聲殷殷，如野雞夜鳴。」顔師古曰：「上言雄雉，下言野雞，史駁文也。」《書》之先言帝，而後言天者，顔師古所謂「駁文」也。夫天下之中，「天地之所合也，四時之所交也，風雨之所會也，陰陽之所和也」，故宅中土則可以祀天地，而神歆之

❶「是」，汲古閣本作「此」。

矣。蓋欲配皇天，則於上下之祀不可不慎，慎於祀天地神祇，然後可以治民也，故周公謂作大邑於此，以舉祭祀之典，而後能配皇天，又當於此土中致其治也。《洛誥》曰「王肇稱殷禮」，又曰「稱秩元祀」，又曰「夙夜毖祀」，即「毖祀于上下」也。作邑之事，今王既有成命矣，使召公相宅卜吉也，則攻位而位成，周公又達觀之，而用書以命庶殷。此王有成命也，惟能於此治民，則於今爲美矣。召公之戒成王，大意謂天命之無常，桀以不敬厥德而墜禹之命，紂以不敬厥德而墜湯之命，欲成王體夫禹、湯所以順天之道，以祈天永命而已。既而所言惟欲王之諴于小民，又欲王之治民，則皆以爲今休者，蓋天之聰明，雖無所不聞，無所不見，而其視聽則本於斯民，民之所歸，天未有不佑之也，民之所棄，天未有不禍之也，成王之能諴于小民，能治民，則信爲美矣。所謂敬德，無大於此，天豈容釋之哉？苟爲不然，誕慢矯詐以欺斯民，般樂怠傲以困斯民，則雖宅土中而祀于上下，天命豈私之哉？

「王先服殷御事，比介于我有周御事，節性，惟日其邁。王敬作所，不可不敬德。我不可不監于有夏，亦不可不監于有殷。我不敢知曰：有夏服天命，惟有歷年。我不敢知曰：不其延。惟不敬厥德，乃早墜厥命。我不敢知曰：有殷受天命，惟有歷年。我不敢知曰：不其延。惟不敬厥德，乃早墜厥命。今王嗣受厥命，我亦惟茲二國命，嗣若功。王乃初服。嗚呼！若生子，罔不在厥初生，自貽哲命。今天其命哲，命吉凶，命歷年，知今我初服，宅新邑，肆惟王其疾敬德。王其德之用，祈天永命。其惟王勿以小民淫用非彝，亦敢殄戮用乂民。若有功，其惟王位在德元小民，乃惟刑用于天下，越王顯。上下勤恤，其曰我受天命，丕若有夏歷年，式勿替有殷歷年。欲王以小民受天永命。」

拜手稽首，曰：「予小臣敢以王之讎民、百君子越友民，保受王威命明德。王末有成命，王亦顯。我非敢勤，惟恭奉幣，用供王能祈天永命。」

成王之營洛邑而遷殷頑民者，蓋以其更紂、武庚之亂，其頑狠無恥之心未能以遽革，故使之密邇王室，以馴致於善。然其遷之也，豈能空瀍水之西，移其舊民，而使殷民居之哉？蓋使周民與殷民雜居故也。惟周民與殷民雜居，故有殷治事之臣，亦有周治事之臣。然殷之小大，「草竊姦宄」，驕淫矜夸，靡所不爲，而周人以文、武美教善化漸漬之日久，莫不歸於士君子之域，其善惡相反，不啻若薰蕕白黑之殊，其勢不能以同居也，自非上之人有以迪之，其能使之和叶而爲一哉？故召公既欲王諴于小民，又欲王治民，則遂告以「王先服殷御事，比介于我有周御事」也。「有周御事」，其於朝廷之教令，如草之從風，無事於服之也。所當先者，惟訓服殷家舊治事之臣，除其暴虐而消其貪鄙，使之親比介助我周家治事之臣，和叶而爲一，則可以諴于小民，亦可以治民矣。欲服殷御事，無他，節性而已。孟子曰：「性無有不善，水無有不下。」殷之御事，當成王之世，天下之所謂惡人也，周之御事，天下之所謂善人也，雖有美惡之異，然原夫殷御事所禀於天之性未喪之前，與周之御事有以異哉？惟上之人有以唱之，遂陷溺其良心，而不義之習遂與性成，寖淫日久，牢不可遏，必有以節之而後可也。節之者，非强其所無也，以其所固有之性還以治之，去其不善而反之善也。有以節之，則臣民將遷善遠罪而不自知，惟日其進於善也，故曰「惟日其邁」。董仲舒曰：「積善在身，猶長日加益，而人不知也。」「惟日其邁」，正仲舒「長日加益」之譬也。王氏曰：「當明政刑以節之。」此不知道者之言。《湯誥》曰：「惟皇上帝，降衷于下民，若有常性，克綏厥猷惟后。」夫所貴乎后者，因斯民有常性，順以治之而已矣，若明其政刑爲可以節性，豈所謂「若有常性」哉？「其身正，不令而行；其身不正，雖令不從」，欲節民之性，惟王能敬德，則殷之御事翕然而化矣，故曰「王敬作所，不可不敬德」。王氏曰：「敬德者，所以作所。」蘇氏曰：「作所者，所作政事也。」此皆於「所」字强生義理，其辭爲費。當從先儒之説，謂：「其不可以不敬德，王當敬作之也。」❶「敬作」，猶言敬爲，即《周官》所謂「作德」也。王既當敬德，則不可不以夏、殷爲監也。不可不以夏、殷爲監者，以夏、殷之歷年修短，惟在敬德與不敬德故也。其曰「我不可不監于有夏，亦不可不監于有殷」，孔子所謂「周監于二代」者，其原蓋出於此。有夏之服天命以王天下，傳十有七王，四百三十一年，固多歷年也，至桀嗣位，而夏之天命於是而殄滅，則其不延長矣。此非我之所敢知也。惟敬德，則多歷年所；桀不敬厥德，則早墜厥命。此則我知之矣，故「不可不監于有夏」也。有殷之受天命以王天下，傳二十有八王，六百二十九年，固多歷年也，至紂嗣位，而殷之天命於是而殄絶，則其不延長矣。此非我之所敢知也。惟敬德，則多歷年所；紂不敬厥德，則早墜厥命。此則我知之矣，故「不可以不監于有殷」也。古人之於天命，不以爲必有，不以爲必無，而每致於不可測知之域，惟人事之脩於昭昭赫赫之間者，則未嘗不盡言之也，故召公於夏、殷之有歷年及不其延，皆曰「我不敢知」者，疑之之辭也。至於敬德則有歷年，不敬德則墜厥命，蓋無可疑者。季路問事鬼神，子曰：「未能事人，焉能事鬼？」曰：「敢問死？」曰：「未知生，焉知死？」鬼神與死，夫子不之告也，而告以事人、知生，蓋能事人則能事鬼矣，知生則知死矣。此正召公之意。由是觀之，夫子罕言命，與不語怪神者，非故匿而不言也，不可以正言之也。正言之，則學者舍人事而求天命鬼神於難知之際，爲巫覡瞽史之事矣。惟夏、殷之受命，其所以

❶ 「王」上，汲古閣本有「以」字。

歷祚之長短，不可得而知者，惟其敬與不敬之異，則今王繼此二代而受天命以王天下，亦當思惟此二國長短之命，以繼其功也。繼其功，則脩人事，不責天命，不過敬德而已。夏以敬德而有歷年，殷亦以敬德而有歷年，皆其功效也，成王既嗣其命，其可不嗣其功哉？王惟敬德，乃可以享天休命，緜緜而不絶，況今周公既營洛邑，乃歸政於成王，正成王初聽政，以有事於萬幾之務，一號令之所發，一賞罰之所施，天下之民將拭目而視，傾耳而聽，實治亂安危之所自始，故高宗曰：以台正于四方台，恐德弗類，兹故弗言，恭默思道，誠以聽政之初，不可不慎也。故召公謂王政之隆替，蓋萌於初服之日，若人之生子，其善惡之習無不在於初生之日也，習之善，則爲善人，習之惡，則爲惡人矣。孔子曰：「少成若天性，習慣如自然。」古之人，其所以薫陶美質，而優入於聖域者，惟其孩提之日教之有素也。若孟母之擇鄰，曾子之殺豚以食其子是矣。苟初生之日習於善，則是「自貽哲命」也。蓋天以正性而命於人，初無上智下愚之別，其所以爲上智下愚者，於己取之而已矣，故曰「自貽哲命」。言人之秉哲者，雖命於天，而其所以能哲者，乃自遺之也。孟子曰：「自暴者，不足與有言也；自棄者，不足與有爲也。」惟下愚者自暴自棄，則哲者豈非自貽乎？然則王之於初服，其治亂安危無非自取之也，可不慎哉？「今天其命哲，命吉凶，命歷年」者，言天之於人，或命之哲，❶或命之以吉與凶，或命之以歷年。此三者，豈人之所能爲哉？天實命之也。然天命之以哲，而不能使之必哲；能命之以歷年，而不能使之必歷年。其所以哲，所以吉，所以歷年之長者，非天也，人也。其所以不哲，所以凶，所以歷年不其延者，非天也，人也。天非人不因，人非天不成，天始之，而人終之也。今天知我王初有事於萬幾，而居新邑洛，其命之哲與不哲，吉與

❶「哲」上，汲古閣本有「以」字。

凶，歷年與不歷年，蓋決於此日，則王之敬德，其可緩哉？正當惟此德之用，造次必於是，顛沛必於是，以祈于天而永其命也。「祈」，非「祈禱」之「祈」也。「敬德」者，所以祈之也。蓋敬德以祈之，其諸異乎人之祈之與？此所謂「祈」，正與《詩》言「自求多福」之「求」同。「早墜厥命」者，非天實促之也，在我者遏而絶之也。「祈天永命」者，非天實延之也，在我者引而伸之也。孟子曰「禍福無不自己求之者」，此之謂也。王既惟德之用，則推之以治天下國家，豈以刑罰而繩斯民哉？故王不當以此小民過用非常之故，亦敢殄戮以治其民。如殷俗之靡，其淫用非彝也，爲日久矣，然不教而殺之，是果於殺戮也，豈可以乂民乎？當武庚之既滅，而殷之遺民有留居於衛者，有遷於成周者，然其染紂之化皆未之革，必有以教之而後可，故成王之告康叔，既謂不可以其民亂非彝而速用刑罰，不可以其湎于酒而庸殺；召公之告成王，又謂不可以淫用非彝而敢殄戮，此皆忠厚之心也，非縱釋有罪也，「百姓有過，在予一人」故也。王氏曰：「不敢慢小民而淫用非彝，亦當敢於殄戮有罪以乂民也。」凡《書》之告戒以不殺之言者，王氏皆以爲使之殺也，蘇氏破其説矣。正猶治獄之吏，持心近厚者，惟求所以生之；持心近薄者，惟求所以殺之。「若有功，其惟王位在德元小民，乃惟刑用于天下，越王顯」，先儒及王氏皆以「若」訓「順」，惟蘇氏曰：「民之有過，罪在我，及其有功，則王亦有德，何也？王之位民，德之先倡也，如此，則法用於天下，而王亦顯矣。」此説得之。蓋民之於德，不能自有功也，必在上之人有以倡之，而後小民效之，則民皆有功矣。民之有功，獨非王之功乎？故王顯也。惟王之顯在於小民，故當君臣之間盡其憂勤，其言曰：我周之受天命，大於有夏歷年之長，用勿廢有殷歷年之長。夏、殷歷年，以能化小民之故，欲王以此小民而祈天永命也。蓋王惟德之用，雖可以祈天永命，然使小民尚淫用非彝，而不足其上，則天或絶之矣，故必王敬厥德于上，而小民儀刑于下，上下好德如一，則天豈用釋之哉？孟子曰：「民爲貴，得乎丘民而爲天子。」故祈天永命，必在于小民也。「讎民」，殷之頑民也。殷爲「讎民」，則「友民」者，周民也。「讎民」謂之「百君子」者，君子之稱，不一而足，有德之稱，「君子和而不同」之類是也；有位之稱，「君子學道則愛人」之類是也；有凡人皆稱之者，「今之君子，過則順之」之類是也，故此「讎民」而謂之「君子」，正猶「頑民」而謂之「多士」也。周民涵濡累世之仁政，同心同德以輔成文、武之基業，有大勳勞於王室，而殷之餘民新從武庚、三叔之亂，舊染汙俗，於我周家不無嫌貳，使成王之心置親疎輕重于其間，則亂之所由起也。張子房曰：「所封皆平生故人，所誅皆平生仇怨。此屬恐見疑及誅，故聚而謀反耳。」召公之心慮此，故欲成王「先服殷御事，比介于我有周御事」，又拜手稽首而言曰：我雖小臣，敢以殷民及周民安受王之威命與明德而奉行之，則王終有成命，而顯於天下也。蓋謂王能一視殷、周之民，無有或讎或友之間，則周之社稷其萬年永保矣。我非敢以此爲勤也，惟敬奉其幣帛用供於王，欲王之能祈天命而已。此太保召公愛君之心也。

詳考此篇，其大意在於祈天永命，而其所以祈天永命者，敬德而已。蓋敬德在人，而永命在天，脩其在人者，而在天者自至，如炊之必熟，耕之必穫也。苟其德之不建，而晏然自以爲天命之在我，此則紂之謂「己有天命」也，其亡不旋踵矣。魯哀公問孔子曰：「國家存亡，信有天命，惟非人也？」孔子曰：「存亡禍福，皆己而已，天災地妖不能加也。」唐德宗謂：「自古興衰，皆有天命，今之厄運，恐不在人。」陸贄曰：「天所視聽，皆因於人，非人事之外自有天命。人事治而天降亂，未之有也；人事亂而天降康，亦未之有也。」大抵臨亂之君，莫不自以爲有天命，令皆覺悟，天下安得危亡之事乎？故召公於成王之初服，即以此告之，賢者之愛君，必止亂於未形，而閑邪于未然，若其已然而後救之，則衆人之所皆能也，何賴于賢乎？成王之成厥德，蓋有自來也。

尚書全解卷三十一　周書

洛　誥

召公既相宅，周公往營成周，使來告卜，作《洛誥》。

洛誥

周公拜手稽首曰：「朕復子明辟。王如弗敢及天基命定命，予乃胤保大相東土，其基作民明辟。予惟乙卯，朝至于洛師。我卜河朔黎水，我乃卜澗水東、瀍水西，惟洛食；我又卜瀍水東，亦惟洛食。伻來以圖及獻卜。」王拜手稽首曰：「公不敢不敬天之休，來相宅，其作周匹，休！公既定宅，伻來，來，視予卜，休恒吉。我二人共貞。公其以予萬億年敬天之休。拜手稽首誨言。」

《召誥》、《洛誥》二篇，皆作於營洛邑之際。然當其營洛邑也，蓋周公之意將歸政於成王，故召公因諸侯庶殷之咸在，告王以天命之無常，歷年之不可必，惟一視商、周之民，無輕重於其間，而敬德以化之，則可以此小民而受天永命。蓋以成王當聽政之初，安危治亂之所自始，不可以不謹，此則《召誥》之所陳也。而《洛誥》之所陳者，則周公將歸政于成王，而洛邑既成，王將歸鎬京，乃留公於洛，以鎮撫商民，故周公之歸政，成王之留公於洛，其相與問答之言備載于此，而周公之意，則亦欲一視商、周之人，如召公之意也。此二篇，辭雖不同，而其意相爲終始焉。左氏之作傳以釋經，有先經以始事者，有後經以終義者，《召誥》之篇是先經以始事之類也，《洛誥》之篇是後經以終義之類也。然《召誥》之所載者，召公之相宅，既而卜之，既而經營之，既而攻其位，既而周公達觀之，既而周公用書以命之，既而庶殷丕作，於是召公遂以諸侯取幣而陳於王，因陳其所欲告戒之意，而序之所言者，但曰「成王在豐，欲宅洛邑，使召公先相宅」而已。此篇之所載者，周公欲歸政于成王，而成王不可，周公又告成王以治道之要，既而成王欲周公留居于洛，以鎮撫殷民，而序之所言者，乃曰「召公既相宅，周公往營成周，使來告卜」者，即周公之言「伻來以圖及獻卜」之，一也。而即以此爲一篇之序者，蓋《書序》之作，類非一人之所爲，故有一篇之義包括於數句之間者，如《太甲》之序曰「太甲既立，不明，伊尹放諸桐。三年，復歸于亳，思庸」，此固可以包括三篇之義者也；亦有姑撮其事之始而略載之者，如《康誥》、《酒誥》、《梓材》三篇之作，雖康叔之封在於武庚、三叔既誅之後，而其告之也，乃在夫宅新邑洛，四方和會之時，而其序則曰「成王既伐管叔、蔡叔，以殷餘民封康叔，作《康誥》、《酒誥》、《梓材》」，此則姑撮其事之始而已，《召誥》、《洛誥》之序亦猶此也。

周公之達觀于新邑營，蓋王城之與成周皆在於規度，此則惟曰「往營成周」，亦是略言之也。「使來告卜」者，當周公之至洛，王尚在塗，故遣使而來，以所得吉卜告於成王也。胡舍人之説意謂果周公使人而來告卜於王，則王在豐，而周公在洛，篇内不應有相與問答之辭，既有成王、周公相與問答之辭，則告吉卜者，非使人來也，遂以此「使」字作去聲讀，言是時成王在于宗周，周公既得吉卜，則自爲使者，而來告于王，因得以相與問答也。漢吴王濞謀叛漢，「念諸侯無足與計者，聞膠西王勇，好兵，諸侯皆畏憚之」，乃使其大夫應高説之，膠西王以爲善，「吴王猶恐其不果，乃身自爲使者，至膠西面約之」。胡舍人因謂：「周公之自爲使者，亦吴王之類。」夫吴王懷逆亂之謀，恐事不集，故出于一時迫切之計而爲此耳，若周公之告吉卜，使人可也，豈至以冢宰之尊而下行行人之職乎？乃引吴王以證周公，非其類也。當是時，王實在洛，而胡舍人以爲在于宗周，王既在宗周，無緣與周公共談，求其説而不得，故以「使」字作去聲讀，此蓋胡舍人泥于《書序》爲皆包括一篇之義，故其説如此。先儒謂：「王與周公俱至。」意謂王亦以乙卯之日至于洛也。王果以乙卯之日至于洛，則其得吉卜也，王蓋嘗目覩其事，豈必使人來告？則王之至洛，蓋後周公而來也。先儒又謂：「周公與王之相問答，乃周公既成洛邑，又歸宗周之後，故篇末云『王在新邑』，明戊辰以前，皆是宗周之事。」此亦不然。篇内有曰「予小子其退，即辟于周」，又曰「公定，予往已」，是成王將退而歸鎬京，欲周公留居於洛，則其相與應答皆在洛邑也，明矣。案：此二篇皆是營洛邑之事，然《召誥》則以召公誥王之故，而以「召」之一字繫之以誥而命篇，此篇是周公與王問答，而特以「洛」名篇，正猶《康誥》、《酒誥》雖皆所以告康叔，《酒誥》則以毖酒之故，而以「酒」名篇，《康誥》則特以康叔之故，即以「康」命篇，皆其史官一時之意旨也。漢孔氏曰：「既成洛邑，將致政於王，因陳居洛之義。」如此，則《書》之命篇，皆有其義也，非當時命篇之本義。

「拜手稽首」者，致敬盡禮於成王也。「復子明辟」者，漢孔氏曰：「言我復還明君之政於子。」而王氏破其説，曰：「先儒謂成王幼，周公代王爲辟，至是乃反政于成王，故曰復子明辟。荀卿曰：『以叔代王，❶而非越也；君臣易位，而非不順也。』以《書》考之，『周公位冢宰，正百工』而已，未嘗代王爲辟，則何『君臣易位』復辟之有哉？」如《禮·明堂位》曰：「昔者周公朝諸侯于明堂之位，天子負斧扆南鄉而立。」又曰：「武王崩，成王幼弱，

❶「叔」，汲古閣本、通志堂本作「枝」。

周公踐天子之位，以治天下。」則是周公正天子之位，以臨萬國。王氏之所謂「代王爲辟」者，指此也，則王氏之破先儒之説，可謂明於君臣之大分，而有功於名教也。蓋説者徒見成王幼沖，周公攝政，則遂疑其稱王以令天下。如《多士》之篇序曰「成周既成，遷殷頑民，周公以王命誥」，而篇之發首則曰「惟三月，周公初于新邑洛，用告商王士。王若曰」，蓋明周公雖攝政，而其號令皆稱成王之命也，謂「代王爲辟」，固無是理。然王氏之説則曰：「復如復逆之復，成王命周公往營成周，周公得卜復命於成王。謂成王爲子者，親之也。謂成王爲明辟者，尊之也。」案：周公之至洛，而得吉卜，則已遣使人來告於王，下文曰「伻來以圖及獻卜」是也，非是周公至此方以吉卜而復於成王也，且既謂成王爲「子」，又謂「明辟」，以爲兼尊親之稱，則鑿矣。蓋先儒謂「復子」爲還政於成王則是，但以「明辟」爲還明君之政，則是「代王爲辟」，此則不可也。蘇氏曰：「周公雖不居位稱王，然是行王事，至此歸政，則成王之德始明於天下。曰子者，叔父家人之辭。」此則得之。當周公之攝也，成王雖爲天子，然端拱於上而已，何所爲哉？今也，始親萬幾，則君道自此明矣，故曰「明辟」。《漢·宣帝紀》地節二年，大將軍光薨，上始親政事，「令羣臣得奏封事，以知下情。五日一聽事，自丞相以下各奉職奏事，以傅奏其言，❶考試功能。樞機周密，品式備具，上下相安，莫有苟且之意」。自光未薨之前，政由光出，宣帝雖有綜核名實之志，天下何自而知之？一旦親政，而其設施如此，則爲辟之道豈不明哉？周公之攝政，制禮作樂，而天下太平，成王之年已長，蓋將歸政於成王，使成王之君德大明於天下，亦已久矣，然武王定鼎于郟鄏，有宅洛之志而未之果，其事大體重，必有藉於周公，而復能卒成王之志，故周公謂我久欲還政於子，而王若不敢及天

❶ 「傅」，原誤作「傳」，今據汲古閣本、通志堂本改。

命之始而定其命，以固根本，此亦猶漢宣帝即位，光稽首歸政，上謙讓委任焉。成王之不敢，即宣帝之謙讓也。故我乃繼此以保佑成王，以相視東土之洛邑，經營規度，以爲成王作民明君之始也。周公之意，營洛而即歸政，故欲其作民明君於此始也。我以三月之十二乙卯之旦至于洛邑。其曰「洛師」者，唐孔氏曰：「周公至洛之時，庶殷已集于洛邑，故曰洛師。」是也。黎水在河之北，故曰「河朔黎水」。周公之營東都，蓋以求天地之中，欲諸侯之朝覲貢賦道里爲均，而乃先「卜河朔黎水」者，顧氏曰：「黎水近於紂都，爲其懷土重遷，故先卜近以悦之。」此説固是，意者黎水去洛不遠，亦不失爲地中也，黎水爲河朔，則澗水、瀍水皆在河之南可知矣。《禹貢》曰：「導洛至澗、瀍。」洛與澗皆在河南，而澗在瀍西，瀍在澗東，瀍、澗皆在洛之北。澗之東，瀍之西，王城也，洛之北地；瀍之東，成周也，亦洛之北地，故皆曰「惟洛食」，明此二邑皆在於洛，但以澗而別其爲二矣。凡卜者，先以墨畫龜，要坼依此墨，然後灼之求其兆，順食此墨畫之處，故謂之「食」。《周官·卜師》曰：「揚火以作龜，致其墨者，灼之，明其兆。」蓋食則吉，不食則不吉也。周公之卜也，以河朔於商都爲近，故先卜之，而其兆不吉，乃改卜瀍之西及其東，皆獲吉焉，則使人來，以其地圖及吉卜獻於成王，蓋將畢此事而復政也。「伻」，使也。《召誥》曰「越三日戊申，太保朝至于洛，卜宅。厥既得卜，則經營」，即此卜河朔黎水及澗東、瀍西及瀍之東是也。召公之得吉卜也，周公尚未至，而周公以爲我卜者，葉博士曰：「成王使召公相宅，而所以營洛而成之，周公實總其事。則卜也，奉以歸之，周公宜矣。」是也。蓋召公之得吉卜即經營，而周公之來至，則方以此獻之王也。「王拜手稽首」者，致敬盡禮於周公也。《禮》曰君與臣無答拜，蓋尊卑之分當然也，而太甲之於伊尹，成王之於周公，皆有拜手稽首之禮，此又尊師重傅之道然也。周公既欲營洛而遂歸政，而成王之心猶未敢當也，故答周公之言如此。言公之營洛邑，蓋成武王之志，定九鼎，以永天休命，公既不敢不敬奉之，而來相宅於此洛地，其將作周家之業，以配天之休命也。公既達觀于新邑營而定其新居之地，則使人來至於王所，視我以卜之休美及其常吉。常吉者，言建都於此，其吉未艾也。《傳》曰：「成王定鼎于郟鄏，卜世三十，卜年七百。」非常吉而何？「貞」，正也，言我與周公二人共正此卜，以定其謀，公當輔佐我小子，常如營洛之事，可以我萬億年而敬天之休也。觀成王有誨我之言，而拜手稽首以敬之也。周公之復政也，蓋以成王之德固已成就，可以君天下；成王之不聽公之復政也，蓋以幼冲之資，懼其弗克負荷，以忝祖考之大業，故其君臣問答之誠，無所矯飾也。

周公曰：「王，肇稱殷禮，祀于新邑，咸秩無文。予齊百工，伻從王于周，予惟曰：『庶有事。』今王即命曰：『記功，宗以功作元祀。』惟命曰：『汝受命篤弼，丕視功載，乃汝其悉自教工。』孺子其朋，孺子其朋，其往！無若火始燄燄，厥攸灼叙，弗其絶。厥若彝及撫事如予，惟以在周工往新邑。伻嚮即有僚，明作有功，惇大成裕，汝永有辭。」公曰：「已！汝惟冲子，惟終。汝其敬識百辟享，亦識其有不享。享多儀，儀不及物，惟曰不享。惟不役志于享，凡民惟曰不享，惟事其爽侮。乃惟孺子頒，朕不暇聽。朕教汝于棐民彝，汝乃是不蘉，乃時惟不永哉！篤叙乃正父罔不若予，不敢廢乃命。汝往敬哉！兹予其明農哉！彼裕我民，無遠用戾。」

《語》曰：「君薨，百官總己以聽於冢宰三年。」蓋人君當其繼世之初，創鉅者，其日多痛，甚者，其愈遲感哀感之情，則失萬幾之務，有所不暇恤，此所以以其政委於冢宰，至於三年之久，而後歸也。然自古人君之嗣位，或在襁褓之中，或當幼冲之年，安危治亂之機，豈能諳識舉措取舍之端？豈能鍊習而使之君天下？豈不殆哉？

故當是時也，則冢宰之總百官，蓋不拘于三年也，必俟其年已長矣，德已成矣，教導訓迪而其聰明日益進，而後可以歸政也。周公之位冢宰，正百工也，蓋以成王冲幼之年，故至七年而始「復子明辟」。然周公之攝也，制禮作樂，以致太平，凡朝廷之制度紀綱，莫不得其條理，而四海九州之民，莫不安居樂業，天下之勢蓋若泰山，而四維之安，雖植遺腹，朝委裘，而天下自治。況成王之德，以周公爲師，召公爲保之，故見正事，聞正言，行正道，左右前後，莫匪正人，至是而可以躬覽萬幾矣。此所以「復子明辟」也。而成王之心猶懼其弗克負荷，以忝祖考之大業，故周公雖欲歸政，而成王猶未之聽。周公以謂當王繼世之初，年尚幼冲，而德未成立，故不得不總百官之政，及王年長而德成，其可以不歸政乎？王惟能以至公爲心，無有殷、周之間，而于諸侯享覲之禮，有以辨之，使皆盡其奉上之心，則以之君天下，豈難也哉？故自此以下，皆周公將歸政，而戒成王之言也。

「王，肇稱殷禮，祀于新邑」，漢孔氏曰：「王當始舉殷家祭祀，以禮典祀于新邑。」王氏曰：「『殷』者，與『五年再殷祭』之『殷』同，非『夏殷』之『殷』也。」當從王氏之説。《易·象》：「雷出地奮，豫。先王以作樂崇德，殷薦之上帝，以配祖考。」禮有殷祭、殷奠，皆取殷盛之義，與周因於殷禮，其字雖同，而義則異矣。考之《詩·頌·清廟》：「祀文王也，周公既成洛邑，朝諸侯，率以祀文王焉。」當公之攝，制禮作樂，無政之不舉，所未及者，營洛邑耳。今也規度經營，斷之朝廷，而考之龜筮，建王城，以定九鼎，建成周，以遷殷民，上天之所以命我文王之命，自此定矣，故方其邑之初成，則率諸侯以祀文王，而始舉盛禮，以告成也。《易·萃卦》曰：「王假有廟，用大牲。」蓋萃聚之世，豐厚之時也，其用宜稱此，所以「用大牲」。周公致太平而營洛邑，非萃之時乎？則始舉盛禮以祭祀，豈不宜哉？「咸秩無文」，此禮之殷也。「無文」，謂不在祀典者也。《祭法》曰：「聖王之制祭祀也，法施於民則祀之，以死勤事則祀之，以勞定國則祀之，能禦大菑則祀之，能捍大患則祀之。及夫日月星辰，民所瞻仰也。山林川谷丘陵，民所取財用也。非此族也，不在祀典。」必有典者，不可非其鬼而祭之也，亦不可「昏棄厥肆祀弗答」也。今成王既舉盛禮，則雖不在祀典者，亦皆以秩次而祭之也。成王舉殷禮，雖不在祀典者，秩次而祭之。而其所以秩次之者，蓋必有其官，若伯夷所掌之官，謂之「秩宗」也。《楚語》曰：「使名姓之後，能知四時之生、犧牲之物、玉帛之類、乘服之儀、屏攝之位、壇場之所、上下之神、氏族之出，而心率舊典者爲之宗。」則「宗伯」者，所以秩次所祭之神也。王既舉盛禮，以祭于新邑，故我齊一百官，無有彼此，無有親疎，使皆從王于周。我惟曰：庶幾此百官皆舉職事以效功也。今王就洛而命我曰：有功者，則記而尊之，以其功而列之大祀。王氏曰：「記功者，若紀於太常，藏在盟府。」❶博採而無所偏私也。昔昌邑王即帝位，國輔大臣未褒，而昌邑小輩先遷張敞以爲過之大。昌邑之羣臣固不足道，然其心之有所私，則與高祖、光武無以異也。況殷之餘民新從三叔、武庚之叛，於周家不無嫌間，而成王之所記功者，皆其自教工，則殷民聞之，必將不自安矣，故周公呼成王而告之曰：汝雖孺子，其爲朋乎？孺子苟由朋黨而往，則其禍不可救，當遏之於始。無若火焉，其始之燄燄，其撲滅之固易爲力，而不之爲，其終也，所燔灼者自有次序，以漸而積，不可得而絶矣。蓋燄燄不滅，炎炎若何？百尺之室，以突隙之煙焚。天下之患未有不始于微，而成于著也。漢、唐朋黨之禍，皆始於細微而不謹，❷則其末寖淫而不可解。漢之朋黨始於甘陵南、北二部，而其終也，鉤黨之獄興海内，塗炭二十餘年。唐之朋黨始于牛、李對策，而其終也，相軋四十餘年，縉紳之禍不解。兹非若「火始燄燄，厥攸灼

❶ 「府」下，原空闕多行。諸校本同。

❷ 「細微」下，汲古閣本、通志堂本有「於其細微」四字。

叙，弗其絶」乎？ 成王之賞功，而悉以自教工，雖若小過也，自智者觀之，蓋將以爲莫大之禍，漢、唐之事自可見矣。 故今王其所順之常道，及有所撫臨之事，當如我，「惟以在周之百工往新邑」，使之向就舊僚，以趨事赴功，正惟擇有功者，顯明而作起之。 王之所知者，臣之有功而已，不當以私人而偏寵之也。 能如此，則是篤厚光大，以成汝寬裕之德，汝將永有稱譽之辭於後世，歷千萬年而不泯也。 蓋「惇大成裕」，則不徇於私而爲朋黨矣。 徇於私者，乃浮躁衒露，狹隘偏小之人也，豈能成寬裕之德哉？《泰》之九二曰「包荒，用馮河，不遐遺，朋亡，得尚于中行」，即此之謂也。 周公又告成王曰：已矣，「汝惟沖子」，當思其終也。 當思其終者，蓋當敬識百辟之享與不享者也。 「百辟」，諸侯也。 「享」，朝享也。 夫三代之時，一人端拱于上，而諸侯謹度於下，分土而與之共守，分民而與之共治，故其强弱盛衰之勢，惟在於諸侯也。 苟諸侯致其誠，盡其禮，以朝覲於吾，則天子尊，而京師强，海内之勢如身之使臂，臂之使指，莫不制從。 其或雖朝覲宗遇得其时，多其幣，而其誠不專，其禮不謹，則王室輕，而諸侯慢，自此而則之，諸侯將皆不得欲朝，以爲王者不可朝事矣，故王於此當敬識，而下別之也。 「儀」，禮也。 「物」，幣也。 考之《覲禮》，諸侯之朝王，皆有束帛加璧。 庭實，所謂物也。 其辭遜升降之容，所謂儀也。 享固多儀，苟「儀不及物」，禮不足而幣有餘，則雖享覲於王，與不享無以異也。 蓋不享固爲非禮，享而儀不足是亦非禮，故與不享同也。 其所以儀不足者，蓋以諸侯不用志于享上故也。 諸侯既不專心致意於此，則凡民化之，亦皆無奉上之心。 天下之事，將差錯侮慢，不可正也，故汝當敬識之。 敬識之者，以諸侯之勤惰而反諸己，戒謹恐懼不敢忽也。 苟不能敬識，則王綱廢弛而不能自振，春秋之時自可見矣。 僖二十八年，「公朝于王所」，蓋因晉侯召王而朝之也。 成十三年，「公如京師」，蓋因會晉伐秦而朝之也。 使當時天王不在河陽，晉不召諸侯伐秦，其肯出于誠心跋涉山川，述職于王庭，以講累世久廢之典乎？ 此所謂「不役志于享」，蓋與不朝無以異也。昔孟子居鄒，季任爲任處守，以幣交，受之而不報。處于平陸，儲子爲相，以幣交，受之而不報。他日由鄒之任，見季子；由平陸之齊，不見儲子。屋廬子以孟子爲非，謂季任君弟，故見之，儲子爲相，故輕之。孟子曰：「非也，《書》曰：『享多儀，儀不及物，惟曰不享，惟不役志于享。』爲其不成享也。」孟子之意，以爲季任爲任處守，其職不可舍宗廟而見孟子，故可以幣交，儲子可以越境而見孟子，今乃使人致其幣，則所謂「儀不及物」也，非所謂「役志」也。觀孟子之言，則僖之朝王所，成公之如京師，豈得爲成享哉？《檀弓》曰：❶「喪禮，與其哀不足而禮有餘也，不若禮不足而哀有餘。祭禮，與其敬不足而禮有餘也，不若禮不足而敬有餘。」祭之所謂「敬」，喪之所謂「哀」，即此所謂「儀」也。其所謂「禮」，即此所謂「物」也。祭不可以敬不足而禮有餘，喪不可以哀不足而禮有餘，則享其可以「儀不及物」哉？蓋使其用志于此，則儀豈有不及者哉？非特諸侯之享王不可恃其幣而「不役志于享」，王之待其臣，亦不可徒以爵禄而寵錫之，當以其嘉猷嘉謀之入告者，服膺而不失也。故謂成王苟徒以爵禄寵錫我，而不暇聽我教汝輔民彝之道，則是不勉，其安能永保天命縣縣延延而不替哉？「薆」，勉也。汝欲永保天命，則當厚于次序正父武王之所爲，而行之無不順。我之教以「棐民彝」，輔之，翼之，正之，直之，使自得之而不自棄于小人之域，則天下不敢棄汝之教命矣。汝自今以往，當致其敬，敬則能勉，我惟教民以農事也，蓋「倉廩實而後知禮節，衣食足而後知榮辱」。苟爲制民之産，仰不足以事父母，俯不足以蓄妻子，奚暇治禮義哉？此周公明農，而後成王得以「棐民彝」也。「彼裕我民，無遠用戾」，孔氏曰：「彼天下被寬裕之政，則我民無遠不用來。」蘇氏曰：「我不裕民而彼或裕之，則無遠而逝矣。」不

❶ 「弓」，原誤作「公」，今據通志堂本及《禮記》改。

如王氏曰：「彼遠者，以我民爲裕，則無遠用戾也。」蓋明農以「棐民彝」，此我民之所以裕也。成王之遷殷頑民，欲其「密邇王室，式化厥訓」，故曰「彼裕我民，無遠用戾」。觀周公之告成王之言，蓋謂成王能盡此道，則其於君天下，蓋有餘刃也，我安得而不「復子明辟」哉？

王若曰：「公明保予沖子。公稱丕顯德，以予小子揚文、武烈，奉答天命，和恒四方民。居師，惇宗，將禮，稱秩元祀，咸秩無文。惟公德明光于上下，勤施于四方，旁作穆穆迓衡，不迷文、武勤教，予沖子夙夜毖祀。」王曰：「公功棐迪，篤罔不若時。」王曰：「公！予小子其退，即辟于周，命公後。四方迪亂，未定于宗禮，亦未克敉公功，迪將其後，監我士師工，誕保文、武受民，亂爲四輔。」王曰：「公定，予往已。公功肅將祗歡，公無困哉！我惟無斁其康事，公勿替刑，四方其世享。」

周公之攝也，雖成王亮陰之制已終，而猶秉朝政，蓋以成王幼沖，未可以爲天子，故不得不攝也。此公之處禮之變也。至是而「復子明辟」，蓋以成王年已長矣，德已成矣，可以爲天子矣，故不得不歸也。周公慨然自任以天下之重，故其處禮之變，而攝政至于七年，未嘗飭小謙以邀譽當世，則其歸政也，夫豈以禮讓也哉？必其出于中心之誠，可以歸政，而遂歸之也。成王知周公之意已堅，故不得不許公焉。既而洛邑始成，而頑民始遷，將欲作其愧恥之心，而革其暴戾之習，以馴致于士君子之域，不可不擇人以鎮撫之。周公既已歸政，當爲我留居洛中，以爲之司牧也，故自此以下，皆成王稱譽周公居攝之功，而留公于洛，以治頑民也。自「公明保予沖子」以下，皆稱美其居攝之功也。自「小子其退，即辟于周」以下，皆留公于洛，以治頑民也。

「沖子」，成王自謂也。言公之明保我幼沖人也，公則稱舉其大明之德，以輔我一人，使我雖小子得以繼揚文、武之功業而不墜，故上則可以「奉答天命」，下則可以和恒四方之民也。夫文王、武王之所以肇造區夏，而建無窮之功業者，惟其上得天、下得人而已，故周公能盡其翊贊之力，以成王揚文、武之烈，則亦可以「奉答天命」，而爲上天之眷顧，「和恒四方民」，而爲下民之所愛戴也。「居師」，謂居其衆。「惇宗」，謂厚其族。薛博士曰：「居師、惇宗、將禮、秩祀，皆王宅洛之政。」是也。既宅洛以定民之居，而又惇厚宗族，以爲藩翰，于是秉禮而「稱秩元祀，咸秩無文」也。「咸秩無文」，即上文曰「肇稱殷禮，祀于新邑，咸秩無文」是也。成王以家嗣繼世爲天子，實主周家之祭祀，故周公以「肇稱殷禮，祀于新邑」爲王之事。然是時，政自周公出，其所以能營洛以展祭祀之禮者，則周公之力，故成王歸功于公也。「惟公德明光于上下，勤施于四方」者，言公之德，其明則光于上下，而無所不達，其達則施于四方，而無所不被。「光于上下，勤施于四方」，正猶《堯典》曰「格于上下，光被四表」也。「格于上下，光被四表」，而堯之君德於是爲至；「光于上下，施于四方」，而周公之臣德於是爲至。蓋德之盛者，必其充塞天地，徧覆天下，而後爲至也。薛博士曰：「明者德，勤者業也。」經只言惟公德明，而於其下分德與業，非也。「旁作穆穆迓衡」，先儒曰：「四方旁求，爲敬王之道，以迎太平之政。」不如王氏曰：「穆穆，天子之容。旁作，謂輔成王而作之，以成其穆穆之德，以迎太平。」是以於文、武之勤教垂之後代者，皆率循之而不迷也。「予沖子夙夜毖祀」者，昔周之政事既自周公出，以致太平，則成王端拱于上，何所爲哉？惟蚤夜之間慎於祭祀而已。唐孔氏曰：「襄公二十六年，《左傳》云：衛獻公使與甯喜言曰：『苟得反國，政由甯氏，祭則寡人。』亦猶是也。」此説爲是。「王曰：『公功棐迪，篤罔不若時』」者，唐孔氏曰：「王又重述前言，還説居攝時事也。公之功棐道我已厚矣。天下無有不順而是公之功者。」是也。王氏以爲：「罔不若，罔不時，循道而不違此。棐迪之若趨時而不失此棐迪之時。」此則鑿矣。「王曰：『公！予小子其退，即辟于周，命公後』」

者，漢孔氏曰：「我小子退坐之後，便就君于周，命立公後，公當留佐我。」意謂成王是時在于宗周，與周公相應答，至于戊辰，王在新邑，以後方至洛都，故謂成王言我當退而行天子之政于洛邑，立公之世子爲諸侯，公當留周，以爲我之輔。是成王雖許公之歸政，而不許公之去也。諸家説者亦皆以命公後爲封伯禽于魯。夫周公之歸政，而成王之留公，蓋在洛邑，其曰「退，即辟于周」者，蓋我將退而即明辟之政于宗周，則命公留居于洛也。其曰「命公後」者，若近世「留守」、❶「留後」之類。詳考此篇之意，蓋周公留成周，以遷殷頑民，使「密邇王室，式化厥訓」，成王祀于新邑，將歸鎬京，留周公于洛，以鎮撫殷民，故成王之言曰「其退，即辟于周，命公後」，又曰「公定，予往已」，皆言成王往，而周公留也。王往周公留，故以周公之留爲「命公後」。先儒解釋此篇文意，多不聯屬，良由以王命周公後爲封伯禽於魯，故其説不通。惟以「命公後」爲留居于洛，以此而反復經意，則首尾問答，乃有條貫也。案：伯禽與太公望，相先後而報政，其言見於傳、記甚詳，則其就封於魯爲周公後也，固已久矣，非在於洛邑既成之後也。夫必待封伯禽於魯，然後肯留以輔成王，此則淺丈夫要君射利之爲也，豈所以待周公哉？案：成王命君陳之「分正東郊」也，其言曰：「昔周公師保萬民，民懷其德。往謹乃司，兹率厥常，懋昭周公之訓，惟民其乂。」康王命畢公之保釐東郊也，其言曰：「惟周公左右先王，綏定厥家，毖殷頑民，遷于洛邑，密邇王室，式化厥訓。今予祗命公以周公之事。」又曰：「惟周公克謹厥始，惟君陳克和厥中，惟公克成厥終。」以此二者觀之，則周公之於洛邑，蓋亦分正而保釐之，不但營之而遷殷頑民也，故成王之於君陳，則欲其懋昭周公之訓，康王之命畢公，則祗命以周公之事，且又有始、終、中之言，則周公之於殷民，蓋嘗爲之

❶「近」，汲古閣本作「後」。

司牧，革其不善之習，而馴納之善也，故君陳、畢公得以繼其遺範。以是知「命公後」，其爲成王留公于洛，以鎮撫殷民也，明矣。若成王既祀于新邑，而周公即與之歸于鎬京，以爲王輔，則君陳之分正，畢公之保釐，安得以周公爲始，而或和其中，或成其終哉？周公將「復子明辟」，成王許之，故曰「即辟于周」。「亂」，治也。賈文元公曰：「亂，《古文尚書》治字也。亂、𤔔，古文亂字也。」孔安國訓「亂」曰「治」。經典大抵以「亂」爲「不理」，亦或爲「理」。夫理亂之義，善惡相反，而以「理」訓「亂」可惑焉，若以古文《禹書》考之，似「亂」、「亂」字別而體近，豈隸古之初傳習訛謬合爲一字，而作治亂二訓，後之諸儒遂不復辨之歟？當是時，制禮作樂，以致太平，天下之民，無不感戴周德，惟殷民之頑，雖遷於洛，而未能使之遷善遠罪，故謂四方雖迪於治，然猶未定于宗廟之禮。蓋成王將以騂牛祭于文、武，以告周公之留于洛，其禮未行，故曰未定于宗廟之禮。殷民既未能「式化厥訓」，以遷善遠罪，故亦未能安于公之功，是以周公當教迪，將助于成王既歸鎬京之後，以「監我士師工」也。「師」，衆也。「士師」，猶言士民。言監殷之士民及百官也。其使周公監「士師工」者，蓋欲其大保文、武所受之民而治之，爲周四方之輔也。周民，文王所受之民；殷民，武王所受之民也。周公欲成王一視殷、周之民，不可懷朋黨之心以徇私，而有輕重於其間。今成王曰「誕保文、武受民」，則其心本于至公，無有彼此，可謂能服膺周公之教矣。說者多以《詩》曰「王曰叔父，建爾元子，俾侯于魯，大啓爾宇，爲周室輔」，而此曰「亂爲四輔」，故以「命公後」爲封伯禽無疑，然「誕保文、武受民」，此豈所以命外服之侯哉？以「誕保文、武受民」觀之，則所謂「後」者，其留公于洛灼灼然矣。「王曰：『公定，予往已』」者，言公定居于此，我當往歸鎬京也。公之功以恭肅將之，故天下皆敬樂公之功也。夫「出乎爾者，反乎爾者也」，故公致其肅，則天下皆致其祗以樂之也。公之竭其肱股之力，以輔佐予一人，固爲勞矣，今留公于洛，以鎮撫殷民，公當無倦于此也，我于康天下之事亦不敢有所厭斁也。蓋欲君臣皆不憚勤勞，以天下之安危爲心也。公之所以儀刑四方者，能永永而勿替，則四方將世世享矣。觀《畢命》曰「既歷三紀，世變風移，四方無虞，予一人以寧」，則世享可見矣。

周公拜手稽首曰：「王命予來，承保乃文祖受命民，越乃光烈考武王，弘朕恭。孺子來相宅，其大惇典殷獻民，亂爲四方，新辟作周恭先。曰：『其自時中乂，萬邦咸休，惟王有成績。予旦以多子越御事篤前人成烈，答其師，作周孚先。』考朕昭子刑，乃單文祖德。伻來毖殷，乃命寧予以秬鬯二卣。曰：『明禋，拜手稽首休享。』予不敢宿，則禋于文王、武王。『惠篤叙，無有遘自疾，萬年厭于乃德，殷乃引考。王伻殷乃承叙萬年，其永觀朕子懷德。』」戊辰，王在新邑，烝祭歲，文王騂牛一，武王騂牛一。王命作册逸祝册，惟告周公其後。王賓殺禋咸格，王入太室，祼。王命周公後，作册逸誥，在十有二月。惟周公誕保文、武受命，惟七年。

古人有言曰「從善如登，從惡如崩」，言善之難也。殷之餘民染紂之惡，草竊姦宄，靡所不爲，至康王之世，其餘風猶未殄，則其與之爲善也，可謂「如登」，而與之爲惡也，可謂「如崩」矣。然當成王繼世之初，武庚、三叔肱髀相依，以間王室，殷民與之相挻而爲亂，莫不響應，今既鋤誅元惡，而其餘黨咸與惟新，又爲之營成周以遷之，使之「密邇王室，式化厥訓」，苟不得其人而爲之司牧，作其愧恥之心，薰陶漸漬，咸歸于善，則一旦天下有變，安能保其不乘間而起乎？況今又居於洛邑咽喉之地，則其爲禍，蓋將慘于前日。以是知殷民之化與不化，周家安危之機也。周公雖既歸政，而成王留公于洛，以鎮撫之，公，宗臣也，義所不得辭，故「拜手稽首」，致恭盡禮，以受王命也。「王命予來，承保乃文祖受命民，越乃光烈考武王」，即上文成王之言曰「誕保文、武受民」是也。《論語》曰：「使民如承大祭。」《書》曰：「若保赤子。」「承保」者，愛謹其民而不敢忽也。曰「受命民」者，唐孔氏曰：「天命文王，使爲民主，故民是『文王所受命之民』。」是也。「光烈考」，即武王也。稱武王爲「光烈考」，亦猶稱文王爲「丕顯考」也。文王但稱「文祖」，而於武王乃先稱「光烈考」，即繼以武王，亦猶《武成》之篇公劉、太王、王季則時稱之，而惟於文王曰「我文考文王」也。「越」，及也。言及我「光烈考武王」，則是亦承保武王所受命之民，以上文誕保受民觀之，自可見矣。此史家之省文也。人君之治天下也，未有不本於恭，故堯曰「允恭」，舜曰「温恭」，文王曰「懿恭」，蓋其端拱於廟堂之上，是必有德義可尊，❶作事可法，容止可觀，進退可度，以臨其民，然後其民畏而愛之，則而象之，非恭何以哉？故成王留公于洛，蓋欲承保文、武所受命之民，以洪大我之恭德也。成王自謂其恭德必有賴於周公而後大，故周公遂進戒於王，言王當勉行恭德，以盡爲君之道，然後爲有成功，我惟知盡其臣職而已矣。「孺子」，指成王。成王之來相宅於洛邑也，其當大厚行典禮於殷賢人，以治四方而爲四方之新君，使後世言周家之恭者，必以成王爲先也。又誨之曰：其自是土中而致治，則萬邦咸被其休，如此則惟王乃有成功也。語之更端，故又加一「曰」字。我惟以多子與夫御事篤行前人之成功，以答其衆心，使後世言周家之信者，必以我爲先也。定公問：「君使臣，臣事君，如之何？」子曰：「君使臣以禮，臣事君以忠。」惟君使臣以禮，故君道莫大於恭；惟臣事君以忠，故臣道莫大於孚。欲爲君，盡君道，欲爲臣，盡臣道，君臣各盡其道，則天下後世孰不以是名歸之，推之以爲先乎？故盡其恭者，其責在成王，周公惟致其信而已矣。「獻」，賢也。殷頑民謂之「獻民」，亦猶《召誥》曰「讎民百君子」也。成王即位，雖至是已歷

❶「有」，汲古閣本無此字。

七年，其覽萬幾之務甫自此始，故曰「新辟」。「多子」，謂衆卿大夫也。「子」，指成王也。此篇稱成王曰「子」、曰「孺子」，皆是叔父家人之辭。言稽考我所以明子之法，乃盡是文王之德，則其宅洛也，不可不以其事祭告於其神靈也，故王之使使者來謹教殷民，則命安我「以秬鬯二卣」，其言曰：當以此二卣明潔其禋祀，以告文王、武王，再拜稽首，致美以享神。我聞王之命，未敢宿也，即禋于文王、武王，而告以宅洛之事焉。上文言「承保乃文祖受命民，越乃光烈考武王」，而下又曰「禋于文王、武王」，則周公所以明成王之法，蓋盡是文、武之德，故禋祀之。而經特言「文祖」，不言「武王」，是亦史家之省文也。唐孔氏曰：「特舉文祖，不言武王，下句並告文、武，兼用文、武可知。」「秬」，黑黍也。《周官》鬯人掌秬鬯，鬱人掌和鬱鬯，蓋「築鬱金之草而煮之，以和秬黍之酒」，使之氣味相入，芬香條暢，謂之「秬鬯」，亦謂之「鬱鬯」也。《説文》曰：「鬯，以秬釀鬱草，芬芳攸服，以降神也。從凵，去魚反。凵，器也。中象米，❶匕所以扱之。《易》曰『不喪匕鬯』。」即此也。「鬱，芳草也。十葉爲貫，百二十貫築以煮之爲鬱。一曰鬱鬯，百草之華，遠方鬱人所貢芳草，合釀之以降神。鬱，今鬱林郡也。」陸農師曰：「《禮》曰鬯臼以掬，杵以梧，枇以桑。蓋掬臼、梧杵，所以擣鬱。而桑枇者，所以扱之。」先儒以爲桑枇以載牲體，誤矣。《爾雅》曰：「卣中尊，鬱人掌和鬱鬯以實彝而陳之。」則鬯當在彝，而此及《文侯之命》及《詩·常武》皆言「卣」者，當祭之時則在彝，未祭故在卣也。《文侯之命》、《常武》皆曰「一卣」，此言「二」者，宣王、平王之賜其臣，使以祭其太祖，故惟一卣，此告于文王、武王，故以二也。「予不敢宿」與《曲禮》曰「凡爲君使者，已受命君言不宿於家」之「宿」同。漢孔氏以「明禋」爲告太平，既失之矣，唐孔氏順其意則曰：「此三月

❶「篆」，《説文解字》（清陳昌治刻本）作「象」。

營洛邑，民已和會，則三月之時已太平矣。既告而致政，則告在歲末，而云『不經宿』者，蓋周公營洛邑，至冬始成，得還鎬京，即告文、武，是爲『不經宿』也。且太平非一日之事，公云『不經宿』者，亦虔恭之意耳，未必旦見太平，即此日告也。」此蓋強爲之説。蓋由先儒以「明禋」爲告太平，不以爲告宅洛之事，以「伻來毖殷」爲文、武使已來，不以爲王使使者來，又以爲王與周公應答皆在鎬京，故其説不得不如此也。蘇氏曰：「王使人以秬鬯二卣綏寧，周公拜手稽首而致之。公曰明禋、曰休享者，何也？事周公如事神明也。周公不敢當此禮，即日致之文、武。」如蘇氏此言，則「寧予以秬鬯二卣」，正如《禮記》所謂「康周公，故以賜魯」，其論「寧予」之言固爲明白，然謂「事周公如事神明」，故「曰明禋、曰休享」，恐無是理。自此而推之，則與春秋之時仲子未薨而致其賵爲何以異哉？豈有周公尚存而謂之禋乎？其使當時誠以此致之周公，則一卣可矣，何必二哉？以其二卣，則成王命周公禋于文、武也，明矣，非是禋于文、武出周公之意也。「惠篤叙」以下，先儒、王氏皆以爲周公戒成王之言。以此爲戒成王之言，則與上文不相貫。惟蘇氏以爲「周公祝文、武之辭」，❶此得之矣。但蘇氏自「其永觀朕子懷德」以上，皆以爲祝辭，則其義又不結。竊謂「殷乃引考」以上，則周公之祝辭，「王伻殷」以下，則戒王之言也。周公惟欲成王一視殷、周之民，亦如《召誥》之友讎，故先引文、武之辭以告王，因而戒之也。蘇氏曰：「使我周家順厚以叙，身其康强，無有遇疾，子孫萬年，厭飽乃德，殷人亦永壽考。」此其祝辭也，則今王當使殷人承王所惠篤叙之道至於萬年，則其將永觀我孺子之所行，而懷其德也。楊子曰：「民可使覿德，不可使覿刑。覿德則終，覿刑則亂。」周公欲王推其優游寬大之道以化殷人，使之風移俗易，故曰「其永觀

❶ 「以」下，汲古閣本、通志堂本有「此」字。

朕子懷德」也。孟子曰：「武王不泄邇，不忘遠。」殷人易忘，而周人易泄，故周公之言其惓惓於殷人也如此。

「戊辰，王在新邑」，先儒曰：「自戊辰以下，史所終述。」是也。「戊辰」，先儒以爲十二月晦日王始到洛。然先儒以爲戊辰日到洛，則不可使王果以是日至洛，則其文當如《召誥》「越三日戊申，太保朝至于洛，越翼日乙卯，周公朝至于洛」，不當言「王在新邑」也。「歲」，先儒以爲：「明月，夏之仲冬。」其意以謂夏之仲冬，於周之正月是爲歲首，故曰「歲」。王以戊辰晦到洛，故至正月方行烝祭。《周官》「仲冬以享烝」，故以歲首爲夏之仲冬也。使其烝祭果在于歲，則但曰「烝祭歲」可矣，其曰「戊辰，王在新邑」，似羨文也。蘇氏曰：「是歲，始冬烝于洛。」則以烝祭只用戊辰之日，然但言烝祭可矣，何必言歲哉？此當闕之。《傳》曰凡四時之祭，蓋用孟月，若有故及日不吉，則用仲月，❶若又有故及日不吉，即用季月。然苟有其故而用季月，涉于怠矣，當用仲月爲佳也。時物既登，且得二至二月之節，故祭必以仲月。今以烝祭爲在周之十二月固可，在正月亦可，但執其説，則必窒礙。今但言其行烝祭而已，其月則當闕之也。「騂」，赤色也。周尚赤，故用「騂」。《詩》曰「從以騂牡」是也。宗廟用太牢，此于文、武皆言「牛一」，蓋于太牢之外加之。以此祭告成王之命，周公從而加之也。王則命有司作册，書以其事，載之于册，將使史官名逸者讀之，故曰「祝册」。讀册告神謂之「祝」也。其册之所言者，惟告周公留居於洛，以爲成王位也。當其烝祭也，王所賓者謂助祭之諸侯，其殺牲以禋祀，則咸格焉。「太室」，室之大者也。「清廟有五室，中央曰太室」焉。裸者，王以圭瓚酌鬱鬯之酒，以獻尸，尸受命而灌於地，所以求神

❶「則」，汲古閣本、通志堂本作「即」。

也。王入清廟之太室，祼以求神，則「命周公後」，爲册書而逸讀以告之也。《郊特牲》曰：「既灌，然後迎牲。」❶則殺在祼後。今乃先殺後祼者，蓋自「王入太室，祼」以下方是王之行祭禮，自此以上皆先序其事，非先殺後祼也。如其不然，則何以既言「逸祝册」而復言「逸誥」哉？蓋王既許周公之歸政，而周公又許王之留洛，故告之文、武，而後行也。在此十二月，乃周公攝政，太保文、武受天命以有天下凡七年，而後復于成王，故史官總結之也。伊尹既復政厥辟而遂告歸，周公之「復子明辟」而又留洛者，蓋伊尹之復政也，天下敉寧，無可慮之事，此所以告歸，周公雖以成王年長德成而「復子明辟」，然殷民以頑狠之衆而羣居洛邑，處之得其道，則咸作使，不得其道，則咸作敵，周公豈得恝然不以爲念哉？以是知周公、伊尹之或去或不去，時焉而已矣，其心則一也。彼王莽何爲者耶？遭漢中微，肆其姦慝以成盜僭之禍，而其所爲，動以周公自比，及其代漢自立也，其情露矣，而猶執孺子手，流涕曰：「昔周公攝位，終得復子明辟；今予獨迫皇天威命，不得如意！」嗚呼！莽之言其誰欺乎？

❶「迎」上，汲古閣本有「出」字。

尚書全解卷三十二　周書

多　士

成周既成，遷殷頑民，周公以王命誥，作《多士》。

多士

惟三月，周公初于新邑洛，用告商王士。王若曰：「爾殷遺多士！弗弔旻天，大降喪于殷，我有周佑命，將天明威，致王罰，勑殷命終于帝。肆爾多士！非我小國敢弋殷命，惟天不畀允罔固亂，弼我，我其敢求位？惟帝不畀，惟我下民秉爲，惟天明畏。我聞曰：『上帝引逸。』有夏不適逸，則惟帝降格，嚮于時夏。弗克庸帝，大淫泆有辭。惟時天罔念聞，厥惟廢元命，降致罰，乃命爾先祖成湯革夏，俊民甸四方。自成湯至于帝乙，罔不明德恤祀。亦惟天丕建保乂有殷，殷王亦罔敢失帝，罔不配天其澤。在今後嗣王，誕罔顯于天，矧曰其有聽念于先王勤家？誕淫厥泆，罔顧于天顯民祇，惟時上帝不保，降若兹大喪。惟天不畀不明厥德，凡四方小大邦喪，罔非有辭于罰。」

此篇乃周公既卜洛而言，遂規度經營，建爲二邑，以其一爲下都，遷殷之頑民使居之，使之「密邇王室，式化厥訓」，遂告以遷居之意。如《盤庚》三篇，是亦告民以遷居之意。然當盤庚之將遷也，雖以耿之地卑弱昏墊，非下民之利，然其在位者，不以其遷爲便，乃扇爲浮言，以惑民聽，民遂相與咨怨，而不適有居，使其驅之以刑，脅之以勢，夫誰敢不聽從？而盤庚則不然，雍容而曉譬之，丁寧委曲，使其心曉然知遷之爲利，不遷之爲害，然後與之從事。蓋以常人之情，好逸而惡勞，故安土懷居，而重於遷徙，必其所以告諭之者較然明白，然後能使下之從上，如臂之使指也。若夫周公之營洛邑，以遷頑民，方其規度之始，命庶殷以工役之事，而庶殷之人翕然丕作，則其遷也，必不如盤庚之民齟齬而不肯從也。況此篇之作，即洛邑而告之，則是既已遷矣，而猶告以遷居意者，何哉？蓋當武庚之叛，殷民與之相煽而起，以覬非常，其氣燄甚熾，向微周公，則周之爲周未可知也，是殷人之意，妄意以爲殷可以復興，周可以遽滅也。昔宋襄公有霸諸侯之志，大司馬固諫曰：「天之棄商久矣，君將興之，弗可。」周既衰微，萇弘欲遷都，以延其祚，晉女叔寬曰：「萇叔違天，天之所壞，不可支也。」夫天之所棄，固不可興，其所壞，固不可支，然自非深知天命者，不能知之也。周公慮殷之餘民知淺識短，竊不自量，而有興復之志，當武庚之倏起而即敗，則周不可遽滅，商不可復興也，明矣，而其僥倖萬一天下有變，以逞其忿怒之心，猶恐其未之已也，故於其遷也，諄諄告戒之言。先言殷以淫泆之故而自絶於天，非我周家詭謀匿計，以營求之，汝惟當有爾土，以寧幹止，不可有他慮，以自速罪戾也。昔秦軍降諸侯，諸侯吏卒乘勝奴虜使，輕折辱秦吏卒，吏卒多竊言曰：「章將軍等詐吾屬降諸侯。今能入關破秦，大善；即不能，諸侯虜吾屬而東，秦又盡誅吾父母妻子。」諸將微聞其計，以告項羽。項羽乃召英布等計曰：「秦吏卒尚衆，其心不服，至關不聽，事必危。不如擊之。」於是夜擊阬秦軍二十餘萬人。夫以人之不服己，而以計覆之，使無噍類，以絶後患，此固暴虐不仁如項羽者之所忍爲，周公必不爲也。然而使周公以其嘗預於武庚之亂，而移之遠方，夫孰以爲非哉？周公之心則不然，方且建都邑，而移之以自近，惟以優游寬大之言漸摩而柔服之，以消其强梗悖亂之氣，而咸歸於善。此其所以爲周公，而後世不可得而及也。

「成周」，下都也。王城所以定九鼎，是爲王都，故成周爲下都。爲王氏之學者以「成周」即洛邑。初無王城、成周之辨，説春秋者亦多以王城、成周合而爲一。夫王城之與成周，歷代諸儒所紀甚詳，其援證爲明白不可破也。攷之《微子》、《畢命》之篇，則殷之民可謂頑也。王氏曰：「此頑民者，乃商王士。而謂之頑者，以其不則德義之經，而無常心故也。」王氏之意謂：周公之所遷者，皆其士大夫，以其心之無常，故雖士而謂之民。此强説也。既謂之「頑民」，又謂之「多士」，則其遷也，不獨士而已。「以王命誥」者，言誥者，成王之命，而誥之者，則周公也。先儒曰：「所告者即衆士，故以名篇。」據此篇，「多」亦是撮篇中「爾殷遺多士」之言，而以二字爲此簡編之别。如先儒所言是有其義，非得其本意也。

「三月」，先儒以爲周公致政明年之三月。成周南臨洛水，故曰「新邑洛」。言周公以此三月始於此所建新邑之洛，用成王之命，以告商王之衆士也。「殷遺多士」，所謂殷遺民也。「弗弔」，言不爲旻天所弔閔，故大降喪于殷家，而覆宗絶祀也。先儒以「弔」訓「至」，言「殷道不至」，非也。某於《大誥》篇已論之詳矣。殷既喪亡，故我有周受天佑助之命，奉天之明威，致王者之誅罰，勑正殷命以終於上帝，言上帝勦絶其命也。「終」者，所謂「天禄永終」也。殷命既終，則周代殷受命以奄有天下，故謂「爾多士」，言我之代殷，非我周敢弋取之也，周以世世脩德，故天監代殷莫如周焉。王氏曰：「『肆爾多士』者，肆之而不誅也，與『眚災肆赦』、『肆大眚』之『肆』同。意謂其致天罰也，惟誅獨夫紂而已，脅從罔治也。蓋周公將言我小國敢弋殷命，故呼爾多士而告之。」王氏之説，蓋强説也。先儒謂：「天祐我，故爾多士臣服我。」亦非經之本意。如魏之代漢，晉之代魏，宋之代晉，齊之代宋，梁之代齊，陳之代梁，周、齊之代後魏，隋之代周，是皆弋天命也。言「小國」，亦如《大誥》言「興我小邦周」，蓋謙辭也。春秋諸侯多稱「敝邑」，正此類也。「允罔固亂」，當從蘇氏之説曰：「『固』讀如『推亡固存』之『固』。」信哉！ 天之固治不固亂也，惟天不畀殷家以永命，蓋信其不固亂者，此所以輔我周家從百里而起，以我周家居於王位，豈敢求之哉？ 惟上帝既不畀殷家以永命，故下民皆秉心而爲我，蓋以天之明畏「自我民明威」故也，我豈嘗弋而求之哉？ 「明」者，天之所明也，此其所以佑周。「畏」者，天之所威也，此其所以棄商。明畏之來，如影響然，未嘗有毫釐之差也。「上帝引逸」，此古人之言，而周公聞之也，言發政施仁，以使民安逸者，上帝之所引也。「引」者，謂言其命也。「惟天惠民，惟辟奉天」，則逸民豈非上帝之所引乎？ 有夏桀不適逸民之道，則惟上帝之於夏家猶降格而嚮之，蓋譴告謹戒，欲其改過。仲舒曰：「天人相與之際，甚可畏也！國家將有失道之敗，而天乃先出災害以譴告之；不知自省，又出怪異以警懼之；尚不知變，而傷敗乃至。以此見天心之仁愛人君，欲正其亂也，自非大亡道之世，天盡欲扶持而安全之，事在强勉而已。」此上帝「降格，嚮于時夏」之意也。天雖譴告警懼於桀，而桀不能用天之戒，大爲淫泆，而爲辭以自解釋，所謂「矯誣上天」是也。桀雖有辭，而不足以欺天，故天無所念聞，而其惟廢墜其大命，降而致其罰，乃命爾多士之先祖成湯革夏正，以有九有之師。湯之革夏正也，則擇其夏之俊民，使之治四方，下文曰「夏迪簡在王庭，有服在百僚」是也。殷之君自成湯以至于帝乙，無有不明德而恤祀。「恤祀」者，謂致敬以奉社稷、宗廟、天地之祭祀也。明德，則人安之，恤祀，則神享之，人神共歆，此天所以大建，而安治有殷，使之歷運緜長，基業鞏固。殷王又皆兢兢業業，惟恐失上天之心，不以天之丕建保乂於我而自怠也，故罔不配天而布其德澤焉。「在今後嗣王」，謂紂也。紂則「淫酗肆虐」，而不明於德，謂祭無益而不恤於祀，故視天道猶無明，況能聽念先王所以勤勞國家之道乎？ 蓋自古昏暴之君，其不能率先王之遺範者多矣，然未有不畏者，惟紂謂「己有天命」。天既不畏之矣，則其視先王之政爲如何哉？　此言正與《召誥》曰「其稽我古人之德，矧曰其有能稽謀自天」，理雖相反，而意則同也。　紂雖爲大淫泆，不顧于「天顯民祇」，故惟是「上帝不保」，降若此大喪于殷家也。　天有顯道，「天顯」也；下民祇若，「民祇」也。　不顧于「天顯民祇」，上不畏天，下不敬民也。　惟天之所以不畀殷家以永命，蓋以殷紂之「不明厥德」也，故凡在於四方其國無小無大，而至於喪亡者，皆天罰之有其辭也。　如紂之不明其德，而天不畀，豈非有辭乎？　今爾多士猶謂殷未有滅亡之罪，而天猶惓惓於殷，此則不知天命也。　爾當安居於此，其可懷他慮乎？

唐孔氏曰：「下篇説中宗、高宗、祖甲三王以外，其後立王生則逸，亦罔弗克壽。　則帝乙以上非無僻王，而此言無不明德恤祀者，立文之法，辭有抑揚，方説紂之不善，盛稱其先王皆賢正以守位不失，故得美而言之。」此説甚善。　昔魯莊公丹楹刻桷，御孫諫曰：「先君有共德，而君納諸大惡，無乃不可乎？」夫桓公固不足道也，而以爲有共德，立文抑揚之法，自當如是，古之人皆然也。

王若曰：「爾殷多士，今惟我周王丕靈承帝事，有命曰：『割殷，告勑于帝。』惟我事不貳適，惟爾王家我適，予其曰惟爾洪無度，我不爾動，自乃邑。　予亦念天，即于殷大戾，肆不正。」王曰：「猷！　告爾多士，予惟時其遷居西爾，非我一人奉德不康寧，時惟天命，無違，朕不敢有後，無我怨。　惟爾知，惟殷先人有册有典，殷革夏命。　今爾其曰：『夏迪簡在王庭，有服在百僚。』予一人惟聽用德，肆予敢求爾于天邑商，予惟率肆矜爾。　非予罪，時惟天命。」王曰：「多士，昔朕來自奄，予大降爾四國民命。　我乃明致天罰，移爾遐逖，比事臣我宗多遜。」王曰：「告爾殷多士，今予惟不爾殺，予惟時命有申。　今朕作大邑于兹洛，予惟四方罔攸賓，亦惟爾多士攸服奔走臣我多遜。　爾乃尚有爾土，爾乃尚寧幹止。爾克敬，天惟畀矜爾；爾不克敬，爾不啻不有爾土，予亦致天之罰于爾躬！今爾惟時宅爾邑，繼爾居，爾厥有幹有年于兹洛。爾小子乃興，從爾遷。」王曰，又曰：「時予乃或言爾攸居。」

前既言紂之所以失天下，亦如桀之墜厥命，周之代殷，亦如成湯之革夏，其一興一廢，皆本於天，而非人之所能爲。爾多士當平心定氣，深思其所以然之故，安於天命，而不可有他慮。故此又申言之，凡我之所以不以爾之罪爲可誅而赦之，又爲之遷之以自近，使之漸染而自化，無非天命也。

「靈」，善也。王者之治天下，其舉措動作無非天之事，故其典曰「天叙」，禮曰「天秩」，命曰「天命」，討曰「天討」，凡所以施之國家者，非人之私意所能爲也，惟當承天意以從事而已矣。能奉天者，天之所予；其絶於天者，天豈享之哉？紂之肆爲淫泆，而不明於德，故腥聞于天，而天所斷棄，乃監求于天下四方可以代殷者，宜莫周若也。蓋周之文、武，大能善奉天之事以治其民，故天有命，❶而命我周曰：當斷絶殷之命，而汝代之也。「割殷」與「割正夏」之「割」同。惟天以割殷之命命我周王，故周王以勑殷命而告于天也。蘇氏曰「將有割殷之事，必先告正于天而後行。曰『將有大正于商』」是也，此説甚當。漢孔氏曰：「告正于天，謂既克紂，柴于牧野，告天不頓兵生事。」此則非也。蓋此方言天命我有周，故周告于天，而後代之。此所謂「告」，即所謂「告于皇天后土」之意也，非「大告武成」之「告」也。「惟我事不貳適，惟爾王家我適」，漢孔氏曰：「言天下事已之我周矣，不貳之他。惟汝殷王家已之我，不復有變。」其説不明白，不如蘇氏於「惟我事不貳適」曰：「我有事于四

❶「天有」，汲古閣本作「有天」。

方，曷嘗有再舉而後定乎？貳適，再往也。」其言是矣。至於「惟爾王家我適」，乃曰：「惟于殷，則觀兵而歸，已而再往。不中言貳適者，因前之辭也。」此則是泥於先儒觀兵之説，而爲此解也。荀子曰：「王者之兵不試，湯、武之誅桀、紂也，拱揖指麾，而强暴之國莫不趨使，誅桀、紂若誅獨夫。」蓋王者之用兵，既度之人，又度之己，己可以取之，而彼未可取，吾不動也；彼可取，而己未可以取之，吾不動也；必其彼有必敗之理，己有必勝之道，計之之審，而後有事焉，則豈有再往而定乎？蘇氏之言是也，但觀兵之説無經見，某於《泰誓》已嘗論之詳矣。「惟爾王家我適」當連下文説，「爾王家」，指殷也，言凡我之事未嘗再往而後定，今於「爾王家」所以往而伐之者，蓋我之言曰惟爾殷紂大無法度，天人之所共棄，則我之勝商，豈至於再乎？武王數紂之罪曰「力行無度」，而其所以爲無度者，如曰「播棄黎老，昵比罪人，朋家作仇，脅權相滅」，則其無度也，不亦大乎？紂既以無度之故天人之所共棄，然後我從而伐之，則我之於爾，本豈有伐之之心哉？使紂能明厥德，以光大成湯之緒，則周文、武雖有聖德，亦將永爲商之諸侯，以藩王室而已。惟其暴虐淫湎，靡所不爲，天意之所憤怒，民心之所咨怨，故不得不應天而順人也。則商之喪亡，非禍端自周而動也，其亂從而起矣。孟子曰：「人必自侮，然後人侮之；國必自伐，然後人伐之。」紂乃自伐也，故周伐之，此所以曰「我不爾動，自乃邑」。《伊訓》曰「造攻自鳴條，朕哉自亳」，亦此意也。周人伐殷，蓋我念天命而就誅爾殷之大罪戾者，故不正治其餘黨也。蓋「殲厥渠魁，脅從罔治，舊染汙俗，咸與惟新」，此爾多士所以得至於今尚存焉。王氏曰：「今不正治，汝不忍助天爲虐也。」《酒誥》曰：「天非虐，惟民自速辜。」乃以滅殷爲天之虐，可乎？「猷」，發語之聲也。「遷居西爾」，即遷於洛邑也。洛者，土中，而云「西」者，以殷之故都所向而言也。唐孔氏曰：「從殷適洛，南行西迴，故爲居西也。」人情莫不欲安，故王者必使民安其田里，而無絲毫之擾，然後斯民得以享其康寧，今乃使爾有遷徙之勞，非我一人所奉之德不使爾康寧也，是惟天命之所宜，然在乎無違而已，故朕不敢有後而稽留天命，爾無以遷居爲出於我之意而怨我也。惟爾之殷先人，蓋皆有册書典籍以紀載殷革夏命之故事，爾之所備知也，則我周之伐殷，亦如殷之革夏而已，爾其可以有他辭哉？今爾乃出怨言曰：殷之革夏，而夏之多士皆迪而進之，簡而擇之，使在王庭，故有服行職事列於百僚，今周之於多士也不然，則是周猶不能忘小嫌而捐小怨，如殷之於夏也。蓋我一人所聽察而任用之者，惟其德而已，有德則進，無德則退，豈有彼此哉？唐太宗嘗曰：「朕任官必以才，不才，雖親若襄邑王神符，亦不妄授；若才，雖仇若魏徵，不棄也。」太宗且然，而況於周乎？今爾多士染殷之餘習，「驕淫矜夸」，無所不至，予其敢求爾于大邑商而用之哉？其所以舍爾而不求者，以其無德也，非以有殷之讎而棄汝也。我惟循湯故事肆赦爾罪，而矜憐爾愚，遷之於王都，以「式化厥訓」，此非我之罪也，亦是「惟天命」而已。蓋王者與天地合，其德先天而天不違，後天而奉天時，故其所舉動，天即聖人，聖人即天，故周公之於殷，遷其頑民以「密邇王室」，與夫以其無德而不任之以官，雖皆周家之政，皆以爲天命也。「奄」，淮夷也。「四國」，三監及奄也。方武王即世，而周公攝政，三監及淮夷挾武庚以叛，周公親率兵以誅之，先誅三監，後伐奄，自伐奄歸周，乃大降黜爾四國民命，明致天之誅罰於汝，其餘民則自遐逖之地而移之，以「密邇王室」，使之親比以臣事於我家，以多爲遜順，革其不善之習也。周公東征，則「來自奄」者，周公，此言王若曰「昔朕來自奄」，則以「來自奄」爲成王，與成王既伐管叔、蔡叔同。自洛而視殷之故地，則殷爲遠，故以遷于洛爲「移爾遐逖」。王氏以爲「徙其民於遠方」，此事無所經見。既徙之遠，何爲而又遷之周哉？王氏又以「我宗」爲「康叔」。既徙之遠方，而康叔封於殷之故都，安得臣於康叔乎？「我宗」，猶言我家也，非康叔也。言爾多士之罪固可殺，然我不忍不教而誅汝，故我惟是命令以申告汝也。我之營作大邑于此洛邑也，蓋以四方諸侯朝覲貢賦，而無以賓之，又欲使爾多士服勤奔走，以臣於我，而多爲遜順。以四方之故，故有王城；以多士之故，故有成周。既建此都邑，以遷爾多士矣，爾庶幾能有此新土。先儒以爲「還有本土」，非也。其遷之也，將使「密邇王室，式化厥訓」，豈又「還有本土」哉？庶安居於此，幹事於此，而得其所止也。爾若能修己以敬，則天必有以畀予之矜憐之。「畀矜」者，迪簡而在百僚也。《左傳》曰：「敬德之聚也，能敬必有德，德以治民，君請用之。」蓋殷士之敬，則是遷善遠罪，故天畀矜而使周用之也。如其不敬，則豈特不能有此新土而已哉？我將致天之誅罰於汝之身也。今汝惟是安居於汝之新邑，而其子子孫孫，繼繼承承，居於此，則爾其有幹有年于茲洛邑矣。「繼爾居」，則是「有年」也。「小子」與《酒誥》之言「小子」同，謂其子孫也。先儒以「遷」爲「遷善」，其説爲曲，不如蘇氏曰「汝能敬天安居，汝子孫其有興者，其所由來皆自於遷洛。殷人怨不在王庭百僚，故成王以此答其意也」是也。蓋人之愛其子孫，天下之至情也，故以此誘之。「王曰，又曰」者，唐孔氏謂：「凡言『王曰』者，皆是史官録辭，非王語也。今史官録王之言曰，以前事未盡，故言『又曰』。」蘇氏曰：「非一日之言，故以『又曰』別之。」皆不如薛博士之言曰：「『王曰，又曰：時予乃或言爾攸居』，疑此二句有誤。」陳少南尤爲詳明，曰：「『王曰』之下，當有文，其簡脱矣；『又曰』者，承上文而言之也。《多方》之末曰：『王曰：「我不惟多誥，我惟祗告爾命。」又曰：「時惟爾初，不克敬于和，則無我怨。」』用是知『王曰』之下，當有文也。『乃或言爾攸居』，其文承上，上簡脱矣，予不能知其下矣。」此篇與《盤庚》皆是告以遷居之意，故其辭意多相類，「非我一人奉德不康寧」，即《盤庚》所謂「予迓續乃命于天，予豈汝威」也；「時惟天命，無違」，即所謂「天其永我命于茲新邑」也；「無我怨」，即所謂「爾無共怒，協比讒言予一人也」，大抵皆然。蓋古之聖人，惟不忍鄙其民而欺之，故其諄諄告諭之言，開其爲此而禁其爲彼，不約而同也。

漢之初，以婁敬之言遷齊諸田，楚昭、屈、景，燕、趙、韓、魏後及豪傑名家以實關中，其後世徙吏二千石、高貲富人及豪傑兼并之家於諸陵，是亦遷殷頑民之遺意。然周公之遷殷民，蓋使之「密邇王室，式化厥訓」，故雖商之餘民染於惡化，不能自反，而成王、康王建皇極於上，周公、君陳、畢公敷大德於下，歷百年，然後斯民丕變於忠厚。漢之遷豪傑，徒爲强本弱支之術而已，非有化之之道也，故關中以五方雜錯，風俗不純，其世家則好禮文，富人則商賈爲利，豪傑則游俠通姦，其與周之風俗固萬萬不侔矣。不獨此也，周公之遷之也，則以優游寬大之言，雍容而漸漬之，使之感而歸善，漢則不然，惟命之遷則遷，未嘗有誥諭之辭。秦少游學士曰：「太上忘言，其次有言，其下不及言。」若漢者所謂「不及言」者也。

無逸

周公作《無逸》。

無逸

周公曰：「嗚呼！君子所，其無逸。先知稼穡之艱難，乃逸，則知小人之依。相小人，厥父母勤勞稼穡，厥子乃不知稼穡之艱難，乃逸乃諺。既誕，否則侮厥父母曰：『昔之人無聞知。』」

周之興也，以百里之諸侯積德累功，乃代商而有天下。天下一統矣，而後成王嗣立。成王之立也，百官總己以聽於冢宰，制禮作樂，制度紀綱，罔有不備，天下太平矣，而後成王即政。蓋其膺萬乘之尊於幼穉之年，覽萬幾之務於盈成之後，非有櫛風沐雨之艱，而遂據此富貴之勢；非有殫精疲神之勞，而遂享此治安之效，則逸豫之心不期生而自生矣。故周公於其即政之初，而遂作此篇以爲戒也。范内翰嘗曰：「所貴乎賢者，爲其能救亂於未然，閑邪於未形也。若其已然，則衆人之所能知也，何賴於賢乎？」周公於成王逸豫之心未萌，而其諄諄告戒之言已如此，此其所以爲周公也。漢孔氏曰：「成王即政，恐其逸豫，故以所戒名篇。」而豐祭酒亦曰：「仲尼序《書》，以周公所戒名篇。」夫周公之戒成王，其大意固在於「無逸」，然謂以此義而命篇之名，則必有窒礙矣，何者？以《書》之五十八篇，其命篇之名固不能皆可以包括一篇之義也。其説蓋由於以序《書》之作出於孔氏之手，故以其篇名爲皆有其義，殊不知此皆當時之史官撮取數字以爲簡篇之别，故其義有可得而通者，亦有窒礙不可得而通者，苟不於命篇之名必求其義，則無拘泥之弊矣。《書》之序有直言其所作之人，而不言其所作之事者，伊尹作《咸有一德》，周公作《無逸》、《立政》是也。司馬侍講曰：「本篇論無逸之事，文義已明白易曉，故孔子作序但云：『周公作《無逸》。』」而薛博士亦曰：「《無逸》之義昭矣。於其序之也，正其名而已，故曰『周公作《無逸》』。」此亦不然。夫《無逸》之序，既不言其所作之故，而於篇之發首亦不言之，則謂其文義明白易曉，故於其序但正其名而已，可也，然考之五十八篇，於其發首有詳言其所作之故，則是文義已明白易曉矣，何爲又申言於序邪？蓋《書》之序本自爲一篇，不以冠於每篇之上，故其體往往不同，有其事迹見於序而發首則不言者，《湯誓》、《大誥》是也；有其事迹見於篇首而序則不言者，《咸有一德》是也；惟此篇之序與發首並不言其所作之故，此皆各出其當代史官一時之旨意，不可以爲説也。是故爲之説者，必窒礙於五十八篇之中矣。

「君子所，其無逸」者，言君子之所在，其惟無逸也。司马侍講曰：「周公歎美君子所在，常不可逸。」是也。蓋人君之一身，而賊之者甚衆，或以酒，或以色，或以音樂，或以田獵，或以宫室，或以珍禽奇獸，皆可以兆天下之亂，而其原則自於人君之逸。而人君有好逸之心，則是數者乃有隙而可入矣，此君子所在，所以不可以逸也。然人君以無敵之貴，無倫之富，則何欲而不獲，何爲而不遂？故雖萬里所不可得而致者，可使致之於數步之内；數年所不可得而成者，可使成之於一日之間，如此，則逸心浸淫矣。是以逸者常易，而無逸者常難；逸者常多，而無逸者常少。自非有以警懼而制馭之，使之憂於是，慮於是，而其好逸之心有所畏而不敢發，有所慊而不肯發，則何以能無逸哉？故君子之無逸者，必「先知稼穡之艱難」也。魯哀公問於孔子曰：「寡人生於深宮之中，長於婦人之手，未嘗知憂，未嘗知勞，未嘗知懼，未嘗知危。」孔子曰：「君入廟門而右，登自阼階，仰視榱棟，俛視几筵，其器存，其人亡。君以此思哀，則哀將焉而不至？君昧爽而櫛冠，平明而聽朝，一物不應，亂之端也，君以此思憂，則憂將焉而不至？」勞也，懼也，危也，皆然。周公欲無逸者，「先知稼穡之艱難」，是亦孔子欲哀公思之之意也。有以思之，則其戒謹恐懼之心不敢忘；有以知之，則其矜憐撫養之心其敢忘乎哉？此所以無逸也。司馬侍講曰：「夫農之事，最爲勞苦艱難，寒耕熱耘，沾體塗足，終歲勤力，幸無水旱螟蝗風雹之灾，然後以所得先輸租税，次償逋債，所餘已無幾。其田多口少者，僅能周一歲之用；其田少口衆者，不免又假貸於人。其所食，不厭糟糠，其所衣，不具裋褐，若稍遇水旱饑饉，則凍餒死於溝壑者不可勝數。爲天下之至勤，受天下之至苦，天下之人衣食皆出於農，能活舉天下人性命，而農夫反自無衣食，至於凍餒而死。」觀此言，則天下之所謂艱難者，豈有復過於此哉？夫能以稼穡之艱難常置於胸襟之間，一思及此，則怵惕惻隱之心油然而生矣，蓋將謂彼之勞苦萬狀，我何忍以逸爲哉？斯民必將得以從事於畎畝之間，而無絲毫之擾也。蘇氏曰：「舊説先知農夫之艱難，乃謀逸豫。」非也。周公方以逸爲深戒，何其謀逸之亟也？蓋曰：「王當先知稼穡之道，惟艱難乃所以逸樂。」此説是也。先儒之失，在於「謀」之一字，以逸豫爲謀，則是有心於逸，有心於逸，則將爲民害矣。惟以稼穡艱難爲念，而不留意於逸者，乃所以能逸。蓋好逸未必得逸，❶無逸者自然逸也。李翺曰：「人皆知重斂可以得財，而不知輕斂之得財愈多。」柳子厚曰：「汙吏之爲商，不若廉吏之爲商，其爲利也博。」是周公「無逸」、「乃逸」之説也。夫無逸而乃逸，非是無逸者其心已在於逸也，效之必至，理之固然也。自古無爲之治惟舜，孔子曰：「無爲而治者，其舜也歟。夫何爲哉？恭己正南面而已矣。」楊子《問道》亦曰：「垂拱而視天民之阜，無爲矣。」然舜之所以享其逸者，豈無所用其心哉？自耕稼陶漁以至爲帝，則稼穡艱難備嘗之矣，不獨知之也，此其所以無爲而逸也。人君「知稼穡之艱難」，不徒然也，欲知小人之所依。夫小人之所依者，衣食也。魚無水則死，故魚之所依者，水；人無衣食，則不能以自存，故人之所依者，衣食。君能知人之所依者在是，則其一注一措、一號一令，惟恐其奪民時而困民力，使其失所依也，其可以逸乎？「相」，視也。視彼農夫不孝無知之子，其父母勤勞於播種收穫，得以養育其子，其子不勞，而坐享其父母之養，故「不知稼穡之艱難」。既已不知之矣，故其操心不危，而慮患不深，以苟目前，所以肆爲逸樂，輕費妄用，以敗壞其父母之基業，而又叛諺不恭，無所拘束，既而誕妄以欺其父母，不然則狎侮其父母曰：汝乃故老之人，無所聞知。意謂其無所聞知，故不能享其逸樂，徒自苦耳。古之人君，惟自側微而起者，無不有「知稼穡之艱難」，如漢高帝、宣帝、光武，唐太宗，本朝太祖、太宗皇帝是也。惟繼體守文之主，未嘗「苦其心志，勞其筋骨」，一旦嗣立，遂享有前世之富貴，得之既易，故其於「稼穡之艱難」鮮有知之者。如宋武帝微時，躬耕於丹徒，及受命，耨耜之具頗有存者，皆命藏之，以留於後。及文帝幸舊宮，見而問焉，左右以實對。文帝色慚，有近侍進

❶「得」，汲古閣本作「能」。

曰：「大舜躬耕歷山，伯禹親事土木，陛下不覩列聖之遺物，何以知稼穡之艱難，何以知先帝之至德乎？」夫文帝，元嘉之賢君也，猶不足於此，況其他乎？夫文帝以耨耜爲恥，誠爲失德，然其餞衡陽王也，將行，勅諸子且勿食，至會所設饌，日旰不至，有飢色，乃謂曰：「汝曹少長豐逸，不見百姓艱苦。今使汝曹識有飢苦，知以節儉期物耳。」則是文帝於「稼穡之艱難」非不深知之也，彼其以武帝之躬耕爲恥者，蓋恥其先世之微耳。唐明皇嘗種麥於苑中，帥太子以下親往芟之，謂曰：「此所以薦宗廟，故不敢不親，其欲使汝曹知稼穡艱難耳。」宋文帝使其子飢，唐明皇使其子刈麥，皆是恐其生而富貴，不知飢餓耕稼爲何等物，故致之於困厄勞勩之地，而使知之也。子既知之，則不敢侮其父母矣。如宋孝武壞高祖所居陰室，於其處起玉燭殿，與其羣臣觀之，牀頭有土障，壁上掛葛燈籠，麻繩拂。侍中袁顗盛稱高祖儉素之德，孝武不答，獨曰：「田舍翁得此，已爲過矣。」齊廢帝東昏侯起宮殿，皆布飾以金碧，武帝興光樓上施青漆，世謂之「青樓」。東昏侯曰：「武帝不巧，何不純用琉璃？」此則所謂「侮厥父母曰：『昔之人無聞知』」也。宋武帝、齊東昏，無足責者，若漢武帝，則可責也。文帝嘗欲作露臺，召匠計之，直百金。上曰：「百金，中人十家之産也。吾奉先帝宮室，常恐羞之，何以臺爲？」是文帝之心戰戰兢兢，惟恐其不能享先帝之餘慶也，而武帝則不然，「起建章宮，左鳳闕，右神明，號稱千門萬户」。土木之功，過於前世數倍，則其心必以前世之制爲狹隘鄙陋，不足以示天子之尊也。惟其輕視前世之制，故由此而積之，則高皇帝之約束，紛更始盡矣。胡不思曹參問惠帝之言曰：「陛下熟察聖武孰與高皇帝？」而乃傲睨前世，以爲不足乎。雖其號令文章，焕然可述，而其所失者大矣。故周公取喻於小人之子「不知稼穡之艱難，乃逸乃諺。既誕，否則侮厥父母曰：『昔之人無聞知』」，此誠盡夫不肖子之情狀。此而進戒於王，蓋欲王謹守文、武憂勤恭儉之道，以濟斯民，不可少有改易，方可以持盈守成也。觀諸漢武帝，乃知周公之言誠萬世之明鑒。

周公曰：「嗚呼！我聞曰：昔在殷王中宗，嚴恭寅畏天命，自度，治民祗懼，不敢荒寧。肆中宗之享國七十有五年。其在高宗時，舊勞于外，爰暨小人。作其即位，乃或亮陰，三年不言。其惟不言，言乃雍。不敢荒寧，嘉靖殷邦。至于小大，無時或怨。肆高宗之享國五十有九年。其在祖甲，不義惟王，舊爲小人。作其即位，爰知小人之依，能保惠于庶民，不敢侮鰥寡。肆祖甲之享國三十有三年。自時厥後，立王生則逸。生則逸，不知稼穡之艱難，不聞小人之勞，惟耽樂之從。自時厥後，亦罔或克壽，或十年，或七、八年，或五、六年，或四、三年。」

周公之作《無逸》，蓋以成王聽政之初，而天下既已太平，未嘗勞其筋骨，苦其心志，而遂據此崇高之勢，享此治安之效，則畏懼之心易弛，而驕怠之心易生。故欲其知稼穡之艱難，而又以夫小人之逸諺誕侮者戒之，使之知夫前世積累之不易，而不敢輕也。然周公之心猶以爲未也，又稱商家之君，其無逸者則歷年有永，其逸者則蚤墜厥命。使成王將欲耽於逸樂，以苟目前之娛，則無望乎享國歷年之永。將欲耆艾壽考，以保無疆之福，則雖一日之逸，亦不可爲也。蓋聲色游畋，以肆其逸豫之情，人君之所欲也，而享國長久，以介眉壽，又人君之所大欲也，以其所大欲節其所欲，庶其知所慕矣。此周公作《無逸》之本意也。

《詩》曰：「殷鑒不遠，在夏后之世。」殷之鑒在夏后之世，則周之鑒其在殷之世矣，故周公之戒成王，所以舉商家無逸之君而爲言也。司馬侍講曰：「前代無逸之君多矣，獨稱商家以來賢王者，商事最近，周人熟知其詳，故取其切近者言，易法也。」商之賢王，不言成湯而言三宗者，危内翰曰：❶「三宗繼世，有天下之君，與成王同。」是也。此篇言「周公曰：『嗚呼』」者七，司馬侍講曰：「人欲有所言，若意深事重，則必先歎息。周公語，每更端，則曰嗚呼。」是也。「中宗」，大戊也。大戊，湯之玄孫。大戊兄雍己之立爲王也，殷道衰，諸侯或不至，及大戊立，殷復興，諸侯歸之，故其廟爲中宗。蓋古者，祖有功而宗有德，其他廟則親盡而迭毁，惟祖宗之廟則百世不毁焉。故劉歆曰：「天子之廟七。七者，其正法，數可常數也。宗不在此數中。苟有功德則宗之，不可預爲設數。故於殷，大甲爲大宗，大戊爲中宗，武丁爲高宗。周公無逸之戒，舉殷三宗以勸成王。由是言之，宗無數也。」然則大戊之稱中宗，蓋殷人以其有德，以立廟爲宗而不毁。曰「中宗」者，其廟號也。「嚴恭寅畏天命」者，言其畏天也。蓋天命之無常，修德則降之以福，不修德則降之以禍，故不可不敬畏之也。唐孔氏謂：「嚴是威，恭是貌，寅是心。」胡博士則以「嚴」爲「貌」，「恭」爲「行」，「寅」爲「心」。如薛博士、豐祭酒皆從而爲之分別，皆不必如此。既曰「嚴」，又曰「恭」，又曰「畏」，蓋言其畏天之心，有加而無已。《書》之文，其義同，而重復言之者多矣。此正如所謂「日嚴祗敬六德」，言敬重六德之人，與之共事，而王氏以爲「貌嚴，行祗，心敬」也。其畏天也，豈徒然哉？「自度」者，自治以法度也，猶所謂身爲法度也。能自治以法度，則不耽於逸豫矣。《史記》曰：「大戊立，伊陟爲相。亳有祥桑穀共生於朝，一暮大拱。大戊懼，問伊陟。伊陟曰：『臣聞妖不勝德，帝之政其有闕歟？帝其脩德。』大戊從之，而祥桑枯死。」夫大戊之於天命，其戰戰兢兢如此，故其自度可知矣。惟其自度，故以治民則致其祗懼，而不敢荒怠自安也。昔禹之訓有曰：「予臨兆民，凜乎若朽索之馭六馬。」爲

❶「危」，汲古閣本作「范」，疑是。

人上者，奈何不敬？則治民不可以不祗懼也。《酒誥》曰：「在昔殷先哲王迪畏天顯小民。」大戊之「嚴恭寅畏天命」，所謂「畏天顯」也。「治民祗懼」，所謂「畏小民」也。惟其無逸如此，故在天子位享國祚者，「七十有五年」。「高宗」，武丁，大戊之孫。武丁未即位之前，其父小乙欲其知稼穡艱難、人民疾苦，故使之出居民閒，勞苦於外，及小人共事，故曰「舊勞于外，爰暨小人」。諸家説者無不以《説命》言「既乃遯于荒野，入宅于河，自河徂亳」爲高宗舊勞于外之證據。《説命》「既乃遯於荒野」以下之文，乃甘盤逃遯而去，匿迹晦名，不知其所終，故高宗欲傅説之訓朕志，非是高宗舊勞於外之事也。高宗既久居民閒，親履其勞，是以起而即天子位，則不敢逸豫。居喪則亮陰，而三年不言，其篤於孝道如此。既免喪，則可以言矣，故言，而天下莫不雍和。蓋惟其不言，故言則天下信之矣。而高宗之所以治民者，則亦如中宗，不敢荒寧，故能善治商邦，或小或大，皆得其歡心，無有怨之者。先儒以「靖」爲「謀」，言善謀殷。竊謂「靖」當訓「治」。《釋詁》曰：「靖，謀也。」《周頌》：「日靖四方。」毛曰：「謀也。」鄭曰：「治也。」鄭説爲勝。則此亦當訓「治」。惟其無逸如此，故高宗之在天子位享有國祚者，「五十有九年」也。「祖甲」，湯孫大甲也。大甲者，大戊之祖。論世次之先後，則先大甲，次大戊，次武丁。今乃以祖甲列於武丁之後者，先儒曰：「此以德優劣、立年多少爲先後，故祖甲在下。」而蘇氏之説尤爲明白，其説曰：「此方論享國之長短，故先言享國之最長者，非世次也。」此説爲得周公之本意。而鄭康成乃以祖甲爲武丁子帝甲。案《殷本紀》：「武丁崩，子祖庚立。祖庚崩，弟祖甲立，是为帝甲，帝甲淫亂，殷復衰。」殷之君，既有祖甲，而又其世次在於武丁之後，則其説似爲勝，然帝甲既以淫亂而殷道衰，則非無逸之君，周公豈取之哉？康成之説以謂：「帝甲有兄祖庚，賢，武丁欲廢兄立弟，祖甲以爲不義，逃於人間，故曰久爲小人。」此説蓋本於馬融，無所經見，難以憑信。陳少南亦以此説爲信，而以司馬《史記》爲誣，且謂：「周公言『自殷王中宗及高宗及祖甲及我周文王』，此其文不可謂不以世次先後言之也。」夫周公既以享國之長短爲先後，而列序其事於上矣，其曰「自殷王中宗及高宗及祖甲及我周文王」，蓋因前之文也，非其世次也。唐孔氏引《國語》曰：「『帝甲亂之，七代而殞。』則司馬氏以帝甲爲淫亂之主不爲無據，豈可謂之誣哉？」觀《太甲》之篇曰：「茲乃不義，習與性成。」又曰：「予小子不明于德，自厎不類。欲敗度，縱敗禮，以速戾于厥躬。」正所謂「不義惟王，舊爲小人」。則以祖甲爲太甲，豈不明甚？寧不愈於康成所載祖甲舊爲小人之事乎？惟太甲之初立，陷於不義，而爲小人之行，故伊尹放之於桐宫，致之於憂患之地，而作其愧恥之心。既三年矣，則能悔過自責，處仁遷義，以聽伊尹之訓己，故其起而即位。則能知小人之所依，不爲逸豫以奪民時而困民力，故能安順於衆民，雖鰥寡不能自存者，皆有以敬而養之。惟其無逸如此，故太甲之享國者，「三十有三年」也。「自時厥後」，謂繼三宗而立者，或在中宗之後，或在高宗之後，或在祖甲之後也。其所立之王，生則逸豫無度，自適一己之樂，而不復恤斯民焉。其所以逸豫者，則以生於深宫，長於富貴，「不知稼穡之艱難，不聞小人之勞」，故惟耽樂之事，則從而爲之。惟其逸豫如此，則所以伐性殞壽者多矣，故其享國高者十年，短者三年而已。

周公引商家之君，以其賢否爲之鑒戒，蓋欲使成王憂勤於上，如商之三宗，則其享國之永，亦將如之，久者七十五年，其下者亦三十三年。苟逸豫於上，如商之後王，則其享國之促，亦將如之，其久者，不過十年，其下者，惟三年而已。成王將何擇哉？世之人多以壽夭歸之天命，殊不知人之或壽或夭，於己取之而已矣。苟其憂勤如三宗，而其享國之促，至於四三年；逸豫如後王，而其享國之永，至於七十有五年，如此，則可以歸之命。何者？莫之致而至者，命也。若夫憂勤而壽，逸豫而夭，乃其所取也，豈命也哉？古人有言曰：「目愛采色，命曰伐性之斧；耳樂淫聲，命曰攻心之鼓；口貪滋味，命曰腐腸之藥；鼻悦芬芳，命曰薰喉之煙；身安輿駟，命曰召蹶之機。此五者，所以養生，亦以傷生。」則肆逸豫者，最爲害之大，伐性殞壽，所由以起也。今夫天下之民，其居於深山窮谷之中者，暴露其膚體，勞苦其筋骨，歷歲窮年，而不得休息，雖終其身，而不知聲色臭味之爲可好，故其壽多至於百年；其居於都邑之間、輦轂之下者，紛華之可樂，嗜慾之可玩，故多不得其天年而死。以是觀之，則人君之壽，豈不本於無逸乎？自古人臣之愛君，未有不欲其君之壽考。蓋《洪範》「五福：一曰壽」，五福以壽爲先，則世之所謂百福者，莫壽若也。《天保》，報上之詩也，則曰：「如南山之壽，不騫不崩。」而召公之對揚王休也，亦曰：「天子萬年，天子萬壽。」周公之戒成王，蓋欲其享國長久，與天地相爲無窮，其愛成王之心可謂至矣。而其所以享國之久長者，則在於無逸，以是知周公愛君之深，所謂愛君以德者也。

周公曰：「嗚呼！厥亦惟我周太王、王季，克自抑畏。文王卑服，即康功田功。徽柔懿恭，懷保小民，惠鮮鰥寡。自朝至于日中昃，不遑暇食，用咸和萬民。文王不敢盤于遊田，以庶邦惟正之供。文王受命惟中身，厥享國五十年。」周公曰：「嗚呼！繼自今嗣王，則其無淫于觀、于逸、于遊、于田，以萬民惟正之供。無皇曰：『今日耽樂。』乃非民攸訓，非天攸若，時人丕則有愆。無若殷王受之迷亂，酗于酒德哉！」

周公之戒成王，既引商之三宗憂勤不怠，而歷年有永，欲成王以之爲法；又引商之後王逸豫自適，而蚤墜厥命，欲成王以之爲鑒。意謂三宗享國之長，非天實延之也，在我者有以延之也，後王享國之短，非天實促之也，在我者有以促之也。天之於人，吉凶壽夭如影響，然豈獨私於三宗，而偏疾於後王哉？以其有逸不逸之異耳。成王將欲享國長久，如商三宗，則其無逸之心豈可以不如三宗哉？此實周公愛君之至。然周公之心猶以爲未也，又以文王享國之效而告之。蓋前代之君，去周之近莫如殷，而我周家祖宗之成憲可爲楷模者，比之商又爲近焉，故先引商家之君，而後言我先王也。如《伊訓》之篇，先言夏后氏之懋德，而其子孫之弗率，遂言其烈祖之成德，以訓于王。古之大臣，陳善閉邪，以啓沃於君者，率用此道也。

周公嗟歎而言：不獨商王然也，我先王亦然。我周之大王、王季，皆能謙抑而畏懼，未嘗懷驕怠之心，故大王之所以能肇基王迹，王季之所以能勤勞王家，而周之基業自此興矣。文王繼之，然亦不敢逸豫以困斯民焉。蓋天生民而立之君，以司牧之，將使以一人而治天下，不以天下而奉一人，故文王之治其國，惟以斯民之不獲爲慮，而不以一己之憂勤爲難。恭儉節用，以卑其衣服也，蓋爲就其安民之功與其治田之功而已。柔和恭敬之德，皆盡美也，蓋爲懷保小民與夫加惠於鮮乏鰥寡之人而已。自旦至于日中及日昃，不暇飲食也，蓋爲「咸和萬民」而已。夫欲天下之匹夫匹婦無有不被其澤，則無望乎適一己之便。逸豫者，可以適一己之便矣，而天下之民必有不得其所者。使文王爲鮮衣美服，則必不能就安民治田之功；狠虐暴慢，則必不能加惠於窮民；惟口腹之是念，則必不能咸和萬民，何者？天下無兩全之利也。是以文王寧屈己以便民，不肯拂民以奉己也。然文王之愛民不獨此也，又不敢盤樂于遊田者，蓋以庶邦之貢賦惟供所當用者，若以供遊田之費，則非其正矣。夫天地之生財有限，而庶邦之貢賦有常，若以供其私費，則必有不繼者，而橫賦暴斂將自此起矣，文王之所以不敢盤于遊田也。惟文王之無逸如此，故其享有國祚者五十年。「受命惟中身」者，文王九十七而終，而「享國五十年」，則受天之命而繼世即位，以九十七言之，正得其半，故於身爲「中」也。唐孔氏曰：「文王即位時年四十七，於身非中，而言中身，舉全數而言之也。」「徽」、「懿」，皆美也。「徽柔懿恭」，言柔之與恭，皆盡其美，非以聲音笑貌而爲之，猶言「允恭克讓」也。「日中昃」，謂日中及昃時也。《左傳》曰：「日上其中，食日爲二，旦日爲三。」是以日有十數，平旦而後食時，食時而後日中，日中而後日昳，「昳」即「昃」也，謂「日蹉跌而下」也。《説文》曰：「日在西方時，昃也。」夫謂之「食時」，則人飲食，蓋以此時。今自旦至日中及昃而不暇食，其勤可見矣。「遑」即「暇」也。唐孔氏曰：「重言之者，古人自有複語。猶言『艱難』。」是也。在《易》：「損上益下爲益，損下益上爲損。」「損下」者，宜上之益也，而乃爲損者，百姓足，君孰與不足故也。文王欲「即康功田功」，則卑其衣服；欲「惠鮮鰥寡」，則「徽柔懿恭」；欲「咸和萬民」，則「不遑暇食」。身爲人君，而其奉養如是之薄，經綸如是之勞，可謂「損上益下」矣，而其效則至於享國久長，益孰有大於此者乎？而説者乃有「文以憂勤損壽，武以逸樂延年」之言，其戾於經世之言。文、武之年者，文王九十七而終，武王九十三而終，是文、武之年，皆所謂期頤之壽也。《魚麗》之序曰：「文、武以《天保》以上治内，《采薇》以下治外，始於憂勤，終於逸樂。」是文、武皆以憂勤之故，而後享其逸樂，非文王憂勤而武王逸樂也。既非文王憂勤而武王逸樂，而文、武又皆享期頤之壽，安得謂「文王以憂勤損壽，武王以逸樂延年」哉？爲此説者，蓋以《文王世子》之言「我百爾九十，吾與爾三焉」。惟文王自減其三以益武王，故有「損壽」、「延年」之言。所欲與武王以三齡，蓋將以成其克商之志。則是文王年十八生武王，至崩時，武王年八十矣，即位十一年而伐商，既克商二年而崩，其集大統也，蓋在於所與三齡之内，不與之，則商不可得而克。其所以或損或增者，非以憂勤、逸樂之故也。周公謂文王以無逸享國久長，先儒乃謂「文王以憂勤損壽」，學者將孰信哉？

「繼自今嗣王」，繼自今以往嗣世之主，皆當如是也。司馬侍講曰：「不獨成王當以爲戒，繼自今以往嗣世之主，皆當以爲戒。周公用意深遠，垂訓後世，故并言之。」是也。「淫」，過也。「觀」、「逸」、「游」、「畋」，皆所謂逸豫也。欲必一一而辨之，則如隱公之「觀魚」，莊公之「觀社」，所謂「觀」也；秦二世居禁中，公卿希得朝見，唐敬宗日晏坐朝，所謂「逸」也；周穆王周行天下，將皆必有車轍馬迹，所謂「游」也；太康畋于有洛之表，所謂「畋」也。夫觀、逸、遊、畋，人情所不能免也，先王豈惡之哉？所惡於觀、逸、遊、畋者，謂其過也。過而爲之，如前數君之所爲，則所費不貲，下民有受其弊。商之後王所以享國之促者，蓋以此也，故自今嗣王不可過爲觀、逸、游、畋之樂，以萬民之税賦惟供其所用者，其可輕費而妄用哉？或曰「庶邦」，或曰「萬民」，亦是史家之體，經緯其文，不必爲之説也。能愛惜萬民之膏血，而不以供一己之私欲，則其享國亦將如三宗、文王矣。夫享國之長久，在於「無淫于觀、于逸、于遊、于畋，以萬民惟正之供」。而漢武帝恃其富强之資，靡所不爲，「明珠、文甲、通犀、翠羽之珍盈於後宫，蒲梢、龍文、魚目、汗血之馬充於黄門，廣開上林，穿昆明池，營千門萬户之宫，立神明通天之臺，又嘗勒兵十餘萬北巡朔方，遂東幸緱氏，登中嶽，東巡海上，封禪泰山，復並海北之碣石，歷北邊，八月之間，行萬八千里，其費不可勝計，於是摧酒酤，筦鹽鐵，鑄白金，造皮幣，算至車船，租及六畜」。其肆爲逸樂，以横取於民，一至於此，乃欲禮方士，祠神人，遊大海，望蓬萊，以求長生延年之術，正所謂却行而求及前人也，不可自假曰：惟今日爲此耽樂，他日不復爲也。夫耽樂者，非所以訓民，非所以順天，是人大則有過矣。夫自古人君之耽樂也，豈以其害治而爲之哉？蓋以爲無害也。彼自以爲終歲憂勤，惟一日之耽樂，有何不可哉？然兢兢業業，一日二日萬幾，一日二日之間，而危亡之幾至於萬數，故一日之勤，則有一日之效，一日之逸，則有一日之害，自此而積之，以一日之逸爲無害，則雖一月亦可，以一月之逸爲無害，則雖一歲亦可，以一歲之逸爲無害，則雖終身亦可也。蓋人君不可以有逸豫之心，苟有其心，則日復一日，月復一月，歲復一歲，浸淫横流，而不可遏矣。夫仰天而天或倦，俯地而地或怠，則其確然隤然者，且將與物俱腐矣。蓋至誠無息，悠久無疆，皆不息之積也。苟有息焉，則一日之耽樂，而終身之禍，其在是矣。何者？以其息故也。

息則不可以久。不可以久，則善心日消，人慾日肆，而無復有爲矣。昔宇文士及謂唐太宗曰：「南衙羣臣，面折廷諍，陛下不得舉手，今日幸在左右，不少有將順，則爲天子亦何聊？」使其以少有將順爲無害，自此而積之，則朝夕之間，左右之臣將務爲阿諛矣。耽樂之源，其不可啓也如此。陶侃在廣州無事輒朝運百甓於齋外，暮運百甓於齋内，人問其故，侃曰：「吾方致力中原，過爾優逸，恐不堪事。」侃之心以一日之逸，其害如此，人君能以陶侃之心爲心，則豈以今日耽樂爲可哉？觀《酒誥》言商紂之酣身，至「縱淫泆于非彝，用燕喪威儀，厥心疾很，不克畏死」，其禍慘矣，而其源蓋自於一日之耽樂，故周公戒王曰：無若商王受之迷亂，以沈酗于酒而爲德。東坡曰：「周公戒成王曰：『無若商王受之迷亂，酗于酒德。』成王豈有是哉？當時人君曾莫之罪，而前史書之，以爲美談。」此説甚善。蓋進言於上，切直而無避諱者，此實大臣愛君之心也。唐太宗營洛陽殿，張玄素曰：「昔阿房成，秦人散；章華就，楚衆離；乾陽華清，隋人解體。臣恐陛下之過，甚於煬帝。」賈誼曰：「前車覆，後車戒。秦世所以亟絶者，其轍迹可見也，然而不避是，後車又將覆也。」此皆得周公之意。夫商亡，而周代之，則必以商之惡爲諱，而其可鑒者莫如商；秦亡，而漢代之，則必以秦之惡爲諱，而其可鑒者莫如秦；隋亡，而唐代之，則必以隋之惡爲諱，而可鑒者莫如隋。故忠臣之言必以此而獻替上，使其知所警也。

周公曰：「嗚呼！我聞曰：『古之人猶胥訓告，胥保惠，胥教誨，民無或胥譸張爲幻。』此厥不聽，人乃訓之，乃變亂先王之正刑，至于小大。民否則厥心違怨，否則厥口詛祝。」周公曰：「嗚呼！自殷王中宗及高宗及祖甲及我周文王，兹四人迪哲。厥或告之曰：『小人怨汝詈汝。』則皇自敬德。厥愆，曰：『朕之愆允若時。』不啻不敢含怒。此厥不聽，人乃或譸張爲幻，曰小人怨汝詈汝，則信之，則若時：不永念厥辟，不寬綽厥心，亂罰無罪，殺無辜。怨有同，是叢于厥身。」周公曰：「嗚呼！嗣王其監于兹。」

周公既欲成王以商之三宗及我周之先王爲法，以商之後王及紂之酗于酒爲戒，戰戰兢兢，懷憂勤戒懼之心，以保盈成之業，不可以須臾舍，雖一日之耽樂，亦不可爲，乃可以享國久長，以介眉壽矣。周公於此，又以謂爲人君者苟能無逸，則公，公則明，明則讒邪無自而萌，怨讟無自而生，刑罰無自而虐，此其所以治安。苟或逸豫，則心術不明，心術不明，則讒邪必萌，讒邪萌，則怨讟必生，怨讟生，則刑罰必虐，此其所以亂亡並作，其源皆自於一日之逸。此周公所以又反覆而言之也。

「古之人」，謂前古盛治之世也。前古盛治之世，政教脩明，海内乂寧，可無事於獻替矣，然其臣猶相與訓告、保惠、教誨於其君，君兼聽於上，而下情通，則民之利病，罔不周知，此民之所以無能相譸張而爲幻也。夫小人之「譸張爲幻」，類出於宴安無事之世。方其宴安無事也，自以爲上恬下熙，怡怡自如，方甘心於聲色之奉、游畋之樂，惟恐失之，其肯以國事爲意哉？人主既不以國事爲意，而讒邪之人又能順適其所欲，彼將自以爲既得是人，則可以安枕矣，故其「譸張爲幻」，無所不至也。惟古之人猶胥訓告、保惠、教誨，則姦邪不能乘間投隙而入之，此其所以不能「譸張爲幻」也。譬之人營衛開通，血氣周流，斯能無膏肓心腹之疾，苟其壅遏否塞，必將百疾間作。唐太宗之世，惟其屈己以從諫，有所不言，言無不聽，公卿大夫皆思陳善閉邪，以輔成人主之德，是以治道通達，而小人不得以摇其志，封德彝誘之以律而不從，權萬紀怵之以財利而不納，其誰能「譸張爲幻」哉？以唐太宗觀之，則知古之人其所以抑絶小人，使不能「譸張爲幻」者，惟其胥訓告、保惠、教誨而已。苟其不聽古人之所爲，則邪佞非僻之言易入，故人乃有以非道訓之者，遂變亂先王之正法，至于小者、大者，無不紛更也。夫先王之正法，民情之所安也，今既變亂，則民將自此而不寧，此心之所以違怨，而口之所以詛祝也。夫天下已安、已治，謂之守文之世者，言前世人創業垂統爲可繼矣，惟在於守之而勿失也。然自古守文之世所以每至於亂者，惟其不能守也。蓋其始也，必有小人焉，以前世之法度爲不足守，欲盡取而紛更之，則天下之亂萌於此矣。當其治安也，紀綱制度，焕然可述，君臣無爲，固足以爲治矣。然其變亂先王之正刑者，皆小人之喜作，爲不能安於無事，故奮其私智，謂前世人法度狹鄙廢墜，不足以有爲，非更張則不可，其意蓋謂不如是，則不能以其世而固寵也。漢之張湯、桑弘羊，唐之宇文融、李林甫，其所以致位公輔，恩寵固結而不可解者，惟以是故也。故周公之言有及於此。伊尹之告大甲曰「君罔以辯言亂舊政」，正此意也。夫舜，大聖人也，而益猶戒之以罔失法度，況太甲、成王乎？「訓告」、「保惠」、「教誨」，皆是言人臣以正言而進於君也。「保」，安之也。「惠」，順之也。「惠」與「不惠于阿衡」之「惠」同。既曰「訓告」，又曰「保惠」，又曰「教誨」，則人臣之於君，其所以將順其美，而彌縫其闕之端，盡於此矣。而唐孔氏謂：「教誨以義方，訓告以善道，安順以美政。」胡博士則曰：「訓告以言，保惠以德，教誨以道。」林子和則曰：「訓告以事言之，保惠以德言之，教誨以道言之。」其説皆䏿脆而不安。苟易彼而爲此，易此而爲彼，皆可也。蓋一一而辯之，非周公本意所存，不辯可也。「胥」者，言臣之相與以是而啓迪於上也，與「官師相規」之「相」同。陳少南曰：「古人之言言胥訓，小人之訓不言胥，則知古之人君兼聽，亂世之君專聽小人而已。」此説爲善。「譸張」，《爾雅》曰：「誑也。」「幻」，相詐惑也。《列子》曰：「窮數達變，因形移易者，謂之化，謂之幻。」《漢・張騫傳》曰：「大宛諸國以大鳥卵及犛軒眩人獻於漢。」顔師古曰：「眩讀與幻同。即今吞刀吐火、植瓜種樹、屠人截馬之術皆是也。」讒邪之人以是爲非，以非爲是，惑亂人主之視聽，謂之「爲幻」，可謂得小人之情狀矣。「違怨」者，司馬侍講曰：「外雖迫於威刑不敢不從，獨其心相違而怨懟也。」「詛祝」者，唐孔氏曰：「告神明令加殃咎也。」《傳》曰：「楚郤宛之難，國言未已，進胙者莫不謗令尹。」則是祝詛者，因祭而爲之也。否者，言民之不違怨則詛祝，不祝詛則違怨也。周公又嗟歎而言曰：自大戊及武丁及大甲及文王，此四人皆迪於哲。四人之所以迪哲者，以其無逸故也。無逸則公，公則明也。上之所言者，太王、王季，而後及文王，此特舉文王而舍太王、王季，故王氏曰：「四人皆天子，非若諸侯，以戰戰兢兢爲孝者。」楊龜山破之，謂：「畏天者保其國而已。謂中宗爲畏天，是亦諸侯之事，其説自相抵牾矣。文王大勳未集，雖曰受命之君，未嘗爲天子也。蓋四人者，皆享國克壽，故特言之，非謂其爲天子也。」此説是矣。夫《無逸》之所言者，蓋皆以其戰戰兢兢而取之，如王氏之言，則是逸豫自肆者，乃周公之所取也。范内翰曰：「祖甲初立不明，能聽伊尹之訓，克終其德，聖人重其改過，列於三宗，與文王同爲明哲之君。由是觀之，改過聽諫，人君之大德也。」此説甚善。自祖甲之不明而言之，則將與桀、紂同科，今遂與文王同列，則人君不可以其有過而自棄，惟患其不能改也。惟四人之迪哲，則不爲浮言所惑，故人雖告之曰：小人或怨恨於汝，毁詈於汝，則必自反於己，思所以致其怨我詈我之由，故大自敬其德也。夫當四人之治天下，以其無逸之故，民將誦而歌舞之，豈復有怨詈者哉？然小人之欲得志於朝者，必設爲此言以嘗試其君，君苟不察而輕信之，則心術將自此不正，而可以利動矣。惟其自反於己以敬德，則浮言無自而入也。民之有過，則曰我之過，所謂「萬方有罪，在予一人；百姓有過，在予一人」是也。民之所以不能漸仁摩義，而至於有過者，皆我有以致之，豈以爲斯民之罪哉？人君信能如是，則不啻不敢含怒也，必和悦其顔色而受之。則其聞怨詈之言，己誠有以致之，其必敬修厥德而不敢怠。苟無有也，豈以怨詈者爲無根之言而窮治之哉？亦三省其身而後已。且人之告我以是，固欲其忿怒肆行而後已，得以逞其志，今惟敬德而已，彼何自而入哉？苟其不聽四人之所爲，而昏暗不明，則人「將譸張爲幻」，曰「小人怨汝詈汝」，則必信之，如是者，以其不能長念其爲君之道，不寬綽其心，敬信其言，以爲誠然。至於無罪、無辜者，必將惟其殺、罰矣。無罪而罰之，無辜而殺之，是亂也，則天下之怨，同而聚於吾身矣。如周厲王之監謗，秦始皇有誹謗妖言之律，是不念爲君之道以寬綽其心，故其刑罰不當，此怨之所積，而厲王流于彘，秦二世而亡也。蓋明王之治天下，固無致怨詈之道，然聞怨詈之言而益敬德，則怨詈何自而興？暗主之治天下，怨汝詈汝乃其所戒也，今聞怨詈之言，而又嚴刑峻法，欲以遏絶之，則怨當益深，而詈當益衆矣。嗣王不可以不監也。成王長於深居之中，以幼冲之年而即天子之位，周公懼其有驕心也，今始聽政而天下太平，周公懼其有怠心也。驕怠之心一萌，則觀、逸、游、田無所不爲，讒邪之所自入，怨讟之所自興，刑罰之所自繁，而壽考何自而致乎？故周公作此篇以戒之，前後反覆，惟欲其無逸而已。惟其無逸，則將專心於學問，留意於政事，其他可以伐性損壽者，有不暇爲，此所以壽也。漢霍光之輔昭帝，方其幼冲之年，所習之邪正，則壽夭由此而分。光欲上官皇后擅寵有子，「雖宮人使令皆爲窮袴，多其帶，後宮莫有進者」。夫「少之時，血氣未定，戒之在色」，此豈輔少主之道哉？昭帝之所以享年不永者，蓋光之所以輔之者非其道也。以昭帝之聰慧，使光知以無逸之意爲之啓沃，是亦成王之徒也。然則光之愛君，乃婦人女子之愛君，異乎周公也。周公之於成王，前有《七月》之詩，後有《無逸》之書，體雖異，而意則同。《七月》之詩，欲其知創業之難而不敢忽，《無逸》之書，則欲其知守文之不易而不敢怠。唐太宗問創業守成孰難，房玄齡以創業爲難，魏徵以守成爲難。玄齡之心，《七月》之詩也；魏徵之心，《無逸》之書也，皆有周公愛君之遺意。

尚書全解卷三十三　周書

君　奭

召公爲保，周公爲師，相成王爲左右。召公不説，周公作《君奭》。

君奭

周公若曰：「君奭！　弗弔天降喪于殷，殷既墜厥命，我有周既受。我不敢知曰：厥基永孚于休。若天棐忱，我亦不敢知曰：其終出于不祥。　嗚呼！　君已曰：『時我，我亦不敢寧于上帝命，弗永遠念天威越我民，罔尤違。　惟人！　在我後嗣子孫，大弗克恭上下，遏佚前人光在家，不知天命不易，天難諶，乃其墜命，弗克經歷。　嗣前人，恭明德，在今。』予小子旦非克有正，迪惟前人光施于我冲子。　又曰：『天不可信。』我道惟寧王德延，天不庸釋于文王受命。」

《周官》曰：「立太師、太傅、太保，兹惟三公。」「師」、「保」者，三公之官也。三公之官，皆所以教導天子，而其名不同。《文王世子》曰：「師也者，教之以事而喻諸德者也；保也者，謹其身以輔翼之，而歸諸道者也。」賈誼曰：「保，保其身體；傅，傅之德義；師，道之教訓。」此皆緣名以生義。案：《周官》之載六卿自冢宰而下，所掌之職不同，而三公則同，曰「論道經邦，燮理陰陽」而已，不分別其職。蓋三公皆王者之師，既同以經邦論道爲職，豈可從而區别哉？唐孔氏曰：「經傳皆言武王之時，太公爲太師，此言『周公爲師』，蓋太公薨，命周公代之。其時太傅蓋畢公爲之。」案：《詩》曰：「維師尚父。」毛氏曰：「師，太師也。」《左傳》僖二十六年，「昔周公、太公股肱周室，夾輔成王。成王勞之，而賜之盟，載在盟府，太師職之」。襄十四年，「昔伯舅太公，股肱周室，師保萬民，世胙太師，以表東海」。唐孔氏所據經傳言太公爲師，正謂此也。太公既爲太師，而召公爲太保，則周公必爲太傅，故賈誼曰：「召公爲太保，周公爲太傅，太公爲太師。」而《傳》亦曰：「道者，導天子以道者也，常立於前，是周公也；充者，充天子之志者也，常立於左，是太公也；弼者，拂天子之過者也，常立於右，是召公也；丞者，丞天子之遺忘者也，常立於後，是史佚也。」意謂太公立左，召公立右，禮所謂師、保；周公立前，史佚立後，所謂太傅在前，少傅在後，是亦以周公爲傅也。案：《金縢》篇言二公欲「爲王穆卜」，而周公不可，及成王即位，管、蔡流言，周公東征，而二公因風雷之變，導王以啓金縢，則武王之世及成王之初，所謂三公者，惟周、召、太公耳。太公爲師，召公爲保，周公爲傅，雖無所經見，意或然也。太公既薨，故周公自太傅代之爲師。鄭康成注《禮記》曰：「齊太公受封，留爲太師，死葬於周。」唐孔氏之説亦與此同。《史記》謂：「太公當武王平商之後即東就國。」非也。《左傳》既有周公、太公「夾輔成王」之言，而謂武王之世已東就國，可乎？意者，太公雖受封於齊，而入爲太師，若衛武公入相於周，鄭桓公爲周司徒之類，故當武王之有疾，成王之啓金縢，太公咸在也。其謂畢公代周公爲太傅者，以《顧命》知之也。《顧命》曰：「乃同召太保奭、芮伯、彤伯、畢公、衛侯、毛公。」奭稱太保，而畢、毛稱公，則當時之三公也。康王稱畢公爲父師，則畢公於三公蓋太師也。「自陝而東，周公主之」，而康王之誥諸侯，「畢公率東方諸侯入應門右」，周公之薨，畢公代之爲太師可見矣。周公之薨，畢公既代之爲師，則其自太傅而爲太師，畢公代之爲傅亦可以逆推。唐孔氏之説，意或出此。召公爲保，畢公爲師，意者毛公其太傅歟？此正猶《左氏傳》記載晉國三軍之將佐，雖其首尾不備見於傳，然以前後參考，可以知某人者，必某人代之也。然則周公之於三公，蓋自傅而後爲師；召公之爲太保，自武王至於康王，其職任未嘗移也。「相成王爲左右」者，言周、召以師、保而爲成王左右之相。《説命》曰：「王置諸其左右。命之曰：『朝夕納誨，以輔台德。』」周、召之爲左右相，是亦陳善閉邪，以輔成人主之德也。惟周、召既爲左右相，故因命以爲二伯，分總天下之諸侯，《王制》曰「八伯各以其屬，屬於天子之老二人，分天下以爲左右，曰二伯」是也。《公羊》曰：「自陝以東者，周公主之；自陝以西者，召公主之。」正謂此也。《公羊》此文合於《書》「太保率西方諸侯，畢公率東方諸侯」之言，但其論天子三公，既已分陝東、西爲其二矣，又以一相處乎内，以足其數，此則不可。夫三公者，師、傅、保之謂也。天子雖有三公，而其分總諸侯者，則命其二焉，非是分陝者皆不居於京師，而惟其一處於内，且《公羊》謂周、召既出而分陝，則其在人主之左右者果誰乎？蓋其不知師、傅、保之爲三公，故其説乖戾至此。召公自武王時已居太保之位，至於成王即政之後，將欲與周公謝事告老。召公之意謂吾二人者，輔翼成王使之見正事，聞正言，行正道，以成其德，王既聽政，故可以歸也，而猶以師、保爲王左右之相，此其所以不悦，故周公作此篇，言己不得不留輔成王，兼留召公共政。蘇氏曰：「周公何以不歸也？察成王之德未可以舍而去也。周公齊百官以輔王，而王之所用悉其私人受教於王者，此其德豈能離師友而弗反也哉？」此説是矣。然不獨此也。殷之餘民染紂之化，「草竊姦宄」，無所不爲，至康王之世，而其餘風猶未殄，雖武庚之變，志不克逞，而其心猶冀天下之有變，以僥倖萬一，苟一舉措之失宜，則彼將乘間而起矣。此周公所以長慮却顧，而以爲不可告歸也。《史記》曰：「成王既幼，周公攝政，當國踐祚，召公疑之，作《君奭》。」而唐孔氏又謂：「召公以周公嘗行王政，今復在臣位，其意不悦。」漢孫寶亦曰：「周公上聖，召公大賢，尚猶有不相悦。」是皆以召公不知周公之心。程伊川、二蘇兄弟、王氏破之詳矣。然諸家之説猶有異同者。伊川曰：「看此一篇，是周公留召公之意。」是也。然謂「召公初升爲太保，與周公並列，其心不安，故不悦」，則非也。召公與周公爲三公，武王之世已然矣，豈至是初升哉？王氏謂：「成王非有過人之聰明，而出於文、武之後，人習至治之時爲難繼，故召公於其親政之始有不悦也。」案：此篇之言，皆是周公以天命之難諶，懼成王之弗克負荷，以忝前人之成憲，故己雖致政，而不敢告歸。若王氏之説，召公既以成王親政爲憂矣，周公當言成王之德可以光大文、武之緒，乃能解召公之憂，不當又以是爲言矣。小蘇謂不悦其歸政，考之篇中亦無所見。今周公但陳商代之臣皆世德耆艾，以「保乂王家」，并及虢叔、閎夭之徒，亦皆事周數世，既昭文王「受有殷命」，又昭武王「咸劉厥敵」，意謂吾二人者，皆周之元老，無去之之義，所以皆不得不留也。唐孔氏曰：「三公之次，先師後保。此先言保者，篇之所作，主爲召公不悦，故先言召公，不以官位爲次也。」夫先言保而後言師，此亦如《酒誥》先圻父，而後農父，皆其一時之言，不可以爲之説也。此篇序正與《湯誓》、《大誥》同，所作之故，惟見於《序》，而於篇首未嘗及之。世皆以序爲出於孔子之手，如此等《序》，使其無所傳記，孔子生於數百載之下，何由逆知其故乎？故某以爲必是歷代史官遞相傳授，以爲《書》之總目，孔子因而次第之也。

「奭」，召公名也。曰「君奭」者，尊之之稱，「君陳」、「君牙」皆尊之，故曰「君」也。尊之爲「君」，正如棄謂之「后稷」，曰「后」，曰「君」，一也。周公呼召公之名而告之，言殷紂以自絶於天之故，故不爲所弔恤，而降喪亡於殷，殷既亡，而周以世世修德之故，「天監代殷，莫若周」，是以我周遂受天命以有天下也。先儒讀「弔」字音的，非也。周雖受天命代殷以有天下，然其歷祚之長短，在於不可測度之間，故我所不敢知其基業將永信于休乎，若其果輔我之誠乎，或其終出于不祥乎，皆不敢知也。「不敢知」者，疑之之辭，以爲必有不可也，以爲必無不可也。雖天之吉凶禍福若影響，然未嘗有毫釐之差，然不可知其所以然之故，故周公謂「不敢知」。召公則已嘗曰：是在我而已，若能祇懼天命，「不敢荒寧」，則必將「永孚于休」。「永孚于休」雖不敢知，而其不敢荒寧于上帝命，則可得而知也。苟不能長遠念天威之可畏，及教化我民，使無尤過違闕，則必將「終出于不祥」。「終出于不祥」雖不敢知，而其弗念天威及我民，則可得而知也。蓋「永孚于休」，終出不祥，在天，而不敢寧于帝命，弗念天威及我民，則在人。在天者不可必，在人者可必，故繼之以「惟人」。先儒以「惟人」屬於下文，而以「罔尤違」爲絶句，故王氏因之曰：「前既言在天者，今此言在人者，故曰惟人也。」不如蘇氏以「惟人」爲絶句其意爲勝。「君已曰：『時我』」，指《召誥》所陳之言。《召誥》言敬德，則「祈天永命」，不敬德，則「早墜厥命」。命之修短不在天，而在人，故周公告召公多援《召誥》之言，而爲之反覆辨明，曉人者當如是也。「後嗣子孫」，謂成王也。惟其吉凶禍福不在天而在人，其在成王，今苟不能恭嗣天地，而遏絶放佚前人光明之德，蓋其在於深宫之中，安於富貴，謂天命可以長享，而不知其不易。有德則興，無德則亡，命之不可信如此，今既失德，則將墜其命，弗能經歷久遠以享有天下，繼嗣前人而恭奉其明德也，我之所以不去，蓋爲是也。在今我小子之留輔成王，非能自以爲有所正，以格君心之非也，但欲蹈行前人光明之德，以施於成王幼冲之人，則可以弼成王德，以永享天命矣。周公又以謂天命不可信，我之道王惟以寧王之德施之，則可以延長，使天不用舍文王所受之命以命他人也。蓋天雖以文王之有德，故命之作周，苟嗣王之失德，則天將釋之。其不可信如此，則我之不去，惟欲以延周家之命而已。夫留輔成王以延周家之命，使之享卜年卜世之永，此大節也，功成名遂，奉身而退，此小廉也。召公之欲告歸，蓋欲盡爲臣之義。周公之所慮者遠，故不以小廉而妨大節。此篇之所爲作也。

公曰：「君奭！我聞在昔成湯既受命，時則有若伊尹，格于皇天。在太甲，時則有若保衡。在太戊，時則有若伊陟、臣扈，格于上帝，巫咸乂王家。在祖乙，時則有若巫賢。在武丁，時則有若甘盤。率惟茲有陳，保乂有殷，故殷禮陟配天，多歷年所。天惟純佑命，則商實百姓王人，罔不秉德明恤，小臣屏侯甸，矧咸奔走。惟茲惟德稱，用乂厥辟，故一人有事于四方，若卜筮罔不是孚。」公曰：「君奭！天壽平格，保乂有殷，有殷嗣，天滅威。今汝永念，則有固命，厥亂明我新造邦。」公曰：「君奭！在昔上帝割申勸寧王之德，其集大命於厥躬。惟文王尚克修和我有夏，亦惟有若虢叔，有若閎夭，有若散宜生，有若泰顛，有若南宮括。」又曰：「無能往來，茲迪彝教，文王蔑德降于國人。亦惟純佑秉德，迪知天威，乃惟時昭文王迪見冒聞于上帝，惟時受有殷命哉。武王惟茲四人尚迪有禄。後暨武王誕將天威，咸劉厥敵。惟茲四人昭武王惟冒，丕單稱德。

中才之主，可與爲善，亦可與爲惡，輔之得其人，則至於堯舜不難也；輔之非其人，則至於桀紂不難也。周成王，中才之主也，當幼冲之年，即天子之位，管、蔡流言，而王有疑周公之心，及其感風雷之變，然後遇災而懼，深知周公之忠，豈非可與爲善，亦可與爲惡乎？故雖周、召爲之輔翼，或推或輓，使之所言者正言，所行者正行，無有奇衺之習，其德既成，則可以保盈成之業，而永享天命。然周公之齊百工以輔王，而王之所用，悉其私人受教於王者，自此而積之，則朋黨之禍將不可得而遏。故惟已聽政，以剸裁萬幾之務，苟非周、召在其左右，將順其美，而正捄其惡，則其舉措之間，或有以召天下之禍。不可以天命眷我周家爲甚固，而可以長保也，故周公歷言天命之不可信，恐成王之弗克負荷。將欲輔成王德，以延周家之命，則吾二人不可以一日而去朝廷也。是以又言商代之臣與夫我周文、武之朝，其臣皆與國同其休戚，黄髮耇艾，無有厭斁，以明吾二人之當留也。

「保衡」，即伊尹也。於成湯則言「伊尹」，於太甲則言「保衡」者，陳少南曰：「在成湯則言伊尹，而不言保衡，至《太甲》書則曰：『嗣王不惠于阿衡。』是阿衡始見于太甲之時矣。」此説是也。鄭康成謂：「伊尹在湯曰阿衡，至太甲改曰保衡。」非也。故唐孔氏破之，以爲《太甲》云「嗣王不惠于阿衡」，則《太甲》亦曰「阿衡」也。「保衡」、「阿衡」，一也，太甲即位始，以是而尊伊尹焉。「伊陟」，伊尹之子也。逸篇序曰：「伊陟相太戊。」是也。「臣扈」，臣名也。蘇氏曰：「湯既克夏，欲遷夏社，作《臣扈》之篇。湯享國十三年，又七年而太甲立，太甲享國三十三年，又更四帝乃至太戊，而臣扈猶在，豈非壽百餘歲哉？」而陳少南謂：「湯十三年，太甲三十三年，沃丁二十九年，太庚二十五年，小甲十七年，雍己十二年，然後太戊立。自湯勝夏，以至太戊立，凡一百有三十年矣。臣扈在湯勝夏之初年，已不知其年若干，閲一百有三十，❶又相太戊若干年，而能格于上帝乎？是必有二臣而名同者也。」此二説不同，而唐孔氏已有此兩説，曰：「湯初已有臣扈，已爲大臣，不得至今仍在，與伊尹之子同時立功。豈二人名同？故兩字一誤也。」案：《春秋》范武子光輔五君，或臣扈事湯而又事太戊。案：章子平《編年通》載，所記商家太甲以後數君在位之年正與陳少南同，而司馬遷《史記・殷本紀》其君在位所歷之年未嘗載也，蓋世代遼遠，不可得而見。則臣扈之或爲一人，或爲二人，但其世以是爲稱，亦不可知。如《詩》有「家父刺幽王」，而《春秋》桓公八年又書「天王使家父來聘」；莊元年有「單伯」，而文十四年又書「單伯如齊」；《左氏傳》桓三年晉有「梁弘」，而僖三十三年又有「梁弘」，此皆歷年之多，其爲一人，爲二人，不可得而

❶「十」下，汲古閣本有「年」字。

知。惟宣十二年，楚有「屈蕩」，而襄二十五年又有「屈蕩」，杜元凱方以爲二人。蓋襄二十五年《傳》曰「屈建爲令尹，屈蕩爲莫敖」，宣十二年之「屈蕩」，正「屈建」之祖父，而此「屈蕩」與建並列，故可以知其爲二人也。「巫咸」，即逸篇序曰「伊陟贊于巫咸」，作「咸乂」四篇是也。「祖乙」者，河亶甲之子，太戊之孫。《史記》曰「祖乙立，殷復興」，所謂「圮于耿」者。「巫賢」，先儒以爲巫咸之子。此言在昔成湯既受天之命伐夏，以有九有之師，時則有伊尹之臣爲之佐，而「格于皇天」。《說命》曰「昔先正保衡，佑我烈祖，格于皇天」，正此是也。至太甲之立，則伊尹尚爲之佐。唐孔氏曰：「伊尹之下，言格于皇天，保衡之下，不言格于皇天，從可知也。」是也。太戊之立，則有伊陟、臣扈爲之佐，亦「格于上帝」。唐孔氏曰：「『皇天』之與『上帝』，俱是天也，變其文耳。」蓋天即帝也，帝即天也，豈有二哉？夫天之蒼蒼在上，不可得而名言，但自其形體而言，則謂之「天」，自其主宰而言，則謂之「帝」。《書》之言天而又言帝者，是錯綜其文，不欲重言之耳。既於伊尹曰「格于皇天」，不可又於伊陟、臣扈曰「格于皇天」，故變文言「上帝」也。❶王氏多以「天」爲道，「帝」爲德，謂道至矣，則「格于皇天」，德至矣，則「格于上帝」。而說者又於伊尹一人之身，而分道與德，其鑿甚矣。巫咸爲太戊之佐，則能治王家。祖乙之時，則有巫賢，武丁之時，則有甘盤，皆其世臣也。唐孔氏曰：「巫咸、巫賢、甘盤蓋功劣于彼三人，故無格天之言。」是也。「陳」，先儒以爲「陳列」，不若蘇氏以爲「久」。言此商家之臣，率皆惟此輔佐之久，以治安有殷，故有殷之君以禮終而配天，享國久長，「多歷年所」也。登遐曰「陟」，所謂「惟新陟王」是也。「禮陟」，猶言得正而斃也。惟周公既留召公共政，故至成王寢疾，「被冕服，憑玉几」以命羣臣，屬纊之際其言不昧，此非以禮陟乎？惟此六臣

❶ 「文」，汲古閣本、通志堂本作「之」。

輔政之久，故天惟純一佑命于有殷。「純」者，言其命不貳也。則商家之百官族姓及王人之微者，實皆秉德以明恤國家之事，至于小臣之在藩屏侯甸者皆得其人，況夫奔走執事之人皆得其人，可知惟此以德舉而用保乂其君。蓋大臣者，小臣之倡率也。大臣輔政之久，以「保乂有殷」，故此諸臣，無小無大，無内無外，皆能「乂厥辟」。以此之故，故其「一人有事于四方」，則莫不信之若卜筮焉，其應之如響也。蓋久則天，天則神，故不言而信，不怒而威，此所以「若卜筮罔不是孚」。此治道之大成也。「平格」，指上六臣也，言其平治天下以格于天也。上惟言伊尹、陟、臣扈「格天」，此言「平格」，蓋舉此三人，則後三人亦在其中矣。言天壽此平格之臣，使「保乂有殷」。「天壽平格」，猶所謂「憖遺一老」也。有殷之嗣王紂，無平格之臣，故天滅之，其威可畏。今汝召公能長念此，以留輔成王，則天命堅固而不二，其有以治明我新造之邦也。武王即位，天下未集而崩，成主之立，方及七年，故曰「新造邦」也。召公自周家肇造之初已爲太保，及其輔翼成王，分陜而治，始終凡數十年，以至受顧命，相康王，率西方諸侯，以朝升降拜揖，訓告丁寧，蓋猶康强而未艾也。方是時，當百餘歲矣，而其精力若此，正所謂「天壽平格」，乃周公告召公以永念之效也。「割」，先儒以爲「割斷其義」。其説不明白。王氏以爲「降割于殷」，蓋由於以寧王爲文王，故以爲降割于殷。「寧王」，武王也，某於《大誥》已言之矣。蘇氏曰：「天降割喪，文王申勸武王之德，而集大命。」當從此説。「割」與「天降割于我家不少延」之「割」同。言天既以文王之德而命之作周，文王既死，復命武王，故曰「申」也。勸武王之德，猶所謂「天誘其衷」也。惟文王之能修治和協此中夏，則以有虢叔、閎夭、散宜生、太顛、南宫括五人爲之佐也。此五人蓋文王疏附先後，奔走禦侮之臣，故又曰文王若無此五人往來以導達文王有常之教，則無有德下及於國人。蓋德雖本於文王，而其博施於民，則以五臣之力也。此五人之在文王，亦如商之純佑，亦如商之秉德，又導達之，使知天威之可畏，乃惟是五人昭顯文王之德，導達之，而使顯見覆冒于天下。既顯見覆冒于天下，則民必誦而歌舞之，「天聽自我民聽」，故聞于上，遂代殷以受天命也。在武王之世，則五人者，其一死矣，故惟此「四人尚迪有禄」。死者曰「不禄」，此四人猶及于武王之世，故曰「尚迪有禄」。先儒以虢叔先死，不若康成以爲不知誰死，爲得闕疑之義。「虢叔」者，王季之子也，文王之弟。左氏曰：「虢仲、虢叔，王季之穆也。」此四人後與武王大奉天威，盡誅其敵，謂伐紂也。此四人昭武王之德，亦如文王之「迪見冒聞」，天下大盡稱頌武王之德也。於商曰「天惟純佑命，則商實百姓王人，罔不秉德明恤，小臣屏侯甸，矧咸奔走，惟兹惟德稱，用乂厥辟」，故於文王但曰「亦惟純佑秉德」；於文王曰「迪見冒聞于上帝」，故於武王但曰「惟冒」。正猶舜之巡狩於南曰「如岱禮」，於西曰「如初」，於北曰「如西禮」，則自「柴望而下」皆行之也；禹之攝政，言「率百官若帝之初」，則自「在璿璣玉衡」以下皆舉之也。此史家敘事省要之體，《春秋》有前目後凡之例，亦以此也。文、武之時，其佐命元功多矣，獨舉虢叔以下五人，餘皆不及，豈此五人逮事王季而遂及文、武之時邪？伊尹之事成湯，自爲諸侯以至有天下，湯崩又事太甲，伊陟乃伊尹之子，臣扈非湯之舊臣，則亦殷家之世臣，巫咸、巫賢又世爲大臣，甘盤，小乙之舊臣以遺武丁者，虢叔以下必其逮事王季以及文、武之時，此皆世臣舊德與國同休戚，耆艾黄髮，無有厭斁者也。孟子曰：「所謂故國者，有世臣之謂也。」有世臣，則其爲社稷之鎮，其效可勝言哉？惟其所言者皆世臣舊德，故武丁之世不及傅説，文、武之世不及太公也。周公之所以留召公共政者，蓋以吾二人之在朝廷，正如六臣之在殷，五臣之在文、武也，又豈可以舍之而去乎？

「今在予小子旦，若游大川，予往暨汝奭其濟小子同未在位，誕無我責收，罔勖不及。耇造德不降，我則鳴鳥不聞，矧曰其有能格？」公曰：「嗚呼！君肆其監于兹！我受命無疆惟休，亦大惟艱。

告君，乃猷裕我，不以後人迷。」公曰：「前人敷乃心，乃悉命汝，作汝民極。曰：『汝明勖偶王，在亶乘兹大命，惟文王德丕承，無疆之恤！』」公曰：「君！告汝，朕允保奭。其汝克敬以予監于殷喪大否，肆念我天威。予不允惟若兹誥，予惟曰：『襄我二人，汝有合哉？』言曰：『在時二人。天休滋至，惟時二人弗戡。』其汝克敬德，明我俊民，在讓後人于丕時。嗚呼！篤棐時二人，我式克至于今日休？我咸成文王功于！不怠丕冒，海隅出日，罔不率俾。」公曰：「君！予不惠若兹多誥，予惟用閔于天越民。」公曰：「嗚呼！君！惟乃知民德亦罔不能厥初，惟其終。祗若兹，往敬用治。」

周公既言商家之六臣，我周文、武之五臣，皆輔政數世，與國同其休戚。商以六臣之故，曆數有永，緜延不絶，内外之臣莫非忠良，而其發政施教于天下，無不信服而感化；周以五臣之故，仁恩惠澤浸潤于民，必自百里而興，遂膺天命以撫方夏，天下莫不稱頌其德，而不忘世臣舊德之有益于國也。如此，故我二人不可以不留，留則爲社稷之利，不留則爲社稷之憂，雖功成名遂，奉身而去，其爲一身進退之節固當明白，然國家安危長短之原，實自此而分，尤所當念。自此而下，皆周公言其當留之義也。

「游」者，涉水也。《詩》曰：「就其淺矣，泳之游之。」莊子曰「善游者數能」，又曰「見一丈夫游之」，皆涉水也。大川固難于游泳之也，必求其所以濟，游而不濟，未有不没者也。故周公言在今我小子，當王家艱難之業，負重責大，若游於大川之中，自今以往，我當同汝召公左右輔翼，以濟成王，使免於難，同於成王未即政之時，則可以免於大責也。「未在位」，指成王未即位之前。成王之未即政，周公共政以「弼予一人」，使無失德，今既即政，而召公欲告歸，故周公留之，而欲其同來在位也。「罔勖不及」，蓋恐成王恃其盈成之業，驕怠懈弛，不能自勉，而於治道有所不及，是以欲收之。孟子曰：「人有雞犬放，則知求之，有放心而不知求。」「收」者，教之誨之，防閑其心，而不使至於放也。「耉造」者，李博士曰：「蓋老成之謂也。」是也。「耉造德」，言老成而有德也。「鳴鳥」，謂鳳也。《禮運》曰：「麟鳳龜龍，謂之四靈。」《説文》曰：「鳳，神鳥也。天老曰：鳳之象也，鴻前麐後，蛇頭魚尾，鸛顙鴛腮，龍文龜背，燕頷雞喙，五色備舉。出於東方君子之國，翱翔四海之外，過崑崙，飲砥柱，濯羽弱水，莫宿丹穴，見則天下大寧安。」揚子亦曰：「君子，在治，若鳳；在亂，若鳳。治則見，亂則隱。鳳在，治世之祥也。不聞鳳之鳴，則非治世矣。」孔子曰：「鳳鳥不至，吾已矣。」夫孔子之意謂天下有道，聖人在上，則鳳鳥至，河圖出，以表國家之禎祥，傷己不逢太平之時，故有此言也。以孔子之言觀之，則公謂「我則鳴鳥不聞」，亦是託此以言我之不能致太平也。蘇氏曰：「周家以鸑鷟鳴於岐山爲文王受命之符，我與汝奭皆文王舊臣，同聞鳴鳥者也。天如不欲我終王業，則當時必不使我與汝同聞鳴鳥。」其説爲曲，不可從也。言我之所以留輔成王者，蓋將收成王不勉不及之心而防閑之，以終其德。汝奭乃老成有德之人，苟不降意留輔天子，我則將不能致太平而聞鳥之鳴，況能如伊尹、陟、臣扈之格于皇天上帝乎？必不能也。召公其可以不留哉？周公又嗟歎，呼召公而告之曰：君今其當監視於此。其所以當監觀于此者，❶蓋我周受天命，卜世三十，卜年八百，子子孫孫，方興而未艾，其休固爲無窮，然而有德則「祈天永命」，不德則「早墜厥命」，其保守之艱，亦不爲小，不可以休之無窮爲足恃也。我所以告君以留者，乃謀所以寬我之憂。蓋周公之憂，惟恐其成王之弗克負荷。今既在王左右，朝夕納誨，以輔其德，則可以解周公之憂。惟有以解周公之憂，則不致成王之迷而失道

❶「觀」，汲古閣本作「視」。

矣。「後人」，指成王也。下言「前人」謂武王，則「後人」之爲成王，必矣。「我受命無疆惟休，亦大惟艱」，此亦指《召誥》所陳之言也。「敷乃心」，正《盤庚》所謂「今予其敷心腹腎腸，歷告爾百姓于朕志」是也。蘇氏謂：「周公與召公同受武王顧命，輔成王，故周公曰：前人敷其腹心，以命汝位三公，以爲民極。」此說勝於諸家，當從之。曰昔武王命二公之言也，言汝之明勉以配王，在于誠信以乘此天之大命，惟念文王之德，以輔其君，則可以大承其無窮之憂，君臣相與儆戒，以保天命也。意謂武王之所以命吾二人者如此，則我家無窮之憂正吾二人所當任其責，其可以舍而去乎？「偶」，配也。臣者君之配，猶陰者陽之配也。「乘大命」者，王氏曰：「乘者，以乘車而喻，爲彼所載而行。」是也。《詩》曰「其車既載，不輸爾載」，蓋亦以乘車喻治天下。乘天之大命者，得其道，則永保天命，不得其道，則天命中絶，正猶乘車者，有輸爾載、不輸爾載之殊，故惟在於誠而已。周公又言，我之告汝者，皆我之誠心，汝當克敬以留輔成王，以我鑒視於殷。惟其以主荒怠自恣，謂天命可以長保，而不之懼，故喪亡而至於大否。「否」者，閉而亂也。大往而小來，上下不交，而天下無邦。「大否」，則其亂甚矣。天之於商，其眷佑之心亦如我周，然其「喪大否」如此，故我念天威之不可不畏，其不去者，惟欲延周家之命而已。我不誠惟若是告汝也，我惟曰：王業之成，在我二人而已，汝其有以合於我，以留輔成王也。「襄」，成也。《左傳》曰：「雨不克襄事。」杜元凱曰：「成也。」汝召公之言曰：王業之成，是故在我二人，然天方佑我周家，休祥益至，我二人若以寵利居成功，則深恐其不勝，禍自此萌矣。召公之所以不悦而求去者，正慮此也。漢疏廣曰：「吾聞『知足不辱，知止不殆』，『功遂身退，天之道』也。今仕宦至二千石，功成名立，如此不去，懼有後悔。」此正召公弗戡之意。周公謂汝之所以求去者，恐其妨賢者路也，但能敬德，明揚天下賢俊之人而進之，他日讓此俊人于冒大之時，何爲不可？而必於今自告歸哉？又嗟歎而言我二人厚輔於君，故能至今日之休，我二人若皆成文王之功業，而不怠以終之，則其休益爲無窮，其德覆冒之廣，至於海隅出日之地，當無不爲我之役使也。《爾雅》曰：「距齊州以南戴日以爲丹穴，北戴斗極爲空桐，東至日所出爲太平，西至日所入爲太蒙。」「海隅出日」，言其甚遠也。蘇氏曰：「惠，猶言願也。」我豈願若此多誥于此哉？蓋有不得已已。我惟哀閔夫天命之不永，及民之不得其所也。蓋使成王逸豫之心一萌于中，則上無以奉天，下無以撫民，天命將自此而斷棄，而民有受其禍者，此周公之所閔也。蓋「天休滋至，惟時二人弗戡」，則召公之憂；而予「用閔于天越民」，則周公之憂。召公之憂者，一時之計；周公之憂者，天下社稷之計，故召公雖以爲當去，而周公以爲大義當留也。周公又言汝君奭亦知乎凡民之德，無不能有其初，鮮克有終而已，欲其有終，則汝當致敬。如此所言，自今以往，惟敬以治天下，則終始如一矣。傳曰「行百里者半九十」，言末路之難也。成王未即政之前，周、召宅三公之官，以爲王之輔佐，啓沃訓迪，固已納王於善矣。是其初，非不謹也，苟以王既聽政，遽舍而去，如王之舉措失宜，以忝文、武之基緒，則前功盡廢，雖王之罪，亦吾二人不能終輔成王之過也。嘗觀唐之君，多有始而無終：高宗用長孫無忌、褚遂良則治，用許敬宗、李義府則亂；明皇用姚、宋則治，用李林甫、楊國忠則亂；德宗用崔祐甫則治，用盧杞則亂；憲宗用杜黄裳、裴度則治，用皇甫鎛、程异則亂。蓋此數君者，中才之主，可與爲善，亦可與爲惡，故一人之身，而治亂之勢前後相反。使成王之初，雖能致至治，以繼文、武之業，苟不克終，則亦何足道哉？故周公之留召公也，惟欲謹終如始而已。

王氏曰：「此誥或曰君奭，或曰保奭，或曰君者，主王而言則曰君奭，主公事而言則曰君而已，主保事而言則曰保奭也。」王氏喜爲鑿説，一至於此。信如此言，則《康誥》之篇或曰「朕其弟小子封」，或曰「小子」，或曰「封」，或曰「小子封」，或曰「汝封」，或曰「汝」，亦皆有説也。《無逸》、《君奭》皆周公所作，方其爲成王言，則謂商、周之治無不在其君之憂勤；及其爲召公言，則謂商、周之治無不在其臣之輔相，言各有所當也。大抵正主御邪臣，不可以致治；正臣事邪主，亦不可以致治；惟有是君，又有是臣，君臣之懿，則其治如響。觀舜、臯陶之《賡歌》可見矣。

蔡仲之命

蔡叔既没，王命蔡仲踐諸侯位，作《蔡仲之命》。

蔡仲之命

惟周公位冢宰，正百工，羣叔流言。乃致辟管叔于商；囚蔡叔于郭鄰，以車七乘；降霍叔于庶人，三年不齒。蔡仲克庸祗德，周公以爲卿士。叔卒，乃命諸王邦之蔡。王若曰：「小子胡，惟爾率德改行，克慎厥猷，肆予命爾侯于東土，往即乃封，敬哉！爾尚蓋前人之愆，惟忠惟孝。爾乃邁迹自身，克勤無怠，以垂憲乃後。率乃祖文王之彝訓，無若爾考之違王命。皇天無親，惟德是輔；民心無常，惟惠之懷。爲善不同，同歸于治；爲惡不同，同歸于亂。爾其戒哉！慎厥初，惟厥終，終以不困；不惟厥終，終以困窮。懋乃攸績，睦乃四鄰，以蕃王室，以和兄弟，康濟小民。率自中，無作聰明亂舊章；詳乃視聽，罔以側言改厥度。則予一人汝嘉。」王曰：「嗚呼！小子胡，汝往哉！無荒棄朕命。」

當成王即位之初，周公攝政，蔡叔與管叔流言於國，以毁周公，遂挾武庚以叛，周公東征，而「罪人斯得」。蔡叔則遷之遠方而囚之，雖免于死，而終身不赦。及其没也，王乃以周公言其子蔡仲有賢德之故，因其父之故邦而封之，使踐諸侯之位，遂作册書以命之，此篇之所爲作也。

《明堂位》曰：「踐天子之位。」注云：「踐，猶履也。」正與此「踐諸侯位」之「踐」同。踐位，猶《春秋》之言「即位」也。《書序》本自爲一篇，如司馬遷之《史記》，班固之《漢書》，每篇皆撮其大者，叙以數句，亦自爲一篇，不以冠於諸篇之首，及孔安國，以其序所以爲作者之意，昭然義見，宜相附近，故引之各冠其篇首。如《君奭》之篇首，初不言其所以作之之意，則引序而冠之，使後人便於稽考，可也，如此篇其發首自「惟周公位冢宰，正百工」以下，其載所以爲作者之意，可謂至詳矣，而序復曰「蔡叔既没，王命蔡仲踐諸侯位」，則無乃贅乎？以是知孔氏之冠序于篇首，蓋有得有失也。《史記》曰：「武王同母兄弟十人，長曰伯邑考，次曰武王發，次曰管叔鮮，次曰周公旦，次曰蔡叔度，次曰霍叔處。武王克殷，封功臣昆弟。於是封叔鮮於管，叔度於蔡，二人相紂子武庚禄父，治殷餘民；封叔處于霍。」又曰：「武王以殷餘民封紂子武庚，爲武庚未集，恐其有賊心，乃令其弟管叔、蔡叔傅相武庚，以和其民。」是皆以監殷者，惟管、蔡而已。然《大誥》之序即有三監之言，而此篇載周公之於管叔、蔡叔、霍叔，以其罪之輕重，而刑罰之有等差，則知當時傅相武庚，霍叔亦與焉。《史記》失其傳耳。當武王之即世，成王在亮陰之中，周公位居冢宰之官，以正百官，百官總己以聽焉。三叔乃流言于國，謂周公將以成王之幼冲，奪其位而自有之，遂挾武庚以叛，其實蓄不軌之心，而以是藉口也。周公乃率兵以親討管叔，則致法而殺之於殷之故都，蔡叔則遷而囚繫之于郭鄰之地，惟與之從車七乘，霍叔則黜之爲民，三年之内不得與諸侯齒列，既三年，則復其舊封。夫「君薨，百官總己以聽于冢宰三年」，古之人皆然。周公之「位冢宰，正百工」，而羣叔乃流言者，蓋成王幼冲，而周公以聖德而爲之輔。自殷家兄死弟及之禮而言，則周公宜繼武王爲天子，今既攝天子之政，殷人不能無疑于公，故三叔易以其言扇動之以唱亂也。管叔于兄弟之次，周公之兄也，管叔監殷于外，而周公攝政於内，豈能無不平之心哉？故流言以叛。而殷人莫不響應，蓋以武庚常有興復之志，而管叔與之同惡相濟也。以是知管叔爲首，而蔡叔、霍叔和之，霍叔之罪又輕于蔡叔。惟管叔之罪爲大，故殺之而絶其後，無茅土之封；蔡叔之罪比管叔爲小，故廢之終身，而既没之後，以其子嗣封；霍叔之罪比蔡叔又爲小，故廢之三年而已。由是觀之，則周公之誅管叔，豈得已哉？使其罪猶有可生之路，必不「致辟」也。此言「致辟」，則知《金縢》所謂「我之弗辟」，其訓法明甚，益知鄭康成以爲「避」，非也。「囚」，唐孔氏謂：「制其出入，不得輒行。」是也。如漢遷淮南王長于蜀，唐遷廬陵王于房州，皆是「制其出入」，與蔡叔同，故謂之「囚」也。「郭鄰」，先儒以爲「中國之外地名」。蘇氏則曰：「郭，虢也。五家爲鄰。」《左氏傳》曰：「王于是乎殺管叔而蔡蔡叔，以車七乘，徒七十人。」既有「徒七十人」，不得但云「五家」也。當且從先儒之説。《書》以爲「車七乘」，而《史記》乃以爲「十乘」，亦非也。「不齒」，與《王制》「終身不齒」同。時言「三年不齒」，則是三年之外，又湔拭其罪而封之也，必矣。蔡叔雖囚，而其子蔡仲能常敬其德，周公則以爲己之卿士，叔既卒，方薦之於王，而命之建國於蔡，以封爲諸侯也。「卿士」，周公之臣。《周禮》曰：「乃施則于都鄙，而建其長，立其兩。」注云：「長，謂公卿王大夫、王子弟食采邑者。兩，謂兩卿。」蔡仲之爲周公卿士，蓋采邑之卿也。若《左氏傳》曰：「萇弘事劉文公。」注曰：「爲之屬大夫。」正所謂卿士也。《史記》乃以爲：「周公以爲魯卿士，魯國治。」唐孔氏已辨之矣。公叔文子之臣大夫僎，與文子同升諸公。子聞之曰：「可以爲文矣。」文子不以其家臣而與之並列，故孔子稱其文。今周公亦以己之卿士而薦之爲諸侯，蓋周公之賞罰，未嘗容心于其間。蔡叔之罪，不可赦也，則遷之於遠，不以其弟之故而私之；蔡仲之賢，不可棄也，則薦之於王，不以其蔡叔之故而惡之，此其所以爲周公也。

蘇氏曰：「蔡叔未卒，仲無君國之禮。蒯聵在而輒立，衛是以亂。孔子將爲政於衛，必以正名爲先，而周公封蔡仲，必在叔卒之後也。」此説甚當。蓋仲之封也，襲其父之舊，而其國號曰蔡，則是以叔爲始封之君，豈可以叔尚無恙而侯之哉？然蘇氏謂「仲爲卿士，無囚父用子之理，蓋釋之矣」，此則不可得而見。蓋經只言囚郭鄰，無釋之之言，未敢以爲然也。「胡」者，仲之名也，仲其字也。其曰「蔡仲」，正猶《春秋》之稱「蔡叔」、「蔡季」也。成王言惟爾胡循祖之德，改父之行，以克謹其道，其克慎於所行者如此，則可以君國，故我爲册書，命爾爲東土之諸侯，爾就所封之國，當敬之也。漢孔氏謂：「叔之所封，圻内之蔡。仲之所封，淮、汝之間。圻内之蔡名已滅，故取其名以名新國。」意謂「東土」者，淮、汝之間，在王室之東故也。案：《史記》注引《世本》云：「蔡叔居上蔡。」宋忠云：「胡徙居新蔡，平侯徙下蔡。」然《漢・地理志》：「汝南上蔡縣，注云：『故蔡國，周武王叔度所封。度放，成王封其子胡。十八世徙新蔡。』新蔡縣，注云：『平侯自蔡徙此，後二世徙下蔡。』」杜元凱《左傳》注與夫陸氏《纂例》，其説正與《地理志》合。「平侯徙下蔡」，即《春秋》哀二年「蔡遷于州來」是也。獨漢孔氏以爲叔度封于圻内之蔡，宋忠以爲蔡仲居新蔡，世代遼遠，是非不可得而知。以蔡叔爲封于圻内而出監殷亦可，以爲封于淮、汝之間而又監殷亦可，乃周公封魯而入爲太師之比。管叔之國，説者云：「滎陽京縣東北管城。」霍叔之國，説者云：「平陽永安縣東北霍太山。」則以蔡叔爲封于淮、汝之間，則此二者之比也。周公雖封魯，而圻内以周地爲采邑。説者云：「扶風雍縣東北周地。」召公雖封燕，而圻内以召地爲采邑。説者云：「扶風雍縣東南召亭。」則以蔡叔爲封於圻内之蔡，則此二者之比也。鄭之始封亦在圻内。説者云：「京兆鄭縣，其後遷于濟、洛、河、潁之間。」説者云：「河南新鄭。」則是取圻内之地，以名新國。此亦漢孔氏所言蔡國之比。蓋不知此數者，孰爲是也。夫蔡叔所以流言以叛，而取拘囚之禍者，惟其不忠不孝而已。蓋忠孝一道也，臣子一心也，未有忠而不孝者，亦未有孝而不忠者也。諸侯以富貴不離其身，保其社稷以保其人民爲孝。蔡叔以成王之叔父，周公之介弟，身爲諸侯，而自取罪戾，囚於遠方，非孝也，然挾殷之餘孽，以間王室，豈得爲忠乎？是忠孝兩失之矣。蔡仲欲掩蓋其愆尤，則惟在於此二者也。使蔡仲能盡忠孝之道，則天下將稱之曰：蔡叔幸哉！有子如此，則豈不能蓋前人之愆哉？「爾乃邁迹自身」，王氏曰：「蔡叔違王命無所因，故曰自身也。」是也。惟蔡叔既以「違王命」而廢，則汝之行善迹，當自汝身而始。汝能「克勤無怠」，以勉强於道，則可以垂法於汝之後世，則汝當率循文王之常訓，奉以周旋，不敢失墜，不可以若爾父之違廢王命，以間王室，當以是爲深戒也。《詩》曰：「伐柯伐柯，其則不遠。」蔡仲既以文王爲祖，則其彝訓不可不從；以蔡叔爲父，則其「違王命」不可不改，其則亦豈遠哉？上既稱其能率祖之德，改父之行，則此二者，蔡仲蓋優爲之矣，而又以此告之者，蓋丁寧訓告至于再三，所以堅其爲善之意也。上天之予奪雖無私親，然有德則輔之，無德則斷棄其命也；民之從違雖無常心，然有惠則懷之，無惠則適彼樂國也。夫諸侯之廢置，雖自於天子之權，然其封之也，非天子之私恩也，蓋以天與之，人與之，故不得不封也；其廢之也，非天子之私怒也，蓋以天棄之，人棄之，故不得不廢也。成王之意，謂爾之所以「侯于東土」者，蓋其德足以感天，惠足以得民，故我因而命之，苟汝一旦自絶于天，結怨于民，則我豈能私于汝哉？汝無以富貴爲可長保而不戒也。「爲善不同，同歸于治；爲惡不同，同歸于亂」，李博士曰：「治以善而致，善雖不一，苟在所可欲焉，皆足以致治，何必同哉？此戒仲以無一善之不可爲也。亂以惡而致，惡雖不一，苟在所可惡焉，皆足以致亂，何必同哉？此戒仲以無一惡之不可去也。」此説盡之矣。汝不可以不戒。汝既「率德改行」，克謹厥猷，是能謹其初矣。汝無以既列爲諸侯，志願已畢，爲可以無事于謹也，又當思其始終。始如是，終又如是，始終如一，則其德日日以新，豈至於困哉？苟不能思其終，則其德止於是，非徒不足以日新，又併與其故者而忘之，此其所以困窮，則汝當以爲戒也。汝欲謹其終，則亦盡其諸侯之職而已。勉汝之功績，戰戰兢兢，以長保其富貴，壤地相接，而爲四鄰之國，則與之結好而和睦，王室則爲之蕃翰，以敵王所愾爲職，兄弟同姓之邦，則尤爲之和協，而無鬩于牆之釁林，然在下之小民，則思所以康濟之，使得其所，凡此皆思其終之道也。「率自中，無作聰明亂舊章；詳乃視聽，罔以側言改厥度。則予一人汝嘉。」王曰：「嗚呼！小子胡，汝往哉！無荒棄朕命。」此則以流言爲深戒也。「率自中」與「率性之謂道」之「率」同。耳之德爲聰，而聰則用之以聽；目之德爲明，而明則用之以視，是聰明在己，而視聽用以應物也，故當循其所謂大本之中，順性命之理而行之，則其聰明出于自然，而無有私意小智撓乎其間，豈至于變亂舊章哉？苟任一己之聰明，不能行其所無事，則其變亂前世之舊也，必矣。又當審所視聽，以察邪正是非。苟視聽不審，則利口巧言得以惑之，遂將溺于偏側之言，信之以爲當然，以其改其常度，而無所恤也。不以己之聰明而「亂舊章」，則其處己也審；不以人之側言而「改厥度」，則其應物也明。而所以處己者，必自于率中；所以應物者，必自于「詳乃視聽」。使蔡叔能以率中而處己，「詳乃視聽」而應物，則豈肯以管叔之言爲然，❶而與之相挺爲亂，以「流言于國」哉？汝能以此爲戒，則我一人喜之矣。又戒之曰：汝之往就封也，當以我之命日夜服膺而不失，不可廢棄也。

昔晉王儀爲文帝所斬，其子裒痛父非命，未嘗西向而坐，示不臣朝廷也。蔡叔爲周公所囚，而蔡仲乃爲周公之卿士，豈蔡仲忘其父之禍而不顧哉？蓋文帝之殺王儀，以私忿也，故其子可以不臣朝廷；周公之囚蔡叔，以

---

❶「叔」，原誤作「蔡」，今據汲古閣本、通志堂本改。

公義也，蔡仲豈得以爲怨哉？使周公有恨於蔡叔，必不録用其子矣。惟囚其父，封其子，其公如此，則蔡仲者當「率德改行」，以「蓋前人之愆」，不得以爲怨也。昔諸葛孔明廢廖立、李平，及孔明卒，立流涕，平致死。以孔明猶能行法而人不怨，況周公乎？使以蔡仲爲不當臣於周公，則禹亦不當臣於舜也。舜之罪也殛鯀，其舉也興禹，惟其公也，何獨於周公而疑之哉？然周公之於蔡仲，諄諄告戒，欲其「無若爾考之違王命」，舜不以鯀之方命圮族而戒禹者，禹大聖人，無所竢於告戒故耳。

成王東伐淮夷，遂踐奄，作《成王政》。成王既踐奄，將遷其君於蒲姑，周公告召公，作《將蒲姑》。

尚書全解卷三十四　周書

多　方

成王歸自奄，在宗周。誥庶邦，作《多方》。

多方❶

惟五月丁亥，王來自奄，至于宗周。周公曰：王若曰：「猷告爾四國多方，惟爾殷侯尹民，我惟大降爾命，爾罔不知。洪惟圖天之命，弗永寅念于祀，惟帝降格于夏。有夏誕厥逸，不肯慼言于民，乃大淫昏，不克終日勸于帝之迪，乃爾攸聞。厥圖帝之命，不克開于民之麗，乃大降罰，崇亂有夏。因甲于内亂，不克靈承于旅。罔丕惟進之恭，洪舒于民。亦惟有夏之民叨懫日欽，劓割夏邑。天惟時求民主，乃大降顯休命于成湯，刑殄有夏。惟天不畀純，乃惟以爾多方之義民不克永于多享。惟夏之恭多士，大不克明保享于民，乃胥惟虐于民，至于百爲，大不克開。乃惟成湯克以爾多方簡，代夏作民主。慎厥麗，乃勸；厥民刑，用勸；以至于帝乙，罔不明德慎罰，亦克用勸；要囚殄戮多罪，亦克

❶「成王」至「多方」十六字，原脱，今據汲古閣本補。

用勸；開釋無辜，亦克用勸。今至于爾辟，弗克以爾多方享天之命。」

「奄」，即淮夷也。上篇逸《書》之序皆言「踐奄」，則是成王之東伐淮夷所滅者，奄也。而下篇《周官》之序遂言「滅淮夷」，以是知「奄」即「淮夷」之一種。總而言之，則謂之「淮夷」，別其國名則曰「奄」。考之《春秋》，赤狄之有潞氏、甲氏、留吁，舒之有舒蓼、舒鳩，正如淮夷之有奄也。當成之初即位，周公之攝政，奄蓋嘗與武庚、三叔興兵，以共爲脣齒而間王室矣。觀《大誥》序言「三監及淮夷叛」，而《多士》有曰「昔朕來自奄，予大降爾四國民命」，則知當時所謂「淮夷叛」者即奄也。今成王既即政，而奄又叛焉，蓋周自文、武興於西土，而化行於南，故西夷最先服，而東夷之服爲最後。是以武王牧野之戰，方與紂決勝負於行陣之間，而西南夷之邦所謂庸、蜀、羌、髳、微、盧、彭、濮者，❶已皆作使，而成王之即政，天下已太平矣，東夷之奄猶興兵以叛也。當周公之攝政，則奄之叛也，周公征之，及成王之即政，則奄之叛也，成王征之。成王之征之也，以其恃遠不賓，故屢叛命，既討平之，則遷其君而居於蒲姑。「蒲姑」，齊地也，使之密邇中國，以教化之故也。既自奄而歸，在於宗周之鎬京，諸侯皆來朝會，周公稱王命以誥庶邦之諸侯，故作此篇。蓋當周公之攝也，淮夷以武庚有興復之志，三叔有流言之禍，❷遂與之相搆以爲亂，周公雖討平之，而以殷之頑民遷於成周，然當淮夷之再叛，殷人不能無覬覦之心，故作此篇以告之。言桀、紂之所以亡，商、周之所以興，明天命之不可不畏，汝當遷善遠罪，毋懷反側，以自速罪戾也。蓋此篇與《多士》之意同。然《多士》之所誥者，殷之頑民，而此篇之所誥者，併於多方諸侯。

❶「之」，汲古閣本作「諸」。

❷「禍」，汲古閣本作「惡」。

唐孔氏曰：「自武王伐紂，及成王即位，❶新封建者甚少。天下諸侯多是殷之舊國，其心未服周家，由是奄君重叛。今因滅奄新歸，故告天下諸侯以興亡之戒，欲令其無二心也。語雖普告天下，意在殷之舊國。」此説是也。「五月丁亥」，先儒以爲歸政明年之五月。按：《多士》之發首曰「惟三月」，先儒以爲致政明年之三月。然周公既成洛邑而後歸政，洛邑之營，以攝政七年之三月，而歸政在其十二月，則以明年三月遷殷頑民於成周，其年月有所考。按：此篇有曰：「今爾奔走臣我監五祀。」「我監」者，即所謂「監我士師工」也。周公歸政而後「監我士師工」，既臣於「我監五祀」，則非明年之五月矣，世代遼遠，不可得而考也。先儒又言：「淮夷奄叛。❷魯征淮夷，作《費誓》。王親征奄，滅其國。」則是以魯之征淮夷與成王踐奄同時。此非也。蓋先儒既以周公歸政而命公之後，封伯禽於魯，故以魯征淮夷爲在歸政之明年。按：伯禽之封於魯久矣，非在周公歸政之日也。《世家》曰：「伯禽即位之後，有管、蔡等反，淮夷、徐戎亦並興，伯禽率師伐之於費，作《費誓》。」由此觀之，則魯之征淮夷不與成王之踐奄同時，先儒言之非也。「王來自奄，至于宗周」，即序曰「成王歸自奄，在宗周」也。「宗周」，鎬京也。《詩》云「赫赫宗周，褒姒滅之」，皆指鎬京而言。「周公曰：王若曰」者，周公以王命告也。漢孔氏曰：「稱周公，以別王自告。」唐孔氏曰：「王肅云：『周公攝政，稱成王之命以告。及還政，稱「王曰」嫌自成王辭，故加「周公」以明之。』然《多士》之篇『王若曰』之上不加『周公曰』者，以彼上句云『周公初于新邑洛，用告』，知是周公故也。」此説皆是。「猷」者，發語之辭。先儒曰：「順大道，告四方。」「若」字在「曰」之上，「猷」字

---

❶「位」，汲古閣本作「政」。

❷「奄」下，汲古閣本有「又」字。

在「曰」之下，而以「若」爲「順」，以「猷」爲「道」，言順大道。其説鑿矣。此蓋將以告「四國多方」之諸侯，故發語而有此言也。「殷侯尹民」，言殷之諸侯正民者，唐孔氏所謂「天下諸侯多是殷之舊國」者也。既言「告爾四國多方」，而又特言「殷侯尹民」，唐孔氏所謂「語雖普告天下，意在殷之舊國」是也。「我惟大降爾命」，所謂成王「既黜殷命」也。蓋紂雖滅，而武庚尚封於殷之故都，則殷命未降，及武庚以叛見殺，殷之故都無復湯之子孫，是爲「大降爾命」也。我之所以「大降爾命」者，蓋以武庚忘我周之大德，而逞其不軌之謀，故不得已而誅之，此乃爾之所親覩，爾無不知之也。意謂武庚之亡，乃天之命，爾當備知之矣。於是以桀、紂之所以失天下者，委曲以訓之，以見夫興廢存亡，皆有天命，而天之所以予奪者，又皆係其君之如何耳，不可以僥倖求也。「洪惟圖天之命」，❶謂桀也，言桀大惟謀天之命，欲天之永顧于我夏家。桀雖有圖天之志，而不知所以圖天之道，故不能長敬念祭祀之事。嘗考之《詩》如曰「卬盛于豆，❷于豆于登，❸其香始升，上帝居歆，胡臭亶時。后稷肇祀，庶無罪悔，以迄于今」，蓋先王之於祭祀，內盡其誠，外盡其物，洋洋乎如鬼神之在其上，在其左右，故天錫之以福，而萬世不絕。三百篇之中，其歌詠福壽之綿長，未有不自於祭祀。桀欲圖天之命，而不敬念祭祀之事，是却行而求及前人也。桀雖不能敬念祀事，而天猶降格而向之，譴告警戒，欲扶持而安全之，桀則不知天戒之可畏，大爲逸豫，不肯爲憂民之言。夫有憂民之言，未必有憂民之心，桀尚不肯爲憂民之言，則無憂民之心可知

❶「洪」，原誤作「此」，今據汲古閣本及上經文改。
❷「卬」，原誤作「邛」，今據汲古閣本及《毛詩》改。
❸「于豆于登」至「庶無罪悔」凡二十四字，汲古閣本省作「云云」。

矣。乃大爲淫昏之行，於天之道不能勸勉於終日之間。欲其終日且不可得，況於朞月乎？況於終身乎？「迪」，道也，天之道者。道之大，原出於天故也。此皆爾之所聞。蓋武庚之事，則爾殷侯見而知之，故曰「爾罔不知」；桀之事，則爾殷侯聞而知之，故曰「乃爾攸聞」也。「麗」，先儒作平聲讀施也，謂「所施政教」，不若只作如字讀。薛氏曰：「『麗』與『離麗也』之『麗』同。」陳少南曰：「麗，附也。」皆是也。夫「天視自我民視，天聽自我民聽」，民之所附，天未有不眷之也；民之所去，天未有不釋之也。桀不明於民之所以附，則其德無以得民心，其何以得天之心乎？乃欲「圖帝之命」，其可哉？蓋有得天之道，雖無求於天，而福壽自至；無得天之道，則雖汲汲以圖之天，豈可以圖而得哉？而説者亦以「圖天之命」、「圖帝之命」，曰「天」曰「帝」，從而爲之分别，亦鑿也。既不能明民之所以附，故乃大降刑罰以斬艾其民，是崇亂於有夏也。「崇亂」者，猶言長惡也。「甲」，始也。言桀之亂，自内而始也。夫言天下之治者，自身修而後家齊，家齊而後國治，國治而後天下平，及其亂也亦然。蓋亦自身而及家，自家而及國，自國而及天下，故其始在内也。「旅」，衆也。「舒」，惰也。《盤庚》曰：「古我前后，罔不惟民之承。」《論語》曰：「使民如承大祭。」民雖卑弱，不可以不善承之也。《五子之歌》曰：「皇祖有訓，民可近，不可下。」爲人上者，奈何不敬？禹之所以訓其子孫，惟以民之所係者重，不可不敬也。桀不能善承於衆，則其不遵祖訓甚矣。桀之不能善承於衆，則罔大進於恭德，而惟大惰于臨民，則其恭德何以大進？恭德不大進，則安能善承于衆乎？惟是有夏之民饕餮者、忿懫者，加欽崇而尊用之，與之「劓割夏邑」。「劓割」者，言其戕賊之政，如劓割然也。饕餮者，則必厚賦重斂，以傷民之財；忿懫者，則必嚴刑峻治，❶以殘

❶「治」，汲古閣本作「法」。

民之命，此其所以爲「劓割夏邑」也。蓋桀之所以肆其虐政者，非獨一人也，其左右前後，無非小人，故其虐政浸淫於天下，則斯民不自聊生，必將並告無辜于上下神祇，故天於是鑒萬方而求爲民主者也。天之愛民甚矣，必不使一人肆于民上，棄天地之性以從其淫。其時惟湯之一德可以享天心，故天降明美之命于湯，使王天下，而刑絶有夏，使不得保其社稷也。「惟天不畀純」，言天之不與桀者，大矣。「純」與「天惟純佑命」事雖異而意則同。天之所以不畀桀者，蓋桀不能以四方之義民長久，以多享國祚也。夫義民者，用之則安富尊榮，以享箕翼之壽。桀雖有義民，而不能用，故亦不克享國。惟夏所恭敬之多士，大不能明保享于民之道，蓋夏之多士貪饕忿懥，豈能明此哉？「保享于民」，謂安民而以之享國長久也。義民則明于保享之道，饕懥是用，則宜其不永矣。此多士者，惟相與爲虐，以毒斯民，凡百所爲，大不能明，故成湯以是時而興。乃以天之多方簡求可以代夏者，惟湯上當天意，故代夏而作民主。湯之所以能作民主者，蓋以湯謹其民之所附者，以推之於民，故民莫不胥勸。既有以使民之附矣，雖其民之陷於刑者，亦不以爲怨，皆用勸也。自成湯以後，至於帝乙，無不明德而謹罰，而民亦皆用勸。夫明德者固所以使民勸，至於刑罰豈亦使之勸哉？蓋先王之於刑罰，謹而行之，出於不得已，故刑一人而天下莫不洗心滌慮，以遷於善，故其刑罰之行，察其要辭，以其罪而殄戮之，以其無辜而開赦之，無有不勸者矣。今至於爾君紂，則不能率乃祖之所行，故不能以爾多方而「享天之命」。蓋德之不修，則雖有多方，而不克享；德之修，則雖七十里而可以王也。惟紂之所以至於滅亡者，無非自取之也，爾多方其可以有他志哉？《無逸》論中宗、高宗、祖甲享國之永，自是「厥後立王生則逸，不知稼穡之艱難，亦罔或克壽，❶或

---

❶ 「或」，原誤作「弗」，今據汲古閣本及經文改。

十年，或七八年，或五六年，或四三年」，其言商之賢君，惟三宗而已，則其餘無非辟王也。《多士》則「自成湯至於帝乙，❶罔不明德恤祀」，《多方》則曰自成湯至于帝乙，「罔不明德謹罰」，則是由紂以前無非賢王也，蓋與成王言，則責其難，不如三宗之享國，不足稱也；與商民言，則樂道前王之善，苟能克紹成湯之基緒，而不至失墜者，皆可稱也。讀《書》者苟不以意逆志，則是周公之言自相違背，不足以爲萬世之訓矣。

嗚呼！王若曰：「誥告爾多方，非天庸釋有夏，非天庸釋有殷。乃惟爾辟以爾多方大淫圖天之命，屑有辭。乃惟有夏圖厥政，不集于享，天降時喪，有邦間之。乃惟爾商後王逸厥逸，圖厥政不蠲烝，天惟降時喪。惟聖罔念作狂，惟狂克念作聖。天惟五年須暇之子孫，誕作民主，罔可念聽。天惟求爾多方，大動以威，開厥顧天，惟爾多方罔堪顧之。惟我周王靈承于旅，克堪用德，惟典神天。天惟式教我用休，簡畀殷命，尹爾多方。今我曷敢多誥？我惟大降爾四國民命。爾曷不忱裕之于爾多方？爾曷不夾介乂我周王享天之命？今爾尚宅爾宅，畋爾田，爾曷不惠王熙天之命？爾乃迪屢不靜，爾心未愛。爾乃不大宅天命，爾乃屑播天命，爾乃自作不典，圖忱于正。我惟時其教告之，我惟時其戰要囚之，至于再，至于三。乃有不用我降爾命，我乃其大罰殛之。非我有周秉德不康寧，乃惟爾自速辜。」

此篇陳桀、紂之所以失天下，商、周之所以得天下，以誥多方之諸侯。意謂天之所奪，非人力之所能支，天之所

---

❶「則」下，汲古閣本有「曰」字。

予，非人力之所能移，而其所以或予或奪者，又係其德不德如何耳。汝多方諸侯，當謹於奉上以順天命，不可以有他志也。前既言桀之失德，而天命湯以「代夏作民主」，雖繼之以紂之「弗克以爾多方享天之命」，而紂之所以墜厥命，周之所以受厥命，詳言其所以然之故，使多方諸侯知天之棄商而不可復興，則自此以下是也。言天之喪夏，非天有意以用釋之也，桀自取之耳；其喪殷也，亦非天有意以用釋之也，亦紂自取之耳。蓋謙遜静愨，天表之應，應之以福；驕溢靡麗，天表之應，應之以禍。桀、紂貴爲天子，富有天下，纂數百年之基緒，而乃喪國亡身，覆宗絶祀者，其於禍敗，蓋自己求之，天但應之而已。故天之所以釋有殷者，乃以爾之君以此多方之衆，而欲謀天之命，使其永眷顧於我殷家，綿綿延延，歷千萬年而不絶，而乃大有淫佚之行，此豈可以謀天命哉？夫既奄有多方之衆，則是天命未改，使其能懷戒謹之心，以修厥德，則雖不切切然以謀天命，蓋未艾也。既大爲淫佚矣，則雖欲以多方而「圖天之命」，多方豈可以常有，而天命豈可以圖而得哉？大爲淫佚，固不可以「圖天之命」，而又屑屑有辭，此又尤天之所怒也。❶《説文》曰：「屑，動作切切也。」言其動作屑屑然，而皆爲之辭説，以自解釋也。王嘉曰：「動民以行不以言，應天以實不以文。下民細微，猶不可詐，況上天神明而可欺哉！」「大淫」者，固非所以得天，而「屑有辭」者，又益禍而促亡也。《史記》言：「紂資辯捷疾，智足以拒諫，言足以飾非。」而武王數其罪，亦曰：「謂己有天命，謂敬不足行，謂祭無益，謂暴無傷。」祖伊以西伯戡黎之故，奔告于紂，紂則曰：「我生不有命在天。」則其「屑有辭」，紂蓋優爲之也。雖則有辭，自欺可也，天其可欺乎？桀之「矯誣上天」，紂之「屑有辭」，自古亂亡之君，若出一轍也。「不集于享」，即上文「不克永于多享」，

❶ 「又」，汲古閣本無此字。

「大不克明保享于民」，言其享國之效，於此不遂矣。有夏之圖其政，而乃「不集于享」，則其政暴虐，不足以得民心故也，故天降是喪亡以禍之。然天之喪亡也，必假手於人，故湯自有邦諸侯間而取之也。夫社稷無常奉，君臣無常位，自古已然。桀有天下，而不知所以保天下之道，則湯自一邦而間之，❶何者？天子諸侯無常位也。然湯亦豈有意於間夏哉？蓋天之命爾。前既言紂之失德，此復言之者，將極陳紂之喪亡，以明周之當有天下，故略舉湯之代夏，以明周之代殷亦然也。商之後王紂，不思帝乙以前明德謹罰，以克保成湯之基緒而不至失墜，乃惟沈湎淫佚，是務以逸於逸焉。「逸厥逸」者，甚言其逸，若「醇乎醇」之謂也。其「圖厥政」也，則惟穢德之彰聞，而其不潔也久矣，故天降是喪亡以禍之。紂之「圖厥政」而不潔，是亦桀之「圖厥政」而「不集于享」，天之所以皆「降時喪」也。「蠲」，潔也。「烝」，久也。毛氏傳曰：「烝，寘也。」而鄭箋爲「久」。古者，聲寘、填、塵同。《正義》曰：❷「傳訓『烝，寘也』，故轉寘爲久。而《釋詁》曰：『塵，久也。』乃作塵字。故箋辨之，古者寘、填、塵三字音同，可假借而用之故也。」「天惟五年須暇之」，則其不蠲也久矣。「惟聖罔念作狂，惟狂克念作聖」，此言天之所以須暇商之子孫也。夫聖之與狂，其相去不啻千萬里之遠，而聖乃可以作狂，狂乃可以作聖者，特在念不念之間耳。《書》曰：「思曰睿，睿作聖。」孟子曰：「心之官則思，思則得之，不思則不得也。」以是知念不念之間，聖、狂之所以分也。苟其質之聖矣，自恃其聖而不之思，則日復一日，天命之性益就彫喪，其作狂也，何有？苟其質狂矣，自耻其狂而思之，日復一日，天命之性忽然而復，其作聖也，何有？惟不念耳。如

❶「一」，汲古閣本作「有」。

❷「義」，原誤作「儀」，今據《毛詩正義》改。

太甲之初立，不明乎德，「欲敗度，縱敗禮，以速戾于厥躬」，豈啻狂而已哉？及伊尹放之於桐，致之憂患之地，而發其憤悱之思，遂能處仁遷義，爲商太宗，周公作《無逸》之書以戒成王，以之與文王並列爲迪哲之君。回視未放于桐之前，相去豈不甚遠？以太甲觀之，則狂而克念者，其作聖可必也。故紂無道，而天猶寬以待之，至於五年，罪惡貫盈，不自悛革，而後之喪亡者，欲其自狂而克念以作聖也。則天之仁愛於紂，欲扶持而安全之，豈不至哉？夫以紂之「淫酗肆虐」，武王有應天順人之志，而猶寬以待之，冀其改過者，武王忠厚之心也，而以爲天者，武王之所以爲天實使之也。「須」，待也。「暇」，寬也。「須暇」者，待之以寬也。「須暇之子孫」，謂湯之子孫，蓋指紂也。「五年」者，先儒謂：「服喪三年，還師二年。」蘇氏亦從此説。夫觀兵之説，予於《泰誓》已辨之詳矣。《泰誓》序言「惟十有一年，武王伐殷」，蓋武王即位之十一年，若從先儒之説，則是即位之五年克殷也。此所謂「五年」，正猶《武成》之所謂「九年」也。《武成》之所謂「九年」者，意者武王未崩之前九年，蓋亦以紂之惡可伐而不忍伐之，故大統未集也。此所謂「五年」者，意者武王未克紂之前五年，蓋亦以紂之罪惡爲可伐，而猶冀其改過，故須暇之也。由是觀之，周之伐殷豈得已而不已哉？晉武帝以孫皓淫暴，有問罪之志，其臣羊祜則曰：「孫皓暴虐已甚，於今可不戰而克。若皓不幸而没，吴人更立令主，雖有百萬之衆，長江未可窺也。」王濬則曰：「孫皓荒淫，宜速征伐。若一旦皓死，更立賢主，則强敵也。」此言正春秋時晉伯宗所謂「後之人或者將敬奉德義，以事神人，而申固其命，若之何待之」也，蓋其意以區區之仁義，不足以易吾之大計也。晉武帝之心，則惟恐吴之有賢主，而我不得以逞其欲；武王之心，則惟恐紂之不能改過。人之度量相遠，一至於此，不觀於晉武，無以知武王之爲至德也。武王寬以待之五年矣，而紂自以爲我大作民主矣，何所慮哉？故其言行無可念聽者。「誕作民主」，即所謂「我生不有命在天」也。董仲舒曰：「晏然自以如日在天。」正此也。

紂既無可念聽，故天求爾多方諸侯之賢者，俾之代殷，「大動以威」，而開其能顧天者。能顧天，則命集之矣。「顧天」與「顧諟天之明命」之「顧」同，言其起居動作未嘗忘之，若上帝之在其左右也。「大動以威」者，李博士曰：「天之釋商，豈得已哉？大動以威，則非小變也。」是也。「開」者，「天誘其衷」也。天求其能顧天者，而爾多方諸侯無有一邦可以堪顧天之道者，言皆不勝其任也。其時惟我周王知民之爲貴，而善承于衆，不敢忽慢，能堪於用德以治天下，可以爲天地、社稷、宗廟、鬼神之主，故天用教我周以用休，而使膺受多福，簡擇於多方，而以殷之命與之，爲多方之君也。王博士曰：「天教周王以用休，猶所謂天誘其衷也。」是也。即上所謂「開」也。桀之失德也，天監于萬方，眷求一德，俾作神主，而湯以一德之故，乃受天命以有九有之師；紂之失德也，天求爾多方，「開厥顧天」，而武王以用德之故，乃「畀殷命」以「尹爾多方」。由此觀之，則湯、武之事豈得已而不已哉？蓋適當天心之所眷顧，故不得不以征伐爲己任也。使桀、紂能守其祖宗之基緒，則我豈間而取之哉？使多方之諸侯其德有可以當天意者，則天命必不捨彼而私於我也。惟殷、周之廢興皆有天命，則我今豈敢惟務諄諄然以此多告汝哉？我之大降管、蔡、商、奄之四國民命而黜之者，❶惟其自作孽而已，爾當戒之，何不以誠信之道，優游雍容寬而行之於爾多方？四國之所以至於降其命者，惟其不信故也，爾何不爲我周王之夾輔，介助贊襄其君，以至於治，以享天之命？今爾雖殷之諸侯，而尚得以居爾之居，畋爾之田，是汝不失其舊物，則我於爾，非無恩也，爾何不順王而廣天之命乎？「宅爾宅，畋爾田」，謂多方諸侯奄有其舊之封疆，食其舊之田畝也。「熙」，廣也。今汝乃怙過不悛，我所以順迪汝者屢矣，而猶未能安静，以順上之命，則以爾

❶「蔡商」，原誤作「叔霍」，今據汲古閣本改。

心未仁故也。爾苟有仁心，則能居易以俟命矣，其有不静乎？爾乃不大宅於天之命，而有覬覦反側之慮，則是爾乃動作切切然以播摇天命，是爾自作不常之事。我將謀爾之信於正道，故惟以言語教告汝，使汝曉然知善之可爲，而不善之不可爲。教告之而不從，則我惟要囚於汝，以戰恐之，使汝有畏，而後遷善遠罪也。「至于再，至于三」，則汝宜知過矣，而乃猶不服我黜爾四國民命之事，則是汝怙終而不順其上，我則以大伐而殺汝也。非我一人所持之德不使爾康寧，故使爾陷於刑戮，乃爾之自召其罪也。夫多方之諸侯迪之之屢，而猶不静，至於「屑播天命」，使周不以教告而徐譬之，遽納之于刑，則是周之秉德不康寧也。苟教告而不從，則「要囚之」，「要囚之」而又不服，此豈可置而不問哉？故必至於「大罰殛之」而後已。今爾多方諸侯，苟能夾介周王而宅天之命，則雖要囚，猶可以免，而況於大罰殛乎？故以此言誘而進之，使之有所愧，亦有所畏，而後無他慮也。

王曰：「嗚呼！猷告爾有方多士暨殷多士，今爾奔走臣我監五祀，越惟有胥伯小大多正，爾罔不克臬。自作不和，爾惟和哉！爾室不睦，爾惟和哉！爾邑克明，爾惟克勤乃事。爾尚不忌于凶德，亦則以穆穆在乃位，克閱于乃邑謀介，爾乃自時洛邑，尚永力畋爾田。天惟畀矜爾。我有周惟其大介賚爾。迪簡在王庭，尚爾事，有服在大僚。」王曰：「嗚呼！多士，爾不克勸忱我命，爾亦則惟不克享，凡民惟曰不享。爾乃惟逸惟頗，大遠王命，則惟爾多方探天之威，我則致天之罰，離逖爾土。」王曰：「我不惟多誥，我惟祗告爾命。」又曰：「時惟爾初，不克敬于和，則無我怨。」

自此以上，皆是偏告爾多方之殷侯，欲其安於天命而不可以懷反側之心，以僥倖天下之有變。自此以下，又所以戒勑殷之遺多士也。

「殷多士」者，即自衛之故都遷于成周以「密邇王室」者。❶觀此以下文言「今爾奔走臣我監五祀」，則此所語正指殷之多士，而乃曰「告爾有方多士」，❷正如《康誥》之篇正告康叔而曰大誥「侯甸男邦采衛」也。唐孔氏曰：「因告四方諸侯，遂告成周之人，徧使諸侯知之。」是也。武王之滅殷，而封武庚於其故都也，則使三叔監之。三叔既挾武庚以叛，而周以殷之多士遷于成周，使「密邇王室」。適當周公之歸政，故使周公爲之監焉，所謂「監我士師工」是也。我命周公監汝多士，而汝多士奔走不倦，以臣事於我所立之監者，於今五年矣。商曰「祀」，周曰「年」，成王之「祀」者，❸以其誥殷多士故也。先儒以「五祀」爲「五年無過，則還本土」，蓋先儒以此篇之作在於成王即政之明年五月，則未有五祀之期，故其說不得不如此。唐孔氏遂從而爲之說，曰：「五年再閏，天道有成，故期以五年無過，則得還本土。以民性重遷，設期以誘之。」其支離一至於此。先儒於《多士》篇亦曰：「庶幾還有此本土。」❹又曰：「由洛修善，得本土，❺有幹有年。」夫周公既遷殷頑民，而又欲使之還本

❶「衛」上，汲古閣本有「殷」字。
❷「有」，原誤作「四」，今據汲古閣本及上經文改。
❸「之」，汲古閣本作「云」。
❹「此」，汲古閣本作「汝」。
❺「得」下，汲古閣本有「還」字。

土，此事無所經見。《多士》曰「爾厥有幹有年于兹洛」，此篇曰「乃自時洛邑，❶尚永力畋爾田」，曰「有年」，曰「永力」，皆謂其能遷善遠罪，則其子子孫孫永居洛邑而不絶，不然，則「離逖爾土」矣，尚安得有年乎？安得永力乎？經以爲「有年于兹洛」、「洛邑」、「永力」，則必無還本土之言，先儒之説蓋臆見也。「胥」，相也。「伯」，長也。謂於汝多士之中爲之長者，是相長也，正亦衆官之長，或小或大，皆有其長，故曰「多正」。顧氏以「相長事即小大衆正官之人」，是也。爾之臣於我監既五年矣，於惟有相長以爲小大之正者，當爲多士之表率，爾無不能守法也。其有身而驕淫矜誇，❷自作其不和者，爾「小大多正」當有以和之也。其於有家而乖争陵犯，自作其不睦者，爾「小大多正」亦當有以和之也。「爾邑」者，總謂成周之地所遷之頑民一邑之内也。「自作不和」，則失其所以修身之道，「爾室不睦」，則失其所以齊家之道，而爲之長者，又無以和之，使其德歸厚，則爾邑何自而清明哉？惟其不和、不睦者有以和之，使其易直子諒之心油然而生，而鄙詐慢易之氣不可得而入，則人人有士君子之行，此爾邑之所以明也。爾邑之明，是爾之能勤於事也。夫「吉人爲善，惟日不足；凶人爲不善，亦惟日不足」，而好善惡惡者，天下之常情也，則凶德者，蓋人之所忌惡焉。夫「自作不和」、「爾室不睦」，皆凶德也。爾能去其不睦之習，而反之於善，則不以凶德而見忌，故曰「不忌于凶德」也。爾之能勤於事，則爾庶幾不以凶德而見忌，亦則以和而在位也。「穆穆」，和也。和則無凶德矣。修身而身以和，齊家而家以和，夫何凶德之有？我能閲視爾邑而謀助於爾，則自此洛邑庶幾永遠致力以享其土田之奉焉。考之《王制》：「天子

❶「自」，原誤作「此」，今據汲古閣本及上經文改。

❷「其」下，汲古閣本有「於」字。

之田方千里，公侯田百里，❶伯七十里，子男五十里。」至於天子之公卿、大夫、士，❷以及諸侯之臣，其土田皆有等差，故此篇上言「畋爾田」，謂諸侯之所有者也，此言「畋爾田」，謂多士之所有者也。「天惟畀矜爾」者，言爾能以和而在位，則天當有以畀汝憐汝也。天既畀矜於爾，則我周亦當有大助爾大賚爾。我周之所爲，視天而已矣，然天之畀矜、我周之大賚者，蓋於汝多士迪而進之，簡而釋之，使在王廷，庶幾有服行爾事而在於大僚者。蓋既迪之簡之，故其才德可以處大僚之任者，則使之服行爾事也。自古人君之革命建國與夫掃平僭叛者，豈以其所用之人概不足取哉？蓋亦擇其可用者而用之，不以彼此而有分别也。光武之平公孫述，述將有才幹者皆擢用之。曹操之滅袁氏，多辟青、冀、幽、并名士以爲掾屬，其破荆州，條品州人優劣，皆擢而用之。劉備之降劉璋，董和等，璋之所授用也；吳懿等，璋之姻親也；彭義，璋之所擯棄也；❸劉巴，宿昔之所忌恨也，皆處顯任，盡其器能。蓋用人之道，惟其賢而用之。彼之臣耶，賢則用之；吾之臣耶，賢則用之。周於殷之多士而未嘗迪簡之者，不賢故也。其賢，則雖大僚，亦將使之服行爾事，而況其下乎？故周以此誘之，使之遷善也。成王又謂爾多士苟不能更相勸勉，以信用我之命，爾亦則不能奉上矣。夫我之所以命汝者，優游饜飫，丁寧委曲，欲其心曉然知趨舍之塗，豈欺汝哉？爾以我之命爲信，然而相率以蹈行之，則奉上之道得矣。「不克勸忱我命」，則是「不克享」也。爾「不克享」，則凡民化之，亦皆無奉上之心矣，乃爾惟逸豫，惟爲頗僻，自

❶「百」上，汲古閣本有「方」字。
❷「士」上，汲古閣本有「元」字。
❸「擯棄」，汲古閣本作「排擯」。

暴自棄，以歸於小人之域。夫逸豫頗僻者，豈天所以命之之意哉？則是爾大廢王命而不能奉承之也。大廢王命，則天之威將加於汝。汝之於天之威乃自取之也，故曰「探天之威」。夫天之於人也，其災祥禍福豈有所擇哉？在人者於己取之而已矣。天之畀矜，非天私予之也，以爾多士之穆穆在位故也；天之威，非天偏疾之也，以爾多士之「大遠王命」故也，無不自己求之者也。爾既有以取天之威，則我奉天之罰，而致之於汝，「離逖爾土」，而遠徙之矣。夫以殷之多士預於武庚之亂，以間王室，武庚既誅，則其黨姦同惡之人雖不可以盡誅，亦當投諸四裔，以禦魑魅，然後爲絶後患。周則不然，不忍以不教之民而致天之罰，故不徒不徙之遠方，而乃遷之成周，以自近焉。既遷成周矣，而猶不率教，則必將使爾離遠於爾之本土，而移之於遐裔也。然其移之於遠也，豈成周之私意哉？有德者，天之所命，人君則制爲五服以章之，凡以助天而已；有罪者，天之所討，人君則制爲五刑以用之，亦以助天而已。故爾多士之穆穆有位，則天所畀矜，周之介賚以助天之畀矜也；「大遠王命」，則天之所罰，周之離逖以助天之罰也。天之賞罰，不假手於人則不成故也。言豈惟譊譊然以多誥於汝哉？我之所以命汝者，皆致敬而告於爾。我以敬告，爾其可以不敬受哉？「又曰」者，陳少南曰：「承上文而言之也。」是也。我之敬告爾以命者，惟欲爾之和而已，苟不能敬受，則是爾之初已不能敬受于和之道，❶「離逖爾土」之罰自此而降矣，皆爾有以取之，爾「無我怨」也。殷於夏之遺士，迪之簡之，而列於百官，周之於殷不然，殷士以爲怨也，而況於離爾土乎？然我之予奪皆本於天，天之予奪皆本於爾多士，爾多士不可不自反也，以爲怨則非也。

❶ 「受」，汲古閣本無此字。

《畢命》曰：昔周公「毖殷頑民，遷于洛邑，密邇王室，式化厥訓」。《多士》暨此篇皆訓之之辭，此其所以化也。殷、周俱征伐得天下。殷既革夏，邦家輯寧，身致太平，雖太甲昏庸，伊尹放之于桐，攝政三年而下不變。及武王克商未幾，「周公相成王」，而管、蔡挾武庚以叛，殷人響應，周公討而平之，遷其頑民於成周，使「密邇王室」。成王即政，而奄又作亂，殷人不無覬覦之心，周公又作此篇以誥之者，蓋桀雖不道，惟「滅德作威」，以殘害于百姓，湯舉大義而伐之，東征西怨，南征北怨，「攸徂之民，室家相慶，曰：『傒我后，❶后來無罰。』」❷惟桀之民困於虐政，無與桀共惡者，其望成湯若大旱之雲霓，此所以身致太平。至紂之罪，則浮于桀矣。觀《畢命》曰：「商俗靡靡，利口惟賢，餘風未殄。」惟利口之俗，至于康王歷五十餘年而尚未殄，以此見紂於其民，不惟肆其威虐，而其智術機巧又有以漸漬商民之心術，使與之同惡相濟，以毒萬方。《書》之所載，如乃「惟四方之多罪逋逃，以爲大夫卿士」，又曰「爲天下逋逃主、萃淵藪」，又曰「紂有臣億萬」，至于牧野之戰，所率以抗武王之師者，「其會如林」。紂雖滅，而其餘民甚衆，既其心術丕變於紂之惡，此其所以「迪屢不靜」，歷數世而餘風未殄，向非有《多士》、《多方》之篇，明言利害以曉譬之，而又以周公、君陳、畢公爲之師長，其爲患可勝言哉？

❶「我」，汲古閣本作「予」。
❷「無罰」，汲古閣本作「其蘇」。

尚書全解卷三十五　周書

立　政

周公作《立政》。

立政

周公若曰：「拜手稽首，告嗣天子王矣。」用咸戒于王曰：「王左右常伯、常任、準人、綴衣、虎賁。」周公曰：「嗚呼！休兹，知恤鮮哉！古之人迪惟有夏，乃有室大競，籲俊尊上帝，迪知忱恂于九德之行。乃敢告教厥后曰：『拜手稽首后矣！』曰：『宅乃事，宅乃牧，宅乃準，兹惟后矣。』謀面用，丕訓德，則乃宅人。兹乃三宅無義民。桀德惟乃弗作往任，是惟暴德，罔後。亦越成湯陟，丕釐上帝之耿命，乃用三有宅，克即宅，曰三有俊，克即俊。嚴惟丕式，克用三宅三俊。其在商邑，用協于厥邑，其在四方，用丕式見德。嗚呼！其在受德，暋惟羞刑暴德之人，同于厥邦。乃惟庶習逸德之人，同于厥政。帝欽罰之，乃伻我有夏，式商受命，奄甸萬姓。

周公作《無逸》、《立政》，其意一也，蓋當成王之即政，而天下既已太平，垂衣拱手，不動聲色，而遂享此治安之效。周公懼其驕怠之心易生也，故作《無逸》以戒之，又懼其姦佞之臣易以乘間而進也，故作《立政》以戒之。

《無逸》之篇，蓋言夫脩德之不可以逸也。《立政》之篇，蓋言任用之不可以非其人也。夫當天下之治安，上恬下嬉，海宇無事，雖逸固不可以縱。然常人之情，往往以爲一日之逸，未遽亂也；雖佞固不可以用，然常人之情，往往以爲一人之佞，未遽危也，而周公則曰不然。《無逸》之篇言「無皇曰：『今日耽樂。』乃非民攸訓，非天攸若，時人丕則有愆」，蓋謂雖一日之逸，而萬世之禍所自萌；此篇言「左右常伯、常任、準人、綴衣、虎賁，休兹，知恤鮮哉，繼自今我其立政、立事、準人、牧夫，我其克灼知厥若，丕乃俾亂，相我受民，和我庶獄、庶慎，時則勿有間之」，蓋謂雖一人之佞，而羣邪之黨所自基，皆所以遏其源而塞其端，使成王戰戰兢兢之心，不可以須臾弛也。《詩》曰「濟濟多士，文王以寧」，則周之初，可謂多士矣。周公之作《君奭》，自成湯至于武丁，稱其臣之賢者，不過一二人耳，至于文王，則有若虢叔、閎夭、太顛、散宜生、南宫适，而武王以其四人，誕受天命，以有天下，然太公、周公、召公、畢公之徒，猶不與焉。孔子稱周有八士，而太顛、閎夭猶不與焉，足見其賢才之多矣。及成王之繼統，周公爲師，召公爲保，二公在王之左右，而爲賢才之主於内，則天下之賢，莫不因之以進想。夫朝廷之上，小大前後，莫匪正人端士也。而此篇猶以用人爲戒者，蓋成王中才之主，雖周公攝政，選賢能以遺之，爲之羽翼，然其既聽政以躬攬萬機之務，則一進一退，而邪正兩途自此而分，此周公所以諄諄以用人爲戒也。在《易》，陰陽之運未嘗不相爲消長盈虛，五陰一陽爲復，陽在下也，自復漸進而爲夬，則陽多而陰少，陰聽於陽故也；自夬又進而爲乾，則無復有陰，乾雖無陰，而姤之一陰生矣。五陽一陰爲姤，陰在下也，自姤漸進而爲剥，則陰多而陽少，陽聽於陰故也；自剥又進而爲坤，則無復有陽，坤雖無陽，而復之一陽生矣。君子小人之進退亦然。當成王之世，君子彙征，無復有一小人間於其間，此正乾之無陰也。周公懼夫小人以「巧言令色」，乘其驕怠之心以肆其惑，則乾將變而爲姤，故以是而戒成王也。泰之爲卦，君子道長，小人道消之卦也，而其上六，卦之終，則以城復于隍爲戒，正周公之意也。先儒曰：「周公既致政成王，恐其怠忽，故以君臣立政爲戒。」又曰：「言用臣當共立政，故以名篇。」意謂立政必藉於得人，故此篇之義，以用人爲主，而以《立政》命篇之名。薛博士、林子和之言皆然。夫得人而後可以立政，誠有此理，而謂史官之名篇其本意在於此，則不可。蓋五十八篇之命名，不可以皆有其義也。余嘗屢辨之矣。

先儒以「拜手稽首，告嗣天子王矣」爲周公告王之言，「咸戒于王」爲周公盡以告王。王氏之言亦然。其説於經意無相聯屬，不如蘇氏曰：「周公率羣臣進戒于王，贊之曰，羣臣皆再拜稽首，告天子今王矣，❶不可以幼冲自待。」而陳少南之説尤爲詳明，曰：「『周公若曰』而下，帥羣臣之辭也。『用咸戒于王曰』而下，羣臣進戒之辭也。『周公曰』而下，周公因羣臣進戒而歎之也。」此説蓋本於王肅。荀子曰：「治國有道，人主有職。人主者，以官人爲能者也；匹夫者，以自能爲能者也。」夫有天下，必自爲之而後可，則勞苦眊悴莫甚焉。自爲之者，役夫之道也。論德使能，而官施之者，聖王之道也。蓋王天下者無他職業，惟用人而已。❷故周公帥羣臣而贊之，使皆「拜手稽首」，以致敬盡禮於其王，謂王之嗣世而爲天子，今既王矣，非如前日之幼冲而周公攝之也。周公攝政，則王天下之職業，其責在於周公，成王即政，則王天下之職業，其責在於成王，可謂任重負艱矣，羣臣當有以戒之也。羣臣因周公之言，而皆進戒於王，則謂王之左右，大而常伯、常任、準人，小而綴衣、虎賁，皆不可以非其人。羣臣知夫王天下者之職業惟在於此故也。「常伯、常任、準人」，説者不同，先儒謂「伯」訓

❶「天子今王」，汲古閣本作「今天子王」。
❷「惟」下，汲古閣本有「善」字。

「長」，常所長事，三公也。「常任」者，常所委任，六卿也。「準人」，平法之人，獄官也。王氏則謂：「常伯，庶官之長在位者也。常任，任事之臣在職者也。準人，非伯所任而吾取以爲準者也。」薛博士因王氏之言，則以爲：「常伯，三公、三孤之類；常任，六卿之類；準人，師氏、保氏之類。」林子和又以爲：「常伯，冢宰之類；常任，六卿之屬；準人，三公、三孤之職。」其説皆不如蘇氏。蘇氏曰：「牧民之長曰常伯，任事之公卿曰常任，守法之有司曰準人。」蓋下文所謂「宅乃事」，即此「常任」也；「宅乃牧」，即此「常伯」也；「宅乃準」，即此「準人」也。此以爲「伯」，而下文以爲「牧」，則以「伯」爲牧民之長，宜矣。王氏以「伯」爲「庶官之長」，而下文之「牧」則以爲「庶官之率」，以「牧」訓「率」，無是理也。先儒雖以「牧」爲「牧民九州之伯」，然其意不以此三者合於下文之三者，又非也，故知蘇説爲勝。伯既牧民之長，而曰「左右」者，蓋《周官》之設官，有三公，有九卿，有牧伯。《顧命》曰：「太保奭、芮伯、彤伯、畢公、衛侯、毛公。」此雖六卿，而無非牧民之長，蓋以牧伯而兼公卿故也。此所以在「王左右」者，惟牧民之長，任事之公卿，以至凡守法之有司，無不得其人，則朝廷之上皆正人矣。然宫禁之内，侍衛之臣，亦不可以非其人也，故曰「綴衣、虎賁」。「綴衣」，掌衣服者。「虎賁」，即《周官》「虎賁氏」也。夫常伯、常任、準人，所以與天子圖回萬機者，固不可以不得人，然其朝見也有時，至於綴衣、虎賁，朝夕與王處焉，苟非其人，則王德以之而蠹，雖外得其人，何補焉？如齊威王時，即墨之大夫賢，而左右日毁之，阿之大夫不肖，而左右日譽之，蓋褻近者非其人，則毁譽亂真矣。唐明皇常引鑑不樂，左右曰：「自韓休入朝，陛下無一日歡，何自戚戚，不逐去之？」以韓休之峭直，而左右欲逐去之，則褻近者，可不謹所擇哉？伊尹曰：「任官惟賢才，左右惟其人。」文、武之時，「小大之臣，咸懷忠良，侍御僕從，罔匪正人」。伊尹所謂「左右」，文、武「侍御僕從」，即此「綴衣、虎賁」之類也。觀幽王之時，卿士、司徒、師氏、内史既非其人，而膳夫、趣馬亦非其人，此其所以亂亡，則人主不可不留意此羣臣咸戒之意也。「休」，陳少南以爲「休美之時」，是也。周公因羣臣進戒，遂嗟歎而言曰：當此盈成之世、休美之時，而惟此常伯以下知憂之者，鮮矣。周公之言此者，其意正與《無逸》同，恐其恃治安而忽之也。「知人則哲」，《臯陶》以爲「惟帝其難之」，常伯以下，周公以爲「知恤鮮哉」，乃知人主之職事，其所謂難者，莫難於此也。惟其難如此，遂以禹、湯之所以得，桀、紂之所以失，而發明之也。古之人所謂有道之君惟夏禹者，其王室之所以大强者，乃在於求賢俊，以尊事上帝而已。天下有至强之勢，不在於山川之險，不在於甲兵之鋭，不在於人民之衆，惟在於賢才之多而已。能求賢才而用之，則其勢無敵矣，豈不大競乎？「室」，王室也。「有室」，猶言有天下也，先儒以爲「卿大夫室家」，迂矣。「籲」，呼也，故「籲俊」有求賢之意。孟子曰：「爲天下得人者謂之仁。」以仁奉天，天心其享之矣，故禹之「尊上帝」，湯之「丕釐上帝」之耿命，文、武之「敬事上帝」，皆本於得人也。「九德之行」，《臯陶》所言「九德」，「寬而栗」至「强而義」是也。有「九德之行」者，乃可以「宅乃事，宅乃牧，宅乃準」故也。惟禹以籲俊爲心，故其臣亦以薦揚爲務，迪知其人致誠于「九德之行」者，乃敢以告教其君曰「拜手稽首后矣」。「曰宅乃事，宅乃牧，宅乃準，兹爲后矣」，則其教告之言也。蓋知人之道，視其所以，觀其所由，察其所安，然後其賢否不能逃。「忱恂于九德之行」，誠心安於此而非僞也，故必迪知其有是，而後敢告教其君。苟不察其躬行者爲何如，而惟其以言語文采，❶遂以爲有此「九德之行」，則聲音笑貌可以爲之矣。「迪知」者，驗之於實迹而知之也。其告教其君也，則「拜手稽首」，以致敬盡禮。言今既爲君矣，不可不謹也，惟其宅任事之公卿，宅牧民之長，宅守法之有司，皆得其人，則實惟爲君

❶「其以」，汲古閣本作「以其」。

之道矣。「宅」，謂居其位也。周公率羣臣進戒而贊之曰「拜手稽首，告嗣天子王矣」，此正夏之臣所以告教其君之遺意也。「面用」，猶所謂見賢焉，而後用之也。其臣既以是告教矣，故禹則謀見用其臣之大順于德者，則可以居此三宅之位，而稱其任也。惟其臣必迪知之而後告教其君，君必面用而後宅人，上下不苟如此，則小人安得以乘其間而進哉？此篇之言「三宅」、「三俊」者，先儒以「三宅」爲「五宅三居」之「宅」，以「三俊」爲「正直、剛、柔」之「三德」。王氏則以爲：「三宅，謂有常伯、常任、準人之位；三俊，有常伯、常任、準人之才。」王氏所分，不甚明白。《書》既有「五流」、「五宅三居」，則以「三宅」爲「去罪人」，先儒之説爲勝，然以「正直、剛、柔」爲「三俊」，則非也。「三」者，事也、牧也、準也。此三者皆以俊才宅之，故曰「三俊」。蘇氏雖從先儒以「三宅」爲「三居」，又曰：「事也、牧也、準也，爲三宅，所以宅三俊。」是又以此三宅、三俊分爲二也。其言曰：「迪知忱恂于九德之行，是九德爲三俊也。皋陶之九德，則箕子三德之詳者也。并三爲一，則九德爲三俊明矣。」此又蹈先儒之失。蓋「三宅」當從先儒，而「三俊」當從王氏。王氏既以「三宅」爲「常伯、常任、準人之位」，則茲「三宅無義民」説不行，故以此句下屬於桀、紂。此説又曲。既宅此三俊矣，則夫民之不義而蹈于罪者，不可不去之也，故以三宅而宅五流焉。蓋稂莠不去而禾不滋故也。「三宅」却當從王氏之説，有遠者，有近者，有遠近之中者，非謂四裔、九州之外、中國之外也。至桀之德，則不能爲往日大禹所以任人之道，故其安任者，惟暴虐不仁之人，此其所以絶而無後也。桀既以任非其人而「自絶于天」，及成湯之德升聞于天，大治上帝之明命，以集于厥躬，蓋亦如禹之所以「尊上帝」，惟能舉賢才以用之而已，是以代桀而有天下。大治者，帝命之明，湯有以自取之，故謂湯之大治也。湯之受天命，乃以用三宅之法，以去無義之民，能使各就其居，處當其罪，故「克即宅」。其有俊德，可以「宅乃事，宅乃牧，宅乃準」者，因而任之，能使各就其俊德，任當其才，故亦見即也。蘇氏曰：「殷先去凶，而後用賢；夏先用賢，而後去凶。各從當時之宜，要之二者相資而成也。」是也。唐孔氏曰：「夏先言得賢，見其須賢之切；成湯、文、武先言去惡，又見其惡宜速去，或先或後，所以互相見耳。」不如蘇氏云：「嚴者，正其衣冠，尊其瞻視，儼然人望而畏之也。」夫成湯之嚴威儼恪，而天下大法之者，惟其能用三宅以去凶，知三俊以任賢，故其効如此。又一說。此篇之言「三宅」、「三俊」，先儒以「三宅」爲「五宅三居」之「宅」，以「三俊」爲「正直、剛、柔」之「三德」。據經文初無流放罪人之意，但言「常伯、常任、準人」之職所係甚重，不可以非其人耳。而其言曰「宅乃事，宅乃牧，宅乃準」，則三宅也者，蓋指任、牧、準之三者而言，而三俊者，則是有可以居此三宅之才者也，亦不必泥於「正直、剛、柔」之「三德」，故王氏曰：「三宅，謂有常任、常伯、準人之位者。三俊，謂有常任、常伯、準人之才者。」此說比諸家爲優。而蘇氏亦云：「此三宅所以宅三俊。」蓋經之本義如此，言蘇氏雖以「三宅」爲所以「宅三俊」，而其於「三宅無義民」，則又以爲「五宅三居」之「宅」。是以此篇之「三宅」，分爲二說，而其說則以謂：「人之有疾也，食而不藥則不可，藥而不食亦不可，三宅、三俊如藥食之交相養，所以宅三俊及所以宅五流者，皆曰三宅。」此說迂曲甚矣。據「三宅無義民」，只當從王氏說，既三宅無義民，則任是官者，皆暴德之人，所以至於罔後也。蓋以三俊而居三宅之位，則是所用者義民，非三俊而用之，是「無義民」也。「無義民」，則不能爲往昔大禹所以任三宅、三俊之道，故其所任者，惟暴虐不仁之人，是以至於殄絶有夏之祀而無後也。桀既任非其人而「自絶于天」，及成湯之德升聞于天，大治上帝之明命，以集于厥躬，蓋亦如禹之所以「尊上帝」，惟能舉賢才以用之而已，是以代桀而有天下。大治者，帝命之明，湯有以自取之，故謂湯之大治也。湯之丕釐帝命，以致天下之治安，推原其本，莫非三宅、三俊之故，是以繼之曰：「乃用三有宅，克即宅，曰三有俊，克即俊。嚴惟丕式，克用三宅三俊。」此數句亦當從王氏之説。「克即」者，言湯所用，皆能就其事；所稱，皆能就其才。「嚴惟丕式」者，言其於三宅、三俊之所言所行，思之而不敢慢，式之而不敢忽也，夫如此，故能用三宅、三俊。此説皆是。蓋既曰「用三有宅，克即宅，曰三有俊，克即俊」，而又繼之以「嚴惟丕式，克用三宅三俊」者，以見其好賢樂善之誠心有加而無已也。夫如是，故近在都邑之中，則和協輯睦，熙熙然得其所；遠在四方之外，則勸其德而大法之，以爲矜式，無非用賢之效也。子曰：「無爲而治者，其舜也歟。夫何爲哉？恭己正南面而已。」「嚴」者，「恭己」之謂也。「協于厥邑，丕式見德」，則無爲而治矣。「見德」者，曉然知上之人其德如是也。至紂之德則不然矣，自强爲惡，其在朝廷者，無非不仁也，進用刑罰而有暴虐之德者，與之同治其國，而百姓莫不苦其殘害；衆習不善而有逸豫之德者，則與之同治其政，而庶政莫不厎於廢墜，此豈湯之所以丕釐景命之道乎？故天監代殷，而欽罰之，使我周撫有華夏，用湯所以大治景命之道，而受命于天，以「奄甸萬姓」也。「欽罰」者，王肅謂「須暇五年」，是矣。「甸」，先儒曰：「治也。」王氏曰：「井牧其地，什伍其民。」皆通。「受德」，先儒以爲「紂字」。夫「桀德」、「受德」，一也。「桀德」則曰桀之爲德，而「受德」則以爲其字，何其自相異同如此？據「受德」亦如「桀德」也。抑嘗觀周、召之告戒王，未嘗不以禹、湯之所以得，桀、紂之所以失，反覆而陳之。蓋《詩》曰：「殷鑒不遠，在夏后之世。」殷鑒在夏，則周鑒在殷矣。能以行事爲戒，豈遠乎哉？周、召欲成王克紹文、武之大業，必言其不可如桀、紂廢墜禹、湯之遺緒也。不獨戒成王爲然，其戒殷之多士、多方之諸侯，亦莫不然。孔子曰：「周監於二代。」蓋謂是也。

「亦越文王、武王，克知三有宅心，灼見三有俊心，以敬事上帝，立民長伯。立政：任人、準夫、牧作三事；虎賁、綴衣、趣馬、小尹、左右攜僕，百司庶府；大都小伯、藝人、表臣百司、太史、尹伯，庶常吉士；司徒、司馬、司空、亞旅，夷、微、盧烝；三亳阪尹。文王惟克厥宅心，乃克立茲常事司牧人，以克俊有德。文王罔攸兼于庶言、庶獄、庶慎，惟有司之牧夫是訓用違。庶獄、庶慎，文王罔敢知于兹。亦越武王，率惟敉功，不敢替厥義德，率惟謀從容德，以並受此丕丕基。

唐孔氏曰：「桀之昏亂開成湯，紂之不善開文、武。」蓋禍亂之作，天之所以開聖人也。不有廢也，君何以興？故桀以任非其人而自絶于天，湯則伐桀而有天下；紂以任非其人而自絶于天，文、武則伐紂而有天下。何者？有廢必有興也。然湯與文、武之所以興者，豈徒然哉？韓信謂漢高祖曰：「項王名雖爲霸，實失天下心。今大王誠能反其道，任天下武勇，何不誅！以天下城邑封功臣，何不服！」湯與文、武之所以興者，以其能反桀、紂之道故耳。桀以任是暴德而罔後，故湯則「三有宅，克即宅，三有俊，克即俊」，所以反桀之道也；紂以任暴德、逸德之人，而「帝欽罰之」，故文、武則「克知三有宅心，灼見三有俊心」，所以反紂之道也。既能反其道，則其所以享天心而受帝祉者，豈不與之異哉？宜其天命之不庸釋也。王氏以三宅已授之以位，已任之以事，故不可以不知其心，若三有俊，則灼見之足矣。其意謂三俊，未至於三宅之已在位；灼見，未至於克知之爲詳。先儒之分「三宅」、「三俊」異於王氏，故唐孔氏因之，則曰：「賢者難識，故特言『灼見』，言其知之審也。」而陳少南又曰：「君子、小人之心一也。小人之心曰『克知』，君子之心曰『灼見』者，蓋小人之心甚難知也。」一則以君子爲難知，故克知爲略於灼見；一則以小人爲難知，故灼見略於克知。予竊謂君子、小人之難知也，無有難易，而克知、灼見亦無有詳略也。蓋君子、小人之道，雖若白黑之不同，而其疑似之間，相去不能以髮，苟其毁譽亂真，好惡失正，則白黑易位矣。世有以小人爲君子者，以其不知小人之心也，使知小人之心，則惟恐其不退；亦有以君子爲小人者，以其不知君子之心也，使知君子之心，則惟恐其不進。觀《論語》之書，其論君子、小人多矣，如「君子和而不同，小人同而不和」。驕泰比周，皆以君子、小人之行事，其相反如此，則君子、小人之心，其異甚矣。惟知人者，視其所以，察其所安，使其善惡有不能逃，則於小人豈不克知其心？而於君子豈不灼見其心乎？此「知人則哲」，舜之所以爲難也。惟文、武克知小人之心，故以三有宅而去之；灼見君子之心，故以三有俊而進之。去小人而進君子，此其所以「敬事上帝」之道也。「敬事上帝」，則上帝之所眷顧以有天下，故「立民長伯」也。「立民長伯」，先儒謂「建諸侯」，是也。王博士曰：「『五國以爲屬，屬有長。二百一十國以爲州，州有伯。』立之長以治其屬，立之伯以治其州，凡以爲民而已。」亦是也。蓋文、武既有以當天之心，故天命之以有天下，則封建諸侯，而天子端拱於上也，此所以「立民長伯」。先儒論「立民長伯」則是，而於「敬事上帝」以爲郊祀，則非也。夫文、武之「敬事上帝」，即禹之尊事上帝，湯之丕釐景命，蓋言事天之道，莫大於得賢。而乃以爲郊祀之禮，不亦迂乎？

自此以下，皆言文、武之朝，内外小大，莫不得人也。「任人」，即「常任」也。「準夫」，即「準人」也。「牧」，即「常伯」也。言文、武之立政，則以此三俊而作三事。蓋此三俊其宅是職也，莫不各有其事，故謂之「三事」。先儒以爲「天地人之三事」，誤矣。「虎賁」而下，則其小臣也。「趣馬」，養馬之官。《周官》：「凡頒良馬，乘馬一師四圉。三乘爲皂，皂一趣馬。駑馬，麗馬一圉，八麗一師，八師一趣馬，掌贊正良馬，而齊其飲食，簡其六節。」即下士也。「小尹」，王氏曰：「小官之正也。」「左右攜僕」者，蘇氏曰：「執持器物者。」「百司」，王氏曰：「若司裘司服之類。」「庶府」，王氏曰：「泉府、玉府之類。」凡此小臣，無不得其人也。王氏以「大都而下爲都邑之官，司徒而下爲諸侯之官」，其説甚善。《周官》曰：「乃施典于邦國，而建其牧，立其監，設其參，傅其伍，陳其殷，置其輔。乃施法于官府，而建其正，立其貳，設其攷，陳其殷，置其輔。」自「庶府」而上，則所謂官府之臣也。

「大都」而下，則都鄙之臣。「司徒」而下，則邦國之臣也。「大都小伯」，所謂「建其長」也。「藝人」而下，則「其伍」、「其兩」、「其殷」也。「大都小伯」者，陳少南曰：「猶言小大都伯也。」都邑之衆，各有伯、常、長，故以小大二言該之。《周官》曰：「以小都之田任縣地，以大都之田任畺地。」注：「小都，卿之采邑。大都，公之采邑，王子弟所食邑也。」「藝人」，凡有技藝者。「表臣」，可以爲表正者。「百司」，都邑之内有所司者。上言「有司」，而此又言之，則知此爲都邑之官明矣。「太史」，林子和曰「即庶史之大者」是也。「尹伯」者，都邑之内凡正官之長也。「庶常」，陳少南曰：「凡有常事之人也。」自「庶常」以上，無非吉士也。「司徒、司馬、司空」，諸侯之三卿也。「亞」，其貳也。「旅」，其衆士也。「亞」，所謂伍也。「旅」，所謂殷也。先儒謂：「言三卿者，武王未伐紂時。」其意謂武王尚爲諸侯，故言三卿。其説不如王氏。而蘇氏又曰：「六卿獨數其三，不及冢宰、宗伯、司寇者，周公以師兼冢宰。周公謂蘇忿生爲蘇公，見蘇公以公兼司寇也。而宗伯則召公兼之歟？」其説之鑿，又甚於先儒，今所不取。「微、盧」，見於《牧誓》，蓋西南夷也。「烝」，衆也。「三亳」者，皇甫謐曰：「三處之地皆名爲亳。蒙爲北亳，穀熟爲南亳，偃師爲西亳。」「阪」，險也。言夷、微、盧之衆，及三亳之地與夫凡阪險之地，❶爲之尹者，無不得人也。蓋自王朝而後都邑，自都邑而後邦國，自邦國而後蠻夷，其内外之序如此，故既言諸侯之官矣，則繼之以典掌夷狄之官亦得其人也。若夫三亳之尹及阪地之尹，此又在王朝都邑邦國之官之外者，故特舉之於末也。鄭康成則以「三亳阪尹」共爲一事，云：「湯舊都之民服文王者，分爲三邑，其長居險，故

❶ 「凡」，汲古閣本無此字。

言阪尹。東城皐，❶南轘轅，西降谷。」而唐孔氏以爲：「古書亡滅，既無要證，未知誰得。」此言最爲近厚。唐姚崇嘗曰：「今止得十使，猶患未盡得人，況天下三百餘州，縣多數倍，安得刺史、縣令皆稱其職乎！」崇以十使，猶患不得其人，而文、武之臣大而至於任人，小而至於攜僕，内而至於王朝，外而至於典掌蠻夷，莫不得賢，則知天下未嘗無賢，特無以作之耳，乃謂不可以盡得人，天下豈有此理哉？無乃厚誣天下之人乎？然普天之下如此其廣，百官之位如此其衆也，焉得人人而擇之？苟非其執要於上，則推之以用人，安能人人稱其職乎？故文王能宅心，則乃立此常事。常事既立，則夫司牧人者，皆能俊而有德也。人君以一身之微，而應天下之變，情僞紛然，如瞰迴流，孰知其爲君子？孰知其爲小人？惟宅心，則毀譽不可得而汨，好惡不可得而摇，而常事立矣。常事立，此俊、德之所以在官也。季布曰：「陛下以一人譽召臣，以一人毁棄臣，臣恐天下有識者聞之有以窺陛下。」以譽而進之，又以毁而退之，則常事安得而立哉？此無他，不能宅心故也。惟不能宅心，而常事不立，故有始於用賢，而卒於用佞。如唐高宗、明皇、德宗、憲宗者，則俊安能以得志哉？荀子曰：「王道治近不治遠，治明不治幽，治一不治二。既能治近，又務治遠；既能治明，又能見幽；既能當一，又欲正百，是過者也。是猶立直木而求其影之枉也。不能治近，又務治遠；不能察明，又務見幽；不能當一，又務正百，是悖者也。是猶立枉木而求其影之直也。」夫人君之所以不能宅心者，惟其務兼乎「庶言、庶獄、庶慎」故也。既欲宅心，又欲兼乎「庶言、庶獄、庶慎」，此正荀子之所譏也。以一人之身，而代百官之所爲，則日將不暇給，不惟「庶言、庶獄、庶慎」荒墜而失其序，又且失乎宅心之要矣。惟以宅心爲要者，則雖不兼乎「庶言、庶獄、

❶「城」，《尚書正義》引作「成」，當是。

庶慎」，而此三者各得其條理，何者？ 天運於上，而四時寒暑自有司之者，何必身兼之哉？ 故夫文王之宅心，則不兼「庶言、庶獄、庶慎」，惟以「有司之牧夫」爲急。 蓋能以「有司之牧夫」爲急，則是訓之以賢之可用，而訓之以凶之可去，用賢去凶，則人主之職舉矣。 所以宅心者，此也。 所知者，知此而已。 「庶獄、庶慎」，非文王之所敢知也。 蘇氏曰：「庶言，有司所下教令也。 庶獄，獄訟也。 庶慎，國之禁戒儲備也。」蓋此皆有司之事，故惟擇有司，則其事集矣。 「違」，去也。 惟文王之宅心也如此，故武王雖率循文王撫安天下之功，以不敢廢其義德，而其率循文王經綸天下之謀，蓋從其容德而已。 「容德」，即宅心是也。 「義德」者，伐商是也。 「丕顯哉，文王謨」，所謂「容德」也。 「丕承哉，武王烈」，所謂「義德」也。 言武王雖率循文王之伐功，是不替其義德，而其經綸天下，則惟循文王所以宅心，而不兼「庶言、庶獄、庶慎」之容德也。 惟武王之所率者文王之容德，則成王之於文王當如何哉？ 武王以此而遂能集文王之大統，以並受此大基業，則成王亦當以此而持盈守成，以保有社稷也。

「嗚呼！ 孺子王矣，繼自今我其立政、立事，準人、牧夫，我其克灼知厥若，丕乃俾亂，相我受民，和我庶獄、庶慎，時則勿有間之。 自一話一言，我則末惟成德之彦，以乂我受民。 嗚呼！ 予旦已受人之徽言，咸告孺子王矣。 繼自今文子文孫，其勿誤于庶獄、庶慎，惟正是乂之。 自古商人亦越我周文王立政、立事，牧夫、準人，則克宅之，克由繹之，兹乃俾乂。 國則罔有立政，用憸人，不訓于德，是罔顯在厥世。 繼自今立政，其勿以憸人，其惟吉士，用勱相我國家。 今文子文孫，孺子王矣！ 其勿誤于庶獄，惟有司之牧夫。 其克詰爾戎兵，以陟禹之迹，方行天下，至于海表，罔有不服。 以覲文王之耿光，以揚武王之大烈。嗚呼！繼自今，後王立政，其惟克用常人。」周公若曰：「太史！司寇蘇公式敬爾由獄，以長我王國，兹式有慎，以列用中罰。」

自古國家之隆替興亡，不在乎勢之難易，而惟在乎賢能之用否。桀、紂繼世而立，貴爲天子，富有天下，則其保有社稷，以守前人之基業，其勢爲易，然以不用賢之故，遂至於亡國喪家，覆宗絶祀，雖欲爲匹夫而不可得。禹爲司空，湯與文、武爲諸侯，則夫光有神器，奄四海而君之，其勢爲難，然以用賢之故，遂能克當天心，以王天下，若探囊中物也。今成王以幼冲之年，然爲王矣，所履之位與禹、湯、文、武、桀、紂同也，所御之權亦與禹、湯、文、武、桀、紂同也。禹、湯、文、武之與桀、紂，其相去不啻千萬里之遠，而其原，則在於用人之當否。王其爲禹、湯、文、武乎？其爲桀、紂乎？隆替興亡之端，蓋兆於此，王其無以爲幼冲而不之恤也。蓋自周公之未歸政也，舉直錯枉，彰善癉惡，以之而維持天下者，其責歸之周公，王雖端居禁中，無用無爲，可也。今既即政而王矣，其可不念哉？故前既歷叙禹、湯、文、武之所以興，桀、紂之所以亡者，自此而下，則戒成王也。

王氏曰：「言其繼上帝，則曰天子；言其繼先王，則曰孺子。周公之視成王，尊則君，親則兄之子。」此非也。前言「嗣天子王矣」者，周公率羣臣進戒而贊之言也。贊羣臣之言，不得不曰「天子」，非有尊親之辨也。「若」，順也。順者，謂其順於道，非爲其順於君也。夫君子之用於朝，必使之棄其所習，逆其所順，强其所劣，捐其所能，於君爲逆矣，而於道則順也；小人之用於朝，阿合諛佞以求媚於上，於君爲順矣，而於道則逆也。《書》曰：「有言逆于汝心，必求諸道；有言遜于汝志，必求諸非道。」「逆于汝心」，雖逆而非逆也，乃所謂順也。「遜于汝志」，雖順而非順也，乃所謂逆也。蓋正直之言難入，而諂諛之説易合，故於君子之所順者，必灼知之而後能信任之也。「受民」者，王氏曰：「王者之得民，上則受之天，下則受之先王也。惟文、武用人之效如此。」今王既即政，繼自今日已往，其所以「立政、立事」者，惟在于「準人、牧夫」之得其人而已，而其所以用之者，又在於灼知其所順，則君子得志，而小人不得掩蔽君之聰明。此所以大能使治，以相助我所受之民，「庶獄、庶慎」各得其條理，而無不和也。「相我受民，和我庶獄、庶慎」，此用君子之效也。既用君子，而享其效，則不可以使小人間之也。蓋君子、小人之道不同，若冰炭之不相入，不可以共事，然一薰一蕕，十年尚猶有臭。衆小人用事，有一君子，未能有濟；衆君子用事，有一小人，其爲害也，必矣。蓋君子不得志，則奉身而退，不肯枉己以求進；小人不得志，則乘罅抵巇，以誘其君，期於必進而後已。故古者，雖其俊乂濟濟，號爲多士，而乃始治而終亂，始於用賢，而終於用佞者，惟其以小人間之故也。昔齊桓公問管仲曰：「吾欲使酒腐於爵，肉腐於俎，得無害霸乎？」管仲曰：「此固非其善者，然不害霸也。」公曰：「何如而害霸？」曰：「不能知人，害霸也；知而不能用，害霸也；用而不能任，害霸也；任而不能信，害霸也；既信而又使小人參之，害霸也。」仲之此言，不獨霸道然也。「我其克灼知厥若」，知之也。「丕乃俾亂，相我受民，和我庶獄、庶慎」，用之、任之、信之也。「時則勿有間之」，不使小人參之也。「相」者，猶謂左右有民輔之，翼之。前於三有宅曰「克知」，三有俊曰「灼見」，而此於準人、牧人又曰「灼知」，乃知前所謂「克知」、「灼見」者，無有詳略也。「末」，終也。夫所以用君子，而以小人間之者，惟其忘之故也，故周公之戒成王，自一話一言之間，我則終思成德之美士，以治我所受之民。蓋雖造次顛沛之間，而未嘗一出言忘之也。其求賢之切如此，則小人安得以間之哉？夫古之人君急於求賢，俊乂如林，固足以致治矣，而其心猶恐乎山澤之間有埋光鏟采而不肯仕者，必欲無一賢之或遺而後已，則一話一言之間，其終思之也，必矣。前曰「相我受民」，此曰「乂我受民」，此則史家之駁文，不必辯也。周公又嗟歎曰：予之所以告成王，謂既王天下，不可以不擇人者，乃我受衆人之美言，故悉以告，不敢自有之也。觀羣臣進戒之言曰「王左右常伯、常任、準人、綴衣、虎賁」，周公遂因之曰「嗚呼！休兹，知恤鮮哉」，則其受人之徽言以咸告，其略可見矣。夫以周公之聖，而其告王之言必歸之他人，此其謙德也。晉梁山崩，壅遏河三日不流。晉君召伯尊而問焉。伯尊來，遇輦者，伯尊下車而問焉，輦者曰：「君親縞素，帥羣臣而哭之，既而祠焉，斯流矣。」伯尊至，君問之，取輦者之言以告，而不歸之輦者。孔子聞之曰：「伯尊其無績乎！攘善也。」亦異乎周公矣。「文子文孫」者，王氏曰：「守成則無所用武。曰文子文孫者，謂成王也。成王，武王之文子，文王之文孫也。」是矣。言成王既爲文王之孫、武王之子，則繼自今以往，「庶獄、庶慎」不可以有誤也，「惟正是乂之」而已。先儒以「正是」爲「正是之道」，王氏則謂：「正一而不可變，是變而不可常，守正所以立本，從是所以趨時。」楊龜山辯之，以爲「是」與「則具是依」、「是違」之「是」同。而陳少南之説尤爲簡易可用，曰：「『惟正是乂之』者，伸前『末惟成德之彦，以乂我受民』之言也，乂民之術非他也，正仰此成德之美士也。」蓋欲獄慎之無誤，非得人不可。周公之陳文王之事，則謂「罔攸兼于庶言、庶獄、庶慎」，而其告成王，又欲其無誤者，「罔攸兼」，所以「勿誤」也。唐太宗問張玄素以政，對曰：「自古未有如隋亂者，得非君自專、法日亂乎？且萬乘之尊，身決庶務，日斷十事，五不中，中者信善，有如不中者何？一日萬機，積其失，不亡何待？若尚賢者，能使有司善知，則高居深拱，誰敢犯之？」以是觀之，欲獄慎之勿誤，必罔兼之而後可也。蓋所謂「勿誤」，即所謂「和我庶獄、庶慎」也。「自古商人」，此又伸言其事也。唐孔氏曰：「上陳禹、湯、文、武，此覆上文，惟言湯與文王者，言有詳略，無別意也。」「則克宅之」者，即所謂「宅乃事、宅乃牧、宅乃準」也。「克由繹之」者，又從而紬繹其所行之事也。使之宅其職，而不紬繹其所行之事，則小人得以矯僞而欺君矣。能如此，乃可以使「乂我受民」也。「國則罔有立政」，此又伸言桀、紂之事也，言桀、紂之國所以不能立政者，惟用憸人之不順於德者，使其君無顯名在於其世也。《詩》曰：「樂只君子，德音不已。」得君子而復有令譽，故用憸人則無顯名矣。不順于德，則非所謂丕訓德也。「憸人」，小人也。惟桀、紂以用憸人而無顯名，故成王繼自今以往，凡所以立政者，勿用憸人，惟用吉士，使之「勱相我國家」也。「勱」，勉也。「勱相」，言勉力以輔其君，猶所謂「勱翼」也。「今文子文孫，孺子王矣」以下，此又申言之，丁寧委曲，期成王之心明白而不疑也。此篇初言「常伯、常任、準人」，既而言「宅乃事、宅乃牧、宅乃準」，既而言「任人、準人、牧夫」，雖其序不同，而三者並存也。既而特言「準人、牧夫」，既而又特言「牧夫」，或特言「有司、牧夫」；初言「庶言、庶獄、庶慎」，既而特言「庶獄、庶慎」，既而又特言「庶獄」，此正上言禹、湯、文、武，而下惟言商與文王。唐孔氏所謂「言有詳略，無別意者」是也。正如《大誥》或言「邦君、尹氏、庶事、御事」，或言「邦君、庶事、御事」，或言「邦君、御事」，其或言或不言者，豈其有在有不在乎？而説者於言「準人、牧夫」，則以「立事」爲「常任」，言「庶獄、庶慎」，則以「是訓用違」爲「庶言」。夫立事者，即立政也，安得以爲常任之官？而以「是訓用違」爲「庶言」，其鑿尤甚。至其特言「庶獄、牧夫」，則又曰：「獄者，政之終。牧者，官之長。官舉其長，政舉其終，則無不舉矣。」此皆强爲之説也。「其克詰爾戎兵」者，爲國有本末，得人以立政，則其本立矣，然後可以制服天下也。昔裴度嘗言於唐，以爲：「逆豎構亂，震驚山東；姦臣作朋，撓敗國政。陛下欲掃蕩幽、鎮，先宜肅清朝廷。何者？爲患有小大，議事有先後。河朔逆賊，祇亂山東；禁闈姦臣，❶必亂天下。是則河朔患小，禁闈患大。」以此觀之，則詰戎兵必在於用人之後也。「詰」，治也。詰戎兵

❶「闈」，汲古閣本作「闡」。

者，所謂除戎器也。言其治此戎器，以升行禹之舊迹，各以其方而行于天下，至于四海之表，無有不服者。此皆其用人之成效也。蓋夫四海之表，所以無敢不服者，固不在於戎兵，然戎兵不可不詰，❶蓋除戎器戒不虞之道也。若夫晉武帝之去武備，唐蕭俛之銷兵，則昧夫詰戎兵之道，而唐太宗、漢武帝窮兵於萬里之外，疲弊中國，以求四夷之來臣，則又失夫詰戎兵之本意矣。「耿光」，言其光明之德也。夫用人立政，而至於海表賓服，則足以顯文王之明德，亦足以揚武王之大業也。「覲」，見也。見其耿光，則其德顯矣。能如是，則成王之爲「文子文孫」之道盡矣。周公又終戒成王，言自今以往，其立政也，必用有常之人焉。蓋惟君子而後有常，若夫小人則乍賢乍佞，其未得志，則痛自矯飾，以欺世俗而盜名，既得志，則其真情見矣，故惟求其有常之人而用之，則小人不得以濫退也。❷此篇或曰「俊德」，或曰「彦」，或曰「吉士」，或曰「常人」，雖則不同，皆君子之美稱也。而説者謂「常人不如吉士，吉士不如彦，彦不如俊德，思其上不可得，則思其次」，亦鑿也。「太史」，官名也。周公呼太史而告之曰：昔蘇公之爲司寇，敬於用獄，「以長我王國」。「長我王國」，所謂「其寧惟永」也。今此亦當於用獄之法而慎之，以其列而用輕重之中者也。《左傳》曰：「昔周克商使諸侯撫封，蘇忿生以温爲司寇。」是「蘇公」者，武王之司寇也。「列」者，蘇氏曰：「前後相比，猶今之言例也。」「其惟克用常人」以上，此篇之義足矣，而繼之以此者，意者上言庶獄，而使遂取此以繼其後乎不可得而見也。

王氏謂：「立政之意始於知恤，而終於用中罰者，蓋知人而官，使之上下小大各任其職。不迪者，糾之以法，政

❶「詰」，原誤作「詰」，今據汲古閣本改。

❷「退」，汲古閣本作「進」。

之所以立也。」王氏此言，蓋爲新法地爾。自「司寇蘇公」以下，雖則數言，而《吕刑》一篇之意盡於此矣。如《禹謨》云「德爲善政，政在養民。水火金木土穀惟脩，正德利用厚生惟和，九功惟叙，九叙惟歌。戒之用休，董之用威，勸之以九歌，俾勿壞」，而箕子《洪範》一篇之旨，亦備見於此。大抵聖人之言，約而言之，則雖數語，而不爲不足，推而演之，則雖百言，而不爲贅，此後世能言之士所以莫能加也。

尚書全解卷三十六　周書

周官

成王既黜殷命，滅淮夷，還歸在豐，作《周官》。

周官

惟周王撫萬邦，巡侯甸，四征弗庭，綏厥兆民。六服羣辟，罔不承德。歸于宗周，董正治官。王曰：「若昔大猷，制治于未亂，保邦于未危。」曰：「唐虞稽古，建官惟百。內有百揆四岳，外有州牧侯伯。庶政惟和，萬國咸寧。夏商官倍，亦克用乂。明王立政，不惟其官，惟其人。今予小子，祗勤于德，夙夜不逮，仰惟前代時若，訓迪厥官。

《周官》於每篇之首，皆曰：「惟王建國，辨方正位，體國經野，設官分職，以爲民極。」當周公之攝政，既以洛水之地居天下之中，四方諸侯之朝覲貢賦，道里爲均，故建以爲都，以居九鼎，而朝諸侯於此矣。當其營洛也，召公先至于洛而卜之，既得吉卜，則經營，以攻其位。周公續至，則達觀之，而用書以命庶殷，則所謂「建國而辨方正位，體國經野」者是也。若夫「設官分職」，則見於此篇焉。武王雖滅紂，而猶以其故都封紂子武庚，則是命未黜也。及武庚挾管、蔡以叛，周公討而平之，猶封微子於宋，以存湯之祀，而殷之故都無復湯之子孫，是謂黜商命也。「滅淮夷」者，逸《書》序所謂「成王東伐淮夷，遂踐奄。成王既踐奄，將遷其君於蒲姑」是也。武庚之亂，淮夷與之同惡，及成王既即政，而又叛成王，以其恃遠不賓，故屢叛命，既討平之，乃遷其君於中國之地，故謂之「滅」也。「黜殷命」與「滅淮夷」，非一時之事，而序連言之者，蓋周興於西土，而其化自北而南，故西南夷最所先服，而東夷之服也爲最後。觀其封建諸侯，以太公居齊，周公居魯，此二人者，親賢之最，而其分土，乃在乎青、徐之境，去周爲最遠者，欲以控御東夷故也。則是周家之所慮，惟在於東夷。東夷未平，則天下未爲太平。官制雖欲董而正之，倥傯有所未暇也。觀武王之封武庚，而使三叔監之，蓋已恐其有不軌之心矣，豈得已而封之哉？且使天下無變，則武庚雖欲舉事，無由而發，不幸武王之即世，而成王幼冲，此武庚之所以藉口而反。淮夷既未服於周，必與之相挻而爲亂，周公討平之矣，而猶不悛，即政之後，又復犯命，方其始伐之也，猶冀其回心而向善，故未遷之，及其再亂也，則是不可復化矣，故必遷之而乃能絶其後患焉。既遷之矣，則四方無倔强不賓之邦以干天誅，天下大定，然後可以講明官制，此所以作此篇。

自黜商命，「滅淮夷」，則連言之也，先儒所謂「事相因」，是也。「還歸在豐」者，自「滅淮夷」而歸也。「豐」，文王之都，故有文王之廟。豐、鎬相去二十五里，武王雖遷鎬，而豐都猶存。其在豐而作此篇者，陳少南曰：「發册以告庶官，且爲一代之大典，故必於豐。」是也。《召誥》序曰：「成王在豐，欲宅洛邑，使召公先相宅。」蓋宅洛者，亦是朝廷之大事，故至于豐，以告廟也。「撫萬邦，巡侯甸」，曾博士以爲：「撫萬邦，則其仁足以懷。巡侯甸，則其智足以察。」林子和之説，又以遠近而分之。薛博士又曰：「若周公之所以撫邦國，此之謂撫，巡守殷國，此之謂巡。雖然此一時之事，不必若行人之數，蓋撫萬邦則或使人焉，然巡侯甸不及其遠，則遠者，遣人撫之故也。」曾博士、林子和固爲鑿矣，薛博士以行人之所載爲證，所謂撫之、巡之，雖其字偶合，然非《書》之本意。蓋《書》之本意只言成王撫安萬國而巡守之也，不可對説，對説則鑿矣。「萬邦」者，總言其多也。如《左傳》曰「禹合諸侯於塗山，執玉帛者萬國」，亦是舉其大數。鄭氏引《益稷》「州十有二師」之言，以爲：「每一師領百國，州十有二師，每州千二百國。畿外八州，總九千六百國，其餘四百國在畿内。」此毋乃泥乎？言萬國則必計之，以爲誠有此數，如言兆民、萬民，亦將計之，可乎？諸家之説，蓋泥於「萬邦」、「侯甸」之言，則以爲或遠或近。蓋此言「撫萬邦，巡侯甸」，正猶《易》言「建萬國，親諸侯」云爾，不必分也。「庭」，直也。「師，直爲壯，曲爲老」，彼既不直，則我伐之也爲有名，故四征之，而可以綏兆民也。蓋王之君萬邦而撫之也，必以時巡守，而巡之也，則擇其不庭而討之，❶既討之矣，則兆民得以安堵，故曰「綏厥兆民」。説者亦多以此兩句對説，亦非。自此「撫萬邦」而下，皆是指伐淮夷事。唐孔氏曰：「此言巡行天下，其實只巡向淮夷之道所過之諸侯爾，未是用四仲之月大巡守也。以撫諸侯巡守是天子之大事，因即大言之爾。惟伐淮夷非四征也，言『四征』亦是大言之爾。」是也。「侯甸」，即下「六服」是也。言「侯甸」者，略言之耳，上下互言也。當成王之時，六合爲周聲教所暨，率皆臣服，獨淮夷未平爾。淮夷未平，則當時六服之君固雖洗心滌慮，以奉承天子之德而行之，然謂之莫不承德，則不可也。惟「滅淮夷」而遷以化之，則是莫不承德矣。如舜之世，聲教所暨迄於四海，惟三苗不服，必至於苗民之格，然後爲至治也。《周官》有九服，而中國五，《康誥》曰「侯甸男邦采衛」是也。此言「六」者，王氏以爲「近中國之夷狄」，意謂并蠻服數之。唐孔氏亦以「六服不數夷鎮藩」，與之同。蘇氏則曰：

---

❶「則」下，汲古閣本有「必」字。

「《禹貢》五服，通畿内。周五服，在王畿千里之外，并畿内爲六服。」夫禹之畿内謂之「甸服」，故可以「服」言之，
周之王畿在九服之外，不名曰「服」，安得謂之「六服」乎？ 觀《大行人》載「侯服歲一見」，自此降殺，至於「要服
六歲一見」。「要服」即「蠻服」也。注曰：「此六服去王畿三千里，五服相距方七千里，公侯伯子男封焉。」至於
夷服、鎮服、蕃服，則總言曰：「九州之外謂之蕃國，世一見。」正此所謂「六服」，蓋指九州之内也。王氏謂：「近
中國之夷狄承德，則國家閒暇可以脩政刑之時。」此蓋强爲之説也。「宗周」，鎬京也。《畢命》曰「王朝步自宗
周，至於豐」，則宗周非豐矣。《序》曰「還歸在豐」，而此曰「歸於宗周」，故多異説。薛博士以「宗周即豐」，非
也。唐孔氏則曰：「周爲天下所宗，王都所在皆得稱之，故豐、鎬與洛邑皆名宗周。」不如陳少南曰：「史言『歸
於宗周，董正治官』，是歸鎬京，審訂官號而正之者也。」序言「還歸在豐，作《周官》」，是官號已正，發册以告之
之時也。「治官」者，凡治事之官也。「董」，督也，督正也，循名責實之謂也。「若」者，發語之辭。「若昔」，猶曰
「在昔」也。言昔之有大猷，所以「制治於未亂，保邦於未危」者也，即下文「唐虞稽古」而下是也。蓋治亂安危
之勢相爲消長，若循環然，亂而制之，不若未亂而制之爲愈也，將危而保之，不若未危而保之爲愈也。或曰：
「奔壘之車，沈流之航，可乎？」曰：「否。」或曰：「焉用智？」曰：「用智於未奔沈。」故必制於未亂，保於未危，
而後爲古之大猷也。唐虞之「建官惟百」，夏商之官倍，所謂「大猷」。「庶政惟和，萬國咸寧，亦克用乂」，所謂
「制治於未亂，保邦於未危」也。先儒以「若」訓「順」，言「當順古大道」。此言「若昔」，正《吕刑》言「若古有訓」。
以「若昔大猷」爲「順古大道」，則可以「制治於未亂，保邦於未危」，尚可爲説，《吕刑》言「若古有訓」，而下文曰
「蚩尤惟始作亂」，亦以爲「順古之訓」，可乎？ 唐虞之建官止於百數，而其建之也，蓋考古之制，斟酌其宜而爲
之，在内之官，則有百揆及四岳，在外之官，則有州牧及侯伯。「百揆」者，揆度百事之職，猶後世之宰相也。堯

之世，蓋舜爲之，舜既受禪，則禹代爲之焉。「四岳」者，漢孔氏曰：「即上羲和之四子，分掌四岳之諸侯，故稱焉。」案：《國語》以「四岳」爲「四伯」，蓋各爲一方，以總諸侯。諸侯來朝，則率其方之諸侯，以見於天子。天子巡守，則亦率其諸侯，以見於方岳之下。《舜典》云：「既月乃日，覲四岳羣牧，班瑞於羣后。歲二月，東巡守，至於岱宗。肆覲東后。五月南巡守，至於南岳，如岱禮。八月西巡守，至於西岳，如初。十有一月朔巡守，至於北岳，如西禮。」孔氏之言蓋本於此。「州牧」者，所謂「十有二牧」也。「侯伯」者，侯也，伯也，蓋言諸侯也。諸侯而言「侯伯」者，猶六服而言「侯甸」也。侯伯各以其州而屬所牧，州牧各率其方之諸侯而屬於四岳，四岳而下，則百揆兼總之也。四岳雖掌四方之諸侯，然其職任則在於内也。國以有政而理，政以有人而治，故「建官惟百」，則「庶政惟和」。庶政和，則萬國寧也。「夏商官倍」，蓋二百也。「亦克用乂」，蓋庶政亦和，而萬國亦寧。史省文也。「亦」者，因前之辭。「不惟其官」者，言明王之立政，不徒多其官，而惟在於其人之如何也。夫唐虞百，夏商倍，周三百六十，其多寡如此之不同，蓋其人才自有優劣。若唐虞之世，百人足以致治，至夏商之天下，亦唐虞之天下也，然非倍官則不可以爲治，周之天下，亦夏商之天下也，而其官之數遂至於三百六十。蓋周之三百六十，僅足以比夏商之倍，夏商之倍，僅足以當唐虞之百，故曰「不惟其官，惟其人」也。夫周之官，既多於夏商，而尤多於唐虞，蓋以其人才之不若。既人才之不若，則雖其官數之盛，而其治效亦將有所不如矣，故今我雖小子致敬而勤於德，力行而不怠，朝夕之間，惟恐不及，仰是前代而順之，以之而「訓迪厥官」也。成王之「夙夜不逮，仰惟前代時若」，此正如顏子之「瞻之在前，忽焉在後」。夫子循循然善誘人，博我以文，約我以禮，欲罷不能。既竭吾才，如有所立卓爾，雖欲從之，末由也已」，雖自知其不及，而其戰戰兢兢之心，未嘗少怠也。「董正」者，「立太師、太傅」以下是也。「訓迪」者，「凡我有官君子」以下是也。董正之，而後訓迪之也。

觀《立政》之篇，周公以成王即政之初，選用人才之始，而邪正兩途自此分，故諄諄以用人爲戒。今觀此篇，成王知夫人才之不如前代，故建官雖多，而惟恐其不及，既董正之，而又訓迪之，則孰有瘝官曠職者哉？於此不獨見成王之賢，亦足以見周公啓沃之有素也。

「立太師、太傅、太保，兹惟三公。論道經邦，燮理陰陽，官不必備，惟其人。少師、少傅、少保，曰三孤。貳公弘化，寅亮天地，弼予一人。冢宰掌邦治，統百官，均四海。司徒掌邦教，敷五典，擾兆民。宗伯掌邦禮，治神人，和上下。司馬掌邦政，統六師，平邦國。司寇掌邦禁，詰姦慝，刑暴亂。司空掌邦土，居四民，時地利。六卿分職，各率其屬，以倡九牧，阜成兆民。六年，五服一朝。又六年，王乃時巡，考制度於四岳。諸侯各朝於方岳，大明黜陟。」

上既言夏商之官倍於唐虞，蓋以人才之優劣而爲是多寡之數，使夏商而必爲唐虞之百官，數固同矣，而其職必不舉，故不得不倍。夏商既不得不倍，則我周當如之何？是以其數至於三百六十，比之夏商又爲多也。其多寡之不同者，蓋以後之不如昔，故「仰惟前代」而惟恐其不及，「祗勤於德」，以訓迪百官，不敢少怠。自此以下，則董正其官職，而後訓迪之也。

周之設官分職，比之前代最爲詳，而其大概蓋準唐虞之制。唐虞之百官，「内有百揆四岳，外有州牧侯伯」，此其百官之中所謂要重者也。夏商雖倍於唐虞，其數可得而見之，而其職號統屬無所傳聞，故《漢表》有曰：「夏商亡聞焉。」雖無所傳聞，要之，比於唐虞雖間有增損，而其大概亦不外是，觀之周，自可以見矣。「三公」、「三孤」者，百揆之任六卿者。四岳之任九牧、五服，與夫朝覲巡守之禮，則所謂「州牧侯伯」者也。建官之制至於周室，至纖至備，無以復加，而其源流，則自唐虞以來，歷夏歷商，或損或益，而後大備也。「太師、太傅、太保」，此天子三公之官也。「三公」者，皆是教導天子之職，其曰師、曰傅、曰保者，所以別之也。賈生曰：「保，保其身體；傅，傅之德義；師，導之教訓。」應劭《漢書》注曰：「師，訓也。傅，覆也。保，養也。」顏師古則曰：「傅，相也。」漢孔氏則曰：「師，天子所師法；傅，傅相天子；保，保安天子於德義者。」此皆是緣名以生義，蓋必欲釋其名，則其義當如此。然要之，三公之職同，皆是王者之師，既有三人，則必立名，以寓其尊卑之等。而王氏曰：「師道嚴，傅道親，保則尤親。尤親則幾於褻而不嚴，故師尊於傅，傅尊於保。」此蓋强以其尊卑之等而爲之説。觀此篇，自冢宰以下各有所掌，其職不同，而於三公同曰「論道經邦，燮理陰陽」，於三孤同曰「貳公弘化，寅亮天地，弼予一人」，則其職無有異，安得以其名有尊親之義以分其差等哉？《漢表》曰：「太師、太傅、太保是爲三公，蓋參天子，坐而議政，無不總統，故不以一職爲官名。」既謂「不以一職爲官名」，則安得以其名而區別之哉？ 夫天位乎上，地位乎下，而人主位乎天地之間，則其心術蓋與天地通。天地之氣，行而有愆，陽伏陰者，以人主之心術不正也，故必以三公與王論道也，以經緯邦國，而其心術正，則陰陽無有不和理者矣。《考工記》曰：「坐而論道，謂之三公。」正所謂「論道」也。蓋其朝夕之所啓沃，以格君心之非者，無非道也，故其精神之所感通，可以和理陰陽。爲是官也，自非道全德備可以爲王者之師者不足以稱其職，故無其人，則不必備建，寧闕之可也，蓋尤不可以非其人也。若六卿之職，各有所掌，一職不建，則必有一事之不舉，故無司徒，則何以「敷五典」？無宗伯，則何以「治神人」？其他皆然，故不得不備。三公既不下掌有司之職，故可以不必備也。「三孤」者，三公之副也，故曰「貳公」。觀三公，謂之「太師、太傅、太保」，而三孤曰「少師、少傅、少保」，曰「太」曰「少」，則其爲副貳可知矣。此猶六卿，有大司徒，又有小司徒，有大宗伯，又有小宗伯，曰大曰小，是其貳也。惟六卿之長貳，其職同，則三孤之於三公，其職豈有異哉？故三孤之所以洪大道化，以敬明於天地之道，而輔翼予一人者，皆以貳公也。蓋「洪化，寅亮天地，弼予一人」，指三公言之，而三孤爲之貳焉。既曰「燮理陰陽」，又曰「寅亮天地」，唐孔氏曰：「和理敬信，義亦同耳。以孤副貳三公，故其事所掌亦不異。」此説得之。王氏曰：「化待道而後立，天地待陰陽而後立，論道而不諭然後弼。本在於上，末在於下，故公論道，孤洪化，公燮理陰陽，孤寅亮天地。公論於前，孤弼於後。」此意謂三孤之職，不若三公。果如是説，則以陰陽爲本，以天地爲末，可乎？以此一節觀之，則其説皆鑿矣。王氏又曰：「號曰公者，容乃公之謂。大臣之義，當特立而無朋，故曰孤。」此亦緣名以生義。夫天子之臣，其上爲公，其次爲孤，其次又爲卿，其次又爲大夫，其次又爲士，亦猶五等諸侯曰公，曰侯，曰伯，曰子，曰男，皆假其名以別之，不必求其義也。後世於九州十二牧之類，皆求其義於名，非也。「少師、少傅、少保，曰三孤」，蓋卑於公而在九卿之上。《漢表》曰：「立三少，是孤卿，與六卿爲九卿。」此其爲説，本於《禮記》「天子立六官、三公、九卿」。鄭氏注以此夏時制，亦不可得而見。然經言三孤、六卿，則孤與卿異，而乃爲九卿，既謂之孤，又謂之卿，可乎？且當以《書》爲正。冢宰而下，則六卿也。曾博士曰：「先王建官分治，未嘗不以正名爲先，名既正矣，然後分職以聽於上，而事各有所係焉。自冢宰以至司空，則所正之名也。自掌邦治，以至掌邦土，則所分之職也。自統百官，以至時地利，則事各有所係也。」此説是也。然冢宰之職，雖其與六卿分掌有司之事，不若三公之專以教導天子爲務，然又不若司徒而下但掌一事而已，蓋冢宰爲六卿之首，故凡有司之事，又冢宰總之。觀其所正之名，則自司徒而下，各取一事，而名之曰司徒者，以其掌徒役之事也。林子和曰：「徒，衆也。衆，則必有所從，故士從其所教謂之徒，卒從其所將謂之徒。司徒者，主教之官也。」曾博士曰：「有戎曰師，無戎曰徒，名教官以司徒，則以其所司之衆無事於戎故也。」此説泥於「教」字以爲説，殊不知先王之名官，但取其所掌之一事以爲之别耳，故教官而曰「徒」也，不必以「徒」有教義也。「宗伯」者，《楚語》觀射父曰：「使名姓之後，能知四時之生、犧牲之物、玉帛之類、采服之儀、彝器之重、次主之度、屏攝之位、壇場之所、上下之神、氏姓之出，而心率舊典者以爲之宗。」以其爲名姓之後，故曰「宗」也。惟以名姓之後而曰「宗」，不可以謂之「司宗」，故曰「宗伯」，言其爲長也。「司馬」者，主戎馬之事也。「司寇」者，主寇賊也。「司空」者，唐孔氏曰：「《冬官》既亡，不知其本。」《禮記・王制》記司空之事云：「量地以制邑，度地以居民。」此所以謂之「司空」。《考工記》曰：「國有六職，百工居一焉。」鄭氏曰：「百工，司空事官之屬。司空，掌營城郭，建都邑，立社稷宗廟，車服器械，監百工者。」以此觀之，則名曰「司空」者，亦其一事，若司徒然也，皆取其一事以爲之别。惟冢宰則名曰「宰」，不以一事目之也。「冢」者，鄭氏《周禮》注曰：「《爾雅》曰：『冢，大也。』冢宰，太宰也。」蓋「冢宰」、「太宰」，一也。其所分之職，則「司徒掌邦教，宗伯掌邦禮，司馬掌邦政，司寇掌邦禁，司空掌邦土」，而冢宰則「掌邦治」。自「教」至「土」，皆一事，而「治」則兼「教」、「禮」、「政」、「刑」、「土」而言之，不以一事目之也。其所係之事，則掌邦教者，「敷五典，擾兆民」。敷五典者，教也。掌邦禮者，「治神人，和上下」。治神人者，禮也。以至政也，禁也，土也，皆然，無非係之以所主也。事至冢宰，則曰「統百官，均四海」而已，不以一事係之也。觀太宰，雖同爲六卿，而其「掌建邦之六典」，則「一曰治典，二曰教典，三曰禮典，四曰政典，五曰刑典，六曰事典」，六典無不掌也。小宰雖同爲六卿之貳，而以其「官府之六屬舉邦治，則一曰天官，二曰地官，三曰春官，四曰夏官，五曰秋官，六曰冬官」，其屬各六十，無不統也。此其以「官府之六職辨邦治，則一曰治職，二曰教職，三曰禮職，四曰政職，五曰刑職，六曰事職」，無不主也。此其所以爲「統百官，平邦國」歟？蘇氏曰：「冢宰必三公兼之，餘卿或特命。」蓋冢宰雖不若三公之爲尊，然其要重如此，故必以三公兼之。觀周成王世，周公以太師兼之，周公没，召公則以太保兼之。《春秋》書宰，周公亦是以公兼冢宰之任，惟其以無所不統故也。「均四海」者，先儒曰「均平四海之内邦國」是也。《周官》亦曰：「以佐王均邦國。」而王氏曰：「爲其以賦式理財爲職，故曰均。」夫「九賦斂財賄，九式均節財用」，此特其一事而已。若夫「均四海」，則所言者，大非指此也。王氏謂：「《周官》一書，理財居其半，故以理財爲冢宰之職。」王氏置「制置三司條例」，議者皆譏其以天子之宰相而下行有司之事，此言蓋自爲地爾。「敷五典」，即舜之命契「敬敷五教」也。「擾」，安也。夫民逸居而無教，則近於禽獸，其能一朝居乎？故「敷五典」者，所以安之也。宗伯以吉禮事邦國之鬼神，示所以治神也，凶、賓、軍、嘉，所以治人也，「和上下」，則神祇無不安其位，而人無不當其分也。六師，平居無事，則屬於司徒，爲六卿，及其有事，則爲六師，司馬統之，以戰伐叛討罪，則邦國無有倔强之人，此所以平也。「詰」，治也。姦慝言「詰」，暴亂言「刑」，駁文也。「居四民」，若管仲制法，「令士農工商四民不雜」之類是也。「時地利」者，使人順天時以脩地利也。司寇不言「刑」，而言「禁」，司空不言「事」，而言「土」，曾博士以爲：「言禁者，期於無刑；言土者，期於無爲。」此蓋鑿也。刑即禁也。事謂百工之事，土即百工之事。變刑言禁，變事言土，而以爲有深義存於其間，皆求之之過。程氏曰：「古之時，分職主察天時，以正四時，遂居其方之官，主其時之政。在堯謂之四岳，於周乃六卿之任，統天下之治者也。」蓋周之六卿，本於羲和之四子，羲和四子分主四時之政，周之六卿則不然矣，然本自準四子而爲之，故以六卿之故加「天」、「地」二字，而曰天官、地官、春官、夏官、秋官、冬官也，蓋雖不主四時之政，而其名猶有唐虞之遺意。如諸家之説，必求其如是而爲天官，如是而爲地官，皆有義焉，余恐非古人之本意也。「分職」，即上文是也。「各率其屬」者，六官之屬各六十，共三百六十。「以倡九牧」者，爲九州州牧之倡率，此亦唐虞「州牧侯伯」統於四岳之遺意。「阜成兆民」，亦所謂「庶政惟和，萬國咸寧」也。「六年，五服一朝」者，更六年，而五服各一朝也。《舜典》曰：「羣后四朝。」蓋不巡守之間，四年四方諸侯分來朝於京師，亦是各一朝也。《周官·大行人》云：「侯服一歲一見，甸服二歲一見，男服三歲一見，采服四歲一見，衛服五歲一見，要服六歲一見。」如此，則侯服於六年之中六朝，甸服三朝，男服二朝，采服計六歲之二而三朝，衛服計六年之五而六朝，惟要服六年一朝，與經文不同。唐孔氏雖引「歲聘以志業，間朝以講禮，再朝而會以示威，再會而盟以顯昭明」爲與此經相當，然左氏之言，是三年一朝，六年一會，十二年一盟，計一十二年之中，諸侯之朝不止於二，此則十二年止於二朝，然後王巡守，亦不得爲相當。唐孔氏又以《大行人》所云，見者皆言貢物，或可因貢而見，何必見者皆是君自朝乎？案：《周官》朝覲、宗遇、會同，皆其君自行，故皆言「見」，至於問與頫則其臣，故曰「時聘」、「殷頫」而已，不言「見」也。以見爲遣使，亦非《周官》之本意。蓋虞氏五年一巡守，故一巡守之前，而諸侯朝於京師者各一，是六年各一朝。此曰「一朝」，與《舜典》曰「四朝」，其實一也。當以《書》爲正，不可以《周禮》之言而混之。然此篇所載六卿，與《周禮》同，而惟「六年，五服一朝」一句，與《周禮》異，此當闕之以俟知者。言「五服」者，唐孔氏曰：「要服路遠，外逼四夷，故不數。」義或然也。此言「五服」，而《大行人》所言者「六服」，則其事不同，尤可以見也。「又六年，王乃時巡」者，十有二年也，《大行人》曰「十有二歲王巡守殷國」是也。五服兩朝，而王一巡守也。「時巡」者，亦如《舜典》「歲二月，東巡守，五月南巡守，八月西巡守，十有一月朔巡守」，各以其時而巡其方也。「考制度」者，即《虞書》所謂「協時月正日」而下是也。「於四岳」者，就方岳之下也。「各朝於方岳」，即《舜典》所謂「肆覲東后」是也。「大明黜陟」者，《王制》所謂「不敬者君削以地，不孝者君黜以爵，不從者君流，畔者君討。有功德於民者，加地進律」是也，亦《舜典》所謂「車服以庸」也。蓋此皆斟酌舜之事而行之，惟五年之與十二年異。舜則各以其方而朝，以其不巡守之間有四年故也，周則各以其服而朝，以其不巡守之間有十一年故也。此亦爲異耳。案：《文中子》叔恬問曰：「舜一歲而巡四岳，國不費而民不勞，何也？」文中子曰：「兵衛少而徵求寡也。」周之時，兵衛日多，徵求日衆，故不能五年，而以十二年也。案：此篇而見周之不如唐虞者二：設官數倍，而人才不逮；巡守浸簡，而主勢愈尊。然自秦、漢以來，官愈多而事愈不治，巡守之禮不講，而下情不通，則其視成周，不啻成周之視唐虞也。

王曰：「嗚呼！凡我有官君子，欽乃攸司，慎乃出令，令出惟行，弗惟反。以公滅私，民其允懷。學古入官，議事以制，政乃不迷。其爾典常作之師，無以利口亂厥官。蓄疑敗謀，怠忽荒政。不學牆面，莅事惟煩。戒爾卿士，功崇惟志，業廣惟勤。惟克果斷，乃罔後艱。位不期驕，禄不期侈，恭儉惟德，無載爾僞。作德，心逸日休；作僞，心勞日拙。居寵思危，罔不惟畏，弗畏入畏。推賢讓能，庶官乃和，不和政厖。舉能其官，惟爾之能。稱匪其人，惟爾不任。」王曰：「嗚呼！三事暨大夫，敬爾有官，亂爾有政，以佑乃辟。永康兆民，萬邦惟無斁。」

此篇之立言叙事，與《堯典》體製相似。《堯典》篇先言羲仲、羲叔、和仲、和叔各主其一方之政，凡日月之運行，星辰之伏見，晷刻之長短，人民之作息，鳥獸之生育，既已區分而詳陳之矣，然後總結之曰：「咨，汝羲暨和，朞三百有六旬有六日，以閏月定四時成歲。允釐百工，庶績咸熙。」此則教戒之辭也。此篇既言三公、三孤之所以正人主之心術者，遂繼之以六卿，官各有職，職各有事，又繼之以九牧、五服朝覲巡守之禮。自「凡我有官君子」而下，而總結之以教戒之辭，所謂「訓迪厥官」也。此正《堯典》之意。《舜典》於四岳、十二牧、九官既已各隨其職而命之矣，則又總告以「咨！汝二十有二人，欽哉！惟時亮天工」，亦此篇之意也。「凡我有官君子」者，總稱而徧告之也，如齊桓公葵丘之盟曰「凡我同盟之人」。曰「凡」者，皆總稱而徧告之。謂「君子」者，有位之通稱也。「欽乃攸司」者，官各有司，不致其欽，則瘝官曠職之責有所歸矣。孔子嘗爲委吏矣，曰：「會計當而已矣。」嘗爲乘田矣，曰：「牛羊茁壯長而已矣。」所謂「會計當、牛羊茁壯長」者，欽也。「慎乃出令」，《説命》曰：「王言惟作命，不言臣下罔攸稟令。」令雖臣下之所稟，然其發號施令，皆朝廷之上君臣相與圖維，而後出之，故有官君子於出令不可不慎也。其所以慎於出令者，蓋以令之出，惟在必行，不可改也。夫不善之令，非不可反也，始以爲可而行之，既而以爲不可而反之，夫何不可乎？而以反爲戒者，蓋令所以示信也。今日出之，明日反之，則民將玩弛而不之信，後雖有令，孰不以爲欺之哉？其曰「令出惟行，弗惟反」者，欲於其出而慎之也。慎之，則無可反者。以漢文帝除田之租稅者，十一年，蓋自度其可以除之而除之也，故雖其後水旱相仍，疾疫繼作，而租稅不復。元帝罷鹽鐵官，不自度其可以罷而罷之也，故纔四年，以用度不足而復。既患用度不足，則勿罷可也，既罷，而又復，其何以示信哉？故劉向曰：「今既善令未能，踰時而反，是反汗也。」惟以其不慎，故爾「以公滅私，民其允懷」。公之與私，若權衡然，此首重，則必彼尾輕矣，故公則不私，私則不公。人之所以不能盡其公者，私欲有以勝之也。惟以公而勝己之私，則民其懷之矣。子曰：「公則悦。」「民其允懷」者，所謂「悦」也。「學古入官」，《左傳》曰：「僑聞學而後入政，未聞以政學者也。」然所謂「學」者，豈所謂章句文采云乎哉？傅説曰：「學於古訓乃有獲。」成王曰「學古入官」，蓋堯、舜之所以帝，禹、湯、文、武之所以王，稷、契、皋陶、伊、傅、周、召之所以事君，無非學古之效也，故成王以是戒「有官君子」。「議事以制，政乃不迷」，蘇氏曰：「左氏曰：鄭子産鑄刑書，晉叔向譏之曰：『昔先王議事以制，不爲刑辟。』其言蓋取諸此也。先王人法並任，而任人爲多，故律設大法而已。其輕重之詳，則付之人，臨事而議，以制其出入，故刑簡而政清。」此言盡之矣。蓋惟「學古入官」，乃能酌古今之宜，而「議事以制」也。「其爾典常作之師，無以利口亂厥官」，自古治安之世，上恬下嬉，君臣無爲，足以爲治矣。而小人之喜功利者，不能安於無事，於是奮其私辯，以前世之常法爲卑陋狹淺，欲盡取而更張之，則天下之亂萌矣。如漢武帝、唐明皇非不知守祖宗之舊，惟以張湯、宇文融之徒進其邪説，從而變亂之故耳。故成王戒之，欲其以典常爲師，不可以利口而亂其所居之官也。蓋以利口而變更典常，則其官亂耳。伊尹曰：「君罔以辯言亂舊政。」周公曰：「『古之人胥訓告，胥保惠，胥教誨，民無或胥譸張爲幻。』此厥不聽，人乃訓之，乃變亂先王之正刑，至於小大。」《伊訓》所謂「辯言」，周公所謂「譸張爲幻」，此曰「利口」，一也。「蓄疑敗謀」，凡謀事者，隱之於心而不安，皆疑也，疑則必謀於衆，以決其是非可否，蓄而不決，未有不敗者也。「怠忽荒政」，凡爲政者，不可以怠心持之，亦不可以忽心視之。以怠心持之，則將以不能爲而厭之矣；以忽心視之，則將以不足爲而輕之矣。此政之所以荒墜而不立也。「不學牆面」，學者欲其有所見也，知所學，則古今之宜，治亂之變，無不備知者，若坐於堂上，而廓然見四海，雖萬事之來，紛紛沓至，而吾有以應之，豈至於煩哉？不學，則如正牆面而立，牆之外有所不見矣。以之治事，如瞰迴流，不知其所以裁處，此其所以煩也。昔漢昭帝時，有一男子詣闕，自謂衛太子，詔使公卿將軍中二千石雜識視，至者莫敢發言。夫一姦人之妄，此甚易辨，而朝臣皆惘然，手足失措，莫分是否，況事有大於此者乎？惟其不學故也。惟雋不疑後至，遽使收縛。蓋以《春秋》之義，可以決之，故不若他人之煩擾也。學如不疑，猶可以決事，況其上者乎？《洪範》曰：「王省惟歲，卿士惟月。」《左傳》曰：「鄭武公、莊公爲平王卿士。」注曰：「王卿之執政者。」則「卿士」，大臣也。王氏曰：「卿士職業異於士大夫，故別爲之戒。」不如先儒曰：「此戒凡有官位，但言卿士，舉其掌事者。」其爲説簡易。「功崇惟志，業廣惟勤」，志所以極高明，故致其志者，功之所以崇；勤所以致廣大，故盡其勤者，業之所以廣。蓋無志，則所期者卑陋而已，何自而崇乎？不勤，則所成者淺近而已，何自而廣乎？必其高明如天，然後可以謂之「功崇」；必其廣大如地，而後可以謂之「業廣」，卿士不可不勉也。「惟克果斷，乃罔後艱」，猛虎之猶豫，不如蜂蠆之致螫；孟賁之狐疑，不如童子之必至，此言貴能行之也。蓋臨事者，當勇於必爲，其心如捧漏囊以沃焦釜，惟恐不及，乃可以無後艱。苟爲因循而不爲，乃曰豈無他日乎，偷目前之安可也，其遺患於後必矣，故不可以不果斷。「位不期驕，禄不期侈」，位之崇高者易以驕，故雖不與驕期，而驕自至；禄之厚者易以侈，故雖不與侈期，而侈自生。蓋處高位者，多以勢而陵物；享厚禄者，多以傲而敗度也。史曰：「卑不學恭，貧不學儉。」非人性分然也，勢使然耳。惟「卑不學恭」，故「位不期驕」；惟「貧不學儉」，故「禄不期侈」，是亦勢使之。然「位不期驕」，故不可以不恭；「禄不期侈」，故不可以不儉。然其爲恭爲儉，又當惟在於德，不可載其僞而行之。孟子曰：「恭儉其可以聲音笑貌爲哉！」以聲音笑貌爲之，是僞也。王莽爵位益尊，節操愈謙，外交英俊，内事諸父，曲有禮意；唐尊短衣小袖，牝馬柴車，藉藁瓦器，又以歷遺公卿，非不恭儉也，然皆非其情，正所謂僞也。以僞爲之，其與不恭不儉者何以異哉？「作德」者，謂恭儉以德行之。君子之恭儉，雖對妻子如對君父，雖居室家如居朝廷，不以有人而作，無人而輟也，故「心逸」。惟其行之以爲常，則始終如一，曾無間斷，德之所以日新，故「日休」也。若夫小人之作僞者則不然，《大學》曰：「小人閒居爲不善，無所不至。見君子而後厭然，揜其不善，而著其善。人之視己，如見肺肝。」夫「厭然，揜其不善，而著其善」，豈不勞乎？然君子視之，如見其肺肝，則「日拙」也。蓋彼之陰爲不善，而陽爲善，自以爲巧矣，而莫見乎隱，莫顯乎微，其爲僞未有不發露暴白於世，是乃拙也。夫以小人之情度君子之心，必以君子之恭儉爲勢，而不知其逸也，必以爲拙，而不知其休也。作德者其逸如此，其休如此，而作僞者非徒曲爲之防，而又不可以欺人，則作僞者果何益哉？而世之人多舍此而趨彼，何也？孟子言「自反而仁，自反而禮」，乃繼以「自反而忠」，蓋欲仁與禮皆本於中心之誠，而非僞，正此言「位不期驕，禄不期侈」，而繼之以「恭儉惟德，無載爾僞」之意也。「居寵思危，罔不惟畏，弗畏入畏」，四時之運，成功者去，日中則昃，月滿則虧，人臣之貴寵未有不危者也。惟居之而思危，則可以保其禄位，而守其宗廟矣。蓋常有「戰戰兢兢，如臨深淵，如履薄冰」之志，則維貴寵之愈固，豈至於危哉？所以思危者，常無所不畏故也。不以寵爲可畏，則入於可畏矣。禍患之來，其可不畏哉？❶不畏者，入於可畏，則無所不畏者，必無可畏之禍也。《易》曰：「亡者，保其存者也；亂者，有其治者也。」蓋自以爲存者，必至於亡；自以爲治者，必至於亂；故自以爲不足畏者，必至於可畏。觀魯季孫自以爲「亡無日」，君子曰：「知懼如是，斯不亡矣。」正此之謂。「推賢讓能，庶官乃和」，夫争名者於朝，朝廷之上，爵禄之高下，乘間抵巇，凡可以相陷害者，無所不至，故己之才惟恐不若他人，人才惟恐其勝於己，❷蔽賢嫉能者多矣，此所以不和也。不和，則不能同心以共政，政安得而不亂哉？惟「推賢讓能」，則争端何自而萌，此庶官之所以和。劉向曰：「舜命九官，濟濟相遜，和之至也。」《左氏傳》曰：「范宣子讓，其下皆讓。欒黶爲汰，弗敢違也。晉國以平，數世賴之。」蓋讓則不争，争則不讓，和不和之所分。其讓也，猶能使欒黶不違，則其效爲何如哉？「舉能其官，惟爾之能」，陳子昂曰：「鸞隼不接翼，薰蕕不同器。以德並凶，勢不相入；以正攻佞，勢不

❶「可不」，汲古閣本作「不可」。
❷「人」下，汲古閣本有「之」字。

相利；以廉勸貪，勢不相害；以信質僞，勢不相和。此趨向之反也。」故賢者則必舉賢，不肖者惟以不肖薦於上，各以其類故也。孟子曰：「觀近臣以其所爲主。」欲知爾之能，惟觀其所舉者「能其官」而已；欲知爾之不任，惟觀所稱非其人而已。蓋惟有能而稱能其人，未有不任而「舉能其官」也。「三事」，三公也，《詩》曰「三事大夫」是也。或曰「凡我有官君子」，或曰「三事暨大夫」，或特曰「卿士」，其實一也，但其言有詳略異同耳。王又嗟歎而言，凡三公及大夫能敬其所居之官，以治其政，如上之所云者，則可以佐佑其君，安其民，永有譽於天下，天下樂推之而無厭斁也。

曾博士曰：「成王之訓厥官，可謂至矣。推原其本，則以祗勤於德故也。《傳》曰：『其身正，不令而行；其身不正，雖令不從。』不知出此，而恃其喋喋之煩，亦難於丕應矣。」此説是也。然觀成王中才之主耳，惟其周、召爲之師、保，優游饜飫以成其德，而其立言有曰「作德，心逸日休；作僞，心勞日拙」，則慎獨之學，成王蓋得之於心，故發之於言，其涵養豈淺淺哉？蘇東坡《説命》篇有曰：「史佚曰：『無始禍，無怙亂。』孔子曰：『無欲速，無見小利。』顔淵曰：『無伐善，無施勞。』此所謂立言者也，譬之藥石米粟，天下後世皆以藉口。今傅説之言，皆散而不一。一言一藥，皆足以治天下之公患，其獨以訓武丁哉？人至於今誦之也。」予竊謂成王之言，是亦「散而不一」。一言一藥，皆足以治天下之公患，而王氏之説以其文意相續，雖其説之不至於此者，亦求其所以爲説，殊不知其言「散而不一」也。

成王既伐東夷，肅慎來賀。王俾榮伯作《賄肅慎之命》。周公在豐，將没，欲葬成周。公薨，成王葬於畢，告周公，作《亳姑》。

君　陳

周公既没，命君陳分正東郊成周，作《君陳》。

君陳

王若曰：「君陳，惟爾令德孝恭。惟孝友于兄弟，克施有政。命汝尹兹東郊，敬哉！昔周公師保萬民，民懷其德。往慎乃司，兹率厥常，懋昭周公之訓，惟民其乂。我聞曰：至治馨香，感於神明。黍稷非馨，明德惟馨。爾尚式時周公之猷訓，惟日孜孜，無敢逸豫。凡人未見聖，若不克見。既見聖，亦不克由聖，爾其戒哉！爾惟風，下民惟草。圖厥政，莫或不艱。有廢有興，出入自爾師虞，庶言同則繹。爾有嘉謀嘉猷，則入告爾后于内，爾乃順之於外，曰：『斯謀斯猷，惟我后之德。』嗚呼！臣人咸若時，惟良顯哉！」

逸篇《亳姑》之序曰：「周公在豐，將没，欲葬成周。」漢孔氏注以「在豐」爲「致政老歸」。然此序則曰「周公既没，命君陳分正東郊成周」，則是周公没，而君陳乃代之以監商民，周公未嘗致政而告歸也。此序既於「周公既没」之下言「命君陳」，知周公未没之前，猶爲商民之司牧。先儒以周公爲「致政老歸」者，蓋以序言「在豐」二字故耳。《亳姑》之篇既亡，其事迹不可得而考，先儒「致政老歸」之言，未敢以爲然。周、召之在周，蓋一體也，召公當成王之將崩，猶以太保居冢宰之任，率諸侯以相康王，而周公當成王之世，乃已致政而去，可乎？此深有可疑者，故不敢信先儒之説。唐孔氏曰：「周公遷殷頑民於周，頑民既遷，周公親自監之。周公既没，成王命君陳代周公監之。」此言是矣。但唐孔氏於《洛誥》之「迪將其後，監我士師工」，既不以爲成王留周公於後，在洛以鎮撫殷民，其於在豐，又信之以爲去離王朝，老歸於豐，則其曰「君陳代周公者，特順序文爲之説耳」，其實自相違戾也。《洛誥》之「命周公後」，蓋成王將自洛而歸鎬京，命周公於王既歸之後留撫之也。《君奭》序曰：「召公爲保，周公爲師，相成王爲左右。」蓋又周公在朝廷之上，爲天子之三公也。意者，監殷民於洛，相天子於鎬京，周公兩兼其任，往來乎二都之間也。殷民之心術丕變，於紂之惡爲已深，所以「迪屢不静」，歷數世而餘風未殄，將欲作其愧恥之心，而革其暴戾之習，以馴致於士君子之域，非一朝一夕所能也，故當其初遷，則周公以大德爲王師保，及「公既没」，又擇君陳而命之繼其後也。「君陳」，漢孔氏但曰：「臣名。」鄭康成注《禮記・坊記》曰：「君陳，蓋周公之子，伯禽弟也。」案《左傳》有「周公黑肩」、「周公閲」、「周公忌父」、「周公楚」，蓋周公之子伯禽，則封於魯，繼世爲諸侯，又其一子則食采於畿内，繼世爲王朝之臣，召公之後亦然。鄭康成以君陳爲「伯禽弟」，意者蓋指此也。蘇氏、陳少南俱以鄭氏爲非，而陳少南爲詳明，謂：「周公命康叔，成王命蔡仲，父子之苗裔見於告戒之辭如是之審，况周公，叔父，有大勳勞於成王，今命其子以繼父事，何無懿親之語若言他人，然決無是理。」此説是也。但蘇氏謂：「君陳命於畢公之前，必周之老臣。」陳少南謂：「觀《君陳》、《畢公》二篇，其辭輕重不同，不得以命之先後而分老壯。」此既無所考據，或老或壯，闕之可也。曰「君陳」者，尊之之稱，「君奭」、「君牙」皆是也。「東郊成周」，唐孔氏曰：「鄭玄曰：『天子之國五十里爲近郊，今河南洛陽相去則然。』是言成周之邑爲周之東郊也。」蓋周公營王城，以遷九鼎，營成周，以遷頑民，是王城爲别都所在，故成周爲其東郊，成周在王城之東也。「分正」者，唐孔氏曰：「分别殷民善惡所居。」即《畢命》所云「旌别淑慝，表厥宅里」是也。「正」者，即篇中曰「尹兹東郊」也。「作《君陳》」者，成王使之監殷人。此皆命之之言，若後世之有制書，史官記之，以爲此篇。

言君陳之所以爲令德者，惟孝恭而已。《孝經》曰：「夫孝，德之本也，教之所由生也。」君陳之「令德孝恭」可謂得其本矣。孝於父母者，必友愛於兄弟，未有孝而不友者也。父母兄弟之間，既盡其孝友之道，則可以施之政也。《孝經》曰：「聖人之教不肅而成，其政不嚴而治，其所因者，本也。」蓋聖人非能强人以爲善，亦因其自然之良心順以導之而已，故必孝而後可以施之政。然孝可以施之政，而君陳之德本於孝恭，此我之所以命爾爲東郊殷民之正長，爾不可以不敬也。《傳》曰：「孝子之有深愛者，必有和氣；有和氣者，必有愉色；有愉色者，必有婉容。」蓋其德積於中，則其輝光發見於外也如此，以此臨民，則孰不畏而愛之，則而象之乎？想夫雖殷民之頑，覩其形容者，暴慢鄙詐之氣自消，遷善遠罪而不自知矣，此所以命之「尹兹東郊」也。昔舜「父頑母嚚象傲，克諧以孝」，故堯禪以天子之位。君陳「令德孝恭，友於兄弟」，故成王命之「尹兹東郊」，繼周公之政。蓋德本既立於此，則舉而措之，天下無難矣。周公之監殷民也，師以教之，保以安之。「師保」者，蓋爲父母也，故民莫不慕其德而懷之。今爾往繼周公之後，當謹其所司。然謹其所司者，豈可以他爲哉？惟循常道而行之，勉於明周公之遺訓以示民，則民其治矣。周公惟以是訓，而民懷之，則君陳亦以是訓而爲其師保，民豈不乂乎？漢曹參爲相，舉事無所變更，一遵蕭何之約束，惠帝問之，曰：「陛下自察聖武孰與高帝？」上曰：「朕安敢望先帝？」又曰：「陛下觀臣孰與蕭何賢？」曰：「君似不及也。」曰：「高皇帝與蕭何定天下，法令既明。今陛下垂拱，參等守職，遵而勿失，不亦可乎？」上曰：「善。」百姓歌曰：「蕭何爲法，講若畫一；曹參代之，守而勿失。」夫曹參所以守蕭何之法者，惟其以才不如何，而其法既明，無事於更張也。君陳雖賢，必不及周公，則其於周公之訓能懋昭之，遵而勿失，民安得而不乂哉？「我聞」者，如《泰誓》「我聞吉人爲善」，《多士》「我聞曰：『上帝引逸』」，皆是古人之言，我聞而知之，故今以告汝也。「馨香」者，香之遠聞也。夫物之精華發見於外，則爲馨香，不然，則爲臭腐。人非狂惑，未有厭馨香而樂臭腐者，德之吉凶亦然，故《傳》曰：「國之將興，其君齊明、忠正、精潔、惠和，其德足以召馨香，神享而民聽。國之將亡，其君淫佚，其政腥臊，民怨神恫，無所依懷。」蓋德之善惡既有於中，則其發見於外，有不可掩。馨香，則神將佑之，而況於民乎？如其臭腐，則神亦將棄之，而於民可知也。故至治之世，其馨香之發見，可以「感於神明」。而其所以爲馨香者，非黍稷也，蓋以德之昭明，故發而爲治，其馨香如是也。如黍稷可以爲馨香，則隨之粢盛豐備，虞之享祀豐潔，亦可以「感於神明」矣。成王言此者，蓋謂君陳欲商民之感慕，惟在於德。德之馨香可以「感於神明」，豈商民之難化哉？王氏之説分「神明」爲二，謂：「言神則知明之爲人，言明則知神之爲幽。」觀楊子曰：「心之潛也，天地神明猶將測之，而況於人乎？況於事倫乎？」此言「神明」而又言「人」，則不當分爲二也。爾當用是「周公之猷訓」以教迪商民，惟日致其孜孜之心，無爲逸豫。蓋以「周公之猷訓」盡善盡美，可爲萬世之常法，苟非專心致志，自勉自勵，惟恐不及，則終無所及，其何以用之以教迪商民哉？常人之情，未見聖人，則如不能見之，及其既見，則乃不能由之，以其賤目而貴耳，賤近而貴遠故也。《詩》曰：「彼求我則，如不我得；執我仇仇，亦不我力。」正此意也。惟既見之後，而其心常如未見之前，則其進也，豈可量也？如顏淵之於孔子，喟然而嘆曰：「仰之彌高，鑽之彌堅。瞻之在前，忽焉在後。❶欲罷不能，既竭吾才，如有所立卓爾，雖欲從之，末由也已。」此則既見之後，而其心常如未見之前者也。夫其既見也，而其心之切如此，則未見之時可知也已，此其所以爲亞聖也。君

❶「焉」，原誤作「然」，今據汲古閣本及《論語》改。

陳之於周公，既見之矣，則其猷訓當奉以周旋，罔敢失墜，不可因循偷怠，而不自勉也。孟子曰：「雞鳴而起，孜孜爲善者，舜之徒也；雞鳴而起，孜孜爲利者，蹠之徒也。」惟「孜孜爲善者」，遂可以爲「舜之徒」，則君陳能「惟日孜孜」，而不爲逸豫，自可以式「周公之猷訓」，而無「不克由聖」之失，爾不可以不戒也。「爾惟風」，蘇東坡嘗曰：「天地之化育，有可以指而言者，有不可求而得者。日，皆知其所以爲暖；雨，皆知其所以爲潤；雷電，皆知其所以爲震；雪霜，皆知其所以爲殺。至於風，悠然布於天地之間，來不知其所自出，去不知其所入。故曰天地之化育，有不可求而得者。」蓋風之於物，鼓舞摇蕩，而不知其所以然，君子之化民似之。至於草，則其勢柔弱，惟風是從，民之於上亦如之。「堯、舜率天下以仁，而民從之；桀、紂率天下以暴，而民從之」是也。成王謂：君陳，爾既監殷民，則殷民之從化與不從化，其本皆由於爾，如風之於草，則爾之「圖厥政」，不可不知其難也。蓋以爲易，則難將至；以爲難，則易將至，爾苟知其難而不敢少忽，則殷民不難化矣。然政「有廢有興」，自古之爲政，因時而已，故有行於古而戾於今，則可廢；拂於古而宜於今，則可興。既有廢興，則其出入取舍之際，不可以自任也，必與衆共度。苟衆言之同，則又當紬繹其可否，而斷之於己。蓋謀之貴同，斷之貴獨：謀之不同，則不能合天下之視聽以度其是非；斷之不獨，則又將依違牽制，政無自而立矣。孟子曰：「左右皆曰賢，未可也；諸大夫皆曰賢，未可也；國人皆曰賢，然後察之，見賢焉，然後用之。左右皆曰不可，勿聽；諸大夫皆曰不可，勿聽；國人皆曰不可，然後察之，見不可焉，然後去之。」此之謂「庶言同則繹」。「繹」與「繹之爲貴」之「繹」同。「爾有嘉謀嘉猷」，此又戒之以事君之道也。夫人臣之事君，進則思所以盡忠，退則思所以補過，「有嘉謀嘉猷」，匿而不以告，非人臣之道也。既知展盡底藴，以入告于君矣，其出也，則又順行之於外，以爲如此嘉謀，如此嘉猷，皆君之德，非我所得而預。蓋善則稱君，過則稱己，人臣之道，然爾夫君之德，必本於臣之朝夕納誨而後成。成王命君陳入告，可也，至於歸美於上，此則在人臣之心欲如何，非人君所當知。而成王亦以是命之，非成王欲掠美以爲己有也，蓋臣之不忠者，必持禄保位，視君之有過，而不肯强諫，至於不善之迹，布於天下，則必將自解曰：非我不諫，君不我用也。爲阿諛之計者，必引謗以歸於君，則忠蹇之臣，其引善以歸於君，必矣。故成王謂君陳：爾苟以忠言啓沃於我，則爾將必不自居也。非成王欲掠臣之美，蓋以苟爲良臣者，其心必若是。故繼之曰：「臣人咸若時，惟良顯哉！」言人臣能若是，則良臣之名顯矣。魏鄭公曰：「良臣，身荷美名，君都顯號，子孫傳訓，流祚無疆。」蓋能以「嘉謀嘉猷」，優游饜飫，以格君心，則爲良臣矣。君陳監殷民於外，而成王勉之以此者，蓋忠臣之事君，身雖在外，心不可以忘君惓惓之義也。

王曰：「君陳，爾惟弘周公丕訓，無依勢作威，無倚法以削，寬而有制，從容以和。殷民在辟，予曰辟，爾惟勿辟；予曰宥，爾惟勿宥，惟厥中。有弗若于汝政，弗化于汝訓，辟以止辟，乃辟。狃于姦宄，敗常亂俗，三細不宥。爾無忿疾于頑，無求備于一夫。必有忍，其乃有濟；有容，德乃大。簡厥修，亦簡其或不修；進厥良，以率其或不良。惟民生厚，因物有遷。違上所命，從厥攸好。爾克敬典在德，時乃罔不變。允升于大猷，惟予一人膺受多福，其爾之休，終有辭於永世。」

周公既遷殷之頑民於成周，而自監之，則其教化之所漸漬，政令之所鼓舞，優游不迫，固可以揉其不善之習，而納之於善。然而治亂民猶治亂繩，不可急也，惟緩之而後可治。以殷民染紂之大惡，蓋幾於與肺腑俱生，牢不可破，雖以周公爲之司牧，亦豈一朝一夕之所能變哉？是必持之以久，待之以寬，使其易直子諒之心油然而生，然後曠然而大變，非刑罰之所能强遏也。是以自周公至於君陳、畢公，而殷民心術乃能一歸於正，復其所固有者焉。周公始監殷民，其所以創立規模，以訓其民者，蓋盡善盡美，無以復加，繼周公者，夫何爲哉？亦因周公之所以訓之者而訓民也。故成王之命君陳，既曰「懋昭周公之訓」，又曰「式時周公之猷訓」，此又曰「爾惟弘周公丕訓」，丁寧反復，至於再，至於三。蓋謂君陳「尹茲東郊」，不必有所建立，惟能遵周公之舊則可矣。嘗聞之，真宗朝，王文正公爲相，以李及代曹南院守秦州，以任中正代張乖崖守成都，衆論皆不以爲宜，文正公之意蓋以張乖崖之治蜀，曹南院之治秦，其所處畫已盡其宜，惟李及、任中正之重厚，乃能謹守二人之規模，故使代之也。成王之於君陳，其意亦以守周公之舊而不少變望之，故其言諄諄如此。或曰「懋昭」，或曰「式」，或曰「弘」，或曰「猷訓」，或曰「丕訓」，其實一也。王氏皆從而爲之辨其異同，寧能免於鑿乎？自「無依勢作威」而下，皆所以弘周公之丕訓也。夫酷吏，則「依勢作威」；聚斂之臣，則「倚法以削」。觀漢武之世，如張湯、杜周之徒，其所以嚴刑峻罰，以殘民之命者，莫不依上之勢，自以爲勢當然也；聚斂之臣，如桑弘羊之徒，其所以厚賦毒斂，以削民之財者，莫不倚上之法，自以爲法當然也。夫國有酷吏與夫聚斂之臣，雖皆其逢君之惡，以求其所欲，而斯民怨懟之情獨歸於上者，亦其依勢、倚法故耳，故戒君陳以不可爲也。夫以君陳之「令德孝恭」，則夫依勢以作威，「倚法以削」，此固其所萬萬不爲，而猶以之爲戒者，自古君臣之相警戒，其愛之之心切，故其言所以深防之也。如舜之德，豈猶有逸樂之懷哉？而益之戒且曰：「罔遊于逸，罔淫于樂。」此亦成王告君陳之意也。「寬而有制，從容以和」，夫欲殷民之易心也，化固不可以不寬，然寬者多失之懦弱而不能自立，故寬必有制，有制則無懦弱之失矣。《洪範》曰：「沈潛剛克，高明柔克。」「剛克」者，剛勝柔也，不沈潛之，則失之太剛。「柔克」者，柔勝剛也，不高明之，則失之太柔。「有制」者，所謂「高明」也。「寬而有制」，則其從容動作之間，無不和矣。孔子曰：「政寬則民慢，慢則糾之以猛；猛則民殘，殘則施之以寬。寬以濟猛，猛以濟寬，政是以和。」蓋和如和羹焉，鹹太勝，則知其爲鹹，酸太勝，則知其爲酸，惟酸鹹適中，則不可得而名言之矣。此「和」之謂也。「殷民在辟，予曰辟，爾惟勿辟；予曰宥，爾惟勿宥，惟厥中」，言殷之頑民有以罪戾麗於刑辟者，我或曰刑之，汝無得以我之故而遂加之法；我或曰赦之，汝無得以我之故而遽釋其罪，惟以其法之中正者決之也。夫法者，所與天下共也，苟輕重不麗於法，而以人主之指意爲出入，則何以法爲哉？如張湯之爲廷尉，「所治，即上意所欲罪，予監史深刻者；即上意所欲釋，予監史輕平者。及杜周爲之，大抵放張湯，上所欲擠者，因而陷之；上所欲釋，久繫待問而微見其冤狀」。是皆專以人主之旨意爲獄，曰辟則辟，曰宥則宥者也。不以人主指意爲獄者，法所當辟，則或從而宥之；法所當宥，則或從而刑之，「惟厥中」，則法之所在，人主不可得而出入矣。張釋之爲廷尉，犯蹕者，上欲誅之，則以爲當罰金；盜鐶者，上欲族之，則以爲當棄市，「惟厥中」故也。「有弗若于汝政，弗化于汝訓」，言君陳之於殷民，政以正之，固欲其順從，訓以迪之，固欲其丕變，今乃不然，則是刑之所宜加者矣。然刑之用也，豈得已哉？蓋刑一人而使千萬人莫不畏，皆將遷善遠罪，惟恐蹈斯人之覆轍，如此，則刑可措矣。故君陳之以弗若、弗化之故，而加之以辟者，其意將以止辟也，如此，乃可以致辟焉。「狃于姦宄，敗常亂俗，三細不宥」，此則「辟以止辟」之道也。「狃」，習也。姦宄，不可以斯須爲，而乃習之；常者，國之舊法，而乃敗之；俗者，衆情之所安，而乃亂之，此三者，雖細亦不可以宥。蓋細而宥之，則必復陷於大惡，以其無所懲艾故也。鞭笞而見宥，將成劓刵；劓刵而見宥，將成宫辟，惟細而不宥，則必痛自悔過，將不至於大戮矣。此正忠厚之至也。「爾無忿疾于頑，無求備于一夫」，天下之所謂不善者，惟自暴自棄者不可與有爲有言，故雖民之頑，仁人君子必有哀矜之心，從而教之，教之不改，則誅之可也。《益稷》曰「庶頑讒說，若不在時，侯以明之，撻以記之，書用識哉，欲並生哉！工以納言，時而颺之，格則承之庸之，否則威之」是也。苟爲不能哀矜，而徒忿疾之，使不善之人自新無由，非寬裕之道也。故孔子曰：「人而不仁，疾之已甚，亂也。」如范陽之民，安於悖逆，至謂禄山、思明爲二聖，其頑甚矣。張弘靖爲節度使，不知大體，其詬責士皆曰「反虜」。此其所以亂，故不可以忿嫉之也。人非上聖，蓋未有能備道全美者，故其材皆有所偏，苟因其偏而器使之，則聾者之耳，瞽者之目，與夫戚施蘧蒢之徒，咸能以其所長自見於世，而況其上乎？故不可以「求備於一夫」也。伊尹之稱湯曰：「與人不求備。」周公謂魯公曰：「無求備於一人。」人固不可以求備，況殷民之頑，能使革心向化，以歸於善已爲多矣，其可責備之哉？「必有忍，其乃有濟」，王氏以爲：「此剛柔相濟，仁義並行之道，忍所以爲義，故能濟；容所以爲仁，故能大。」蓋王氏之解經，多以忍爲義，亦多以仁義對説，如今《立政》篇「容德」、「義德」，亦曰：「言義則知容之爲仁，言容則知義之爲忍。」故龜山辯之曰：「『仁，人之安宅也；義，人之正路也。』大人之事，『居仁由義』是也。二者不可偏廢。夫有不忍人之心者，仁也，以爲義。忍，則正與仁相反矣。無是理也。」此言深有補於名教。蓋「忍」者，先儒以爲「含忍」是也。蘇氏曰：「有殘忍之忍，有容忍之忍。」近世學者乃謂：「當斷不可以不忍，忍所以爲義，是成王教君陳果於刑殺，以殘忍爲義也。夫不忍人之心，人之本心也，故古者以不忍勸人，以容忍勸人，則有之矣，未有以殘忍勸人者也。」此蓋指王氏以爲言。如以忍爲義，此申、韓之言，豈六經之訓哉？蓋以商民之頑，自非豁達大度之人，未有能含忍之也，亦未有能包容之也。含忍之，則不以其頑而怒之；包容之，則不以其頑而棄之，此其所以能有濟也，此其所以爲大也。夫容、忍二字雖同，然别而言之，如勾踐之於吴，太王之於狄，所謂忍也。使其不忍，則趣亡也，其何以濟？如湯之於葛，文王之於昆夷，所謂容也。不以其頑而包之於度量之内，殆若天地焉，孰得而測度之，非大而何？「簡厥修，亦簡其或不修；進厥良，以率其或不良」，此所謂「分正東郊」也。《畢命》曰「旌别淑慝，彰善癉惡」，亦此耳。殷之民雖染於紂之惡，然亦已薰陶於周公之訓。故有修者，亦有不修者，有良者，亦有不良者，以其或已化、或未化故也。修者簡之，則不修者，莫不自奮而修飭。良者進之，則不良者，莫不自新而嚮善。❶ 蓋其已化者旌而表之，則其未化者亦將恥其不如，遂翕然而丕變矣。此鼓舞天下之道也。❷「惟民生厚，因物有遷」，《湯誥》曰「惟皇上帝，降衷於下民」，《烝民》曰「天生烝民，有物有則」，此所謂「厚」，即《湯誥》所謂「衷」，《烝民》所謂「則」也。蓋人之性，始生之初，萬物皆備，固皆厚矣，惟其内爲血氣之所使，外爲風俗之所移，故至於陷溺其良心，放僻邪侈靡所不爲，非性本然也，「因物有遷」故耳。殷之頑民，固自棄於小人之途，然原其良心未喪之前，與周公、君陳豈有異哉？然則君陳所以訓之者，惟順以導之，使之歸厚而已，非推我之所有以予之也，亦非强彼之所無以爲之也。君陳既盡其道於上，則孰不感而化之於下哉？故曰「違上所命，從厥攸好」。蓋上有所好，下必有甚焉，爾上好之，則下從之，如風之偃草，雖號令之峻，刑罰之嚴，驅之使不違，未有不違者也。上者，下之表，表曲而欲其影之直，無是理也。觀古之君，其身之所履者雖違義悖理，而其所以播告於下者，豈亦以是誘之哉？蓋未有不出於正者，然民未有從之者，以「身不正」，則「雖令不從」也。以是觀之，所好正者，令未有不正，而好不正者，其令亦未有能正。「違上所命」者，自其所好不正者言之耳。則君陳之所好，不可以不謹也。爾能敬典以導之，其所行惟在於德，則無有不變，而信其能升進於大道矣。殷民丕變，則普天之下，人人有士君子之行，無有一倔强不率教之人，我一人乃可以持盈守成，游於巖廊之上，垂衣

❶「嚮」，汲古閣本作「良」。
❷「道」上，汲古閣本有「大」字。

拱手，無爲而治，是爲「膺受多福」。然其所以能變之者，乃自於汝，則汝之休美永有譽於天下後世，英聲茂實，傳之不朽也，不獨我享多福而已。「敬典」者，即《康誥》所謂「敬典」也。

成王命君陳與命康叔之言，大概不異。蓋殷之頑民其遷於成周者，周公、君陳尹之，其留居於故都者，康叔君之，故成王命之之言，欲其待之以寬，持之以久，惟以優游不迫之道，漸染而使之遷善，不可以暴戾之刑驅迫之。其語雖殊，而其意則一也。

尚書全解卷三十七　周書

顧　命

成王將崩，命召公、畢公率諸侯相康王，作《顧命》。

顧命

惟四月，哉生魄，王不懌。甲子，王乃洮頮水。相被冕服，憑玉几。乃同召太保奭、芮伯、彤伯、畢公、衛侯、毛公、師氏、虎臣、百尹、御事。王曰：「嗚呼！疾大漸，惟幾，病日臻。既彌留，恐不獲誓言嗣，兹予審訓命汝。昔君文王、武王宣重光，奠麗陳教，則肄肄不違，用克達殷集大命。在後之侗，敬迓天威，嗣守文、武大訓，無敢昏逾。今天降疾，殆弗興弗悟。爾尚明時朕言，用敬保元子釗弘濟于艱難，柔遠能邇，安勸小大庶邦。思夫人自亂于威儀，爾無以釗冒貢于非幾。」

《王制》曰：「八州八伯，五十六正，一百六十八帥，三百三十六長。八伯各以其屬，屬於天子之老二人，分天下以爲左右，曰二伯。」蓋每州各擇一賢侯爲之伯，一州之諸侯咸屬焉，總九州，則又以天子之公二人爲之伯，九州之諸侯分屬焉，所謂「二伯」也。虞舜之時有四岳，又有十二州牧。四岳即方伯是也，牧即州伯是也。舜以羲和之四子分掌四方之諸侯，則自羣牧而下，各以其方分屬之。周分天下爲左右，而屬於二伯，此正虞氏之舊制也。其異者，虞以四人而周以二人耳。成王之初，二伯則周公、召公爲之，周公既没，則畢公代之。觀《君奭》序曰「周公爲師」，而康王之命畢公以「父師」呼之，《公羊》曰「自陝而東者，周公主之」，而康王之誥諸侯，「畢公率東方諸侯，入應門右」，則是畢公代周公爲東方之伯，亦代之爲師也，故當成王之將崩，而康王之將立，則命召公、畢公率諸侯以相之焉。范純夫内翰嘗曰：「夫有十金之産者，❶必欲其子守之，有一命之爵者，必欲其子繼之，此常人之情也。而況天下之大、祖業至重乎？」蓋將以天下大器，祖宗積累艱難之業傳之於其子，則夫將死丁寧之言，召公卿而下托以幼孤，其事豈細也哉？此《顧命》之篇所以作也。

序既言「命召公、畢公率諸侯相康王」，則諸侯蓋亦預於顧命。觀下文記載，太保奭傳顧命於康王之禮，邦君亦「麻冕蟻裳入即位」，則其預之也可見。而其記載成王之命羣臣也，特言三公六卿與夫「師氏、虎臣、百尹、御事」，蓋亦互見而已。成王之命羣臣，自太保至於御事，而序特言「召公、畢公」，漢孔氏曰「序以要言」是也。曰「顧命」者，漢孔氏曰：「臨終之命曰顧命。」唐孔氏曰：「《説文》曰：『顧，還視也。』」鄭康成曰：「迴首曰顧，顧是將去之意。」言臨終死去，迴顧而爲語也是也。《書》五十八篇，命篇之名，皆撮取其篇中數字，以爲簡編之别，惟《顧命》、《費誓》則又特命焉，此亦出於其當世史官一時之旨意而已。

「惟四月」，成王崩年之四月也。《史記·本紀》帝王在位，所歷之年，未嘗記載。《漢志》則以爲：「成王三十年四月庚戌朔，十五日甲子哉生魄。」其説謂成王即位之初，周公攝政七年，成王即政三十年，共三十七年。鄭康成又以此年爲「成王之二十八年」。章子平《編年通載》又曰：「成王在位四十七年。」歷世既久，經無明文，未

❶「十」，汲古閣本作「千」。

知孰是。「哉生魄」，「哉」，始也。楊子曰：「月未望則哉魄於西，既望則終魄於東。」蓋月之三日，光始生於西，而漸東滿，既望，則光稍虧於西，而漸東盡，明生則魄死，明虧則魄生。「哉生魄」，則望之後也。《漢志》以「生魄」爲「十五日」，先儒以爲「十六日」。案：唐孔氏曰：「望之在月十六日爲多，大率十六日四分之三，十五日四分之一耳。」竊謂生魄既在望之後，不得以爲十五日也。《漢志》曰：「生魄，望也。」故以爲十五日耳。《漢志》以「甲子」即「哉生魄之日」。漢孔氏無説，唐孔氏之意亦與《漢志》同。觀經既於「哉生魄」之下言「王不懌」，而乃言「甲子」，則「甲子」、「生魄」不得同一日。❶蓋《書》之記日，必先正朔、望，將言朔後之日，必以死魄生明朏紀之，將言望後之日，必以望生魄紀之故也。然亦有可疑者，《書》所記「朏」、「望」之類，其後將言某日，則必繼之曰越若干日，此獨不言，故《漢志》、唐孔氏之説所以同爲一日。「不懌」者，疾也。有疾，故不悦懌，後世謂之「不豫」，亦此意也。天子之疾，曰「不懌」、「不豫」也，崩曰「登遐」，曰「晏駕」，皆臣子不忍斥言之也。「洮」，盥也，洗手謂之盥。「頮」，洗面也，《内則》謂之靧。王以哉生魄之日得疾，至甲子，則疾甚矣，故命羣臣屬以太子也。先儒曰：「王大發大命，臨羣臣，必齊戒沐浴。今疾病，故但洮頮。」蓋疾病不能以沐浴故也。「相」，相禮者。鄭康成以爲「太僕」。蓋「太僕掌王之服位，掌擯相」故也。《儒行》所謂更僕者，亦此也。王疾不能興，故但相者加之於王身也。「冕服」，衮冕之服。王朝覲諸侯於廟則衮冕，此既發大命，故以朝諸侯之服被之也。「几」，所憑以爲安。《司几筵》「凡大朝覲，設左右玉几」，故此亦「憑玉几」以出命也。《論語》曰：「疾，君視之，東首，加朝服拖紳。」孔子不敢以褻服見其君，成王不敢以褻服臨其臣，君臣之禮豈可以疾而廢之哉？自太保

❶「同」下，汲古閣本有「爲」字。

至於御事，無一不召，故曰「同召」也。太保至於毛公，則六卿也。雖則六卿，而又兼三公之官，太保與畢公、毛公也，故二人以公稱之。以其次第推之，奭爲冢宰，芮伯爲司徒，彤伯爲宗伯，畢公爲司馬，衛侯爲司寇，毛公爲司空。《左傳》并《史記》皆謂康叔爲司寇，此衛侯既於次第爲五，是司寇也，故其他可以類推之。三公者，召公爲太保，畢公爲太師，毛公爲太傅。召公既曰「太保奭」，畢公之爲師，見於《畢命》，則毛公爲傅，必矣。「芮」，國名。《世本》曰：「芮伯，姬姓。」是周之同姓也。逸《書》序曰：「巢伯來朝，芮伯作《旅巢命》。」此在武王之世。成王之世既爲司徒，至厲王時，則有芮伯作《桑柔》詩以刺王。《左傳》所謂「芮良夫」也。至桓王時，有芮伯萬。杜預謂：「芮在馮翊臨晉縣。」「彤」，王肅云：「姒姓。」蓋六卿，惟彤伯非周之同姓，畢、毛皆文王之子。《左傳》曰：「管、蔡、郕、霍、魯、衛、毛、聃、郜、雍、曹、滕、畢、原、酆、郇，文之昭也。」是畢公亦文王之子，武王之弟，名高。《史記》謂：「周畢公與周同姓。武王之伐紂，而高封於畢。」則又不以爲出於文王，當以《左傳》爲正。杜預曰：「畢在長安縣西北。」其後有畢萬仕於晉，又以食采於魏，爲魏氏。「毛公」，亦文王之子。《左傳》有「毛伯衛」、「毛伯過」、「毛伯得」，皆其後也。《左傳》曰「伯」，而此曰「公」。「伯」，其本爵也，兼三公之官，故曰「公」，亦猶春秋有「祭公」，又曰「祭伯」也。「衛侯」，乃康叔之子康伯。《左傳》謂王孫牟繼其父爲司寇，猶鄭武公父子爲周司徒也。「畢公」，太師，而在太保之下，故唐孔氏曰：「三公命數尊卑同也，王就其中委賢者，任之重者則在前耳。」蓋召公時爲冢宰，而畢公爲司馬，惟以職任爲尊卑故耳。「乃同召太保奭、芮伯、彤伯、畢公、衛侯、毛公、師氏、虎臣、百尹、御事」，此蓋紀述一時所命之人，而周家命官之意見於此者有四：以六卿兼主三公之事，一也；諸侯入爲公卿，二也；公卿皆同姓之邦，三也；三公九卿各以其職任爲尊卑，不以爵秩高下，四也。「師氏」，中大夫，「居虎門之左」，凡會同「使其屬帥四夷之隸，各以其兵服守王之門外」，故特與「虎臣」言於「百尹」之上。「虎臣」，即「虎賁氏」，下大夫，掌先後王及守王宫者也。「百尹」，百官之長。「御事」，謂凡治事之臣者。成王之命羣臣相康王，上自公卿，下至御事同召之，蓋與羣臣共立之也。後世人君將托後嗣，惟召大臣數人，謂之「顧命之臣」。如漢武帝則惟命霍光、金日磾、上官桀、桑弘羊；宣帝則惟命史高、蕭望之、周堪，其他不得與焉；晉陶侃至以不與顧命之故怨朝廷，不肯救蘇峻之亂，皆非先王之意也。召公以太保爲冢宰，蓋後世宰相之任，故成王之命羣臣相康王，則召公爲首。而後世人君將托後嗣，則又特建大將軍一人，位在宰相之上，實專制朝政。如漢武帝有丞相車千秋，則乃以霍光爲大將軍；宣帝有丞相于定國，則乃以史高爲大將軍，皆非先王之意也。「漸」，進也。「幾」，危也。言進大病而至於危殆也。「病日臻，既彌留」，言病日至而彌甚留於身不去也。《左傳》曰：「魏武子有嬖妾。武子疾，曰：『必嫁是。』疾病，則曰：『必以爲殉。』及卒，顆嫁之，曰：『疾病則亂，吾從其治也。』」蓋言「疾病」則甚於「疾」。《論語》曰：「子疾病。」包氏曰：「疾甚曰病。」故此既言「疾」，而又繼之以「病」也。惟其疾病如此，故懼夫死之將至，不得以誓言敷告羣臣以繼嗣之事，以此之故，我所以詳審而訓命於汝也。「麗」，附也。其訓命之辭則謂文王、武王相繼而起，其光明之德既重而盛，又宣達之於天下也。《下武》之序曰「武王有聖德，復受天命，能昭先人之功」，《文王有聲》之序曰「武王能廣文王之聲」，所謂「重光」也。惟其重光，故民莫不慕德而歸附之。民之附周，既已定矣，乃陳教化以訓迪之，使之漸仁摩義，❶以歸於士君子之域。既定民之所附，而又陳教，則可謂勞也。「肄」，勞也，《谷風》曰「既貽我肄」，亦勞也。惟勞而不敢少有違焉，蓋兢兢業業，未嘗暫息，故能通達商家之否，易危爲安，轉亂爲治，以集天

❶「摩」，汲古閣本、通志堂本作「厚」。

之大命於我周家，奄有天下也。《魚麗》曰：「文、武以《天保》以上治内，《采薇》以下治外。始於憂勤，終於逸樂。」「肄」，憂勤也。「集大命」，則逸樂矣。「在後之侗」，成王自謂也。楊子曰：「倥侗顓蒙。」注曰：「倥侗，無知。」蓋成王之謙辭。成王繼文、武之後，則能致敬以迎天之威。夫所以「敬迓天威」者，不在乎他，惟嗣守文、武之大訓，而不敢昏亂逾越，則天福之矣。蓋天既以文、武之重光而眷顧之，錫以無疆之命，成王惟能守文、武之訓，光昭之，率循之，而不敢昏逾，則天之威命蓋將方興而未艾，日來而不窮，我則敬迓之而已。今天降疾病於我身，已至於危殆，不能興起，不能覺悟，故我以此言告汝，汝當明於此言而無忽，自今以往當爲我元子之輔翼，敬保之，以大濟於艱難之中。蓋以幼冲之年而當萬幾之務，親政之始，一嚬一笑，安危之源自此而分，可謂艱難矣，當有以大濟之也。釗，康王名。康王，成王之長子，故曰「元子」也。其所以敬保之者，惟休兵息民以安輯天下，柔遠而略於外，能邇而詳於内，則庶邦無小無大，舉安而胥勸，無有乖争悖逆之節矣。「夫人」，亦指康王也。「貢」，進也。「冒貢」者，不顧而進也。「非幾」者，林子和曰：「『幾者動之微，吉之先見。』非幾，則危亂之兆也。」是也。君有君之威儀，其臣畏而愛之，則而象之，故能有其國家令聞長世，故欲羣臣之所思者，惟欲康王自治於威儀，以爲民則，不可以之而冒進於危亂之兆也。蓋威儀不謹，則爲危亂之兆矣。紂、幽王是也。傳曰：「男子不没於婦人之手，以齊終也。」故死生之際，昔人之所重，平日之所以正心誠意者，蓋於此而驗焉。如魏顆曰：「疾病則亂，當屬纊之際，而其精神瞶亂、❶言語悖繆者，常人皆然。」惟曾子曰：「吾何求哉？得正而斃，斯已矣。」故雖病革而必易簀，不以將死而曠於禮，又召門弟子啓其手足，以爲知免。又告孟敬子，以君子所貴乎道者三。處死生

❶「瞶」，汲古閣本作「眊」。

之間，而其安静有守若此，可謂大賢君子矣。成王「被冕服」以見其羣臣，是亦曾子之易簀也，訓命羣臣以受遺託孤之言，則亦曾子之所以告門弟子、孟敬子者也，此其所以爲成周之令王。欲觀曾子、成王，惟觀諸此而已矣。

兹既受命，還，出綴衣于庭。越翼日乙丑，王崩。太保命仲桓、南宫毛俾爰齊侯吕伋，以二干戈、虎賁百人逆子釗於南門之外。延入翼室，恤宅宗。丁卯，命作册度。越七日癸酉，伯相命士須材。狄設黼扆、綴衣。牖間南嚮，敷重篾席，黼純，華玉，仍几。西序東嚮，敷重底席，綴純，文貝，仍几。東序西嚮，敷重豐席，畫純，雕玉，仍几。西夾南嚮，敷重筍席，玄紛純，漆，仍几。

唐孔氏曰：「發首至『百尹、御事』，叙王以病召臣，爲發言之端。自『王曰』至『冒貢于非幾』，是顧命之辭。『兹既受命，還』至『立於側階』，言命後王崩，欲宣王命布陳儀衛之事也。自『王麻冕』以下，叙康王受命之事。」蓋成王既以疾病危困之故並召羣臣，屬以幼孤，及王既崩，乃輔翼嗣子而立之，以成王之所以命羣臣者而傳之康王，故布陳其儀衛，以爲國之光華，亦以爲備也。「綴衣」，幄帳也。《周禮》注曰：「四合象宫室曰幄，王所居之帳也。」曰「綴衣」者，連綴爲之也。下文曰「狄設黼扆、綴衣」，是王之座必有黼扆，綴衣則設於黼扆之上。「庭」者，路寢之庭也。成王之命羣臣以受遺託孤之事，在此綴衣之坐，既畢，則反於寢處，故羣臣既受命而還，則徹去幄帳，置於路寢之庭，將爲死備也。「仲桓、南宫毛」，二臣也。「齊侯吕伋」，太公之子丁公，是時以列侯入爲天子虎賁氏。「南門」，路寢之門也。王宫鄉南，❶故寢門曰「南門」。「翼室」，先儒曰：「明室路寢。」蓋以「翼」訓「明」，如「翼日」之「翼」，不如蘇氏曰：「路寢旁左右翼室也。成王喪在路寢，故子釗廬於翼室。」其説爲善。

---

❶「鄉南」，汲古閣本作「南向」。

薛博士亦曰：「翼室，夾室也。天子之室有左右房。」成王以命羣臣之明日乙丑而崩，則召公以冢宰攝政，「百官總己以聽」焉，故即以王崩之日命二臣於吕伋之處取二干戈而持之，以統率百虎賁，逆太子於路寢之外，而入立之以爲天子，延之使入夾室，當喪居憂，爲天下宗主也。趙伯循曰：「公必薨於正寢，以就公卿也。」大位，姦之窺也，危病，邪之伺也，若蔽於隱，是使小人、女子得行其志也，故宗嗣素定之，兵權散主之，闈門嚴飾之，小人、女子不尸，重任賢良，受託鼎足交輔，則簒弑之禍曷由而至哉？當成王之崩，康王之立，以召公奭而總羣臣，以齊侯吕伋而典禁衛，固得其人矣。仲桓、南宫毛以冢宰之命而後逆太子，齊侯又以冢宰之任而後授之兵衛，則姦邪何自而萌哉？成王以乙丑之日崩，康王即以乙丑之日立，雖緣臣民之心，不可曠日無君，亦所以杜絶姦邪窺伺之心也。康王之爲太子，蓋有年矣，天下所共知也，雖太子之居有東宫焉，及王不懌，太子未有不在側者，而其逆之，乃在於南門之外者，范純夫内翰曰：「當是時，太子在内，特出而迎之，所以顯之於衆也。然則古之立君者，惟恐衆人之不覩而事之不顯也何？則天子者，天下之共主也，故當與天下之人戴而君之。未有竊取諸宫中而立之，出於宦寺婦人之手而可以正天下者也。《顧命》之書，所以爲萬世帝王之法也。」其言甚善。蓋特出而迎之，則非所謂蔽於隱者也。觀東漢自孝殤以降，國嗣之立非出於外戚，則出於宦官。唐自穆宗以來八世，而爲宦官立者七君。蓋其本乃自於人君，欲其身永享天禄，惟恐不久，故以繼嗣爲不祥之事而深諱之，一旦倉卒之際，夜半禁中出半紙，以某人爲嗣，則羣臣皆拱手而待命，誰敢違者？亦有雖有嫡嗣，而不能以屬於大臣，倉卒之際廢立紛然者。觀諸此，然後知《顧命》之書是誠萬世帝王之法者矣。其逆之以「二干戈」、百虎賁者，所以衛太子也。國有大變，非常之事，不可以不前備也。《左傳》曰：「文公之入也無衛，故有吕、郤之難。」則逆太子其可以無備哉？「丁卯」者，乙丑之後二日也。「命」者，亦是太保之命也。先儒以作册者命史，蓋以《周禮》内史掌册命故也。成王將崩之言，特宣之於口，未有册書將傳之於康王，故作册以紀其言而授之也。《説文》曰：「册，符命也。」諸侯進受於王也，象其札，一長一短，中有二編之形，如成王之「命周公後」，康王之命畢公「保釐東郊」，皆「作册」是也。此將以其父之命傳之其子，故亦作册也。「册度」者，作册自有法度也。「越七日」，自丁卯至癸酉爲七也。鄭康成謂：「癸酉爲大斂之明日。」蓋以大夫以上殯斂，皆以死日之來日數，天子七日而殯，於死日爲八日，故以癸酉爲殯之明日。唐孔氏則謂：「王崩九日始傳顧命，不知其所由。」召公以方伯爲太保冢宰，以相天子，故曰「伯相」。「須材」者，先儒曰：「命士致材木，須待以供喪用。」即《檀弓》曰「虞人致百祀之木，可以爲棺椁者，斬之」也。「狄」者，下士。《祭統》曰：「翟，樂吏之賤也。」《喪大記》曰：「狄人設階。」則翟者，賤官，喪事所使也。「扆」者，《爾雅》曰：「牖户之間謂之扆。」郭景純曰：「窗東户西也。」《禮》云『斧扆』者，以其所在處名之。」蓋「扆」者，屏風，畫爲斧文，在於户牖之閒，故以爲名焉。《爾雅》曰：「斧謂之黼。」郭氏曰：「黼，文象斧形，因名云。」《考工記》曰：「白與黑謂之黼。」蓋以白黑畫斧形於扆也。狄之設此，亦是伯相命之也。唐孔氏曰：「經於四坐之上言『設黼扆、綴衣』，則四坐皆設之也。」「牖閒南向」，即户牖之閒，户西牖東也。「牖」，《説文》曰：「穿壁以木爲交窗也。」「南向」，即所謂「聖人南面而聽天下，嚮明而治」也。此有四坐，牖前南向其一也。《周禮·司几筵》：「凡大朝覲，王位設黼依，依前南鄉設莞筵紛純，加繅席畫純，加次席黼純，左右玉几。」即此坐是也。牖前，即所謂「依前」，故先儒以此爲「見羣臣朝覲之坐」，如《明堂位》曰「天子負斧依南面而立」，亦此也。「敷重」者，天子之席三重，諸侯之席再重，此「敷重」者皆敷三重也。「莞筵」、「繅席」、「次席」是三也。「篾席」即「次席」，此特言其上者，先儒以「篾席」爲「桃枝竹」，鄭康成《周禮》注以「次席」爲「桃枝席，有次列成文」。故知二者也。鄭氏之解此「篾席」則又以爲「析竹之次青者」。王肅則曰：「纖蒻苹席也。」「黼純」者，先儒謂：「以白繒黑繒爲席之緣。」鄭氏《周禮》注則以白黑之綫縫刺爲黼，文以緣之也。「華玉」，先儒以爲「彩色」，鄭氏則曰「五色玉也」。「仍几」者，因几也。先儒曰：「因生時，几不改作。」案《周禮》曰：「凡吉事變几，凶事仍几。」鄭氏則曰：「吉事，王祭宗廟，祼於室，饋食於堂，繹於祊，每事易几；凶事，謂凡奠几，朝夕相因，喪禮略。」則又不以爲因生時几也。以華玉飾仍几，即所謂「左右玉几」也。「西序東向」，此又一坐也。「東序西向」，此又一坐也。《爾雅》曰：「東西廂謂之序。」蓋堂之東西廂，所以序別内外也。西序故東向，東序故西向，敷重亦三重也。「牖閒南向」之坐，見於《周禮》甚明，此三坐雖無所經見，其制度亦必然也。「厎席」，先儒曰：「蒻平。」唐孔氏謂：「即蒲席。」王肅亦曰：「青蒲席。」鄭氏則以爲：「竹席。厎，致也，篾纖致席也。」「綴」，雜彩也。「貝」者，水蟲，其甲可以飾器物，故古者以爲貨寶。《爾雅》曰：「餘蚔，黄白文。餘泉，白黄文。」郭氏曰：「餘蚔以黄爲質，白爲文點。餘泉以白爲質，黄爲文點。今之紫貝，以紫爲質，黑爲文點。」所謂「文」者，此也。蓋以此貝爲几之飾也。「豐席」，先儒以爲「莞」。案《爾雅》曰：「莞，苻離，其上蒚。」郭氏曰：「今西方人呼蒲爲莞蒲，用之爲席。」又曰：「藆，鼠莞。」郭氏曰：「亦莞屬也，可以爲席。」《詩》曰：「下莞上簟。」《周禮》亦有「莞筵」。王肅亦以「豐」爲「莞」。惟鄭氏曰：「刮凍竹席。」蓋「篾」、「厎」、「豐」，鄭氏皆以爲「竹」故也。唐孔氏曰：「凡此諸席，非有明文可據，各自以意説耳。」此言盡之。「畫純」，蓋以彩色畫帛以爲席緣。「雕玉」者，《爾雅》曰：「玉謂之雕。」蓋以玉之雕刻爲几之飾也。先儒以「西序東向」之坐爲「旦夕聽事之坐」，「東序西向」之坐爲「養國老享羣臣之坐」，此二坐不若「牖閒南向」之坐爲有所經見。鄭康成、王肅之説亦然，蓋亦是相傳爲説也。唐孔氏則以「燕禮西向，養國老享羣臣與燕同，旦夕聽事，重於燕飲，而西序在上，故以爲旦夕聽事之坐也」。「西夾」，即西方房也。天子之室有左右房，房即室也。

《説文》曰：「房，室在旁也。」以其夾中央之大室，故曰「夾室」。蓋此坐在西廂夾室之前，亦南向。「筍」，先儒曰：「蒻竹。」案：《爾雅》曰：「筍，竹萌。」郭氏曰：「初生者。」《説文》曰：「竹胎。」蓋取筍之皮織以爲席。「玄紛」，先儒以爲「黑綬」。案《周禮》亦曰：「紛純。」注曰：「紛如綬，有文而狹者也。」《説文》曰：「黑而有赤色者爲玄。」故以爲「黑綬」。蓋以此綬爲席之緣也。先儒以此坐爲「親屬私燕之坐」，亦無所經見。唐孔氏以謂「夾室是隱映之處，又親屬輕於燕享」故也。惟爲親屬私燕之坐，故其席之緣則黑綬而已，無有繢畫彩色之飾其几，則髤漆而已，無有貝玉之飾也。此四坐皆先王平生之所有事者，今將傳先王之顧命，故設之以象。其平生然必設四坐者，孝子求神非一處，不知神之所在，於彼乎，於此乎，此則交於神明之義也。

越玉五重陳寶，赤刀、大訓、弘璧、琬琰，在西序；大玉、夷玉、天球、河圖，在東序。胤之舞衣、大貝、鼖鼓，在西房；兑之戈、和之弓、垂之竹矢，在東房。大輅在賓階面，綴輅在阼階面，先輅在左塾之前，次輅在右塾之前。二人雀弁，執惠，立于畢門之内。四人綦弁，執戈上刃，夾兩階祀。一人冕，執劉，立于東堂；一人冕，執鉞，立于西堂；一人冕，執戣，立于東垂；一人冕，執瞿，立于西垂；一人冕，執鋭，立于側階。

自「狄設黼扆」以下，皆是將傳顧命于康王，故布陳其儀衛，以將傳先王之命，故設四坐之几席。先王平生之所有事者，而求之，庶可以交於神明，若夫器物，則先王平生之所賨者；車輅，則先王平生之所乘者，皆布而陳之，以爲國之光華，蓋所以重顧命也。《周官》：「天府掌祖廟之守藏與其禁令。凡國之玉鎮大寶器藏焉。若有大祭大喪，則出而陳之。既事，藏之。」注曰：「陳之，以華國也。」蓋先王之寶器，皆藏於祖廟之中，世世傳守之而不可失。故其失與不失，國家政刑之存亡，皆於此見之。《春秋》書竊寶玉、大弓，夫夏后氏之璜、封父之繁弱，成王賜之伯禽，受之以爲魯之分器，而定公之世，盜得而竊，則其國之政刑可知矣，故書以譏之也，及其得之又書者，蓋其重之也。如此，惟寶器既爲國家之重鎮，此所以當大祭大喪，則陳之以華國也。

「越」，及也。及「玉五重陳寶」，蓋總而言之，其下復分別焉，弘璧一，琬琰二，大玉三，夷玉四，天球五，西序二重，東序三重，共五重。「寶」，則五玉之外，「赤刀」以下，皆爲寶，今皆陳之也。「赤刀」，寶刀也。漢孔氏爲「赤刀削」，鄭氏則曰「曲刃刀」，皆以意言。鄭氏又謂：「武王誅紂時刀，赤爲飾。」亦不知何所據而言。「大訓」，漢孔氏謂：「《虞書》典謨。」王肅亦然。鄭康成則曰：「禮法，先王德教。」鄭氏之説不如孔氏，然孔氏但以爲《虞書》。蘇東坡曰：「虞、夏、商之書。」其説似爲勝。「弘璧」，大璧也。「璧」，《説文》曰：「瑞玉圜也。」《爾雅》曰：「肉倍好謂之璧，好倍肉謂之瑗，肉好若一謂之環。」璧瑗之類，孔小者則爲璧。好，孔也。「琬琰」者，《周禮》：「琬圭九寸而繅，以象德；琰圭九寸，判規，以除慝，以易行。」鄭司農曰：「琬圭無鋒芒，琰圭有鋒芒。」鄭康成曰：「琬猶圜也。」判，半也。「凡圭剡上寸半。琰圭剡半以上，又半爲瑑飾」，蓋圭上圓下方，故凡剡上寸半者謂之圭。惟琰則剡半以上至首，而規又半以下爲瑑飾，故曰判規。琬琰是二玉，而乃爲一重者，唐孔氏曰：「其玉形質同，故不別爲重。」蓋皆九寸故也。「大玉」，漢孔氏無説，鄭氏曰：「華山之球也。」「夷玉」，孔氏但以「夷」訓「常」。王肅則曰：「東夷之美玉。」鄭氏則曰：「東北之珣玗琪。」蓋以《爾雅》曰：「東方之美者，有醫無閭之珣玗琪焉。」其意與王肅同。《説文》亦然。「河圖」，八卦也。伏羲氏之王天下，龍馬出河，遂則其文以畫八卦，謂之「河圖」。《繫辭》曰：「河出圖，洛出書，聖人則之。」《漢志》亦曰：「伏羲繼天而王，受河圖，則而畫之，八卦是也。」鄭氏則曰：「龍馬御甲，赤文緑色，甲似龜背，袤廣八九尺，上有列宿斗正之度，帝王録紀興亡之數。」「天球」，玉可以爲磬者，《益稷》曰「戛擊鳴球」是也。《説文》亦曰：「球，玉磬。」漢孔氏以爲「雍州所貢」。「西房」、「東房」，即東西夾室也。❶「胤」，國名。仲康時有胤侯，胤國所爲舞者之衣，可以爲寶，故至今常寶之也。「大貝」，必大於餘貝，故以爲寶。漢孔氏曰：「如車渠。」言其貝形曲如車之罔。渠，車罔也。「鼖鼓」，《爾雅》曰：「大鼓謂之鼖。」《考工記》曰：「長八尺。」《説文》曰：「八尺而兩面。」如琬圭、琰圭，皆王使之瑞節，鼖鼓以鼓軍事，皆常用之器，今以爲寶，如此之類，皆必有異也。漢孔氏曰：「西房，西夾坐東。」蓋西房即西夾。西夾既陳親屬私燕之坐，「舞衣」而下，則陳於其坐之東西序，有旦夕聽事之坐；「赤刀」而下，則陳於坐之北東序，有養國老享羣臣之坐；「大玉」而下，則亦陳於其坐之北，蓋席南向北向，則以西方爲上，東向西向，則以南方爲上故也。「兑」和「垂」，皆古之巧人，惟垂有所經見，爲舜之共工，二人無傳焉。其所製造弓戈竹矢，皆可爲後世寶。「垂之竹矢」，自舜之時傳至於周，蓋千有餘歲矣。如「胤之舞衣」、「兑之戈」、「和之弓」，必亦前代之物，但不知其何世所造。蓋古者，前代之物有創造精巧者，必寶而傳之。如魯有封父之繁弱，晉有密須之鼓、闕鞏之甲，陳有肅慎氏之楛矢、石砮，皆以其創造精巧，故分賜諸侯以爲分器，故世世寶之也。漢孔氏曰：「東廂東房夾室。」蓋東夾無几席之位，故但陳於夾室之前也。《周禮》：「典輅掌王及后之五輅，辨其名物與其用説。若有大祭祀，則出輅，贊駕説。大喪、大賓客亦如之。」注曰：「亦出輅當陳之。」故此將傳先王之顧命，則以四輅陳之于階塾也。《曲禮》曰：「主人入門而右，客入門而左；主人就東階，客就西階。」「阼階」者，東階。「賓階」者，西階也。《説文》亦曰：「阼，主階也。」《爾雅》曰：「門側之堂謂之塾。」注：「夾門堂也。」《説文》

❶「西」，原誤作「房」，今據汲古閣本、通志堂本改。

曰：「塾，門側堂也。」「左塾之前」，則門内之西。「右塾之前」，則門内之東。以《曲禮》之言可以見也。「面」，猶向也。賓階，阼階之面，則南向，自内而向外。左塾、右塾之前，則北向，既在門内，故自外而向内。蓋大輅在西階，先輅在西塾，是先輅與大輅相向；綴輅在東階，次輅在東塾，是次輅與綴輅相向也。《周禮》有五輅：一曰「玉輅」，以玉飾也；二曰「金輅」，以金飾也；三曰「象輅」，以象飾也；四曰「革輅」，鞔之以革而漆之，無他飾；五曰「木輅」，不鞔以革，漆之而已。「玉輅」、「金輅」、「象輅」，乘車也。「革輅」，兵車也。「木輅」，田車也。漢孔氏以「大輅」爲「玉輅」。五輅之長，故曰「大輅」也。以「綴輅」爲「金輅」，蓋金輅爲玉輅之次，是綴玉輅之後也。以「先輅」爲「象輅」，蓋象輅又是金輅之次。而曰「先」者，玉輅於五輅爲大，象輅於左右塾爲先，故也。以「次輅」爲「木輅」，又次於先輅故也。不云「革輅」而云「木輅」，王肅、馬融曰：「兵事非常，故不陳之。」鄭氏則以「綴、次皆爲副貳之車。大輅、玉輅、綴輅，則玉輅之副。先輅、金輅、次輅，則金輅之副。不陳三輅者，主於朝祀而已」。其説與孔氏異。王氏則以「先輅爲木輅，次輅爲革輅，象輅謂其行也」。貴者，宜自近；賤者，宜遠之。王乘玉輅，綴之以金，最遠者木，故木輅謂之先輅。木輅最爲五輅之下，而以爲先，故其説不免於鑿也。

「二人雀弁」以下，唐孔氏曰：「執兵器立於門内、堂、階者，所以備不虞，亦爲國家之威儀也。」「畢門」，路寢門。「天子五門」：曰「畢門」，曰「庫門」，曰「雉門」，曰「應門」，曰「路門」。畢最在外，而路最在内。《康王之誥》曰：「王出，在應門之内。」既其出也，方在應門之外，則其未出也，在路門之内必矣，故知畢門爲路寢門，蓋其一名也。此言「畢門之内」，則知上文所陳四坐及器物、車輅之所在，皆路寢門之内也。「二人」者，唐孔氏曰：「在門者兩，守門兩廂各一人，故『二人』。在階者，兩廂各二人，故『四人』。」「戺」，漢孔氏曰：「堂廉曰戺。」賈誼曰：「陛九級，上廉遠地，則堂高；陛亡級，廉近地，則堂卑。」注曰：「廉，側隅也。」乃知戺爲堂之側，蓋近堂而立也。「四人」者，唐孔氏曰：「兩廂各二人。」蓋一陛各兩人，兩階故四人也。「東堂」、「西堂」者，唐孔氏謂：「鄭玄曰：『序内半以前曰堂。』謂序内簷下，自室壁至于堂簾，中半以前總名爲堂。此當在東西廂近階而立，以備升階之人也。」「垂」者，《説文》曰：「遠邊也。」漢孔氏謂：「東西下階上。」唐孔氏曰：「堂上之遠地，當于序外東廂西廂，必有階上堂，知立於東西堂之階上也。」「側階」，謂堂北階之上。唐孔氏曰：「北階則惟堂北一階而已。」「側」，猶特也。「冕」，大夫之服。「弁」，士之服。垂旒則曰冕，弁則無旒。雀弁與冕，板皆廣八寸，長尺六寸，前圓後方。一命大夫之冕亦無旒，則與雀弁同。而曰「冕」者，一命大夫之冕雖無旒，亦前低一寸二分，故曰「冕」；雀弁則前後平，故不曰「冕」。「雀弁」者，色赤而微黑，如雀頭也。《周禮》曰：「凡兵事，韋弁服。」故漢孔氏謂之：「雀韋弁，以皮爲之也。」「綦」者，鄭氏曰：「青黑。」王肅曰：「赤黑。」漢孔氏亦謂：「鹿子之皮爲之也。」惟弁爲士服者，皆立於堂下；冕爲大夫服，故皆立於堂上。此下兵器有七種，惟戈之制見於《考工記》，其它無所見。漢孔氏曰：「惠，三隅矛。劉，鉞屬。戣、瞿，戟屬。鋭，矛屬。」鄭氏曰：「惠狀蓋斜刃，宜芟刈。劉，今鑱斧。鉞，大斧。戣、瞿，今三鋒矛。鋭，矛屬。」皆以意自爲之説。王肅曰：「皆兵器之名。」唐孔氏曰：「古今兵器名異體殊，此等形制，皆不可得而知之也。」其言最爲有體。《説文》曰：「戈，平頭戟也。鉞，斧也。戣，兵也。」「惠」、「劉」、「瞿」無文。至於「鋭」，則以爲「鈗」，曰：「侍臣所執兵也。從金允聲。」《周書》曰：「一人冕，執鋭。」則知漢之時作「鈗」。楊雄《長楊賦》有曰：「兗鋋瘢耆，金鏃淫夷者数十萬人。」顔師古以「兗」爲「箭括」。張秘謂「兗」當作「鋭」字，與「鋋」字相次。又案今文《尚書》：「一人冕，執鋭。」孔安國傳曰：「鋭，矛屬也。」疑孔安國之時，舊是「鈗」字，後傳作「鋭」字。《説文》：「鋭，芒也。」亦與「矛」不類矣。此「兗」字合作「鋭」，此言有理，意或然也。王氏之解此篇，以爲所設之物，所陳之器，皆有其義，以至或在左，或在右，或在東，或在西，或在房，或在序，皆義之所寓。其説之鑿，莫此爲甚。如果有其義，則惠之立於畢門，戈之夾兩階戺，皆當有其義也，王氏何爲闕之哉？王氏謂周之典籍缺矣，其指有不可知者，蓋可以傅會爲之説則以爲有其義，不可以傅會爲之説者則闕之也。夫古者先王之制器物，以行其禮儀，豈茫茫然無有意指寓於其間哉？如《左傳》曰：「清廟茅屋，大路越席，大羹不致，粢食不鑿，昭其儉也。衮冕黻珽，帶裳幅舄，衡紞紘綖，昭其度也。藻率鞞鞛，鞶厲游纓，昭其數也。火龍黼黻，昭其文也。五色比象，昭其物也。錫鸞和鈴，昭其聲也。三辰旂旗，昭其明也。」先王之意如此而已矣。若謂在東則有取於仁，在西則有取於義，以至有爲道之序，有脩德之序，牽合破碎，以求配於仁義道德，必非先王之本意也。

王麻冕黼裳，由賓階隮。卿士邦君，麻冕蟻裳，入即位。太保、太史、太宗皆麻冕彤裳。太保承介圭，上宗奉同瑁，由阼階隮。太史秉書，由賓階隮，御王册命。曰：「皇后憑玉几，道揚末命，命汝嗣訓，臨君周邦，率循大卞，燮和天下，用答揚文、武之光訓。」王再拜，興，答曰：「眇眇予末小子，其能而亂四方，以敬忌天威？」乃受同瑁，王三宿，三祭，三咤。上宗曰：「饗！」太保受同，降，盥以異同，秉璋以酢。授宗人同，拜。王答拜。太保受同，祭嚌，宅，授宗人同，拜。王答拜。太保降，收。諸侯出廟門俟。

古者告終易世之時，必以禮正之。故於其即世也，則以禮正其終，而於即位也，則以禮正其始。蓋其授受之始，天下之根本繫焉，其可輕哉？《春秋》有書「公薨于路寢」，是以禮正其終者也；有書「春王正月，公即位」，是以禮正其始者也。故書其正者，以見其不能正者焉。成王於大漸之時，而同召百官，「被冕服，憑玉几」，命羣臣以受遺託孤之事，則其終正矣。康王於是設四坐之几席，陳其寶器，布其車輅，備其干戈之衛，王與羣臣冕服以傳先王之命，則其始終無不正。此《顧命》之書所以爲萬世法也。

「麻冕」者，《禮》：「績麻三十升布以爲冕。」升者，八十縷也。《論語》曰：「麻冕，禮也。今也純，儉，吾從衆。」則知自孔子以前，冕皆用麻，孔子之時，始易之而用絲也。《周官》王之吉服，享先王則衮冕，此既授先王以册，亦是禮之大者，故唐孔氏謂：「其服必衮冕。」「衮冕」有九章，「一曰龍、二曰山、三曰華蟲、四曰火、五曰宗彝，皆畫繢於衣，六曰藻、七曰粉米、八曰黼、九曰黻」，皆刺於裳。則是衮冕之裳有四章，特言「黼」者，蓋黼是裳之一章。唐孔氏謂：「有文，故特言之。」與《詩》「玄衮及黼」同意。「卿士」，漢孔氏以爲「公卿大夫」。案：《詩》曰「暴公爲卿士」，《左傳》曰「鄭武公、莊公爲平王卿士」，皆指執政而言。而以爲「公卿大夫」者，其意爲成王之託羣臣以幼孤，公卿大夫與焉，不應其傳顧命，則獨其執政者與也，蓋略舉卿士而已。《周官》公之服衮冕，侯伯之服鷩冕，子男之服毳冕，孤之服絺冕，卿大夫之服玄冕。此卿士邦君之麻冕，蓋亦各從其命服而已。太保、太史、太宗之麻冕亦然。太保、三公、太史、下大夫、太宗、大宗伯、卿亦從其命服也。「蟻裳」者，蟻色玄，玄裳也。「彤裳」，漢孔氏曰：「彤，纁也。」《考工記·鍾氏》曰：「三入爲纁。」《爾雅》亦曰：「一染謂之縓，二染謂之縝，三染謂之纁。」《禮》：「祭服皆玄衣纁裳。」漢孔氏之説則謂：「黼裳、彤裳皆與常祭服無異，惟蟻裳則非常祭之服。」蓋以卿士邦君非執事者，不可全同於祭也。蘇氏則謂：「三裳皆變也。雖君臣皆吉服，然皆有變。」其解「蟻裳」，則謂與《檀弓》「蟻結於四隅」之文同。從先儒之説，則蟻裳不應獨異；從蘇氏之説，則彤裳不得爲變。歷世既遠，禮文漸滅，不可得而折衷也。「介圭」，大圭也。《考工記》有「大圭長三尺」，又有「鎮圭尺有二寸」。而漢孔氏以此「圭」爲「尺二寸之圭」者，蓋三尺之圭，天子服之，尺二寸之圭，天子守之，此將奉之於康王，以明其爲天子，故知是鎮圭也。「同」，爵名。「瑁」者，《考工記》曰：「天子執冒四寸，以朝諸侯。」注曰：「名玉曰冒者，蓋言德能覆蓋天下也。」唐孔氏曰：「諸侯即位，天子賜之以命圭，圭頭斜鋭，其冒當下邪刻之，其刻闊狹長短如圭頭。諸侯來朝，執圭以授天子，天子以冒之刻處冒彼圭頭，若小大相當，則是本所賜；其或不同，則圭是僞作，知諸侯信與不信。故天子執冒，所以冒諸侯之圭以合瑞信，猶今之合符。然此瑁惟冒圭耳，不得冒璧。璧亦稱瑞，不知所以齊信，未得而聞之。」蓋介圭以爲天子之守，而冒圭以合諸侯之信，故當康王之受顧命，則皆奉而進之也。舜之始受禪，「輯五瑞」，既月而班之，康王之始即位，受同冒，而諸侯奉圭，蓋必亦如舜之輯而班之，是皆合符以正之於其始也。「承」亦「奉」也，皆進之於王也。「上宗」，漢孔氏謂：「即宗伯。」鄭氏曰：「變其文者，宗伯之長，大宗伯一人，與小宗伯二人也，凡三人，使其上二人也，一人奉同，一人奉冒。」如康成之説，則是上宗已兼大宗伯、小宗伯矣。下言「宗人」，漢孔氏以爲「小宗伯」，如康成之説，必以宗人爲小宗伯之最下者。其位在三者也，然小宗伯一也，不可以其一爲上宗，以其一爲宗人，不如以上宗爲大宗伯，宗人爲小宗伯，方爲明白。上宗既爲大宗伯，則其奉同瑁，蓋兼執之乎？此亦不可得而見也。「書」，即册命也。自「嗚呼！疾大漸，惟幾」至「冒貢于非幾」，皆載於此册也。「御」，亦進也。君當升自阼階，康王之自賓階升者，王自外而入，傳命者自阼階升，王未受命，則當自賓階也。「入即位」者，邦君、卿士不執事，故但就其位而已。鄭康成曰：「卿西面，諸侯北面。」唐孔氏又曰：「公亦北面，孤東面，此其位也。」太保、上宗由主階升者，以將傳先王之命爲王故也，太史亦由此階而升也。「御王册命」者，以册命進於王也。曰「秉書」，則言其持之以升。曰「御王册命」，則言其奉之以進。曰「書」，曰「册命」，駁文也。「皇后」以下，則太史進册而陳此言也。先儒則以此爲「册書之辭」，非也。豈成王將死，丁寧之言，而史輒易之乎？故知史以成王之言著之於册矣,此則將奉册而進之之辭也。言此册者乃成王當大漸之際,親憑玉几,道揚臨終之命,以命汝嗣其教訓,以臨涖天下,爲周邦之君。汝之所以臨君周邦者,惟率循大法,不可少有紛更,則可以「燮和天下」,使無有暴慢鄙詐之風,則夫文、武之光訓布在方册者,可以對揚之而不替矣。言成王之所以命羣臣以輔贊康王者,其意如此而已。「皇后」,大君也,指成王也。王氏之言皆鑿也。王則再拜以敬受之,遂起而對曰:以眇眇然微末之小子而負荷先王之大業,其能治四方以敬畏天威乎？蓋自恐其不能也。既受命矣,乃受上宗所奉之同瑁。其受瑁也,必授之人;其受同也,則以祭,故「三宿」「三祭」「三咤」。必「三」者,與夫「三辭」、「三讓」、「三揖」、「三勞」同。不如是,無以示其敬之之至也。先儒以「宿」爲「進爵」,以「咤」爲「奠爵」,蓋謂進於神坐之前,則以酒酹地而祭,酹訖而奠爵焉。蘇氏則以「宿」爲「奠爵」,以「祭」爲「祭先」,以「咤」爲「至齒」,而不飲即嚌也。蓋謂既實爵矣,則受而置之,乃以祭先,於是嚌之也。其意以下文曰「上宗曰:『饗』」,唯嚌之,則上宗乃贊王以饗其福也。觀太保之酢,言「祭嚌」,即此「祭」與「咤」也。蘇氏似爲勝,曰:「饗蓋所謂嘏也。」《詩》箋曰:「予福曰嘏。」「特牲少牢」之禮,尸「嘏主人」,故此則上宗嘏王,欲王之享之也。如此,則王之禮畢矣,故太保則受其同,下堂而易之。蓋太保將酢祭,不可即用王之爵,故以異同。「異同」者,言别爵也。「盥以異同」者,易爵而洗也。「璋」,半圭也。「酢」,報祭也。王已祭,太保又報祭,故曰「酢」,與「酬酢」之「酢」同。《儀禮》曰:「君執圭瓚,太宗執璋瓚。」蓋璋瓚次於圭瓚,此既報祭,故持璋也。太保將祭,故拜。將拜,故以同授小宗伯,王則答之。太保既拜,則又受同於宗人,而祭既祭,則嚌之。嚌之亦所以饗其福也。將受福不可以不拜,故於所居之位,以同授宗人而後拜,王又答之。君於臣無答拜,此答之者,以其傳先王之命也。於是則酢祭之禮亦以畢,故太保下堂,而有司於此皆收徹之,於是諸侯則出在廟門之外,以待新王之誥命。蓋王既受命,則誥戒之,即下篇是也。「廟門」即「寢門」，以其殯在焉，故曰「廟」也。觀《顧命》之書，或者疑之，以爲召公不當出康王於外而逆之，康王不當吉服以朝諸侯，爲此言者，蓋不思耳。夫天子爲天下主，固當與天下共之，苟立之於次即以君天下，則宦人、女子得以乘間投隙，而摇國本，天下其誰知之。蓋《顧命》之書，萬世之明訓也。成王之寢疾，則憑几負扆，親見羣臣，自太保而下，至百尹、御事，告以元子釗之宜承大統。其崩也，太保則顯逆之於寢門之外，册受末命，復率諸侯而朝之。蓋所以顯示萬姓，杜絶姦萌。史官詳而載之，以爲後世法。使有國家授受之際，皆得以是爲法，姦人孰得而窺之？秦始皇之於扶蘇，豈有異志？惟不能顯示於天下，李斯又不能顯而立之，故趙高、胡亥得以亂之。論者不此之慮，而謂其不當釋喪服以服衮冕，此不知變之論也。《伊訓》曰：「惟元祀十有二月乙丑，伊尹以冕服奉嗣王，祗見厥祖，侯甸羣后咸在。」太甲之居喪也，伊尹祭於成湯之廟，奉之以祗見厥祖，而朝羣后，是亦與天下共之，何獨召公、康王哉？古之人皆然，特其文有詳略之不同，何獨於此而疑之？

康王之誥

康王既尸天子，遂誥諸侯，作《康王之誥》。

康王之誥

王出，在應門之内，太保率西方諸侯入應門左，畢公率東方諸侯入應門右，皆布乘黄朱。賓稱奉圭兼幣，曰：「一二臣衛，敢執壤奠。」皆再拜稽首。王義嗣，德答拜。太保暨芮伯咸進，相揖，皆再拜稽首曰：「敢敬告天子，皇天改大邦殷之命，惟周文、武誕受羑若，克恤西土。惟新陟王畢協賞罰，戡定厥功，用敷遺後人休。今王敬之哉！張皇六師，無壞我高祖寡命！」王若曰：「庶邦侯甸男衛，惟予一人釗報誥。昔君文、武丕平富，不務咎，底至齊信，用昭明於天下。則亦有熊羆之士，不二心之臣，保乂王家，用端命於上帝。皇天用訓厥道，付畀四方。乃命建侯樹屏，在我後之人。今予一二伯父尚胥暨，顧綏爾先公之臣服於先王。雖爾身在外，乃心罔不在王室，用奉恤厥若，無遺鞠子羞！」羣公既皆聽命，相揖，趨出。王釋冕，反喪服。

成王之命羣臣以受遺託孤之事，蓋懼夫康王以幼冲之資，不克負荷，欲羣臣輔翼贊襄，以「弘濟于艱難」。康王既受顧命矣，則始居天子之位，羣臣進戒於王，而王申誥於諸侯，與之正始，而後居喪，此篇之所以作也。蓋成王之顧命，欲康王之「率循大卞」，以「燮和天下」，此羣臣之所以進戒於王。欲羣臣「敬保元子釗弘濟於艱難」，此康王所以申誥於諸侯。古者，天子始受命，以奄宅四海，則諸侯各率其職，奉朝會於天子之都，以致禮於新君，所以正始也。舜、禹之受禪，既祭告於天地、宗廟、山川、百神矣，於是「輯五瑞，日覲四岳羣牧，班瑞於羣后」。湯之克夏，武王之克商，其反國也，則庶邦冢君率職而受命，王於是有以告戒之。《湯誥》、《武成》是也。舜、禹以揖遜而得天下，湯、武以征伐而得天下，其始受命，固不可以不正其始。若夫康王繼世而立，而其始亦不可不正。「賓稱奉圭兼幣，曰：『一二臣衛，敢執壤奠』」，此即舜、禹之「輯五瑞，日覲四岳羣牧」也。「王若曰：『庶邦侯甸男衛，惟予一人釗報誥』」，此即《湯誥》之「嗟！爾萬方有衆」，《武成》之「王若曰：『嗚呼！羣后』」也。成王以乙丑之日崩，其傳命也以癸酉之日，而邦君與焉，不應諸侯聞康王之立而輻凑王都，如此之速。蘇氏謂：「成王之疾久矣，此諸侯來問王疾者歟。」案：《顧命》之序曰「成王將崩，命召公、畢公率諸侯相康王」，則成王之大漸，而託羣臣以幼孤，諸侯蓋以預於受命矣。謂之「來問王疾」，可也，然成王以四月始生魄之日得疾，即以其月之乙丑日晏駕，謂「成王之疾爲久」，不知何所據也？「尸天子」者，如祭祀之尸居其位，而無所爲也。康王之宅憂也，召公以冢宰攝政，「百官總己以聽」焉。惟百官聽於冢宰，故康王可以居其位而無所爲，此所以曰「尸天子」也。子張曰：「《書》云：『高宗諒陰，三年不言。』何謂也？」子曰：「何必高宗，古之人皆然。」夫古之人當諒陰之時，「三年不言」，而康王乃「告諸侯」者，蓋康王之受顧命也。其言曰：「眇眇予末小子，其能而亂四方，以敬忌天威。」及其朝諸侯也，又報誥於「庶邦侯甸男衛」，蓋所以繼承大統，而與天下正始，故不得不有言。自此之外，則不復有言，必至於三年，而後始親萬幾，發號施令也。如太甲之嗣位，伊尹祭于成湯之廟，奉之以祗見于祖，明言烈祖之成德，以訓于王。伊尹之訓王，亦羣臣進戒康王之意也。然當是時也，侯甸羣后咸在，則豈無告戒諸侯之言乎？以康王觀之，則可見矣。以「康王之誥」名篇，亦猶《湯誥》也，「湯誥」二字足以成文，康王誥三字非述作之體，故加「之」字以足成之。《説命》、《畢命》則二字，而《微子之命》、《蔡仲之命》則加「之」字，亦以其三字故也。伏氏以此篇合於《顧命》，共爲一篇，蓋「王出，在應門之外」，與「諸侯出廟門俟」，其文正相接。正如《舜典》之「慎徽五典」，上接《堯典》之「帝曰：『欽哉』」，故伏生亦合而爲一也。然合之則無以足百篇之數，且既有此二篇之序，其可以合之，故王、鄭諸家又以自「高祖寡命」以上入於《顧命》，以「王若曰」以下爲《康王之誥》。夫康王立於「應門之內」，而諸侯各以其方入朝見新君，以其土地所有之物爲贄，然後羣臣進戒於王，而王則報誥之，蓋因朝諸侯而誥之，此一篇終始之義也，而中析之可乎？唐孔氏曰：「諸侯告王，王報誥諸侯，而使告報異篇，失其義也。」此言盡之。王之受顧命也，在路門之內，故其出也，則在應門之外，以路門之外即應門也。太保，西方之伯，故「率西方諸侯」；畢公，東方之伯，故「率東方諸侯」。上篇末曰「諸侯出廟門俟」，廟門亦路門也，出路門即應門，而此又言「入應門」，則知諸侯之「出廟門俟」者，但言其自廟門而出於外耳，非俟於廟門之外也。王氏曰：「東方宜由左而入右，西方宜由右而入左，以明人臣事君，莫敢固有其所以自便。」此非也。案：《曲禮》曰：「主人入門而右，客入門而左，主人就東階，客就西階。」惟主人之就東階，而其入自門之右，則東方之入應門右，乃其所也；惟客之就西階，而其入自門之左，則西方之入應門左，亦其所也，何必又爲之説哉？王之出，在應門也，南面而立，故諸侯之入者，東方之國則在門内之東廂，西方之國則在門内之西廂，皆北面而立焉。「乘」，四馬也。「乘黄」者，四馬皆黄也。《詩》傳曰：「黄騂曰黄，謂黄而雜赤者也。」《大叔于田》曰：「乘乘黄。」《車攻》曰：「四黄既駕。」《駉》曰：「有驪有黄。」《有駜》曰：「駜彼乘黄。」則黄色者，是古人之所貴。「朱」者，朱其尾鬣也。《左傳》曰：「宋公子地有白馬四，向魋欲之，公取而朱其尾鬣以與之。」即此「朱」是也。王氏以黄爲臣道，以朱爲君，從人以變。皆鑿説也。「賓」，即諸侯也。《周官》：「大行人掌大賓之禮。」注曰：「大賓，要服以納諸侯。」蓋諸侯入至于王都，則有賓之道。「稱」，即奉也。奉圭而又兼以幣獻，蓋圭、幣者，人臣所以贄見天子也。「奉圭」，即「輯五瑞」是也。諸侯各以其所執之圭奉之以授天子，天子則以瑁圭冒之，以合信也。《小行人》曰：「合六幣：圭以馬，璋以皮，璧以帛，琮以錦，琥以繡，璜以黼。此六物者，以和諸侯之好故。」注曰：「用圭璋者，二王之後也。」唐孔氏因之以帛即馬。陳馬者，是二王之後享王之物。❶經既言「乘黄朱」，而又言「兼幣」，安得以「幣」爲「馬」乎？曰「皆布乘

❶「是」，汲古閣本無此字。

黄朱」，謂諸侯皆陳其四馬於王之庭，不獨二王之後也。當從蘇氏之説，謂：「馬所以先圭幣。」言諸侯之來朝，各以其土地所有之物以爲幣，而贄見於王，馬所以先圭、幣也。《左傳》襄公十九年，公賄荀偃束錦、加璧、乘馬，先吴壽夢之鼎。杜元凱曰：「古之獻物，必有所先，今以璧、馬爲鼎之先。」故蘇氏謂：「馬所以先圭幣也。」先王之所以列爵分土，以建邦國、封諸侯者，凡欲以爲王室之衛，敵王所愾而已，故諸侯自以爲臣衛，言外臣之衛王室者也。是時，侯甸男邦衛咸在，而曰「一二臣衛」，此讓辭也。「奠」，贄。曰「壤奠」者，即以其土壤所出者以爲贄，蓋諸侯執以見王。其曰「敢執」者，亦其謙辭，言不自安之意。「稽首」，首至地，禮之至也。諸侯以其幣致之於王，故拜而送之。王以其義既嗣先王之德，繼世而爲天子，則與諸侯爲賓主，故答拜也。君臣雖無答拜之禮，既爲賓主，故不可以不答。王既答拜，則見諸侯之禮畢矣，故羣臣進戒於王也。「太保」，冢宰。「芮伯」，司徒。冢宰、司徒最尊，故皆進而與羣臣相揖，蓋率之以進也。前者率諸侯以朝于王，而太保、畢公爲諸侯之伯，故畢公與太保率之而入，此則率羣臣以進戒於王，而太保、芮伯爲羣臣之長，故芮伯與太保進而揖之。既揖之而進，故「再拜稽首」，將有以警戒於王，不可以不敬也，故下文曰「敢敬告天子」。觀下文之報誥，所以告庶邦，則此進戒，❶諸侯百官皆與焉。羣臣之進戒，則曰殷之貴爲天子，富有天下，傳世三十，歷年六百，可謂大國矣。惟以紂自絶於天之故，故雖大邦，而上天之所庸釋，以改命我周。我周之文、武大能受天道而順之，不以私意小智撓乎其間，故能憂此西土之民，取彼凶殘，以救民於水火之中，蓋言其應天順人也。《詩》曰：「不識不知，順帝之則。」此「誕受羑若」也。先儒以「羑」爲「道」，王肅亦曰：「道也。」特言「西土」者，本其所

❶「則此」，原誤乙，今據汲古閣本、通志堂本改。

起之地也。「惟新陟王」，指成王也。「陟」與「陟方乃死」之「陟」同。曰「新陟王」，猶後世曰「大行皇帝」也。成王以賞罰之柄懷來天下，賞一人，而千萬人莫不勸；刑一人，而千萬人莫不畏。蓋賞當其功，而罰當其罪，或賞或罰，無有不協，此其大功所以戡定，而休命之無窮，有以布遺我後之人也。「戡定」，言能定之也。文、武創業於前，而成王持盈守成於後，然後能享太平之治，故其功之定，在於成王之世。成王既定，其功以遺後之人，則康王繼之，當何如哉？惟善守之，則可矣。故惟欲其張大六師之衆，謹脩武備，使天下之有不庭者無所投其隙，而遏其吞噬虔劉之志，則我祖文、武所以受天之寡命，不於今王之世而壞之也。「寡命」，言其難得也。「侯甸男衛」，五服之諸侯也。采服在男之外，衛之内，既言男衛，則采服可知矣。《伊訓》曰：「侯甸羣后咸在。」侯甸近於王畿，故聞太甲之繼世而來見，其他道途遼遠未能遽至，今則雖衛服之外亦已至矣，但不知其何以咸在也。❶羣臣先進戒於王，王方從而告戒之，故曰「報誥」。曰「釗」者，唐孔氏曰：「禮：天子自稱曰予一人，不言名。此自稱名者，新即王位，謙也。」孔子曰：「丘也聞有國有家者，不患寡而患不均，不患貧而患不安。」蓋均無貧，和無寡，安無傾。蓋「平富」者，所謂「均無貧」也。惟先君文、武大以平富之政推之於民，則何怨咎之有哉？蓋使其政之不均，則必有怨之者矣。天下而有一人得以僥倖而獨遂其私，則亦必有一人而受其弊，是不均者，務爲怨咎之方也。「齊信」者，言其有此二德也。先儒以「齊」訓「中」，《左氏傳》注亦訓「中」，《史記》注則訓「速」，《謚法》曰：「執心克莊曰齊。」則又訓「莊」。「厎至」，言致。其至於此二德，若《大學》所謂「用其極」也。惟致其至，則無不盡善盡美，故能「昭明于天下」也。時又有勇猛之士，「如熊如羆」，折衝禦侮，

❶「在」，汲古閣本作「至」。

以爲社稷之衞，忠直之臣，無有二心，殫謀竭慮，惟知有公家之利而爲之，此所以能「保乂王家」如太山之安，故能「端命于上帝」。天遂順其道，而付畀之以四方，使爲之君也。蓋文、武之道有以順天，故天亦順之；桀、紂、幽、厲之所爲，皆逆天理，故天亦逆之而不畀。以命未有已則逆之，而可以使天順之也。文、武既爲四方之君，故疆理天下，建爲諸侯，以立王室之屏翰，其意在我後之人。蓋言爲子孫計，故「建侯樹屏」也。「端命」，言正當上天之命。「上帝」、「皇天」，史之駁文，此類多矣。天子之於諸侯，同姓曰伯父、叔父，異姓曰伯舅、叔舅，以大小而分伯叔。此特言「一二伯父」，唐孔氏曰：「舉同姓大國言之也。」「胥暨」，相與也。「先公」，謂諸侯之祖父也。諸侯之祖父嘗臣服于周之先王，推忠協力以「保乂王家」，今汝諸侯當相與而顧安之也。「顧」，謂顧念而不忘也。蘇氏謂：「此言如盤庚告戒之意。」是也。蓋使諸侯能盡忠於王室，如其先公之於先王，則爾先公在天之靈於是安矣。爾之所以顧綏先公者，汝雖分土列爵，職居於外，心當拳拳於王室。蓋忠臣之心，豈以内外而有間哉？心苟忠矣，則雖在外，如在内，如其不忠，則雖自侍清光，❶居天子之側，其心何在？或羣臣欲康王「張皇六師」，故康王爲之陳文、武有「熊羆之士、不二心之臣」，乃能「保乂王家」，汝諸侯苟心存王室，則亦可以「張皇六師」，以懲外侮也。夫當是時也，天下安静，瀛海無波，上恬下嬉，君臣無爲，可謂太平矣，而必「張皇六師」者，蓋《易》之《既濟》有曰「君子以思患而預防之」。康王之時，既濟之世也，而患不可以不預防，故必「張皇六師」而後可。如晉武既平吳，詔州郡悉去兵，自以爲晏然無意外之變，既而胡蝗内食，曾無藩籬之固，以其不知「張皇六師」故也。「張皇六師」，非黷武也，如唐太宗、漢武帝，從事四夷，揚兵於萬里之外，則爲黷

❶「自」，汲古閣本作「日」。

矣，此但不忘武備而已也。《立政》曰「其克詰爾戎兵」，亦此意也。「鞠子」，稚子也，康王自謂，與「母兮鞠我」之「鞠」同，言未離於鞠養之間也。汝諸侯其職所當順者，當奉恤之，而不敢忽忘，戰戰兢兢，每以爲憂，則可以輔翼我幼稚之人「洪濟於艱難」，不以羞辱而遺於我也。蓋我若不能保有大業，以繼先王，其爲羞豈不大哉？此乃諸侯之責，不可不以是自勉也。羣公既聽王之命畢，則又相揖而趨出。蓋其進也相揖，故其退也亦然。羣公既出，故王釋去麻冕，而服喪服。觀康王之受命，君臣皆以麻冕之服行禮者，冕未釋也，至此禮畢，則當「反喪服」。蓋居成王之喪，喪服爲正，未釋冕者，權一時之宜，以與天下正始，故其服喪服也，則言反焉。蘇氏以其冕服爲失禮，且以晉侯爲證。夫晉侯之不肯見諸侯之大夫，蓋在既葬之後。既葬之後，則其釋冕也久矣，故不可以吉服見。此方在殯，而冕未釋，夫何不可哉？

尚書全解卷三十八　周書

畢　命

康王命作册畢，分居里，成周郊。作《畢命》。

畢命

惟十有二年，六月庚午朏。越三日壬申，王朝步自宗周，至于豐，以成周之衆，命畢公保釐東郊。王若曰：「嗚呼！父師，惟文王、武王敷大德于天下，用克受殷命。惟周公左右先王，綏定厥家，毖殷頑民，遷于洛邑，密邇王室，式化厥訓。既歷三紀，世變風移，四方無虞，予一人以寧。道有升降，政由俗革，不臧厥臧，民罔攸勸。惟公懋德，克勤小物，弼亮四世，正色率下，罔不祗師言。嘉績多于先王，予小子垂拱仰成。」

周公以殷之頑民遷之于洛邑，而親自監之，周公既没，則君陳代其任，而「懋昭周公之訓」。此又康王命畢公以監殷民也。漢孔氏曰：「命之代君陳也。」唐孔氏曰：「蓋君陳卒，命之使代君陳也。」其曰「蓋」者，疑之之辭，未敢必以爲然也。《君陳》之序曰：「周公既没，命君陳分正東郊成周。」君陳之代周公，經有明文。此序但曰「康王命作册畢，分居里，成周郊」，不明言其代君陳。然篇内有曰：「惟周公克謹厥始，惟君陳克和厥中，惟公克成厥終。」以周公爲始，以君陳爲中，以畢公爲終，則畢公之代君陳，雖無明文而自見於此。

「命作册」者，唐孔氏曰：「命内史爲册書以命畢公。」蓋以《周禮》内史之職，「凡命諸侯及孤卿大夫，則册命之」，故知作册者，内史也。「册」，所以紀載王命之言，使藏之也。《左傳》城濮之戰，襄王命内史叔興父册命晉侯爲侯伯，曰：「王謂叔父，敬服王命，以綏四國，糾逖王慝。」晉侯三辭從命，受册以出。「王謂叔父」以下，皆載於册，晉侯受册以出，則藏之也。畢公之監殷民，康王命作册以命之，則知《洛誥》曰「王命作册，逸祝册，惟告周公其後」，其册命周公留居洛邑，無疑也。先儒以「後」爲「命魯公伯禽」，誤矣。「成周郊」，即《君陳》序所謂「東郊成周」。成周在王城之東，王城者，别都之所在，故以成周爲東郊，惟爲王城之東郊，故因謂之「成周郊」也。篇内曰「保釐東郊」，即此「郊」也。「分居里」者，康王之命畢公，以「旌别淑慝，表厥宅里，殊厥井疆，俾克畏慕」，故序曰「分居里」，言分其居里於成周東郊之地。漢孔氏以「成周郊」爲「成定東周郊境」，誤矣。《漢書·志》曰：「《畢命豐刑》曰：『惟十有二年六月庚午朏，王命作策《豐刑》。』」孟康曰：「《豐刑》，逸《書》篇名。」唐孔氏曰：「此僞作者傳聞舊語，得其年月，不得以下之辭，妄言作《豐刑》耳。」蓋此篇出於孔壁，濟南伏生之所傳授者未得其本，而孔壁之書當漢時未行於世，故唐孔氏以《豐刑》爲僞作，正如僞《泰誓》之類也。

「惟十有二年」，康王即位之十二年也。「朏」者，《説文》曰：「月未盛之明也。」「朏」，蓋月之三日，即「哉生明」也。《漢志》謂：「六月戊辰朔，故三日庚午朏。」「越三日壬申」者，於朏之後三日，并庚午數之，故爲三，六月之五日也。「豐」，文王之廟所在。豐去宗周鎬京二十有五里，故康王但朝發宗周，則可以至焉。必命之於文王之廟者，以畢公文王之子也。其至文王之廟，則以成周所遷殷之餘民而命畢公，使保釐於東郊之地。❶「釐」，治也，與「允釐百工」之「釐」同。王氏之説以《書》稱周公曰「師保萬民」，命君陳曰「尹兹東郊」，命畢公曰「保釐東郊」，從而爲之辨其所以不同，且告以天命，使之「宅爾邑，繼爾居」，以爲師保，「簡厥修，進厥良」，爲尹，「表厥宅里，殊厥井疆」，爲保釐。其言皆鮠𩊏不安，强生分别，自可以彼此移易也。「王若曰」以下，此别命之之言。畢公代周公爲太師，亦代爲東方之伯，故其朝康王也，率東方諸侯。而康王呼之爲「父師」，畢公，文王之子，武王、周公之弟，成王之叔父，其屬最尊，故曰「父」，即天子謂同姓爲叔父、伯父也。「惟文王、武王敷大德于天下，用克受殷命」，此言周之所以得天下之始，文、武之造周，皆以其大德布之於天下，而民心歸之，故天因民心使之代殷而受其命，以奄甸四海。「先王」，指成王也。經於「左右先王，綏定厥家」之下，即言「毖殷頑民，遷于洛邑」，遷頑民在成王之世，則知先王爲成王無疑。蓋謂遷殷頑民者，乃周公之所以輔相成王，則安定其國家也。先儒及説者多以「先王」爲文、武，蓋其屬於上文，殊不知康王之意，言周之所以得天下，則自文、武，而其所以安定天下，則自周公之遷殷民，不必以「先王」爲文、武。苟以「先王」爲文、武，則「毖殷頑民」，上無所承矣。「王室」，謂王城。王城者，所以遷九鼎、會諸侯之地，故亦可謂之「王室」。成王之命周公迪將其後也，王城、成周皆其所臨涖之地，故其以商之頑民遷于洛之成周，蓋使之親近王都之所在，則漸染浸漬，可以化其教訓矣。殷民之在於故都也，蓋久染於惡習，孰知善爲何物哉？故不能自反於善。惟周公既擇其尤頑者而遷之，使親近王室，則可以相觀而善焉。其勢既可以相觀而善，而又以其教訓日夕而啓迪之，俾父詔其子，兄

❶「於」，汲古閣本無此字。

詔其弟，曉然知善之不可一日舍，不善之不可一日向，此其所以式化也。「毖」，慎也。康王謂邦之安危，惟茲商士，則商民之化與不化，其係於周家，事大體重如此，周公安得而不慎之哉？周公之訓商民，蓋不一而足，如《多士》、《多方》之篇，此其可見於經者也。孟子曰：「有楚大夫於此，欲其子之齊語也，則使齊人傅諸？」曰：「使齊人傅之。」曰：「一齊人傅之，衆楚人咻之，雖日撻而求其齊也，不可得矣。引而置之莊嶽之間數年，雖日撻而求其楚，亦不可得矣。」周公欲化商民，而遷之「密邇王室」，此正「引而置之莊嶽之間」者也。十二年爲一紀。《左傳》曰：「是謂一終，一星終也。」言歲星十二年而一周天，此之謂一紀。《漢志》謂：「周公攝政七年，成王在位三十年，共三十七年。」鄭康成謂：「成王二十八年崩。」章子平則曰：「成王在位四十七年。」《史記》既無明文，未知孰是。然以「既歷三紀」觀之，則章子平之言非也。使成王在位四十七年，以七年爲周公攝政之年，致政之明年方遷商民，商民之遷，在成王之世已四十年矣，又加以康王之十二年，共五十二年，則是歷四紀也，不得以爲三。《漢志》所言成王三十年，與夫康王十二年，共四十二年，則三紀有餘。言「三紀」者，舉其全數也。鄭康成之數但少於《漢志》兩年耳，父子相繼爲一世。「世變」者，指成王、康王也。言周公之遷頑民而訓之也，至于今已歷三紀矣，世又以變，則其風俗當易惡而爲善，蓋其漸染浸漬於忠厚之化，歷年既久，當與時推移也。周之得天下，民心悅而歸之，所慮者惟商民耳，苟商民遷善遠罪，則四方無一不化之民，豈有不虞之變哉？此我一人之所以得享其安寧之效，此其責在畢公，故以此命之也。「道有升降」，蘇氏引子思之言「道隆則從而隆，道汙則從而汙」是也。孟子曰：「天下有道，以道徇身；天下無道，以身徇道。」此亦「升降」也。「政由俗革」者，風俗之弊必有偏而不起之處，革之者舉其偏以補其弊而已矣。所謂「由俗革」也，王朴曰：「觀所以失之之由，知所以平之之術。」是也。康王此言，蓋欲畢公觀商之頑民所以不善之由而革之耳。其曰「道有升降」者，蓋因「政由俗革」之弊而言之也。「不臧厥臧」者，言商民有變而爲善，汝當以其爲善而有以獎厲之，則其他將自勸。苟「不臧厥臧」，則非所謂「政由俗革」也。夫人之爲善，自非謹獨之君子，未有不欲上之人知之。苟上之人不以之爲善，則彼將曰：我已爲善，而上之待我者無以異於他人，我何以善爲哉？是雖爲善者，將不能以自固，而況他人欲其勸慕之哉？「表厥宅里」，「臧厥臧」之謂也。「小物」，猶小事也。小事猶勸，則其大可知矣。《旅獒》曰「不矜細行，終累大德」，故畢公之勤小物，所以懋其德也。晉謝安舉其姪玄爲將，拒苻堅，郗超以玄必不負舉，其言曰：「吾嘗與玄共在桓公府，見其使才，雖履屐間亦得其任，所以知之。」蓋觀人者，必自小而知之，故畢公之「克勤小物」，康王知其可以「保釐東郊」也。康王既言其所以革商俗之道，故遂稱美畢公之德可以革之也。「四世」，文、武、成、康也。《國語》曰：「文王詢於八虞，訪於辛、尹，重之以周、召、畢、榮。」則畢公在文王之時，已居輔相之任矣。畢公嘗輔相文王，更武王、成王至康王，蓋國之耆艾也，而能懋德以「克勤小物」，則年彌高而德彌邵矣。孟子曰：「所謂故國者，有世臣之謂也。」畢公之「弼亮四世」，所謂世臣，孰加於此？以之而監商，則其德望有以素服天下，夫何商民之難化哉？「正色率下」，孔子所謂「正其衣冠，尊其瞻視，儼然人望而畏之」者也。君子者，容止可觀，進退可度，以臨其民，是以其民畏而愛之，則而象之，望其容貌，不敢生慢易焉，則其善心油然而生，故必正色而後可以率下也。惟能正色以率下，故有所不言，其言也，無不敬而法之。蓋非法不言，則必能口無擇言；口無擇言，則必能言滿天下無口過，故祗師之也。使其不能正也，則其言孰信之哉？故必「正色率下」，而後祗師其言。商之頑民，以利口靡靡爲俗，而又「驕淫矜侉」，故必畢公之「正色率下，罔不祗師言」，乃可以鎮服之。此康王之所以命畢公也。惟畢公之德可以鎮服商民也如此，故雖其在先王之世其功績已爲多，今我小子將垂衣拱手於廟堂之上，惟仰公以成之也。蓋當是時，天下之民已盡向化，法度紀綱已盡得其條理，惟商民之未能擴然丕變，康王每以爲東顧之憂，今既得畢公矣，故康王可以責成之也。

王曰：「嗚呼！父師，今予祗命公以周公之事，往哉！旌别淑慝，表厥宅里，彰善癉惡，樹之風聲。弗率訓典，殊厥井疆，俾克畏慕。申畫郊圻，慎固封守，以康四海。政貴有恒，辭尚體要，不惟好異。商俗靡靡，利口惟賢，餘風未殄，公其念哉！我聞曰：『世禄之家，鮮克由禮。』以蕩陵德，實悖天道。敝化奢麗，萬世同流。兹殷庶士，席寵惟舊，怙侈滅義，服美于人。驕淫矜侉，將由惡終。雖收放心，閑之惟艱。資富能訓，惟以永年。惟德惟義，時乃大訓。不由古訓，于何其訓？」王曰：「嗚呼！父師，邦之安危，惟兹殷士，不剛不柔，厥德允修。惟周公克慎厥始，惟君陳克和厥中，惟公克成厥終。三后協心，同底于道，道洽政治，澤潤生民。四夷左衽，罔不咸賴，予小子永膺多福。公其惟時成周，建無窮之基，亦有無窮之聞。子孫訓其成式，惟乂。嗚呼！罔曰弗克，惟既厥心；罔曰民寡，惟慎厥事。欽若先王成烈，以休于前政。」

漢荀悦有言：「君子以情用，小人以形用。榮辱者，賞罰之精華歟，故禮教榮辱以加君子，化其情也。桎梏鞭笞以加小人，化其形也。君子不犯辱，況於刑乎！小人不忌刑，況於辱乎！若教化之廢，攘中人而墜於小人之域。教化之行，引小人而納於君子之塗。」蓋先王所恃，以鼓舞天下，使之遷善遠罪，頑夫廉，鄙夫寬，變其氣質而有士君子之行者，惟教化而已矣。而教化行於天下，則莫大於使民知耻而有所不爲。孔子曰：「道之以政，齊之以刑，民免而無耻；道之以德，齊之以禮，有耻且格。」蓋天下之人不知夫如是而爲善，如是而爲不善，在上者徒以政刑而制御之，則亦强制之而已矣。民將惟務巧詐百出，以苟免於罪戾，其刀鋸斧鉞所不可得而加者，民則肆爲之矣。蓋刑政惟可以制其外，而不能格其心，惟以德禮爲鼓舞天下之術，則日漸月染，曉然知善之可慕，不善之可耻。「如好好色，如惡惡臭」，其有「放僻邪侈」，自暴自棄者，不徒不容於朝廷，蓋亦不容於鄉黨之間，則孰有不丕變者哉？故康王既言畢公之德可以鎮服殷民如是，謂今我敬命公以周公昔日監殷民之事。周公之監殷民，惟分别其善惡，使斯民有耻心，公之往東郊不可不念也。

「旌别淑慝」，此一句爲下之總目。「旌」，即所謂「表厥宅里」；「别」，即所謂「殊厥井疆」。「宅」，居也。言商民有自反而爲善，則當於其所居之里旌表之，以異於衆。爲善者，彰顯於世，而爲惡者，耻其不若，則必以爲病矣。既以爲病，孰不思所以自反哉？如此，則是立之風聲，使民知所從也。「風」，即《詩》曰「風」，風也，教也。「聲」，即《禹貢》「聲教」是也。言王教之所以立，不在乎他，惟使善者有以表暴於天下，而惡者以爲病，則是立之也。自漢以來，閭巷之民有事親居喪著至行者，有數世同居者，天子皆旌表其門閭，正「表厥宅里」之遺制。其有不率訓典，則殊别其井居之疆界，俾能畏爲不善之禍，而慕爲善之福，則其俗丕變矣。《王制》曰：「司徒上賢以崇德，簡不肖以絀惡。命鄉，簡不帥教者以告，耆老皆朝于上庠，元日，習射上功，習鄉上齒，大司徒帥國之俊士與執事焉。不變，命國之右鄉，簡不帥教者移之左；命國之左鄉，簡不帥教者移之右，如初禮。不變，移之郊，如初禮。不變，移之遂，如初禮。不變，屏之遠方，終身不齒。移之左，移之右，移之郊，移之遂。」所謂「殊厥井疆」也。移之，則俾之畏；習射、習鄉，則俾之慕。唐孔氏曰：「孟子云：『方里而井，井九百畝。使民死徒無出鄉，鄉田同井，出入相友，守望相助，疾病相扶持，則百姓親睦。』然則先王之爲井田也，顧使民相親愛，不循教者其人不可親近，與善民雜居，或染善爲惡，故殊其井田居界，令民不與往來。猶今下民有大罪過不肯服者，則擯出族黨之外，吉凶不與交通。」此説爲盡。不獨此也，郊邑之境界，亦當申重而規畫之，守備亦當慎而固之。孟子曰：「仁政，必自經界始。經界不正，井地不均，穀禄不平，是故暴君汙吏必慢其經界。經界既正，分田制禄可坐而定也。」經界正，然後可以分田制禄，故必郊圻之畫，封守之固，然後可以「表厥宅里，殊厥井疆，慎固封守」，則非所謂「慢其經界」。如此，然後可以安四海。此一東郊耳，而曰「康四海」，亦上文「四方無虞」之意。「政貴有常，辭尚體要」，言政之所貴者，惟在有常，辭之所尚者，惟在體要，二者皆不可以好異也。政有常，則其因革損益，莫不合於人情與夫先王之道，辭有體要，則其言談議論，莫不近於人情與夫先王之道。苟爲政而好異，則商君之徒也，立辭而好異，則楊、墨、鄒衍之徒也。辭既不可以好異，而商民之爲俗也，乃靡靡然以「利口爲賢」。以「利口爲賢」，則必禦人以口給。夫禦人以口給者，屢憎於人而乃以爲賢。其好惡之反如此，雖周公、君陳監之，亦化厥訓矣，而未能盡其變，餘風猶未絶，畢公不可不以是爲念也。蓋欲畢公思所以盡變之之道焉。殷民心術蓋染於紂之惡習，紂「智足以拒諫，言足以飾非，矜人臣以能，高天下以功」，故其臣民化之，亦以「利口爲賢」。觀管、蔡一倡其流言，而商民起而應之，相挺而爲亂，惟其靡靡、利口故也。周既平管、蔡矣，以殷民之未能遷善遠罪，故不擇而用之，而商民謂殷家於夏之士「迪簡在王庭，有服在百僚」，而周於殷之士不然，不知其賢否之不同，而每以此藉口以咎周，則其利口，蓋優爲之也。蓋治病者，必知所受病之處。殷民之不善，蓋在於此，故康王以戒畢公也。蘇氏謂：「秦俗似商俗，秦二世似紂，張釋之所陳，則康王以告畢公者也。」其言是矣。殷民之居舊都者，康叔治之，而其士大夫之同惡者，則遷之成周，以其頑之最甚，故以「世禄之家」爲言。言古人有言，謂卿大夫以其功德之著，受禄於其君，而子孫世世有之，則其家鮮克由於禮。蓋其祖父建立之難，故知所以長守富貴之道，子孫未嘗知勞而坐享之，則其不由禮必矣。惟不由禮，故以其放蕩之故而其德遂陵夷而大壞。德既陵夷而大壞，則實悖亂於天道矣。蓋天命之謂性，率性之謂道，民之秉彝而好是懿德，則不失守天生之物則，而順其所固有。「以蕩陵德」，此豈天之降衷本如是哉？故爲悖天之道也。夫以不善之化，而其奢麗如此，苟無以變之，則歲復一歲，世復一世，雖萬世亦與之同流矣。蘇氏曰：「惟惡能及遠，故秦之俗至今猶在。」此説甚善。如賈誼所論秦之俗，「家富子壯則出分，家貧子壯則出贅。借父耰鉏，慮有德色；母取箕帚，立而誶語。抱哺其子，與公併倨；婦姑不相説，則反唇而相稽」。今世之俗蓋如是矣，是秦之故習未改也，惟其無周公、君陳、畢公之徒以爲之司牧故耳。以此觀之，則殷之俗，使非三后，亦將如秦俗，至今猶在，是之謂「萬世同流」。今此殷之衆士，蓋以世禄之故，其藉寵勢亦已久矣，故怙恃其奢侈，以滅其義。「滅義」，即所謂「陵德」也。蓋善不善之習，如權衡然，此首重，則彼尾輕。德義積諸身，則放蕩奢侈之習自消。既放蕩奢侈矣，而又且自矜夸於人，德義何有哉？「服美于人」，若子玉瓊弁、玉纓，子臧鷸冠之類，非先王之法服，故美于他人也。夫既驕傲淫佚，又以此自夸於人，苟不知變，則必將以惡終。今雖以周公、君陳之故，能化其訓而收其放心，畢公之所以防閑之者，亦不可謂易也。夫人之情，儉生於貧，侈生於富，彼既富於財，則必將用之如泥沙，此其所以「驕淫矜侉」也。故子貢問曰：「富而無驕，何如？」子曰：「未若貧而樂，富而好禮者也。」蓋富而能好禮，則可以長守其富矣，故以富之資而知教訓，則可以永其年矣。觀《無逸》所論商三宗，彼其享四海之富，惟以無逸之故，遂能享國之永。今殷士惟能以富而知教訓，則豈不永其年乎？蓋商士以「世禄之家」，非不富也，所乏者能訓耳，故以永年而誘掖之也。然所謂訓者，不在乎他，「惟德惟義」而已。所謂訓者，莫大於此。夫德義，人心之所同然，其所以訓之者，非推我所有以予之也，亦非强彼所無而習之也，惟彼以放蕩奢侈，遂至於陵德賊義，失其所同然者，訓之者亦因其所同然還以治之而已。然所謂德義之訓者，必由古訓，苟非古焉，則何足以大訓乎？蓋天下之理一也，稽之前古，揆之當今，惟此理而已，故德義之訓，必由於古也。惟康王以「世禄之家」，乃至於悖天道，而殷之庶士席寵如此，惟恐無以閑之，則知武王之數紂之罪，以其官人之世也。蓋殷之世家，「驕淫矜侉」，與紂同惡相濟，如此篇所稱，故得以其官人以世爲罪。不然，古之仕者世禄賞延于世，舜之盛德又何訾哉？此言周邦之安與危，惟在殷士之化與不化而已。當康王之命畢公之時，殷之頑民以周公、君陳監之之故，世變風移已「式化厥訓」，則是商民之已遷於善，而周邦之已安，而其言猶曰「邦之安危，惟茲殷士」，蓋行百里者半九十，言末路之難也。《書》曰：「爲山九仞，功虧一簣。」殷之頑民雖已漸染於周公、君陳之教訓，使其能自同於善而不反，則周邦信乎有泰山之安。苟其一時服從教訓，而心未能純一於善，❶則其「驕淫矜侉」蓋有時而復作，如此，則雖天下之民已盡按堵，若有太山之安，而實有累卵之危，不可以不戒。然則欲殷士之化，而周邦之安，則惟在於政之「不剛不柔」。蓋政不可以無剛柔，而剛柔俱不可以偏勝，如和羹焉，必藉鹽梅以成其味，然必鹹酸不可得而名，言謂之爲鹹則不可，謂之爲酸則亦不可，然則爲和羹之善。此之謂「不剛不柔」，則其德信乎修矣。商民之居於成周也，蓋始自周公營洛邑以遷之，而爲之師保，周公既慎之於始矣，君陳之代周公又能和之於其中，畢公之代君陳又能成之於其終。此三后之所以化商民者，其心若出於一，則可以同致于道。道既浹洽，則其政事無不咸治，故可以「澤潤生民」。不獨中國也，雖「四夷左衽」之邦，亦得所恃賴矣。觀漢之初，蕭何爲相，而曹參繼之，因民之疾秦法，順流與之更始，二人同心，遂安海内。夫以蕭、曹之同心，其效猶如此，則周公、君陳、畢公之協心，其效爲如何

❶「心」上，汲古閣本有「其」字。

邪？夫既謂之協心，則其道同矣，而説者必從而爲之分别，周公如是而爲慎，君陳如是而爲和，夫以厥終謂之成，此所當然，苟於其始必謹，則其中、其終不必謹邪？其中必和，則其始、其終不必和邪？如必分别其所以然，則其説必至於此。且康王之命畢公以周公之事，而其所謂周公之事者，「旌别淑慝」而已，君陳之「簡厥修，亦簡其或不修」，是亦「旌别淑慝」之意，舉此一端觀之，則三后豈有異道哉？此篇既曰「四方無虞」，又曰「以康四海」，今又曰「四夷左衽，罔不咸賴」，所治者，❶成周之殷民而已。「四方」、「四夷」爲言者，古人有言曰：「滿堂而飲酒，有一人向隅而悲泣，則一堂皆爲之不樂。」天下之勢，猶一堂之上也，一國一邑有反側不安，則天下之勢必危。蓋成周殷民「密邇王室」，天下之根本所係，殷民不安，則天下可慮，天下不安，則四夷乘間而起矣。此「四夷左衽」之所賴者，必在於商民也。中國、夷狄皆已安寧，天下之福孰大於是？故我小子可以永受此福也。公其以是成周之治，爲我周邦立無窮之基，則公亦有無窮之名顯於後世。蓋周之基業所以緜緜延延而無有窮已者，以畢公之監商民之故，後世若論周家光有天下之效，必將歸美於畢公，此「無窮之聞」也。有「無窮之聞」，則子孫得以訓法其成式，惟以治也。「訓其成式」，則烏有不治者乎？成王之戒卿士曰「萬邦惟無斁」，戒君陳曰「終有辭于永世」，此曰「亦有無窮之聞」，皆謂其實著，則其名自顯，效之必至也。王氏以「極高明，道中庸，制行不以己，吉凶與民同患」爲説。楊龜山辨之詳矣。「罔曰弗克，惟既厥心；罔曰民寡，惟謹厥事」，天下之事無難易，惟在乎人之所爲如何耳，不可以爲難而自沮，亦不可以爲易而忽之。故謂畢公無以

❶「者」下，汲古閣本有「惟」字。

既其爲不能，惟盡其心，則豈有不能者哉？無以其民爲寡而不足爲，不謹其事，❶則雖寡民，未有能治者矣。既其心，慎其事，則可以敬順先王之成業，以美于前人之政。前人謂周公、君陳，守之而不失，所以美之也。以畢公之「懋德，克勤小物」，則必不自以爲不能也，必不以爲民寡而忽之也，而猶以此戒之，蓋前世帝王君臣之所以相告戒者，未有不若是也。夫以堯、舜之盛德，而其臣戒之之言常若庸主之所爲者，不如是，無以革其非心，而勉其不及也。

君牙

穆王命君牙，爲周大司徒，作《君牙》。

君牙

王若曰：「嗚呼！君牙，惟乃祖乃父，世篤忠貞，服勞王家，厥有成績，紀于太常。惟予小子，嗣守文、武、成、康遺緒，亦惟先王之臣，克左右亂四方。心之憂危，若蹈虎尾，涉于春冰。今命爾予翼，作股肱心膂，纘乃舊服，無忝祖考。弘敷五典，式和民則。爾身克正，罔敢弗正，民心罔中，惟爾之中。夏暑雨，小民惟曰怨咨；冬祁寒，小民亦惟曰怨咨。厥惟艱哉！思其艱，以圖其易，民乃寧。嗚呼！丕顯哉！文王謨。丕承哉！武王烈。啓佑我後人，咸以正罔缺。爾惟敬明乃訓，用奉若

❶「謹」，汲古閣本作「慎」。

于先王，對揚文、武之光命，追配于前人。」王若曰：「君牙，乃惟由先正舊典時式，民之治亂在兹。率乃祖考之攸行，昭乃辟之有乂。」

「穆王」，康王之孫，昭王之子，名滿。「大司徒」，卿官，《周禮》曰：「乃立地官司徒，使率其屬而掌邦教，以佐王安擾邦國。」則「大司徒」，教官之長也。是時大司徒缺，穆王命君牙爲之。「王若曰：『嗚呼！君牙』」以下，皆其命之之言，史官紀載之以爲此篇也。

篇内有曰「弘敷五典，式和民則」，此正大司徒之職也。穆王以大司徒之職所當爲者而命君牙，且先之以「纘乃舊服，無忝祖考」，以「洪敷五典」爲君牙祖考之舊服，則君牙之祖考蓋皆典是職矣，累世司徒之官，蓋若鄭桓公、武公父子繼爲周司徒也歟。成王之將崩，康王初立，芮伯爲司徒，而君牙在穆王之世爲之，則君牙者，竊意是芮伯之子孫，世襲父職。雖以經之文前後參較，知其若此，然經無明文，不敢必以爲然也。前世帝王之命其臣，而其臣或世臣之後，則必稱揚其先世之功德，又欲其纂而行之，則可以無忝其職也。《江漢》之詩，宣王命召虎平淮夷之詩也，而其言有曰：「文、武受命，召公維翰。無曰予小子，召公是似。」《常武》之詩，宣王命皇父平徐方之詩也，而其言有曰：「赫赫明明，王命卿士，南仲太祖，太師皇父。」蓋召公，召虎之祖；南仲，皇父之祖。召公「日辟國百里」，而南仲之「城朔方」，則玁狁于襄，皆有大功，載在王室。故當命召虎、皇父握兵出征之時，則必稱述其事，不獨以褒大其先，以眩耀於天下，蓋使夫思所以繼之也。君牙之先既世爲司徒，將欲其「無忝祖考」，則必爲之言其祖考之所以然也。孟子曰：「欲爲臣，盡臣道。」所謂臣道忠貞而已。晉獻公曰：「何謂忠貞？」荀息曰：「公家之利，知無不爲，忠也；送往事居，耦俱無猜，貞也。」觀荀息所言之意，則知忠貞者，皆謂致力於王家而無外心也。君牙之祖與父，世世皆篤於忠貞之道，是以能服勤於王家。惟其服勤，故有成功可以紀之于太常也。《周禮》：「司常掌九旗之物名，日月爲常，王建太常。」王者之旗則畫日月於其上，昭其明也。《司勳》曰：「凡有功者，銘書于王之太常。」注曰：「銘之言名也。生則書于王旌，以識其人與其功也。」《禮記》曰：「夫鼎有銘，銘者自名也。自銘以稱揚其先祖之美，而明著之後世者也。」「紀于太常」，是亦如鐘鼎之有銘，皆明著之後世而已矣。惟明著之後世，則後世可不思所以繼之乎？今我小子之君天下也，蓋繼守文、武、成、康之遺緒，自文、武基於西土，積德累功以創造大業，而成王、康王持盈守成，致天下於太平，而我以小子嗣守其遺緒，常懼不克負荷，其責重矣。然文、武、成、康之所以治天下者，蓋皆有賢臣以左右輔助之，故能治四方。以文、武、成、康而又加以克左右之臣，今穆王之德，自謂不及先王，而又未有先王之臣，此心之所以憂危也。「蹈虎尾」者，必不免於噬；涉春冰者，必不免於溺。《易》曰：「履虎尾，不咥人，亨。」《月令》：「孟春之月，東風解凍。」冰至於春，其將釋矣，而乃涉也，此皆言其憂危之甚也。我之憂危如此，今既得君牙，則命之輔翼我一人，以爲我之「股肱心膂」。傳曰：「君爲元首，臣爲股肱。」明良一體，相須而成，「作股肱心膂」，蓋言其與我一體也。「膂」，背也。汝之爲我「股肱心膂」，惟能繼汝祖考之舊事，不爲爾祖考之辱，則可矣。爾祖考之舊事，蓋以五典而教民，爾能大布五典之教，使民之則各得其和，則爲能纘之也。王氏曰：「『天生烝民，有物有則。』所謂民則者，此也。」是也。楊龜山曰：「孟子曰：『有物必有則。』蓋曰有物矣，則物各有則焉。近取諸身，百骸五臟，達之於君臣、父子、夫婦、長幼、朋友，皆物也，而各有則，視聽言動，必由禮焉，此一身之則也。爲君而止於仁，爲臣而止於忠，爲父而止於慈，爲子而止於孝，此君臣、父子之則也。夫婦有別，長幼有序，朋友有信，此夫婦、長幼、朋友之則也。」所謂五典之民則者，此言盡之矣。《書》載舜之命契曰：「汝作司徒，敬敷五教，在寬。」而孟子亦曰：「人之有道也，飽食煖衣、逸居而無教，則近於禽獸。聖人有憂之，使契爲司徒教以人倫：父子有親，君臣有義，夫婦有別，長幼有序，朋友有信。」「弘敷五典，式和民則」，蓋不過如契而已矣。《周禮》：「司徒掌施十有二教。」鄭康成曰：「有虞氏五，而周十有二焉。」案：經《周官》之言「六卿分職」，曰「司徒掌邦教，敷五典，擾兆民」，此命君牙爲大司徒，又曰「弘敷五典」，五典即五教也，而以爲「有虞氏五，周十有二」，何也？蓋十有二教，不可即以爲五教也。「爾身克正，罔敢弗正，民心罔中，惟爾之中」，此言敷五典以和民則，其本在於君牙，身之正，心之中也。傳曰：「君子有三恕：有君不能事，有臣而求其使，非恕也；有父不能報，有子而求其孝，非恕也；有兄不能敬，有弟而求其聽令，非恕也。」然則敷五典以和民則，若不能盡父子之道，而求斯民之父慈子孝，可乎？不能盡兄弟之道，而求斯民之兄愛弟恭，可乎？以至於君臣、夫婦、朋友之間，莫不然。其爲不恕，莫大於是，雖使其號令之諄復，政刑之嚴明，終不能以和之也。是必以身觀身，以心觀心，爾身之正，然後可以求民之正，爾心之中，然後可以求民之中。身誠正矣，心誠中矣，則其教化之所漸摩，道德之所鼓舞，其孰有不中不正者乎？王氏以身正爲政，以心中爲德，意欲以分優劣淺深，此蓋泥於孔子曰：「政者，正也。子率以正，孰敢不正？」既以身之正爲政，則必以心之中爲德矣，殊不知心正、身脩，豈有二道哉？於身則先言爾，於心則先言民，蓋反覆言之，以發明其意也。「祁寒」，盛寒也。君牙，竊意其以司徒而兼行三公之事者，故以暑雨、祁寒爲言，欲其「燮理陰陽」，以稱三公之任故也。以六卿兼三公，此周家之制，周公、召公、毛公、畢公是也。四時運行，一寒一暑，雖本於天，而所以燮調之者，實本於人。蓋天之與人，精神有以相感者也，使夫寒暑之失其常時，雨暘之失其常度，民豈以爲天之過哉？其怨恨咨嗟之聲，必以爲君相所致。則夫居三公之職，而佐天子以燮理之，使夏無愆陽，冬無伏陰，咨怨之聲無自而發，不可以不爲難而忽之也。自漢以來，陰陽一不調，宰相之知大體者，未嘗不引慝而歸於己，天下之人未嘗不歸咎於宰相。漢丙吉行，逢人逐牛，牛喘吐舌，吉止駐，使騎吏問：「逐牛行幾里矣？」或以問吉，吉曰：「方春少陽用事，未可大熱，恐牛近行，用暑故喘，此時氣失節，恐有所傷害也。三公典調燮陰陽，職當憂，是以問之。」唐武后嘗季秋出梨花示宰相，宰相以爲祥，杜景佺曰：「陰陽不相奪倫，瀆即爲災。今草木黄落，而木復華，瀆陰陽也。恐布德施令，有所虧紊，臣位宰相，助天治物，治而不和，臣之咎也。」此皆引慝以歸於己。若夫楊再思爲相，時水沴，閉坊門以禳，有車陷于濘，斥牛不前，恚曰：「癡宰相不能和陰陽，而閉坊門，遣我艱于行！」則所謂「怨咨」者矣。方其未調之前視之，豈不爲艱？及其既調之後視之，則爲易，故當「思其艱，以圖其易」。蓋至於易，則無有咨怨者，此民之所以寧也。文王之居于岐周也，雖三分天下有其二，以服事商，然伐紂之謀，蓋自文王而啓，此文王之謨所以爲丕顯。惟文王之大統未集，則武王伐商之功，所以繼其志，述其事而已，此武王之烈所以爲丕承。其曰「丕」者，王氏謂「積小成大」，蓋以楊子曰「由小致大，不亦丕乎」故也。文王之謨，武王之烈，所以開啓佑助我後之人者，皆以正道而無有廢缺。既無廢缺，故紀綱法度，所以盡得其條理，而四海之内所以盡得其所。若《六月》之序言《鹿鳴》廢，則和樂缺」之類，以厲王之世廢缺如此，則其失正者多矣，故四夷交侵，中國衰微，以其缺而不振。如此，則知當穆王之世，正而罔缺，其盛爲如何哉。惟其謨、烈之盛，汝當有以維持而昭明之，故惟敬明其五典之訓，則可用以奉順先王之道，答揚文、武所以啓佑後人之光命，而追配于汝之前人、祖考也。此言文、武之謨、烈，蓋欲君牙「洪敷五典」，以奉順之也。王氏則以謂：「聖人所以爲謨、烈，亦敷五典之教，以和五品之民。」殊不知謨、烈者，但指伐商之事。楊龜山已辨之矣。「先正」，蘇氏曰「周、召、畢公之流」是也。言君牙惟當率由「先正舊典」而式之，蓋以「民之治亂」惟在此式與不式而已。此篇所言者，每以纘祖考爲言，此又曰「先正」，亦猶成王之告康叔，既曰「祗遹文考」，而又曰「敷求殷先哲王，別求古先哲王」也。既式先正，而又循其祖父之所行，則汝君之有治功，於是而昭顯矣。蓋君之治功，實自於臣，臣能稱職，則其功必歸於君，此古今之常理也。

蘇氏曰：「予讀穆王之書三篇，然後知周德之衰有以見也。夫昭王征而不復，至齊桓乃以是問楚，是終穆王之世，君弑而賊不討也。而王初無憤恥之志，今觀《君牙》、《伯冏》之書，皆無哀痛惻怛之語。」予竊謂不然。南征不復之事，載於《左傳》，使穆王誠無憤恥之意，是誠可罪，然夫子之於《書》，雖平王不克終，然其一時有志於中興之言，夫子取之；雖秦穆公不能踐言，然其一時悔過自艾之語，夫子取之；此《文侯之命》、《秦誓》所以預於百篇也。如穆王之三篇，其言純正明白，有功於治體，夫子亦以是而取之。不得以昭王之事，而謂其周德之衰有見於此，夫子豈以其衰而取之乎？《左傳》以爲昭王不復，而《吕氏春秋》曰：「昭王親將兵征蠻荆，辛餘靡長且多力，爲王右。還反涉漢，梁敗，王及祭公隕于漢中，辛餘靡振王北濟。」又以昭王爲脱於難，不知何也。

冏命

穆王命伯冏，爲周太僕正，作《冏命》。

冏命

王若曰：「伯冏，惟予弗克于德，嗣先人宅丕后，怵惕惟厲，中夜以興，思免厥愆。昔在文、武，聰明齊聖，小大之臣，咸懷忠良，其侍御僕從，罔匪正人。以旦夕承弼厥辟，出入起居，罔有不欽，發號施令，罔有不臧。下民祗若，萬邦咸休。惟予一人無良，實賴左右前後有位之士，匡其不及，繩愆糾繆，格其非心，俾克紹先烈。今予命汝作大正，正于羣僕侍御之臣，懋乃后德，交修不逮。慎簡乃僚，無以巧言令色、便辟側媚，其惟吉士。僕臣正，厥后克正；僕臣諛，厥后自聖。后德惟臣，不德惟臣。爾無昵于憸人，充耳目之官，迪上以非先王之典。非人其吉，惟貨其吉。若時，瘝厥官，惟爾大弗克祗厥辟，惟予汝辜。」王曰：「嗚呼，欽哉！永弼乃后于彝憲。」

「伯景」，❶臣名。「大僕正」，僕官之長。漢孔氏謂：「大馭，中大夫。」案：《周官》：「司馬之屬，大僕，下大夫二人。祭僕，中士六人。御僕，下士十有二人。」注曰：「僕，侍御於尊者之名，大僕，其長也。大馭，中大夫二人。戎僕，中大夫二人。齊僕，下大夫二人。道僕，上士十有二人。田僕，上士十有二人。」注於「大馭」而下曰「馭之最尊」，於「戎僕」之下則不曰馭言僕者，此亦侍御於車。《周官》大僕既爲僕官之長，先儒不以大僕正爲大僕，而乃以爲大馭者，蓋大僕既下大夫，而大馭乃上大夫。❷此篇又曰「正于羣僕侍御之臣」，曰「羣僕」，則「戎僕」而下皆是。戎僕，中大夫，其位在於大僕之上，故知是大馭也。且大僕之職，王出入則爲前驅而已，大馭掌馭王輅，與王同車，既親近於王，而又位爲最長，則大僕正非大馭而何？不言「馭」而言「僕」者，此亦《周禮》注所謂「侍御於車」者也。穆王得伯景以爲賢，而命之以爲羣僕之長，蓋僕御之官雖若卑賤，而人主之德所以或

❶「景」，經文作「冏」。下同。

❷「上大夫」，《周禮·夏官司馬》作「中大夫」。

成或不成者，實係於此，以其與王同車，爲最親近故也。既得賢者，以爲其長，則羣僕無非賢者矣，故穆王以册書命之，而史官記載以爲此篇。此篇與《君牙》皆是命體，《君牙》之命篇，則但以其名，此則去「伯」而加以「命」字，是亦各其史官一時之意也。

「怵惕」，憂懼之意。孟子曰：「今人乍見孺子將入於井，莫不皆有怵惕惻隱之心。」則怵惕者，心之不安也，故曰「怵惕惟厲」。「厲」，危也。言我不能修德，而乃繼先人以居大君之任，懼其不克負荷，以遺先人之羞，故怵惕然不自安，半夜而興思，所以免於愆過也。穆王之命君牙曰「心之憂危，若蹈虎尾」，其命伯景則曰「怵惕惟厲」，成湯之所謂「慄慄危懼」者，亦不是過也。而蘇氏曰：「二書皆無哀痛惻怛之語。」此非惻怛之語，而何自「昔在文、武」以下則所言「免厥愆」者，惟在於小大左右之臣莫非正人也。昔文王、武王之君天下，其德之積於身者，聰足以聽德，明足以視遠，而又有齊聖之德，則德之充實輝光可謂至矣。文、武之德所以盛者，則以其在朝之臣，無小無大，皆懷忠良之道，雖其「侍御僕從」之在左右者，亦無非當世之正人。此諸臣於旦夕之間，有以承弼其君，獻可替否，陳善閉邪，彌縫其闕，而匡救其惡，此「聰明齊聖」之德所以盛也，故其「出入起居」，則無有不欽，「發號施令」，則無有不善。以此之故，下民敬順之，而萬邦至於皆美也，此皆盛德之所致。而德之所以盛，則以其臣承弼之所致也。觀《立政》言文、武之臣，不徒「常伯、常任、準人」之得人也，至於「虎賁、綴衣、趣馬、小尹，左右攜僕、庶常吉士」，則其「侍御僕從，罔匪正人」可知矣。夫人君之所以治天下者，不惟朝廷之大臣欲得其人，至於左右近習，尤不可以非其人。使左右而非其人，則朝夕與之居處，漸染浸漬，入於邪僻而不自知，雖大臣或得天下之傑，而君心已蠹，孰與有爲哉？孟子曰：「一薛居州，獨如宋王何？」故雖小大、忠良，必「侍御僕從」皆正人而後可。《中庸》曰：「惟天下至聖，爲能聰明睿智，足以有臨也；寬裕温柔，足以有容也；發强剛毅，足以有執也；齊莊中正，足以有敬也；文理密察，足以有別也。」蓋文、武所謂「聰明齊聖」者也，見而民莫不敬，言而民莫不信，行而民莫不悦，是以聲名洋溢乎中國，施及蠻貊，舟車所至，人力所通，天地之所覆載，日月之所臨照，霜露之所墜，凡有血氣者，莫不尊親，則所謂「出入起居，罔有不欽，發號施令，罔有不臧。下民祇若，萬邦咸休」者也。論聖人盛德，無以加此，蓋其積諸中者，既充實輝光而不可揜，則其發於外者，其機如此，理之必然也。而文、武所以爲德者，蓋本於臣之力。文、武猶不能自成其德，況穆王乎？故穆王自謂「無良」，必賴於「左右前後有位之士」，匡正其不及而彌縫之，繩正其愆過而糾察其繆，尤以「格其非心」，則可以「克紹先烈」也。孟子曰：「人不足與適也，政不足與間也，惟大人爲能格君心之非，而後國定。」故穆王之紹先烈，必本於此。曰「不及」，曰「愆」，曰「繆」，曰「非心」，其實一也，皆欲其輔贊彌縫，致於無過之地而後已。惟其有賴於「左右前後」之臣，故今我命汝作僕官之長，凡「羣僕侍御之臣」，汝皆有以統率而正之，則可以勉進君德，而交修其所不及焉。「羣僕」，即戎僕、齊僕之類。「羣僕侍御」，即所謂「左右前後」之士。穆王欲「左右前後」之得其人，惟得一伯景可矣。蓋鸞隼不同翼，薰蕕不同器，君子小人不同事，惟賢爲能知賢，惟善爲能舉善。伯景正，則「羣僕侍御」而有一不正者，必不能與之一朝居也，故「左右前後」皆不可以非其人，而其要則在於其長。汝既爲僕官之長，則夫「羣僕侍御之臣」與汝同僚者，汝當謹擇之，不可以「巧言令色、便僻側媚」之人而進之，惟「吉士」則可也。「便僻側媚」，皆謂不以正道事其君者也。「大僕正」，中大夫耳，而得以「慎簡乃僚」，則知周之世，官長皆得自辟其僚屬也。故唐陸贄請臺閣長官得自薦其屬，而引此以爲言，魏玄同論選舉法弊，亦引此也。羣僕之臣皆以正道事其君，則其君必正。夫「蓬生麻中，不扶自直」，習與正人居，其勢不能無不正。若其阿諛以媚其上，則其君必自以爲聖。蓋其君之處心行事，曾未及堯、舜、禹、湯之萬一，而其臣佞之，以爲遠過於堯、舜、禹、湯，則豈不自負以爲聖乎？昔子思言於衛侯曰：「君出言自以爲是，而卿大夫莫敢矯其非；卿大夫出言自以爲是，而士庶人莫敢矯其非。君臣既自賢矣，而羣下同聲賢之。」《詩》曰：「具曰予聖，誰知烏之雌雄？」抑亦似今之君臣乎。蓋臨亂之君，如桀、紂、幽、厲，未有不自以爲聖者，以其臣之諛也。夫自以爲聖者，譬如掩耳盜鈴，己則不聞其聲，而謂他人亦不聞之。惟僕臣之正，則其后克正；諛，則其后自聖。自后之德與夫不德，惟在於僕臣也，惟后之德與不德，皆在於僕臣，故穆王之命伯景也，其言諄諄反覆，惟欲其謹擇賢類，以交修于我一人也。漢世驂乘之官，最爲要重，以其職於天子爲親近，故每用於天子素所倚信之人，一非其人，則其臣力争以爲不可，此蓋得周之遺法、穆王之遺意。文帝使趙談驂乘，袁盎伏車前曰：「天子所與共六尺輿者，皆天下豪傑。今漢雖乏人，獨奈何與刀鋸之餘共載！」文帝笑，下談。談哭下車。成帝遊後庭，欲與班倢伃同輦載，辭曰：「觀古圖畫，聖賢之君皆有名臣在側，三代末主乃有嬖女。今欲同輦，得無近似之乎？」上善其言而止。此漢家之制度然也。「耳目之官」，即羣僕也，以其在王之「左右前後」，而「懋乃后德，交修不逮」，故謂之「耳目之官」。惟僕臣之重如此，汝之所以擇之也，不可不謹，不可親昵于小人，以充此「耳目之官」。以小人而充之，則必導上以非先王之典矣。汝所用者，皆非其人之吉善，但以行貨之故，遂以爲吉而薦之。若是，則必不能任官，而病之矣。薛博士曰：「《詩》刺皇父，擇三有事，亶侯多藏。」此「惟貨其吉」是也。漢韓安國以五百金遺田蚡，蚡言於太后，遂召用之。唐杜黄裳納高崇文錢四萬五千緡，薦之，平蜀安國。崇文固可用，然乃以其貨而得舉，論者深以爲罪，況非其人哉？若用行貨之人，而使之病其官，則是汝大不能敬其君，我實以爲汝之罪也。景子謂未見子之所以敬王，孟子則謂其人無以仁義與王言，爲不敬莫大乎？是此穆王以用行貨之人爲大不祇厥辟之意。蓋人臣之所謂恭敬，固不在於聲音笑貌之間也。「欽以行貨之人」,又戒之以「憸人」,又戒之以「巧言令色、便嬖側媚」之人,既戒之以景,穆王之於也。此終戒之以不可不欽哉」

行貨之人,蓋若人而用之,則豈能弼汝君以常法哉?汝當輔弼其君永以常法,則惟當謹簡吉士而已。

後世之論穆王者,多過其實。《左氏傳》曰:「穆王欲肆其心,周行天下,將皆必有車轍馬迹。」又有謂得八駿,以造父爲御,西巡守,會西王母於瑶池。蘇氏因之,遂以穆王之書爲周德之衰。今觀此篇,其言純正明白,切於治體,彼其於僕御之臣,丁寧反覆如此,至謂「慎簡乃僚」,無以「便嬖側媚」,則其僕御豈有敢導王爲非者?而王之言既然,則亦豈肯爲無方之遊哉?以是知世之論穆王者,皆好事者爲之也,當以《書》爲正。

尚書全解卷三十九　周書

吕　刑

吕命穆王訓夏贖刑，作《吕刑》。

吕刑

惟吕命，王享國百年，耄荒，度作刑以詰四方。王曰：「若古有訓，蚩尤惟始作亂，延及于平民，罔不寇賊，鴟義姦宄，奪攘矯虔。苗民弗用靈制以刑，惟作五虐之刑曰法。殺戮無辜，爰始淫爲劓刵椓黥。越兹麗刑并制，罔差有辭。民興胥漸，泯泯棼棼，罔中于信，以覆詛盟。虐威庶戮，方告無辜于上。上帝監民，罔有馨香德，刑發聞惟腥。皇帝哀矜庶戮之不辜，報虐以威，遏絶苗民，無世在下。乃命重、黎，絶地天通，罔有降格。羣后之逮在下，明明棐常，鰥寡無蓋。皇帝清問下民，鰥寡有辭于苗。德威惟畏，德明惟明。

「吕」，吕侯也。《國語》曰：「堯使禹治水，四岳佐之，祚四岳國，爲侯伯，氏曰有吕。」又曰：「齊、許、申、吕由大姜。」則「吕」者，四岳之後，姜姓之國也。《孝經》及《禮記》諸書引此篇之言，多曰「《甫刑》」。案：《崧高》之詩有「生甫及申」，《揚之水》之詩有「不與我戍甫」，「甫」即「吕」也。漢孔氏曰：「吕侯復爲甫侯。」唐孔氏因之，以呂侯在穆王之世。而《崧高》，宣王之詩，《揚之水》，平王之詩，故謂「呂侯子孫改封爲甫」。使其子孫方改爲甫侯，則呂侯在穆王之世，不應謂之《甫刑》。又《崧高》之詩所言「甫及申」爲「周之翰」者，正指此穆王之世，呂侯而謂之甫，何也？《毛詩正義》曰：「《詩》及《禮記》作甫，《書》及外傳作呂，蓋因燔詩書，字遂改易，後人各從其學，不敢定故也。」此説亦未盡。蓋「甫」與「呂」，正猶「荆」之與「楚」，「商」之與「殷」，故曰「呂刑」，又曰「甫刑」也。

「呂命」者，呂侯見命於穆王，作此書，以誥諸侯。蓋呂侯之誥諸侯，稱王命而已，故曰「穆王訓夏贖刑」，言此乃王訓諸夏以贖刑者也。唐孔氏及薛博士以「贖」爲「罰」，「刑」爲「辟」。篇中所言「百鍰」至于「千鍰」者，贖也；「墨辟」至于「大辟」者，刑也。此蓋欲以序之所言者而包括一篇之義，故分贖、刑爲二。苟不分，則篇中言「刑」與「罰」，而序不應特言「贖」也。《舜典》曰「金作贖刑」，與此「贖刑」，何以異而必分之乎？蘇氏曰：「贖者，疑赦之罰耳。」然訓刑必以贖者，非贖之鍰數，無以爲五刑輕重之率也。此雖不分贖刑爲二，然必求夫所以包括一篇之義之説。殊不知五十八篇之序，有一篇之義包括於數句之間者，亦有但取其大概而序之者，不可以一概觀也。先儒以「夏」爲「夏禹贖刑之法」，考之篇中，殊無夏禹制刑之事。唐孔氏因之以爲：「夏刑近輕，商刑稍重，周雖減之，猶重於夏，呂侯度時制宜，勸王改從夏法。」此皆無所經見，但因先儒夏禹之言，以意揣之而已。王氏以「夏」爲「中國」，其説勝於先儒，而其言又曰：「先王於中國，則疆以周索；於蠻夷，則疆以戎索。贖刑不施於蠻夷，施於中國而已，故曰『訓夏贖刑』。」此亦是緣夏以生義，支離至此，亦與篇内不相應。其曰「訓夏」者，猶曰訓天下也，不必求之太過也。穆王命呂侯作此書，以告諸侯，則呂侯必爲司寇。「司寇掌邦禁，以佐王刑邦國」故也。「刑」者，侀也。侀者，成也。一成而不可變，故君子盡心焉。今觀此篇所以告諸侯之書，以苗民爲戒，以伯夷、皋陶爲法，其言惻怛矜哀，惟恐民之陷於罪戾而不能以自脱，蓋有不忍人之心，其盡心可謂至矣。《詩》曰：「惟申及甫，惟周之翰。四國于蕃，四方于宣。」甫侯之名與申伯並稱於雅，則是佐穆王致太平之功，有大造於周者，其功業即此篇而可見。以穆王之爲君，而吕侯之爲臣，君臣之間，盡心刑罰如此，此夫子所以取之而預於百篇也。

「享國百年」，漢孔氏曰：「穆王即位，年過四十矣。」《史記·周本紀》：「穆王即位，春秋已五十矣。立五十五年，崩。」説者因以穆王年百四歲。案：《無逸》言商三宗及周文王享國之年數，皆以其在位之久，曰「王享國百年」者，皆其在位之年也。《史記》以爲「立五十五年」，當以《書》爲正。《禮記》曰：「八十、九十曰耄，百年曰期頤。」此既曰「百年」，又曰「耄」者，此亦如大舜之言曰「耄期倦于勤」，既曰「耄」，又曰「期」也。「耄荒」，漢孔氏以爲「耄亂荒怠」。此蓋言其老之狀。蘇氏以爲「荒」屬於下句，其字訓「太」，與「荒度土功」之「荒度」同。兩説皆通。「度」者，蘇氏曰：「約也，猶漢高祖約法三章也。」言惟吕侯見命之時，穆王享國已百年，其老之狀耄荒矣，而能命甫侯度作刑以治四方，蓋言其血氣雖衰，精力雖疲，而留心於治道如此也。《周官》：「司刑掌五刑之法，以麗萬民之罪。墨罪五百，劓罪五百，宫罪五百，刖罪五百，殺罪五百。」共爲二千五百。今穆王之刑乃三千條，惟剕與《周官》同，墨、劓多，而宫、大辟則少，雖其總數比《周官》爲多，而其實爲輕，蓋以輕刑增而重刑減故也。《漢志》以《周官》五刑爲中典，穆王五刑爲重典，徒以其多寡之數耳，其實非重也。王氏曰：「先王之爲天下，内明而外治，其發號施令，以德教爲主，不使民覿刑辟。穆王之訓，以贖刑爲主，所以稱其耄荒也。」此蓋泥於「耄荒」之言而爲此説。夫刑罰之不可廢，猶藥石之不可無也。蓋刑者，治之輔助而已，得其道則仁義興行，而禮遜成俗，然猶不敢廢刑，所以爲民防也。如《舜典》曰：「流宥五刑，鞭作官刑，扑作教刑，金作贖刑。」

眚災肆赦，怙終賊刑。欽哉，欽哉，惟刑之恤哉！」堯、舜之民比户可封，而其於刑罰之説，猶若此《吕刑》之言，是皆以惟刑爲恤者也。一篇之中，吕侯之稱王命以告諸侯者，蓋欲其哀矜於刑獄而已，故序曰「訓夏贖刑」，非是穆王之治專以刑爲主也。言及於刑者，便以爲以刑爲主，此乃晉人浮虚之俗，王衍口不言錢之類也。昔梁統嘗言於漢曰：「刑罰在重，無取於輕。」高帝受命約法定律，誠得其宜，文帝惟除省肉刑相坐之法，自餘皆率由舊章，至哀、平繼體，王嘉輕爲穿鑿，除先帝舊約成律百有餘事，或不便於理，或不厭民心。又曰：「自高祖至於孝、宣，海内稱治，至元初、建平而盜賊寖多，皆刑罰不重，愚人易犯之所致也。」由此觀之，刑輕之作，反生大患。梁統謂孝、宣以前刑重而治，孝、哀以後刑輕而亂，其言之不仁甚矣。穆王之刑既比於《周官》爲輕，今乃以其王之贖刑爲其德之衰，竊恐其説必將流而入於梁統也。蓋教人主以殺人者，必取夫疑似之言以文其説，蓋差之毫釐，則繆以千里，古之達者每以是爲深憂也。此言苗民以虐刑而遏絶其世，不可以不鑒戒，而苗民之惡則習於蚩尤，故先言「蚩尤」，而後言「苗民」也。漢孔氏曰：「九黎之君，號曰蚩尤。」蓋以《楚語》曰：「少昊氏之衰也，九黎亂德，其後，三苗復九黎之德。」此言蚩尤而繼以三苗，故以蚩尤爲九黎。案《史記》曰：「神農氏世衰。諸侯相侵伐，神農氏不能治。於是軒轅乃習用干戈，以征不享，諸侯咸來賓從。而蚩尤最爲暴，莫能伐。黄帝乃徵師諸侯，與蚩尤戰，遂殺蚩尤。」蚩尤既爲黄帝所殺，而九黎在少昊之末，則蚩尤非九黎。先儒既以「蚩尤」爲九黎，而又曰「黄帝所滅」，二説異同，安得合之哉？《楚語》：「昭王問於觀射父，曰：『《周書》所謂重黎實使天地不通，何也？』對曰：『九黎亂德，顓頊命南正重司天以屬神，北正黎司地以屬民，使復舊常，無相侵瀆，是謂絶地天通。其後，三苗復九黎之德，堯復育重、黎之後，不忘舊者，使復典之。』」此謂「絶地天通」，蓋指三苗之事而言，安得以爲在顓頊之世？《楚語》非也，則蚩尤當從《史記》。應劭曰：「蚩尤，古天子。」臣瓚曰：「《孔子三朝記》曰：『蚩尤，庶人之貪者。』」據《史記》之言，則蚩尤，諸侯，二者皆非也。「若古」者，猶言「若昔」也，蓋起語之辭，非訓「順」也。「若古有訓，蚩尤惟始作亂」，猶《左傳》曰「夏訓有之曰：『有窮后羿』」也。「平民」，猶言齊民也。「鴟」者，貪殘之鳥。《詩》曰：「爲梟爲鴟。」蓋言其以是爲義，其好惡顛倒如此。「奪攘」者，謂非其有而取之也。「矯虔」，蘇氏曰：「矯詐虔劉也。」「惟始作亂」，即《史記》所謂「爲暴」也。言自開闢以來，蚩尤方始作爲暴虐之政，其風化之所漸染，延及於齊民，莫不皆然。自「寇賊」以下，皆是其民爲惡之狀也，亦如「殷罔不小大，好草竊姦宄」，以紂化之也。「苗民」，三苗之君。其曰「苗民」，亦猶言殷人、周人，蓋統一國而言之也。「靈」，善也。「靈制」，即所謂「祥刑」也。苗民習蚩尤之惡，不能用先王善制以刑，惟作「五虐之刑」，自以爲法當如是，以是而殺戮無罪之人，於是始大爲「劓刵椓黥」也。「劓」，截鼻。「刵」，斷耳。「椓」，椓陰。「黥」，黥面。不言剕者，可以互見也。蓋「五虐之刑」，即「劓刵椓黥」。先王之靈制，亦是五者而已，但苗民以虐作之，又淫爲之也，故爲「弗用靈制以刑」也。自苗民之前，未有爲是虐刑，虐刑自苗民始也。於此有麗附於罪者，併以刑制之，不復差擇其辭之有曲直者，此其所以爲虐也，此其所以爲淫也。「民興胥漸」，漢孔氏曰：「三苗之民瀆於亂政，起相漸化。」則「漸」字當作平聲讀。「泯泯」，爲亂也。「棼棼」，擾攘之狀。《左傳》所謂「治絲而棼之也」與此「棼」同。惟三苗之虐如此，故其民皆起而相漸染習爲不善，巧詐矯僞，信不由中，雖詛盟於鬼神，而又反覆背之也。傳曰：「國之將興，聽於民；將亡，聽於神。」三苗之虐，刑嚴罰峻，民無所措手足，惟爲盟詛訴於鬼神而已。《詩》曰：「君子屢盟，亂是用長。」《左傳》曰：「宋國區區，而有詛有祝，禍之本也。」至於盟詛，則其亂甚矣。然常人之情，孰不知敬鬼神？敬鬼神而遠之，則非徒神無所出其靈響，而民亦不瀆神。苟一聽於神，有不平之心，則惟爲盟爲詛，則是褻之也。既已褻之，則將以爲不足畏矣，故其勢多至於反覆，口血未乾而背之也。此無他，以其信之不由中，故信不足恃也。信不由中，則以漸染於惡習故也。三苗暴虐之威，民之被戮者衆，豈皆民之罪哉？故皆以其無罪而訴於天也。天雖高而聽甚卑，民之所欲，天必從之，故因斯民之告訴而下視於民，則夫三苗者，罔有馨香之德，刑其所以發聞而達於上者，惟其腥穢之德而已。蓋以德行刑，則刑一人，而千萬人莫不畏，可以至於無刑，故其治爲馨香。苟惟作虐刑，則必至於刑者相望於道，囹圄成市，民不勝其虐，怨嗟之聲呼籲於天，此腥穢之所以發聞也。「皇帝」，舜也。先儒及諸家說者皆以爲堯，蓋以下文曰「乃命重、黎，絶地天通」。「重、黎」，即羲、和也，故以爲堯。然竄三苗于三危，舜攝位之後，分北三苗，舜即位之後，故皇帝當爲舜。《大禹謨》曰：「帝德廣運。」《皐陶謨》曰：「惟帝其難之。」先儒及諸家亦皆以爲堯，蓋不深考之也。舜哀閔夫衆庶被戮者之非其罪，蓋奉上天之意，以從斯民之欲，故報爲虐者以威刑，「遏絶苗民」，而殄滅其世嗣，故苗民無世在於下國也。湯征葛，四海之内皆曰：「非富天下也，爲匹夫匹婦復讎也。」蓋湯之伐桀，武王之伐紂，皆以其與民爲讎，故爲民復之也。此所謂「報」，即孟子所謂「復」也。苗民「淫爲劓刵椓黥，虐威庶戮」，其遏絶人世多矣，故帝以遏絶之威而報之也。「出乎爾者，反乎爾」，此之謂也。楚靈王聞羣公子之死也，自投於車下，曰：「人之愛其子也，亦如余乎？」既而曰：「余殺人子多矣，能無及此乎？」蓋天理之當也。舜之「遏絶苗民」，蓋因天意而已。上天之命舜「遏絶苗民」，蓋因民意而已。桀、紂之亡，湯、武之王，皆然也。重、羲、黎、和也，世掌天地四時之官，故堯命羲、和，而舜命重、黎也。惟詛盟之屢，則瀆于鬼神，故神人雜擾，天地相通，蓋有鬼神自上而降格者，以其家爲巫史享祀無度故也，夫神豈能爲民之厲哉？惟褻而近之，此妖孽之所以興也。《左傳》莊三十二年，「有神降于莘，虢公使祝應、宗區、史嚚享焉。神賜之土田」。秦文公獲若石，于陳倉北阪城祠之。其神常以夜，光輝若流星，從東方來，集于祠城，若雄雉，其聲殷殷。漢武帝時，長陵女，子死，見神於先後宛若。上厚禮致祠之內，中聞其言，不見其人。吳孫權時，有神自稱王表，言語與人無異，而形不可見。皆其「降格」者也。不能敬而遠之，此神所以出其靈響。其有害於教化，豈小小哉？故舜既「遏絶苗民」之世，則命南正重司天以屬神，北正黎司地以屬民，使天地不得而相通，亦無有降格，則神人不相雜亂，蓋所以變苗民之惡俗也。《楚語》載觀射父之言詳矣，但不當以《書》之所言「絶地天通」爲顓頊之世也。「羣后」，即羣臣也，與「三后」之「后」同，不必以爲諸侯。「逮在下」與《樛木》「后妃下逮」之「逮」同。言羣后之所以逮其在下者，皆以明明之德輔天下之常道，使不至於廢敗。常道立，❶故鰥寡之情無有蓋覆之者。惟「鰥寡無蓋」，則在下者寃抑之情得以上通。故舜清問于民，則鰥寡得以三苗之虐爲辭而告訴焉，舜於是問罪於三苗也。「清問」者，言其問之審，而得其實也。夫朝有姦臣，障蔽君之耳目，則下情不上通。秦以趙高之故，陳勝唱亂而不得聞；梁以朱异之故，侯景向闕而不得聞；隋以虞世基之故，賊徧天下而不得聞；唐以李林甫之故，禄山有反謀而不得聞。是皆其在朝之臣無不逮其在下者，故鰥寡之辭有所蓋也。如唐明皇之出狩，有老父郭從謹進曰：「草野之臣，必知有今日久矣，但九重嚴邃，區區之心，無路上達。」其「鰥寡有辭」，蓋可知矣。特言「鰥寡」者，《詩》曰：「哿矣富人，哀此惸獨。」暴虐之政，鰥寡尤罹其害，故其赴愬之心尤切也。「德威惟畏，德明惟明」，蓋總結上文也。「皇帝哀矜庶戮之不辜，報虐以威，遏絶苗民，無世在下」，所謂「德威」也。「羣后之逮在下，明明棐常，鰥寡無蓋。皇帝清問下民，鰥寡有辭于苗」，所謂「德明」也。舜能遏三苗，爲民除害，而天下莫不震恐，此其「德威」也。舜能「清問下民」，知苗之罪惡貫盈而討之，而天下

---

❶「立」，原誤作「廢」，今據汲古閣本改。

無壅遏之患，此其「德明」也。以德爲威，故爲可畏；以德爲明，故爲甚明。苟威而非德，如秦皇、漢武，非不可畏也，然威褻而民玩，非所以爲畏。明而非德，如漢顯宗、唐宣宗，非不明也，然失之過察，則民將益出其巧詐，以欺其上，非所以爲明。惟舜之威與明皆本於德，故惡如三苗，無不諳悉其罪。一去三苗，而天下莫不服也。

「乃命三后，恤功于民。伯夷降典，折民惟刑；禹平水土，主名山川；稷降播種，農殖嘉穀。三后成功，惟殷于民。士制百姓于刑之中，以教祗德。穆穆在上，明明在下，灼于四方，罔不惟德之勤，故乃明于刑之中，率乂于民棐彝。典獄非訖于威，惟訖于富。敬忌，罔有擇言在身。惟克天德，自作元命，配享在下。」王曰：「嗟！四方司政典獄，非爾惟作天牧？今爾何監？非時伯夷播刑之迪？其今爾何懲？惟時苗民匪察于獄之麗，罔擇吉人觀于五刑之中；惟時庶威奪貨，斷制五刑，以亂無辜，上帝不蠲，降咎于苗，苗民無辭于罰，乃絶厥世。」王曰：「嗚呼！念之哉！伯父、伯兄、仲叔、季弟、幼子、童孫，皆聽朕言，庶有格命。今爾罔不由慰日勤，爾罔或戒不勤。天齊于民，俾我一日，非終惟終，在人。爾尚敬逆天命，以奉我一人！雖畏勿畏，雖休勿休。惟敬五刑，以成三德。一人有慶，兆民賴之，其寧惟永。」

前既言苗民以虐威庶戮之故，民心之所怨咨，天意之所厭棄，故舜因天人之怒，以遏絶其世。然舜之所以「遏絶苗民」者，蓋以得三后、皋陶爲之臣，以刑弼教天下，無有寃民，故其遏絶之爲有名也。孟子曰：「爲天吏則可以伐燕。」舜之「遏絶苗民」，所謂「天吏」也。苟爲在我者不能欽恤刑獄，而乃欲以正苗民虐刑之罪，則是以燕伐燕也，故既言苗民之虐矣，於是言舜之用刑也。其曰「乃命三后」者，非是「遏絶苗民」之後方命三后也。

《堯典》於「於變時雍」之下，言「乃命羲、和，欽若昊天」，豈必「萬邦咸乂」，而復命羲、和以曆象之職哉？此曰「乃命」，正與《堯典》之意同。「三后」，伯夷、禹、稷也。「后」者，尊之之稱，若君奭、君陳之類，如曰「后稷」是也。「恤功于民」，言「命三后」，惟以民之功爲憂也。孟子曰「禹思天下有溺者，由己溺之。稷思天下有飢者，由己飢之」，所謂「恤」也。「伯夷」，禮官也。帝曰：「咨！四岳，有能典朕三禮？」僉曰：「伯夷！」帝曰：「咨！伯夷，汝作秩宗。」是也。「降典」者，以禮官而下教於民也。《湯誥》曰：「惟皇上帝，降衷于下民。」天以衷而授民，伯夷以典而教民，皆自上而下，故曰「降」。「折」，折衷也。賈誼曰：「禮者禁於將然之前，而刑者禁於已然之後。法之所用易見，而禮之所爲難知。」則禮與刑一物也。民能由於禮，則何刑之有哉？惟失禮，則入刑矣。故伯夷之降典者，蓋以刑而折衷於民也。方洪水之災，浩浩滔天，懷山襄陵，則山川不可得而定名。禹既平水土矣，則山川可得而辨别，故主名之者，如「東北據海，西南距岱」，則爲青州；「西南至荆山，北距河水」，則爲豫州之類，九州之疆界整整乎其有條理。所謂奠高山大川者，「主名」之謂也。后稷教民稼穡，故播種之法自上而下也。既以播種教民，故三農之所殖也莫非嘉穀。所謂「黍稷重穋，稙穉菽麥，惟秬惟秠，惟穈惟芑」者也。「殷」，中也。禹之功成，則民得所居；稷之功成，則民得所養；伯夷之功成，則民得所教，此其所以中也。「士」，皋陶也。百姓之不率教者，則以刑之中而制之。蓋皋陶之用刑，豈有意於殘民之肌膚、肢體而已哉？以刑示之，使有所畏而不敢爲非，則是教民之祗敬其德也。夫先王之治天下，使斯民之遷善遠罪，人人有士君子之行者，豈獨德禮之力哉？刑罰不爲無力也。故堯、舜之民，比屋可封，而舜以四方風動爲皋陶之功焉，是德禮者固以教之也，刑亦以教之也。第刑者，治道之輔助而已，不可專恃以爲治也。使其專恃刑以爲治，如秦之世，固君子之所恥。若以爲治道之輔助，如皋陶之制百姓，則何惡於刑乎？唐孔氏曰：「此經大意，言禹、稷教民，使衣食充足，伯夷道民，使知禮，而有不從教者，乃以刑威之。故先言三后之功，乃説用刑之事。」此言是也。如漢楊賜辭廷尉之命曰：「三后成功，惟殷于民，皋陶不與焉，蓋吝之也。」此言非也。夫舜之治，每歸功於皋陶，則其明刑之功大矣，而乃謂穆王吝之，故不與於三后，可乎？此篇終始，惟欲四方之諸侯留意於獄訟之事，欽恤無所不至，然後爲能上體一人之意，而自古欽恤獄訟，未有居皋陶之上者，而以爲吝之，可乎？韓退之猶以賜之言爲然，蓋未之思也。三后之功，「禹平水土」，而後「稷降播種」，「伯夷降典」又在播種之後，而先言「伯夷」者，唐孔氏曰「將言制刑，先言用禮，刑禮相須，重禮，故先言之」是也。「穆穆」，敬也，和也，天子之容也。「明明」，即上所謂明明是也。惟舜以穆穆之德而在上，三后、皋陶以明明之德而在下，君臣合德，故其德之灼然著見于四方，四方之民無有不勤於德者，所謂政乃乂黎民，敏德是也。三后「惟殷于民」，而皋陶「以教祗德」，則孰不勤於德哉？惟其皆勤於德，故於是皆「明于刑之中」。蓋「刑之中」者，可以治民而輔成常教故也。王者之法如江河，使民難犯而易避。皋陶制百姓以「刑之中」，非苗民「淫爲劓刵椓黥」也，故四方莫不明之。莫不明之，則莫不避之矣。民知避刑，則遷善遠罪，爲士君子之行。則輔成常教者，非「刑之中」而何？「典獄非訖于威，惟訖于富」，言凡典獄之吏，非欲誅殺以立威，則欲納賄以致富。若苗民之臣所謂「庶威」者，「訖于威」也，所謂「奪貨」者，訖于貨也。威者，貨者，此皆獄吏之常態。如漢、唐之世所謂酷吏者，既峻于誅殺，使天下之人側足而立，於是大納貨賄，贓汙狼藉，以爲姦僞。惟敬之畏之者，則無可擇之言在於其身。子曰「片言可以折獄者，其由也歟？子路無宿諾」者，以其口無擇言故也。無擇言者，必敬必畏焉。敬畏者，天之德也。能有天德，則可以「自作元命」，在下而配享于天，故其子孫之興，緜緜延延而未艾。「自作元命」與「自貽哲命」同，言命之所以延久而不替者，無不自己求之而已矣。魏高允曰：「皋陶至德也，其後英、蓼先滅；劉、項之際，英布黥而王，經世雖久，猶有刑之餘孽，況凡人能無咎乎？」敬畏者，孰若皋陶？而乃以爲有餘殃延及其後裔，則是典刑者，寃濫之報，雖皋陶猶不免也。夫「自作元命」，則皋陶之後必有興者。允之言非也。漢于公其門閭壞，父老方共治之。于公曰：「少高大門閭，令容駟馬高蓋車。我治獄多陰德，子孫必有興者。」其後果子爲丞相，孫爲御史大夫，封侯傳世焉。此正所謂「自作元命」者。于公且然，而況皋陶乎？如張湯、杜周列於酷吏，而其子孫爵位尊顯，與漢始終，此又有幸不幸於其間，不可以常理論也。

「嗟！四方司政典獄」而下，此亦總上文而言。上既言苗民虐刑之惡，故欲四方以之爲懲；既言皋陶、伯夷明刑之善，故欲四方以爲之監。❶言四方之諸侯各主一國之政典、一國之獄者，汝非爲天牧養斯民乎？既爲天牧養斯民，則若伯夷播刑之道，當以爲監，苗民不察於獄之麗，當以爲懲。蓋天生民，而立之君，使司牧之，勿使失性，以伯夷爲監，以苗民爲懲，則無有失性之民，可以無忝乎天牧之任也。「非時播刑之迪」，言汝所法者，非是伯夷播刑之道乎，惟此道則法之也。上言伯夷、禹、稷、皋陶，此特言伯夷，舉其大略也。伯夷「折民惟刑」，故雖典禮而曰「播刑」，禮與刑一物故也。「匪察于獄之麗」，言有麗于獄者，苗民不察之而妄加以刑也，即上文曰「越茲麗刑并制，罔差有辭」是也。其不察之者，則以不能「擇吉人」能「觀于五刑之中」者而用之。❷其所用者，惟是衆爲威虐，以快己之怒，奪人貨賄，以塞己之欲，故「淫爲劓刵椓黥」，以制斷五刑，不由於中道，以亂加無罪之人，上帝不潔其德，故降之罪咎，苗民之爲天所罰，蓋己有以自取之，無有辭可以自解釋，故遏絕其

❶「爲之」，汲古閣本作「之爲」。
❷「以」下，汲古閣本有「其」字。

世，此不可以不懲也。此皆略舉上文之意也。「伯父、伯兄、仲叔、季弟、幼子、童孫」，此即四方之「司政典獄」者，王之同姓，有其父行者，有其兄弟行者，有其子孫行者。「伯」、「仲」、「叔」、「季」，其長少之稱，「子」、「孫」，故以「幼」、「童」稱之。特言同姓，先儒謂「舉同姓包異姓」是也，與《康王之誥》言「一二伯父」同。穆王享國百年，故諸侯或其子孫也。「格」，至也。言諸侯能聽朕之言，敬忌于獄訟之事，則庶乎天命之至也。「曰勤」，先儒以「曰」爲「子曰」之「曰」。《釋文》一音人實反，只當作日字讀。言令爾當無不由朕之言相慰勉而日愈勤，不可相戒以不勤也。蓋典獄之職，人命所係，死者不可復生，刑者不可復續，君子所當盡心，故戒之以勤也。天以刑而整齊下民，使我推而行之，一日所行，或非爲天所終，或爲天所終，在人如何耳。孟子曰：「禍福無不自己求之者。」敬忌，則爲天所終，而子孫代興；虐刑，則非爲天所終，而遏絶其世，我未嘗不致其慎也。言「一日」者，善惡之感於天，不必積久也，一日之間皆可矣。爾當「敬逆天命」，以奉我一人之言，不可失墜。「逆天命」者，與「迓續乃命于天」之「迓」同。勤於聽獄，則天命之來，吾有以當之，故曰「逆」之也。「雖畏勿畏，雖休勿休」，王氏曰：「雖有可畏之禍，勿以爲畏；雖有可美之福，勿以爲美。所以然者，以禍福之變無常，而人心不可知，惟當脩德以逆天命耳」是也。「三德」，剛、柔、正直。所以「逆天命」者，無他，惟明于五刑，則可以「成三德」矣。蓋「平康正直，彊弗友剛克，燮友柔克」，此三德者，雖不假於刑，然明五刑者，三德自然而成矣。以刑成德，而無向隅之泣，則一人之慶莫大於是，此兆民之所賴也，其安寧之效豈不永哉？夫刑者，若爲不仁之具，然既以之「自作元命」，又以之「其寧惟永」，而世皆恥言刑，何哉？漢高帝入關約法三章，悉除去秦法，不五年而成帝業，子孫傳祚四百年，實基於此。「一人有慶，兆民賴之，其寧惟永」，豈不信哉？

王曰：「吁！來，有邦有土，告爾祥刑。在今爾安百姓，何擇，非人？何敬，非刑？何度，非及？

兩造具備，師聽五辭；五辭簡孚，正于五刑；五刑不簡，正于五罰；五罰不服，正于五過。五過之疵：惟官，惟反，惟内，惟貨，惟來。其罪惟均，其審克之！五刑之疑有赦，五罰之疑有赦，其審克之！簡孚有衆，惟貌有稽。無簡不聽，具嚴天威。墨辟疑赦，其罰百鍰，閱實其罪。劓辟疑赦，其罰惟倍，閱實其罪。剕辟疑赦，其罰倍差，閱實其罪。宫辟疑赦，其罰六百鍰，閱實其罪。大辟疑赦，其罰千鍰，閱實其罪。墨罰之屬千，劓罰之屬千，剕罰之屬五百，宫罰之屬三百，大辟之罰其屬二百。五刑之屬三千。

凡言「王曰」者，皆語更端之辭，如《大誥》、《康誥》、《酒誥》及此篇之類，雖其終篇皆於一人之言，而屢有「王曰」之文，皆以其語更端也。「吁！來」者，嘆而呼之使前也。堯曰：「格！汝舜。」「格」，至也，是亦言來之類。「祥」，《爾雅》曰：「善也。」「祥刑」者，善用刑之道，即上所謂「靈制以刑」，自「兩造具備」以下皆是也。王呼「有邦有土」之諸侯，使來前而告之以善用刑之道，其在於今，爾之所以安百姓者，當何所選擇乎？所擇非吉人乎？言惟吉人在所擇也。當何所敬慎乎？所敬非五刑乎？言惟刑在所敬也。當何所謀度乎？所度非及，「世輕世重」所宜乎？言惟及世輕重所宜，而用刑在所度也。下曰「上刑適輕，下服；下刑適重，上服。輕重諸罰有權，刑罰世輕世重」，即此「及」是也。曾博士曰：「上既言『苗民匪察于獄之麗』，則非能敬刑也。『罔擇吉人觀于五刑之中』，則非能擇人也。『斷制五刑，以亂無辜』，則非能度刑也。既告之以所懲者如彼，則其所當爲者宜若是也。」此言盡之。「造」，至也。「兩造」，謂囚與證俱至也。唐孔氏曰：「凡競獄必有兩人爲敵，將斷其罪，必須得證。」故「兩」爲囚與證也。囚證俱至，具在於此，則衆獄官聽其辭之曲直。曰「五辭」者，五刑之辭。聽其辭，而審其罪狀，當以何刑加之，故謂之「五辭」也。所聽之辭，簡核其實，信爲有罪，則正之於五刑，當墨者墨之，當劓者劓之也。苟將正之于五刑，而其辭不可以簡核，則其罪爲可疑，故但正之于五罰。「罰」，謂以金贖罪也。言將正以此刑，而其罪未審，則但使出此刑罰金之數而已。有五刑，故有五罰也。老蘇曰：「夫罪固有疑，今有人或誣以殺人而不能自明者，有誠殺人而官不能折其實者，是皆不可以誠殺人之法坐。由是而有減罪之律，當死而流。使彼爲不能自明者邪，去死而不得流，刑已酷矣。使彼誠爲殺人者邪，流而不死，刑已寬矣，是失實也。有失實之弊，則無辜者多怨，而僥倖者亦以免。今欲使不失實，其莫若重贖。五刑不簡，彼罪疑者，雖或非其辜，而法亦不至於殘潰其肢體，若其有罪，則法雖不刑，而彼固已困於贖金矣。五刑不簡，正于五罰。」此説爲盡。蓋五刑之疑，各有入罰，不降相因，古之制也。唐孔氏曰：「以其所犯疑不能決，故使贖之。次刑非其所犯，故不得降相因。」如後世有減罪之律，則非古者不降相因之制矣。苟正之以五罰而不服，則其罪不應罰，故但正之于五過，以爲其過誤而赦之也。有五罰，故有五過也。老蘇曰：「刑者必痛之，而使人畏焉。罰者不能痛之，必困之而使人懲焉。則罰者雖不能痛之，儻其罪不可以罰，則亦不可以困之也。」故赦其過而已。「五罰」，所謂「金作贖刑」也，「五過」，所謂「眚災肆赦」也。「疵」，病也。「惟官，惟反，惟内，惟貨，惟來」，皆刑罰之所病。而特言五刑者，帶上文而言耳，以此文在五過之下故也。《詩》、《書》之言，類多如此。《四牡》之詩三章言「不遑將父」，四章言「不遑將母」，至卒章則特曰「將母來諗」；《板》之詩言「天之牖民，如壎如篪，如璋如圭，如取如攜」，而其下則特曰「攜無曰益」，皆帶上文而言也。「惟官」，王氏曰：「貴勢也。」「惟反」，蘇氏曰：「報舊也。」「惟内」，先儒曰：「内親用事。」蘇氏曰：「女謁。」皆通。「惟貨」，行貨以鬻獄也。「惟來」，舊相往來也。夫刑之不簡，則降從罰，罰之不服，則降從過，蓋與其殺不辜，寧失不經，此固先王之仁政，然不可以此五者之故，而遂爲之降耳。苟以此五者而爲之降，則其罪與犯罪者，均當以其罪罪之也。汝於此當審察之，而後能其事，故曰「審克」。「克」，能也。昔唐太宗問於劉德威曰：「比刑網寖密，咎安在？」對曰：「律：失入者減三，失出者減五。今坐入者無辜，坐出者有罪，所以吏務深入，爲自安計。」「五過之疵」，「其罪惟均」，此「失出者」也。特言出而不及於失入者，觀一篇之中，其丁寧諄復之意如此，是豈「坐入者無辜」，而「坐出者有罪」乎？以意逆志可也。先儒謂「出入人罪」，得之矣。「五刑之疑有赦」，此即上文「五刑不簡，正于五罰」，赦而從罰也。「五罰之疑有赦」，此即上文「五罰不服，正于五過」，赦而免之也。「五罰之疑」謂之「赦」，可也，「五刑之疑」尚不免於罰，而謂之「赦」者，蓋雖以金自贖，而幸其不至於殘潰其肌體，是亦「赦」也。下文「墨辟疑赦」之類皆然也。薛博士曰：「麗於辟而疑於無罪，則赦。赦謂釋其罪而不問，非謂赦之而從罰也。犯辟而不正當於辟，則非無罪，特不簡於正而已，於是從罰。」此蓋以五刑、五罰之下皆有「赦」字，故爲此說。下文曰「墨辟疑赦，其罰百鍰」，於「疑赦」之下，「罰」字之上，言「其」字者，指其上之辭，則百鍰之罰，正以疑而赦也，如此，則上下之文意方連屬。如以「赦」與「罰」異，則曰「墨辟疑赦，其罰百鍰」，上下不相貫矣。《舜典》曰「眚災肆赦」，此曰「五刑之疑有赦，五罰之疑有赦」，蓋古之云「赦」者，以疑似之罪，不可以刑辟加，故爲之差降贖罰，以寬宥之，所以矜恤善良，非貸免惡人也；後之云「赦」者，不論罪之是否，一切釋之而不問，此徒足以惠及惡人而已。唐太宗嘗謂羣臣曰：「吾聞語曰：一歲再赦，善人喑啞。吾有天下未嘗數赦者，不欲誘民於幸免也。」太宗之用刑，至於三覆奏，其矜恤如此，則其不赦，非不仁也，不欲以惠及惡人而已。其聽刑也，苟簡核其辭，信爲有罪，而其可驗者衆，則若可致之於刑矣。「然人情安則樂生，痛則思死。棰楚之下，何求而不得？故囚人不勝痛，則飾辭以視之；吏治者利其然，則指道以明之；上奏畏卻，則鍛煉而周内之。」故武后謂往日「來俊臣等治詔獄，朝臣相逮引，一切承反。朕意其枉，更畀近臣臨問，皆得其手牒不寃，朕無所疑，而可其奏」。故雖「簡孚有衆」，而猶不能無寃，此所以必稽考其貌焉。「惟貌有稽」，《周官》「五聽」之「色聽」是也。蓋稽其貌，則其寃枉之狀有可得而見者矣。夫「簡孚有衆」者，尚必稽其貌，苟無簡孚之辭，則不當聽其獄矣。其聽獄所以如是之審者，以其天威可畏，不可不嚴敬之也。如嚴延年在河南，多所誅殺，其母謂之曰：「天道神明，人不可多殺。」已而延年果誅死。則天威可不畏哉？「墨」者，先刻其額爲創，以墨實創孔，令變色也，即所謂「黥」也。「劓」，截其鼻也。「剕」，斷其足，即所謂「刖」也。「宫」，即所謂椓也，男子則去其勢，婦人則幽閉於宫，漢亦謂之「腐刑」。「大辟」，死刑也，以其於刑辟爲最大也。「鍰」，漢孔氏曰：「六兩。」《周官·考工記》曰：「戈戟重三鋝。」劒，上制重九鋝，中制重七鋝，下制重五鋝。鄭康成：「《説文》云：『鋝，鍰也。』今東萊稱或以太半兩爲鈞，十鈞爲鍰，鋝重六兩太半兩。鍰鋝似同矣。」惟鄭氏之説以「鍰」爲「六兩太半兩」，故三鋝則一斤四兩，九鋝則三斤十二兩，七鋝則二斤十四兩三分兩之二，三鋝則二斤一兩三分兩之一，皆以六兩太半兩而計之也。「太半兩」者，三分兩之二也。鄭康成以「鋝」爲「鍰」，雖因《説文》之言，然《説文》之所謂鋝者，「十銖二十五分之十三」，又曰「北方以二十兩爲鋝」，鄭氏「六兩太半兩」之數，所異於孔氏者，太半兩耳。如《説文》之言，一則比之爲太輕，一則比之爲太重也。老蘇謂：「一鍰之重，當今三百七十斤有奇。」蓋亦因孔氏六兩而計之也。「惟倍」者，倍於墨，墨百鍰，則劓罪二百也。「倍差」者，倍於劓，而又有差。有差則不啻倍之也。劓二百，剕倍之，則四百。有差者，漢孔氏謂：「五百以宫，既六百，故此爲五百也。」馬氏曰：「差者，又加四百之三分之一，凡五百三十三鍰三分鍰之一。」又與孔氏不同，然不如孔氏之數簡徑。孔氏之説又不如王氏，王氏曰：「倍差者，謂以百鍰二百，四百相倍而爲差也。」則是以剕爲四百鍰。或曰「惟倍」，或曰「倍差」，駁文也。

曰「墨」，曰「劓」，曰「剕」，曰「宫」，曰「大辟」，此其輕重之序，然以罰金之多少而觀之，則劓重於墨，剕重於劓，宫重於剕，其降殺之數相較則同，惟大辟爲尤重，故其數之重於宫，比之三者之相校爲尤多也。言犯此五刑者，疑則赦之，而其赦之也，罰之而已。「閲實其罪」，蓋欲罪罰相當也。「閲實」，則不至於五罰不服矣。「屬」者，條目也。言墨之罰雖百鍰，而其條目則千也。其下皆然。《周官》司刑之五刑，共二千五百，均之皆有五百，此則三千，輕者多而重者少，皆有降殺，惟剕居五刑之中，則與《周官》同，此蓋因一時之宜而爲之也。自穆王之後，至於晚周，皆以此爲法，故孔子引「三千」以爲言也。分而言則曰「罰之屬」，總而言則曰「刑之屬」，先儒謂「互見其義以相備」是也。昔叔向嘗有言曰：「昔先王議事以制，不爲刑辟，懼民之有争心也。民知有辟，則不忌於上。並有争心，以徵於書，而徼幸以成之，弗可爲矣。」夫所弗爲刑辟者，非不設法也，但設其大法而已，其輕重之詳，則付之人矣。「五刑之屬三千」，此大法也。至於「上刑適輕，下服；下刑適重，上服，輕重諸罰有權，刑罰世輕世重」，此則委之於人，蓋人與法並行而後可。苟以此數者而亦豫設之，則是爲刑辟矣。

「上下比罪，無僭亂辭，勿用不行，惟察惟法，其審克之。上刑適輕，下服；下刑適重，上服。輕重諸罰有權，刑罰世輕世重，惟齊非齊，有倫有要。罰懲非死，人極于病。非佞折獄，惟良折獄，罔非在中。察辭于差，非從惟從。哀敬折獄，明啓刑書胥占，咸庶中正。其刑其罰，其審克之。獄成而孚，輸而孚。其刑上備，有并兩刑。」王曰：「嗚呼！敬之哉！官伯族姓，朕言多懼。朕敬于刑，有德惟刑。今天相民，作配在下，明清于單辭，民之亂，罔不中聽獄之兩辭，無或私家于獄之兩辭。獄貨非寶，惟府辜功，報以庶尤。永畏惟罰，非天不中，惟人在命。天罰不極，庶民罔有令政在于天下。」

王曰：「嗚呼！嗣孫，今往何監？非德于民之中？尚明聽之哉！哲人惟刑，無疆之辭，屬于五極，咸中有慶。受王嘉師，監于茲祥刑。」

老蘇嘗曰：「古之法簡，今之法繁。先王之作法也，法舉其略，而刑制其詳。殺人者死，傷人者刑，則以著於法，使民知天子之法不欲我殺人、傷人耳。若其輕重出入，求其情而服其心者，則以之屬吏。任吏而不任法，故其法簡。今之法纖悉畢備，不執於一，左右前後，四顧而不可逃。是以輕重其罪，出入其情，皆可以求之法。任法而不任吏，故其法繁。」蓋法簡者，雖若不可以革姦，而天下乃或無一人之獄；法繁者，雖若可以止姦，而獄訟嘗至於滋豐。誠以銖銖而稱之，至石必差，寸寸而度之，至丈必過，石稱丈量，徑而寡失。後世之所謂律令者，煩曲周盡，惟恐有所漏略，凡輕重上下，一聽於律，而有司不得一奉手，雖其繁，積而律之，用已有所窮，故吏胥得以旁緣出入，欺賣有司，以逃其姦，蓋欲其無所不備者，乃所以爲大不備也。如穆王之刑，「五刑之屬三千」，此律文也，至於曰上下相比，曰「上刑適輕，下服；下刑適重，上服。輕重諸罰有權，刑罰世輕世重」，此數者，則在有司量情斟酌而施之，故其律雖三千，而其用之爲不窮，「徑而寡失」，蓋謂是也。

「上下比罪」者，言聽獄之法，必當上下比方其罪之輕重，而參驗之也。「無僭亂辭」者，陳少南曰：「無以獄辭之亂，而至有僭差。」是也。夫訟於心者，孰不以爲彼曲而我直，其辭茍亂，則用刑有僭差者矣，汝當審之也。「勿用不行」，王氏曰：「謂責人以恕，所不可行者勿用也。」莊子曰：『重其任而罰不勝，遠其途而誅不至。』此皆不可行，而先王之所不用也。」是也。漢魏尚爲雲中守，坐法免。馮唐曰：「士卒盡家人子，起田中從軍，安知尺籍伍符？上功幕府，一言不應，文吏以法繩之。」長安賈人與渾邪王市者，坐當死五百餘人。汲黯曰：「愚民安所知市買長安中，而文吏以爲闌出財物如邊關乎？」若此之類，皆是所不可行而用之也。所不可行者而用之，則民無所措手足矣。「惟察」者，察其情也。「惟法」者，正其法也。察其情，正其法，則法與吏交相爲用，而不偏廢。蓋用刑如用藥焉，夫藥之君臣佐使，甘苦寒熱，某可以治某疾，某可以已某病，此固在於方書，至於視脉觀色，聽其聲音而審其病之所由起，必以己意參之而後可。「惟察」者，審其病之所由起也。「惟法」者，案方書而視之也。汝諸侯其審於此，而後能其事也。「上刑適輕，下服；下刑適重，上服」，蘇氏破世俗之説，而設爲竊盗二人以發其意，説固善矣，而不如陳少南之爲明白，曰：「世之言罪重者，莫如殺人罪；輕者，莫如詬罵。殺人固重矣，然今所殺者，奴婢也。奴婢而殺之，非適輕乎？故且服下刑也。詬罵固輕矣，然今所以詬罵者，父兄也。父兄而詬罵之，非適重乎？故宜服上刑也。事不止於殺人及詬罵人者，姑設二事以準之，所謂『輕重諸罰有權』也。所謂下服者，非即服最下刑也，比之上刑爲減爾。」此言盡之。「刑罰世輕世重」，蓋承上文而言，凡此諸刑罰皆當權其輕重也。孟子曰：「權，然後知輕重。」君子之心，若權衡然，不可以銖兩欺之，故輕重無不得其平也。「刑罰世輕世重」者，《周禮》：「刑新國用輕典，刑平國用中典，刑亂國用重典。」一輕一重，各因其世之宜而已。因世之宜，而輕重不同，固不齊矣，是乃所以齊之也。如《周官》五刑二千五百，穆王五刑三千，或少而重，或多而輕，其不齊如此，而其禁姦止慝，以期于無刑，則一也。若乃膠柱調瑟者，則不能因世而爲輕重，徒執一法以齊之，適所以爲不齊也。如唐、虞象刑，而王莽亦象刑是也。王氏曰：「上言『刑罰輕重有權』者，權一人而爲輕重也。此言『世輕世重』者，權一世而爲輕重也。」是也。「世輕世重」，言刑罰可也，至於「上服」、「下服」，則特言刑，而於下文承之，則言「諸罰」，亦猶五刑，分數則曰罰，總數則曰刑，互見其義也。「有倫有要」，蘇氏謂：「倫，其例也。要，其辭也。」則讀與《康誥》「要囚」之「要」同。惟有倫，則當惟法；

惟有要，則當惟察。「罰懲非死，人極于病」，此即老蘇曰：「刑者，必痛之而使人畏焉；罰者不能痛之，必困之而後懲焉。」蓋言罰之所懲，雖不至於死，而其困於重贖，已極于病，亦可以使之遷善遠罪也。「非佞折獄」，口給也。「佞」者，禦人以口給，則人不得以盡其情也。如周亞夫詣廷尉，責問曰：「君侯欲反何？」亞夫曰：「臣所謂買器，乃葬器也，何謂反乎？」吏曰：「君縱不欲反地上，❶即反地下矣。」如此者，是禦人以口給也。「臯陶暗而爲大理」，天下無寃民，「子路無宿諾，片言可以折獄」，則何以佞爲哉？故惟良可以折獄。「良」者，王氏謂「有仁心」是也。孔子曰：「今之聽獄者，求所以殺之；古之聽獄者，求所以生之。」「良」者，「求所以生之」也。良之可以折獄者，蓋其所用，無不在於刑之中也。如秦以任刀筆之吏，争以亟疾苛察相高，則佞者安能明于刑之中哉？「察辭于差」，蘇氏曰：「事之真者，不謀而同，從其差者詰之，多得其情。」是也。「非從惟從」者，極楚之下，何求而不得？人不勝痛，則誣服者多矣，故囚惟吏之從而自誣者，皆非所當從，當有以辨明之也。孟氏使陽膚爲士師，問於曾子，曾子曰：「如得其情，則哀矜而勿喜。」「哀矜」，即此「哀敬」也。其所以「哀敬」者，惟以刑書而明啓之，相與占考其所以然，衆獄官以爲然，獄囚亦以爲然，雖麗於刑殺，而無怨言，如此，則庶幾得其中正，而無寃濫矣。如秦之任趙高，漢之任張湯、趙禹、減宣、義縱，唐之任來俊臣、侯思止，刑書未嘗明啓，亦未嘗胥占，惟意之所殺，則舞文巧詆如此，則何中正之有？然則「其刑其罰」不可以不審克也。「獄成而孚」者，言獄辭之成，而得其情實，信爲有罪，而其輸之於上，亦當得其情實，信爲有罪，然後斷之。其刑之輸於上，皆當具備，不可隱漏，其有一人之身，輕重二罪俱發，亦當并以兩刑而上之也。蓋恐其有司得以欺賣出入

❶「欲」，汲古閣本及《史記》無此字。

以爲姦，故以此戒之也。《王制》曰：「成獄辭，史以獄成告於正，正聽之。正以獄成告於大司寇，大司寇聽之棘木之下。大司寇以獄之成告於王，王命三公參聽之。三公以獄之成告於王，王三宥，然後制刑。」此正所謂「獄成而孚，輸而孚」也。王之有司輸之於王如此，則「有邦有土」之臣輸之於其君亦然。薛博士曰：「凡稱上者，各指其上也。此告有邦有土，則國之士師指其君曰上。推而及王朝，則王之士師指天子曰上。孔氏止名爲上王府，則於告有邦有土之文戾矣。」是也。

「官伯族姓」，蘇氏曰：「呼其大官大族而戒之。」先儒即以：「官伯爲諸侯。族，同族。姓，異姓。」其説鑿矣。王氏以「姓」爲「諸侯」，「族」爲「羣臣」，亦無以異於先儒。蓋既戒其君以敬刑，今又戒其臣也。刑者，人命所繫，死者不可復生，斷者不可復續，此朕之言所以多懼。孔子曰：「爲之難，言之得無訒乎？」言之多懼，以其難也。朕之所敬惟在于刑，則以有德者惟哀敬于刑，我安得而不謹哉？今天相助此民，而生育長養之臨民者，必當有不忍之心，然後能爲天之配於下。蓋天愛民，是配之也。所以配天者，惟「明清于單辭」而已。「單辭」有二説，皆通。先儒曰：「單辭特難聽，故言之。」唐孔氏因引子路「片言可以折獄」，「片言」即「單辭」也。子路行直聞天下，不肯自道己長，妄稱彼短，得其單辭即可以斷獄者，惟子路耳。凡人少能，然故難聽也。薛博士則曰：「單，盡也。」與「單厥心」之「單」同。明清而使民得盡其辭也。皆可用以爲説。「明清」者，聽之審也。民之所以治者，以其聽獄之兩辭而無不中，則曲直得其當：無辜者不至於枉濫，而有罪者不至於僥倖而免也。穿封成與公子圍爭鄭囚，正於伯州犂，伯州犂則上下其手，此聽兩辭而不中者也。苗民之「泯泯棼棼」，以其「罔差有辭」，則民之治豈不自於中聽兩辭乎？不可以獄之兩辭而爲私家。以獄爲家，則惟貨是視，不復問乎兩家之曲直也。夫以獄得貨者，非所以爲寶也，惟聚其罪耳。「府」，聚也。言必將敗露而獲罪也。「功」者，言罪積於身而自以爲功耳，則必將報汝以衆罪而誅殛之也。「報」者，亦如「報虐以威」，有是惡，則必有是報，皆是「出乎爾者，反乎爾者」也。「獄貨」者，必「報以庶尤」，則所長可畏者，惟是天罰也。天之罰之也，非天之不中，惟人取之爾。人取之者，在其教命之不中也。教命不中，則非所謂「制百姓于刑之中，以教祗德」。天之罰不中，則庶民必無有善政在于天下矣。蓋以其無有善政，故以不中而罰之也。無有善政者，君也，而以爲庶民者，政雖出於君，而布於庶民。三苗之民「泯泯棼棼」，此所謂「庶民無有令政在于天下」也。「嗣孫」者，王享國百年，故諸侯或其孫也。上言「伯父、伯兄、仲叔、季弟、幼子、童孫」，此特言「嗣孫」，舉其略也。繼世而立，故曰「嗣」。言自今以往，當何所監？非是施德于民以爲之中乎？言惟是在所監也。「德于民之中」，蓋指伯夷以爲言爾。庶幾明聽我言而行之，不可忽也。自古之稱哲人者，惟在於用刑耳。如皐陶以智稱於後世，是蓋惟哲，則能「明清于單辭」也。「五極」，五刑之得其中也。先儒以爲「五常」，誤矣。言有無窮之美譽者，由五刑之得中刑，得中則有餘慶矣。既有美譽又有餘慶，天人之所共予也。「屬」，連也。言美辭由於用刑，故以「屬」言之。「嘉師」，善衆也，猶言良民也。汝受之於王，而「有邦有土」者，其所臨涖，無非良民，則如此上文所言，祥刑不可不監也。刑所以禁姦，民既善矣，惟此祥刑可也。

吕侯之告諸侯，雖出於王命，而其言則吕侯之言，故雖曰「王曰」，而又曰「受王嘉師」，亦猶《梓材》之篇，周公以王命告康叔，雖以「王曰」爲言，而又曰「王啓監厥亂爲民」之類，從而爲之説，則不可。

尚書全解卷四十　周書

文侯之命

平王錫晉文侯秬鬯、圭瓚，作《文侯之命》。

文侯之命

王若曰：「父義和，丕顯文、武，克慎明德，昭升于上，敷聞在下。惟時上帝集厥命于文王。亦惟先正，克左右昭事厥辟，越小大謀猷，罔不率從，肆先祖懷在位。嗚呼！閔予小子嗣，造天丕愆。殄資澤于下民，侵戎我國家純。即我御事，罔或耆壽俊在厥服，予則罔克。曰惟祖惟父，其伊恤朕躬。嗚呼！有績予一人永綏在位。父義和，汝克昭乃顯祖，汝肇刑文、武，用會紹乃辟，追孝于前文人。汝多修，扞我于艱，若汝，予嘉。」王曰：「父義和，其歸視爾師，寧爾邦。用賚爾秬鬯一卣，彤弓一，彤矢百，盧弓一，盧矢百，馬四匹。父往哉！柔遠能邇，惠康小民，無荒寧。簡恤爾都，用成爾顯德。」

《書》於《吕刑》之下，有《文侯之命》、《費誓》、《秦誓》三篇。予竊意周太史所藏典、謨、訓、誥、誓、命之文，才至《吕刑》而止，自時厥後，歷幽、厲之亂，簡編不接，其間如宣中興，建萬國，會諸侯，任賢使能，南征北伐，錫命韓侯、申伯，用張仲、仲山甫，其時大誥命多矣，而無一篇見於《書》，以是知《書》之所録，殊未及宣王之世，而宣王之書亦復失之於東遷之亂矣。孔子既取周太史所藏，斷自《堯典》至於《吕刑》，定爲萬世之訓，而於列國復得誓命三篇，遂從而附益於其後。案：《左傳》鄭子産曰：「鄭書有之曰：『安定國家必大焉。』」先晉司馬叔游曰：「鄭書有之：『惡直醜正，寔繁有徒。』」《禮記·大學》舉楚書曰：「楚國無以爲寶，惟善以爲寶。」是知春秋之世，列國皆有書。夫子蓋嘗徧觀列國之書，於晉得《文侯之命》，於魯得《費誓》，於秦得《秦誓》，附於帝王之末，以傳不朽而已，若以爲夫子致意於此篇，故特取之，竊以爲過矣。案：《史記》：幽王嬖褒姒而廢申后，逐太子宜臼。宜臼奔申。申侯與犬戎既殺幽王，晉文侯與鄭武公迎宜臼，立之，是爲平王，遷于東都。而《左傳》亦曰：「我周之東遷，晉、鄭焉依。」蓋當是時，犬戎方亂，王室如綴旒，而文侯於周有再造之功，故平王於其將歸國也，錫之秬鬯、圭瓚，以報其厚德焉。「秬」，黑黍。「鬯」，芳草也。以黑黍釀酒，和以鬱鬯。「圭瓚」者，以圭爲瓚也。《記》曰：「君執圭瓚祼尸，太宗執璋瓚亞祼。」注曰：「圭瓚、璋瓚，祼器也。」以圭璋爲柄，酌。鬱鬯曰祼，則圭瓚者，酌鬱鬯之物，有秬鬯，則有圭瓚矣。序言「秬鬯、圭瓚」，而篇中特言「秬鬯」，此亦互見其義，以相備也。平王之錫晉文侯，既有秬鬯，又有弓矢車馬，而序特言「秬鬯」，五十八篇之序如此者多矣，不可以從而爲之説也。王氏曰：「明所錫以秬鬯爲盛。」則鑿矣。《江漢》之詩曰：「釐爾圭瓚，秬鬯一卣。」此宣王之賜召穆公也。毛氏曰：「九命，錫圭瓚、秬鬯。」此賜文侯以秬鬯、圭瓚，蓋亦命之爲侯伯也。

天子稱同姓曰伯父、叔父，異姓曰伯舅、叔舅。晉於周爲同姓，故以「父」稱之。「義和」，文侯字也。《左傳》曰：「晉穆侯之夫人姜氏，以條之役生太子，命之曰仇。」仇即文侯名也。蓋文侯名仇，而字義和焉。天子之於諸侯，稱其名，正也，今稱其字，蓋尊之而不敢名也。漢高祖曰：「運籌帷幄之中，決勝千里之外，吾不如子房。」至於韓信、蕭何皆名之，而特字稱子房，蓋尊之也。平王字稱文侯，亦猶是也。馬融、王肅徒見義和非晉侯名，遂謂：「父能以義和諸侯。」此鑿説也。平王將稱美文侯之功，故於是言文、武之所以興，惟以其有賢德之臣；幽王之所以敗，惟以其無賢德之臣；我之遭家不造，亦惟有賴於同姓之諸侯，而文侯之功如此，故呼「父義和」，極其尊之稱，而稱美之也。我周文王、武王之所以大顯于天下者，以其明德能致其慎故也。惟有明德，故「昭升于上」，而天心之所眷顧；敷聞于下，而民心之所歸慕。民心即天心也。民與之，則天與之矣，故惟是上帝以其天下之命集于文王，俾代商也。「丕顯」言文、武，而「集厥命」言文王者，文王受命作周，武王但承其志也。「先正」，蓋周、召、太顛、閎夭、畢公之流，與《君牙》之言「先正」同。文、武之所以集大命于身者，豈獨以一人之力所能致哉？亦以其先正之臣能或左或右，以明事其君也。君有明德，而臣又能昭事之，君明臣良，胥契於一堂之上，故其於謀猷所以維持國家而敷宣政教者，無小無大，皆無不率從，蔑有違背於道者，故先祖安於在位焉。「先祖」，文、武而下是也。言先祖之位宅天下之尊貴，兆民之所愛戴，長守而不失者，皆以其先正左右之臣故也。惟先祖之安於在位，本夫先正之力，平王自閔其遭家不造，而無文、武之臣，故嗟嘆而自傷也。「丕愆」，謂幽王之禍造爲也，言此丕愆乃天之所爲也。幽王不道，見於小、大《雅》詳矣，則夫犬戎之禍乃自作孽也，而以爲「造天丕愆」，此如《詩》言「天方艱難，天降喪亂」之類。平王自閔以幼冲之資，而其嗣位，適遭乎上天降禍于我周家，王室中圮，當是時也，資用惠澤及于下民者，絶矣。言無有也，如所謂「喪亂蔑資，曾莫惠我師」者也。資澤既殄，則民心去矣，此夷狄之所乘間而起，以兵侵陵，傷害我國家，其禍甚大也。賢者在朝，則無敵於天下。夷狄之醜，而敢侵戎我國家，則以凡我治事之臣，無有老成及俊德者在其服位。老成俊德無一在朝，則治事之臣無非小人，彼夷狄何所畏哉？《十月之交》，刺幽王之詩也，其言曰：「皇父卿士，番維司徒，家伯冢宰，仲允膳夫，棸子内史，蹶維趣馬，楀維師氏。」則其「罔或耆壽俊在厥服」可知矣。幽王所用，莫非小人，故當平王之嗣立，則幽王之所以遺之者，無有俊哲以與之興衰撥亂，而平王又自謂己之不德，無以克紹先烈。朝既無可用之士，而己不能有爲，則所倚賴者，惟同姓之諸侯。在祖行者，在父行者，其當以我之身爲己憂思，有以輔贊而振起之，苟有功於予一人，則予一人得以承安於天子之位，以保其社稷宗廟也。文、武有明德，而其臣皆能「昭事厥辟」，此其所以安於在位。今平王既已罔克，而其御事又無有耆壽俊德，則將欲安於在位，以不墜先祖之基業，舍諸侯其將焉託？蓋平王之再造王室，實自於晉、鄭，無非同姓之侯也。故以此爲言，而又呼「父義和」，以稱美其功也。「汝克昭乃顯祖」，言汝文侯能光服汝祖唐叔之德。蓋子孫有大勳勞于王室，則有以增光其祖也。唐叔，武王之子，晉始封之君，故曰「顯祖」。汝所以能「昭乃顯祖」，以汝當此艱難之際，始以其身爲天下倡刑，憲于我文、武之法度，會同四方之諸侯，立我爲君，以紹先烈，而「追孝于前文人」。「前文人」者，前世守文之主，蓋自成、康而下皆是也。汝能如是，則是「多修，扞我于艱」矣，此予所以嘉汝功，而將錫汝以備物盛禮也。漢孔氏曰：「戰功曰多，言汝之功多，甚修矣。」其説迂曲，不如蘇氏曰「汝所修完，扞衛我于艱難也」爲簡直而不煩。文侯之所以能多修，扞衛平王于艱難者，惟始率諸侯以勤王室耳。蓋周自文、武、成、康之盛，王政修明，諸侯畏慕，遲速進退，惟其所命，及幽王以舉烽火之故失信諸侯，政當犬戎之難，而諸侯莫有勤王之意。今文侯能於烽火失信之後，首舉義兵，倡諸侯以尊王室，立平王而天下定，則其功豈小哉？故平王稱其「用會紹乃辟，追孝于前文人」，以是爲「多修，扞我于艱」也。文侯以晉國之師出定王室之難，既成功，則以其師歸于晉，故其命之歸國也，則曰「視爾師，寧爾邦」，言此勤王之衆，汝當善視而安集之也。既命以歸國，則其行也，必有備物盛禮焉。其備物盛禮，必稱其功，故賚之「秬鬯一卣」，使之有事于祖廟者，以稱其「昭乃顯祖，肇刑文、武，追孝于前文人」之功也。賚之「彤弓一，彤矢百，盧弓一，盧矢百，馬四匹」，使得以征伐諸侯者，以稱其「多修，扞我于艱」之功也。物必副其功，禮必稱其情，此先王仁諸侯之意也。「卣」，中尊也。未祭則盛秬鬯于卣，既祭則實于彝，此初賜而未祭，故以卣盛之。「一卣」者，以其「昭乃顯祖」，故惟「一卣」，使以此鬱鬯告于唐叔之室，不及餘廟也。若周公禋于文王、武王，則用二卣矣。「彤」，赤色。「盧」，黑色。賜之弓矢，使得征伐，而有此二色之不同。馬四匹爲一乘，有馬四匹，則路車在焉。《詩》所謂「路車乘馬」是也。不言路車，亦猶言「秬鬯一卣」，不言圭瓚也。凡此，皆平王褒賞文侯之功，備物盛禮，而以誠意將之，輕重隆殺，適得其宜，而可爲後世法也。其後，文公敗楚于城濮，獻俘于襄王，王亦以是而賜文公，故《左傳》曰：「鄭伯傅王用平禮也。」蓋言平王之禮，其可傳於後世也如此。司馬子長不之察，徒見文公亦有是賜，遂以此篇爲襄王錫命文公之言，蓋未嘗深考《左氏》而妄爲之説也。平王之所以褒賞文侯者，既備於此，故又爲之丁寧告戒，使之愛民勤政，克謹其終，以保其戡定禍亂之功。言今往歸晉國，則當休兵息民，以和輯其衆，柔遠以略於外，能邇以詳於内，凡其小民之困窮無告者，皆有以惠安之，而無爲康寧自逸之行，如是，則能簡恤爾都邑之衆，克終其美，以成汝之顯德。蓋「昭乃顯祖」之功，至於是而後大成也。蘇氏曰：「簡謂簡閲其士，恤謂惠恤其民。」是也。蓋爲治之道，必至於吏稱其職，民安其業，然後可以享其成。簡則吏稱其職，恤則民安其業，❶此致治之成績也，故《文侯之命》以是終焉。

蘇氏論此篇以謂：「《春秋傳》曰：厲王之禍，『諸侯釋位，以簡王政，宣王有志而後效官』。讀《文侯之命》知平

❶「則」，原誤作「其」，今據汲古閣本、通志堂本改。

王之無志也。」予竊以爲不然。夫子定《書》，録《文侯之命》於文、武、成、康之次，蓋必有所深褒而甚許之者，豈爲其無志而録之哉？詳考此篇，慕文、武之勤慎，憫國家之殄瘁，痛耆壽之彫喪，知蕃翰之勤勞，其褒之也無溢辭，其錫之也無虚器，而又勉之以愛民勤政，以謹其終。夫宣王之所以中興周室者，亦不過於側身修行，任賢使能，能錫命諸侯，復文、武之境土，以勞來還定安集其民而已，今平王之言亦如此，則其志亦豈小哉？其所以不爲宣王中興之業者，惟其鋭於始而息於中，以至於終而澶漫不振也。使其志每如命文侯之時，則其所成就必不如是之卑也。故欲知平王之可以爲宣王，舍《文侯之命》則無以見矣。至於四十二年，魯隱之元年，「使宰咺來歸惠公、仲子之賵」，則其爲辭命，豈復前日之平王也哉？平王之志於是已矣。此《春秋》之所爲作也。

費誓

魯侯伯禽宅曲阜，徐、夷並興，東郊不開，作《費誓》。

費誓

公曰：「嗟！人無譁，聽命。徂兹淮夷、徐戎並興。善穀乃甲冑，敿乃干，無敢不弔。備乃弓矢，鍛乃戈矛，礪乃鋒刃，無敢不善。今惟淫舍牿牛馬，杜乃擭，敜乃穽，無敢傷牿。牿之傷，汝則有常刑。馬牛其風，臣妾逋逃，勿敢越逐，祇復之，我商賚汝。乃越逐，不復，汝則有常刑。無敢寇攘，踰垣牆，竊馬牛，誘臣妾，汝則有常刑。甲戌，我惟征徐戎。峙乃糗糧，無敢不逮，汝則有大刑。魯人三郊三遂，峙乃楨榦。甲戌，我惟築，無敢不供，汝則有無餘刑，非殺。魯人三郊三遂，峙乃芻茭，無敢不多，汝則有大刑。」

「曲阜」，魯之所都，《左傳》所謂「少皞之墟」者也。魯之分地，實《禹貢》徐州之境，其地南抵于淮。「徐戎」、「淮夷」，蓋東方戎夷之種，落錯居于魯之境内者也。周之王業，肇基於西土，而化行於江、漢之域，故西南夷最先服。東土之人，逖遠正化，而染於紂之餘習，故其服周爲最緩，而東夷亦最後服。是以西南夷如「庸、蜀、羌、髳、微、盧、彭、濮」會于牧野之戰，而東夷如淮夷、徐奄，預于武庚之亂也。惟東夷在周之初，獨爲驕悍而未服，是以周之封建諸侯，則以周公居魯，太公居齊。此二人者，親賢之最者也，而其分地乃介於戎夷之間，去周爲甚遠，則以控扼東夷故也。周公留輔周室，使其子伯禽受封於魯，實與齊太公同時而之國，相先後而報政。彼東夷當紂之時，中國無政，嘗侵入職方之地，肆爲吞噬，則其心必不利於齊、魯之建國，故伯禽之始居曲阜，而淮夷、徐戎並興者，蓋與之争魯也。案：《史記・齊世家》太公封於營丘，東就，道宿行遲，逆旅人曰：「客寢甚安，殆非就國者也。」太公夜衣而行，黎明至國，萊侯來伐，與之争營丘。營丘邊萊，萊人，夷也，會紂之亂而周初定，未能集遠方，是以與太公争國。以太公之事觀之，則知淮夷、徐戎之於曲阜，亦猶萊夷之於營丘也。戎之與夷，壤地相望，蓋有脣齒掎角之勢，服則俱服，叛則俱叛。《常武》之詩，美宣王有常德，以立武事，其詩曰：「率彼淮浦，省此徐土，不留不處，三事就緒。」《閟宫》之詩，頌僖公能復周公之宇，其詩曰：「保有鳧繹，遂荒徐宅。至于海邦，淮夷蠻貊，莫不率從。」言「淮浦」必言「徐土」，言「徐宅」必言「淮夷」，明此二者之憑陵中國，嘗有並興之勢故也。唐孔氏曰：「經稱淮夷、徐戎，序言徐夷，略之也。」是也。淮夷、徐戎皆在曲阜之東，故其並興而爲寇，則東郊爲之不開。「東郊不開」，魯之計可謂危矣，而伯禽能爲戰守之備，修器械，築城堡，積糗糧，芻茭以待之，號令明，而賞罰信，卒能使戎夷遠遁，遂以立魯國之社稷，輔成周家磐石之勢。其成算碩畫，蓋可以爲萬世法。此《費誓》所以録於帝王誓誥之末也。「費」，地名。《論語》曰：「顓臾，固而近於費。」又曰：「顓臾，昔先王以爲東蒙主。」是費近於東蒙。《左傳》定五年，季桓子行東野，及費，子洩逆勞於郊。是費近於東野。惟其地近於東蒙、東野，則是魯東郊之地也，誓師徒、繕守備於此，故以《費誓》名篇。篇中本無費字，而以命篇之名，蓋《顧命》之類也。

「嗟！人無譁，聽命」者，將使所誓之人静以待命也。彼既静以待命，於是爲言所以徂征之故，言我之所以爲此役者，以淮夷、徐戎並起而爲寇故也。彼既並興而來，則在我者不可不嚴爲戰守之備。而戰守之備最所當先者，莫如器械之犀利。蓋夷狄、中國各有長技，夷狄以野戰爲勝，中國以兵器爲强。漢晁錯論中國之長技，謂：「勁弩長戟，射疏及遠，則匈奴之弓弗能格也；堅甲利刃，長短相雜，遊弩往來，什伍俱前，則匈奴之兵弗能當也；材官騶發，矢道同的，則匈奴之革笥木薦弗能支也；下馬地鬭，劍戟相接，去就相薄，則匈奴之足弗能給也。」以是知中國之所以能取勝於夷狄者，惟在於兵甲之堅利而已。宣王惟能修車馬，備器械，故外攘夷狄，以復文、武之境土。蓋以我所長，乘彼所短，未有不勝者也，故伯禽將與淮夷、徐戎戰，必以是爲先。「甲冑」也，「干」也，「弓矢」也，「戈矛」也，「鋒刃」也，此皆兵器之所常用而不可闕一者也。曰「𢿱」，曰「敿」，曰「備」，曰「鍛」，曰「礪」，皆謂修治之。「無敢不弔，無敢不善」，則欲其無不精緻。「弔」，至也，至即善也。此皆隨宜相配成文，非有深義於其間，不可以曲爲之配合也。「淫」，大也。「淫舍牿牛馬」，漢孔氏以爲：「大放舍牿牢之牛馬，言軍所在必放牧也。」此説不然。淮夷、徐戎方且並興而爲寇，東郊爲之不開，不應放牧其所牿牢之牛馬於野，使彼得以掠而取之也。此「舍」當作「舍止」之「舍」。蓋夷狄之侵擾邊境，其志惟在於虜掠牛馬、臣妾，以肆其呑噬無厭之欲而已，故伯禽之爲守禦之計，使東郊之民大舍止牿所蓄之牛馬，拘繫其臣妾，此實堅壁清野之策，將使之無所掠鹵，以困之也。「擭」、「穽」，皆捕獸之器。擭以捕虎豹，穿地爲深坑，又設機於上，防其躍而出也。穽以捕小獸，亦穿地爲深坑，入必不能出，但不設機耳。男曰「臣」，女曰「妾」。必欲爲堅壁清野之策，使敵人無所掠鹵，則不可不申嚴法令，以約束其民。自「今惟淫舍牿牛馬」以下，皆所以約束之也。夫欲牿牛馬，必於窮山窮谷，掠鹵所不至之地。懼夫未舍牿之前，有爲擭、穽以陷猛獸者，或能爲牛馬之害，故使之杜塞其擭，窒斂其穽，無敢傷其所牿之牛馬。既已約束之矣，而有不塞擭、穽，以傷其牿者，則爲犯法，故常刑之所不赦也。所牿之牛馬或有風佚，所拘之臣妾或有逋逃，則使失之者不得越所守以追逐，而其得之者，則謹而還之。既已約束之矣，其得之而祗復，則是有功者，故商度而賚賞之；則其失之而越逐者，與夫得之而不復者，則爲犯法，故常刑之所不赦也。又當禁止寇攘之人，使不得踰越垣牆，以竊所牿之牛馬，誘所拘之臣妾。既已約束之矣，而有踰垣牆以竊而誘之者，則爲犯法，故常刑之所不赦也。約束既如此之嚴，而賞罰又如此之明，則堅壁清野之策得行，而牛馬、臣妾無有暴露於外者，彼淮夷、徐戎既無所掠鹵，果何利於爲寇哉？「峙」，儲峙也。「糗」，《說文》曰：「熬米麥也。」謂熬使熟，又擣之以爲粉也。「楨榦」者，皆築城之具。「楨」，當牆兩端者也。「榦」，當牆兩邊障土者也。「芻茭」，以飼牛馬。《說文》曰：「芻，刈草也。茭，乾芻也。」案：《周禮》天子六軍，則有六鄉六遂。鄉在王國百里之内，遂在百里之外。以是而推，則諸侯大國當有三鄉三遂。此所謂「三遂」，意若指魯之三軍者，故說者多引此以爲魯有三軍之證，然而苟指魯之軍制，言之謂之「三鄉三遂」則可，謂之「三郊」則不可。《禮記》曰：「四郊多壘，此卿大夫之辱也。」蓋國必有四郊，郊外爲遂，有四郊則必有四遂。

此所謂「遂」，非必是五縣之遂，猶《春秋》言「伐我北鄙、南鄙」，非必是五鄼之鄙，蓋泛指四郊之外遂爲鄙也。其曰「三郊三遂」者，蓋淮夷、徐戎並興爲寇，東郊爲之不開，則東郊者，正其受敵之處也，故伯禽使此郊之民，修治其甲冑、干、戈之屬，以爲征討之計，舍牿其牛馬，拘繫其臣妾，以爲堅壁清野之備，如此，則可以戰，可以守矣。遂使之峙其糗糧，將以甲戌之日往征徐戎，東郊之民既將與之出征，則使南、西、北三郊三遂之民峙其楨榦，亦以甲戌日於東郊築城壘、保障以固其守，爲不可動之勢，而又給其供軍馬牛之芻茭。蓋受敵之地，則專意於攻守，而調發徭役，則取給於不受敵之地，此所以别遠近，均勞逸矣。夫魯國之全力而制一方之侵軼也，上言「東郊」，則「三郊三遂」之爲南、西、北也，明矣。其以甲戌之日征，亦以甲戌之日築者，夷狄之情方其侵擾邊境，則不利於中國之有障塞也，故我於增築城堡，彼必爲争利之舉以擾之，苟其先我而争利，則楨榦之功不可得而施也，於是先徐戎未動，使東郊之民以是日征之，而三郊三遂之民亦以是日而築，且征且築，同時而舉，彼方與征者鬬，則不暇與築者争矣，此實應變出奇之長算也。既其禦戎之算有賴於此，則是投機之會在於甲戌一日之間，蓋不容穟也，機不可失如此。其有糗糧之不及，芻茭之不多，則人畜將乏食而無以征，失其所以可征之機矣，是軍法之當殺也，故皆曰「汝則有大刑」。「大刑」，則非常刑之比也。至於楨榦之不供，而無以築，是又失其所以可築之機矣。築之不時，則其征亦爲妄動，此其不供之刑，蓋又重於乏軍食者，故曰「汝則有無餘刑非殺」。言刑至此而無餘矣，不惟殺汝，又將孥戮汝之妻子焉，此又非大刑之比也。

夫刑，非聖人之所忍言也，今伯禽之誓，既言「常刑」，又言「大刑」，又言「無餘刑非殺」，可謂忍於言用刑矣。而夫子乃録其書於帝王之次者，蓋平居無事之時，人主不可以言用刑也，至於用兵，則不厭。夫三令而五申之，所以全民命而重戎事也。孔子曰：「不教而殺謂之虐，不戒視成謂之暴，慢令致期謂之賊。」將爲戰守攻築之備，苟不先爲之誓戒，及陷於罪，遂從而刑之，自民而言，則爲虐之，暴之，賊之，自國而言，則失戰守攻築之大計。民之叛服，國之安危係焉，故《甘誓》、《湯誓》、《泰誓》、《費誓》之言用刑，夫子皆不以爲過者，以其爲誓師而言也。使其平居無事，而輒以刑戮脅其民，則是乃李斯、商鞅之所以亡秦者也，夫子何取焉？

秦誓

秦穆公伐鄭，晉襄公帥師敗諸崤，還歸，作《秦誓》。

秦誓

公曰：「嗟！我士，聽無譁。予誓告汝羣言之首。古人有言曰：『民訖自若，是多盤。責人斯無難，惟受責俾如流，是惟艱哉。』我心之憂，日月逾邁，若弗云來。惟古之謀人，則曰未就予忌。惟今之謀人，姑將以爲親。雖則云然，尚猷詢茲黄髮，則罔所愆。番番良士，旅力既愆，我尚有之。仡仡勇夫，射御不違，我尚不欲。惟截截善諞言，俾君子易辭，我皇多有之。昧昧我思之，如有一介臣，斷斷猗無他技，其心休休焉，其如有容。人之有技，若己有之。人之彦聖，其心好之，不啻如自其口出。是能容之，以保我子孫黎民，亦職有利哉！人之有技，冒疾以惡之。人之彦聖，而違之俾不達。❶是

❶「達」，原誤作「通」，今據汲古閣本、通志堂本改。

不能容，以不能保我子孫黎民，亦曰殆哉！　邦之杌隉，曰由一人；邦之榮懷，亦尚一人之慶。」

《秦誓》之所由作，其略見於此序，而其事迹之詳，則載於《左傳》。案：僖三十年，秦穆公以鄭之無禮於晉文公，故與晉合兵而圍之。晉軍函陵，秦軍氾南，既而秦納燭之武之言，私與鄭人盟而背晉，使杞子戍之而還。秦、晉之不睦，蓋自此始。其後二年，晉文公卒，穆公因杞子掌鄭北門之管，而欲潛師以襲之，出於晉地殽陵之間。訪諸蹇叔，蹇叔曰：「勞師以襲遠，非所聞也。」公辭焉。召孟明、西乞、白乙，使出師於東門之外。蹇叔之子與師，哭而送之，曰：「晉人禦師必於殽。殽有二陵焉，必死是間。」秦師及滑，聞鄭人既有備矣，滅滑而還。晉原軫曰：「秦違蹇叔，而以貪勤民，天奉我也。奉不可失，敵不可縱，必伐秦師。」遂發命，襄公墨衰絰以從戎，遂敗秦師于殽陵，獲百里孟明、西乞、白乙以歸。襄公之嫡母文嬴請三帥而歸之。秦伯素服郊次，鄉師而哭曰：「孤違蹇叔，以辱二三子，孤之罪也。不替孟明，孤之過也。大夫何罪？」《秦誓》之作，實在此時。漢王嘉曰：「秦穆公不從百里奚、蹇叔之言，以敗其師。其悔過自責，疾詿誤之臣，思黄髮之言，名垂於後世。」《左氏》所載穆公之將襲鄭，但以爲訪于蹇叔而已，初未嘗及於百里奚也。至《公羊》、《穀梁傳》所載蹇叔事迹，與《左氏》正同，而其異者，則以諫伐鄭而哭秦師者，不惟蹇叔，而百里奚實在焉。王嘉之言，蓋取諸《公》、《穀》之傳而云也，以是知《左氏》之不載百里奚者，失其傳焉。爾當以《公》、《穀》爲正。夫穆公於氾南之役，既背晉而與晉不睦矣，乃欲潛師於其險阻之地，以出鄭人之不意，則其進不足以襲鄭，而退將爲晉所襲者，蓋必然之勢也，故其時老成人之沈幾先物，如蹇叔、百里奚者，則知其必敗；惟其輕進小生鋭於功名，淺慮無謀，如孟明、西乞、白乙，則以爲必勝。穆公勇於前而不顧其後，蹇叔之言逆於其心，則不復求諸其道也，徒以其拂己而怒之；孟明、西乞、白乙之言遜於其志，則不復求諸非道，徒以其順己而喜之。徇於喜怒之私，而不慮夫成敗之所在，果覆師於殽陵，匹馬隻輪無反者，此蓋既往之咎，不可復追矣，然而因殽師之不復還，而能深自懲創，不怨天，不尤人，惟責夫己之不審於聽謀，且懼其無以爲善後之計也，故於是誓其衆，而告之以自怨自艾之意。此篇之所爲作，而夫子有取焉，録其書於帝王誓命之末也。

「嗟！我士，聽無譁」，謂凡爾衆士，静以聽命，我將告汝以古人之言，可以爲羣言之首者，其言則曰：「民訖自若，是多盤。責人斯無難，惟受責俾如流，是惟艱哉。」蘇氏曰：「孔子曰：『人之言曰：予無樂乎爲君，惟其言而莫予違也。』孔子蓋以爲一言而喪邦者，此言也。民既盡順我而不違，我樂則樂矣，不幾於游盤無度以亡其國，如夏太康乎。」此言爲善。蓋常人之情，莫不樂人之順己，而惡人之拂己，惟以人之若己爲多盤，則是人之責己者，在常人之情蓋多不樂於此矣，故自己而責人者，未足爲艱，人以逆耳之言而責己，己能受之，如水之流而不以爲忤，此實常情之至難也。今我之爲此役也，蹇叔、百里奚之謀，謀之其臧，則具是違；孟明、西乞、白乙之謀，謀之不臧，則具是依，此蓋以若己爲多盤，而不能以受責如流爲艱。既取禍敗於前矣，而思有以轉禍爲福，易危爲安，則我心之憂，惟恐日月逾邁，難得易失，若不復反，雖欲悔之，而無所及也，是以深咎。其聽言之不審，謂我之始欲背鄭人氾南之盟也，誠有所疑忌於鄭，而不信之，故欲潛師以襲之，勇於利而不顧其害。彼老成之人執古義而爲我謀者，如百里奚、蹇叔，可謂善矣，我則以爲未能成就我之所忌而違之；其新進小生之昧於古義，而指今事以爲我謀，如孟明、西乞、白乙之徒，可謂不善矣，我雖知其未必有成功，而僥倖於萬一也，故姑將以爲親而從之，是以自取殽陵之敗。夫既喪師之禍至於此極，秦之社稷，亦已危矣，而尚未至於爲敵國外患之所乘者，蓋以襲鄭之役，雖不從老成人之謀，而其他爲治之道尚能詢於黄髮而用之，是以無所愆過，兵雖敗而國不摇也。案：《左氏傳》僖十三年，晉薦饑，使乞糴于秦，秦伯謂百里奚：「與諸乎？」對曰：「天災流行，國家代有，救災恤鄰，道也。行道有福。」於是丕豹在秦，請伐晉。秦伯曰：「其君是惡，其民何罪？」於是輸粟于晉。夫丕豹之請伐晉，無以異於杞子之請襲鄭也。百里奚欲與之粟，無以異於蹇叔之以襲鄭爲不可也。穆公卒從百里奚而不從丕豹，則知其平日之謀國，詢於黄髮而違新進小生之謀者，亦多矣。一昧於襲鄭之舉，遂取敗崤，故誠有悔於是，而欲改過遷善，卒用黄髮之言，以爲善後之計焉。良士之番然而老者，雖旅力既已愆過，我庶幾欲有此人而用之。至於仡仡然壯勇之夫，雖能射御而不有違失，我庶幾疎而遠之，不欲用此人也。「仡仡勇夫」尚且不欲，而況於截截利口、捷給之善諞言者？能變亂是非利害之實，使君子回心而易辭，我何暇復多有之哉？其所謂「番番良士，旅力既愆」者，蓋指百里奚、蹇叔之徒而言也。而其「仡仡勇夫」與夫「截截善諞言」者，則指孟明、西乞、白乙之徒也。「截截」，猶察察也。「諞」，《説文》曰：「便巧言也。」穆公之謀伐鄭也，惟昧夫君子小人之際，故於老成之言則違之，於新進小生則從之，是以覆師於殽陵。及其既敗而悔過，昧昧焉以思之，困於心，衡於慮，而後作也，於是審知夫君子之所以爲君子，小人之所以爲小人，與治亂安危之所在。以謂苟有一介之賤臣，斷斷乎朴魯無它技，而「其心休休焉」，寬裕温柔而有所容，於人之有技，若己之所自有，「人之彦聖」，而「其心好之，不啻若自其口出」，是人也，蓋質直樂善之人也，吾昔日以爲椎鈍而忽之，今乃知其爲君子。君子之質直樂善，是可以「保我子孫黎民」者也，故自今以往，我欲容斯人於朝，以爲國家社稷之利。其有心不休休然以有容，❶而挾其技能以傲物，於「人之有技」，則冒蔽疾害以惡之，「人之彦聖」，則違而拒之，使不得通於上，是人也，蓋忌克嫉害之人也，吾昔日以爲果鋭而善之，今乃知其小人。小人

---

❶ 上「有」字，汲古閣本無此字。

之忌克嫉害，是不可以「保我子孫黎民」者也，故自今以往，我不欲容斯人於朝，懼其將危我國家社稷，而至於不可救也。夫我之所以敗者，良由廢弃老成人之言，而樂用新進小生，不明夫君子、小人之心術，故秦之爲國，遂至杌隉而不安。既國之杌隉由我一人聽謀之不審，以是推之，則知欲致「邦之榮懷」者，亦庶幾惟在一人之有慶而已。苟能用質直樂善之君子，不用忌克嫉害之小人，則是我一人無取杌隉之道。既無取杌隉之道，則將轉禍而爲福，易敗而爲成，社稷無窮之休，豈有既邪？嗚呼！君子、小人之情狀，與夫治亂安危之機，蓋盡於此矣。「斷斷猗無他技」，「猗」者，語辭。唐孔氏曰：「《禮記·大學》引此作『斷斷兮』，『猗』是『兮』之類。」「懷」，安也。

《論語》曰：「君子之過，如日月之食焉：過也，人皆見之；更也，人皆仰之。」穆公當大喪師之後，其操心也危，其慮患也深，思得「番番良士」而用之，惟恐仡仡之勇夫、截截之諞言乘間而進，其心之憂，「日月逾邁」，若將弗克見者，誦言其過，而無所文飾於其間，則雖有過，不足以爲過矣，故夫子善之，而録其書，以附益於帝王誓命之末。其與之也，可謂至矣。然考之《左氏傳》，則穆公雖有此言，而終不能踐之者也。《秦誓》之作在於殽師既敗之後，使其果能踐此言，則固宜尊事百里奚、蹇叔而用之，退孟明之徒而遠之，休兵息民，而不報殽陵之師，如是，則豈惟霸諸侯而已哉？雖王業亦可成也。今則不然，其所以尊事黄髮者，蓋未之聞也，方且不替孟明，而更委之以政，以遂其拜賜之言，後二年復敗于彭衙，而尚不悔，明年又使孟明焚舟以戰，出於萬死一生之計，然後僅能勝晉于王官，又明年，晉復伐秦，圍邧新城，❶以報王官之役，未及報晉，而穆公遂死矣。貪功弃

❶ 「新」，汲古閣本無此字。

民，終其身而不改，惡在其爲悔過自訟邪？其所以欲用「旅力既愆」之良士與夫能容「斷斷無他技」之臣者，殆爲虚語耳。然夫子志其言於《書》，無少貶焉者，蓋彼雖終不能踐其言，而其一時悔過自艾之意誠合夫帝王之用心。「與其潔也，不保其往也」，其《秦誓》之謂乎？

《儒藏》精華編選刊
已出書目

白虎通德論
誠齋集
春秋本義
春秋集傳大全
春秋左氏傳賈服注輯述
春秋左氏傳舊注疏證
春秋左傳讀
道南源委
桴亭先生文集
復初齋文集
廣雅疏證

龜山先生語録
郭店楚墓竹簡十二種校釋
國語正義
涇野先生文集
康齋先生文集
孔子家語　曾子注釋
論語全解
毛詩後箋
毛詩稽古編
孟子正義
孟子注疏
閩中理學淵源考
木鐘集
群經平議
三魚堂文集　外集

上海博物館藏楚竹書十九種校釋

尚書集注音疏

詩本義

詩經世本古義

詩毛氏傳疏

詩三家義集疏

書疑　東坡書傳　尚書表注

書傳大全

四書集編

四書蒙引

四書纂疏

宋名臣言行録

孫明復先生小集　春秋尊王發微

文定集

五峰集　胡子知言

小學集註

孝經注解　温公易説　司馬氏書儀　家範

曌經室集

伊川擊壤集

儀禮圖

儀禮章句

易漢學

游定夫先生集

御選明臣奏議

周易口義　洪範口義

周易姚氏學